GODIN / EHEGESETZ

Guttentagsche Sammlung Deutscher Reichsgesetze

Nr. 230 Kommentare und erläuterte Textausgaben **Nr. 230**

Ehegesetz

vom 20. Februar 1946

mit Abdruck der noch in Kraft befindlichen Bestimmungen der Durchführungsverordnungen zum Ehegesetz vom 6. Juli 1938

Erläutert von

Reinhard Freiherr von Godin

Rechtsanwalt in München

und

Hans Freiherr von Godin

Rechtsanwalt in München

Mit Erläuterungen der §§ 93a und 606–639 Zivilprozeßordnung

Von Reichsgerichtsrat **Dr. Tölke**

Senatspräsident am Oberlandesgericht Gera

Zweite vermehrte Auflage

Berlin 1950

WALTER DE GRUYTER & CO.

vormals G. J. Göschensche Verlagshandlung – J. Guttentag, Verlagsbuchhandlung
Georg Reimer – Karl J. Trübner – Veit & Comp.

Archiv-Nr.: 21 1 230

Belserdruck Stuttgart

IHRER
FRAU UND MUTTER
GEWIDMET

VORWORT ZUR ERSTEN AUFLAGE

Dem Totalitätsanspruch des Hitlerstaates war nichts zu heilig, um es nicht profaner öffentlicher Verwaltung zu unterwerfen. Als dies auch Moral und Recht widerfuhr, war es darum geschehen; denn die Gestaltung der Moral und die Übung des Rechts durch die öffentliche Verwaltung konnte nur dem Geist der Machthaber entsprechen. Sie entthronten das absolute übergesetzliche Recht metaphysischer Satzung. Unrecht wurde Inhalt der Gesetze und Ergebnis der Urteilsfindung der Gerichte. Durch Beispiel und Wort in brutaler Willkür und schrankenloser Selbstsucht unterwiesen, hat das Volk das Wissen, das der vorigen Generation eigen gewesen war, um das Gute und das Recht erstickt. Die Folge war, daß Moral und Rechtsdenken in bodenlose Tiefe abglitt.

Dieser Zusammenbruch machte nicht Halt vor der Familie.

Klagend steht der Rechtsfreund vor Trümmern und Verheerungen. Aber er darf nicht verhüllten Haupts in verzweifelnder Trauer verharren. Nicht die Wandlungen, gar Abstürze der Moral in der Rechtsanwendung zu spiegeln, vielmehr das Gute und das Recht durch sie zu entwickeln, ist sein Beruf. Aus dem Wunsche, ihm zu entsprechen, ist dieser Kommentar hervorgegangen. Mancher Praktiker mag seinen Zweck in Zweifel ziehen. Wer heute zu Gericht geht und den Scheidungen am laufenden Band beiwohnt, die dort täglich zu Hunderten ausgesprochen werden, wird den Eindruck nicht abwehren, daß längst keine Scheidung der Ehe durch Urteil nach einem Gerichtsverfahren mehr geübt, sondern mit dem bloßen Schauspiel eines solchen das Auseinanderlaufen gerichtlich registriert wird. Was frommt hiebei ein Kommentar zum Ehegesetz?

Wir haben nichtsdestoweniger viel Mühe und Fleiß auf ihn verwandt, um einen bescheidenen Beitrag zur Erneuerung des Rechts auf diesem Gebiete zu leisten. Wir hoffen, ihn auch dem Praktiker schmackhaft gemacht zu haben. Keinem Problem, auf das uns gewissenhafte Denkarbeit geführt hat, sind wir ausgewichen. Wenn dem Praktiker nichts an unserem Buche gefällt, so möge ihm das sorgfältig bearbeitete Register gefallen.

Auch auf dieses viel Mühe zu verwenden, haben wir nicht verschmäht.

Da der in dem Kommentar behandelte Ausschnitt des Eherechts fast für jeden Volksangehörigen bedeutsam ist, pflegen sich weite Laienkreise unmittelbar dafür zu interessieren. Wir haben uns daher einer Darstellung befleißigt, die auf Laienvorstellungen eingeht.

Die als Anhang beigegebenen Anmerkungen zu den Bestimmungen der Zivilprozeßordnung über das Verfahren in Ehesachen sind von Herrn Reichsgerichtsrat a. D. Dr. Tölke, dem an dieser Stelle aufs beste gedankt sei, unter Zugrundelegung der von Herrn Senatspräsident Krantz stammenden Erläuterungen bei Sydow-Busch ZPO. abgefaßt.

Die in Kraft und aktuell gebliebenen Bestimmungen der sechs Durchführungsverordnungen zum Ehegesetz von 1938 sind abgedruckt.

Pro lege, pro grege militemus!

Berlin, Dezember 1946.

Die Verfasser.

VORWORT ZUR ZWEITEN AUFLAGE

Indem wir den freundlichen Stimmen danken, welche die erste Auflage dieses Buches begrüßt und uns Ratschläge zu seiner Verbesserung erteilt haben, lassen wir nunmehr der zweiten Auflage ihren Lauf, mit der wir uns bemüht haben, ihnen Genüge zu tun. Einem Wunsch freilich konnten wir — aus Zeitnot — nicht gerecht werden: es war uns unmöglich, die Anführung des älteren Schrifttums zum Ehegesetz von 1938 nachzuholen, die bei der ersten Auflage hat unterbleiben müssen, weil zur Geburtsstunde dieses Buches sein junges Leben bedroht gewesen wäre, wenn uns aus Seelenunkenntnis das Mißgeschick unterlaufen wäre, einen der Bräune verdächtigen Gevatter zu benennen. Wir müssen also die älteren Autoren hierfür um Nachsicht bitten und dauernd in ihrer Schuld bleiben.

Die Rechtsprechung und das Schrifttum zum Ehegesetz von 1946 haben wir, soweit nicht „unter Ausschluß der Öffentlichkeit" in Blättern von örtlich zu begrenzter Verbreitung erschienen, als daß sie zu unserer Kenntnis gelangt wären, wie wir hoffen, ziemlich vollständig bis etwa Ende 1949, teilweise darüber hinaus berücksichtigt. Nach dem — so sicher nicht gemeinten — Grundsatz „Sehe jeder, wie er's treibe", haben Justizverwaltungen und Militärregierungen darin gewetteifert, eine Rechtszersplitterung in Gang zu bringen, die den Überblick auch auf dem besonders volksnahen Gebiet des Familien- und Eherechts bereits verwehrt. Wir bitten um Nachsicht, wenn die von uns gewissenhaft angestrebte Vollständigkeit dadurch nicht erreicht worden ist.

Erfüllt von der Liebe zu unserem Volk, sind wir erschüttert von der Besorgnis, daß der fortschreitende Zerfall der Familien auch die bei uns ohnehin nur schwach gegründete Volkssolidarität zerfressen wird. Es ist dem Staat gelungen, sich über Sippe und Verwandtschaft zu erheben und diese aufzulösen. Wenn es ihm durch seine Gesetzes„werke" gelungen sein wird, die Familie demselben Schicksal zuzuführen, wird es zwar ihn noch, aber kein Volk mehr, höchstens eine formlose Masse geben. Es wäre darum mehr angezeigt, sich mit einem Ehebindungs- als mit einem Ehescheidungsrecht zu befassen. In dieser Überzeugung haben wir, besonders bei Erläuterung des § 48 Abs. 2, den Standpunkt verteidigt, den unsere erste Auflage eingenommen hat, und fühlen wir uns versucht, jenen Richtern, die, mit der hehrsten Aufgabe betraut, die das Gemeinwesen zu vergeben hat, uneingedenk der Abhängigkeit des zu schützenden Zusammenhalts des Ganzen von dem Zusammenhalt der Familie, sich in einer konniventen Scheidungsfreundlichkeit wohlgefallen, dauernd die Grundsätze der §§ 617, 622 ZPO. ins Ohr zu sprechen.

München, den 30. April 1950.

Die Verfasser.

INHALTSÜBERSICHT

Zweiter Abschnitt

Recht der Ehescheidung §§ 41—76

„Und doch gibt es
auf der Erde etwas Erhabenes und Heiliges:
Das ist die Vereinigung dieser unvollkommenen
und schrecklichen Wesen Mann und Frau.“

ALFRED DE MUSSET

Gesetz über die Ehe

Erster Abschnitt

Recht der Eheschließung

A. EHEFÄHIGKEIT

§ 1. Ehemündigkeit

1. Ein Mann soll[4] nicht vor Vollendung[3] des einundzwanzigsten Lebensjahres[3], eine Frau soll[4] nicht vor Vollendung[3] des sechzehnten Lebensjahres eine Ehe[1] eingehen.

2. Dem Mann und der Frau[5] kann Befreiung[5] von dieser Vorschrift bewilligt werden, dem Mann[6] jedoch nur dann, wenn er das achtzehnte Lebensjahr vollendet hat und nicht mehr unter elterlicher Gewalt oder unter Vormundschaft steht.

I. 1. a) So wenig wie das BGB. bestimmt das Ehegesetz den **BEGRIFF DER EHE.** Eine Begriffsbestimmung ist entbehrlich, weil dem Rechtsbewußtsein des Volks, des Laien wie des Rechtsgelehrten, im Einzelfall nie zweifelhaft sein dürfte, ob eine von einem Paar gewählte Form der Verbindung eine Ehe darstellt oder nicht. Ehe in sittlichem und religiösem Sinn ist wohl nur eine Verbindung zwischen Mann und Frau, welche mit dem beiderseitigen Willen eingegangen worden ist, für die Dauer, ja für immer eine vollkommene engste Lebensgemeinschaft herzustellen, ohne daß es indessen für die Folge darauf ankäme, in welchem Umfang dieser Wille ausgeführt wird. Vollkommenheit der Lebensgemeinschaft fordert Ausschließlichkeit und Unauflöslichkeit. Im größeren, besonders im abendländischen Teil der Kulturvölker ist denn auch heute die von Hause aus gewollte Ausschließlichkeit der Lebensgemeinschaft zwischen einem einzigen Paar (Einehe) Begriffsmerkmal der Ehe, ferner — germanischem und nachtridentinischem kanonischem Recht entsprechend — fast überall, wenn auch gemäß seit der Kaiserzeit geltendem römischen und vortridentinischen kanonischen Recht nicht ausnahmslos, die von den Eheleuten selbst betonte Unterscheidung ihrer Verbindung von einer vorübergehenden durch eine öffentliche Erklärung, eine bleibende, allumfassende Lebensgemeinschaft begründen zu wollen. Hinsichtlich ihrer — sowohl gegen römisches als auch germanisches Recht von der christlichen Kirche durchgesetzten — Unauflöslichkeit und der Voraussetzung eines bei Eheschließung darauf gerichteten Willens gehen die Anschauungen und Rechte der Kulturvölker auseinander. Auf den Beweggrund, welcher die Eheleute bestimmt, diese Lebensgemeinschaft zu begründen, kommt es nicht an; bei sittlich normalen Menschen ist er Liebe und der durch sie hervorgerufene Wunsch, durch volle Lebensgemeinschaft und durch dauerndes Zusammenleben mit dem anderen Partner, durch die Liebe zu gemeinsamen Kindern zu beglücken und glücklich zu werden. Dieser gemeinsame Wunsch bedeutet auch ein bei der Eheschließung einander gegebenes Versprechen und letzteres die Quelle entsprechender gegenseitiger Pflichten und Rechte. Über die gegenseitige Beglückung erheblich hinausgehende Zwecke der Ehe ergeben sich aus religiösen Vorstellungen.

b) Das **staatliche Eherecht** (Ehegesetz — Gesetz Nr. 16 des Alliierten Kontrollrats vom 25. 2. 1946 — mit sechs zum großen Teil in kraft gebliebenen DVO. zum EheG. v. 6. 7. 1938 und BGB. 4. Buch 1. Abschn., 2. Abschn. bis einschl. 5. Teil, Teile des 5. Abschnittes des 1. Buches) stellt ab (§§ 11, 13 EheG.) auf die von den Eheschließenden abgegebene öffentliche Erklärung, eine Lebensgemeinschaft eingehen zu wollen, welche nach Umfang und Inhalt den landläufigen sittlichen Vorstellungen einer Ehe und der ihr, diesen entsprechend, durch positives Gesetz gegebenen Ausgestaltung entspricht. Es knüpft, wenn die Eheschließenden bestimmte vom Gesetz aufgestellte persönliche Voraussetzungen erfüllen, an diese Erklärung die Rechtsfolge, daß rechtlich eine Lebensgemeinschaft und die Verpflichtung zu einer solchen unter ihnen entsteht, die es durch positive Rechtssätze diesen landläufigen Vorstellungen entsprechend zwingend ausgestaltet hat. Unauflöslichkeit der eingegangenen Lebensgemeinschaft braucht nicht gewollt zu sein und wird vom deutschen staatlichen Eherecht auch, wenn gewollt, nicht anerkannt. Auf einen atypischen Willen der Eheschließenden hinsichtlich Art, Inhalt und Umfang der unter ihnen herbeizuführenden Lebensgemeinschaft wird nicht Rücksicht genommen — Ausnahme § 23 —, mag er einseitig oder beiderseitig, geheim oder einvernehmlich vorbehalten sein. Rechte und Pflichten der Gatten richten sich nach dem Gesetz, Vereinbarungen, die davon abweichen, binden sie nicht. Nur wenn ein solcher Vorbehalt der öffentlichen Erklärung beigefügt wird, hat er zur Folge, daß diese rechtlich wirkungslos bleibt und daß eine Ehe nicht zustande kommt (§ 13 Abs. 2). Selbst wenn die Ehe unter Umständen geschlossen wird, die von vornherein ausschließen, daß eine Lebensgemeinschaft entsteht (Beispiel: Heirat mit einem Sterbenden, § 12 [2]), wird die erklärte Eheschließung anerkannt.

c) **Rechtsquellen** (s. b): Inhalt und Umfang der durch eine rechtsgültige Eheschließung herbeigeführten Lebensgemeinschaft, sowie rechtliche Stellung der Kinder, durch die Ehe vermittelte Verwandtschaft und Schwägerschaft, Erbrecht, regelt das 4. und 5. Buch des BGB. Dagegen bestimmt das Ehegesetz die persönlichen (§§ 1—10, 18, 20—22) und förmlichen (§§ 11—15, 17) Voraussetzungen der Eheschließung und Ehenichtigkeit (§§ 16—22), über die Geltendmachung der letzteren (§§ 23, 24), Willensmängel bei der Eheschließung und ihre Geltendmachung (§§ 28—36) und die Auflösung der Ehe durch Ehescheidung (§§ 41—53), also über Begründung, Bestand und willkürliche Beendigung der Ehe, aber auch die Folgen einer nichtigen (§§ 25—27), aufgehobenen (§ 37), geschiedenen (§§ 54—75) Ehe, außerdem über die Wiederverheiratung im Falle der Todeserklärung (§§ 38—40).

d) **Internationales Eheprivatrecht:** Die Form, in welcher die Ehe im Inland, wenn auch unter Ausländern, geschlossen wird, bestimmt sich nach A. 13 Abs. 3 EGBGB. ausschließlich nach deutschem Recht, also nach §§ 11—15, 15a EheG. Wir erkennen also eine von Ausländern im Inland gemäß diesen Vorschriften geschlossene Ehe auch dann an, wenn ihr Heimatrecht sie wegen Verletzung seiner Formvorschriften nicht anerkennt (so daß die Ehe hier gültig, dort ungültig ist, „hinkt") und gehen auch in diesem Fall für die Anwendung des ausländischen Rechts (das sie nicht anerkennt) auf ihre Scheidung und der durch die Ehe begründeten Rechtsfolgen und Rechtsbeziehungen (Name, Wohnsitz, Staatsangehörigkeit der Frau, familienrechtlicher Güterstand, Unterhaltsanspruch, Erbrecht) von dem Bestand der Ehe aus, wenn sie nach deutschem Recht formgültig geschlossen worden ist. Umgekehrt behandeln wir Ehen, welche vor der Einfügung des jetzigen § 15a durch KontrollratsG. Nr. 52 (in Kraft getreten am 29. April 1949) geschlossen wurden, als ungültig auch für die Anwendung des Heimatrechts, wenn die Form, in welcher die Ehe im Inland (z. B. vor einem ausländischen Konsul, statt vor einem deutschen Standesbeamten) geschlossen wurde, zwar dem Heimatrecht der ausländischen Verlobten, aber nicht unserem Recht entsprach. Für die Form einer Ehe, die ein Ausländer mit einem andern Ausländer (auch wenn er neben einer ausländischen die deutsche Bundesangehörigkeit besitzt — Raape, Festschr. für Kiesselbach S. 147) oder einem Staatenlosen im Inland schließt, gilt nunmehr die von A. 13 Abs. 3 EGBGB. abweichende Kollisionsnorm des § 15a EheG. Dagegen erkennen wir nach A. 13, 11 vorbehaltlich A. 30 EGBGB. eine im Ausland, wenn auch unter Inländern, geschlossene Ehe im obigen Sinn dann als formgültig an, wenn die beobachtete Form entweder dem Heimatrecht beider, d. h. sowohl des einen als auch des anderen Verlobten, oder dem Recht des Orts der Eheschließung entsprach, mag sie letzterenfalls dem Heimatrecht auch nicht genügen, und letzteres die lex loci nicht anerkennen (bestr.). Es ist daher sowohl die registrierte (JW. 31 S. 1334), als auch die nicht registrierte (RG. 157, S. 25) inter amicos oder nudo consensu eingegangene sowjetische Ehe anzuerkennen, ebenso auch die formlos, nudo consensu geschlossene Ehe nach common law in einigen der Vereinigten Staaten Nord-Amerikas (RG. 157, S. 257)

Was Form ist, beurteilen wir nach deutschem Recht. Ist die Ehe im Ausland in ausländischer Form geschlossen worden (wie auch, wenn die Trauung vor einem Zivilstandesbeamten stattfand, selbst wenn damit zugleich die deutsche Form erfüllt wurde, Raape aaO. S. 154) so bemißt sich die Frage der Ordnungswidrigkeit nach dem Recht der Eheschließung, auch die ihrer Folgen, jedoch vorbehaltlich A. 30 EGBGB. 11 Abs. 2, 17 Abs. 2 EheG. im Einzelfall (Raape, aaO.). Nach A. 30 EGBGB. ist im Einzelfall auch zu beurteilen, ob die Anerkennung der ausländischen Form zu einem uns anstößigen Ergebnis führt (Raape, aaO.).

Die übrigen, d. h. die persönlichen und sachlichen Voraussetzungen für Gültigkeit, Nichtigkeit und (Anfecht-) Aufhebbarkeit einer Ehe richten sich dagegen, gleichgültig, wo die Ehe geschlossen worden ist, hinsichtlich jedes Verlobten bzw. Ehegatten nach dem Recht seiner Staatsangehörigkeit zur Zeit der Eheschließung (oder ihrer Wiederholung oder Heilung) sowohl wenn einer der Verlobten zu dieser Zeit Deutscher ist, als auch, wenn beide Ausländer sind, mögen sie eine Ehe im Inland oder — Schluß per analogiam — Ausland eingehen (A. 13 Abs. 1 S. 1 und 2 EGBGB.) oder (wiederholen oder) eingegangen sein, es sei denn, daß das sonach maßgebende Heimatrecht auf anderes Recht, etwa das des Wohnsitzes verweist (A. 27 EGBGB.). Es untersteht also eine von Deutschen im Ausland geschlossene Ehe in den angegebenen Richtungen nach deutschem Rechtsstandpunkt deutschem Recht. Da dem deutschen Recht eine relative Ehenichtigkeit fremd ist, ergibt sich mindestens für Ehen, deren einer Teil deutsch ist, daß sie nichtig sind, wenn sie es nach dem Recht auch nur eines Teiles sind, und daß jeder Teil sich darauf berufen kann (RG. 136 S. 42), und hieraus folgerichtig auch, daß immer das hinsichtlich des Grades der Nichtigkeit (nichtig oder vernichtbar, vernichtbar oder aufheb- bzw. anfechtbar) weitergehende Recht gilt. Für die Frage der Nichtigkeit ist also das Heimatrecht jedes Verlobten nicht nur „in Ansehung" seiner, sondern überhaupt anzuwenden. Das nach A. 13 anzuwendende Recht ist immer anzuwenden, wenn zu prüfen ist, ob eine Ehe, die geschlossen werden soll, gültig sein wird (s. § 10) oder ob eine geschlossene Ehe gültig ist oder war, mag letzteres auch nur als Vorfrage z. B. für die Gültigkeit einer zweiten Ehe oder des Bestehens eines Erbrechts, einer Verwandtschaft, eines Unterhaltsanspruchs usw. erheblich sein. S. auch 3 zu § 17.

Über Wiederverheiratung nach Todeserklärung s. 7 zu § 38.

Besonderes gilt nach dem Haager Eheschließungs-Abkommen vom 12. Juni 1902 (RGBl. 1904 S. 221) auf dem Gebiete der Eheschließung im Verhältnis Deutschlands zu Italien, Schweden, der Schweiz und Ungarn. Es bleibe dahingestellt, ob das Abkommen im Verhältnis Deutschlands zu Italien und Ungarn, nachdem diese sich in der letzten Kriegsphase im Kriegszustand mit Deutschland befunden haben, ja im Verhältnis Deutschlands zu irgendeinem der sonstigen Teilnehmer heute noch gilt, nachdem das Deutsche Reich zu bestehen aufgehört hat. Das Haager Eheschließungsabkommen gilt für solche Ehen, welche im Gebiet eines der Vertragsstaaten eingegangen werden, wenn wenigstens ein Teil einem dieser Staaten angehört (A. 8 Abs. 1 des Abkommens). Nach A. 1 ist für das Recht zur Eingehung der Ehe für jeden Verlobten sein Heimatrecht maßgebend, so weit es nicht ausdrücklich auf ein anderes Gesetz verweist; gehören die Verlobten verschiedenen Staaten an, so setzt die Gültigkeit der Ehe voraus, daß sie von dem Recht beider Staaten anerkannt wird (ebenso A. 13 EGBGB.). Entspricht die Form der Eheschließung den Gesetzen des Landes, wo sie stattfand, ist die Ehe von allen Vertragsstaaten als gültig anzuerkennen, vorbehaltlich des Rechtes eines Vertragsstaats, der Ehe seines Angehörigen die Anerkennung zu versagen, wenn er religiöse Trauung vorschreibt und dieser Vorschrift nicht entsprochen ist (A. 5 des Abkommens). Über diplomatische und konsularische Trauungen vgl. A. 6. Kein Vertragstaat ist verpflichtet, das Gesetz eines Nichtvertragsstaates anzuerkennen (A. 8 Abs. 1).

Über die Wirkungen der Eheschließung bestimmt hinsichtlich der persönlichen Rechtsbeziehungen der Ehegatten A. 14 EGBGB. zwingend, daß sie nach deutschem Recht zu beurteilen sind, wenn die Ehegatten Deutsche sind und die Ehen nach dem Ort der Eheschließung, mag dieser auch im Ausland liegen, formgültig geschlossen haben (RG. 157 S. 257), auch wenn sie ihren Wohnsitz im Ausland haben oder nehmen. Die deutschen Gesetze sind auch anzuwenden, wenn der Ehemann, nicht aber die Ehefrau die Reichsangehörigkeit verloren hat (A. 14 Abs. 2 EGBGB.). Im übrigen entscheidet das jeweilige Heimatrecht des Mannes vorbehaltlich Rück- und Weiterverweisung. Denkbar wäre, daß die vom staatlichen Auslandsrecht als Folge der Eheschließung hergestellte Gemeinschaft den Anschauungen unseres Kulturkreises von der Ehe so wenig entspricht, daß wir sie nicht als Ehe ansehen (A. 30 EGBGB.). Diese Frage wurde bezüglich der Sowjetehe aufgeworfen. Sie wurde sowohl von RG. 157 S. 257 ff., als auch vom englischen Court of appeal (15. 5. 1930) zutreffend als Ehe anerkannt (a. A. kgl. ung. Curie vom 23. 2. 1927). Das Haager Ehewirkungsabkommen dürfte heute nur noch im Verhältnis Deutschlands zur Schweiz gelten.

Die güterrechtlichen Wirkungen der Ehe, der gesetzliche Güterstand, beurteilt sich unveränderlich nach dem Heimatrecht des Mannes zur Zeit der Eheschließung, auch wenn er später Deutscher wird oder aufhört, es zu sein. Wenn aber sein Heimatrecht auf das Recht des jeweiligen Wohnsitzes verweist, so ist diese Verweisung trotz des damit verbundenen Grundsatzes der Veränderlichkeit anzuerkennen. Erwirbt der Ehemann die deutsche Staatsangehörigkeit später, oder nehmen die Eheleute den Wohnsitz im Inland, ist es ihnen gestattet, einen Ehevertrag nach deutschem Güterrecht (§ 1433 Abs. 1 BGB.) zu schließen, auch wenn ihr (ursprüngliches) Heimatrecht einen (nachträglichen) Ehevertrag nicht zuläßt (A. 15 EGBGB.).

Vorbehaltlich des Gesagten beurteilt sich die Zulässigkeit eines Ehevertrags nach dem Heimatrecht des Ehemanns zur Zeit der Eheschließung, insbesondere, wenn die Ehegatten den Wohnsitz aus ihrem Heimatland nach dem Ausland verlegen. Für Deutsche gilt in diesem Fall § 1433 Abs. 2 BGB.

Diese Grundsätze weichen jedoch dem Recht der belegenen Sache hinsichtlich solcher Gegenstände, die sich außerhalb des Heimatstaats des Ehemanns zur Zeit der Eheschließung befinden.

Über den Schutz Dritter, wenn nach vorstehendem ausländisches Recht anzuwenden ist, s. A. 16 EGBGB.

Die Scheidung der Ehe richtet sich nach Eintritt bzw. Zulässigkeit und Folge auf das eheliche Band nach dem Heimatrecht des Mannes zur Zeit der Entscheidung (A. 17 EGBGB., trotz des Wortlauts des Abs. 1, vgl. Abs. 3; a.A. RG. 150 S. 374 und 151 S. 103), so daß die Scheidbarkeit der Ehe von einem Staatsangehörigkeitswechsel des Mannes positiv oder negativ beeinflußt wird, bzw. nach dem Recht, auf welches sein Heimatrecht verweist, es sei denn, daß die Frau klagt, und daß zur Zeit der Entscheidung (a. A. RG. 154 S. 96) zwar nicht der Mann, aber die Frau Deutsche (geblieben oder geworden) ist; letzterenfalls ist deutsches Recht maßgebend (A. 17 Abs. 3 EGBGB.). Hat der Scheidungsgrund sich zugetragen, als der Mann bzw., wenn ihr deutsches Heimatrecht gilt, die Frau eine andere Staatsangehörigkeit hatte, so muß er auch nach seinem (bzw. ihrem) damaligen Heimatrecht Grund, wenn nicht zur Scheidung, wenigstens zur Trennung sein (Abs. 2). Im Inland kann ferner auf Grund ausländischen Rechts auf Scheidung einer Ehe immer nur dann erkannt werden, wenn auch das inländische Recht die Scheidung dieser Ehe, sei es auch aus anderem Grunde — im Sinne dieser Vorschrift dürfte Aufhebung mit Scheidung gleichzusetzen sein —, zuläßt (A. 17 Abs. 4 EGBGB.). Über Scheidungsfolgen s. zu § 54.

Wie im Inland eine Ehe nicht geschieden werden kann, wenn das maßgebliche Heimatrecht die Scheidung nicht zuläßt, so kann umgekehrt niemals im Inland die Trennung von Tisch und Bett ausgesprochen werden.

Die Form der im Inland ausgesprochenen Scheidung ist auch bei Einigkeit der Gatten über die Scheidung immer Urteil, weil der Staatshoheitsakt der Scheidung im Inland eben nur durch Urteil vorgenommen wird (§ 41). Dies gilt auch dann, wenn das materiell maßgebende Auslandsrecht eine andere Form für diesen Staatsakt vorsieht.

Über die internationale Zuständigkeit s. § 606 ZPO. Gekündigt hat Deutschland das Haager Ehescheidungsabkommen vom 12. 6. 1902.

Die Scheidung von Ausländern in ihrem Heimatstaat wird im Inland ohne weiteres anerkannt. Die Scheidung durch einen anderen Staat oder von Inländern im Ausland nur gem. § 24 der 4. DVO. zum Ehegesetz d. h. wenn der LJM. (E. d. BReg. vom 6. 12. 49 BGBl. S. 34) festgestellt hat, daß die gesetzlichen Voraussetzungen für die Anerkennung (§ 328 ZPO.) erfüllt sind. An die Stelle des LJM. ist in der Ostzone der Justizminister, in Berlin die Rechtsabteilung des Magistrats getreten.

II. 2. Die **Ehemündigkeit** setzt a) bei Mann und Frau die Erreichung eines bestimmten Lebensalters voraus, und zwar beim Mann die Vollendung des 21., bei der Frau des 16. Lebensjahres, wobei nach § 187 BGB. der Tag der Geburt voll mitgerechnet wird, so daß sich ein Lebensjahr in der Mitternacht vor dem Jahrestag der Geburt vollendet. b) Die Ehemündigkeit setzt außerdem beim Mann die Volljährigkeit voraus. Während § 1303 Abs. 1 BGB. dies ausdrücklich bestimmte, ergibt es sich nach Ehegesetz nur mittelbar aus Abs. 2 (s. unten 6). Man hätte darüber zweifeln können, ob die Ehemündigkeit des Mannes neben der Volljährigkeit heute noch die Vollendung des 21. Lebensjahres voraussetzt, was eine Neuerung des Ehegesetzes von 1938 war, die mit nationalsozialistischen Gedankengängen, nämlich dem Interesse der Volksgemeinschaft an der Ehe und den Ansprüchen begründet wurde, welche gerade an den jungen Menschen zwischen 18 und 21 Jahren in Form von Arbeits- und Wehrdienst gestellt wurden, die durch eine allzu frühe Eheschließung beeinträchtigt werden konnten. Nach dem Ehegesetz von 1946 aber, welches die Bestimmung unverändert übernommen hat, gilt das Erfordernis auch heute, weil sittliche und geistige Reife und ausreichende Existenzgrundlage unerläßlich für die Sicherung nicht nur der nicht mehr ins Gewicht fallenden „völkischen Belange", sondern auch des Glücks und Wohls der Eheschließenden sind, und der Fortfall des Wehr- und Arbeitsdienstes im Befreiungsverfahren nach Abs. 2 (s. 6) berücksichtigt werden kann.

Daß die Ehemündigkeit der Frau ihre Volljährigkeit nicht voraussetzt, bedeutet indessen nicht, daß eine Minderjährige ohne Einwilligung des gesetzlichen Vertreters die Ehe schließen könnte (§ 30).

3. s. 187 Abs. 2 Satz 2 BGB.; Berechnung s. 2 a.

4. Ein Verstoß gegen die Vorschrift über das Lebensalter ist für den Bestand der Ehe bedeutungslos, eine Verletzung der Vorschrift über die Volljährigkeit des Mannes gleichfalls vorbehaltlich des Erfordernisses der Einwilligung des gesetzlichen Vertreters. Vorbehaltlich § 30 ist also eine Ehe gültig, welche Deutsche etwa im Auslande eingehen, die das 21. bzw. 16. Lebensjahr nicht vollendet haben.

5. Befreiung vom Alterserfordernis kann bewilligt werden. Zuständig ist nach § 1 Abs. 1 der in dieser Beziehung noch anwendbaren DVO. vom 27. 7. 38 zum Ehegesetz von 1938, das Vormundschaftsgericht, das für den Verlobten zuständig ist, welcher der Befreiung bedarf. Die Entscheidung ergeht durch Beschluß. Sie ist keine richterliche, sondern eine Verwaltungsentscheidung (§ 11 DVO.). Der Richter ist also an Weisungen der vorgesetzten Behörde gebunden. Die Eltern als solche (z. B. die leiblichen Eltern eines adoptierten Kindes) brauchen nicht gehört zu werden. Handelt es sich um die Braut, so ist diese regelmäßig auch noch minderjährig und in der Geschäftsfähigkeit beschränkt, so daß der gesetzliche Vertreter (regelmäßig Vater, Mutter oder Vormund) und der für die Person Sorgeberechtigte (Mutter neben dem Vater; s. dort) als solche zu hören sind, weil sie nach § 3 des Ehegesetzes einwilligen müssen, es sei denn der Vormundschaftsrichter ersetzt zugleich deren Einwilligung nach § 3 Abs. 3, wofür aber andere Voraussetzungen gegeben sind (s. zu § 3). Dem noch nicht 21 Jahre alten Bräutigam dagegen kann Befreiung nur gewährt werden, wenn er rechtskräftig für volljährig erklärt ist (Abs. 2, LG. Hamburg, MdR. 48, S. 218). Für ihn scheidet daher zwar die Notwendigkeit aus, den gesetzlichen Vertreter und Sorgeberechtigten nach § 3 zu hören, wird aber die Einwilligung des Gewalthabers zur Volljährigkeitserklärung erforderlich (§ 4 Abs. 2 BGB.).

Durch Beschwerde anfechtbar ist nach § 11 DVO. nur ein Beschluß, der die Befreiung ablehnt. Die Beschwerde steht also nicht den Eltern zu, wenn über ihren Widerspruch hinweg befreit worden ist. Die Beschwerde ist an den Präsidenten des Oberlandesgerichts zu richten. Gegen dessen Ablehnung war früher Beschwerde zum Reichsjustizminister, ist jetzt Beschwerde zu dem BJM. (A 129 Gr. G), in Berlin zur Rechtsabteilung des Magistrats zulässig.

6. Die Befreiung muß dem Bräutigam auf Grund gesetzlicher Vorschrift (Abs. 2) versagt werden, wenn er nicht wenigstens das 18. Lebensjahr vollendet hat (§ 187 Abs. 2 BGB.; über Berechnung s. 2a) oder noch unter elterlicher Gewalt und Vormundschaft steht. Unter dieser steht er immer, wenn er nicht volljährig erklärt ist, so daß die Befreiung des Bräutigams von dem Alterserfordernis seine Volljährigerklärung voraussetzt.

7. Weitere Versagungsgründe ergeben sich zunächst aus den Eheverboten (§§ 4 ff.) des Ehegesetzes selbst. § 2 DVO. (Wehr- oder Arbeitsdienstpflicht) ist nicht mehr anwendbar, ebensowenig kann die Befreiung noch aus Gründen des aufgehobenen Blutschutzgesetzes versagt werden. Dagegen besteht natürlich kein Bedenken, die Befreiung wegen mangelnder sittlicher oder geistiger Reife, die aber durch das jugendliche Alter als solches allein noch nicht belegt ist (OLG. Halle DRZ. 49 S. 282), da sonst die Bestimmung gegenstandslos wäre, darauf beruhender Blindheit für die Mängel der (des) Auserkorenen oder Fehlens einer tragfähigen Existenzgrundlage abzulehnen; vielmehr werden gerade dies die entscheidenden Gesichtspunkte sein. Auch den Gesichtspunkten des Ehegesundheitsgesetzes dürfte die Entscheidung Rechnung tragen dürfen, obwohl es nicht mehr gilt, weil der Richter gerade dazu berufen ist, im Hinblick auf die Jugendlichkeit der Verlobten an ihrer Statt Bedenken, wie das Ehegesundheitsgesetz sie geltend macht, walten zu lassen, die sie vielleicht in reiferem Alter selbst hegen würden, statt sich darüber hinwegzusetzen. Befreiung von dem Alterserfordernis der Braut wird bei der für unsere klimatischen Breiten ohnedies niedrig gehaltenen Ehealtersgrenze nur bei Schwangerschaft oder aus ganz besonderen Gründen zu gewähren sein. Entscheidend ist nicht das öffentliche Interesse, schon gar nicht das vermeintliche und mit der Dispensmöglichkeit unvereinbare an der Verhütung von Ehen Jugendlicher, sondern das wohlverstandene Interesse des eheunmündigen, minderjährigen Ehekandidaten im Einzelfall, das sehr wohl auch auf die Möglichkeit gerichtet sein kann, eine sittliche Pflicht zu erfüllen (OLG. Halle aaO.).

§ 2. Geschäftsunfähigkeit

Wer geschäftsunfähig[1] ist, kann[2] eine Ehe nicht[3] eingehen.

1. Geschäftsunfähig ist nach § 104 BGB.,

a) wer das 7. Lebensjahr noch nicht vollendet hat,

b) wer wegen Geisteskrankheit (nicht bloß Geistesschwäche) entmündigt ist, mag er auch geistig gesund oder wieder gesund sein oder sich in einem lichten Augenblick befinden, solange die Entmündigung nicht aufgehoben ist (vgl. §§ 672, 668, 679 ZPO.),

c) wer, ohne entmündigt zu sein, sich in einem seiner Natur nach nicht bloß vorübergehenden Zustand krankhafter Störung der Geistestätigkeit befindet, welcher die freie Willensbestimmung ausschließt.

2. Geschäftsunfähige können auch mit Einwilligung ihres gesetzlichen Vertreters keine Ehe eingehen, das heißt, die von ihnen eingegangene Ehe ist auch in dem angegebenen Falle nichtig. Unter anderen sind also Kinderehen nach deutschem Recht unzulässig.

Nichtig ist aber über c hinaus auch eine Ehe, die von einem vollgeschäftsfähigen Verlobten in einem Zustande der Bewußtlosigkeit oder nur vorübergehender nicht krankhafter Störung der Geistestätigkeit geschlossen wird (§ 105 BGB., § 18 Abs. 1 EheG.), wenn durch diesen Zustand die freie Willensbestimmung ausgeschlossen war (RG. 103 S. 339, 126 S. 228).

3. Eine Ehe, die ein Verlobter eingeht, der hiernach bei Eheschließung geschäftsunfähig war oder sich in einem die freie Willensbestimmung ausschließendem Zustand der Bewußtlosigkeit oder Störung der Geistestätigkeit befunden hat, ist **nichtig**. Eine nichtige Ehe ist aber nicht etwa eine Nichtehe. Sie kann nicht nur nach § 18 Abs. 2 EheG. geheilt werden, sondern es kann auch ihre Nichtigkeit nicht von jedermann und nicht in jeder Weise, sondern nur von einem der Ehegatten durch Nichtigkeitsklage und nach dem Tode beider Ehegatten überhaupt nicht mehr geltend gemacht werden (§§ 23, 24).

§ 3. Einwilligung des gesetzlichen Vertreters und der Sorgeberechtigten

1. Wer[1] minderjährig[2] oder aus anderen Gründen in der Geschäftsfähigkeit beschränkt[2] ist, bedarf[8] zur Eingehung einer Ehe der Einwilligung[5] seines gesetzlichen Vertreters[3].

2. Steht dem gesetzlichen Vertreter eines Minderjährigen nicht gleichzeitig die Sorge für die Person des Minderjährigen zu oder ist neben ihm noch ein anderer sorgeberechtigt, so ist auch die Einwilligung[5] des Sorgeberechtigten[4] erforderlich[3].

3. Verweigert der gesetzliche Vertreter oder der Sorgeberechtigte die Einwilligung ohne triftige Gründe[6], so kann der Vormundschaftsrichter sie auf Antrag des Verlobten[7], der der Einwilligung bedarf, ersetzen[7].

Der Bräutigam muß, um die Ehe eingehen zu können, nach § 1 (siehe dort) volljährig sein, d. h., wenn er das 21. Lebensjahr noch nicht vollendet hat, aber von dem Alterserfordernis des vollendeten 21. Lebensjahres befreit wird, für volljährig erklärt werden. Hiezu bedarf es seiner Einwilligung und der Einwilligung seines Gewalthabers, wenn er unter elterlicher Gewalt steht (§ 4 BGB.). Die Braut kann nach § 1 schon nach Vollendung des 16. Lebensjahres und sogar, wenn sie von diesem Alterserfordernis befreit wird, noch früher heiraten und braucht nicht volljährig, kann auch minderjährig sein. Dies ist der Hauptfall des § 3. Für ihn gilt, daß zur Eheschließung die Einwilligung des gesetzlichen Vertreters und außerdem eines etwa neben ihm für die Person der Minderjährigen Sorgeberechtigten erforderlich ist. Der Einwilligung des gesetzlichen Vertreters bedürfen endlich Volljährige mit beschränkter Geschäftsfähigkeit.

Das Ehegesetz hat das Einwilligungsrecht als Ausfluß der gesetzlichen Vertretung und des Sorgerechts gestaltet (KG. HRR. 41, 765). Es kann auch den Inhabern der elterlichen Gewalt nach § 1666 BGB. entzogen werden, sei es, indem diesen das Sorgerecht überhaupt, oder daß es ihnen insoweit entzogen wird, als die Einwilligung in die Eheschließung in Frage kommt (KG. a. O.).

1. Über Ausländer s. I d zu § 1. Ob die Anerkennung einer von einem minderjährigen Ausländer im Inland eingegangenen Ehe im Inland oder seine Eheschließung im Inland die Einwilligung eines gesetzlichen Vertreters oder seiner Eltern oder sonstiger Personen voraussetzt, ist nach ausländischem Recht zu beurteilen (A. 13 EGBGB.). Inländische Verlobte bedürfen der nach § 3 erforderlichen Einwilligung, auch wenn sie die Ehe im Ausland eingehen.

2. Minderjährig ist, wer das 21. Lebensjahr noch nicht vollendet hat (§§ 2, 187 Abs. 2 Satz 2 BGB.; Berechnung s. 2a zu § 1). Minderjährige sind vor Vollendung des 7. Lebensjahres geschäftsunfähig — bis dahin gilt

für sie § 2 —, von Vollendung des 7. Lebensjahres ab beschränkt geschäftsfähig, von da ab gilt für sie § 3 und § 30. Beschränkt geschäftsfähig ist nach § 114 BGB. außerdem, wer wegen Geistesschwäche (bezüglich Entmündigung wegen Geisteskrankheit s. § 2), Verschwendung oder Trunksucht entmündigt oder nach § 1906 BGB. unter vorläufige Vormundschaft gestellt ist; auch wenn ein solcher später wegen Geisteskrankheit entmündigt wird, kann er trotz § 2 bis zu dieser endgültigen Entmündigung mit Einwilligung des gesetzlichen Vertreters noch eine Ehe schließen.

Geistesschwache, welche nicht entmündigt sind, können wirksam heiraten, wenn z. Z. der Eheschließung ihre freie Willensentschließung nicht durch krankhafte Störung ihrer Geistestätigkeit ausgeschlossen war (§ 105 Abs. 2 BGB.).

3. Gesetzlicher Vertreter eines nicht unter Vormundschaft stehenden Minderjährigen ist der Vater (§§ 1627, 1630 BGB.), die Mutter ausnahmsweise nach § 1685 BGB., dann, wenn der Vater an der Ausübung der elterlichen Gewalt tatsächlich verhindert (z. B. dauernd abwesend, etwa kriegsgefangen) ist, oder seine elterliche Gewalt ruht (§ 1676 BGB.), d. h. wenn er geschäftsunfähig, entmündigt oder unter vorläufige Vormundschaft gestellt ist oder wegen körperlicher Gebrechen nach § 1910 BGB. einen Pfleger erhalten hat, ferner insbesondere dann, wenn der Vater gestorben oder für tot erklärt ist (§ 1684 Z. 1 BGB.), und wenn er die elterliche Gewalt durch Verurteilung zu einer Zuchthaus- oder Gefängnisstrafe von 6 Monaten wegen eines an dem Kinde verübten Verbrechens oder vorsätzlichen Vergehens (§§ 1680, 1684 Ziff. 2 BGB.) verwirkt hat, sofern die Ehe aufgelöst ist. Dem Vater kann die Sorge für die Person des Kindes auch vom Vormundschaftsgericht nach § 1666 BGB. entzogen sein; in diesem Falle wird die Mutter gesetzliche Vertreterin nur, wenn die Ehe aufgelöst ist, aber nicht bei Bestehen der Ehe und ist bei Bestehen der Ehe entweder für den gesetzlichen Vertreter als solchen ein Pfleger oder für das Kind ein Pfleger oder Vormund (§ 1773 Abs. 1 BGB.) zu bestellen, wozu auch die Mutter ausersehen werden kann. Ist die Ehe der Eltern geschieden, so ist gesetzlicher Vertreter eines gemeinsamen minderjährigen Kindes derjenige Elternteil, dem das Vormundschaftsgericht nach § 74 die Sorge für die Person des Kindes übertragen hat. Ist ein Minderjähriger von einem Dritten an Kindes Statt angenommen, so ist der Adoptierende gesetzlicher Vertreter, bei gemeinschaftlicher Adoption der Adoptivvater und ausnahmsweise nach denselben Grundsätzen, welche für leibliche Eltern gelten, die Adoptivmutter (§ 1757 BGB.); dagegen verlieren die leiblichen Eltern durch die Adoption mit der elterlichen Gewalt (§ 1765 BGB.) auch die gesetzliche Vertretung. Vater (und Mutter — § 1630 BGB.) oder Vormund können auch im Einzelfall von der Vertretung des Verlobten ausgeschlossen (§ 1795 BGB.) oder es kann ihnen die Vertretung entzogen sein (§ 1796 BGB.), dann kommt es auf die Einwilligung des gesetzlichen Vertreters an. Gesetzlicher Vertreter eines Minderjährigen, der nicht unter elterlicher Gewalt steht — Regelfall, daß beide Eltern gestorben sind oder daß er unehelich (§ 1707 BGB.) und nicht etwa für ehelich erklärt ist (§§ 1736, 1738 BGB.) — oder dessen Familienstand nicht zu ermitteln ist oder dessen Eltern nach dem Ausgeführten nicht zu seiner Vertretung berechtigt sind, ist der in solchem Falle ohne Antrag (§ 1774) zu bestellende Vormund (§§ 1800,

1793 BGB.), evtl. Pfleger (§ 1909 Abs. 1 und 3 BGB., § 1915 BGB.). Gegenvormund oder Beistand sind nie gesetzliche Vertreter, wohl aber Mitvormünder (§ 1797 BGB.), doch können deren Wirkungskreise geteilt und gerade dem einen die persönlichen Angelegenheiten — darunter fällt die Eheschließung —, dem anderen die Vermögensangelegenheiten übertragen werden.

Die gesetzliche Vertretung zerfällt in Vertretung in persönlichen und in Vertretung in Vermögensangelegenheiten (§ 1630 BGB.); die Eheschließung gehört zu den persönlichen Angelegenheiten.

Für die Frage, wer gesetzlicher Vertreter ist, ist maßgebend der Zeitpunkt der Eheschließung. Ist in diesem Zeitpunkt kein gesetzlicher Vertreter vorhanden, kann die Ehe nicht geschlossen werden, solange kein (neuer) Vormund oder Pfleger (§ 1909 BGB.) bestellt ist.

Der gesetzliche Vertreter, auch der Vormund bedarf *nicht* seinerseits zur Einwilligung der *Genehmigung des Vormundschaftsgerichts*.

4. Regelmäßig ist die gesetzliche Vertretung in persönlichen Angelegenheiten ein Ausfluß des Rechtes und der Pflicht für die Person des Minderjährigen zu sorgen (§§ 1630 Abs. 1, 1686, 1793, 1800, 1915 BGB.). Es kann aber sein, sowohl, daß dem gesetzlichen Vertreter auch in persönlichen Angelegenheiten im übrigen das Recht für die Person des Minderjährigen zu sorgen, nicht zusteht, als auch, daß neben ihm einer weiteren Persönlichkeit ohne das Recht zur Vertretung das *Recht und die Pflicht* zusteht, *für die Person des Minderjährigen zu sorgen*. In allen Fällen, in welchen auf diese Weise gesetzliche Vertretung und Recht zur Sorge für die Person des Minderjährigen in subjektiver Hinsicht auseinanderfallen oder letzteres sich vermehrfacht, ist außer der Einwilligung des gesetzlichen Vertreters zur Eheschließung die *Einwilligung des* an Stelle des ersteren oder neben ihm *zur Sorge für die Person Berechtigten* erforderlich. Auch hier ist der Zeitpunkt der Eheschließung maßgebend. Ist in diesem eine solche sorgeberechtigte Person nicht vorhanden, so bedarf es ihrer Einwilligung natürlich nicht; dasselbe gilt, wenn sie bloß rechtlich oder tatsächlich verhindert ist (vgl. § 1707 BGB.). Das Recht kann weder durch einen gewillkürten (Bevollmächtigten) noch einen gesetzlichen Vertreter ausgeübt werden, weil es *höchstpersönlich* ist.

Die wichtigsten *Fälle eines Sorgerechts* **neben** *demjenigen des gesetzlichen Vertreters* sind, das Sorgerecht der ehelichen (§ 1634) und unehelichen (§ 1707 BGB.) Mutter neben demjenigen des Vaters oder Vormunds (§§ 1697, 1696 bzw. 1707 BGB.) das Recht des Vaters, dessen elterliche Gewalt ruht, weil er wegen körperlicher (nicht auch wegen geistiger) Gebrechen einen Pfleger nach § 1910 Abs. 1 BGB. erhalten hat (§ 1676 Abs. 2 BGB.), das Recht der unehelichen Mutter des für ehelich erklärten Kindes und der leiblichen Eltern eines adoptierten Kindes, wenn sie ihm Unterhalt gewähren (§§ 1738 Abs. 2, 1765 Abs. 2 BGB.); in andern Fällen steht der unehelichen Mutter des für ehelich erklärten und den leiblichen Eltern eines angenommenen Kindes kein Sorgerecht (neben dem Vater, bzw. den Adoptiveltern) zu. Bei den für ehelich geltenden Kindern aus nichtigen, bei Kindern aus aufgehobenen und bei Kindern aus geschiedenen Ehen bestimmt (nach §§ 25, 37, 74) das Vormundschaftsgericht, wem die Sorge für die Person des Kindes zusteht, einschl. der Vertretung in persönlichen Angelegenheiten; hier können Vertretungsrecht und Sorgerecht also im allgemeinen nicht auseinanderfallen. Dagegen kann sich ein solches Auseinanderfallen aus Maßnahmen des Vormundschaftsgerichts nach (§ 1666 BGB.) ergeben. Nicht sorgeberechtigt sind auch hier Gegenvormund und Beistand.

Bestehen Meinungsverschiedenheiten zwischen dem gesetzlichen Vertreter und dem an seiner Statt oder neben ihm Sorgeberechtigten, so entscheidet nach Abs. 3 das Vormundschaftsgericht. Auch für Meinungsverschiedenheiten unter den leiblichen Eltern ist § 1634 Satz 2 BGB. nicht anwendbar.

5. Sowohl die Einwilligung nach Abs. 1, als auch die nach Abs. 2 ist eine einseitige, empfangsbedürftige formlose Willenserklärung, welche gegenüber jedem der beiden Verlobten ausgesprochen werden kann. Sie muß der Eheschließung vorangehen (vgl. aber unten) und ist widerruflich, solange die Ehe nicht geschlossen ist (§§ 182, 183 BGB.). Ist die Einwilligung aufschiebend bedingt oder befristet, muß zur Zeit der Eheschließung Bedingung bzw. Termin eingetreten sein. Umgekehrt darf die Einwilligung nicht durch Eintritt einer auflösenden Bedingung oder Befristung hinfällig geworden sein. Wenn auch an keine Form gebunden, muß sie doch dem Standesbeamten in überzeugender Form nachgewiesen werden (§ 17 1. AV. z. PersStG. v. 18. 5. 1938). Nachweis in Form der Beglaubigung der Einwilligungserklärung ist also nicht erforderlich. Da letztere widerruflich ist, kann der Standesbeamte auch den Nachweis fordern, daß eine schriftlich abgegebene Erklärung nicht widerrufen ist.

Rechtlich nicht möglich ist es, die Einwilligung zur Eheschließung allgemein zu erteilen, die Einwilligung muß sich auf einen bestimmten Fall der Eheschließung beziehen.

Wenn auch die Einwilligung der Eheschließung vorangehen muß, so kennt das Gesetz (§ 30) doch auch die nachträgliche Genehmigung der Ehe durch den gesetzlichen Vertreter (und den einwilligungsbedürftigen Verlobten nach erlangter voller Geschäftsfähigkeit), welche den Mangel heilt, ja sogar nachträglichen Ersatz der nachträglichen Genehmigung, aber nur des gesetzlichen Vertreters, nicht auch des Sorgeberechtigten durch das Vormundschaftsgericht.

6. Weder gesetzlicher Vertreter noch Sorgeberechtigter dürfen ihre Einwilligung willkürlich oder auch nur aus fadenscheinigen Gründen verweigern, sondern nur, wenn sie für die Verweigerung einen triftigen Grund haben. Wenn auch das Gesetz von triftigen Gründen spricht, so genügt schon ein einziger triftiger Grund; der Gebrauch der Mehrzahl beruht auf einer Entgleisung des gesetzgeberischen Ausdrucks. Die Frage ist, ob es sich um einen objektiv triftigen Grund handeln muß, oder um einen Grund, der sich als triftig auch im Vergleich mit einem für die Heirat sprechenden Grund und auch gegenüber einem solchen als gewichtiger Grund behauptet. Letzteres ist nicht zu fordern, wenn auch die Vernunft gebietet, daß nicht jede Abwägung der Gründe unterlassen wird. Aber es ist nicht erforderlich, daß der Grund nach allgemeinen Anschauungen oder vom Standpunkt der Interessen der Verlobten aus triftig ist. Es genügt ein Grund, der triftig ist, vom Standpunkt der Weltanschauung und Gefühlswelt (z. B. bei einer geplanten religiösen Mischehe) des Einwilligungsberechtigten aus (vgl. auch Anm. 7 Ab-

satz 2), denn das Einwilligungsrecht ist ihm als eigenes gegeben und nicht bloß Ausfluß der Sorgebefugnis. Reine Gefühlsmomente, welche mit ethischen, ideellen oder materiellen Belangen überhaupt nichts zu tun haben, wie Schikane, Zorn, Feindschaft, Rachsucht, scheiden als triftige Gründe aus. Ebenso dürften rein selbstsüchtige materielle Gesichtspunkte, wie die Rücksicht auf das durch die Eheschließung herbeigeführte Ende der elterlichen Nutznießung am Tochtervermögen (§§ 1661, 1686 BGB.), die Aussicht, durch die Ehe der Tochter mit einem anderen, vermögenderen Schwiegersohn selbst versorgt zu werden, als triftig nicht anzuerkennen sein. Völkische Belange oder Belange der Allgemeinheit kommen nicht in Betracht.

7. Verweigert der gesetzliche Vertreter oder Sorgeberechtigte seine Einwilligung ohne triftigen Grund, so kann das Vormundschaftsgericht sie durch seine Einwilligung ersetzen, aber nur auf Antrag und zwar desjenigen Verlobten, welcher der Einwilligung bedarf. Das Gericht hat zu prüfen, ob der Grund des Sorgeberechtigten, die Einwilligung zu verweigern, nach Maßgabe der Anm. 6 triftig ist. Bejaht es dies, so hat es den Antrag abzulehnen, dagegen ist, wenn es die Frage verneint, damit noch nicht gesagt, daß es die Einwilligung erteilen und nicht etwa aus einem anderen triftigen Grunde verweigern müsse. Das Vormundschaftsgericht kann seiner Einwilligung auch Bedingungen und Auflagen z. B. hinsichtlich des ehelichen Güterstandes beifügen (BayObLG. 13 S. 186).

Die vom Sorgeberechtigten verweigerte Einwilligung ist vom Vormundschaftsgericht nur in besonderen Fällen zu ersetzen, besonders die der Eltern regelmäßig nur dann, wenn sie die Einwilligung mißbräuchlich verweigern. Es hat daher nicht die Befugnis, über berechtigte Familienbelange hinwegzugehen und die Eheschließung eines minderjährigen Mädchens schon dann zu genehmigen, wenn der Ehe gesetzliche Verbote oder Hindernisse nicht im Wege stehen. Ob über die Gründe, welche die Einwilligungsberechtigten dafür geltend machen, die Einwilligung zu versagen, hinweggegangen werden kann, ist daher nach einem strengen Maßstab zu prüfen. Von einem Mißbrauch ihres Rechts kann keine Rede sein, wenn ihnen die Persönlichkeit des Bräutigams Besorgnisse einflößt, mag auch trotz seiner Mängel die Möglichkeit einer glücklichen Ehe bestehen, selbst dann nicht, wenn die Braut von ihm schon schwanger ist. Freilich wird es im allgemeinen angezeigt sein, die Anforderungen zu mildern, wenn die Eheschließung erwünscht ist, um ein bereits geborenes oder zu erwartendes Kind zu legitimieren. Wenn aber die Besorgnisse hinsichtlich des Bestands und glücklichen Verlaufs der Ehe erheblich und begründet sind, kann die Versagung der Einwilligung durch die Eltern nicht als Mißbrauch angesehen werden (München HRR. 42, 4).

Abs. 3 ist auch dann anzuwenden, wenn gesetzlicher Vertreter und Sorgeberechtigter (Vater und Mutter) verschiedener Meinung sind. Auch dann kommt es nach Anmerkung 6 nicht darauf an, welcher die besseren Gründe hat, sondern ob der Grund der Verweigerung des einen Teils triftig ist.

Die Genehmigung der Ehe durch das Vormundschaftsgericht kann auch noch nach der Eheschließung beantragt und erteilt werden (siehe § 30).

Die Zuständigkeit des Vormundschaftsgerichtes richtet sich nach

§ 43 FGG. Für das Verfahren sind die Bestimmungen des FGG. maßgebend; es gilt also nach § 12 FGG. Offizialmaxime. Auch ohne Antrag sind Verwandte und Verschwägerte des Verlobten zu hören (§ 1847 BGB.). Die Entscheidung des Vormundschaftsgerichts kann durch Beschwerde angefochten werden sowohl von den Einwilligungsberechtigten, der die Einwilligung verweigern, nicht auch von dem, der sie erteilen will, als auch von dem Verlobten, der ihrer bedarf (§§ 20, 53, 59, 60 Abs. 1 Z. 6 FGG.).

8. „bedarf", „ist erforderlich" besagt nicht, daß eine Ehe, die ein Minderjähriger ohne Einwilligung des gesetzlichen Vertreters oder für seine Person Sorgeberechtigten eingeht, mangels deren Ersatz durch das Vormundschaftsgericht gemäß Abs. 3 nichtig ist. Der Mangel der Einwilligung des Sorgeberechtigten hat, auch wenn sie nicht nach Abs. 3 ersetzt ist, auf den Bestand der Ehe überhaupt keinen Einfluß. Der Mangel der Einwilligung des gesetzlichen Vertreters kann dagegen, wenn sie nicht nach Abs. 3 ersetzt ist, nach § 30 zu einer Aufhebungsklage während der Minderjährigkeit (beschränkten Geschäftsfähigkeit) durch den gesetzlichen Vertreter, nach Eintritt unbeschränkter Geschäftsfähigkeit durch den Ehegatten führen, der bei der Eheschließung beschränkt geschäftsfähig war, es sei denn, es habe ersterer nach der Eheschließung oder letzterer nach erlangter Vollgeschäftsfähigkeit die Eheschließung genehmigt, oder es wurde die Genehmigung des ersteren nachträglich durch das Vormundschaftsgericht ersetzt.

Außerdem hat der unersetzte Mangel der Einwilligung güter- und vermögensrechtliche Folgen. Mangels Einwilligung des gesetzlichen Vertreters, die nicht ersetzt wurde, hat der Ehemann der in der Geschäftsfähigkeit beschränkten Braut kein Recht der Verwaltung und Nutznießung am Frauenvermögen, tritt vielmehr unter den Ehegatten Gütertrennung ein (§§ 1365, 1426 BGB.). (Allgemeine Gütergemeinschaft und Fahrnisgemeinschaft können ihrerseits nach §§ 1437, 1549 BGB. nur mit Zustimmung des gesetzlichen Vertreters und des Vormundschaftsgerichts, Errungenschaftsgemeinschaft nur durch ihn oder mit seiner Zustimmung [§§ 1519 Abs. 2, 107, 108 BGB.] vereinbart werden.) Nachträgliche Genehmigung durch den gesetzlichen Vertreter beseitigt diese Folge ihres Fehlens, wohl auch nachträglicher Ersatz der nachträglichen Genehmigung durch das Vormundschaftsgericht nach § 30. Der Mangel der Einwilligung eines vertretungs- oder sorgeberechtigten Elternteils begründet sein Recht, eine Aussteuer der Tochter zu verweigern (§ 1621 Abs. 1 BGB. i. F. des § 23 DVO. zum EheG.), wenn diese doch heiratet, ohne daß das Vormundschaftsgericht nach Abs. 3 die Einwilligung ersetzt hat, ferner unter derselben Voraussetzung die Fortdauer der elterlichen Nutznießung am Vermögen der minderjährigen Tochter trotz ihrer Verheiratung bis zu ihrer Volljährigkeit (§§ 1661, 1686 BGB.). Nachträgliche Genehmigung durch den Einwilligungsberechtigten beseitigt auch diese Folge, dagegen gibt es einen nachträglichen Ersatz der Genehmigung des einwilligungsberechtigten Sorgeberechtigten nach § 30 nicht.

Vorbemerkung

In §§ 1—3, 11, 13 hat das Gesetz Ehevoraussetzungen aufgestellt, nämlich Vollgeschäftsfähigkeit des Mannes und Mindestalter auf beiden Seiten, Zustimmung des gesetzlichen Vertreters bei der Eheschließung eines

Beschränktgeschäftsfähigen und des Sorgeberechtigten. Für diese Ehevoraussetzungen gebraucht es die nur teilweise zutreffende Bezeichnung „Ehefähigkeit". Zu den Ehevoraussetzungen gehört auch der mangelfreie Eheschließungswille, dessen rechtlich beachtliche Mängel außer in §§ 2 mit 18, 3 mit 30 in §§ 19, 31, 33, 34, erschöpfend bestimmt sind. Obwohl es sich hiebei gleichmäßig um Ehevoraussetzungen handelt, beeinträchtigt nicht das Fehlen einer jeden die Gültigkeit der Ehe und, soweit, nicht in gleichem Grade. Keinerlei Wirkung bringt nur eine Eheschließung hervor, welche die Vorschriften des § 11 nicht erfüllt. Im übrigen sind Ehen, denen es nur daran gebricht, daß die Ehevoraussetzungen nicht alle erfüllt sind, zunächst gültig, aber vernichtbar oder aufhebbar, oder überhaupt voll gültig, ohne vernichtbar oder aufhebbar zu sein. In allen Fällen auf einer fehlenden Ehevoraussetzung beruhender Vernicht- oder Aufhebbarkeit einer Ehe ist dieser Mangel heilbar, so daß völlig unheilbare Nichtigkeit nur bei Verstoß gegen § 11 vorliegt. Das Gesetz bestimmt aber nicht nur allgemeine Ehevoraussetzungen, sondern stellt darüber hinaus ohne Rücksicht auf die Erfüllung dieser auch für bestimmte Fälle Eheverbote auf, deren Übertretung gleichfalls folgenlos sein oder die Vernichtbarkeit oder Aufhebbarkeit der Ehe herbeiführen kann. Auch hier gibt es Fälle der Heilbarkeit. Fehlende Ehevoraussetzung und Eheverbot faßt man auch mit der Bezeichnung „Ehehindernis" zusammen und spricht von trennendem oder aufschiebendem, je nachdem ob sich daraus für den Bestand einer Ehe, die geschlossen worden ist, ohne das Ehehindernis zu beachten, Folgen ergeben können oder nicht. Diese Folgen können in unheilbarer oder heilbarer Vernichtbarkeit oder Aufhebbarkeit bestehen; bei letzterer tritt eine Sanierung abgesehen von der Heilung durch Bestätigung oder dieser gleichzusetzendem Verhalten auch durch Versäumung der Klagefrist von einem Jahre ein. Die Ausdrucksweise des Gesetzes ist nicht so einheitlich wie erwünscht. Bei trennenden Ehehindernissen sagt es „kann nicht" oder „darf nicht" oder „bedarf", ohne zwischen Nichtigkeit und Aufhebbarkeit, Heilbarkeit oder Unheilbarkeit zu unterscheiden, bei aufschiebenden „soll nicht", aber ausnahmsweise auch „kann nicht" (§ 39 Abs. 2).

B. EHEVERBOTE

§ 4. Verwandtschaft und Schwägerschaft

1. Eine Ehe darf nicht[6] geschlossen werden zwischen Verwandten[1] in gerader Linie[2], zwischen vollbürtigen[2] und halbbürtigen[2] Geschwistern sowie zwischen Verschwägerten in gerader Linie[3], gleichgültig, ob die Verwandtschaft auf ehelicher oder auf unehelicher Geburt beruht[4].

2. Eine Ehe darf nicht[6] geschlossen werden zwischen Personen, von denen die eine mit Eltern, Voreltern oder Abkömmlingen der anderen Geschlechtsgemeinschaft gepflogen hat[5].

3. Von dem Eheverbot der Schwägerschaft kann Befreiung erteilt werden[7,8].

1. Ein trennendes Ehehindernis begründet Blutsverwandtschaft in einem gewissen Grade, ohne daß es darauf ankäme, ob sie auf ehelicher oder unehelicher Geburt und, wie über den Gesetzeswortlaut hinaus zu sagen ist, Beiwohnung oder Empfängnis beruht. Der Begriff Verwandtschaft umfaßt die gesetzliche Verwandtschaft, aber demnach auch die bloße Blutsverwandtschaft. Blutsverwandt ist auch folgender Personenkreis: der Vater und sein uneheliches Kind, dieses und seine Abkömmlinge mit allen Abkömmlingen und Aszendenten des unehelichen Vaters. Verwandtschaft wird auch begründet durch die bloße Ehelichkeitserklärung nach § 1736 BGB., auch wenn sie nicht von dem wahren Vater erklärt wird. Beweisregeln und Rechtsvermutungen, Rechtsfiktionen für Blutsverwandtschaft gibt es nicht. Da der uneheliche Vater mit dem Kind nur bluts-, aber nicht gesetzlich verwandt, und Blutsverwandtschaft nicht fingierbar ist, sind §§ 1717, 1718 BGB. hier ohne Bedeutung, nicht aber § 1591 Abs. 1 S. 1 BGB., da er eine gesetzliche Verwandtschaft begründet. Es gelten die allgemeinen Beweisregeln. Dies hindert nicht, daß auf Grund eines gegebenen äußeren Anscheins für ihre Blutsverwandtschaft unter Umständen die Verlobten den Beweis zu erbringen haben, daß sie nicht verwandt sind. Die Frage, ob die Rechtsvermutungen des BGB. gelten, kann übrigens, da auch Halbbürtigkeit der Geschwister das Eheverbot begründet, dieses aber auf Verwandte gerader Linie und Geschwister beschränkt ist, nur ganz ausnahmsweise eine Rolle spielen.

Ein aufschiebendes Ehehindernis begründet auch die Annahme an Kindes Statt (§ 7), und zwar über die dadurch begründete gesetzliche Verwandtschaft (§§ 1757, 1762 BGB.) hinaus. Für dieses gilt die Sonderregelung des § 7 (s. dort).

2. Nicht jede Blutsverwandtschaft begründet das Ehehindernis, vielmehr ist das Eheverbot beschränkt auf Verwandte gerader Linie und voll- und halbbürtige Geschwister. Demnach steht einer Ehe zwischen Onkel und Nichte, Tante und Neffe, nichts im Wege.

a) Verwandt in gerader Linie sind Personen, wenn eine von der anderen abstammt.

b) Vollbürtige Geschwister sind Personen, welche von demselben Vater und zugleich von derselben Mutter abstammen, mögen sie auch alle aus derselben außerehelichen Verbindung hervorgegangen sein; Halbbürtig sind solche Geschwister, welche entweder von demselben Vater oder von derselben Mutter, aber von verschiedenen Müttern bzw. Vätern abstammen. Kinder des einen Ehegatten aus früherer Ehe, und Kinder des anderen aus früherer Ehe, desgleichen mehrere Adoptivkinder (arg. § 1763 BGB.), sind überhaupt nicht verwandt und fallen nicht unter das Eheverbot; dagegen fällt darunter eine Ehe zwischen einem Kind aus der Ehe der Gatten und einem Kind aus der früheren Ehe eines von ihnen.

3. Das Eheverbot gilt, nachdem die Ehe aufgelöst ist, auch für einen Ehegatten und die Verwandten gerader Linie des anderen Ehegatten, die Verschwägerten (§ 1590 BGB.) gerader Linie. Es kann also niemand einen Elternteil (Schwiegermutter oder Schwiegervater) oder ein Kind seines (früheren) Ehegatten (sein Stiefkind) heiraten. Wie nach Anm. 2 kommt es auf gesetzliche und natürliche Verwandtschaft mit dem andern Ehegatten an, gleichgültig ob diese auf ehelicher oder unehelicher Geburt oder Empfängnis beruht.

Das Eheverbot unter Verschwägerten gilt ohne Rücksicht auf die Art, wie die die Schwägerschaft begründende Ehe aufgelöst ist, ob durch Tod eines Ehegatten, Wiederverheiratung nach Todeserklärung (§ 38), Aufhebung (§ 29) oder Scheidung (§ 41), nicht bei Nichtigerklärung (s. zu § 21).

Daß eine Ehe die Schwägerschaft eines Ehegatten nur mit den Verwandten des anderen vermittelt, welche bei der Eheschließung schon vorhanden waren, läßt sich weder aus § 1590 BGB. noch aus § 4 entnehmen. Das Eheverbot besteht also auch zwischen dem einen Ehegatten und dem während oder nach Auflösung oder Nichtigerklärung der Ehe (unehelich oder ehelich) erzeugten bzw. empfangenen und geborenen Kindern des andern (auch A. Rilk Anm. 1, KRGR. Anm. 2, und Staud. Anm. 6 zu § 1310); es kann sonach der geschiedene Ehemann die Tochter seiner Frau aus deren zweiter Ehe nicht heiraten.

4. Der Gesetzeswortlaut ist zu ergänzen. Das Eheverbot muß auch dann gelten, wenn die Verwandtschaft, sei es die Blutsverwandtschaft zwischen den Verlobten oder die Blutsverwandtschaft mit dem anderen Ehegatten, welche die Schwägerschaft begründet, auf unehelicher Empfängnis oder Beiwohnung beruht. Blutsverwandt (halbbürtige Geschwister) sind auch Kinder eines Mannes und seiner Ehefrau mit den Kindern, welche er mit den Ehefrauen anderer Männer erzeugt hat und welche während der Ehen ihrer Mütter geboren werden.

5. Das Gesetz von 1946 hat das Eheverbot aus § 1310 BGB. wieder eingeführt, welches eine Ehe zwischen Personen untersagt, von denen die eine mit Blutsverwandten auf- oder absteigender Linie der anderen Geschlechtsgemeinschaft gepflogen hat. Das Ehegesetz von 1938 hatte diesen Tatbestand als Grund für ein Eheverbot wegen der Schwierigkeit seiner Feststellung nicht mehr anerkannt. Nach diesem wiedereingeführten Verbot kann ein Mann die Mutter oder Tochter seiner Beischläferin oder die Beischläferin seines Vaters oder Sohnes, eine Frau den Beischläfer ihrer Mutter oder Tochter oder den Vater oder Sohn ihres Beischläfers nicht heiraten. Unter Geschlechtsgemeinschaft ist der normale Beischlaf, d. h. die Vereinigung der Geschlechtsteile zu verstehen, die sonach ein Ehehindernis begründet, auch wenn daraus kein Kind hervorgegangen ist. Ein sonstiger unzüchtiger Verkehr, bei dem die Geschlechtsteile nicht vereinigt wurden, scheidet dagegen aus. Schon einmaliger Beischlaf begründet das Ehehindernis.

6. Eine Ehe, welche ungeachtet einer zwischen den Ehegatten bestehenden unter Abs. 1 fallenden Verwandtschaft oder Schwägerschaft eingegangen worden ist, ist nach § 21 **nichtig.** Die aus ihr hervorgegangenen Kinder gelten jedoch als ehelich (§ 25). Es handelt sich aber nicht um eine Nichtehe, sondern um eine Ehe, welche voll besteht, solange sie nicht für nichtig erklärt ist (§ 23). Ehen, die dem Verbot des Abs. 2 zuwiderlaufen, sind vollgültig und nicht vernichtbar, es sei denn, daß Schwägerschaft vorliegt.

7. Befreiung von dem Verbot der Schwägerschaft kann, und zwar auch nachträglich, nach der Eheschließung erteilt werden (§ 21 Abs. 2) letzterenfalls mit der Folge, daß die Ehe als von Anfang an gültig angesehen wird.

Zuständig für die Befreiung ist nach § 3 der 1. DVO. zum EheG. von 1938 der Landesgerichtspräsident, in dessen Bezirk der Bräutigam bzw. Ehemann seinen Wohnsitz oder seinen Aufenthalt hat. Wenn die beteiligte Person der deutschen Staatsangehörigkeit entbehrt oder nachträglich Befreiung bewilligt werden soll, ist der Oberlandesgerichtspräsident zuständig. Dieser entscheidet auch über die Beschwerde. Die vorbereitende Entscheidung liegt dem Amtsgericht ob, bei welchem sonach das Gesuch einzureichen ist. An Papieren sind dem Gesuch beizufügen: Ein polizeiliches Führungs-, ein ärztliches Gesundheitszeugnis (nach aA. z. B. Nehlert 7. Rdsch. 47 S. 71 nicht mehr erforderlich), Geburtsurkunde und Heiratsurkunde der Eltern, und zwar für jeden Ehegatten, ferner wenn die Staatsangehörigkeit zweifelhaft ist, ein Staatsangehörigkeitsausweis. Zu berücksichtigen sind die gesamten Umstände des Falles. Die Befreiung ist in der Regel erst zu erteilen, wenn seit der Auflösung oder Nichtigerklärung der Ehe, auf welcher die Schwägerschaft beruht, ein Jahr verstrichen ist; im übrigen ist sie Ermessenssache. Die Befreiung soll versagt werden, wenn der Mann erheblich jünger als die Frau oder wenn die beabsichtigte Ehe aus gesundheitlichen Gründen unerwünscht ist (nach aA. z. B. Nehlert aaO., Beitzke FamR. S. 26, DRZ. 46 S 136 Mitteis FamR. 28, sollen letztere keine Versagungsgründe mehr sein, weil dem Eheverbot des § 4 uralte sittliche Anschauungen, nicht erbpflegerische Rücksichten zugrunde liegen; dies schließt aber nicht aus, solche walten zu lassen, ohne daß gesagt werden könnte, dies sei nur nationalsozialistisch).

8. Abs. 3 ist ohne Bedacht auf das wiedereingeführte Eheverbot des Abs. 2 unverändert aus dem EheG. 1938 übernommen. In Übereinstimmung mit der in der ersten Auflage vertretenen Meinung (wie dort: Dölle DRZ. 1948 S. 224, Kömpel, Der Standesbeamte 1949 S. 15, Nathan — s. DRZ. 48 S. 293 Fußn. 6 — aA. Beitzke, FamR. S. 26 Rohs DRZ. 48 S. 293, Boehmer, DRZ. 38 S. 473) ist durch die Erg.VO. zur BrAVO. z. Eheg. — BrVOBl. 1948 S. 247 — für die britische Zone und im Einvernehmen mit der Rechtsabteilung der US.-MilReg. in einzelnen Ländern der US.-Zone durch JMinE. — BayJMBl. 47 S. 16, Erl. des Hess.JM. vom 7. 12. 48, s. „Der Standesbeamte" 1948 S. 9 — die Befreiung auch von dem Ehehindernis der Geschlechtsgemeinschaft zugelassen worden.

§ 5. Doppelehe

Niemand[1] darf[2] eine Ehe eingehen, bevor seine frühere Ehe[3] für nichtig erklärt oder aufgelöst worden ist.

1. Das verhältnismäßig spät allgemein anerkannte, nach Haff, Familienrecht S. 33 noch bei den Vorarbeiten zum preuß. ALR. von einer naturrechtlichen Bewegung bekämpften V e r b o t der Doppelehe (Bigamie) g i l t nach deutschem Recht f ü r j e d e r m a n n, der in Deutschland eine Ehe eingehen will, gleichgültig, welchem Staat er angehört und ob nach seinem Heimatrecht die Mehrehe erlaubt oder gar vorgeschrieben ist (A. 30 EGBGB.) Jedoch kann und wird oft nach ausländischem Recht zu beurteilen sein, ob ein ausländischer Verlobter bereits verheiratet ist.

2. Doppelehe hat die N i c h t i g k e i t d e r s p ä t e r e n E h e zur Folge (§ 20), die aber nur durch Nichtigkeitsurteil herbeigeführt werden kann

(§ 23). Ist freilich die spätere Ehe von Ausländern im Ausland geschlossen und gestattet das nach deutschem internationalem Heimatrecht zuständige ausländische Recht die Mehrehe, so kommt es für Anerkennung der späteren Ehe im Inland auf A. 13, 30 EGBGB. an (s. I 1 d zu § 1).

3. Das Verbot, eine neue Ehe zu schließen, setzt den Bestand einer Ehe mit einem Dritten voraus (§ 20). Dieselben Ehegatten können die Eheschließung wiederholen, auch, wenn ihre Ehe nicht für nichtig erklärt, ja selbst dann, wenn sie gültig ist, vorausgesetzt, daß ein Bedürfnis nach Wiederholung der Eheschließung besteht. Letzteres ist der Fall, wenn die Ehegatten an der Gültigkeit oder an dem Fortbestand ihrer Ehe Zweifel hegen (§ 13 DVO. 1938) z. B. wenn Zweifel auftauchen, ob etwa der eine Ehegatte bei der Eheschließung geistesgestört, ein Scheidungsurteil oder der Beschluß, der den früheren Ehepartner des einen Ehegatten für tot erklärt hatte, rechtskräftig war (§ 18). Ist die Ehe gewiß ungültig, so ist die wiederholte Eheschließung erst recht zulässig, auch ohne daß die bestehende Ehe für nichtig erklärt oder aufgehoben ist; der erwähnte § 13 DVO. 1938 war zu eng gefaßt. Eine solche Gewißheit kann bestehen, wenn etwa die ältere Ehe nur zu dem Zwecke eingegangen war, um der Frau den Namen (§ 19) oder, sofern sie vor dem 1. März 1946 eingegangen, die Staatsangehörigkeit des Ehemannes zu verschaffen (§ 23 EheG. 1938). Die wiederholte Eheschließung drückt zugleich den Willen aus, die Ehe fortzusetzen. In gewissen Fällen der Ehenichtigkeit z. B. nach § 18 Abs. 1 wirkt sie dann heilend zurück; im übrigen aber wirkt sie erst von der neuen Eheschließung ab, so daß bis zu diesem Zeitpunkt zwischen den Ehegatten eine nichtige, aber nicht für nichtig erklärte Ehe bestand.

b) Das Verbot der Mehrehe setzt voraus, daß die ältere Ehe überhaupt eine Ehe war; eine Nicht-Ehe, d. h., ein Ehebund, der ohne Beachtung der §§ 11 und 13 geschlossen worden ist und vom Gesetz überhaupt nicht anerkannt wird, steht einem neuen in der Form rechtsgültiger Eheschließung eingegangenen Ehebund nicht im Wege. Von diesem Sonderfall abgesehen muß die ältere Ehe, um Hindernis für eine neue zu sein, noch bestehen. Ist sie aufgelöst (durch Tod eines Ehegatten, Wiederverheiratung des anderen nach Todeserklärung des einen [§ 38 Abs. 2], Scheidung), so hindert sie die Eingehung einer neuen Ehe selbstverständlich nicht. Dasselbe gilt, wenn sie aufgehoben ist. Dagegen braucht die formgerecht geschlossene ältere Ehe nicht gültig zu sein, um eine neue Ehe unzulässig zu machen; § 20 drückt sich ungenau aus. Die ältere Ehe, mag sie auch nichtig (vernichtbar) sein, macht die spätere Ehe unzulässig, solange sie nicht für nichtig erklärt ist. Die spätere Ehe ist und bleibt nichtig und kann auf Nichtigkeitsklage hin für nichtig erklärt werden, wenn die ältere Ehe nicht für nichtig erklärt wird, auch wenn sie nach Schließung der zweiten Ehe durch Tod, Scheidung, Aufhebung aufgelöst wird (zweifelnd Beitzke. FamR. S. 27). Wird die erste Ehe für nichtig erklärt, so wirkt diese Nichtigerklärung allerdings zurück (arg. e. c. § 29 S. 2, vgl. auch § 20), so daß die spätere Ehe geheilt ist (zweifelnd Beitzke. aaO.) Ist aber die spätere Ehe ihrerseits für nichtig erklärt, so hat es bei der Nichtigkeit auch der späteren Ehe sein Bewenden, und zwar deshalb, weil die Nichtigerklärung der späteren Ehe zurückgewirkt hat, so daß sie als nichtgeschlossen anzusehen ist. Ist die spätere Ehe aufgehoben oder geschieden in dem Zeitpunkte, in welchem die ältere für nichtig erklärt wird, so hat sie während ihrer Dauer rechtsgültig bestanden.

Ist eine Ehe durch Urteil rechtskräftig für nichtig erklärt, aufgehoben oder geschieden, das Verfahren gegen dieses Urteil aber wieder aufgenommen, so hindert dieses Wiederaufnahmeverfahren die Eingehung einer anderen Ehe nicht, wird aber durch eine solche seinerseits nicht ausgeschlossen (a. A. LG. Hagen SJ. 1946 S. 67, vgl. 3 vor 606 ZPo und 1 aE. zu § 16).

c) Ist die ältere Ehe im Ausland geschlossen, so hat der Standesbeamte zu prüfen, ob sie gemäß dem unter I 1 d zu § 1 Ausgeführten im Inland als Ehe anerkannt wird. Dasselbe gilt von der Wirkung eines ausländischen die ältere Ehe auflösenden oder für nichtig erklärenden Urteils; in diesem Fall hat er auch dessen Rechtskraft nach ausländischem Recht zu prüfen (RG. 88 S. 244); s. hierzu 1 d a. E. zu § 1. Inländische Urteile, welche den Bestand einer Ehe unter Ausländern auflösen, sind daraufhin zu prüfen, ob sie diese Wirkung auch im Ausland haben (KG. JFG. VIII S. 115).

d) Eine Toterklärung löst eine Ehe nicht auf, da sie nur eine widerlegliche Rechtsvermutung begründet, daß der für tot Erklärte tot sei (§ 9 VerschG.). Diese Rechtsvermutung ist aber stark genug, um das Verbot der Eheschließung zurückzudrängen; die Ehe des Verschollenen und seines Ehegatten wird nach § 38 Abs. 2 durch dessen neue Eheschließung aufgelöst. Soweit der Bestand der früheren Ehe nach ausländischem Recht zu beurteilen oder solches für die Eingehung der neuen Ehe maßgebend ist (A. 13 EGBGB.), ist § 38 Abs. 2 nicht anwendbar. Jedoch ist besonderes für die Ehefrau eines Ausländers bestimmt, wenn er gemäß § 12 Abs. 3 VerschG. auf ihren Antrag ohne Beschränkung der Wirkung auf sein im Inland befindliches Vermögen für tot erklärt ist und sie ihren Wohnsitz im Inland hat und Deutsche ist oder dies bis zu ihrer Verheiratung mit dem für tot erklärten Ausländer war. Unter diesen drei Voraussetzungen gilt für sie nach A. 13 EGBGB. hinsichtlich der Eingehung einer neuen Ehe deutsches Recht, also § 38. Ist die ausländische Ehefrau für tot erklärt oder der ausländische Ehemann ohne die erwähnten drei Voraussetzungen des § 12 Abs. 3 VerschG., so beschränkt sich die Wirkung einer inländischen Toterklärung auf im Inland befindliches Vermögen (§ 12 Abs. 2 VerschG.); die Rechtsvermutung des Todes gilt also nicht hinsichtlich der älteren Ehe, so daß eine neue Ehe im Inland durch den Ehegatten des für tot Erklärten dann nicht geschlossen werden kann. Noch verwickelter liegt der Fall, wenn ein Ehegatte im Ausland für tot erklärt wurde; dann ist sowohl die Wirkung der ausländischen Toterklärung auf den Bestand der Ehe des für tot erklärten Ehegatten nach seinem Heimatrecht als auch der Eheschließung des zurückgebliebenen Ehegatten nach dem gem. A. 13 Abs. 1 EGBGB. maßgeblichen Heimatrecht des letzteren zu prüfen. Vgl. hierzu 7 zu § 38.

§ 6. Ehebruch

1. Eine Ehe darf[5] nicht geschlossen werden zwischen einem wegen[4] Ehebruchs[1] geschiedenen[2] Ehegatten und demjenigen[3], mit dem er den Ehebruch begangen hat, wenn dieser Ehebruch in dem Scheidungsurteil[4] als Grund[4] der Scheidung festgestellt ist[4].

2. Von dieser Vorschrift kann Befreiung bewilligt werden. Sie soll nur versagt werden, wenn schwerwiegende Gründe der Eingehung der neuen Ehe entgegenstehen[6,7].

1. Ehebruch bildet, wenn seinetwegen die Ehe des einen oder jedes der Verlobten geschieden wurde, ein trennendes Ehehindernis für eine Ehe zwischen den Personen, welche den Ehebruch begangen haben, von dem jedoch nach Abs. 2 Befreiung bewilligt werden kann.

Ob der objektive und subjektive Tatbestand des Ehebruchs erfüllt war und vom Scheidungsrichter mit Recht festgestellt wurde, ist für das Ehehindernis unerheblich; dieses ist begründet, wenn die Ehe eines der Verlobten wegen Ehebruchs mit dem andern Verlobten geschieden wurde.

2. Das Ehehindernis setzt voraus, a) daß die frühere Ehe des die neue Ehe anstrebenden Ehebrechers durch Scheidung aufgelöst worden ist. Nichtigkeitserklärung oder Aufhebung genügt nicht. Es braucht die wegen des Ehebruchs geschiedene Ehe nicht die unmittelbar vorangegangene Ehe des Verlobten gewesen zu sein.

3. b) Sie muß wegen Ehebruchs mit dem anderen Verlobten geschieden sein. Ob es genügt, wenn sie wegen versuchten Ehebruchs mit dem anderen Verlobten nach § 42 oder 43 geschieden ist, ist u. E. zu bejahen.

4. Der Ehebruch mit dem anderen Verlobten muß nach der Feststellung in dem Scheidungsurteil und zwar entweder in dem Urteilsspruch oder in der Begründung ein, wenn auch nicht der ausschließliche, Grund der Scheidung sein. Ob diese Feststellung erst im zweitrichterlichen oder schon im erstrichterlichen Urteil getroffen und letzterenfalls vom Berufungsrichter bestätigt wurde, ist bedeutungslos. Es genügt nicht, daß im Falle einer Scheidung wegen Ehezerrüttung nach § 43 oder § 48 der eine Ehegatte wegen Ehebruchs als schuldig oder mitschuldig an der Zerrüttung erklärt worden ist, vielmehr muß der Ehebruch als Grund der Scheidung festgestellt sein; diese Feststellung setzt voraus, daß seinetwegen die Scheidung, nicht bloß Schuldig- oder Mitschuldig-Erklärung begehrt war (RG. 163 S. 81, 347. Aus §§ 5, 6 der 1. DVO. ergibt sich, daß das Eheverbot auch besteht, wenn das den Ehebruch als Scheidungsgrund feststellende Urteil von einem ausländischen Gericht gefällt wurde (ebenso Beitzke FamR. S. 27).

Ein Ehebruch, den die Verlobten begangen haben, begründet das Ehehindernis also auch, wenn er dem Standesbeamten nachgewiesen wird, dann nicht, wenn er nicht im Scheidungsurteil als Grund der Scheidung bezeichnet ist. Für den Standesbeamten und auch im Befreiungsverfahren spielt er dann keine Rolle. Umgekehrt ist ein Gegenbeweis gegen das rechtskräftige Urteil, auch im Befreiungsverfahren, nicht zulässig. Auch wenn die Ehe nach ihrer Scheidung für nichtig erklärt wurde (s. § 24 Abs. 1 S. 2), muß das Scheidungsurteil erst im Wiederaufnahmeverfahren aus der Welt geschafft werden, damit das Ehehindernis fortfällt.

5. Das Ehehindernis ist trennend (vorbehaltlich Befreiung s. 7). Eine dem Verbot zuwider geschlossene Ehe der am Ehebruch Beteiligten ist vernichtbar (§ 22).

6. Abs. 2 läßt Befreiung von dem Ehehindernis auf Antrag zu. 1. DVO. zum EheG. von 1938 enthält darüber Bestimmungen, die auch heute noch anwendbar sind (§ 79). Nach §§ 5, 6 DVO. ist zuständig der Präsident des Landgerichts, vor dem der Ehescheidungsstreit im 1. Rechtszug verhandelt worden ist, sind aber beide Verlobte wegen ihres Ehebruchs geschieden, der für den Mann zuständige Landgerichtspräsident. Die Zivilkammer bereitet die Entscheidung vor. Besondere Bestimmungen sehen den Fall vor, daß die Ehe im Ausland geschieden ist. In besonderen Fällen ist der Oberlandesgerichtspräsident zuständig. Antragsberechtigt ist jeder der beiden Verlobten.

Die Entscheidung ist Ermessensfrage. Abs. 2 Satz 2 will freilich die Befreiung nur versagt wissen, wenn ihr schwerwiegende Gründe entgegenstehen. Richtlinien gibt auch § 6 DVO. 1938. Diese dürften aber teilweise nicht mehr anwendbar sein; zumindest gilt das von Alternative 2 des Abs. 2, da sie Ausfluß spezifisch nationalsozialistischen Geistes ist und die allgemeinen völkischen Belange in den Vordergrund rückt. Damit ist nicht gesagt, daß gesundes Ermessen die Befreiung gewähren wird, wenn mit hoher Wahrscheinlichkeit anzunehmen ist, daß die neue Ehe keinen Bestand hat, dagegen aber, daß sie sehr wohl versagt werden kann, auch wenn die neue Ehe des geschiedenen Mannes nur dem Interesse der geschiedenen Frau und seiner mit ihr in der Ehe erzeugten Kinder zuwiderläuft, soweit sie ihre und deren Unterhaltsansprüche gefährdet.

7. Deutsche, auf welche das Verbot zutrifft, können auch im Ausland keine nach deutschem Recht gültige Ehe schließen. Für Ausländer, welche im Inland (oder Ausland) eine Ehe eingehen, richtet sich die Eingehung der Ehe, also auch die Bedeutung des Ehebruchs als Ehehindernis nach dem Heimatrecht (A. 13 EGBGB., s. 1 d zu § 1), ebenso die Möglichkeit einer Befreiung. Diese kann sich aus einer Rückverweisung des Heimatrechts auf deutsches Recht ergeben (A. 27 EGBGB.). Für Staatenlose gilt A. 29 EGBGB. in der Fassung des FamRÄG. vom 12. 4. 1938, RGBl. I S. 380).

§ 7. Annahme an Kindes Statt[1]

Eine Ehe soll[4] nicht geschlossen werden zwischen[2] einem angenommenen Kinde und seinen Abkömmlingen einerseits[2] und dem Annehmenden andererseits[2], solange das durch die Annahme begründete Rechtsverhältnis besteht[3].

1. Über Annahme an Kindes Statt s. §§ 1741 ff. BGB.

2. § 7 entspricht §§ 1757, 1762 BGB., § 4 einer-, § 1763 BGB. andrerseits, stellt aber — insbesondere hinsichtlich der Folgen eines Verstoßes wider das Eheverbot (s. 4) — eine Sonderregelung dar, die den §§ 4, 21 vorgeht. Das Ehehindernis beschränkt sich auf Seite des Annehmenden auf dessen Person, gilt also nicht auch für seine Verwandten. Es können also Adoptivgeschwister aus mehreren Adoptionen (nach § 1743 BGB.), ein uneheliches Kind des Adoptivvaters oder der Adoptivmutter (§ 1741 BGB.) und das angenommene Kind heiraten. Auf Seite des Angenommenen beschränkt sich das Eheverbot auf seine Person und auf seine Abkömmlinge, mögen diese vor oder nach der Adoption geboren sein. § 7 geht also über § 1762 S. 2 BGB. § 4 hinaus. Unter die vom Eheverbot betroffenen Abkömmlinge fallen

nach allgemeiner Meinung uneheliche Abkömmlinge eines männlichen Adoptivkindes nicht.

3. Das durch Annahme begründete Rechtsverhältnis kann zu bestehen aufhören durch vertragsmäßige Aufhebung der Annahme (§ 1768 BGB.) oder durch gerichtliche Entscheidung (s. §§ 12 ff. FamÄndG.).

4. Eine dem Eheverbot zuwider geschlossene Ehe ist gültig und beendet das Kindesverhältnis (§ 1771 Abs. 1 BGB., der nach § 78 noch in Kraft ist). Befreit werden kann zwar von dem Eheverbot nicht, aber dieses kann durch vertragliche Aufhebung des Kindesverhältnisses nach § 1768 BGB., ohne daß letzteres fortwirkt, beseitigt werden. (Beitzke FamR. S. 26.)

§ 8. Wartezeit[3]

1. Eine Frau[1,6] soll[4] nicht vor Ablauf von zehn Monaten[3] nach der Auflösung[2] oder Nichtigerklärung ihrer früheren Ehe eine neue Ehe eingehen, es sei denn, daß sie inzwischen geboren hat.

2. Von dieser Vorschrift kann Befreiung[5] bewilligt werden.

1. Das Ehehindernis der Wartezeit richtet sich nur gegen Frauen, welche bereits verheiratet gewesen sind, und bezweckt, Ungewißheit darüber zu verhüten, aus welcher Ehe ein in der neuen Ehe geborenes Kind stammt. Gegen unverheiratete Frauen richtet es sich nicht; diese können heiraten, auch wenn sie schwanger sind, ohne daß man sich amtlich dafür interessiert, ob das Kind, dessen Geburt während der neuen Ehe zu erwarten ist und nach § 1591 BGB. als ehelich angesehen wird, wirklich von dem Ehemann stammt, wenn dieser die Ehelichkeit nicht anficht (s. § 595 BGB.). Es soll vielmehr gerade die Möglichkeit ehelicher Geburt begünstigt werden. Für verheiratet gewesene Frauen gilt das Verbot, auch wenn feststeht, daß die Frau im Zeitpunkt der neuen Eheschließung nicht schwanger ist, oder, daß sie das Kind schon bei Auflösung der früheren Ehe trug, oder daß es von dem neuen Ehemann oder einem Dritten empfangen ist. Einige dieser Feststellungen können im Befreiungsverfahren geltend gemacht werden (s. 5). Das Verbot gilt auch dann, wenn die Frau ihren früheren Ehemann, von dem sie geschieden ist, wieder heiraten will. Es gilt nur dann nicht, wenn die Frau nach Auflösung der früheren Ehe geboren hat.

2. Gleichgültig ist, wodurch die frühere Ehe aufgelöst worden ist, ob durch Tod des Ehemannes, Scheidungsurteil, Aufhebung oder Nichtigerklärung der früheren Ehe.

3. Das Eheverbot gilt nur für eine Wartezeit von 10 Monaten, daraus ist ersichtlich, daß es nicht etwa eine vom männlichen Selbstgefühl geforderte Trauerzeit zum Gegenstand hat, sondern verhüten will, daß Unklarheit über die Abstammung eines in der Wartezeit geborenen Kindes entsteht. Diese ist nach §§ 187, 188 BGB. zu berechnen. Anfangstag ist bei der Auflösung der Ehe durch gerichtliches Urteil der Tag nach dem Tag, an dem dieses rechtskräftig wird. Dieser Tag wird nicht mitgerechnet, ebensowenig der Todestag des früheren Ehemanns.

Die Toterklärung des früheren Ehemannes begründet die Vermutung, daß er gestorben ist (§ 9 VerschG.), also auch, daß die Ehe der Ehefrau mit ihm durch seinen Tod aufgelöst ist. Der Beginn der Wartezeit richtet sich hier nicht nach der Rechtskraft der Toterklärung (wenn auch die Todesvermutung diese Rechtskraft voraussetzt), sondern nach dem in der Toterklärung gemäß § 9 VerschG. festgestellten Todeszeitpunkt.

4. Eine Verletzung des Eheverbots hat keinen Einfluß auf den Bestand der neuen Ehe.

5. Für die zulässige Befreiung von der Wartezeit ist der Standesbeamte zuständig, vor dem die neue Ehe geschlossen werden soll. Maßgebend ist § 32 1. AVO. z. PStG. vom 19. 5. 1938, gegen deren weitere Anwendbarkeit keine Bedenken bestehen. Die Befreiung darf nur erteilt werden, wenn die Frau ihren früheren Ehemann wieder heiraten will, oder feststeht, daß sie nicht schwanger ist. Dies darf der Standesbeamte als nachgewiesen nur ansehen, wenn die Frau das 45. Lebensjahr vollendet hat, oder wenn ihm ein ärztliches Zeugnis vorgelegt wird, welches diese Feststellung trifft. Ob in diesen Fällen der Standesbeamte von dem Ehehindernis befreien muß oder aus irgendwelchen Erwägungen die Befreiung trotzdem versagen kann, läßt das Gesetz nicht erkennen; jedoch ist ersteres anzunehmen. Er kann von dem Nachweis durch ärztliches Zeugnis, wenn dieses nicht beigebracht werden kann, in geeigneten Fällen absehen. Daß dem Standesbeamten damit die Freiheit eingeräumt ist, auch einer Frau, von welcher bekannt ist, daß sie schwanger ist, in geeigneten Fällen (siehe Anm. 1) z. B. wenn sie den erweislichen Vater des erwarteten Kindes heiraten will, Befreiung zu erteilen, ist nicht anzunehmen.

6. Das Eheverbot der Wartezeit richtet sich nur gegen die Frau. Wenn eine Ausländerin einen Deutschen (oder Ausländer) heiraten will, kommt es nur auf ihr Heimatrecht an (A. 13 EGBGB.).

§ 9. Auseinandersetzungszeugnis des Vormundschaftsrichters [1]

Wer [8] ein eheliches [1,2] Kind hat, das minderjährig ist [2] oder unter seiner Vormundschaft steht [3], oder wer mit einem minderjährigen oder bevormundeten Abkömmling in fortgesetzter Gütergemeinschaft lebt [4], soll [9] eine Ehe nicht [9] eingehen, bevor er ein Zeugnis des Vormundschaftsrichters darüber beigebracht hat [5], daß er dem Kinde oder dem Abkömmling gegenüber die ihm aus Anlaß der Wiederverheiratung obliegenden Pflichten [1,2] erfüllt hat, oder daß ihm solche Pflichten [1,6] nicht obliegen [7].

1. Zweck der Vorschrift ist, die vermögensrechtlichen Interessen der Kinder aus einer früheren Ehe zu sichern, bevor ihren Eltern gestattet wird, eine neue Ehe einzugehen. Dieses Bedürfnis besteht auch, wenn ein Kind für ehelich erklärt oder an Kindes Statt angenommen ist. Deshalb schreiben §§ 1669, 1686, 1845 BGB. vor, daß der Vater, mag er diese Stellung auch nur infolge Ehelichkeitserklärung haben (§ 1740 BGB.), und die Mutter, sofern sie die elterliche Gewalt über das Kind ausübt oder zum Vormund des Kindes bestellt ist, endlich der Adoptivvater und die Adoptivmutter (§ 1761 BGB.), sobald sie eine neue Ehe eingehen wollen, folgende Pflichten zu erfüllen haben.

a) dies dem Vormundschaftsgericht anzuzeigen,

b) bei diesem ein Verzeichnis des ihrer Verwaltung unterliegenden Vermögens des Kindes einzureichen und eine Vermögensgemeinschaft mit dem Kind durch Auseinandersetzung aufzulösen.

Eine solche Gemeinschaft kann insbesondere eine Erbengemeinschaft nach der Mutter oder dem Vater des Kindes oder eine fortgesetzte Gütergemeinschaft sein, wofür § 1493 (2 BGB.) dieselbe Vorschrift besonders aufstellt. Voraussetzung der Verpflichtung ist, daß das gemeinschaftliche Vermögen der gesetzlichen Verwaltung des Heiratenden unterliegt, er also von der Verwaltung nicht etwa ausgeschlossen ist. Nicht auseinandergesetzt zu werden braucht eine Erbschaft, wenn ein Dritter Testamentsvollstrecker ist. Eine aufzulösende Vermögensgemeinschaft besteht nicht auch dann, wenn bei getrennten Vermögensmassen ein Miteigentum nach Bruchteilen an einem einzelnen Vermögensgegenstand, z. B. einem Haus (oder mehreren einzelnen Vermögensgegenständen) besteht; ein solches Miteigentum braucht nicht aufgehoben zu werden; der Miteigentumsanteil des Kindes ist nur in dem Vermögensverzeichnis des Kindes aufzuführen. Das Vormundschaftsgericht kann gestatten, die Auseinandersetzung zu verschieben.

§ 9 EheG. will diesen Vorschriften Gehorsam erzwingen. Der Standesbeamte, welcher erfährt, daß einer der Verlobten schon einmal verheiratet war, hat mit den ihm zu Gebote stehenden Mitteln, hauptsächlich durch entsprechende Fragen, festzustellen, ob aus der früheren Ehe Kinder vorhanden sind, und bejahendenfalls die Trauung davon abhängig zu machen, daß ihm ein Zeugnis des nach § 43 FGG. zuständigen Vormundschaftsgerichts vorgelegt wird, daß den erwähnten Verpflichtungen genügt ist, oder daß solche nicht bestehen (s. 7). Dabei geht § 9 über die Vorschriften des BGB. hinaus, indem er eben die Vorlegung eines Zeugnisses des Vormundschaftsgerichts auch verlangt, in Fällen, in denen eine Verpflichtung zur Einreichung eines Vermögensverzeichnisses oder einer Vermögensauseinandersetzung nicht begründet ist, und in diesen Fällen die Trauung von einem Negativzeugnis des Vormundschaftsgerichtes abhängig macht.

2. Nur wenn ein eheliches Kind vorhanden ist — mag es aus der letzten oder einer noch früheren Ehe des Verlobten stammen —, muß ein vormundschaftsgerichtliches Zeugnis beigebracht werden. Die uneheliche Mutter bedarf des Zeugnisses wegen des unehelichen Kindes auch dann nicht, wenn sie seine Vormünderin ist. Den ehelichen Kindern stehen gleich die durch nachfolgende Ehe der Eltern legitimierten (§ 1719 BGB.), aber auch die für ehelich erklärten (§ 1736 BGB.) und an Kindes Statt angenommenen (§§ 1741, 1757 BGB.), endlich die Kinder aus einer für nichtig erklärten Ehe (§ 25 EheG.).

Das Zeugnis ist erforderlich, wenn das Kind minderjährig ist, mag auch der Elternteil, welcher die neue Ehe eingehen will, keine elterliche Gewalt über das Kind haben, z. B. im Falle der Scheidung seiner früheren Ehe, aus welcher das Kind stammt, oder der Hingabe des Kindes in Adoption eines anderen; es ist auch dann erforderlich, wenn keine Gemeinschaft zwischen dem Kind und dem die neue Ehe anstrebenden Elternteil besteht. Ja auch wenn das Kind vermögenslos ist.

3. Das Zeugnis ist auch erforderlich, wenn das eheliche oder ihm gleichgestellte Kind unter der Vormundschaft des die neue Ehe suchenden Elternteils steht, mag es auch großjährig sein

(Hauptfall: Entmündigung); der Vormundschaft steht die Pflegschaft gleich (§ 1915 BGB.).

4. In den Fällen der Anm. 3 und 4 wird durch das Erfordernis eines vormundschaftsgerichtlichen Zeugnisses die Einreichung des Vermögensverzeichnisses und der Auseinandersetzung einer Gemeinschaft sichergestellt (s. 1.). Indem das Zeugnis auch besonders verlangt wird, wenn zwischen den Verlobten und seinen ehelichen minderjährigen oder unter seiner Vormundschaft stehenden Abkömmlingen eine fortgesetzte Gütergemeinschaft besteht, soll Gewähr dafür geschaffen werden, daß deren von § 1493 Abs. 2 BGB. verlangte Auflösung vorgenommen wird. Die Vorschrift überschneidet sich mit der Vorschrift des ersten Halbsatzes (s. 3 und 4) wie § 1493 Abs. 2 mit § 1669 BGB., gilt auch, wenn die Vermögens- (hier fortgesetzte Güter-)gemeinschaft mit Kindeskindern oder deren Kindern (Abkömmlingen) besteht.

5. Für den Standesbeamten genügt die Vorlegung des Zeugnisses, daß die Verpflichtungen erfüllt sind, oder daß keine bestehen. Das Zeugnis braucht die Verpflichtungen nicht anzuführen. Der Standesbeamte braucht die Richtigkeit des Zeugnisses und die Art der Verpflichtung, welche bestanden haben, nicht zu prüfen.

6. Es handelt sich nur um die Anzeige, die Einreichung des Vermögensverzeichnisses (s. 1) und die Durchführung der Auseinandersetzung. Weitere Verpflichtungen kommen nicht in Betracht, der Vormundschaftsrichter kann die Erteilung des Zeugnisses nicht von anderen Voraussetzungen, wie etwa Sicherstellung des Kindesvermögens abhängig machen.

7. Z. B. für den geschiedenen Ehegatten, der aus seiner geschiedenen Ehe ein minderjähriges Kind hat, aber die elterliche Gewalt über das Kind nicht ausübt, oder für die leiblichen Eltern eines in Adoption hingegebenen Kindes, endlich aber besonders, wenn das Kind vermögenslos ist.

8. Für Ausländer gilt die Vorschrift nur, wenn das ausländische Recht auf das deutsche Recht verweist.

9. Wird die Vorschrift verletzt, so ist die neue Ehe nichtsdestoweniger gültig. Die Folge der Verletzung besteht in der Möglichkeit, dem Zuwiderhandelnden die Verwaltung des Kindesvermögens zu entziehen (§ 1670 BGB.) oder ihn als Vormund (Pfleger) zu entlassen (§§ 1886, 1915 BGB.).

§ 10. Ehefähigkeitszeugnis für Ausländer[4]

1. Ausländer[1] sollen[1] eine Ehe nicht eingehen, bevor sie ein Zeugnis der inneren Behörde ihres Heimatlandes[1] darüber beigebracht haben, daß der Eheschließung ein in den Gesetzen des Heimatlandes begründetes Ehehindernis nicht entgegensteht[1].

2. Von dieser Vorschrift kann[3] Befreiung bewilligt werden[2].

1. Personen, welche die deutsche Staatsangehörigkeit nicht besitzen, also Ausländer, Staatenlose (§ 15 DVO.) auch Flüchtlinge deutschen Volkstums, die nach § 3 FlüchtlG. 1947 den deutschen Staatsangehörigen gleichgestellt sind — doch ist für diese vielfach durch Landesbestimmung Befreiung angeordnet, wenn sie den Flüchtlingsausweis besitzen —, bedürfen, da die Eingehung der Ehe hinsichtlich eines jeden der Verlobten nach seinem Heimatrecht zu beurteilen ist (A. 13 EGBGB., s. 1 d zu § 1), um im Inland zur Eheschließung zugelassen zu werden, eines Zeugnisses der inneren Behörde ihres Heimatlandes darüber, daß ihr ein nach dessen Gesetzen begründetes Ehehindernis nicht bekannt ist. Vgl. § 21 Abs. 1 AVO. vom 19. 5. 38 z. PStG. vom 3. 11. 37. Das Zeugnis muß von der inneren Behörde des Heimatstaates ausgestellt sein, also genügt nicht ein Zeugnis seines Konsulats. Es muß mit der Bescheinigung des zuständigen deutschen Konsuls versehen sein, daß die ausländische Behörde, welche es ausgestellt hat, dazu befugt ist. Seine Gültigkeit ist auf 6 Monate begrenzt. Weltbürgertum begründet weder eine Staatsangehörigkeit noch zieht es den Verlust einer solchen nach sich, macht also nicht etwa staatenlos. Heimatrecht der Angehörigen der ehemals baltischen Staaten ist das vorsowjetische.

Auf Grund des Zeugnisses kann der Standesbeamte die Trauung vornehmen. Dagegen ist es für die deutschen Behörden, besonders Gerichte, nicht bindend und haben letztere, wenn die Gültigkeit der Ehe streitig wird, selbständig zu prüfen, ob der Eheschließung nach dem einschlägigen ausländischen Recht ein trennendes Ehehindernis im Wege gestanden hat.

Die Ehe ist gültig, auch wenn sie geschlossen wurde, ohne daß das Zeugnis vorgelegt worden ist.

2. Es kann Befreiung von der Vorschrift bewilligt werden. Vgl. § 21 Abs. 2 5. AVO. z. PStG. und über die Zuständigkeit und die zu beachtenden Grundsätze §§ 7, 8 der 1. DVO. z. EheG. 1938. Befreiung wird grundsätzlich nur Staatenlosen und Angehörigen solcher Staaten gewährt, welche kein Ehefähigkeitszeugnis ausstellen, im übrigen nur in besonderen Ausnahmefällen. Die Befreiung hat nur für 6 Monate Gültigkeit. Sie ist Gnadenakt und Justizverwaltungsentscheidung. Zuständig ist der Oberlandesgerichtspräsident; doch ist der Antrag auf Befreiung bei dem Standesbeamten anzubringen; diesem liegt es ob, ihn vorzubereiten. Wird die Entscheidung abgelehnt, ist die Beschwerde an den Justizminister vorgesehen.

Von einem Ehehindernis nach Auslandsrecht kann nur das Land befreien, das es aufgestellt hat.

3. S. § 21 der AVO. z. PStG. und §§ 7 u. 8 DVO. z. EheG.

4. Wird von einem Deutschen, welcher im Ausland heiraten will, dort ein deutsches Ehefähigkeitszeugnis verlangt, so richtet dessen Erteilung sich nach § 141 1. AVO. z. PStG.

C. EHESCHLIESSUNG

§ 11 Zustandekommen der Ehe

1. Eine Ehe kommt nur zustande[4], wenn die Eheschließung[1] vor[6] einem Standesbeamten[2,3] stattgefunden hat.

2. Als Standesbeamter im Sinne des Abs. 1 gilt auch, wer, ohne Standesbeamter zu sein, das Amt eines Standesbeamten öffentlich ausgeübt und die Ehe in das Familienbuch eingetragen hat[5].

1. Die **EHESCHLIESSUNG** besteht in der Erklärung der Brautleute (§ 13), die Ehe eingehen zu wollen. Diese Erklärung ist nach § 13 nicht bloß gegenseitig; der mutuus consensus genügt nicht, wie nach vortridentinischem katholischem und älterem protestantischem kirchlichen Recht; die Erklärung muß sich vielmehr auch an die Außenwelt richten. Aber auch nicht jede an die Außenwelt gerichtete Erklärung genügt, nicht etwa die Erklärung vor Zeugen z. B. gegenüber den Angehörigen, inter amicos, ja nicht einmal die Erklärung gegenüber dem Pfarrer. Gegenseitige Erklärung und Erklärung gegenüber dem Pfarrer oder unzuständigen Behörden oder Privaten können und werden regelmäßig als Verlöbnis anzusehen sein (nicht notwendig, wenn die Verlobten voreinander vorbehalten haben, das Erklärte nicht zu wollen). Eine Eheschließung sind die gegenseitigen Erklärungen nur, wenn sie **vor und gegenüber einem Standesbeamten,** wenn auch unzuständigen (s. § 15), abgegeben worden sind (vgl. 3). In diesem Falle entscheidet ihre Erklärung, auch wenn diese formlos und nicht beurkundet ist (s. § 13, RG. 166 S. 342f.), z. B. die Brautleute es versehentlich oder absichtlich unterlassen, die Eintragung im Familienbuch zu unterzeichnen, ja nach § 13 auch dann, wenn das Erklärte einseitig geheim oder beiderseitig einvernehmlich nicht gewollt war (vgl. 3 zu § 13). Nur ausnahmsweise (für die Namensehe § 16, entgegen weitergehender Forderungen und Meinungen z. B. Lange Arch. f. Ziv.Pr. 145 S. 160, also insbesondere nicht mehr bezüglich der Staatsangehörigkeitsehe § 23 EheG. 1938, Pensionsehe, Ehe zu Zwecken der Steuerersparnis) wird Erklärung zum Schein als Nichtigkeitsgrund und die Scheinehe als vernichtbar anerkannt. Bei unfreiwilligen Scheinerklärungen (§ 31, 34) ist die Ehe aufhebbar.

Über rückwirkende Heilbarkeit in der Zeit vom 1. Januar 1945 bis 1. August 1948 in einem nicht unter deutscher Verwaltung stehenden Gebiet vor einer nicht zuständigen deutschen Stelle oder vor einem Geistlichen geschlossener Ehen durch Eintrag in das Familienbuch des Hauptstandesamtes Hamburg s. G. des Länderrates vom 14. 3. 1949 und für die Britische Zone VO. vom 13. 8. 1948 über Heilung von Formmängeln bei Eheschließungen, abgedr. S. 398 (s. hierüber Dölle NJW. 49 S. 401).

Über die rückwirkende Anerkennung freier Ehen rassisch und politisch Verfolgter, denen die standesamtliche Eheschließung versagt wurde, hinsichtlich ihrer Wirkungen nach dem Tod des einen Teils, wenn durch diesen die Nachholung der standesamtlichen Eheschließung verhindert wurde, s. S. 400.

2. Standesbeamter ist nur, wer eine Bestallung dazu erhalten hat. Wer Standesbeamter ist, ergeben §§ 53, 54 PStG. von 1937 §§ 92, 96 1. AVO. z. P StG.

3. Der Standesbeamte braucht nicht zuständig gewesen zu sein (§ 15 Abs. 2 u. 3.

4. Die Worte: „Eine Ehe kommt nur zustande" ergeben, daß — vorbehaltlich Abs. 2 — Erklärungen, welche vor einem Nichtstandesbeamten abgegeben werden, zu keiner Ehe im Sinne des Gesetzes, also nicht einmal zu einer vernichtbaren Ehe führen. Solche Erklärungen mögen, wie erwähnt, ein Verlöbnis darstellen; aber die Gemeinschaft, in welche sich die Erklärenden auf Grund der von ihnen übereinstimmend abgegebenen Erklärungen begeben, ist

juristisch nichts, ein Konkubinat, eine **Nichtehe**, die auch nicht erst nach § 23 gerichtlich für nichtig erklärt werden muß, um ohne Rechtswirkung zu bleiben, vielmehr eine solche zu keiner Zeit und überhaupt nicht hervorzubringen vermag; die Beteiligten können wieder auseinandergehen und sich verlassen, ohne erst eine gerichtliche Scheidung herbeizuführen, ihre Kinder sind unehelich, ihr Zusammenleben ist ohne güter- und erbrechtliche Wirkung, eine solche kann auch nicht durch güterrechtlichen Vertrag herbeigeführt werden.

5. Davon gilt jedoch eine Ausnahme: Erklärungen, welche vor einem Nichtstandesbeamten, z. B. einem vermeintlichen Standesbeamten (vgl. auch 2 zu § 15) abgegeben werden, sollen einen Eheschluß zur Folge haben (auch wenn sie nicht ernstlich gemeint waren, und auch, wenn den Erklärenden bekannt ist, daß sie ihre Erklärungen vor einem Nichtstandesbeamten abgeben), wenn er das Amt öffentlich ausübt, jedoch unter der weiteren Voraussetzung, daß er die Ehe in das Familienbuch einträgt. In diesem Ausnahmefall entscheidet also die Beurkundung, weil damit gegenüber der Öffentlichkeit der Schein einer Ehe erweckt wird. Eine ordnungsmäßig beurkundete, vor einem Nichtstandesbeamten in dieser Weise geschlossene Ehe ist vollgültig, also nicht bloß eine vernichtbare Ehe, sondern nicht vernichtbar. Denkbare Fälle einer solchen Eheschließung sind die Wahrnehmung der standesamtlichen Befugnisse eines Bürgermeisters durch einen Vertreter, welche nicht zulässig ist, oder die Mitwirkung eines Gemeindebeamten bei einer Eheschließung vor Erteilung oder nach Erlöschen der Bestallung zum Standesbeamten. Nach Raape (Festschrift f. Kieselbach) hat Abs. 2 „internationale Reichweite" und ist auch anzuwenden, wenn die Ehe eines Deutschen im Ausland vor einer zu dieser Trauung nicht zuständigen weltlichen oder kirchlichen Amtsperson geschlossen wurde.

6. § 14 Abs. 1 und 2 ergibt, daß der Standesbeamte bei den Förmlichkeiten der Eheschließung mitzuwirken hat. § 6 PStG. 1937 gestattet dem Standesbeamten nach Ablauf der Aufgebotsfrist die Eheschließung „vorzunehmen". Diese gesetzlichen Bestimmungen zeigen, daß, wie die allgemeine Meinung (und auch RG. 166 S. 342/43) annimmt, der Standesbeamte bereit gewesen sein muß, die Eheschließungserklärungen der Beteiligten entgegenzunehmen, damit die vor ihm geschlossene Ehe vollgültig sei. Dagegen trifft nicht zu, daß dies auch aus § 11 hervorgeht; in § 11 hat es keinen Ausdruck gefunden. Darum ist nicht richtig, daß eine Ehe durch Erklärung vor einem nicht bereiten Standesbeamten nicht zustandekommt (so h. M. Mitteis FamR. S. 32, Beitzke FamR. S. 19 u. Amtl.Begr. 1938); sie führt vielmehr zu einer nach § 13, § 14, § 17 vernichtbaren (nichtigen) Ehe (vgl. auch 2 zu § 13).

Ist der Standesbeamte äußerlich zur Trauung bereit, so kommt, wenn alle anderen Voraussetzungen erfüllt sind, eine rechtsgültige Ehe auch dann zustande, wenn er innerlich nur den Willen hatte, bei dem Abschluß eines Verlöbnisses mitzuwirken (RG. a. a. O.), sofern er den Brautleuten diesen vorbehaltenen oder abweichenden Willen nicht zu erkennen gegeben hat. Dies muß auch gelten, wenn er die Absicht der Beteiligten mißverstanden hatte, und zwar auch, wenn es nicht zum Eintrag in das Familienbuch kommt, auf welchen RG. a. a. O. zu viel Gewicht legt.

Ausschließungsgründe berühren die Gültigkeit des Aktes nicht, ebensowenig sonstige persönliche Eigenschaften des Standesbeamten, auch nicht seine Unzurechnungsfähigkeit.

§ 12. Aufgebot

1. Der Eheschließung soll[3] ein Aufgebot[1] vorhergehen[1]. Das Aufgebot verliert seine Kraft, wenn die Ehe nicht binnen sechs Monaten nach Vollziehung des Aufgebots geschlossen wird[2].

2. Die Ehe kann ohne Aufgebot geschlossen werden, wenn die lebensgefährliche Erkrankung eines der Verlobten den Aufschub der Eheschließung nicht gestattet[4].

3. Von dem Aufgebot kann Befreiung bewilligt werden[4].

1. a) Unter **AUFGEBOT** ist eine öffentlich bekanntgemachte Aufforderung zu verstehen, die sich an größere oder alle Volkskreise richtet, hier des Inhalts, etwa bekannte gesetzliche Ehehindernisse gegen die Eheschließung der mit Vorname, Name, Beruf und Wohnort in der Aufforderung zu bezeichnenden Brautleute dem Standesbeamten mitzuteilen (§ 23 Abs. 2 1. AVO. z. PStG.). Zur Mitteilung ihm bekannter Ehehindernisse ist jedermann verpflichtet (ebenda). Das Aufgebot dient sonach dazu, Ehehindernisse zu ermitteln (§ 3 PStG.). Es wird vom Standesbeamten erlassen. Zuständig ist dazu jeder Standesbeamte, vor welchem die Ehe geschlossen werden kann (§ 4 PStG.; s. z. § 13). Sind dem Standesbeamten selbst Ehehindernisse bekannt, z. B. wenn einer der Verlobten bereits verheiratet war und aus dem dem ersteren vorgelegten Scheidungsurteil ersichtlich ist, daß die Ehe wegen Ehebruchs mit dem anderen Verlobten geschieden worden ist (§ 6), ohne daß von dem Ehehindernis des Ehebruchs Befreiung gewährt worden ist, so hat das Aufgebot zu unterbleiben (§ 5 Abs. 1 PStG.).

b) Das Aufgebot kann nur in Ausnahmefällen schriftlich und soll in der Regel von beiden Verlobten, von einem nur mit schriftlichem Einverständnis des anderen bestellt werden (§ 16 1. AVO. PStG.). Schon bei der Bestellung müssen die Verlobten nachweisen, daß kein Ehehindernis besteht (§ 17 PStG.). Zum Nachweis ihrer Ehefähigkeit (§ 1) haben die Verlobten eine beglaubigte Abschrift aus dem Familienbuch eventuell statt dessen ihre Geburtsurkunde und die Heiratsurkunde ihrer Eltern und auch deren Geburtsurkunden beizubringen, wenn diese erst nach dem 11. Juni 1920 geheiratet haben (§ 5 PStG., § 19 AVO. z. PStG.). Können die Urkunden nur mit erheblichen Schwierigkeiten oder Kosten beschafft werden, kann der Standesbeamte die Verlobten davon befreien, sie beizubringen, wenn er sich auf andere Weise, z. B. durch kirchliche oder sonstige beweiskräftige Bescheinigung, notfalls durch eidesstattliche Versicherung der Verlobten oder eines Dritten Gewißheit über die nachzuweisende Tatsache beschafft hat, oder diese kennt (§ 5 PStG., § 19 AVO. z. PStG.).

c) Um seinen Zweck zu erfüllen, muß das Aufgebot der Eheschließung vorhergehen. Es geschieht durch den zuständigen (s. 1 u. 3 zu § 15) Standesbeamten mittels öffentlichen Aushangs während einer Woche, doch kann der Standesbeamte, bei welchem das Aufgebot bestellt ist, die Frist abkürzen (§ 3 PStG. i. d. F. d. 4. AVO. vom 27. 9. 44 (RGBl. S. 219).

Sind mehrere Standesbeamte für die Eheschließung zuständig (s. zu § 15), so brauchen die Verlobten nicht vor dem Standesbeamten zu heiraten, weler das Aufgebot erlassen hat. Schließen sie die Ehe vor einem anderen Standesbeamten, so hat ihnen ersterer zu bescheinigen, daß er es erlassen hat und kein Ehehindernis bekanntgeworden ist (§ 6 Abs. 3 PStG.). Diese Bescheinigung müssen die Verlobten dem Standesbeamten vorlegen, welcher sie trauen soll (§ 29 AVO. z. PStG.). Dieser braucht dann nicht mehr zu prüfen, ob Ehehindernisse vorliegen, muß aber diejenigen Ehehindernisse berücksichtigen, die ihm bekannt sind.

2. Nach Ablauf der Aufgebotsfrist darf die Trauung vorgenommen werden, wenn nicht etwa noch nachträglich, aber vor der Trauung ein Ehehindernis bekanntgeworden ist (§ 6 PStG.). Das Aufgebot hat also keine Ausschlußwirkung etwa in dem Sinn, daß nach dem Ablauf der Aufgebotsfrist noch auftauchende Ehehindernisse den Standesbeamten nicht abhalten müßten, die Verlobten zu trauen.

Das Aufgebot behält nur 6 Monate Gültigkeit und muß wiederholt werden, wenn die Ehe nicht vor Ablauf seiner Gültigkeitsdauer geschlossen wird. Letztere wird vom Ablauf der Aushangfrist ab gerechnet (§ 3 Abs. 2 PStG., § 23 Abs. 3 AOV. PStG., §§ 187, 188 BGB.).

3. Ist das Aufgebot unterblieben, ohne daß einer der Fälle der Absätze 2 und 3 vorlag, soll die Ehe nicht geschlossen werden. Trotz des Gebrauchs des Wortes „kann" in Abs. 2 ist der Mangel des Aufgebots kein trennendes Ehehindernis und begründet er, wenn keine materiell trennenden Ehehindernisse vorliegen, auch nicht die Vernichtbarkeit der Ehe (§§ 16—22).

4. In zwei Fällen kann das Aufgebot unterbleiben. In diesen brauchen die Verlobten — entgegen oben 1 b und § 17 AVO. PStG. — auch nicht nachzuweisen, sondern nur glaubhaft zu machen — dazu genügt auch eidesstattliche Versicherung —, daß der von ihnen beabsichtigten Eheschließung kein gesetzliches Hindernis entgegensteht.

a) wenn einer der Verlobten lebensgefährlich erkrankt ist und diese lebensgefährliche Erkrankung den Aufschub der Eheschließung verbietet. Die lebensgefährliche Erkrankung, der eine lebensgefährliche Verletzung durch Unfall oder Verwundung natürlich gleichzusetzen ist, und die dadurch herbeigeführte Unaufschieblichkeit der Eheschließung muß durch ärztliches, nicht notwendig amtsärztliches, Zeugnis nachgewiesen werden, welches zu der Glaubhaftmachung, daß kein Ehehindernis vorliegt, hinzukommen muß. Ein formales Befreiungsverfahren braucht in diesem Fall nicht eingeschlagen zu werden. Der Standesbeamte hat zu entscheiden, ob die Voraussetzung gegeben ist, unter welcher er ohne Aufgebot und ohne Befreiung davon trauen kann. Lehnt er die Trauung ab, kann gerichtliche Entscheidung nach §§ 45 ff. PStG. angerufen werden, vor deren Erlaß der lebensgefährlich erkrankte Verlobte natürlich gestorben sein wird;

b) wenn Befreiung vom Aufgebot bewilligt wird. Zuständig von dem Aufgebot zu befreien, ist der Standesbeamte, vor dem die Ehe geschlossen werden soll (§§ 3, 4 PStG., §§ 27, 31 der 1. AVPStG. i. d. F. d. 4. AVPStG. [RGBl. 1944 S. 219] vom 27. September 1944). Der Erlaß des Aufgebots und die Befreiung ist nur zulässig, wenn der Standesbeamte ein Ehehindernis nicht für gegeben hält. Wird die Befreiung versagt, so ist Verwaltungsbeschwerde zulässig.

Wird die Befreiung von einer örtlich unzuständigen Behörde erteilt, so ist sie gleichwohl wirksam (§ 10 DVO. z. EheG.).

§ 13. Form der Eheschließung

1. Die Ehe wird[1] dadurch geschlossen[2], daß die Verlobten[4] vor dem Standesbeamten[8] persönlich[2] und bei gleichzeitiger Anwesenheit[2,5] erklären, die Ehe[7] miteinander[2] eingehen zu wollen.

2. Die Erklärungen[3] können[3] nicht unter einer Bedingung[4] oder einer Zeitbestimmung[4] abgegeben werden.

§§ 11, 13 handeln von der EHESCHLIESSUNG, § 14 handelt von der Trauung. Unter letzterer versteht das Gesetz die Mitwirkung des Standesbeamten, für welche in § 14 Vorschriften gegeben werden, aber nur für eine unwesentliche Art seiner Mitwirkung, die von ihm abzugebende Erklärung. Seine für das Zustandekommen der Ehe wesentliche Mitwirkung besteht nach § 13 in dem Empfang der Erklärungen der Verlobten und nach §§ 13, 14 in der Bereitschaft zu diesem Empfang. Hierüber siehe 6 zu § 11.

§ 13 hat inhaltlich einen doppelten Kern: es gibt keine Geheimehe und die Ehe kommt durch ihre § 13 entsprechende Erklärung auch ohne ihren Vollzug zustande (während in alter Zeit das Brautlager der öffentlichen Erklärung voranging).

1. § 11 sagt: „Die Ehe kommt nur zustande." § 13: „Die Ehe wird dadurch geschlossen." Obwohl beide Ausdrucksweisen gleich apodiktisch sind, soll doch durch den Wechsel des Ausdrucks und durch das Wörtchen „nur" in § 11 ein Gradunterschied insofern begründet sein, als **eine nicht vor einem Standesbeamten geschlossene Ehe überhaupt keine Ehe, eine unter Verstoß gegen § 13** geschlossene Ehe dagegen eine bloß nach § 17 **vernichtbare Ehe** sein soll. Dieser Unterschied besteht aber nur bezüglich eines Teiles des Inhalts des § 13. Denn die Vorschrift, daß die Verlobten erklären müssen, die Ehe eingehen zu wollen, fällt ebenso gleichzeitig unter § 11 wie die in beiden Gesetzesstellen ausdrücklich enthaltene Vorschrift, daß diese Erklärungen vor einem Standesbeamten abgegeben werden müssen; denn daß im Sinne des § 11 eine „Eheschließung stattfindet", ohne daß Erklärungen der Verlobten abgegeben werden, ist nicht möglich. Die „Eheschließung" im Sinne des § 11 besteht eben in den nach § 13 vorgeschriebenen Erklärungen der Verlobten.

2. Im übrigen stellt § 13 weitere Vorschriften bezüglich der Umstände auf, unter denen die Erklärungen der Verlobten abgegeben werden müssen. Diese betreffen nicht die Form der Erklärungen, vielmehr sind diese voll rechtswirksam, auch wenn sie ganz unförmlich abgegeben werden (s. 1 zu § 15). Es genügt jeder Ausdruck des Willens, die Ehe und zwar gerade mit dem anderen zur Eheschließung Miterschienenen eingehen zu wollen, welcher dem Standesbeamten diesen Willen gerade noch eindeutig zu erkennen gibt. Aber die Verlobten müssen persönlich erscheinen, können also ihre Erklärungen

nicht durch einen Boten überbringen oder mitteilen lassen („Anwesenheit"), sie müssen gleichzeitig erscheinen und müssen ihre Erklärungen persönlich abgeben, also nicht durch ein menschliches Sprachrohr und auch nicht durch einen Vertreter im Willen (Bevollmächtigten, gesetzlichen Vertreter).

Eine Verletzung dieser Vorschrift führt indessen nur zur Vernichtbarkeit der Ehe nach § 17, die überdies nach § 17 Abs. 2 heilbar ist. Aber letzteres kann auch nur mit einer Einschränkung gelten. Denn § 13 enthält zugleich eine Vorschrift über den materiellen Inhalt der Erklärung. Dieser besteht darin, daß die Erschienenen, und zwar „miteinander" die Ehe eingehen wollen. Eine Erklärung, daß einer der Erschienenen eine Ehe nicht mit dem Miterschienenen, sondern mit einer von letzterem vertretenen dritten Person eingehen wolle, würde also nicht den vorgeschriebenen Inhalt haben und daher rechtlich bedeutungslos sein.

Auch hätte eine Vollmacht zur Eheschließung nach § 134 BGB. keinen rechtlichen Bestand, da, soweit eine Vertretung nicht zulässig ist, auch die Erteilung einer Vollmacht, weil auf einen rechtlich numöglichen Erfolg gerichtet, nicht rechtswirksam ist. Eine auf Grund einer solchen Vollmacht abgegebene Erklärung würde also überhaupt keine Erklärung des Vollmachtgebers sein.

3. Nicht nur die Erklärungen der Brautleute müssen unbedingt und unbefristet sein, sondern es muß sich ihr erklärter Wille auf eine unbedingte und unbefristete, auf keine bestimmte Folge der Eheschließung beschränkte Ehe beziehen. Der angesichts des Wortlauts des Abs. 2 nicht ausgeschlossene Zweifel, ob nur die beigefügte Bestimmung oder Zeitbestimmung hinfällig und unbeachtlich oder die Ehe infolge ihrer Beifügung vernichtbar oder endlich überhaupt nicht zustande gekommen ist, ist in letzterem Sinne zu entscheiden (Ausnahme § 19). Wenn freilich die Bedingung oder Zeitbestimmung oder Einschränkung nicht vor dem Standesbeamten erklärt, sondern nur von den Verlobten untereinander vereinbart wird, so kommt trotz ihrer eine vollgültige Ehe zustande (1 z. § 11; RG. R. 1920 Nr. 3396; Ausnahme auch hier § 19), welche trotz des vereinbarten Vorbehalts die vollen ehelichen Pflichten gegenseitig ohne die vorbehaltene Einschränkung begründen. Im Einzelfall kann freilich unter besonderen Umständen die Forderung ihrer Erfüllung unzulässig (§ 1354 Abs. 2 BGB.) sein und ihrer Verweigerung der Charakter der Eheverfehlung fehlen. Regelmäßig sind aber alle dem Wesen der Ehe zuwiderlaufende Vereinbarungen unwirksam, nicht nur, wenn sie unsittlich, sondern auch wenn sie sittlich neutral oder gar von bestimmter Weltanschauung aus löblich sind (Getrenntleben, Josefsehe).

4. Beispiel einer Bedingung ist, daß die Ehe mit Kindern gesegnet sein müsse und aufgelöst werden soll, wenn der Kindersegen ausbleibt. Beispiel einer Zeitbestimmung, daß sie erst mit einem bestimmten Tag oder Ereignis beginnen oder mit einem bestimmten Tag aufhören; Beispiel eines auf bestimmte Folgen beschränkten Willens, daß die Ehe nur dazu, ein gemeinsames Kind zu legitimieren, dienen, im übrigen aber nur Formsache sein und alsbald wieder geschieden werden soll.

5. Die Vorschriften der nationalsozialistischen Kriegsgesetzgebung über die Zulässigkeit einer Ferntrauung (§ 19 WPStVO. vom 4. 11. 43) sind außer Kraft getreten. Jedoch sind nach wie vor die nach dieser Gesetzgebung bis zum 1. 3. 1946 geschlossenen Ehen als gültig, die daraus hervorgegangenen Kinder als ehelich anzuerkennen, auch wenn der Wehrmachtsangehörige nach seiner Erklärung vor jener der Braut verstorben war (Lehmann FamR. S. 32). In der britischen Zone ist die VO. gar erst ab 1. Februar 1949 durch die VO. über Ferntrauungen außer Kraft gesetzt worden. Über Eheschließungen mit verstorbenen Soldaten, die überhaupt nichts erklärt hatten, s. 1 zu § 79 und 2e zu § 80.

6. § 13 gilt nunmehr aber mit der sehr umfangreichen Ausnahme des neuen § 15a für alle in Deutschland geschlossenen Ehen, mögen sie von Aus- oder Inländern geschlossen werden (A. 13 Abs. 3 EG. BGB.), soweit nicht Exterritoriale beteiligt sind oder Staatsverträge etwas anderes bestimmen, wenn beide Verlobten Ausländer sind. Solche Staatsverträge sind aber außer Kraft getreten, soweit Deutschland mit dem Vertragskontrahenten sich im Krieg befunden hat. In Betracht kommt also z. Z. nur die Vereinbarung mit Schweden vom 6. 9. 1932. Zu beachten ist, daß Abs. 2 keine Formvorschrift, sondern eine materielle Vorschrift ist, für die nicht A. 11, sondern A. 13 EGBGB. gilt.

Umgekehrt genügt für die Form der Eheschließung Deutscher im Ausland die Beobachtung des ausländischen Gesetzes (A. 11 EGBGB.). Daneben können Reichsangehörige die Ehe im Ausland vor einem deutschen diplomatischen Vertreter oder Konsul eingehen nach Maßgabe des Gesetzes vom 4. Mai 1870 (RGBl. S. 599, geändert durch A. 40 EGBGB., A. 2 des G. vom 11. 6. 1920 [RGBl. 1209], A. 1, G. vom 20. 12. 1934 [RGBl. S. 1260], A. 2 und 3, G. vom 14. 5. 1936 [RGBl. S. 447]) und der Konsularverträge, von denen nur noch der Konsularvertrag mit Schweden vom 6. 9. 1932 (RGBl. II S. 530) in Kraft sein dürfte, der zwar das konsularische Eheschließungsrecht vorsieht, aber auf Angehörige des Entsenderstaates beschränkt. Die Bestimmungen des Konsulargerichtsbarkeitsgesetzes vom 7. 4. 1900 (§ 36), das ohnedies nur noch für Eheschließungen in Ägypten bedeutsam war (VO. vom 25. 2. und 23. 5. 1938, RGBl. II S. 83 und 216) sind nunmehr gänzlich unanwendbar.

7. Vgl. 1 Ib zu § 1.

8. Vgl. 2 und 3 zu § 11.

§ 14. Trauung[1]

1. Der Standesbeamte soll[1] bei der Eheschließung in Gegenwart von zwei Zeugen[4] an die Verlobten einzeln[2] und nacheinander[2] die Frage richten[2], ob sie die Ehe miteinander eingehen wollen und, nachdem die Verlobten die Frage bejaht haben[3], im Namen des Rechts[5] aussprechen, daß sie nunmehr rechtmäßig verbundene Eheleute seien[5].

2. Der Standesbeamte soll[6] die Eheschließung in das Familienbuch[6] eintragen[6].

1. Mit **TRAUUNG** bezeichnet das Gesetz die **Tätigkeit**, die der zur Entgegennahme der Eheschließung bereite **Standesbeamte** zu entfalten hat, und zwar a) durch Mitwirkung zu ihrer Herbeiführung, nämlich der zur Eheschließung unerläßlichen Erklärungen der Verlobten, die Ehe miteinander schließen zu wollen, mittels entsprechender an sie gerichteter Fragen, b) durch die auf Grund der Antworten der Eheleute zu treffende Feststellung, daß die Ehe zwischen ihnen zustandegekommen sei. Wie die Frage an die Eheleute, ist auch die Feststellung kein Teil der Eheschließung und für diese nicht wesentlich; vielmehr besteht diese ausschließlich in den vor dem Standesbeamten abgegebenen Erklärungen der Brautleute (§§ 11, 13). Auch wenn die Brautleute ihre Erklärungen vor dem zu ihrem Empfang bereitstehenden Standesbeamten ungefragt abgegeben haben und der Standesbeamte — vielleicht gerade deshalb — die Feststellung der Eheschließung unterläßt, ist diese doch erfolgt und eine vollgültige, unvernichtbare Ehe zustandegekommen.

§ 8 PStG. schreibt vor, daß die Trauung in einer der Bedeutung der Ehe entsprechenden würdigen und feierlichen Weise vorgenommen werden solle. Meist hält deshalb der Standesbeamte eine Ansprache, die von größerem oder kleinerem Schwung getragen ist; früher sogar im Gehrock. Auch diese Vorschrift will keine Voraussetzung einer gültigen Eheschließung sein.

Unter Umständen ist die Zuziehung eines Dolmetschers erforderlich (§§ 5, 6 1. AVO.PStG.), nämlich, wenn an der Eheschließung oder an der Trauung ein Tauber oder Stummer oder sonst am Sprechen Verhinderter beteiligt, und eine schriftliche Verständigung mit ihm nicht möglich ist, oder ein Beteiligter die deutsche Sprache nicht versteht. Ein Dolmetscher muß auch zugezogen werden, wenn etwa der Standesbeamte oder ein Zeuge die Erklärungen der Eheleute oder ein Verlobter den anderen Verlobten wegen Sprachverschiedenheiten nicht verstehen kann. Aber nur, wenn letzteres zutrifft oder der Standesbeamte die Antwort eines der Verlobten nicht verstehen kann und auch eine Verständigung durch unmißverständliche Gebärden nicht erzielt wird, ein Fall wohl, der kaum denkbar ist, würde es das Zustandekommen der Ehe hindern, wenn kein Dolmetscher zugezogen wird; denn dann kämen die Voraussetzungen des § 11 nicht zustande. Hat ein Verlobter die in deutscher Sprache an ihn gerichtete Frage des Standesbeamten nicht verstanden, aber nichtsdestoweniger unmißverständlich seinen Eheschließungswillen erklärt, so ist ersteres unerheblich.

2. „Das Gesetz des Handelns" liegt in den Händen des Standesbeamten. Er soll die Initiative haben, und nicht von den Erklärungen der Brautleute überrannt werden, vielmehr diese herbeiführen, indem er die Fragen an sie richtet, ob sie die Ehe eingehen wollen. Er soll diese Fragen an jeden von ihnen einzeln und nacheinander richten, d. h. an den zweiten Verlobten erst, wenn der Erstbefragte die Frage bejaht hat. Die Reihenfolge der Befragung ist nicht bestimmt; meist wird der Bräutigam zuerst befragt.

3. Obwohl das Gesetz es nicht besonders sagt, haben die Verlobten auch einzeln und nacheinander zu antworten, zuerst der Erst-, dann der Zweitbefragte. Über die Form der Bejahung s. zu §§ 13 und 11; die Antwort ist formlos.

4. Das Gesetz schreibt die Gegenwart — gemeint ist gleichzeitige Gegenwart — zweier Zeugen bei den Fragen vor; wichtiger ist aber ihre Gegenwart bei den Antworten. Zeugen können Männern und Frauen, Deutsche und Ausländer, auch nahe und nächste Verwandte des Verlobten oder des Standesbeamten, natürlich nicht der Standesbeamte selbst, sein. § 34 1. AVO. PStG. schließt von der Mitwirkung als Zeuge Minderjährige aus, desgleichen Personen, welche die bürgerlichen Ehrenrechte nicht besitzen oder nach den Strafgesetzen unfähig sind, als Zeugen eidlich vernommen zu werden. Der Ausschluß von Juden gilt natürlich nicht mehr. Da § 14 nur Sollvorschrift ist, ist auch die Verletzung der Bestimmungen über den Ausschluß von Zeugen ohne Folgen für den Bestand der Ehe.

5. Auf die bejahenden Erklärungen der Eheleute folgt die — feierliche — Feststellung des Standesbeamten, daß sie „nunmehr rechtmäßig verbundene Eheleute seien", also nicht etwa die Erklärung der Verlobten zu rechtmäßig verbundenen Eheleuten durch den Standesbeamten (s. 1.). Eine Bedeutung hat diese Feststellung nicht (s. 1). Die Eheleute sind auch ohne sie rechtmäßig verbunden. Die Erklärung erfolgt im Namen des Rechts (nach dem EheG. 1938 „im Namen des Reichs"; früher hieß es „auf Grund dieses Gesetzes", d. h. des BGB.).

6. Der Standesbeamte führt ein Familienbuch. In diesem ist für jede durch die Eheschließung neu gegründete Familie ein besonderes Blatt zu eröffnen, welches in zwei Teile zerfällt. Im ersten Teil ist die Eheschließung zu beurkunden, und zwar dadurch, daß sie in diesem Teil eingetragen wird (§§ 8, 9, 11 PStG.). Voraussetzung des Rechtsbestandes der geschlossenen Ehe ist diese Beurkundung und dieser Eintrag regelmäßig nicht (§ 13), nur ausnahmsweise in dem Falle, daß die Ehe vor einem Nichtstandesbeamten geschlossen worden ist, welcher das Amt eines Standesbeamten öffentlich ausübt (§ 11 Abs. 3). Im zweiten Teile des Blattes werden die Familienangehörigen der neuen Eheleute eingetragen (§ 10 PStG.) und zwar zuerst und sofort ihre Eltern (§ 14), in der Folge ihre Kinder und die unehelichen Kinder der weiblichen Abkömmlinge (§ 15 PStG.). Das Blatt wird nämlich für jeden Abkömmling der Eheleute solange fortgeführt, bis er selbst ein Blatt erhält (§ 15).

§ 15. Zuständigkeit des Standesbeamten [1]

1. Die Ehe soll vor dem zuständigen [1] Standesbeamten geschlossen werden.

2. Zuständig [2,3] ist der Standesbeamte, in dessen Bezirk einer der Verlobten seinen Wohnsitz oder seinen gewöhnlichen Aufenthalt hat. Unter mehreren zuständigen Standesbeamten haben die Verlobten die Wahl.

3. Hat keiner der Verlobten seinen Wohnsitz [1] oder seinen gewöhnlichen Aufenthalt [1] im Inland, so ist für die Eheschließung im Inland der Standesbeamte des Standesamts I in Berlin oder der Hauptstandesämter in München, Baden-Baden und Hamburg zuständig.

4. Auf Grund einer schriftlichen Ermächtigung des zuständigen Standesbeamten kann die Ehe auch vor dem Standesbeamten eines anderen Bezirkes geschlossen werden[3].

1. Die den Standesbeamten obliegenden Aufgaben sind Angelegenheiten des Staates, die den Gemeinden zur Erfüllung nach Anweisung übertragen sind (§ 51 PStG.). Grundsätzlich bildet jede Gemeinde einen Standesamtsbezirk. Die höhere Verwaltungsbehörde kann einer von mehreren Gemeinden den Auftrag für diese erteilen oder eine Gemeinde in mehrere Standesamtsbezirke aufteilen (§ 52 PStG.).

Da sonach ein Standesbeamter nur fur einen örtlich begrenzten Bezirk bestellt wird, erhebt sich die Frage, welcher Standesbeamte im Einzelfall zuständig ist. Nach Abs. 2 ist zuständig jeder Standesbeamte, in dessen Bezirk einer der Verlobten seinen Wohnsitz (s. §§ 4—11 BGB.) oder gewöhnlichen Aufenthalt hat, d. h. dauernd, wenn auch ohne sich niederzulassen, und nicht bloß vorübergehend verweilt. Bei inländischen Verlobten, welche in verschiedenen Standesamtsbezirken ihren Wohnsitz oder gewöhnlichen Aufenthalt haben, sind also immer wenigstens zwei Standesbeamte zuständig, wenigstens, weil ein Verlobter auch mehrere Wohnsitze haben kann. Unter mehreren zuständigen Standesbeamten haben die Verlobten die Wahl. Dieser Wahl wird auch dadurch nicht vorgegriffen, daß sie das Aufgebot bestellen (s. 1 c zu § 12). Sie können auch dann noch vor einem der anderen Standesbeamten heiraten. Hat nur einer der Verlobten im Inland Wohnsitz oder gewöhnlichen Aufenthalt, so ist nur ein Standesbeamter zuständig. Hat keiner der Verlobten Wohnsitz oder gewöhnlichen Aufenthalt im Inland, so ist gleichwohl (in jeder Besatzungszone) ein inländischer Standesbeamter zuständig, nämlich das Standesamt I zu Berlin und die Hauptstandesämter München, Baden-Baden und Hamburg; es ist regelmäßig § 10 zu beachten.

Der von den Verlobten angegangene Standesbeamte hat seine Zuständigkeit zu prüfen und selbst darüber zu entscheiden. Lehnt er die Eheschließung wegen Unzuständigkeit ab, so entscheidet auf Antrag das Amtsgericht (§§ 45, 48—50 PStG.).

Über Eheschließung gemäß § 22 der 3. DVO. z. PersStG. vor einem Wehrmachtsrichter, wenn dieser kriegsgefangen war, s. LG. Bielefeld NJW. 47 S. 105 und Anm. von Gutzler NJ. 1948 S. 186, Freiburg mit Nachweisen (NJ. 49 S. 185,) dagegen fur Gültigkeit OLG. Vgl. auch 1 af. zu § 11.

2. Die vor einem unzuständigen Standesbeamten geschlossene Ehe ist nicht nichtig — dies ergibt auch § 11 Abs. 1 („vor einem") — auch nicht vernichtbar; anders natürlich nur, wenn eine Ehe vor einem Standesbeamten geschlossen wird außerhalb des Bezirkes, für den er bestellt ist; dann ist sie nicht „vor einem Standesbeamten" geschlossen; es können aber die Voraussetzungen des § 11 Abs. 2 beide zutreffen, so daß eine Ehe auch in einem solchen Fall zustande kommen kann.

3. Erst recht ist die Ehe, die vor einem zuständigen Standesbeamten geschlossen wurde, dann nicht nichtig, wenn dieser von einem zuständigen Standesbeamten schriftlich zur Trauung ermächtigt worden war. Diese Ermächtigung ist zulässig, die Verlobten können auf Grund einer solchen Ermächtigung auf Reisen heiraten, oder die Ehe vor einem (mit einem von ihnen oder ihnen beiden befreundeten oder verwandten) an sich unzuständigen Standesbeamten schließen.

Nur zur Trauung und Entgegennahme der Eheschließungserklärungen kann ein zuständiger Standesbeamter einen unzuständigen ermächtigen, nicht auch zum Erlaß des Aufgebots. Dieses muß von einem zuständigen Standesbeamten erlassen werden. Der Standesbeamte, der den unzuständigen Standesbeamten ermächtigt, muß in der Ermächtigung bescheinigen, daß das Aufgebot erlassen und daß kein Ehehindernis bekannt geworden ist, oder daß die Ehe ohne Aufgebot geschlossen werden darf (s. § 12). Hat er das Aufgebot nicht selbst erlassen, ist es vielmehr von einem anderen zuständigen Standesbeamten erlassen worden (s. zu § 12), so kann er diese Bescheinigung auf Grund der ihm vorgelegten Bescheinigung des letzteren erteilen. Der ermächtigte Standesbeamte muß zwar Ehehindernisse, welche er kennt, berücksichtigen, ist aber im übrigen eigener Prüfung überhoben, ob Ehehindernisse vorliegen.

War der ermächtigende Standesbeamte selbst unzuständig, so ist die auf Grund der Ermächtigung vor einem unzuständigen Standesbeamten geschlossene Ehe ebenso vollgültig, wie sie es wäre, wenn sie sonst vor einem unzuständigen Standesbeamten, etwa dem Ermächtigenden selbst, geschlossen worden wäre.

4. Der angegangene Standesbeamte kann zwar zuständig, aber kraft Gesetzes von der Vornahme der Eheschließung ausgeschlossen sein. Kraft Gesetzes ausgeschlossen ist der Standesbeamte von der Mitwirkung bei seiner eigenen Eheschließung, aber nicht auch von der Mitwirkung bei der Eheschließung selbst seiner nächsten Angehörigen (Kinder, Geschwister) oder Verschwägerten.

§ 15 a. Ehen Nichtdeutscher

Kontrollr.G. Nr. 42, in Kraft getreten 29. 4. 1948

1. Als Ausnahme von den Bestimmungen der §§ 11, 12, 13, 14, 15 und 17 dieses Gesetzes kann eine Ehe zwischen Verlobten, von denen keiner die deutsche Staatsangehörigkeit besitzt, vor einer von der Regierung des Landes, dessen Staatsangehörigkeit einer der Verlobten besitzt, ordnungsgemäß ermächtigten Person in der von den Gesetzen dieses Landes vorgeschriebenen Form geschlossen werden.

2. Eine beglaubigte Abschrift der Eintragung der so geschlossenen Ehe in das Eheregister, das von der dazu ordnungsgemäß ermächtigten Person geführt wird, ist als schlüssiger Beweis der Eheschließung anzusehen. Der deutsche Standesbeamte des Bezirkes, in dem die Eheschließung stattfand, hat auf Grund der Vorlage einer solchen beglaubigten Abschrift eine Eintragung in das Familienbuch zu machen und die Abschrift zu den Akten zu nehmen.

§ 15 a ist eine Kollisionsnorm und Ausnahme von A. 13 EGB., welche für Ehen zwischen Ausländern und eines Ausländers mit einem Staatenlosen gilt. Ausländer ist auch, wer eine ausländische Staatsangehörigkeit neben der Bundesangehörigkeit besitzt. Die Bestimmung ist nicht anwendbar, wenn ein Angehöriger eines Besatzungsheeres mit einer Deutschen die Ehe eingehen will.

Ob die ausländische Form richtig beobachtet wurde, ist nach dem ausländischen Recht zu entscheiden, desgleichen, ob die weltliche oder kirchliche Amtsperson, vor welcher die Ehe geschlossen worden ist, zur Trauung ermächtigt war. § 11 Abs. 2 ist entsprechend anzuwenden. Im übrigen sind die Folgen der Formverletzung für das Zustandekommen der Ehe nach ausländischem Recht und 30 EGBGB., § 17 Abs. 2 EheG. zu beurteilen (vgl. auch Raape, Festschrift für Kiesselbach S. 249 ff.). Die Bedeutung der Eintragung in das Eheregister für das Zustandekommen der Ehe ist nach dem gemäß Abs. 1 maßgeblichen Recht zu beurteilen.

I. NICHTIGKEITSGRÜNDE

§ 16

Eine Ehe[3] ist nur[2] in den Fällen nichtig[1], in denen dies in den Paragraphen 17 bis 22 dieses Gesetzes bestimmt ist.

1. §§ 16—24 handeln von den Gründen und der Geltendmachung, §§ 25 bis 27 von den Folgen der Nichtigkeit einer Ehe (richtiger: den Folgen einer nichtigen Ehe) Was das Gesetz unter **NICHTIG** versteht, sagt es nicht. Es wäre deshalb angezeigt gewesen, es zu sagen, weil es nämlich in diesem Falle darunter nicht versteht, was sonst unter nichtig verstanden wird. Nichtig im gewöhnlichen Rechtssinn ist nur eine Ehe, die nicht entsprechend § 11 geschlossen wird; nur in diesem Fall kommt eine Ehe überhaupt nicht zustande, liegt eine Nichtehe vor. Ehen dagegen, welche mit Nichtigkeitsgründen nach §§ 17 bis 22 behaftet sind, sind (trotz des auffälligerweise auch im englischen Gesetzestext durchgängig gebrauchten Wortes „void", das im Gegensatz zu „voidable" (= vernichtbar) nichtig bedeutet, wie sich aus § 23 zweifelsfrei ergibt) **vorerst** — dem Rechtsbestande, nur mit Einschränkung (etwa aus dem Gesichtspunkt der Pflichtenkollision bei Doppelehe und des § 1353 Abs. 2 S. 1 BGB., vgl. auch Beitzke FamR. S. 32) dem rechtlichen Inhalt nach — **Vollehen** und **nur vernichtbar** und bleiben Vollehen, wenn sie nicht vor dem Tode beider Ehegatten vernichtet worden sind (§ 24). Vor der Vernichtung kann niemand die Nichtigkeit geltend machen und sich auf sie berufen; sie kann also überhaupt nicht geltend gemacht werden, wenn beide Ehegatten verstorben sind, ohne daß die Ehe vernichtet worden war. Die Vernichtung geschieht **durch gerichtliches Urteil** (§ 23). Diese kann aber durchaus nicht von jedermann herbeigeführt werden, sondern nur von einem der Ehegatten selbst oder dem Staatsanwalt (§ 24), nach der Auflösung der Ehe nur von dem Staatsanwalt, im Falle der Nichtigkeit der Ehe wegen Doppelehe auch von dem Ehegatten der gültigen Ehe (§ 24). Also auch, wenn die Ehe durch Scheidung oder durch den Tod eines der Ehegatten aufgelöst ist, kann die Vernichtung der Ehe im allgemeinen nicht mehr herbeigeführt werden, wenn sich nicht der Staatsanwalt dazu bereit findet. Dies ist im ersteren Fall im

Hinblick auf etwaige Unterhaltsverpflichtungen bzw. Ansprüche der geschiedenen Ehegatten untereinander, im zweiten Fall im Hinblick auf das Erbrecht des überlebenden Ehegatten wichtig. Anders wie bei der Aufhebung (§ 17 DVO. 1938) enthält das Urteil, auch wenn einem Ehegatten der Nichtigkeitsgrund bei der Eheschließung bekannt war, im Tenor keinen Schuldausspruch. Im Hinblick auf die Folgen der Kenntnis nach §§ 25, 26 und ihre strafrechtlichen Folgen im Falle des § 20 empfiehlt sich aber die Feststellung der Kenntnis in den Gründen (OLG. Kiel DRZ. 2/47 S. 117), wenn nicht im Tenor. In fast allen Fällen kann die vernichtbare Ehe auch geheilt werden und den Mangel der Vernichtbarkeit verlieren. Einer **Heilung** kommt es gleich, wenn die Nichtigkeitsklage rechtskräftig abgewiesen wird, denn auch ein solches Urteil, nicht nur ein Nichtigkeitsurteil, wirkt für und gegen jedermann (§ 636 a ZPO.). Das Wiederaufnahmeverfahren gegen ein Nichtigkeits- oder Aufhebungs- oder Scheidungsurteil wird aber durch eine neue Ehe nicht ausgeschlossen, die eben so zur Doppelehe werden kann (a. A. LG. Hagen SJZ. 46 S. 67, OLG. Hamm DRZ. 49 S. 448) und nichtig ist (ebenso Rosenberg DRZ. aaO., Beitzke FamR. S. 27, vgl. 3 b a.E. zu § 5 und 3 vor § 606 ZPO., ferner Völker SJZ. 48 Sp. 401 u., der auf die im Falle eines im Wiederaufnahmeverfahren ergehenden, das Scheidungsurteil aufhebenden Urteils nebeneinander bestehenden Ehen, wenn die Billigkeit es rechtfertigt, § 38 Abs. 2 analog anwenden will, so daß evtl. der Nichtigkeitsklage gegen die zweite Ehe eine Feststellungsklage betreffend den Bestand der ersten Ehe nach § 638 ZPO. voranzugehen habe, eine folgewidrige Lösung). Da das ersetzende Urteil, das im Wiederaufnahmeverfahren ergeht, zurückwirkt, ergibt sich, daß die Ehe, wenn das ältere Urteil die Klage abgewiesen hatte, nunmehr als mit Verkündung des letzteren aufgelöst anzusehen ist, ferner, daß, wenn das ersetzende Urteil nur den Schuldausspruch ändert, es bei dem bisherigen Zeitpunkt der Auflösung bleibt (unverständlich darum, wie im Falle SJ. 49 Sp. 115 der dortige Streit aktuell werden konnte), endlich, daß, wenn das ersetzende Urteil im Gegensatz zum früheren die Aufhebungsklage abweist, die Ehe als niemals aufgelöst anzusehen ist. Ist dies, wie oben ausgeführt, schon in familienrechtlicher Beziehung nicht unbedenklich durchführbar — soll etwa der zufolge des früheren Urteils nach § 74 nicht sorgeberechtigte siegreiche Nichtigkeits- oder Restitutionskläger die Aufhebung einer inzwischen von einer minderjährigen Tochter eingegangenen Ehe herbeiführen können (§ 30)? — so gilt dies erst recht güterrechtlich. Zwar sind die güterrechtlichen Wirkungen der rückgängig gemachten Auflösung nicht eingetreten, aber es kann nicht aus der Welt geschafft werden, daß sie einmal eingetreten schienen; es muß darum bei Rechtsgeschäften sein Bewenden haben, die zwischenzeitlich auf dieser Grundlage vorgenommen worden sind (weitergehend OLG. Stuttgart SJ. 49 Sp. 115, zu weitgehend Völker ebenda).

Aber selbst **die für nichtig erklärte Ehe** ist durchaus keine nichtige Ehe. Allerdings wirkt die Nichtigkeitserklärung für und gegen jedermann (§ 636 a ZPO.) und auch zurück. Letzteres spricht das Gesetz zwar nirgends aus und es ist auch um deswillen nicht selbstverständlich, weil, wie erwähnt, die Nichtigkeit einer bloß vernichtbaren Ehe mit dem sonstigen Nichtigkeitsbegriff nicht alles gemein hat, so daß aus letzterem für die Frage, von wann ab die Nichtigkeit der für nichtig erklärten Ehe wirkt, zwingend nichts gefolgert werden kann. Aber die Rückwirkung ergibt sich aus dem vom Gesetz herausgestellten Gegensatz zwischen der Vernichtung und der Auflösung der Ehe durch Aufhebung (§ 29); da für die Zukunft auch die aufgelöste Ehe keine Ehe mehr ist, würde dieser Gegensatz gegenstandslos sein, wenn auch die Vernichtung nur für die Zukunft wirken würde.

Aber auch nach der ruckwirkenden Vernichtung der Ehe ist es durchaus **nicht** so, daß die ursprünglich vernichtbare, nun vernichtete Ehe **folgenlos** bliebe, wie eine nach § 11 richtig nichtige Ehe. Das Gesetz schränkt vielmehr die Nichtigkeit in wichtigen Beziehungen ein, **in familien- und personenrechtlicher Hinsicht,** indem es auch die, aus einer nichtigen Ehe hervorgegangenen Kinder, auch wenn die Ehe für nichtig erklärt worden ist, als ehelich angesehen wissen will, sofern sie im Falle der Gültigkeit der Ehe ehelich wären.

Auch in **vermögensrechtlicher Hinsicht** gilt nach § 26 für die Vergangenheit, wie für die Zukunft, die Ehe als eine bis zur Nichtigkeitserklärung bestandene, dann aber geschiedene Ehe, wenn auch nur einer der Ehegatten die Nichtigkeit der Ehe bei der Eheschließung nicht gekannt hat. Dieses ist wichtig, nicht nur für die künftigen Unterhaltsansprüche, sondern auch für die Nutzungen, welche der Ehemann aus dem Frauenvermögen gezogen hat, und hinsichtlich einer Gütergemeinschaft, welche durch Ehevertrag vereinbart war. Allerdings kann der Ehegatte, welcher die Nichtigkeit bei der Eheschließung nicht gekannt hat, wenn es für ihn gunstiger ist, erklären, daß er die Ehe als in vermögensrechtlicher Hinsicht als von Anfang an nichtig behandelt wissen wolle.

Daß von der Regel des § 26 eine Ausnahme gelten soll, für einen Erbfall, welcher sich unter den Ehegatten ereignet hat, etwa, wenn die Ehe nach dem Tode des einen Gatten auf die Klage des Staatsanwalts hin für nichtig erklärt worden ist, läßt § 25 nicht erkennen (bestr.; vgl. z. B. KRR. 5). Es bleibt also bei dem Erbfall, auch wenn der verstorbene Ehegatte gut-, der überlebende schlechtgläubig war, zumal es mehr als zweifelhaft ist, ob die erwähnte Erklärung, daß die Ehe als von Anfang an in vermögensrechtlicher Hinsicht als voll nichtig anzusehen sein soll, von denjenigen Personen abgegeben werden könnte, welche bei Wegfall des überlebenden Ehegatten erben würden. Über Erbrecht bei nichtiger Ehe siehe auch Dölle ZAkdR. 39 S. 155.

Welche Folgen die Nichtigkeitserklärung nach Auflösung der Ehe durch Tod eines Ehegatten auf die erbrechtliche Stellung des überlebenden Ehegatten hat, welche auf letztwilliger Verfügung des Verstorbenen beruht, ist natürlich Frage ihrer Auslegung. Im allgemeinen gilt § 2078 (Abs. 2) BGB.

Ein gemeinschaftliches Testament wird durch die Vernichtung der Ehe hinfällig (§ 2268 BGB.), ein Erbvertrag anfechtbar (§ 2261, 2078).

Über die Folgen der Nichtigkeitserklärung der zweiten Ehe einer aus erster Ehe versorgungsberechtigten Beamtenwitwe, für das Wiederaufleben ihrer Versorgungsansprüche (vgl. RG. 151 S. 187, VO. v. 29. 6. 37 z. DVO. des deutschen DBG.; Nr. 2 z. § 97 und hierzu § 184 Abs. 1 Satz 3 DBG; RG. 151 S. 187, Reuß. JW. 1938 S. 815).

Aus der rückwirkenden Vernichtung ergibt sich, daß die Frau den Namen des Mannes verliert und den Namen zurückerhält, den sie vor der Eheschließung führte, das gilt auch von ihrer Staatsangehörigkeit; seinen Wohnsitz behält sie als eigenen, bis sie ihn aufgibt.

Während der nichtigen Ehe hergestellte Rechtstatbestände, die ihre Gültigkeit voraussetzen, z. B. die gemeinsame oder eine sonstige Steuerveranlagung, Steuerfreiheit bestimmter Vorgänge, Gültigkeit mit dem ehelichen Familiennamen gezeichneter Urkunden bleiben in Kraft.

Das Zeugnisverweigerungsrecht des Ehegatten wird durch die Nichtigkeitserklärung nicht berührt (RGSt. 47 S. 286, HRR. 1930 Nr. 1059).

2. Die **Gründe der Vernichtbarkeit** werden vom Gesetz **erschöpfend aufgezählt.** Nur folgende Gründe der Vernichtbarkeit kommen in Betracht: Mangel der Form (§ 17), Mangel der Geschäfts- und Urteilsfähigkeit (§ 18), bloße Namensehe bei Fehlen der Absicht einer ehelichen Lebensgemeinschaft (§ 19), Doppelehe (§ 20), Verwandtschaft und Schwägerschaft (§ 21), Ehebruch (§ 22). Nur in einem einzigen Fall, dem der Doppelehe, ist die Vernichtbarkeit nicht — über die allgemeine Heilbarkeit aller vernichtbaren Ehen gemäß 1. hinaus — heilbar. Kein Nichtigkeitsgrund ist ein Verstoß gegen §§ 1 a, 3 des noch nicht aufgehobenen EheG.G. (LG. Bielefeld NJW. 47 Seite 105).

3. Vorstehendes gilt aber nur für Ehen unter Inländern. Ist an der Ehe ein **Ausländer** beteiligt (s. 1 d zu § 1), so greift A. 13 EGBGB. ein, wonach die Nichtigkeit und Vernichtbarkeit der Ehe — auch die Frage, ob es einer besonderen gerichtlichen Nichtigkeitserklärung bedarf, — für den oder die ausländischen Verlobten nach dem Recht des Heimatstaates zu beurteilen ist. (RG. 132 S. 416, 148 S. 383), und zwar kann jeder der Ehegatten auch die Nichtigkeitsgründe des Heimatrechts des anderen Ehegatten geltend machen (RG. 136 S. 142). In welchem Umfang und in welcher Art der Staatsanwalt die Nichtigkeitserklärung betreiben kann, ist nach dem Heimatrecht desjenigen Ehegatten zu beantworten, nach dessen Heimatrecht der Nichtigkeitsgrund besteht (RG. JW. 38 S. 1242), desgleichen, ob von einem Nichtigkeitsgrund befreit werden kann (RG. 151 S. 313).

Indessen ist die Anwendung eines ausländischen Gesetzes ausgeschlossen, wenn sie gegen die guten Sitten oder den Zweck eines deutschen Gesetzes verstoßen würde (A. 30 EGBGB.). Dies trifft nicht auch auf ein ausländisches Eheverbot wegen Religionsverschiedenheit zu (RG. 132 S. 416).

Maßgebend ist die Staatsangehörigkeit z. Zt. der Eheschließung, die Staatsangehörigkeit z Zt. der Klage jedoch, wenn der geltend gemachte Nichtigkeitsgrund dem Recht des Staates unbekannt ist, dem die Ehegatten z. Zt. der Klageerhebung angehören (Raape, Dtsch. int. PrR. § 24 II). Der Staatenwechsel kann sonach zwar eine gültig geschlossene Ehe nicht ungültig, aber u. U. eine ungültige Ehe gültig machen (Raape aaO.). Hat die Ehefrau durch die Eheschließung die ursprüngliche Staatsangehörigkeit verloren, so bleibt im Hinblick auf sie ihr ursprüngliches Heimatrecht maßgebend (RG. JW. 38 S. 855).

§ 17. Mangel der Form

1. Eine Ehe ist nichtig [1], wenn die Eheschließung nicht in der durch § 13 der vorgeschriebenen Form [2] stattgefunden hat.

2. Die Ehe ist jedoch als von Anfang an gültig[3] anzusehen[4], wenn die Ehegatten nach der Eheschließung fünf Jahre[6] oder, falls einer von ihnen vorher verstorben ist, bis zu dessen Tod, jedoch mindestens 3 Jahre, als Ehegatten[5] miteinander[5] gelebt[5] haben, es sei denn, daß bei Ablauf der fünf Jahre oder zur Zeit des Todes des einen Ehegatten die Nichtigkeitsklage erhoben ist[7].

1. d. h. (obwohl auch der englische Text „void" und nicht „avoidable" sagt) **Vernichtbar** (s. 1 zu § 16, § 17), während ein Verstoß gegen § 11 (s dort) Vollnichtigkeit der Ehe zur Folge hat.

2. Die **FORMERFORDERNISSE** des § 13 (s. dort) sind:

a) persönliches,

b) gleichzeitiges Erscheinen vor dem Standesbeamten und

c) bei diesem gleichzeitigen, persönlichen Erscheinen abgegebene persönliche und zwar, wie die Vorschrift vorgängiger Frage (§ 14) ergibt, ausdrückliche, sei es auch in Zeichen (aber nicht in bloßem Schweigen) bestehende Erklärungen, den anderen Miterschienenen heiraten zu wollen,

d) Bereitschaft des Standesbeamten, diese Erklärungen entgegenzunehmen; diese wird von der h. M. zu den Voraussetzungen des § 11 gerechnet (s. dort 6).
Dagegen berührt eine Verletzung der Vorschriften des § 14: Anwesenheit zweier Zeugen, Fragen des Standesbeamten, sein Ausspruch, der Eintrag im Familienbuch den Bestand der Ehe überhaupt nicht und macht sie auch nicht vernichtbar.

Zu den Voraussetzungen des § 11, deren Fehlen Vollnichtigkeit der Ehe verursachen, gehört, daß überhaupt übereinstimmende Erklärungen, die Ehe mit demjenigen, der die Gegenerklärung abgibt, schließen zu wollen, und diese vor einem Standesbeamten abgegeben werden, und daß sie unbedingt und unbefristet sind (s. 3 zu § 11), während die h. M. in einer Bedingung oder Befristung nur einen Verstoß gegen § 15 sieht, der die Ehe vernichtbar macht.

3. Abs. 2 läßt eine **Heilung** der Ehe **mit rückwirkender Kraft** durch Ersitzung zu. Die Rückwirkung wird vom Gesetzeswortlaut besonders betont („als von Anfang an gültig anzusehen", was auch insofern nicht zutrifft, als sie nicht bloß als gültig anzusehen, sondern gültig ist s. 1 zu § 16); die Bedeutung der Rückwirkung verschwindet aber hinter der Tatsache, daß ohnedies ohne Nichtigkeitsklage, welche nach Eintritt der Heilung endgültig ausgeschlossen ist, die Vernichtbarkeit und Folgen aus letzterer auch für die Vergangenheit nicht geltend gemacht werden konnten. Die Wirkung der Heilung beschränkt sich praktisch also darauf, daß die Ehe für die Zukunft nicht mehr vernichtbar ist. Eine Heilung ist nur möglich in einem Fall des Abs. 1, nicht auch, wenn eine Ehe nach § 11 überhaupt nicht zustande gekommen ist, mag auch das Paar sich noch so sehr als Ehegatten anerkennen und die Verbindung noch so lange dauern. Die Heilung setzt also Eheschließung vor einem Standesbeamten voraus (ebenso Raape Festschr. für Kieselbach S. 152). Wurde gegen § 14 verstoßen, bedarf es einer Heilung

nicht. 1 zu § 14. Abs. 2 ist entsprechend anzuwenden, wenn eine im Ausland geschlossene Ehe eines deutschen Ehegatten nach dem Recht am Ort der Eheschließung nicht formgültig war (Raape aaO.).

4. Es handelt sich nicht bloß um eine gesetzliche Fiktion trotz des Wortes „anzusehen", womit in Wahrheit gemeint ist: Die Ehe ist jedoch von Anfang an gültig.

5. Die Heilung setzt voraus, daß die Ehegatten eine bestimmte Zeit (s. nachstehend) als Ehegatten miteinander gelebt haben.

a) „als Ehegatten" schließt eine subjektive Voraussetzung ein: Die Ehegatten müssen willens gewesen sein, sich als Ehegatten anzusehen und anzuerkennen. Ob dieser Wille bestand, obwohl sie die Vernichbarkeit ihrer Ehe kannten, oder darauf beruht, daß sie diese nicht kannten, ist belanglos.

b) „als Ehegatten miteinander gelebt" bedeutet außerdem eine objektive Voraussetzung, und zwar kann man die Bedeutung der Worte „als Ehegatten", obwohl sie ein selbständiges subjektives Moment einschließen (s. a) nicht auf letzteres beschränken, vielmehr kann man nicht umhin, diesen Worten einen weiteren Inhalt dadurch zu geben, daß man sie zum Wort „miteinander" zieht. Es genügt also nicht, daß die Ehegatten bloß „miteinander", sie müssen als (gleich wie) Ehegatten miteinander gelebt haben, obwohl sie einander dazu nicht verpflichtet sind (s. § 1353 Abs. 2 S. 1 BGB.). Zum Miteinanderleben als Ehegatten gehört normalerweise der gemeinsame Haushalt, der regelmäßige Geschlechtsverkehr, die Zeugung von Nachkommenschaft und Anerkennung der güter- und familienrechtlichen Folgen der Ehe. Der Gesetzeswortlaut besagt aber nicht, welcher Umfang dieses ehelichen Zusammenlebens Voraussetzung der Heilung ist. Nach allgemeiner Meinung hat im Einzelfall das richterliche Ermessen zu entscheiden, ob ein Zusammenleben als Ehegatten stattgefunden hat. Der bloße Geschlechtsverkehr und das Bewohnen einer gemeinsamen Wohnung, ohne daß nach außen ein gemeinsamer Haushalt geführt wird, würden nicht ausreichen. Auch nicht, daß Frau und Kinder den Namen des Ehemannes geführt haben, denn dieses ist die gesetzliche Folge (§ 1355 BGB.) der Eheschließung, auch bei vernichtbaren Ehen, welche ohne den Willen der Ehegatten eintritt, und der sie sich nicht entziehen können.

Um eine Bestätigung (vgl. 5 zu § 18) handelt es sich nicht. Es genügt das durch den vorgeschriebenen Zeitraum (s. 6) fortgeführte Als-Ehegatten-Miteinanderleben. Keiner der Ehegatten braucht einen Bestätigungswillen zu haben oder kundzugeben, insbesondere den Formmangel oder seine Rechtsfolge zu kennen.

6. Der Zeitraum, welcher verstrichen sein muß, und den die Ehegatten als solche miteinander verlebt haben müssen, bevor die Ehe geheilt wird, beträgt fünf Jahre. Erlebt einer der Gatten den Ablauf dieses Zeitraumes nicht, so muß ihr Miteinanderleben bis zu seinem Tode, mindestens aber drei Jahre, gewährt haben; indessen ist es, wenn nicht der Staatsanwalt Nichtigkeitsklage erhebt, wozu selten Veranlassung sein dürfte, ohne Tragweite, wenn der Ehegatte vor Ablauf der dreijährigen Frist verstorben ist oder das Miteinanderleben vor seinem Tode aufgehört hat, da nach dem Tode des einen Ehegatten auch der andere keine Nichtigkeitsklage mehr erheben kann (§ 24 Abs. 2 S. 2). Die Frist ist nach § 187 BGB. zu berechnen. Die Ehegatten brauchen aber den Ablauf der fünfjährigen Frist nicht abzuwarten, wenn sie ihre Ehe in eine vollgültige Ehe verwandeln wollen. Sie konnen vielmehr die Eheschließung wiederholen. Die Wiederholung wirkt aber nur für die Zukunft und nicht zurück, aber da die Rückwirkung ohnedies keine Bedeutung hat (s. 1), und auch trotz der Wiederholung nach fünfjährigem Zusammenleben als Ehegatten eintritt, spielt dieser Gesichtspunkt keine Rolle.

7. Nicht nur, wenn einer der Ehegatten die Nichtigkeitsklage vor Ablauf der funfjährigen Frist bzw. vor dem Tode des anderen Ehegatten erhoben hat, ist die Heilung ausgeschlossen, auch wenn das Miteinanderleben fortgesetzt wurde, weil in diesem Fall das subjektive Moment der Anm. 5a vor Ablauf der Frist, bzw. vor dem Tode des einen Ehegatten weggefallen ist, sondern auch wenn der Staatsanwalt die Nichtigkeitsklage erhoben hat, mögen auch die Ehegatten weiter bis zum Fristablauf „als Ehegatten miteinander" gelebt haben.

§ 18. Mangel der Geschäfts- und Urteilsfähigkeit

1. Eine Ehe ist nichtig[3], wenn einer der Ehegatten zur Zeit der Eheschließung[2] geschäftsunfähig[1] war oder sich im Zustand der Bewußtlosigkeit oder vorübergehenden Störung der Geistestätigkeit befand[1].

2. Die Ehe ist jedoch als von Anfang an gültig anzusehen[4], wenn der Ehegatte[6] nach[7] dem Wegfall der Geschäftsunfähigkeit, der Bewußtlosigkeit oder der Störung der Geistestätigkeit[2] zu erkennen gibt, daß er die Ehe[5] fortsetzen will[5].

1. § 18 behandelt die **Vernichtbarkeit** der Ehe auf Grund von Willensmängeln. Wegen **WILLLENSMÄNGELN** vernichtbar ist eine Ehe:

a) wenn ein Ehepartner bei Eingehung der Ehe geschäftsunfähig und deshalb nach § 2 nicht ehefähig war. Hierfür maßgeblich ist § 104 BGB. Daß ein Kind unter 7 Jahren oder ein wegen Geisteskrankheit Entmündigter eine Ehe eingeht, dürfte sich nicht ereignen — eine, von einem solchen eingegangene Ehe wäre vernichtbar, auch wenn sie in einem lichten Augenblick eingegangen wurde —; eine Rolle wird also nur die Eheschließung eines versteckt Geisteskranken spielen, der nicht entmündigt ist (§ 104 z. 2. BGB.). Denkbar wäre, aber praktisch nicht vorkommen dürfte auch die Eheschließung eines wegen Geistesschwäche Entmündigten, der in Wahrheit geisteskrank ist und deshalb unter § 104 Z. 2 BGB. fällt. Die von einem solchen nichtentmündigten, in einem nicht seiner Natur nach nur vorübergehenden Zustand krankhafter, die freie Willensentschließung ausschließender Störung der Geistestätigkeit befindlichen Geisteskranken eingegangene Ehe ist gleichfalls auch dann vernichtbar, wenn sie in einem lichten Augenblick eingegangen ist.

b) Wegen Willensmangels vernichtbar ist eine Ehe aber auch wegen augenblicklicher Urteilsunfähigkeit des einen Eheschließenden zur Zeit der Eheschließung, dadurch verursacht, daß er sich in einem seiner Natur nach nur vorübergehenden Zustand einer zwar nicht krankhaften, aber die freie Willensentschließung ausschließenden (wie trotz des Wortlauts zu fordern ist, RG. 103 S. 400, 162 S. 328) Störung der Geistestätigkeit oder der Bewußtlosigkeit befand. Ein Fall dieser Art kann sich durch bis zur Sinnlosigkeit gesteigerte Aufregungen (Furchtgefühle) oder durch Trunkenheit ereignen, wenn der Eheschließende das Fest der Eheschließung allzusehr vorgefeiert hat, ohne daß von dem Standesbeamten sein Zustand erkannt wird.

2. Geschäftsunfähigkeit bzw. Bewußtlosigkeit müssen gerade im Zeitpunkt der Trauung vorliegen. Ist bei dieser der Rausch schon verflogen, ist also die Ehe vollgültig, mag auch der Entschluß zur Eheschließung im Rausch gefaßt sein, während ein versteckt oder dauernd Geisteskranker auch in einem lichten Augenblick nicht wirksam heiraten kann (siehe 1.).

3. Die Ehe ist nicht nichtig, wie das Gesetz fälschlich sagt, sondern vernichtbar (s. hierüber 1 zu § 16). § 18 bildet also eine bemerkenswerte Ausnahme von § 105 Abs. 1 BGB. in Verbindung mit §§ 104, 105 Abs. 2 BGB. Denn eine vernichtbare Ehe ist, wenn sie nicht vernichtet wird, eine vollgültige Ehe (vgl. §§ 16, 23, 24, 25 ff.). Die Ehe wird nur auf die Klage des Staatsanwalts oder eines Ehegatten hin vernichtet, und zwar kann auch der Partner des Geschäfts- oder Urteilsunfähigen, der seinerseits bei gesundem Verstand geheiratet hat, wegen der Geschäfts- oder Urteilsunfähigkeit des anderen Ehegatten zur Zeit der Trauung, die Nichtigkeitsklage erheben. Freilich kann letzterer sie ihm abschneiden, indem er die Ehe bestätigt (s. 5).

4. Unter gewissen Voraussetzungen (s. 5) ist die Ehe als gültig anzusehen, d. h. ihre Vernichtbarkeit wird geheilt, und zwar abweichend von § 141 BGB. mit Rückwirkung, die aber, wie Anm. 3 zu § 17 ausführt, wenig Bedeutung hat.

5. Die **HEILUNG** (über ihre Wirkung s. 3 zu § 17) setzt sogenannte „Bestätigung" der Ehe **durch** denjenigen Ehegatten voraus, dessen Eheerklärung mit dem Willensmangel behaftet war. Die **„Bestätigung"** besteht darin, daß er in einer schlüssigen Weise zu erkennen gibt, daß er die Ehe, also die dauernde Lebensgemeinschaft mit dem anderen Ehepartner fortsetzen will. Die Kundgebung eines solchen Willens liegt nicht schon in dem Versuch der Fortsetzung der Ehe, besonders dann nicht, wenn der Ehegatte erklärt, daß es nur ein Versuch sein solle (RG. 133 S. 141), aber selbstverständlich in einer Wiederholung der Trauung, so daß es in diesem Falle nicht richtig ist, daß letztere keine Rückwirkung hat. Liebesbeteuerungen oder Eifersuchtsszenen, selbst Ausübung des Beischlafs oder andere geschlechtliche Handlungen, brauchen eine solche Willenskundgebung nicht zu sein, doch muß der Bestätigungsberechtigte unter Umständen es sich gefallen lassen, daß sein Verhalten als Bestätigung ausgelegt wird, z. B. insbesondere dann, wenn er von dem anderen Ehegatten voraussetzen muß, daß dieser nur unter dieser Bedingung bereit war, den Geschlechtsverkehr zu dulden. Über die Bewertung eines solchen Verhaltens und die Bestimmung des Zeitpunktes der Bestätigung bei einem Dauerverhalten s. 5 zu § 30. Da es sich um die Kundgebung eines Willens handelt, die Ehe fortzusetzen und unser Recht eine befristete oder

bedingte Ehe nicht kennt, duldet die Bestätigung keine Bedingung oder Befristung (bestr.) (vgl. zu § 13 Abs. 2), aber auch keine Beschränkung, etwa in dem Sinn, daß nur der äußere Schein einer Ehe, ein gemeinsamer Haushalt ohne seelische und geschlechtliche Bindung fortbestehen solle. Fortgesetzt kann nur eine bestehende Ehe werden. Die nichtige Ehe ist also nicht mehr heilbar, wenn sie schon rechtskräftig für nichtig erklärt oder aufgelöst worden ist, bis dahin aber uneingeschränkt. Nach der Vernichtung oder Auflösung der Ehe ist nur noch die Wiederholung der Eheschließung möglich, durch welche aber die Folgen der Vernichtung der Ehe (s. 1 zu § 16) nicht rückgängig gemacht, sondern nur für die Zukunft beseitigt werden können. Schwebt der Nichtigkeitsrechtsstreit z. Z. der Heilung schon in der Revisionsinstanz, so daß die Heilung nicht mehr geltend gemacht werden kann, und wird die Klage nicht zurückgenommen, — z. B. weil nicht auf seiten des Klägers, sondern auf seiten des Beklagten der Willensmangel vorgelegen hat, und letzterer einseitig bestätigt, oder weil der Kläger bestätigt und der Beklagte mit der Klagezurücknahme nicht einverstanden ist —, so ergeht ein sachlich unberechtigtes Nichtigkeitsurteil; auch in diesem Falle ist nur die Wiederholung der Eheschließung möglich (s. oben). Die wirksame Bestätigung setzt nach herrschender Meinung Kenntnis des Nichtigkeits- (bzw. Aufhebungs-)grundes, aber nicht auch des Nichtigkeits- (bzw. Aufhebungs-)anspruchs voraus; es soll (auch nach RG. 157 S. 130) erforderlich, andererseits auch genügend sein, daß der Bestätigende wußte, daß begründete Zweifel vorhanden waren, ob er bei der Eheschließung geschäfts- bzw. urteilsfähig war. Die Bestätigung ist nach h. M. eine Willenserklärung, auf welche die Vorschriften über solche anwendbar sind, und zwar eine einseitige Erklärung, deshalb schon aus diesem Grunde keine Wiederholung der Eheschließung, unabhängig von dem Einverständnis des anderen Ehegatten. Dieser kann wohl seinerseits Nichtigkeitsklage erheben, aber dieser wird der Boden entzogen, wenn der Beklagte die Ehe genehmigt. Über die Empfangsbedürftigkeit der „Bestätigung", d. h. darüber, ob der Ehefortsetzungswille gegenüber dem anderen Ehegatten kundgegeben werden muß, besteht Zweifel. Die Bestätigung ist unwiderruflich. Indessen dürfte nach richtiger Ansicht die Bestätigung keine rechtsgeschäftliche Willenskundgebung, Willenserklärung, keine nachträgliche Eheschließungserklärung des bei der Eheschließung mit dem Willensmangel behafteten Ehegatten sein, sondern das Ersichtlichwerden, daß die von ihm abgegebene Eheschließungswillenserklärung nicht durch den Willensmangel herbeigeführt war. Diese Gesetzesauslegung hat den Gesetzeswortlaut, die innere Sachlage und den Vorteil für sich, daß sie alle Zweifelsfragen abschneidet. Nach dieser Auslegung spielt es gar keine Rolle, ob der Bestätigende Kenntnis von seinem Willensmangel bei der Bestätigung hat, auch nicht, ob er den Willen, die Ehe fortzusetzen, gerade gegenüber dem anderen Ehegatten kundgibt. Die Kundgebung ist nach dieser Gesetzesauslegung selbstverständlich unwiderruflich. Wenn der Gatte die Ehe bei gestörtem Bewußtsein geschlossen hat, aber nach dessen Wiedererlangung eine Kunsthandlung besucht und für das gemeinsame Eßzimmer ein holländisches Stilleben kauft, so hat er dadurch schon die Ehe bestätigt, auch wenn er den Ehepartner mit diesem Erwerb freudig überraschen will.

Solange der bestätigungsberechtigte Ehegatte die Ehe nicht bestätigt hat, verletzt er die eheliche Pflicht nicht, indem er eine Herstellung der Lebensgemeinschaft unterläßt, die als Bestätigung auszulegen wäre (§ 1353 Abs. 2 S. 1 BGB.).

6. Nur der Ehegatte persönlich, bei dem der Willensmangel vorliegt, kann die Ehe bestätigen, denn den Willen, die Ehe fortzusetzen, kann nur er haben, und deshalb auch nur er kundgeben, also wenn er entmündigt war, oder im Falle des § 104 Ziffer 2 BGB. nach der Eheschließung entmündigt wird, nicht sein gesetzlicher Vertreter. Dies nehmen auch die Vertreter der h. M. an, welche in der Bestätigung ein Rechtsgeschäft sehen.

Es kann zusammentreffen, daß ein Ehegatte nur beschränkt geschäftsfähig, etwa noch nicht 21 Jahre alt und daß er im Zeitpunkt der Trauung urteilsunfähig war. Auch dann kann nicht der gesetzliche Vertreter die Ehe bestatigen, sondern nur der Ehegatte selbst. Der Einwilligung des gesetzlichen Vertreters bedarf es zur Bestätigung nicht, wenn sie schon bei der Trauung vorlag (anders h. M.), wohl aber, wenn dies nicht der Fall war, und der Bestätigende z. Z. der Bestätigung noch beschränkt geschäftsfähig ist; andernfalls die Ehe aufhebbar ist (§ 30).

7. Heilung durch Bestätigung setzt voraus, daß der Willensmangel z. Z. der Bestätigung fortgefallen ist (vgl. Anm. 6 Abs. 2).

§ 19. Namensehe

1. Eine Ehe ist nichtig[1,2], wenn sie ausschließlich oder vorwiegend[1] zu dem Zwecke geschlossen ist, der Frau die Führung des Familiennamens des Mannes zu ermöglichen[1], ohne daß[1] die eheliche Lebensgemeinschaft[1] begründet werden soll.

2. Die Ehe ist jedoch als von Anfang an gültig anzusehen[3], wenn die Ehegatten nach der Eheschließung fünf Jahre, oder, falls einer von ihnen vorher verstorben ist, bis zu seinem Tode, jedoch mindestens drei Jahre als Ehegatten miteinander gelebt haben, es sei denn, daß bei Ablauf der fünf Jahre oder zur Zeit des Todes des einen Ehegatten die Nichtigkeitsklage erhoben ist[3].

1. § 19 regelt die **NAMENSEHE**, welche ausschließlich oder vorwiegend den Zweck hat, der Frau den Familiennamen des Mannes (§ 1355 BGB.) zu verschaffen, einen Fall also, in welchem zwar der nach außen erklärte Eheschließungswille unbeschränkt, die Vereinbarung unter den Verlobten aber auf eine einzelne Folge der Eheschließung beschränkt war. Obwohl unter den Eheverboten nicht erwähnt, wohl weil das Internum der von den Eheschließenden mit der Eheschließung verfolgten Absicht bei ihrer in diesem Zeitpunkt bestehenden Einigkeit nicht offenbar wird, ist eine so geschlossene Ehe in diesem Sonderfall (s. Anm. 1 zu § 1) **vernichtbar** (s. hierüber zu § 16). Die Vernichtbarkeit hat zwei subjektive **Voraussetzungen**, die beide zutreffen müssen:

a) die Ehegatten müssen bei der Eheschließung darüber einig sein, daß keine volle Lebensgemeinschaft oder überhaupt keine Lebensgemeinschaft begründet werden soll. Diese Voraussetzung ist auch dann erfüllt, wenn sie beabsichtigen, quantitativ teilweise, d. h. in gewissen einzelnen Beziehungen, sei es durch gemeinsamen Haushalt oder durch Geschlechtsgemeinschaft oder durch letztere und ersteren, aber nur vorübergehend eine Lebensgemeinschaft zu begründen, letzterenfalls nach einiger Zeit mit oder ohne Scheidung wieder auseinanderzugehen; denn die eheliche Lebensgemeinschaft, auf deren Begründung bei jeder Eheschließung die Absicht der Verlobten gerichtet sein muß, ist nicht nur ein Zusammenleben oder ein gelegentliches Zusammenleben, sondern eine Gemeinschaft für das ganze Leben, in seiner ganzen Dauer. Der Mangel dieser Absicht, eine solche Lebensgemeinschaft zu begründen, muß bei der Eheschließung vorgelegen haben. War dieser Mangel bei der Eheschließung auf beiden Seiten vorhanden, so tut dies allein aber der Vollgültigkeit der Ehe im allgemeinen noch keinen Abbruch, werden vielmehr die Ehegatten nichtsdestoweniger regelmäßig auch einander gegenüber an der von ihnen abgegebenen Eheschließungserklärung festgehalten. Wenn aber eine weitere Voraussetzung

b) erfüllt ist, nämlich, daß die Ehegatten die Eheschließung, ohne die Lebensgemeinschaft zu wollen, nur oder vorwiegend gewollt haben, um den Erfolg herbeizuführen, daß die Frau den Namen des Ehemannes erwirbt, so führt dieses zusätzliche Moment die Vernichtbarkeit der Ehe herbei. Es gilt das aber nicht schon, wenn etwa nur die Frau im geheimen für sich mit der Eheschließung diesen Erfolg angestrebt hat. Mindestens muß vielmehr unter den Eheschließenden über a) Einigkeit bestanden haben, dann aber werden sie auch über den Beweggrund der Eheschließung einig gewesen sein, daß der Namenserwerb der Frau ausschließlich oder vorwiegend der Zweck der Eheschließung sein solle.

Was „vorwiegend" bedeutet, mag oft schwer zu entscheiden sein. Nicht erfüllt ist die Voraussetzung, wenn es Zweck der Eheschließung war, der Frau den Stand der Ehefrau des Ehemanns zu verschaffen, etwa um sie von dem Makel eines mit ihm gepflogenen vorehelichen Geschlechtsverkehrs zu reinigen, auch wenn kein Kind daraus hervorgegangen und die Liebe schon so verflogen ist, daß die Ehegatten ins Auge fassen, keine eheliche Lebensgemeinschaft zu begründen, ja sich alsbald wieder zu trennen, ja scheiden zu lassen. Noch weniger ist die Voraussetzung erfüllt, wenn die Ehe ausschließlich oder vorwiegend zu dem Zwecke geschlossen wird, voreheliche Kinder zu legitimieren. Die Gesetzesfassung ist übrigens ungenau. Zweifellos ist die Ehe auch dann nichtig, wenn der Mann seinerseits sich die Eheschließung bezahlen läßt und sogar ihm dieser sein Gelderwerb wichtiger ist als der Namenserwerb der Frau.

Da beide Voraussetzungen Innenmomente der Eheleute sind, dürfte ihr Nachweis im Einzelfall schwer sein und ihr Vorliegen nur mittelbar aus ihrem Verhalten vor, bezüglich und nach der Eheschließung geschlossen werden können.

2. Die Vernichtbarkeit kann von jedem der Ehegatten und dem Staatsanwalt durch Klage geltend gemacht werden. Der Staatsanwalt wird freilich wohl mehr oder weniger auf die Angaben der Ehegatten über ihre Absichten angewiesen sein. Da jeder Gatte selbst die Klage erheben kann und seinerseits nicht auf den Staatsanwalt angewiesen ist, dürfte es daher zu einer Nichtigkeitsklage durch den Staatsanwalt nicht wohl kommen. Da die Eheschließung eine Ehe und diese die gegenseitige Pflicht zur Lebensgemeinschaft begründet, kann jeder Ehegatte aber auch Scheidungsklage erheben, wenn der andere der unter ihnen getroffenen Vereinbarung gemäß auch auf Gegenvorstellung hin dabei beharrt, die Lebensgemeinschaft zu verweigern; denn wenn diese Vereinbarung auch jeden Ehegatten gegenüber dem anderen entschuldigt, solange beide einig sind, ist sie doch, da dem Rechte nicht entsprechend und widersätzlich zum Wesen der Ehe, jederzeit widerruflich.

3. Die Vernichtbarkeit der Ehe kann **geheilt** werden, aber nicht schon dadurch, daß die Ehegatten nachträglich die Absicht fassen, eine volle Lebensgemeinschaft zu führen, auch nicht schon dadurch, daß aus der Ehe Kinder hervorgehen, sondern erst, wenn die infolge des Entschlußwechsels geführte volle Lebensgemeinschaft eine gewisse Zeit gewährt hat; und zwar müssen die Ehegatten fünf Jahre als Ehegatten oder, wenn einer vor Ablauf dieser Zeit stirbt, bis zu seinem Tode, mindestens aber drei Jahre die Lebensgemeinschaft fortgeführt haben, ehe ihre Ehe geheilt wird (vgl. hierzu die Erläuterungen 3—7 zu § 17). Ist die vernichtbare Ehe geheilt, so ist sie von Anfang an gültig (nicht nur „als gültig anzusehen"), ohne daß an dieser Vollgültigkeit eine spätere Wiederaufhebung der Lebensgemeinschaft etwas ändern würde. Über die Wirkung der Heilung vgl. 3 zu § 17.

4. Die Bestimmung hat ihre Vorgängerin in § 1325a BGB., welche durch A. I des Ehemißbrauchges. vom 23. 11. 1933 eingeführt worden war. Die Übergangsbestimmungen (vgl. auch § 86 Abs. 1 EheG. 1938) sind durch Fristablauf gegenstandslos geworden.

§ 20. Doppelehe

Eine Ehe ist nichtig [1],[2], wenn einer der Ehegatten [5] zur Zeit der Eheschließung [3] mit einem Dritten [1] in gültiger [3],[4] Ehe lebte [3].

1. DOPPELEHE. Wenn einer der Ehegatten z. Z. der Eheschließung bereits verheiratet ist, darf er keine neue Ehe eingehen, bevor seine frühere Ehe aufgelöst oder für nichtig erklärt ist (§ 5); dementsprechend **ist die zweite Ehe, die er eingeht,** nichtig (vernichtbar, s. unten 2 und 1 zu § 16). Dies gilt aber nicht, wenn dieselben Ehegatten, sei es, daß sie sich irrtümlich für geschieden halten, oder Zweifel an der Gültigkeit ihrer ersten Eheschließung haben, oder sei es, daß die erste Ehe nichtig (vernichtbar) war, die Eheschließung wiederholen. Die durch Wiederholung der Eheschließung begründete zweite Ehe ist nicht vernichtbar, während die erste Ehe vernichtbar bleibt, sofern sie vernichtbar war, und ihre Vernichtung durch Nichtigkeitsklage auch künftig nicht nur durch den Staatsanwalt, sondern jeden der neuerdings verbundenen Ehegatten herbeigeführt werden kann, wenn nicht, wie wohl regelmäßig, aber nicht notwendig, durch die Wiederholung der Eheschließung die Voraussetzungen einer Heilung oder Bestätigung der ersten Ehe erfüllt worden sind.

2. Die zweite Ehe des bei ihrer Schließung schon verheirateten Ehegatten ist nicht nichtig trotz des englischen Textes „void", sondern **unheilbar vernichtbar** im Sinne der §§ 23 und 24, d. h. sie kann mit rückwirkender Kraft für nichtig erklärt werden, wird aber als Vollehe anerkannt, solange sie nicht für nichtig erklärt ist (s. 1 zu § 16). Ja, in diesem Fall, in welchem keine Heilung der zweiten Ehe vorgesehen, also der Verlust des Rechts, die Nichtigkeit geltend zu machen, durch Herstellung der ehelichen Lebensgemeinschaft nicht zu besorgen ist, ergibt sich auch aus § 1353 Abs. 2 S. 1 BGB. keine Minderung ihres Inhalts. Zunächst bestehen also beide Ehen nebeneinander (RG. 165 S. 404). Die Nichtigerklärung kann nur durch Nichtigkeitsklage herbeigeführt werden, die durch jeden der Ehegatten der zweiten Ehe, den Staatsanwalt und auch den Dritten, d. h. den andern an der zweiten Ehe unbeteiligten Ehegatten der ersten Ehe (§ 24) erhoben werden kann. Der andere Ehegatte der zweiten Ehe kann übrigens unter Umständen auch Aufhebung oder Scheidung der zweiten Ehe begehren (§§ 32, 33, 43); Scheidung der ersten Ehe kann, wenn ein Verschulden des Bigamisten vorliegt, auch der andere Ehegatte seiner ersten Ehe (§ 43) verlangen.

3. Die zweite Ehe eines Ehegatten ist vernichtbar, wenn er z. Z. ihrer Schließung (mit einem Dritten) in gültiger Ehe lebte. Daraus ergibt sich, wie selbstverständlich, daß die zweite Ehe vollgültig ist, wenn sie erst geschlossen wurde, nachdem die erste Ehe — durch Tod des Dritten, Aufhebung, Scheidung oder Nichtigkeitsurteil — aufgelöst war. War der Dritte fälschlich für tot erklärt, während er in Wahrheit z. Z. der Schließung der zweiten Ehe noch lebte, so ist, Gutgläubigkeit der Ehegatten vorausgesetzt, die zweite Ehe gültig, und löst sie die erste Ehe auf (§ 38).

Von letzterem Falle abgesehen, spielt aber die Gutgläubigkeit bei Eheschließung, die irrtümliche Annahme, daß die erste Ehe aufgelöst sei, keine Rolle zugunsten des Bestandes der zweiten Ehe. Auch die nachträgliche Auflösung der ersten Ehe nicht.

Die zweite Ehe bleibt vernichtbar (s. 4), auch wenn der Dritte, mit dem der eine Ehegatte verheiratet war, nachträglich stirbt, oder die erste Ehe aufgehoben oder geschieden wird. Nur wenn die erste Ehe nachträglich für nichtig erklärt wird, ist die zweite Ehe von Anfang an vollgültig, kann also nicht mehr — weder von einem der beteiligten Ehegatten noch von dem an ihr unbeteiligten Ehegatten der ersten Ehe noch von dem Staatsanwalt — angegriffen werden. Ist also die erste Ehe selbst vernichtbar und wollen sich die Ehegatten der zweiten Ehe gegenüber der Nichtigkeitsklage des Staatsanwalts der Nichtigerklärung ihrer Ehe erwehren, oder will dies der zum zweiten Male verheiratete Ehegatte gegenüber der Nichtigkeitsklage seines Gatten zweiter Ehe, so muß der an der ersten Ehe beteiligte Ehegatte diese durch Nichtigkeitsklage angreifen; greift er selbst seine zweite Ehe mit Nichtigkeitsklage an, so kann der andere Ehegatte dieser Ehe nur versuchen, den Staatsanwalt — evtl. durch Vermittlung des Gerichts — zu veranlassen, Nichtigkeitsklage gegen die erste Ehe zu erheben. In diesem Falle ist der Nichtigkeitsrechtsstreit über die zweite Ehe auszusetzen, bis über die Nichtigkeit der ersten Ehe rechtskräftig entschieden ist. Haben beide Ehegatten der zweiten Ehe den Wunsch, diese fortzusetzen, so können sie diese, aber freilich nur mit Wirkung ex nunc, nach Auflösung der ersten Ehe wiederholen.

Übrigens ist auch ein Fall denkbar, in welchem eine Ehe als Doppelehe rückwirkend vernichtbar wird. obwohl sie es bei ihrer Schließung nicht war und nicht gegenüber § 20 verstieß, der Fall nämlich, daß sie von einem Ehegatten eingegangen wurde, dessen frühere Ehe für nichtig erklärt oder geschieden war, und daß dieses Nichtigkeits- oder Scheidungsurteil im Wiederaufnahmeverfahren nach § 579 ZPO. oder auf Nichtigkeitsklage gemäß A. I Abs. 7 KriegsteilnehmerschutzVO. vom 4. 12. 1942 (RGBl. S. 666) für nichtig erklärt wird. Diese Aufhebung hat nach § 590 ZPO. rückwirkende Kraft (s. 1 zu § 16, a.A. LG. Hagen SJZ. 1946 S. 67). Die Wiederaufnahme ist auch noch möglich, wenn einer der Ehegatten der für nichtig erklärten Ehe verstorben ist (RGZ. 118 S. 73) und kann von jedermann betrieben werden, gegen welchen die Rechtskraft des Nichtigkeitsurteils wirkt, und der davon beschwert ist (Jonas IV z. § 629 ZGO.).

4. Nur wenn die erste Ehe gültig war, ist die zweite Ehe vernichtbar. Gültig ist die erste Ehe auch dann, wenn sie aufhebbar ist, denn die Aufhebung auf Grund eines der gesetzlichen Aufhebungsgründe wirkt nur für die Zukunft (§ 37). Besonders aber liegt der Fall, wenn die erste Ehe ihrerseits vernichtbar war. Sie ist dann nicht „gültig"; aber gleichwohl bestehen zunächst beide Ehen nebeneinander her (RG. 165 S. 404), denn beide Ehen sind ja nur vernichtbar, nicht etwa Nichtehen, und bedürfen der Nichtigkeitserklärung, um aus der Welt geschafft zu werden. Nur ist die erste Ehe gegenüber der zweiten sozusagen die stärkere, solange sie nicht für nichtig erklärt ist. Wird sie nicht für nichtig erklärt, so muß ihr die zweite Ehe weichen, denn wohl muß letztere schon aus dem Grunde für nichtig erklärt werden, weil der eine Ehegatte bereits in einer Ehe lebte, als er die zweite schloß, mag erstere auch vernichtbar sein, nicht aber auch diese, weil der eine Ehegatte noch eine zweite einging. Daß die erste Ehe trotz ihrer Vernichtbarkeit, wenn sie nicht selbst vernichtet wird, Nichtigkeitsgrund gem. § 20 für die zweite Ehe ist, rührt daher, daß auch ihre Nichtigkeit von niemand geltend gemacht werden kann, bevor sie nicht für nichtig erklärt ist (§§ 23, 24). Wird sie für nichtig erklärt, so erweist sich freilich die zweite Ehe als vollgültig von Anfang an und behauptet diese das Feld (s. 3); sie kann aber auch nunmehr unter Umständen (§§ 32, 33) noch aufgehoben oder geschieden (§ 43) werden. Wird die erste Ehe nachträglich aufgelöst, so heilt dieses, trotzdem sie von Anfang an vernichtbar war, die zweite Ehe nicht (s. 3); trotz ihrer Auflösung bleibt also für den Bestand der zweiten Ehe interessant, ob die erste Ehe vernichtbar war oder nicht und nachträglich nach ihrer Auflösung auf Klage des Staatsanwalts hin (§ 24 Abs. 2 S. 2) noch für nichtig erklärt werden kann; denn geschieht dies, so ist die zweite Ehe, der die Auflösung der ersten nichts nützte, von Anfang an gültig.

Aus dem Nebeneinanderbestehen der beiden vernichtbaren Ehen ergibt sich für den Staatsanwalt und dem zweimal verheirateten Ehegatten die Wahl, welche Ehe sie angreifen wollen. Der an der ersten Ehe unbeteiligte Gatte der zweiten kann, wenn seine eigene Ehe angegriffen wird, selbst nichts unternehmen, um sie zu retten; der Bigamist kann gegenüber dem Angriff des Staatsanwalts die zweite Ehe retten, indem er die erste angreift (nicht umgekehrt auch diese durch den Angriff auf die zweite). Der an der ersten Ehe beteiligte, an der zweiten unbeteiligte Gatte kann auch seinerseits der zweiten Ehe zu Hilfe kommen, wenn er den Bigamisten los sein will, indem er Nichtigkeitsklage gegen die erste Ehe erhebt. War der Bigamist schlechtgläubig, hat er also durch die zweite Eheschließung eine Eheverfehlung, gar, wie regelmäßig, Ehebruch begangen, so kann der andere Ehegatte der ersten Ehe auch Scheidungsklage erheben, wodurch er vermeidet, daß die zweite Ehe des Bigamisten geheilt wird (s. 3).

Wenn die erste Ehe vernichtbar war, aber nach §§ 17 Abs. 2, 18 Abs. 2, 23 Abs. 2, 25 Abs. 2 heilbar — alle vernichtbaren Ehen mit Ausnahme der Doppelehe sind heilbar — und geheilt worden ist, so bleibt die zweite Ehe natürlich vernichtbar, ohne daß ihr noch durch Vernichtung der ersten Ehe geholfen werden kann.

5. Um Nichtigkeitsgrund für die zweite Ehe zu sein, muß die erste Ehe nach deutschem Recht gültig oder von ihm als gültig anerkannt sein. Sonach kommt es, wenn einer der Verlobten Ausländer ist, für die Frage, ob er schon in gültiger Ehe lebte, nach A. 13 EGBGB. a) bezüglich der Begründung dieser früheren Ehe auf das Recht seines Heimatstaates z. Z. ihrer Schließung, b) bezüglich der Auflösung dieser Ehe auf die Wirklichkeit des nach A. 17 EGBGB. behaupteten Tatbestandes dieser Auflösung und hinsichtlich seiner Auflösungswirkung auf das Recht des Heimatstaates des Ehemanns (oder der deutschen Frau) z. Z. seines Eintritts an (anders RG. 151 S. 113, 152 S. 23); außerdem aber auch, wenn die Auflösung durch Scheidung herbeigeführt worden sein soll, darauf, ob das ausländische Scheidungsurteil nach § 328 ZPO. im Inland anzuerkennen ist (vgl. 1 d zu § 1). Ist das ausländische Scheidungsurteil unwirksam, oder nach § 328 ZPO. im Inland nicht anzuerkennen, so ist die gleichwohl geschlossene Ehe nach § 20 vernichtbar. Die Registrierung der Scheidung durch den russischen Personenstandsbeamten ist kein Urteil im Sinn des § 328 ZPO., § 41. Deutsche Ehegatten können sich durch Erklärung der Scheidung vor einem solchen, auch wenn die Scheidung registriert wird, nicht scheiden (RG. 136 S. 142), wohl aber Russen, welche z. Z. der Scheidung ihren Wohnsitz in Rußland hatten (RG. 1938 S. 1518). Die bloße Scheidung von Tisch und Bett nach ausländischem Recht ist keine Scheidung dem Bande nach (HRR. 1929, 1101).

Das Verbot der Doppelehe (§ 5) richtet sich nicht nur an den bereits verheirateten, sondern auch an den anderen ledigen Verlobten. Ein lediger Deutscher darf also einen verheirateten Ausländer nicht heiraten (RG. 136 S. 144; 151 S, 313 ff.), auch wenn das Heimatrecht des letzteren die Mehrehe gestattet. Die Ehe ist nach § 20 nichtig.

6. Wie ist erbrechtlich folgender Erbfall zu beurteilen: Der zweimal verheiratete Ehegatte starb, bevor die zweite Ehe für nichtig erklärt ist. Der Staatsanwalt hat kein Interesse, die Nichtigkeitsklage gegen die zweite Ehe zu erheben, oder bevor sie erhoben ist, stirbt auch der andere Ehegatte der zweiten Ehe, so daß die Nichtigkeitsklage nicht mehr erhoben werden kann (§ 24 Abs. 3). Welcher der beiden überlebenden Ehegatten des Bigamisten beerbt ihn kraft Gesetzes? Beide? Dies ist anzunehmen (ebenso Beitzke FamR. S. 31, vgl. Lange Arch.-ZPr. 145 S. 165). Aber erben sie zusammen den dem überlebenden Ehegatten zufallenden gesetzlichen Erbteil, oder erbt jeder von ihnen in voller Höhe die gesetzliche Erbquote des Ehegatten zu Lasten der übrigen Erben (Kinder, Eltern, Geschwister)? Es ist ersteres anzunehmen; denn es ergibt sich dies zwangsläufig, in dem Fall, daß neben den Ehegatten keine gesetzlichen

Erben vorhanden sind, so daß der überlebende Ehegatte allein erbt. Die beiden Ehegatten können nicht beide Alleinerben werden, müssen also in diesem Fall teilen. Warum soll dies anders sein, wenn Erben neben ihnen vorhanden sind? (RG. 162 S. 228 hatte Gelegenheit, sich mit dieser Frage zu befassen, diese aber wohl übersehen.) Erbt der Bigamist nach seinen beiden Ehegatten? Auch dies ist zu bejahen, die erste Ehe ist ja Vollehe, die zweite wird — wenn nicht der Staatsanwalt ihre Nichtigerklärung nach dem Tode des anderen Ehegatten betreibt — als Vollehe angesehen. Niemand, also auch kein Erbberufener, kann sich auf die Nichtigkeit berufen. § 1933 BGB. trifft nicht zu (s. hierzu auch Dölle ZAkdR. 39 S. 155 und Kanka DR. 39 S. 1369 Lange ArchZPr. 145 S. 165).

§ 21. Verwandtschaft und Schwägerschaft

1. Eine Ehe ist nichtig, wenn sie zwischen Verwandten oder Verschwägerten dem Verbote des § 4 zuwider geschlossen worden ist.

2. Die Ehe zwischen Verschwägerten ist jedoch als von Anfang an gültig anzusehen, wenn die Befreiung nach Maßgabe der Vorschrift des § 4 Abs. 3 nachträglich bewilligt wird.

Ehen zwischen Blutsverwandten in gerader Linie, zwischen voll- und halbbürtigen Geschwistern, unter Verschwägerten in gerader Linie, sind nach § 4 verboten. Entsprechend ist eine Ehe vernichtbar (s. hierüber 1 zu § 16), durch deren Schließung das Eheverbot übertreten wird. Den Verschwägerten kann Befreiung von diesem Verbot bewilligt werden (vgl. die Erl. zu § 4). Verwandten aber auch dann nicht, wenn die Verwandtschaft nur auf gesetzlicher Fiktion (z. B. ehelicher Erzeugung oder der Erzeugung durch den späteren Ehemann der Mutter) beruht, was bei gesetzlich halbbürtigen Geschwistern eine Rolle spielen kann. (Von dem auf Adoption beruhenden Eheverbot des § 7 kann nicht befreit werden, seine Mißachtung berührt aber den Bestand der Ehe nicht, so daß kein Bedürfnis nach nachträglicher Befreiung von diesem Eheverbot besteht.) Die Befreiung von dem Eheverbot der Schwägerschaft kann auch noch nachträglich nach Eheschließung, ja, solange nicht beide Ehegatten verstorben sind — nach beider Tod ist ja auch eine Nichtigerklärung nicht mehr möglich (§ 24) —, selbst noch nach Auflösung der Ehe (durch Tod eines Ehegatten oder Scheidung oder Aufhebung, nicht nach Nichtigerklärung) bewilligt werden. Zuständig ist der Oberlandesgerichtspräsident, §§ 3, 4 DVO. 1938. Infolge der **Heilung durch Befreiung** ist die Ehe von Anfang an vollgültig (vgl. hierüber 7 zu § 4, 3 zu § 17), auch wenn sie aufgelöst ist, doch bleibt es natürlich bei der Auflösung.

Wenn die Ehe, welche die Schwägerschaft begründet hatte, für nichtig erklärt worden ist, so begründet sie das Eheverbot des § 4 nicht, wie dessen von § 7 EheG. 1938 abweichende Fassung ergibt. Es kann also außer durch nachträgliche Befreiung von dem Eheverbot die unter den Verschwägerten geschlossene Ehe auch dadurch automatisch heilen, daß die vorangegangene Ehe des einen Gatten mit den Blutsverwandten des andern, welche die Schwägerschaft und damit das Eheverbot begründet hat, noch nachträglich für nichtig erklärt wird. Aber auch hiezu muß eine Obrigkeit gewonnen werden, der Staatsanwalt, da er noch Klagebefugnis hat (§ 24 Abs. 1 S. 2), mag auch die vorangegangene Ehe durch Scheidung aufgelöst und jeder Ehegatte am Leben sein.

Eine trotz § 4 Abs. 2 geschlossene Ehe ist vollgültig und nicht vernichtbar, es sei denn, daß zugleich Schwägerschaft nach § 4 Abs. 1 besteht.

§ 22. Ehebruch

1. Eine Ehe ist nichtig, wenn sie wegen Ehebruchs nach § 6 verboten war.

2. Die Ehe ist jedoch als von Anfang an gültig anzusehen, wenn die Befreiung nach Maßgabe der Vorschrift des § 6 Abs. 2 bewilligt wird.

§ 6 verbietet die Eheschließung eines bereits verheiratet gewesenen Verlobten, dessen Ehe wegen **EHEBRUCHS** geschieden worden ist, mit dem anderen Ehebrecher, wenn dieser Ehebruch als Grund der Scheidung der früheren Ehe in dem Scheidungsurteil angegeben ist (vgl. Erl. z. § 6). Dieser Voraussetzung ist auch genügt, wenn die Ehe u. a. wegen Ehebruchs nach § 43 geschieden worden, aber nicht auch, wenn der Kläger nur wegen Ehebruchs für mitschuldig erklärt worden ist (RG. 163 S. 377). Dementsprechend ist eine **Ehe vernichtbar,** wenn sie gegen das Verbot verstößt. Das Gericht des Nichtigkeitsstreits ist an die Feststellung des Scheidungsurteils gebunden. Befugt, die Nichtigkeitsklage zu erheben, sind aber nur die Ehegatten der neuen, nicht der an dieser unbeteiligte Gatte der geschiedenen, Ehe und der Staatsanwalt. Von dem Eheverbot kann Befreiung erteilt werden (s. zu § 6), und zwar auch nachträglich. Die **nachträgliche Befreiung heilt** die gegen das Verbot verstoßende Ehe rückwirkend, auch wenn sie schon durch Tod eines der Gatten, Aufhebung oder Scheidung aufgelöst (nicht mehr, wenn sie für nichtig erklärt) ist. Über die Rückwirkung der Heilung s. 3 zu § 17.

II. BERUFUNG AUF DIE NICHTIGKEIT

§ 23

Niemand kann sich auf die Nichtigkeit einer Ehe berufen, solange nicht die Ehe durch gerichtliches Urteil für nichtig erklärt worden ist.

Mit Ausnahme des Falls einer wegen Verletzung des § 11 überhaupt nicht zustandegekommenen Ehe, des Falles einer sogenannten Nichtehe, ist **auch eine im Sinne des Gesetzes nichtige Ehe eine gültige Ehe,** welche aber durch gerichtliches Urteil für nichtig erklärt werden kann; sie hat alle familien- und familiengüterrechtlichen Folgen einer gültigen Ehe (RG 161 S. 11), macht auch die Frau des Namens, des Wohnsitzes und der Staatsangehörigkeit des Mannes teilhaftig (RG. 145 S. 76), bis zur Rechtskraft des Nichtigkeitsurteils gegenüber dem Mann unterhaltsberechtigt, kann geschieden und aufgehoben werden; es kann sogar ihr Bestehen auf Feststellungsklage festgestellt werden; ein solches Feststellungsurteil greift aber der späteren Nichtigkeitserklärung nicht vor (RG. 166 S. 342). Der Gesetzeswortlaut, daß sich niemand auf die Nichtigkeit einer nichtigen Ehe vor ihrer gerichtlichen Nichtigkeitserklärung berufen könne, bleibt also weit hinter der Rechtslage zurück. **Die gerichtliche Nichtigkeitserklärung freilich besagt dann aber, daß die Ehe von jeher nichtig gewesen sei** (was auch nur mit Einschränkungen zutrifft, s. 1 zu § 16); vorbehaltlich der §§ 25 ff. fallen ihre familien- und familiengüterrechtlichen Folgen durch die Nichtigkeitserklärung rückwirkend fort.

Folgerichtig kann sich vor rechtskräftiger Nichtigkeitserklärung durch gerichtliches Urteil auf die Vernichtbarkeit niemand, auch kein Ehegatte, auch nicht im Scheidungs- oder Aufhebungsstreit **berufen** (vgl. Dölle ZAkdR. 39 S. 155). Jedoch gilt dies für das eheliche Verhältnis nur mit der aus § 1353 Abs. 2 sich ergebenden Einschränkung; insbesondere ist kein Ehegatte verpflichtet, die eheliche Gemeinschaft herzustellen, wenn er dadurch den Nichtigkeitsanspruch wegen Ehebestätigung verlieren würde. Die Frau teilt Name, Wohnsitz, Staatsangehörigkeit des Mannes, die Ehegatten sind gegenüber einander und den gemeinsamen Abkömmlingen (letzteren auch nach Vernichtung der Ehe § 25) erbberechtigt. Die Gültigkeit einer Ehe kann nicht als Vorfrage in einem anderen Rechtsstreit, sondern nur in besonderem Ehestreitverfahren mit Wirkung für und gegen jedermann entschieden werden (RG. 161 S. 11). Rechtsstreitigkeiten, für welche die Nichtigkeit der Ehe präjudiziell ist, z. B. ein Scheidungs- oder Eheaufhebungsstreit, sind nach § 151 ZPO. auszusetzen, wenn Nichtigkeitsklage erhoben ist; andernfalls ist zugunsten der Partei zu entscheiden, für die der Bestand der Ehe sich auswirkt. Die Geltendmachung der Nichtigkeit ist nach § 24 noch mehr eingeschränkt durch die Vorschrift, daß die Nichtigkeitsklage nur durch einen Ehegatten oder den Staatsanwalt, im Falle der Doppelehe auch durch den früheren Ehegatten, nach Auflösung der Ehe (infolge Todes eines Ehegatten, Scheidung, Aufhebung) nur durch den Staatsanwalt, nach dem Tode beider Ehegatten aber überhaupt nicht mehr erhoben werden kann. Das auf die Nichtigkeitsklage eines Ehegatten ergangene Nichtigkeitsurteil muß also vor Auflösung der Ehe (Tod eines Ehegatten), das auf Klage des Staatsanwalts ergangene Urteil vor dem Tode des überlebenden Ehegatten rechtskräftig geworden sein.

Das rechtskräftige Nichtigkeitsurteil wirkt für und gegen jedermann (§ 636 a ZPO.), wenn die Rechtskraft in obigem Sinne rechtzeitig eingetreten ist. Nunmehr kann sich jedermann auf von Anfang an bestandene Nichtigkeit der Ehe berufen.

Im Hinblick auf § 25 Abs. 2 S. 2 und Abs. 3, ferner § 26 hat das Nichtigkeitsurteil (wenigstens in den Gründen) auch festzustellen, ob einem der Ehegatten bei der Eheschließung die Nichtigkeit bekannt war, s. 3 zu § 25.

Der erste Ehegatte des Bigamisten macht nicht Nichtigkeit der Doppelehe vor derer Vernichtung, sondern die Rechte aus der eigenen Ehe geltend und verstößt nicht gegen § 1353 BGB., wenn er Herstellung der ehelichen Gemeinschaft und wegen ihrer Verweigerung oder Ehebruchs Scheidung verlangt (OLG. Tübingen MdR. S. 103).

§ 24. Klagebefugnis

1. In den Fällen[1] der Nichtigkeit[1] kann der Staatsanwalt und jeder der Ehegatten, im Falle des § 20 auch der Ehegatte der früheren Ehe die Nichtigkeitsklage erheben. Ist die Ehe aufgelöst, so kann nur der Staatsanwalt die Nichtigkeitsklage erheben.

2. Sind beide Ehegatten verstorben, so kann eine Nichtigkeitsklage nicht mehr erhoben werden[2].

1. Man hat zwei Fälle oder Gruppen von Nichtigkeitsfällen zu unterscheiden: a) den Fall, daß eine Ehe gemäß § 11 wegen Verstoßes gegen diesen überhaupt nicht zustande gekommen ist, den Fall einer **SCHEIN- oder NICHTEHE.** Diese Nichtigkeit kann von jedermann geltend gemacht werden, durch Feststellungsklage oder einredeweise oder inzidenter, durch Feststellungsklage gegen einen oder beide oder zwischen Dritten, so daß z. B. auch die Nichtigkeit einer zwischen Dritten bestehenden oder zu bestehen scheinenden Ehe zwischen Personen durch Feststellungsklage streitig sein kann, die an dieser Scheinehe unbeteiligt sind, wenn nur die Voraussetzungen des § 256 ZPO. vorliegen. Diese müssen zwar auch für eine Klage unter den Scheingatten vorliegen, werden es wohl auch immer, im übrigen aber gelten für Klagen zwischen den Scheingatten auf Feststellung des Bestehens oder Nichtbestehens einer Ehe zwischen ihnen die Bestimmungen der ZPO. über Ehesachen (Statusklage; §§ 606 Abs. 1, 638 ZPO.), so daß der Staatsanwalt zur Mitwirkung befugt ist (§ 607 ZPO.) und den Rechtsstreit selbständig betreiben kann (§ 634 ZPO.), und das Urteil für und gegen jedermann wirkt, wenn es zu Lebzeiten beider Parteien rechtskräftig wird (§ 638 ZPO.). Stirbt eine Partei vor rechtskräftiger Entscheidung, so hört die Sache auf, eine Ehesache zu sein; es muß nicht sein, daß dadurch der Rechtsstreit in der Hauptsache erledigt wird, weil der Bestand oder Nichtbestand der Ehe auch zwischen dem Rechtsnachfolger des Verstorbenen und der Gegenpartei Gegenstand eines Feststellungsinteresses sein kann. Wenn auch der Staatsanwalt zur Mitwirkung bei der Statusklage zwischen den an der strittigen Ehe Beteiligten befugt ist, so ist ihm doch auffälligerweise durch keine gesetzliche Bestimmung in vorliegendem Falle die Befugnis zur Erhebung der Feststellungsklage gegeben, es sei denn, daß man, um diese Lücke zu schließen, in bezug auf die Klagebefugnis des Staatsanwalts den Terminus „Nichtigkeitsklage" im Sinn des Abs. 2 über seine sonstige Bedeutung hinaus ausdehnend auslegt.

b) Die zweite Gruppe bilden die Fälle der **VERNICHTBARKEIT** einer Ehe wegen Formmangels (§§ 17, 13). Mangels der Geschäfts- und Urteilsfähigkeit (§§ 18, 2, 3), Namensehe (§ 19), Doppelehe (§§ 24, 5), Verwandtschaft und Schwägerschaft (§ 21, 4), Ehebruchs (§§ 22, 6). Keine Vernichtbarkeit begründet ein Verstoß gegen das Eheverbot wegen Geschlechtsverkehrs mit A- oder Deszendenten, Annahme an Kindes Statt (§ 7), Nichtablauf der Wartezeit (§ 8), Fehlens des Auseinandersetzungszeugnisses des Vormundschaftsrichters (§ 9), des Ehefähigkeitszeugnisses für Ausländer (§ 10).

In allen Fällen bloßer Vernichtbarkeit sind nur die Ehegatten selbst und der Staatsanwalt befugt, die Ehe durch Nichtigkeitsklage anzugreifen. Eine Ausnahme bildet nur der Fall der Doppelehe; in diesem kann die Nichtigkeitsklage auch von dem anderen Ehegatten erster Ehe des Bigamisten erhoben werden. Dagegen steht die Klagebefugnis nicht etwa auch im Falle des Ehebruchs dem an der nichtigen Ehe unbeteiligten Ehegatten der früheren wegen Ehebruchs geschiedenen Ehe zu. Die Klage des Staatsanwalts, im Falle der Doppelehe des unbeteiligten dritten Ehegatten ist gegen beide Ehegatten zu richten (§ 632 ZPO.). Nach Auflösung der Ehe durch Tod eines Ehegatten, Scheidung oder Aufhebung kann die Nichtigkeitsklage nur noch von dem Staatsanwalt erhoben werden, auch in diesem Falle durch Klage gegen beide Ehegatten, es sei denn, daß einer von ihnen verstorben ist, dann durch Klage gegen den Überlebenden allein (§ 632 ZPO.). Sind beide Ehegatten tot, so ist die Erhebung der Nichtigkeitsklage ausgeschlossen (Abs. 3). Für die Nichtigkeitsklage gelten §§ 606 ff. ZPO. Das auf Nichtigkeitsklage ergehende Urteil wirkt, mag es die Ehe für nichtig erklären oder die Klage abweisen, für und gegen alle, wenn es zu Lebzeiten beider Gatten oder, sofern der Staatsanwalt die Klage erhoben hat, eines von ihnen rechtskräftig geworden ist (§ 636 a ZPO.). Hatte einer der Gatten oder im Falle der Doppelehe der Gatte aus der früheren Ehe des Bigamisten die Klage erhoben, und stirbt einer der Ehegatten der angegriffenen Ehe vor Rechtskraft des Urteils, so ist der Nichtigkeitsstreit in der Hauptsache erledigt.

2. Da nach dem Tode beider Ehegatten — nicht etwa auch nach jeder sonstigen Auflösung der Ehe — die Nichtigkeitsklage nicht mehr erhoben werden kann, kann nach § 23 nach dem Tode beider Ehegatten, wenn die Ehe nicht vorher rechtskräftig für nichtig erklärt war, ihre Nichtigkeit von niemand mehr geltend gemacht werden (falsch Rilk B 2b z. § 28 EheG. 1938), insbesondere also auch nicht erbrechtlich.

3. Die Verfahrensvorschriften der §§ 606 ff. ZPO. über Ehesachen dürften, obwohl stark von nationalistischer Anschauung über den Vorrang der Belange des Gemeinwohls beeinflußt, auch weiterhin in der Fassung anzuwenden sein, welche ihnen durch die Vorschriften der DVO. zum EheG. 1938 (§§ 30 ff.) gegeben worden sind, denn diese sind von den §§ 23, 24 EheG. nicht zu trennen, welche das Gesetz 1946 aus den §§ 27, 28 des Ehegesetzes 1938 übernommen hat.

III. FOLGEN DER NICHTIGKEIT

Rechtliche Stellung der Kinder

§ 25

1. Ein Kind aus einer Ehe [1], die nichtig ist, gilt als ehelich, sofern es im Falle der Gültigkeit der Ehe ehelich wäre [1].

2. Auf das Recht, für die Person des Kindes zu sorgen, finden die

im Falle der Scheidung geltenden Vorschriften entsprechende Anwendung[2]. Der Schuldigerklärung steht es gleich, wenn einem der Ehegatten die Nichtigkeit der Ehe zur Zeit der Eheschließung bekannt war[3].

3. Die Verwaltung und Nutznießung des Kindesvermögens und die Vertretung des Kindes in vermögensrechtlichen Angelegenheiten steht einem Ehegatten, dem die Nichtigkeit der Ehe bei der Eheschließung bekannt war, nicht zu[4—7].

1. KINDER AUS EINER VERNICHTBAREN EHE, aber aus einer Ehe, also nicht auch aus einer Nicht- oder Scheinehe (s. § 11), sind — selbstverständlich nach Maßgabe der Bestimmungen des BGB. über die Ehelichkeit (§§ 1591 ff.) — ehelich, wenn und solange die Ehe nicht für nichtig erklärt wird. Denn dann und solange ist die Ehe ja vollgültig (s. 1 zu § 16) und kann sich niemand auf ihre Vernichtbarkeit berufen (§ 23). Wird die Ehe für nichtig erklärt, so wirkt dieses Urteil zurück. Die denkgesetzliche Folge müßte sein, daß die Kinder, welche aus der für nichtig erklärten Ehe hervorgegangen sind, unehelich sind. Diese Folge zu ziehen, verbietet § 25. Es bleibt bei ihrer Ehelichkeit; sie „gelten" als **ehelich** in vollem Umfange unter den Voraussetzungen des 2. (§§ 1591—1600) und nach Maßgabe der Bestimmungen des 3. und 4. Titels des 2. Abschn. IV. Buchs des BGB. (§§ 1601—1698), d. h. unter anderem tragen die Kinder den Namen des Vaters, teilen seine Staatsangehörigkeit, seinen Wohnsitz, sind unterhaltsberechtigt und -verpflichtet gegenüber den Gatten der vernichteten Ehe, aus welcher sie hervorgegangen sind, stehen, solange minderjährig, unter deren elterlicher Gewalt, sind ihnen und deren Verwandten, sowie einander gegenüber erbberechtigt und umgekehrt (auch der Vater und seine Verwandten ihnen gegenüber), auch wenn beide Eltern bei der Eheschließung gewußt haben, daß ihre Ehe mit einem Nichtigkeitsgrund behaftet sein würde. Wenn nach den Bestimmungen der §§ 1591 ff. BGB. z. B. § 1591 Abs. 1 Satz 2 ein Kind auch bei gültiger oder noch nicht für nichtig erklärter Ehe nicht als ehelich anzusehen ist, greift die Fiktion, daß es ehelich sei, nach der Vernichtung der Ehe natürlich erst recht nicht durch. Die gesetzliche Fiktion des § 25 gilt aber immerhin auch in diesem Fall auch nach der Vernichtung insofern, als die Unehelichkeit des Kindes nicht ohne weiteres von jedermann, sondern nur geltend gemacht werden kann, wenn die Ehelichkeit des Kindes gemäß §§ 1593 ff. BGB. von dem Ehemann der vernichtbaren Ehe erfolgreich angefochten worden ist.

2. Daß ein Kind aus einer vernichteten Ehe der Vernichtung ungeachtet als „ehelich gilt", hat zur Folge, daß es während der Minderjährigkeit unter der „elterlichen Gewalt" (§ 1626 BGB.) der Ehegatten, insbesondere des Ehemanns der vernichteten Ehe steht. Aus der elterlichen Gewalt ergibt sich **Recht und Pflicht für die Person** und Recht und Pflicht für das Vermögen **des Kindes zu sorgen.** Die Sorge für die Person des Kindes bestimmt sich, wenn und solange die Ehe nicht für nichtig erklärt ist, nach §§ 1626 ff., 1634, 1684 ff. BGB. und nach dem Gesetz über die religiöse Kindererziehung vom 15. März 1921 (RGBl. S. 939). Durch die rechtskräftige Vernichtung der

Ehe ändert sich natürlich an dem Inhalt der elterlichen Gewalt und der von ihr umfaßten Sorge für die Person des Kindes nichts. Es fragt sich aber, da sie wohl regelmäßig die Auflösung der Familie ebenso wie eine Scheidung zur Folge hat, welchem Elternteil nun die Sorge für die Person des Kindes obliegen soll. In dieser Hinsicht wird die Vernichtung der Ehe einer Scheidung gleichgestellt und die für diese nach § 74 getroffene Regelung für anwendbar erklärt (s. dort).

3. Auch die Vorschrift (§ 74 Abs. 1), daß das Vormundschaftsgericht einem Ehegatten, der allein oder überwiegend für schuldig an der Scheidung erklärt worden ist, die Sorge nur übertragen soll, wenn dies aus besonderen Gründen dem Wohl des Kindes dient, ist entsprechend anwendbar, und zwar in dem Sinn, daß dem an der Scheidung allein oder überwiegend schuldigen Ehegatten derjenige Ehegatte der nichtigen Ehe gleichgestellt wird, welcher, und zwar schon im Zeitpunkt der Eheschließung — d. i. der Trauung vor dem Standesamt — den Nichtigkeitsgrund kannte.

Die Nichtigkeit der Ehe kennt nur derjenige Ehegatte, welcher den tatsächlichen Nichtigkeitsgrund und zugleich seine Rechtsfolge kennt, daß er die Ehe nichtig (vernichtbar) macht. Darauf kommt es nicht an, daß die Ehe auch gerade aus dem den Ehegatten bekannten Nichtigkeitsgrund vernichtet wurde, z. B. wenn er geheilt war, aber ein weiterer Nichtigkeitsgrund durchgegriffen hat. Ein Kennenmüssen steht der Kenntnis nicht gleich.

War die Nichtigkeit beiden Ehegatten bekannt, so werden sie beide wie Ehegatten einer geschiedenen Ehe behandelt, welche beide an der Scheidung schuld sind, d. h. es bleibt bei § 75 Abs. 1, ohne daß § 75 Abs. 4 anzuwenden wäre, es sei denn, daß trotz Kenntnis beider gradmäßig eine Abstufung möglich ist, welche den einen der Gatten als „überwiegend" mit dem Nichtigkeitsgrund bekannt erscheinen läßt.

Ein „besonderer" Grund, der es zum Wohl des Kindes erforderlich machen würde, die Personensorge nach § 74 Abs. 5 einem Pfleger zu übertragen, ist die Schlechtgläubigkeit beider Ehegatten nicht (s. zu § 74 Abs. 5).

Da die Kenntnis von dem Vormundschaftsrichter wohl nicht mehr festgestellt werden kann, überdies weitere Folgen nach Abs. 3 S. 4 hat, ist sie wohl schon im Nichtigkeitsstreit festzustellen, und zwar wohl auf Antrag im Urteilstenor (anders als für den Fall der Aufhebung der Ehe [§ 17 DVO. 1938] ist dies freilich nicht vorgeschrieben); die Feststellung dürfte für den Vormundschaftsrichter ebenso bindend sein wie der Schuldausspruch eines Scheidungsurteils.

Indessen ist die Feststellung der Schlechtgläubigkeit eines Ehegatten im Nichtigkeitsurteil keine Voraussetzung ihrer Folgen. Ist die Feststellung unterblieben, so können die Folgen ihrer Schlechtgläubigkeit gleichwohl geltend gemacht werden, sowohl von dem gutgläubigen Ehegatten, als auch von dem Kinde, wenn der andere Elternteil gleichfalls schlechtgläubig war. Hinsichtlich der Personenfrage ist ein Antrag an das Vormundschaftsgericht gemäß § 74 zu stellen, damit dieses eine etwa schon getroffene Anordnung ändert. Das Vormundschaftsgericht hat dann selbst durch entsprechende Ermittlungen von Amts wegen festzustellen, ob die Behauptung der Schlechtgläubigkeit des einen Ehegatten zutrifft. Hinsichtlich der Vermögenssorge ist zu entscheiden, ob der andere Ehegatte

(Mutter) gleichfalls schlecht- oder gutgläubig war. Letzterenfalls steht ihm das Recht der Vermögenssorge und -nutzung ohne weiteres zu (s. A. 4 a. E.) und ist durch Klage gegenüber dem Schlechtgläubigen geltend zu machen. Ersterenfalls ist beim Vormundschaftsgericht die Bestellung eines Pflegers oder Vormunds (A. 4 Abs. 4) zu beantragen und fallen dem Kinde selbst die Früchte seines Vermögens zu, was namens des Kindes durch Klage gegen den schlechtgläubigen Vater geltend zu machen ist. Mit Rücksicht auf die Möglichkeit, daß die Schlechtgläubigkeit sich erst nach der Rechtskraft des Vernichtungsurteils herausstellt, dürfte die ausdrückliche Feststellung der Gutgläubigkeit im Vernichtungsurteil zu unterlassen sein; denn ein Wiederaufnahmeverfahren nur zu dem Zweck, die die Ehevernichtung nur begleitende Feststellung der Gut- oder Schlechtgläubigkeit zu beseitigen oder zu ändern ist nicht denkbar. Stellt sich die Schlechtgläubigkeit eines Ehegatten erst nach der Rechtskraft des Nichtigkeitsurteils heraus, so tritt das Problem auf, welche Wirkungen Vertretungshandlungen zukommt, die der Schlechtgläubige, sei es kraft Personenrechts in personenrechtlichen, sei es kraft Vermögenssorgerechts in vermögensrechtlichen Angelegenheiten des Kindes vorgenommen hat. Erstere waren und bleiben wirksam, weil das Personensorgerecht auf Übertragung durch das Vormundschaftsgericht beruht hat und diese nicht rückwirkend hinfällig wird, vielmehr in Kraft bleibt, bis das Vormundschaftsgericht seine Anordnung ändert. Dagegen war zur Vertretung in Vermögensangelegenheiten der schlechtgläubige Elternteil (Vater) nach Abs. 3 niemals befugt. Die von ihm vorgenommenen Vertretungshandlungen waren Handlungen eines Vertreters ohne Vertretungsmacht, auf welche §§ 177 ff. BGB. anzuwenden sind. Da diese aber einen gutgläubigen Dritten nicht unter allen Umständen ausreichend schützen, wird der Schutzgedanke des § 27 entsprechend anzuwenden sein. Die Nutzung des Kindesvermögens ist an den anderen Ehegatten (s. 4 a. E.) oder bei gemeinsamer Schlechtgläubigkeit an das Kind selbst nach den Vorschriften über ungerechtfertigte Bereicherung und auftragslose Geschäftsführung herauszugeben.

4. Das BGB. unterscheidet von der Sorge für die Person des Kindes als zweiten Teil der elterlichen Gewalt die Sorge für das Vermögen des Kindes (§ 1627 BGB.), die in der Verwaltung des Kindesvermögens und Vertretung des Kindes in vermögensrechtlicher Hinsicht besteht (§§ 1638, 1630 Abs. 1 BGB.) und um deretwillen dem Inhaber der elterlichen Gewalt das Recht gegeben ist, das Kindesvermögen nutzzunießen. Das **Recht zur Verwaltung und Nutznießung des Kindesvermögens** richtet sich, wenn und solange die Ehe nicht für nichtig erklärt wird, ausschließlich nach den Vorschriften des BGB. über die elterliche Gewalt des Vaters evtl. der Mutter (§§ 1638 ff., 1649 ff., 1684 BGB.). Dies gilt trotz der Fassung des Abs. 3 bei Bestehen der Ehe, auch wenn der verwaltungs- und nutzungsberechtigte Elternteil (meist der Vater) weiß und bei der Eheschließung wußte, daß seine Ehe mit einem Nichtigkeitsgrund behaftet ist.

Auch **nach der rechtskräftigen Vernichtung der Ehe** bleiben die Bestimmungen des BGB., welche für eheliche Kinder gelten, maßgebend, sowohl was den Inhalt der Sorge für das Vermögen und der Nutznießung, als auch was die Zuständigkeit der Elternteile betrifft, die Sorge auszuüben und das Kindvermögen nutzzunießen, ohne daß darüber eine Vereinbarung zulässig wäre oder das Vormundschaftsgericht zu bestimmen hätte. Regelmäßig hat also der Vater das Recht der Verwaltung und Nutznießung des Kindesvermögens und der Vertretung des Kindes in vermögensrechtlichen Angelegenheiten auch dann, wenn das Vormundschaftsgericht die Sorge für die Person des Kindes der Mutter übertragen hat. Das Vormundschaftsgericht kann nur nach den Bestimmungen des BGB. (insbes. § 1666) und unter deren besonderen Voraussetzungen berufen sein, einzugreifen und die Vermögenssorge anders zu regeln. Es gibt aber eine **Ausnahme:** einem Ehegatten, welcher bei der Eheschließung wußte, daß seine Ehe nichtig sein werde (s. oben 3), — über die Feststellung dieser Kenntnis im Nichtigkeitsurteil s. oben 3 und unten 7, ferner § 23 a. E. —, steht die Sorge für das Vermögen des Kindes und die Nutznießung daran auch dann nicht zu, wenn ihm nichtsdestoweniger vom Vormundschaftsgericht die Sorge für die Person des Kindes übertragen worden ist, sei es, weil beide Gatten es wußten oder weil dies aus besonderen Gründen dem Wohl des Kindes dient (§ 74 Abs. 4). Wenn erst nach Ehevernichtung die Schlechtgläubigkeit bekannt wird, gilt für die Zwischenzeit das zu 3 a. E. Ausgeführte entsprechend.

Aus der Fassung des Gesetzes ergibt sich, daß — abweichend von der Regelung der Personensorge — wenn beiden Ehegatten bei der Eheschließung die Vernichtbarkeit der Ehe bekannt war, und die Ehe vernichtet wird, die Sorge für das Vermögen des Kindes, das Recht und die Pflicht es zu verwalten und nutzzunießen, keinem von beiden Ehegatten zusteht, obwohl Recht und Pflicht der Personensorge regelmäßig auch in diesem Fall einem von ihnen zu übertragen sein wird.

Für das Kind ist in diesem Falle eine Pflegschaft in Vermögensangelegenheiten anzuordnen (§ 1909), eine Vormundschaft, wenn keinem Elternteil die Sorge für die Person des Kindes übertragen wird (§ 1773 Abs. 1 BGB.). Zum Pfleger oder Vormund kann auch ein Elternteil bestellt werden, der aber solchen Falles das Recht der Vermögensnutznießung, das er nur als Ausfluß elterlicher Gewalt hat, entbehrt; jedoch ist kein Elternteil zur Vormundschaft „berufen" (§ 1899 Abs. 3 BGB.). Das Vormundschaftsgericht kann aber nicht etwa einem Elternteil das Recht der Vermögenssorge oder gar der Nutznießung übertragen.

Was gilt, wenn die Vermögenssorge dem dazu kraft elterlicher Gewalt in erster Linie berufenen Vater nach Abs. 3 nicht zusteht, weil ihm die Vernichtbarkeit der Ehe bei ihrer Eingehung bekannt war? Die Frage ist, ob sie dann ohne weiteres der Mutter zusteht. Dies wird von der h. L. (KRR. 7 Achilles Greiff 16) ebenso Mitteis FamR. S. 43, der aber in diesem Fall unter b die Anordnung einer Pflegschaft, unter c einer Vormundschaft für erforderlich hält, verneint, so daß also die Mutter der Nutznießung entraten muß, auch wenn sie gemäß § 1899 BGB. zur Pflegerin bestellt wird. Diese Meinung dürfte indessen abzulehnen sein. Vor dem Ehegesetz 1938 ordnete für diesen Fall § 1701 Satz 2 BGB. ausdrücklich an, daß die elterliche Gewalt der Mutter zustehe. Daraus ergibt sich freilich zugleich, daß dieser Fall nicht zu den Fällen des § 1684 zu rechnen ist, aber doch nach BGB. ebenso behandelt werden sollte, wie sonst ein Fortfall der elterlichen Gewalt des Vaters. Es ist nicht anzunehmen, daß daran durch das Ehegesetz von 1938 etwas geändert werden sollte, zumal ein Grund für diese weittragende Änderung nicht ersichtlich ist. Das Gesetz 1946 wollte offensichtlich in dieser Beziehung an der Regelung durch das Gesetz 1938 festhalten.

5. § 25 hat keine rückwirkende Kraft. Die rechtliche Stellung der **Kinder aus Ehen, welche vor dem Inkrafttreten des Ehegesetzes 1938 vernichtet worden sind,** richtet sich gemäß § 89 letzteren Gesetzes nach §§ 1699ff. BGB., d. h. u. a., sie gelten weiter dann als unehelich, wenn beiden Ehegatten bei Eingehung der Ehe der Nichtigkeitsgrund bekannt war. Nach BGB. (§§ 1699, 1635, 1636, 1701, 1702 bzw. 1705 ff.) richtet sich in diesem Falle auch Recht und Pflicht zur Personen- und Vermögenssorge. Ist die Ehe, mag sie auch vor dem Inkrafttreten des Ehegesetzes von 1938 bzw. 1946 geschlossen worden sein, erst nach dem Inkrafttreten eines dieser Gesetze vernichtet worden, so richtet sich die Stellung der Kinder nach § 30 EheG. 1938 bzw. dem damit übereinstimmenden § 25 EheG. 1946, d. h. sie gelten als ehelich, ohne Rücksicht auf die Gutgläubigkeit der Eltern.

6. **Der nichtsorgeberechtigte Elternteil** muß auch sonstiger Rechte entraten, welche die elterliche Gewalt oder das Sorgerecht zur Voraussetzung haben, also des Rechts, der Einwilligung zur Eheschließung des Kindes nach § 3, der Berufung zum Vormund oder Pfleger nach § 1899 BGB., 1915 BGB., des Rechts, nach § 1777 BGB. den Vormund letztwillig zu ernennen und nach § 1852 BGB. im Zusammenhang mit der Benennung seine Befreiung anzuordnen. Dagegen hat im übrigen auch der nichtsorgeberechtigte oder schlechtgläubige Elternteil alle Rechte und Pflichten, welche nicht aus dem Sorgerecht in besonderem, sondern aus Vaterschaft und Mutterschaft oder Verwandtschaft im allgemeinen hervorgehen und sich nicht aus dem Abschn. 2 des 4. Titels des IV. Buches des BGB., sondern etwa aus dessen Abschn. 1 oder aus dem 3. Titel (Unterhaltsrechte und Pflichten) oder aus dem IV. Buch (Erb- und Pflichtteilsrechte) ergeben. Als weiteres Beispiel solcher nicht von der elterlichen Gewalt (Sorgerecht für Person und Vermögen) umfaßter Rechtsverhältnisse sei auch der Name, die Staatsangehörigkeit, der gesetzliche **Wohnsitz des Kindes** nach § 11 BGB. erwähnt. Es teilt Name, Staatsangehörigkeit und Wohnsitz auch des schlechtgläubigen Vaters, letzteren solange, bis nach der Vernichtung der Ehe der dann zur Sorge für die Person des Kindes kraft vormundschaftlicher Anordnung Berechtigte den Wohnsitz aufhebt.

7. Wie die Vernichtung der Ehe für und gegen jedermann wirkt, so ist trotz mangels entsprechender Vorschrift anzunehmen, daß die Feststellung des Urteils über den guten Glauben eines oder beider Ehegatten, mag sie im Tenor oder in den Gründen getroffen sein, nicht nur im Verhältnis der Ehegatten untereinander sondern auch zum Kinde bindend ist.

§ 26. Vermögensrechtliche Beziehungen der Ehegatten[1]

1. Hat auch nur einer der Ehegatten die Nichtigkeit der Ehe bei der Eheschließung nicht gekannt[3], so finden auf das Verhältnis der Ehegatten in vermögensrechtlicher Beziehung die im Falle der Scheidung geltenden Vorschriften entsprechende Anwendung[2]. Dabei ist

ein Ehegatte, dem die Nichtigkeit bei der Eheschließung bekannt war, wie ein für schuldig erklärter Ehegatte zu behandeln[3]**.**

2. Ein Ehegatte, der die Nichtigkeit der Ehe bei der Eheschließung nicht gekannt[3] **hat, kann binnen sechs Monaten**[5]**, nachdem die Ehe rechtskräftig**[5] **für nichtig erklärt ist, dem anderen Ehegatten erklären, daß es für ihr**[6] **Verhältnis in vermögensrechtlicher Beziehung bei den Folgen der Nichtigkeit bewenden solle**[4]**. Gibt er eine solche Erklärung**[5] **ab, so findet die Vorschrift des Abs. 1 keine Anwendung**[2]**.**

1. § 25 handelt von der Gestaltung der Beziehungen und zwar der **VERMÖGENSRECHTLICHEN BEZIEHUNGEN der Ehegatten** nach Vernichtung ihrer Ehe, nicht auch von ihren Beziehungen während der Ehe, solange diese nicht für nichtig erklärt ist; insolange hat sie auch diesbezüglich alle Wirkungen einer vollgültigen Ehe und unterscheidet sich von einer solchen nicht. Die Vernichtung der Ehe aber wirkt auch auf ihren Anfang zurück, als ob sie nicht bestanden hätte, was freilich nirgends bestimmt ist, sondern erraten werden muß (s. 1 zu § 16).

Grundsätzlich hat also die Vernichtung der Ehe **rückwirkend eine Auflösung** aller vermögensrechtlichen Beziehungen sowohl der güterrechtlichen als auch der unterhaltsrechtlichen zur Folge. Diese grundsätzliche Wirkung tritt **aber** nach § 26 **nur** ein, wenn entweder beiden Ehegatten bei der Eheschließung bekannt war, daß ihre Ehe vernichtbar war, oder, sofern ihnen dies beiden oder einem von ihnen unbekannt war, wenn einer von ihnen bzw. letzterer erklärt, daß diese regelmäßige Folge der Vernichtung eintreten solle. Diese grundsätzliche Wirkung der Vernichtung der Ehe auf die vermögensrechtlichen Beziehungen tritt also, wenn auch nur einem der Ehegatten bei der Eheschließung, gar beiden (falsch Rilk 2 c) die Vernichtbarkeit unbekannt war (s. 3) nicht ohne weiteres ein. In diesen Fällen bedarf es vielmehr zur ihrer Herbeiführung noch einer besonderen Erklärung (s. 4.) des (bzw. eines der) gutgläubigen Ehegatten.

2. Andernfalls hat die Vernichtung der Ehe in vermögensrechtlicher Beziehung die **Wirkung einer Scheidung.** Das bedeutet vor allen Dingen, daß sie nicht zurück, sondern nur für die Zukunft wirkt. a) Unterhaltsrechtlich bedeutet sie, daß nicht alle gegenseitigen Unterhaltspflichten und -ansprüche aufhören. Vielmehr bestehen solche im Rahmen der §§ 58 ff. fort. In erster Linie kommt es auf einen etwaigen Unterhaltsvertrag nach § 72 an. Mangels eines solchen sind die §§ 58—70 anzuwenden, wobei, wenn dem einen Ehegatten die Vernichtbarkeit der Ehe bei der Eheschließung bekannt war, dieser wie der an der Scheidung allein schuldige Teil behandelt wird. Mit der Einschränkung aus § 59 bleibt letzterenfalls der Mann nach § 58 Abs. 1, die Frau nach Maßgabe des § 58 Abs. 2 gegenüber dem anderen Teil unterhaltspflichtig. War aber die Vernichtbarkeit bei der Eheschließung beiden Ehegatten unbekannt, so gilt § 61 Abs. 2, jedoch ohne Rücksicht darauf, wer das Nichtigkeitsurteil herbeigeführt hat (§ 16 DVO.).

b) Familiengüterrechtlich findet gleichfalls nur eine Auseinandersetzung statt, ohne daß die vermögensrechtlichen Auswirkungen, welche die Ehe während ihres Bestehens kraft Gesetzes oder Güterrechtsvertrags gehabt hat, rückgängig zu machen wären. Es gilt im Fall des gesetzlichen Güterstandes § 1421 BGB., — wohl auch entsprechend: §§ 1422,

1424, 1425 BGB. — bei vertraglicher allgemeiner Gütergemeinschaft §§ 1471 mit §§ 1472, 1473, und §§ 1474 mit 1475—1481 BGB.; war einer der Ehegatten bei der Eheschließung schlechtgläubig, so daß er dem an einer Scheidung alleinschuldigen Teil gleichzustellen ist, so kommt besonders § 1478 in Frage. Bei der Errungenschaftsgemeinschaft § 1446, bei der Fahrnisgemeinschaft § 1549. Bezüglich der Hausrats- und der Ehewohnung ist die 6. DVO. anwendbar. Schenkungen während der Ehe sind nach § 73 widerruflich.

3. Entscheidend für die **Kenntnis der Vernichtbarkeit** ist der Zeitpunkt der Eheschließung (Trauung); nachträgliche Kenntnis ist bedeutungslos. Zur Kenntnis der Vernichtbarkeit ist erforderlich die Kenntnis der sie begründenden Tatsache und ihrer Rechtsfolge (a. A. Rilk 2 c), daß sie die Ehe vernichtbar macht. Kennenmüssen steht der Kenntnis nicht gleich. Darauf, daß die Ehe auch gerade aus dem Nichtigkeitsgrund vernichtet worden ist, welcher dem (oder den) Ehegatten bei der Eheschließung bekannt war, kommt es nicht an. Z. B., wenn dieser geheilt war und die Ehe aus einem anderen Grunde vernichtet worden ist.

Es ist in Ansehung des § 26 nicht erforderlich, wohl aber im Hinblick auf § 25 mindestens rätlich (s. dort 3 und 1 zu § 16), daß die Kenntnis oder Unkenntnis in dem Vernichtungsurteil, seinem Tenor oder seiner Begründung, festgestellt wird, und dementsprechend in Ansehung des § 26 nicht, daß ein dahingehender Antrag gestellt wird. Die Kenntnis oder Unkenntnis kann auch in dem Rechtsstreit über die vermögensrechtlichen Beziehungen mit Wirkung für diese festgestellt werden. Im Vernichtungsstreit gilt schon wegen § 25 auch für die Frage der Kenntnis Offizial-, im Auseinandersetzungs- oder Unterhaltsrechtsstreit Verhandlungsmaxime. Denkbar ist sehr wohl, daß der gutgläubige Teil erst nach Rechtskraft des Vernichtungsurteils erfährt, daß der andere Teil schlechtgläubig war (vgl. 3 a. E. zu § 25). Hatte der nachträglich als schlechtgläubig Entlarvte bereits eine Erklärung gemäß 4 und 5 abgegeben, so bleibt es bei dieser und ihren Folgen nur, wenn entweder auch der andere Ehegatte schlechtgläubig war oder dieser eine solche Erklärung selbst noch fristgemäß abgibt oder schon abgegeben hat; andernfalls bleibt es dabei, daß die Ehevernichtung in vermögensrechtlicher Hinsicht die Folgen einer Scheidung gehabt hat (s. 2).

4. Die grundsätzliche **Folge der Vernichtung der Ehewirkung in vermögensrechtlicher Beziehung,** wenn diese von einem gutgläubigen Ehegatten erklärt wird oder beide schlechtgläubig waren, sind folgende: a) Unterhaltsrechte: für die Zukunft hört jede gegenseitige Unterhaltspflicht auf. Soweit die Ehegatten sich Unterhalt gewährt haben, haben sie es ohne rechtlichen Grund getan. Es finden die Vorschriften über ungerechtfertigte Bereicherung (§§ 812 ff.) Anwendung. Hier tritt die Frage auf, ob die Kenntnis der Vernichtbarkeit gleichzustellen ist, der Kenntnis des Mangels des Rechtsgrundes im Sinne der §§ 814, 819 BGB., wobei zu beachten ist, daß bejahendenfalls im Sinne der letzten Bestimmung auch die nachträgliche Kenntnis der Vernichtbarkeit erheblich wäre. Die Frage ist indessen zu verneinen, weil (besonders bei in beiderseitiger Kenntnis ihrer Vernichtbarkeit eingegangener Ehe) die Erwartung, daß es zum Nichtigkeitsstreit und daher zur Vernichtung nicht kommen werde, wohl den Ausschlag geben dürfte. Andererseits wird bei gemeinsamer Kenntnis die Erhebung der Nichtigkeitsklage als Treu und Glauben zuwiderlaufende Verhinderung des Eintritts des rechtlichen Erfolges im Sinne des § 815 BGB. anzusehen sein. b) in güterrechtlicher Beziehung: der gesetzliche oder vereinbarte Güterstand hat nie gegolten. Bei vereinbarten Güterständen ist allerdings der Rechtsgrund der Güterrechtsvertrag; aber auch dieser wird von der Vernichtung der Ehe ergriffen, weil er die Ehe zur Voraussetzung hat und ein güterrechtlicher Vertrag ohne Ehe schon kraft Gesetzes nicht möglich ist. Die Ansprüche der Ehegatten gegeneinander sind festzustellen von dem Zeitpunkt der Eheschließung an unter Zuhilfenahme der Vorschriften über auftraglose Geschäftsführung und ungerechtfertigte Bereicherung. Über den Einfluß der Kenntnis auf die Ansprüche aus letzterer (s. a.). Möglicherweise wird im Einzelfall — besonders bei beiderseitiger Kenntnis der Vernichtbarkeit — ein güterrechtlicher Vertrag als Auftrag zur Vermögensverwaltung aufrechtzuerhalten oder auch ohne Ehevertrag ein solcher Auftrag anzunehmen sein. Insbesondere sind Vereinbarungen, welche die Ehegatten in beiderseitiger Kenntnis der Vernichtbarkeit ihrer Ehe treffen, wird die Ehe später vernichtet, auch wenn sie formlos waren, schuldrechtlich gültig, gar, wenn sie auch für den Fall der Vernichtung der Ehe geschlossen waren. Dies ist kein Widerspruch zur eingangs b getroffenen Feststellung, daß das vereinbarte Güterrecht nie gegolten hat; denn durch einen Ehevertrag können generell dingliche Wirkungen erzeugt werden, welche den Bestand der Ehe voraussetzen und außerhalb einer Ehe nicht vereinbart werden können. Immerhin aber ergibt sich, daß u. U. obligatorisch ein Ehevertrag aufrechtzuerhalten sein kann.

Von der 6. DVO. bleibt der 2. Abschnitt über die eheliche Wohnung anwendbar, da es sich dabei nicht um eine vermögensrechtliche Beziehung zwischen den Ehegatten handelt (zweifelnd Beitzke FamR. S. 31).

Schenkungen eines Ehegatten an den anderen und umgekehrt sind nach den Regeln über Herausgabe ungerechtfertigter Bereicherung (§§ 812 ff. BGB.) zurückzugeben; es handelt sich freilich nicht um den Wegfall des Rechtsgrundes, der im Schenkungsvertrag liegt, sondern der Geschäftsgrundlage (vgl. § 1301 BGB.), mindestens auf Seite eines bei der Schenkung gutgläubigen und beider Ehegatten, wenn beide bei der Schenkung gemeinsam schlechtgläubig waren (weil sie in diesem Fall wohl beide nicht mit der Ehevernichtung rechneten); man kann zweifeln, wenn nur der Schenker bei der Schenkung schlechtgläubig war. Hinsichtlich des Umfangs der Herausgabepflicht ist der Empfänger, wenn er allein bei Empfang schlechtgläubig war, als schlechtgläubig im Sinn der §§ 812 ff. BGB. zu behandeln; in allen übrigen Fällen wird in dieser Beziehung der Empfänger als gutgläubig anzusehen sein. Wegen Wegfalls der Geschäftsgrundlage ist nach denselben Gesichtspunkten auch ein unerfülltes Schenkungsversprechen unter den Gatten hinfällig.

Letztwillige Zuwendungen eines Gatten an den andern sind, wenn die Ehe nach seinem Tod für nichtig erklärt wird, nach § 2077 unwirksam. Ein von den Ehegatten geschlossener Erbvertrag wird durch die Vernichtung ihrer Ehe auch bei ihren Lebzeiten nach § 2279 BGB., ein gemeinschaftliches Testament nach §§ 2268, 2265 BGB. von selbst hinfällig.

Über Schenkungen und Versprechen und letztwillige Zuwendungen Dritter s. zu § 27 Anm. 4.

5. Die **Erklärung der Vernichtung der vermögensrechtlichen Ehewirkungen** kann nur binnen 6 Monaten (§§ 187, 188 BGB.) seit Rechtskraft des Vernichtungsurteils nur von einem im Sinne von 3 gutgläubigen Ehegatten wirksam abgegeben werden. Sie ist formlos, einseitig, empfangsbedürftig, dem anderen Ehegatten gegenüber abzugeben, unwiderruflich und allumfassend; sie kann sich nur auf die Gesamtheit aller vermögensrechtlichen, nicht auf nur einzelne Beziehungen erstrecken; eine Erklärung, welche einzelne Beziehungen ausnimmt, ist wirkungslos. Natürlich ist aber der Vertragsfreiheit der Beteiligten schuldrechtlich keine Schranke gesetzt. Die Erklärung wirkt nicht nur schuldrechtlich, sondern konstitutiv; sie führt die rückwirkende Vernichtung der vermögens- und güterrechtlichen Ehefolgen auf Grund der urteilsmäßigen Vernichtung der Ehe unmittelbar herbei, wie diese im Falle der Schlechtgläubigkeit beider Ehegatten als Folge der Ehevernichtung von vornherein eintritt. Die Erklärung wirkt ihrerseits auf den Zeitpunkt des Nichtigkeitsurteils zurück.

Für die Berechnung der Frist gelten §§ 187, 188 BGB. Die Frist ist eine Ausschlußfrist. Ihr Lauf ist unabhängig davon, ob der Gutgläubige von der Schlechtgläubigkeit des andern Teils Kenntnis hat. Die Frist kann durch Vereinbarung nur mit der Folge schuldrechtlicher Wirkung einer nach Fristablauf abgegebenen Erklärung des Gutgläubigen verlängert werden.

6. Die Worte: für „ihr" Verhältnis sind überflüssig und irreführend. Sie verleiten zu dem Mißverständnis, daß die Erklärung nur zwischen den Ehegatten, nicht auch gegenüber Dritten wirke und daß es gegenüber solchen trotz der Erklärung bei den Folgen der Scheidung bleibe. Dies kann nicht zutreffen, weil nicht denkbar ist, daß die Vernichtung in diesem Fall nur relativ wirkt, während sie absolut wirkt, wenn die Vernichtbarkeit der Ehe beiden Gatten bekannt war, obwohl der Tatbestandsunterschied nur in einem inneren Moment der Ehegatten liegt.

§ 27. Schutz gutgläubiger Dritter[1]

[2]Einem Dritten gegenüber[4] können aus der Nichtigkeit der Ehe[5] Einwendungen gegen ein zwischen ihm und einem der Ehegatten vorgenommenen Rechtsgeschäft oder gegen ein zwischen ihnen ergangenes rechtskräftiges Urteil nur hergeleitet werden, wenn die Ehe bereits zur Zeit der Vornahme des Rechtsgeschäfts oder zur Zeit des Eintritts der Rechtshängigkeit für nichtig erklärt oder die Nichtigkeit dem Dritten bekannt[3] war.

1. § 27 handelt von der **WIRKUNG DER VERNICHTUNG EINER EHE GEGENÜBER DRITTEN.** Grundsätzlich wirkt die Vernichtung einer Ehe **für und gegen jedermann und zwar rückwärts bis zum Tage ihrer Schließung.** Dieser Grundsatz gilt in vermögensrechtlicher Beziehung nur, wenn die Vernichtung der Ehe nicht nach § 26 bloß in den Folgen einer Scheidung besteht.

2. § 27 macht von ihm für die Fälle seiner Geltung **für Personen, die mit den Ehegatten in Rechtsverkehr getreten sind,** zwei genau abgegrenzte **Ausnahmen:** gegen den Bestand eines Rechtsgeschäfts zwischen einem

Ehegatten oder beiden Ehegatten und einem Dritten — nicht unter Dritten —, desgleichen gegen den Bestand eines zwischen einem Ehegatten oder beiden Ehegatten und einem Dritten — nicht unter Dritten — ergangenen Urteils, welches vor der Vernichtung der Ehe vorgenommen worden, bzw. in einem vor ihr rechtshängig gewordenen Rechtsstreit ergangen ist, können Einwendungen seitens der Ehegatten aus der nachträglichen Vernichtung der Ehe nicht hergeleitet werden, wenn dem Dritten die Vernichtbarkeit der Ehe unbekannt war.

Die Gesetzesstelle gebraucht das Wort „Nichtigkeit" zuerst im Sinne der durch die Vernichtung eingetretenen Rechtsfolge — denn aus der bloßen Vernichtbarkeit, welche nicht zur Vernichtung der Ehe führt, können selbstverständlich Einwendungen überhaupt nicht erhoben werden, weil solange nach § 23 sich niemand auf die „Nichtigkeit" berufen kann —, alsdann aber, wenn sie von der Kenntnis des Dritten handelt im Sinne der Vernichtbarkeit.

Von Rechtsgeschäften und Urteilen, welche nach der Vernichtung der Ehe vorgenommen werden bzw. in nach der Vernichtung rechtshängig gewordenen Rechtsstreitigkeiten ergangen sind, handelt die von § 27 von dem allgemeinen Grundsatz, daß die Nichtigkeit für und gegen alle wirkt, gemachte Ausnahme nicht; aus diesem Grundsatz ergibt sich vielmehr selbstverständlich, daß gegenüber solchen Rechtsgeschäften und Urteilen die Berufung auf die Nichtigkeit unbeschränkt und ohne Rücksicht auf die Kenntnis des Dritten von der Vernichtbarkeit und der Vernichtung der Ehe möglich ist. Natürlich genießt der Dritte den überhaupt neben § 27 bestehenden Schutz seines guten Glaubens nach den allgemeinen Regeln des BGB. Aber letzterer ist nicht auf Kenntnis von der Vernichtbarkeit der Ehe, sondern der Eigentums und Gläubigerschaftsverhältnisse abgestellt. Ein Dritter, der mit einem Ehemann, welcher laut Güterrechtsregister in allgemeiner Gütergemeinschaft lebt, wissend, daß dessen Ehe vernichtbar ist, ein dingliches Rechtsgeschäft über ein Vermögensstück abschließt, das aus dem Frauenvermögen stammt, ist, wenn die Ehe später vernichtet wird, gegen die Folgen der Vernichtung nicht geschützt, wohl aber, wenn er zulässigerweise das Vermögensstück als von Hause aus dem Manne gehörig gehalten hat. Dasselbe gilt, wenn das Verfügungsgeschäft erst nach der Vernichtung der Ehe vorgenommen wird.

3. Bezüglich der **Kenntnis des Dritten** gilt auch hier, daß sie den Nichtigkeitsgrund und dessen Rechtsfolgen umfassen muß, ferner, daß sie z. Zt. der Vornahme des Geschäftes bzw. der letzten mündlichen Verhandlung vor dem Urteil bestehen muß, weiter, daß sie nicht gerade denjenigen Nichtigkeitsgrund betreffen muß, um dessentwillen die Ehe vernichtet wurde, und endlich, daß Kennenmüssen der Kenntnis nicht gleichsteht.

4. Kann auch der gutgläubige Dritte selbst den Ehegatten gegenüber sich nicht auf die Vernichtung der Ehe und ihre Folgen berufen? Dies kann daraus nicht gefolgert werden, daß gegenüber dem Dritten die Ehegatten sich auf die Nichtigkeit nur berufen können, wenn er nicht gutgläubig war. Es bleibt also dabei, daß der Dritte selbst sich darauf berufen kann, obwohl ihm gegenüber die Berufung auf die Nichtigkeit ausgeschlossen ist, weil er gutgläubig war. Kann auch der schlechtgläubige Dritte sich auf nachträgliche Vernichtung der Ehe gegenüber den vor ihrer Vernichtung vorgenommenem Rechtsgeschäft berufen? Auch dies ist

zu bejahen; er kann sich ebenso darauf berufen, wie ihm gegenüber der Ehegatte.

Was wird aus Zuwendungen Dritter? Wenn sie erkennbar in der Voraussetzung gemacht sind, daß eine Ehe besteht und zustande gekommen ist (z. B. von Schwiegereltern, Schwägern, Schwägerinnen gemacht werden), sind wegen Wegfalls der Geschäftsgrundlage unausgeführte Zuwendungsversprechen hinfällig, ausgeführte Zuwendungen nach den Regeln über die Herausgabe einer ungerechtfertigten Bereicherung (§§ 812 ff. BGB.) herauszugeben. Letztwillige Zuwendungen sind nach § 2078 Abs. 2 BGB. anfechtbar. Von einer Ausstattung (§ 1624 BGB.) wird man nicht sagen können, daß die Geschäftsgrundlage ihrer Gewährung fortgefallen ist, wenn trotz der Ehevernichtung die selbständige Lebensstellung erhalten bleibt. Es fehlt an einem inneren Grund, die Aussteuer (§ 1620 BGB.) anders zu behandeln, nur weil sie auf einem Rechtsgrund, der fortgefallen ist, einer Verpflichtung der Eltern beruht.

5. Gilt § 27 auch dann, wenn im Verhältnis der Ehegatten untereinander nach § 26 Scheidungsrecht gelten soll, also die vermögensrechtlichen ehelichen Beziehungen nicht rückwirkend aufgelöst werden? In diesem Fall ist er gegenstandslos. Auch § 27 ist auf Nichtehen (§ 11) oder Scheinehen nicht anwendbar, weil er eine Ehe voraussetzt. In welchem Maß die Scheineheleute den von ihnen hervorgerufenen Schein — bei eigener Schlechtgläubigkeit — gegen sich gelten lassen müssen, ist nach § 157, 242 BGB. zu beurteilen (vgl. auch Mitteis FamR. S. 45, Martin Wolff FamR. § 28 III).

D. AUFHEBUNG DER EHE

I. ALLGEMEINE VORSCHRIFTEN

§ 28

Die Aufhebung[1] der Ehe kann nur[2], [4] in den Fällen der §§ 30—34 und 39 dieses Gesetzes begehrt werden.

§ 29

[10] Die Ehe wird durch gerichtliches Urteil[5], [6], [7], [3], [8], [9] aufgehoben. Sie ist mit der Rechtskraft[8] des Urteils aufgelöst[8].

1. I. **AUFHEBUNG und Scheidung** sind beides **Formen der Auflösung** der Ehe, welche sich untereinander weder im Wesen noch in der Wirkung (§ 37) unterscheiden, die sich nicht auf die Vergangenheit, sondern nur **auf die Zukunft** erstrecken. Darum sind auch Aufhebung und Scheidung nicht mehr möglich, wenn die Ehe bereits durch den Tod eines Ehegatten aufgelöst ist; ein z. Z. des Todes bereits rechtshängiger Ehestreit wird durch den Tod des einen der kämpfenden Gatten in der Hauptsache erledigt.

2. Der Unterschied zwischen Aufhebung und Scheidung besteht lediglich in der **Begründung,** insofern, als das Aufhebungsverlangen mit Mängeln zu begründen ist, welche der Ehe schon bei ihrem Beginne anhaften, während Scheidungsgründe solche sind, die erst während der Ehe eintreten; aber auch dieser Unterschied wird namentlich in der Rechtsprechung zu § 44 nicht eisern durchgeführt. Im Vergleich zu den Nichtigkeitsgründen ist den Aufhebungsgründen eigentümlich, daß sie keine Verstöße gegen Eheverbote darstellen, welche im öffentlichen Interesse erlassen sind, und dieses nicht in Mitleidenschaft ziehen, weshalb das Gesetz auch davon abgesehen hat, an sie die Rechtsfolgen der Ehevernichtbarkeit zu knüpfen. Die Aufhebungsgründe bestehen regelmäßig in Willensmängeln eines Verlobten bei der Eheschließung: beschränkter Geschäftsfähigkeit (§ 30), Irrtum über den Inhalt der Erklärung (§ 31), über persönliche Eigenschaften des anderen Ehegatten (§ 32), arglistige Täuschung (§ 33), Drohung (§ 34). Außerdem ist dem wiederverheirateten Ehegatten eines für tot Erklärten der Anspruch auf Aufhebung seiner neuen Ehe gegeben.

Die Aufhebungsgründe sind im Gesetz **erschöpfend aufgezählt** (§ 28: „nur"); eine analoge Anwendung einer der Bestimmungen über die Aufhebung auf verwandte Fälle ist daher ausgeschlossen. Der Aufhebungsabschnitt hat aber auch eine Art Generalklausel (§ 31) wie der Scheidungsabschnitt (§§ 48), wenn sie auch weniger weit geht als letztere.

3. Der Gatte, welcher den Willensmangel des anderen Verlobten bei der Eheschließung (bzw. der Beklagte, der das Überleben des für tot Erklärten) kannte, also erst recht derjenige, welcher die Drohung oder Täuschung verübt hat, ist als schuldig an der Aufhebung anzusehen (§ 37), obwohl er in Wirklichkeit schuldig an der Eheschließung ist. Natürlich hat auch der wegen Drohung Aufhebungsberechtigte den Aufhebungsgrund gekannt; gleichwohl gilt Vorstehendes nicht gegen ihn; er ist trotz der Kenntnis, daß er nur unter dem Druck der Drohung die Ehe schließe, nicht für schuldig zu erklären.

4. Der **Aufhebungsanspruch geht**

a) durch ungenützten Ablauf einer einjährigen Frist (§ 35) **verloren,** während die Frist für die Scheidungsklage nur 6 Monate beträgt (§ 50).

b) Das Recht auf Aufhebung geht in allen Fällen der Willensmängel durch Bestätigung der Ehe verloren, die der Verzeihung im Falle des Vorliegens eines Scheidungsgrundes nahe verwandt ist. Sie besteht darin, daß der aufhebungsberechtigte Ehegatte zu erkennen gibt, daß er die Ehe fortsetzen will (§§ 30 bis 34, je Abs. 2).

c) Der Aufhebungsanspruch wird für die Zukunft ausgeschlossen, wenn unterlassen wird, ihn in einem anhängig gewordenen Ehestreit geltend zu machen (§ 616 ZPO.; s. 7).

5. II. Das deutsche Recht duldet und erkennt **keine eigenmächtige Auflösung** der Ehe durch die Beteiligten an, weder in der Form der Scheidung noch der Aufhebung der Ehe weder nach Willkür noch unter gesetzlichen Voraussetzungen. Es legt die Auflösung in die Hände eines über den Beteiligten stehenden, die gesetzlichen Voraussetzungen und die Schuld der Beteiligten selbständig prüfenden Gerichts, welches, wenn es die gesetzlichen Voraussetzungen als gegeben ansieht, **durch Urteil** die Ehe auflöst, indem es sie „aufhebt" oder „scheidet".

6. Es liegt in der Natur der Sache, daß das Gericht nicht aus eigener, sondern nur auf die Initiative der Beteiligten, d. h. auf **Klage** hin tätig wird.

Klageberechtigt ist der Ehegatte, bei welchem der Willensmangel bei der Eheschließung vorlag, nicht auch der andere, auch nicht der Staatsanwalt, weil es sich bei der Eheaufhebung um Verstöße handelt, an denen das öffentliche Interesse unbeteiligt ist (s. o.). Die Klage richtet sich gegen den anderen Gatten.

Das Aufhebungsverfahren untersteht den Vorschriften über Ehesachen (§§ 606 ff. ZPO.). Es müssen also nach §§ 616, 615 ZPO. alle bekannten Aufhebungsgründe in demselben Rechtsstreit geltend gemacht werden. Würde in einem zweiten Aufhebungsprozeß ein neuer Aufhebungsgrund geltend gemacht, so stünde ihm vorbehaltlich der Rücknahme der ersten Klage die Einrede der Rechtshängigkeit bzw. der rechtskräftig entschiedenen Sache entgegen. Haben die Aufhebungsgründe verschiedene Tragweite, kann der Aufhebungskläger bestimmen, in welcher Reihenfolge über sie erkannt werden soll. Es ist möglich, Scheidungs- und Aufhebungsklage und Klage auf Herstellung der ehelichen Gemeinschaft zu verbinden, während die Verbindung mit einer anderen Klage unstatthaft ist. Es müssen deshalb nach § 616 ZPO. neben den bekannten Aufhebungsgründen gleichzeitig mittels einer mit der Aufhebungsklage zu verbindenden Scheidungsklage auch alle Scheidungsgründe (angriffs- oder verteidigungsweise) geltend gemacht werden, wenn sie nicht verloren gehen sollen. Auch in diesem Falle kann der Kläger bestimmen, über welches Begehren zunächst entschieden werden soll. Unterläßt er eine solche Bestimmung, so stehen zwar die Klagen gleichwertig nebeneinander, ist aber, wenn beide Begehren begründet sind, nach § 18 DVO. 1938 nur auf Aufhebung der Ehe zu erkennen, obwohl doch die erst ex nunc wirkende Aufhebung nicht mehr dem Scheidungsbegehren den Boden entzieht (wie das nach BGB. auf Anfechtung hin ex tunc wirkende Nichtigkeitsurteil). Ist nur eines der beiden Begehren begründet, so ist das unbegründete nicht abzuweisen (Fechner JW. 1938 S. 2115). Die Scheidungsklage kann auch bedingt für den Fall erhoben werden, daß die Aufhebungsklage nicht durchdringt. Auch der Beklagte muß, um nicht nach § 616 ZPO. damit ausgeschlossen zu werden, alle Aufhebungs- und Scheidungsgründe vorbringen, die ihm bekannt sind, letztere auch, wenn gegen ihn eine Aufhebungsklage erhoben ist. Er kann dies in Form der Aufhebungs- oder Scheidungswiderklage tun, sofern auch er die Auflösung der Ehe anstrebt. Natürlich ist gegenüber einer Scheidungs- oder Aufhebungs- oder einer, kumulativ erhobenen Scheidungs- und Aufhebungsklage auch eine Aufhebungs- oder Scheidungswiderklage (auch nebeneinander kumulativ oder eventualiter) möglich. Denkbar ist es auch, die Widerklage nur bedingt für den Fall zu erheben, daß die Aufhebungs- und (oder) die gleichzeitig (oder allein) erhobene Scheidungsklage oder (und) die eigene gleichzeitig unbedingt erhobene Aufhebungs- oder Scheidungswiderklage abgewiesen wird. Andere Widerklagen sind unzulässig (§ 615 ZP.O).

Ein Aufhebungs- oder Scheidungsgrund kann, wenn er nicht die Auflösung der Ehe herbeiführen soll, statt durch Klage oder Widerklage auch durch einen Antrag geltend gemacht werden, der nur darauf abzielt, daß der andere Gatte, wenn er mit seiner Klage oder seinem Antrag Erfolg hat, als schuldig oder mitschuldig erklärt werde.

7. Das Urteil hat nämlich einen **Schuldausspruch** zu erhalten, welcher feststellt, ob einer der Ehegatten als schuldig (s. 3) anzusehen ist (§ 17 DVO. 1938). Der Schuldausspruch hat nach § 37 dieselben Rechtsfolgen wie der Schuldausspruch eines Scheidungsurteils. Der Schuldausspruch hat entsprechend dem, daß die Ehe nicht nichtig war, sondern bestanden hat, nicht nur die in der Kenntnis des Aufhebungsgrundes nach § 37 (2) bestehende Schuld an der Aufhebung, sondern auch die geltend gemachten Eheverfehlungen zu berücksichtigen. Wird neben der Aufhebungsklage Scheidungsklage erhoben und auf Aufhebung erkannt, so ist also neben der Schuld eines Ehegatten an der Aufhebung im Schuldausspruch auch die Schuld eines Ehegatten festzustellen, welche das Scheidungsbegehren oder einen Schuldantrag gegenuber diesem Begehren rechtfertigen würde (§ 18 DVO. 1938). Es ist also, wenn der Aufhebungsklage stattgegeben wird, der Aufhebungskläger als mitschuldig zu erklären, sowohl wenn der Beklagte eine begründete Scheidungsklage erhoben hat, wegen des Aufhebungsurteils aber die Ehe nicht zugleich geschieden wird, als auch wenn er keine Scheidungsklage erhoben hat, aber wegen eines ihm zur Seite stehenden Scheidungsgrundes den Antrag stellt, den Aufhebungskläger für schuldig bzw. wenn der Beklagte schlechtgläubig hinsichtlich des Aufhebungsgrundes war oder sich einer Eheverfehlung schuldig gemacht hatte, für mitschuldig zu erklären (RG. 160 S. 31, 163 S. 315; vgl. die Erl. zu §§ 37 (2), 52, 53).

Das Urteil lautet: Die Ehe wird aufgehoben, „der Beklagte (unter Umständen der Kläger) ist schuldig (mitschuldig)."

8. Das Urteil ist **konstitutiv** wie das Scheidungsurteil und führt die Auflösung der Ehe ex nunc herbei. Die Wirkung tritt mit der Rechtskraft des Urteils ein, also sobald beide Teile auf Rechtsmittel verzichtet haben, oder die Rechtsmittelfrist von 1 Monat nach Zustellung, von 5 Monaten nach Bekanntgabe des Urteils eines Instanzgerichts abgelaufen ist, ohne daß ein Rechtsmittel (Berufung, Revision) eingelegt wurde, endlich (spätestens) mit der Verkündung des Revisionsurteils, wenn die Revision zurückgewiesen oder in der Sache selbst entschieden wird. Bis zur Rechtskraft des Urteils hat die Ehe bestanden. Wird sie (durch Tod eines Gatten) aufgelöst, bevor sie rechtskräftig aufgehoben ist, kann sich vorbehaltlich §§ 1933, 2077 Abs. 1 S. 2, 2268, 2279 BGB. niemand darauf berufen, daß sie mangelhaft (aufhebbar) gewesen ist.

9. Beschränkt geschäftsfähige Ehegatten sind für die Aufhebungsklage prozeßfähig, ausnahmsweise aber nicht, wenn nämlich nach § 35 nur der gesetzliche Vertreter Aufhebung verlangen kann (§ 612 ZPO.). Für geschäftsunfähige Ehegatten kann nur der gesetzliche Vertreter die Aufhebungsklage erheben; er bedarf der Genehmigung des Vormundschaftsgerichts (zu beachten § 1847 Abs. 1 Satz 2 BGB.).

10. Sind die Eheleute Ausländer oder ist ein Ehegatte Deutscher, der andere Ausländer, so gilt nach A. 13 EGBGB., daß hinsichtlich jedes Ehegatten sein Heimatrecht anzuwenden ist, sowohl hinsichtlich der Zulässigkeit der Aufhebung oder Anfechtung als ihrer Wirkungen (Auflösung oder Vernichtung) (Raape, Dtsch. int. PrivR. II § 24 I 3 RG. 151 S. 226, Warn. 1917 Dr. 210 1930 Nr. 74, 1928 Nr. 13, JW. 38 S. 325).

II. AUFHEBUNGSGRÜNDE

§ 30. Mangel der Einwilligung des gesetzlichen Vertreters[2]

1. Ein Ehegatte kann Aufhebung der Ehe begehren[6], wenn er[6] zur Zeit der Eheschließung[4] oder im Falle des § 18 Abs. 2 zur Zeit der Bestätigung[5] in der Geschäftsfähigkeit beschränkt[1] war und sein gesetzlicher Vertreter[2] nicht die Einwilligung[3] zur Eheschließung oder zur Bestätigung erteilt hatte. Solange der Ehegatte in der Geschäftsfähigkeit beschränkt ist[1], kann nur sein gesetzlicher Vertreter[2] die Aufhebung der Ehe begehren[6].

2. Die Aufhebung ist ausgeschlossen, wenn der gesetzliche Vertreter die Ehe genehmigt[7] oder der Ehegatte, nachdem er unbeschränkt geschäftsfähig geworden ist[9], zu erkennen gegeben hat, daß er die Ehe fortsetzen will[8].

3. Verweigert[10] der gesetzliche Vertreter die Genehmigung ohne triftige[11] Gründe, so kann[12] der Vormundschaftsrichter sie auf Antrag eines Ehegatten[13] ersetzen[14].

1. Hauptfall: Minderjährigkeit. Über andere **Fälle** s. 2 zu § 3.

2. S. 3 zu § 3. Auf die nach § 3 Abs. 2 zur Eheschließung gleichfalls erforderliche Einwilligung des zur Sorge für die Person Berechtigten als solche kommt es nicht an. Gebrach es an ihr, und wurde nichtsdestoweniger die Ehe geschlossen, so ist diese weder nichtig noch aufhebbar.

3. Vgl. 5 zu § 3.

4. D. h. die Trauung durch den Standesbeamten nach § 13.

5. Auch ein beschränkt Geschäftsfähiger kann seine (vernicht- oder aufhebbare) Ehe, wo das Gesetz die Bestätigung wirken läßt, (durch Kundgabe des Fortsetzungswillens) regelmäßig heilen, ohne dazu der Zustimmung des gesetzlichen Vertreters zu bedürfen. Nur, wenn er bei der Eheschließung schon beschränkt geschäftsfähig war und die Einwilligung des gesetzlichen Vertreters nicht hatte, kann er, solange er nicht unbeschränkt geschäftsfähig geworden ist, die Ehe folgerichtig nicht selbst bestätigen (s. Abs. 2). Ebenso bedarf er der Einwilligung des gesetzlichen Vertreters zur Bestätigung der Ehe im Falle des § 18. § 18 handelt von einer Ehe, welche nichtig ist, weil ein (oder gar jeder) eheschließende Gatte z. Zt. der Trauung nicht nur beschränkt geschäftsfähig, sondern geschäftsunfähig oder von Bewußtseinsstörung oder vorübergehender Störung der Geistestätigkeit befallen war. Eine solche Ehe wird von Anfang an geheilt, wenn dieser Partner nach dem Wegfall der Geschäftsunfähigkeit, Bewußtlosigkeit oder Störung der Geistestätigkeit zu erkennen gibt, daß er die Ehe fortsetzen will. Dies kann er auch, wenn er nur beschränkt geschäftsfähig ist oder geworden ist; er bedarf dann dazu aber der Einwilligung seines gesetzlichen Vertreters (s. auch 6 zu 18). Fehlt es an dieser, so bleibt die anfänglich nichtige Ehe auch nach der Bestätigung durch den beschränkt geschäftsfähigen Partner noch aufhebbar. Es mag im Einzelfall schwierig sein, den

Zeitpunkt der Bestätigung zu bestimmen, welche in der Kundgebung des Willens besteht, die Ehe fortzusetzen, also auch in einem Dauerverhalten des bestätigenden Partners liegen kann, welches, wenn nur einmalig oder vorübergehend, nicht ausreichen würde, um als Kundgebung eines Ehefortsetzungswillens gewertet zu werden. Solange dies nicht der Fall ist, bleibt die Ehe zwar nichtig, kann aber trotzdem schon die Einwilligung des gesetzlichen Vertreters erklärt werden, weil diese der Bestätigungshandlung vorausgehen kann. Selbst wenn im Zeitpunkt der Einwilligung die Bestätigungshandlung noch gar nicht begonnen oder die Geschäftsunfähigkeit sich noch nicht in beschränkte Geschäftsfähigkeit verwandelt oder der beschränkt geschäftsfähige Ehegatte das Bewußtsein oder die ungestörte Geistestätigkeit noch nicht zurückerlangt hatte, zeigt sich die Einwilligung wirksam, sobald die übrigen Voraussetzungen des § 18 Abs. 1 nachträglich alle eintreten; sie ist aber bis zu deren Eintritt, nicht mehr nach ihrem Eintritt widerruflich. Für die Wertung des Dauerverhaltens als Kundgebung des Ehefortsetzungswillens zählt das vor Erlangung der beschränkten Geschäftsfähigkeit, des vollen Bewußtseins, der ungestörten Geistestätigkeit liegende Verhalten nicht, wenn es alsbald danach aufgegeben wurde, kann also auch ein Dauerverhalten als Kundgebung des Ehefortsetzungswillens ausscheiden. Der Zeitpunkt, von wann ab bei einem Dauerverhalten Kundgebung des Fortsetzungswillens anzunehmen ist, ist bedeutsam auch für die nach § 35 einjährige Frist, binnen deren der gesetzliche Vertreter Aufhebungsklage zustellen muß. Die Frist läuft von seiner Kenntnis an; es müssen ihm also die Umstände bekannt sein, welche das Dauerverhalten zu einer solchen Kundgebung machen.

6. Anders als im Falle einer wegen Geschäftsunfähigkeit des einen Ehegatten bei der Eheschließung nach § 18 nichtigen Ehe *kann* nicht jeder Ehegatte, sondern *nur derjenige die Aufhebung der Ehe begehren, welcher bei der Eheschließung bzw. Bestätigung in der Geschäftsfähigkeit beschränkt war. Solange er nicht voll geschäftsfähig* wird, *ist nur sein gesetzlicher Vertreter* (nicht auch der neben diesem zur Sorge für die Person Berechtigte) zur Aufhebungsklage berechtigt (Abs. 1 S. 2). Hat der Ehegatte die unbeschränkte Geschäftsfähigkeit erlangt, verbleibt ihm, wenn er nicht nunmehr den Willen kundgibt, die Ehe fortzusetzen, der Rest eines Jahres Zeit, selbst die Aufhebung zu begehren (§ 35 Abs. 2). Das Aufhebungsbegehren ist durch Erhebung der Klage gegen den anderen Partner zu stellen.

Anders als sonst nach § 612 ZPO. in Ehesachen ist der *beschränkt geschäftsfähige Ehegatte für eine Aufhebungsklage nicht prozeßfähig*, welche damit begründet wird, daß er bei Eingehen der Ehe nicht geschäftsfähig war (eine Regelung, welche nicht einleuchtet, wenn man erwägt, daß der beschränkt geschäftsfähige Ehegatte die Nichtigerklärung seiner Ehe betreiben kann, wenn er bei der Eheschließung geschäftsunfähig war und die Ehe nach Wegfall der Geschäftsunfähigkeit nicht bestätigt hat; auch die Aufhebung seiner Ehe kann ein beschränkt Geschäftsfähiger begehren, wenn er sie auf einen anderen Aufhebungsgrund stützt, mag er außerdem schon bei der Eheschließung beschränkt geschäftsfähig gewesen sein oder erst nachträglich die unbeschränkte Geschäftsfähigkeit verloren haben). Solange der Ehegatte beschränkt geschäftsfähig ist, kann die Aufhebung wegen mangelnder Geschäftsfähigkeit und mangelnder Einwilligung des gesetzlichen Vertreters nur von letzterem verlangt werden und zwar im Wege der Klage (§§ 28, 29), welche im Namen des beschränkt Geschäftsfähigen gegen den anderen Ehegatten zu richten ist. Angesichts der Sonderzuständigkeit des gesetzlichen Vertreters für die Geltendmachung dieses Aufhebungsgrundes während der beschränkten Geschäftsfähigkeit des Ehegatten kann sonach für einen Ehestreit, welchen der beschränkt Geschäftsfähige mit anderer Begründung führt, der Grundsatz des § 617 ZPO. nicht gelten, daß in letzterem auch dieser Aufhebungsgrund geltend gemacht werden müsse und umgekehrt. Daß der gesetzliche Vertreter zwar im Namen des Vertretenen, aber aus eigenem Recht klagt (wie die amtliche Begründung 1938 und ihr folgend die h. L. behauptet), kann nicht zugegeben werden; bei der Eheschließung ohne seine Einwilligung handelt es sich nicht um eine Verletzung des Rechts des gesetzlichen Vertreters.

Wechselt der gesetzliche Vertreter, so wird es Sache des neuen Vertreters (sei es die Ehe nach Abs. 2 zu genehmigen,) sei es die Aufhebungsklage zu erheben (es sei denn, daß der Vorgänger die Ehe schon nach Abs. 2 genehmigt hat), sei es sie fortzusetzen, sei es zurückzunehmen, worin meist eine Genehmigung der Ehe nach Abs. 2 liegen wird.

Erlangt der Kläger während des Rechtsstreits die unbeschränkte Geschäftsfähigkeit, wird er natürlich auch für diese Klage prozeßfähig und führt er sie ohne gesetzlichen Vertreter selbst fort. Er kann sie auch zurücknehmen und damit oder auf andere Weise die Ehe bestätigen; bestätigt er die Ehe auf andere Weise, ohne die Klage zurückzunehmen, ist diese abzuweisen.

7. Die **Genehmigung der Ehe** durch den gesetzlichen Vertreter ist eine einseitige, empfangsbedürftige, an keine Form gebundene Willenserklärung des gesetzlichen Vertreters, die auch in einem schlüssigen Verhalten bestehen kann. Es ist praktisch unerheblich, ob man sie als eine Genehmigung im technischen Sinne des § 108 BGB. auffaßt oder als einen Verzicht auf den Aufhebungsanspruch. Dagegen kann es erheblich werden, ob man darin mit der h. L. einen vom gesetzlichen Vertreter ausgesprochenen Verzicht auf den ihm oder — richtig — einen im Namen des beschränkt Geschäftsfähigen ausgesprochenen Verzicht auf den diesem zustehenden Aufhebungsanspruch sieht. Aus der letzteren Auffassung ergibt sich, daß auch der ursprünglich beschränkt geschäftsfähige Ehegatte nach Erlangung voller Geschäftsfähigkeit die Genehmigung seines gesetzlichen Vertreters nach §§ 119 ff. BGB. anfechten kann, was von der h. L. aus nicht zu begründen wäre, und zwar auch dann, wenn er selbst die arglistige Täuschung an seinem gesetzlichen Vertreter verübt hat. Ebenso kann die h. L. nicht begründen, daß im Falle eines Vertreterwechsels der neue Vertreter, wie doch wohl nicht zweifelhaft sein kann, zur Genehmigung zuständig ist und nicht der frühere.

Die Genehmigung ist unwiderruflich. Sie schließt — vorbehaltlich etwaiger Anfechtbarkeit wegen Irrtums, Drohung, arglistiger Täuschung — für alle Zukunft das Aufhebungsbegehren aus. Auch der beschränkt Geschäftsfähige ist dazu nicht mehr befugt; der gesetzliche Vertreter kann die ohne seine Einwilligung geschlossene Ehe des beschränkt Geschäftsfähigen — nicht auch die nach § 18 nichtige Ehe — auch gegen dessen Willen genehmigen und damit bewirken, daß dieser an die Ehe gebunden bleibt, auch wenn er wieder von ihr loskommen möchte. Kann dies der gesetzliche Vertreter zwar, so darf er es aber in diesem Falle nicht, und auch darin zeigt sich, daß es sich nicht um seinen eigenen Aufhebungsanspruch handelt, sondern um den des beschränkt geschäftsfähigen Ehegatten. Die Regelung ist für den beschränkt Geschäftsfähigen hart genug, und es wäre absonderlich, wenn eine Genehmigung unter solchen Umständen nicht einmal eine Pflichtverletzung des gesetzlichen Vertreters wäre.

Die Genehmigung des gesetzlichen Vertreters kann auch aufschiebend bedingt, z. B. von der Erfüllung einer Auflage durch den anderen oder beide oder den beschränkt geschäftsfähigen Gatten abhängig und befristet sein.

8. Die **Bestätigung** durch den ursprünglich beschränkt geschäftsfähigen Gatten nach erlangter voller Geschäftsfähigkeit schließt gleichfalls für alle Zukunft sein Aufhebungsbegehren aus. Die Bestätigung besteht in der formlosen Kundgebung des Willens, die Ehe fortzusetzen (s. darüber 5 zu § 18, 7 zu § 31, 8 zu § 32). Daß die Bestätigung im Falle des § 30 Abs. 3 empfangsbedürftig sei, ist nicht ausreichend begründet.

9. Eine Bestätigung der Ehe durch den noch beschränkt geschäftsfähigen Gatten im Fall des § 3, nicht auch des § 18, ist bedeutungslos; sie ist nur mit Einwilligung des gesetzlichen Vertreters wirksam, die aber ihrerseits schon als Genehmigung der Ehe das Aufhebungsbegehren ausschließt. Vgl. über den Fall, daß die Kundgebung des Fortsetzungswillens gerade in einem Dauerverhalten zu sehen ist, oben 5.

10. Wie nach § 3 Abs. 2 die Einwilligung zur Eheschließung, kann auch deren nachträgliche Genehmigung (desgl. die Einwilligung zur Bestätigung im Fall des § 18 Abs. 2 und deren Genehmigung) durch das Vormundschaftsgericht ersetzt werden (s. 14), wenn sie ohne triftige Gründe verweigert wird. **Verweigert ist** die **Genehmigung** nicht schon, wenn der gesetzliche Vertreter sich nicht äußert. Die Verweigerung setzt voraus, daß er kundgibt, nicht genehmigen zu wollen. Diese Kundgebung kann natürlich in hartnäckigem Schweigen trotz wiederholter Bitte um Genehmigung liegen.

11. Vgl. 10 zu § 2. Ob „triftig" mehr oder weniger ist, als „wichtig" läßt sich nicht entscheiden. Es scheint, daß es sich um synonyma handelt und daß das Gesetz ohne Grund von dem üblichen Gesetzessprachgebrauch abgewichen ist. Ein wichtiger Grund wird es immer sein, daß der beschränkt geschäftsfähige Ehegatte selbst die Ehe nicht fortsetzen will. Es kann auch die mangelnde Einwilligung des zur Sorge für die Person Berechtigten als solche ein triftiger Grund für die Weigerung sein.

12. Maßgebend ist das pflichtmäßige Ermessen des Vormundschaftsgerichtes. Der gesetzliche Vertreter, die Ehegatten, u. U. auch der Sorgeberechtigte, Verwandte und Verschwägerte (§ 1847 BGB.) sind zu hören.

13. Auch der andere Ehegatte kann den Antrag beim Vormundschaftsgericht stellen. Das Vormundschaftsgericht wird in diesem Fall auch den beschränkt Geschäftsfähigen hören (s. 12), aber entscheidend braucht es für das Gericht nicht zu sein, wenn dieser selbst die Ehe nicht fortsetzen will, z. B. dann nicht, wenn der beschränkt geschäftsfähige Ehegatte die Ehefrau geschwängert hat; in einem solchen Fall ist es für Mutter und Kind sehr wichtig, ob der Vater die Auflösung der Ehe nur im Wege der Scheidung bei Vorliegen von Scheidungsgründen oder durch Aufhebung wegen der bloßen Tatsache seiner beschränkten Geschäftsfähigkeit heibeiführen kann.

14. Das Vormundschaftsgericht kann die **Genehmigung** des gesetzlichen Vertreters **ersetzen,** d. h. seine positive Entscheidung hat dieselbe Wirkung, wie die Genehmigung durch den gesetzlichen Vertreter und schließt daher das Aufhebungsbegehren aus. Sie ist solange möglich, als der gesetzliche Vertreter genehmigen konnte, also, solange der beschränkt Geschäftsfähige nicht voll geschäftsfähig und am Leben ist, auch noch nach Erhebung der Aufhebungsklage durch den gesetzlichen Vertreter.

§ 31. Irrtum über die Eheschließung oder über die Person des anderen Ehegatten

1. Ein[5] Ehegatte kann[6] Aufhebung der Ehe begehren[4], wenn er[5] bei der Eheschließung[1] nicht gewußt hat[1], daß es sich um eine Eheschließung handelt[1], oder wenn er dies zwar gewußt hat, aber eine Erklärung, die Ehe eingehen zu wollen, nicht hat abgeben wollen[2]. Das gleiche gilt, wenn der Ehegatte sich in der Person des anderen Ehegatten geirrt hat[3].

2. Die Aufhebung ist ausgeschlossen, wenn der Ehegatte nach der Entdeckung des Irrtums zu erkennen gegeben hat, daß er die Ehe fortsetzen will[7].

1. Die drei Aufhebungsfälle des § 31 haben wenig oder gar keine Bedeutung. Der erste der Aufhebungsfälle des § 31 setzt voraus, daß ein Ehegatte nicht gewußt hat, daß es sich bei seiner Eheschließung um eine solche handelt, abgesehen von Unzurechnungsfähigkeit oder Urteilsunfähigkeit, welche die Ehe nach § 18 vernichtbar macht und nicht unter § 31 fällt, wo vielmehr ein **Irrtum über den Inhalt der eigenen Erklärung** vorausgesetzt wird. Dieser Fall kann sich ereignen, wenn ein Eheschließender die Zeremonie nach § 13 vor dem Standesbeamten nur für ein solennes Verlöbnis hält, was nach dem Inhalt der gemäß § 13 von dem Standesbeamten an die Brautleute zu richtenden Fragen und von ihnen zu gebenden Antworten denkbar wäre; denn diese lassen sich auch im futurischen Sinn deuten, besonders dann, wenn etwa der betreffende Verlobte schon vorher in einen derartigen Irrtum versetzt worden war und in diesem befangen zum Standesamt mitgegangen ist. Ist er außerdem noch ein Ausländer und sein Gefühl für die deutsche Sprache nicht entwickelt genug, um alle Schattierungen zu verstehen, mag ein solches Mißverständnis sich ereignen. Einem derartigen Falle nahe steht der Fall, daß der betreffende Verlobte glaubt, die Ehe, welche er eingeht, sei nach deutschem Recht nicht gültig. Der Irrtum muß im Zeitpunkt der Trauung gemäß §§ 13, 14 vorgelegen haben und sich auf diese beziehen. Es kommt nicht darauf an, ob der Irrtum selbstverschuldet ist, insbesondere auf Fahrlässigkeit beruht, auch nicht darauf, ob der Irrende die Eheschließung doch erklärt hätte, auch wenn er den wahren Sinn seiner Erklärung gekannt hätte.

2. Der zweite der Aufhebungsfälle des § 31 liegt vor, wenn ein Ehegatte ohne Irrtum darüber, daß es sich um eine Eheschließung handelt, etwas

anderes hiezu erklärt hat, als er wollte oder erklären wollte, d. h. erklärt hat, die Ehe schließen zu wollen, ohne daß er die Eheschließung wollte und diese Erklärung abgeben wollte. Dieser Wille besteht also in einem Auseinanderfallen zwischen wahrem und erklärtem Willen. Diese Diskrepanz muß aber unfreiwilig sein, andernfalls war, wenn auch nicht ihr Inhalt, doch die Erklärung gewollt und bildet die Diskrepanz keinen Aufhebungsgrund. Scherz und Schein scheiden daher als Aufhebungsgründe aus. Nur **unfreiwilliger Schein** ist ein solcher (falsch die 1. Aufl.). In erster Linie gehört hierher das **Sichversprechen** (der Ehegatte wollte „Nein" sagen und hat „Ja" gesagt; wogegen es am Standesamt selbst, wenn einmal Ja gesagt ist, keine Remedur mehr gibt; dagegen gehört es nicht hierher, wenn der Ehegatte zwar nein sagen wollte, aber aus Befangenheit den Mut dazu nicht fand). Auch hier ist die Frage des Verschuldens unerheblich.

3. Der dritte Aufhebungsfall des § 31 setzt einen **Irrtum über die Personenidentität,** nicht die Eigenschaften, von welchen § 32 handelt, des anderen Ehegatten voraus. In erster Linie gehört hierher der Fall der Personenverwechslung (sei es infolge Verkleidung oder physischer Ähnlichkeit oder aus anderen Gründen; der eine Teil hat z. B. die Vorstellung mit dem Zwilling des anderen Teils — z. B. seinem älteren in der Erbfolge bevorzugten — Bruder verlobt zu sein und die Ehe zu schließen). Auch hier kommt es nicht darauf an, ob der Irrtum verschuldet war und den davon befangenen Ehegatten zur Eheschließung bestimmt hat.

Der Irrtum muß zur Zeit der Trauung vorgelegen haben (s. 1 a. E.).

4. In allen diesen Fällen ist die Ehe nicht nichtig, aber es kann durch Klage, die gegen den anderen Ehegatten zu richten ist, ihre **Aufhebung** (s. § 28/29) begehrt werden.

5. Das Aufhebungsrecht steht nur dem Ehegatten zu, der die Voraussetzungen des § 31 erfüllt, eine merkwürdige Regelung, denn es kann wohl als eine absonderliche Zumutung an den anderen Ehegatten bezeichnet werden, daß dieser sich gefallen lassen muß, mit einem Ehegatten verheiratet zu sein, welcher ihn gar nicht heiraten wollte.

Ist der Ehegatte beschränkt geschäftsfähig, so ist er gleichwohl für die auf § 31 (nicht zugleich auch auf § 30) gestützte Aufhebungsklage prozeßfähig (vgl. § 612 ZPO.).

6. Das Recht, die Aufhebung zu verlangen, muß nach § 35 innerhalb eines Jahres ausgeübt werden. Der Kläger hat zu beweisen, daß die Voraussetzungen seines Aufhebungsrechts vorliegen. Diese Beweisführung wird ihm meist schwer fallen, da es sich meist um ein inneres Moment bei ihm selbst handelt.

7. Das Recht fällt außer infolge Zeitablaufs (§ 35) durch **Bestätigung der Ehe** seitens des Aufhebungsberechtigten weg (vgl. hierüber 8 zu § 32, 8 zu § 30, 5 zu § 18). Ist der Ehegatte beschränkt geschäftsfähig, so kann er die aus den Gründen des § 31 aufhebbare Ehe auch bestätigen, ohne die unbeschränkte Geschäftsfähigkeit erlangt zu haben, und bedarf dazu nicht der Einwilligung des gesetzlichen Vertreters. Hatte dieser in die Eheschließung nicht gewilligt und die Ehe auch nicht genehmigt, so bleibt trotz der Bestätigung durch den beschränkt Geschäftsfähigen die Ehe auf

Grund des § 30 aufhebbar; der Grund des § 31 aber fällt durch die Bestätigung des beschränkt geschäftsfähigen Ehegatten fort.

§ 32. Irrtum über die persönlichen Eigenschaften des anderen Ehegatten

1. Ein[7] Ehegatte kann Aufhebung der Ehe begehren[6], wenn er[7] sich bei der Eheschließung[3] über solche persönlichen Eigenschaften[2] des anderen[2,3] Ehegatten geirrt[1] hat, die ihn[5] bei Kenntnis der Sachlage und bei verständiger Würdigung des Wesens[4] der Ehe von der Eingehung der Ehe abgehalten haben würden[5].

2. Die Aufhebung ist ausgeschlossen[10], wenn der Ehegatte nach der Entdeckung[8] des Irrtums[8] zu erkennen gegeben hat, daß er die Ehe fortsetzen will[8], oder wenn sein Verlangen nach Aufhebung der Ehe mit Rücksicht auf die bisherige Gestaltung des ehelichen Lebens der Ehegatten als sittlich nicht gerechtfertigt erscheint[9].

1. Von allen Aufhebungsgründen der praktisch häufigste ist Irrtum eines Ehegatten, durch den er zur Eheschließung bestimmt worden ist, sei es, daß der Irrtum von dem anderen Ehegatten arglistig erregt worden ist (arglistige Täuschung, § 38) oder nicht (§ 37). Ähnlich wie im bürgerlichen Recht bei **IRRTUM ÜBER EIGENSCHAFTEN** der Person oder der Sache ist hier — in beschränktem Umfange — der Irrtum im Beweggrund als Grund zugelassen, die Aufhebung der Ehe zu begehren. Dem Irrtum steht die vom Kläger bewiesene, nicht bloß wahrscheinlich gemachte (RG. Warn. 1937 Nr. 32) unbewußte **UNKENNTNIS EINER EIGENSCHAFT** gleich (RG. 62 S. 205, JW. 27 S. 1192); Zweifel schließen Unkenntnis und Irrtum als Aufhebungsgrund aus (RG. 85 S. 324, JW. 1912 S. 244, 1927 S. 2124, LZ. 1927 S. 167, Warn. 1935 Nr. 145, 136 Nr. 59). Es ist unerheblich, ob der Irrtum durch den Ehegatten, der ihm zum Opfer gefallen ist, selbst verschuldet war oder nicht (HRR. 29 Nr. 200, 1215), insbesondere, ob er auf Fahrlässigkeit beruhte, desgleichen ob der andere Ehegatte ihn verschuldet hat oder nicht; auch wenn dieser in demselben Irrtum befangen war oder eine ihm anhaftende Eigenschaft auch seinerseits nicht kannte oder damit rechnete, daß der Aufhebungskläger kein Gewicht darauf legen werde, ist das Aufhebungsrecht gegeben.

2. Aber nicht jeder Irrtum im Beweggrund berechtigt, die Aufhebung zu verlangen, sondern **nur** ein Irrtum über **persönliche Eigenschaften** des anderen Ehegatten, also über dessen wesenseigene, dauerhafte Beschaffenheit, körperliche, geistige oder seelische Eigentümlichkeiten, die seine Individualität bestimmen. Das Ehegesetz 1938 war bewußt darüber hinausgegangen und hatte das Aufhebungsverlangen auch wegen Irrtums über die Person des anderen Ehegatten betreffende Umstände zugelassen, wonach es nicht nur auf das Bleibende in der Person der Ehegatten, sondern auch auf das Zustandsmäßige, nicht notwendig Wesensmäßige, also auch auf bloß Vorübergehendes ankam und auch auf Irrtum über äußere Verhältnisse, welche auf die Person Bezug haben oder wirken, insbesondere soziale Umstände, das Aufhebungsbegehren gestützt werden konnte (RG. 138 S. 158).

Das Ehegesetz 1946 hat den zur Aufhebung berechtigenden Irrtum wieder auf Irrtum über persönliche Eigenschaften eingeengt und ist damit zu der Voraussetzung zurückgekehrt, die auch § 1333 BGB. für die Anfechtung machte. Indessen hat die Rechtsprechung unter den Begriff der persönlichen Eigenschaften im Sinne des § 1333 BGB. von jeher auch gewisse persönliche Verhältnisse eines Ehegatten einbezogen, welche von der Persönlichkeit so untrennbar sind, daß sie nach der natürlichen allgemeinen Lebensanschauung als Eigenschaften angesehen und behandelt werden. Hiezu ist Konfession, Stand, Ehre und moralisches Ansehen, geschlechtliche Bescholtenheit, Staatsangehörigkeit, zu rechnen. Dagegen stellen Familien-, Volks- und Rassezugehörigkeit echte Eigenschaften dar (enger Mitteis FamR. T. 49, Lehmann Fam.R. S. 48, Beitzke FamR. S. 23, die nur körperliche, geistige und sittliche Eigenschaften kennen, dabei handelt es sich aber u. E. um einen zu weitgehenden Ausschlag der Reaktion auf die frühere Gesetzgebung und Rechtsprechung).

Einen Irrtum über Vermögensverhältnisse ließ EheG. 1938 (§ 38 Abs. 3) auch dann als Aufhebungsgrund nicht zu, wenn er durch Täuschung hervorgerufen war. Aber auch als Irrtum über einen die Person betreffenden Umstand mußte er ausscheiden. Erst recht scheidet er als Irrtum über eine persönliche Eigenschaft aus.

Auch der Irrtum über den Beruf oder die berufliche oder soziale Stellung ist ein Irrtum über etwas Zustand-, nicht Wesensmäßiges, also nicht über eine Eigenschaft. Ferner kommt Irrtum über Taten oder Handlungen des Ehegatten vor der Ehe oder sonstige Vorgänge in der Vergangenheit, wenn sich in ihnen nicht eine geistige oder charakterliche Eigenschaft ausdrückt, mögen sie bekanntgeworden sein und sein Ansehen und seine Bewertung beeinflussen oder nicht, wie etwa Genuß von Menschenfleisch in der Not, Leistung eines nichtentdeckten Meineids, sei es aus Verstocktheit oder sei es unter sittlich stark entschuldigenden Umständen, als Irrtum über Eigenschaften nicht in Betracht. Über ein voreheliches Verhalten als mögliche Eheverfehlung (?) s. 2 zu A. 43. Erst recht gilt dies von Ehre, Ansehen, Handlungen, Vorgeschichte der Angehörigen des Ehegatten, seiner ehelichen oder unehelichen, adeligen oder unadeligen Geburt (obwohl darin auch ein von der Person untrennbarer Umstand erblickt werden könnte, den der Verkehr als Eigenschaft gelten läßt), der Dekoration mit Orden. Keine Eigenschaft ist das Vorhandensein eines vor der Ehe von einem anderen Mann empfangenen Kindes; kein Irrtum über eine Eigenschaft, sondern über einen Zustand, ist die irrtümliche Meinung, daß die Frau schwanger und zwar schwanger von dem Irrenden, oder daß der andere Eheschließende sterbend sei; wenn sich nach der Eheschließung herausstellt, daß die Frau nicht schwanger war, oder der andere Ehegatte wieder zu Kräften kommt, kann die Aufhebung der Ehe nicht verlangt werden.

Irrtum über eine Eigenschaft ist natürlich die Unkenntnis einer unheilbaren Krankheit, Anlage zu einer Krankheit, Belastung mit einer Erbkrankheit, geistigen, seelischen oder körperlichen, erst recht eines ausgesprochenen Siechtums oder Leidens oder ein Irrtum über dessen Natur; ein Irrtum über überstandene Krankheiten dagegen nur, wenn diese den sicheren Schluß auf einen moralischen Defekt zulassen oder den Gesundheitszustand bleibend geschwächt haben; die Gefahr des Ruckfalls genugt nicht, um darin eine Eigenschaft des Gefährdeten zu sehen.

Als Irrtum uber eine Eigenschaft, nicht bloß einen Zustand, hat das RG. in ständiger Rechtsprechung nicht bloß die Unkenntnis der geschlechtlichen Beruhrtheit, sondern auch die Unkenntnis der geschlechtlichen oder sonstigen Bescholtenheit, des schlechten Rufs, mag er verdient sein oder nicht, anerkannt.

LG. Bochum NJ. 49 S. 947 sieht „ganz ohne Zweifel" eine Eigenschaft in dem kanonischen Ehehindernis der Doppelehe (Unfähigkeit, kirchlich zu heiraten).

Als Eigenschaften werden auch Gewohnheiten anzuerkennen sein, auch wenn sie nicht gerade in einem Hang oder einer Süchtigkeit bestehen; häufig wird hier mit dem Aufhebungs- auch ein Scheidungsgrund gegeben sein. Dasselbe gilt von der Unfähigkeit zur Ekstase in der Ehe, einem ihr entsprechenden ekstatischen seelischen und körperlichen Verhalten, von Frigidität vgl. 4., es sei denn daß sie nur relativ ist; letzterenfalls kann sie nach Anm. 4 c zu § 43 Scheidungsgrund sein.

Die nachträglich bekanntwerdende Eigenschaft braucht (vorbehaltlich 4. und 5.) nicht gerade als sittlicher oder geistiger oder körperlicher Mangel sich darzustellen, kann vielmehr auch indifferent sein und Bedeutung nur durch andere Umstände des Einzelfalls, insbesondere die Individualität des Klägers haben (Beispiel: Lebensalter, das nicht absolut, aber besonders durch das Altersverhältnis bedeutsam ist, oder: eine durchaus amusische hausbackene Frau, die einen Künstler oder etwa einen Esoteriker liebt, macht in dem natürlichen Wunsch ihm zu gefallen, die größten Anstrengungen künstlerisch bzw. esoterisch interessiert zu erscheinen; nachdem der süße Rausch verflogen, kommt ihr Banausentum, ihre Hausbackenheit an den Tag; der täglich aufs neue in Rage versetzte Künstler [Esoteriker] verlangt die Eheaufhebung).

Auch die irrtümliche Voraussetzung nicht vorhandener Eigenschaften, z. B. Fähigkeiten, fällt unter § 32; es wird aber in diesem Fall die Prufung nach 5. besonders streng sein müssen.

Auch der Irrtum über den Grad einer Eigenschaft, auch die Unkenntnis zusätzlicher Umstände, welche zu den bekannten hinzutreten und das Gewicht der Eigenschaften erhöhen, oder die irrtümliche Annahme nicht vorhandener Umstände, welche ihr Gewicht mildern würden, kann, auch wenn diese speziellen Umstände keine Eigenschaft sind, vorbehaltlich 4. und 6. die Aufhebung begründen.

Erheblich ist **nur** ein Irrtum über Eigenschaften des **anderen** Ehegatten, nicht auch über eigene, z. B. eigene Impotenz, mag sie auch nur relativ sein und nur gerade der Gattin gegenüber bestehen, wenngleich auch ein solcher Irrtum (wie das Beispiel) zeigt die konkrete Ehe zur eigenen Hölle oder doch zur Quelle eigenen Unglücks machen kann. Es kann aber auch der Fall so liegen, daß gerade das Zusammentreffen zweier gleicher Eigenschaften die Eigenschaft des anderen Ehegatten gewichtiger macht, z. B. das Zusammentreffen zweier Erbanlagen, welche jede für sich ohne dieses Zusammentreffen nicht bedenklich wäre. In solchen Fällen zeigt die nachträglich erlangte Kenntnis der eigenen Erbanlage die Erbanlage des anderen Gatten in einem neuen Licht, so daß ihre frühere Beurteilung irrtümlich ist.

Vgl. die Kasuistik aus der Rechtsprechung zu 4. und 5. am Ende.

3. Es liegt in der Natur des Irrtums, daß die Wahrheit erst nachträglich ans Licht kommt. Der **maßgebliche** Zeitpunkt, in welchem der Irrtum vorgelegen haben muß, ist der **Zeitpunkt der Eheschließung,** d. h. der Trauung vor dem Standesamt (§ 14).

Ein Irrtum, der noch vor der Eheschließung entdeckt wird, ist unerheblich, mag auch die Eheschließung nichtsdestoweniger ausschließlich auf ihm beruhen und die Entdeckung diesen Zusammenhang nicht unterbrochen haben, etwa weil der Verlobte, welcher das Verlöbnis infolge des Irrtums eingegangen ist, den moralischen Mut nicht findet, es aufzuheben, gar etwa in letzter Minute vor dem Standesamt „Nein!" zu sagen.

Wie der Irrtum z. Zt. der Eheschließung noch bestanden haben muß, so muß die Eigenschaft, auf welche er sich bezieht, im Augenblick der Eheschließung schon und noch bestanden haben (JW. 38 S. 1818), weil ja andernfalls auch der Irrtum im Zeitpunkt der Eheschließung nicht bestanden haben kann. Der Erwartung und menschlicher Erfahrung zuwider erst nach der Eheschließung virulent gewordene Eigenschaften können kein Recht zur Aufhebung geben; sie können aber nach Maßgabe der §§ 42—48 Scheidungsgrund sein. Der Gegensatz ist kein vollkommener, da der Keim zu der während der Ehe sich verstärkt zeigenden Eigenschaften schon vor der Ehe vorhanden gewesen und nach Maßgabe des Vorstehenden Aufhebungsgrund sein kann. Dann kann es auch sein, daß zugleich ein Aufhebungs- und ein Scheidungsgrund gegeben ist. Krankheiten, welche erst während der Ehe ausbrechen, Handlungen, welche erst während der Ehe verübt werden, Wirkungen von Eigenschaften, die erst während der Ehe eintreten, können einen Schluß gestatten, oder notwendig machen, daß die Anlage bzw. der Hang bzw. die ursächliche Eigenschaft schon vor der Ehe bestand, wenn auch damals unbekannt war. Ist dieser Schluß veranlaßt, so hat man es mit einem bei der Eheschließung vorhandenen Irrtum zu tun. Auch hier kann es sein, daß der Irrtum sich nur auf den Grad der Krankheit, Anlage, des Hangs usw. bezogen hat, weil eben dieser Grad erst aus der während der Ehe sich vollziehenden Entwicklung zu entnehmen war. Es kommt in letzterem Falle darauf an, ob ungeachtet dessen, daß der Kläger über den ihm bekannten Grad hinweggesehen hat, anzunehmen ist, daß ihn die Kenntnis des wahren Grades (bei richtiger Würdigung des Wesens der Ehe) von der Ehe abgehalten hätte. Ist der Schluß auf eine bereits zur Zeit der Eheschließung vorhandene Anlage, Krankheit usw. aus der während der Ehe eingetretenen Entwicklung nicht zu ziehen, so fehlt es an einem Aufhebungsgrund. Es muß für diesen übrigens nicht nur das Vorhandensein der Anlage, Krankheit usw. z. Zt. der Eheschließung, sondern unter dem Gesichtspunkt der Anm. 5 weiterhin auch gefordert werden, daß damals schon mit der Möglichkeit einer ungünstigen Entwicklung zu rechnen war, so daß der Kläger in Kenntnis dieser vollen Wahrheit von der Ehe abgesehen hätte.

Dagegen gehört die Abschätzung der **Wirkungen** (nicht der Entwicklung) **der Eigenschaft** (Krankheit) auf die Ehe und die Belange der Ehegatten und ihre Kinder weder zum Bereich des Irrtums über das Vorhandensein der Eigenschaft noch zur richtigen Wurdigung des Wesens der Ehe (s. 4.; verfehlt RG. 160 S. 270, 164 S. 106 und 379. Danach soll auch bei Kenntnis aller z. Zt. der Eheschließung gegebenen Umstände ein das Aufhebungsverlangen begründender Irrtum vorliegen, wenn diese Kenntnis nicht von der richtigen Vorstellung der Wirkungen — auf zu erwartende Nachkommenschaft —, der Bedeutung der Eigenschaft — z. B. Rassenverschiedenheit —, der Vererblichkeit einer Eigentumlichkeit (Warn. 1936 Nr. 106) begleitet war. Das würde bedeuten, daß es schon genügt, wenn der Kläger die Wirkungen auf die Ehe falsch abschätzt, ohne das Wesen der Ehe falsch zu würdigen; das ist abzulehnen). Erst recht ist das Aufhebungsbegehren abzulehnen, wenn der Kläger die Wirkungen auf die Ehe nur deshalb falsch eingeschätzt hat, weil diese nur infolge einer Wandlung seiner eigenen Weltanschauung oder seiner sonstigen Eigenschaften eingetreten sind. Die rechtspolitische Spezialfrage, ob es richtig ist, daß die Schädigung der Nachkommenschaft davon abhängig sein soll, ob der eine Ehegatte sich bei Eheschließung in Unkenntnis der sie bedrohenden Gefahr befunden oder die Frist des § 35 gewahrt hat, kann nicht von der Rechtsprechung gelöst werden; die Gefährdung der Nachkommenschaft müßte vielmehr selbständiger absoluter Aufhebungsgrund sein. Der z. Zt. der Eheschließung gegebene Tatbestand ist unter Zuhilfenahme aller z. Zt. der Entscheidung (nicht bloß der Eheschließung) zur Verfügung stehenden Erkenntnismittel festzustellen (RG. 103 S. 322); es kann also auch die Entwicklung während der Ehe zum Ausgangspunkt eines Rückschlusses auf den bei der Eheschließung gegebenen Tatbestand dienen. Zu weit aber gehen RG. 168 S. 63/4, 164 S. 108/9, wenn sie gerade erst die während der Ehe eingetretenen Wirkungen, Folgen und Erscheinungsbilder zum selbständigen Aufhebungsgrund machen, mit der Tendenz, ein Abwarten der Entwicklung zu fordern, wenn nicht von vornherein „auf der Hand" lag, daß der bei Eheschließung vorhandene Zustand die später eingetretenen Folgen, Wirkungen oder Erscheinungsbilder zeitigen würde (unter letzter Voraussetzung Versäumnis der Aufhebungsfrist durch § 35, ohne sie nicht).

4. Aber **nicht jede Eigenschaft** des anderen Ehegatten kann Gegenstand eines Irrtums sein, der zum Aufhebungsbegehren berechtigt; vielmehr begründet dieses nur ein Irrtum über solche Eigenschaften, welche objektiv geeignet sind, Bedeutung für die durch die Eheschließung angestrebte, bzw. begründete Seelen-, Körper- und Schicksalsgemeinschaft, für die Ehe als Grundlage des Glücks der Gatten und ihrer Nachkommenschaft in weitestem Sinn zu gewinnen. Maßgebend ist der wahre Sachverhalt zur Zeit der Eheschließung, die von der allgemeinen menschlichen Erfahrung und geltenden Ethik getragene Beurteilung, ob ihm diese Bedeutung zukam.

Leider unklar (s. auch unter 5) nennt das Gesetz diese Beurteilung verständige Würdigung des „Wesens der Ehe" und bleibt damit hinter dem weit zurück, was es als Gegenstand eines erheblichen Irrtums anerkennen will.

Unter diesem Gesichtspunkt kommen also in Betracht solche Eigenschaften, welche das Zustandekommen einer Seelengemeinschaft hindern, sei es, weil sie der gegenseitigen Achtung, Liebe und Treue im Wege stehen, auf denen eine Gemeinschaft beruht, sei es, weil sie eine geistige Gemeinschaft nicht aufkommen lassen, wie besonders geistige Defekte, ferner solche Eigenschaften, welche die körperliche Gemeinschaft beeinträchtigen, weil die leibliche Beschaffenheit des einen Ehegatten Ekel einflößt oder einen Geschlechtsverkehr unmöglich oder für einen der Ehegatten gesundheitsgefährlich macht oder weil ein auf körperlichem oder seelischem Mangel (Temperament) beruhendes Verhalten eines Ehegatten das durch körperliche Gemeinschaft zu erregende Glück des anderen Partners stört (Frigidität s. oben 3).

Zum angestrebten ehelichen Glück gehört auch das Elternglück, so daß auch solche Eigenschaften in Frage kommen, die eine Nachkommenschaft ausschließen, aber auch solche, welche für die geistige oder körperliche Beschaffenheit der Nachkommenschaft unheilvoll sein können.

Es kommen ferner in Betracht Eigenschaften, welche das Ansehen und die Ehre des Ehepaares oder auch nur des einen der beiden, des Irrenden oder desjenigen, in dessen Person sie vorliegen, ja sogar solche, welche das Vermögen oder Fortkommen eines Ehegatten, besonders des Irrenden beeinträchtigen; wenn auch der Irrtum über Vermögen und Einkommen des anderen Ehegatten kein Irrtum über eine Eigenschaft ist und das Aufhebungsverlangen nicht rechtfertigt, so kann doch ein Irrtum über eine Eigenschaft das Aufhebungsverlangen begründen, welche voraussichtlich Folgen für Vermögen und Einkommen haben wird (z. B. Schädigung des geschäftlichen Ansehens des Ehemanns und Beeinträchtigung des Zuspruchs seiner Kundschaft durch Exhibitionismus RG. 164 S. 109).

Der Maßstab ist objektiv, was das Gesetz durch „verständige Würdigung" des Wesens der Ehe ausdrückt. EheG. 1938 (§ 37) hat von „richtiger" Würdigung gesprochen, EheG. 1946 hat den Wortlaut des § 1333 BGB. wieder hergestellt. Erheblich ist der Unterschied nicht. Nach RG. 158 S. 268 sollte die Änderung von 1938 den Willen des damaligen Gesetzgebers ausdrücken, daß bei der abwägenden Beurteilung des einzelnen Falles die verstandesmäßige, unter Umständen mehr auf die Interessenlage abgestellte Betrachtung hinter den allgemeinen sittlichen Gesichtspunkten zurückzutreten habe, und letztere entscheidend sein soll. Dieses dürfte auch heute zutreffen.

Es ist also (abgesehen von 5) nicht maßgebend, welche Bedeutung für das eheliche Glück der irrende Ehegatte selbst der Eigenschaft, über die er sich geirrt hat, beimißt oder beigemessen haben würde, wenn er die Wahrheit gekannt hätte, sondern nur die Bedeutung, welche sie nach allgemein menschlicher Erfahrung und Ethik für das eheliche Glück der Gatten, wenn auch der konkreten Ehe, haben konnte. Kommt dem Irrtum hiernach eine solche Bedeutung nicht zu, so scheidet er als Grund des Aufhebungsverlangens aus, ohne daß es auf das etwa gesteigerte persönliche Empfinden des irrenden Ehegatten schlechthin ankommt (RG. Warn. 1931 Nr. 164,

1934 Nr. 135, 136, JW. 1911 S. 543, 1922 S. 163). Dabei kann sehr wohl diese Bedeutung mit Rücksicht darauf verneint werden, daß sie durch Selbstüberwindung des irrenden Gatten, durch ein „dem Wesen der Ehe" d. h. der ehelichen Pflicht zur Geduld entsprechendes Verhalten von seiner Seite abgeschwächt werden kann.

Damit, daß die Bedeutung, welche eine Eigenschaft des anderen Ehegatten für das gemeinsame eheliche Glück oder das eheliche Glück des sich irrenden Ehegatten haben kann, nach allgemeiner menschlicher Erfahrung und Ethik zu beurteilen ist, ist indessen nicht gesagt, daß dabei von der konkreten Ehe abgesehen werden dürfe und nicht auch persönliche, örtliche und gesellschaftliche (RG. 158 S. 364, auch obwohl der Fall selbst durch § 32 von 1946 nicht mehr gedeckt ist, RG. 164 S. 113) Verhältnisse, unter denen die Eigenschaft in besonderer Richtung wirksam werden kann, auch individuelle Charakter- oder Gemütsanlagen oder Überzeugungen zu berücksichtigen wären (s. die bei 3. erwähnten Fälle eines Künstlers oder Esoterikers), sofern nach allgemeiner Erfahrung gerade unter diesen besonderen Umständen der Eigenschaft ein Gewicht zukommen kann, welches sie andernfalls nicht hätte; denn es handelt sich niemals um eine typische Ehe, sondern um die Ehe und das Eheglück eines individuellen Paars. Derartig individuelle Verhältnisse mögen in manchen Fällen der Eigenschaft, auf die sich der Irrtum bezog, überhaupt erst Erheblichkeit für das künftige Glück der beiden Gatten oder des sich irrenden Gatten geben. Meist werden sie eine Rolle zugleich nach 5 spielen. Übrigens ist der Maßstab objektiv nur insofern, als die Werte, auf die es ankommt, nach objektiv verständiger Würdigung des Wesens der Ehe zu ermitteln sind, während die Folge, welche eine Eigenschaft für diese Werte verursachen kann, sehr wohl nach der individuellen Eigenart des Klägers, seiner persönlichen Denk- und Empfindungsweise abzuschätzen sind. Dies ergibt die grammatikalische Auslegung des Gesetzeswortlauts (s. 5) und es ist, wie auf das Vorhandensein der Eigenschaft z. Z. der Eheschließung aus der Entwicklung während der Ehe geschlossen werden kann, natürlich auch nicht möglich, an der faktischen Reaktion des Ehegatten auf die Entdeckung seines Irrtums unter diesem Gesichtspunkt vorbeizugehen.

Eine besondere Sachlage ist gegeben, wenn zu der Zeit, als der Irrtum entdeckt wird, bereits feststeht, daß er die Folge für das Glück der Partner in der Vergangenheit nicht gehabt hat und in Zukunft nicht mehr haben kann, welche nach allgemeiner Erfahrung z. Z. der Eheschließung hätte erwartet werden müssen (z. B. wenn eine Krankheit, deren Heilung damals nicht als wahrscheinlich hätte angesehen werden können, bereits geheilt oder die Vererbung einer Erbkrankheit infolge operativer Unfruchtbarmachung bereits unmöglich gemacht [RG. 152, S. 147, JW. 1938 S. 1818] ist, als entdeckt wird, daß sie z. Z. der Eheschließung vorgelegen hat, oder wenn der Ehegatte, welcher sich bei der Eheschließung im Irrtum über die Fortpflanzungsfähigkeit des anderen Ehegatten befunden hat, selbst bereits fortpflanzungsunfähig geworden ist, als er seinen Irrtum entdeckt). Das Aufhebungsverlangen ist in diesem Falle unbegründet (a. A. RG. a. a. O. und HRR. 28 Nr. 290). Dies dürfte sich meist auch aus Abs. 2 ergeben. Nicht das gleiche gilt, wenn zur Zeit der Entdeckung des Irrtums die Folgen der Eigenschaft, die der Irrtum betraf, bereits eingetreten, aber keine weiteren mehr zu erwarten sind (z. B. die Krankheit sich bereits auf die Nachkommen vererbt hat oder haben kann). In diesem Falle ist das Aufhebungsbegehren vorbehaltlich 5. begründet.

5. Zum Irrtum über eine in den nach 3 und 4 objektiv begrenzten Kreis fallende Eigenschaft muß auf Seite des Irrenden weiter ein **subjektives Moment** hinzutreten, wodurch der Kreis der Fälle, in denen die Aufhebung begehrt werden kann, weiter eingeengt wird; es **muß** nämlich **hinzukommen, daß** der **Irrtum für den Eheentschluß** im Zeitpunkte der Eheschließung **ursächlich** war, d. h. daß die Kenntnis der Sachlage den Irrenden von der Eheschließung (RG. JW. 20 S. 852) abgehalten hätte. Hiefür kommt es auf die persönliche (durch Charakter, Temperament und Gemüt, auch Intellekt bestimmte) Individualität, auch auf die individuellen Lebensverhältnisse und Interessen des sich Irrenden an, sofern er nach Charakter und Temperament diese bei seiner Entschließung berücksichtigt hätte. Natürlich kann auch, wie der Kläger sich in Kenntnis der Sachlage verhalten hätte, nur mit objektiven Erkenntnismitteln ermittelt werden, weil diese Ermittlung Sache eines Dritten, des Richters, ist und dieser sie nur mit Hilfe objektiver Erfahrungssätze (der Psychologie oder Medizin oder beider) vornehmen kann; aber nicht wie ein typischer sich nach allgemeinen Erfahrungsgrundsätzen verhaltender Mensch, sondern wie gerade der Kläger in seiner individuellen geistigen und seelischen Gesamtsituation, und zwar z. Z. der Eheschließung, unter seinen damaligen individuellen Lebensumständen und den auf ihn wirkenden Einflüssen bei der von ihm zu erwartenden Rücksichtnahme auf eigene Interessen und Dritte sich verhalten hätte, gilt es zu ermitteln. Seine Reaktion auf die Entdeckung des Irrtums ist dabei natürlich nicht zu übersehen, aber nicht ausschlaggebend oder entscheidend, weil es auf sein Handeln in der geistigen und seelischen Situation ankommt, in welcher er sich z. Z. der Eheschließung befand, wozu auch Einflüsse Dritter gehören können, welche z. Z. seiner Reaktion auf die Entdeckung des Irrtums nicht mehr wirksam sind.

Ein Irrtum über eine Eigenschaft, welche nach 4. das Aufhebungsbegehren nicht begründen kann, weil sie nicht geeignet erscheint, die Werte zu beeinträchtigen, auf die es nach allgemein menschlicher Erfahrung und Ethik für das eheliche Glück eines der Gatten oder beider ankommt, kann auch nicht dadurch Aufhebungsgrund werden, daß gerade der Kläger das Wesen der Ehe nicht verständig gewürdigt hat und deshalb die Kenntnis der wahren Sachlage gerade ihn von der Eheschließung abgehalten hätte. Während die Berücksichtigung der Individualität und individuellen Verhältnisse des Klägers bei verständiger Würdigung der Folgen einer Eigenschaft auf das Wesen der Ehe sowohl gegen als auch für die Aufhebung der Ehe sprechen kann, **soll** das **subjektive Moment als** Faktor seiner mutmaßlichen Entschließung **die Aufhebungsgründe** nicht erweitern, sondern sie weiter **einschränken.** Die Unterstellung, daß der Kläger alles Wesentliche unter Berücksichtigung all seiner individuellen Verhältnisse verständig würdigt, soll nicht zugleich die Möglichkeit ausschließen, daß er sich nichtsdestoweniger gemäß seiner Natur oder auf ihn wirkender Einflüsse oder unwesentlicher Gesichtspunkte dieser verständigen Würdigung nicht entsprechend zur Ehe entschlossen haben würde. Auch wenn der Irrtum über eine Eigenschaft nach 4. Aufhebungsgrund wäre, scheidet er als solcher aus, wenn auch die Kenntnis der wahren Sachlage den Irrenden nicht von der Eheschließung abgehalten hätte („ich weiß zwar, daß ich mit ihr unglücklich werde, aber sie ist es wert, ihretwegen unglücklich zu sein!") Auch der Grad der Leidenschaft, von welcher der irrende Gatte z Z. der Eheschließung für den anderen Gatten entflammt war oder sein eigener sittlicher Zustand, der ihn über sittliche Mängel des anderen hinwegsehen ließ (JW. 1911 S. 543, 1914 S. 646, 1923 S. 163, LZ. 1927 S. 167), fällt also ins Gewicht.

Der Gesetzeswortlaut: „Daß ihn die Kenntnis bei verständiger Würdigung abgehalten hätte" ergibt grammatikalisch, daß bei Beurteilung des Einflusses der Kenntnis der wahren Sachlage auf die Entschließung des Klägers unterstellt werden soll, daß er, abgesehen von der Eigenschaft, über welche er sich geirrt hat, alles übrige, worauf es ankommt, verständig gesehen und beurteilt hat. Diese gesetzlich angeordnete Unterstellung einer verständigen Würdigung durch den Kläger kann, da sie auch für den Fall angeordnet ist, daß er zu dieser verständigen Würdigung (infolge geistiger Unreife) z. Z. der Eheschließung nicht imstande war, auch zu einer Erweiterung der Aufhebungsgründe führen, weil danach Eigenschaften Gewicht erhalten können, bezüglich deren ohne diese Unterstellung zu gelten hätte, daß der Kläger ihr Gewicht aus mangelhafter Erkenntnisfähigkeit nicht erkannt hätte, wobei dann die Frage, ob er sich über die richtige Erkenntnis hinweggesetzt und trotz ihrer die Heirat geschlossen hätte, weil denkwidrig, gar nicht auftauchen kann. Es ist nicht einleuchtend, daß, wenn bei Beurteilung des hypothetischen Verhaltens des Klägers in Kenntnis der wahren Sachlage schon unterstellt werden soll, daß er auch alles, worauf es ankommt, verständig würdigte, nicht nach beiden Richtungen berücksichtigt werden soll, welches Gewicht für das zu erwartende Glück seiner konkreten Ehe er einer Eigenschaft nur auf Grund seines individuellen Empfindens beigemessen hätte. Die Gesetzesstelle erhält eine „wächserne Nase" (Viguläus Freiherr von Kreittmayer) dadurch, daß sie von der Fiktion eines von einem Individuum nach seiner Individualität gefaßten Entschlusses ausgeht, der nicht eine dieser entsprechende, sondern objektiv verständige Würdigung zur Grundlage hat, also von der Fiktion einer unmöglichen psychischen Begebenheit.

Entscheidend ist auch hier der Zeitpunkt der Eheschließung (HRR. 29 Nr. 200). Eine nachträgliche Charakter- oder Temperamentsveränderung, Gefühlsabkühlung, wenn diese nicht gerade durch die Entdeckung des Irrtums verursacht ist, Ansichtswandlung, auch, wenn sie nur auf zunehmender Reife mit vorschreitendem Alter beruht, Veränderung der individuellen Lebensverhältnisse, von denen der Eheentschluß mit bedingt war, hat außer Betracht zu bleiben (RG. JW. 04 S. 114).

Zu 1. bis 5. AUS DER RECHTSPRECHUNG (deren Ergebnisse zuweilen von Vorstehendem abweichen): Ein Irrtum über einen nicht erheblichen Altersunterschied kann die Aufhebung begründen, wenn die Frau älter ist als der noch jugendliche Bräutigam (RG. JW. 1928 S. 896). Ist nach ärztlicher Erfahrung die Heilbarkeit einer Krankheit sehr unwahrscheinlich, so ist ein Irrtum darüber Aufhebungsgrund (RG. 103 S. 323, JW. 1904 S. 284, LZ. 1918 S. 913, Warn. 1917, Nr. 210), desgleichen Irrtum über ein operatives Leiden, wenn zur Zeit der Eheschließung die Operation lebensgefährlich ist (RG. JW. 1934 S. 613). Grundlose Weigerung, sich operieren zu lassen, kann das Scheidungsbegehren rechtfertigen und eheliche Verfehlung sein (RG. LZ. 1928 S. 832). Auch Irrtum über heilbare Krankheit ist Aufhebungsgrund, wenn sie dauernde Folgen hinterläßt, insbesondere vererblich ist (RG. 146 S. 241), überhaupt jede Krankheit, welche mit größter Wahrscheinlichkeit schwere Folgen hat, besonders, wenn für die Nachkommenschaft: Unterleibstuberkulose (RG. S. 241), Knochentuberkulose (RG. Warn. 1917 Nr. 22), erbliche Fallsucht (RG. LZ. 1918 S. 912, HRR. 1933 Nr. 1192, 1937 Nr. 376), multiple Sklerose (RG. Warn. 32 Nr. 811). Die Erbkrankheit braucht bei der Eheschließung noch nicht ausgebrochen zu sein, ja überhaupt nicht auszubrechen. Es genügt Anlage zu einer erblichen Krankheit, wenn z. Z. der Eheschließung zu besorgen ist, daß diese sich zur Krankheit entwickeln wird (JW. 1915 S. 140, 1937 S. 616; danach genügt hiezu noch nicht, daß bloß ein Elternteil des anderen Ehegatten, nicht dieser selbst erkrankt ist; noch zurückhaltender RG. HRR. 1933 Nr. 1191). Es muß aber weitgehend die Aufhebung als begründet angesehen werden, wenn z. Z. der Eheschließung zwar nicht die begründete Besorgnis eines Ausbruchs der Krankheit bei dem anderen Ehegatten aber der Vererbung der Anlage dazu bestand. Geschlechtskrankheiten, die z. Z. der Eheschließung bereits geheilt sind, rechtfertigen als solche die Aufhebung nur, wenn sie Folgen hinterlassen haben, die z. Z. der Eheschließung, wenn auch nur latent oder in latenter Entwicklung noch bestanden, insbesondere Unfruchtbarkeit (RG. 103 S. 322, 146 S. 243, 147 S. 211, JW. 1905 S. 175, 1927 S. 1191; bei Paralyse als Folge einer vorehelichen Geschlechtskrankheit JW. 1927 S. 1194), auch wenn die Geschlechtskrankheit z. Z. der Eheschließung noch bestand, ist maßgeblich, ob sie heilbar war (Syphilis: SeuffA. 86 Nr. 134, HRR. 1932 Nr. 1212; Gonorrhöe Warn. 1923 Nr. 12). Aufhebungsgrund kann sein dauernde Beiwohnungsunfähigkeit des Mannes (Warn. 1920 Nr. 176), es genügt schon die Unfähigkeit, den Beischlaf zu vollenden (RG. JW. 06 S. 167, 335, 1910 S. 474), relative Beiwohnungsunfähigkeit gegenüber einer bestimmten Frau aus psychischen oder physischen Gründen, wenn unheilbar (JW. 1911 S. 543, Warn. 1916 Nr. 84, 23 Nr. 124, 1927 Nr. 71, 1931 Nr. 124, 1935 Nr. 71), geschlechtliche Empfindungslosigkeit (RG. Warn. 1912 Nr. 216), Beiwohnungsfähigkeit nur bei widernatürlichem Geschlechtsverkehr (RG. JW. 1935 S. 2714, Warn. 1935 Nr. 146), unheilbare Beiwohnungsunfähigkeit der Frau oder Beiwohnungsfähigkeit nur bei Gewaltanwendung und unter großen Schmerzen für die Frau (Vaginismus, Scheidenverengung, RG. 67 S. 57, Recht 1929 Nr. 246), auch wenn nur hysterisch (RG. Warn. 1911 Nr. 380). keine Unheilbarkeit bei Operierfähigkeit, Empfängnismöglichkeit schließt Beiwohnungsunfähigkeit in diesem Sinne nicht aus (RG. Warn. 1932, Miom RG. JW. 34 S. 613), aber für die Frage der Heilbarkeit ist seelische Verfassung der Frau erheblich (RG. JW. 1930 S. 989, 1936 S. 2536, Warn. 1936 Nr. 124). Sind die Ehegatten beiwohnungsfähig, aber zeugungsunfähig oder unfruchtbar, so ist gleichfalls Aufhebung begründet (vgl. RG. JW. 1906 S. 389, LZ. 1928 S. 832, RG. 94 S. 123), desgleichen, wenn die Schwangerschaft oder Geburt fur die Frau auf Grund ihres körperlichen Zustandes mit außergewöhnlicher Lebens- oder Gesundheitsgefahr verbunden ist (RG. JW. 22 S. 1627), desgleichen, wenn z. Z. der Eheschließung eine Entwicklung der Frau zur Unfruchtbarkeit oder Gebärunfähigkeit in hohem Grade wahrscheinlich war (RG. 147 S. 211). Führt ärztlicher Irrtum die Unfruchtbarkeit nachträglich künstlich herbei, ist diese Voraussetzung nicht gegeben (JW. 1927 S. 1191). Heilbare (operativ behebbare) Empfängnisunfähigkeit kann Scheidungsgrund sein (RG. LZ. 1928 S. 832). Irrtum über Jungfräulichkeit kann Irrtum über sittliche Eigenschaft sein, braucht es aber nicht zu sein, da der Verlust der Jungfräulichkeit nicht einmal auf Einwilligung der Frau zum Geschlechtsverkehr beruhen muß, und auch weil ein einmaliges dauerndes Liebesverhältnis, auch wenn es mit Geschlechtsverkehr verbunden ist, keine Sittenlosigkeit darzustellen braucht (über frühere Schwangerschaft auf Grund von Vergewaltigung vgl. LZ. 1923 S. 647), der Irrtum ist aber immer ein Irrtum über die Unberührtheit der Frau durch einen anderen Mann und kann auch als solcher Aufhebungsgrund sein. Irrtum über die Schwangerschaft der Frau kann, wenn die Frau von einem anderen Mann als dem Irrenden geschwängert wurde, Irrtum über eine sittliche Eigenschaft sein (wenn dem Mann nicht bekannt war, daß die Frau locker gelebt hat, RG.Recht 1926 Nr. 2439).

Hat ein z. Z. der Eheschließung bestehendes Leiden zur Folge, daß die Frau unfähig ist oder wird, die Pflichten im ehelichen Haushalt zu erfüllen, die ihr nach den Verhältnissen der Ehegatten obliegen, so kann dies Aufhebungsgrund sein (RG. JW. 1922 S. 162, Warn. 1930 Nr. 97). Ein Irrtum über schwere unheilbare Geisteskrankheit oder seelische Erkrankung, welche an sich oder in ihren konkreten Erscheinungsformen nach der allgemeinen Auffassung und Erfahrung mit dem Wesen der Ehe unverträglich erscheint und z. Z. der Eheschließung entweder schon diesen Grad erreicht oder die Besorgnis begründet hat, daß nach dem gewöhnlichen Verlauf aus einer bei der Eheschließung vorhandenen Anlage, sei es als Folge der in jeder Ehe an einen Gatten herantretenden Anforderungen (s. unten), sei es beim Hinzutreten besonderer Umstände, sich eine mit dem Wesen der Ehe unverträgliche Geisteskrankheit nach menschlicher Voraussicht, wenn auch nicht notwendig (a. A. RG. 73 S. 134, 125 S. 172), entwickeln werde, ist Aufhebungsgrund (RG. JW. 1920 S. 557, 1922 S. 162, hochgradiges Nervenleiden, 1199, Warn. 1927, Nr. 32, 1931 Nr. 184, 1932 Nr. 151, LZ. 1932 S. 93, RG. 148 S. 395). Nicht nur die Gefährdung einer etwaigen Nachkommenschaft, sondern auch des Ehegatten, welcher Träger der Krankheitsanlage ist, selbst kann Aufhebungsgrund sein; dann kommt es entscheidend darauf an, ob der bestehende, nicht möglicherweise später entstehende Zustand des Krankheitsträgers derartig ist, daß er sich ungünstig auf die Ehe auswirkt (RG. 168 S. 63), eine nur unbestimmte oder nur für den Fall besonders ungünstiger Verhältnisse begründete Besorgnis künftigen Ausbruchs z. Z. der Eheschließung (Warn. 34 Nr. 11) genügt bei Geisteskrankheiten, die keine Erbkrankheiten sind (RG. 168 S. 63), nicht. Gefährdung der Nachkommenschaft ist dagegen immer Aufhebungsgrund, weil sie das eheliche Leben von vornherein belastet, indem sie die Erzeugung von Kindern bedenklich macht (RG. 168 S. 64). Hat der klagende Teil den Ausbruch der Krankheit während der Ehe und den Krankheitskeim zur Zeit der Eheschließung bewiesen, ist es Sache des beklagten Teils, nachzuweisen, daß der Ausbruch ausschließlich auf den Eintritt besonderer Umstände, insbesondere etwa das Verschulden des Klagenden zurückzuführen ist (Abs. 2 Halbs. 2). Andererseits hebt die neben der Besorgnis einer wahrscheinlich ungünstigen Entwicklung (vollständigen Verblödung) bestehende Möglichkeit einer Besserung die Bedeutung der Besorgnis nicht auf (RG. Warn. 31 Nr. 184). Anforderungen, die aus der Ehe selbst entspringen und den Ausbruch der Krankheit begünstigen, sind nicht als besonders widrige Umstände erachtlich, welche bei einer auf den Zeitpunkt der Eheschließung zurückgeschraubten Beurteilung der bevorstehenden erfahrungsmäßigen Entwicklung auszuscheiden hätten, im Gegenteil auch dann nicht, wenn mehrere solche besonderen, aber in jeder Ehe möglichen Belastungsmomente (Schwangerschaft, Geburt, Wechsel von Hausangestellten, Erkrankung der Kinder, Versetzung oder Arbeitslosigkeit des Mannes) außergewöhnlicherweise zusammentreffen (RG. 160 S. 360). Eine mit dem Wesen der Ehe unverträgliche Geisteskranheit liegt, wenn sie bloß vorübergehend ist (RG. Warn. 35 Nr. 118), auch bei bloßer geistiger Minderwertigkeit regelmäßig noch nicht vor (RG. JW. 1933 S. 2764, HRR. 1933 Nr. 1931), wohl aber bei Geistesschwäche, die an Unzurechnungsfähigkeit grenzt (RG. 148 S. 395), nicht schon bei krankhafter Gemütsstörung, welche erhebliche Reizbarkeit, Eigensinn, Selbstüberschätzung, Rechthaberei, Anpassungsfähigkeit verursacht (Gruch. 68 S. 324), auch nicht psychopathisch bedingter Willensschwäche, welche dauernde ernstliche Arbeit nicht zuläßt, mag die Familie auch auf die Mitarbeit des Ehegatten angewiesen sein (Warn. 1927 Nr. 32), wohl aber bei schwerer Hysterie, welche sich zeitenweise zu Geistesstörung und Bewußtlosigkeit steigert (JW. 1918 S. 686, LZ. 20 S. 649, Warn. 1931 Nr. 164) oder mit einer Entartung des Charakters, Lügenhaftigkeit und Denunziationssucht verbunden ist (Warn. 1926 Nr. 107). Störungen nur vorübergehender Art, sei es des Geistes oder Gemütes kommen nicht in Betracht (Melancholie, Gruchots Beitr. 65 S. 96, Warn. 35 Nr. 118). Geisteskrankheiten, welche Erbkrankheiten sind (angeborener Schwachsinn, Schizophrenie und zirkulärer [manische Depression] Irrsinn) und die Nachkommenschaft gefährden, sind schon als weiter vererbliche Erbanlage Aufhebungsgrund, ohne daß es des Nachweises bedarf, daß z. Zt. der Eheschließung die Besorgnis des Ausbruchs der Krankheit begründet ist (RG. 145 S. 11, 148 S. 395, 158 S. 268, 275) und ohne daß es im Sinne des Abs. 2 eine Rolle spielen kann, wenn das eigene Verhalten des klagenden Ehegatten den Ausbruch der Krankheit herbeigeführt hat (RG. 152 S. 147). Auch wenn der Kranke unfruchtbar ist oder gemacht worden ist oder Nachkommenschaft sonst nicht zu erwarten ist, gelten dieselben Grundsätze (DJ. 1936 S. 817, JW. 1938 S. 1818; a. A. anscheinend RG. 168 S. 64). Der grundlegende Unterschied zwischen einer Gefährdung der Nachkommenschaft und einer Gefahr des Ausbruchs der Krankheit nur bei dem belasteten Ehegatten selbst besteht darin, daß erstere das eheliche Leben von vornherein belastet, weil sie die Erzeugung von Kindern schwersten Bedenken unterwirft; deshalb muß der unbelastete Teil schon wegen bloßer Gefährdung der Nachkommenschaft Aufhebung verlangen können (RG. 168 S. 64). Die Unkenntnis geistiger Störung eines Ehegatten, welche z. Z. der Eheschließung geheilt ist, bildet keinen Aufhebungsgrund für den anderen Ehegatten, wenn nicht eine Anlage, gar eine Erbanlage bestehen geblieben ist (Warn. 1912 Nr. 310, JW. 1922 S. 162). Erbkrankheiten sind regelmäßig nicht bloß vererblich, sondern auch ererbt; daher ist, wenn sich während der Ehe Anzeichen der Erkrankung gezeigt haben, mit deren Nachweis regelmäßig auch erwiesen, daß die Krankheit als Anlage schon z. Z. der Eheschließung bestanden hat, z. B. wenn ein manifest erkranktes Kind vorhanden ist (RG. 153 S. 78), doch kann Schizophrenie auch erworben sein (Warn. 1935 Nr. 118, 163, RG. 151 S. 1). Dagegen muß der Aufhebungskläger, wenn er nur eine latente Anlage seines Ehegatten geltend macht, nachweisen, daß sie mit Wahrscheinlichkeit schon z. Z. der Eheschließung vorhanden war und die Nachkommen aus der Ehe in erheblich höherer Weise gefährdet, als der Durchschnitt der Bevölkerung gefährdet ist (RG. 148 S. 395, 152 S. 47, 153 S. 78, 158 S. 2688). Es genügt, wenn die Entwicklung der Krankheit bis zur letzten mündlichen Verhandlung die Erbanlage z. Z. der Eheschließung wahrscheinlich macht (Warn. 35 Nr. 147). Erscheinungsbildliche Erkrankungen nur von Blutsverwandten eines Ehegatten, selbst aufsteigender Linie, sollen einen erfahrungsmäßig sicheren Schluß auf eine erhebliche Gefährdung der Nachkommenschaft aus der Ehe nach RG. 158 S. 268, JW. 37 S. 616) nur in ganz bestimmten Fällen zulassen, z. B. wenn beide Eltern manifest erkrankt sind (mag auch der Ehegatte selbst noch nicht erkrankt sein), so daß darauf, daß nur ein Elternteil eines Ehegatten, nicht dieser selbst manifest erkrankt ist, im allgemeinen die Aufhebungsklage nicht gestützt werden kann (weil nicht ohne weiteres anzunehmen sein soll, daß die Kenntnis dieses Umstandes den Aufhebungskläger bei verständiger Würdigung des Wesens der Ehe von der Eheschließung abgehalten hätte). Das Zusammentreffen der Erbanlage des anderen Ehegatten mit einer eigenen Erbanlage des Aufhebungsklägers kann einen beachtlichen Irrtum über den Grad der Gefährdung der Nachkommenschaft, d. h. der Bedeutung der Anlage für die konkrete Ehe begründen (RG. 158 S. 276). Unkenntnis vorehelichen Geschlechtsverkehrs des anderen Ehegatten berechtigt die Aufhebung zu verlangen, wenn er auf Charakterfehler, einen Mangel an sittlichem Halt hinweist: so Treubruch während der Verlöbniszeit durch Geschlechtsverkehr mit einem bzw. einer anderen (Warn. 1930 Nr. 110, 1931 Nr. 44, 1933 Nr. 130, JW. 1914 S. 646), Ehebruch in einer früheren Ehe oder mit einem verheirateten Partner (JW. 1904 S. 204, 1907 S. 3, Warn. 1919 Nr. 174), wenn er nicht weit zurückliegt (LZ. 1932 S. 391), voreheliche Verfehlungen an Kindern (JW. 1910 S. 475), Zusammenleben einer Frau mit einem Manne in wilder Ehe vor der Öffentlichkeit (JW. 1915 S. 780, LZ. 1927 S. 389, Warn. 1937 Nr. 79), häufiger Geschlechtsverkehr und leichte Zugänglichkeit einer Frau, auch wenn geheim geblieben (JW. 1938 S. 1168), Verkehr mit verheirateten Männern (RG. Warn. 1927 Nr. 180). Kenntnis des Geschlechtsverkehrs mit einem Mann schließt das Aufhebungsverlangen wegen Unkenntnis des Geschlechtsverkehrs mit mehreren Männern (RG. Warn. 1917 Nr. 209, 1927 Nr. 15, Nr. 180,

181, 1931 Nr. 341) oder wegen geschlechtlicher Ausschweifungen auch bei fortbestehender Jungfräulichkeit (Warn. 1935 Nr. 119, JW. 1934 S. 3269, 1935 S. 3095 und 3461) nicht aus. Es macht einen wesentlichen Unterschied, ob ein junges Mädchen einmaliger Verführung erlegen ist oder ein dauerndes Verhältnis gehabt hat (Warn. 1935 Nr. 80). Unkenntnis des Geschlechtsverkehrs mit einem früheren Verlobten ist nicht ohne weiteres Aufhebungsgrund (Warn. 1929 Nr. 77, anders 1933 Nr. 80), wohl aber des Geschlechtsverkehrs mit mehreren Verlobten bei mehrmaliger Verlobung und zwar auch, wenn der Aufhebungskläger selbst seiner Gattin während der Verlöbniszeit beigewohnt hat (JW. 11 S. 812, 1932 Nr. 151). Weit vor der Eheschließung liegende Halt- oder Zügellosigkeit kommt nicht mehr in Betracht, wenn z. Z. der Eheschließung der Charaktermangel behoben und eine sittliche Festigung eingetreten war (JW. 35 S. 395); weit zurückliegende Fehltritte können darum ausscheiden (LZ. 1932 S. 391). Es kommt aber der voreheliche Geschlechtsverkehr nicht nur unter dem Gesichtspunkt des sittlichen Mangels in Betracht, wenn er zur Bescholtenheit geführt hat (JW. 1927 S. 1192); daß die Frau vor der Ehe verheiratet war, schließt das Aufhebungsbegehren wegen Bescholtenheit oder einer sich in außerehelichem Geschlechtsverkehr äußernden Schwäche nicht aus, auch nicht der eigene Geschlechtsverkehr des späteren Ehemannes mit ihr (Warn. 1927 Nr. 180/181, 1931 Nr. 126, 1932 Nr. 151, JW. 1910, S. 1004). Unter dem Gesichtspunkt der Bescholtenheit begründet es bei verständiger Würdigung des Wesens dei Ehe einen erheblichen Unterschied, ob die Frau lediglich entjungfert ist oder ein Kind (lebenden Zeugen ihres Fehltritts) geboren hat (RG. 104 S. 335, JW. 1924 S. 677, 1931 S. 1362, Recht 1927 Nr. 912, Warn. 1937 Nr. 52, LZ. 1933 S. 647 — Fehlgeburt —), es sei denn, daß das Kind schon lange vor der Ehe gestorben ist (JW. 1938 S. 22). Dagegen ist Irrtum darüber, daß der Mann Vater eines unehelichen Kindes und zu seinem Unterhalt verpflichtet ist, kein Aufhebungsgrund (JW. 02 Beil. 285 Nr. 239). Bescholtenheit des Mannes kann durch einen verdächtigen oder bloßstellenden Umgang mit Päderasten begründet sein (RG. 95 S. 289, Warn. 1917 Nr. 43). Die Bescholtenheit muß z. Z. der Eheschließung noch bestehen, kann aber bei weit zurückliegenden Fehltritten auch auf der Fürsorgeerziehung wegen geschlechtlicher Zugänglichkeit beruhen (Warn. 1937 Nr. 77); es kann also doch trotz sittlicher Besserung die Bescholtenheit übrigbleiben. Aber auch die fehlende Unberührtheit als solche (RG. 48 S. 159, JW. 27 S. 1192) kann Aufhebungsgrund sein. (Lehmann FamR. S. 49, „wenn nach den Standesanschauungen mit Sicherheit damit gerechnet wird"; das trifft bei dem bedauerlichen heutigen Sittenverfall kaum noch auf irgend einen Stand zu). Minderwertigkeit und Charakterfehler in sexueller Hinsicht offenbart auch Abtreibung, ohne Rücksicht auf Verjährung der Strafverfolgung, Duldung unsittlicher Annäherung gegen geldliche Vorteile, auch wenn es nicht zum Geschlechtsverkehr kommt (JW. 1907 S. 257), Homosexualität (RG. 59 S. 289), Päderastie (RG. 52 S. 319, Warn. 1917 Nr. 43), hemmungsloser Hang zur Onanie, der zugleich Scheidungsgrund sein kann (Warn. 1934 Nr. 189), Exhibitionismus (RG. 164 S. 106). Charakterfehler offenbaren sich ferner in sich widersprechenden Erklärungen über religiöse Kindererziehung gegenüber dem Verlobten und dem Geistlichen (Warn. 1920 Nr. 165). Aufhebungsgrund ist Unkenntnis eines Hangs zu Betrügereien (JW. 1905 S. 532), zum Diebstahl (Warn. 1918 Nr. 118, 1933 Nr. 100), zur Unwahrhaftigkeit und Unehrlichkeit (Warn. 1912 Nr. 395, 1919 Nr. 174, 1927 Nr. 179, 1932 Nr. 201, 1933 Nr. 27, 1935 Nr. 130); wurde aber nicht angenommen bei unvollkommen wahrer Antwort auf die Frage über früheren Geschlechtsverkehr der Frau (Warn. 1927 Nr. 14), zum Trunk (Warn. 1932 Nr. 139), Gewalttätigkeit (LZ. 1921 S. 455), zum Gewohnheitsverbrechertum (JW. 34 S. 3302, 35 S. 1446). Auch bei solchen nicht auf geschlechtlichem Gebiet liegenden Charakterfehlern kommt es darauf an, daß sie z. Z. der Eheschließung schon oder noch vorhanden sind (LZ. 1921 S. 455). Vorstrafen können einen Charakterfehler offenbaren; Unkenntnis davon kann Aufhebungsgrund sein, wenn der Charakterfehler z. Z. der Eheschließung noch besteht oder eine Bescholtenheit begründet, wenn diese z. Z. der Eheschließung noch nicht behoben ist (Warn. 1930 Nr. 165, 1932 Nr. 139, JW. 1910 S. 475). Wenn die Straftat vor der Ehe begangen wurde, der Täter aber erst während der Ehe verurteilt wird, will RG. 51 S. 340 die Bescholtenheit als durch die Straftat, nicht erst die Verurteilung herbeigeführt, ansehen und Aufhebung (durch Anfechtung) gewähren.

Zugehörigkeit zu einer bestimmten Rasse ist natürlich persönliche Eigenschaft, doch ist ein Irrtum darüber bei verständiger Würdigung des Wesens der Ehe heute unbeachtlich; dies gilt auch von der Staats- und Volkszugehörigkeit (RG. JW. 38 S. 855 a. A. Lehmann FamR. S. 48). Einzelne Handlungen begründen nach der Rechtsprechung des Reichsgerichts das Aufhebungsbegehren nur, wenn sich in ihnen eine Eigenschaft des Charakters oder Temperaments oder eine Gemütsanlage äußert (RG. 95 S. 289, Warn. 1920 Nr. 165, 1932 Nr. 167). Die **Kausalität der Unkenntnis für den Heiratsentschluß** des Klägers kann (und muß) aus seinem Verhalten ermittelt werden: ein Mann, der eine Frau trotz des Argwohns heiratet, daß sie mit anderen Männern verkehrt hat, hat hierauf kein entscheidendes Gewicht gelegt (JW. 1912 S. 444). Wer vorehelich mit seiner Frau verkehrt hat und bei der Heirat wußte, daß sie mehrmals verlobt war, und mit einem der anderen Verlobten geschlechtlich verkehrt hat, ohne nach ihrem Verkehr mit dem anderen Verlobten zu fragen, hat zu erkennen gegeben, daß es ihm darauf nicht ankommt (Warn. 1928 Nr. 77), anders, wenn er keinen Anlaß hatte, den weiteren vorehelichen Verkehr der Frau aufzuklären (Warn. 1928 Nr. 49) oder wenn er nur aus besonderen Gründen über den ihm bekannt gewordenen Fall des vorehelichen Verkehrs hinweggesehen hat, endlich wenn der Mann zwar auf Unberührtheit kein Gewicht gelegt hat, aber nachträglich erfährt, daß die Frau sich hemmungslos Männern hingegeben hat, die ihr nur flüchtig bekannt waren (Warn. 1926 Nr. 181). Eigenes leichtsinniges voreheliches Geschlechtsleben ergibt nicht, daß der Mann auf sittliche Festigkeit der Frau vor der Ehe hat verzichten wollen (RG. 164 S 113).

6. Die rechtliche **Folge des Irrtums ist,** daß der Ehegatte, welcher davon befallen war, die Aufhebung der Ehe nach §§ 28, 29, 35 durch Klage gegen den anderen Ehegatten verlangen kann, die an eine Frist von einem Jahr, beginnend mit dem Zeitpunkt, in welchem er den Irrtum entdeckt, gebunden ist (vgl. Erl. zu §§ 28, 29, 35).

7. Nur der Ehegatte, welcher sich geirrt hat, kann die Aufhebung verlangen, nicht auch der andere Ehegatte. Dieser muß, wenn er an dem Irrtum noch so unschuldig ist, ja mag der andere Ehegatte selbst daran schuld sein, in Kauf nehmen, daß möglicherweise darunter nicht nur das Glück des anderen Ehegatten, sondern auch sein eigenes zeitlebens leidet, eine für viele Fälle höchst unbillige und mit dem Ethos der Ehe unvereinbare Regelung. Es kann aber ein Scheidungsgrund sein, wenn der Ehegatte, welcher sich geirrt hat, zwar die Aufhebungsklage unterläßt, es aber den anderen Ehegatten dauernd fühlen läßt, daß er ihn nur infolge Irrtums geheiratet hat.

8. Die **Aufhebung** ist **ausgeschlossen,** wenn der Aufhebungsberechtigte, nachdem er seinen Irrtum entdeckt, d. h. die Wahrheit erfahren hat, zu erkennen gibt, daß er die Ehe fortsetzen will (vgl. hiezu Erl. 5 zu § 18, 8 zu § 30, 7 zu § 31). Diese sogenannte **„Bestätigung"** ist nicht nur ein Verhalten, aus dem zu schließen ist, daß der Irrtum schon bei der Eheschließung nicht ursächlich für den Entschluß war. Ist aus dem ehelichen Verhalten des Gatten, der sich geirrt hat, ein solcher Schluß zu ziehen, so bedarf es gar nicht erst der Ehebestätigung. Vielmehr handelt es sich um die Kundgabe eines erst während der Ehe gefaßten Fortsetzungswillens; sie schließt das Aufhebungsbegehren aus, auch wenn nicht anzunehmen ist, daß in Kenntnis der Sachlage ein Ehewille vorhanden gewesen wäre. Es fragt sich, ob die Bestätigung eine rechtsgeschäftliche Erklärung ist, die den Verzicht auf das Aufhebungsrecht zum Inhalt hat (vgl. RG. 164 S. 379) und selbständig mit Fehlern behaftet sein kann, welche sie anfechtbar oder nichtig machen. Ein rechtsgeschäftlicher erklärter Verzicht auf Aufhebung ist denkbar, und selbstverständlich ein im Sinne des Abs. 2 beachtlicher Ausdruck des Willens, die Ehe fortzusetzen; aber keineswegs kann zugegeben werden, daß nur eine rechtsgeschäftliche gemeinte (als solche nach § 157 BGB. aufzufassende) Willenserklärung ein beachtlicher Ausdruck des Fortsetzungswillens ist. Es muß der Wille ausgedrückt sein, die Ehe als Lebensgemeinschaft, nicht nur dem Bande nach fortzusetzen (RG. 164 S. 379), so daß es nicht genügt, wenn die Ehegatten vereinbaren, daß die Ehe äußerlich zwar noch fortbestehen, die Gemeinschaft aber aufgehoben sein und es den Ehegatten freistehen solle, „ihrer Wege zu gehen" (ebenda); es bedarf nicht des Gesichtspunktes, daß eine solche Willenserklärung wegen Unvereinbarkeit mit dem Wesen der Ehe nichtig wäre (s. a. a. O.). Was als hinreichend unzweideutiger Ausdruck des Fortsetzungswillens anzuerkennen ist, ist von Fall zu Fall Tatfrage. Es kommt auf die Umstände an (RG. 165 S. 123). Der Fortsetzungswille kann wohl stillschweigend, muß aber zweifelsfrei ausgedrückt sein (Warn. 1935 Nr. 120). Bloße Äußerungen der freundschaftlichen Gesinnung und Sympathie, des Wohlwollens, des Mitgefühls (Besuche, Blumensendungen und sonstige Aufmerksamkeiten) genügen daher nicht, weil sie nicht Ausdruck rechtsgeschäftlichen Willens sein könnten — warum nicht? — und der Fortsetzungswille ein solcher sei KRR. 6 a zu § 37 1938) auch dann nicht, wenn der andere Teil sie als Äußerung des Fortsetzungswillens auffaßt (JW. 1927 S. 2572), auch nicht gelegentliche Küsse,

besonders nicht, wenn sie nur mit Rücksicht auf die Anwesenheit der gemeinsamen Kinder gegeben werden (RG. 164 S. 372, 165 S. 123). Die Beiwohnung (Warn. 1932 Nr. 179, 1933 Nr. 27), auch bloße Teilnahme an geschlechtlichen Handlungen (Warn. 1929 Nr. 152) kann hinreichend Ausdruck sein, aber nicht wenn die Frau nach anfänglichem grundsätzlichem Widerstreben sich nur einmal, und nur aus Nachgiebigkeit hingegeben hat, nachdem der Mann ihr hartnäckig „zugesetzt" hatte (RG. 165 S. 123); überhaupt gilt es nicht schlechthin (Warn. 1939 Nr. 1). Bereitwilligkeit zum Geschlechtsverkehr, zu dem es nicht kommt, soll nach RG. Warn. 1935 Nr. 120 regelmäßig nicht ausreichen. Die Fortsetzung der Klage auf Herstellung der ehelichen Gemeinschaft kann genügend Ausdruck des Ehefortsetzungswillens sein (JW. 1913 S. 278). Ein nach kurzer Zeit aufgegebener Versuch, über die Enttäuschung hinwegzukommen, ist keine ausreichende Äußerung eines Fortsetzungswillens, wenn er als Versuch bezeichnet war (RG. 163 S. 139 ähnlich Beitzke FamR. S. 33). Der Fortsetzungswille kann auch bedingt sein, z. B. von der Besserung des zur Aufhebung berechtigten Hanges des anderen Ehegatten abhängig gemacht werden (vgl. RG. 44 S. 147). Einmal unbedingt kundgegeben, schließt der bekundete Fortsetzungswille das Aufhebungsrecht aus, seine Äußerung ist **unwiderruflich.**

Aber nur dann geht durch die Äußerung des Ehefortsetzungswillens das Aufhebungsrecht verloren, wenn er sich nach der Entdeckung des Irrtums äußert und der nun über die Wahrheit aufgeklärte Ehegatte sich seines Aufhebungsrechts bewußt ist; denn derjenige gibt keinen Fortsetzungswillen kund, welcher glaubt, daß er die Ehe fortsetzen muß (vgl. RG. 68 S. 401, RG. 104 S. 54, ebenso Beitzke FamR. S. 33). Zur Entdeckung des Irrtums gehört nicht volle Gewißheit, aber das Vorhandensein genügender Anhaltspunkte, um die Aufhebungsklage mit Aussicht auf Erfolg erheben zu können (so JW. 27 S. 21—24, 1928 S. 896); ein Verdacht reicht nicht aus (Warn. 1937 Nr. 79), auch nicht ein Gerücht, welches der Aufhebungsverdächtige nicht geglaubt hat (JW. 1909 S. 689), auch nicht ein Kennenmüssen (Warn. 1919 Nr. 122, 1933 Nr. 81). Dem Umfang der Kenntnis nach müssen dem Aufhebungsberechtigten nicht alle, aber die wesentlichen tatsächlichen und alle rechtserheblichen Einzelheiten des Aufhebungstatbestandes bekannt sein, so in jedem Falle, daß dieser im Zeitpunkt der Eheschließung gegeben war (Warn. 1937 Nr. 66); im übrigen aber bestimmt die Art des Aufhebungsgrundes die Voraussetzungen seiner Rechtserheblichkeit und darum das Maß von Kenntnis, welches zur Entdeckung des Irrtums gefordert werden muß. **Beispiele aus der Rechtsprechung:** Wenn die Frau weiß, daß der Mann auf Grund eines organischen Leidens zu einem normalen Geschlechtsverkehr nicht fähig ist, braucht sie nicht alle Einzelheiten der Natur des Leidens zu kennen. Bei einem unheilbaren Leiden (Geschlechtsleiden) muß dem Ehegatten dessen Schwere und Gefährlichkeit bekannt sein und weiter, daß die Unheilbarkeit ärztlich bestätigt ist (JW. 1904 S. 284, 1906 S. 355, Warn. 1923 Nr. 127, 1928 Nr. 176, LZ. 1928 S. 832). Zur Kenntnis einer Erbkrankheit gehört die Erkenntnis, daß sie eine Erbkrankheit und unheilbar ist (Warn. 1937 Nr. 36, 1939 Nr. 165). Es genügt nicht die Kenntnis, daß die Anstalt, in der sich der Kranke befindet, die Unfruchtbarmachung empfiehlt (Warn. 1937 Nr. 36). Kenntnis der Geisteskrankheit ist nicht identisch mit Kenntnis der Krankheit als einer Erbanlage (RG. 160 S. 19). Charakterliche und sonstige persönliche Mängel und Eigenschaften sind entdeckt, sobald dem Aufhebungsberechtigten eine genügend lange Reihe von Tatsachen bekannt geworden ist, welche den sicheren Schluß auf die Eigenschaft begründet, u. U. alle Handlungen des anderen Ehegatten, wenn aus einem Teil dieser sichere Schluß nicht gezogen werden konnte (Warn. 1932 Nr. 167, 1933 Nr. 27, HRR. 1938 Nr. 126). Konnte aber dieser sichere Schluß gezogen werden, so kann aus dem Bekanntwerden weiterer Handlungen kein neuer Aufhebungsgrund abgeleitet werden, es sei denn, daß sie einen erheblich höheren Grad der Eigenschaft ergeben (RG. 128 S. 74, JW. 31 S. 2493). In vollem Umfange entdeckt ist eine Eigenschaft erst, wenn ihr Grad und ihre Entwicklungsfähigkeit erkannt ist. Ist aber diese Erkenntnis gegeben, kann es nicht mehr darauf ankommen, ob und wann auch die Möglichkeit der nachträglich eingetretenen Wirkungen erkannt worden ist (vgl. 3 a E.). Es kann daher auch nicht von einer nachträglichen Entdeckung gesprochen werden, wenn sich aus einer bekannten Eigenschaft des anderen Ehegatten Nachteile erst infolge einer späteren Gesetzgebung ergeben (RG. 145 S. 1, 154 S. 253; vgl. aber hierzu auch die unter 3 a E. angeführte jüngere Rechtsprechung).

Ein beschränkt Geschäftsfähiger bedarf zur Fortsetzung der Ehe nicht der Zustimmung seines gesetzlichen Vertreters, wenn nicht zugleich ein Fall des § 30 vorliegt.

9. Das **Aufhebungsbegehren** kann ferner auch **durch die Entwicklung der Ehe ausgeschlossen** werden, wenn es mit Rücksicht auf die Gestaltung des ehelichen Lebens der Ehegatten als sittlich nicht gerechtfertigt erscheint, sofern nicht etwa aus der Entwicklung der Ehe gar zu schließen ist, daß der Eheentschluß nicht von dem Irrtum (der Unkenntnis) (mit) verursacht war. Maßgebend ist das sittliche Werturteil des Gerichts sowohl darüber, ob das Aufhebungsverlangen mit Rücksicht auf die Gestaltung des ehelichen Lebens der beiden Parteien gegen die guten Sitten, gegen Treu und Glauben gegenüber dem anderen Ehepartner verstößt, als auch darüber, ob angesichts der faktischen Gestaltung des ehelichen Lebens der beiden Partner die Aufhebung der Ehe im Hinblick auf das Wesen der Ehe als einer sittlichen Einrichtung zuzulassen ist. Ein Ehegatte soll sich nicht auf Aufhebungsgründe berufen dürfen, welche in jahrelanger Ehe an Bedeutung verloren und nicht ungünstig auf deren Gestaltung eingewirkt haben oder einwirken werden; auch dann nicht, wenn die Ehe später aus anderen Gründen brüchig geworden ist (RG. 159 S. 183). In erster Linie gehört hierher der Fall der Bewährung der Ehe, der Fall, daß die eheliche Gemeinschaft unter dem Mangel nicht gelitten hat. Die Bewährung der Ehe wird meist davon abhängig sein, daß sich der Ehegatte, auf den sich der Irrtum bezogen hat, in der Ehe bewährt, namentlich sich physisch bzw. geistig bzw. sittlich gebessert hat; aber auch ohne eine solche Besserung ist die Bewährung der Ehe denkbar. Die Bewährung der Ehe zeigt, daß der wirkliche Verlauf ein anderer war, als im Zeitpunkt der Eheschließung bei verständiger Würdigung des Wesens der Ehe anzunehmen gewesen, mit anderen

Worten, daß die damals verständig erscheinende Würdigung unrichtig gewesen ist. Die rückschauende Betrachtung wird allerdings in solchen Fällen geneigt sein, von vornherein den Aufhebungsgrund schon unter dem Gesichtspunkt der verständigen Würdigung des Wesens der Ehe zu verneinen, und insofern gehen Abs. 2 2. Alternative und die Verneinung des Aufhebungsgrundes unter dem Gesichtspunkt der verständigen Würdigung des Wesens der Ehe gemäß Abs. 1 ineinander über; die Bewährung der Ehe belehrt eben darüber, daß man im Zeitpunkt der Eheschließung nicht in jedem Fall richtig vorausschauen kann. Es ergibt sich, daß ein unglücklicherer Eheverlauf als voraussehbar keinen Aufhebungsgrund bildet, daß aber ein glücklicherer Verlauf ihn ausschließt.

Aber der Fall der Bewährung der Ehe ist nicht der einzige, in welchem die 2. Alternative des Abs. 2 Platz greift (vgl. 4a E.). Scheidet auch sein eigenes voreheliches Leben aus, kann sehr wohl das eigene schuldige z. B. unsittliche Verhalten des Aufhebungsklägers während der Ehe (also ein Fall der Nichtbewährung der Ehe) sein Verlangen, die Ehe z. B. wegen unsittlichen Verhaltens des anderen Teils vor der Ehe aufzuheben, als sittlich ungerechtfertigt erscheinen lassen (vgl. auch § 43 S. 2). Dies gilt namentlich, wenn der Aufhebungskläger durch sein Verhalten den Ausbruch einer Krankheitsanlage bei dem anderen Ehegatten herbeigeführt, etwa gar verschuldet hat (s. oben Anh. zu 1—5 Abs. 2, mit Unrecht zweifelnd Beitzke FamR. S. 32), es sei denn, daß es sich um eine Erbkrankheit handelt, bei welcher die Rücksicht auf die Nachkommenschaft überwiegt.

Nicht zu billigen ist RG. 164 S. 388, wonach angeblich auch die beste Gestaltung der Ehe bedeutungslos werden kann, wenn wichtige Gründe, insbesondere auch solche, welche die Belange der Allgemeinheit betreffen, für eine sittliche Rechtfertigung des Aufhebungsverlangens sprechen. Auch wenn der der Entscheidung zugrunde liegende Fall eines Irrtums wegen rassischer Abstammung niemals mehr rechtserheblich werden kann, so kann doch dem aufgestellten Grundsatz, der über diesen Fall hinausreicht, in seiner Allgemeinheit nicht beigepflichtet werden.

10. Der Ausschluß des Aufhebungsbegehrens bedeutet, daß ein Aufhebungsrecht nicht besteht, bedeutet eine gesetzliche Begrenzung des Aufhebungsrechts, ist also von Amts wegen zu prüfen. Das Gericht hat den Sachverhalt durch Befragen der Parteien aufzuklären und evtl. aus eigenem Antrieb Beweis zu erheben.

§ 33. Arglistige Täuschung

1. Ein[7] Ehegatte kann Aufhebung der Ehe begehren[8], wenn er[7] zur Eingehung der Ehe[6] durch arglistige[2] Täuschung über solche Umstände[4] bestimmt worden ist[6], die ihn bei Kenntnis der Sachlage und bei richtiger Würdigung des Wesens der Ehe von der Eingehung der Ehe abgehalten hätten[5].

2. Die Aufhebung ist ausgeschlossen, wenn die Täuschung von einem Dritten[3] ohne Wissen[3] des anderen Ehegatten verübt worden ist, oder wenn der Ehegatte nach Entdeckung der Täuschung zu erkennen gegeben hat, daß er die Ehe fortsetzen will[9].

3. Auf Grund einer Täuschung über Vermögensverhältnisse kann die Aufhebung der Ehe nicht begehrt werden[4].

1. Neben dem Tatbestand des Irrtums bildet der von ihm meist großenteils mit umfaßte Tatbestand der **ARGLISTIGEN TÄUSCHUNG** einen besonderen Aufhebungsgrund. Er setzt voraus, daß ein Ehegatte getäuscht, d. h. in eine falsche Vorstellung versetzt oder in einer solchen oder einer Unkenntnis erhalten worden ist. Dies kann geschehen durch Vorspiegelung falscher, durch Entstellung wahrer Tatsachen und durch die Geheimhaltung von solchen. Es ist unerheblich, ob der Getäuschte selbst fahrlässig gehandelt hat und ob er bei einiger Wachsamkeit der Täuschung hätte entrinnen können. Zum subjektiven Tatbestand auf Seite des Täuschenden gehört mindestens die Kenntnis der Unwahrheit und Unvollständigkeit der eigenen Angaben, doch genügen auch Zweifel an ihrer Richtigkeit und Vollständigkeit; ferner das Bewußtsein, daß der andere Verlobte die Wahrheit nicht oder möglicherweise nicht kennt; wenn auch Eventualvorsatz genügt, so steht doch Kennenmüssen diesem Bewußtsein nicht gleich.

2. Die Täuschung ist Aufhebungsgrund ferner nur, wenn sie arglistig war. Zur A r g l i s t ist nicht das Bewußtsein erforderlich, daß der gegebene Tatbestand den anderen Verlobten in der Ehe unglücklich machen oder schädigen werde; die Hoffnung, daß die Ehe glücklich sein wird, schließt vielmehr die Arglist nicht aus (RG. 111 S. 5). Zur Arglist gehört mindestens die Vorstellung, daß der andere Verlobte, wenn auch nur möglicherweise, gerade durch seine falsche Vorstellung zur Ehe bestimmt oder mitbestimmt wird, oder daß er die Ehe in Kenntnis der Wahrheit, wenn auch nur möglicherweise, nicht schließen würde. Bei Erregung der falschen Vorstellung durch falsche Vorspiegelung oder durch Entstellung der Wahrheit reicht dieses Bewußtsein regelmäßig aus. Die Grenze, bei der die Arglist beginnt, ist schwieriger zu ziehen, wenn die falsche Vorstellung ohne Zutun des Täuschenden — diesem erkennbar — entstanden ist oder auf Unkenntnis beruht, aber von dem Täuschenden nicht behoben wird. Da der Eheentschluß ein großes Vertrauen beweist, das dem anderen Eheschließenden entgegengebracht wird, wird man die an einen Verlobten zu stellende Forderung der Offenbarung dem anderen Verlobten unbekannter Umstände oder der Richtigstellung bei ihm herrschender Vorstellungen, wenn bekannt ist, daß sie möglicherweise seinen Entschluß bestimmen, weit zu stecken haben; weniger weit an einen Dritten, wenn es sich um Täuschung durch einen Dritten handelt. Die Meinungen über den Umfang der Offenbarungspflicht und über Arglist, die in einem bloßen Verschweigen liegt, gehen auseinander. Einig ist man darüber, daß eine Offenbarungspflicht besteht, wenn der andere Verlobte durch ausdrückliche Frage zu erkennen gibt, daß er auf einen Punkt Gewicht legt, und, daß Arglist in diesem Falle auch in bloßen Übergehen der Frage (ohne falsche Antwort) liegen kann, wenn dabei die Absicht obwaltet, die Wahrheit zu verbergen. A u s d e r R e c h t s p r e c h u n g sei angeführt: Zur Arglist genügt, wenn ein Verlobter das Abspringen des anderen Verlobten verhindern wollte und in dieser Absicht, ja selbst nur in der Absicht, die bloße Möglichkeit auszuschließen, daß die Ehe nicht zustande kommen könne, in berechnender Weise es geflissentlich unterläßt, ihm bekannte Umstände mitzuteilen (RG. 111 S. 5). Es besteht aber keine allgemeine Verpflichtung des Verlobten, seine Verhältnisse oder die seiner Familie dem anderen Teil mitzuteilen, das bloße Verschweigen stellt sich noch nicht ohne weiteres als eine arglistige Täuschung dar (Warn. 1913 Nr. 348). Es ist von Fall zu Fall zu prüfen, ob eine besondere **Offenbarungspflicht** besteht (RG. Warn. 1926 Nr. 91). Ohne solche besondere Offenbarungspflicht liegt in bloßem Verschweigen ohne positives Tun, durch welches verhindert werden soll, daß die Wahrheit an den Tag kommt, keine Arglist (RG. 52 S. 306), auch nicht, wenn mit der Möglichkeit gerechnet wird, daß der andere Verlobte in Kenntnis der Wahrheit von dem Verlöbnis zurücktreten würde. Die Sorge vor eigenen Nachteilen, welche das Bekanntwerden der Wahrheit zur Folge haben könnte, schließt Arglist nicht aus (RG. JW. 31 S. 1362), auch nicht Angst oder Schamgefühl (Recht 1919 Nr. 1977, anders DRZ. 1928 S. 451), wo Arglist verneint wird, in einem Falle, in welchem die Braut aus Schamgefühl verschwiegen hat, daß ihr eigener Vater sie vergewaltigt hatte und deshalb bestraft worden war). Wenn der Mann es unterläßt, anzugeben, daß er uneheliche Kinder hat, oder die Braut, daß ihr Vater bestraft worden ist, muß der Nachweis gefordert werden, daß dieses Verschweigen auf Täuschung berechnet war (Warn. 33 Nr. 27). Hat der eine Teil ausdrücklich über einen Punkt Aufklärung verlangt, so daß für den anderen Teil eine Offenbarungspflicht besteht, täuscht letzterer arglistig, wenn er den Umstand verschweigt, weil er die Vorstellung hatte, daß die Ehe nicht zustande kommen werde, wenn er den Umstand angibt (Warn. 1931 Nr. 126). Über bisherige Beiwohnungsunfähigkeit besteht Offenbarungspflicht auch ohne Befragung, nicht auch bei relativem Unvermögen (RG. Warn. 1935 Nr. 71), wohl aber über unheilbare Leiden, insbesondere eine Erbkrankheit (Recht 1921 Nr. 1383, Warn. 1931 Nr. 125). Ob eine Täuschung arglistig ist, welche lediglich das beste des Getäuschten beabsichtigt, läßt RG. SeuffA. 86 Nr. 184 dahingestellt.

Für die Frage, ob arglistige Täuschung vorliegt, ist der Tatbestand im Augenblick der Eheschließung maßgebend; jedoch ist dabei auch das Verhalten des Verlobten während der Verlöbniszeit mit zu berücksichtigen (RG. SeuffA. 86 Nr. 84).

3. Das Gesetz hebt besonders hervor, daß die von einem Dritten ausgegangene Täuschung eines Verlobten kein Aufhebungsgrund ist, wenn der andere Verlobte nicht darum gewußt hat. Dies ist selbstverständlich. Die Betonung dieser Selbstverständlichkeit kann zu dem Mißverständnis Anlaß geben, daß arglistige Täuschung durch einen Dritten, z. B. einen Heiratsvermittler (Beitzke), Aufhebungsgrund sei, aber nur, wenn der eine Verlobte darum gewußt habe. Von diesem Mißverständnis aus würde sich die Frage erheben, ob die Täuschung durch den Dritten arglistig sein muß, und, wenn der Dritte arglistig ist, weiter, ob der andere Verlobte nur wissen muß, daß sein Verlobter durch die Täuschung seitens eines Dritten zur Eheschließung bestimmt wird, oder auch die objektiven oder subjektiven Umstände kennen muß, die jene Täuschung durch den Dritten arglistig machen. In Wirklichkeit handelt es sich darum, daß nur arglistiges Verhalten des anderen Verlobten Aufhebungsgrund ist, daß dieses aber nach Maßgabe von 2 auch darin bestehen kann, daß er den Verlobten, obwohl er weiß, daß dieser durch einen Dritten getäuscht worden ist, in diesem Irrtum beläßt. Der Verlobte handelt nach Maßgabe von 2 arglistig, welcher dazu schweigt, daß der andere Verlobte von einem Dritten getäuscht worden ist, auch wenn der Dritte gutgläubig war, und welcher diesen Irrtum ausnutzt, oder der weiter über Umstände schweigt, nach welchen der Verlobte einen Dritten befragt hat, ohne von diesem aufgeklärt zu werden, aber natürlich nicht, wenn ihm diese Vorgänge unbekannt geblieben sind, was nicht besonders hervorgehoben zu werden brauchte.

4. Während der Irrtum das Aufhebungsbegehren nur begründet, wenn er Eigenschaften des anderen Eheschließenden betrifft, gilt diese Einschränkung hier nicht. Ausgeschieden wird durch Abs. 3 zwar die Täuschung über Vermögens- und Einkommensverhältnisse, die auch als Eigenschaft im Sinn des § 32 nicht in Betracht kommen, im übrigen ist aber der Art nach **jeder Umstand** vorbehaltlich 5 geeignet, das Aufhebungsverlangen zu begründen, wenn ein Verlobter arglistig über ihn getäuscht worden ist, z. B. ein Verlobter täuscht den anderen darüber, daß er ihn nicht liebt und nur aus wirtschaftlichen Erwägungen heiratet oder um einen Vater für das erwartete Kind zu haben. Das Erfordernis unter 5 in Verbindung mit Abs. 3 schränkt den Kreis der in Betracht kommenden Umstände freilich so ein, daß es sich praktisch doch fast immer um einen Umstand handeln wird, welcher die Person eines Verlobten betrifft, wenn nicht um eine Eigenschaft des Verlobten; doch sind auch andere Fälle denkbar: z. B. wenn ein Verlobter Gewicht auf die Zustimmung seiner Eltern oder der Eltern des anderen Verlobten zur Eheschließung legt (etwa bei großer Standesverschiedenheit oder aus anderen Gründen) und ihm diese arglistig vorgespiegelt wird; aber auch dieser Fall wird an der Grenze von 5 liegen. In Frage kommen hier auch Handlungen und Strafen des anderen Verlobten, welche nicht auf eine Eigenschaft schließen lassen, oder der Verwandten eines Verlobten, auch besondere Umstände eines vorehelichen Verhaltens (z. B. wenn die Braut zwar vorehelichen Verkehr zugibt, aber verschweigt, daß sich dieser mit einem Berufskollegen des Bräutigams oder mit einem Mitbewohner des Hauses abgespielt hat, in welchem das Brautpaar wohnen wird).

5. Nur eine Täuschung begründet das Aufhebungsbegehren, welche **Umstände** betrifft, **deren Kenntnis den Getäuschten bei (richtiger) verständiger** (siehe den engl. und franz. Text) **Würdigung des Wesens der Ehe von der Eheschließung abgehalten hätten.** Hierüber vgl. 4 zu § 32.

Zu 1 bis 5: Vielfach überschneiden sich §§ 32 und 33. Das Moment des für die Eheschließung ursächlichen Irrtums ist beiden gemeinsam. Zur Täuschung ist aber weiter erforderlich, daß der Irrtum von dem anderen Verlobten oder einem Dritten erregt wurde; insofern ist der Tatbestand des § 33 enger. Er ist weiter insofern, als er auch einen Irrtum umfaßt, welcher über Umstände erregt wurde, die nicht in Eigenschaften des anderen Verlobten bestehen. Endlich kann sich in der Täuschung selbst eine persönliche Eigenschaft des Verlobten ausdrücken, der sich ihrer schuldig macht (Niedertracht, Unwahrhaftigkeit), deren Unkenntnis bei der Eheschließung einen Aufhebungsgrund nach § 32 bildet. Dies kann praktisch dann bedeutsam werden, wenn der Umstand, auf den sich die Täuschung bezogen hat, selbst nach 5 oder Abs. 3 ausscheidet. Die zum Irrtum bei der Täuschung hinzutretenden zusätzlichen Tatbestandsmerkmale sind ferner für den Verlust des Aufhebungsrechts durch Kundgebung eines Fortsetzungswillens oder durch Fristablauf nach § 35 erheblich: das Aufhebungsrecht wegen Irrtums kann verlorengegangen sein, ohne daß der Getäuschte schon entdeckt hat, daß er arglistig getäuscht worden ist, insbesondere, ohne daß er die Umstände gekannt hat, welche das Verhalten des anderen Verlobten arglistig machen. Das Bekanntwerden der Täuschung begründet dann selbstverständlich das Aufhebungsbegehren und einen neuen Fristlauf für die Klage nach § 35, u. U. zugleich auch einen neuen Aufhebungsgrund wegen Irrtums über eine persönliche Eigenschaft. Vgl. auch unter 9 Abs. 2.

6. Die Täuschung muß für die Eheschließung **ursächlich** gewesen sein. Zur Arglist genügt schon die Vorstellung, daß sie dafür ursächlich sein kann, daß der Getäuschte oder mit der Wahrheit unbekannte Verlobte Gewicht auf den Punkt legt, über den er sich einer falschen Vorstellung hingibt, aber das Aufhebungsbegehren ist nur begründet, wenn er auch wirklich durch die Täuschung zu dem Eheentschluß bestimmt worden ist. Natürlich braucht sie nicht die einzige Ursache dafür zu sein, und kann dies regelmäßig nicht einmal. Die vorausgesetzte Ursächlichkeit ist auch hier negativ in dem Sinn, daß die Kenntnis der Wahrheit den Eheentschluß trotz der anderen für ihn vorhandenen Beweggründe (in erster Linie Liebe) gehindert hätte. Die Gesetzesfassung ist zu eng. Hat die arglistige Täuschung den ohnehin zur Ehe entschlossenen Getäuschten in seinem Eheentschluß nur bestärkt, so ist er nicht durch die Täuschung zur Ehe bestimmt worden. Der Entschluß, um den es sich handelt, ist der Eheentschluß; auf den Entschluß zum Verlöbnis kommt es nicht an.

7. Nur der getäuschte Ehegatte kann die Aufhebung verlangen, auch dann wenn die Täuschung von einem Dritten verübt worden ist; dies ist in diesem Falle nicht unbillig, da auch dann nach Abs. 2 der andere Verlobte um die Täuschung gewußt haben muß.

8. Vgl. 6 zu § 32.

9. Wie das Aufhebungsrecht wegen Irrtums, geht auch das des Getäuschten durch **Bestätigung,** d. h. dadurch verloren, daß er den Willen kundgibt, die Ehe fortzusetzen, obwohl er die Täuschung, und zwar nicht bloß seinen Irrtum, sondern auch die Tatsache, daß er getäuscht und zwar arglistig getäuscht worden ist, entdeckt hat, und die objektiven und subjektiven Tatbestandsmerkmale auf Seite des anderen Verlobten kennt (vgl. 5). Das Kennenmüssen, d. h. die nur noch auf Fahrlässigkeit beruhende Unkenntnis steht der Entdeckung der Täuschung nicht gleich, auch nicht der Verdacht der Täuschung. Ein Verhalten, welches als Kundgebung des Ehefortsetzungswillens zu deuten wäre, wenn der Verlobte die Täuschung erkannt hätte, und von ihm geübt wird, obwohl er zunächst nur den Verdacht hat, getäuscht worden zu sein, kann geeignet sein, den Fortsetzungswillen auch für den Fall auszudrücken, daß der Verdacht begründet ist, und beseitigt unter dieser Voraussetzung das Aufhebungsrecht. Es kann aber auch sein, daß es nur deshalb geübt wird, weil der Getäuschte eben über den Verdacht noch nicht hinausgekommen ist und aus dem Verdacht allein noch keine Folge ziehen will; dann ist es keine Kundgebung des Fortsetzungswillens für den Fall, daß der Verdacht begründet ist. Die Äußerung des Fortsetzungswillens beseitigt das Aufhebungsrecht nicht, wenn dieses dem Getäuschten nicht bekannt war, denn derjenige gibt noch keinen Fortsetzungswillen kund, welcher die Ehe nur fortsetzt, weil er irrtümlich glaubt, daß er sie fortsetzen muß.

Über die Äußerung des Fortsetzungswillens vgl. 5 zu § 18, 8 zu § 30, 7 zu § 31, 8 zu § 32. Anders als nach § 32 Abs. 2 bei bloßem Irrtum geht im Falle der Täuschung das Aufhebungsrecht durch Bewährung der Ehe (vgl. 9 zu § 32) nicht verloren. Es muß dahingestellt sein, ob diese Regelung für alle Fälle zu billigen ist. Es ist nicht einzusehen, warum eine 20jährige Ehe, welche sich bewährt hat, noch soll aufgehoben werden können, weil der eine Ehegatte vor 20 Jahren dem anderen über seinen vorehelichen Verkehr (aus Scham oder Liebe, in der Angst, den Verlobten zu verlieren) eine falsche Angabe gemacht hat. Es ist mißlich, in einem solchen Falle auf den Einwand „unzulässiger Rechtsausübung" zurückgreifen zu müssen (vgl. RG. 152 S. 147, RG. DJ. 1936 S. 1817, JW. 1938 Seite 1818); er würde anzuerkennen sein (ebenso Frantz DR. 1940 S. 1038).

§ 34. Drohung

1. Ein Ehegatte[5] kann Aufhebung der Ehe begehren[4], wenn er[5] zur Eingehung der Ehe widerrechtlich[2] durch Drohung[1] bestimmt[3] worden ist.

2. Die Aufhebung ist ausgeschlossen, wenn der Ehegatte nach Aufhören der durch die Drohung begründeten Zwangslage zu erkennen gegeben hat, daß er die Ehe fortsetzen will[6].

1. Das Recht, die Aufhebung der Ehe zu verlangen, wird außer durch Irrtum über Eigenschaften (§ 32) und Täuschung (§ 33) auch durch **DROHUNG** begründet. Drohung ist die Ankündigung irgendeines (körperlichen, physischen, vermögensrechtlichen, gesellschaftlichen) Übels für den Fall, daß der Bedrohte die Ehe nicht schließt, durch einen Andern. Die Furcht vor einem aus einer gegebenen Lage hervorgehenden Übel, z. B. vor Schande durch Schwangerschaft genügt nicht, mag auch die Lage durch einen Andern — den Schwängerer (Dritten oder Ehegatten) — verschuldet sein. Der Drohende braucht nicht ernstlich die Absicht zu haben, die Drohung auszuführen; es fragt sich aber, ob er die Absicht, den Eheentschluß herbeizuführen und deshalb auch den Willen haben muß, von dem Bedrohten ernst genommen zu werden, ob die Gesetzesstelle also z. B. auch dann zutrifft, wenn der Drohende — ohne dolus eventualis — annimmt, daß der Bedrohte die Drohung nicht ernst nehmen werde. Man wird dies aus rechtsteleologischen Gründen bejahen müssen, weil es für den Bedrohten, welcher die Drohung ernst genommen hat, unerträglich wäre, in einem solchen Falle an die wider Willen geschlossene Ehe gebunden zu sein. Zur Drohung im Sinne der Gesetzesstelle genügt also die bewußte Ankündigung eines Übels, welche ernst genommen wurde und den Eheentschluß herbeigeführt hat, auch wenn sie nicht ernst gemeint war und die Absicht, den Eheentschluß zu beeinflussen, auf seiten des Drohenden nicht bestanden hat (anders h. M.).

Den Begriff der Drohung erfüllt die Ankündigung eines jeden Übels, auch eines nur mittelbaren, welches sich unmittelbar gegen einen Dritten richtet, vorausgesetzt, daß es sich als Übel auch für den Bedrohten geltend macht, z. B. wegen naher Verwandtschaft oder Freundschaft mit dem Dritten. Das angedrohte Übel kann ein körperliches, vermögensrechtliches, gesellschaftliches (z. B. Bedrohung mit Anzeige wegen Verführung der unbescholtenen, noch nicht 16jährigen Braut) auch ein rein seelisches sein (z. B. ein in Ehrenfragen peinlicher Vater droht seinem Sohn mit Abbruch des Verkehrs für den Fall, daß dieser die von ihm verführte Braut im Stich läßt). Von wem die Drohung ausgeht, ob von dem anderen Verlobten oder einem Dritten, ob der andere Verlobte letzterenfalls davon Kenntnis hat oder nicht, ist unerheblich.

2. Das Gesetz sagt, die Drohung müsse widerrechtlich sein, meint aber die Beeinflussung des Ehewillens durch Drohung sei widerrechtlich, und sagt dies überflüssigerweise. Das Wort „widerrechtlich" bedeutet also keine Einschränkung des rechtserheblichen Tatbestandes, etwa in dem Sinn, daß das angedrohte Übel widerrechtlich sein müsse, noch weniger in dem Sinn, daß kein Anspruch auf die Eheschließung bestehen dürfe; denn ein solcher besteht niemals, auch nicht auf Grund eines Verlöbnisses (jedoch wird man mit Beitzke FamR. S. 24 eine Drohung mit Schadensersatzansprüchen aus § 1298 BGB. nicht als widerrechtlich ansehen, denn auf Schadensersatz besteht ein Anspruch).

Es ergibt sich aus 1 und 2, daß der rechtserhebliche Drohungstatbestand überaus weit ist.

3. Die Ankündigung des Übels muß **ursächlich** für den Eheentschluß des Bedrohten und zwar im Zeitpunkt der Eheschließung gewesen sein, in dem Sinn, daß der Bedrohte die Ehe nicht eingegangen wäre, wenn er sich nicht bedroht gefühlt hätte, die Drohung muß also zur Zeit der Eheschließung, Trauung vor dem Standesamt, noch bestanden haben, in dem Sinn, daß der Bedrohte in diesem Zeitpunkt die Furcht vor dem angekündigten Übel noch empfunden und noch mit dessen Eintritt für den Fall gerechnet hat, daß er die Eheschließung unterließ. Hat die Furcht vor der Drohung nur mitgewirkt, aber nicht in dem Grade, daß ohne sie die Eheschließung unterblieben wäre, wäre vielmehr die Ehe aus anderen Beweggründen, welche stark genug waren, um den Bedrohten zur Eheschließung zu bestimmen, auch ohne Drohung geschlossen worden, und wurde der Bedrohte durch die Drohung nur in seinem Eheentschluß bestärkt, so ist die Drohung kein Aufhebungsgrund.

4. Für das Aufhebungsbegehren gelten §§ 29, 28, 35. Es muß durch Klage gegenüber dem anderen Ehegatten innerhalb Jahresfrist nach Aufhören der Zwangslage (s. 6) verfolgt werden.

5. Nur der bedrohte Ehegatte kann **die Aufhebung** der Ehe verlangen, der andere Ehegatte auch dann nicht, wenn die Drohung von einem Dritten ausgegangen und ihm unbekannt gewesen ist, er vielmehr angenommen hat, daß der Bedrohte ihn aus völlig freiem Willen eheliche. Diese Regelung, welche auch in solchem Falle dem anderen Ehegatten das Aufhebungsrecht vorenthält, ist höchst unbillig. Ausnahmsweise kann in einem solchen Falle zutreffen, daß er hierüber (von dem Bedrohenden mit Wissen des bedrohten Ehegatten) arglistig getäuscht wurde.

6. Bestätigung. Wie in den Fällen der §§ 32 und 33, ist das Aufhebungsrecht ausgeschlossen, wenn der Bedrohte nach Aufhören der Zwangslage zu erkennen gibt, daß er die Ehe fortsetzen will. Über die Äußerung des Fortsetzungswillen s. 5 zu § 18, 7 zu § 31, 8 zu § 32, 9 zu § 33. Unter Zwangslage ist die seelische Not zu verstehen; sie hat aufgehört, wenn der Bedrohte nicht mehr glaubt, daß das angekündigte Übel eintreten werde, wenn er das Aufhebungsverlangen stellt, oder wenn er das Übel nicht mehr als solches betrachtet. Hat der Drohende die Drohung zurückgezogen, fürchtet aber der Bedrohte gleichwohl, er werde sie doch noch ausführen, und zwar trotz der Zurückziehung, so hat die Zwangslage noch nicht aufgehört. Wie im Falle der arglistigen Täuschung, spielt auch im Falle der Eheschließung infolge Drohung — anders als im Falle der Eheschließung infolge Irrtums über Eigenschaften (§ 32) — die Bewährung der Ehe keine Rolle. Es ist auch hier darüber das Anm. 9 zu § 33 Gesagte zu wiederholen, wenngleich regelmäßig die Zwangslage schon kurze Zeit nach der Eheschließung aufhören und daher eine Bewährung der Ehe nicht in Frage kommen wird.

Zu §§ 32—34. Wenn zur Eheschließung die Zustimmung einer dritten Person, nämlich des gesetzlichen Vertreters oder des für die Person eines der Verlobten Sorgeberechtigten erforderlich ist, ist durchaus denkbar, daß nicht der Verlobte, sondern sein **gesetzlicher Vertreter (Sorgeberechtigter) zu seiner Zustimmung durch Irrtum, Täuschung oder Drohung bestimmt** worden ist. Das Gesetz enthält über einen solchen Fall keine Bestimmung. Dies ist mißlich; denn ein Vergleich der Bestimmungen des BGB. (§§ 119 ff.) über die Anfechtung der Zustimmung wegen Irrtums, Täuschung oder Drohung ergibt wesentliche Abweichungen von den Vorschriften des Ehegesetzes. Zwar ist nach beiden Gesetzen als Irrtum im Beweggrund nur der Irrtum über persönliche Eigenschaften beachtlich, aber nach BGB. ein Irrtum über Eigenschaften, welche im Verkehr als wesentlich angesehen werden, nach EheG. über solche, welche den gesetzlichen Vertreter bei verständiger Würdigung des Wesens der Ehe von der Zustimmung abgehalten hätten, wenn er sie gekannt hätte. Beides ist nicht dasselbe. Nach BGB. kann die Bewährung der Ehe den gesetzlichen Vertreter nicht hindern, seine Zustimmung anzufechten wie nach § 32 Abs. 2; während er nach BGB. diese Anfechtung unverzüglich (§ 121 BGB.), muß er sie nach § 35 nur binnen Jahresfrist erklären. Wegen arglistiger Täuschung und Drohung, die von einem Dritten ausgegangen ist, kann nach § 123 BGB. die Zustimmung schon dann angefochten werden, wenn die Täuschung oder Drohung dem anderen Verlobten unbekannt war, sofern er sie kennen mußte, während die Aufhebung der Ehe wegen arglistiger Täuschung durch einen Dritten nur verlangt werden kann, wenn der andere Verlobte die Täuschung kannte, die Aufhebung wegen Drohung durch einen Dritten aber auch dann, wenn er sie weder kannte, noch kennen mußte. „Dritter" im Sinn des § 123 BGB. ist der vertretene beschränkt Geschäftsfähige nicht; dagegen würde sich aus §§ 33, 34 nicht ergeben, daß die Aufhebung ausgeschlossen ist, wenn der beschränkt geschäftsfähige Ehegatte selbst durch arglistige Täuschung oder Bedrohung seines gesetzlichen Vertreters dessen Zustimmung herbeigeführt hat.

Es ist wohl anzunehmen, daß die Art, wie der sich geirrt habende, getäuschte, bedrohte gesetzliche Vertreter (Sorgeberechtigte) seine Zustimmung anzufechten hat, sich nach den Vorschriften des BGB. richtet; er ficht seine Zustimmung durch Erklärung gegenüber einen der Ehegatten an, mit der Folge, daß sie nichtig und demnach der Tatbestand hergestellt ist, daß eine Ehe ohne die erforderliche Zustimmung des gesetzlichen Vertreters (Sorgeberechtigten) geschlossen wurde (§ 30). Auf Grund der Anfechtung der Zustimmung des gesetzlichen Vertreters — diejenige des Sorgeberechtigten ist für den Bestand der Ehe belanglos (§ 30) — kann dann der Ehegatte selbst, oder wenn er noch nicht unbeschränkt geschäftsfähig ist, der gesetzliche Vertreter die Aufhebungsklage binnen einer Frist von einem Jahr seit der Anfechtungserklärung (§ 35) erheben. Auch die Rechtzeitigkeit der Anfechtung der Zustimmung ist nach §§ 121, 124 BGB. zu beurteilen.

Dagegen dürfte die Voraussetzung der Anfechtbarkeit der Zustimmung des gesetzlichen Vertreters (nicht auch des Sorgeberechtigten) sich nach den §§ 31—34 richten. Eine Verschiedenheit ergibt sich freilich auch noch insofern, als die arglistige Täuschung oder Drohung auch von dem beschränkt geschäftsfähigen Ehegatten ausgegangen sein kann. Auch dann wird die Anfechtbarkeit der Zustimmung nach EheG. zu beurteilen sein und der gesetzliche Vertreter seine Zustimmung (Genehmigung) anfechten können. Die Anfechtung hat dann zur Folge, daß der gesetzliche Vertreter des beschränkt geschäftsfähigen Ehegatten, welcher die arglistige Täuschung oder Drohung an seinem gesetzlichen Vertreter verübt hat, nach § 30 die Aufhebung der Ehe verlangen kann, der andere Ehegatte nur, wenn sich angesichts der von seinem Ehepartner an dessen gesetzlichem Vertreter verübten Täuschung oder Drohung ein Anfechtungsgrund nach § 32 ergibt; er kann außerdem selbst arglistig darüber getäuscht (§ 33) oder auch selbst bedroht (§ 34) worden sein. Der beschränkt Geschäftsfähige, der seinen gesetzlichen Vertreter arglistig getäuscht oder bedroht hat, ist (mit)schuldig an der Aufhebung.

Wird er unbeschränkt geschäftsfähig, ohne daß sein gesetzlicher Vertreter die Anfechtungsbefugnis (durch nachträgliche [§ 30], weder durch Irrtum oder Täuschung noch Drohung beeinflußte, sei es auch formlose oder schweigende Genehmigung) verloren hat, so kann er selbst die Zustimmung (Genehmigung) seines gesetzlichen Vertreters anfechten, auch wenn in seiner Person die Voraussetzungen der §§ 31, 32, 33, 34 nicht bestehen, also auch, wenn er selbst sich nicht über die Eigenschaften seines Ehegatten bei der Eheschließung geirrt oder von der arglistigen Täuschung oder Bedrohung seines gesetzlichen Vertreters Kenntnis, ja diese selbst verübt hatte. Die Aufhebung der Ehe auf Grund dieser Anfechtung kann er aber nur begehren, wenn ihm nicht § 30 Abs. 2 im Wege steht, wobei anzunehmen ist, daß er schon des Anfechtungsrechts durch seine Kundgebung des Ehefortsetzungswillens nach erlangter unbeschränkter Geschäftsfähigkeit verlustig geht. Dagegen dürfte mit diesem Vorbehalt das auf Grund der Anfechtung gestellte Aufhebungsbegehren an § 32 Abs. 2 (Bewährung der Ehe bis dahin) nicht scheitern.

Die aus dieser Kombination von BGB. und Ehegesetz sich ergebende Regelung ist unbefriedigend. Der Fall hätte gesetzlicher Regelung bedurft.

III. ERHEBUNG DER AUFHEBUNGSKLAGE

§ 35. Klagefrist

1. Die Aufhebungsklage[4] kann[2] nur binnen[1] eines Jahres[1] erhoben werden.

2. Die Frist beginnt[5] in den Fällen des § 30 mit dem Zeitpunkt, in welchem die Eingehung oder die Bestätigung der Ehe dem gesetz-

lichen Vertreter bekannt wird, oder der Ehegatte die unbeschränkte Geschäftsfähigkeit erlangt[5]; in den Fällen der §§ 31 bis 33 mit dem Zeitpunkt, in welchem der Ehegatte den Irrtum oder die Täuschung entdeckt[5]; in dem Fall des § 34 mit dem Zeitpunkt, in welchem die Zwangslage aufhört[5].

3. Der Lauf der Frist ist gehemmt, solange der klageberechtigte Ehegatte innerhalb der letzten sechs Monate der Klageschrift durch einen unabwendbaren Zufall an der Erhebung der Aufhebungsklage gehindert ist[6].

4. Hat ein klageberechtigter Ehegatte, der geschäftsunfähig ist[7], keinen gesetzlichen Vertreter, so endet die Klagefrist nicht vor dem Ablauf von 6 Monaten nach dem Zeitpunkt, von dem an der Ehegatte die Aufhebungsklage selbst erheben kann oder in dem der Mangel der Vertretung aufhört[7].

1. Das Aufhebungsbegehren ist an eine **FRIST** gebunden und muß innerhalb Jahresfrist geltend gemacht werden, ohne daß daneben zusätzlich noch eine Überlegungsfrist zugestanden wäre (RG. Warn. 1933 Nr. 89). Die Frist läuft gesondert für jeden einzelnen Aufhebungstatbestand. Wenn also wegen Irrtums (oder Täuschung) über einen Tatbestand die Aufhebung wegen Fristablaufs nicht mehr verlangt werden kann, greift dies dem Aufhebungsverlangen wegen eines später bekanntgewordenen Tatbestandes nicht vor, selbst dann nicht, wenn der später bekanntgewordene Tatbestand nur eine graduelle Verschiedenheit (Steigerung) des vorher bekannten darstellt, z. B. eine Krankheit als Erbkrankheit erkennen läßt. Aber das Bekanntwerden lediglich neuer Wirkungen, die keine solche gradmäßige Verschiedenheit erkennen lassen, genügt nicht, um einen selbständigen neuen Aufhebungstatbestand darzustellen, für dessen Geltendmachung eine besondere Frist läuft (s. aber die 4. am E. zu § 32 angeführte Rechtsprechung).

2. Wird die **Frist versäumt,** so geht das **Recht verloren,** die Aufhebung der Ehe zu verlangen. Auf diese Folge kann von dem anderen Ehegatten *nicht verzichtet*, die *Frist* kann auch *nicht* durch Parteivereinbarung *verlängert* werden. Sie ist eine *Ausschlußfrist*, ihr Ablauf vom Gericht *von Amts wegen zu beachten*.

3. Da das Aufhebungsverlangen durch Klageerhebung zu stellen ist, muß die Klage *innerhalb der Frist* wirksam (RG. Warn. 1939 Nr. 313) zugestellt werden (bei öffentlicher Zustellung Rückdatierung nach § 207 ZPO.). Wird das Verlangen durch *Widerklage* gegenüber einer Aufhebungs- oder Scheidungsklage erhoben, so muß die mündliche Verhandlung, in welcher der Widerklageantrag verlesen wird, in die Frist fallen, es sei denn, daß vorher ein Schriftsatz zugestellt wird, welcher die Erhebung der Widerklage, den Aufhebungsantrag und -grund enthält (§ 281 ZPO.), nicht bloß ankündigt, und noch innerhalb der Frist beim Gegner eingelaufen ist.

4. Da nach § 28 die Ehe durch gerichtliches Urteil aufgehoben wird, kann das Verlangen nur durch Klage oder Widerklage gestellt werden. Es können aber *Scheidungs- und Aufhebungsklage oder -widerklage nebeneinander erhoben* werden, nicht bloß eventuell, und es kann der Aufhebungsantrag auch erst im Laufe des Scheidungsprozesses neben dem Scheidungsantrag oder durch Übergang von letzterem auf den Aufhebungsantrag gestellt werden. Dann ist die Aufhebungsklage zwar erst in der mündlichen Verhandlung erhoben, in welcher der Aufhebungsantrag verlesen wird, es sei denn, daß vorher ein Schriftsatz zugestellt wird, der ihn und den Aufhebungsgrund enthält, aber soweit der Aufhebungsantrag auf denselben Tatbestand gestützt wird, mit welchem schon vorher das Scheidungsbegehren begründet worden war, ist er durch letzteres rechtshängig geworden und die Frist für denjenigen Streitteil, der ihn vorgetragen hat, nicht auch den Gegner (RG. 104 S. 157, Warn. 33 Nr. 81) gewahrt, wenn dieser erste Vortrag in die Jahresfrist fällt (RG. 160 S. 33). Dies kann bedeutsam sein, auch wenn die 6monatige Scheidungsfrist des § 50 z. Z. des Vortrags bereits abgelaufen war, die Jahresfrist des § 35 noch nicht. U. U. kann die Frist auch gewahrt werden durch den Antrag auf Anberaumung eines Sühnetermins gem. § 50 Abs. 3 (RG. Warn. 1935 Nr. 145).

5. Der **Beginn der Frist** richtet sich in allen Fällen nach §§ 187 Abs. 1, 188 Abs. 2 BGB. — der Tag, in welchen die für den Beginn maßgebliche Voraussetzung fällt, wird also nicht mitgerechnet —, im übrigen nach der Eigenart des Aufhebungsfalls: a) bei der Aufhebung wegen Mangels der Einwilligung des gesetzlichen Vertreters zur Eheschließung oder Ehebestätigung eines beschränkt Geschäftsfähigen (§ 30) beginnt die Frist für die Aufhebungsklage des gesetzlichen Vertreters mit seiner Kenntnis von der Eheschließung oder Bestätigung. Erlangt der z. Z. der Eheschließung oder Bestätigung beschränkt Geschäftsfähige die unbeschränkte Geschäftsfähigkeit, bevor sein gesetzlicher Vertreter die Ehe genehmigt oder von ihr bzw. der Bestätigung durch den beschränkt Geschäftsfähigen Kenntnis erhalten hatte, so kann er noch innerhalb einer Frist von einem Jahr seit Erlangung der unbeschränkten Geschäftsfähigkeit die Aufhebung selbst verlangen (§ 35 Abs. 1). Hatte aber der gesetzliche Vertreter von der Ehe bzw. ihrer Bestätigung durch den beschränkt Geschäftsfähigen Kenntnis erlangt, so muß sich der unbeschränkt geschäftsfähig gewordene Ehegatte den Teil der Frist anrechnen lassen, den der gesetzliche Vertreter ungenützt hatte verstreichen lassen. (Ebenso Mitteis FamR. S. 52, Beitzke FamR. S. 33. Versteht man das Wort „oder" als gleichbedeutend mit „beziehungsweise", so ergibt sich, daß dem unbeschränkt geschäftsfähig Gewordenen noch einmal die volle Frist zu Gebote steht. Aber da dies nicht richtig sein kann, wenn die Frist schon einmal ganz, kann es auch nicht richtig sein, wenn sie teilweise abgelaufen war. „Oder" bedeutet, daß der frühere Zeitpunkt über den Beginn der Frist entscheidet.) b) Bei der Aufhebung wegen Irrtums nach § 31 oder § 32 beginnt der Fristablauf, sobald der irrende Ehegatte seinen Irrtum entdeckt hat. Hierzu sind für die Irrtumsfälle des § 31 Ausführungen nicht veranlaßt. Im übrigen vgl. 8 zu § 37. c) Für die Klage auf Aufhebung wegen arglistiger Täuschung beginnt die Frist mit Entdeckung der Täuschung (s. hierüber 9 zu § 33). d) Die Frist für die Aufhebungsklage im Falle der Drohung beginnt, sobald die Zwangslage aufgehört hat; s. 6 zu § 32.

Es ist also in allen Fällen die Frist relativ, daneben läuft keine absolute Frist wie die zehnjährige gegen die Scheidung (§ 50), die Aufhebung kann also vorbehaltlich § 32 Abs. 2 während der ganzen Ehe verlangt werden, auch wenn der Aufhebungsgrund nach §§ 32 oder 33 dem Berechtigten erst nach langen Jahren bekannt wird.

Auch fristgemäß begehrte Aufhebung kann aber durch Bestätigung der Ehe ausgeschlossen sein.

6. Wird der Klageberechtigte, oder wie, das Gesetz ergänzend, zu sagen ist, gesetzliche Vertreter durch **unabwendbaren Zufall** gehindert, die Klage zu erheben, so ist der Lauf der Frist gehemmt, d. h. verlängert sich die Frist, wenn die **Behinderung** in deren zweiter Hälfte eingetreten ist oder fortgedauert hat; im ersteren Falle beträgt die Verlängerung die volle Dauer der Behinderung, im zweiten Falle läuft die Frist nach Behebung des Hindernisses noch volle 6 Monate. Der Tag des Eintritts der Behinderung und der Tag ihrer Behebung sind der Behinderung hinzuzurechnen (§§ 187 Abs. 1, 188 BGB.). Zufall ist ein vom Willen des Ehegatten (oder seines gesetzlichen Vertreters) unabhängiges, nach dem erfahrungsgemäß gewöhnlichen Lauf der Dinge nicht vorhersehbares, von außen einwirkendes Ereignis. Unabwendbar ist er, wenn er unter den gegebenen Umständen durch die äußerste, nach der Sachlage von dem Ehegatten (oder seinem gesetzlichen Vertreter) vernünftigerweise zu erwartende Sorgfalt nicht verhütet werden kann (RG. 87 S. 55, JW. 38 S. 176). Unabwendbarer Zufall kann liegen: in der Verzögerung der Entscheidung über ein Armenrechtsgesuch (RG. Warn. 1937 Nr. 36), im Verschulden des Prozeßbevollmächtigten (RG. 158 S. 357), in der Gesetzeslage, wenn erst ein späteres Gesetz Aussichten auf Aufhebung der Ehe eröffnet (RG. 145 S. 1), im Fehlen eines gesetzlichen Vertreters (s. 7) vgl. auch § 36.

7. Es handelt sich um einen **Sonderfall** des unabwendbaren Zufalls, in welchem die Frist, wenn die Behinderung erst in der zweiten Hälfte eingetreten ist, noch volle 6 Monate nach deren Behebung läuft. Da der beschränkt geschäftsfähige, nicht geschäftsunfähige Ehegatte prozeßfähig ist, bedarf er keines gesetzlichen Vertreters. Die Vorschrift ist darum auf den Fall beschränkt, daß ein geschäftsunfähiger Ehegatte keinen gesetzlichen Vertreter hat. Im Falle der mangelnden Einwilligung des gesetzlichen Vertreters zur Eheschließung ist freilich auch der in der Geschäftsfähigkeit bloß beschränkte Ehegatte nach § 30 Abs. 1 Satz 2 nicht in der Lage, Aufhebungsklage zu erheben. Gleichwohl ist, wenn sein gesetzlicher Vertreter wegfällt, nur Abs. 3 anwendbar, eine wohl auf Versehen des Gesetzgebers beruhende Unstimmigkeit.

§ 36

Versäumnis der Klagefrist durch den gesetzlichen Vertreter

Hat der gesetzliche Vertreter eines geschäftsunfähigen Ehegatten die Aufhebungsklage nicht rechtzeitig erhoben, so kann der Ehegatte selbst innerhalb von sechs Monaten seit dem Wegfall der Geschäftsunfähigkeit die Aufhebungsklage erheben.

Handelt § 35 Abs. 4 von dem Fall, daß kein gesetzlicher Vertreter vorhanden ist, so § 36 von der Versäumung der Frist durch den gesetzlichen Vertreter. Während der beschränkt geschäftsfähige Ehegatte in dem Falle des § 30, in welchem er die Aufhebungsklage nicht selbst erheben kann, mit der Aufhebungsklage ausgeschlossen ist, wenn der gesetzliche Vertreter die Klagefrist versäumt hat — warum? —, ist der geschäftsunfähige Ehegatte besser gestellt. Folgende Sachlagen sind denkbar: a) der geschäftsunfähige Ehegatte bleibt geschäftsunfähig und der gesetzliche Vertreter versäumt die Frist — es hat bei der Versäumnis sein Bewenden. b) Die Geschäftsunfähigkeit weicht voller oder beschränkter Geschäftsfähigkeit und es hat der gesetzliche Vertreter die Aufhebung der Ehe bereits (durch Klageerhebung oder Vortrag in einem Ehestreit) begehrt — der unbeschränkt oder beschränkt geschäftsfähig gewordene Ehegatte führt persönlich den Rechtsstreit fort. c) Bei Eintritt der unbeschränkten oder nur beschränkten Geschäftsfähigkeit hat der Lauf der Klagefrist gegen den gesetzlichen Vertreter bereits begonnen, ohne abgelaufen zu sein, und ohne daß der gesetzliche Vertreter das Aufhebungsverlangen gestellt hätte — die Frist läuft, soweit noch nicht abgelaufen, gegen den unbeschränkt oder beschränkt geschäftsfähig gewordenen Ehegatten weiter, auch wenn der noch nicht abgelaufene Rest der Frist weniger als 6 Monate beträgt. Warum? d) Die Klagefrist ist gegen den gesetzlichen Vertreter, ohne daß dieser das Aufhebungsverlangen gestellt hätte, bereits abgelaufen; da erlangt der bisher geschäftsunfähige Ehegatte die unbeschränkte oder beschränkte Geschäftsfähigkeit — er erfreut sich einer völlig neuen Frist von 6 Monaten, innerhalb deren er das Aufhebungsverlangen stellen kann.

Vgl. hiezu die Erl. zu §§ 28, 29.

Auch § 36 handelt nur von der Aufhebungs-, nicht Nichtigkeitsklage, für die eine Frist ja nicht bestimmt ist, also von dem Fall, in dem ein Voll- oder beschränkt Geschäftsfähiger eine nach §§ 31—34 mangelhafte Ehe eingeht und, bevor er selbst die Frist versäumt hat, vollgeschäftsunfähig und später wieder voll oder beschränkt geschäftsfähig wird.

IV. FOLGEN DER AUFHEBUNG

§ 37

1. Die Folgen[2] der Aufhebung[1,2] einer Ehe[1] bestimmen sich nach den Vorschriften über die Folgen der Scheidung[1,2].

2. In den Fällen der §§ 30—32 ist der Ehegatte als schuldig anzusehen, der den Aufhebungsgrund bei der Eingehung der Ehe kannte; in den Fällen der §§ 33 und 34 der Ehegatte, von dem oder mit dessen Wissen die Täuschung oder die Drohung verübt worden ist[3—9].

1. Das **AUFHEBUNGSURTEIL** zerschneidet das Eheband und **wirkt wie die Scheidung der Ehe** für die Zukunft. Bis zur **Rechtskraft des Urteils besteht eine vollgültige Ehe,** welche die familien- und vermögensrechtlichen Wirkungen einer solchen hat. Die aus der Ehe hervorgehenden Kinder sind volleheliche Kinder. Die Ehegatten hatten untereinander die Pflichten und Rechte solcher, können diese verletzen und daher auch die Scheidung der Ehe verschulden. Nicht nur ist ein Verhalten denkbar, das einen Aufhebungs- und einen Scheidungsgrund schafft — z. B. Verschwendungssucht, welche schon bei Ehebeginn vorhanden, den anderen Ehegatten berechtigen kann, Aufhebung wegen Irrtums über eine Eigen-

schaft, und außerdem, wenn während der Ehe fortgesetzt, die Scheidung zu begehren, — sondern auch ein eheliches Verschulden (z. B. Ehebruch) des Aufhebungsberechtigten, welches den anderen Gatten berechtigt, Scheidung zu verlangen. Daraus, daß die in aufhebbarer Ehe verbundenen Gatten einander eheliche Pflichten zu erfüllen haben, zog § 18 Satz 2—4 der DVO. vom 27. 7. 38 des EheG. von 1938 eine Folgerung, die auch heute noch zutrifft (s. 3).

2. Das Aufhebungsurteil steht dem Scheidungsurteil nicht nur darin gleich, daß es erst für die Zukunft wirkt, also hinsichtlich des Eintritts, sondern auch hinsichtlich der Art der **Wirkungen:** bezüglich der Auflösung der Ehe, der Namensführung der Ehefrau, der Vermögensauseinandersetzung, der gegenseitigen Unterhaltspflicht, der Widerruflichkeit der während des Brautstandes und der Ehe gemachten Geschenke und des Rechts und der Pflicht, für Person und Vermögen der aus der Ehe hervorgegangenen Kinder zu sorgen (§ 41, §§ 54—75). Die während des Rechtsstreits nach § 627 ZPO. auf Antrag getroffenen einstweiligen gerichtlichen Anordnungen über das Sorgerecht bleiben indessen nach § 627a ZPO. über die Dauer des Aufhebungsstreites hinaus in Kraft, bis durch Vertrag oder das Vormundschaftsgericht eine andere Anordnung getroffen ist. Zugleich mit dem Aufhebungsurteil ist auf Antrag durch das Gericht nach § 627b ZPO. die gegenseitige Unterhaltspflicht beschlußmäßig vorläufig zu regeln, mit der Folge, daß diese Regelung in Kraft bleibt, bis der Unterhaltsberechtigte durch Klageerhebung die urteilsmäßige Festsetzung seiner Unterhaltsansprüche herbeigeführt hat oder von dem Gericht auf Antrag des Verpflichteten eine Frist für gerichtliche Geltendmachung des Unterhaltsanspruches gesetzt wurde und das Gericht des Ehestreites wegen Versäumens dieser Frist seine Regelung aufgehoben hat, oder die geschiedenen Gatten nach § 72 einen Unterhaltsvertrag geschlossen haben.

3. Da für die Wirkungen des Aufhebungsurteils Scheidungsrecht gelten soll, dieses aber die Folgen der Scheidung, abgesehen von der Vermögensauseinandersetzung, in jedem Punkte auf das Verschulden der Gatten abstellt, sieht Abs. 2 vor, **wer im Sinne der Bestimmungen über die Folgen** der Scheidung **als schuldig anzusehen ist.** a) Als schuldig anzusehen ist: Im Falle des § 30, der mangelnden Zustimmung des gesetzlichen Vertreters des z. Z. der Eheschließung beschränkt geschäftsfähigen Ehegatten jeder Ehegatte, der im Augenblicke der Eheschließung wußte, daß ein Teil (er selbst — a. A. Mitteis FamR. S. 52 — oder der andere Verlobte) nur beschränkt geschäftsfähig war und daß dessen gesetzlicher Vertreter der Eheschließung nicht zugestimmt hat; es setzt diese Kenntnis auch die Kenntnis der Person des gesetzlichen Vertreters voraus. Es genügt nicht fehlende Kenntnis der Zustimmung, erforderlich ist vielmehr Kenntnis der fehlenden Zustimmung, Kennenmüssen, selbst bedingter Vorsatz, reicht nicht aus. b) Im Falle des § 31 wenn ein Ehegatte nicht gewußt hat, daß es sich um eine Eheschließung handelt oder dies zwar gewußt hat, aber eine Erklärung, die Ehe eingehen zu wollen, nicht hat abgeben wollen, kann nach der Sachlage nur der andere Ehegatte dafür in Betracht kommen, als schuldig angesehen zu werden, wenn er das mangelnde Eheschließungsbewußtsein seines Ehepartners erkannte und kannte; diese Kenntnis genügt auch dann, wenn er annahm, dieser würde seine Erklärungen auch bei richtiger Erkenntnis ihrer Bedeutung abgeben, ebenso kann auch in dem Falle, daß der eine Teil sich über die Person des anderen geirrt hat, nur der andere Teil als schuldig anzusehen sein, und zwar dann, wenn er wußte, daß sein Partner ihn verwechselte und sich über seine Person irrte, mochte er auch annehmen, sein Partner würde auch dann die Ehe mit ihm eingegangen sein, wenn er sich nicht in diesem Irrtum befunden hätte. Im übrigen steht auch in allen diesen Fällen Kennenmüssen und selbst bedingter Vorsatz der Kenntnis nicht gleich. Im Fall des § 32, Irrtum über eine Eigenschaft, liegt die Kenntnis des Aufhebungsgrundes dann vor, wenn der Ehegatte nicht nur den zum Aufhebungsgrund gehörigen äußeren Tatbestand, also seine eigene Eigenschaft, seine eigene ethische Mangelhaftigkeit, z. B. die eigene Neigung zur Unwahrhaftigkeit, den eigenen Hang zur Lügenhaftigkeit (RG. 164, S. 246) — welche Selbsterkenntnis wird hier vorausgesetzt! —, sondern auch die falsche Vorstellung oder Unkenntnis seines Verlobten gekannt hat, und ihm außerdem bewußt gewesen ist, daß die Kenntnis der Eigenschaft den anderen Teil bei verständiger Würdigung des Wesens der Ehe von der Eingehung der Ehe voraussichtlich abhalten würde (RG. 163 S. 113). d) Die Fälle der arglistigen Täuschung (§ 33) und der Drohung (§ 34) bedürfen keiner Erläuterung; bei keinem setzt das Verschulden die Kenntnis ihrer Ursächlichkeit für den Eheentschluß des Getäuschten bzw. Bedrohten (s. unten), bei Verübung durch einen Dritten bei beiden die Kenntnis der Verübung voraus, die bei arglistiger Täuschung Aufhebungstatbestandsvoraussetzung ist (§ 33 [2]).

4. Während aber ein Verschulden an der Scheidung eine echte Eheverfehlung voraussetzt und daher wirklich ein Verschulden der Scheidung ist, handelt es sich hier nicht um ein Verschulden (schuldhafter Verursachung) der Aufhebung der Ehe, viel eher wäre an eine schuldhafte Herbeiführung der Eheschließung zu denken, aber damit ist § 37 Abs. 2 nicht in allen Fällen in Einklang zu bringen.

Für die Fälle der §§ 30—32 wird bloß Kenntnis des Aufhebungsgrundes verlangt. Die Kenntnis als solche kann nicht schuldhaft sein, es könnte höchstens ein zur Kenntnis durch Verschweigen hinzutretendes Verschulden in Frage kommen. Es bedarf aber eines Verschweigens nicht, damit nach der Vorschrift des Abs. 2 ein Ehegatte „als schuldig" anzusehen ist, es können insbesondere im Falle des § 30 beide Teile den Aufhebungsgrund gekannt haben, ohne ihn einander zu verschweigen; haben beide Teile ihn gekannnt, sind beide als schuldig zu erklären. Die Eheschließung als solche, trotz Kenntnis des Aufhebungsgrundes, kann auch kein Verschulden enthalten, weil die eingegangene Ehe als rechtmäßig anerkannt wird (vgl. Roquette DR. GR. 1939 S. 21). Wenigstens in den Fällen der §§ 30—32 gilt der Ehegatte, der bei Eheschließung den Aufhebungsgrund gekannt hat, als schuldig, auch wenn ihm der Vorwurf eines Verschuldens nicht gemacht werden kann. Es wird daher auch Schuldfähigkeit nicht vorausgesetzt und der Schuldausspruch durch eine krankhafte Geistesstörung nicht ausgeschlossen (RG. 164 S. 247). Dies gilt auch im Falle arglistiger Täuschung und Drohung, zumal auch hier dafür, daß ein Ehegatte als schuldig anzusehen ist, nicht seine eigene Arglist oder die von ihm ausgehende Drohung, sondern sein Wissen um die

Täuschung bzw. Drohung vorausgesetzt wird. Natürlich kann die Geistesstörung nach Lage des Einzelfalls die Arglist und damit die Aufhebung nach § 33 ausschließen (gleichzeitig nach § 32 begründen).

Auch kann der getäuschte oder bedrohte Ehegatte selbst trotz der Gesetzesfassung nicht als schuldig angesehen werden, obwohl mindestens im Falle der Bedrohung der Bedrohte weiß, daß gegen ihn eine Drohung verübt wird. Das Gesetz will vielmehr sagen, daß im Fall der arglistigen Täuschung der andere Ehegatte immer als schuldig anzusehen ist; denn der Relativsatz: „von dem oder mit dessen Wissen die Täuschung begangen worden ist", bedeutet eine Voraussetzung nicht bloß der Schuld, sondern nach § 33 der Aufhebbarkeit überhaupt (vgl. insbes. 3 zu § 33). Der dolose Tatbestand, welcher nach jeder der beiden Alternativen gem. § 33 in der Person des anderen Verlobten vorliegen muß, damit die Ehe aufhebbar ist, reicht auch aus, um ihn als schuldig anzusehen. Für den Fall der Drohung durch einen Dritten, welche Aufhebungsgrund nach § 34 auch dann ist, wenn sie dem anderen Verlobten unbekannt war, rührt die Gesetzesfassung Zweifel auf, indem sie hier die Schuld nicht auf die Kenntnis des Aufhebungsgrundes, sondern der Drohung abstellt. Es entsteht dadurch die Frage, ob der andere Ehegatte, welcher die Drohung kannte, um für schuldig angesehen zu werden, auch weiter wissen mußte, daß sie für den Eheentschluß des Bedrohten ursächlich war. Das Gesetz gibt dafür keinen Anhalt.

Für alle Fälle der Aufhebung gilt, daß der andere Ehegatte, wenn die sonstigen Voraussetzungen dafür gegeben sind, als schuldig anzusehen ist, auch ohne daß sein böser Glaube sich weiter darauf erstreckt hat, daß auf die ihm bekannten den inneren und äußeren Aufhebungstatbestand bildenden Tatsachen das Aufhebungsverlangen gestützt werden kann (RG. 164 S. 113—114, S. 246).

5. Der Schuldausspruch setzt keinen Antrag voraus („ist"; § 17 DVO. vom 27. 7. 38, §§ 52 Abs. 1 und 2, § 53 Abs. 1, RG. 164 S. 245). Es genügt der Schuldausspruch in den Urteilsgründen (RG. 99 S. 80).

6. Da auch die aufhebbare (und später aufzuhebende) Ehe Ehepflichten der Ehegatten untereinander erzeugt (hat), ist für den Schuldausspruch auch das Verhalten der Ehegatten während der Ehe in Betracht zu ziehen. Dies gilt nach § 18 Satz 2 DVO. vom 25. 7. 38, der nach § 79 noch in Kraft ist, wenn Aufhebungs- und Scheidungsklage zusammentreffen und nach Satz 1 daselbst auf Aufhebung zu erkennen ist, sei es, daß der Aufhebungskläger zugleich Scheidungskläger ist, sei es, daß der Aufhebungsbeklagte Scheidungswiderklage erhoben hat. Obwohl die Ehe bei einem solchen Zusammentreffen von Scheidungs- und Aufhebungsklage aufzuheben ist, wenn die Aufhebungsklage begründet ist, mag auch zugleich die Scheidungs- oder Scheidungswiderklage begründet sein, hat der Schuldausspruch auch das Verhalten der Ehegatten während der Ehe zu berücksichtigen und dem Ehegatten, dessen Verhalten während der Ehe die Scheidung oder einen Antrag auf Feststellung seiner Mit- oder Alleinschuld im Falle der Scheidung rechtfertigen würde, für mit- bzw. alleinschuldig zu erklären. § 18 Satz 2 DVO. vom 27. 7. 38 setzt das Zusammentreffen einer Aufhebung mit einer Scheidungsklage voraus. Doch gilt dasselbe, wenn eine Scheidungsklage nicht erhoben ist (RG. 163 S. 319). Es kann also auch, wenn die Ehe aufgehoben wird, nicht nur der Aufhebungsbeklagte, auch wenn ein Schuldspruch nach § 37. Abs. 2 nicht veranlaßt ist, auf Grund ehelichen Verschuldens für schuldig, sondern auf Grund eines solchen Verschuldens auch der Aufhebungskläger selbst als mit- oder alleinschuldig erklärt werden. Nicht nur ist die Scheidungsklage dafür nicht Voraussetzung, sondern es wird (s. oben) nicht einmal ein Antrag vorausgesetzt (vol. die zutreffende Kritik dieser Grundsätze durch Beitzke FamR. 32, der in den Fällen der Aufhebungsklage wegen Bedrohung und arglistiger Täuschung mit rigoroser Anwendung des § 43 S. 2 zu begegnen ist).

Nach RG. 165 S. 319 ist gemäß § 37 auch gegenüber der Scheidungsklage ein Verschulden aus dem Aufhebungstatbestand im Schuldausspruch zu berücksichtigen, auch ohne daß die Aufhebungs(wider)-klage, sei es auch nur bedingt für den Fall des Durchgreifens oder Nichtdurchgreifens der Scheidungsklage erhoben ist, ja selbst, wenn sie wegen Fristablaufs oder Bestätigung der Ehe nicht mehr erhoben werden kann. Entspr. RG. 164 S. 245 ist auch hier kein Antrag vorausgesetzt.

7. Sind nach Vorstehendem beide Ehegatten für schuldig zu erklären, ist aber das Verschulden des einen erheblich schwerer als das des anderen, so ist zugleich auszusprechen, daß sein Verschulden überwiegt (§ 18 Satz 4 DVO.).

8. Enthält das Urteil keinen Schuldausspruch, gilt für den Unterhaltsanspruch derjenige Ehegatte als schuldig, welcher die Aufhebung begehrt hat. Dieses Ergebnis aus § 37 Abs. 2, § 61 dürfte aber zu berichtigen sein, wenn Scheidungswiderklage erhoben war, sofern die Scheidung ohne Verschulden auszusprechen gewesen wäre, so daß es aus diesem Grunde an einem Schuldausspruch fehlt; denn es ist nicht einzusehen, warum in einem solchen Falle der Aufhebungskläger allein mit einer Unterhaltspflicht belastet sein soll, obwohl auch der Aufhebungsbeklagte Scheidungsklage erhoben hatte. Der Fall ist ebenso zu behandeln, wie wenn die Ehe auf Scheidungs- und Scheidungswiderklage ohne Schuldausspruch geschieden worden wäre.

9. Für Ehen, welche vor dem 1. 8. 38 auf Grund der früher geltenden Vorschriften des BGB. auf Anfechtungsklage hin rechtskräftig für nichtig erklärt worden sind, gilt in vermögensrechtlicher Beziehung § 92 des Gesetzes von 1938, d. h. für die Zeit ab 1. 8. 38 gilt Scheidungsrecht gem. § 42 des EheG. von 1938, dem der jetzige § 37 entspricht, es sei denn, es hatte bereits am 1. 8. 38 bei den Anfechtungsfolgen nach § 1347 BGB. um deswillen sein Bewenden, weil der gutgläubige Ehegatte, welcher nach § 1345 BGB. ein Wahlrecht zwischen den Scheidungs- und Anfechtungsfolgen hatte, bereits erklärt hatte, daß es bei letzteren bewenden solle.

Was die Sorge für die Person der Kinder betrifft, gilt § 97 EheG. 1938, d. h. sie richtet sich auch für die Zeit nach dem 1. 1. 38 nach den Bestimmungen des BGB. Das Vormundschaftsgericht kann jedoch jederzeit eine davon abweichende Regelung gem. §§ 74, 75 treffen, wenn es diese im Interesse des Wohles des Kindes für angezeigt hält.

V. WIEDERVERHEIRATUNG IM FALLE DER TODES-ERKLÄRUNG

§ 38

1. [1] Geht ein Ehegatte, nachdem der andere Ehegatte für tot erklärt worden ist, eine neue Ehe ein, so ist die neue Ehe nicht deshalb nichtig, weil der für tot erklärte Ehegatte noch lebt, es sei denn, daß beide Ehegatten bei der Eheschließung wissen, daß er die Todeserklärung überlebt hat[3].

2. Mit der Schließung der[4] neuen Ehe[5] wird die frühere Ehe aufgelöst, sie bleibt auch dann aufgelöst[2], wenn die Todeserklärung aufgehoben wird[6].

1. Die Fassung des § 38 will besagen: „Wird ein Ehegatte für tot erklärt, obwohl er zur Zeit der Toterklärung noch lebt, und geht vor dem Tode des verschollenen Ehegatten der andere Ehegatte eine neue Ehe ein, so wird durch Schließung der neuen Ehe die frühere aufgelöst, es sei denn, daß beide Ehegatten der neuen Ehe bei deren Schließung wissen, daß der Verschollene den in der Toterklärung festgestellten Todeszeitpunkt überlebt hat. Die frühere Ehe bleibt aufgelöst, wenn die Toterklärung nach Schließung der neuen Ehe aufgehoben wird."

2. Eine Ehe wird aufgelöst durch den Tod. Ist ein Gatte tot und verschollen, so bleibt es bei der Auflösung der Ehe durch seinen Tod, auch wenn er infolge seiner Verschollenheit nach Maßgabe des VerschG. vom 4. 7. 1949 (RGBl. I S. 1186) für tot erklärt wird, und die Toterklärung einen späteren Todeszeitpunkt feststellt (§ 9 VerschG.). Die Verschollenheit und die ihr zufolge erfolgende Toterklärung beenden als solche für sich allein die Rechtspersönlichkeit des Verschollenen und deshalb auch seine Ehe nicht, aber sie begründen nach § 9 VerschG. die Vermutung, daß der Verschollene in dem im Beschluß festgestellten Zeitpunkt gestorben sei. Diese Vermutung gilt auch für den Ehegatten des Verschollenen; auch er kann sich auf diese Vermutung berufen und deshalb eine neue Ehe schließen. Die Vermutung gilt nur, solange die Toterklärung nicht aufgehoben ist. Nach ihrer Aufhebung ist die Schließung einer neuen Ehe unstatthaft. Die Vermutung ist auch sonst widerlegbar. Sie wird daher insbesondere durch die Rückkehr des Verschollenen ohne weiteres hinfällig; sein Ehegatte darf daher nach seiner Rückkehr trotz der Toterklärung keine neue Ehe mehr eingehen, wenn ihm die Rückkehr bekanntgeworden ist. Aber **wenn nach der Toterklärung,** bevor sie aufgehoben wird, **der Ehegatte des Verschollenen eine neue Ehe eingeht, so wird nunmehr,** auch wenn die durch Toterklärung begründete Vermutung, daß der Verschollene tot sei, falsch war, und er im Zeitpunkt der neuen Eheschließung noch lebte, **die Ehe des Verschollenen**

und seines Ehegatten — vorbehaltlich 3 — **aufgelöst.** Die neue Ehe ist also keine Doppelehe und nicht etwa als solche nichtig. Dabei ist aber festzuhalten: die durch die Toterklärung begründete Vermutung, daß der Verschollene in dem Zeitpunkt verstorben sei, der im Toterklärungsbeschluß als Todeszeitpunkt festgestellt ist, wird durch die nach der Toterklärung stattfindende neue Eheschließung des Ehegatten des Verschollenen nicht etwa berichtigt; vielmehr bleibt es bei der gesetzlichen Vermutung, daß die frühere Ehe schon in dem Zeitpunkt durch Tod des Verschollenen aufgelöst ist, der im Toterklärungsbeschluß als Todeszeitpunkt festgestellt wurde (wichtig z. B. für § 8). Obwohl bei unrichtiger Todeserklärung erst die Schließung der neuen Ehe die Ehe des Verschollenen wirklich auflöst, ist doch als Zeitpunkt dieser Auflösung nur dann erst der Zeitpunkt der neuen Eheschließung und nicht der in der Todeserklärung festgestellte Todeszeitpunkt anzusehen, wenn sich herausstellt, daß die Toterklärung und damit die durch sie hergestellte gesetzliche Todesvermutung falsch war.

Zu beachten ist ferner, daß die Schließung der neuen Ehe nur dann die Auflösung der früheren trotz Fortlebens des Verschollenen bewirkt, wenn ihr eine Toterklärung vorangegangen ist, nicht auch dann, wenn diese ihr erst nachfolgt oder zwar vorangeht, aber erst nach der Eheschließung rechtskräftig (1 Monat nach der Veröffentlichung des Beschlusses in einer Tageszeitung) wird (bestr.; Schubart — s. 3 — tritt für Rückwirkung der Rechtskraft ein; wie hier Volkmar SJZ. 49 Sp. 323), auch dann nicht, wenn, ohne für tot erklärt worden zu sein, der Verschollene nach Schließung der zweiten Ehe seines Gatten stirbt. Ersterenfalls muß die neue Ehe, um die frühere aufzulösen, nach Rechtskraft der Toterklärung neu geschlossen werden. Im zweiten Fall löst der Tod des Verschollenen seine (die frühere) Ehe auf, heilt aber die folgende nicht.

Ferner ist zu beachten, daß die Schließung der neuen Ehe die frühere Ehe mit dem Verschollenen auch dann nicht auflöst, wenn eine Toterklärung nach § 1 Abs. 2 VerschG. deshalb unterblieben ist, weil sein Tod nach den Umständen nicht zweifelhaft war (vgl. OLG. Tübingen MDR. 50 S. 103), obwohl auch in diesem Fall der Tod, wenn er im Sterbebuch nicht eingetragen worden ist, desgleichen sein Zeitpunkt nach § 39 VerschG. auf Antrag richterlich mit der Folge festgestellt werden kann, daß der Tod gemäß § 44 VerschG. als in dem festgestellten Zeitpunkt eingetreten vermutet wird (a. A. Schubart s. 3 und Volkmar a.a.O., Däubler NJW. 49 S. 857). Warum dieser Fall dem der Toterklärung nicht gleichgestellt worden ist, ist nicht ersichtlich.

Endlich ist zu beachten, daß auch dann ohne Toterklärung die ältere Ehe durch die jüngere nicht aufgelöst wird, wenn der Tod fälschlich nachgewiesen geschienen hatte und im Sterbebuch eingetragen worden ist, mag der andere Ehegatte gut- oder schlechtgläubig sein (ebenso Volkmar a.a.O., Däubler a.a.O., Holz MDR. 48 S. 454, Grund NJW. 49 S. 293, a. A. Schubart a.a.O.).

3. In allen diesen Fällen, welche nicht unter § 38 fallen, kann auf Grund der Sterbeurkunde bzw. des richterlichen Todesfeststellungsbeschlusses, der in dieser Hinsicht dem Todeserklärungsbeschluß gleichsteht, eine neue Ehe geschlossen werden, bleibt aber trotz der zweiten Ehe die erste bestehen und ist deshalb die zweite als Doppelehe nichtig (ebenso Lehmann, FamR. S. 130 fl., a. A. Schubart „Die Ehe vermeintlich Toter", Otto Schmidt, Köln, der § 38 analog anwenden will). Dasselbe gilt aber auch im Falle der Eheschließung nach Toterklärung, wenn bei der neuen Eheschließung der Toterklärte noch lebt und beide Eheschließenden (also nicht bloß einer, sei es der Ehegatte der früheren Ehe oder sei es der neue) wissen, nicht bloß wissen müssen, daß der Verschollene noch lebt. Die erste Ehe wird, wenn der Verschollene bloß die Toterklärung überlebt hat, aber im Zeitpunkt der zweiten Eheschließung verstorben ist, natürlich nicht erst durch Schließung der zweiten Ehe aufgelöst. Wenn die Partner der zweiten Ehe beide wußten, daß der Verschollene die Toterklärung überlebt hat, können sie sich darauf nicht berufen, daß sie geglaubt hätten, er sei z. Z. der zweiten Eheschließung gestorben gewesen.

Die zweite, in diesen Fällen nach § 20 nichtige Ehe bleibt nichtig, auch wenn die erste Ehe oder sie selbst durch Tod, Scheidung oder Aufhebung aufgelöst wird; sie besteht aber neben der ersten Ehe, solange sie nicht nach §§ 23, 24 für nichtig erklärt ist.

Befugt, die Nichtigkeitsklage zu erheben, ist nach § 24 der Staatsanwalt, ferner jeder Partner der neuen Ehe und der verschollen gewesene Partner der ersten Ehe, dieser jedoch nur, solange seine Ehe nicht aus anderem Grund aufgelöst (geschieden oder aufgehoben) ist. Wenn Letzterer selbst freiwerden will, muß und kann er außerdem unter den Voraussetzungen der §§ 42 (d. h., wenn er den Wiederverheirateten erfolglos aufgefordert hat, die Ehe mit ihm aufzunehmen oder wenn diesem sein Fortleben bekannt war vgl. 1 zu § 42; an eine zu dessen neuer Ehe etwa erklärte Zustimmung ist der Heimkehrer für die Zukunft nicht gebunden, s. 6 zu § 42), 43, 48 (s. aber dessen Abs. 3 und § 61 Abs. 2), 49 auch Scheidung der eigenen in diesen Fällen unaufgelösten Ehe verlangen. In diesem Fall hat es freilich keinen Sinn, die Neuehe durch Nichtigkeitsklage zu stören, es sei denn, daß der Heimkehrer sie, ohne selbst die Ehe aufzunehmen, nach § 6 unmöglich machen will (s. aber dort Abs. 2); er muß dann die Nichtigkeits- vor der Scheidungsklage durchführen, um nicht die Legitimation dazu zu verlieren. Scheidung der ersten Ehe nach § 42, 43, ausnahmsweise (so zutreffend Däubler NJW. 49 S. 857, vgl. auch Grund NJW. 49 S. 293) 48 zu begehren, kann im Einzelfall auch dem Wiederverheirateten (z. B. auf Grund des Verhaltens des Heimkehrers nach der Heimkehr) möglich sein, aber ohne daß dadurch die Nichtigkeit der zweiten Ehe geheilt würde.

In allen diesen Fällen macht sich ferner nach § 172 StGB. der Ehegatte des Verschollenen strafbar, wenn er die zweite Ehe eingeht, obwohl er weiß, daß der Verschollene, mag er auch für tot erklärt sein, noch lebt. Da seine erste Ehe durch die Schließung der zweiten nach Toterklärung aufgelöst wird, auch wenn ihm bekannt war, daß der Verschollene lebte, sofern dies nur dem anderen Partner der neuen Ehe bei deren Schließung nicht bekannt war, kann er aber wegen Doppelehe in diesem Falle trotz seiner Kenntnis nicht strafbar sein. Der für tot erklärte Verschollene, welcher zurückkehrt, macht sich nach § 172 StGB. strafbar, wenn er eine neue Ehe eingeht, bevor sein bisheriger Partner gestorben oder eine neue Ehe eingegangen ist, oder obwohl er weiß, daß sein Überleben beiden Partnern der neuen Ehe bei deren Eheschließung bekannt war.

4. Gemeint ist eine neue Ehe, welche den Voraussetzungen des Abs. 1 entspricht, bei deren Schließung also mindestens einem Gatten unbekannt

ist, daß der Verschollene lebt. Die andernfalls nichtige zweite Ehe löst, obwohl sie selbst bis zur Nichtigerklärung (§ 23) fortbesteht, die erste Ehe nicht auf, nicht nur dann nicht, wenn sie für nichtig erklärt wird, so daß ihre die erste Ehe auflösende Wirkung wieder fortfallen würde, sondern überhaupt nicht, also auch dann nicht, wenn ihre Nichtigerklärung unterbleibt; es bestehen dann beide Ehen nebeneinander (betsr.; nach a. M. soll die erste als aufgelöst zu behandeln sein, bis die zweite für nichtig erklärt ist, so Lehmann FamR. S. 130 ff., aber dann ist — mangels Doppelehe — nicht ersichtlich, aus welchem Grunde [§ 16] die zweite Ehe nichtig sein soll, wie das Gesetz mit dem Nebensatz des Abs. 1 „es sei denn —" offensichtlich voraussetzt und auch Lehmann a.a.O. annimmt. Der Heimgekehrte hätte dann auch keine Sachlegitimation zur Nichtigkeitsklage gegen die zweite Ehe seines früheren Gatten und befände sich mangels einer Frist für die Nichtigkeitsklage in zeitlich unbegrenzter Ungewißheit. Seine Freiheit hülfe ihm in diesem Falle nichts; denn er könnte eine neue Ehe nicht ohne die Gefahr eingehen, daß diese nachträglich zur Doppelehe und von seinem früheren Gatten angegriffen wird).

5. Dasselbe gilt, wenn die zweite Ehe aus einem anderen Nichtigkeitsgrunde nichtig sein sollte (bestr. wie vor; s. 4).

Sonach kann eintreten, daß eine Ehe, welche der zurückgekehrte für tot Erklärte in Unkenntnis der Nichtigkeit der zweiten Ehe seines Partners eingeht, als Doppelehe nach § 20 nichtig ist, ohne daß die zweite Ehe seines früheren Gatten für nichtig erklärt wird. Dann bestehen drei Ehen, eine vollgültige und zwei vernichtbare, nebeneinander.

6. Wird die Toterklärung nach Schließung der zweiten Ehe des früheren Gatten des für tot Erklärten aufgehoben (§§ 35 ff. VerschG.), so hat dies auf die Eheverhältnisse des für tot Erklärten und der Partner der neuen Ehe keinen Einfluß. Die frühere Ehe wird selbstverständlich auch dadurch nicht wiederhergestellt, daß die Neuehe geschieden, aufgehoben oder durch Tod des Dritten wieder aufgelöst wird. Die hier gemeinte Aufhebung des rechtskräftigen Beschlusses ist zu unterscheiden von der Aufhebung des nichtrechtskräftigen (s. 1) auf Grund Beschwerde des Heimgekehrten.

7. Die ausländische Toterklärung eines Ausländers wird im Inland anerkannt, das Umgekehrte ist regelmäßig anzunehmen.

Ein Ausländer kann im Inland nach § 12 VerschG. für tot erklärt werden, also insbesondere auch auf Antrag seiner im Inland wohnhaften Ehefrau, wenn sie z. Z. des Antrags (wieder) Deutsche (geworden) ist, oder es bis zur ihrer Verheiratung mit dem Verschollenen war.

a) Welche Wirkung die Toterklärung als solche auf den Bestand der Ehe des Verschollenen hat, richtet sich analog zu A. 17 Abs. 1 EG. BGB. nach dem Heimatrecht des Ehemanns. Analog zu Abs. 3 A. 17 EGBGB. ist aber, wenn die Frau Deutsche ist, deutsches Recht maßgebend. Regelmäßig wird die Toterklärung den Bestand der Ehe nicht berühren.

b) Ob der Ehegatte des für tot Erklärten eine neue Ehe eingehen darf, ist gemäß Abs. 1 A. 13 EGBGB. nach den Heimatrechten der Gatten der neuen Ehe zu beurteilen (s. I c zu § 1). An Stelle des Rechts des durch die alte Ehe erworbenen ausländischen Heimatstaats der Ehefrau des für tot Erklärten ist jedoch deutsches Recht anzuwenden, auch wenn sie nicht rückeingebürgert ist, wenn sie bei Eingehung der alten Ehe Deutsche gewesen ist (Abs. 2 A. 13 EGBGB.).

c) Welche Wirkung die Schließung der neuen Ehe auf den Bestand der alten Ehe hat (wenn diese bei Schließung der neuen Ehe noch besteht, weil der für tot Erklärte noch lebt), also auch, ob erstere eventuell bigamisch ist, richtet sich analog zu A. 17 Abs. 1 EGBGB. nach dem Heimatrecht des Ehemanns der alten Ehe. Wenn aber die Frau des für tot Erklärten bei Schließung der neuen Ehe Deutsche ist, ist hierfür deutsches Recht maßgebend (Abs. 3 A. 17 EGBGB.).

d) Ist die alte Ehe nach dem gemäß c maßgebenden Recht durch die Schließung der neuen Ehe nicht aufgelöst worden, richtet sich der ursprüngliche Bestand der letzteren nach b. Ist dieser zu bejahen, so ist die Frage, ob die neue Ehe aufgelöst werden kann, gemäß A. 17 EGBGB. nach dem Heimatrecht des Ehemanns der neuen Ehe zu beantworten, aber nach deutschem Recht, wenn Mann oder Frau der neuen Ehe die deutsche Staatsangehörigkeit besitzt (Abs. 3 A. 17 EGBGB.).

§ 39

1. Lebt der für tot erklärte Ehegatte noch[3], so kann sein früherer Ehegatte[2] die Aufhebung der neuen Ehe begehren[1], es sei denn, daß er bei der Eheschließung wußte, daß der für tot erklärte Ehegatte die Todeserklärung überlebt hat[4].

2. Macht der frühere Ehegatte von dem ihm nach Abs. 1 zustehenden Recht Gebrauch und wird die neue Ehe aufgehoben, so kann er zu Lebzeiten seines Ehegatten aus der früheren Ehe eine neue Ehe nur mit diesem eingehen[5]. Im übrigen bestimmen sich die Folgen der Aufhebung nach § 37[6].

1. Die Vorschrift gibt dem wiederverheirateten gutgläubigen Ehegatten die Möglichkeit, zu seinem heimgekehrten früheren Ehegatten zurückzukehren, und räumt ihm zu diesem Zweck die Befugnis ein, die **AUFHEBUNG DER NEUEN EHE** zu verlangen. Hierfür gelten §§ 35—37. Die einjährige Frist beginnt zu laufen, sobald der wiederverheiratete Ehegatte zuverlässige Kenntnis davon erlangt hat, daß sein früherer Gatte noch lebt (§ 19 1. DVO.; wie hier Volkmar SJZ. 49 Sp. 621, zweifelnd Schubart siehe 3 zu § 38). Die Frist ist Ausschlußfrist und unverlängerbar, die Rechtzeitigkeit der Klage also von Amts wegen zu beachten. Darlegungs- und ev. beweispflichtig ist hinsichtlich des Beginns des Fristlaufs der Kläger, hinsichtlich der Bösgläubigkeit der Beklagte. Das Aufhebungsurteil hat die **Folge** einer Scheidung der neuen Ehe (§ 37). Der beklagte Ehegatte der neuen Ehe ist von Amts wegen für schuldig zu erklären, wenn er bei der Eheschließung wußte, daß der Verschollene noch lebt; hatte der Kläger Kenntnis davon, ist die Klage abzuweisen (§ 19 DVO. vom 27. 7. 38 in Verb. mit § 79).

2. Das **Aufhebungsrecht** des § 39 steht nur dem wiederverheirateten Ehegatten des für tot Erklärten, weder diesem, noch dem anderen Ehegatten der neuen Ehe zu. Der aufhebungsberechtigte Ehegatte ist nicht gehindert, sich für das Aufhebungsverlangen auf andere ihm im Hinblick auf Abs. 2 Satz 1 gunstigere Aufhebungsbestimmungen zu berufen, z. B. wenn dem beklagten Ehegatten bei der Eheschließung bekannt war, daß der Verschollene noch lebte, auf § 33, oder auf noch andere Aufhebungsgründe. Ebenso kann der andere Ehegatte der neuen Ehe, im Falle seiner Gutgläubigkeit, um seinerseits die Aufhebung zu erreichen, § 32 geltend machen, weil die Tatsache des Verheiratetseins, wenn auch keine Eigenschaft, sondern ein Zustand, doch so untrennbar mit der Person verbunden ist, daß sie nach der gewöhnlichen Auffassung als Eigenschaft anzusehen ist, und im Falle der Schlechtgläubigkeit des Wiederverheirateten — die andernfalls zur Abweisung seiner Aufhebungsklage führen würde —, evtl. widerklagend sowohl § 32 als auch § 33. Es ist kein dogmatischer, systematischer oder methodischer, noch weniger ein rechtspolitischer Grund gegeben, § 39 im Verhältnis zu § 32 als die erschöpfende lex specialis für diesen Sonderfall anzusehen, wodurch die Anwendung des § 32 zugunsten des neuen Ehegatten der neuen Ehe ausgeschlossen wäre (a.A. Schubart — s. 3 zu § 38 — der dem neuen Ehegatten den Aufhebungsanspruch nur in dem Fall einräumt, daß der Tod des Wiedergekehrten durch Sterbeurkunde nachgewiesen war, in welchem er § 38 entsprechend anwenden will, auch Mitteis, der ihm nur die Aufhebungsklage aus §§ 33, 34 gibt. Diese Gegenmeinungen ergeben, daß bei beiderseitiger Gutgläubigkeit der Neue auch bei eigenem gefühlsmäßigen oder religiösem Konflikt stillhalten oder nach § 43 schuldig werden und die Ehe zerrütten muß, um den andern zum Vorgehen zu zwingen — ein unverständiges und unannehmbares Ergebnis).

3. Für die Aufhebung nach § 38 wird **vorausgesetzt,** daß der Verschollene nicht nur zur Zeit der neuen Eheschließung, sondern zur Zeit des auf die Aufhebungsklage hin ergehenden Urteils noch lebt, dagegen nicht, daß er in diesem Zeitpunkt noch unverheiratet ist (bestr.); letzteres mit Recht nicht, denn die seelische Lage kann für den Wiederverheirateten die gleiche sein, auch wenn der Verschollene selbst wieder geheiratet hat, und ist es unter (katholisch) religiösem Gesichtspunkt. Nur eine Aufhebung nach § 38 ist davon abhängig, daß der Verschollene z. Z. des Aufhebungsurteils lebt, nicht auch eine Aufhebung aus einem anderen Aufhebungsgrund, insbesondere nach § 33 oder auf die Klage des anderen Ehegatten der neuen Ehe, etwa nach § 32, hin.

4. Das Aufhebungsbegehren des wiederverheirateten Ehegatten ist berechtigt, nur vorausgesetzt, daß er bei Schließung der neuen Ehe nicht gewußt hat, daß der für tot erklärte Ehegatte die Toterklärung überlebt hat. Hat er dies gewußt — nicht schon wenn er es hat wissen müssen —, ist sein Aufhebungsbegehren abzuweisen, auch wenn er z. Z. der Eheschließung angenommen hat, daß der Verschollene nach der Toterklärung gestorben sei.

Da der Gefühls- oder Gewissenskonflikt des Wiederverheirateten sich möglicherweise erst allmählich einstellt, ist das Aufhebungsbegehren nicht dadurch wegen Bestätigung ausgeschlossen, daß der Wiederverheiratete kundgegeben hat, die neue Ehe fortsetzen zu wollen, und er an eine solche Willenskundgebung nicht gebunden (bestr. Schubart, s. 3 zu § 38, Mitteis FamR. S. 54).

5. Die Aufhebung der zweiten Ehe zerschneidet diese dem Bande nach, stellt aber nicht etwa die erste Ehe wieder her. Um mit dem Verschollenen wieder verheiratet zu sein, muß dessen früherer nunmehr einem geschiedenen gleichzuachtender Partner ihn durch eine neue (dritte) Ehe wieder heiraten, wie er auch den Partner seiner zweiten Ehe neu heiraten müßte, um diese Ehe wieder herzustellen. Aber bezüglich seiner **Wiederverheiratung** legt das Gesetz dem erfolgreichen Aufhebungskläger, wenn er die Aufhebung nicht auch aus anderen Gesichtspunkten (z. B. § 33 s. o.) erreicht hat, durch ein aufschiebendes Eheverbot Schranken auf: er darf — fälschlich sagt das Gesetz „kann" — eine neue (dritte) Ehe, solange der heimgekehrte Verschollene lebt, nur mit diesem, mit keinem anderen, auch nicht mit dem Partner der neuen aufgehobenen Ehe eingehen. Das Gesetz will damit den Mißbrauch verhüten, daß sich der Gatte des Verschollenen aus der zweiten Ehe freimacht, ohne einen weiteren Auflösungsgrund als die Rückkehr des Verschollenen zu haben, um die Ehe mit einem Vierten einzugehen, was ja auch ohne die Rückkehr des Verschollenen nicht möglich gewesen wäre. Nach dem Wortlaut des Gesetzes besteht das Ehehindernis auch dann, wenn der heimgekehrte Verschollene selbst einen Vierten heiratet. Die h. M. (s. auch Greffin-Moral Schubart a. a. O.) läßt es für diesen Fall nicht gelten. Mit Unrecht. Wie auch in diesem Fall dem Wiederverheirateten die Aufhebungsklage mit Rücksicht auf seine Gefühls- und Gewissenslage gegeben ist, so muß er auch in ihm an seinen Bedenken festgehalten werden, die ihn zur Aufhebung der zweiten Ehe veranlaßt hatten. Eine Befreiung von diesem Ehehindernis gibt es nicht (a.A. Schubart a. a. O.), auch dann nicht, wenn der zwischen zwei Gatten stehende Ehegatte die Ehe mit dem Gatten seiner zweiten Ehe wieder herstellen möchte. Hat der Aufhebungskläger gegen den Gatten seiner zweiten Ehe (wirkliche oder konventionelle) Scheidungsgründe, wird er also (auch wegen §§ 40, 61 Abs. 2) besser Scheidung verlangen. Das Ehehindernis ist aber nur aufschiebend und trotz des Wortlautes „kann" nicht trennend. § 16 ergibt, daß eine trotz des Ehehindernisses eingegangene Ehe mit einem Vierten nicht nichtig, sondern vollgültig ist (ebenso Beitzke FamR. S. 38), wenn auch dieser unter Umständen ihre Aufhebung nach §§ 32—33 verlangen kann.

6. Es gelten die Scheidungsfolgen (s. 1, 5) der §§ 54 bis 75 (siehe diese). Für schuldig zu erklären ist der Beklagte, wenn dieser bei der Eheschließung schlechtgläubig war, nicht, wenn er das Überleben des Toterklärten später erfuhr und darüber schwieg (es sei denn, man will in dem Schweigen eine schwere Eheverfehlung sehen und es zerrüttet die Ehe [§ 43]), andernfalls ist kein Teil schuldig und für die Unterhaltsansprüche § 16 1. DRO. entsprechend anwendbar.

§ 40

Ist eine Ehe gemäß § 38 Abs. 2 aufgelöst, so regelt sich das Recht, für die Person eines Kindes aus dieser Ehe zu sorgen, sowie die Verpflichtung eines der Ehegatten, dem anderen einen Beitrag zu dem Unterhalt dieses Kindes zu leisten, in gleicher Weise, wie wenn die Ehe ohne Schuldausspruch geschieden worden wäre.

Die Vorschrift bezieht sich auf die Kinder, welche **aus der Ehe mit dem für tot Erklärten hervorgegangen waren, falls diese** Ehe **durch eine neue**

Eheschließung **des anderen Ehegatten aufgelöst** worden ist, und zwar auf das Verhältnis der Ehegatten dieser früheren Ehe untereinander, während für den Unterhaltsanspruch der Kinder gegen ihre Eltern §§ 1601, 1606 Abs. 2 Satz 2 BGB. gelten. Sie hat daher nur Bedeutung, wenn der für tot Erklärte noch lebt und dieses sich herausstellt; nur dann kann infolge der durch die zweite Ehe geschaffenen Sachlage das Problem aktuell werden, welchem Teil der Eltern der aus der früheren Ehe hervorgegangenen Kinder das Personensorgerecht zustehen soll. Für das **Sorgerecht** und das im Gesetzestext nicht erwähnte **Verkehrsrecht** gelten dann §§ 74 und 75, und zwar auch dann, wenn der Zurückgekehrte die elterliche Gewalt gemäß § 1679 Abs. 2 BGB. zurückverlangt hat, indem er dem Vormundschaftsgericht seinen hierauf gerichteten Willen erklärt. Bemerkenswert ist, daß die Grundsätze für die Scheidung einer Ehe ohne Schuldausspruch anzuwenden sind. Es ist also nicht nur, wie nach § 71 ohnedies immer, für die Unterhaltsbeitragspflicht, sondern auch für das Sorgerecht unbeachtlich und nicht zu prüfen, ob der wiederverheiratete Elternteil bei Schließung der neuen Ehe das Überleben des andern gekannt hat, das Vormundschaftsgericht braucht und hat sich mit dieser Frage nicht zu befassen. Die Unterhaltsbeitragspflicht richtet sich nach § 71 EheG.

Keine Unterhaltsansprüche bestehen zwischen den Gatten der aufgelösten ersten Ehe, auch nicht zugunsten des wiedergekehrten und unverheiratet bleibenden für tot Erklärten; für den andern Gatten würden solche auch nach Scheidungsrecht nicht bestehen (§ 67).

Zweiter Abschnitt

Recht der Ehescheidung

A. ALLGEMEINE VORSCHRIFTEN

§ 41

Die Ehe[1] wird durch gerichtliches Urteil geschieden[1,2]. Sie ist mit der Rechtskraft des Urteils[3] aufgelöst[2]. Die Voraussetzungen, unter denen die Scheidung begehrt werden kann, ergeben sich aus den nachstehenden Vorschriften[4].

1. Die Ehe wird von den Beteiligten eingegangen, um einander bis zum Tode anzugehören. In ihrem sittlichen Wesen begründet ist daher ihre Unauflöslichkeit. Dies ist auch der folgerichtige Standpunkt des katholischen kirchlichen Rechts. Aber im übrigen ist nichtsdestoweniger zu allen Zeiten von religiösen und staatlichen Autoritäten die **Auflöslichkeit der Ehe** — sogar bis zur Verstoßung der Frau durch einseitigen Scheidebrief des Mannes — anerkannt worden. Auch das deutsche Eherecht erkennt seit restloser Überwindung des kanonischen Rechts durch das staatliche bürgerliche Recht (BGB.) — abgesehen von der rückwirkenden Vernichtung einer aus gesetzlichen Gründen nichtigen Ehe — die Auflösbarkeit der gültigen Ehe bei Lebzeiten der Ehegatten an, nicht nur die Auflösung der Lebensgemeinschaft durch die Trennung der Lebensführung der Gatten — diese gerade nicht —, sondern die völlige Zerschneidung der Ehe **dem Bande nach für die Zukunft.** Das Ehegesetz nennt diese Auflösung **AUFHEBUNG** (§§ 28, 37), wenn sie aus einem bei der Eheschließung vorhandenen, **SCHEIDUNG** (§§ 41 ff.), wenn sie aus einem während der Ehe eingetretenen gesetzlichen Grunde erfolgt.

Die amtliche Begründung zum EheG. 1938 suchte die Auflösbarkeit der Ehe mit den Belangen der Volksgemeinschaft zu rechtfertigen: für diese wertlose Ehen sollten aufgelöst werden können. Dies sollte auch der Gesichtspunkt für die Auflösung der Ehe durch die Rechtsprechung sein. In Wahrheit ist unter den Händen der Rechtsprechung das EheG. 1938 zu einem Instrument geworden, die Verstoßbarkeit der alternden Frau durch den Mann wieder einzuführen. Man tröstete die Matrone mit dem Schmuck des Mutterkreuzes aller Grade, vom bronzenen bis zum goldenen, und ließ es schmählich zu, daß der Mann ihr, wenn sie alt wurde, und ihn die Lust nach einer jüngeren befiel, einen Fußtritt gab. Erst gegen Ende der

Herrschaft des Dritten Reichs hat sich das Reichsgericht besonnen und seine Rechtsprechung eine Umkehr vollzogen. Die ersehnte sittliche Erneuerung Deutschlands wird hoffentlich, obwohl das Gesetz von 1946 die Bestimmungen des Gesetzes von 1938 ohne wesentliche Änderungen übernommen hat, doch auch dazu führen, daß jeder, auch der männliche Ehepartner, für den glücklichen Lebensabend des anderen Gatten, auch wenn seine Blüte abgefallen ist, verantwortlich gemacht und jeder Teil wieder dazu erzogen wird, das eigene Glück nicht in der Augenweide, sondern in der Verschmelzung der Herzen, in der Innigkeit der Herzensbeziehungen und der Freude an den gemeinsamen Kindern und Kindeskindern zu suchen. Diese Verschmelzung der Ehegatten hat mit Volksgemeinschaft und völkischen Belangen unmittelbar nichts zu tun, ist aber das fruchtbare Erdreich, aus dem von Generation zu Generation mit der Liebe zum ehelichen Heim und zum elterlichen Haus die Liebe zur Heimat und aus der Liebe zur gleichen Heimat der Zusammenhalt des Volkes, aus der Kinderliebe glücklicher Gatten seine Erhaltung und Erneuerung erwächst.

Scheidbar ist nur eine bestehende Ehe, also nicht eine bloße Scheinehe, welche in Wahrheit nach § 11 nicht zustandegekommen ist, nicht eine für nichtig erklärte und nicht eine durch Tod, Wiederverheiratung nach Toterklärung (§ 38), Aufhebung oder Scheidung bereits aufgelöste Ehe. Scheidbar ist aber auch eine nichtige (vernichtbare) oder aufhebbare Ehe, solange sie nicht für nichtig erklärt oder aufgehoben ist, selbstverständlich nicht etwa aus den Gründen, aus denen sie für nichtig erklärt bzw. aufgehoben werden könnte, sondern nur wenn Gründe vorliegen, aus welchen das Gesetz die Scheidung zuläßt (§§ 42—48).

2. Die **Scheidung der Ehe besteht** in ihrer Zerschneidung dem Bande nach, **ihrer völligen Auflösung** und Beseitigung **für die Zukunft.** Die gegenseitigen ehelichen Pflichten und Rechte der Eheleute hören mit der Rechtskraft des Scheidungsurteils für die Zukunft auf. Die Pflichten gegenüber den Kindern aber bleiben bestehen, insbesondere die Unterhaltspflichten (§§ 1601—1606 BGB.), an sich auch die Rechte bezüglich der Kinder, aber diese werden durch das konkurrierende Recht des anderen geschiedenen Gatten und die für die Zukunft sich ergebende Unmöglichkeit gemeinschaftlicher Ausübung stark beeinflußt, soweit es sich nicht um die vermögensrechtlichen, sondern die persönlichen Beziehungen handelt (vgl. 74, 75), weshalb diesbezüglich als Folge der Scheidung neue Regeln gelten. Die güterrechtlichen Wirkungen, welche die Ehe gehabt hatte, hören mit der Scheidung auf, — die Scheidung führt zu einer güterrechtlichen Auseinandersetzung (§ 1478) —; dasselbe gilt von den erbrechtlichen Beziehungen, welche die Ehe begründet hatte (§ 1933); ja sogar die Erhebung der Scheidungsklage beseitigt unter Umständen schon das Erbrecht des beklagten Gatten (§§ 1933, 2077 Abs. 1 BGB.). Aber in einer vermögensrechtlichen Beziehung wirkt auch die aufgelöste, aufgehobene (§ 37 Abs. 2) oder geschiedene Ehe (für die nichtigerklärte s. § 26) noch für die Zukunft nach, in der Frage des Unterhalts nämlich, den sich unter Umständen die geschiedenen Ehegatten zu gewähren haben (§§ 58 ff.). Eine einmal durch die Ehe begründete Schwä-

gerschaft wird durch die Auflösung der Ehe nicht beseitigt (§ 1590 Abs. 2 BGB.).

Eine Aufhebung der Lebensgemeinschaft unter Aufrechterhaltung des Ehebandes, so oft diese auch praktisch vorkommt, kennt das geltende Recht als gesetzlich zulässigen Zustand oder gar als Ziel und Ergebnis eines Ehestreits nicht. Nur ausnahmsweise oder vorübergehend läßt das Gesetz bei bestehender Ehe die faktische Aufhebung der Lebensgemeinschaft zu, ohne darin eine Verletzung der ehelichen Pflichten zu erblicken und daran Folgen für die Ansprüche auf Unterhalt zu knüpfen (§§ 1353, 1361 BGB.).

Die vorgenannten Wirkungen hat die Scheidung der Ehe auch dann, wenn das Scheidungsurteil unrichtig ist, insbesondere auch, wenn es etwa zu Unrecht den einen Ehegatten für allein schuldig erklärt, so daß dem anderen gegen ihn Ansprüche auf Unterhalt erwachsen sind oder Rechte bezüglich der Kinder zustehen, die bei einer richtigen Entscheidung nicht erwachsen wären bzw. ihm nicht zustehen würden. Der so durch das Urteil zu Unrecht begünstigte Ehegatte handelt, indem er das Urteil zu seinen Gunsten ausnutzt, auch dann nicht widerrechtlich, wenn er es selbst für unrichtig hält oder gar weiß, daß es unrichtig ist (RG. JW. 38 S. 1262). Dies gilt auch dann, wenn die Parteien einverständlich das unrichtige Urteil herbeigeführt haben, wie es auf gegenseitiger Schonung oder, weil der eine Teil stärker als der andere den Wunsch hat, von der Ehe loszukommen, häufig geschieht. Wenn aber das unrichtige Urteil nur von einer Seite herbeigeführt wurde, erleidet der obige Grundsatz erhebliche Einschränkung. Dann kann der andere Teil durch Schadensersatzklage aus § 826 BGB. die Beseitigung der ihm nachteiligen mittelbaren Urteilsfolgen — nicht der Scheidung der Ehe — verlangen oder den Ansprüchen aus dem Urteil mit dem Einwand unzulässiger Rechtsausübung begegnen. Dabei braucht es sich nicht einmal darum zu handeln, daß die eine Partei das Gericht getäuscht hat; es genügt, wenn die siegreiche Partei gegenüber dem Gericht oder der unterlegenen eine Handlung verübt hat, welche die richtige Entscheidung verhinderte, z. B. eine ihr als unrichtig bekannte Zeugenaussage geltend gemacht hat, um das ihr günstige Urteil zu erzielen, oder die unterlegene beklagte Partei durch die falsche Beteuerung, selbst nie Ehebruch begangen zu haben, bestimmt hat, sich nicht vertreten zu lassen und die Scheidung aus ihrem alleinigen Verschulden über sich ergehen zu lassen (s. zu Vorstehendem: Warn. 12 Nr. 25, 1914 Nr. 273, 1920 Nr. 110, 1936 Nr. 175, JW. 38 S. 1262, 1926 S. 1148, 1938 S. 1525, 1937 S. 2225, RG. 155 S. 55, 156 S. 265). Dagegen sind Schadensersatzklage und Einwand unzulässiger Rechtsausübung nicht begründet, wenn der Scheidungskläger es nur daran hat fehlen lassen, dem Beklagten oder dem Gericht eigene Verfehlungen mitzuteilen, die ihn mitschuldig erscheinen lassen (RG. 156 S. 265).

3. Eine Ehe kann auch bei übereinstimmendem Wunsch der beiden Gatten, auseinanderzugehen, nicht durch Vertrag, nicht durch übereinstimmende Erklärung vor dem Standesbeamten oder einer sonstigen Behörde,

nicht durch Scheidungsbrief des Mannes an die Frau, nicht durch Entscheidung eines Gerichtes der freiwilligen Gerichtsbarkeit, sondern **nur durch gerichtliches Urteil** geschieden werden, welches auch bei erwähnter Übereinstimmung beider Teile auf Grund eines Verfahrens ergeht, welches ein nach der Vorstellung des Gesetzes streitiges Verfahren, einen prozessualen Kampf der beiden beteiligten Gatten darstellt, weil der Gesetzgeber auch heute noch von der in der überwältigenden Mehrzahl der Fälle unzutreffenden Vorstellung ausgeht, daß die beiden Teile verschiedenes wollen, sei es, daß der eine Teil überhaupt nicht geschieden sein will, sei es, daß die Auseinanderstrebenden über den Scheidungsgrund, insbesondere die Frage des Verschuldens nicht einig sind; denn das Scheidungsrecht läßt nur ausnahmsweise eine Scheidung auf Grund eines unverschuldeten Tatbestandes zu (§§ 45—48), so daß notwendigerweise in der Mehrzahl der Fälle der eine Teil dem anderen den Vorwurf machen muß, daß er die Scheidung verschuldet habe. Daß das Gesetz von der wirklichkeitsfremden Regel ausgeht, daß unter den Beteiligten über die Scheidung Meinungsverschiedenheit besteht, ist um so wunderbarer, als § 72 erkennen läßt, daß es Vereinbarungen zwar nicht geradezu über die Scheidung, aber doch über die Folgen der Scheidung zuläßt, welche praktisch doch auch eine Einigung über die Kampfesweise unter den Regeln des Scheidungsverfahrens und mit ihr über die Scheidung selbst voraussetzen. Immerhin gibt das gesetzliche Scheidungsverfahren, auf Grund dessen die Scheidung ergeht, den Parteien die Möglichkeit, durch geeignete Anträge oder auch durch Unterlassung von Anträgen, Verzicht auf Scheidungsgründe, Nichterscheinen oder Nichtvertretensein des einen Teils ein Verhalten in dem oft nur sogenannten Scheidungs„streit" zu üben, welches dem Verfahren den Charakter eines Streits praktisch nimmt und es der Einigung über die Scheidung anpaßt oder den Streit auf Punkte beschränkt, über welche keine Einigung besteht, z. B. indem der Beklagte sich darauf beschränkt, zu beantragen, daß der Kläger für mitschuldig erklärt werden möge.

Das **Verfahren** ist in §§ 606 ff. ZPO. geregelt, welche durch die fortgeltenden §§ 30—41 DVO. zum EheG. 1938 neu gefaßt worden sind. Die Öffentlichkeit ist ausgeschlossen. Auch ein beschränkt geschäftsfähiger Ehegatte ist für den Scheidungsstreit prozeßfähig. In erster Instanz ausschließlich zuständig ist das Landgericht. Es gilt also Anwaltszwang. Jedoch besteht praktisch die Notwendigkeit, sich vertreten zu lassen und auf gerichtliche Anordnung hin zu erscheinen, wenn das erstrebte Ziel der Scheidung erreicht werden soll, nur für den Kläger, nicht auch den Beklagten. Der Prozeßbevollmächtigte des Klägers (evtl. also auch des Beklagten, wenn Widerklage erhoben werden soll) bedarf einer besonderen, auf den Scheidungsstreit gerichteten Vollmacht, deren Mangel vom Gericht von Amts wegen zu berücksichtigen ist. Örtlich zuständig ist das Landgericht, in dessen Bezirk der Ehemann seinen letzten Wohnsitz, in Ermangelung eines solchen, seinen letzten gewöhnlichen Aufenthalt gehabt hat. Es findet vor dem Prozeßgericht ein Sühneversuch statt, den das Gericht aber auch unterlassen kann. Der Staatsanwalt kann sowohl im Sinne der Erhaltung der Ehe als ihrer Auflösung eingreifen, je nachdem, ob vom

Standpunkt der Volksgemeinschaft aus das eine oder andere erwünscht ist, — Gebrauch ist von dieser Bestimmung wohl niemals gemacht worden — und zu diesem Zwecke allen Verhandlungen beiwohnen, und selbständig Tatsachen und Beweismittel vorbringen. Wohl keiner hat jemals den Staatsanwalt in dieser Rolle gesehen. Auch im übrigen ist gesetzlich, während sich die Praxis gerade umgekehrt abspielt, der Prozeßstoff der Verfügung der Parteien entzogen. Nicht nur gilt der allgemeine Grundsatz der Wahrheitspflicht und der freien Beweiswürdigung durch das Gericht, welches insbesondere einem Geständnis Glauben schenken kann oder auch nicht (§ 617 ZPO.), sondern es kann das Gericht auch von Amts wegen Ermittlungen anstellen, um selbst bei vorliegendem Geständnis den wahren Sachverhalt aufzuklären (§ 622). Dies gilt unbeschränkt freilich nur hinsichtlich der Beweismittel, nicht auch unbeschränkt hinsichtlich der amtlichen Tatbestandsermittlung, in letzterer Hinsicht insofern nicht, als das Gericht ehefeindliche Tatsachen nicht gegen den Widerspruch des Klägers in den Rechtsstreit einführen kann. Die betrübliche Wirklichkeit der Scheidungspraxis ist, daß das Gericht nicht selten statt, eheerhaltende Tatsachen von Amts wegen festzustellen, vielmehr die Parteien, um ihnen den Weg zum Scheidungsziel zu ebnen, anregt, ehefeindliche Tatsachen zu behaupten und zuzugeben, welche die damit belastete Partei ohne Ehr- oder Rechtsverlust auf sich nehmen kann. Das Gericht kann das Verfahren auch von Amts wegen bis zu einem Jahre aussetzen, wenn dies eine Versöhnung der Parteien verspricht (§ 620 ZPO.) — von diesem Recht wird niemals Gebrauch gemacht —, das Gericht muß aussetzen, wenn der Kläger es beantragt.

Auf Antrag hat das Gericht für die Dauer des Rechtsstreits **vorläufige Anordnung** zu treffen in bezug auf das Getrenntleben der Ehegatten, die Benutzung der Ehewohnung und des Hausrats (§ 19 VO. vom 21. 10. 44), ihre gegenseitige Verpflichtung sich Unterhalt zu gewähren, die Verpflichtung des Beklagten (meist Ehemannes), dem bedürftigen klagenden Gatten (meist der Ehefrau) den Prozeßkostenvorschuß zur Verfügung zu stellen, endlich das Personensorgerecht hinsichtlich der aus der Ehe hervorgegangenen Kinder und die Verteilung der Last ihres Unterhalts auf die Ehegatten (§ 627 ZPO.). Derartige Anordnungen bleiben, wenn die Ehe geschieden wird, auch nach der Rechtskraft des Urteils, also nach Ende des Rechtsstreits in Kraft, bis das Vormundschaftsgericht andere Anordnungen trifft. Den Unterhaltsanspruch der einen Partei gegen die andere, der sich nach den Vorschriften des EheG. ergibt, hat das Gericht auf Antrag auch für die Zeit nach der Scheidung zugleich mit dem Urteil beschlußmäßig einstweilen zu regeln (§ 627 b ZPO.).

Durch diese Bestimmungen werden die nachteiligen Folgen der Bestimmungen abgemildert, welche — mit Rücksicht auf die Besonderheit des Verfahrens in Ehesachen — die **Verbindung einer anderen Klage** mit einer Scheidungsklage als die einer Aufhebungsklage oder Klage auf Herstellung des ehelichen Lebens, insbesondere einer Unterhaltsklage ausschließen (§ 615 ZPO.).

Wenn die Ehe auf Grund Verschuldens einer Partei oder beider Parteien geschieden wird, ist dies von Amts wegen auch ohne Antrag im Urteil durch einen **Schuldausspruch** festzustellen (vgl. §§ 52, 53). Während sonst eine **Klageänderung** unzulässig ist, können in Ehesachen nach § 614 ZPO. bis zum Schluß derjenigen mündlichen Verhandlung, auf welche das Urteil ergeht, auch andere als die in der Klage vorgebrachten Klagegründe geltend gemacht werden. Andererseits werden durch eine Scheidungs(Aufhebungs)klage alle bis zum Urteil entstandenen Auflösungsgründe rechtshängig und sieht § 616 ZPO. eine **Ausschlußwirkung des Urteils** für alle solche Scheidungs- oder Eheaufhebungsgründe vor, welche in diesem ersten Verfahren hätten vorgebracht werden können; sie können nach Abweisung der Auflösungsklage nicht mehr geltend gemacht werden, um auf sie eine neue Auflösung-(Scheidungs-, Aufhebungs-)klage zu gründen. Dies gilt nur von solchen Klagegründen, die demjenigen Teil, welcher daraus Rechte ableiten konnte, bekannt waren und die er beweisen konnte, von anderen Eheauflösungsgründen nicht, es sei denn, daß eine neue Scheidungsklage dadurch ausgeschlossen ist, daß die Ehe inzwischen auf die Klage (Widerklage) des anderen Teils geschieden oder aufgehoben ist. Zur Unterstützung einer neuen, auf einen nachträglich entstandenen Tatbestand oder bekanntgewordenen Aufhebungsgrund gestützten Scheidungs- oder Aufhebungsklage kann aber nach § 51 auch ein solcher älterer, nach § 616 ZPO. ausgeschlossener Scheidungsgrund noch herangezogen werden, auf den eine Klage selbständig infolge der Ausschließung nicht mehr gestützt werden könnte. Diese Ausschließung gilt für alle Klagen, welche mit der abgewiesenen Klage hätten verbunden werden können. Es kann also nach Abweisung der Scheidungs- (Aufhebungs)klage nicht eine Aufhebungs- (Scheidungs-) klage oder Widerklage auf einen Grund gestützt werden, welcher schon bekannt und beweisbar war, solange das erste Verfahren schwebte und auf welchen damals schon die Aufhebungs- oder Scheidungsklage oder Widerklage hätte gestützt werden können. Auch gegen den Beklagten gilt der Ausschließungsgrundsatz, auch er kann durch eine selbständige neue Klage nicht mehr geltend machen, was er hätte geltend machen können, um eine Widerklage darauf zu gründen. Es werden also mit der Erhebung der Scheidungs- oder Aufhebungsklage alle Scheidungs- oder Aufhebungsgründe rechtshängig und verbraucht, welche bis zum Schlusse der mündlichen Verhandlung, auf welche das Urteil ergeht, für die eine oder die andere Seite entstanden, ihr bekannt und beweisbar waren.

Der Erlaß eines **Teilurteils** ist unzulässig.

Ein **Versäumnisurteil** kann nur gegen den Kläger ergehen (§ 618 Abs. 5 ZPO.). Fehlte der Beklagte im ersten Termin, konnte früher erst in einem neuen Termin verhandelt werden, welcher auf Antrag des Klägers zu bestimmen und zu welchem der Beklagte neu zu laden war. Nunmehr kann schon im ersten Termin gegen ihn einseitig verhandelt werden, aber nicht Versäumnisurteil ergehen, d. h., das Gericht hat nicht ohne weiteres auf Grund gesetzlicher Vorschrift (§ 313 ZPO.) das Klagevorbringen als zugestanden anzusehen, sondern nach freier Überzeugung zu entscheiden und vorher den Sachverhalt von Amts wegen aufzuklären und zu ermitteln, soweit es von ihm nicht überzeugt ist.

Das Gericht kann das persönliche Erscheinen der Parteien anordnen, um sie nach § 141 ZPO. anzuhören oder nach § 445 ZPO. zu vernehmen und evtl. zu vereidigen, ohne daß die Gegenpartei auf die Vereidigung verzichten könnte. Leistet eine Partei dieser Anordnung keine Folge, so muß gegen sie Ordnungsstrafe verhängt werden. Auch kann sie zwangsweise vorgeführt, dagegen aber keine Haftstrafe gegen sie ausgesprochen werden. Im übrigen bleibt es Gegenstand der freien Beweiswürdigung durch das Gericht, welche Schlüsse es aus der Weigerung einer Partei, sich vernehmen oder vereidigen zu lassen, oder zu erscheinen, ziehen will. Vgl. im einzelnen die Erl. zu §§ 606 ff. ZPO. S. 372 ff.

4. Das Gesetz führt die **Scheidungsgründe** in §§ 42—48 erschöpfend auf. Weitere Scheidungsgründe gibt es nicht. So ist die Zerrüttung der Ehe als solche zwar regelmäßig Scheidungsvoraussetzung, für sich allein aber kein Scheidungsgrund, es sei denn, daß die häusliche Gemeinschaft seit drei Jahren aufgehoben ist (§ 48). Auch die einseitige unüberwindliche Abneigung oder die Liebe des einen Ehegatten zu einer dritten Person ist, mag sie auch eine Zerrüttung der Ehe nach sich ziehen, für ihn selbst (außer nach § 48) niemals, für den anderen Gatten nur dann ein Scheidungsgrund, wenn sich der erstere einer Verfehlung nach § 42 oder 43 schuldig macht. Dasselbe gilt entsprechend von der gegenseitigen Abneigung.

Sind auch die Scheidungsgründe in §§ 42—48 erschöpfend aufgezählt, und kann die Ehe aus einem anderen Grunde nicht geschieden werden, so ist doch dem Bedürfnis nach einer Anpassung Rechnung getragen, indem das Gesetz die Tatbestände des § 43 — Scheidung aus Verschulden — und des § 48 — Scheidung ohne Verschulden — als „beschränkte Generalklauseln" weit gefaßt hat (RG. 164 S. 60).

Die Scheidungsgründe zerfallen in solche, welche einen verschuldeten Tatbestand darstellen (§§ 42 und 43) und in solche, die ein Verschulden nicht voraussetzen (§§ 44 bis 48). Die Wirkungen der Scheidung hinsichtlich der ferneren Beziehungen der Ehegatten zueinander und zu den Kindern sind andere, je nachdem, ob sie auf einem Grund der einen oder anderen Art beruht. Es ist Sache des Klägers, zu bestimmen, in welcher Reihenfolge das Gericht über die von ihm geltend gemachten Scheidungsgründe entscheiden soll. Trifft der Kläger eine solche Bestimmung nicht, so ist anzunehmen, daß der Verschuldenstatbestand den anderen Scheidungsgründen vorgehen soll, weil ein auf Grund eines solchen ergehendes Scheidungsurteil für die künftige Regelung der Unterhaltsansprüche und des Personensorgerechts bezüglich der Kinder für ihn die günstigere Grundlage bildet. (Ebenso RG. IV 83/39 vom 21. 10. 39). Auch innerhalb der Verschuldenstatbestände gibt es Wertunterschiede. Am schwersten wiegt wegen §§ 9, 22 und wegen § 172 StGB. der Scheidungsgrund des Ehebruchs. Der Kläger, welcher nebeneinander Scheidung aus § 42 und § 43 verlangt hat, ist daher beschwert und kann Berufung einlegen, wenn das Gericht die Ehe lediglich aus § 43 geschieden hat, es sei denn, daß beide Scheidungsgründe als gleichwertig geltend gemacht worden sind und der Scheidungsgrund des Ehebruchs nicht spruchreif ist; auch letzterenfalls kann aber der Kläger als Berufungsbeklagter, wenn er sich der Berufung anschließt, Scheidung aus § 42 erreichen (vgl. auch RG. 164 S. 186). Der Kläger ist nicht beschwert, wenn die Ehe wegen Ehebruchs aus § 42 geschieden wurde, umgekehrt kann in diesem

Falle der Beklagte beschwert sein (vgl. zu vorstehendem RG. 123 S. 136, 150 S. 384, 151 S. 47, Warn. 1920 Nr. 151 JW. 1919 S. 243).

Da, wenn mehrere Ehebrüche nebeneinander geltend gemacht werden, jeder für sich Wirkungen nach §§ 6, 22 und nach § 172 StGB. erzeugt, ist der Kläger beschwert, wenn nur wegen eines Ehebruchs geschieden wird, und umgekehrt der Beklagte, wenn wegen mehrerer Ehebrüche geschieden wird, wenn er nur einen zugegeben hat (RG. 123 S. 134, Warn. 1928 Nr. 158).

Aus einem Scheidungsgrund, der zwar behauptet, auf den aber kein Scheidungsverlangen gestützt wurde, kann eine Ehe nicht geschieden werden, z. B. nicht aus Ehebruch, wenn dieser zwar behauptet, die Scheidung aber auf Grund anderer Verfehlungen nach § 43 verlangt war (Warn. 1915 Nr. 145).

Denn wenn auch der Tatsachenstoff nicht der Verfügung durch die Parteien uneingeschränkt unterliegt, so kann eine Partei doch auf einen Scheidungsgrund verzichten (s. II zu § 49).

5. Sind Ausländer an einer Ehe beteiligt, so sind zwei Fragen zu unterscheiden: a) ob für die Scheidung deutsche Gerichtsbarkeit ausgeübt wird, und zwar mit dem Anspruch auf Ausschließlichkeit oder neben der ausländischen Gerichtsbarkeit, und welches deutsche Gericht im Einzelfall örtlich zuständig ist. — Diese Frage ist aus §§ 606, 328 ZPO. zu beantworten. b) ob deutsches oder ausländisches evtl. welches ausländische Recht auf die Scheidung anzuwenden ist — hierfür gelten A. 17, 27, 29, 30 EGBGB. i. d. F. nach § 29 DVO. EheG. 1938 (s. 1 d zu § 1).

B. EHESCHEIDUNGSGRÜNDE

I. SCHEIDUNG WEGEN VERSCHULDENS (EHEVERFEHLUNGEN)

§ 42. Ehebruch[1]

1. Ein Ehegatte kann Scheidung begehren[4], wenn der andere die Ehe[2] gebrochen hat[3].

2. Er hat kein Recht auf Scheidung, wenn er dem Ehebruch zustimmt[6] oder ihn durch sein Verhalten absichtlich ermöglicht oder erleichtert hat[7].

1. Unter den Scheidungsgründen aus Verschulden führt das Gesetz an erster Stelle den **EHEBRUCH** an. Es ergibt sich daraus, daß nur ein verschuldeter Ehebruch ein Scheidungsgrund oder richtiger gesagt ein Ehebruch ist (s. RG. 165 S. 319), und zwar ist die Sonderbehandlung nach §§ 42, 6 nur bei einem vorsätzlichen Ehebruch gerechtfertigt (s. 3). Von Verschulden abgesehen, ist zu fixieren, ob und wo (unter welchen Umständen) auch die eheliche Pflicht zur Treue eine Grenze hat (vgl. §§ 44 bis 46). Zwischen beidem wird meist nicht scharf unterschieden. Als Scheidungsgrund scheidet aus ein durch Gewalt (Vergewaltigung) erzwungener Ehebruch, auch ein Ehebruch der in Notstand d. h. aus Furcht vor gegen-

wärtiger, als ernst erachteter Bedrohung für Leib und Leben (RG. Warn. 1932 Nr. 140, HRR. 33 Nr. 109) oder zur Abwendung einer gegenwärtigen Gefahr erheblicher (nicht bloß leichter) oder nachhaltiger Beeinträchtigung der Gesundheit oder Unversehrtheit begangen wurde (OGH. Köln, Band 1, S. 224; s. hiezu Beitzke DRZ. 49 S. 138, Brinkmann NJW. 48 S. 303, unter fast zu großzügiger Annahme eines Notstandes mit Zustimmung Giesekes OLG. Kiel MRD. 48 S. 217). Putativnotstand entschuldigt (OGH. Köln a.a.O.), ebenso ein derartiger wirklicher oder vermeintlicher Notstand des eigenen Kindes (OGH. a.a.O.), wohl auch des Ehemannes, nicht ein anderer Beweggrund wie die Abwendung schwerer wirtschaftlicher Not von der Familie (OGH. a.a.O.), nicht auch Unzumutbarkeit eines anderen durch den Ehebruch abwendbaren Nachteiles (zweifelnd OGH. a.a.O.), dagegen aber Irrtum, mag der Irrtum auch fahrlässig, sogar grob fahrlässig gewesen sein (RG. 120 S. 38), etwa weil der andere Partner z. B. in Schlaftrunkenheit für den eigenen Ehegatten oder weil die eigene Ehe fälschlich für rechtskräftig geschieden oder ungültig (RG. 150 S. 348, Warn. 1915 Nr. 144) gehalten wurde. Bedingter Vorsatz schließt entschuldigenden Irrtum aus. Die freie Willensentschließung ausschließende krankhafte Störung der Geistestätigkeit im Augenblick des Ehebruchs, welche die Voraussetzungen des § 51 StGB. erfüllt, desgl. so gearteter Schwachsinn (Warn. 1915 Nr. 290) schließt ein Verschulden aus. Dasselbe gilt von sinnloser Betrunkenheit, dagegen nicht von der Weinlaune oder Angetrunkenheit. Das Verschulden gehört zu dem vom Scheidungskläger zu behauptenden und zu beweisenden Scheidungstatbestand. Verschulden fällt auch dem Ehegatten nicht zur Last, der den anderen auf Grund einer Sterbeurkunde oder eines gerichtlichen Todesfeststellungs- oder Toterklärungsbeschlusses für tot gehalten hat, obwohl letztere nur eine Vermutung begründet; dem Heimkehrer ist in einem solchen Fall (s. 8 Abs. 1 zu § 43) gegen die Zumutung, die Ehe mit einem Gatten fortzusetzen, der inzwischen einem oder mehreren anderen angehört hat, ebenso wie diesem selbst nur unter den schweren Voraussetzungen des § 48 (s. aber dessen Abs. 3) mit der mißlichen Folge des § 61 Abs. 2 zu helfen. § 43 Satz 2 ist auch nicht entsprechend anwendbar (RG. 164 S. 272).

Der Ehebruch ist vor allen Scheidungsgründen ausgezeichnet sowohl durch Strafbarkeit (§ 172 StGB.), als auch als Grundlage eines Ehehindernisses (§§ 6, 22), vorausgesetzt, daß er im Scheidungsurteil als Scheidungsgrund angegeben ist. Wird der Kläger wegen Ehebruchs für mitschuldig erklärt (ohne daß Widerklage erhoben war, sei es aus Rücksicht oder, weil das Scheidungsrecht verloren war, oder der Beklagte primär an der Ehe festhalten wollte), so ist der Ehebruch nicht Scheidungsgrund und auch nicht im Urteilstenor festzustellen (RG. 163 S. 377).

2. Gebrochen werden kann natürlich nur eine bestehende Ehe. Eine Nichtehe (§ 11) kann nicht gebrochen werden, braucht ja auch nicht geschieden zu werden, um aufgelöst zu sein. Dagegen kann auch eine vernichtbare oder aufhebbare Ehe gebrochen werden, solange sie nicht für nichtig erklärt oder aufgehoben ist.

3. Mit Rücksicht auf §§ 6, 22 ist es notwendig, den **Tatbestand** des Ehebruchs von anderen Tatbeständen ehewidriger Untreue in geschlecht-

licher Beziehung scharf abzugrenzen. Nach feststehender RGR. und allg. Meinung ist zum Tatbestand des Ehebruchs erforderlich und genügend die zur normalen Vollziehung des Beischlafs erforderliche Vereinigung der Geschlechtsteile (immissio penis). Künstliche Befruchtung mit dem Samen eines anderen Mannes ist zwar schwere Eheverfehlung im Sinne von § 43, aber sonach nicht Ehebruch. Zu diesem genügt nicht die äußerliche Berührung des weiblichen mit dem männlichen Geschlechtsteil, erst recht nicht die einseitige oder gegenseitige Berührung des Geschlechtsteils mit den Händen, den Lippen oder der Zunge, auch nicht die einseitige oder beiderseitige Ejakulation ohne Vereinigung der Geschlechtsteile, wie auch nicht erforderlich ist, daß es zu ersterer kommt (vgl. Warn. 1932 Nr. 140). Wenn auch die geschlechtliche Vereinigung begriffliches Erfordernis des Ehebruchs ist, braucht er sich darin nicht zu erschöpfen; abgesehen von damit verbundenen (körperlichen) geschlechtlichen Handlungen (Liebkosungen, Berührungen), kann die Herzensuntreue hinzukommen, die, wenn sie sich bis zu physischen Äußerungen nachgibt oder auf mangelndem Widerstandswillen beruht, immer schuldhafte Eheverfehlung ist. Es ist daher denkbar, daß der beleidigte Gatte den Ehebruch und damit zugleich untrennbar die normalen sonstigen physischen Untreuehandlungen verzeiht, die Herzensuntreue aber nicht. (Dies bedenkt Schmid DRZ. 49 S. 7 und Lg. Stuttgart DRZ. 49 S. 261 nicht; gegen ersteren Nell DRZ. 49 S. 247, Wälde NJW. 49 S. 374.) Versuchter Ehebruch soll dem vollzogenen nach nicht zu billigender allgemeiner Meinung und RGR. (JW. 01 S. 548) nicht gleichzustellen sein. Päderastie, lesbische Liebe, Bestialität scheiden nach dem Gesagten für § 42 aus und kommen nur nach § 43 in Betracht.

Der Ehebruch in vorstehendem Sinn ist zu beweisen, was mitunter schwierig sein kann; der Beweis kann auch mittelbar, insbesondere durch den Nachweis der Erzeugung oder Geburt eines Kindes, auch einer Ansteckung geführt werden, wenngleich nicht zu übersehen ist, daß letztere auch ohne Vereinigung der Geschlechtsteile möglich ist.

4. Der verletzte Ehegatte kann Scheidung der Ehe begehren. Er kann nach h. A. das Scheidungsbegehren auch mit § 43 begründen, wenn — wie wohl immer, weil das Scheidungsbegehren die Ehezerrüttung anzeigt, — die Voraussetzungen dieser Gesetzesstelle erfüllt sind (ebenso Mitteis FamR. S. 60 u., a.a.A. Niesert 2 zu § 43, Lg. Stuttgart DRZ. 49 S. 261). Dies ist schon im Hinblick auf den Grad des Verschuldens wichtig (vgl. o. 1 und 8 Abs. 1 zu § 43). Dann kann und muß nach h.A. auf Antrag des Klägers (HRR. 1939 Nr. 144) die Ehe aus § 43 geschieden werden, so daß die Folgen der Scheidung aus §§ 9, 26 und 172 StGB. fortfallen. Der Kläger kann auch im Laufe des Scheidungsstreites unter dem Gesichtspunkt einer Teilverzeihung oder eines Teilverzichtes (s. 13 f. zu § 49) aus den in Anm. 3 angestellten Erwägungen von der Begründung aus § 42 zu § 43 übergehen (a.A. Schmid a.a.O., gegen diesen Weisner, Kleinewefers, Hamelbeck, Plaßmann DRZ. 49 S. 148, vgl. 1 zu § 43).

Dagegen kann der verletzte Ehegatte weder gegen den anderen Ehegatten noch gegen dessen Partner auf Unterlassung des Ehebruchs klagen (RG. 151 S. 159), auch nicht auf Entfernung der Ehebrecherin aus der Wohnung des mit ihr zusammenlebenden Mannes (MDR. 48 S. 258), wohl aber aus der von der verletzten Ehefrau mitbenutzten Ehewohnung (s. 1 a. E. zu § 43) und ebenso gegen die Konkubine auf Unterlassung des Zusammenlebens mit dem Ehemann in der Ehewohnung (OLG. Köln SJZ. 49 Sp. 623), nicht auf Schadensersatz im Falle der Scheidung (RG. 72 S. 178, vgl. 1 a.E. zu § 43); wohl aber läßt RG. 152 S. 397 den Ehebrecher gegenüber dem Ehemann, wenn die Unehelichkeit eines von ersterem erzeugten in der Ehe geborenen Kindes nicht mehr geltend gemacht werden kann, auf Schadensersatz wegen des dem Kinde von dem Ehemann zu gewährenden Unterhalts haften.

5. a) der Ehebruch ist sogenannter absoluter Scheidungsgrund (RG. 163 S. 348, vgl. auch OLG. Kiel DRZ. 47 S. 166, ebenso Haff FamR. S. 57, a.A. Beitzke DRZ. 46 S. 126 unter Berufung auf § 49; s. hierüber unter b), LG. Essen DRspr. Bl. 24 Ziff. 1, hiergegen unter beifallswerten rechtsteleologischen Gesichtspunkten Scanzoni NJW. 49 S. 742, zweifelnd OGH. Köln MDR. 48 S. 209, r.Sp. 2), welcher das Scheidungsverlangen rechtfertigt, ohne Rücksicht darauf, ob er die Ehe zerrüttet hat (Lehmann FamR. S. 137, a.A. Beitzke FamR. S. 49, vgl. auch Frantz NJW. 50 S. 94). Dies bedeutet mehr als nur, daß nicht bewiesen zu werden braucht, daß die Ehe zerrüttet ist. Vielmehr braucht eine Zerrüttung überhaupt nicht zu bestehen oder kann schon vorher bestanden haben, insbesondere ist der Ehebruch Scheidungsgrund, auch wenn er selbst, wie sehr oft, die Folge einer vorher vorhandenen, nicht selten von dem andern Gatten verursachten, ja verschuldeten Ehezerrüttung, z. B. einer bestehenden Trennung und Aufhebung der häuslichen Gemeinschaft ist; — auch wenn getrennt und einander abgewandt, bleiben die Ehegatten einander zu Treue verpflichtet —, innerhalb der Fristen des § 50 auch dann, wenn er die Ehe nicht zerrüttet hat, sofern er nur unverziehen ist. So kann es sein, daß der verletzte Ehegatte trotz fortdauernder Liebe und ehelicher Gesinnung auf seiner Seite die Scheidung aus — vielleicht nur von Dritten aufgestacheltem — Stolz begehrt, ohne daß die Ehe zerrüttet ist, desgleichen, daß die Zerrüttung eine andere Ursache hat, z. B. den Wunsch des verletzten Ehegatten eine andere Person zu heiraten, mag dieser Wunsch vor oder nach dem Ehebruch erwacht sein. Daß der Ehebruch Scheidungsgrund ist, auch wenn er die Ehe nicht zerrüttet hat, ist insbesondere bedeutsam für das Scheidungsbegehren eines Geisteskranken, welcher keine Empfindung für die Verfehlung des anderen Ehegatten hat, so daß ihm nach RGR. ein Scheidungsanspruch wegen Zerrüttung der Ehe nicht erwachsen kann, weil nach der Meinung des Reichsgerichts in solchem Falle eine Zerrüttung der ehelichen Gesinnung des Verletzten nicht denkbar ist (RG. 163 S. 348), wo aber dem Kranken durch einen fast komischen originellen Kniff der Anspruch doch gewährt wird (s. unter b a.E.).

b) Schwierig ist es, mit vorstehenden Grundsätzen den Grundsatz des § 49 zu vereinen, daß Scheidung nicht verlangt werden kann, wenn das Verhalten des verletzten Ehegatten zu erkennen gibt, daß er die Verfehlung des anderen nicht als ehezerstörend empfunden hat. Nichtsdestoweniger will die h.M. und RG. (z. B. 164 S. 272) letzteren Grundsatz auch für den Ehebruch anwenden. Aber der Grundsatz unter a ist damit unvereinbar; denn in allen Fällen, in welchen der Ehebruch keine Ehezerrüttung verursacht hat, wird der verletzte Teil ihn nicht als Ehezerstörung empfunden haben und wird sein Verhalten dies erkennen lassen. Die Anwendung des § 49 würde daher den Grundsatz a aufheben und ist deshalb entgegen der h.M. unangängig. Käme es auf die inneren Vorgänge auf seiten des Verletzten im Rahmen des § 49 an, so wäre unverständlich, daß das Gesetz den Ehebruch aus dem Tatbestand des § 43 besonders hervorgehoben und zum selbständigen Scheidungsgrund gemacht hat, dessen Tatbestand erschöpfend geregelt ist. Die h.M. und RG. ist mindestens heute überholt. Die nationalsozialistische Gesetzgebung und Rechtsprechung, welche im übrigen trotz Fortgeltung des ehefreundlichen Abs. 2 die Scheidung begünstigte, hat im allgemeinen den Ehebruch (des Ehemanns) nachsichtiger beurteilt, als er es verdient. Auch die Anwendung des § 49 Schlußhalbsatz auf ihn bedeutet eine im Vergleich zum BGB. laxere Beurteilung. Es steht heute der Weg zur Umkehr offen. Der Ehebruch, der Bruch der ehelichen Treue bedeutet eine einseitige Lossagung von der Ehe und stellt deshalb eine eheliche Verfehlung dar, die an Schwere nur durch den Angriff auf das Leben oder die Freiheit des Ehepartners übertroffen werden kann. Es muß daher dabei bleiben, daß der Ehebruch ein absoluter durch keine weitere Voraussetzung abgemilderter Scheidungsgrund ist. Auch bei der Ehe zwischen einer Bordellwirtin und einem Verbrecher ist Ehebruch des Mannes Scheidungsgrund (OLG. Kiel SchlHA. 46 S. 450).

Insbesondere ist die von RG. 160 S. 104, 163 S. 248 ausgesprochene Meinung wenigstens in ihrer Anwendung auf den Ehebruch nicht haltbar, es sei durch § 49 die ältere Rechtsprechung überholt, welche eine Ehe niemals als so weit zerrüttet ansehen wollte, daß eine neue Verfehlung die Zerrüttung nicht noch vertiefen könnte. Diese neuere Meinung würde zusammen mit der Anwendung des § 49 dazu führen, daß in einer zerrütteten Ehe jedem Ehegatten der Ehebruch freisteht, auch demjenigen, der die Zerrüttung verschuldet hat. Mit Recht ist RG. 164 S. 187 deshalb davon wieder abgegangen (wiederum anders aber RG. 167 S. 303); denn diese Meinung kann um so weniger zutreffen, als die Ehe auch durch Verfehlungen zerrüttet sein kann, welche verziehen oder nach § 50 unverwertbar sind. Würde in einem solchen Falle eine neue Eheverfehlung (Ehebruch) nicht mehr als ehezerstörend empfunden werden können, würden die Ehegatten außer auf dem dreijährigen Umweg des § 48 niemals mehr auseinanderkommen. Es kann auch sein, daß der verletzte Ehegatte das Weiterleben in einer selbst völlig zerrütteten Ehe aus irgendwelchen Gründen (Rücksicht auf die Kinder) auf sich genommen hat, daß ihm aber ein Ehebruch des anderen Ehegatten unvereinbar mit seiner Ehre erscheint. Es kann daher dem Ehegatten die Geltendmachung des Ehebruchs mit § 49 vorbehaltlich Anm. 5 — auch dann nicht verwehrt werden, wenn er nach seiner Persönlichkeit auf die eheliche Treue des anderen Gatten keinen Wert legt. Das Scheidungsrecht wegen Ehebruchs des anderen Gatten hat auch, wer sich selbst des Ehebruchs einmal oder öfter schuldig gemacht und erwartet hat, daß der andere Ehegatte dies nicht als ehezerstörend empfinden werde. Das schließt übrigens ohnedies nicht aus, daß er selbst den Ehebruch des anderen als ehezerstörend empfindet; § 49 bräuchte also nicht gegen ihn anwendbar zu sein (vgl. RG. 169 S. 171/72), wenn er anwendbar wäre. Was hier hereinspielt, ist die Zumutbarkeitsfrage; diese und die Aufrechnung von Ehebrüchen ist dem geltenden Recht unbekannt (RG. JW. 1929 S. 37, 158 S. 203, 169 S. 272, a.A. Haff FamR. S. 59, s. auch 6 und 7).

Die RGR. führt übrigens bei einem Geisteskranken zu einem seltsamen Ergebnis. Sie versagt ihm den Scheidungsgrund aus §§ 43, 48, weil seine eheliche Gesinnung nicht zerrüttet werden könne. Aber den Scheidungsanspruch wegen Ehebruchs soll er nichtsdestoweniger immer haben, obwohl mit der Anwendung des § 49 implicite zur Voraussetzung gemacht wird, daß der Ehebruch den verletzten Gatten berührt hat, und zwar bloß deshalb, weil er durch sein Verhalten nichts zu erkennen geben könne (RG. 163 S. 347), also auch nicht, daß der Ehebruch ihn nicht berührt habe, während einem geistig Gesunden, dessen eheliche Gesinnung zerrüttet werden kann, entgegengehalten werden kann, daß der Ehebruch sie nicht zerstört habe, wie sein Verhalten ergebe.

Vgl. auch 2 zu § 49.

6. Der Ehebruch begründet kein Scheidungsrecht, wenn der andere Ehegatte ihm zugestimmt hat. Die **Zustimmung** ist kein Rechtsgeschäft, sondern ein innerer Willensvorgang, ein Sichabfinden des einen Ehegatten damit, daß der andere die Ehe brechen wird. Sie braucht sich nach außen nur insoweit kundzugeben, als sie erkennbar sein muß, um beachtlich und auch um beweisbar zu sein. Sie braucht also vor dem Ehebruch nicht einmal zur Kenntnis des anderen Gatten oder des Mitehebrechers zu gelangen, geschweige einem von diesen als Erklärung zugehen (RG. 85 S. 204, Warn. 1917 Nr. 179, 1930 Nr. 167). Es gibt auch eine schweigende duldende Zustimmung, aber deshalb ist Schweigen noch nicht ohne weiteres als Zustimmung anzusehen, besonders dann nicht, wenn der verletzte Teil das ehebrecherische Treiben auch durch Vorhaltungen nicht hindern kann (RG. Warn. 1935 Nr. 7). Auch nicht, wenn er sich aus Gründen der Weltanschauung oder aus Gefühlskälte gleichgültig verhält. Wenn der eine Ehegatte den anderen verläßt, um selbst mit einer dritten Person zusammenzuleben, so kann darin die Zustimmung damit liegen, daß auch der verlassene Ehegatte die Treue bricht (vgl. Warn. 1935 Nr. 135, Grund. DJ. 1934 S. 1006). Ein bloßer Versuch, die Treue des anderen Gatten auf die Probe zu stellen, ist keine Zustimmung (Warn. 1915 Nr. 55 und 143), s. aber auch 7. Doch genügt Eventualzustimmung, so daß in einem solchen Versuch, insbesondere in der Anstiftung eines Dritten zum Ehebruch mit dem anderen Gatten unter Umständen auch eine Zustimmung zu erblicken sein kann (Warn. 1921 Nr. 16) und der zustimmende, den Dritten anstiftende Ehegatte kein Recht auf Scheidung gewinnt, aber durch eigene schwere Eheverfehlung dem anderen einen Scheidungsgrund gegeben hat; vgl. auch 7. Die Zustimmung kann sich auf den Ehebruch im Einzelfall beschränken oder einen Generalverzicht auf eheliche Treue enthalten (Beispiel: Beide Gatten räumen sich von Hause aus oder nachträglich geschlechtliche Freiheit ein, ein Zuhälter lebt von dem unzüchtigen Treiben seiner Frau, ein Gastwirt drückt die Augen zu, wenn seine Frau seinen Gästen zu Willen ist und läßt sie als Animierdame wirken). Die Zustimmung kann, wenn sie erklärt wird, auch bedingt und befristet sein. Sittenwidrige Bedingungen sind unbeachtlich (RG. JW. 1928 S. 788). Die Zustimmung muß ernst gemeint sein. Von einer in der Erregung ausgesprochenen Zustimmung kann unter Umständen anzunehmen sein, daß sie nicht ernst gemeint ist. Natürlich ist die Zustimmung jederzeit mit Wirkung für die Zukunft widerruflich (Kiel DRZ. 47 S. 166).

Der Irrtum des ehebrecherischen Teils über die Zustimmung des Verletzten und ihre Ernstlichkeit vermag natürlich die Zustimmung nicht zu ersetzen, macht auch den Ehebruch nicht zum unverschuldeten (Recht 1929 Nr. 511; vgl. auch Warn. 1920 Nr. 201).

Gleichgültig ist der Beweggrund der Zustimmung; nicht nur der liebende Ehegatte, der unter der Treulosigkeit des anderen leidet, sie aber zustimmend hinnimmt, um sich die Freundschaft des anderen Teils und ein, wenn auch noch so loses, eheliches Band zu erhalten, begibt sich durch seine Zustimmung des Scheidungsanspruches, sondern auch der Ehegatte, welcher dem Ehebruch gerade in dem Wunsch nach Scheidung zustimmt, weil er glaubt, daß er ihm einen Scheidungsgrund geben werde.

7. Scheidungsgrund ist der Ehebruch ferner auch dann nicht, wenn der andere Ehegatte ihn ermöglicht oder erleichtert hat. Vorausgesetzt wird, daß letzterer nicht bloß vorsätzlich mit dem Bewußtsein, sondern in der Absicht gehandelt hat, seinem Ehegatten den Ehebruch zu ermöglichen oder zu erleichtern, mag er auch den Ehebruch selbst nicht wollen. (Das Wort „absichtlich", das grammatikalisch richtig nach „ihn" stünde, bezieht sich n. allg. M. auch auf „erleichtert".) Durch letzteres unterscheidet sich dieser Tatbestand von dem der Zustimmung, mit dem er in der Mehrzahl der Fälle zusammenfallen dürfte. Es genügt also nach dieser — erweiternden — Bestimmung schon, wenn ein Ehegatte den anderen absichtlich in Versuchung führt, indem er den Ehebruch ermöglicht oder erleichtert, selbst nur um ihn auf die Probe zu stellen.

Was die Ermöglichung und Erleichterung betrifft, so sind mannigfache Tatbestände denkbar. Sie kann auch in dauernder Trennung von dem anderen Ehegatten oder seiner dauernden geschlechtlichen Vernachlässigung bestehen, immer vorausgesetzt freilich, daß subjektiv nicht nur der Vorsatz, sondern auch die Absicht besteht, ihm damit den Ehebruch zu ermöglichen oder zu erleichtern.

Da diese Absicht unvermeidbar zugleich auf eine ethische Erniedrigung des andern Ehegatten abzielt, bedeutet sie regelmäßig eine schwere Eheverfehlung nach § 43 gegen diesen, die, wenn es nicht zum Ehebruch kommt, Scheidungsgrund, selbstverständlich darum auch Grund zur Widerklage oder Mitschuldigerklärung ist.

§ 43. Andere[1] Eheverfehlungen[2, 4]

Ein Ehegatte kann Scheidung begehren, wenn der andere durch[6] eine schwere[7] Eheverfehlung[2] oder durch[6] ehrloses oder unsittliches Verhalten[5] die Ehe schuldhaft[8] so tief zerrüttet[6] hat, daß die

Wiederherstellung einer ihrem Wesen entsprechenden Lebensgemeinschaft nicht mehr erwartet werden kann[7]. Wer selbst eine Verfehlung begangen hat, kann die Scheidung nicht begehren, wenn nach der Art seiner Verfehlung, insbesondere wegen des Zusammenhangs der Verfehlung des anderen Ehegatten mit seinem eigenen Verschulden, sein Scheidungsbegehren bei richtiger Würdigung des Wesens der Ehe sittlich nicht gerechtfertigt ist[9].

1. Hebt das Gesetz in § 42 den Ehebruch als den schwersten Verstoß gegen die durch die Ehe eingegangenen Pflichten als sogenannten „absoluten" Scheidungsgrund (s. zu § 42) besonders heraus, so regelt es in § 43 die Voraussetzungen, unter denen auch irgendeine andere Verletzung der ehelichen Verpflichtungen das Scheidungsbegehren rechtfertigen kann. Zu diesen Voraussetzungen gehört, daß die Verfehlung schuldhaft und schwer ist, und daß sie eine tiefe Zerrüttung der Ehe verursacht hat. (In beiden Beziehungen trägt der Kläger Beweislast und Beweisrisiko und kommt dem an der Ehe festhaltenden Beklagten § 62 Abs. 2 ZPO. zustatten.) Man nennt deshalb alle schuldhaften Eheverfehlungen, die nicht in Ehebruch bestehen, **RELATIVE SCHEIDUNGSGRÜNDE.** Trotz der Überschrift „andere" Eheverfehlungen besagt § 43 nach ständiger Rechtsprechung nicht, daß nicht auch ein Ehebruch zugleich unter § 43 fällt, in dem Sinn, daß nicht auf ausdrückliches Verlangen des Scheidungsklägers, welcher Ehebruch geltend macht, dieser lediglich nach § 43 zu werten wäre. Die h. M. nimmt an, daß in diesem Fall die rechtlichen Folgen des Scheidungsurteils nach §§ 6 und 22 und nach § 172 StGB. nicht eintreten. Dies ist aber schwer zu begründen; denn es ist nicht einzusehen, warum in solchem Falle die auf Verlangen des Klägers wegen Ehebruchs des Beklagten nach § 43 geschiedene Ehe nicht wegen Ehebruchs geschieden sein soll. Vgl. aber hierzu 3 zu § 42.

Durch seine weite Fassung erscheint § 43 als eine der „beschränkten Generalklauseln" des Scheidungsrechts (RG. 164 S. 60), § 48 als die andere.

Der durch die Eheverfehlung verletzte Ehegatte braucht nicht mit einer Scheidungsklage zu reagieren. Er kann auch Erfüllung der ehelichen Pflichten und ein ihnen entsprechendes Verhalten, auch durch Klage, fordern, wenn auch das Urteil gewöhnlich nicht vollstreckbar sein wird (vgl. 4a über Herstellung des ehelichen Zusammenlebens). Soweit die Eheverfehlung des anderen Teils in der Verletzung eines der nach § 823 BGB. geschützten Rechtsgüter besteht, kann der Verletzte unabhängig von evtl. neben einem Scheidungsverfahren Unterlassungsklage im ordentlichen Verfahren erheben und in diesem eine einstweilige Verfügung erwirken (ebenso KG. JR. 49 S. 251, wo unter dem Gesichtspunkt der Ehrverletzung der gekränkten Frau ein Anspruch gegen den Mann gewährt wird, es zu unterlassen, seiner Angestellten und Geliebten Zutritt zur Werkstatt zu gewähren, die in zwei Zimmern der Ehewohnung untergebracht war, vgl. auch OLG. Kiel DRZ. 47 S. 166 und unten 4a sowie 4 a.E. zu § 42).

2. EHEVERFEHLUNG ist jede Verletzung einer ehelichen Pflicht. Die ehelichen Pflichten beginnen an sich erst mit der Eheschließung. Aber von richtiger ethischer Warte aus kann nicht verkannt werden, daß auch Verfehlungen im Hinblick auf eine künftige Ehe möglich sind, und daß die Ehe die Pflicht zu einem ihr durch Treue und Rücksichtnahme entsprechenden Verhalten auch auf die ihr vorhergehende Zeit, zumindest eines rechtsgültigen Verlöbnisses, wenn nicht auch ohne solches, schon einer Verbundenheit durch unbeschränktes Vertrauen, ausstrahlt, während deren beide Teile schon von einer nahe bevorstehenden Lebensgemeinschaft ausgehen. Verfehlungen gegen die Treue (im weiteren Sinne) in dieser Zeit können Scheidungsgrund sein, wenn sie, nach der Eheschließung zur Kenntnis des anderen Teils gelangt, die Ehe im Sinne des § 43 zerrütten. Vor allem sind sie geeignet u. a. ein Scheidungsbegehren gemäß § 51 Abs. 2 zu unterstützen und im Rahmen der §§ 52, 53 bei der Schuldabwägung in die Schale gelegt zu werden. Sie können außerdem als Eheaufhebungsgrund nach § 32 oder 33 in Betracht kommen.

Die ehelichen Pflichten einzeln aufzuführen ist kaum möglich. § 1353 BGB., welcher dafür sedes materiae ist, sagt summarisch, „Die Ehegatten sind einander zur ehelichen Lebensgemeinschaft verpflichtet". Aus der Fülle des Begriffs **Lebensgemeinschaft**, zu welcher die Ehegatten einander verpflichtet sind, leiten sich die sie verpflichtenden Regeln für ihr Verhalten zueinander sowohl im allgemeinen wie im besonderen Falle ab. Lebensgemeinschaft bedeutet nicht nur, daß die Gatten das äußere Leben miteinander (nebeneinander) zusammen führen, sondern daß das Leben und Glück (Unglück) des einen dem anderen eigenes Leben und Glück (Unglück) ist. Jeder Gatte hat also im Leben und Glück (Unglück) seines Lebensgefährten das eigene Leben und Glück (Unglück) zu sehen, seinen Frieden, seine Freude und seinen Kummer zu teilen und es wird auch desto mehr so sein, je mehr sich eine Ehe dem Ideal nähert. Die ehelichen Pflichten sind also universal. Die Liebe wird sie freudig erfüllen, ohne den Gegenanspruch in Rechnung zu stellen. Für das Scheidungsrecht aber ist, um zu einer brauchbaren Abgrenzung des Begriffs Eheverfehlung zu gelangen, im Auge zu behalten, daß die Pflichten und Rechte gegenseitig sind, und daß jeder Ehegatte vom anderen dasselbe Maß von Hingabe an das Wohl und das Glück und die Behaglichkeit des Ehepartners, von Beflissenheit, ihn glücklich und zufrieden zu machen, verlangen kann. So ergibt sich eine mittlere Linie, bis zu der jeder, ohne sich gegen den anderen zu verfehlen, auch auf Kosten von dessen vollkommenster Beglückung das eigene Glück und Behagen im Auge behalten darf. § 1353 Abs. 2 BGB. sagt auch: „Stellt sich das Verlangen eines Ehegatten nach Herstellung der Gemeinschaft als Mißbrauch seines Rechts dar, so ist der andere Ehegatte nicht verpflichtet, dem Verlangen Folge zu leisten." Wenn diese Vorschrift auch in erster Linie die bedeutsamste der ehelichen Pflichten, die Pflicht zu gemeinsamer Lebensführung im Auge hat, so enthält sie doch einen allgemeinen Grundsatz. Nicht so sehr „mißbräuchlich" als vielmehr rechtlos ist das Verlangen, über die erwähnte mittlere Linie hinaus, das eigene Glück und Behagen dem des Partners vorangestellt zu sehen, Unrecht, Verfehlung, es ihm voranzustellen. Jedem Teil muß Gerechtigkeit widerfahren, „jedem das seine" ist auch in der Ehe oberster Grundsatz. Vielfach verführt erst der an sich berechtigte Kampf um den verletzten eigenen Anspruch zur Eheverfehlung; eine solche will Satz 2 mitunter, auch wenn sie schwer war, als Scheidungsgrund ausscheiden.

Nach § 1354 BGB. steht der Entscheidung in allem das gemeinschaftliche eheliche Leben betreffenden Angelegenheiten dem Manne zu; er bestimmt insbesondere Wohnort und Wohnung. Auch bezüglich der Sorge für die Person und der Erziehung der gemeinsamen Kinder gilt dieses Entscheidungsrecht des Mannes. Im Rahmen dieser Vorschrift ergibt sich eine Gehorsamspflicht der Frau gegenüber dem Mann, da eine Entscheidung ohne Anspruch auf Befolgung und Verwirklichung keine Entscheidung wäre. Eine Verletzung des Entscheidungsrecht des Mannes durch eigenes ihm Zuvorkommen oder Ungehorsam ist eine Eheverfehlung der Frau, sein Mißbrauch des Mannes; denn es besagt nichts weniger, als daß er bei seiner Entscheidung einseitig sein Wohl, Glück und Behagen, seine Pedanterie, seinen Ehrgeiz, seine Passionen und seine fixen Ideen voranstellen dürfte; er hat vielmehr mit seiner Entscheidung nach bestem Gewissen das zu suchen, was das Beste seiner Familie und am meisten geeignet ist, nicht ihm, sondern der ganzen Familie zu frommen (ähnlich OLG. Koblenz U 7 49 S. 185). Die Frau, sagt § 1354 Abs. 2 BGB. weiter, ist nicht verpflichtet, der Entscheidung des Mannes Folge zu leisten, wenn sie sich als Mißbrauch seines Rechts darstellt. Dies kann u. U. auch zutreffen, wenn der Mann der Frau die Ansetzung ihres „Persönlichkeitswertes", ihrer Talente und Anlagen, auch Kenntnisse in Ausübung eines Berufs untersagen will, obwohl sie dadurch nicht (wesentlich) behindert wird, ihre eheliche Pflichten zu erfüllen und es zu ihrem Glück erforderlich ist (Böhmer DRG. 49 S. 73 und ausgezeichnet LG. Freiburg DRZ. 49 S. 88).

Die vorstehenden Ausführungen werden bald veralten. Das Bonner Grundgesetz (A. 3) sieht vor, die Frau in allem dem Manne gleichzustellen. Soweit dieser Grundsatz auf die Familie ausgedehnt und deren Verklammerung durch die Vorstandschaft des Mannes aufgelöst werden wird, wird die unheilvolle Atomisierung des Volkes vollendet sein. Hoffentlich werden die Ehemänner im Interesse des Ganzen humorvoll und weise genug sein, die Frauen als ihre Oberhäupter anzuerkennen.

Der Mann hat der Frau (§ 1360) und den gemeinschaftlichen Kindern (§§ 1601, 1606) Unterhalt zu gewähren, indem er vorbehaltlich abweichender güterrechtlicher Bestimmungen und Vereinbarungen, den seiner Lebensstellung und seinem Einkommen und Vermögen entsprechenden, innerhalb dieses Rahmens von ihm kraft seines Entscheidungsrechts zu bemessenden ehelichen Aufwand bestreitet. Selbstverständlich ist eine Verletzung dieser Pflicht schwere Eheverfehlung, mag sie auf Arbeitsscheu oder Geiz oder falscher Verwendung der vorhandenen Mittel beruhen.

Die Frau ist, unbeschadet des erwähnten Entscheidungsrechts des Mannes in den gemeinsamen Angelegenheiten seine gleichberechtigte Lebensgefährtin und insbesondere nach Maßgabe seiner obersten Entscheidung berechtigt und verpflichtet, das gemeinschaftliche Hauswesen zu leiten und innerhalb ihres häuslichen Wirkungskreises, in welchem sie berufen ist, das Glück der ganzen Familie zu verwirklichen, die Geschäfte des Mannes zu besorgen und ihn zu vertreten; zu mehr als zur Leitung, zu Arbeiten im Hauswesen und im Geschäft des Mannes ist sie nur verpflichtet, soweit eine solche Tätigkeit nach den Verhältnissen — wie etwa den heutigen allgemein — üblich ist, in denen die Ehegatten leben (§§ 1356, 1357 BGB.).

Jeder Ehegatte ist verpflichtet, dem anderen nicht nur die Ausübung der ehelichen Rechte zu gestatten und möglich zu machen, sondern auch ihm die Erfüllung der ehelichen Pflichten zu ermöglichen.

Mit Recht sieht darum das Gesetz ein ehrloses und unsittliches Verhalten auch dann, wenn es sich gar nicht gegen den anderen Ehegatten richtet, als eine Eheverfehlung an sowohl, weil damit auch dessen Ehre mit in den Staub gezogen wird, als auch weil ihm dadurch die Lebensgemeinschaft mit und die Achtung vor dem anderen Teil, die jene voraussetzt, unmöglich gemacht wird.

Ein Verstoß gegen die vorstehenden Grundsätze kann — entgegen der h. M. — unter Umständen eine Eheverfehlung, selbst eine schwere Eheverfehlung sehr wohl auch dann sein, wenn ihr der andere Teil zustimmt. Eine solche Zustimmung kann auf übertriebener Güte und Nachgiebigkeit, auf der Angst beruhen, den selbstsüchtigeren, aber nichtsdestoweniger geliebten Ehepartner ganz zu verlieren, auf der Hoffnung, ihn durch Nachgiebigkeit zu gewinnen, und schließt keineswegs aus, daß der nachgiebige Teil schwer unter dem Verhalten seines Lebensgefährten leidet und allmählich mit solcher Bitterkeit erfüllt wird, daß die in § 43 zur Scheidung vorausgesetzte Zerrüttung eintritt. Die Verstöße gegen die ehelichen Pflichten bleiben unter solchen Umständen Eheverfehlungen, wenn dem schuldigen Partner bei der ihm gemäß ehelicher Pflicht zur Rücksicht auf das Glück des anderen anzusinnenden Überlegung nicht entgehen kann, auf welchen Beweggründen die Nachsicht des Lebensgefährten beruht. Freilich werden solche Verfehlungen, die sich auf derartige Zustimmung berufen können, meist auch noch nachträglich im Sinne des § 49 verziehen sein. Aber sie bleiben als Eheverfehlung gemäß § 51 Abs. 2 zur Verwertung in einer Scheidungsklage geeignet, welche auf andere Eheverfehlungen gestützt ist, denen der Scheidungskläger nicht zugestimmt hatte.

Die ehelichen Pflichten hören im allgemeinen zugleich mit der Ehe auf, so daß eine Eheverfehlung eine bestehende Ehe voraussetzt. Aber die Pflichten, auch zur Treue, gegenseitigen Achtung, Rücksicht bestehen (bis zur Rechtskraft des Scheidungsurteils) fort, solange die Ehe dauert, auch wenn die ihr entsprechende Lebensgemeinschaft aufgehoben ist und die Eheleute getrennt leben, wobei es keine Rolle spielt, ob sie die eheliche Gemeinschaft erlaubter- oder unerlaubterweise aufgehoben haben. Nur solche Pflichten fallen, wenn den Ehegatten erlaubt ist, getrennt zu leben (§ 1361 BGB., § 627 ZPO.), fort, welche die häusliche Gemeinschaft voraussetzen, z. B. Unterhalt durch gemeinsamen Haushalt, Führung des gemeinsamen Haushalt, Kochen, Nähen, Waschen für den Mann (RG. 130 S. 326). Vgl. aber immerhin auch RG. Warn. 1913 Nr. 368 und 4 e a. E.

3. Um Scheidungsgrund zu sein, muß die Eheverfehlung **schwer** sein. Da sie, um Scheidungsgrund zu sein, den Erfolg haben muß, die

Ehe so tief zu zerrütten, daß die Wiederherstellung der Lebensgemeinschaft nicht zu erwarten ist, ergibt sich, daß schwer nur eine Eheverfehlung ist, welche im konkreten Fall die Lebensgemeinschaft zerstört hat. Das ist ein individuelles Moment. Aber das Gesetz bräuchte, wenn dieser Erfolg ausreichen würde, um die Verfehlung als schwer erscheinen zu lassen, das Erfordernis, daß sie schwer sein muß, nicht außerdem noch ausdrücklich hervorzuheben, weil es damit zweimal das gleiche sagen würde. Es versteht somit unter diesem Erfordernis noch etwas anderes, als nur, daß die Verfehlung im konkreten Falle so schwer wog, daß sie den gemeinschaftsvernichtenden Erfolg gehabt hat, der ohnedies als besondere Voraussetzung der Scheidung bestimmt ist. Das Gesetz versteht also unter einer schweren Verfehlung offenbar eine solche, welche sich schlechthin und allgemein als geeignet darstellt, die Lebensgemeinschaft zu zerrütten; es stellt also auf einen allgemeinen Maßstab ab.

Nach RG. JW. 1928 S. 903, HRR. 1930, Nr. 1107, RG. 124 S. 54, kommt es nicht auf das in dem erwähnten Erfolg sich geltend machende persönliche Empfinden des verletzten Ehegatten oder seine besonders hohe sittliche Auffassung vom Wesen der Ehe, sondern darauf an, ob die Pflichtverletzung unter gewöhnlichen Verhältnissen bei einem selbst von rechtlicher ehelicher Gesinnung erfüllten, also auch zur Nachsicht bereiten Ehegatten eine völlige Entfremdung herbeiführen würde. Dabei ist der Erziehung, Bildung, Lebensstellung und den lebenswichtigen Belangen der Parteien Rechnung zu tragen.

Die **Begleitumstände** können eine an sich leichte Eheverfehlung schwer, eine an sich schwere leicht oder doch leichter erscheinen lassen. Insbesondere gilt dies von dem Verhalten des anderen Gatten, gleichgültig, ob es ehewidrig ist oder nicht, vor oder während der Ehe beobachtet wurde (vgl. RG. JW. 1915, voreheliche Gesundheitsschädigung des Beklagten durch den anderen Gatten). Aber auch eigene Erregung oder Gereiztheit, besonders wenn der Unmut berechtigt ist (LZ. 1931 S. 769), gar ein krankhafter geistiger, seelischer, nervöser oder körperlicher Zustand (unbeherrschbare Hysterie RG. JW. 36 S. 865), Angst, Sorge (Warn. 1930 Nr. 218, HRR. 1929 Nr. 1549, Affektlabilität RG. 169 S. 58) können die Verfehlung mildern, so z. B. auch Eifersucht, selbst wenn sie unbegründet ist, wenn der andere Ehegatte den Eindruck verschuldet hat, untreu zu sein (vgl. HRR. 29 Nr. 607, Warn. 1932 Nr. 80, 1935 Nr. 71, 1936 Nr. 51). Auch ein Gewissens- und Pflichtenkonflikt (RG. 124 S. 54) kann unter Umständen, aber nur bis zu einem gewissen Grad entschuldigen; so die Vernachlässigung des Ehe- und Familienlebens infolge unfreier, maßloser Hingabe an übermäßige berufliche (nicht an freiwillig, etwa infolge Ehrgeizes, übernommene) Pflichten, Vernachlässigung des Mannes durch übermäßiges Aufgehen der Frau in der Sorge für die Kinder, Beschränkung des Geschlechtsverkehrs unter katholischen Ehegatten auf die sogenannte sterile Zeit der Frau, wenn die Gatten darüber einig sind, dem Kindersegen Einhalt zu gebieten. Dasselbe gilt vom Motiv (Stuttgart SJZ. 46 S. 176).

In der Mehrzahl dieser Fälle handelt es sich um eine Milderung des Verschuldens (vgl. Anm. 8). Soweit die Verfehlung gemildert erscheint durch das Verhalten des anderen Gatten, kann auch ein Fall des Satzes 2 vorliegen.

Geradezu selbstverständlich ist, daß Wiederholung oder langanhaltende Dauer eine an sich leichte Verfehlung zur schweren machen kann. Ein Mann, der die Frau einmal abends allein läßt, um eine Herrengesellschaft aufzusuchen, verfehlt sich überhaupt nicht, bei häufiger Wiederholung mindestens leicht, bei täglicher oder fast täglicher Wiederholung längere Zeit hindurch schwer gegen die Frau, wenn sie ihm nicht Anlaß gegeben hat, das eigene Heim und die gemeinsamen Abende mit ihr zu meiden. Eine einmalige Vernachlässigung der Küche ist, wenn sie nicht durch außergewöhnliche Umstände ganz entschuldigt ist, eine leichte, die ständige Vernachlässigung aber eine schwere Verfehlung der Frau, wenn sie nicht auf Überlastung, sondern auf mangelndem Interesse oder übertriebenem Interesse für andere Dinge beruht. Der Flirt mit einer Person des anderen Geschlechts ist, wenn er ehrbar bleibt und den anderen Gatten nicht kränkt, überhaupt keine Verfehlung; er wird zur Verfehlung, auch wenn er ehrbar bleibt, sofern er fortgesetzt wird, obwohl er infolge seiner Dauer anfängt, den anderen Gatten zu kränken, oder gar wenn er durch seine Dauer zu einer innigeren Freundschaft und Vertrautheit führt, als sie zu dem eigenen Gatten besteht. Auch Beleidigungen, geringschätzige Behandlung, Indiskretionen, unbegründete Vorwürfe können durch Wiederholung zu schweren Eheverfehlungen werden. Andrerseits können schon mit Rücksicht auf S. 2 — isolierte derartige Äußerungen nicht ohne weiteres als schwere Verfehlungen beurteilt werden, ohne das gesamte Verhalten beider Ehegatten zu untersuchen (so mit Recht Stuttgart SJZ. 46 S. 177). Es kann aber auch ohne Wiederholung einzelner Verfehlungen gleicher durch eine Häufung von Verfehlungen verschiedener Art das **Gesamtverhalten** eines Ehegatten als schwere Eheverfehlung zu beurteilen sein (HRR. 1929 Nr. 1102, RG. JW. 1937 S. 2004, Warn. 1938 Nr. 50). Ein solches Gesamtverhalten verliert nicht dadurch den Charakter einer schweren Verfehlung, daß die ersten Verfehlungen verziehen sind (Warn. 1937 Nr. 53). § 1353 Satz 2 BGB. (s. § 76) ist hier nicht anwendbar. Auch leichte Verfehlungen können das Faß zum Überlaufen bringen, besonders wenn schwere Verfehlungen vorangegangen sind. Verfehlungen eines Ehegatten, dem schon viel verziehen wurde, wiegen schwerer, als erste Verfehlungen. Andererseits darf der Ehegatte, der eine schwere Verfehlung verziehen hat, zurückhaltend sein; im allgemeinen aber übernimmt der Ehegatte, welcher sich entschließt, eine schwere Verfehlung zu verzeihen, wie § 1353 Abs. 2 S. 2 BGB. ergibt, damit die Pflicht, seinerseits die Ehe so gut als möglich zu gestalten (RG. 164 S. 273), zumal, wenn ihm selbst schwere Verfehlungen verziehen worden sind (RG. a.a.O., Anm. 1 Abs. 3 zu § 49).

Ob eine von dem Tatsachenrichter festgestellte Eheverfehlung „schwer" ist, ist eine Rechtsfrage und revisibel (a. A. RG. Warn. 39 S. 152, DR. 40 S. 1675, wie hier SJZ. 46 S. 67).

4. Wie unter 2 gesagt, sind die ehelichen Pflichten unerschöpflich. Sie liegen zum großen oder größten Teil auf seelichem Gebiet und bestehen darin, durch Hingabe und Widmung seiner selbst an das Glück des anderen, durch die Teilung von Freud und Leid einander glücklich, froh und stark zu machen. Daneben besteht die Pflicht, für das materielle Wohl des anderen Gatten und die ganze Familie zu sorgen, die Kinder zu erziehen, zu versorgen und zu pflegen. Im allgemeinen ist den Eheschließenden und den Ehegatten viel zu wenig bewußt, daß die Ehe eine — noch dazu von ihnen selbst geschaffene — Lebenslage ist, die von ihnen, und zwar von jedem von ihnen verlangt, wie jede andere durch Klugheit, Weisheit und selbstaufopfernde Hingabe an dieses Ziel gemeistert zu werden.

Ebensowenig wie die Pflichten, kann man ihre Verletzungen einzeln aufführen. Als schwere **Verfehlungen** sind, auch wenn sie bestimmte Pflichten und Aufgaben nicht verletzen, **alle Äußerungen einer Gesinnung oder eines Gefühls** anzusprechen, **womit die richtige eheliche Gesinnung unversöhnlich ist:** von Lieblosigkeit oder gar Haß, Bosheit, Rachsucht, Schadenfreude, Mißtrauen usw. Will man die Verfehlungen um eine **KASUISTIK** besonders an Hand der unübersehbaren Rechtsprechung aufzustellen nach einzelnen **Gesichtspunkten** ordnen, so kann man als wichtigste besonders hervorheben: a) die Verpflichtung zum gemeinsamen Leben, b) zur seelischen Beglückung und zur Abwendung seelischen Leids, c) zur Hingabe, d) zur Gewährung von Elternglück, e) zur Treue, f) zur Fürsorge und Pflege der gemeinsamen Kinder, g) zum Schutz gegen äußere Gefahren, h) zur Achtung der Verwandten des anderen Teils, welche diesem teuer sind. Jedoch greifen alle diese Gesichtspunkte ineinander über und gehen sie alle im Gesichtspunkt der ehelichen Liebe und der rechten ehelichen Gesinnung auf.

a) Die **Pflicht zum gemeinsamen Leben** wird offensichtlich am schwersten verletzt, wenn der eine Ehegatte den anderen gegen dessen Willen verläßt und gegen seinen Willen die häusliche Gemeinschaft aufhebt. Die häusliche Gemeinschaft kann auch dann aufgehoben sein, wenn der treulose Gatte — unter dem Zwang der Verhältnisse — weiter in der bisherigen ehelichen Wohnung neben dem anderen Gatten wohnt, aber ohne ein Familienleben mit ihm zu führen, mag er auch dessen Dienste noch in Anspruch nehmen, wie etwa wenn der Mann sich morgens Frühstück und die Vesperbrote von der Frau bereitstellen, sich aber den ganzen Tag und die Nacht nicht sehen läßt. Die Aufhebung der häuslichen Gemeinschaft, des Familienlebens ist regelmäßig eine schwere Eheverfehlung, auch wenn sie nicht lange dauert; die von § 1567 BGB. für bösliches Verlassen gemachte Voraussetzung mindestens einjähriger Dauer ist unhaltbar und mit Fug und Recht aufgegeben. Es entscheiden alle Umstände des Falles, insbesondere auch die Wirkung auf die Ehe (RG. 159 S. 253), denn eine andere Frage ist natürlich, ob durch ein Verlassen von nur kurzer Dauer eine so tiefe Ehezerrüttung eingetreten ist, wie die Zulässigkeit der Scheidung voraussetzt. Selbstverständlich liegt eine Eheverfehlung nicht vor, wenn der andere Ehegatte mit der Trennung einverstanden ist, oder doch selbst nicht den ernstlichen Willen zum Zusammenleben hat (z. B. Scheidungs- oder Nichtigkeitsklage erhebt oder ein Liebesverhältnis unterhält (HRRR. 32 Nr. 955) oder für die Aufnahme des Rückkehrwilligen Bedingungen stellt, welche für diesen unannehmbar sind — dann kann sich der Scheidungsgrund aus § 48 ergeben, für den es nicht auf eine Verfehlung ankommt —) oder endlich nach § 1353 Abs. 2 BGB. das Zusammenleben nicht verlangen kann, besonders wenn der Ehegatte, der die häusliche Gemeinschaft aufgehoben hat, Scheidung oder Aufhebung (Bay. OLG. NJ. 49 S. 222) verlangen kann. Dem Gatten, der die häusliche Gemeinschaft aufgehoben hat, liegt es ob, zu beweisen, daß er berechtigten Grund dazu gehabt hat (RG. HRR. 41 Nr. 60). Mit ihm nachträglich bekanntgewordenen Verfehlungen des anderen Gatten kann der Gatte, der sich fernhält, jedoch nicht die Trennung, sondern nur die Weigerung der Rückkehr rechtfertigen, so daß der andere Gatte bis dahin trotz seiner eigenen Verfehlungen, welche dem anderen Gatten ein Recht zu Trennung gegeben hätten, wenn sie ihm bekannt gewesen wären, schon ein Scheidungsrecht gewonnen haben kann (RG. 160 S. 274; sehr zweifelhaft). Scheidungsgrund nach § 43 ist die Aufhebung der ehelichen Gemeinschaft wie jede andere Eheverfehlung nur, wenn sie schuldhaft, also nicht, wenn sie durch Krankheit (Aufenthalt im Krankenhaus), Strafhaft und ähnliche Behinderungen veranlaßt ist. Ein Verschulden kann ausgeschlossen sein, wenn der Ehegatte, der die häusliche Gemeinschaft aufgehoben hat, sich entschuldbar in gutgläubigem Irrtum hinsichtlich der Voraussetzungen befindet, die eine Eheverfehlung ausschließen, so hinsichtlich des Einverständnisses der Gegenseite oder der mangelnden Ernstlichkeit ihres Rückkehrverlangens oder einer ihr zur Last liegenden Eheverfehlung (ebenso OGH. Köln SOJW. 49 S. 342), doch genügt keinesfalls bloßer Verdacht (RG. 137 S. 106, Warn. 1935 Nr. 72). Dieser gute Glaube muß ein bestimmendes Moment für die Weigerung der Rückkehr gewesen sein. Eine Verfehlung des anderen Gatten, auf welche wegen Verzeihung oder Fristablauf kein Scheidungsverlangen mehr gestützt werden kann, begründet, wenn die Verfehlung nicht etwa wiederholt und fortgesetzt wird, kein Recht zum weiteren Getrenntleben (§ 1353 Abs. 2 BGB. i. d. F. nach § 76), kann aber nichtsdestoweniger ein Herstellungsverlangen als mißbräuchlich im Sinne des Satzes 1 des Abs. 2 des § 1353 BGB. erscheinen lassen.

Nach wie vor kann auf Herstellung des ehelichen Zusammenlebens gemäß § 1353 BGB. insbesondere der häuslichen Gemeinschaft geklagt werden (JW. 39 S. 43, HRR. 38 Nr. 1536; vgl. RG. 159 S. 353), wenn auch eine Verurteilung zur Herstellung nicht mehr Voraussetzung des Scheidungsverlangens ist. Eine solche Klage kann insbesondere auch den Sinn haben, die Gegenseite davon zu überzeugen, daß ihr kein Recht zum Getrenntleben zusteht. Es kann aber mit einer solchen Klage auch die Erfüllung der ehelichen Pflichten, insbes. eines dem § 1353 BGB. entsprechenden Verhaltens und die Beseitigung einer Verletzung z. B. seitens der Frau vom Manne die Entfernung seiner Konkubine aus der ehelichen Wohnung verlangt werden (Kiel DRZ. 47 S. 166, gegen diese kann die Frau auch Besitzschutz wegen der Verletzung ihres Mitbesitzes haben).

Eine schwere Verfehlung gegen die Lebensgemeinschaft begeht auch der infolge wirtschaftlicher oder beruflicher Verhältnisse gezwungen von der Familie getrennt lebende Ehemann, der sich dauernd darauf beschränkt, seiner Familie den Unterhalt zu schicken und es unterläßt, einer Entfremdung dadurch zu begegnen, daß er Frau und Kinder besucht (RG. 154 S. 323).

Eine schwere Verfehlung gegen die Pflicht zur Lebensgemeinschaft ist der Versuch, durch Selbstmord ganz aus dem Leben zu scheiden (RG. Recht 1920 Nr. 1903), es sei denn, er geschieht „unter dem Einfluß zermürbender Verhältnisse" (KRR. 4 zu § 49 EheG. 1938 a. E.).

Die Pflicht zur Lebensgemeinschaft wird schwer verletzt aber auch durch die Unterbrechung der geistigen Gemeinschaft, z. B. hartnäckiges Schweigen durch mehrere Tage, gar wenn dieses Verhalten wiederholt wird (RG. LZ. 31 S. 768), durch Laster, welche die Gemeinschaft beeinträchtigen, wie Trunksucht, Hang zu Rauschgiften. Ein Verstoß gegen die Pflicht zum gemeinsamen Leben ist ferner jede Störung der Gemeinsamkeit, wie durch Heimlichkeit und Geheimniskrämerei vor dem Lebensgefährten, ferner jede Vernachlässigung des Zusammenlebens mit dem anderen Gatten, häufiges ihn Alleinlassen, Urlaubsreisen, welche allein, gar mit oder zu einer anderen Frau gemacht werden, Fehlen bei Anlässen, welche die Ehegatten zu vereinen oder den Brennpunkt des Familienlebens zu bilden pflegen, wie bei den Mahlzeiten, an den Abenden, spätes Nachhausekommen, wenn der andere Gatte schon schläft. Solche Verstöße sind Eheverfehlungen, wenn sie sich wiederholen und können unter dieser Voraussetzung oder, wenn sie sich lange fortsetzen, schwere Eheverfehlungen sein. Der Ehemann hat auch in seinem Beruf soweit Maß zu halten, daß er Zeit für die Frau übrig hat, mindestens die Abende mit ihr verbringen kann und frisch genug ist, sich ihr noch zu widmen; hat er Zeit zum Vergnügen, hat er dieses mit der Frau zu teilen und sie mitzunehmen. Es verfehlt sich gegen das eheliche Zusammenleben auch der Ehemann, welcher seine Muße ausschließlich einseitigen Liebhabereien widmet, von denen die Frau der Natur der Sache nach ausgeschlossen ist (z. B. sich, nach Hause gekommen, sofort in die Bastelkammer einsperrt, für sich allein liest), oder welche sie nicht teilt, oder die er sie nicht teilen läßt.

Die Verpflichtung zur Lebensgemeinschaft strahlt die Verpflichtung aus, sich der Lebensgemeinschaft gemäß zu verhalten, z. B. das Vertrauen des anderen Gatten, welches die Lebensgemeinschaft mit sich bringt, zu rechtfertigen. Es verfehlt sich daher schwer durch Bruch der Lebensgemeinschaft ein Ehegatte, der das Vertrauen des anderen Gatten enttäuscht, daß gewisse Dinge, die er geheimgehalten wissen will, gemeinsames Geheimnis bleiben werden, und diese ausplaudert, insbesondere etwa eheliche Vorgänge, wie Vorgänge bei dem ehelichen Geschlechtsverkehr. Jede grobe Indiskretion ist deshalb eine schwere Eheverfehlung. (Warn. 1926 Nr. 215). Ebenso verletzt die Lebensgemeinschaft der Ehegatte, der auf den Tod des anderen spekuliert und auf dessen Tod ohne jenes Wissen eine Lebensversicherung für sich abschließt, besonders die Ehefrau, wenn sie die Prämien für die heimlich abgeschlossene Versicherung von dem Haushaltungsgeld bezahlt (HRR. 32 Nr. 1303); eine solche heimliche Vorsorge kann indessen entschuldigt sein, wenn die Ehefrau wahrnehmen muß, daß der Mann es an der Fürsorge für die Familie fehlen läßt und die Mittel, die er übrig behält, und die ein gewissenhafter Mann für die Versorgung der Familie zurücklegen würde, gewissenlos für sich ausgibt.

Jeder Verstoß gegen den Geist des Zusammenhaltens, der in richtiger Ehe herrscht, ist eine Eheverfehlung, und je nach seinem Grade und seiner Dauer eine schwere. Wie Lieblosigkeit gegen die Stiefkinder und Schwiegereltern oder gegen die Geschwister des Gatten, ist umgekehrt auch einseitige Parteinahme für die eigenen Kinder aus früherer Ehe odeı die eigenen Angehörigen gegen den Ehegatten eine (schwere) Eheverfehlung (vgl. RG. 167 S. 265).

b) Die **gegenseitige seelische Beglückung** durch Verschmelzung der Herzen ist der eigentliche Zweck der Ehe. Jeder Ehegatte hat den Anspruch, von seinem Gefährten allem in der Welt vorangestellt zu werden, auch dessen eigenen Verwandten (DRZ. 1928 Nr. 28, Warn. 1928 Nr. 10, Recht 1929 Nr. 249). Der gegenseitigen Beglückung durch Liebe entspricht vor allen Dingen ihre Kundgebung durch Liebesbeweise wie Erweisung von Zärtlichkeit (Gebrauch von Kosenamen) und Geschenke, deren fortgesetzte Unterlassung, besonders an den üblichen Anlässen (Geburtstag, Hochzeitstag, Weihnachten), wenn nicht besonders entschuldigt, auch wenn auf bloßer Vergeßlichkeit beruhend, mindestens schuldhafte Interesselosigkeit zeigt und auf die Dauer zur schweren Eheverfehlung werden kann, ferner der gegenseitige Schutz gegen Kummer und der gegenseitige Trost im Leiden. Verstöße hiergegen, wie Lieblosigkeit, Teilnahmslosigkeit, fortgesetzte Unverträglichkeit und Zanksucht (BayObLGZ. 7 S. 181, 11 S. 138), gar die Zufügung von Kummer und Leid sind daher selbstverständlich Eheverfehlungen und je nach ihrem Grad im Einzelfall oder nach ihrer Wiederholung oder gar Dauer schwere. Aber auch schon eine bloße einmalige Beleidigung kann wegen ihrer Schwere oder schwerwiegender Begleitumstände Grund zur Scheidung sein (RG. JW. 20 S. 437, Warn. 1936 Nr. 91). RG. Recht 1922 Nr. 983 läßt einen bloß abgefaßten beleidigenden Brief an den anderen Ehegatten nicht genügen, wenn er nicht Dritten zur Kenntnis gebracht wurde, dagegen kann ein abgesandter Brief mit ehrenrührigen Vorwürfen nach Warn. 1937 Nr. 131 schwere Eheverfehlung sein; daß er im Kampf um die Kinder geschrieben wurde, entschuldigt nach RG. JW. 1915 Nr. 291 nicht. Bei bloß formalen Beleidigungen durch den Gebrauch von Schimpfnamen kann Stand, Bildungsgrad und Charakter der Ehegatten der Beleidigung und damit der Eheverfehlung die Schwere nehmen; nicht so bei Beleidigungen, welche eine moralische Bezichtigung einschließen oder in einer solchen bestehen, von jeglichem Mangel an ehelicher Gesinnung zeugen, von Haß diktiert sind und schwerste Kränkungen enthalten (OLG. Frankfurt a. M. NJ. 48 S. 267).

Auch ein einmaliger beleidigender unbegründeter Vorwurf, z. B. der Untreue, auch das Bezweifeln oder Bestreiten der Vaterschaft zu einem in der Ehe geborenen Kind auf bloßes Gerede hin (RG. HRR. 1929 Nr. 130, Warn. 1934 Nr. 137) kann schwere Eheverfehlung sein, erst recht ein fortgesetzter unbegründeter Vorwurf dieser Art. Selbst ein Ehebruch des anderen Teils rechtfertigt, wenn der verletzte Ehegatte die Ehe fortsetzt, es nicht, jenem dauernd durch Vorwürfe das Leben schwer und das Zusammenleben unerträglich zu machen und ihn durch solche Vorwürfe zu demütigen (RG. JW. 1936 S. 1961), wenn auch von ihm natürlich Geduld und ein höheres Maß von Bereitschaft, solche begründete Vorwürfe hinzunehmen, verlangt werden kann. Wenn auch der Gatte, der dem anderen eine schwere Verfehlung verziehen hat, entschuldigt ist, wenn er sich abgekühlt verhält, so macht er sich doch einer schweren Eheverfehlung schuldig, wenn er das Zusammenleben unerträglich macht und sich Lieblosigkeiten zuschulden kommen läßt (RG. Recht 1922 Nr. 171, § 1353 Abs. 2 S. 2 BGB.). Auch darf die Frau den alten impotenten Mann, mit dessen Zustand sie sich abgefunden hat, nicht lieblos behandeln.

Schwere Eheverfehlung ist die geringschätzige, achtungslose oder gar verächtliche Behandlung oder Verächtlichmachung des anderen Gatten, gleichgültig, ob nur unter vier Augen oder auch vor den Kindern, dem Gesinde oder Dritten, gar die Untergrabung seiner Autorität im Haus und gegenüber den Kindern, so auch die grundlose Entziehung der Schlüsselgewalt der Frau durch den Mann (RG. Warn. 1919 Nr. 41). Schwere Eheverfehlung ist es, die Mutter- oder Hausfrauenwürde der Frau zu mißachten oder zu verletzen, die Frau als Magd zu behandeln und etwa vor Freunden nicht als Hausfrau und ebenbürtige Lebensgefährtin zur Geltung zu bringen, ihre Briefe zu öffnen und ihr vorzuenthalten (RG. Warn. 1933 Nr. 10).

Eine Beleidigung des Ehegatten und schwere Verfehlung ist es, ihn ohne begründeten Argwohn durch einen Detektiv beobachten zu lassen — anders, wenn der Argwohn durch das Verhalten des anderen Teiles gerechtfertigt ist, er z. B. die Nächte außerhalb des Hauses verbringt und den Geschlechtsverkehr mit dem eigenen Ehegatten unterläßt (RG. JW. 1912 S. 1105, LZ. 1920 S. 528, Warn. 1922 Nr. 124, 1932 Nr. 43), desgleichen, wenn er für den Nachweis seines Ehebruchs eine Belohnung aussetzt (HRR. 1926 Nr. 2345).

Nicht nur, den anderen Gatten zu beleidigen, sei es durch Worte, Behauptungen, Vorwürfe, schimpfliche Bezeichnungen oder gar durch Taten (Ohrfeigen u. dgl.) widerspricht den primitivsten Geboten eines ehelicher Liebe entsprechenden liebevollen Verhaltens, noch mehr stellt die Herabsetzung in der Achtung und Meinung Dritter durch schlechte Behandlung vor Zeugen, geringschätzige und verächtliche Äußerungen, Mitwirkung bei seiner Preisgabe an öffentliches Gespött (DRZ. 1928 Nr. 22), üble Nachrede oder gar Verleumdung eine — regelmäßig schwere — Eheverfehlung dar; denn nach dem Grundsatz der echten Lebensgemeinschaft hat jeder Gatte die Ehre des anderen als seine eigene zu betrachten und ist verpflichtet, die Ehre und das Ansehen des anderen Gatten gegenüber Dritten zu wahren. Darum stellt auch die Bloßstellung des anderen Gatten durch grundlose Offenbarung und gar Verbreitung wirklicher, aber geheimer Tatsachen, Fehler oder Verfehlungen des anderen Ehegatten (RG. Jur. Rdsch. 1927 Nr. 130) gewöhnlich, wenn sie nicht ausnahmsweise durch die Wahrung berechtigter Interessen gerechtfertigt ist (z. B. Äußerung der Besorgnis gegenüber dem Arzt, von dem anderen Gatten geschlechtlich angesteckt worden zu sein LZ. 1919, S. 155) eine schwere Eheverfehlung dar. Die Frau kann sich nicht, auch bei wahrheitsgetreuer Darstellung nur ausnahmsweise mit ihrem Mitteilungsbedürfnis entschuldigen (Warn. 1913 Nr. 148). Auch Untreue des anderen Gatten darf, wenn daraus nicht die Folge des Scheidungsverlangens gezogen wird, nicht weiter erzählt werden, um ihn herabzusetzen (Warn. 1934 Nr. 137). Besonders schwere Verfehlungen dieser Art sind Äußerungen gegenüber oder vor den Kindern über Untreue des anderen Elternteils (HRR. 1929 Nr. 711). Die Frau, welche weitererzählt, der Mann sei impotent, verfehlt sich ebenso schwer (Recht 1928 Nr. 812), wie der Mann, welcher verbreitet, seine Frau sei dauernd krank, er müsse sich deshalb an andere halten (RG. HRR. 1933 Nr. 1087). Ist die Behauptung gar unwahr und vorsätzlich oder grob fahrlässig aufgestellt, handelt es sich um Verdächtigungen oder gar Verleumdungen (Warn. 1928 Nr. 154, HRR. 1928 Nr. 1422), so ist die Verfehlung natürlich besonders schwer (Vorwurf des Ehebruchs Warn. 1934 Nr. 137, der Unterschlagung JW. 07 S. 48, sadistischer Neigung und Gefährdung des eigenen Kindes, Warn. 1932 Nr. 42). Auch guter Glaube an die Richtigkeit der Behauptung entschuldigt nicht, wenn die Äußerung gegenüber Dritten als solche eine verwerfliche eheliche Gesinnung kundgibt, und das wird sie regelmäßig, da auch die wahre Behauptung unbekannter Mängel des Ehegatten unstatthaft ist. Am wenigsten ist die Behauptung strafbarer Handlungen durch guten Glauben gedeckt (Warn. 1913 Nr. 148, 1914 Nr. 219).

Entschuldigende Wahrnehmung berechtigter Interessen steht dem Gatten zur Seite, der gegen den anderen einen ihm nach seiner Meinung zustehenden Anspruch durch Klage geltend macht (RG. JW. 1917 S. 656), ihn zum Offenbarungseid lädt (RG. Warn. 1916 Nr. 140), seine Entmündigung beantragt, vorausgesetzt, daß nicht beabsichtigt war, den anderen Gatten zu kränken. Unter dieser Voraussetzung ist auch die Zeitungsanzeige: „Für die Schulden meiner Frau (meines Mannes) komme ich nicht auf" keine Eheverfehlung. Behauptungen, welche den anderen Gatten in der allgemeinen Achtung herabsetzen können, die zur Begründung des Scheidungsbegehrens im Scheidungsrechtsstreit aufgestellt werden, sind Eheverfehlungen, wenn sie entweder wahrheitswidrig wider besseres Wissen oder sehr leichtfertig oder in beleidigender Form oder Absicht vorgebracht werden, und die Partei die Wahrnehmung berechtigter Interessen mißbraucht, andernfalls aber nicht (RG. JW. 1928 S. 903, 1931 S. 1341, HRR. 1933 Nr. 1194, Warn 1929 Nr. 154; über Beweislast, SeuffA. 81 S. 49). Für die von dem Prozeßbevollmächtigten ohne ihre Weisung gewählte schriftsätzliche Form der Behauptung ist die Partei nicht verantwortlich (RG. JW. 05 S. 204).

Auch Beleidigungen, Schmähungen oder Beschimpfungen, Verleumdung, lieblose Behandlung naher Angehöriger des anderen Ehegatten (OLG. Stuttgart SJZ. 1 S. 177 Bezeichnung als „Brut"), insbesondere seiner Eltern (Recht 1919 Nr. 1985) oder der Stiefkinder (JW. 1917 S. 656) sind geeignet, dessen Glück zu trüben und ihn zu kränken, es sei denn, daß er sich daran beteiligt; auch sie stellen daher Eheverfehlungen und je nach den Umständen des Falles schwere Eheverfehlungen dar, besonders, wenn sie in Gegenwart der Kinder vorgebracht werden (RG. Recht 1928 Nr. 2478, HRR. 1928 Nr. 2091, andererseits Recht 1919 Nr. 1984, 1985). Noch mehr gilt dies von Strafanzeigen gegen die Eltern des anderen Teils (vgl. auch RG. 1928 Recht Nr. 2091 über einen Fall, in welchem ein Ehegatte in seinem Ansehen durch die Beschimpfung dritter Hausgenossen betroffen und dies als schwere Eheverfehlung angesehen wurde, weil diese Wirkung dem schuldigen Teil bewußt war oder wenigstens bewußt sein mußte).

Gegen die eheliche Pflicht, den anderen Gatten glücklich zu machen, verstößt es, ihm Angst, Sorge, Aufregungen zu bereiten, sogar die brüske und rücksichtslose Eröffnung der Scheidungsabsicht auf Grund eines vermeintlichen Scheidungsgrundes an einen liebenden Gatten kann schwere Eheverfehlung sein (RG. 169 S. 58); erst recht die Bedrohung mit einem schweren Übel (JW. 1915 S. 1261), auch wenn die Bedrohung nicht ernstlich gemeint, die beängstigende Wirkung aber beabsichtigt war (LZ. 1930 S. 827). Dasselbe gilt von einem vorgetäuschten Selbstmordversuch, der dem anderen Gatten Angst und Schrecken einjagen soll, um ihn von seiner Scheidungsabsicht abzubringen (RG. 169 S. 58). Auch der Ehegatte, welcher vom anderen über den Rahmen üblichen Beklagens gemeinsamen Unglücks hinaus dauernd dadurch gequält wird, daß niederdrückende schmerzliche Erinnerungen aufgerührt und alte Wunden ständig aufgerissen werden, kann, wenn die Ehe dadurch unheilbar zerrüttet wird, die Scheidung verlangen. Dauernde Erinnerung an eheliche oder voreheliche Verfehlungen kann unter diesem Gesichtspunkt selbst schwere Eheverfehlung sein. Auch seelische Quälerei anderer Art, z. B. ewige ungerechte Unzufriedenheit mit der voll guten Willens geleisteten Arbeit des anderen Ehegatten, ständige ungerechte und undankbare Nörgelei an dieser, besonders die Herabsetzung der Leistungen, gar der Hausfrau vor dem Gesinde, den Kindern, aber auch Dritten, auch ständiges Nörgeln und Jammern der Ehefrau (RG. HRR. 1941 Nr. 116) sind auf die Dauer schwere Eheverfehlungen, besonders dann, wenn Quälungsabsicht vorliegt.

Auch die unberechtigte Schmälerung der Geltung und des Wirkungskreises innerhalb der Familie und des Hauswesens, insbesondere der Frau durch den Mann, die unbegründete Entziehung der Schlüsselgewalt, die Begünstigung und Duldung eines Verhaltens der Töchter, welches darauf angelegt ist, die Ehefrau von der Wirtschaftsführung fernzuhalten (RG. Jur. Rdsch. 1927 Nr. 1398) ist — regelmäßig schwere — Eheverfehlung.

Der bloße innere Mangel an Liebe, ja selbst Abneigung ist, wenn er nicht kundgegeben, sondern nur von dem anderen Teil erfühlt wird, obwohl die Ehe auch dann dadurch zerrüttet werden kann, keine Eheverfehlung (RG. Recht 1929 Nr. 2385); denn der Liebe kann man nicht befehlen. Hat aber der Mangel an Liebe oder die Abneigung schon bei der Eheschließung bestanden, so kann schon in dem Ja-Wort vor dem Standesbeamten eine schwere Eheverfehlung liegen, wenn nicht eine arglistige Täuschung nach § 33 vorliegt, welche das Aufhebungsverlangen rechtfertigt.

c) **Verpflichtung zur Hingabe.** Die seelische Beglückung ist abhängig auch von dem völligen Besitz der Person, auch der leiblichen des oder der Geliebten. Eine der obersten ehelichen Pflichten ist daher die gegenseitige körperliche Hingabe, nicht nur unter dem Gesichtspunkt der seelischen Beglückung und ihrer Bedeutung für die seelische Verschmelzung der Ehegatten, sondern auch unter dem Gesichtspunkt der Befriedung der Triebe innerhalb der Ehe, auf welche jeder Ehegatte angewiesen ist, der die eheliche Treue hält. Die Pflicht zur Pflege des geschlechtlichen Verkehrs ist — besonders seitens des Mannes — unaufgefordert zu erfüllen (RG. JW. 1908 S. 683, Recht 1913 Nr. 62, Warn. 1930 Nr. 16), es sei denn, der andere Gatte hat von Anfang an den Geschlechtsverkehr abgelehnt (RG. Warn. 1930 Nr. 139); ihre Vernachlässigung oder gar Verweigerung ist, wenn sie nicht durch triftige Gründe entschuldigt ist, regelmäßig eine schwere Verfehlung, wobei es für den Grad der Schwere weniger auf die Dauer der Weigerung ankommt (LZ. 1923 S. 648, HRR. 1929 Nr. 711, Warn. 1930 Nr. 16), als darauf, daß sie für Vorstellungen taub und ihnen gegenüber hartnäckig, böswillig ist und auf rücksichtsloser Selbstsucht beruht (RG. JW. 1910 S. 1005, Warn. 1913 Nr. 59 und 60, JurRdsch. 1927 Nr. 1748, HRR. 1929 Nr. 1711).

Kein Entschuldigungsgrund für den Mann ist Frigidität der Frau (RG. LZ. 1933 S. 1266). Eheverfehlung ist Frigidität, wenn sie auf Mangel an gutem Willen, insbesondere auf schuldhafter innerer Abkehr von dem Ehepartner beruht, hierüber wird oft ein Sachverständiger zu hören sein. Unverschuldete Beiwohnungsunfähigkeit ist Entschuldigungsgrund, aber nicht dann, wen sie durch ärztliche Kunst beseitigt werden kann und der Beiwohnungsunfähige sich weigert, einen Arzt hinzuzuziehen (HRR. 1932 Nr. 1216) oder eine ungefährliche Operation vornehmen zu lassen. Auch wenn nicht von Unfähigkeit gesprochen werden kann, ist die Beiwohnungsverweigerung entschuldigt, wenn gesundheitliche Rücksichten vorübergehende Enthaltsamkeit erfordern, wenn die Frau den Geschlechtsverkehr nicht ohne Schädigung ihrer Gesundheit oder nicht ohne Schmerzen ausüben kann (z. B. infolge Gebärmuttersenkung als Folge früherer Entbindungen oder Scheidenkrampfes, LZ. 1920 S. 238, Recht 1922 Nr. 1980), es sei denn daß aussichtsreiche ärztliche Hilfe abgelehnt wird, erst recht — abgesehen von nachstehendem — bei Gefahr, durch den anderen Gatten angesteckt zu werden.

Die Verweigerung des Geschlechtsverkehrs ist berechtigt, wenn ein Ehegatte nach § 1353 Abs. 2 BGB. die Lebensgemeinschaft überhaupt ablehnen kann, insbesondere, wenn und solange er Scheidung oder Aufhebung der Ehe verlangen kann, jedoch im Falle irrtümlicher Annahme dieses Rechtes natürlich nur dann, wenn der Irrtum nicht auf Fahrlässigkeit beruht (RG. Recht 1920 Nr. 3399). Eine Vereinbarung der Ehegatten, daß kein Geschlechtsverkehr stattfinden solle, ist widerruflich, rechtfertigt also seine Verweigerung nicht. Immerhin kann, wenn der Bruch schon bei der Eheschließung beabsichtigt war, nach §§ 32 oder 33 ein Aufhebungsrecht begründet und im Hinblick auf dieses die Weigerung nach § 1353 Abs. 2 BGB. berechtigt sein. Auch das Alter des Ehegatten kann berechtigen, den Geschlechtsverkehr abzulehnen; eine 52jährige Frau, die nach 25jähriger Ehe die Beiwohnung verweigert, verfehlt sich nicht (HRR. 37 Nr. 1085). Das Verlangen des Geschlechtsverkehrs seitens des Ehegatten, der die Scheidungsklage erhoben hat, ist mißbräuchlich und eine Beleidigung der Ehefrau und deshalb selbst eine Eheverfehlung des Ehemannes, wenn erstere von ihm getrennt lebt und zum Geschlechtsverkehr aufgefordert wird, ohne daß zugleich die eheliche Gemeinschaft überhaupt wieder hergestellt werden soll (RG. Warn. 1929 Nr. 64). Keine Eheverfehlung ist die Verweigerung übermäßigen Geschlechtsverkehrs, umgekehrt vielmehr Eheverfehlung seine Zumutung. Keine Eheverfehlung ist die Verweigerung unnatürlichen Geschlechtsverkehrs. Nachträgliche religiöse Bedenken des geschiedenen und wiederverheirateten katholischen Ehegatten überheben ihn der Pflicht zum Geschlechtsverkehr gegenüber seinem zweiten Ehegatten nicht (RG. JW. 1924 Nr. 45). Dagegen verfehlt sich, wenn beide Ehegatten darüber einig sind, weiteren Kindersegen zu verhüten, kein Ehegatte, wenn er aus religiösen Bedenken den Geschlechtsverkehr auf die sogenannte sterile Zeit der Frau beschränkt.

Soweit nach vorstehendem die Frau den Geschlechtsverkehr überhaupt oder vorübergehend oder nach seiner Art verweigern darf, bedeutet Gewaltanwendung des Mannes eine schwere Eheverfehlung (RG. Warn. 1915 Nr. 289).

Wie unentschuldigte Verweigerung des Geschlechtsverkehrs ist zu beurteilen: die während der Ehe selbstverschuldete Beiwohnungsunfähigkeit (RG. JW. S. 245), die Unterlassung der Beiwohnung wegen selbstverschuldeter Ansteckungsgefahr für den anderen Ehegatten, endlich auch ein Widerstand, welcher die ordnungsmäßige Vollziehung des Beischlafs nicht zuläßt. Völliger Weigerung des Geschlechtsverkehrs steht es ferner gleich, wenn ein Ehegatte gegen den Willen des anderen nur den unterbrochenen Beischlaf ausübt bzw. gestattet.

Die Zumutung unnatürlichen Geschlechtsverkehrs an den anderen Ehegatten, auch gegenseitiger Onanie kommt sowohl als unsittliches Verhalten — als auch als Beleidigung — als auch, wenn der ordnungsmäßige Geschlechtsverkehr verweigert wird, als Verweigerung des Geschlechtsverkehrs überhaupt in Betracht und ist eine schwere Eheverfehlung (RG. Recht 1924 Nr. 398, Warn. 1924 Nr. 129, 1928 Nr. 108), es sei denn, daß der andere Teil zustimmt (HRR. 1928 Nr. 1808). Die Zustimmung nimmt dem Ansinnen den Charakter der Eheverfehlung, auch wenn sie auf der irrtümlichen Annahme einer ehelichen Pflicht zur Duldung beruht, so daß nachträgliche Erkenntnis des Weigerungsrechts für die Vergangenheit belanglos ist (Warn. 1937 Nr. 146), es sei denn, daß diese irrtümliche Annahme von dem ansinnenden Teil hervorgerufen und verschuldet war (RG. Warn. 1928 Nr. 108, 1935 Nr. 146). Die Zumutung ist als Eheverfehlung solange nicht schuldhaft, solange auf die Zustimmung des anderen Teils gerechnet werden kann, dieser also noch keinen Widerwillen oder Unwillen geäußert oder zu äußern Gelegenheit gehabt hat. Bei sadistischen (wohl auch masochistischen) Zumutungen ist eine solche Erwartung von vornherein ungerechtfertigt. Auch bei anfänglicher Duldung durch die Frau ist auf ihr Einverständnis nicht zu schließen, wenn sie dabei wachsenden Widerwillen zeigt (Warn. 1926 Nr. 116, 1927 Nr. 118, 1928 Nr. 83).

Eine Verletzung der Pflicht zur Hingabe und auf die Dauer schwere Eheverfehlung ist es auch, dem Ehegatten einen durch Unreinlichkeit u. dgl. abstoßenden Körper anzubieten und es zu unterlassen, sich zu waschen, zu baden usw. (RG. Recht 1920 Nr. 2872).

d) Nicht nur die eigene körperliche Hingabe, die Gewährung des höchsten Liebesglücks, sondern auch die **Gewährung Eltern- und Familienglücks** durch die Mitwirkung zur Erlangung Kindersegens ist höchste gegenseitige Pflicht der Gatten. Die Verletzung fällt unter § 43.

§ 48 des Ehegesetzes von 1938 hob dies — unter wenig geschmackvoller Bezeichnung — noch besonders hervor, indem es „die Verweigerung der Fortpflanzung" zu einem eigenen absoluten Scheidungstatbestand machte. Wenn das Ehegesetz 1946 diese Bestimmung gestrichen hat, so ist doch nicht anzunehmen, daß damit der Pflicht, zum Kindersegen mitzuwirken, die Anerkennung als ehelicher Pflicht hat versagt werden sollen. Dagegen begründet ihre Verletzung fortan ein Scheidungsverlangen nur, wenn durch sie die Ehe so tief zerrüttet worden ist, daß die Wiederherstellung einer normalen Lebensgemeinschaft nicht, insbesondere auch dann nicht mehr zu erwarten ist, wenn der schuldige Teil sich eines Besseren besinnt und (auf die Scheidungsklage hin) sich bereit zeigt, Kinder zu zeugen bzw. zu empfangen. (Ebenso OLG. Frankfurt/Main NJ. 1946 S. 303). Hamburg MdR. 48 S. 176. Unter dieser Voraussetzung fiel die Weigerung schon bisher auch unter § 49 (jetzt 43) (RG. HRR. 1942 Nr 780).

Die Pflicht kann verletzt werden durch die Verweigerung der Zeugung oder Empfängnis, des Geschlechtsverkehrs ohne Schutzmittel seitens der Frau (OLG. Hamburg a.a.O. und Anm. von Gieseke), insbesondere durch deren Verhütung oder durch die Verhütung der Geburt nach der Empfängnis. Schuldhaft, also eine Eheverfehlung ist die Zurückhaltung bei der Erzeugung von Nachkommenschaft nur, wenn der andere Ehegatte solche wünscht. Dieser ist aber nicht etwa an einen früher einmal geäußerten gegenteiligen Willen gebunden. Selbst wenn die Gatten vor oder nach der Eheschließung vereinbart hatten, daß sie keine Kinder haben wollten, hindert diese Vereinbarung keinen der Ehegatten, das Verlangen nach Kindern zu stellen. Indessen muß die Weigerung, um eine Eheverfehlung zu sein, beharrlich sein, setzt also voraus, daß das Verlangen beständig gestellt wird (vgl. RG. 159 S. 120) und daß andererseits der schuldige Gatte seine Weigerung trotz aller Vorstellung bestimmt und auf die Dauer, nicht bloß vorübergehend im Hinblick auf augenblickliche Umstände kund gibt, deren Vorübergehen er erwartet, so daß keine Aussicht besteht, daß er seinen Sinn ändern wird. Die Weigerung muß bis zum Urteil fortdauern. Erklärt der schuldige Teil vor dem Urteil, etwa auf richterliches Zureden, sich bereit, seinen Widerstand aufzugeben, so kann die Ehe nur geschieden werden, wenn inzwischen durch die Weigerung die Ehe unheilbar zerrüttet ist (vgl. RG. 170 S. 193); die im Eherechtsstreit abgegebene Erklärung des Beklagten, daß er seinen Widerstand aufgeben wolle, rechtfertigt, wenn nicht die Klageabweisung, so jedenfalls die Aussetzung des Verfahrens. In welcher Weise die Weigerung durchgeführt wird, ist gleichgültig. Sie kann in gänzlicher Ablehnung des Geschlechtsverkehrs bestehen oder in der Beschränkung auf anomalen Geschlechtsverkehr, der seiner Art nach nicht zu einer Empfängnis führen kann, oder auf den abgebrochenen Beischlaf, oder in der Anwendung Empfängnis verhütender Mittel vor oder nach der Beiwohnung. Die Weigerung der Frau, einen bei ihr vorhandenen körperlichen Zustand, welcher die Empfängnis ausschließt, durch eine ungefährliche Operation beheben zu lassen, wird von der allgemeinen Meinung als Eheverfehlung gewertet. Es ist unerheblich nach § 43 (anders früher § 48), ob die Weigerung der Frau, sich operieren zu lassen, auf der Abneigung gegen die Geburt oder auf Angst vor der Operation trotz ihrer Ungefährlichkeit beruht. Die Weigerung ist nur dann Eheverfehlung und Scheidungsgrund, wenn ihr kein triftiger Grund zur Seite steht. Die grundlose (selbstsüchtige) Weigerung ist eine schwere Kränkung des anderen Gatten, der Kinder wünscht, und schwere Eheverfehlung, auch wenn nachträglich in der Rücksicht auf die Gesundheit des anderen Gatten liegende Weigerungsgründe hervortreten, sofern der sich weigernde dem anderen Gatten den Glauben nicht nimmt, daß er selbstsüchtig handle und die Entfremdung nicht verhindert (RG. HRR. 1942 Nr. 780). Vom christlich-religiösen Standpunkt aus gibt es überhaupt keinen triftigen Grund, Kinder abzulehnen. Das staatliche Recht muß triftige Gründe gelten lassen. Als solche dürften wirtschaftliche Gründe niemals gelten, auch dann nicht (anders zutreffend Hamburg MdR. 48 S. 176 mit zustimmender Anm. Giesebrechts für den Fall, daß Unzuverlässigkeit des Ehemanns befürchten läßt, daß er für den Unterhalt nicht aufkommt, also seinerseits die Ehepflichten nicht erfüllen werde; unbestimmt RG. HRR. 1942 Nr. 780, wo wirtschaftliche Bedenken, mit denen die Weigerung als eine nur vorläufige gerechtfertigt werden sollte, nicht anerkannt wurden, weil die Schwiegereltern bereit waren, die wirtschaftliche Sorge für die Nachkommenschaft zu übernehmen), wenn bereits viele Kinder vorhanden sind (s. aber nachstehend). Dasselbe wird von bloßen Wohnungssorgen und anderen äußerlichen Schwierigkeiten zu sagen sein (vgl. Hamburg und Giesebrecht a.a.O.). Allgemein wird als triftiger Grund anerkannt, nicht schon die von einer besonders schweren ersten Geburt, bei welcher die Frau „unmenschliches ausgehalten hat", herrührende Angst vor der Geburt und den damit verbundenen Schmerzen und vermeintlicher Lebensgefahr

(RG. 170 S. 193), wohl aber eine mit der Schwangerschaft oder Geburt verbundene ernste (nach ärztlicher Meinung wirklich bestehende) schwere Gefahr für Leben oder Gesundheit der Frau. Unter solchen Umständen wird die Weigerung der Frau schon wegen des auf ihrer Seite vorhandenen Notstandes, der ein Verschulden ausschließt, kein Scheidungsgrund sein. Aber diese Umstände schalten, auch wenn die Frau, ihrer ungeachtet, Kinder gebären will, auch die Weigerung des Mannes, Kinder zu erzeugen, als Scheidungsgrund aus, wenn sie auf der Rücksicht auf die Frau beruht. Allgemein wird ferner als triftiger Grund anerkannt die Wahrscheinlichkeit, daß die zu erwartenden Kinder mit einer schweren Erbkrankheit belastet sein werden. Dies war zwar nationalsozialistische Anschauung. Man wird aber, wenn man schon den christlich-religiösen Standpunkt verläßt, nicht umhin können, in einer solchen Gefahr auch in Zukunft einen triftigen Grund anzuerkennen, welcher die Weigerung, Kinder zu empfangen oder zu erzeugen, des Charakters einer Eheverfehlung entkleidet. Vom Standpunkt des weltlichen Rechts aus dürfte ein triftiger Grund zur Verweigerung der Erzeugung oder Empfängnis von Kindern anzuerkennen sein, wenn der sich weigernde Ehegatte nach § 1353 BGB. in der Fassung nach § 76 überhaupt berechtigt ist, die eheliche Gemeinschaft zu verweigern. Auch der begründete Verdacht der Untreue wird, solange er nicht behoben ist, als triftiger Weigerungsgrund anzuerkennen sein.

Auch wenn schon ein Kind aus der Ehe hervorgegangen ist, ist die Weigerung, Kinder zu erzeugen bzw. zu empfangen oder zu gebären, unberechtigt. Solange beide Ehegatten dazu in der Lage sind, sind sie einander dazu verpflichtet (vgl. RG. 170 S. 193). Unter Umständen kann aber das Vorhandensein von Kindern einen Weigerungsgrund als triftig erscheinen lassen, der es angesichts des Fehlens jeglicher Nachkommenschaft nicht wäre.

In gleicher Weise wie die Verweigerung der Erzeugung oder Empfängnis von Kindern ist Eheverfehlung die einseitige rechtswidrige Anwendung von Mitteln zur Verhütung der Geburt nach der Empfängnis, insbesondere der Abbruch der Schwangerschaft. Welcher Art die angewandten Mittel, und ob sie tauglich sind, die Geburt zu verhüten, ist gleichgültig, ebenso ob der Erfolg, die Schwangerschaft abzubrechen und die Geburt zu verhindern, wirklich eingetreten ist. Es genügt, daß Mittel angewandt wurden, um das Scheidungsverlangen zu begründen. Es kann sowohl die Frau selbst gegen den Willen des Mannes solche Mittel anwenden oder durch einen Dritten, insbesondere einen Arzt oder eine Hebamme oder Engelmacherin anwenden lassen, als auch der Mann an ihr gegen ihren Willen. In dem ersteren Falle ist der Mann, in dem letzteren die Frau scheidungsberechtigt. Nur wenn der Abbruch der Schwangerschaft oder Geburt vom Gesetz gestattet ist, ist sie auch im familienrechtlichen Sinn nicht rechtswidrig und kein Scheidungsgrund. Ersteres ist nur der Fall, wenn ein Arzt mit Einwilligung der Frau oder bei Unaufschiebbarkeit des Eingriffs auch ohne diese nach den Regeln der ärztlichen Kunst die Unterbrechung der Schwangerschaft vornimmt, um eine ernste Gefahr für ihr Leben und ihre Gesundheit abzuwenden. Gegen den Willen der Frau darf auch der Mann die Schwangerschaft nicht unterbrechen lassen, auch nicht zur Abwendung einer Gefahr für ihr Leben oder ihre Gesundheit, selbst dann nicht, wenn sie sich ersichtlich selbst aufopfert; anders nur, wenn sie nicht befragt werden kann und die Entscheidung wegen Unaufschiebbarkeit ohne Feststellung ihres Willens getroffen werden muß. Von Bedeutung wird es aber in den letzten Fällen sein, wenn feststeht, daß die Frau das Kind nicht lebend zur Welt bringen kann.

Eine Eheverfehlung der Frau kommt nur in Frage, wenn es sich um die Geburt eines von dem Ehemann erzeugten Kindes handelt. Soll die Geburt eines von einem anderen Manne erzeugten Kindes verhindert werden, so kann dies nur als ehrloses und unsittliches Verhalten in Betracht kommen, oder wenn der Mann es ist, der die Geburt verhindern läßt.

e) Die eheliche Treue im weiteren Sinn umfaßt die Treue gegenüber dem Ehegatten in jeder Beziehung der eingegangenen Lebensgemeinschaft. Im folgenden ist von dem **der ehelichen Treue in sexueller Beziehung entsprechenden Verhalten zu dritten Personen,** in erster Linie des anderen Geschlechts die Rede. Die eheliche Treue verpflichtet in dieser Beziehung zur Zurückhaltung. Eine schuldhafte Eheverfehlung ist allerdings die bloße Zuneigung, die reine Liebe eines Ehegatten zu einer dritten Person des anderen Geschlechts noch nicht, wenn sie sich nicht im Verkehr mit letzterer oder mit dem anderen Ehegatten äußert (RG. LZ. 1931 S. 495); bestand sie schon bei Eingehen der Ehe, kann sie, hauptsächlich unter dem Gesichtspunkt arglistiger Täuschung, eine Aufhebungsklage begründen, kann aber auch das Ja-Wort vor dem Standesbeamten eine schwere Verfehlung sein. Auch ein freundschaftlich vertrauter, aber harmloser Verkehr, selbst die Unterhaltung einer Freundschaft mit einer Person des anderen Geschlechts ist keine Eheverfehlung, wenn es nicht zu erotisch bestimmten Gefühlsäußerungen oder Handlungen kommt (RG. Warn. 1932 Nr. 202), auch ein verwandtschaftlicher oder freundschaftlicher Kuß, ein Kuß aus Dankbarkeit, im Spiel oder Scherz, zur Begrüßung oder zum Abschied, verletzt die eheliche Treue nicht (RG. HRR. 1933 Nr. 1196), auch nicht die Eingehung von Situationen, welche die geschlechtliche Erregung oder Betätigung begünstigen und gewöhnlich zum Ziel haben, wie z. B. gemeinsames Übernachten in einem Zimmer oder in einem Abteil des Schlafwagens, teilweise körperliche Entblößung z. B. beim Bad, selbst das Aneinanderschmiegen der Körper beim Tanz (Tango, Walzer), wenn dem kein erotischer Beweggrund, vielmehr eine durch die Umstände geschaffene Zwangslage, ein konventioneller oder sportlicher Anlaß oder dgl. zugrunde liegt und es auch nicht zu Äußerungen erotischer Regung kommt (vgl. JW. 1905 S. 23 über einen Fall, in welchem eine von einer Ehefrau mit Erlaubnis ihres Mannes unternommene Bergtour dazu führte, daß sie in einem Zimmer mit zwei jungen Männern übernachtete, ohne daß erotische Beziehungen bestanden oder auch nur vorübergehend entstanden). Was hiernach statthaft ist, wird zur Eheverfehlung nicht ohne weiteres dadurch, daß der andere Ehegatte sich unmutig oder nicht einverstanden zeigt. Auf einen A r g w o h n o d e r V e r d a c h t d e s a n d e r e n E h e g a t t e n braucht nicht ohne weiteres Rücksicht genommen zu werden, wenn dieser nur in seiner argwöhnischen und mißtrauischen Natur, nicht durch Tatsachen begründet ist, die objektiv geeignet sind, ihn zu erregen (RG. Warn. 1929 Nr. 66, 144, 1932 Nr. 80); die E i f e r s u c h t des anderen Gatten kann unter solchen Umständen selbst Eheverfehlung sein. Aber dieser Grundsatz gilt nur innerhalb gewisser Grenzen: ein Ehegatte, der durch seinen Verkehr mit einer Person des anderen Geschlechts, obwohl es nicht zu ehewidrigen Beziehungen erotischer Natur gekommen ist, den objektiv begründeten Verdacht solcher des anderen Ehegatten erregt hat, verletzt die Treuepflicht, wenn er diesen Verkehr gegen dessen Wunsch fortsetzt (Warn. 1926 Nr. 215, 1932 Nr. 168, Recht 1930 Nr. 1513, JW. 1927 S. 1193, 1933 S. 156, RG. 138 Nr. 73), die Eifersucht des anderen Gatten ist in solchem Fall keine Eheverfehlung (Warn. 1936 Nr. 51), insbesondere darf — trotz § 76 und § 1353 Abs. 2 Satz 2 BGB. — ein Ehegatte nach Verzeihung seines Ehebruchs nicht weiter mit dem Mitschuldigen verkehren und sich ihm nicht wieder nähern (Recht 1923 Nr. 658, LP. 1930 S. 1236), muß sich vielmehr besonderer Zurückhaltung im Verkehr mit Personen des anderen Geschlechts befleißigen. Wer sich mit einer Person, mit der er die Ehe gebrochen hat, noch auf der Straße begrüßt und unterhält, begeht eine Ehewidrigkeit, welche insbesondere zusammen mit dem früheren Ehebruch, sei er auch verziehen oder verjährt (§ 50) als schwere Eheverfehlung zu werten ist und einen Scheidungsgrund nach § 43 bilden kann. In Wahrheit bedeutet freilich ein solches Verhalten eine schwere Eheverfehlung nicht so sehr wegen Verletzung der Pflicht zur geschlechtlichen Treue, als zur Treue gegenüber dem seelischen Glück des Lebensgefährten. Diese verlangt eben, diesem Glück jede andere Beziehung zu einer Person des anderen Geschlechts zu opfern und sie diesem hintanzusetzen. D a r u m i s t ü b e r d a s Z u l e t z t g e s a g t e h i n a u s d i e F o r t s e t z u n g d e s V e r k e h r s m i t e i n e r P e r s o n d e s a n d e r e n G e s c h l e c h t s, d e r d e n U n m u t d e s L e b e n s g e f ä h r t e n u n d s e i n e n A r g w o h n e r r e g t, i h n i n U n r u h e v e r s e t z t u n d u n g l ü c k l i c h m a c h t, i m m e r e i n e s c h w e r e E h e v e r f e h l u n g, a u c h w e n n e i n o b j e k t i v e r G r u n d z u m A r g w o h n n i c h t g e g e b e n i s t. Mindestens bis zu einem gewissen Grad muß auch auf die Eifersuchtsanlage des Ehepartners Rücksicht genommen werden. Insbesondere braucht kein Ehegatte sich damit abzufinden, daß sein Lebensgefährte und Ehepartner den Umgang und den Verkehr mit einer anderen Person seines Geschlechts dem Umgang mit ihm selbst vorzieht, auch wenn es dabei nicht zu erotischen Handlungen oder Gefühlsäußerungen kommt. Kein Ehegatte muß hinnehmen, daß der andere mit Personen des anderen Geschlechts in freier Weise verkehrt, und braucht die Berufung auf weitgezogene Grenzen gegenseitiger Freiheit in vorurteilsfreien sogenannten „gebildeten" Kreisen nicht gelten zu lassen (RG. Warn. 1934 Nr. 127). Kein Ehemann braucht sich gefallen zu lassen, daß seine Frau sich von andern Männern auf den Schoß nehmen läßt, mag sie auch selbst dabei noch so kühl bleiben; er braucht auch nicht zu dulden, daß sie sich dazu hergibt, andern Männern dazu dienen, ihre geschlechtliche Lüsternheit zu erregen. Dies überschreitet schon die Grenzen der Treue in erotischer Hinsicht, auch wenn die Frau selbst nur ausgelassen oder frei und nicht sexuell erregt ist.

Den Charakter einer Verfehlung verleiht auch einem im übrigen untadeligen Verkehr leicht die Heimlichkeit, wenn sie nicht besonders gerechtfertigt ist: heimlichem Zusammentreffen und Ausgehen, heimlichem Briefwechsel (Warn. 1934 Nr. 126), heimlichen gemeinsamen Reisen, die — auch ohne Heimlichkeit — auch unter dem Gesichtspunkt der Verletzung der Lebensgemeinschaft einen Scheidungsgrund bilden können.

Von den eigentlich erotisch bestimmten Verfehlungen gegen die Treuepflicht ist der Ehebruch die schwerste. Das Gesetz hat in § 42 ihn aus den verschuldeten Eheverfehlungen als absoluten Scheidungsgrund heraus- und auch durch §§ 6, 22 und § 172 StGB. besonders hervorgehoben. Dies hindert nicht, ihn auch als eine Verfehlung nach § 43 zu betrachten. Zum wenigsten gilt dies vom Versuch des Ehebruchs, auf den die h. M. zu Unrecht § 42 nicht anwenden will (s. d.). Zwischen dieser schwersten Eheverfehlung und einem in der Lustbarkeit und der Erregung eines Festes gegebenen einmaligen Kuß gibt es zweifellos viele Abstufungen. Grundsätzlich sind alle erotisch bestimmten Handlungen gegenüber dritten Personen Eheverfehlungen schwerer oder leichterer Art: Zärtlichkeiten, vom nicht durch höfische Sitte bestimmten Handkuß oder dem Streicheln des Handrückens oder der Wange bis zum leidenschaftlichen Kuß oder zur Umarmung (besonders wiederholtem Kuß oder wiederholter Umarmung), unzüchtige Griffe oder Berührungen, unzüchtiges Abgreifen oder Abtasten, Besehen (selbstverständlich auch, wenn unter beruflichem, z. B. ärztlichem Vorwand), jeder Geschlechtsverkehr, der kein Ehebruch ist, auch gleichgeschlechtlicher Verkehr, aber auch die Herbeiführung und das Aufsuchen von Gelegenheiten zu solchen Handlungen, das freiwillige Sichbegeben in Situationen, welche sie erleichtern oder sie veranlassen, der Besuch von Nachtlokalen der Lebewelt, zweifelhafter Tanzstätten und Lustbarkeiten (über nächtliche Ausgänge der Frau s. Recht 1913 Nr. 1609), gar die Übernachtung in gemeinsamem Zimmer mit einer Person des anderen Geschlechts (über Ausnahmefälle s. o.).

Das aus der Einehe und der christlich-sittlichen Auffassung sich ergebende Recht jedes Ehegatten auf den ausschließlichen Besitz bedeutet auch ein ausschließliches Recht auf den Anblick des unverhüllten Körpers des Lebenspartners. Es wird daher und zwar unter Umständen schwer verletzt, wenn der andere Ehegatte sich ohne triftigen Grund, wie etwa zwecks ärztlicher Untersuchung, vor Personen des anderen Geschlechts entblößt, und insbesondere, wenn die Frau von ihrem Körper den Blicken anderer Männer mehr zeigt oder darbietet, als der Sitte entspricht. Zu allen Zeiten war das ausschließliche Recht des Ehegatten, besonders des Mannes, auf den Anblick des Körpers des anderen Ehegatten anerkannt und hat sogar die Geltendmachung der Ausschließlichkeit dieses Rechtes als ein sittliches Gebot gegolten (Gyges und sein Ring!). Wenn auch die Wandlung der sittlichen Anschauung sich naturgemäß im Recht widerspiegelt, so gilt doch dieses Recht auch heute. Der Besuch eines Nacktbades gegen den Willen des

Gatten ist daher von RG. 130 S. 179 mit Recht als schwere Eheverfehlung gewertet worden, nicht dagegen der Übertritt zu einer nackt taufenden Sekte (RG. Gruch. 65 S. 357).

Schwere Eheverfehlungen sind selbstverständlich auch öffentliche Lossagung von der Lebensgemeinschaft mit dem anderen Ehegatten. Sie bedeutet eine Verletzung der geschlechtlichen Treue, wenn sie gleichzeitig Kundgabe oder Vorbereitung einer Verbindung mit einer Person des anderen Geschlechts ist. Es verfehlt sich deshalb schwer ein Ehemann, der eine andere Frau als seine Gattin vorstellt und in das Gästebuch eines Gasthofes einträgt (RG. 108 S. 233), worin zugleich eine schwere Achtungsverletzung gegenüber der eigenen Frau liegt, ferner ein Ehegatte, der bei noch bestehender, wenn auch schon mit Scheidungsklage angegriffener Ehe sich mit einem Dritten verlobt (Warn. 1930 Nr. 15) oder ein Ehevermittlungsbüro mit der Vermittlung einer neuen Ehe beauftragt oder ein Heiratsgesuch in die Zeitung setzt oder sich auf ein solches meldet (RG. Warn. 1927 Nr. 93, LZ. 1930 S. 646), es sei denn, daß der andere Teil die Meldung veranlaßt (Warn. 1922 Nr. 73) oder die Anzeige eingesetzt hat.

Wer kundgibt, daß er auf die geschlechtliche Treue des anderen Gatten keinen Wert legt, handelt damit im weiteren Sinne selbst treulos, weil er damit zeigt, daß ihm am andern Partner, der ihm alles sein sollte, nichts gelegen ist; indem er ihn gleichgültig fallen läßt, erniedrigt er ihn. Der Gatte, welcher den andern absichtlich der Versuchung des Ehebruchs aussetzt, — sei es, um seine Treue zu erproben oder um einen Scheidungsgrund zu erlangen —, verfehlt sich selbst schwer (RG. Warn. 1918 Nr. 119).

Die Pflicht zur ehelichen Treue besteht auch während der Scheidung und wenn die Ehegatten getrennt leben, soweit nicht etwa derjenige, der sich von dem anderen getrennt hat, sich gefallen lassen muß, daß seine Zustimmung zur Untreue des anderen vorausgesetzt wird. Es brauchen aber Ehegatten, die seit Jahren getrennt leben, im Verkehr mit Personen des anderen Geschlechts aufeinander nicht dieselbe feinfühlige Rücksicht zu nehmen, wie Ehegatten, die zusammenleben (RG. Warn. 1913 Nr. 368, s. aber RG. 1930 S. 326). Vgl. auch 2 a. E.

f) Wer seinen Ehegatten in richtiger ehelicher Gesinnung und Liebe entsprechend der eingegangenen Herzens-, Glücks- und Lebensgemeinschaft nicht weniger liebt als sich selbst, wird auch sein Äußerstes aufwenden und selbstlos die größten Opfer bringen, um **Fürsorge für sein leibliches Wohl,** seine **Bewahrung vor Krankheit und physischem Leid und für die mit ihm gegründete Familie zu tragen.** Bürgerlichrechtlich ist natürlich nicht jede Verletzung dieser äußersten Rücksicht und Fürsorge eine Eheverfehlung, gar eine schwere. Selbst die absichtliche Zufügung von Schmerz oder physischem Leid, soweit sie auch immer von der richtigen Haltung nach ethischer Forderung entfernt sein mag, kann bürgerlich-rechtlich durch Umstände entschuldigt werden, die ihr den Charakter einer schweren Eheverfehlung nehmen. Auch hier gilt, daß jeder Fall für sich betrachtet und beurteilt werden muß; meist wird der Beweggrund entscheiden. Dasselbe Leid kann in gut ehelicher und in ehewidriger Gesinnung, z. B. Rachsucht zugefügt werden (vgl. HRR. 1942 Nr. 564). Die Möglichkeit der ehelichen Situationen sind so mannigfaltig, daß kaum typische Fälle genannt werden können, für welche allgemeine Regeln gelten.

Dies ist vor allem von leichten körperlichen Mißhandlungen zu sagen. Schon was eine leichte Mißhandlung ist, kann nicht einheitlich definiert werden und hängt von dem körperlichen Zustand des Mißhandelten ab. Man denke nur an den Unterschied, je nachdem die mißhandelte Frau schwanger ist oder nicht. Versteht man unter leichten Mißhandlungen solche, die nach der Konstitution des Mißhandelten ihm keine erheblichen Schmerzen verursachen und keine Folgen für seine Gesundheit haben, so können solche zwar im allgemeinen als leichte, müssen aber — trotz § 76 — u. U. auch als schwere Eheverfehlung gewertet werden, so bei kurz aufeinander folgender oder häufiger Wiederholung — denn es kommt auch hier auf das Gesamtverhalten an — (JW. 1937 S. 2040) oder wenn sie eine Demütigung des Mißhandelten, insbesondere eine Züchtigung bedeuten und ihn herabsetzen (RG. Jur. Rdsch. 27 Nr. 806), erst recht, wenn sie sich vor Zeugen, insbesondere vor den Kindern oder Hausangestellten zutragen. Es stellt also auch eine Ohrfeige u. U. eine schwere Eheverfehlung dar. Dabei ist zu beachten, daß ein Recht des Ehemanns, die Ehefrau zu züchtigen, in keinem Stande besteht, mag ich auch von der Geltung eines solchen in früherer Zeit her seine weitere Inanspruchnahme in einzelnen Volksschichten behauptet haben. Auf den Stand und Bildungsgrad der Gatten kommt es bei der Bewertung einer Mißhandlung als Eheverfehlung niemals an (JW. 1910 S. 819, 1911 S. 945). Da eine der Frau durch den Mann zugefügte Mißhandlung leichter den Charakter einer Züchtigung hat als umgekehrt, so wird eine Mißhandlung der Frau, welche sich der Mann zuschulden kommen läßt, leichter eine schwere Eheverfehlung sein, als eine Mißhandlung des Mannes durch die Frau. Auch ohne die erwähnten Voraussetzungen (der Wiederholung, der Demütigung) können leichte Mißhandlungen (Tritte usw.) sich als schwere Eheverfehlungen darstellen, je nach der Gesinnung des Mißhandelnden, die sich in der Mißhandlung selbst oder den Begleitumständen — etwa als besondere Rohheit oder Lieblosigkeit — offenbart (HRR. 1932 Nr. 1071). Man kann sonach wohl nach dem relativen Grad der physischen Mißhandlung zwischen leichten und schweren Mißhandlungen unterscheiden, aber für die Frage, ob sie schwere oder leichte Eheverfehlungen sind, kommt es gerade auf diesen Grad nur in zweiter Linie an, insbesondere kann die Mißhandlung nach dem Angeführten eine schwere Eheverfehlung sein, auch wenn der schuldige Teil einen lebens- oder gesundheitsgefährdenden Erfolg nicht beabsichtigt (RG. LZ. 32 S. 236). Andererseits können auch dem physischen Grade nach erhebliche Mißhandlungen den Charakter schwerer Eheverfehlungen durch mildernde oder entschuldigende Tatumstände verlieren (RG. JW. 1911 S. 717, RG. JurRdsch. 1927 Nr. 703). Dies kann der Fall sein, wenn der Mißhandlung schwere Beleidigungen des schuldigen Teils durch den Mißhandelten oder sonstige schwere oder andauernde Eheverfehlungen des letzteren vorausgegangen sind oder wenn ersterer auf andere Weise von diesem schwer gereizt und in an sich begründeten, wenn auch in der Maßlosigkeit ungerechtfertigten Zorn versetzt war. Selbstverständlich kann der Mißhandelnde sich nicht auf leichte Erregbarkeit oder Anlage zu Wutanfällen, auf sein Temperament berufen, es sei denn, daß von ihm auf Grund eines krankhaften Zustandes keine oder keine volle Selbstbeherrschung verlangt werden kann. Die Mißhandlung ist keine Eheverfehlung, wenn der Mißhandelnde sich in Notwehr befindet oder zu befinden glaubt (RG. HRR. 1928 Nr. 1709). Über Beweislast bei Behauptung der Notwehr oder Reizung s. RG. Warn. 1926 Nr. 184 bzw. DJ. 1930 S. 96

Übrigens ist die Eheverfehlung schon die Kundgabe der bloßen Absicht, den anderen Ehegatten zu mißhandeln, erst recht die Vorbereitung ihrer Ausführung, mag diese auch verhindert werden (RG. JurRdsch. 27 Nr. 24) oder aus einem anderen Grunde, z. B. Abflauen der Erregung oder Gesinnungswandel unterbleiben. Es gilt entsprechend das nachstehend über Lebensnachstellung Gesagte. Ja auch ohne Absicht der Ausführung kann eine Drohung mit Mißhandlung, besonders wenn sie demütigender Natur ist, z. B. Schwingen der Reit- oder Hundepeitsche, eine schwere Eheverfehlung sein.

Schwere Eheverfehlung ist fortgesetzte übertriebene geschlechtliche Anforderung, ist die grob fahrlässige oder bedingt vorsätzliche, gar vorsätzliche Ansteckung mit einer Krankheit (RG. Recht 1907 Nr. 2567), besonders einer Geschlechtskrankheit, davon abgesehen (zweifelnd RG. Warn. 1937 Nr. 19), daß letztere einen Treuebruch wahrscheinlich macht und daß die Krankheit als solche nach § 46 Scheidungsgrund sein kann, wenn ihre Heilung oder die Beseitigung der Ansteckungsgefahr in absehbarer Zeit nicht erwartet werden kann.

Die denkbar schwerste Verfehlung gegen die Fürsorgepflicht ist es natürlich, wenn ein Gatte dem anderen nach dem Leben trachtet. Nach § 1566 BGB. war dies ein absoluter Scheidungsgrund. Nach geltendem Recht müssen dafür die weiteren Voraussetzungen des § 43 gegeben sein. Schon die Absicht, den Gatten zu töten, ist Scheidungsgrund, wenn sie auch natürlich, um rechtlich beachtet werden zu können, irgendwie bemerkbar geworden sein muß (RG. JurRdsch. 1927 Nr. 1117). War dies der Fall, und wurde dadurch, daß der andere Ehegatte Kenntnis davon erhielt, die Ehe zerrüttet, so bleibt sie Scheidungsgrund, auch wenn sie in diesem Zeitpunkt schon aufgegeben war oder später aufgegeben wird (RG. Warn. 1927 Nr. 46, JW. 1928 S. 788). Es genügt Äußerung der Absicht zu Dritten (a. A. RG. LZ. 1917 S. 794) und jede Form der Betätigung (RG. 100 S. 114), insbesondere jede Vorbereitungshandlung, wie die Anschaffung einer Schußwaffe (RG. JW. 1928 S. 788). Ohne Vorsatz ist ein Trachten nicht denkbar; aber überlegtes Handeln ist nicht vorausgesetzt. Auch eine im Jähzorn, in gerechtem oder ungerechtem Zorn gefaßte Tötungsabsicht ist regelmäßig eine schwere Eheverfehlung. Freilich werden im Zorn und in der Erregung ausgestoßene wörtliche oder verübte tätliche Drohungen oder bloß wörtliche Äußerungen der Absicht, im Jähzorn oder in der Erregung rasch getroffene Vorbereitungshandlungen, wenn die Tat nicht folgt, nicht ausnahmslos als schwere Verfehlung zu bewerten sein, besonders dann nicht, wenn die Erregung gerecht und durch den anderen Gatten verursacht war. Mitunter wird es in diesen Fällen schon an der Ernstlichkeit fehlen. Aber ein verübter Versuch des Totschlags kann nur ganz ausnahmsweise nach vorangegangener sehr schwerer Verfehlung des anderen Teils (etwa durch beleidigenden, durch nichts begründeten, gegen die Frau erhobenen Vorwurf, ihr Kind stamme nicht von ihrem Gatten, oder durch lange genährte, wohl begründete Eifersucht) den Charakter der schweren Eheverfehlung verlieren, überlegte Vorbereitungs- oder Versuchshandlungen, die in der Ruhe — von der freilich dauernde latente Erregung zu unterscheiden ist (RG. 169 S. 58) — gefaßte und kundgegebene Tötungsabsicht dagegen wohl niemals. Erst recht können wirtschaftliche oder sonstige Sorgen den Charakter einer schweren Eheverfehlung nicht beeinträchtigen, auch nicht die Absicht gemeinsam mit dem Gatten aus dem Leben zu scheiden (durch Aufdrehen des Gashahnes im Schlafzimmer, RG. 112 S. 23) oder ihm unmittelbar (durch Selbstmord) nachzufolgen.

Aber nicht nur der unmittelbare Angriff auf Leben und Körper des Ehegatten, sondern auch die Vorenthaltung oder ungenügende Gewährung des zur Erhaltung seines Lebens, seiner Gesundheit, seines Behagens, seiner sozialen Stellung erforderlichen Unterhalts bedeutet eine schwere Verfehlung gegen die gegenseitige eheliche Fürsorgepflicht. Nach § 1360 BGB. hat der Mann der Frau schlechthin nach Maßgabe seiner Lebensstellung, seines Vermögens, seines Einkommens und evtl. darüber hinaus sogar seiner Erwerbsfähigkeit, die Frau dem Manne nur, wenn er außerstande ist, sich selbst zu unterhalten, schlechthin nach Maßgabe seiner Lebensstellung und ihres Vermögens oder Einkommens und evtl. darüber hinaus ihrer Erwerbsfähigkeit Unterhalt zu gewähren. Der Unterhalt umfaßt den gesamten Lebensbedarf (RG. 138 S. 5) einschließlich Wohnung, Kleidung, Bedienung, ärztliche Hilfe, Erholung, Vergnügen. Im Rahmen des Angemessenen gehört zum Unterhalt auch die Gewährung eines angemessenen Taschengeldes. Selbstverständlich bringt es die Lebensgemeinschaft mit sich, daß der Unterhaltsberechtigte — regelmäßig ist dies die Frau — auch Teil an den dem andern zur Verfügung stehenden Bequemlichkeiten fordern, z. B. seinen Kraftwagen benutzen darf. Der Unterhalt ist in der durch die eheliche Gemeinschaft gebotenen Weise zu gewähren. Abgesehen von der Befriedigung individueller persönlicher Bedürfnisse des Unterhaltsberechtigten, wie Kleidung, Heilungskosten, Taschengeld, ist er also durch eine der Lebensstellung, dem Vermögen, dem Einkommen und evtl. darüber hinaus der Erwerbsfähigkeit angemessene Gestaltung des gemeinsamen Lebens, insbesondere Hauswesens, der Erholungsreisen, der Vergnügungen, der üblichen Geschenke an Weihnachten und zum Geburtstag zu gewähren. Nur, wenn dem Unterhaltsberechtigten nach § 1353 Abs. 2 BGB. gestattet ist, getrennt von dem Verpflichteten zu leben, kann er ausnahmsweise Unterhalt in Form einer angemessenen Rente beanspruchen (§ 1361 BGB.), ohne Berechtigung zum Getrenntleben auch dann nicht, wenn das eingebrachte Gut der Frau Zinsen bringt, es sei denn, der Mann ist mit dem Getrenntleben einverstanden (RG. Warn. 1933 Nr. 101). Auf abweichende Vereinbarung kann der Unterhaltsberechtigte sich nicht berufen; sie ist nichtig (RG. 158 S. 294). Außer § 1361 kommen auch die güterrechtlichen Bestimmungen (§§ 1389 Abs. 1, 1427 Abs. 1, 1458, 1529 Abs 1, 1549 BGB.) in Betracht. Der Begriff des ehelichen Aufwands im Sinn der güterrechtlichen Vorschriften geht sowohl nach dem Maß, wie nach den Beziehungen weiter als der gegenseitige Unterhalt und wird durch diesen nicht erschöpft (RG. 67 S. 1). Er umfaßt neben ihm auch die Deckung der Kosten einer der gemeinsamen Wohnung entsprechenden Einrichtung und ihre Instandhaltung, der der Lebensstellung der Familie entsprechenden geselligen Veranstaltungen und insbesondere auch die Unterhaltung und Erziehung der dem elterlichen Haushalt angehörenden Abkömmlinge. Es ist nach den güterrechtlichen Bestimmungen also die Unterhaltung und Erziehung der Kinder eine Pflicht des Ehemannes auch gegenüber der Frau, ohne daß § 1389 Abs. 1 BGB. Frauenvermögen voraussetzt. Darum ist auch von Bedeutung, daß diese güterrechtlichen Pflichten durch das Getrenntleben der Ehegatten nicht berührt werden (RG. 67 Satz 2), auch die Nichterfüllung der güterrechtlichen Verpflichtungen ist Eheverfehlung und je nach ihrem Grade schwere Eheverfehlung im Sinne des § 43.

Gegen diese Fürsorgepflicht, die Pflicht, für die Ernährung und Unterhaltung und die Behaglichkeit der Familie Sorge zu tragen, wird der Mann sich meist verfehlen, indem er die erforderlichen Mittel nicht bereitstellt oder aufwendet, die Frau, indem sie den Haushalt vernachlässigt. Ob die Verfehlung schwer oder leicht ist, wird regelmäßig durch ihren Grad und ihre Dauer bestimmt. Es ist unerheblich, ob der Mann sich verfehlt, indem er aus Geiz die Lebenshaltung verkürzt, auf welche die Frau nach der Lebensstellung des Ehegatten Anspruch hat, oder indem er die ihm zur Verfügung stehenden Mittel für sich und seine Liebhabereien allein verbraucht oder im Trunk oder Spiel oder mit anderen Frauen verschwendet — Trunk, Spiel und Ausgabe mit anderen Frauen stellt sich überdies als unsittliches und ehrloses Verhalten bzw. evtl. auch als Verfehlung gegen die Treue dar — (Recht 1909 Nr. 3089, 1916 Nr. 2107, Warn. 1915 Nr. 24). oder indem er aus Arbeitsscheu die erforderlicehn Mittel nicht erwirbt. Auch indem er aus religiösen Bedenken eine Arbeitsgelegenheit ausschlägt, kann der Mann nach Ansicht des RG. (JW. 35 S. 872) schwer fehlen. Es verfehlt sich durch Selbstsucht, und zwar auf die Dauer schwer, auch der Mann, der seiner Frau und seinen Kindern die besten und größten Bissen wegißt, für eigene Sättigung, aber nicht für die Sättigung seiner Frau und Kinder sorgt. Daß die Frau Not leidet, ist nicht Voraussetzung dafür, daß die Nichtgewährung des Unterhalts durch den Mann als schwere Eheverfehlung erscheint (RG. LZ. 1931 S. 769), wenngleich es die Verfehlung mildert, wenn die Frau ihre Lebensbedürfnisse ohne Schwierigkeit aus anderen Mitteln befriedigen konnte (RG. Warn. 1915 Nr. 24, 1919 Nr. 13). Auch Beeinträchtigung des Unterhalts oder Gefährdung des wirtschaftlichen Bestandes der Familie durch schuldhaftes Schuldenmachen und schuldhaftes schlechtes Wirtschaften des Mannes (RG. Recht 1916 Nr. 2107, 1919 Nr. 1496) ist schwere Eheverfehlung. Den Mann entschuldigt nur unverschuldetes Unvermögen und unverschuldete Notlage.

Die Pflicht des Mannes, der der Frau im Hauswesen die Hilfskräfte nicht zur Verfügung stellen kann, deren sie infolge Überlastung oder mangels Verpflichtung zu eigener Mitarbeit (s. S. 139 ob.) bedarf, geht übrigens über die Beschaffung der zum Unterhalt erforderlichen Barmittel hinaus; er wird regelmäßig unter den angegebenen Umständen nach Beendigung der beruflichen Arbeit verpflichtet sein, soweit es seine Kräfte zulassen, der Frau selbst Hilfe zu leisten, insbesondere auch die Arbeiten zu übernehmen, zu denen sie nach technischem Können oder Körperkraft nicht in der Lage ist. Ist die Frau krank, so werden seine Verpflichtungen in dieser Hinsicht noch weiter gehen. Ein tatenloses Beiseitestehen des Mannes, während die Frau sich über ihre Kraft abmüht, wird unter solchen Umständen, wenn fortgesetzt, schwere Eheverfehlung sein, es sei denn, daß er selbst erschöpft ist. Es versteht sich von selbst, daß der Mann die Frau in Lagen, in welchen sie besonderer Hilfe bedarf, so wenn sie schwanger ist, nicht ohne jede Fürsorge durch eigene oder fremde Hilfeleistung allein lassen darf (RG. Warn. 1931 Nr. 110).

Die eheliche Pflicht des Mannes gegenüber der Frau, seine ihm vom Gesetz zugewiesene Rolle als Hausvater und Familienoberhaupt gewissenhaft zu erfüllen, beschränkt sich nicht darauf, die Mittel zu beschaffen, um den ehelichen Haushalt zu bestreiten, und evtl. bei der Bestellung des Hauswesens selbst mitzuwirken, sondern erstreckt sich auch auf die gewissenhafte Verwaltung des Vermögens der Frau. Es ist nicht richtig, daß schlechte Verwaltung des Frauenvermögens oder vermögensrechtliche Benachteiligung der Frau durch den Mann außer im Falle bewußter Entwendung (RG. Recht 1919 Nr. 2132) niemals Eheverfehlung sei und nur Ersatzansprüche der Frau erzeuge (RG. HRR. 1929 Nr. 203). Beachtlich ist aber hier wie überhaupt § 1359 BGB., wonach die Ehegatten einander bei Erfüllung ihrer Verpflichtungen nur für diejenige Sorgfalt einzustehen haben, welche sie in eigenen Angelegenheiten aufzuwenden pflegen; dieser Grundsatz befreit den Mann aber nicht von der Haftung für grobe Fahrlässigkeit (§ 277).

Auch die **Verpflichtung zur liebevollen Auferziehung und Erziehung der Kinder** obliegt dem Mann nicht nur gegenüber diesen, sondern — wie auch umgekehrt (RG. 126 S. 177) — gegenüber der Frau und gehört zu den ehelichen Pflichten, deren Verletzung eine Eheverfehlung, und zwar je nach dem Grade oder der Dauer eine schwere Eheverfehlung ist. Sie beschränkt sich — wie umgekehrt diejenige der Frau — nicht auf die gemeinsamen Abkömmlinge, sondern erstreckt sich auch auf die Stiefkinder (aus früherer Ehe des Ehegatten und auf seine un- und außerehelichen Kinder), vorausgesetzt, daß diese auf Grund einer bei der Eheschließung oder später getroffenen Vereinbarung in den ehelichen Hausstand aufgenommen worden sind (RG. 124 S. 54). Eine maßvolle Züchtigung der Kinder, die ihrem Besten dienen soll, ist, wenn erforderlich, natürlich ebenso nicht nur väterliche, sondern auch eheliche Pflicht, wie deren Mißhandlung nicht nur schwere elterliche, sondern auch eheliche Verfehlung ist.

Neben der Verpflichtung, sich dem Manne körperlich hinzugeben, ihm Kinder zu geben und treu zu sein, ist die **Fürsorge für Mann und Kind als Hausfrau und Mutter** (s. S. 138 u.) die vornehmste **eheliche Pflicht der Frau** und ihre vorsätzliche oder auf böswilliger (RG. Warn. 1913 Nr. 205) Nachlässigkeit oder Trägheit beruhende Dauerverletzung eine schwere Eheverfehlung. Die eheliche und elterliche Liebe, aus der der Wunsch entspringt, aufs beste für das Wohl des Gatten und der Kinder zu sorgen, hat der Mann in seinem, die Frau und Mutter in ihrem Wirkungskreis nach besten Kräften zu betätigen. Der Wirkungskreis der Frau ist das Hauswesen und die Pflege und Betreuung des Mannes und der Kinder und deren liebevolle Erziehung. Auch diese Pflicht kann auf mannigfaltige Weise durch Unsauberkeit, Unordnung, Unregelmäßigkeit und Unpünktlichkeit, mangelnde Sorgfalt bei der Zubereitung der Mahlzeiten, Nachlässigkeit bei Anleitung und Überwachung des vorhandenen Hauspersonals verletzt werden, mögen diese Minderleistungen auf Interesselosigkeit, Faulheit, fehlenden Sinn für Ordnung oder ablenkenden Liebhabereien oder Interessen (Warn. 1936 Nr. 108, Betätigung in okkulten Sekten) beruhen. Zur Eheverfehlung genügt aber nicht mangelndes Können und mangelnde Erfahrung, genügen nicht Unterleistungen, die ihren Grund in absoluter oder relativer Überlastung haben. Vorauszusetzen ist vielmehr Böswilligkeit (RG. Warn. 1913 Nr. 203). Auch daß die Frau infolge von Melancholie in Untätigkeit absinkt, entschuldigt sie nicht, wenn ihr Zustand nicht so krankhaft ist, daß sie diese Melancholie nicht beherrschen kann. Auch die Gefährdung der Familie durch wiederholte Selbstmordversuche — sind diese nur vorgetäuscht, siehe 4b, RG. 169 S. 58 — bildet daher einen Scheidungsgrund (RG., Warn. 1936 Nr. 125); anders, wenn der Mann an dem Gemütszustand der Frau schuldig ist oder die Frau sich sonst darauf berufen kann, sie sei durch unwürdige Behandlung seitens des Mannes in die Unfähigkeit versetzt worden, ihre Pflicht zu erfüllen (RG. JW. 1911 S. 589, Recht 1932 Nr. 981), oder daß sie sonst durch schwierige Verhältnisse zermürbt war. Bloße Nachlässigkeit begründet indessen die Scheidung nur, wenn die Vernachlässigung besonders arg ist und trotz wiederholter Einwirkungsversuche des Mannes auf die Frau fortgesetzt wird (RG. Jur. Rdsch. 27 Nr. 704, Warn. 1908 Nr. 525, 1911 Nr. 39, 1913 Nr. 327, 1920 Nr. 167, JW. 1912 S. 352, LZ. 1916 S. 588). Einer Abmahnung ist der Mann aber überhoben, wenn die Frau ihn in böswilliger Absicht nicht betreut (RG. JW. 1930 S. 988), oder, wenn er nicht anwesend ist und daher dem Übel nicht abhelfen kann; er kann also ohne weiteres Scheidung verlangen, wenn er bei seiner Heimkehr nach langer Abwesenheit den Haushalt und die Kinder verwahrlost und verschmutzt vorfindet und sich daraufhin alsbald von der Frau trennt (RG. 126 S. 173). Das Trachten der Frau nach eigenem Erwerb braucht, auch wenn der Mann nicht zustimmt, nicht schon deshalb schwere Eheverfehlung zu sein (RG. LZ. 1930 S. 582); wohl aber ist es regelmäßig unvereinbar mit den Hausfrauenpflichten, wenn sich die Frau zur Schauspielerin ausbilden läßt, um später zur Bühne zu gehen (RG. Warn. 1929 Nr. 65). Auch durch heimliches Schuldenmachen verfehlt sich die Frau schwer (Warn. 1921 Nr. 146, LZ. 1917 Sp. 460); doch ist dies für den Fall einzuschränken, daß sie in einer vom Mann verschuldeten Notlage handelt, weil er ihr trotz ihrer Vorstellungen nicht genügendes Haushaltsgeld gibt. Mit derselben Einschränkung kann heimliche Entwendung von Geld für den Haushalt schwere Eheverfehlung sein (RG. Recht 1919 Nr. 2133; s. auch unten).

Die Pflicht der Frau zur Pflege, Erziehung und liebevollen Behandlung der Kinder ist eine eheliche Pflicht (RG. 126 S. 177, s. auch oben). Sie wird durch Vernachlässigung ihrer religiösen und geistigen Erziehung, ihrer Ernährung und Körperpflege, ihrer Kleidung, erst recht durch ihre Mißhandlung schwer verletzt; sie erstreckt sich auch auf die im Haushalt lebenden Stiefkinder, die Kinder ihres Mannes aus einer früheren Ehe; durch ihre Mißhandlung verfehlt die Frau sich schwer (RG. Warn. 1915 Nr. 86, JW. 06, S. 391, 1917 S. 656, vgl. auch RG. 167 S. 265).

Vater und Mutter müssen beide bedacht sein, den Kindern Achtung und Ehrerbietung vor dem anderen Elternteil einzuflößen. Dies ist hohe eheliche Pflicht.

Auch die Beaufsichtigung der Kinder, auch des Verhaltens der Töchter gegenüber jungen Männern (RG. Warn. 1911 Nr. 39) und das durch diese Aufsicht veranlaßte Einschreiten ist beiderseitige eheliche Pflicht, die im Rahmen der natürlichen Rollenteilung zu erfüllen ist. Der außerhalb des Hauses beruflich tätige Ehemann wird weniger dazu in der Lage sein als die Ehefrau; diese ist dem Manne gegenüber verpflichtet, ihm zu berichten, wenn sein Einschreiten notwendig erscheint; er verfehlt sich, wenn er das Einschreiten auf eine solche Klage der Mutter hin unterläßt.

Auch die Erweckung religiöser Gefühle, die Erziehung und Ausbildung der Kinder in einer bestimmten Konfession ist nicht nur elterliche, sondern gegenseitige eheliche Pflicht, deren Verletzung eine schwere Eheverfehlung sein kann. Es entscheidet darüber, was bei der Eheschließung vereinbart ist. Gehören beide Ehegatten der gleichen Konfession an, so ist wohl davon auszugehen, daß die Erziehung der Kinder in dieser Konfession vereinbart ist. Es kann der Mann nicht kraft seines Entscheidungsrechtes, noch weniger die Frau dazu übergehen, die Kinder in einer anderen Konfession oder glaubenslos zu erziehen, weil er bzw. sie später die Konfession wechselt oder sonst anderen Glaubens oder anderer Überzeugung wird (vgl. RG. JW. 1927 S. 1194). Auch ohne Bruch einer ausdrücklichen oder stillschweigenden Vereinbarung kann es schwere Eheverfehlung sein, wenn ein Ehegatte die religiöse Erziehung der Kinder im Widerspruch zu den berechtigten Wünschen des anderen Gatten durchführt. Der Bruch einer Vereinbarung bedeutet eine Eheverfehlung, auch wenn der Ehegatte sie für weniger wichtig als ein kirchliches Gebot ansieht (vgl. JW. 1924 S. 45).

Die Pflichten des Mannes als Hausvaters und Familienoberhaupts, der Frau als Hausfrau und Mutter bestehen, solange die häusliche Gemeinschaft besteht, auch wenn schon Scheidungsklage erhoben ist (s. 2 a. E. und 4e a. E.).

Eine schwere Eheverfehlung ist es, wenn ein Ehegatte den anderen in eigenem selbstsüchtigen Interesse bestiehlt (s. auch oben), wenn die vom Mann getrennt lebende Frau heimlich Einrichtungsgegenstände aus der Wohnung fortschaffen läßt, wenn sie, solange die Ehe nicht geschieden ist, ohne entsprechende gerichtliche Anordnung dem Mann die Kinder entzieht (RG. JW. 06 S. 200, Warn. 1914 Nr. 194). Dagegen wurde es nicht als Eheverfehlung angesehen, wenn die Frau sich wegen einer ihr zugesprochenen Geldrente durch Wegnahme von Geld selbst bezahlt macht (HRR 4 a. E. zu § 49 EheG. 1938). Die Entwendung von (Geld oder) Naturalien gegenüber einem Ehegatten, welcher dauernd seine Unterhaltspflicht ignoriert, wurde nicht als ehrlos oder Eheverfehlung erachtet (RG. 167 S 304).

g) Entgegengesetzt einem Ehegatten, der Leid und Unglück seines Lebensgefährten teilt und wie eigenes empfindet, der lange Trennung von ihm als eigenes Unglück fürchtet, verhält sich ein Ehegatte, der gegen den anderen Anzeige erstattet, um ihm Leid zuzufügen und ihn hinter Schloß und Riegel zu bringen. Dies ist unvereinbar mit dem Vertrauen, das sich die Ehegatten schenkten, als sie die Ehe schlossen. Nicht nur ist eine bewußte oder grob fahrlässige falsche **Anzeige** unbedingt eine schwere Eheverfehlung (JW. 1913 S. 991, HRR. 1931 Nr. 511), sondern regelmäßig auch eine zutreffende (oder nur aus leichter Fahrlässigkeit falsche). Auch sie beweist eine verwerfliche eheliche Gesinnung, mag sie auf Haß, Rachsucht, Bosheit, Schadenfreude (JW. 1905 S. 496, 1911 S. 154, 488, Warn. 1916 Nr. 109, LZ. 1922 S. 71, Recht 1928 Nr. 811, Warn. 1932 Nr. 43, HRR. 1933 Nr. 1198; vgl. auch HRR. 1939 Nr. 145) oder auch nur auf staatsbürgerlichem Pflichtbewußtsein und Rechtssinn beruhen, der nicht einmal vor dem Letzten und Liebsten halt machen möchte. Dies gilt auch von Steuerstrafsachen (Warn. 1934 Nr. 126) und Anzeigen bei dem Arbeitgeber zu dem Zweck, den Ehegatten aus seiner Stellung zu bringen (RG. Recht 1930 Nr. 2230). Vorstehendes gilt vor allem, wenn es sich um weit zurückliegende Verfehlungen des anderen Ehegatten handelt, welche die Ehe nicht selbst zerrüttet haben, oder auf Grund deren der anzeigende Ehegatte wegen Verzeihung (§ 49) oder Fristablaufs (§ 50) nicht mehr Scheidung verlangen kann. Es gilt aber auch bei begründeter Anzeige, wenn ein ehrloses oder unsittliches Verhalten des anderen Ehegatten den Anlaß zur Anzeige bildet und eine so tiefe Zerrüttung der Ehe bewirkt hat, daß damit nach § 43 ein Scheidungsbegehren begründet werden kann, ohne daß das Recht Scheidung zu verlangen, nach § 49 oder § 50 untergegangen ist. Zwar besteht in solchem Falle nach § 1352 Abs. 2 S. 2 BGB. keine Pflicht des Anzeigenden, die Lebensgemeinschaft aufrechtzuerhalten und sich noch solidarisch mit dem anderen Ehegatten zu fühlen, nichtsdestoweniger geht, solange die Ehe besteht und nicht geschieden ist, eine Verfolgung des anderen Ehegatten über die bloße Aufhebung der Lebensgemeinschaft hinaus und rechtfertigt letztere nicht Akte der Schadenszufügung. Nur wenn durch die Anzeige berechtigte eigene Interessen wahrgenommen werden sollen, deren Durchführung durch die

Anzeige ermöglicht oder erleichtert wird, bedeutet die Anzeige keine Eheverfehlung, sofern sie begründet ist (Warn. 1919 Nr. 120). So kann das Bestreben, durch eine Steuerstrafanzeige die Haftung mit dem eigenen Vermögen abzuwenden, wenn der Beweggrund auch nicht eben edel ist, die Anzeige aus dem Bereich der Eheverfehlung herausheben. Wahrnehmung berechtigter Interessen ist nicht anzuerkennen, wenn die Anzeige bezweckt, den Staatsanwalt vorzuspannen, um durch das Strafverfahren den Beweis eines ehrlosen und unsittlichen Verhaltens des anderen Ehegatten zu gewinnen, auf das eine Scheidungsklage gestützt werden kann (JW. 1913 S. 990).

Was von einer Anzeige gilt, gilt auch von einer belastenden **Aussage im Strafprozeß,** wenn die Möglichkeit bestand, das Zeugnis zu verweigern (RG. Recht 1910 Nr. 714) oder von dem Betreiben der Einberufung des Ehegatten (RG. 169 S. 59, HRR. 1942 Nr. 780).

Nicht nur den Ehegatten **in Gefahr zu bringen,** sondern auch ihn **in einer solchen im Stich zu lassen,** wenn die Möglichkeit besteht, sie abzuwenden oder doch abzuschwächen, ist eine Verfehlung gegen die Pflicht zur Lebensgemeinschaft und kann und wird oft eine schwere Eheverfehlung sein. Es besteht eine Rechtspflicht der Ehegatten, sich gegenseitig vor körperlicher Gefahr zu schützen (RG. LZ. 1933 S. 863), so daß die Untätigkeit gegenüber Angriffen auf den Ehegatten Mittäterschaft durch Unterlassung im strafrechtlichen Sinn sein kann (a. a. O.). Das Bestreben, sich selbst zu retten, mag, wird aber nicht immer ein ausreichender Entschuldigungsgrund sein.

h) Die gegenseitig geschuldete Lebensgemeinschaft erstreckt sich auf das **Verhältnis zu den beiderseitigen Angehörigen.** Es ist Pflicht jedes Gatten, die Gefühle des andern für seine Angehörigen, wenn schon nicht zu teilen, so doch zu achten und darauf gebührende Rücksicht zu nehmen, ja ihnen, soweit veranlaßt bzw. erforderlich, auch Opfer, ideelle und auch materielle zu bringen, letztere im Rahmen des unschwer Möglichen. Die Beleidigung der Schwiegereltern (RG. Recht 1919 Nr. 1985) oder ihres Andenkens (RG. Recht 1928 Nr. 2478) oder Schmähreden über sie, lieblose Behandlung oder gar Mißhandlung, desgleichen der Stiefkinder (JW. 1917 Nr. 656) und der Schwäger oder Schwägerinnen sind daher Eheverfehlungen, wenn das Gefühl des anderen Ehegatten dadurch verletzt wird, und können und werden auch oft schwere Eheverfehlungen sein. Strafanzeigen gegen Schwiegereltern und wohl auch Stiefkinder werden meist ähnlich zu beurteilen sein, wie Strafanzeigen gegen den anderen Ehegatten selbst (KRR. 3 IIb a. E. zu § 49 EheG. 1938).

5. Eine große Zahl von **TATBESTÄNDEN EHRLOSEN ODER UNSITTLICHEN VERHALTENS** (Sittlichkeitsdelikte oder -laster, wie Exhibitionismus, Sadismus, Masochismus, Sodomie, Päderastie, lesbische Liebe, Bestialität, Laster wie Trunksucht, Hang zu Rauschgiften, Spielleidenschaft u. dgl., versuchter Ehebruch, Doppelehe, Bruch von Versprechungen, insbesondere über religiöse Kindererziehung u. a.) stellen sich zugleich als Verletzung ehelicher Pflichten dar und sind deshalb bereits unter 4 behandelt. Ehrloses oder unsittliches Verhalten ist aber Scheidungsgrund auch dann, wenn es keine Ehepflicht verletzt, keine Eheverfehlung im engeren Sinn ist z. B. wenn der Mann Wucherer oder Bordellwirt wird oder sich mit Schiebergeschäften befaßt. Ein solches Verhalten verletzt eben durch die zwischen den Gatten bestehende Lebensgemeinschaft zugleich die Ehre des anderen Gatten, ist also Eheverfehlung durch die Verletzung der Pflicht, auf diese Rucksicht zu nehmen. Aber auch wenn ein solches Verhalten nicht unter diesem Gesichtspunkt zu betrachten ist, muß es Scheidungsgrund sein, wenn und weil es die Achtung durch den anderen Ehegatten, ohne die nicht vorausgesetzt werden kann, daß ihm eine Lebensgemeinschaft möglich ist, somit eine Grundlage der Ehe untergräbt. Unter diesem Gesichtspunkt können Tatbestände, welche als unmittelbare Pflichtverletzung nicht in Betracht kommen oder nach dem Grade der Verletzung vielleicht nicht ausreichen, um als schwere Eheverfehlungen angesehen zu werden, und welche nicht an die Öffentlichkeit dringen und somit die Ehre der Familie nicht berühren, gleichwohl Scheidungsgrund sein (z. B. ein Ehemann verliert durch häufige, wenn auch nicht süchtige, Unmäßigkeit zu Hause, welche im übrigen die geistige Gemeinschaft nicht behindert und die Vermögenslage der Familie nicht gefährdet, die Achtung seiner Frau [RG. HRR. 1932 Nr. 5] oder, ohne hoch zu setzen, hat er eine Leidenschaft für Kartenspiele und kann diese nicht lassen, gerät aber immer mit seinen Spielpartnern, darunter seiner Frau, in heftigen Streit, oder er hält niemals Wort, mag es sich auch jeweils nur um Versprechungen handeln, deren Gegenstand nicht wichtig ist, oder entwickelt sich zum Gewohnheitslügner oder betrügt dauernd im kleinen die Kundschaft oder im großen das Finanzamt und verliert dadurch die Achtung seiner Frau). Raffgier und Bereicherung auf Kosten der Allgemeinheit sind ehrloses und unsittliches Verhalten und Scheidungsgrund, wenn die Frau nicht, wie leider meist, damit einverstanden ist. In einigen der letzteren Beispielsfälle kann auch daran gedacht werden, die Aufhebung der Ehe nach § 32 zu gewähren, weil es sich möglicherweise um Eigenschaften handelt, die bei der Eheschließung schon bestanden, aber dem Gatten unbekannt waren; die Voraussetzungen des § 32 sind aber schwerer darzutun als eine eingetretene Ehezerrüttung. Ein unzüchtiges Verhalten ist zwar unsittlich, aber Unsittlichkeit ein weiterer Begriff (RG. Warn. 1914 Nr. 86), der im allgemeinen mit dem der **Ehrlosigkeit** (Ehrenrührigkeit) zusammenfällt. Ein Verhalten, das zwar Anstoß erregt, aber nicht unsittlich oder ehrlos ist, ist kein Scheidungsgrund, es sei denn, daß es eine eheliche Pflicht schwer verletzt.

Entscheidend ist das Gesamtverhalten (RG. Recht 1919 Nr. 263). Maßgebend für die Frage der Unsittlichkeit und Ehrlosigkeit ist die Volksanschauung. Standeswidrigkeiten und Verstöße gegen die Standes- oder Berufsehre oder -anschauungen oder die Anschauungen engerer Personenkreise kommen also im allgemeinen nicht in Betracht, soweit nicht auch die Volksanschauung für Angehörige bestimmter Berufe oder Stände oder sozialer Schichten strengere oder andere Maßstäbe anlegt. Aber solche Verstöße gegen die Standes- oder Berufsehre oder -anschauungen können als ungenügende Rücksicht auf das Wohl oder die Ehre der Familie Eheverfehlungen sein, auch die

Achtung der Frau untergraben. In Frage kommen nur während der Ehe verübte Handlungen, voreheliche Handlungen können nur Aufhebungsgrund sein, wenn sie eine Eigenschaft enthüllen, die dem Gatten bei der Eheschließung unbekannt war.

Weder entschuldigt, daß das geübte Verhalten dem Vorteil beider Ehegatten dienen sollte, wie Steuerhinterziehung oder unredliche Geschäftsführung (RG. Warn. 1912 Nr. 34), Schiebergeschäfte, ehrenrühriges Gewerbe, noch, daß es in der Trunkenheit verübt worden ist, wenn diese verschuldet war (KRR. 4 zu § 49 EheG. 1938).

Mitwissenschaft des anderen Ehegatten kann das Scheidungsbegehren ausschließen, wenn er seinen Abscheu nicht kundgegeben hat (vgl. RG. Warn. 1927 Nr. 177).

Aus der Rechtsprechung seien nachstehende z. T. schon unter 4 als Verletzung ehelicher Pflichten erwähnte Tatbestände als Scheidungsgrund angeführt: Verweigerung der bei der Eheschließung ausdrücklich oder stillschweigend vereinbarten kirchlichen Trauung (RG. 57 S. 256), Wortbruch hinsichtlich der Art der religiösen Kindererziehung (RG. Recht 1935 Nr. 460, HRR. 1929 Nr. 203), Ergreifung eines schimpflichen Gewerbes, strafbare Handlungen, wobei aber nicht die Verurteilung oder Bestrafung (RG. JW. 1912 S. 871, 1928 S. 902), überhaupt nicht das für den Scheidungsrichter unmaßgebliche (RG. Warn. 1912 Nr. 363) Urteil des Strafrichters, sondern die vom Scheidungsrichter selbständig nachzuprüfende und nach dem gesamten Verhalten (RG. JW. 1928 S. 902) und ihm zugrunde liegenden Beweggrund (Recht 1929 Nr. 248) zu würdigende Straftat entscheidet. Ist diese vor der Ehe begangen, so scheidet sie als Scheidungsgrund auch dann aus, wenn sie während der Ehe abgeurteilt wird (RG. 151 S. 340), kann aber in solchem Falle, wenn sie dem anderen Ehegatten bei der Eheschließung nicht bekannt war, nach näherer Maßgabe der §§ 32, 33. Aufhebungsgrund sein. Im einzelnen wurde von der Rechtsprechung als Scheidungsgrund anerkannt: Meineid, auch wenn er in einem Scheidungsverfahren geleistet wurde, um die Beklagte nicht bloßzustellen (RG. Recht 1929 Nr. 248), Verleitung zum Meineid (OLG. I S. 255), Betrügerei (Warn. 1918 Nr. 170), Diebstahl, auch bei nur leichter Bestrafung mit einer Woche Gefängnis (RG. Warn. 1908 Nr. 254) — entwendet ein Ehegatte dem anderen, der ihn dauernd ohne Unterhalt läßt, Geld oder Naturalien, so ist der Diebstahl unter diesen Umständen nicht unsittlich oder ehrlos und keine Eheverfehlung (RG. 167 S. 304), Urkundenfälschung (BayOLGZ. Bd. II S. 297). Als Scheidungsgrund wurde ferner anerkannt: Lesbismus (HRR. 1928 Nr. 1708), Begünstigung eines unziemlichen Verkehrs der Tochter mit jungen Leuten (RG. Warn. 1911 Nr. 39), Duldung unsittlichen Treibens der Tochter (ebenda), eines ehebrecherischen Verkehrs der Frau durch den Mann und dessen Ausnutzung (RG. JW. 1928 Nr. 103). Umfangreich ist die Rechtsprechung über Trunksucht als Scheidungsgrund. Beharrliche, wenn auch nicht unverbesserliche (RG. Warn. 1932 Nr. 10) Trunksucht ist in ständiger Rechtsprechung (RG. Warn. 1928 Nr. 185, 1930 Nr. 197, 1932 Nr. 10, 1935 Nr. 183) und zwar ohne Rücksicht auf Störung des ehelichen Lebens oder die Verletzung ehelicher Pflichten wegen ihrer nachteiligen Wirkung auf die öffentliche Achtung als Scheidungsgrund anerkannt. Ob darüber hinaus wiederholte Trunkenheit die eheliche Pflicht schwer verletzt (schlechthin zu bejahen, wenn der andere Ehegatte dadurch seine Achtung verliert), wie selbstverständlich, wenn sie den Unterhalt der Familie gefährdet oder ihn beeinträchtigt (Warn. 1932 Nr. 10), richtet sich nach den Umständen des Einzelfalls (RG. Recht 1930 Nr. 1514). Unwiderstehlicher Hang kann das Verschulden ausschließen (RG. Warn. 1929 Nr. 185), insbesondere ein ererbter Krankheitszustand (JW. 1914 S. 592) — in diesen Fällen wird die Trunksucht meist Aufhebungsgrund sein —, nicht aber Geistes- und Willensschwäche, die erst eine Folge der Trunksucht ist (RG. JW. 1906 Nr. 140). Von der Verschuldensfrage abgesehen, kann auch die Scheidung sittlich nicht gerechtfertigt sein, wenn das Verhalten des anderen Ehegatten die Ursache der Trunksucht war (S. 2 JW. 1936 S. 376). Eine Besserung hindert die Scheidung nicht mehr, wenn die Ehezerrüttung schon eingetreten ist (RG. Warn. 1932 Nr. 203, 1935 Nr. 183).

Da ehrloses und unsittliches Verhalten nur als eheliche Verfehlung Scheidungsgrund sein kann und deshalb Verschulden voraussetzt, muß das Verhalten zu seiner Zeit ehrlos gewesen sein; es genügt nicht, wenn es später als ehrlos angesehen wird.

6. Die schwerste Eheverfehlung, vom Ehebruch als absolutem Scheidungsgrund (§ 42) abgesehen, reicht nicht aus, ein Scheidungsverlangen zu begründen — wird wohl auch niemals ein solches hervorrufen —, ohne daß sie das Verhältnis der Ehegatten zueinander, ihr Zusammengehörigkeitsgefühl, ihre gegenseitige Liebe und Achtung tief berührt hat. Die **Scheidung** kann **nur** verlangt und ausgesprochen werden, **wenn die Ehe zerrüttet ist und die Zerrüttung auf der Eheverfehlung,** dem ehrlosen oder unsittlichen Verhalten eines der Gatten **beruht.**

Wann ist die Ehe zerrüttet? Diese Frage wird meist dahin beantwortet, daß die **ZERRÜTTUNG** ein seelischer Zustand des verletzten Ehegatten sei — auf den des Schuldigen soll es nicht ankommen (RG. 164 S. 324) —, in dem er, wenn auch nur vorübergehend, nicht für immer (RG. Warn. 1928 Nr. 197) in die Unfähigkeit versetzt sei, die durch die Ehe begründeten Pflichten zu erfüllen, weil er durch die Eheverfehlung des anderen Gatten und das dadurch erzeugte Gefühl der Kränkung die Gefühle der Liebe, Achtung und Zugehörigkeit verloren hat, die die Voraussetzung dafür bilden. RG. 165 S. 112 drückt es so aus, daß es darauf ankomme, daß der andere Ehegatte infolge der Eheverfehlung oder des ehrlosen, unsittlichen Verhaltens eine erhebliche Einbuße an seinem ehelichen Gefühl gegenüber dem schuldigen Ehegatten erlitten und deshalb den Willen zur Fortsetzung der Ehe verloren habe. (Darin liegt, wenn auch unvollkommen ausgedrückt, daß es überhaupt nicht so sehr auf das Gefühl als die Gesinnung ankommt, der ein Willensmoment innewohnt.) Allerdings wird andererseits aus § 49 (früher 56) Schlußhalbsatz auf Grund eines nicht eben überzeugenden oder gar zwingenden Schlusses abgeleitet, daß an die Frage der Zerrüttung im Sinne des § 43 (früher 49) ein objektiver Maßstab anzulegen und die Ehe als zerrüttet anzusehen sei, wenn nachgewiesene schwere

Eheverfehlungen eines Ehegatten bei objektiver Beurteilung geeignet erscheinen, die Ehe zu zerrütten (KRR. 5a zu § 49 EheG. 1938, Achilles-Greiff 7 daselbst, Warn. 1928 Nr. 83, 1931 Nr. 197, 1938 Nr. 50, 1939 Nr. 122, RG. 169 S. 200; vgl. auch Frantz NJW 50, S. 94).

Was „zerrüttet" bedeutet, ergibt sich unmittelbar aus dem Konsekutivsatz, der davon spricht, ob erwartet werden kann, daß die Lebensgemeinschaft wieder hergestellt werde. Demnach ist die **Ehe** dann **zerrüttet, wenn die dem Wesen der Ehe entsprechende Lebensgemeinschaft nicht mehr vollständig oder gar nicht mehr besteht.** Dies ist eine objektive Ehesituation. Es ist nicht ersichtlich, womit zu begründen wäre, daß der Begriff Ehezerrüttung im § 43 ein anderer ist als im § 48 wie angenommen wird (RG. 164 S. 324). Die dem Wesen der Ehe entsprechende Lebensgemeinschaft ist der umfassendste Begriff, der über die seelische Verschmelzung, das gemeinsame Denken und Fühlen die „geistige Gemeinschaft" des § 44 hinausgeht. Dies zeigt auch § 45, der wegen Zerrüttung der Lebensgemeinschaft anwendbar sein kann, auch ohne daß die geistige Gemeinschaft aufgehoben ist. Die Lebensgemeinschaft ist zerrüttet, nicht erst, wenn sie in jeder Beziehung zu bestehen aufgehört hat, sondern schon dann, wenn sie in einzelnen besonders wichtigen Beziehungen oder auch nur in einer solchen Beziehung abgebrochen ist. Die wichtigste ist und bleibt natürlich die geistige Gemeinschaft, das gemeinsame Fühlen und Denken, das auf gegenseitiger Liebe und Achtung, gegenseitigem Vertrauen und Verständnis beruht, aber sie ist nicht die einzige Beziehung, in welcher eine Gemeinschaft zwischen den Gatten besteht und zerrüttet sein kann. Die geistige Gemeinschaft wird sich natürlich, solange sie besteht, regelmäßig in allen anderen Beziehungen durchsetzen, so daß insolange eine Aufhebung der Lebensgemeinschaft in anderer Beziehung, der körperlichen, regelmäßig nicht unwiderruflich sein dürfte. Auch wird regelmäßig die Aufhebung der Lebensgemeinschaft in anderen Beziehungen nicht eintreten, ohne den Willen des gekränkten Gatten. Aber es ist trotzdem nicht einzusehen, warum nur die vollständige Zerstörung gerade seiner ehelichen Gesinnung eine Ehezerrüttung bedeuten soll. Eine solche ist auch dann anzunehmen, wenn die Eheverfehlung des schuldigen Gatten in dauernder Unreinlichkeit oder Maßlosigkeit im Geschlechtsverkehr besteht und der andere aus derartigen Gründen die körperliche Gemeinschaft verabscheut und sie aufzuheben wünscht, mag auch die seelische Gemeinschaft, das gemeinsame Denken und Fühlen, die gegenseitige Anteilnahme an Glück, an Wohl und an den Interessen des andern Ehepartners nichtsdestoweniger fortbestehen. Auch ist denkbar, daß der schuldige Teil seinerseits schuldhaft unmittelbar die Lebensgemeinschaft zerstört oder seine eheliche Gesinnung aufgegeben hat (vgl. HRR. 1942 Nr. 750), daß aber der leidende Teil seine Liebe, sein Zusammengehörigkeitsgefühl, auch seine Achtung allen Kränkungen zum Trotz bewahrt und jederzeit zur Lebensgemeinschaft bereit ist, aber schließlich, weil der andere schuldige Teil sie nicht herstellt und beendet wissen will, die Scheidung fordert, sei es aus Stolz, sei es, weil er das Vertrauen verliert, in dieser Ehe jemals glücklich werden zu können, und seinem Leid ein Ende setzen will, sei es aus Rücksicht auf den anderen Partner oder aus Rücksichten anderer Art, wie auf die Kinder, die nicht in einem Elternhaus heranwachsen sollen, in welchem die Eltern sich mit Kälte begegnen oder gar dauernder Streit unter ihnen herrscht usw. Freilich kann der schuldige Teil, der sich verfehlt hat, nicht seinerseits damit ein Scheidungsverlangen begründen, daß ihm durch seine eigenen Verfehlungen die eheliche Gesinnung abhanden gekommen sei, zumal die Zerrüttung Scheidungsvoraussetzung, nicht -grund ist. Aber es ist weder nach dem Gesetzeswortlaut, noch nach der Natur der Dinge einzusehen, warum der leidende Teil nicht auf eine einseitige Zerrüttung der ehelichen Gesinnung auf seiten des schuldigen Teils, unter der er zu leiden hat, das Scheidungsbegehren soll stützen können (so RG. 164 S. 324 im Gegensatz zum Fall des § 48). Wenn freilich, wie in dem Fall RG. 165 S. 109, trotz des ehrlosen Verhaltens des einen Ehegatten die eheliche Gesinnung und Zuneigung und das Zusammengehörigkeitsgefühl beider Ehegatten unversehrt ist, ist die objektive Ehesituation der Ehezerrüttung nicht deshalb eingetreten, weil das ehrlose Verhalten eine längere Freiheitsstrafe des einen Ehegatten und deshalb eine lange Trennung zur Folge hat, und es kann der andere Ehegatte nicht um ihretwillen die Scheidung begehren, wenn ihm auch diese Folge des ehrlosen Verhaltens erst nachträglich bewußt wird. Die ausschließliche Abstellung auf Gesinnung und Empfindung des verletzten klagenden Teils führt zu dem daraus in ständiger reichsgerichtlicher Rechtsprechung gezogenen unhaltbaren Ergebnis, daß dieser, wenn er geisteskrank ist, und die Verfehlung als Ehezerrüttung infolge seiner Krankheit nicht empfinden kann, niemals einen Scheidungsgrund aus § 43 gewinnen kann (RG. 163 S. 347 unten, 338).

Als unklar erweist sich auch hier die Auswirkung der aus § 56 EheG. 1938 leider übernommenen, mit dem Inhalt der §§ 42, 43 schwer zu vereinbarenden undurchdachten Vorschriften des § 49, daß das Recht auf Scheidung wegen Verschuldens nicht bestehe, wenn sich aus dem Verhalten des verletzten Ehegatten ergibt, daß er die Verfehlung des anderen als ehezerstörend nicht empfunden habe (vgl. hierüber auch 2 zu § 49). Wendet der Beklagte dies ein, so kann angesichts einer nachgewiesenen Zerrüttung die Einwendung bedeuten, daß die Ehezerrüttung nicht auf einer Verfehlung beruhe, entweder a) weil die Ehe schon vorher zerrüttet war und seine Verfehlung deshalb von dem klagenden Teil nicht mehr als Ehezerstörung empfunden worden sei, so daß sie die Zerrüttung auch nicht vertieft habe (wie hier RG. 163 S. 249) oder b) weil sie auf die eheliche Gesinnung des Klägers ohne Einfluß geblieben sei, sei es, daß die Verfehlung dem Kläger gleichgültig war (RG. JW. 37 S. 619), oder sei es c) daß der Kläger seine eheliche Gesinnung trotz der Verfehlung und Kränkung bewahrt habe, so daß die nachgewiesene Zerrüttung nicht in Zerstörung der ehelichen Gesinnung des Klägers besteht. a und b enthalten nicht mehr als ein Bestreiten der Kausalität der Eheverfehlung für die Ehezerrüttung, welche der Kläger nach § 43 zu behaupten und zu beweisen hat — insoweit enthält § 49 Schlußalternative nur eine Wiederholung des § 43; es geht auch meines E. nicht an, daraus den Schluß zu ziehen, daß der Kläger nicht mehr als eine schwere Verfehlung, die nach der Lebenserfahrung die

Ehe unheilbar zerrüttet, nicht aber die Zerrüttung nachzuweisen habe, der Beklagte aber, daß die Ehe nicht zerrüttet sei (s. nachstehend); denn dies widerspricht § 43 (KRR. 5 zu § 49 EheG. 1938) offensichtlich. Was c betrifft, so würde, wenn dieser Einwand entgegen § 43 nach § 49 durchgreifen könnte, der den unverbesserlichen Beklagten trotz seiner Verfehlungen weiterliebende Kläger verdammt sein, sein Unglück und Leid trotz der vom Beklagten herbeigeführten Ehezerrüttung in alle Ewigkeit fortzutragen, ohne sich von dem Beklagten losreißen zu können, dem ein Freibrief ausgestellt wäre, den Kläger zu quälen. Dieser einzig mögliche. gegenüber § 43 selbständige Sinn der Schlußalternative des § 49 würde dem § 43 widersprechen und ist als unerträglich abzulehnen. In noch größere Verlegenheit müssen jene geraten, welche für die Zerrüttung nach § 43 voraussetzen, daß die eheliche Gesinnung gerade des verletzten Beklagten zerstört sei. Von diesem Standpunkt aus würde die Anwendung des § 49 auf § 43 voraussetzen, daß die Ehe unheilbar zerrüttet sei, obwohl sie nicht zerrüttet ist; um dieser deductio ad absurdum der Gesetzesstelle zu entgehen, hat das Reichsgericht wiederholt den nach § 43 nicht haltbaren Standpunkt vertreten, zur Anwendung des § 43 genüge schon der Nachweis einer Eheverfehlung, welche so schwer sei, daß sie objektiv nach der Erfahrung eine Ehe unheilbar zerrütte, während der Wortlaut der Gesetzesstelle verlangt, daß der eine Ehegatte durch eine Verfehlung die Ehe zerrüttet hat. Die oben bekämpfte Meinung, daß die Gesinnung gerade des verletzten Teiles zerstört sein müsse, beruht übrigens wohl ihrerseits auf § 49, den sie an sich für sich hat, führt aber wie gezeigt, zu einem perplexen Ergebnis, dem nur durch eine Änderung des Sinnes des § 43 ausgewichen werden kann (s. auch 5a zu § 42 und Erl. zu § 49).

Will der Beklagte trotz seiner Verfehlungen seinerseits die eheliche Gesinnung nicht verloren haben, so kann er damit nicht gehört werden, wenn infolge seiner Verfehlung die eheliche Gesinnung des Klägers zerstört und die Ehe dadurch zerrüttet worden ist, auch dann nicht, wenn beide Teile sich verfehlt haben; denn eine dem Wesen der Ehe entsprechende Lebensgemeinschaft ist nicht denkbar, wenn auch nur auf einer Seite die eheliche Gesinnung, das heißt die Liebe und Achtung und das Zusammengehörigkeitsgefühl fehlen (RG. 159 S. 305, 160 S. 102 und 375).

Maßgebend ist, ob die Ehe im Zeitpunkt der letzten mündlichen Verhandlung vor dem Urteil zerrüttet ist. Zum Nachweis dieser Zerrüttung können daher auch Vorgänge vorgetragen werden, die sich nach der Klageerhebung zugetragen haben, ja auch dann, wenn erst diese die Zerrüttung herbeigeführt oder vertieft haben (RG. Warn. 1926 Nr. 15).

Erforderlich ist aber ein **ursächlicher Zusammenhang zwischen** der nachgewiesenen **Zerrüttung und** der vorgetragenen **Eheverfehlung.** Erstere muß durch letztere verursacht sein. Dies kann nicht der Fall sein, wenn die Eheverfehlung des Beklagten erst nach eingetretener Zerrüttung begangen oder dem Kläger bekannt wurde und diese nicht mehr vertieft hat. Doch kann auch eine schon zerrüttete Ehe durch eine neue Verfehlung weiter vertieft werden, ja oft geht der Beginn der Zerrüttung der Eheverfehlung voraus, ist durch ein- oder beiderseitige Eigenart, durch ein Sichnichtverstehen verursacht, nicht verschuldet und führt die Eheverfehlung herbei, denn es genügt die **Mitverursachung** der Zerrüttung durch eine Verfehlung, sei es in letzterem Sinn einer bloßen Vertiefung (RG. 103 S. 326, 130 S. 180, 164 S. 187, HRR. 1933 Nr. 1086), sei es zusammen mit anderen früheren Verfehlungen, mögen diese auch schon verziehen sein oder wegen Fristablaufs kein Scheidungsrecht mehr begrunden, sei es zusammen mit Verfehlungen des (mitschuldigen) Klägers. Natürlich kann Scheidung nur verlangt werden, wenn wenigstens eine neue Pflichtverletzung vorliegt, welche nicht durch Verzeihung (§ 49) oder Fristablauf (§ 50) als selbständiger Scheidungsgrund ausscheidet. Diese neue Verfehlung braucht (trotz des Gesetzeswortlaut nicht schwer, darf nur nicht ganz bedeutungslos oder unerheblich sein (RG. 159 S. 120, RG. 164 S. 153). Zusammen mit den verziehenen oder verjährten wird sie als Bestandteil eines eine schwere Eheverfehlung darstellenden Gesamtverhaltens gewürdigt. Auch eine Mitverursachung zusammen mit andern als nur vermeintlich erwiesenen Verfehlungen des Beklagten (oder Klägers) genügt (vgl. RG. 169 S. 200 ff.). Eine noch so zerrüttete Ehe kann durch neue Verfehlungen weiter vertieft werden (vgl. RG. 164 S. 97, aber RG. 167 S. 303; siehe hierüber auch 5b zu § 48), nur wird, je weiter die Zerrüttung vorgeschritten ist, diese Wirkung im allgemeinen nur immer schwereren Verfehlungen zukommen. Es reicht aber deshalb der bloße Nachweis, daß die Ehe zur Zeit der Verfehlung schon zerrüttet war, nicht aus, um sie als Scheidungsgrund auszuschalten. Daß eine Eheverfehlung — vom Ehebruch abgesehen (§ 42) — keine ehezerstörende Wirkung haben könne, solange sie nicht zur Kenntnis der Gegenseite gelangt ist (JW. 1904 S. 63) oder wenn diese infolge geistiger Erkrankung keine Empfindung für die Herbeiführung der Zerrüttung an sich geeigneten Tatsachen hat (RG. 163 S. 247 und 344). mag im allgemeinen zutreffen; doch stellt diese Ansicht zu sehr auf den seelischen Zustand des unschuldigen Eheteils ab und läßt außer Auge, daß die Zerrüttung ein objektiver Zustand ist, der unmittelbar durch die Verfehlung herbeigeführt sein kann und nicht auf dem seelischen Zustand des verletzten Teils zu beruhen braucht (s. o.).

Eine Ehezerrüttung, welche nicht auf Eheverfehlung beruht, z. B. durch ein Mißverständnis oder eine Kette von Mißverständnissen und die Reaktion auf solche oder eine Entfremdung verursacht ist, die von einem durch äußere Lebensverhältnisse erzwungenen Getrenntleben herbeigeführt war, genügt nicht für das Scheidungsverlangen nach § 43, auch wenn die Entfremdung und Zerrüttung der Ehe zugleich zu Eheverfehlungen geführt hat (RG. 164 S. 322, § 23).

Die Ehezerrüttung braucht, auch wenn sie auf einer einzigen Verfehlung beruht, nicht auf einmal einzutreten. Die sittliche Wertung der Verfehlung durch den unschuldigen Teil kann sich durch die fortschreitende Einsicht in ihre Verwerflichkeit ändern. Es steht der Entstehung des Scheidungsanspruchs möglicherweise in solchem Fall der Fristablauf des § 50 entgegen, aber nicht, daß die Ehe nicht sofort zerrüttet war (vgl. hierzu und über eine dazwischenliegende Verzeihung 2 zu § 49).

Die Zerrüttung braucht nicht durch die sittliche Wertung der Verfehlung veranlaßt zu sein. Es ist nicht einzusehen, warum eine auf Erkenntnis der Folgen der Verfehlung für den schuldlosen Teil und die Familie beruhende Aufgabe des Willens, die Ehe mit dem schuldigen Teil fortzusetzen, nicht als Zerrüttung gelten soll. Natürlich sind nicht die Folgen der Verfehlung Scheidungsgrund (RG. 165 S. 116), sondern die Verfehlung selbst und die durch sie herbeigeführte Ehezerrüttung, aber diese, die nicht Scheidungsgrund, sondern Scheidungsvoraussetzung ist, kann auch durch den Ausblick auf ihre Folgen herbeigeführt sein, die nichts mit der sittlichen Wertung der Verfehlung zu tun hat. Da die Zerrüttung sich allmählich einstellen kann (s. vorstehend), ist auch die durch die allmähliche Erkenntnis der Folgen der Eheverfehlung eingetretene Zerrüttung beachtlich (nicht allgemein richtig deshalb RG. 165 a. a. O.).

§ 43 (früher § 49) ist reich an Problematik. Er wirft noch ein weiteres Problem auf. Je strenger der sittliche Maßstab ist, der an die ideale Ehe und an das eheliche Verhalten der Beteiligten angelegt wird, desto leichter verfällt dieses der Verurteilung als Ehe-, ja als schwere Eheverfehlung. Je höher die ethische Auffassung der Beteiligten ist, desto leichter und desto mehr werden sie unter Unvollkommenheiten des Verhaltens der Gegenseite leiden. Je strenger der Maßstab und je höher also die sittliche Auffassung der Beteiligten, desto leichter die Scheidbarkeit. Dies ist ein rechtspolitisch abzulehnender Erfolg und kann nicht der Sinn des § 43 sein. § 1568 BGB. enthielt einschränkende Momente, indem er darauf abstellte, ob dem verletzten Teil zuzumuten war, die Ehe fortzusetzen. Dieser Maßstab würde auch gestatten, Ehen, aus denen erziehungsbedürftige Kinder vorhanden sind, wie im Falle des § 48 stärker zu schützen als kinderlose, was von § 48 abgesehen nach geltendem Recht nicht möglich ist. § 43 stellt dagegen darauf ab, ob die Wiederherstellung einer dem Wesen der Ehe entsprechenden Lebensgemeinschaft erwartet werden kann (s. 7), also erst recht wiederum auf dieselben Maßstäbe und Gefühlsmomente, so daß sich daraus eine Einschränkung der Scheidbarkeit trotz strengen sittlichen Maßstabs und trotz hoher Empfindlichkeit der Gefühle der Beteiligten nicht ergeben kann. Man sucht dem abzuhelfen, indem man aus Satz 2 das Erfordernis übernimmt, daß das Scheidungsverlangen sittlich gerechtfertigt sein muß. Dies ist verfehlt; denn die sittliche Rechtfertigung erkennt der Gesetzgeber unter den Voraussetzungen des Satzes 1 eben schon durch diesen an, und nur, wenn beiderseits Eheverfehlungen begangen wurden, sieht er selbst davon ab, die Norm aufzustellen und überläßt er es dem Richter, sie zu finden, da er für diesen Fall sie selbst nicht finden kann, weil er die beiderseitigen Verfehlungen und ihr gegenseitiges Gewichtsverhältnis nicht kennt. Also nur, wenn beiderseits Eheverfehlungen begangen wurden, hat der Richter noch besonders zu prüfen, ob das Scheidungsverlangen trotz der Zerrüttung sittlich gerechtfertigt ist.

Die Lösung des aufgeworfenen Problems kann nur darin bestehen, daß davon auszugehen ist, daß der Gesetzgeber dem Begriff der Eheverfehlung nicht eine ideale Ehe, sondern eine durchschnittlich gute Ehe und nicht das Verhalten idealer Gatten, sondern typisch guter Gatten zugrunde legt. Auch darf wohl die Reaktion des verletzten Teiles auf die Eheverfehlung, wenn die Zerrüttung sich in ihr widerspiegelt, nicht selbst Eheverfehlung sein, indem sie auf einer dem Wesen der Ehe nicht gemäßen, richtiger Gattenliebe nicht entsprechenden Unnachsichtigkeit und Unversöhnlichkeit beruht (a. A. RG. 169 S. 278 ff. für den Regelfall, wenn nicht launenhafte Überempfindlichkeit vorliegt); dies könnte allerdings nach Satz 2 das Scheidungsbegehren zu Fall bringen.

7. Auch eine zerrüttete Ehe darf nicht geschieden werden, solange die Hoffnung besteht, daß die Ehegatten sich wieder finden, ja nur ein Zweifel daran begründet ist, daß ein Sichwiederfinden ausgeschlossen ist (RG. Warn. 1939 Nr. 105). Vielmehr muß der Kläger beweisen, daß die Zerrüttung so tief ist, daß nicht erwartet werden kann, daß noch einmal eine Lebensgemeinschaft zwischen den Gatten bestehen wird, wie sie dem Wesen der Ehe entspricht. Mit anderen Worten: Die **Zerrüttung** muß — und zwar zur Zeit der letzten mündlichen Verhandlung vor dem Scheidungsurteil — als unheilbar erwiesen **sein.** Diese Voraussetzung der Scheidung ist wohl nicht erst dann, wenn die Wiederherstellung der einer idealen Ehe entsprechenden Lebensgemeinschaft, sondern schon dann nicht mehr gegeben, wenn die Wiederherstellung einer Lebensgemeinschaft möglich erscheint, welche gerade noch mit dem Wesen einer durchschnittlichen Ehe verträglich ist. Ob diese Möglichkeit besteht, hat der Richter nach Maßgabe aller Umstände, sowohl aller äußeren objektiven Lebensumstände, auch soweit diese mit dem Verhalten und der Individualität der Beteiligten nichts zu tun haben, besonders aber, wenn sie auf Grund derselben Bedeutung gewinnen können, als auch aller subjektiven Umstände, des Gesamtverhaltens beider Beteiligten (RG. Warn. 1938 Nr. 139), ihres Charakters, Temperaments, Gemüts, Alters, Standes, ihrer verstandesmäßigen Begabung zu beurteilen. RG. 169 S. 200 läßt ohne weitere Untersuchung die allgemeine Lebenserfahrung genügen. Warum eine besondere Empfindsamkeit und Verletzbarkeit eines Ehegatten bei dieser Prüfung der Heilungsaussichten nicht zu berücksichtigen sein soll, ist unverständlich. Die Ablehnung ihrer Berücksichtigung ist ein Rückfall in den vom Ehegesetz abgelehnten, wenn auch vielleicht richtigen Gesichtspunkt der Zumutbarkeit, den § 1568 BGB. hatte walten lassen. Die Unheilbarkeit kann nicht deshalb verneint werden, weil es die Pflicht des aus der Ehe strebenden Klägers oder des Beklagten sei, zu seinem Ehegatten zurückzufinden (RG. 169 S. 270 ff.). Vorbehaltlich der richterlichen Untersuchungspflicht nach § 622 ZPO. ist es Sache des Klägers, zu beweisen, daß die Zerrüttung unheilbar ist. Es kommt ihm aber dabei zustatten, daß die Erwartung, daß die Zerüttung heilbar sei, zuverlässige Anhaltspunkte im Verhalten derjenigen Partei voraussetzt, welche die eheliche Gesinnung gegenwärtig verloren hat (RG. 165 S. 153, HRR. 1941 S. 807), also zumeist des Klägers selbst.

8. Die Scheidung, sagt das Gesetz, ist nur dann begründet, wenn der Ehegatte, der sich verfehlt oder ehrlos oder unsittlich verhalten hat, damit schuldhaft die Ehe zerrüttet hat. Es ist aber nach reichsgerichtlicher

Rechtsprechung nicht so, daß sich sein **VERSCHULDEN** auf die Ehezerrüttung bezogen haben muß. Nach dieser wohl richtigen Rechtsprechung steht es dem Scheidungsverlangen nicht im Wege, daß der schuldige Teil sich der Wirkungen seines Verhaltens auf den Bestand der Ehe, die eheliche Gesinnung seines Gatten nicht bewußt war, selbst dann nicht, wenn der Mangel dieses Bewußtseins auch nicht auf Fahrlässigkeit beruht hat (RG. Warn. 128 Nr. 83); er beging z. B. seine Eheverfehlung sorgfältig im Geheimen, aber die Sonne brachte sie an den Tag. Verschulden ist das zurechenbare Begehen einer Eheverfehlung (RG. 163 S. 337). Dazu ist erforderlich und genügend, daß es sich auf die Tatsachen bezieht, welche die Eheverfehlung darstellen. Insbesondere für das Bewußtsein, verheiratet zu sein, wird von der Rechtsprechung Vorsatz, wenigstens bedingter Vorsatz gefordert. Selbst bei grober Fahrlässigkeit soll das Verschulden zu verneinen sein, wenn der sich verfehlende Gatte die Rechtsbeständigkeit seiner Ehe nicht kennt (RG. 120 S. 35, 150 S. 384, Warn. 1915 Nr. 144). Jedoch dürfte nach richtiger Ansicht ehrloses oder unsittliches Verhalten Scheidungsgrund auch dann sein, wenn dabei das Bewußtsein, verheiratet zu sein, nicht besteht und dieser Mangel nicht einmal auf Fahrlässigkeit beruht. Im übrigen genügt zum Verschulden Fahrlässigkeit (ebenso Mitteis FamR. 62), jedoch ist zu beachten, daß, davon unabhängig, die Frage, ob die Eheverfehlung schwer war, von dem Grad der Schuld abhängig sein kann. Jedoch spielt die eheliche Gesinnung herein. Eine fahrlässige Vergiftung kann eine schwere Eheverfehlung sein (wenn sie durch Sorglosigkeit verursacht war), aber auch nicht (wenn sie aus übertriebener ehelicher Fürsorge herrührte wie etwa bei Verabreichung von zuviel Medizin). Ehrloses und unsittliches Verhalten ist nach seinem Wesen schuldhaft (RG. Warn. 1928 S. 83); bei einer schweren Eheverfehlung besteht das Verschulden in dem Bewußtsein oder dem auf Fahrlässigkeit beruhenden Mangel des Bewußtseins, die durch die Ehe begründeten Pflichten schwer zu verletzen (RG. Warn. 1928 Nr. 183).

Das Verschulden wird ausgeschlossen: durch Geisteskrankheit (s. aber §§ 44, 45), Bewußtlosigkeit und krankhafte Störung der Geistestätigkeit (RG. 163 S. 341), wobei nicht jede freie Willensbestimmung zu fehlen braucht, sondern eine auf das Gebiet der Krankheitserscheinungen beschränkte Willensunfreiheit genügt (RG. 164 S. 248), z. B. bei Lügenhaftigkeit, Kleptomanie und Geistesschwäche je nach Lage des Einzelfalles. Die in diesem Grade ausgeschlossene Willensfreiheit wird immer Scheidungsgrund nach § 45 sein. Wenn die freie Willensbestimmung nicht völlig ausgeschlossen ist, ist von jedermann Selbstzucht und Selbstbeherrschung zu fordern (RG. J. W. 1903 Beil. 3 S. 27 Nr. 56, RG. 163 S. 341 und 169 S. 58ff; s. oben 4). Doch kann verminderte Zurechnungsfähigkeit eine Verfehlung mildern (RG. 163 S. 341) und zwar in solchem Grade, daß eine schwere Eheverfehlung zu verneinen und ein Grenzfall anzunehmen ist, auf den weder §§ 43 noch 45 angewandt werden kann (RG. 169 S. 59). Aus der weiteren Rechtsprechung des Reichsgerichts: JW. 1904 S. 470 (Wahnvorstellungen), 1906 S. 140 (Geistesschwäche), 1914 S. 392 (ererbte Trunksucht), 1924 S. 44, 1936 S. 865, Recht 1915

Nr. 2521 (Hysterie), Warn. 1918 Nr. 34, 1929 Nr. 183, 1928 Nr. 154 (krankhafte Nervosität), Warn. 1914 Nr. 336 (Kindischkeit der Frau), 1916 Nr. 1524 und 1525 (Wahnidee der Untreue des Mannes), 1918 Nr. 1553 (Epilepsie), Warn. 1937 Nr. 131 (Wutausbrüche der Frau vor Dritten), RG. 163 S. 341, 164 S. 248 (Lügenhaftigkeit auf Grund geistiger Störung, welche die freie Willensbestimmung nicht völlig ausschließt), RG. 169 S. 58 (Affektlabilität); Verschulden wird ferner ausgeschlossen, durch Notwehr, auch vermeintliche Notwehr (RG. HRR. 1928 Nr. 1709), auch wenn der Irrtum fahrlässig war, aber nicht durch Überschreitung der Notwehr, wenn der Angriff beendet war und über seine Fortdauer kein Irrtum bestand (RG. Recht 1916 Nr. 1730). Ein Irrtum wird eine Verfehlung des Charakters einer schweren meist und zwar auch dann berauben, wenn er auf Fahrlässigkeit beruht (bestr.). Erregung kann, wenn der Anlaß bedeutend war, auch wenn sie latent ist, das Verschulden und daher die Verfehlung zur leichten mildern, sofern letztere sich immerhin noch in Maßen hält (RG. 169 S. 58 ff.).

Eheverfehlung kann im allgemeinen nicht sein, was im Einverständnis, gar unter freiwilliger Teilnahme des anderen Teils geschieht, Volenti non fit injuria. Dies wird im allgemeinen auch dann gelten, wenn der andere Teil nachträglich darüber anders denkt und später erkennt, daß, oder in welchem Grade seine eigenen Rechte und Interessen durch die Verfehlung verletzt wurden, oder welche verwerfliche und ehewidrige Gesinnung, Ehrlosigkeit und Unsittlichkeit sich darin offenbart, und auf diese veränderte Erkenntnis hin eine Ehezerrüttung eintritt (kommt es zu dieser überhaupt nie, kann das Problem nicht auftauchen, und es wird regelmäßig dazu nicht kommen, wenn der verletzte Ehegatte mit dem ehrlosen oder unsittlichen Verhalten einverstanden war). Denn auch in diesem Falle schließt allgemein die Zustimmung im Zeitpunkt der Verfehlung das Verschulden des fehlenden Ehegatten gegenüber dem Verletzten aus. Aber nicht ausnahmslos trifft dies zu. Erwirkt der fehlende Ehegatte das Einverständnis des Verletzten durch Ausnutzung seiner Jugend und Unerfahrenheit und der eigenen auf Alter, Erfahrung, Intellekt oder Wille beruhenden Überlegenheit oder gar unter Ausnutzung der Liebe und Großmut des anderen Gatten, seiner Angst vor Verlust des Lebenspartners, so ist dieser von Verschuldung nicht freizusprechen. Das Verschulden besteht dann in dieser bewußten Ausnutzung. Die Zustimmung zu einer Eheverfehlung ist, wie selbstverständlich, jederzeit widerruflich (Kiel DRZ. 47 S. 166); in dem Widerruf kann nie selbst eine Eheverfehlung liegen (zu eng RG. 160 S. 98).

Andere Pflichten, wenn sie nicht auf staatlichen Geboten oder auf einem öffentlichen Auftrag oder Amt beruhen, auch solche, welche von dem eigenen Gewissen, insbesondere zufolge religiöser Bindungen oder Berufungen anerkannt werden, haben in keinem Falle den Vorrang vor den ehelichen. Ein **Pflichtenstreit oder Gewissenskonflikt,** der durch eine Verletzung der ehelichen Pflicht gelöst wird, nimmt dieser daher den Charakter einer Eheverfehlung nicht, kann ihr aber den Charakter einer schweren Eheverfehlung nehmen. Wer Mormone wird und weitere Frauen nimmt, verfehlt sich schwer, mag er zum Mormonentum aus noch so gläubiger Überzeugung und auf noch so heftigen Gewissensantrieb hin übergetreten sein. Wenn freilich beide Ehegatten einig sind, darüber, daß sie keine Kinder (mehr) bekommen wollen, verfehlt ein katholischer Gatte sich nicht, wenn er den Geschlechtsverkehr auf die sterilen Wochen der Frau beschränkt; ist der andere Gatte damit nicht einverstanden, müssen sie eben beide neuen Kindersegen in Kauf nehmen. Überhaupt ist es möglicherweise Eheverfehlung, wenn der andere Ehegatte dem Pflichtwiderstreit, in welchem sich der Lebensgefährte befindet, jede Rücksicht versagt. Ob er zu einem Entgegenkommen bei richtiger eigener ehelicher Haltung verpflichtet ist, entscheiden die richtig abgewogenen, beiderseitigen, lebenswichtigen Belange. Dies gilt natürlich nicht nur von inneren Konflikten, sondern auch von äußeren (aus der Rechtsprechung: RG. 124 S. 54, Sorge für ersteheliche Kinder).

9. Kein Ehegatte kann aus Eheverfehlungen, deren sich der andere schuldig gemacht hat, das Recht zu eigenen Verfehlungen herleiten, auch dann nicht, wenn die Verfehlung des anderen die Ehe schon zerrüttet hat. Da zu dem in der letzten mündlichen Verhandlung bestehenden Grad der Zerrüttung regelmäßig die Verfehlungen beider Gatten beigetragen haben werden, erscheint vielmehr nunmehr die Zerrüttung als von beiden schuldhaft verursacht und sind beide als schuldig zu erklären. Es kann nur sein, daß dem einen Teil das überwiegende Verschulden beigemessen wird; es braucht dies aber nicht einmal derjenige zu sein, der mit den Verfehlungen angefangen hat. Aufgerechnet werden Eheverfehlungen nicht (RG. 163 S. 154, 167 S. 268 oben, a.A. Haff FamR. S. 59). Jedoch kann es für die Frage, ob die Verfehlungen des einen Teils schwer sind (s. 3) nicht nur auf sein Gesamtverhalten, sondern auf das Verhalten des anderen Teils ankommen, so daß schon aus diesem Grund das beiderseitige Gesamtverhalten zu würdigen ist (vgl. Stuttgart SJZ. 46 S. 176; auch Mitteis FamR. S. 59).

Aber darüber hinaus stellte das EheG. 1938 einen leider von dem geltenden in Satz 2 unverändert übernommenen **Grundsatz** auf, der zu den nur halbdurchdachten Bestimmungen des Gesetzes gehört. Er enthält zwar einen sehr berechtigten Kern, führt aber nach dem Wortlaut des Satzes 2 zu weit, wenn man die Anwendung nicht einschränkt. **Wer selbst eine Eheverfehlung begangen hat** — grundsätzlich braucht sie nicht schwer zu sein und die Ehe nicht zerrüttet oder zu ihrer Zerrüttung mitgewirkt zu haben, braucht also nicht selbst oder kann durch Verzeihung oder Fristablauf aufgehört haben, Scheidungsgrund zu sein — **kann die Scheidung nicht verlangen,** wenn — nicht etwa die Scheidung!, sondern — sein Scheidungsbegehren nach der Art seiner Verfehlung, insbesondere (aber nicht etwa nur) wegen eines inneren (ursächlichen oder sonstigen) Zusammenhangs mit der Verfehlung des anderen Ehegatten sittlich nicht gerechtfertigt erscheint. Es kann also folgende Situation eintreten. Durch schuldhafte schwere Verfehlung eines Ehegatten oder sein ehrloses oder unsittliches Verhalten ist die Ehe tief, so tief zerrüttet worden, daß die Wiederherstellung einer dem Wesen der Ehe entsprechenden Lebensgemeinschaft der Gatten nicht erwartet werden kann. Dies ist ja Voraussetzung jedes Scheidungsbegehrens des anderen Gatten. Diese Voraussetzung sei gegeben. Nichtsdestoweniger kann letzterer die Scheidung nicht verlangen, wenn er selbst eine Eheverfehlung sich hat zuschulden kommen lassen — vor oder nach der Verfehlung des anderen, vor oder nach Eintritt der Ehezerrüttung —, die nach ihrer Art oder nach ihrem Zusammenhang mit der Verfehlung des anderen sein Scheidungsbegehren sittlich nicht gerechtfertigt erscheinen läßt. Jener ist erst recht in derselben Lage; ja, es braucht ja nicht einmal die Verfehlung des ersteren einen Scheidungsgrund zu bilden. Die Folge ist, daß die Ehe trotz ihrer tiefen Zerrüttung und obwohl die Scheidung sittlich berechtigt wäre, nicht geschieden werden kann, weil das Scheidungsbegehren es nicht ist, und daß die beiden Ehegatten trotz ihres Auseinanderstrebens nicht auseinanderkommen können. Auch RG. 167 S. 265 kommt zu dem Ergebnis, daß die Unhaltbarkeit der Ehe es nicht ausschließt, daß Satz 2 anzuwenden ist! Dieses Ergebnis der Bestimmung, welches auf Aufrechnung der Scheidungsgründe hinausläuft, ist unerträglich, aber nach ihrem Inhalt und Wortlaut unausweichlich. Man kann es auch nicht dadurch berichtigen, daß man ohne Grundlage im Gesetzeswortlaut die Bestimmung auf den Fall einschränkt, daß der Beklagte der Scheidung widerspricht. Freilich führt RG. DJ. 39 S. 433 aus, daß die Abwägung des Gesamtverhaltens beider Teile, auf die es nach RG. Warn. 1938 S. 139 ankommt, dies Ergebnis nicht zu haben brauche, sondern auch ergeben könne, daß bei Klage und Widerklage das Scheidungsbegehren des einen Teils gerechtfertigt sei, das des anderen nicht. Aber da ja von der Rechtslage auszugehen ist, daß das Verlangen des Klägers ohne seine eigene Verfehlung gerechtfertigt wäre, sind selbst Ausnahmefälle schwer vorzustellen, in welchen das Verlangen des Beklagten und Widerklägers trotz der eigenen schweren Verfehlung, welche die tiefe Ehezerrüttung verursacht hat, nach Satz 2 nicht ungerechtfertigt sein soll.

Mit vorstehendem Vorbehalt der Ablehnung des dargelegten Ergebnisses sei zur Erläuterung des Gesetzes folgendes ausgeführt:

Wenngleich die eigenen Verfehlungen des Klägers nicht schwer gewesen zu sein und die Ehe nicht zerrüttet zu haben brauchen, soll es für die Frage, ob sein Scheidungsbegehren sittlich gerechtfertigt ist, doch auf die Art der Verfehlung ankommen, also doch wohl auf ihre Schwere oder Dauer. Sonderbarerweise versteht das Gesetz unter Art der Verfehlung auch ihren Zusammenhang mit den Verfehlungen des Beklagten, welche die Ehe zerrüttet haben. Da ein Zusammenhang als solcher kaum jemals für die sittliche Rechtfertigung des Scheidungsverlangens erheblich sein kann, wenn er nur zufällig zeitlich und nicht ursächlich ist, kann nur an einen ursächlichen Zusammenhang gedacht sein (s. aber unten), wenn es, um das Scheidungsbegehren sittlich nicht gerechtfertigt erscheinen zu lassen, auch genügen kann, daß die klägerischen Verfehlungen nur mittelbar ursächlich für die des Beklagten gewesen sind. Der vulgärste Fall eines solchen Zusammenhanges wird sein, daß der eine Ehegatte den anderen durch Sticheleien oder Hänseleien oder Beleidigungen reizt und dieser, die Selbstbeherrschung verlierend, ihn daraufhin schwer mißhandelt, oder: ein Ehegatte, der den schlechten Einfluß geistiger Getränke auf den anderen kennt, reicht ihm eine Flasche hochprozentigen Likörs; es entsteht, sobald die Geister des Alkohols sich des anderen bemächtigt haben, ein heftiger Wortwechsel, in dessen Verlauf jener auf ihn schießt. In diesen Beispielen handelt es sich um leichte Verfehlungen, waren in ersterem Beispiel die Beleidigungen schwer, um schwere Verfehlungen des Klägers. Das Ergebnis, daß nicht geschieden werden kann, ist in diesen Fällen erträglich. Tragischer ist es, wenn die Frau aus jahrelangem Gram über ihm verziehene ehebrecherische Beziehungen des Mannes zur Hausangestellten zur Trinkerin wird und der Mann deshalb Scheidung begehrt (RG. Warn. 1935 Nr. 183). Der Zusammenhang kann auch so gestaltet sein, daß die Verfehlungen des Klägers durch die vorangegangenen Verfehlungen des Beklagten verursacht waren und ihrerseits zu neuen weiteren Verfehlungen des letzteren geführt haben; bei dieser Sachlage werden sie regelmäßig seinem Scheidungsverlangen nicht im Wege stehen (RG. 170 S. 197). Es befriedigt das Ergebnis aus Satz 2 in einem Falle, in welchem der Kläger auf Grund vermeintlichen Scheidungsgrundes seinem, wie ihm bekannt, affektlabilen Gatten, der ihn liebt, brüsk und überraschend — also sich selbst schwer verfehlend — seine Scheidungsabsicht mitteilt, und dieser daraufhin in der Erregung schwere ehezerrüttende Verfehlungen begeht, welche bezwecken, die Ausführung dieser Scheidungsabsicht zu verhindern (RG. 169 S. 58 ff.). Aber es ist nicht einmal notwendig, daß die Verfehlungen des Klägers denen des Beklagten vorangehen oder gar sie verursacht haben. Auch wenn die Verfehlungen des Klägers durch solche des Beklagten verursacht sind, können sie die Scheidung auf Grund dieser ausschließen.

Der Zusammenhang der Eheverfehlung wird vom Gesetz übrigens nur besonders betont und ist keine Voraussetzung für die Anwendung des Satzes 2 (RG. 167 S. 265 ff.). Dieser ist auch anwendbar, wenn ein solcher Zusammenhang nicht besteht — z. B. der Ehemann verletzt dauernd seine Unterhaltspflicht, die Frau läßt die Kinder verwahrlosen, oder er betätigt sich als Kurpfuscher, sie als Wahrsagerin —, ja auch dann, wenn eine Verfehlung des Klägers erst im Scheidungsstreit ans Tageslicht kommt und dem Beklagten, der durch seine Verfehlung die Ehe zerrüttet hat, bis dahin unbekannt war, z. B. die Klage ist auf Verleumdung des Klägers durch den Beklagten oder auf Schiebergeschäfte des Beklagten gestützt, im Rechtsstreit stellt sich heraus, daß auch der Kläger den Beklagten verleumdet oder selbst Schiebergeschäfte gemacht hat. Obwohl — im ersten Beispiel mehr als im zweiten — die Ehe zerrüttet und die Scheidung am Platze ist, ist das Scheidungsbegehren des Klägers sittlich nicht gerechtfertigt und die Klage (und Widerklage) abzuweisen. U. U. kann bereits die unverhältnismäßig größere Schwere der Verfehlungen des Klägers seinem Scheidungsbegehren die sittliche Berechtigung nehmen (RG. 167 S. 265). Abzuwägen ist das beiderseitige Gesamtverhalten (RG. Warn. 1938 Nr. 139, vgl. auch RG. 167 S. 265).

Was richtige Würdigung des Wesens der Ehe ist, umschreibt RG. 158 S. 268 ff. zu § 32 (früher 37), indem festgestellt wird, daß nach der Absicht des Gesetzgebers die Würdigung unter allgemein gültigen Gesichtspunkten das größere Gewicht vor der verstandesmäßigen, mehr auf die Interessenlage des Einzelfalles abgestellten Betrachtung haben solle. Daß die Ehe unhaltbar geworden ist, ist nach RG. 167 S. 265 ff. für sich allein kein Grund, das Scheidungsbegehren als sittlich gerechtfertigt anzusehen. Das Gericht hat, um dem Satz 2 gerecht zu werden, auf alle beiderseitigen Verfehlungen einzugehen, welche für das Urteil über die sittliche Berechtigung des Scheidungsverlangens erheblich sein können und darf nur Behauptungen über solche Eheverfehlungen als wahr unterstellen, welche für diese nach den vorliegenden Beweisergebnissen nicht oder nicht mehr erheblich sein können. Weit zurückliegende Verfehlungen dürften außer Betracht zu bleiben haben. Das Gericht muß trachten, ein lebenswahres Bild der Ehe zu gewinnen (RG. Warn. 1929 Nr. 183, JW. 1928 S. 904, HRR. 1929 Nr. 1218, LZ. 1930 S. 1236, Warn. 1932 Nr. 81, HRR. 1933 Nr. 1200, vgl. auch RG. 167 S. 265).

Satz 2 gilt nur für den auf einen relativen Scheidungsgrund des § 43 gestützten Scheidungsanspruch, nicht für ein Scheidungsbegehren, welches sich auf den absoluten Scheidungsgrund des Ehebruchs nach § 42 (ebenso RG. 164 S. 272) oder der mehrjährigen Aufhebung der häuslichen Gemeinschaft nach § 49 stützt.

Wenn auch eine Aufrechnung der beiderseitigen Eheverfehlungen nicht im Sinne des § 43 Satz 2 liegt, und ihm auch der Zumutungsgedanke fernliegt (RG. 164 S. 154 unten), läuft er doch auf beides hinaus (a. A. RG. 167 S. 265).

Angesichts des gleichen Wortlauts der S. 1 und 2 („kann begehren") liegt es nahe anzunehmen, daß unter den Voraussetzungen des S. 2 ein Scheidungsanspruch nicht besteht, sei es wegen eigener Verfehlungen nicht entsteht oder durch nachfolgende wieder verloren geht, ein schwer verständliches Ergebnis, wenn sie nicht schwer waren. Aus dieser Auffassung würde folgen, daß, wenn die eigenen Verfehlungen nachgefolgt sind, die vorangegangenen des anderen Gatten zur Unterstützung eines auf andere Verfehlungen desselben gegründeten Scheidungsbegehrens, zu denen das Verhältnis des S. 2 nicht besteht (§ 51), ebenso zur Begründung eines Mitschuldantrags (§ 52 Abs. 2) herangezogen werden können, dagegen nicht, wenn die eigenen Verfehlungen vorangegangen sind. Man wird angesichts dieser Folgen obiger Auffassung vielleicht mehr an unzulässige Rechtsausübung zu denken haben, die u. U. aufhört unzulässig zu sein, wenn die Billigkeit für sie spricht.

Ist Widerklage erhoben und trifft S. 2 auf einen Teil der Verfehlungen des Klägers (Widerbeklagten) zu, so ist nach OGH. Köln 2 S. 241, = MDR. 49 S. 740 gleichwohl vorerst zu prüfen, ob das Gesamtverhalten des Klägers einschließlich seiner übrigen (wenn auch verziehenen § 51 Abs. 2) Eheverfehlungen ohne das Eingreifen des S. 2 den Scheidungsanspruch des Widerklägers begründet, bejahendenfalls dann erst, ob gegenüber seinem Gesamtverhalten teilweise S. 2 durchgreift. Die Entscheidung stellt auch hiefür mit Recht auf das Gesamtverhalten ab.

10. Der Kläger hat den Scheidungsgrund, also alle Tatsachen zu behaupten und nach den Vorschriften der ZPO. (evtl. auch § 445) zu beweisen, welche das Verhalten des Beklagten zur Eheverfehlung, und zwar zur schweren machen oder zum ehrlosen oder unsittlichen Verhalten stempeln, und genügend substanziiert vorgebrachte Schutztatsachen zu widerlegen; wenn der Beklagte sich auf Satz 2 berufen hat, ist es gleichfalls seine Sache, die Eheverfehlung des Klägers zu behaupten und zu beweisen, so daß es möglich ist, das Scheidungsverlangen sittlich abzuwägen.

II. SCHEIDUNG AUS ANDEREN GRÜNDEN

Während das geltende Scheidungsrecht in §§ 42, 43 an der schon vom BGB. vollzogenen Abkehr von der durch das preuß. ALR. und den Code Civile anerkannten einverständlichen Scheidbarkeit (in Frankreich aufgegeben durch G. v. 27. Juli 1884) und an dem Verschuldensgrundsatz des kanonischen Rechts festhält, welches ehedem bis zum 12. Jahrh. den Ehebruch als Scheidungsgrund dem Bande nach (Freisen, Das Eheschließungsrecht S. 769 f.), dann nur noch als Grund zu ständiger Trennung von Tisch und Bett billigte, läßt es nach §§ 44, 45, 48 unter zusätzlichen Voraussetzungen die objektive Ehezerrüttung — jedoch nach § 48 schlechthin nur, wenn sie unverschuldet und die Ehe kinderlos ist — und nach § 46 ansteckende oder Ekel erregende Krankheit als Scheidungsgrund zu.

§ 44. [1] Auf geistiger Störung beruhendes Verhalten

Ein Ehegatte kann [5] Scheidung begehren, wenn die Ehe infolge [3] eines Verhaltens [3] des anderen Ehegatten, das nicht als Eheverfehlung [3] betrachtet werden kann, weil es auf einer geistigen Störung [4] beruht, so tief zerrüttet [2] ist, daß die Wiederherstellung einer dem Wesen der Ehe entsprechenden Lebensgemeinschaft nicht erwartet werden kann [2].

1. § 44 ergänzt § 43, indem er unter gewissen Voraussetzungen als ausreichenden Grund für das Scheidungsbegehren eines Ehegatten die **OBJEKTIVE EHEZERRÜTTUNG INFOLGE VERHALTENS** des anderen Ehegatten zuläßt, auch wenn der andere Ehegatte für sein Verhalten nicht verantwortlich zu machen, es ihm **INFOLGE GEISTIGER STÖRUNG** nicht zuzurechnen ist. Von § 45 unterscheidet sich § 44, indem er keine Geisteskrankheit, sondern eine geistige Störung, andererseits keine Aufhebung der geistigen Gemeinschaft (RG. 159 S. 317), sondern eine Zerrüttung der Lebensgemeinschaft voraussetzt; beide können nebeneinander anwendbar sein.

Das Scheidungsbegehren nach § 44 hat folgende **Voraussetzungen:** a) es muß eine tiefe Ehezerrüttung vorliegen, so daß eine Wiederherstellung einer dem Wesen der Ehe entsprechenden Lebensgemeinschaft nicht erwartet werden kann; b) sie muß auf dem Verhalten eines der beiden Ehegatten beruhen, welches objektiv schwer gegen die aus dem Wesen der Ehe entspringenden Pflichten verstößt. c) Dieses Verhalten darf ihm nicht zurechenbar sein, weil es auf einer geistigen Störung beruht.

2. Zu a. Es wird auf die Erl. zu § 43 unter 2—5 verwiesen. Die **Ehezerrüttung** braucht auch hier nicht gerade in der Aufhebung der geistigen Gemeinschaft zu bestehen. Sie muß im Zeitpunkt der letzten Tatsachenverhandlung eingetreten sein und fortdauern (s. auch 4 am Ende).

3. Zu b. Die Ehezerruttung muß **verursacht** sein — für die Ansicht, daß die geforderte Kausalität nicht als konkrete, sondern abstrakte, u. U. hypothetische anzusehen sei, spricht schlechterdings gar nichts — **durch ein Verhalten** des anderen Ehegatten, **welches objektiv eine schwere Eheverfehlung darstellt** (z. B. Ehebruch, dauerndes zänkisches, eifersüchtiges Wesen der Frau unter gleichzeitiger Vernachlässigung des Haushalts und der Kinder, geschlechtliche Zugänglichkeit für andere Männer (Warn. 1938 Nr. 1), Beschimpfungen und Verleumdungen des anderen Ehegatten (RG. 166 S. 346), vorgetäuschter Selbstmord, Betreiben der Einberufung (RG. 169 S. 59). Bei Beurteilung der objektiven Schwere der Verfehlung kann natürlich nicht berücksichtigt werden, daß sie in subjektiver Hinsicht wegen Ausschlusses des Verschuldens gemildert ist (RG. 160 S. 300, 164 S. 354). Liegt keine solche Eheverfehlung vor, so ist § 44 nicht anwendbar (RG. 164 S. 354). Daß eine Eheverfehlung vorausgesetzt wird, ergibt sich aus dem Gesetzeswortlaut, der eine Ehezerrüttung auf Grund eines Verhaltens voraussetzt, welches (nur) deshalb nicht als Eheverfehlung zu werten ist, weil es auf geistiger Störung beruht. Keine Eheverfehlung liegt vor, wenn der andere Ehegatte nur krank und nur gerade auf Grund seiner geistigen Minderwertigkeit nicht fähig ist, ein gemeinschaftliches Leben zu führen, mag sich auch diese Unfähigkeit in Teilnahmlosigkeit und Interesselosigkeit äußern, welche bei einem gesunden Menschen eine Eheverfehlung wäre (RG. 164 S. 354). In einem Falle wie dem letzteren kann nur § 45 anwendbar sein, wenn dessen übrige Voraussetzungen gegeben sind, insbesondere Geisteskrankheit vorliegt (was in jenem Falle a. a. O. verneint wurde, so daß die Ehe nicht geschieden werden konnte).

4. Zu c. Das gegen die ehelichen Pflichten verstoßende Verhalten muß auf einer geistigen Störung des Ehegatten beruhen. Ob dies zutrifft, soll das Gericht nicht entscheiden, ohne vorher das Gutachten eines ärztlichen Sachverständigen eingeholt zu haben (s. § 623 ZPO.). **Geistige Störung** ist ein viel weitergehender Begriff als Geisteskrankheit (§ 45 und Geistesschwäche). Es ist ein die freie Willensbestimmung in bestimmter Richtung ausschließender Zustand krankhafter Störung der Geistestätigkeit. Eheverfehlung in Betrunkenheit fällt unter § 43, unter § 44 kann sie fallen, wenn die Trunkenheit von einem Dritten ohne bewußtes eigenes Zutun herbeigeführt wurde.

Es kommt jeder krankhafte Zustand in Betracht, welcher geistig und seelisch (in Vorstellungs-, Willens- oder Triebleben) vom normalen abweicht und zwangsläufig zu einem Verhalten führt, das einem gesunden Menschen fremd ist (RG. 161 S. 106), z. B. nervöse Störungen, Psychoneurose, Zwangsneurose, hochgradige Hysterie, schwere Diskorie, Marasthenie, Perversität, auch unwiderstehliche Süchtigkeit (Kleptomanie), Trunksucht und sonstige krankhafte Gemüts- und Geisteszustände. Es ist unerheblich, ob dieser Zustand vom Kranken verschuldet oder unverschuldet ist. Jedoch läßt ersterenfalls RG. DR. 1944 S. 341 einen Schuldantrag des Klägers gegen den Beklagten zu. Es kommt auch nicht darauf an, ob die Störung längere Zeit andauert (so RG. 161 S. 106, 162 S. 229), wenn schon ein einmaliges Verhalten (z. B. Ehebruch) die Ehezerrüttung herbeigeführt hat; nur wenn die Zerrüttung durch ein längeres Verhalten allmählich eingetreten ist, muß natürlich das ganze Verhalten durch einen während seiner ganzen Dauer fortwährenden krankhaften Geisteszustand verursacht sein; andernfalls ist § 43 anzuwenden. Es ist auch nicht erforderlich, daß der krankhafte Zustand bis zum Scheidungsurteil andauert und daß in diesem Zeitpunkt zu erwarten steht, daß er auch in Zukunft noch zu Streitigkeiten (RG. HRR. 1941 Nr. 116) oder zu einer Wiederholung des Verhaltens des Beklagten (RG. 166 S. 250) führen werde, wenn nur in der letzten mündlichen Tatsachenverhandlung die Zerrüttung noch besteht, welche durch das krankheitsbedingte Verhalten des einen Gatten verursacht worden ist. Ist allerdings die Störung nur vorübergehend, so wird nicht leicht die Voraussetzung gegeben sein, daß die Zerrüttung, die sie herbeigeführt hat, so tief ist, daß nicht eine Wiederherstellung der dem Wesen der Ehe entsprechenden Lebensgemeinschaft erwartet werden kann.

§ 44 ergänzt übrigens den § 43 nicht voll. Weder von dem einen, noch dem anderen werden Grenzfälle, objektiv schwere Eheverfehlungen erfaßt, denen ein anomaler Zustand den Charakter schwerer Eheverfehlungen nimmt, ohne daß er die Zurechenbarkeit ausschließt (RG. 169 S. 59). Ein Ehegatte ist also hinsichtlich seiner Scheidungsaussichten schlechter daran, wenn sein Ehepartner sich in einem zwar krankhaften, aber nicht Hemmungslosigkeit bedingenden Zustand befindet, und in diesem schwere Eheverfehlungen begeht, als wenn er zu letzterem durch einen völlig krankhaften Zustand geführt wird.

Anders als in § 45 ist nach § 44 nicht der krankhafte Zustand, sondern die durch die schwere Eheverfehlung herbeigeführte Zerrüttung Scheidungsgrund.

Wegen des Schuldantrags des Klägers im Hinblick auf ältere nicht durch geistige Störung entschuldigte Verfehlungen des Beklagten s. 1 d 8 zu § 52, 53.

5. Die Scheidung kann durch die sogenannte Härteklausel des § 47 ausgeschlossen sein (s. hierüber dort). Es ist aber auch zu fragen, ob nicht § 43 Satz 2 gleichfalls anzuwenden ist. Die Frage dürfte zu bejahen sein, da ja nicht die geistige Störung, sondern die schwere Eheverfehlung und die durch sie herbeigeführte Ehezerrüttung Scheidungsgrund ist, und. die in § 43 S. 2 vorausgesetzte Sachlage auch gegeben sein kann, wenn der beklagte Ehegatte für seine Verfehlung nicht verantwortlich ist. Es ist nicht einzusehen, daß er durch diesen Mangel an Verantwortlichkeit gegenüber Verfehlungen des Klägers schlechter gestellt sein soll als ein gesunder Gatte.

§ 45. Geisteskrankheit

Ein Ehegatte kann Scheidung[4] begehren, wenn der andere geisteskrank[2] ist[4], die Krankheit einen solchen Grad[3] erreicht hat, daß die geistige Gemeinschaft[3] zwischen den Ehegatten aufgehoben[3] ist und eine Wiederherstellung dieser Gemeinschaft nicht erwartet[3] werden kann.

1. Unverschuldeter Scheidungstatbestand ist **GEISTESKRANKHEIT,** vorausgesetzt, daß sie zur Folge hat, daß die geistige Gemeinschaft zwischen den Ehegatten aufgehoben ist und ihre Wiederherstellung nicht erwartet werden kann. Der Unterschied zu § 44 besteht darin, daß zwar hier wie dort eine Zerrüttung der Ehe, wenn auch hier nur eine partielle — nicht Erlöschen der Liebe, Beendigung der ehelichen Gesinnung — vorausgesetzt wird, diese aber dort auf einer in geistiger Störung begangenen objektiven Eheverfehlung beruhen muß, hier auch ohne objektive Verfehlung in der Unvereinbarkeit des Kranken mit dem Gesunden unmittelbar selbst besteht. Handelt es sich um eine Geisteskrankheit, die schon bei der Eheschließung vorhanden war, kann sie nach § 32 die Aufhebungsklage begründen; doch kann, wenn die Frist nach § 35 verstrichen ist, ja sogar, wenn die Geisteskrankheit dem anderen Ehegatten bei der Eheschließung bekannt war, nach h. M. und Rechtsprechung (RG. 163 S. 347) auch Scheidung begehrt werden; die Ehe kann außerdem auch nichtig sein (§ 18).

2. Was das Gesetz unter **Geisteskrankheit** versteht, wird im EheG. so wenig wie im BGB. gesagt. Jedoch ist anzunehmen, daß beide Gesetze das Wort im gleichen Sinn verwenden. Der Begriff ist zu gewinnen aus dem von beiden Gesetzen herausgestellten Gegensatz zur bloßen Geistesschwäche und zur geistigen Störung. Geisteskrankheit und Geistesschwäche sind Dauerzustände — jedoch wird Unheilbarkeit von § 45 nicht vorausgesetzt — und unterscheiden sich dadurch insofern von der geistigen Störung, als es sich bei letzterer auch um einen vorübergehenden Zustand handeln kann, aber nicht muß, wie § 104 Z. 2 und § 105 Abs. 2 BGB. ergeben. Die Geisteskrankheit fällt sonach unter den Oberbegriff der geistigen Störung, was dafür wichtig ist, daß die Scheidungsgründe aus §§ 44 und 45 zugleich gegeben sein können, wenn die übrigen Voraussetzungen jeder Gesetzesstelle gegeben sind (vgl. RG. 164 S. 345). Untereinander unterscheiden sich die Geisteskrankheit und die Geistesschwäche sowohl dem Grade nach als dadurch, daß Geistesschwäche in einer mangelhaften Entwicklung der Geisteskraft bestehen kann, ohne daß diese durch geistige Erkrankung verursacht sein muß, ja selbst bei ungestörter Verstandestätigkeit auf Grund krankhafter Charaktereigenschaften feststellbar sein kann (RG. 50 S. 207, 130 S. 170, JW. 25 S. 937). Die Krankheit braucht nicht ohne lucida intervalla zu sein; jedoch werden solche von Dauer nicht selten die Aufrechterhaltung der geistigen Gemeinschaft ermöglichen.

Bloße Geistesschwäche genügt nicht, um § 45 anzuwenden, selbst wenn sie sich in völliger Stumpfheit, Teilnahmlosigkeit und Interesselosigkeit zu erkennen gibt (RG. 164 S. 354/5, JW. 1935 S. 1401).

Nicht auf die Art der geistigen Störung und ihren Grund kommt es im allgemeinen an, es sei denn unter dem Gesichtspunkt der Heilungsprognose, auch nicht darauf, wie lange die Krankheit bei Scheidung der Ehe schon besteht, im Rahmen des § 45 auch darauf nicht, ob die Geisteskrankheit selbst verschuldet, und ebensowenig darauf, ob sie von dem Scheidungskläger verschuldet ist. Doch kann letzterenfalls z. B., wenn die Krankheit durch eine syphilitische Ansteckung oder schwere Mißhandlung seitens des Klägers verursacht oder verschlimmert wurde (RG. 100 S. 108), § 47 anzuwenden sein, wogegen aber § 43 S. 2 nicht anwendbar ist, weil er nur einem Scheidungsverlangen auf Grund Eheverfehlung im Wege steht. Im übrigen aber ist die Sympathie des Gesetzes weder auf Seite des kranken, noch des gesunden Gatten.

Unerheblich ist, ob der Kranke seine Angelegenheiten selbst zu besorgen vermag oder nicht (Warn. 1917 Nr. 33), unerheblich, ob er entmündigt ist. Das Ergebnis eines Entmündigungsverfahrens, das von ganz anderen Gesichtspunkten beherrscht ist, ist für den Eherichter ebensowenig präjudiziell, wie die im Entmündigungsverfahren hinsichtlich der Geisteskrankheit getroffenen Feststellungen für ihn bindend sind; er hat die Frage der Geisteskrankheit selbständig zu prüfen und muß nach ausdrücklicher Vorschrift des § 623 ZPO. selbst einen ärztlichen, wenn auch nicht fachärztlichen Sachverständigen darüber hören.

Im Scheidungsprozeß wird der Geisteskranke, wenn er einen gesetzlichen Vertreter hat, durch diesen vertreten. Hat er keinen, so ist für ihn ein Pfleger nach § 1910 Abs. 2 BGB. zu bestellen. Der gesetzliche Vertreter — und wohl auch ein Pfleger — bedarf zur Erhebung einer Widerklage der Genehmigung des Vormundschaftsgerichts (§ 623 ZPO.). Einem Geisteskranken, der nicht entmündigt ist, kann ein Vertreter auch nach § 57 ZPO. bestellt werden.

3. Nicht in jedem Falle der Geisteskrankheit eines Ehegatten kann der andere **Scheidung** begehren, sondern **nur, wenn** sie — im Zeitpunkt der letzten mündlichen Verhandlung vor dem Urteil (JW. 1915 S. 784, Warn. 1920 Nr. 78) — einen solchen Grad erreicht hat, daß a) als ihre **Folge** die geistige Gemeinschaft zwischen den Ehegatten aufgehoben ist und b) nicht erwartet werden kann, daß sie wieder hergestellt werden wird.

Zu a: Was ist **geistige Gemeinschaft?** Offenbar ist es nicht dasselbe, wie die Lebensgemeinschaft im Sinne der §§ 43 und 44, die wohl über die geistige Gemeinschaft hinausgreift, aber angesichts auch ihrer seelischen Grundlage, ohne die geistige Gemeinschaft nicht bestehen kann. Immerhin dürfte, wenn die Lebensgemeinschaft in Beziehungen gestört wird, welche nicht unmittelbar zum Komplex der geistigen Gemeinschaft gehören, ein

Scheidungsrecht nach § 45 nicht (meist aber wohl nach § 44) möglich sein. Geistige Gemeinschaft ist das auf Liebe, Treue, Vertrauen und gegenseitigem Verständnis beruhende gemeinsame Denken und Fühlen. Aus ihm wird bei geistig gesunden Menschen als Wirkung eine gemeinsame Betätigung zum gemeinsamen seelischen und körperlichen Glück und Wohl und zum seelischen und körperlichen Wohl der gemeinsamen Kinder entspringen. Wo diese gemeinsame Betätigung in dieser Richtung fehlt, wird auch das gemeinsame Denken und Fühlen aufgehoben sein. Etwas umständlich entschied das Reichsgericht, zur geistigen Gemeinschaft gehöre „das auf der verständnisvollen Neigung und dem Vertrauen zueinander beruhende Bewußtsein beider Ehegatten von der Ehe als einem Lebensverhältnis, das auf sittlichen Rechten und Pflichten beruht, ferner die sich daraus ergebende Anteilnahme an dem, was das geistige Leben echter Ehegatten erfüllt, nämlich an dem körperlichen und geistigen Wohl des anderen Ehegatten und der Kinder, endlich die Betätigung dieser Anteilnahme nicht bloß in Gefühlsäußerungen, sondern in Handlungen, die sich als Ausfluß gemeinsamen Denkens und Fühlens darstellen" (JW. 1905 S. 395, 1915 S. 784, RG. 98 S. 295). **Aufgehoben** sei die geistige Gemeinschaft, wenn dieses Verhältnis zerstört ist, wenn der kranke Ehegatte unfähig ist, an dem Lebens- und Gedankenkreis des anderen teilzunehmen (RG. 98 S. 295, 100 S. 108) oder, „wenn dem anderen Ehegatten in der krankhaften geistigen Verfassung des einen Teils ein unüberwindliches Hindernis der Vereinigung zu gemeinsamem, dem Wesen der Ehe entsprechenden Denken, Empfinden und darauf beruhenden Handeln entgegensteht" (RG. Warn. 1917 Nr. 233).

Die geistige Gemeinschaft kann aufgehoben sein, auch ohne daß der kranke Ehegatte völlig verblödet (a. A. Warn. 1920 Nr. 78), geistig tot ist (RG. 97 S. 342, JW. 1911 S. 370, 1920 S. 438, Warn. 1913 Nr. 370). Die Möglichkeit eines Gedankenaustausches, d. h. der gegenseitigen Mitteilung der Gedanken schließt natürlich nicht aus, daß die geistige Gemeinschaft, d. h. das gemeinsame Denken und Tun durch die Krankheit des einen Ehegatten ausgeschlossen ist (RG. 97 S. 340).

Die **Aufhebung** der geistigen Gemeinschaft **muß** eine **Folge gerade der geistigen Erkrankung** des einen Ehegatten **sein,** darf also auch nicht die Folge der fehlenden Anpassung und Rücksicht des gesunden Ehegatten auf das Leiden des kranken sein (RG. Warn. 1917 Nr. 23, JW. 1920 S. 438).

Zu b. Auch wenn die geistige Gemeinschaft infolge der Krankheit des einen Gatten aufgehoben ist, ist dem **Scheidungsbegehren** des anderen — von der Härteklausel des § 47 abgesehen — **nur** dann **zu willfahren, wenn die Wiederherstellung der geistigen Gemeinschaft nicht erwartet werden kann,** d. h., es nach ärztlichem Befund, wenn auch nicht unmöglich, so doch unwahrscheinlich ist, daß der Kranke geheilt wird oder sein Zustand sich derart bessert, daß dieser kein Hindernis für ein gemeinsames Denken und Fühlen mehr bilden wird. Besteht für eine künftige Heilung oder Besserung nur eine Möglichkeit, aber kein Anhaltspunkt, so war nach RG. 98

S. 295 schon nach § 1569 BGB. trotz viel engerer Fassung („ausgeschlossen" statt „nicht zu erwarten") das Scheidungsbegehren begründet. Aber nicht darauf kommt es an, ob dem gesunden Gatten im Falle einer Heilung des kranken oder einer Besserung seines Zustandes das gemeinsame Denken und Fühlen noch möglich oder gar ihm dann die Ehe noch zuzumuten sein wird (RG. JW. 1915 S. 784), sondern nur darauf, ob diese Heilung oder Besserung eintreten, ob das Hindernis des gemeinsamen Denkens und Fühlens, das in dem kranken Zustande des einen Ehegatten lag, aufhören wird zu bestehen. Ein Scheidungsanspruch ist nach dem Gesetzeswortlaut nicht gegeben, wenn Zustände des Kranken, bei welchen die geistige Gemeinschaft möglich ist, abwechseln mit solchen, die sie ausschließen, insbesondere eine Heilbehandlung jeweils zwar nur vorübergehenden Erfolg, aber doch Erfolg von einiger Dauer verspricht.

4. Bestand die Geisteskrankheit schon vor der Ehe, oder ist sie erst während der Ehe ausgebrochen, aber doch vor der Ehe schon im Keime vorhanden gewesen, so, daß die Voraussetzungen des § 32 erfüllt sind, ist der Aufhebungsanspruch begründet, der keine Aufhebung der geistigen Gemeinschaft voraussetzt, vorausgesetzt, daß die Frist des § 35 noch nicht abgelaufen ist.

§ 46. [1]Ansteckende oder ekelerregende Krankheit

Ein Ehegatte kann[1,6,2] Scheidung begehren, wenn der andere an einer schweren[3] ansteckenden[3] oder ekelerregenden[4] Krankheit[1,2] leidet und eine Heilung[5] oder eine Beseitigung[5] der Ansteckungsgefahr in absehbarer Zeit[5] nicht[5] erwartet werden kann.

1. Auch unter **KRANKHEITEN** eines Ehegatten, welche keine geistigen Krankheiten sind, kann die Lebensgemeinschaft leiden und von ihnen, namentlich in der Beziehung des physischen und äußeren Zusammenlebens zerrüttet werden, weil sie dieses für den anderen Ehegatten, sei es gefährlich, sei es unerträglich machen. Dem trägt § 46 Rechnung, der im Falle des Leidens eines Ehegatten an einer schweren **ansteckenden oder ekelerregenden** Krankheit dem anderen Ehegatten einen Anspruch auf Scheidung gewährt. § 46 setzt keine Störung oder Aufhebung der geistigen Gemeinschaft voraus (wenn auch der Entschluß, sich von dem kranken Lebensgefährten zu trennen, meist auch einer inneren Abkehr von ihm erst nachfolgen wird), auch keine Zerrüttung der Ehe in allen Beziehungen, aber doch den Ausschluß des rechten ehelichen Zusammenlebens auf absehbare Zeit infolge der Krankheit des einen Ehegatten. In diesem Falle spricht das Gesetz den gesunden Ehegatten rechtlich von der sittlichen Verpflichtung frei, bei dem kranken Ehepartner auszuharren und sein Unglück mit ihm zu tragen.

2. Voraussetzung des Scheidungsbegehrens ist die Beeinträchtigung des rechten ehelichen Zusammenlebens durch a) eine Krankheit des einen Ehegatten, welche b) entweder schwer und ansteckend oder c) ekelerregend ist, und d) daß Beseitigung der Anstekkungsgefahr oder Heilung in absehbarer Zeit nicht erwartet werden kann. Unerheblich ist, ob einer der Ehegatten die Krankheit verschuldet hat. Dieser Punkt kann für die Anwendung der Härteklausel nach § 47 erheblich sein.

Als **Krankheit** im Sinne der Vorschrift hat RG. 165 S. 353 auch eine durch Operation herbeigeführte äußerliche Abweichung von der natürlichen Körperbeschaffenheit anerkannt, die darin bestand, daß dem Partner der untere Teil des Mastdarms entfernt und ein künstlicher Darmausgang an der Bauchseite geschaffen worden war, was infolge Fehlens des Schließmuskels mit unwillkürlichen Stuhlentleerungen und damit, von dem häßlichen äußeren Erscheinungsbild abgesehen, mit Wirkungen auf den Geruchsinn verbunden war. Auf Grund dieser Entscheidung wird man auch einen Darmvorfall als Krankheit im Sinne des § 46 anerkennen, jedoch nicht übersehen dürfen, daß im Fall jener Entscheidung der Organismus nicht mehr auf normale, sondern auf künstlich geschaffene Art funktionierte, so daß man sich nicht durch sie verleiten lassen darf, die Unterscheidung zwischen Krankheit und Gebrechen aufzugeben und auch allgemeine Gebrechen und Verunstaltungen (Verkrümmung, Kropf) als Abweichungen von der natürlichen Körperbeschaffenheit unter den Begriff Krankheit einzubeziehen und § 46 darauf anzuwenden, wenn sie durch ihre unästhetische Wirkung das Auge abstößt oder Widerwillen erregt. Weder den Begriff der Krankheit noch die sonstigen Voraussetzungen des Gesetzes erfüllt die während der Ehe eingetretene Unfruchtbarkeit, mag sie auch durch Operation herbeigeführt worden sein. War sie von dem einen Ehegatten verschuldet, so kann sich daraus für den anderen ein Scheidungsgrund nach § 43 ergeben.

Der Zustand muß ein Dauerzustand sein, weil er andernfalls die Voraussetzung d nicht erfüllen kann. Daß er erblich ist, wird nicht gefordert.

Entgegen der sonst anerkannten, dem Gesetz zugrunde liegenden Unterscheidung zwischen Tatbeständen, welche schon bei der Eheschließung gegeben waren und unter besonderen Voraussetzungen, nach §§ 32, 33 die Eheaufhebung rechtfertigen und solchen, die während der Ehe auftreten und nach Maßgabe der §§ 42—51 zur Scheidung führen können, will die h. M. zwischen Krankheiten, die bei der Eheschließung schon vorhanden waren und solchen, die während der Ehe auftreten, nicht unterscheiden, vielmehr die Scheidung unter den Voraussetzungen des § 46 auch bei Krankheiten zulassen, welche schon bei der Eheschließung bestanden haben. Diese Ansicht kann nicht geteilt werden. Es ist demnach nicht so, daß, wenn die Krankheit bei der Eheschließung schon bestand und dem anderen Eheschließenden schon bekannt war, dieser doch Scheidung nach § 46 verlangen und dem Scheidungsbegehren nur die Härteklausel des § 47 begegnen kann (KRR. 6 zu § 52), vielmehr kann in solchen Fällen weder Aufhebung noch Scheidung verlangt werden.

3. Zu b. Das Eigenschaftswort **„schwer"** ist nicht eindeutig, ein befriedigender Sinn ergibt sich nur, wenn man es nur mit „ansteckend", nicht auch mit „ekelerregend" verbindet. Es ist nicht einzusehen, warum eine ekelerregende Krankheit, wenn schon der Ekel als Folge der Krankheit, weil die Lebensgemeinschaft beeinträchtigend, als Scheidungsgrund an-

erkannt wird, auch schwer sein muß. Dagegen hat es einen gewissen, wenn auch nicht überzeugenden Sinn, dem anderen Ehegatten zuzumuten, daß er die Gefahr, mit einer leichten Krankheit angesteckt zu werden, in Kauf nehmen muß. Da auch letzteres nicht voll befriedigt, könnte man versucht sein, das Wort „schwer" auf beide Krankheitsarten zu beziehen und dafür, ob die Krankheit als schwer anzusehen ist, weniger ihre Wirkung auf das Befinden und die Lebensaussichten des Patienten als den Grad der Ansteckungsgefahr und der ekelerregenden Wirkung entscheiden zu lassen. Jedoch entspricht dies nicht dem Sprachgebrauch, der unter einer schweren Krankheit eine Krankheit versteht, die mit Lebensgefahr oder erheblicher Beeinträchtigung des Befindens oder des Funktionierens der Organe verbunden ist. Es bleibt also nichts anderes übrig, als das Wort „schweren" nur mit „ansteckenden" und nicht auch mit „ekelerregenden" zusammenzulesen. Welche Krankheiten **ansteckend sind,** entscheidet die Medizin. Aus dem an späterer Stelle gebrauchten Wort Ansteckungs„gefahr" geht nicht hervor, daß eine Ansteckungs„möglichkeit" im Sinne der Gesetzesstelle nicht ausreicht; denn dort ist von der Beseitigung der Ansteckungsgefahr die Rede. Indem das Gesetz von der Beseitigung der Ansteckungsgefahr spricht, läßt es nicht erkennen, daß es die Ansteckungsgefahr für beseitigt, als vollkommen erloschen ansieht, solange noch eine Ansteckungsmöglichkeit besteht. Es muß daher auch von Haus aus genügen, wenn eine Ansteckungs- oder Übertragungsmöglichkeit besteht. Zu beachten ist, daß es Krankheiten gibt, welche nur in einem bestimmten Stadium ansteckend sind. Als schwere ansteckende Krankheiten von Dauer kommen als die häufigsten namentlich in Betracht: schwere Lungentuberkulose und primäre Syphilis.

Völlig verfehlt ist, Erbkrankheiten als solche mit einzubeziehen; dies entbehrt der gesetzlichen Grundlage.

4. „Ekelerregend" ist eine Krankheit, wenn sie durch ihre Wirkung auf das Auge oder den Geruchsinn bei einem normal empfindenden Menschen starken Widerwillen erzeugt. Es genügt aber nicht, die Erregung einer das Auge abstoßenden Wirkung, wie etwa durch einen Kropf oder eine Verbildung, oder von Mitleid (Königsberg HRR. 42 Nr. 473) oder Grauen, z. B. beim Anblick epileptischer Anfälle (Celle, HRR. 1942 Nr. 264), auch ist die innige Lebensgemeinschaft unter den Gatten wohl im Sinne einer Minderung des Widerwillens und nicht etwa umgekehrt im Sinne seiner Steigerung zu berücksichtigen (ebenso Königsberg a. a. O.).

Als ekelerregende Krankheit sind insbesondere anzusehen: Lupus, Aussatz, Schuppenflechten, nässende Ekzeme, Mundfäule, starker übler Geruch aus dem Mund, wenn durch (Zahn-)Krankheit verursacht, künstlicher After (RG. 165 S. 352), auch das Bettnässen, wenn es nicht, wie wenn überhaupt, wohl regelmäßig, schon bei der Eheschließung vorgelegen hat.

5. Zu d. Dem Scheidungsbegehren kann **nur** entsprochen werden, **wenn** im Zeitpunkt der letzten Tatsachenverhandlung die Krankheit noch andauert und im Falle der Ansteckungsmöglichkeit ihre Heilung oder die **Beseitigung der Ansteckungsgefahr,** im Falle der Ekelerregung die Heilung oder die Beseitigung der **ekelerregenden Wirkung in absehbarer Zeit nicht**

erwartet werden kann. Zum Begriff der „Heilung" und „Beseitigung" im Sinne der Gesetzesstelle gehört bei den ansteckenden Krankheiten volliger Ausschluß der Ansteckungsmöglichkeit, bei ekelerregenden Besserung bzw. Abschwächung der ekelerregenden Wirkung in solchem Grad, daß das rechte eheliche Zusammenleben wieder möglich wird. Entscheidend ist nicht so sehr, ob diese Wendung zum Guten uberhaupt sondern wann sie erwartet werden kann. Das Scheidungsbegehren ist nicht etwa nur dann begründet, wenn sie mit Sicherheit überhaupt nicht, sondern sogar, wenn sie mit Wahrscheinlichkeit erwartet werden kann, aber der Zeitpunkt sich nach menschlicher Voraussicht überhaupt nicht bestimmen läßt oder in unbestimmter Ferne liegt.

Vor der Entscheidung ist auch in diesem Falle ein ärztliches Gutachten einzuholen (§ 623 ZPO.).

6. Das Scheidungsbegehren kann nach der Härteklausel des § 47 abzuweisen sein, wenn seine Voraussetzung im übrigen vorliegt.

7. Noch so schwere, **nichtansteckende und nichtekelerregende Krankheiten** (z. B. Rückenmarksdarre, Gehirnerweichung, diese vorbehaltlich §§ 44, 45), mögen sie das rechte eheliche Zusammenleben noch so sehr beeinträchtigen, sind nur nach § 43 Scheidungsgrund, wenn sie durch eine schwere Eheverfehlung verschuldet sind, wobei §§ 49, 50 und die 6. zu § 43 erörterte Frage einschlagen können, ob eine erst auf die Erkenntnis der Folgen einer Eheverfehlung, nicht schon diese selbst hin eintretende Ehezerrüttung genügt, um § 43 anwendbar zu machen.

§ 47. Vermeidung von Härten[1]

In den Fällen der §§ 44 bis 46 darf die Ehe nicht geschieden werden, wenn das Scheidungsbegehren sittlich nicht gerechtfertigt ist[1,2,4]. Dies ist in der Regel dann anzunehmen, wenn die Auflösung der Ehe den anderen Ehegatten außergewöhnlich hart treffen würde[2]; ob dies der Fall ist, richtet sich nach den Umständen, namentlich auch nach der Dauer der Ehe, dem Lebensalter der Ehegatten und dem Anlaß der Erkrankung[3].

1. Überschrift und Satz 1 decken sich nicht. Erstere bleibt hinter dem in Satz 1 aufgestellten **Grundsatz, daß einem sittlich ungerechtfertigten Scheidungsbegehren nicht entsprochen werden dürfe,** zurück. Letzterer müßte gelten, auch wenn er nicht besonders ausgesprochen wäre und eigentlich nicht in § 47 Satz 1, sondern als allgemein gültige Regel als Abs. 2 in § 41 stehen. Er ist in § 47 für Scheidungsgründe ohne Verschulden (§§ 44—46) besonders verschärft, weil das dem einen Ehegatten gewährte Recht, dem anderen von geistiger oder körperlicher Krankheit heimgesuchten Ehegatten zu verlassen, ja im Stich zu lassen, im Gegensatz zur obersten ehelichen Pflicht steht, sich gegenseitig in guten und in schlechten Tagen die Treue zu halten. Ziehen die §§ 42 und 43 aus Treubrüchen im weiteren Sinn des einen Ehegatten für den anderen in eigener Anerkennung ihrer sittlichen Rechtfertigung selbst die Folge, daß er diese Treuebrüche feststellen und sich selbst nunmehr für frei erklären lassen darf, so befassen sich die §§ 44—46 damit, für gewisse Fälle der Heimsuchung eines Ehegatten durch ein seine seelische, geistige oder körperliche Gesundheit betreffendes Unglück, welches die eheliche Lebensgemeinschaft berührt, der Treupflicht selbst des anderen eine Grenze zu setzen. Bei dieser Grenzziehung muß aber vermieden werden, daß der Grundsatz der ehelichen Treue im Widerspruch zu dem die gesamte Rechtsordnung beherrschenden Prinzip der Sittlichkeit zu sehr begrenzt wird und deshalb trägt die Rechtsordnung, unfähig, bei der Fülle der möglichen Fälle, selbst eine kasuistische Regelung zu treffen, dem Richter auf, im Einzelfall die richtige Grenze zu ziehen, die es bei den Tatbeständen der §§ 42, 43 S. 1 selbst gezogen hat. Seinem vernünftigen sittlichen Ermessen ist der weiteste Spielraum gelassen. Wenn das Gesetz auch seinem Wortlaut nach darauf abstellt, ob das Scheidungsbegehren sittlich gerechtfertigt ist, so ist es doch die Entscheidung des Richters selbst, die Scheidung, welche sittlich gerechtfertigt sein muß (vgl. RG. 166 S. 191). Er hat die vom Standpunkt des Beklagten aus gegen, vom Interessenstandpunkt des Scheidungsklägers aus für die Scheidung sprechenden Gesichtspunkte gegeneinander abzuwägen (RG. 160 S. 300). Es kommt auf die Würdigung der gesamten Umstände an (RG. 164 S. 383, 166 S. 347), insbesondere sind auch die Belange des Klägers in Betracht zu ziehen (RG. 160 S. 244, 168 S. 254). Doch hat n i c h t die B i l l i g - k e i t, s o n d e r n d i e S i t t l i c h k e i t Richtschnur der richterlichen Entscheidung zu sein. Bevölkerungspolitische Belange, wie in der Zeit des „Dritten Reiches", sind nicht zu berücksichtigen, wohl aber das ethisch berechtigte Verlangen des Klägers nach Kindern, und zwar gesunden Kindern.

Da es sich darum handelt, dem die gesamte Rechtsordnung beherrschenden Grundsatz der Sittlichkeit Geltung zu verschaffen, kann der Begriff der sittlichen Rechtfertigung im § 47 kein anderer als in § 48 (RG. 116 S. 191) oder § 43 sein.

2. In einer Beziehung gibt das Gesetz dem Scheidungsrichter eine Weisung. **In der Regel** soll er es als **nicht vereinbar mit der sittlichen Ordnung** ansehen, daß der Kläger den Beklagten soll verlassen dürfen, wenn dies für den letzteren **eine außergewöhnliche Härte** bedeuten würde. Nicht nur, andererseits auch nicht immer, sondern „i n d e r R e g e l" ist, wenn dies zutrifft, die Scheidung sittlich ungerechtfertigt. Wie diese Anweisung nicht erschöpfend sein will, ist sie auch n i c h t u n t e r a l l e n U m - s t ä n d e n für den Richter bindend (RG. 164 S. 383); es ist sehr wohl der Fall denkbar, daß t r o t z a u ß e r g e w ö h n l i c h e r H ä r t e für den beklagten Teil dringende Belange des Klägers die Scheidung s i t t l i c h r e c h t f e r t i g e n (RG. a. a. O.). Gesichtspunkte des Verschuldens betreffen sowohl die sittliche Rechtfertigung der Scheidung trotz außergewöhnlicher Härte als auch unmittelbar die Frage, ob überhaupt eine Härte anzuerkennen ist; denn diese ist, wie die gesetzlichen Beispiele des S. 2 ergeben, keineswegs etwa hauptsächlich nach den Folgen der Scheidung, vielmehr weniger pro- als retrospektiv zu beurteilen.

N u r w e n n die Scheidung (nicht schon das Scheidungsverlangen) sich a l s a u ß e r g e w ö h n l i c h, a l s o i n e r h e b l i c h h ö h e r e m G r a d e, als eine Scheidung sonst (RG. 160 S. 236 und 306) hart für den Beklagten darstellt, soll sie in der Regel sittlich ungerechtfertigt sein. Nicht berücksichtigt will RG. 160 S. 350 nachteilige Folgen wissen, welche das Scheidungsverfahren als solches auf den Beklagten oder seine Lage ausüben kann, z. B. die unheilvolle Rückwirkung auf den Geisteszustand eines eben erst von einer geistigen Störung genesenen Ehegatten.

3. Ob die Scheidung den kranken Ehegatten außergewöhnlich hart trifft, richtet sich nach den Umständen. Ohne alle zu berücksichtigenden Gesichtspunkte zu erschöpfen (RG. 164 S. 383) nennt das Gesetz drei, die es berücksichtigt wissen will, womit es zugleich zu erkennen gibt, daß die Härtefrage nicht nur nach den Folgen der Scheidung, vielmehr weniger nach dem Ergebnis einer Vor- als nach einer Rückschau zu beantworten ist. Es führt an: a) die Dauer der Ehe, b) das Alter der Gatten, c) den Anlaß der Erkrankung.

Zu a: Es kommt nicht nur auf die Dauer, sondern auch auf die Bewährung der Ehe, insbesondere die Bewährung der Gatten während der Ehe, natürlich im besonderen Maße des wegen seiner Krankheit beklagten Gatten, die von ihm für den anderen gebrachten Opfer, wohl auch auf seine Bewährung gegenüber den aus der Ehe hervorgegangenen Kindern an, die er durch die Scheidung verlieren soll. Aber es ist nicht so, daß der Beklagte seine eigene Bewährung besonders beweisen müßte, wenn die Ehe schon lange gedauert hat. Diese ist vielmehr angesichts der langen Ehedauer ohne weiteres zu unterstellen. Außerdem fällt lange Ehedauer besonders unter dem Gesichtspunkt in die Waage, daß die Innigkeit der Lebensgemeinschaft, die Einstellung auf die Ehe bei den Gatten infolge der besonders weit vorgeschrittenen Gemeinschaft besonders tief eingewurzelt und die Beendigung dieser Gemeinschaft daher besonders hart und grausam ist.

Zu b: Für die Frage sittlicher Rechtfertigung kann das Lebensalter beider Gatten, z. B. zugunsten des Klägers, seine Jugend eine Rolle spielen, für die Bejahung außergewöhnlicher Härte kommt wohl nur das Alter des beklagten Teils und nur ein vorgeschrittenes Alter in Betracht, doch nur in Verbindung mit einer diesem Alter entsprechenden Dauer der Ehe. Hatte der Ehegatte erst in vorgerückten Jahren geheiratet, und deshalb die Ehe entsprechend kurz gedauert, als einer der Scheidungsgründe der §§ 44 und 46 auftrat, so kann das hohe Alter allein kein Scheidungshinderungsgrund sein. RG. 159 S. 319 will insolange regelmäßig keine außergewöhnliche Härte wegen des Lebensalters der Frau anerkennen, als sie sich noch eine neue Lebensgrundlage schaffen kann. Bei schwerkranken oder gar geisteskranken oder geistig gestörten Frauen wird dies jedoch nur in Ausnahmefällen möglich sein. Die Entscheidung paßt nur für die vorzeitig eingetretene Unfruchtbarkeit, welche nach § 53 EheG. 1938 ein Scheidungsgrund war, es aber heute nicht mehr ist. Überhaupt dürfte deshalb der Gesichtspunkt des Lebensalters in Zukunft nicht mehr so erheblich sein, es sei denn unter dem allgemeinen Gesichtspunkt der sittlichen Rechtfertigung zugunsten des Klägers, denn was die Härtefrage betrifft, ist nicht einzusehen, warum den jugendlichen Kranken die Scheidung weniger hart treffen sollte als den alten.

c) Der Anlaß der Erkrankung ist zu berücksichtigen. In Betracht kommt besonders, ob der Kranke sich die Krankheit bei Erfüllung seiner ehelichen Pflichten durch Aufopferung für den anderen oder die gemeinsamen Kinder, für die Familie zugezogen hat. Solange die Unfruchtbarkeit als Scheidungsgrund anerkannt war, spielte dieser Gesichtspunkt häufig eine Rolle, wenn die Frau durch die Geburt eines Kindes unfruchtbar wurde. Eine geistige oder schwere physische Erkrankung durch Erfüllung ehelichen Pflichten wird sich selten zutragen. Bricht aus Anlaß einer Geburt bei einer Frau eine geistige Erbkrankheit aus, die auch bei anderer Gelegenheit hätte ausbrechen können, so muß für die Härtefrage die Geburt als Anlaß der Erkrankung in ihrer Bedeutung zurücktreten (RG. 166 S. 347). Doch können Krankheiten hierher gerechnet werden, die ein Ehegatte sich bei Ausübung seines im Interesse der Familie ausgeübten Berufs zuzieht. Auch besonders heroische Selbstaufopferung für Dritte oder das ganze Volk als Anlaß der Erkrankung kann sehr wohl bei der Härtefrage ins Gewicht fallen.

Ohne Anspruch auf Vollständigkeit seien als weitere Gesichtspunkte, nach denen die Entscheidung, ob in der Scheidung eine außergewöhnliche Härte für den Beklagten liegt, sich orientieren kann, die folgenden genannt: Der schon erwähnte Gesichtspunkt der Bewährung des leidenden Gatten, der auch bei einer Ehe von kurzer Dauer eine Rolle spielen kann, wenn der leidende Ehegatte besondere Opfer für den gesunden gebracht oder sich sonst besonders um ihn verdient gemacht hat, ferner die wirtschaftlichen Folgen der Scheidung für den Beklagten, insbesondere die beklagte Ehefrau, wenn durch die Scheidung ihre wirtschaftliche Lage gefährdet ist; dabei ist nach ständiger reichsgerichtlicher Rechtsprechung (RG. 166 S. 192) davon auszugehen, daß die wirtschaftliche Lage der Frau auch durch einen etwa auf Grund der Scheidung, insbesondere des Schuldspruchs begründeten Unterhaltsanspruch gegen den Mann keineswegs so gesichert ist, wie bei Bestehen der Ehe. Wo die Kranke trotz einer geistigen Störung zufolge einer gewissen Klugheit nach ihrem Lebensalter in der Lage ist, einer nutzbringenden Beschäftigung nachzugehen und sich eine neue Lebensgrundlage zu schaffen — bei schwerer Krankheit oder Geisteskrankheit wird dies wohl niemals zutreffen — scheiden wirtschaftliche Nachteile der Scheidung für die Härtefrage aus (vgl. RG. 166 S. 346). Unter diesen Umständen kommt nicht in Betracht, ob das Vermögen des Kranken, mit dem die Ehegatten sich ein Geschäft gegründet hatten, verlorengegangen ist (RG. 159 S. 319); andererseits kommt es darauf an, ob er sich selbst eine neue Lebensgrundlage schaffen kann, nicht ob er wohlhabende Eltern hat, die für ihn sorgen können (RG. a. a. O.); von der wirtschaftlichen Lage abgesehen, kommt in Betracht völlige Hilflosigkeit des pflegebedürftigen Beklagten, desgleichen die Vernichtung vorhandener Heilungsaussichten.

Keine Härte ist anzunehmen, wenn der beklagte Ehegatte die Scheidung selbst begehrt hat (RG. 160 S. 300 ff.).

Ist der Beklagte geisteskrank und wird er von der Scheidung nicht etwa in wirtschaftlicher Hinsicht besonders hart betroffen, so wird er von ihr regelmäßig nicht außergewöhnlich hart betroffen werden.

4. Ohne Rücksicht darauf, ob die Scheidung eine Härte für den Beklagten bedeutet, ist sie z. B. **sittlich ungerechtfertigt,** wenn der Kläger das Unglück des Beklagten ausnützt, um eine sonst nicht zu verwirklichende Scheidung zu erreichen und einer vielleicht nur vorübergehenden Leidenschaft für eine andere Person nachzugeben (vgl. RG. 164 S. 382) oder um wirtschaftliche Lasten abzuwehren, welche die Krankheit des Gatten für den Kläger mit sich bringt.

Sittlich ungerechtfertigt kann die Scheidung ferner sein, wenn der gesunde Ehegatte die Krankheit des anderen verschuldet hat. Doch wird im allgemeinen auch in diesem Falle das Scheidungsrecht gewährt, wenn der andere Ehegatte geisteskrank im Sinne des § 45 ist. Ob von diesem besonderen Fall abgesehen, die Verschuldung der Krankheit durch den klagenden Teil der Scheidung die sittliche Rechtfertigung immer nimmt, oder nur dann, wenn sie gerade mit Rücksicht auf diese Verschuldung als außergewöhnliche Härte erscheint, wird grundsätzlich in ersterem Sinne zu beantworten sein. Wohl soll es kein Ausharrenmüssen in der Ehe zur Strafe geben, aber es ist nicht zu verkennen, daß, wenn der Kläger für die Krankheit des Beklagten, weil er sie verschuldet hat, nach allgemein sittlichen Grundsätzen einzustehen hat, es dieser Verantwortung zuwiderläuft, wenn er trotz seines Verschuldens den kranken Ehegatten verläßt. Hat umgekehrt der Kranke seine Krankheit selbst verschuldet, so wird die Scheidung auch dann, wenn ihre Folgen ihn außergewöhnlich hart treffen, nur ausnahmsweise sittlich ungerechtfertigt sein.

5. Daß das Scheidungsbegehren sittlich gerechtfertigt ist, ist eine Voraussetzung seiner rechtlichen Anerkennung, also vom Kläger zu beweisen, richtiger: er hat die Umstände und Tatsachen zu beweisen, auf denen sich nach seiner Meinung ergeben soll, daß sein Verlangen sittlich gerechtfertigt ist. Daraus ist zu folgern, daß er auch darzutun und zu beweisen hat, daß der Beklagte nicht außergewöhnlich hart von der Scheidung betroffen wird, doch kann ein dahingehender substantiierter Einwand des Beklagten gegen das Scheidungsverfahren abgewartet werden.

§ 48. Aufhebung der häuslichen Gemeinschaft

1. Ist die häusliche Gemeinschaft der Ehegatten seit drei Jahren aufgehoben[2] und infolge einer tiefgreifenden unheilbaren Zerrüttung des ehelichen Verhältnisses die Wiederherstellung einer dem Wesen der Ehe entsprechenden Lebensgemeinschaft nicht zu erwarten[3], so kann jeder Ehegatte die Scheidung begehren[4].

2. Hat der Ehegatte, der die Scheidung begehrt, die Zerrüttung ganz oder überwiegend verschuldet[5], so kann der andere der Schei-

dung widersprechen[5]. Der Widerspruch ist nicht zu beachten, wenn die Aufrechterhaltung der Ehe bei richtiger Würdigung des Wesens der Ehe und des gesamten Verhaltens beider Ehegatten sittlich nicht gerechtfertigt ist[6].

3. Dem Scheidungsbegehren ist nicht stattzugeben, wenn das wohlverstandene Interesse eines oder mehrerer minderjähriger Kinder, die aus der Ehe hervorgegangen sind, die Aufrechterhaltung der Ehe erfordert[7].

1. A. Das deutsche Eherecht lehnt die **TRENNUNG VON TISCH UND BETT** (separatio quoad thorum et mensam), bei fortbestehendem Ehebande ab. Wo die Ehegatten selbst diese Trennung von Tisch und Bett durchgeführt und wenigstens drei Jahre aufrechterhalten haben, läßt es sie folgerichtig als **Scheidungsgrund** und die Zerschneidung auch des Ehebandes zu (Abs. 1). Insbesondere will es damit verhindern, daß der eine — wohl meist der weibliche — Ehegatte, der aus irgendeinem Grunde berechtigt ist, die Herstellung der ehelichen Gemeinschaft zu verweigern (§ 1353 Abs. 2 BGB.), es zwar ablehnt, die Scheidungsklage zu erheben, andererseits aber auch die eheliche Gemeinschaft herzustellen, und nichtsdestoweniger fortfährt, Unterhalt von dem anderen Ehegatten zu beziehen. **Bei völlig und unheilbar zerrütteter Ehe** gewährt § 48 darum, **wenn** die häusliche Gemeinschaft drei Jahre aufgehoben ist, und **nicht das Interesse gemeinschaftlicher,** aus der Ehe hervorgegangener minderjähriger **Kinder die Aufrechterhaltung der Ehe fordert,** jedem Ehegatten das Recht, die Scheidung zu verlangen, gleichgültig, welcher Gatte — der klagende oder beklagte — oder ob keiner die Zerrüttung verschuldet hat, gleichgültig ferner, wie es gekommen ist, daß die häusliche Gemeinschaft aufgehoben wurde und welcher Teil sie aufgehoben hat, gleichgültig endlich, ob die Aufhebung der häuslichen Gemeinschaft Folge oder Ursache der Zerrüttung ist oder in gar keinem ursächlichen Zusammenhang mit ihr steht (zust. ObGH. Köln MdR. 48 S. 209). Die wenigstens drei Jahre ununterbrochen währende und im Zeitpunkt der letzten Tatsachenverhandlung fortwährende Aufhebung der häuslichen Gemeinschaft zusammen mit der spätestens in letzterem Zeitpunkt feststellbaren, unheilbaren Ehezerrüttung ist der Scheidungsgrund, ohne daß, wenn beide Ehegatten geschieden sein wollen, überhaupt nach Verschulden gefragt wird (Abs. 1). Durch die Beschränkung der Voraussetzungen der Scheidbarkeit auf zwei leicht erfüllte stellt sich § 48 als eine „beschränkte Generalklausel" des Scheidungsrechts dar (RG. 164 S. 60).

Aber das Gesetz will mit diesem Zugeständnis an einem tatsächlich eingetretenen Zustand, mag er auch im Widerspruch mit dem Gesetz oder durch einen von keinem der beiden Eheteile gewollten Lauf der Dinge eingetreten sein, **kein Recht einseitiger Verstoßung** aufstellen. Es soll kein Ehegatte befugt sein, einfach den anderen zu verlassen, und nach drei Jahren erfolgreich die Scheidungsklage einreichen können. Hat der klagende Ehegatte schuldhaft die Zerrüttung überwiegend verursacht, z. B. gerade dadurch, daß er grundlos den anderen verließ, so kann der andere Gatte grundsätzlich, nicht ausnahmsweise (wie hier jetzt auch OLG. Stuttgart und Hamburg SJZ. 1946 S. 93, Frankfurt a./M. SJZ. 46 S. 226, JR. 49 S. 148, Celle DRZ. 46 S. 191, München SJZ. 47 S. 89, DRZ. 49 S. 18, SJZ. 48 S. 757 — HRE. Bd. 2 S. 106 — Bay. OLG. NJ. 49 S. 625 = SJZ. Sp. 697, Braunschweig MDR. 47 S. 152, Steidle SJZ. 46 S. 117, über OGH. Köln s. 6d), wie das Reichsgericht in ständiger Rechtsprechung (diese rechtfertigend Haff MDR. 47 S. 152, vgl. auch Bruns SJZ. 47 Sp. 651 und OLG. Freiburg DRZ. 47 S. 339) festhielt, der Scheidung erfolgreich widersprechen (Abs. 2 siehe 5 und 6).

Das Gesetz gewährt auch **kein Recht unbedenklicher Verleugnung elterlicher Pflicht.** Auch wenn beide Ehegatten die Scheidung wollen, ist diese — eine begrüßenswerte Einschränkung der 1938 geschaffenen Neuerung durch das Gesetz 1946 — abzulehnen, wenn im Zeitpunkt der letzten Tatsachenverhandlung ein minderjähriges gemeinschaftliches Kind vorhanden ist, dessen wohlverstandenes Interesse die Aufrechterhaltung der Ehe fordert (Abs. 3; s. 7).

B. die **RICHTERLICHE AUFGABE** ist in einem Fall des § 48 nichts weniger als leicht. Insbesondere hat er zugunsten des Beklagten sowohl bezüglich der Frage wirklicher Heimtrennung, ihrer Dauer, der Zerrüttung, des Verschuldens des Klägers § 622 Abs. 2 ZPO. zu betrachten und ist er dadurch dem an der Ehe festhaltenden Beklagten verbündet.

a) Zunächst ist zu untersuchen, ob und seit wann die häusliche Gemeinschaft aufgehoben ist, und ob die Aufhebung bis zur letzten Tatsachenverhandlung ununterbrochen fortgedauert und bis dahin mindestens drei Jahre gedauert hat (s. 2).

b) ob im Zeitpunkt der letzten Tatsachenverhandlung die Ehe aussichtslos zerrüttet ist (s. 3).

Stellt der Beklagte keinen Antrag oder beantragt er Klageabweisung, indem er diesen Antrag nur damit begründet, daß eine der beiden Voraussetzungen a oder b nicht erfüllt sei, so beschränkt sich die richterliche Untersuchung auf diese und das Interesse der Kinder (7). Dasselbe gilt, wenn der Beklagte Widerklage nur aus § 48 (nicht etwa §§ 42, 43, 45—46) erhebt, was zulässig ist (RG. 160 S. 280).

c) Verlangt aber der Beklagte einen Schuldausspruch gegen den Kläger, sei es ohne Antrag auf Klageabweisung, sei es indem er nach Abs. 2 einen Klageabweisungsantrag damit begründet, daß der Kläger schuldhaft die Ehezerrüttung überwiegend verursacht habe, was nach reichsgerichtlicher Rechtsprechung zugleich das Verlangen eines Schuldausspruchs gegen den Kläger für den Fall einschließt (RG. 160 S. 173, 168 S. 377, HRR. 42 S. 685), daß der Widerspruch nicht beachtet und der Klage stattgegeben wird, so hat der Richter die Frage des Verschuldens des Klägers, nicht des Beklagten zu prüfen.

Selbstverständlich kann der Beklagte, um die Klageabweisung zu erreichen und das Verschulden des Klägers an der Zerrüttung darzutun — genau wie zwecks Erlangung eines Schuldausspruchs gegen den Kläger im Falle der Scheidung — auch Verfehlungen des Klägers geltend machen, wegen deren der Beklagte das Scheidungsrecht bereits verloren hat; der

Beklagte verlangt ja gerade keine Scheidung, vielmehr widerspricht er ihr. Kommt der Richter zu dem Ergebnis, daß der Widerspruch zulässig ist, weil der Kläger die Zerrüttung durch eine, wenn auch nicht schwere, Verfehlung überwiegend verschuldet hat, so hat er

d) zu prüfen, ob gleichwohl von höherer sittlicher Warte aus der Widerspruch gegen die Scheidung nach Abs. 2 Satz 2 unbeachtlich ist (s. 6). Will der Richter den Widerspruch als unbeachtlich ansehen, so spricht er die Scheidung der Ehe aus, andernfalls weist er die Klage ab.

e) Die Prüfung des Kinderinteresses nach Abs. 3 kann das Gericht allen Prüfungen voranstellen, weil es letzterer überhoben ist, wenn es die Ehe im Interesse der Kinder aufrechterhalten muß.

f) Wenn der Richter der Klage stattgibt, hat er endlich sich über den Schuldausspruch schlüssig zu machen, sei es, daß ohne Antrag auf Klageabweisung nur ein Schuldausspruch gegen den Kläger gemäß § 53 Abs. 2 beantragt war oder, daß Klageabweisung beantragt war und der Scheidung wegen überwiegenden Verschuldens des Klägers an der Zerrüttung seitens des Beklagten widersprochen war. Nach oben erwähnter reichsgerichtlicher Rechtsprechung bedeutet letzteres für den Fall der Scheidung zugleich einen Antrag auf Schuldigerklärung des Klägers. Der Schuldausspruch gegen den Kläger ergeht unter den Voraussetzung des § 53 Abs. 2.

Der Kläger kann nach § 53 einen Schuldausspruch gegen den Beklagten nicht begehren. Verfehlungen des Beklagten gehören nicht zum Klage-(Scheidungs-)grund, sondern nur die Aufhebung der häuslichen Gemeinschaft und die unheilbare Zerrüttung der Ehe. Sind diese Tatbestände festgestellt, so ist der Klage vorbehaltlich Abs. 2 stattzugeben, ohne daß ein Verschulden des Beklagten zu untersuchen ist. Der Kläger hat es nicht in der Hand, durch seine Anträge eine richterliche Untersuchung zu erzwingen, die nicht erforderlich ist, um das Urteil zu fällen und über den Klageantrag zu entscheiden. Hat der Kläger einen Schuldausspruch gegen den Beklagten verlangt, so ist die Klage abzuweisen, aber nicht etwa die Ehe ohne Schuldausspruch zu scheiden (RG. 164 S. 96).

Um den Schuldausspruch gegen den Kläger zu erreichen — nicht auch um seinen Widerspruch gegen die Scheidung zu begründen — kann der Beklagte auch Verfehlungen des Klägers anführen, welche die Zerrüttung, insbesondere auf dessen Seite selbst, nicht herbeigeführt haben, vielmehr ihre Folge gewesen oder ihr nachgefolgt sind, wenn sie die Zerrüttung vertieft oder erhalten haben z. B. dadurch, daß nun auch die eheliche Gesinnung des Beklagten zerstört wurde (RG. HRR. 42 Nr. 750). Unter dieser Voraussetzung kann der Kläger wegen einer Verfehlung für schuldig erklärt werden, wenn der Widerspruch ihretwegen nicht zuzulassen ist, weil die Zerrüttung nicht auf ihr beruht, z. B. sie die Folge der durch die Aufhebung der häuslichen Gemeinschaft auf Seite des Klägers eingetretenen Zerrüttung ist (RG. 164 S. 324).

Der Kläger kann Verfehlungen des Beklagten, aus denen er den Scheidungsanspruch nicht nach § 43 abgeleitet hat, im Rahmen des § 48 nur geltend machen, um die unheilbare Zerrüttung der Ehe und um, wenn der

Beklagte widerspricht, weil der Kläger die Zerrüttung überwiegend verursacht habe, darzutun, daß die Zerrüttung nicht durch ihn, den Kläger, überwiegend verursacht sei. Daß der Kläger wegen der Verfehlungen des Beklagten noch ein Scheidungsrecht hat oder jemals gehabt hat, ist hierzu nicht erforderlich; vielmehr können unter diesem Gesichtspunkt wie andere objektive Tatsachen auch Verfehlungen vorgetragen werden, die dem Beklagten nicht zurechenbar sind.

Der Kläger kann aber nach ständiger (RG. 160 S. 392, 163 S. 251, 164 S. 94 und 273), wenn auch mit Recht nicht unangefochtener (KRR. 5 zu § 61 EheG. 1938) und wegen ihrer Konsequenzen in der Unterhaltsfrage (RG. 164 S. 94) bedenklicher reichsgerichtlicher Rechtsprechung Eheverfehlungen des Beklagten auch geltend machen, um im Falle des eigenen Obsiegens einen Alleinschuldausspruch aus § 53 Abs. 2 gegen sich abzuwehren, sei es, daß dieser nach § 53 Abs. 2 ausdrücklich oder durch Erhebung des Widerspruchs stillschweigend (RG. 160 S. 173, 168 S. 377, HRR. 42 Nr. 605) von dem Beklagten verlangt wurde, und eine Mitschuldigerklärung des Beklagten herbeizuführen, und dabei auch auf Eheverfehlungen des Beklagten zurückzugreifen, wegen deren der Kläger kein Scheidungsrecht mehr hat. Unter diesem Gesichtspunkt geltend gemachte Eheverfehlungen des Beklagten müssen natürlich schuldhafte Verfehlungen des Beklagten sein. Der Kläger kann aber keinen Antrag auf Allein-, sondern nur auf Mitschuldigerklärung des Beklagten stellen und damit nur durchdringen, wenn der Beklagte gegen ihn einen Schuldausspruch erlangt; denn vermieden werden soll lediglich die Unbilligkeit, daß einem Schuldigerklärungsantrag des Beklagten nach § 61 (früher 69) Abs. 2 stattgegeben werden muß, dem Kläger aber, der einen Scheidungsgrund aus Verschulden gehabt hat, verwehrt ist, einen Schuldausspruch gegen den Beklagten zu erwirken, auch wenn dieser billig wäre.

Der Beklagte muß sich wohl überlegen, ob er einen Schuldausspruch gegen den Kläger verlangen will, denn während er, wenn die Ehe ohne Schuldausspruch geschieden wird, gegen den Kläger immer den Unterhaltsanspruch gemäß Billigkeit aus § 61 (früher 69) Abs. 2 hat, läuft er Gefahr, diesen zu verlieren, wenn er selbst für mitschuldig erklärt wird. Dazu gibt er nach der erwähnten Rechtsprechung des Reichsgerichts die Möglichkeit, wenn er einen Schuldausspruch gegen den Kläger erstrebt. Über die Folgen seiner Mitschuldigerklärung für seinen Unterhaltsanspruch vgl. RG. 164 S. 94. Da, wie mehrfach erwähnt, nach reichsgerichtlicher Rechtsprechung der Widerspruch gegen die Scheidung einen Antrag auf Schuldausspruch gegen den Kläger für den Fall der Scheidung mitenthalten soll, muß also, wenn der Unterhaltsanspruch aus § 61 Abs. 2 nicht gefährdet werden soll, ausdrücklich erklärt werden, daß mit dem Widerspruch kein Schuldausspruch gegen den Kläger erstrebt wird. Nur wenn der Beklagte dessen sicher ist, daß der Kläger als allein oder als überwiegend schuldig erklärt werden wird, kann er es darauf ankommen lassen, einen Schuldausspruch gegen ihn zu beantragen*).

Beruht der Schuldausspruch gegen den Kläger auf einem Ehebruch des

*) Gegen RG. nunmehr OLG. Freiburg DRZ. 50 S. 109 (Schuldantrag des Bekl. nur zulässig, wenn Kl. überwiegend schuldig) und OGH., s. ebenda Fußnote S. 112.

Klägers, oder hat er durch diesen die Zerrüttung überwiegend verursacht, so ist nicht etwa der Ehebruch im Urteil festzustellen, (wenn nicht wegen des Ehebruchs etwa Widerklage erhoben war), weil nicht der Ehebruch, sondern die Aufhebung der häuslichen Gemeinschaft und Ehezerrüttung Scheidungsgrund ist (§ 6, RG. 163 S. 377).

C. Gegen die Klage aus § 48 ist **Widerklage** aus § 48 zulässig (RG. 160 S. 280). Ein Schuldausspruch ist dann nach § 53 gegen beide Ehegatten ausgeschlossen (s. oben). Da jede Partei die Scheidung begehrt, kann es keinen Widerspruch gegen die Scheidung geben, kommt also die Frage des Verschuldens (richtiger: der schuldhaften Verursachung der Ehezerrüttung), die ja nur als Voraussetzung eines Widerspruchs erheblich ist, überhaupt nicht aufs Tapet. Es kann also keine Partei, sei es in der Rolle des Beklagten, einen Schuldausspruch, sei es in der Rolle des Klägers gegenüber einem solchen, eine Mitschuldigerklärung des Gegners begehren. Es ist aber auch eine auf Verschulden gestützte (§§ 42, 43) Widerklage gegenüber einer Klage aus § 48 zulässig, und umgekehrt (RG. 160 S. 31 und 105); führt letzterenfalls die auf Verschulden gestützte Klage zur Scheidung, so wird dadurch die auf § 48 gestützte Widerklage nicht gegenstandslos; der Widerkläger hat, wenn die Widerklage begründet ist, ein Recht darauf, daß die Scheidung auch auf seine Klage hin ausgesprochen werde, gleichgültig welche Bedeutung dies für die Rechtsfolgen der Scheidung hat. Der Scheidung auf Widerklage kann gemäß § 48 Abs. 2 mit Erfolg nur widersprochen werden, wenn der Kläger mit seiner Klage nicht erfolgreich ist; denn der Widerspruch gegen die Scheidung ist gegenstandslos, wenn die Ehe auf Verlangen des Widersprechenden selbst geschieden wird. Es kann auch, wenn der Widersprechende selbst die Zerrüttung seiner eigenen ehelichen Gesinnung geltend macht, indem er Scheidung und Schuldigerklärung des anderen Ehegatten begehrt, die Aufrechterhaltung der Ehe sittlich wohl nicht gerechtfertigt sein. Wird aber die Hauptklage abgewiesen, so kann die Widerklage auf Grund des Widerspruchs gleichfalls abgewiesen werden. Selbstverständlich ist gegenüber einer Klage aus § 48 auch eine Widerklage aus §§ 44 bis 46 ebenso denkbar und zulässig wie eine Klage aus § 48.

D. Eine **Wiederholung der Klage** aus § 48 (s. hierüber Bötticher ZAkDR. 41 S. 341) setzt demnach gemäß § 616 ZPO. neue Tatsachen voraus. Sie ist z. B. zulässig a) nach Vollendung der Frist von drei Jahren, wenn diese bei Abweisung der Klage noch nicht verstrichen war (RG. 164 S. 253), b) wenn die Zerrüttung, die das erste Urteil nicht festgestellt hat, jetzt eingetreten oder unheilbar geworden ist; dagegen genügt nicht, daß sie fortgedauert hat (OLG. Koblenz DRZ. 47 S. 412), c) wenn zwischendurch die Heimtrennung auf Grund eines beiderseits ernsthaft gewollten Versuchs, die häusliche Gemeinschaft wiederherzustellen (OLG. Celle SJZ. 46 S. 226 = HRE. Band 1 S. 165, OGH. Köln NJ. 48 S. 583) aufgehoben war und alsdann neuerdings ununterbrochen drei Jahre bestanden hat, d) wenn unterhalts- und erziehungsbedürftige Kinder fortgefallen sind (RG. 164 S. 252). War das erste klagabweisende Urteil lediglich auf Grund des Abs. 3 ergangen — ohne daß Widerspruch erhoben oder ohne daß dessen Zulässigkeit und Beachtlichkeit geprüft und bejaht war —, so ist neue Klage schon dann zulässig, wenn die Voraussetzungen des Abs. 3 fortgefallen, also auch solange noch minderjährige Kinder vorhanden sind, sofern ihr wohlverstandenes Interesse nicht mehr erfordert, daß die Ehe aufrechterhalten wird (s. 7 f), e) wenn der Beklagte sich verpflichtet hat, der Scheidung nicht mehr zu widersprechen (OLG. Celle SJZ. 46 S. 226), f) wenn der Widerspruch durch eine Verschiebung des Verhältnisses des beiderseitigen Verschuldens unzulässig geworden ist, sofern durch ein neues Verschulden des Beklagten die Ehe weiter und tiefer zerrüttet worden ist; andernfalls kann das neue Verschulden gemäß g) in Betracht kommen; g) wenn der Widerspruch des Beklagten gemäß Abs. 2 Satz 2 nicht mehr beachtlich ist, weil die Aufrechterhaltung der Ehe sittlich nicht mehr gerechtfertigt erscheint (RG. 164 S. 249, 165 S. 22 und 125, 166 S. 167, OGH. Köln NJ. 48 S. 585). Als Grund hiefür wird man indessen schwerlich mit RG. 166 S. 167 gelten lassen können, daß der Kläger sich nunmehr entschlossen hat, seine langjährige Geliebte zu heiraten, (ähnlich OLG. Frankfurt JR. 49 S. 149 unter I) wohl aber mit OLG. Hamm DRZ. 48 S. 19 f., daß der letzte Rest ehelicher Gesinnung auf beiden Seiten, insbesondere auch des Widersprechenden verloren gegangen ist, was im zweiten Urteil auch einen anderen Schuldausspruch rechtfertigen kann, etwa wenn die widersprechende Frau rücksichtslos und gehässig ihre Unterhaltsansprüche oder gar den Mann darüber hinaus verfolgt. h) Sehr bestritten ist, ob gemäß g) die bloße Fortdauer der Heimtrennung als solcher und deren bloß in der Natur der Sache liegende Folge — die schon im Zeitpunkt des ersten Urteils voraussehbar war —, die fortschreitende Erkaltung der Beziehungen der Ehegatten die Wiederholung der Klage zulässig und den Widerspruch nunmehr unbeachtlich machen kann. Dies ist im Interesse stabiler Verhältnisse mit OGH. Köln NJ. 48 S. 583 zu verneinen. Nach RG. 155 S. 124, 164 S. 252, 166 S. 167 sollte die Klage aus § 48 (früher 55) insbesondere wiederholt werden dürfen, wenn seit dem ersten Urteil die Heimtrennung (auch ohne inzwischen vorübergehend aufgehoben gewesen zu sein) weitere volle drei Jahre fortbestanden hat. Diese Rechtsprechung erfuhr schon damals Widerspruch (vgl. Bötticher ZAk. 41 S. 341 ff., Scanzoni 26 zu § 55 EheG. 1938, DR. 40 S. 2205, 41 S. 152). Es wird ihr noch heute beigepflichtet von Beisler mit eingehender Begründung DRZ. 48 S. 121, Baumbach 2 B zu § 616 ZPO., Jonas 16. Aufl. ZPO., 2. Nachtrag zu § 616 OLG. Hamm DRZ. 48 S. 19, Krille (?) Anm. zu OGH. Köln NJ. 48 S. 583. Überwiegend ist diese Meinung aufgegeben, s. OLG. Celle SJZ. 46 S. 226, OLG. Kiel SchlHA. 47 S. 244, OGH. Köln a. a. O., Band 1 S. 119, Steidle SJZ. 46 S. 228, Schönke DRZ. 47 S. 16. Letzterer Meinung ist der Vorzug gegeben. (Unentschieden die 1. Aufl. und OLG. Frankfurt JR. 49 S. 149); abgesehen von den rein logischen Gründen des OGH. Köln entscheidet der Gesichtspunkt, daß dem ersten die Klage wegen Beachtlichkeit des Widerspruchs abweisenden Urteil die ethisch bedeutsame Kraft genommen würde, den eheflüchtigen Gatten in die Ehe zurückzuführen, wenn ihm die Wiederholung der Klage zu sehr erleichtert wird.

Auch für den Anspruch aus § 48 und die ihn begründenden Tatsachen gilt für alles, was im ersten Prozeß als Klage- oder Widerklagegrund hätte geltend gemacht werden können, § 616 ZPO. (RGZ. 164 S. 256, 165 S. 127, OGH. Köln NJ. 48 S. 553, OLG. Frankfurt JR. 49 S. 149, Schönke DRZ. 47 S. 16; bestr. Scanzoni DR. 40 S. 2205) z. B., wenn im ersten Scheidungsprozeß die Klage aus § 48 erfolgreich, der Widerspruch damals schon unbeachtlich gewesen wäre, der Kläger aber auf Befragen ausdrücklich erklärt hat, daß er aus § 43 (früher § 49) nicht aus § 48 (früher § 55) geschieden sein wolle (vgl. zu § 616 ZPO.). Um den Widerspruch zu begründen, kann der Beklagte auch Verfehlungen des Klägers vorbringen, die er im ersten Verfahren nicht vorgebracht hat, obwohl er es hätte können, weil § 616 S. 2 ZPO. sich nur auf die Widerklage bezieht.

Problematisch ist, inwieweit sich im neuen Prozeß die Rechtskraft des ersten Urteils durchsetzt (vgl. OLG. Freiburg MDR. 48 S. 214 und Krille a.a.O.). U. E. ist die Erweisbarkeit einer gemäß § 616 ZPO. formell beachtlichen und gemäß § 48 materiell dem Scheidungsanspruch möglicherweise zum Erfolg verhelfenden Änderung Voraussetzung der Zulässigkeit der neuen Klage. Ist solche zulässig, so ist der Richter des zweiten Prozesses in keiner Weise mehr an die Würdigung des im ersten Prozeß vorgetragenen Sachverhalts und erzielten Beweisergebnisses durch das frühere Urteil gebunden. Er ist nicht behindert, soweit es sich um dieselben Behauptungen handelt, die Beweisaufnahme zu wiederholen und zu ergänzen oder, wenn eine Änderung erwiesen ist, welche den Widerspruch unbeachtlich macht, zu entscheiden, daß er überhaupt nicht zulässig war, weil von Hause aus die Ehe nicht durch überwiegendes Verschulden des Klägers zerrüttet war. Natürlich kann in allen Fällen der Zulässigkeit einer neuen Klage der Beklagte neuerdings der Scheidung widersprechen, wenn die Voraussetzungen dafür gegeben sind (siehe vorstehend).

E. **Die Klage auf Wiederherstellung der ehelichen Gemeinschaft** ist nach wie vor möglich; denn außer in den Fällen des § 1353 Abs. 2 BGB. besteht kein Recht zum getrennten Leben vor Ablauf von drei Jahren nach Aufhebung der häuslichen Gemeinschaft und Eintritt der Ehezerrüttung (HRR. 42 Nr. 750). Wenn trotz unheilbarer Zerrüttung (wegen beachtlichen Widerspruchs, oder weil die häusliche Gemeinschaft nicht drei Jahre aufgehoben war oder der Kinder wegen) die Scheidung abzulehnen ist, kann der beklagte Ehegatte, der innerlich an der Ehe festgehalten hat, auf Herstellung der häuslichen Gemeinschaft klagen — auch durch Widerklage — und hat ein rechtliches Interesse an der richterlichen Feststellung, daß der andere Ehegatte sich durch weiteres Getrenntleben rechtswidrig verhält, auch dann, wenn dessen Abkehr von diesem Verhalten trotz seiner Verurteilung nicht zu erwarten ist. In dem Verlangen liegt nicht schon deshalb ein Rechtsmißbrauch, weil dem anderen Ehegatten die eheliche Gesinnung abhanden gekommen ist; die richterliche Feststellung kann auch bedeutsam sein für die Art, in welcher Unterhalt zu gewähren ist (§ 1360 BGB., RG. 160 S. 112, 256, RG. 162 S. 32, 163 S. 384).

2. Die erste Voraussetzung einer Scheidung nach § 48 ist, daß im Augenblick der letzten Tatsachenverhandlung die häusliche Gemeinschaft aufgehoben ist und in den ihr vorangegangenen letzten drei Jahren ununterbrochen aufgehoben war (RG. 160 S. 288 ff.). Dem Erfordernis der **Aufhebung der häuslichen Gemeinschaft** (s. hierüber Schumann ZAkDR. 43 S. 67) ist auch dann genügt, wenn sie nie bestanden hat (RG. 160 S. 189). Da die Aufhebung der häuslichen Gemeinschaft eine Gestaltung der äußeren Lebensverhältnisse der Ehegatten ist, werden nicht leicht unbehebbare Zweifel bestehen, wann die dreijährige Frist in Lauf gesetzt worden ist. Es ist nicht erforderlich, daß die Ehegatten bei Beginn der letzten drei Jahre, vor der letzten Tatsachenverhandlung schon Reichsdeutsche waren (RG. 165 S. 250).

Die Aufhebung der häuslichen Gemeinschaft ist ein rein äußerer Tatbestand, welcher von dem daneben erforderten Tatbestand der Zerrüttung, der überwiegend ein innerer Tatbestand ist, scharf zu trennen ist. Er kann wohl deren Symptom sein, aber auch — vielleicht künftig ihre Ursache — ohne letztere bestehen. Diese Unterscheidung ist deshalb wichtig, weil die Zerrüttung nicht drei Jahre bestanden haben muß. Dem Scheidungstatbestand ist also genügt, wenn die häusliche Gemeinschaft drei Jahre aufgehoben war, die Ehe aber erst durch den Scheidungsprozeß zerrüttet wird. Darum scheiden für die Frage der häuslichen Gemeinschaft Symptome aus, welche solche einer fehlenden Zerrüttung sein können (aber nicht müssen) und gerade eine Folge der äußeren Trennung der Ehegatten sind, wie Briefverkehr, gegenseitige Besuche, Zusammenkünfte an einem dritten Ort (etwa regelmäßige gemeinsame Mahlzeit im Gasthaus). Darin mag sich ausdrücken, daß die eheliche Gesinnung der Parteien noch vorhanden ist, aber dieses alles spricht nicht gegen die Aufhebung der häuslichen Gemeinschaft, auch nicht ein Geschlechtsverkehr, wenn er sich außerhalb einer häuslichen Gemeinschaft abspielt. Häufig liegt es so, daß zu Beginn der äußeren Trennung, namentlich wenn diese nicht willkürlich war, die eheliche Gesinnung der Gatten noch voll vorhanden ist und sich in den erwähnten Symptomen ausdrückt, daß aber später die Ehe zerrüttet wird. Für die Berechnung der dreijährigen Trennungsdauer sind jene Symptome noch fortwährender ehelicher Gesinnung belanglos. Vorstehendes ist fast allg. M. (anders Beitzke FamR. S. 54 unten), obwohl das Gesetz sich wohl den — ungetrübt praktisch wohl kaum vorkommenden — Fall als Regelfall vorgestellt hat, daß aus einer unverschuldeten, von Verschiedenheit der Charaktere, Temperamente, Herzen, Neigungen, Interessen, Geistesanlagen, anerzogenen oder erworbenen sittlichen, religiösen, gesellschaftlichen, politischen Anschauungen oder Gewohn- oder Gepflogenheiten verursachten Zerrüttung der Ehe von einem der Gatten oder beiden die Konsequenz der Heimtrennung gezogen wird, die dann drei Jahre ununterbrochen bestehen muß.

Für die Frage, ob die häusliche Gemeinschaft aufgehoben ist, ist darum auch der Beweggrund der Trennung belanglos, der nur für die Frage der Zerrüttung eine Rolle spielen kann. Auch eine völlig unfreiwillige Trennung, wie durch Strafgefangenschaft, Verbringung in eine Heilanstalt (nicht eine Trennung durch Militärdienst, Kriegsdienst oder Kriegsgefangenschaft, RG. 160 S. 246) kann in Betracht kommen, wenn alle sonstigen Aufhebungsvoraussetzungen vorliegen. Entfremdung braucht nicht die Ursache der Trennung zu sein (RG. 160 S. 246). Auch sonstige innere Momente sind unbeachtlich, z. B. eine etwa bestehende Absicht, zurückzukehren. Mag die Trennung freiwillig — etwa wenn die Ehegatten vorübergehend sich voneinander ausruhen wollten — oder unfreiwillig sein, fällt diese Absicht für Fortbestehen einer häuslichen Gemeinschaft nicht ins Gewicht.

Nur in einer Beziehung ist dieser Grundsatz abzuschwächen: solange die Ehegatten eine Häuslichkeit (des Mannes oder der Frau) noch als eine gemeinsame ansehen, der eine von der Familie abwesende Gatte in dieser Häuslichkeit noch sein Heim erblickt, ist die häusliche Gemeinschaft noch nicht aufgehoben. Im allgemeinen wird in einem solchen Fall die Trennung äußerlich, namentlich wirtschaftlich nicht vollzogen sein (siehe hierüber unten), der Mann fortfahren, die Miete dieser Häuslichkeit zu bezahlen, und der Frau nicht Unterhaltsrente gewähren, sondern ein Wirtschafts-(Hausstands-)Geld geben, aus welchem sie für seine Rechnung die Kosten der Häuslichkeit bestreitet. Die Frage, ob angesichts einer von beiden Teilen als gemeinsam erachteten Häuslichkeit trotz räumlicher Trennung der Gatten ihre häusliche Gemeinschaft fortdauert, tritt daher nur auf, wenn die Frau aus ihren Mitteln diese Häuslichkeit unterhält. Sie ist aber auch in diesem Falle zu bejahen. Eine natürliche sich aus dem regelmäßigen Verlauf der Dinge (z. B. aus geschäftlichen, beruflichen, gesundheitlichen Gründen oder aus Gründen der Erholung) ergebende Trennung ist keine Aufhebung der häuslichen Gemeinschaft (RG. 160 S. 249, 164 S. 335). Regelmäßig wird auch bei einer solchen Trennung das Bewußtsein der Gatten fortbestehen, ein gemeinsames Heim zu haben und die wirtschaftliche Trennung nicht durchgeführt sein. Immerhin sind Ausnahmefälle denkbar. Tritt dann später in einem solchen Fall die Zerrüttung ein, mag es mitunter schwierig sein festzustellen, ob und wann die Abwesenheit des einen Gatten zur Aufhebung der ehelichen Gemeinschaft geworden ist. Man kann dann nicht anders, als darauf abzustellen, wann die Häuslichkeit des einen Gatten aufgehört hat, in seinen oder des anderen Augen als gemeinsames Heim zu gelten, also auf einen inneren Vorgang, was die Klarheit der Regel trübt. Zu weit geht OLG. Gera NJ. 48 S. 153 Nr. 302.

Die bloße Abwesenheit des einen Teils von der gemeinsamen Häuslichkeit ist keine Aufhebung der häuslichen Gemeinschaft.

Eine häusliche Gemeinschaft kann auch dann bestehen, wenn die Ehegatten keinen eigenen Haushalt haben, wenn sie z. B. bei den Eltern des einen Teils leben und von diesen miterhalten werden, oder wenn sie dauernd zusammen in Pensionen oder Hotels leben, sei es, daß sie es lieben, den Ort zu wechseln oder nicht. Die häusliche Gemeinschaft setzt also keinen eigenen gemeinsamen Haushalt voraus, aber ein solcher stellt natürlich unter allen Umständen eine häusliche Gemeinschaft dar.

Die häusliche Gemeinschaft ist aufgehoben, wenn die Ehegatten von Tisch und Bett getrennt sind und ein tatsächlicher Zustand besteht, bei welchem ihre persönliche Berührung weitgehend ausgeschaltet ist (RG. 159 S. 119). Getrennt wohnen ist insofern Voraussetzung, als wenn die Ehegatten — aus pekuniären Gründen oder aus Wohnungsmangel — dieselbe Wohnung weiter bewohnen, deren Räume aufgeteilt sein müssen. Die Trennung der Schlafzimmer allein genügt nicht. Es muß dann innerhalb der Wohnung eine vollständige Trennung durchgeführt sein und darf kein gemeinsamer Haushalt geführt werden. Die Aufhebung der häuslichen Gemeinschaft setzt voraus, daß kein Teil dem anderen Dienste leistet, wie sie bei einer gemeinsamen Haushaltführung in der Stellung, welche Mann und Frau im Haushalt als Vorstand und als Hausfrau einnehmen, entsprechenderweise üblich sind, keiner Fürsorge für den anderen übt, daß der Mann nicht die Miete für die Frau bezahlt, daß er der Frau, wenn er ihr auch Unterhalt gewährt, kein Wirtschaftsgeld gibt, von dem sie für seine Rechnung die gemeinsamen Bedürfnisse bestreitet, daß die Frau nicht den Weisungen des Mannes nachkommt und daß der persönliche Verkehr der Ehegatten auf ein Minimum beschränkt ist. Wenn sie nicht getrennt wohnen, sondern eine Wohnung teilen, ist an letztere Voraussetzung ein strengerer Maßstab anzulegen, als wenn sie getrennt wohnen. Beim Bewohnen derselben Wohnung ist im übrigen eine vollständige Trennung zu fordern. Der Geschlechtsverkehr, wie auch der Austausch ehelicher Zärtlichkeiten hat an sich nichts mit der häuslichen Gemeinschaft zu tun; wo aber beim Bewohnen derselben Wohnung der eheliche Verkehr fortgesetzt wird, kann, wenn er nicht ganz vereinzelt bleibt, auch die häusliche Gemeinschaft nicht als aufgehoben betrachtet werden.

Als **Beispiele aus der Rechtsprechung** seien angeführt: Die häusliche Gemeinschaft ist auch dann aufgehoben, wenn die Frau noch (gelegentlich oder regelmäßig) in der Wohnung des Mannes übernachtet und (oder) ihre Mahlzeiten dort einnimmt, dabei aber den Mann meidet und kein Wirtschaftsgeld (für die gemeinsame Haushaltung), sondern Unterhaltsgeld von ihm bezieht (KG. HRR. 41 Nr. 60). Die häusliche Gemeinschaft ist aufgehoben, wenn die Frau die Wohnungsmiete aus dem ihr vom Mann gewährten Unterhaltsgeld (nicht Hausstandsgeld) bezahlt und mit diesem auf ihre eigene Rechnung wirtschaftet, auch wenn der Mann mehrmals wöchentlich sie besucht und als ihr Gast, nicht als Haushaltungsvorstand bei ihr speist (RG. HRR. 41 Nr. 116; solches Verhalten ist aber natürlich unter dem Gesichtspunkt der Zerrüttung zu werten). Ob die häusliche Gemeinschaft aufgehoben ist, wenn die Ehegatten einander gegenseitig derart häufig besuchen und den ehelichen Verkehr fortsetzen, daß die Lebensgemeinschaft fast unverändert bestehen bleibt, läßt RG. a.a.O. dahingestellt (Zerrüttung ist insolange zu verneinen, doch braucht diese nicht drei Jahre bestanden zu haben). Vollkommene tatsächliche Trennung ist aber erforderlich, wenn die Ehegatten dieselbe Wohnung benutzen (RG. 159 S. 119). Diese Voraussetzung ist auch dann, wenn der Mann, um die Frau zu kränken, das Wirtschaftsgeld dem Hausmädchen gibt, nicht erfüllt, wenn die Eheleute beide in der durch ihre Stellung im Haushalt bedingten Weise sich an dessen Führung beteiligen, so daß jeder darin die Fürsorge des anderen genießt, auch dann nicht, wenn sich dabei jeder von dem anderen möglichst fernhält und Gespräche vermieden werden (RG. HRR. 41 Nr. 319). Darin, daß die Ehefrau in der Gastwirtschaft des Mannes als Leiterin des Küchenbetriebs tätig ist, und beide Ehegatten in dieser Gastwirtschaft ihre Verköstigung finden, braucht noch kein Merkmal einer zwischen ihnen bestehenden häuslichen Gemeinschaft gefunden zu werden, wenn in der ihnen noch gemeinsamen Ehewohnung eine vollkommene Trennung durchgeführt ist, und in letzterer die Frau dem Kläger keine Dienste leistet (RG. HRR. 42 Nr. 102). Von einer vollkommenen tatsächlichen Trennung der Ehegatten in derselben Wohnung kann insolange keine Rede sein, als die Frau noch häufig Arbeiten für den Mann in nennenswertem Umfang verrichtet, mögen auch die Schlafzimmer getrennt sein. Dagegen lassen Dienste, welche die Frau in seinem Geschäft (Gastwirtschaft) oder in seiner Landwirtschaft leistet, nicht auf eine den Ehegatten noch gemeinschaftliche Häuslichkeit schließen. Letzteres gilt auch von solchen Diensten, die nicht dem Mann, sondern ausschließlich den gemeinsamen Kindern zugute kommen, z. B. das Waschen ihrer Wäsche, wenn die Frau nicht auch die Wäsche des Mannes mitwäscht (RG. 167 S. 304/5). Vorübergehende Besuche des an einem anderen Ort lebenden Mannes bei der Frau stehen weder einer Aufhebung der häuslichen Gemeinschaft entgegen, noch bedeuten sie ihre Wiederherstellung (RG. 160 S. 284, 164 S. 321, 322, OGH. Köln MDR. 48, 471). Anders wenn die Besuche regelmäßig und jeweils von langer Dauer (Ferien von 6—8 Wochen) sind und der Mann die Häuslichkeit der Frau als eine ihr und ihm gemeinsame und als sein eigenes Zuhause ansieht (RG. 164 S. 332). Es ist nicht erforderlich, daß die häusliche Gemeinschaft von vornherein in der Absicht aufgehoben wurde, nicht mehr als Ehegatten miteinander zu leben; entsprechend ist auch die dreijährige Frist nicht erst von dem Zeitpunkt an zu rechnen, in welchem diese Absicht auftritt, vielmehr kann auch mit einer wider den Willen der Ehegatten eintretenden räumlichen Trennung die häusliche Gemeinschaft aufgehoben sein (RG. 160 S. 246, 164 S. 335). Jedoch ist die häusliche Gemeinschaft durch eine Trennung nicht aufgehoben, solange sie sich als natürlich darstellt und aus dem regelmäßigen Verlauf der Dinge, z. B. aus geschäftlichen, beruflichen, gesundheitlichen und ähnlichen Gründen erklärt (RG. 160 S. 249, 335). Die häusliche Gemeinschaft ist auch dann, wenn der Ehemann fortgezogen ist und auswärts schläft, nicht aufgehoben, solange er die Miete bezahlt, der Frau Wirtschaftsgeld gibt und ihm die Mahlzeiten von ihr bereitet werden, mögen die Mahlzeiten auch getrennt eingenommen werden oder ein Redeverbot während der Mahlzeiten bestehen; auf den Beweggrund der Fortführung des gemeinsamen Haushalts kommt es nicht an (RG. 163 S. 277). Dieser Fall dürfte anders zu beurteilen sein, wenn der Mann die Miete nicht bezahlt, der Frau kein Wirtschafts-, sondern ein Unterhaltsgeld gibt und für die ihm von ihr bereiteten Mahlzeiten eine Sondervergütung entrichtet.

Auch ein vereinbartes Getrenntleben bildet nach Umfluß von drei Jahren bei zerrütteter Ehe einen Scheidungsgrund. Die Vereinbarung nimmt, solange sie nicht ohne Rechtsmißbrauch widerrufen ist, dem Getrenntleben den Charakter der Eheverfehlung; sie schließt daher einen auf dieses als solche gestützten Widerspruch gemäß Abs. 2 aus; sie kann aber nicht das Verlangen auf Wiederherstellung der häuslichen Gemeinschaft dauernd ausschließen (vgl. auch 16 zu § 49).

Ob zur **Unterbrechung der Aufhebung** eine Wiederherstellung der häuslichen Gemeinschaft erforderlich ist, oder es schon genügt, wenn die im übrigen aufrechterhaltene Trennung in einer einzelnen Beziehung nicht mehr vollständig durchgeführt wird, z. B., wenn im vorigen Beispiel der Mann von einem bestimmten Zeitpunkt gegen Sondervergütung an den Mahlzeiten der Frau teilnimmt, oder wenn er von einer gewissen Zeit an wieder regelmäßig seinen Urlaub in der Häuslichkeit der Frau wie in einer eigenen verbringt, hat die Rechtsprechung, soweit ersichtlich ist, noch nicht beschäftigt und ist im lezteren Sinne zu entscheiden. So oft die Aufhebung der häuslichen Gemeinschaft unterbrochen wird, beginnt der Lauf der dreijährigen Frist von neuem (RGZ. 160 S. 285, 164 S. 335).

Für ihre Bedeutung als Scheidungsgrund ist es **unerheblich, ob die Aufhebung der häuslichen Gemeinschaft** von dem Kläger oder dem Beklagten herbeigeführt worden ist oder eine **Eheverfehlung** darstellt, oder ob nach § 1353 Abs. 2 BGB. ein Recht bestand, getrennt zu leben. Die Aufhebung der häuslichen Gemeinschaft kann natürlich schwere Eheverfehlung sein und bildet in diesem Fall einen Scheidungsgrund nach § 43, ohne daß die Aufhebung schon seit drei Jahren zu bestehen braucht, wenn dadurch eine tiefe und unheilbare Ehezerrüttung schuldhaft herbeigeführt worden ist. In diesem Falle kann aber aus § 43 natürlich nur der Teil klagen, der sich nicht selbst der Eheverfehlung durch Aufhebung der häuslichen Gemeinschaft schuldig gemacht hat. Gegenüber einer Klage aus § 43 hat der Beklagte zu beweisen, daß er berechtigten Grund gehabt hat, die häusliche Gemeinschaft aufzuheben. Im Rahmen des § 48 spielt diese Frage eine Rolle nur nach Abs. 2, wenn der Beklagte darauf, daß die Aufhebung der häuslichen Gemeinschaft durch den Kläger eine schwere Eheverfehlung gewesen sei, welche die Zerrüttung der Ehe erst herbeigeführt habe, einen Widerspruch gegen die Scheidung stützen will. In diesem Falle hat der Kläger den erwähnten Beweis zu führen (nicht der Beklagte den umgekehrten; RG. HRR. 1941 Nr. 60).

3. Selbständige weitere Voraussetzung neben der Aufhebung der häuslichen Gemeinschaft durch volle drei Jahre ist, **daß** im Zeitpunkt der Urteilsfällung, wenn auch noch nicht seit drei Jahren, **das eheliche Verhältnis unheilbar und tief zerrüttet ist,** so daß die Wiederherstellung einer dem Wesen der Ehe entsprechenden Lebensgemeinschaft nicht erwartet werden kann.

a) Die Aufhebung der häuslichen Gemeinschaft bedeutet für sich allein noch keine vollständige Zerrüttung des ehelichen Verhältnisses, welches sich ja nicht auf das äußere Zusammenleben beschränkt, kann aber das Symptom einer solchen sein. Über den Begriff der Ehezerrüttung s. 6 zu § 43. Anders als dort spricht das Gesetz hier nicht von einer Zerrüttung der Ehe, sondern des ehelichen Verhältnisses. Dieser unbegründete Wechsel im Ausdruck ist ohne Bedeutung (RG. 163 S. 342). Die herrschende Meinung und RG. 164 S. 324 fassen die Zerrüttung nach § 48 anders auf als nach § 43, insofern, als sie für erstere, wie dies nach richtiger Meinung auch für § 43 zutrifft, die Zerrüttung auf Seite des Klägers genügen lassen, auch wenn er schuldig ist. Im Fall des § 48 muß die häusliche Gemeinschaft aufgehoben sein, leben die Ehegatten also nicht zusammen. Das Erfordernis einer außerdem bestehenden tiefgreifenden Ehezerrüttung wird sich sonach hauptsächlich auf die seelische Gemeinschaft, das gemeinsame Denken und Fühlen beziehen. Wie für § 43 ist auch für § 48 anerkannt, daß es genügt, wenn auf seiten eines der Gatten die eheliche Gesinnung zerstört ist, da die Lebensgemeinschaft ein gegenseitiges Verhältnis, also zerbrochen ist, wenn ein Teil aus ihr ausschert und die eheliche Gesinnung aufgibt (ebenso OGH. Bd. 1 S. 29, MdR. 48 S. 242). Weder braucht dies derjenige Teil zu sein, welcher die häusliche Gemeinschaft aufgehoben hat, — es ist sehr wohl denkbar, daß ein Ehegatte aus Protest gegen das Verhalten des anderen die häusliche Gemeinschaft aufgibt, aber trotzdem zur Rückkehr und Fortsetzung der ehelichen Gemeinschaft bereit ist, sobald dieser von seinem Verhalten (einem Liebesverhältnis oder einer sonstigen Störung der ehelichen Gemeinschaft) abläßt, und den Zeitpunkt herbeisehnt, der ihm die Rückkehr möglich macht — noch braucht es nach richtiger Ansicht der Kläger zu sein (vgl. auch 6 zu § 43; a. A. RG. 163 S. 342, 347 und KRR. 4 zu § 55 EheG. 1938). Es ist deshalb auch nicht richtig, daß ein Geisteskranker nur, wenn er die erforderlichen geistigen Fähigkeiten noch hat, um das Wesen der Ehe richtig zu würdigen und eine Tatsache als Hindernis für die Fortsetzung der Ehe zu empfinden, dagegen niemals, wenn die geistige Erkrankung einen solchen Grad erreicht hat, daß er kein Verständnis für das Wesen der Ehe mehr hat und infolgedessen auch kein Empfinden für die zur Herbeiführung der Zerrüttung geeigneten Tatsachen haben kann, Scheidungsklage aus § 48 erheben könne (RG. 163 S. 343, richtig Oberlandesgericht Zweibrücken daselbst); er kann dies, wenn die eheliche Gesinnung auf seiten des Beklagten zerstört ist. (Nicht immer braucht der Beklagte, wenn seine eheliche Gesinnung zerstört ist, sich einer schweren Verfehlung schuldig zu machen, so daß der Kläger auch die Klage aus § 43 hätte, die RG. a. a. O. und S. 347 dem geisteskranken Kläger immer auch in solchem Falle versagt.)

Die Zerrüttung kann Ursache oder Folge der Aufhebung der häuslichen Gemeinschaft sein, braucht aber nicht notwendig mit ihr in kausalem Zusammenhang zu stehen (zust. OGH. Köln MDR. 48 S. 210). Beispiel: Die Ehegatten sind gegen ihren Willen getrennt und stehen in lebhaftem Gedankenaustausch. Da stirbt ihr einziges Kind. Während der eine Ehegatte diesen Verlust leicht nimmt, geht der andere fast unter in Kummer. Die beiderseitigen Gefühle, welche in dem Briefwechsel zum Ausdruck kommen harmonieren nicht, der Briefwechsel schläft darüber ein, die Zerrüttung tritt ein.

Ebensowenig ist erforderlich, daß die Zerrüttung von einem der Ehegatten durch eine Eheverfehlung verschuldet ist (s. voriges Beispiel); es genügt, daß sich ergeben hat, daß die Ehegatten auch bei gutem und bestem Willen nicht zusammenpassen, was regelmäßig freilich auch zu beiderseitigem Mißverständnis des Verhaltens und der Kundgebung des Wesens des Anderen, seines Denkens, Fühlens, Wollens führt („sie verstehen sich nicht") und deshalb Streit und Eheverschulden nach sich zieht.

b) Die Zerrüttung muß tief und unheilbar sein, so daß eine Wiederherstellung einer dem sittlichen Wesen der Ehe entsprechenden Lebensgemeinschaft nicht erwartet werden kann (vgl. § 7 zu § 43). Selbstverständlich ist diese

Erwartung nicht deshalb ausgeschlossen, weil aus Gründen, welche von dem Willen der Parteien unabhängig sind, eine Wiederherstellung der häuslichen Gemeinschaft in absehbarer Zeit nicht zu erwarten ist; wenn auch eine Wiederherstellung des dem Wesen der Ehe entsprechenden ehelichen Verhältnisses in der Wiederherstellung der seelischen und häuslichen Gemeinschaft besteht, so muß doch in einem solchen Ausnahmefall die Erwartung, daß die erstere möglich ist, das Scheidungsverlangen zu Fall bringen. Wenn nur auf einer Seite die Bereitschaft besteht, die eheliche (häusliche) Gemeinschaft wieder herzustellen, so kann im Einzelfall dadurch die Erwartung einer Wiederherstellung begründet sein. Darum ist es unrichtig (ebenso OGH. Köln MDR. 48 S. 242 = Bd. 1 S. 27 ff.), daß es auf die Bereitschaft des Beklagten überhaupt nicht ankomme (so falsch RG. 160 S. 374 wie hier OGH. Köln MDR. 48 S. 210 = Bd. 1 S. 16). Der Widerspruch gegen die Scheidung bringt aber für sich allein noch nicht diese Bereitschaft zum Ausdruck.. Die Erwartung, daß die Ehe heilbar sei, bedarf zudem umgekehrt zuverlässiger Anhaltspunkte im Verhalten gerade derjenigen Partei, welche die eheliche Gesinnung gegenwärtig verloren hat (RG. 165 S. 153, HRR. 41 Nr. 807, also zumeist des Klägers). Ob der Kläger nach Abweisung der Klage den Weg zur Ehe zurückfinden wird, muß immer geprüft werden, wofür der Widerspruch des anderen Teils gegen die Scheidung indiziell sein kann (RG. 161 S. 393, OGH. 1 S. 29 f.), so daß RG. 160 S. 374 zu weit geht, wonach es auf die Ehebereitschaft des Beklagten nicht ankomme (OGH. a.a.O.); doch ist nach RG. 165 S. 149 OGH. a.a.O. nicht maßgeblich, was der Kläger bei verständiger Würdigung der Lage tun sollte (nicht unbedenklich, weil das Gesetz nicht wohl, indem es davon, daß seine eigenen Befehle nicht befolgt werden, ausgeht, dies sanktionieren kann). Im allgemeinen ist Unheilbarkeit der Zerrüttung anzunehmen, wenn nur auf einer — regelmäßig der klägerischen — Seite der feste und unabänderliche Wille besteht, die häusliche Gemeinschaft nicht wiederherzustellen (RG. 159 S. 306, 307; ob er unabänderlich ist, ist freilich gerade die Frage). Aber selbst das Scheidungsbegehren ist noch kein so eindeutiger Ausdruck dieses unbeugsamen Ablehnungswillen, daß es die Erwartung und Möglichkeit einer Wiederherstellung ausschlösse. Stimmt der andere Teil dem Scheidungsverlangen zu, oder erhebt er selbst einen begründeten Scheidungsanspruch, dürfte freilich eine solche Erwartung auf schwachen Füßen stehen. Die Unheilbarkeit kann nicht deshalb verneint werden, weil es die Pflicht des schuldhaft aus der Ehe strebenden Gatten sei, zu seinem Ehegatten zurückzufinden (RG. 169 S. 270 ff., 165 S. 149; ebenso OGH. Köln MDR. 48 S. 242).

Die Unheilbarkeit der Zerrüttung darzulegen und zu begründen und die zu diesem Zweck behaupteten Tatsachen, wenn sie vom Beklagten bestritten werden, zu beweisen, ist Sache des Klägers.

4. Jeder Ehegatte kann die Scheidung verlangen, mag er schuldig oder schuldlos sein, die häusliche Gemeinschaft aufgehoben haben oder nicht, auch der Geisteskranke (bestr. S. 3 a).

5. Trotz seiner Weitherzigkeit will § 48 aber **kein einseitiges Verstoßungsrecht** gewähren. Vielmehr schließt Abs. 2 dies aus, indem er dem beklagten Teil das Recht gibt, **WIDERSPRUCH GEGEN DIE SCHEIDUNG** zu erheben, wenn der Kläger die Zerrüttung der Ehe ganz oder überwiegend schuldhaft verursacht hat, nicht nur bei bloß einseitiger Zerrüttung auf Seite des Klägers, sondern auch bei beiderseitiger, vorangesetzt aber im Rahmen des § 1353 Abs. 2 BGB. Bereitschaft des Beklagten, zur ehelichen Gesinnung zurückzukehren, wenn der Kläger dies tut; andernfalls wäre der Widerspruch unbeachtlich (s. 6). Widerklage schließt den Widerspruch nicht aus (OGH. Bd. 2 S. 331.)

a) Der **Widerspruch** gegen die Scheidung liegt schon in dem Antrag, die Klage abzuweisen, jedenfalls dann, wenn er damit begründet wird, daß der Kläger die Zerrüttung ganz oder überwiegend schuldhaft verursacht habe. Aber auch dann, wenn er damit begründet wird, daß die häusliche Gemeinschaft nicht ununterbrochen drei Jahre aufgehoben, oder damit, daß die Ehe nicht oder nicht unheilbar zerrüttet sei, wird in dem Abweisungsantrag ein Widerspruch gegen die Scheidung liegen und, wenn sich aus dem sonstigen Vorbringen, sei es des Klägers, sei es des Beklagten, ergibt, daß die häusliche Gemeinschaft drei Jahre aufgehoben war, und die Ehe zerrüttet ist, der Klage also nach Abs. 1 stattzugeben wäre, diese dennoch wegen Widerspruchs des Beklagten gegen die Scheidung abzuweisen sein, wenn der Kläger es war, der die Ehe überwiegend schuldhaft zerrüttet hat. Der Widerspruch kann zurückgenommen und nach der Zurücknahme neu erhoben werden, letzteres auch durch das Rechtsmittel der Berufung, wenn auf die Zurücknahme hin die Ehe in erster Instanz geschieden worden war und der Beklagte nach seiner Zurücknahme in erster Instanz keinen Antrag mehr gestellt hat (RG. HRR. 41 Nr. 318). Selbst in der Revisionsinstanz kann der Widerspruch noch zurückgenommen werden (RG. 164 S. 219). Ob Vereinbarungen über Unterlassung oder Zurücknahme des Widerspruchs rechtswirksam sind, läßt HRR. 41 Nr. 318 dahingestellt. Da die Erleichterung und Ermöglichung der Scheidung auch nach § 72 zulässig ist, dürfte die Rechtswirksamkeit eines solchen Vertrages nicht zu bezweifeln sein. Das Widerspruchsrecht ist ein materiell-rechtlicher Einwand. Die aus einer solchen rechtswirksamen Vereinbarung sich ergebende Verpflichtung, ihn nicht geltend zu machen, kann also erfolgreich gegen ihn eingeredet werden.

b) Die **Begründung** des Widerspruchs kann nur auf ein schuldhaftes Verhalten des Klägers gestützt werden, welches die Zerrüttung ganz oder überwiegend verursacht oder, nachdem sie eingetreten war — das Eheverschulden wird auch hier oft eine Folge einer in ihren Anfängen schon vorhandenen Zerrüttung sein — so vertieft hat, daß sie oder wenigstens ihre Unheilbarkeit überwiegend darauf beruht. Es ist also das beiderseitige Gesamtverhalten gegeneinander und gegen solche Umstände abzuwägen, welche ihrerseits zur Zerrüttung der Lebensgemeinschaft beigetragen haben, ohne daß sie von einer der Parteien gesetzt waren oder einer der Partei zum Verschulden gereichten, ja ohne daß sie mit der Person eines Ehegatten im Zusammenhang stehen. Hierzu gehören auch Handlungen und Worte eines Geisteskranken. Gänzlich auszuscheiden sind Handlungen und Unterlassungen, Worte und solche sonstigen Umstände oder Verhältnisse, welche zur Zerrüttung oder ihrer Vertiefung nicht mehr beitragen konnten. Auszuscheiden ist auch alles, was die Zerrüttung oder Vertiefung oder ihre Unheilbarkeit nicht verursachen konnte, weil es nicht als ehezerstörend empfunden worden ist (§ 49). Es ist also, wenn schon die Aufhebung der häuslichen Gemeinschaft selbst die Ehe unheilbar zerrüttet hat oder gar schon Folge einer bereits vorher eingetretenen unheilbaren Zerrüttung oder Ausdruck einer unheilbar zerstörten ehelichen Gesinnung oder eines unbeugsamen Zerrüttungswillens gewesen ist, alles auszuschalten, was sich nach der Aufhebung der häuslichen Gemeinschaft (letztenfalls auf der Gegenseite) zugetragen hat.

c) Die Verursachung muß schuldhaft gewesen sein, also in einer Eheverfehlung (im Sinne des § 43) bestehen. Diese kann gerade in der Aufhebung der häuslichen Gemeinschaft liegen (s. 4 a zu § 43), sofern sie die Zerrüttung verursacht hat und nicht nur ausdrückt. Es braucht aber keine schwere Eheverfehlung zu sein (zust. OGH. Köln MDR. 48 S. 210, 471 — OHGE. Bd. 1 S. 16 ff., OLG. Stuttgart NJ. 49 S. 947); es genügt, daß die Zerrüttung ganz oder überwiegend auf ihr beruht und durch sie verursacht ist. (Beispiel: Ein Ehemann, der es verabscheut, wenn eine Frau sich bemalt und dies seiner Frau schon oft beredet hat, läßt sich vom Zorn über die Erfolglosigkeit seiner Vorstellungen hinreißen, der Frau den Malkasten ins Gesicht zu werfen. Sie verläßt empört das Haus und zieht sich zu ihren Eltern zurück. Beide Gatten verbohren sich in Trotz und die Aufhebung der häuslichen Gemeinschaft wird zur dauernden. Hier stellt der beiderseitige Trotz ein beiderseitiges gleichwertiges Verschulden dar, welches die Zerrüttung verursacht hat; aber der Ehemann, auf dessen Seite unsere Sympathie ist, hat sie überwiegend verursacht.) Ehebruch also solcher genügt, obwohl absoluter Scheidungsgrund, nicht (falsch Scanzoni NJW. 49 S. 742). Es genügen auch hauptursächliche Eheverfehlungen eines Geisteskranken, welche durch seine Geisteskrankheit nicht ganz entschuldigt sind, auch wenn sie ihretwegen in milderem Licht erscheinen (RG. 163 S. 338). Ausnahmsweise kann der Widerspruch auch auf eine Zerrüttungsverursachung durch den Kläger gestützt werden, welche nicht schuldhaft ist, nämlich, wenn der Kläger geisteskrank ist und durch ein auf seiner Krankheit beruhendes und durch diese entschuldigtes Verhalten die Ehezerrüttung allein oder überwiegend verursachte, weil sonst der Scheidung auf Klage eines Geisteskranken nie widersprochen werden könnte (RG. 163 S. 342/43). Auch in diesem Falle ist die Ursächlichkeit seines Verhaltens gegen andere ursächliche Umstände, inbesondere ein ursächliches Verhalten des Beklagten abzuwägen. Das gegen die vom Kläger gesetzten Ursachen der Zerrüttung abzuwägende für letztere gleichfalls ursächliche Verhalten des Beklagten braucht überhaupt nicht schuldhaft zu sein. Solches schuldloses Verhalten des Beklagten, das zur Zerrüttung geführt hat (und vielleicht die erste Ursache ist), kann z. B. Gefühlskälte sein.

Hält sich die Verursachung durch den Kläger und durch den Beklagten oder durch andere ursächliche Umstände die Waage, so ist der Widerspruch nicht begründet.

Darauf kommt es nicht an, ob der Beklagte auf das Verschulden des Klägers, letzterer auf das für die Zerrüttung der Ehe mit- oder gar allein ursächliche Verhalten des Beklagten selbst einen Scheidungsanspruch begründen könnte, insbesondere ob er etwa nach §§ 49, 50, 51 oder § 616 ZPO. den Scheidungsanspruch verloren hat (ebenso OGH. Köln MDR. 1948 S. 210 r. Sp. und S. 243 r. Sp.).

d) **Weiteres aus der Rechtsprechung:** Sind die Bedingungen für eine schwere Eheverfehlung des Klägers dadurch geschaffen worden, daß vorher durch leichtere Verfehlungen des beklagten Teiles oder Verhältnisse oder Ereignisse, die keinem Teil zur Schuld gereichen, die Ehe zerrüttet worden war, so kann dadurch eine überwiegende Verursachung durch Verfehlung des Klägers ausgeschlossen sein (RG. 159 S. 305, 160 S. 373 und 392). Daß die Verfehlungen des Klägers verziehen sind, ändert nichts an der verschuldeten Ursächlichkeit, wenn sie für die Zerrüttung ursächlich waren, kann aber hiergegen sprechen (RG. 162 S. 47). Als Ursachen der Zerrüttung, welche mit abzuwägen sind, kommen auch andere Umstände als schuldhafte Verfehlungen eines Ehegatten in Betracht und können einen überwiegenden ursächlichen Zusammenhang der Zerrüttung mit etwaigen Verfehlungen in Frage stellen (RG. 164 S. 322). Als solche andere Ursachen kommen in Betracht: Krankheit des Beklagten oder erzwungene Trennung der Ehegatten oder auch ein Verhalten eines Ehegatten, welches eine schwere Eheverfehlung nur deshalb nicht ist, weil es wegen Geisteskrankheit oder Geistesstörung nicht zugerechnet werden kann. Es ist eine Eheverfehlung, wenn bei wirtschaftlich notwendiger Trennung der Mann sich nicht mehr um seine Familie kümmert, sie nicht mehr besucht und damit die Gefahr der Entfremdung herbeiführt und letztere fördert. Wenn er dieses Verhalten aber erst übt, nachdem bei ihm infolge der Trennung die eheliche Gesinnung erloschen und die Ehe zerrüttet, und sein Verhalten eine Folge dieses Erlöschens und der Zerrüttung seiner ehelichen Gesinnung ist, so ist es für die Zerrüttung der Ehe nicht mehr überwiegend ursächlich. Der Widerspruch der Frau ist dann von vornherein unzulässig, weil Satz 1 des Abs. 2 nicht zutrifft. Dies schließt aber nicht aus, daß der Ehemann wegen seines eine Eheverfehlung darstellenden Verhaltens, durch das er nun auch die Zerrüttung auf Seite der Frau herbeiführt, auf Antrag nach § 53 Abs. 2 schuldig zu erklären ist (RG. 164 S. 324). Bloße Unterstellungen bilden keine geeignete Grundlage für die Abwägung der beiderseitigen Verursachung; diese ist vielmehr erst möglich, wenn das Maß der beiderseitigen Verursachungen feststeht (Warn. 1940 Nr. 32). Die Prüfung hat sich nicht nur auf die Schwere der Verfehlungen an sich, sondern auch darauf zu erstrecken, in welchem Umfang die beiderseitigen Verfehlungen zu der schließlich eingetretenen Zerrüttung beigetragen haben (RG. 164 S. 273). Ob die Zerrüttung einer Ehe durch neu hinzutretende Umstände noch vertieft werden kann, hängt nicht bloß von dem Grad der Zerrüttung und davon ab, ob bereits beide Ehepartner die eheliche Gesinnung verloren haben oder erst einer von ihnen, sondern auch von der Art der neu hinzugetretenen Umstände und der früheren Zerrüttungsursache. Ein Ehegatte, der sich von dem anderen ganz losgesagt hat, wird in der Regel durch dessen Ehebrüche seelisch nicht mehr berührt werden, so daß auch die Zerrüttung nicht mehr verstärkt werden kann. Anders ist es schon bei Verletzung der Unterhaltspflicht, es sei denn, daß er sich mit der Vorenthaltung des Unterhalts bereits abgefunden und sich eine neue Lebensgrundlage geschaffen hat, erst recht bei Verletzung solcher Verpflichtungen, die sich nicht aus dem Fortbestand der Ehe ergeben, sondern auch dem geschiedenen Ehegatten gegenüber seinem früheren Ehepartner noch obliegen und bei deren Nichtachtung er gemäß § 74 seine Unterhaltsansprüche verwirkt (z. B. wissentlich falsche Beschuldigung einer strafbaren Handlung, etwa eines Kindsmordes; RG. 164 S. 95). Wenn die eheliche Gesinnung des einen Teils schon völlig erloschen ist, können nachträglich begangene oder ihm bekanntwerdende Verfehlungen des anderen Teils zur Zerrüttung nicht beitragen und sind unbeachtlich; dies gilt auch für Abs. 2 und auch in dem Fall, daß der Kläger Mitschuldigerklärung des Beklagten erstrebt (RG. 168 S. 246) (im Regelfall bleiben also Verfehlungen des Beklagten nach Aufhebung der häuslichen Gemeinschaft durch den Kläger außer Betracht). Für die Frage, ob trotz völlig zerrütteter Ehe ein Ehegatte Verfehlungen des andern doch noch als ehezerstörend empfinden kann, kann die Schwere und vor allem die Art der Verfehlung eine Rolle spielen; die Zerrüttung kann so groß, so tief sein, daß die Ehe durch einen Verstoß gegen die ehelichen Bindungen nicht mehr weiter zu zerrütten ist. Anders kann es liegen, wenn die neue Verfehlung oder ein neues ehrloses oder unsittliches Verhalten den schuldigen Teil nicht nur in seiner Eigenschaft als Gatten, sondern auch als Menschen belastet und nach außen hervortritt und dem Ansehen des anderen Ehegatten schadet (RG. 167 S. 301). Verschulden an der Zerrüttung kann nicht ohne weiteres deshalb angenommen werden, weil der Teil, dessen eheliche Gesinnung infolge von Krankheiten des anderen Teils erloschen ist, die zwar nicht unter §§ 44—46 fallen, aber ein rechtes Eheleben unmöglich gemacht oder schwer beeinträchtigt haben, nicht bei dem anderen Teil ausgeharrt hat. Es kann nur in der Verursachung der Zerrüttung ein Verschulden des Klägers liegen, aber nicht darin, daß er auf Grund der eingetretenen Zerrüttung die vom Gesetz vorgesehene Lösung der Ehe erstrebt (RG. HHR. 42 Nr. 750). Überwiegendes Verschulden ist dadurch ausgeschlossen, daß die Zerrüttung ganz oder teilweise auf Ursachen zurückgeht, die von keinem Ehegatten verschuldet sind (RG. 160 S. 321). Bei dem Verschulden des Klägers braucht es sich nicht um eine schwere Eheverfehlung zu handeln (RG. HRR. 41 Nr. 66). Es kann auch in einer verziehenen Eheverfehlung liegen (RG. 162 S. 47), auch in der Aufhebung der häuslichen Gemeinschaft selbst, wenn dazu ein berechtigter Anlaß bestand. Dies kann aber den Beklagten nur dann zum Widerspruch berechtigen, wenn erst die Aufhebung der häuslichen Gemeinschaft die Zerrüttung herbeigeführt oder überwiegend verursacht hat. Ob der Widerspruch beachtlich ist, ist dann eine weitere Frage (RG. HRR. 41 Nr. 66). Eheverfehlungen des Klägers, welche die Zerrüttung nicht verursacht haben, insbesondere ihre Folge oder ihr nachgefolgt sind, können zwar nicht einen Widerspruch des Beklagten, aber einen Antrag auf Schuldausspruch gegen den Kläger rechtfertigen, wenn sie die Zerrüttung weiter gesteigert, insbesondere die eheliche Gesinnung des Beklagten zerstört haben (RG. HRR. 42 Nr. 750).

e) **Beweisfragen:** Den Beweis für die Zulässigkeit des Widerspruchs hat unbeschadet des in Ehesachen nach § 622 ZPO. geltenden Untersuchungsgrundsatzes der Beklagte zu führen. D. h. den Beweis, daß der Kläger die Ehe zerrüttet und zwar allein oder überwiegend schuldhaft zerrüttet hat. Daraus folgt aber nicht, daß auch, wenn der Kläger die häusliche Gemeinschaft aufgehoben hat, von dem Beklagten schlechthin zu verlangen wäre, daß er alle Behauptungen des Klägers über die Ursachen der Ehezerrüttung widerlegt. Der Ehegatte, der sich von der häuslichen Gemeinschaft lossagt, setzt sich jedenfalls äußerlich ins Unrecht. Nach der Lebenserfahrung ist ferner davon auszugehen, daß die Aufhebung der häuslichen Gemeinschaft geeignet ist, die Ehe zu zerrütten. In beiden Richtungen hat also der klagende Teil, wenn er die häusliche Gemeinschaft aufgehoben hat, die gegen ihn sprechende tatsächliche Vermutung zu entkräften. Es genügt auch hier der Nachweis, daß eine Zerrüttung durch überwiegendes Verschulden des Klägers bis zur Unheilbarkeit vertieft wurde. Wenn ohne Verschulden des Beklagten einseitige Zerrüttung auf Seite des Klägers vorliegt, so kann diese als solche schon ein Eheverschulden sein, wenn sie nicht Folge der unfreiwilligen Aufhebung der häuslichen Gemeinschaft ist.

6. a) Satz 2 des Abs. 2 schränkt das Widerspruchsrecht in einem im Grunde selbstverständlichen Umfang ein durch Statuierung der **UNBEACHTLICHKEIT DES WIDERSPRUCHS,** wenn die Aufrechterhaltung der Ehe bei richtiger Würdigung ihres Wesens und des Gesamtverhaltens beider Ehegatten sittlich nicht gerechtfertigt erscheint; in Betracht zu ziehen ist sowohl rück- wie vorschauend das gesamte Verhalten der Parteien, und unter dieser Retro- und Perspektive zu fragen, ob bei richtiger Würdigung des Wesens der Ehe es sittlich etwa nicht gerechtfertigt ist, die konkrete Ehe der Parteien aufrechtzuerhalten. Dies braucht nicht schon um deswillen allein zuzutreffen, weil die Zerrüttung beiderseitig ist; denn auch dann können das Vorhandensein von Kindern (Abs. 3) oder andere ethische, aber auch materielle Rücksichten ausschließen, daß die Aufrechterhaltung der Ehe sittlich nicht gerechtfertigt ist. Die Zerrüttung für sich allein ist kein ausreichender Grund, die Aufrechterhaltung der Ehe als sittlich nicht gerechtfertigt erscheinen zu lassen (OLG. Stuttgart NJ. 49 S. 947). Mit Recht stellt OGH. Bd. 1 S. 20 = MGR. 47 S. 209 fest: „Das Ehegesetz enthält bis auf den insofern zweifelhaften Fall des § 42 den Grundsatz, daß Ehen nur geschieden werden sollen, wenn sie zerrüttet sind, aber nirgends den Grundsatz, daß Zerrüttung für Scheidung ausreicht", ferner daß das Gesetz nicht nur ausnahmsweise einem und auch beiden Ehegatten zumutet, in zerrütteter Ehe auszuharren. Nicht ausgeschlossen von der Betrachtung ist das außereheliche Verhalten der Parteien in der Vergangenheit und Gegenwart.

Die **Rechtsprechung des 4. Reichsgerichtssenats** hat den Abs. 2, der eigentlich etwas Selbstverständliches besagt, dazu angewandt, um den Satz 1, der nach der Gesetzesabsicht unzweifelhaft die Regel aufstellen sollte (ebenso

Lehmann FamR. S. 136) in sein Gegenteil, nämlich zu einer Ausnahmebestimmung zu verkehren (hiegegen auch OGH. a. a. O.), und praktisch, wenn auch nicht eingestandenermaßen, die durch Abs. 2 Satz 1 gerade zur Verhütung dieser Folge eingeschränkte Bestimmung des Abs. 1 zu einem Scheidungsgrund der Verstoßung — regelmäßig der alternden Matrone mit ihrem Mutterkreuz (!) — zu machen, wenn RG. auch sehr oft in Übereinstimmung mit der amtlichen Gesetzgebung erklärt hat, es dürfe dem Mann, der eine über die Erfüllung ihrer Pflichten als Gattin und Mutter alt gewordene Frau gegen eine jüngere und reizvollere auszutauschen wünscht, der Weg dazu nicht freigegeben werden. Die Rechtsprechung des Reichsgerichts stellt den im Gesetz nirgends, nach seiner Meinung aber in Abs. 1 ausgedrückten Grundsatz auf, die Belange der Allgemeinheit und des Volks erheischten die Auflösung inhaltslos und zur leeren Form gewordener Ehen insbesondere, um den Ehegatten die Möglichkeit zu eröffnen, bevölkerungspolitisch erwünschte neue Ehen zu schließen, und in diesen gesunde Nachkommenschaft zu haben. Aus sittlicher Rechtfertigung der Auflösung der Ehe wurde für den Regelfall eine Rechtfertigung durch, insbesondere bevölkerungspolitische, Interessen der Allgemeinheit, die übrigens, wie RG. stets verkannt hat, viel weniger als die Volksvermehrung den Schutz des Bestandes und der Beständigkeit der Familien verlangen (OLG. Stuttgart und Hamburg SJZ. 1946 S. 93 = HRE. Bd. 1 S. 157, OLG. Celle DRZ. 1946 S. 91, OLG. Frankfurt/M. SJZ. 46 S. 225 = HRE. Bd. 1 S. 162, OLG. München SJZ. 47 S. 89, OLG. Tübingen DRZ. 46 S. 194, OLG. Kiel SchlHA. 47 S. 96, OLG. Koblenz DRZ. 47 S. 231, OLG. Braunschweig MDR. 47 S. 152, Steidle SJZ. 46 S. 117; dagegen, die Rechtsprechung des RG. rechtfertigend, Haff MDR. 47 S. 147, indem er dem Standpunkt der großen Mehrheit des Fam.-rechtsausschusses, der in dem Vorschlag zur Neugestaltung des deutschen Eherechts als Vorarbeit zum EheG. 1938 sich ausgedrückt hatte, die „Absicht des Gesetzgebers" und das „Gesetz" gleichsetzt, obwohl dieser Vorschlag das Widerspruchrecht des § 55 EheG. 1938 überhaupt nicht kannte, und dieses vom JM. trotz Widerspruchs vorerwähnter Mehrheit vorgesehen worden ist; die Entstehungsgeschichte des § 55 EheG. 1938 spricht gerade gegen die Ansicht, die damit begründet werden soll; gegen Haff (SJZ. 46 S. 93 OGH. Köln MDR. 48 S. 209 = Bd. 1 S. 16). Wie die jetzt HM. OLG. Freiburg DRZ. 47 S. 339 = HRE. S. 161 mit der Einschränkung, daß die Beachtlichkeit des Widerspruchs selbst unter den Voraussetzungen des Satzes 1 des Abs. 2 auch nicht die Regel bildet. Ebenso OGH. MDR. 48 S. 209 = Bd. 1 S. 16 ff. und MDR. 48 S. 242 = Bd. 1 S. 27 ff.) s. hierüber unter d; im Ergebnis richtig, aber nach Ausgangspunkt n. Begr. bedenklich, OLG. Dresden NJ. 49 S. 867). So wurde Abs. 2 S. 2 zur Regel und S. 1 zur Ausnahme. Es ist klar, daß zum mindesten heute der Ausgangspunkt dieser Rechtsprechung, wenn er entgegen u. A. jemals richtig war, nicht mehr richtig, und diese Rechtsprechung überholt ist. Häufig wurden insbesondere Opfer verlangt, welche die Frau in der Ehe gebracht haben müsse, um die Aufrechterhaltung der Ehe zu rechtfertigen. Auch dafür findet man im Gesetz keinen Anhaltspunkt. Weiter ist das Reichsgericht ständig für die Frage, ob es sittlich gerechtfertigt sei, die zerstörte Ehe aufrechtzuerhalten, davon ausgegangen, daß sich durch ein klageabweisendes Urteil nichts an dem künftigen Verhalten der Parteien zueinander ändern werde. Dieser Gesichtspunkt spielt aber nur für die Frage der Heilbarkeit der Zerrüttung eine Rolle. Die Unheilbarkeit der Zerrüttung ist eine Voraussetzung des Scheidungsanspruchs aus § 48 (früher § 55) überhaupt. Würde sich aus der Unheilbarkeit der Zerrüttung der Ehe und ihrer Folge, daß die Gatten ihr Verhalten zueinander nicht ändern werden, ergeben, daß die Aufrechterhaltung der Ehe unter dem Gesichtspunkt sittlich nicht gerechtfertigt ist, daß sich durch die Klageabweisung an ihrem Verhalten — wegen dieser Unheilbarkeit — nichts ändern werde, so wäre Satz 1 des Abs. 2 gegenstandslos und durch Satz 2 im vollen Umfange aufgehoben. Es kann dies daher nicht der Sinn des Satzes 2 sein. Mit einem solchen Standpunkt würden sich Gesetze und Gerichte zu Vollstreckern des Willens des aus der Ehe strebenden treulosen Gatten machen, der die häusliche Gemeinschaft aufgehoben und die Ehe zerrüttet hat, indem sie sich ihm fügen, weil doch nichts daran zu ändern ist (zust. OGH. Köln a.a.O.). Es muß daher für die Frage der sittlichen Rechtfertigung der Aufrechterhaltung der Ehe davon ausgegangen werden, daß das Gesetz regelmäßig in der Unheilbarkeit der Zerrüttung der Ehe als solcher und deren Folgen keinen Grund sieht, die Aufrechterhaltung der Ehe als sittlich ungerechtfertigt anzusehen. Dasselbe gilt auch von der in der Rechtsprechung des Reichsgerichts und der Oberlandesgerichte häufig wiederkehrenden Erwägung, daß sich durch die Scheidung in der Lage der Frau gegenüber ihrer Lage in zerrütteter Ehe nichts oder nicht viel ändern werde, so daß durch die Aufrechterhaltung der Ehe für sie nichts gewonnen sei. Daß der Scheidungsanspruch Unheilbarkeit der Ehezerrüttung voraussetzt, ändert daran nichts, daß trotz der Unheilbarkeit bei der nach Satz 1 des Abs. 2 gebotenen Abweisung der Klage die gegenseitigen Pflichten aus der Ehe bestehen bleiben und daß Gesetz und Gericht nicht unter dem Gesichtspunkt sittlicher Rechtfertigung den schuldigen aus der Ehe strebenden Ehegatten deshalb von diesen Pflichten lossprechen können, weil er sie doch nicht erfüllen werde. Ebenso verfehlt erscheint der ständig wiederkehrende Gesichtspunkt, daß ein Ehegatte durch die Lösung der Ehe in die Lage gesetzt werde, eine andere Ehe zu schließen und in dieser Nachkommenschaft zu haben, und daß dies vom Standpunkt der Allgemeinheit aus bevölkerungspolitisch erwünscht sei. Dies hat mit der richtigen Würdigung des Wesens der Ehe und dem Gesamtverhalten beider Ehegatten nicht das Geringste zu tun. Die Wirkung der Scheidung auf die Sicherung des Unterhalts der Frau und ihre wirtschaftliche Lage kann sehr wohl die an sich schon nach Satz 1 gebotene Aufrechterhaltung der Ehe rechtfertigen, aber es kann dieser die sittliche Rechtfertigung nicht nehmen, daß die Frau der Scheidung unter diesem Gesichtspunkt widerspricht. Auch in dieser Hinsicht urteilt im allgemeinen das Reichsgericht anders, welches von seinem Ausgangspunkt aus, daß eine zerrüttete Ehe grundsätzlich zu scheiden und ihre Aufrechterhaltung sittlich zu rechtfertigen sei, die Rücksicht auf die wirtschaftliche Lage der Frau nur ausnahmsweise als Rechtfertigung der Aufrechterhaltung gelten lassen will.

Die Aufrechterhaltung der Ehe, die Erfüllung des Ehegelübdes und der mit diesem gegenüber dem anderen Ehegatten und den Kindern übernommenen sittlichen Pflichten, der gegenüber der Gemeinschaft übernommenen Aufgabe, die gegründete Familie zu erhalten, ist **grundsätzlich** sittlich **immer** gerechtfertigt. Diese Rechtfertigung kann also nur ausnahmsweise fehlen, dann etwa wenn sich diese Pflicht als schlechthin nicht mehr erfüllbar darstellt oder besondere Gründe davon befreien; denn die Gerechtigkeit, nicht die strafende, die jedem das Seine, d. h. dasjenige gibt, worauf er ein unverwirktes Recht hat, wird auch hier der zuverlässige Kompaß sittlicher Rechtfertigung sein. Ob es im Einzelfall sittlich ungerechtfertigt ist, wegen des Widerspruchs des schuldlosen Gatten trotz der Trennung der Eheleute die unheilbar zerrüttete Ehe aufrechtzuerhalten, will das Gesetz unter dem Gesichtspunkt ihres Wesens und des Gesamtverhaltens beider Ehegatten geprüft wissen. Gemeint ist natürlich das Verhalten der Eheleute zueinander, ihr eheliches Verhalten, das Verhalten im übrigen nur, soweit es nicht im Einklang mit den ehelichen Pflichten steht und eine Eheverfehlung ist; (Völlig unhaltbar darum KG. JR. 1949 S. 116, wo der widersprechenden Frau vorgehalten wird, daß sie um des Klägers Willen ihren ersten Mann verlassen hatte, als ob dies eine Verfehlung gegenüber dem Kläger sei und der Aufrechterhaltung der Ehe die sittliche Rechtfertigung nähme; dann hätte Vater Staat diese Ehe schon gar nicht erst zugeben dürfen!) Äußere Lebensumstände und Verhältnisse, welche kein Verhalten der Ehegatten darstellen, würden bei enger Gesetzesauslegung sonach nur mittelbar in Betracht zu ziehen sein, insofern, als vielleicht sie es sind, welche mit dem sittlichen Wesen einer Ehe unvereinbar sind. Rechtsprechung und Schrifttum sind aber über diesen engen Wortlaut immer hinausgegangen. Es ist zu beachten, daß es sich nicht darum handelt (ebenso OLG. Halle JR. 47 S. 86; a. A. Bruns SJZ. 47 Sp. 652.), ob die Scheidung — wie das Reichsgericht in ständiger Rechtsprechung festgehalten hat —, auch nicht, ob subjektiv das Scheidungsbegehren sittlich gerechtfertigt, sondern ob die Aufrechterhaltung der Ehe es nicht ist. Letzteres kann besonders zutreffen, wenn auch die eheliche Gesinnung des Widersprechenden zerstört ist, die Eheleute sich ohne innere Beziehung, gar Bindung mit kaltem Haß gegenüberstehen, und der trotzdem erhobene Widerspruch auf Rachsucht, Bosheit oder nur auf unberechtigter Eigensucht beruht ohne eigene Bereitschaft, die eheliche Gesinnung wieder aufzunehmen (s. Einl. zu 5). Ist der Grund des Widerspruchs Besorgnis um die eigene wirtschaftliche Lage allein, so kann gleichwohl diese Bereitschaft bestehen. Jugendliches Alter der Ehegatten, eine gesicherte Versorgung der Frau und der Kinder stehen der Aufrechterhaltung der Ehe gewiß unter keinem Gesichtspunkt entgegen; das Reichsgericht hat trotzdem von seinem Ausgangspunkt aus, daß die Aufrechterhaltung der Ehe, auch wenn die Voraussetzung des Gesetzes für die Zulässigkeit des Widerspruchs gegeben ist, die Ausnahme bilde, und besonders gerechtfertigt werden müsse, einen solchen Tatbestand immer gegen die Beachtung des Widerspruchs gewertet, weil er nicht gegen die Scheidung spreche. Es hat für die Beachtlichkeit des Widerspruchs in Betracht gezogen: Die Dauer der Ehe, ihren

Verlauf und ihre Gestaltung, das Lebensalter der Gatten (besonders das hohe Lebensalter), die Leistungen des beklagten Teils für die Ehe und den anderen Gatten, und die diesem, den gemeinsamen Kindern und dem Eheleben gebrachten Opfer — es ist nicht einzusehen, warum, wie es die Meinung des Reichsgerichts gewesen ist, Opfer, welche für die Eheschließung gebracht wurden, nicht mitzuzählen sein sollen, — die Versorgung der Frau, die Dauer der Trennung, ihre Ursachen und das Verhalten der Parteien und die Entwicklung der Verhältnisse während der Trennung. Soweit der Ausblick für die Zukunft mitbestimmend ist, ist von der Sachlage zur Zeit des Urteils auszugehen. Interessen der Allgemeinheit, gar angebliche „bevölkerungspolitische Belange", welche in der Rechtsprechung des Reichsgerichts eine so große Rolle gespielt und es verführt haben, den Sinn der Gesetzesstelle in sein Gegenteil zu verkehren, kommen nicht in Betracht. Diese Gesichtspunkte sind wertvoll, wenn festgehalten wird, daß es nicht so sehr darauf ankommt, ob darnach der Widerspruch sich als beachtlich, sondern als unbeachtlich erweist.

Die Umstände, die den Widerspruch unbeachtlich machen, hat der Kläger darzutun und zu beweisen (OLG. Gera RegBl. Thür. 47 II S. 188; OGH. Köln MDR. 48 S. 211).

Die Rechtsprechung des Reichsgerichts war übrigens durchaus uneinheitlich. Scheidungs- und eheerhaltungsfreundliche Urteile wechselten, untereinander oft schwer vereinbar, miteinander ab. Ein großer Teil der früheren Rechtsprechung kann daher nicht übernommen werden. Nachstehend folgen unter c gleichwohl auch Proben letzterer Rechtsprechung (ü. die von dem mehrfach angeführten Urteil des OGH. Köln MDR. 48 S. 211 entwickelten Grundsätze siehe unter d) zur Orientierung und deshalb, weil häufig in einem und demselben Urteil richtige und falsche Gedanken nebeneinander stehen. Auch soweit Urteile noch als in Zukunft verwertbar anzusehen sind, sind die Einschränkungen zu machen, welche sich daraus ergeben, daß das Reichsgericht die Rechtsfrage jeweils in der der gesetzlichen entgegengesetzten Richtung betrachtet und nicht nach einer Rechtfertigung der Scheidung, trotz begründeten Widerspruchs, sondern der Aufrechterhaltung der zerrütteten Ehe gesucht hat.

b) **aus der zu übernehmenden Rechtsprechung:** Die wirtschaftlichen Belange der Beteiligten dürfen bei der Entscheidung, ob die Aufrechterhaltung der Ehe sittlich gerechtfertigt ist, nicht im Vordergrund stehen (mit dieser Betonung richtig; RG. 162 S. 44). Sie können aber im einzelnen Fall für die Aufrechterhaltung der Ehe den Ausschlag geben (a. a. O.). Die Frage der Gefährdung der wirtschaftlichen Lebensgrundlage ist im hohen Lebensalter von besonderer Bedeutung, allerdings auch hier nur nach den Umständen des Falls und nicht schlechthin (RG. 160 S. 377, 162 S. 23). Daß die Frau eines Beamten durch die Scheidung einen Witwenversorgungsanspruch verliert, kann im Einzelfall zu berücksichtigen sein, rechtfertigt aber im allgemeinen für sich allein die Aufrechterhaltung der Ehe sittlich nicht (RG. 160 S. 148). Für eine rein wirtschaftliche Betrachtungsweise ist kein Raum (RG. HRR. Nr. 114; bedenklich ist es, wenn die Entscheidung weiterhin ausführt: der Widerspruch ist nicht deshalb beachtlich, weil die Frau dem Kläger zuliebe, um die Ehe mit ihm eingehen zu können, eine mit Ruhegehaltsanspruch verbundene Lebensstellung aufgegeben hat (Warn. 39 Nr. 51), auch nicht, wenn sie seinetwegen ihre erste Ehe, in der sie in glänzenden Verhältnissen lebte, hat scheiden lassen, wenigstens dann nicht, wenn jene Ehe schon zerrüttet war, oder durch den Tod des ersten Mannes inzwischen ohnedies aufgelöst worden wäre; von einem dem zweiten Ehemann gebrachten Opfer kann dann höchstens die Rede sein, wenn die Frau eine Erbschaft oder Witwenversorgung verloren hat, wenn überhaupt eine rein wirtschaftliche Betrachtung zulässig wäre; es bleibt dahingestellt, ob anders zu urteilen wäre, wenn die Frau unversorgt wäre.) Hat sich die Frau nach der Trennung besonders gehässig und lieblos gezeigt, so schließt dies die Beachtung ihres Widerspruchs noch nicht aus (RG. 162 S. 193), doch kann ihr unter sittlichen Gesichtspunkten um so mehr zugemutet werden, ungünstige wirtschaftliche Auswirkungen einer Scheidung auf sich zu nehmen (ebenda). Der Widerspruch des Beklagten wurde vom RG. 159 S. 201, 162 S. 20, 163 S. 380 als sittlich gerechtfertigt erachtet, wenn die Entfremdung erst nach langer Ehe eingetreten war, wenn der schuldlose Ehegatte dem anderen seine besten Jahre geopfert hatte und er nun im Alter seine Lebensgrundlage verlieren soll. Es entspricht nicht dem sittlichen Wesen der Ehe und ihrer hohen Bedeutung für das völkische Gemeinschaftsleben und ist auch nicht der Sinn des EheG., daß, wenn eine Ehe in langjähriger Dauer ihre Aufgabe für die Parteien und die Volksgemeinschaft im wesentlichen erfüllt hat, die darüber gealterte Frau von dem weniger verbrauchten Mann in eigensüchtiger Weise verstoßen werden könnte, nur weil er sich nunmehr von ihr ab- und einer anderen, wenn schon vielleicht noch lebenstüchtigeren zuwenden und von dieser nicht lassen will. Eine Frau, die der Erfüllung ihrer Pflichten als Gattin und Mutter ihre besten Jahre geopfert hat, hat vielmehr einen sittlichen und rechtlichen Anspruch darauf, daß ... sie nicht in ihren alten Tagen aus ihrer Stellung in der Ehe verdrängt und für sich allein gestellt, möglicherweise darüber hinaus noch wirtschaftlichen Schwierigkeiten ausgesetzt wird, nur um dem Manne eine zweite Heirat zu ermöglichen. Es handelt sich dabei nicht um bloß persönliche Belange der Ehefrau, sondern um aus dem Zweck und dem Wert der Ehe als sozialer Einrichtung entspringende allgemeine Interessen. Entgegen der Meinung des Berufungsgerichts (welches den Widerspruch nicht beachtet hatte, weil seitens der Frau keine außergewöhnlichen, sondern nur die von jeder Gattin und Mutter zu erwartenden und zu erbringenden Leistungen und Opfer gebracht worden seien, die eine Ausnahme von der angeblichen Regel nicht rechtfertigen), sind daher dafür, ob die Aufrechterhaltung der Ehe trotz ihrer unheilbaren Zerrüttung durch Verschulden des ihre Lösung erstrebenden Teils sittlich gerechtfertigt und also dem Widerspruch der Frau gegen die Scheidung stattzugeben ist, die Dauer des ehelichen Zusammenlebens und die Bewährung der Ehe vom Standpunkt der Volksgemeinschaft aus bis zu ihrer Zerrüttung und auch die Leistungen der Frau als Gattin und Mutter und das Los, das ihr aus einer Lösung der Ehe erwachsen würde, von wesentlicher Bedeutung. Dabei ist es für eine Versagung der Scheidung keineswegs notwendige Voraussetzung, daß die in der Ehe gealterte Frau darin mehr als ihre Pflicht als Mutter und Gattin getan oder sonstige außergewöhnliche Opfer gebracht hat (RG. HRR. 42 Nr. 299). Das mindestens

26jährige Zusammenleben der Parteien, in dem die Beklagte dem Kläger ihre guten Jahre geopfert und viele Widerwärtigkeiten an seiner Seite erduldet, auch eine Tochter geboren und erzogen hat, ferner ihr vorgeschrittenes Alter und ihre Kränklichkeit, die ihr die Übernahme eigener Erwerbstätigkeit schon im Zeitpunkt ihrer Trennung nur schwer möglich gemacht hätten und jetzt vollends unmöglich machen werden, und endlich die Gefahren, die sich bei einer Lösung der Ehe und neuen Heirat des Klägers angesichts seines bisherigen Verhaltens bei der Unterhaltsgewährung für ihre wirtschaftliche Lage ergeben, können (um so eher) als ausschlaggebend bewertet werden (als der Kläger demgegenüber keine besonderen Umstände — wie etwa das Bestehen eines lange dauernden bewährten anderen Liebesbandes — zugunsten seines Scheidungsbegehrens anführen kann) (RG. HRR. 42 Nr. 103) (falsch: unheilbar zerrüttete Ehen sind grundsätzlich zu scheiden und der Widerspruch nur ausnahmsweise zu beachten, wenn der Einzelfall für diesen besondere Gründe bietet), solche sind in dem Alter der Parteien und der stark geminderten Fähigkeit der Beklagten, sich den Unterhalt selbst zu verdienen, zu finden. Zudem ist zu beachten, daß die Beklagte durch lange Zeit ihre Pflichten als Ehefrau voll erfüllt hat, obwohl der Kläger schwer zu behandeln ist. Wohl sollen wirtschaftliche Gründe in der Regel nicht den Ausschlag gegen die Scheidung aus § 48 (früher 55) geben. Wenn aber, wie hier einwandfrei festgestellt ist, der klagende Ehegatte offensichtlich darauf ausgeht, die Scheidung auszunutzen, um sich seiner Unterhaltspflicht gegen die an der Zerrüttung unschuldige Frau zu entziehen, obwohl diese nach Alter und Gesundheitszustand dadurch in eine unverdiente Not geraten würde, ist es mit den Anforderungen der Sittlichkeit unverträglich, dem Mann in seinem eigensüchtigen pflichtwidrigen Bestreben durch die Scheidung Vorschub zu leisten (im gegenwärtigen Fall kommt hinzu, daß keinerlei allgemeine Belange dafür sprechen, dem Kläger eine neue Ehe zu ermöglichen). Kinder sind aus einer solchen nicht zu erwarten, da der Kläger keine Kinder haben will, wahrscheinlich auch in einer zweiten Ehe ebensowenig erzeugen könnte wie in der ersten. Die neue Ehe würde auch nicht dazu führen, ein ungesetzliches Verhältnis, das sich bewährt hat, in eine gesetzmäßige Form zu bringen. Anfänglich hatte der Kläger ein ehebrecherisches Verhältnis zu seiner Angestellten, Frau N. N., angeknüpft, er hat es aber nach kurzer Zeit schon wieder aufgegeben und sich nunmehr seit zwei Jahren in ungesetzliche Beziehungen zu einer anderen Angestellten eingelassen. Nach so kurzer Dauer kann von einer Bewährung des Verhältnisses nicht die Rede sein. Im Gegenteil fehlt jeder Anhalt dafür, daß der Kläger in der zweiten Ehe länger aushalten wird als in der ersten (RG. HRR. 42 Nr. 104). Trotz Aufhebung der häuslichen Gemeinschaft seit 15 Jahren wurde der Widerspruch der Frau, welche sechs Kinder geboren hatte und von diesen vier Überlebende unter besonders schwierigen Umständen zum Teil allein hatte erziehen müssen, demnach in der Ehe besonderes geleistet und besondere Opfer gebracht hatte, von RG. 164 S. 153 für beachtlich gehalten, obwohl im Zeitpunkt der Klageerhebung die Rücksicht auf die Kinder nicht mehr gebot, die Ehe aufrechtzuerhalten, denn es handele sich nicht um die Rücksicht auf die Kinder, sondern auf die Frau. Es liege im allgemeinen

Interesse, der kinderreichen Mutter, die ihre Pflichten in der Ehe treu erfüllt hat und besondere Anerkennung verdient, davor zu schützen, im vorgerückten Alter der Sorge preisgegeben zu sein. Die Verweisung auf die Unterhaltspflicht des Mannes nach der Scheidung sei unzulässig. Abgesehen davon, daß diese, insbesondere wenn der Mann wieder heiratet, erfahrungsgemäß nicht genüge, der geschiedenen Frau auch nur den notdürftigen Unterhalt zu sichern, ist regelmäßig der über die Erziehung ihrer Kinder altgewordenen kinderreichen Mutter die Erschütterung der Lebensgrundlage nicht zuzumuten, welche die Scheidung mit sich bringt, wenn nicht sonstige wesentliche Umstände für die Lösung der Ehe sprechen (RG. a.a.O.). Wie schon wiederholt ausgesprochen, ist der Ehefrau die mit der Scheidung in jedem Fall verbundene Erschütterung der Lebensgrundlage unter Umständen selbst dann nicht zuzumuten, wenn sie dadurch nicht gefährdet wird. Das eheliche Zusammenleben hat eine Dauer von 24 Jahren erreicht. Mag es auch mitunter schon früher getrübt gewesen sein, so trug doch die Beklagte keine Schuld. Sie hat vielmehr durch die Nachsicht, die sie gegenüber den Treubrüchen des Klägers geübt hat, den Fortbestand der Ehe ermöglicht, in welcher danach noch zwei weitere Kinder geboren worden sind. Nachdem die Beklagte alle ihre guten Jahre dem Kläger geopfert hat, in der Ehe krank geworden ist und beide Parteien die Höhe des Lebens überschritten haben, hat der Kläger seine Neigung einer jüngeren Frau zugewandt und ihretwegen die Beklagte verlassen. Danach rechtfertigt sich die Aufrechterhaltung der Ehe durch das sittlichem Empfinden entsprechende Gebot der Rücksicht auf die nach einwandfreier Pflichterfüllung in der Ehe alt und krank gewordene Beklagte. Daß die Scheidung für die Schaffenskraft des Klägers erwünscht wäre, hat hinter die für die Aufrechterhaltung der Ehe sprechenden Gesichtspunkte zurückzutreten (RG. 168 S. 54).

Daß die schon jetzt in sehr bescheidenen Verhältnissen lebende 69jährige Beklagte schon bei Lebzeiten des 77jährigen Klägers stark gefährdet wäre, ist anzunehmen, denn die Unterhaltspflicht desselben bedeutet keine wirkliche Sicherung der Beklagten. Auf der anderen Seite läßt sich kein irgendwie beachtliches Interesse des 77jährigen Klägers an der Scheidung erkennen (RG. 169 S. 126). Der Widerspruch ist nicht deshalb unbeachtlich (wie das Berufungsgericht angenommen hatte), weil sich die Böswilligkeit des Klägers, seine Verantwortungslosigkeit und Pflichtvergessenheit nicht steigern lassen, so daß die Beklagte bei Aufrechterhaltung der Ehe nicht besser gesichert ist als bei deren Lösung. Nur unter der Voraussetzung kann dem Scheidungsbegehren trotz der Notwendigkeit einer Versorgung von Frau und Kindern stattgegeben werden, daß der Kläger sich als arbeitsam, tüchtig und vor allem auch zuverlässig erwiesen hat, also durch seine Persönlichkeit Gewähr dafür bietet, daß er immer in der Lage ist und den unerschütterlichen Willen haben wird, zu seiner Pflicht und zu seinem Wort zu stehen ... Bei der Frage, ob die Beklagte durch eigene Erwerbstätigkeit für sich und ihre Kinder sorgen könne, handelt es sich darum, ob ihr im Verhältnis zum Kläger (nicht ihrem Volk gegenüber) eine Berufstätigkeit zuzumuten ist (RG. 179 S. 398/99). Trotz seines fälschlich aufgestellten Leitsatzes, daß unheilbar zerrüttete Ehen trotz begründeten Widerspruchs grundsätzlich zu scheiden seien, berücksichtigt RG. Bd. 163 S. 382, obwohl die Parteien seit 18 Jahren getrennt lebten, daß die Frau ihre guten Jahre dem Kläger und der Ehe mit ihm gewidmet hatte und jetzt krank und erwerbsunfähig war. Mit der amtlichen Begründung sei davon auszugehen, daß einem Ehegatten nicht der Weg geöffnet werden darf, durch schwere Eheverfehlungen die Zerrüttung herbeizuführen, um dann nach dreijähriger Trennung die Scheidung zu begehren, und daß ein Ehemann seine Frau nicht verstoßen darf, weil er eine reizvollere und jüngere gefunden hat, mit der er vereinigt zu werden wünscht (RG. 159 S. 111—114, 305; 160 S. 15 bis 18, 103, Warn. 1939 Nr. 101).

Sittlich gerechtfertigt erscheint die Aufrechterhaltung der Ehe jedenfalls dann, wenn der klagende Ehemann sich gegen seine Ehefrau schwer verfehlt hat (z. B. sie geschlechtlich angesteckt hat, so daß sie eine schmerzhafte Operation erleiden mußte und unfruchtbar wurde), zumal wenn durch seine Wiederverheiratung in Frage gestellt würde, ob er seine Unterhaltspflicht erfüllen kann oder wird (RG. 162 S. 47). Die Aufrechterhaltung einer Ehe erscheint sittlich nicht gerechtfertigt, die an einem Mißverhältnis im Alter der Ehegatten scheiterte (RG. 160 S. 143), desgleichen einer solchen, die von Anfang an keine rechte Ehe gewesen ist, wenn z. B. vereinbart war, daß kein Geschlechtsverkehr stattfinden solle (JW. 39 S. 300). Die Aufrechterhaltung einer Ehe, die lange glücklich war und deren Dauer im Vergleich zur Zeit der Trennung verhältnismäßig lange ist, wird eher (!) gerechtfertigt sein, als einer Ehe, die schon nach kurzer Zeit zerbrochen ist (RG. 160 S. 18). Unabhängig von Alter und Lage der Kinder, ist die kinderreiche Mutter zu schützen (RG. 164 S. 153). Ins Gewicht fällt, ob die Frau noch jung genug ist, um sich eine neue Lebensgrundlage zu schaffen (RG. 163 S. 380; dagegen kann nicht als richtig anerkannt werden, daß entscheidend sein solle, nicht, ob sie es im Zeitpunkt der Urteilsfällung ist, sondern zu Beginn der Zerrüttung war (wie RG. a.a.O. und ständig annahm) und ob sie durch die Pflicht zur Betreuung und Erziehung der Kinder daran gehindert ist [RG. 106 S. 44]). Liegt die Trennung schon 10 Jahre und mehr zurück, so wird meist zwangsläufig auch auf Seite des nichtschuldigen Eheteils das Gefühl einer inneren Zusammengehörigkeit mit dem anderen Eheteil geschwunden sein (RG. 160 S. 18). Die Aufrechterhaltung wird nicht in Frage kommen, wenn der nichtschuldige Teil sich selbst von den durch die Ehe begründeten Bindungen als befreit betrachtet (RG. a.a.O.). Die Aufrechterhaltung der Ehe ist sittlich nicht gerechtfertigt, wenn auch der beklagte Eheteil, sei es auch ohne eigene Eheverfehlungen zu erkennen gibt, daß er sich von der Ehe innerlich gelöst hat und nichts mehr von ihr wissen will (RG. 160 S. 19); ferner dann nicht, wenn der beklagte Ehegatte nicht aus Neigung oder berechtigten eigenen Interessen, sondern aus Schikane, Rachsucht, Eifersucht oder um den Kläger zu treffen sich weigert, ihn frei zu geben (HRR. 39 S. 146).

Der Mann hat die Frau mit Lungentuberkulose angesteckt; die Ansteckung hatte schwere Folgen; die Frau ist noch immer erwerbsunfähig, damit steht fest, daß die Beklagte der Ehe schwere Opfer gebracht hat. Dann aber kann nach der Rechtsprechung des Reichsgerichts die Frau auch besondere Rücksicht verlangen und darf nicht der Gefahr eines wirtschaftlichen Notstands ausgesetzt werden. Daß der Kläger die Ansteckung nicht verschuldet hat, ändert naturgemäß an dem von der Frau gebrachten Opfer als solchem nichts und schließt ebensowenig die Berücksichtigung dieses Opfers der Beklagten aus (RG. HRR. 42 Nr. 101).

Bei Prüfung der Frage, ob die Aufrechterhaltung der Ehe sittlich gerechtfertigt ist, können, wenn das überwiegende Verschulden des Klägers bereits festgestellt worden ist, alle Umstände berücksichtigt werden, die zur Zerrüttung mitgewirkt hatten, mögen sie auch keine Eheverfehlungen der Beklagten, sondern von keiner Partei zu vertreten sein (RG. 164 S. 322). Die Geburten sind keine Opfer der Frau, welche den Widerspruch beachtlich machen können, wenn sie auf Abtreibung beruhen, die von beiden Ehegatten gewollt war (RG. 166 S. 209). Bevölkerungspolitische Rücksichten rechtfertigen das Scheidungsbegehren nicht, wenn der klagende Mann so alt ist, daß Kinder aus einer neuen Ehe nicht erwartet werden können (RG. S. 159, 111; 162 S. 20). Das Gesamtverhalten beider Ehegatten ist vom Standpunkt richtiger Würdigung der Ehe aus in Betracht zu ziehen (RG. 162 S. 173).

c) Aus der **nicht zu übernehmenden Rechtsprechung:** Daraus folgt aber nicht, daß die Scheidung grundsätzlich schon dann zu versagen ist, wenn der Klageteil die alleinige oder überwiegende Schuld an der Zerrüttung der Ehe trägt und der Beklagte der Scheidung widerspricht. Vielmehr darf bei der Prüfung, ob die Aufrechterhaltung der Ehe sittlich gerechtfertigt ist, der durch völkische Belange bedingte Zweck des § 48, einer Aufrechterhaltung inhaltlos gewordener Ehen zu begegnen, nicht aus dem Auge verloren werden. Hieraus ist zu folgern, daß die Pflichten der Eheleute gegeneinander und die für die Familie eintretenden Folgen nicht ohne weiteres maßgebend sein können, sondern auch, und zwar in erster Linie, die sittlichen Belange des ganzen Volkes, und zwar unter bevölkerungspolitischen Gesichtspunkten, zu berücksichtigen sind, so zwar, daß sie im Einzelfall für die Scheidung den Ausschlag geben müssen und das persönliche Interesse des beklagten Teils zurückzutreten hat (RG. 159 S. 111—114, 305; 160 S. 15—18, 103, Warn. 1939 Nr. 101). Keineswegs ist der Sinn des Gesetzes, einen schuldigen Ehegatten durch Festhalten an der Ehe zu strafen (RG. 159 S. 305—310, 160 S. 15—18, 103, Warn. 1939 Nr. 101). Die Beachtung des Widerspruchs wird keineswegs die Regel bilden, sondern nur ausnahmsweise möglich sein (RG. Warn. 1939 Nr. 138, 149, 150). Die Beachtlichkeit des Widerspruches bildet die durch besondere Gründe zu rechtfertigende Ausnahme (RG. 161 S. 146, 162 S. 22). Grundsätzlich sind im allgemeinen Interesse unheilbar zerrüttete Ehen zu scheiden; wenn Belange der Allgemeinheit weder an der Lösung noch Aufrechterhaltung der Ehe bestehen, kann von dieser Grundregel abgewichen werden, wenn die rein persönlichen Interessen der Beklagten die des Klägers stark überwiegen (RG. 169 S. 126). Es werden also die Interessen mit der Sittlichkeit gleichgesetzt. Die Aufrechterhaltung eines in ihrer sittlichen und völkischen Grundlage völlig zerstörten oder einer Grundlage überhaupt ermangelnden Ehe ist mit dem sittlichen Wesen der Ehe nicht vereinbar. Sie bindet und verzehrt nutzlos Kräfte, die bei der Scheidung der Allgemeinheit zugute kommen können (RG. 162 S. 147). Auch wenn der Kläger die Zerrüttung der Ehe verschuldet hat und auch sonst die Würdigung des Gesamtverhaltens beider Gatten zugunsten des widersprechenden Teils ausfällt, können bevölkerungspolitische Rücksichten das Scheidungsbegehren ungerechtfertigt machen, z. B. wenn die langjährige Ehe kinderlos geblieben ist und die Möglichkeit besteht, daß der Kläger eine neue Ehe eingeht und eine Familie gründet (RG. 160 S. 14, 103, 140 und 376, 162 S. 88), zumal, wenn die Ehefrau älter als der Mann ist (Warn. 1939 Nr. 173 und 149). Völkische Rücksichten werden die Scheidung auch insofern begünstigen, als zerrüttete Ehen häufig ein ehebrecherisches Verhältnis des einen oder anderen Teils zur Folge haben. Staat und Volk haben ein dringendes Interesse, ein solches Zusammenleben von Mann und Frau ohne gesetzliche Bindung zu verhindern und dadurch Sitte und Anstand zu fördern (RG. 159 S. 305—310, 161 S. 398). Was die wirtschaftlichen Nachteile anlangt, welche der widersprechenden Frau aus der Scheidung zumeist erwachsen werden, so gibt die Vorschrift des § 61 (früher § 69) die Möglichkeit, ihr nach Billigkeit gerecht zu werden. Um dem Kläger eine sein Leben vergällende dauernde Bindung trotz seiner Schuld zu ersparen, kann der Frau grundsätzlich zugemutet werden, gegebenenfalls durch eigene Arbeit, solange sie dazu noch fähig ist, sich eine neue Lebensgrundlage zu schaffen (RG. 159 S. 310). Wenn die Zerrüttung und Trennung schon eingetreten ist, als beide Ehegatten noch auf der Höhe des Lebens standen, ist es nach heute anerkannter Auffassung einer wahren Ehe (!) richtiger, wenn der schuldlose Teil von seinem Recht der Scheidung Gebrauch macht, anstatt den ihm entfremdeten anderen Teil an der hoffnungslos zerrütteten Ehe festzuhalten, und kann er sich nicht darauf berufen, daß er diesem seine guten Jahre habe opfern müssen; die Aufrechterhaltung der Ehe ist in einem solchen Fall nicht gerechtfertigt (RG. 160 S. 104 oben und S. 143, 163 S. 180). Es kommt nicht darauf an, ob sich vom subjektiven Standpunkt des beklagten Ehegatten aus sein Verlangen nach Aufrechterhaltung der zerrütteten Ehe als sittlich gerechtfertigt erweist oder nicht, sondern nur darauf, ob es unter Zugrundelegung des im Gesetz vorgeschriebenen objektiven Maßstabes sittlich gerechtfertigt ist, den schuldigen Teil an den durch die Ehe übernommenen Verpflichtungen festzuhalten (RG. 159 S. 311). Dieser Maßstab ist aus dem sittlichen Wesen der Ehe zu finden und nach den Belangen der Volksgemeinschaft, danach also auszurichten, ob die Aufrechterhaltung der völlig zerbrochenen Ehe vom völkischen und bevölkerungspolitischen Standpunkt aus noch einen Sinn haben kann (RG. 160 S. 18; also bevölkerungspolitische Zweckmäßigkeit gleich Sittlichkeit!). Beseitigung der wertlosen Ehe ist von der Aussicht auf Gründung einer neuen Ehe grundsätzlich nicht abhängig (RG. 162 S. 23). Die Gründe, mit welchen das Oberlandesgericht den Widerspruch für beachtlich erklärt hatte: die Parteien hätten 10 Jahre in ungetrübter

Ehe gelebt, die Beklagte habe dem Kläger ihre besten Jahre gewidmet, habe neben einer Totgeburt drei Sohne geboren und seit der Trennung der Parteien die Last der Erziehung und Betreuung dieser Söhne im wesentlichen getragen; noch jahrelang bedürften sie der Leitung, es sei Pflicht des Klägers, sich seiner Familie zu widmen, die Beklagte werde an der Grenze des Alters stehen, wenn die Söhne ihrer nicht mehr bedürfen würden, daher sei die künftige Versorgung der Beklagten zu berücksichtigen, der Ertrag ihres Vermögens reiche für den Lebensunterhalt nicht aus, eine neue Ehe des Klägers würde eine Verschlechterung ihrer Unterhaltsansprüche zur Folge haben, hat RG. 169 S. 36 nicht als erschöpfende Betrachtung anerkannt und trotz der zutreffenden Erwägungen des Berufungsgerichts den Widerspruch als unbeachtlich erklärt, weil der Kläger nach seiner Persönlichkeit, Tüchtigkeit und Zuverlässigkeit alle Gewähr dafür biete, daß er zu seiner Pflicht und zu seinem Wort stehen werde. RG. 165 S. 154 hält den Widerspruch trotz 11jähriger Dauer der Ehe, ihres harmonischen Verlaufs und des Vorhandenseins eines z. Zt. des Urteils zweieinhalb Jahre alten Kindes nicht für beachtlich (!). Grundsätzlich sei der Widerspruch nur ausnahmsweise zu beachten, wenn im Einzelfall besondere Gründe dies gebieten. Das Alter der Parteien, die beide noch in der Lage waren, ein neues Leben aufzubauen, spreche dagegen, sie aneinander zu ketten, obwohl eine neue Ehe mindestens des Klägers durchaus zu erwarten sei und für die Volksgemeinschaft noch wertvoller sein könne. Die Ehedauer falle nicht besonders ins Gewicht, denn die Ehe habe nur 10 Jahre bestanden, bis der Kläger (aus beruflichen Gründen) nach einer anderen Stadt verzog und damit eine besondere Gefahr eintrat, die schließlich die Ehe zum Scheitern gebracht haben mochte. Den persönlichen Zusammenhang mit dem Vater und seine Einwirkung auf seine Erziehung würde das Kind auch bei Ablehnung der Scheidung haben entbehren müssen. Dann aber könne die Scheidung lediglich für die Unterhaltszahlung Bedeutung haben. Anhaltspunkte dafür, daß der Kläger sich dieser Pflicht entziehen werde, fehlten ganz. Vor allem schien zu beachten, daß die Beklagte ein Ruhegeld von etwa RM. 135.— bezog, wie sie auch leichter als manche andere Frau ihres Alters (41 Jahre) eine Erwerbstätigkeit aufnehmen konnte, nachdem sie bis vor wenigen Jahren als Beamtin tätig gewesen war. Die zugunsten der Beachtlichkeit des Widerspruchs getroffene Feststellung des Berufungsgerichts, daß die Beklagte durch eigene Arbeit das Durchhalten in Zeiten ermöglicht hatte, in denen der Kläger wenig verdiente oder ganz ohne Stellung gewesen war, wurde vom RG. nicht gewürdigt. Die Erwartung des Berufungsgerichts, daß bei dem Kläger, der auch nach der Trennung noch lange Zeit der Frau liebevolle Briefe geschrieben hatte, nachdem er von einer anderen Frau enttäuscht worden war, seine früheren Gefühle für die Ehegattin wieder erwachen würden, lehnte das RG. ab, weil die Erwartung, daß die Zerrüttung heilbar sei, zuverlässige Anhaltspunkte im Verhalten derjenigen Partei bedürfe, welche die eheliche Gesinnung verloren habe (auch dies der gesetzlichen Bestimmung genau entgegengesetzt!). RG. 163 S. 382 verteidigt gegen das Kammergericht seine nach dessen Ansicht sich als Bestrafung der schuldlosen Frau, die an der Ehe innerlich festgehalten habe und sich nicht früher entschließen konnte, die Scheidungsklage zu erheben, auswirkende Rechtsprechung, wonach es für die Frage, ob der Unterhalt der Frau für die Beachtlichkeit des Widerspruchs eine Rolle spielen könne, darauf ankommt, ob die Gatten sich schon zu einer Zeit entfremdet haben, als sie noch auf der Lebenshöhe standen und die Frau noch in der Lage war, sich einen neuen, sie auch wirtschaftlich sichernden Lebensunterhalt zu schaffen, was ja mit dem innerlichen Festhalten an der Ehe und der Bereitwilligkeit, dem Mann zu verzeihen, wohl vereinbar sei, oder sich erst später voneinander abgewandt haben. RG. 168 S. 38 führt aus: Die Parteien sind noch jung, die Ehe hat nur wenige Jahre bestanden, Kinder sind nicht vorhanden. Für die Beklagte besteht kein Grund, um ihre Lebensstellung zu bangen, die schwere Schuld, die der Ehemann auf sich geladen hat, ändert hieran nichts. Ob er eine neue Ehe wertvoller gestalten wird, kann nicht entscheidend sein, wenn die Aufrechterhaltung der alten Ehe gar keinen Zweck um dieser selbst willen haben kann. Für die Aufrechterhaltung kann auch keine Bedeutung haben, daß der Kläger die Beklagte angesteckt hat und diese dadurch unfruchtbar geworden ist. Die Versagung des Mutterglücks, vielleicht sogar des Eheglücks, könnte durch die Aufrechterhaltung der Ehe nicht gemildert werden (dagegen oben HRR. 42 S. 101).

d) **OGH. für Brit. Z.** (MDR. 48 S. 209 = Band 1 S. 16 ff., MDR. 48 S. 242 = Band 1 S. 27 ff., Band 2 S. 331, MDR. 50 S. 37) hat **folgende Grundsätze** aufgestellt:

Die unheilbare Ehezerrüttung neben der dreijährigen Heimtrennung reicht für sich allein grundsätzlich nicht aus, die Aufrechterhaltung der Ehe nach ihrem sittlichen Wesen ungerechtfertigt erscheinen zu lassen; es kann dies aber der Fall sein, auch wenn sie vom Kläger verschuldet ist. Von dem Wohl der Kinder (Abs. 3) abgesehen, gibt es keinen absoluten Grund für die Aufrechterhaltung oder Scheidung der Ehe gemäß § 48. Derselbe Tatbestand, der die Zerrüttung ergibt, kann somit im Einzelfall genügen, um die sittliche Untragbarkeit der Ehe trotz der Schuld des klagenden Ehegatten darzutun, reicht aber — entgegen der Rechtspr. des RG. — keineswegs grundsätzlich dazu aus. Abs. 2 S. 1 und S. 2 stehen nicht im Verhältnis von Regel und Ausnahme, sondern gleichwertig nebeneinander (zustimmend Bruns SJZ. 48 Sp. 707; dagegen Bay. ObLG. SJZ. 49 Sp. 697, = NJ. S. 625 mit vollkommen zutreffender Begründung, aber damit nicht übereinstimmenden unzutreffenden Leitsätzen 4 u. 5, ferner OLG. München SJZ. 48 Sp. 757, Godin JR. 49 S. 254).

Unter dem Gesichtspunkt des Wesens der Ehe sind wesentlich Maß und Art der Zerrüttung, unter dem des Verhaltens der Gatten, Art und Maß der Verursachung und der Schuld auf seiten des Klägers und des Beklagten. Bei beiderseitig zerrütteter Ehe wird leichter zu bejahen sein, daß die Aufrechterhaltung der Ehe sittlich nicht gerechtfertigt ist, als wenn der Beklagte noch an der Ehe festhält, wobei nicht zu verkennen ist, daß auch Haß und Rachsucht auf seiten des Beklagten möglicherweise nur Liebe ausdrückt und dieser entspringt. Auch bei beiderseits unheilbar zerrütteter Ehe in der Anforderung an die Bereitschaft des widersprechenden Beklagten, die ehefeindliche Gesinnung seinerseits aufzugeben, weniger weitgehend als wir oben 6 a gegen Ende, läßt OGH. auch reine Versorgungsrücksichten zugunsten der Ehe entscheiden (ebenso aber widersprüchig OLG. Stuttgart NJ. 49 S. 948 oben), wenn nicht zu erwarten steht, daß der klagende Ehemann auch nach der Scheidung ausreichend für die Beklagte sorgen werde, andererseits zugunsten der Scheidung, wenn sich die Ehe als Fehlehe erwiesen hat, auch bei bloß einseitiger Zerrüttung, daß der Schuldige nun zu einem passenden Lebensgefährten gefunden habe, in diesem Fall auch, daß aus diesem Verhältnis Kinder hervorgegangen seien, aus der Ehe nicht. (Ebenso KG. JR. 49 S. 116 = HRE. Bd. 2 S. 184, wonach das Interesse der Gesellschaftsordnung an der Überleitung eines unsittlichen Verhältnissen in eine Ehe ins Gewicht fallen soll, aber ihr viel größeres an seiner Verhütung, indem es nicht als bequemes Mittel, zur Scheidung zu gelangen, zugelassen wird, anscheinend nicht!) Abzulehnen ist, daß bevölkerungspolitische Gesichtspunkte ins Gewicht fallen. Auch sittlich und für sich allein farblose Umstände, wie Alter, Gesundheit, Vermögen und Einkommen, können von Bedeutung sein. Je geringer die äußeren Wirkungen der Scheidung auf die Lebenslage, insbesondere die Versorgung des Beklagten sind, um so mehr wirkt sich das Gewicht des vom Kläger behaupteten ehewidrigen Verhaltens und ehewidrigen Beweggrundes des widersprechenden Beklagten aus. Zu entscheiden ist bei vorausgesetzter Unheilbarkeit der Zerrüttung überhaupt nur, ob das rechtliche Band aufrechtzuerhalten ist.

Ihrem (s. 1 A Abs. 2) Standpunkt blieben treu: OLG. München SJZ. 48 S. 757, ausdrücklich aber nicht in der Sache OLG. Frankfurt JR. 49 S. 150, unbestimmt OLG. Stuttgart NJ. 49 S. 947.

Über Kostenlast des obsiegenden schuldigen Klägers (§ 92 a, 93 ZPO.) OHG. 1 S. 368.

Kritik: Wenn OGH. ausführt (s. 5 am Ende), es müsse, weil das Gesetz auch sonst die unheilbare Zerrüttung allein nicht als Scheidungsgrund anerkenne, dies auch für § 48 angenommen werden, so ist dies nicht schlüssig; es kann nicht übersehen werden, daß im Falle des Abs. 1, wenn dreijährige Heimtrennung zur unheilbaren Ehezerrüttung hinzukommt, weitere Scheidungsvoraussetzungen nicht zu erfüllen sind.

Diese Regel soll aber nach Abs. 2 nicht gelten, wenn der Kläger die Scheidung verschuldet hat. Darin, daß hier das Verschulden nicht Scheidungsgrund, sondern Nichtscheidungsgrund ist, läßt das Gesetz den Grundsatz erkennen, daß der schuldige Teil nicht weniger aus rechtspolitischen als aus ethischen Gründen niemals selbst soll Scheidung begehren können. Dieses Recht ist dem schuldigen Teil auch sonst nirgends eingeräumt, mag es ihm noch so sehr darum zutun sein, sich aus der Ehe zurückzuziehen. Erkennt man hierin ein Prinzip des Gesetzes, dann wird Satz 1 des Abs. 2, was OGH. mit Unrecht erst bezweifelt und dann verneint, zum Grundsatz. Auch dieser Grundsatz darf aber kein unsittliches Ergebnis haben. Dem trägt Satz 2 Rechnung und wird so zur Ausnahme. Es wäre unverständlich, daß Abs. 2 das Verschuldungsprinzip einführt, wenn dem Sachverhalt, daß der Kläger die Ehe schuldhaft zerrüttet hat, nicht die grundsätzliche Bedeutung zukäme, daß er deshalb regelmäßig die Scheidung nicht verlangen kann; denn bedeutet das Verschulden des Klägers keinen grundsätzlichen Unterschied, so müßte der Beklagte in beiden Fällen (sowohl des Abs. 1 als auch des Abs. 2 S. 1) widersprechen und in beiden Fällen die Beachtlichkeit des Widerspruchs von den Voraussetzungen des S. 2 abhängig sein. Wenn das Verschulden des Klägers keinen grundsätzlichen Unterschied machen würde, so wäre nicht einzusehen, warum es das Widerspruchsrecht des Beklagten begründet und dieses letzterem nicht auch im Falle des Abs. 1 gewährt wird. Demnach entspricht einer logischen Exegese des S. 1 und 2 durchaus der Aufbau des Abs. 2 im Sinne von Regel und Ausnahme.

OGH. führt aus: „Maßgeblich ist lediglich die durch keine Regel und Ausnahme in eine Blickrichtung gedrängte Beurteilung der sittlichen Berechtigung des Scheidungsbegehrens oder des Widerspruches (Zwischenruf: Davon weiß das Gesetz nichts, es spricht von der sittlichen Rechtfertigung der Aufrechterhaltung der Ehe, was nach unserer Meinung etwas ganz anderes ist), anders gefaßt: Der Frage der sittlichen Tragbarkeit und Untragbarkeit der zerrütteten Ehe." Aber warum gilt dies nur bei der verschuldeten Zerrüttung, da es doch bei einer unverschuldeten genau so verständlich wäre, diesen Gesichtspunkt walten zu lassen, wenn es nicht das Verschulden des Klägers an der Zerrüttung ist, dem die grundsätzliche Bedeutung zukommt?

Es ist nach unserer Meinung falsch, gleich dem OGH. („der Zerrüttungstatbestand ‚trotz der Schuld' des Klägers nicht tragbar") die Schuld des Klägers als ein Moment zu werten, welches die sittliche Rechtfertigung der Aufrechterhaltung der Ehe betrifft. Dasselbe gilt von der Mitschuld des Beklagten. Das schuldige Verhalten der Ehegatten muß wohl für die Eheprognose, die nach S. 2 und bei der Frage der Heilbarkeit der Zerrüttung anzustellen ist, berücksichtigt werden, aber nicht die Schuld als solche für die Frage der sittlichen Rechtfertigung der Aufrechterhaltung. Schuld und sittliche Rechtfertigung der Aufrechterhaltung stehen nicht im Verhältnis von Schuld und Sühne. Wie kann die Aufrechterhaltung der Ehe unter dem Gesichtspunkt deren Wesens deshalb sittlich mehr zu rechtfertigen sein, weil der Kläger schuldig an der Zerrüttung ist, als wenn keiner der Gatten schuld daran ist? Oder weniger, weil beide Gatten schuld daran sind. OHG. selbst hält andererseits sogar in einem Falle allerschwerster Schuld des Klägers, nämlich seines dauernden Ehebruches und der Erzeugung außerehelicher Kinder, diese schwerste Schuld nicht für einen Grund, die Aufrechterhaltung der Ehe als sittlich gerechtfertigt anzusehen, vielmehr für sanktioniert und geeignet, die Aufrechterhaltung der Ehe als sittlich nicht gerechtfertigt erscheinen zu lassen. Die Schuld des Klägers hat also keine Bedeutung für die sittliche Rechtfertigung der Aufrechterhaltung der Ehe, sondern sie hat nur rechtspolitische und unter dem Gesichtspunkt der dem Beklagten gebührenden Gerechtigkeit rechtsethische Bedeutung, die es dem Gesetzgeber angebracht und billig erscheinen ließ, dem Kläger kein einseitiges Scheidungsrecht und dem Beklagten ein Recht des Widerspruchs gegen die Scheidung zu gewähren; die Schuld des Klägers kann die Aufrechterhaltung der Ehe unter dem Gesichtspunkt des Wesens der Ehe sittlich weder rechtfertigen, noch gar ihr die Rechtfertigung nehmen.

Ebensowenig kann die Rede davon sein, daß eine Mitschuld des Beklagten, wenn er trotz ihrer nach S. 1 das Widerspruchsrecht hat, weil die Schuld des Klägers überwiegt, die Folge haben könne, daß im Sinne des S. 2 die Aufrechterhaltung der Ehe wegen der Mitschuld des Beklagten in der Vergangenheit nicht mehr gerechtfertigt erscheinen könne. Die Schuld der Eheteile in der Vergangenheit kann die Eheprognose ungünstig beeinflussen, vielleicht in solchem Maße, daß die Aufrechterhaltung der Ehe sittlich abzulehnen ist, aber für sich allein und nicht wegen dieser ihrer Bedeutung für diese Prognose kann die Schuld eines Gatten zwar ihm das Recht zum Scheidungsbegehren oder den Anspruch auf die Fortsetzung der Ehe nehmen, aber nicht die Aufrechterhaltung oder Fortsetzung der Ehe sittlich ungerechtfertigt erscheinen lassen (dies müßte ja zur Folge haben, daß man die Ehegatten, die trotz ihrer beiderseitigen Schuld und der darauf beruhenden schlechten Eheprognose die Ehe fortsetzen wollen, zwingt auseinanderzugehen). Es kann also, wenn der Beklagte trotz eigener Mitschuld an der Zerrüttung der Ehe das Widerspruchsrecht hat, dieses nicht auf dem Umweg über S. 2 aus dem Wege geräumt werden, in dem man wegen der Mitschuld des Beklagten die Aufrechterhaltung der Ehe als sittlich nicht gerechtfertigt erklärt. Die sittliche Berechtigung der Aufrechterhaltung der Ehe in der Zukunft unter dem Gesichtspunkte des Wesens der Ehe hat mit der Schuld in der Vergangenheit nichts zu tun. Die Frage, ob die Aufrechterhaltung sittlich gerechtfertigt ist, ist im Hinblick auf das gesamte gegenseitige Verhalten der Ehegatten unter dem Gesichtspunkt des Wesens der Ehe, aber nicht unter dem Gesichtspunkt, ob die Aufrechterhaltung oder die Nichtbeachtung des Widerspruchs eine gerechte Strafe für das Verhalten des einen oder des anderen Ehegatten ist, zu entscheiden. Dieser maßgebliche Gesichtspunkt wird völlig übersehen, wenn die Nichtbeachtung des Widerspruchs mit einer Schuld des Beklagten begründet wird, obwohl er nach S. 1 das Widerspruchsrecht hat; sie darf nicht eine Strafe für ein Verschulden des Beklagten sein, wozu fälschlich beide Urteile des OGH. neigen (so auch geradezu OGH. Köln MDR. 48 S. 242; diese Entscheidung will auch verziehene Verfehlungen in Betracht ziehen; dem ist nur insofern zuzustimmen, als auch solche, und zwar sowohl die Verfehlung als auch die Verzeihung, einen Schluß auf die künftige Gestaltung der Ehe unterstützen können, nicht insofern, als eine verziehene Verfehlung des Beklagten nachträglich mit Unbeachtlichkeit seines Widerspruchs bestraft werden kann; noch weitergehend und völlig unhaltbar KG. JR. 49 S. 116 = HRE Bd. 2 S. 184, wo gar für die Unbeachtlichkeit des Widerspruchs in die Waage geworfen wird, daß die Beklagte um des Klägers willen ihren ersten Mann verlassen hat, so daß sie sich jetzt nicht beklagen könne, wenn sie von ihrem zweiten Mann verlassen wird!!, womit auch noch übersehen wird, daß nur das Verhalten der Gatten zueinander in Frage kommen kann).

OGH. hält dafür, daß S. 2 des Abs. 2 tatbeständlich nicht auf Umstände verweise, die einem anderen als dem für die Frage der Zerrüttung maßgebenden Bereich angehören, vielmehr mit seiner Bezugnahme auf das Wesen der Ehe und das gesamte Verhalten beider Ehegatten auf einem Tatbestand aufbaue, der gerade auch für die Zerrüttungsfrage entscheidend sei (anscheinend ebenso, wenn auch im übrigen wie hier Bay. ObLG. NJ. 49 S. 625). Damit ist der Inhalt des Abs. 2 nicht erschöpft: Im Rahmen des S. 1, zu welchem der Satz 2 gehört, kommt es nicht auf das Verhalten beider Ehegatten, sondern auf das Verhalten (Verschulden) des Klägers an, auf das Verhalten des Beklagten nur insofern, als es möglicherweise das Verhalten des Klägers nicht als Eheverfehlung oder nicht als überwiegend ursächlich für die Zerrüttung erscheinen läßt. Ferner wertet Abs. 2 das Verhalten der

Ehegatten überhaupt nicht unter dem Gesichtspunkt seiner Ursächlichkeit für die Zerrüttung in der Vergangenheit, sondern der Aufrechterhaltung der Ehe im Hinblick auf ihr sittliches Wesen, also unter dem Gesichtspunkt seiner Bedeutung für die Eheprognose. Das Verhalten der Ehegatten, welches dem Gericht erkennbar ist, ist notwendigerweise vergangen oder höchstens gegenwärtig; ihr künftiges kann ohne Rückschlüsse aus Vorgängen in der Vergangenheit nicht vorausgesehen werden. Auf die Frage, ob die Ehe zerrüttet ist und wer die Zerrüttung verschuldet hat, kann die Antwort in dem Verhalten der Ehegatten in der Vergangenheit gesucht und unmittelbar gefunden werden, für die Frage aber, ob es sittlich gerechtfertigt ist, die Ehe in der Zukunft aufrechtzuerhalten, ist das künftige Verhalten beider Ehegatten maßgebend und soll auf dieses aus dem bekannten vergangenen und gegenwärtigen Verhalten beider Ehegatten geschlossen werden. Es trifft nicht zu, daß den Instanzgerichten nicht die Aufgabe gestellt sei, sich eine Meinung über die Zukunft zu bilden (so OGH. B. 1 S. 30), müssen sie dies doch auch, wenn sie feststellen sollen, ob die Zerrüttung heilbar oder unheilbar ist. Die Schwierigkeit der Gesetzesstelle ergibt sich z. T. doch gerade daraus, daß die Vorschau in die Zukunft auch für die Frage der Heilbarkeit der Zerrüttung notwendig und teilweise vorweggenommen ist; denn diese kann ohne diese Vorschau nicht beantwortet werden. Da die Unheilbarkeit der Zerrüttung schon Voraussetzung des Scheidungsgrundes ist, und trotzdem die Aufrechterhaltung der unheilbar zerrütteten Ehe nicht grundsätzlich sittlich ungerechtfertigt ist, muß also die Vorschau nach S. 2 gegenüber der Unheilbarkeit der Zerrüttung einen gesteigerten Zustand ergeben, welcher die Aufrechterhaltung der Ehe als sittlich nicht gerechtfertigt darstellt.

Daß für das Urteil darüber, ob es nach dem sittlichen Wesen der Ehe etwa sittlich nicht gerechtfertigt ist, die konkrete Ehe aufrechtzuerhalten, nur das gegenseitige eheliche Verhalten der Ehegatten zueinander (nicht auch rein sachliche Momente, wie sie von OGH. hervorgehoben werden: Alter, Einkommen, Vermögen, Standeszugehörigkeit, wenn nicht etwa aus dem Verhalten der Ehegatten zu entnehmen ist, daß diese dauernde Quelle und Ursache für Eheverfehlungen und Zerwürfnisse sind), das außereheliche Verhalten nur, soweit es eine Eheverfehlung darstellt, in Frage kommt, ergibt die Gesetzesstelle zweifelsfrei; denn das Verhalten der Ehegatten soll ja gerade unter dem Gesichtspunkt in Betracht gezogen werden, ob bei Würdigung des sittlichen Wesens der Ehe in der Zukunft von den Ehegatten eine sittlich noch erträgliche Ehe zu erwarten ist. Auf die sittliche Erträglichkeit der Aufrechterhaltung der Ehe unter dem Gesichtspunkt des sittlichen Wesens der Ehe, nicht unter dem Gesichtspunkt außerhalb der Ehe liegender ordnungswidriger Zustände oder bestehender Interessen kommt es an, also nicht auf das Interesse vorhandener unehelicher Kinder, auf deren Legitimation, auf das Interesse einer Ehebrecherin, auf die Sanktion eines illegitimen neben der Ehe bestehenden geschlechtlichen Verhältnisses. Abgesehen davon, daß man im Scheidungsprozeß nicht feststellen kann, ob der treulose Gatte sein angebliches Vorhaben nach der Scheidung wahrmachen und den Ehebrecher heiraten wird, ist der Schutz der Ehe ein dringlicheres ethisches Postulat als die Sanktion eines ehebrecherischen

Verhältnisses. Mit derartigen außerhalb der Ehe auftretenden mehr oder weniger bestreitbaren und fragwürdigen Forderungen der sittlichen Ordnung hat die Gesetzesstelle **nichts** zu tun. (Falsch und sich selbst untreu OLG. Frankf. JR. 49 S. 150 unter VI, wo auf neuen Lebensinhalt des Klägers durch eine neue Ehe — was ohne jeden Zusammenhang mit der Frage ist, ob das sittliche Wesen der Ehe die Aufrechterhaltung der bestehenden zuläßt —, auf die Sicherstellung der Beklagten, die Leistungsfähigkeit ihrer Söhne, ihren Pensionsverlust, ihre Herzmuskelschwäche und Beinschwellungen abgestellt wird.) Es handelt sich nur darum, ob die Ehe in sich ohne Rücksicht auf außer ihr bestehende Umstände, wenn auch krank, sittlich bei Würdigung des Wesens der Ehe noch tragbar sein wird, oder ob ihre Aufrechterhaltung wegen des Zustandes, in welchem sie sich selbst befindet, sittlich verwerflich ist. Dies soll nach dem gesamten Verhalten der Ehegatten zueinander beurteilt werden.

Andererseits kommt es aber bei beiderseitig zerrütteter Ehe auch darauf an, ob der widersprechende Beklagte im Rahmen seiner nach § 1353 Abs. 2 BGB. begrenzten Verpflichtung seinerseits bereit ist, zur ehelichen Gesinnung zurückzukehren. Dies gibt sogar dem S. 2 des Abs. 2 nach unserer Meinung hauptsächlich Sinn und wird deshalb von OGH. mit Unrecht verneint. Was sollte wohl die Aufrechterhaltung der Ehe weniger rechtfertigen, als wenn das Verhalten auch des widersprechenden Ehegatten ergibt, daß er selbst in Wahrheit nicht nur gegenwärtig die eheliche Gesinnung verloren hat, sondern auch selbst es für alle Zukunft ablehnt, jemals wieder zu ihr zurückzukehren?

Wenn OGH. ausführt, je geringer die Wirkungen der Scheidung auf die Lebenslage, insbesondere die Versorgung der Beklagten sind, um so mehr wirkt sich das Gewicht des vom Kläger behaupteten ehewidrigen Verhaltens und ehewidrigen Beweggrunds des widersprechenden Beklagten aus, so wird eingewendet werden dürfen, daß es doch nicht nur auf die Lebenslage des Beklagten, sondern auch auf sein inneres Glück, auf seine fortgehegte Hoffnung ankommt, daß es wiederkehren möge (besonders der verlassenen Frau, wenn der Ehemann einseitig fortstrebt und eine andere Frau heiraten will, mag diese ihm auch schon ein Kind geboren haben), und daß auch im übrigen diesen Ausführungen nur beigepflichtet werden kann, wenn dabei an einen Beweggrund gedacht ist, der geradezu einer völligen Abkehr von der ehelichen Gesinnung, wie etwa Haß und Rachsucht entspringt; denn andernfalls kann der Wunsch, die Ehe aufrechtzuerhalten, niemals ehewidrig sein, auch nicht, wenn er bloß Versorgungsabsichten oder der Absicht entstammt, eine neue Ehe des Klägers zu verhindern. Eine eheliche Pflicht, die Auflösung der Ehe zu bewilligen, gibt es nicht.

Endlich geht es um die Auflösung, nicht Erhaltung der Ehe aus in ihrem sittlichen Wesen liegenden Gründen. Sonach ist nicht die Erhaltung ihrer rechtlichen Wirkungen Gegenstand der Entscheidung.

7. a) Daß aus der Ehe **KINDER** entsprossen sind, war nach dem EheG. von 1938 lediglich, wenn der Beklagte der Scheidung widersprach und das Gericht zur Beachtlichkeit dieses Widerspruchs Stellung zu nehmen hatte, und unter dem Gesichtspunkt zu prüfen, ob etwa trotz Vorhandenseins der Kinder die Aufrechterhaltung der Ehe sittlich nicht gerechtfertigt (oder wie das RG. die Stelle auffaßte: ob infolge des Vorhandenseins der Kinder die Aufrechterhaltung sittlich gerechtfertigt) war. Die Ablehnung der Scheidung wegen des Vorhandenseins von Kindern setzte also unter allen Umständen einen Widerspruch des Beklagten voraus und war nicht möglich, wenn dieser mit der Scheidung einverstanden war. Daran hat sich auch künftig nichts geändert, wenn das Hervorgehen von Kindern aus der Ehe, sei es nicht ihretwegen sondern zugunsten des beklagten Eheteils, meist der Frau, sei es über den Tatbestand des Abs. 3 hinaus, z. B. auch gemeinschaftlich angenommener Wahlkinder, zugunsten der Aufrechterhaltung der Ehe, berücksichtigt werden soll. Insbesondere kann also unter dem Gesichtspunkt, daß die Frau Erhebliches geleistet hat, indem sie Mutter wurde und ihre Pflichten als solche treu erfüllt hat, auf ihren Widerspruch hin das Hervorgehen von Kindern aus der Ehe schlechthin gewürdigt werden, auch wenn für diese Kinder die Voraussetzungen des Abs. 3 nicht (mehr) zutreffen (s. die unter 6 a angeführte Rechtsprechung).

b) Die **Rechtsprechung des RG.** zu § 48 (früher § 55) war auch bezüglich der Wahrung der Interessen der Kinder an der Aufrechterhaltung der Ehe uneinheitlich.

Zu billigenden Urteilen wie:

Es ist aber nicht ausgeschlossen (!), daß den Belangen der Kinder, wenn sie auch nur zum Teil im erziehungs- und unterhaltsbedürftigen Alter stehen, ausschlaggebende Bedeutung für die Erhaltung der Ehe beizumessen ist. Abgesehen davon, daß die wirtschaftliche Gefahr, in die die Kinder durch Gründung einer neuen Familie des Vaters kommen können, durch gesetzliche Unterhaltsansprüche gegen ihn keineswegs ausgeglichen werden, können gerade ideelle Gesichtspunkte sittlicher . . . Art zur Beachtung des Widerspruchs des anderen Eheteils führen. Der Zweck der Ehe liegt . . . nicht lediglich in der Begründung, sondern auch in der Erhaltung der Familie (wie einsichtig!). Wertvoller als der Versuch der Gründung einer neuen Familie kann daher die Aufrechterhaltung der alten Ehe mit dem Ziel sein, den aus ihr hervorgegangenen Kindern die Grundlage ihrer körperlichen und geistigen Entwicklung nach Möglichkeit zu erhalten (RG. 160 S. 141, 162 S. 128). Wenn die Mutter mehrerer heranwachsender Kinder ohne Gefährdung ihrer körperlichen und sittlichen Entwicklung nicht in der Lage ist, einer Berufstätigkeit nachzugehen, ist von dem Mann grundsätzlich zu verlangen, daß er unter Verzicht auf seine persönlichen Wünsche sich und seine Arbeitskraft nach wie vor seinen Kindern und deren Mutter widmet (RG. 160 S. 41). Die Aufrechterhaltung einer mit Kindern gesegneten Ehe wird eher (!) sittlich gerechtfertigt sein, als die einer kinderlosen (RG. 160 S. 18). Je größer die Zahl der erziehungs- und unterhaltsbedürftigen Kinder ist, desto mehr verdient der Bestand der Familie Schutz (RG. 160 S. 44, 162 S. 126).

stehen abzulehnende Urteile gegenüber, wie:

Hinsichtlich der aus der zerrütteten Ehe hervorgegangenen Kinder ist im allgemeinen zu berücksichtigen, daß es ihnen in jedem Fall versagt bleibt, in einem glücklichen Elternhaus aufzuwachsen und daß daher im wesentlichen nur noch die Sorge um ihre gedeihliche körperliche und geistige

Entwicklung und um die Berufs- und Schulbildung zu berücksichtigen ist. Deshalb ist dem Ehemann wegen der erziehungs- und unterhaltsbedürftigen Kinder die Scheidung auf Grund des Abs. 2 nicht schlechthin zu versagen (RG. 159 S. 305 ff., 160 S. 41 ff.; vgl. oben). Die Rücksicht auf die Kinder fällt fort, wenn sie bereits erwachsen und nicht mehr erziehungs- und unterhaltsbedürftig sind, im Gegenteil zum Unterhalt der widersprechenden Mutter beitragen können (RG. 160 S. 140, Warn. 1939 Nr. 85, die Kinder also Opfer bringen können, um dem Vater die Scheidung möglich zu machen!), oder wenn überhaupt keine ernste Besorgnis wegen der wirtschaftlichen Sicherung der Kinder besteht (RG. 162 S. 44).

c) Das EheG. von 1946 hat das Interesse der Kinder als solcher (nicht der kinderreichen alt gewordenen Mutter) an der Aufrechterhaltung der Ehe nun gesetzlich besonders gewahrt, indem es unter den Voraussetzungen des Abs. 3 die Scheidung untersagt, auch wenn die Voraussetzungen des Abs. 1 gegeben sind, und der gemäß Abs. 2 erhobene Widerspruch des Beklagten nach S. 2 unbeachtlich ist oder der Beklagte der Scheidung nicht widerspricht, sei es, weil er nicht kann, sei es, obwohl er es könnte, ja auch wenn er sie wünscht (ebenso OLG. Frankfurt a. M. SJZ. 46 S. 225 mit zustimmender Anm. von Steidle, OLG. Oldenburg NJW. 47 S. 103, Koblenz DRZ. 47 S. 412, OGH. NJW. 47/48 S. 581, SJZ. 49 Sp. 629, Bay. ObLG. SJZ. 49 Sp. 628.

Dies gilt aber nur für eine Scheidung aus § 48. Die Scheidungsvoraussetzungen des § 43 hat das EheG. 1946 unverändert gelassen. Wird das Scheidungsverlangen auf eine Eheverfehlung gestützt, ist also Abs. 3 auch dann nicht anwendbar, wenn die Eheverfehlung gerade in der restlosen Aufhebung der häuslichen Gemeinschaft besteht. Die neue Regelung ist daher lückenhaft und unvollkommen. Obwohl nicht einzusehen ist, warum die Vorschrift des Abs. 3 auf ein Scheidungsverlangen aus § 48 beschränkt, ebensowenig, warum sie gerade für diesen Fall gegeben ist, wird man doch nicht so weit gehen können, sie nichtsdestoweniger auf andere Scheidungsbegehren mit der Erwägung anzuwenden, daß die Scheidung unter den Voraussetzungen des Abs. 3 sittlich nicht gerechtfertigt sei; denn daß das Gesetz unter den Voraussetzungen der §§ 42, 43 S. 1 die Scheidung ohne weiteres als sittlich gerechtfertigt ansieht, ergeben diese Vorschriften selbst. Man könnte darum angesichts § 47 Abs. 1 nur noch an ein Scheidungsverlangen auf Grund der §§ 44—46 denken; aber die gesamte Regelung der §§ 74, 75 läßt erkennen, daß das Gesetz die Scheidung trotz Vorhandenseins minderjähriger Kinder im allgemeinen nicht als sittlich ungerechtfertigt betrachtet.

d) Dem Scheidungsverlangen ist ohne Rücksicht auf die unheilbare Zerrüttung und auf die Anträge des Beklagten und ihre Berechtigung nicht zu entsprechen, wenn das Interesse eines oder mehrerer aus der Ehe hervorgegangener Kinder die Aufrechterhaltung der Ehe erfordert. Ist dies zu bejahen, braucht die Zulässigkeit und Beachtlichkeit eines etwaigen Widerspruchs des Beklagten nicht geprüft zu werden.

Unter den Kindern, die aus der Ehe hervorgegangen sind, sind wohl auch die vorehelichen Kinder der Eheleute zu verstehen, welche durch die Ehe zu ehelichen Kindern wurden. Dagegen bleiben unberücksichtigt die Adoptivkinder, auch wenn sie leibliche Kinder des einen Ehegatten und nur von dem anderen adoptiert sind, wie auch alle Kinder bloß des einen Gatten, die Stiefkinder des anderen sind. Derartige Kinder fallen nur zugunsten der Beachtlichkeit eines etwaigen Widerspruch des Beklagten in die Waage. Die Interessen der außerehelichen Kinder, auch jene, welche durch eine zweite Heirat legitimiert werden sollen, haben nicht nur gegenüber jenen der Kinder aus der bestehenden Ehe zurückzustehen, sondern kommen überhaupt nicht in Betracht (Bay. ObLG. SJZ. 49 Sp. 628).

e) Das „wohlverstandene" (vgl. § 74 Abs. 2) Interesse der Kinder ist nichts anderes, als das Interesse der Kinder, das von der hohen Warte richterlicher Lebenserfahrung und Reife aus beurteilt werden soll. Das Gesetz will nur den Richter noch ausdrücklich zu einer besonders sorgfältigen Abwägung und zur Berücksichtigung aller, nicht bloß der sich in den Vordergrund drängenden Interessen anweisen, (OGH. JR. 48 NJW. 48 S.583, OLG. Frankf. SJZ. 48 Sp. 89, Bay. ObLG. SJZ. 49 Sp. 628). Man möchte versucht sein, zu glauben, das Gesetz wolle die ideellen Interessen der Kinder besonders betonen, die häuslichen, erzieherischen und seelischen einerseits, daß sie die Erziehung durch beide Elternteile genießen, andererseits unter der zwischen den Eltern klaffenden Disharmonie und den davon empfangenen Eindrücken nicht leiden sollen. Hiergegen spricht zwar nicht unbedingt, daß die Vorschrift gerade für den Fall gegeben ist, in welchem die Eltern nicht zusammenleben und die Familie getrennt und ihre Wiedervereinigung nach der von Abs. 1 vorausgesetzten Unheilbarkeit der Ehezerrüttung nicht zu erwarten ist, weil gleichwohl das Gericht davon auszugehen hat, daß mangels Scheidung der Gesetzesbefehl des § 1353 BGB. zu voller Lebensgemeinschaft die Kraft haben werde, sich durchzusetzen. Aber diese Unterstellung ist doch zu akademisch, um rechtspolitisch eine Bestimmung zu erklären, die eben einmal einen Tatbestand voraussetzt, über den diese Unterstellung hinwegsehen muß. Daß etwa an den Fall zu denken ist, daß der Scheidungsrichter befürchten muß, daß gerade der Einfluß des wertvolleren Elternteils für die Kinder verloren gehen könnte, ist auch nicht anzunehmen; denn, die Sorge für die Person zu regeln, ist ja noch der Vormundschaftsrichter da (§§ 74, 75), es sei denn, daß infolge eines Schuldantrags gegen den Kläger (ohne Widerklage) dieser für allein oder überwiegend schuldig zu erklären wäre (§ 74 Abs. 4), und sein erzieherischer Einfluß für die Kinder gerade besonders erwünscht ist, dem gesetzlichen Vorurteil zuwider. Immerhin kann es auch sein, daß es sich darum handelt, zu verhindern, daß der Ehegatte, in dessen Obhut und Pflege sich die Kinder befinden, eine neue Ehe eingeht, welche der Erziehung und Entwicklung der Kinder abträglich sein könnte; aber wie soll der Scheidungsrichter, wenn die auseinanderstrebenden Ehegatten in diesem Streben ausnahmsweise einmal einig sind, von solchen Absichten Kenntnis haben?

So sind es also doch wohl hauptsächlich die Unterhalts- und erbrechtlichen Interessen der Kinder, um die es geht (vgl. Bay. ObLG. SJZ. 49 Sp. 628).

Erstere werden durch einen zweiten Hausstand des Vaters oft weniger gefährdet als durch kostspielige Liebesverhältnisse und galante Abenteuer (vgl. OGH. Köln NJ. 48 S. 581 a. A. OLG. Frankf. SJZ. 1948 Sp. 89 ohne vorstehende Überlegungen).

OGH. Köln MDR. 48 S. 471 berücksichtigt auch die seelische Belastung der Kinder durch die Legitimation ihrer außerehelichen Halbgeschwister. Durch die zweite Ehe des Vaters und deren dadurch gewonnene Namensgleichheit. Andererseits erklärt OHG. SJZ. 49 Sp. 262, daß die Befürchtung, das Kind könne von der Disharmonie der Eltern Schaden leiden oder daß der Kläger sich noch mehr von seiner Familie abwenden werde, die Scheidung nicht begünstige.

f) Nur wenn das wohlverstandene Interesse der Kinder die Aufrechterhaltung der Ehe erfordert, — nicht etwa schon, wenn sie in ihrem wohlverstandenen Interesse liegt —, ist das Scheidungsbegehren abzuweisen; also nur, wenn es nicht möglich scheint, das wohlverstandene Interesse der Kinder trotz Scheidung zu wahren. Das ist nicht der Fall, wenn diese Interessen, soweit es sich um materielle handelt, durch die Vermögenslage des Unterhaltspflichtigen, seine Zuverlässigkeit oder durch besondere Vorkehrungen gesichert sind. Im Allgemeinen ist nicht zu verkennen, daß die Unterhaltsansprüche der Kinder gegen den Vater um so mehr gefährdet sind, je mehr familienrechtliche Freiheit er zurückgewinnt. Auch die erbrechtlichen Interessen sind beachtlich, aber doch wohl nicht entscheidend, wie das Erfordernis der Minderjährigkeit ergibt, da sie auch nach Volljährigkeit bestehen.

Über Wiederholung der Klage nach Fortfall der Voraussetzungen des Abs. 3 s. 1 D.

Abs. 3 ist eine Ausnahme auch von Abs. 2 S. 2 d. h.: Die lediglich auf Abs. 1 gestützte Klage ist abzuweisen, wenn das wohlverstandene Interesse minderjähriger Kinder die Aufrechterhaltung der Ehe fordert, auch wenn diese bei richtiger Würdigung des Wesens der Ehe sittlich nicht gerechtfertigt ist (und deshalb ein Widerspruch unbeachtlich wäre).

C. AUSSCHLUSS DES SCHEIDUNGSRECHTS

§ 49. Verzeihung [2,4]

Das Recht auf Scheidung wegen Verschuldens[3] besteht[2,4,9] nicht[1,4], wenn sich aus dem Verhalten[7,11] des verletzten Ehegatten ergibt, daß er die Verfehlung des anderen verziehen[4,5,6,7,8] oder sie als ehezerstörend nicht empfunden hat[9—12].

1. I. a) § 49 behandelt den Untergang des Scheidungsanspruchs durch Verzeihung, § 50 den Untergang durch Fristablauf. Den Untergang führt auch der Ausschluß nach § 616 ZPO. herbei (s. dort). Für Verzeihung, Fristablauf und Ausschluß gilt aber § 51, der die Geltendmachung der davon betroffenen Eheverfehlungen zur Unterstützung einer auf andere Eheverfehlungen gegründeten Scheidungsklage gestattet. Der

Scheidungsanspruch geht viertens unter infolge Verzicht (s. unten Anmerk. 13 ff.); für diesen Fall gilt § 51 nicht. Ein Scheidungsanspruch entsteht nicht, wenn die Eheverfehlung nicht als ehezerstörend empfunden wurde (§ 49); auch für eine solche ist § 51 nicht anwendbar.

§ 49 (früher § 56) gehört zu den am wenigsten durchdachten Bestimmungen des EheG. Leider ist er trotz seiner überaus reichen Problematik, die es fast unmöglich macht, ihn befriedigend auszulegen, aus dem EheG. 1938 in das EheG. von 1946 unverändert übergegangen. Seinerzeit hatte § 56 EheG. 1938 (jetzt § 49) in seinem ersten Teil § 1570 BGB. unverändert übernommen, ohne daß dabei zur Geltung gekommen ist, daß § 49 (jetzt § 43) gegenüber dem ihm entsprechenden § 1570 BGB. geändert worden war. Schon die Anwendung der Bestimmung über die Verzeihung auf den sogenannten absoluten Scheidungsgrund des Ehebruchs (§ 42) (und nach BGB.: des Trachtens nach dem Leben) macht gewisse Schwierigkeiten, nämlich wenn er als Scheidungsgrund nach § 43 auf Grund der von ihm hervorgerufenen Zerrüttung geltend gemacht wird, obwohl er auch ohne diese Scheidungsgrund ist (s. darüber unten). Die volle Problematik der Anwendung des § 49 (früher § 56) bzw. § 1570 BGB. tritt bei den relativen Scheidungsgründen auf, die nur dann Scheidungsgrund sind, wenn sie die Ehe zerrüttet haben. § 43 (früher § 49 EheG.) und § 1568 BGB. machen den Scheidungsanspruch von untereinander verschiedenen Wirkungen der Eheverfehlung abhängig. Nach beiden Bestimmungen wird eine tiefe Zerrüttung als Folge der Eheverfehlung vorausgesetzt. Aber nach § 1568 BGB. mußte die tiefe Zerrüttung der Ehe unzulässig machen, dem gekränkten Ehegatten die Fortsetzung der Ehe zuzumuten, nach § 43 (früher § 49) muß die Zerrüttung unheilbar, nämlich so tief sein, daß eine Wiederherstellung einer dem sittlichen Wesen der Ehe entsprechenden Lebensgemeinschaft nicht erwartet werden kann. Sowohl nach § 43, als auch nach § 1568 BGB. kann das Problem, welche Wirkung eine Verzeihung auf den Scheidungsanspruch des gekränkten Ehegatten hat, nur entstehen, wenn trotz der Verzeihung die Ehe infolge der verziehenen Verfehlung zerrüttet geblieben ist; denn ist eine dauerhafte Aussöhnung durch Verzeihung zustandegekommen, so fehlt es im Zeitpunkt der letzten mündlichen Verhandlung ohne weiteres an dem Tatbestand der Zerrüttung und kann ein Scheidungsanspruch nur bestehen, wenn eine neue Eheverfehlung hinzugekommen oder ein kein Verschulden voraussetzender neuer Scheidungstatbestand eingetreten ist, auch wird ohne die letztere Voraussetzung die Scheidung nach einer durch Verzeihung herbeigeführten dauerhaften Aussöhnung praktisch nie verlangt werden. Bei einer Ehezerrüttung, welche die Fortsetzung der Ehe unzumutbar erscheinen läßt, ist eine Verzeihung (mit der Folge vorübergehender Aussöhnung) denkbar und denkbar, daß trotz der Verzeihung (und vorübergehenden Aussöhnung) die durch die Eheverfehlung zerrüttete Ehe zerrüttet und ihre Fortsetzung unzumutbar bleibt. Es ist dann zwar rechtspolitisch und -teleologisch schwer zu billigen, aber nach Denkgesetzen noch möglich, daß das Gesetz (§ 1568 BGB.) trotzdem an die Verzeihung die Folge knüpft, daß sie den Scheidungsanspruch zerstört hat, der ohne sie nach dem im übrigen im Zeitpunkt der letzten mündlichen Verhandlung erfüllten Scheidungstatbestand bestehen würde.

Vielleicht konnte man zur Rechtfertigung dieser Art der Regelung anführen, daß der verletzte Ehegatte durch die von ihm gewährte Verzeihung kundgegeben hat, daß die ja wesentlich von subjektiven Voraussetzungen abhängige Zumutbarkeit der Ehefortsetzung vorhanden ist; die Bedeutung, welche die Erfolglosigkeit der Verzeihung für die Zumutbarkeit der Ehefortsetzung hat, bliebe immerhin dabei außer Ansatz. Nach § 43 (früher § 49) ist die Sachlage verglichen zu § 1568 wie dargelegt, anders. Auch hier ist zunächst noch einmal festzustellen, daß die Frage nach der Wirkung der Verzeihung und ihrem Einfluß auf den Scheidungsanspruch nur auftauchen kann, wenn noch im Zeitpunkt der letzten mündlichen Verhandlung trotz der Verzeihung eine unheilbare Ehezerrüttung als Folge der verziehenen Eheverfehlung besteht. Ist dies nicht der Fall, so ist die Frage nach der Wirkung der Verzeihung uninteressant, weil der Scheidungsanspruch schon mangels seiner Voraussetzungen nicht besteht. Anders als § 1568 BGB. setzt § 43 (früher § 49) eine Eheverfehlung voraus, welche eine unheilbare Ehezerrüttung zur Folge hat. Es ist also nach dem Gesetz im Rahmen des Scheidungstatbestandes selbst keine andere als aussichtslose Verzeihung denkbar und die Aussichtslosigkeit einer etwaigen Verzeihung gesetzliche Tatbestandsvoraussetzung des Scheidungsanspruches. Es ist unverständlich, daß trotzdem eine solche aussichtslose Verzeihung den gekränkten Ehegatten ungeachtet der trotz ihrer bestehen gebliebenen unheilbaren Ehezerrüttung des Scheidungsanspruchs nach § 49 (früher § 56) berauben soll.

Daß die Verzeihung nicht zum Ziele führt, kann seinen Grund darin haben, daß der schuldige Ehegatte, wenn seine eheliche Gesinnung zerrüttet, schuldhaft von ihm aufgegeben ist, sie nicht wieder zurückgewinnt oder darin, daß der gekränkte Ehegatte sich zu viel zugetraut hat und seine durch die Kränkung erschütterte oder zerstörte eheliche Gesinnung nicht wiederfindet (vgl. über einen solchen Fall RG. 163 S. 141/42, wo die hier vertretene Auffassung zur Geltung kommt), so daß es in dem einen wie in dem anderen Fall nicht mehr zu einer dem Wesen der Ehe entsprechenden Lebensgemeinschaft, insbesondere Gemeinschaftlichkeit des Denkens und Fühlens kommt; es kann natürlich auch beiden Ehegatten, die durch die Eheverfehlung beendete Gemeinschaft des Denkens und Fühlens unwiederbringlich verlorengegangen sein. Daß trotzdem in solchen Fällen nach § 49 die Verzeihung den Scheidungsanspruch vernichtet, ist schlechterdings unverständlich. Es wird, um dieses Ergebnis zu mildern, zu beachten sein, daß, wenn die von dem gekränkten Gatten geübte Verzeihung deshalb wirkungslos bleibt, weil der schuldige Teil sie mit Kälte und Zurückhaltung oder sonstigem Mangel an Entgegenkommen beantwortet, hierin eine neue schwere Eheverfehlung liegt, welche die Fortdauer der Zerrüttung und ihre Unheilbarkeit begründet und erstere vertieft und somit neuer unverziehener Scheidungsgrund sein kann. Andererseits wird man den vom RG. aufgestellten Grundsatz, daß der verzeihende Teil die Verpflichtung übernimmt, in Zukunft seinerseits alles zu tun, um die Ehe erträglich zu machen (RG. 164 S. 273, JW. 1936 S. 1961, Recht 1922 Nr. 171), der sich auch aus §§ 76, 1353 Abs. 2 Satz 2 BGB. ergibt, nicht überspitzen und nur anwenden dürfen, wenn nicht feststeht, daß das Versagen des Verzeihenden eben darauf beruht, daß die von dem Schuldigen herbeigeführte Zerrüttung seiner ehelichen Gesinnung zu tief und deshalb die Zumutung, welche er guten Willens mit der Verzeihung selbst an sich gestellt hatte, zu schwer war, so daß es sich nur um einen Verzeihungsversuch handeln konnte. Sonst wird der gekränkte verzeihende Teil noch zum schuldigen! (bloß weil er die Unheilbarkeit der Zerrüttung, die das Gesetz voraussetzt, nicht erkannt hatte). RG. hat wiederholt erklärt, daß der voreiligen Verzeihung (RG. 169 S. 201/2) und dem erfolglosen Aussöhnungsversuch (RG. 163 S. 141; vgl. auch 4a), desgleichen der bedingten Verzeihung, wenn die Bedingung ausgefallen oder nicht eingetreten ist (JW. 19 S. 820; s. auch 6 a. E.), die Wirkung nicht zukomme, nach § 49 (früher § 56) den Scheidungsanspruch zu zerstören. In diesen Urteilen drückt sich nichts anderes und nicht mehr aus, als eine Teilerkenntnis des dargelegten Sachverhalts. In Wirklichkeit ist die Verzeihung in allen Fällen des § 43 schon nach der gesetzlichen Voraussetzung einer durch die Eheverfehlung herbeigeführten unheilbaren Ehezerrüttung niemals etwas anderes als voreilig oder als ein von vornherein zum Scheitern verurteilter Aussöhnungsversuch. Nur kann man dem nach der positiven Bestimmung des § 49 keine Bedeutung beimessen, es sei denn, man habe den Mut, diese offensichtlich zu § 43 unstimmige Vorschrift unangewandt zu lassen.

Nach Denkgesetzen kann die Verzeihung des Ehebruchs den Scheidungsanspruch vernichten, weil dieser keine unheilbare Ehezerrüttung voraussetzt, also nicht vom Gesetz selbst die Aussichtslosigkeit einer Verzeihung vorausgesetzt wird. Hat der Ehebruch aber die Ehe unheilbar zerrüttet, so daß er auch nach § 43 Scheidungsgrund ist, so gilt für ihn insoweit das Gesagte gleichfalls.

Im übrigen kann nach Denkgesetzen nur ein Verzicht auf den Scheidungsgrund trotz bestehenbleibender Zerrüttung erheblich sein (s. III), der allerdings auch in der Verzeihung liegen kann, aber nicht in ihr liegen muß, deshalb nicht, weil eben die Verzeihung die Beseitigung der Zerrüttung erstrebt und ein in sie hineinzudeutender Verzicht auf den Scheidungsanspruch daher nur bedingt für den Fall einer Ausheilung der Ehesituation gewollt sein wird (vgl. zu Vorstehendem 6 zu § 43, 5 b zu § 42).

2. b) § 49 behandelt zwei voneinander — vermeintlich — verschiedene Tatbestände, von denen der eine, die **VERZEIHUNG,** den entstandenen Scheidungsanspruch vernichtet, der andere, der **MANGEL AN EMPFINDUNG DER** — objektiv — **EHEZERSTÖRENDEN WIRKUNG** (s. 9 und 10) einer Eheverfehlung ihn gar nicht erst entstehen läßt. Die Rechtsprechung des RG., insbesondere RG. 165 S. 107 (115, 116) hat diesen Gegensatz scharf herausgearbeitet. Es ist nachzuprüfen, ob er besteht.

Richtig ist, daß die Verzeihung, obwohl der Scheidungsanspruch nur entstehen kann, wenn sie aussichtslos ist (s. 1), und ihre Aussichtslosigkeit eine gesetzliche Voraussetzung seiner Entstehung ist, den angesichts ihrer Aussichtslosigkeit entstandenen Scheidungsanspruch trotz ihrer Aussichtslosigkeit wieder vernichtet, es sei denn, daß man den Mut hat, dieses zugleich unvernünftige und unbillige Ergebnis abzulehnen und die Gesetzesstelle nicht anzuwenden. Wenn der schuldlose Ehegatte, nach seinem Verhalten zu schließen, die Verfehlung des anderen nicht als ehezerstörend empfunden hat, so kann eine Ehezerrüttung infolge dieser Verfehlung auf seiner Seite nicht eintreten. Es ist richtig, daß in diesem Fall ein Scheidungsanspruch überhaupt nicht entsteht. Aber es ist trotzdem nicht richtig, daß immer zwischen den beiden Tatbeständen ein Gegensatz besteht. Sehr wohl kann der verletzte Ehegatte sich durch eine Eheverfehlung gekränkt fühlen und die Kränkung trotzdem verzeihen, weil er sein Gefuhl der Kränkung a limine bekämpft und es keine ehezerrüttende Bedeutung gewinnen lassen will; auch in solchem Falle tritt keine Ehezerrüttung ein und entsteht der Scheidungsanspruch überhaupt nicht. Diese Erkenntnis verwischt den angeblichen Gegensatz der beiden Tatbestände.

Es ist ferner bei beiden Tatbeständen möglich, daß sich die Ansicht oder Einsicht des verletzten Ehegatten nachträglich ändert. Es kann sein, daß dem Verzeihenden die Schwere der Kränkung (Verfehlung) erst allmählich und nachträglich bewußt wird, und ebenso kann es sein, daß dem Ehegatten, der anfangs eine ehezerstörende Wirkung der Verfehlung überhaupt nicht empfunden und darum nichts zu verzeihen hatte, allmählich diese ehezerstörende Wirkung doch zum Bewußtsein kommt. Es ist nirgends bestimmt, daß eine Eheverfehlung nur dann Scheidungsgrund ist, wenn sie eine Ehezerrüttung sofort zur Folge hat, und nicht auch, wenn sich diese Folge erst allmählich einstellt.

Für die Verzeihung ist sogar, wenn die verziehene Verfehlung die Ehe alsbald zerrüttet hat, anerkannt (RG. 154 S. 255), daß sie den Scheidungsanspruch unberührt läßt, wenn der Verzeihende den Umfang der Verfehlung und die Umstände, welche ihre Schwere bestimmen, nicht alle kannte, ja sogar dann widerruflich ist, wenn sich Folgen der Verfehlung für das Gemeinschaftsleben in der Ehe oder für den verzeihenden Teil oder dessen Kinder herausstellen, welche er bei der Verzeihung nicht vorausgesehen oder gewürdigt hat (s. 5, RG. 165 S. 115, 116, 169 S. 201). Es handelt sich bei dieser Rechtsprechung freilich um den Umfang der Kenntnis, nicht der inneren Einsicht.

Es ist aber durchaus nicht einzusehen, warum nicht auch eine gewachsene Einsicht für die Schwere der Verfehlung und insbesondere in die sich darin bekundende Gesinnung des Gatten und seine Beweggründe und das daraus entspringende gesteigerte Gefühl der Kränkung die Verzeihung soll rückgängig machen können. Beispiel: Eine junge Frau, welche ihren Mann liebt, trägt ihm einen Fehltritt nicht nach, weil sie an seine Liebe glaubt und deshalb für seinen Fehltritt eine Reihe von Entschuldigungen findet; allmählich erkennt sie aus seinem weiteren Benehmen gegen sie, daß er ein krasser Egoist ist, der keine Rücksicht auf sie nimmt, wenn es gilt Opfer zu bringen, und daß auch jener Fehltritt nicht durch Verführung oder wen oder was immer zu entschuldigen, sondern Ausdruck seiner bewußten Rücksichtslosigkeit gewesen war. Ist dies richtig, so muß auch erst ein nach einiger Zeit entstandenes Gefühl für die ehezerstörenden Wirkungen der Verfehlung, mag früher eine Kränkung überhaupt nicht empfunden oder empfunden und verziehen worden sein, den Scheidungsanspruch entstehen lassen können (wohl wie hier RG. 163 S. 141 unten, vgl. auch ROLG. 44 S. 176).

Wenn es richtig ist, daß nicht bloß die auf vermehrter Erkenntnis der Tatumstände der Eheverfehlung, sondern auch die auf besserer Einsicht beruhende nachträglich gesteigerte Empfindung der Kränkung eine beachtliche Ehezerrüttung herbeiführen und die Wirkung einer Verzeihung auf den Scheidungsanspruch hinfällig machen bzw. diesen zur Entstehung bringen kann, so nähern sich die beiden Tatbestände einander auch in dieser Beziehung. Wegfall eines Verzeihungswillens und späterer Eintritt der Kränkungsempfindung, beides wegen späterer Einsicht, sind praktisch dasselbe.

RG. a. a. O. folgert aus der Verschiedenheit der beiden Tatbestände, daß der schuldlose Ehegatte zwar seine Verzeihung rückgängig machen könne, wenn nachträglich wesentliche Auswirkungen der Verfehlung bekannt werden, welche ihm bei der Verzeihung nicht bekannt waren, auch wenn sie mit der sittlichen Wertung der Eheverfehlung nichts zu tun haben, oder wenn ihm im Augenblick der Verzeihung — z. B. infolge hochgradiger Erregung — die Fähigkeit gefehlt hatte, die volle Tragweite der Verfehlung und ihre Auswirkungen für das Eheleben zu würdigen und zu erfassen (RG. 169 S. 201), während derjenige Ehegatte, welcher die Eheverfehlung nicht als ehezerstörend empfunden und deshalb keinen Scheidungsanspruch erworben hat, nicht nachträglich, weil ihm solche Auswirkungen bekannt werden, die Scheidung begehren könne. Die Entscheidung mag in jenem Fall richtig gewesen sein, aber es dürfte nicht zutreffen, daß sich denkgesetzlich notwendig aus dem Unterschied der beiden Tatbestände diese Folgerung ergibt. Wenn ein Ehegatte dem andern einen Ehebruch verzeiht, soll er an die Verzeihung nicht gebunden sein, wenn sich nachträglich herausstellt, daß der schuldige Teil durch den Ehebruch geschlechtskrank geworden ist oder ein Kind erzeugt hat (RG. Warn. 1938 Nr. 90). Dem ist wohl zuzustimmen, besonders, wenn die Geschlechtskrankheit schwer ist, abgesehen von dem dann selbständig daneben bestehenden Tatbestand des § 46. Es ist aber nicht einzusehen, warum der schuldlose Gatte eine solche Folge soll in Kauf nehmen müssen, wenn er zunächst vom Gesichtspunkt der sittlichen Wertung aus den Ehebruch leicht genommen hatte. Oder ein Ehegatte hat eine körperliche Mißhandlung verziehen, ein anderer hat sie überhaupt nicht als ehezerstörend empfunden, nachträglich stellt sich in in beiden Fällen heraus, daß der Mißhandelte einen inneren Schaden davongetragen hat. Warum sollen diese Fälle anders zu beurteilen sein, als Fälle, in denen der schuldlose Gatte sich über die Person des am Ehebruch Mitschuldigen geirrt und deshalb den Ehebruch verziehen bzw. nicht als ehezerstörend empfunden hatte, während er nach Aufklärung über seinen Irrtum die Verzeihung versagen will bzw. den Ehebruch als ehezerstörend empfindet? Auch in dem Falle RG. 165 S. 105 handelte es sich darum, daß nachträglich eine um Jahre längere Auflösung der häuslichen Gemeinschaft eintrat, als der schuldlose Ehegatte ursprünglich vorausgesehen hatte. Man kann darüber zweifeln, ob dies nicht ausreicht, nachträglich eine Ehezerstörung zu empfinden. Dasselbe ist bezüglich des Falles RG. 155 S. 292 zu sagen, in dem eine Verzeihung als widerruflich angesehen wurde, weil nachträglich die Folge der Verfehlung eintrat, daß der schuldlose Teil sich von seinem Kinde hätte trennen müssen, wenn er bei dem schuldigen Teil verblieben wäre. Warum soll diese Folge nicht nachträglich das Gefühl für die Ehezerstörung erwecken können? Die von RG. 165 S. 116 angestellte Erwägung, daß die Verfehlung und nicht ihre Folge der Scheidungsgrund sei, trifft nicht in vollem Umfang zu. Denn Scheidungsgrund ist die Verfehlung und die durch sie verursachte Zerrüttung und es ist sehr wohl möglich und denkbar, daß die Ehezerrüttung weniger durch die Eheverfehlung, als durch ihre Folgen herbeigeführt wird.

3. c) Verzeihung und Mangel der Empfindung für eine ehezerstörende Wirkung eines im übrigen gegebenen Scheidungstatbestandes berühren den Anspruch auf Scheidung nur in den Fällen, in welchen zum Scheidungstatbestand das **Verschulden** eines Ehegatten gefordert wird. Das sind die Tatbestände des Ehebruchs (§ 42) und des § 43. Für die Verzeihung ist das selbstverständlich; denn sie setzt begrifflich eine Schuld auf der anderen Seite voraus. Im Rahmen der Tatbestände der §§ 44—46 ist für eine Verzeihung kein Raum. Letzteres gilt auch für den Mangel der Empfindung der Ehezerstörung; denn nach §§ 44, 45 wird die Zerrüttung bzw. die Aufhebung der geistigen Gemeinschaft, also eine Ehezerstörung für den Scheidungsanspruch vorausgesetzt, kann es also nicht in Frage kommen, daß ein Scheidungsanspruch entsteht, wenn der geistig gesunde Ehegatte trotz der Krankheit des anderen das Eheverhältnis als unzerstört empfindet (RG. 159 S. 317). Umgekehrt wird im Fall des § 46 eine Zerstörung der Ehe gerade nicht vorausgesetzt, wenn sie auch praktisch immer im gewissen Umfang vorhanden sein wird, so daß es nicht darauf ankommen kann, ob der gesunde Ehegatte die Krankheit des anderen als ehezerstörend empfindet; er ist, mag auch, wenn dies nicht der Fall war, und trotz der Krankheit, insbesondere die Seelengemeinschaft, fortbestanden haben, nicht behindert, diese durch Erhebung des Scheidungsanspruchs zu beenden, weil der Wunsch in ihm lebendig (geworden) ist, eine neue Gemeinschaft mit einem Anderen einzugehen, die sich auch auf das physische Gebiet erstreckt. Vgl. 6 zu § 42, 5 b zu § 43, oben 1 und 2.

4. II. Mit den aus obigen Ausführungen unter 1 und 2 sich ergebenden Vorbehalten gegen die Denkgesetzmäßigkeit der Bestimmungen und mit den daraus sich ergebenden Vorbehalten gegen die Tragweite einer Verzeihung im Rahmen eines Scheidungstatbestandes und gegen das Erfordernis, daß die Eheverfehlung von dem schuldlosen Ehegatten als ehezerstörend empfunden worden sein müsse, seien nachstehend die in Schrifttum und Rechtsprechung anerkannten Grundsätze wiedergegeben; nicht ohne den Versuch, einen eigenen Beitrag zu leisten:

A. **VERZEIHUNG** ist ein innerer Vorgang, die Überwindung der aus der Eheverfehlung des anderen Gatten als Reaktion auf diese sich sofort oder allmählich ergebenden Neigung zur Abkehr von ihm und aus der Lebensgemeinschaft mit ihm im Sinne einer Wiederzuwendung zu ihm und zur Lebensgemeinschaft mit ihm, die aber bis zum **Willen, die Lebensgemeinschaft fortzusetzen,** vollkommen sein muß. Auf diesen Willen, die Ehe fortzusetzen, kommt es entscheidend an. Das

„Nicht mehr böse sein", wenn der Wille sich von dem schuldigen Gatten zu trennen, bereits kundgetan oder gar seine Ausführung eingeleitet ist, genügt nicht, mag dieses „Nicht mehr böse sein" auf christlicher Verzeihung, nachsichtigerer Beurteilung, der Erinnerung an gemeinsam verlebtes Glück oder worauf immer beruhen und sich auch in einem entsprechenden, rein freundschaftlichen Verhalten mit oder ohne gelegentliche Gefühlsaufwallungen, die zu Zärtlichkeiten verleiten, z. B. zu einem Abschiedskuß, einem ausnahmsweise geübten oder gewährten Beischlaf, kundgeben (RG. 134 S. 139, LZ. 1923 S. 132, Warn. 1911 Nr. 383, 1927 Nr. 152, HRR. 1941 Nr. 877). Keine Verzeihung liegt vor, wenn zum Ausdruck gelangt ist, daß keine Bereitwilligkeit besteht, die Ehe und das Zusammenleben fortzusetzen (RG. HRR. 1927 Nr. 27, Warn. 1935 Nr. 276, vgl. aber auch 7 über den Widespruch eines Vorbehalts zum wahren Verhalten). Weder ist Verzeihungsbereitschaft noch das bedingte oder unbedingte Versprechen künftiger Verzeihung, noch ein am Verhalten des anderen gescheiterter Versöhnungsversuch, Verzeihung, mögen auch Zärtlichkeiten damit verbunden sein (RG. JW. 16 S. 46, 1928 S. 2212, HRR. 28 Nr. 1809, Warn. 1912 Nr. 396, 1918 Nr. 120, LZ. 1930 S. 1237). Wird ein Versöhnungsversuch eine Zeitlang ausgedehnt, so kommt er einer Verzeihung gleich (RG. 163 S. 142 oben). Ob der Verzeihende sich durch Vernunft- und Verstandesgründe, Rücksichten auf die Kinder, oder gar auf die Außenwelt oder von Hingezogenheit zu dem schuldigen Gatten zur Verzeihung hat bestimmen lassen, ist unerheblich.

Es ist unerheblich, ob die Verzeihung auf einem zeitlich feststellbaren Entschluß beruht oder der verletzte Gatte sich allmählich durch Wiedererwachen seiner Neigung bestimmt fühlt, sich mehr und mehr dem schuldigen Gatten wiederzuzukehren, so daß die Verzeihung zeitlich unbestimmbar allmählich zustandekommt. Auch ob sie erst nach längerem inneren Zwiespalt, nach längerem Abwarten einer Besserung des schuldigen Teils oder in spontaner Großmut- oder Liebesregung sofort gewährt wird. Jedoch sind in letzterer Beziehung Vorbehalte zu machen. Die Reaktion auf die Eheverfehlung braucht sich nicht sofort einzustellen. Ein vor Eintritt dieser Reaktion bestehen gebliebener und kundgegebener Wille, die Ehe fortzusetzen, ist darum keine Verzeihung. Der Mangel dieser Reaktion kann insbesondere auf ungenügender Einsicht in die Schwere der Verfehlung vom sittlichen Gesichtspunkt oder vom subjektiven Standpunkt des verletzten Gatten aus, in ihre Beweggründe, ihre Folgen für den verletzten Gatten und die Familie beruhen, und diese nur allmählich gewonnene, ursprünglich nicht vorhandene Einsicht, zunächst behindert sein durch angeborene Langsamkeit der Auffassung, durch große Erregung, aber auch durch die sich gegen die volle Einsicht zunächst sträubende Liebe. Darum hat RG. „voreilige Verzeihungserklärungen" nicht für beachtlich angesehen, welche der Ehegatte in der ersten hochgradigen Erregung über die erlittene Kränkung abgegeben hat, ehe er sich zu einem vernünftigen Entschluß durchgerungen haben konnte (RG. 169

S. 202), A. a. O. ist trotz voller Erkenntnis der strafrechtlichen Seite der begangenen Eheverfehlung und der für ihre Beurteilung durch den Ehegatten als solche und für sein Empfinden maßgebenden Umstände ein während eines vollen Monats geübtes aktives Verhalten zugunsten des schuldigen Teiles nicht als Verzeihung gewertet worden, weil es unter dem Einfluß einer fortdauernden hochgradigen Erregung stand, die den verletzten Ehegatten hinderte zu ermessen, was die Verfehlung mit ihren Folgen für das künftige Eheleben bedeutete.

5. Wenn auch der Verzeihende nicht zu wissen braucht, daß er einen Scheidungsgrund hat, noch daß er diesen durch die Verzeihung verliert, so hat die Verzeihung doch diese Folge nur, wenn sie **in voller Kenntnis der Verfehlung des anderen Ehegatten** geübt wird (RG. Warn. 1913 Nr. 296, 1938 Nr. 1055, vgl. 2). Dem Verzeihenden unbekannte Verfehlungen, wie auch ihm unbekannte Umstände, welche die sittliche Bedeutung der Verfehlung und ihre Rückwirkung auf das Eheleben so berühren, daß sie zu einer wesentlich anderen Einstellung des gekränkten Ehegatten hätten führen können, gelten nur dann als verziehen, wenn die Äußerung des Verzeihungswillens eindeutig entnehmen läßt, daß er sich auch darauf bezogen hat. Ob diese Voraussetzung gegeben ist, ist nach Lage des Einzelfalls zu beurteilen (RG. HRR. 1941 Nr. 877) und zu bejahen, wenn der Ehemann der Ehefrau einen Ehebruch verziehen, diese aber, wie ihm später bekannt wird, die Ehe innerhalb kurzer Zeit zweimal hintereinander mit demselben Mann gebrochen hat (a. a. O.), aber zu verneinen, wenn die Frau dem Mann einen Ehebruch mit einem fingierten Mann zugegeben, ihn in Wahrheit aber mit seinem Freund begangen hat (RG. 143 S. 306). Auf alle Einzelheiten der Verfehlung braucht sich die Kenntnis des Verzeihenden nicht zu beziehen (HRR. 1941 Nr. 877), muß aber so weit reichen, daß der verletzte Teil die Schwere der Verfehlung ermessen kann (Warn. 1918 Nr. 126). Die Verzeihung setzt nicht nur volle Kenntnis der Schwere und Bedeutung der Verfehlung, ihrer Tragweite für das künftige Eheleben (RG. 154 S. 255), sondern auch ihrer Folgen voraus (RG. 165 S. 116). Deshalb ist wirksame Verzeihung zu verneinen, wenn der einen Ehebruch verzeihende Gatte nicht weiß, daß sich der andere dabei eine Geschlechtskrankheit zugezogen oder ein Kind erzeugt hat (RG. Warn. 1938 Nr. 90), ferner wenn die Frau, die dem Mann ein Sittlichkeitsverbrechen verziehen hat, dabei nicht wissen kann, daß ihr die Gefahr droht, wenn der Mann nach Strafverbüßung zu ihr zurückkehrt, von dem gemeinsamen Kinde wegen seiner sittlichen Gefährdung getrennt zu werden (RG. 145 S. 292), oder wenn nach der Verzeihung der Trunksucht Wirkungen auftreten, die nicht vorausgesehen werden konnten, z. B. Ausschreitungen, die der Trunksüchtige öffentlich getan hat, oder eine spätere Unterbringung in einer geschlossenen Anstalt wegen Gemeingefährlichkeit (Warn. 1938 Nr. 40) notwendig wird.

Kennen müssen steht dem Kennen nicht gleich (RG. Warn. 1938 Nr. 190), auch nicht bloßer Verdacht einer Eheverfehlung.

Werden die Verfehlungen oder Tatumstände oder Folgen, auf welche die Verzeihung sich nicht erstreckt hat, dem schuldlosen Ehegatten erst bekannt, nachdem seine Scheidungsklage wegen der Verzeihung schon abgewiesen war, kann er eine neue Scheidungsklage erheben (RG. 154 S. 253).

Natürlich kommt es für den Umfang der Verzeihung nicht nur auf den Umfang der Kenntnis der Verfehlung und ihrer Wirkungen (s. oben), sondern, und zwar in erster Linie, auf den **Umfang des Verzeihungswillens** an, der notfalls durch Parteivernehmung gemäß § 449 ZPO. aufzuklären ist (Warn. 1935 Nr. 144). Der Verzeihende kann bestimmte ihm bekannte Verfehlungen oder Verfehlungswirkungen von der Verzeihung ausschließen, umgekehrt aber auch ihm unbekannte, aber als möglich vorgestellte oder auch nicht vorgestellte einschließen und Verzeihung ganz im allgemeinen erteilen (JW. 1913 S. 139, 1919 S. 306, HRR. 27 Nr. 447, 1931 Nr. 877, Warn. 1928 Nr. 130, RG. 154 S. 256, 95 S. 285). Regelmäßig müssen aber besondere Umstände nachgewiesen werden, welche mit Sicherheit den Willen erkennen lassen, auch solche Verfehlungen zu verzeihen, die dem Verzeihenden nicht bekannt waren, besonders wenn er keinen oder doch nur einen ganz unbestimmten Verdacht weiterer Verfehlungen hatte (RG. Warn. 1914 Nr. 165).

6. Die Verzeihung **ist** eine Willensrichtung (**Willenswendung,** die sich dem Verzeihenden selbst unbewußt vollziehen kann), **nicht** so sehr eine Willenserklärung, wenngleich sie natürlich auch durch Erklärung geübt werden kann. Sie ist kein **Rechtsgeschäft,** wie die Eheschließung es gewesen ist. Ein minderjähriger Gatte bedarf also dazu nicht der Zustimmung des gesetzlichen Vertreters. Auch ein Geisteskranker kann sie rechtswirksam üben, aber selbstverständlich kann Verzeihung durch einen Geisteskranken nur angenommen werden, wenn angenommen werden kann, daß er die Bedeutung der Eheverfehlung und ihre Folgen erkannt hat, und daß ihm bewußt war, daß er den Willen zur Ehefortsetzung faßte. Es können auf die Verzeihung auch nicht ohne weiteres unmittelbar die Grundsätze des BGB. über Willenserklärungen, ihre Empfangsbedürftigkeit, ihr Zugehen, über ihre Auslegung und die Bedeutung eines Verhaltens angewandt werden. § 157 BGB. scheidet von der Anwendung ganz aus. Nicht darauf kommt es an, wie der schuldige Ehegatte oder ein Dritter das Verhalten des verletzten Ehegatten aufgefaßt hat oder auffassen konnte, sondern umgekehrt, wie dieser — freilich nach der auf Grund freier Beweiswürdigung gebildeten richterlichen Überzeugung (s. 7) — es gemeint hat (RG. 105 S. 106, LZ. 1923 S. 317, Warn. 1930 Nr. 70). Irrtum und Täuschung über den Umfang der Verfehlung, ihre Begleitumstände und ihre Folgen, schließen eine wirksame Verzeihung schon unter dem Gesichtspunkt aus, daß der Verzeihende davon Kenntnis haben muß; eine Anfechtung der Verzeihung ist daher gegenstandslos (RG. 123 S. 235). Ein Irrtum über den Inhalt der Erklärung kann bei der Verzeihung nicht in Frage kommen, weil es auf den Verzeihungswillen und nicht auf seine Erklärung ankommt; wenn er sich natürlich auch irgendwie äußern muß, hat er sich doch in einer Erklärung nicht geäußert, die ihn gar nicht kundgeben sollte. Auch der bloße Irrtum im Beweggrund kann die Verzeihung wirkungslos machen. Freilich wird dies von einer bloß irrtümlichen Erwartung, z. B. der enttäuschten Hoffnung auf Besserung, nicht gelten können, wohl aber von der irrtümlichen Annahme vergangener oder gegenwärtiger Tatsachen, z. B. der irrtümlichen Annahme, daß der schuldige Teil sich gebessert hat oder daß er irgendeine gute Tat vollbracht habe, welche bei der sittlichen Wertung seiner Persönlichkeit seine Verfehlung in den Augen des Verzeihenden aufgehoben und bei der Verzeihung eine Rolle gespielt hat. Ein solcher Beweggrund kann sich zur Bedingung der Verzeihung verdichten, so daß die Verzeihung hinfällig ist, wenn die Bedingung ausfällt, z. B., daß der andere Teil den Verzeihenden wieder aufnimmt (JW. 1903 Beil. 3 S. 27[50]), oder daß der andere Teil seinerseits Verzeihung übt (Recht 1927 Nr. 1353) — es kann aber, wenn bei gegenseitiger Verzeihung die eine Verzeihung bedingt ist und wegen Ausfalls der Bedingung unwirksam ist, die andere bestehen bleiben (?) (JW. 1937 S. 2040) — oder daß der andere Teil sich bessert, insbesondere eine andere Frau entläßt, oder daß eine von ihm versicherte Tatsache sich als wahr erweist (Warn. 1913 Nr. 62, s. auch 7 gegen E., oder daß ein Ehebruch der Frau nicht bekannt, das von ihr empfangene Kind eines anderen Mannes im Geheimen geboren und außerhalb des Hauses erzogen wird (Frankf. HRE. Bd. 1 S. 163). Unerfüllbare Bedingungen, welche der Verzeihung beigefügt werden, schließen die Verzeihung aus (Warn. 1913 Nr. 205); § 162 Abs. 1 BGB. ist entsprechend anzuwenden (RG. Warn. 1919 Nr. 206), ebenso Bedingungen, die mit ehelicher Gesinnung unvereinbar sind, denn sie beweisen, daß nicht verziehen wurde (a.A. Frankf. a. a. O.: unbeachtlich). Desgleichen ist eine auflösende Bedingung mit dem Verzeihungswillen nicht wohl vereinbar und nicht denkbar. Ebensowenig eine aufschiebende oder auflösende Betagung. Die Verzeihung muß eine innere Willenszuwendung des Verzeihenden sein, liegt daher nicht vor, wenn sie infolge Drohung oder Zwangs geübt wurde.

7. Die Verzeihung ist ein innerer Vorgang. Aber innere Vorgänge sind rechtlich nicht beachtlich, wenn sie sich überhaupt nicht kundgeben. Es fragt sich, ob das EheG. von 1938 (§ 56) und ihm folgend § 49 nur diese Selbstverständlichkeit ausdrücken wollen, indem abweichend von § 1570 BGB. statt: „wenn der Verletzte verziehen hat", gesagt wird, „wenn sich aus seinem Verhalten ergibt, daß er verziehen hat" oder, ob damit mehr als die erwähnte Selbstverständlichkeit ausgedrückt sein soll. Letzterenfalls ob nur, daß jede Art der Äußerung des Verzeihungswillens genügt, auch eine wortlose Äußerung, was gleichfalls selbstverständlich ist, oder aber, daß der schuldlose Ehegatte die Schlüsse gegen sich gelten lassen muß, die aus seinem Verhalten zu ziehen waren, diesfalls wiederum für den Richter oder den Ehepartner. Es soll wohl nur gesagt sein, daß die Schlüsse maßgebend sind, die nach freier richterlicher Beweiswürdigung aus dem Verhalten des verletzten Ehegatten durch den Richter zu ziehen sind, und daß deshalb der geheime Vorbehalt, ja der z. B. bei dem Geschlechtsverkehr erklärte Vorbehalt, nicht verzeihen zu wollen, bedeutungslos ist, wenn er mit dem tatsächlich geübten Verhalten nicht zu vereinen ist. Auch das ist freilich selbstverständ-

lich und wurde schon früher von der Rechtsprechung angenommen (RG. 134 S. 140, 96 S. 268).

Die **Kundgebung des Verzeihungswillens** ist auf mannigfaltige Weise möglich. Nur ist im Einzelfall immer zu prüfen, ob es sich um mehr als den Ausdruck der Verzeihungsbereitschaft oder des Aussöhnungsversuchs handelt. Die Verzeihung kann mit Worten erklärt werden, auch wenn sich diese an Dritte richten und dem schuldigen Teil nie bekannt werden (S. 6), doch hat der Richter das gesamte Verhalten des verletzten Gatten zu würdigen. Ausübung und Gewährung des Geschlechtsverkehrs oder einer sonstigen geschlechtlichen Annäherung, auch Liebkosungen und Zärtlichkeiten, Küsse usw. sind zwar in besonderem Maße ein Verhalten, welches bei unbefangener natürlicher Wertung den Ehefortsetzungswillen, also eine Verzeihung, ergibt. Aber das gilt nicht ohne Einschränkung und ist Tatfrage (JW. 1906, S. 752, 1919 S. 573, HRR. 1929 Nr. 1438, Warn. 1930 Nr. 750, 1932 Nr. 179, RG. 134 Nr. 139), wenn auch im Zweifel zu bejahen (RG. 96 S. 268), nach Warn. 1920 Nr. 45 sogar wenn die Ehegatten darüber einig sind, daß der Scheidungsprozeß fortgehen solle (anders LZ. 28 S. 1254). Verzeihung liegt in der Hingabe der Frau, wie sich schon aus 6, ergibt, nicht, wenn sie z. B. mangels getrennter Schlafzimmer keine Möglichkeit hat, sich der Zumutung des Mannes zu entziehen und ihr aus Angst vor Mißhandlungen nachgibt oder sonst dazu gezwungen wird (RG. Warn. 1930 Nr. 170, HRR. 1935 Nr. 1597), auch nicht, wenn der Mann ihr zusichert, daß niemand etwas von ihrer Hingabe erfahren soll (?) (HRR. 1939 Nr. 1451) oder wenn die Frau dem Beischlaf vorausgehende abnorme Handlungen des Mannes nur mit Ekel und mit wachsendem Widerwillen ertragen hat (RG. Warn. 1926 Nr. 160). Dagegen kann oder um nicht zu sagen, muß, eine Verzeihung in einem Geschlechtsverkehr erblickt werden, den der verletzte Ehegatte selbst erzwingt. Wird der Geschlechtsverkehr erschlichen, indem die Absicht vorgetäuscht wird, die Ehe fortzusetzen, so liegt in ihm keine Verzeihung (RG. JW. 1928 S. 905). Auf Verführung kann der verletzte Ehegatte sich nicht berufen, wohl aber auf Überraschung, auch auf überraschende Ausnutzung einer Anwandlung von geschlechtlicher Begierde. Der ordentlichen Beiwohnung gleichzusetzen und wie sie zu beurteilen sind andere geschlechtliche Handlungen (RG. Warn. 1933 Nr. 10). Wie jede Verzeihung kann auch die Verzeihung, die im Geschlechtsverkehr liegt, bedingt sein z. B. durch die Besserung des anderen Teils und ist als durch diese bedingt anzusehen, wenn der Geschlechtsverkehr gegen das Versprechen der Besserung gewährt war (RG. LZ. 1922 S. 464). Das bloße weitere äußere Zusammenleben ohne Geschlechtsverkehr ist im allgemeinen kein verzeihungsmäßiges Verhalten (RG. LZ. 1923 S. 132), auch nicht, wenn die Frau fortfährt, dem Mann Dienste zu leisten und für ihn zu sorgen, bzw. der Mann, ihre Dienste und Fürsorge anzunehmen, erst recht nicht ein sonstiges versöhnliches Verhalten, wenn das eheliche Zusammenleben abgelehnt wird (RG. Warn. 1935 Nr. 276). Die Unterlassung der Scheidungsklage ist kein Ausdruck der Verzeihung. Ob dieser in ihrer Zurücknahme liegt, ist Frage des Einzelfalls (RG. JW. 1903 Beilage 26[25], LZ. 1923 S. 132).

8. Die Verzeihung kann auch noch im Scheidungsprozeß **bis zur Rechtskraft des Urteils** geübt werden. Sie ist von Amts wegen zu beachten, wenn sich aus dem Parteivortrag ergibt, daß die Verfehlung verziehen ist. Die Verzeihung kann aber nur in den Tatsacheninstanzen berücksichtigt werden, in der Revisionsinstanz nicht mehr. Jedoch kann die Klage nach § 614a ZPO. jetzt auch in der Revisionsinstanz auf die Verzeihung hin noch zurückgenommen werden; das Scheidungsurteil wird dann wirkungslos, auch ohne daß es aufgehoben wird. Wird die Verzeihung erst nach dem Scheidungsurteil erster Instanz gewährt, kann auch der Scheidungskläger Berufung einlegen (s. auch IV).

9. B. DER **MANGEL AN EMPFINDUNG FÜR DIE EHEZERSTÖRENDE WIRKUNG EINER EHEVERFEHLUNG** bei dem schuldlosen Ehegatten verhindert, daß ein Scheidungsanspruch entsteht (s. 2). Eine Eheverfehlung, welche der verletzte Ehegatte nicht als ehezerstörend empfunden hat, ist nach § 49 schlechthin ungeeignet, einen Scheidungsanspruch zu begründen (RG. 163 S. 249). Der Unterschied gegenüber dem Untergang des Scheidungsanspruchs durch Verzeihung zeigt sich auch darin, daß eine nicht als ehezerstörend empfundene Verfehlung anders als eine verziehene (§ 51) auch in Verbindung mit einer älteren als selbständiger Scheidungsgrund nicht mehr verwertbaren Verfehlung das Scheidungsverlangen nicht rechtfertigen kann (RG. a. a. O.). Auch in dieser Beziehung ist die Vorschrift mit Vorsicht anzuwenden. Eine leichte Eheverfehlung wird nicht als ehezerstörend empfunden werden, kann aber doch zusammen mit anderen Eheverfehlungen, mögen diese schwer oder nur durch ihre Zahl schwer sein, sehr wohl eine tiefe Ehezerrüttung herbeiführen und den Scheidungsanspruch aus § 43 begründen. In einem solchen Fall kann natürlich nicht aus § 49 abgeleitet werden, daß sie aus den für die Ehezerrüttung ursächlichen Gesamtverhalten des schuldigen Ehegatten ausscheide. Dasselbe muß von einer schweren Eheverfehlung gelten, die von dem verletzten Ehegatten als leichte gewertet und deshalb nicht als ehezerstörend empfunden worden ist.

10. Der Mangel an Empfindung ist eine innere Tatsache, die zur Folge hat, daß eine Ehezerrüttung auf Seite des schuldlosen Gatten nicht eintritt, und seine eheliche Gesinnung unberührt bleibt. Ursache der Unempfindlichkeit kann sein, daß die Ehe schon vorher so tief zerrüttet war, daß sie schlechterdings gar nicht mehr tiefer zerrüttet und deshalb die Verfehlung schlechterdings nicht mehr als ehezerstörend empfunden werden konnte (vgl. 5d zu § 48)) — dann scheidet die Eheverfehlung als Scheidungsgrund mangels Ursächlichkeit für die Zerrüttung schon nach § 43 aus — oder völlige Gleichgültigkeit des verletzten Ehegatten gegenüber dem schuldigen — dieser Fall ist mit den vorigen in eine Reihe zu stellen, denn auch dann liegt eine Ehezerrüttung schon vorher vor — oder die auf moralischen Anschauungen beruhende sittliche Bewertung der Eheverfehlung durch den verletzten Gatten oder endlich unüberwindliche Liebe; wo letztere nicht zusammenfällt mit einem moralisch minderwertigen Werturteil, wie im Fall RG. 165 S. 109, wird wohl meist Verzeihung vorliegen. Auch in den beiden letzteren Fällen kann eine Zerrüttung durch die Verfehlung gar nicht verursacht werden, so daß auch in ihnen der Scheidungsanspruch schon nach § 43 unbegründet ist.

Es ist daher schwer, einen selbständigen **Inhalt der Vorschrift** zu ermitteln (vgl. 1. und 2.). Die h. M. (HRR. 6) und das RG. finden ihn, indem ersichtlich entgegen der Fassung und dem Wortlaut des § 43 angenommen wird, daß dort ein objektiver Maßstab und die Zulässigkeit der Scheidung vorgesehen sei, wenn eine Eheverfehlung begangen wurde, die nach der Erfahrung eine Ehe unheilbar zerrüttet, während es durch § 49 möglich sei, zu berücksichtigen, daß der Kläger entgegen dieser Erfahrung nach seiner subjektiven Einstellung die Eheverfehlung nicht als ehezerstörend empfunden habe. Einen selbständigen Sinn könnte die Bestimmung im Falle des Ehebruchs haben, der nach § 42 Scheidungsgrund ist, ohne eine Zerrüttung vorauszusetzen, gerade deshalb aber ist entgegen h. A. (s. KRR. 6) und RG. die Anwendung der Vorschrift auf den Ehebruch abzulehnen. Es verlöre sonst jeden Sinn, daß § 42 den Ehebruch aus dem Tatbestand des § 43 herausgehoben und für ihn die Voraussetzung der Ehezerrüttung nicht aufgestellt hat (s. hierzu Anm. 5b bei § 42). Dieser kann nicht nur darin liegen, daß im Falle des Ehebruchs die von § 43 geforderte unheilbare Zerrüttung — für welche ohnedies nach derselben Meinung zunächst die Lebenserfahrung maßgebend sein soll, — vom Gesetzgeber unterstellt wird, solange sich nicht ergibt, daß sie nicht eingetreten ist. Rechtspolitisch wäre der Zweck der Verselbständigung des Ehebruchs als Scheidungsgrund zu dürftig, wenn er bloß darin bestände.

Der innere Vorgang im schuldlosen Teil, den die Eheverfehlung bewirkt, braucht sich nicht sofort zu vollziehen. Es ist sehr wohl denkbar, daß diese zunächst nicht als ehezerstörend empfunden wird, dann aber die eheliche Gesinnung des schuldlosen Teiles sich infolge der Eheverfehlung allmählich ändert. Dieser spätere Eintritt der Wirkung kann auf einer sich allmählich ändernden sittlichen Beurteilung der Eheverfehlung oder der gesamten Persönlichkeit des schuldigen Teiles, sei es auf neuen Einsichten, sei es auf einer Wandlung der eigenen sittlichen Anschauungen beruhen. Unter Vorbehalt des § 50, der einen zu langen Schwebezustand ausschließt, muß in beiden Fällen, auch dem letzteren gelten, daß der anfängliche Mangel der Empfindung nicht hindert, daß der Scheidungsanspruch entsteht, wenn die Empfindung sich nachträglich doch einstellt. RG. 165 S. 109 will dies nicht gelten lassen, für den Fall, daß (ohne Wandel der sittlichen Beurteilung der Verfehlung) bloß auf Grund besserer Erkenntnis ihrer Folgen nachträglich Scheidung begehrt wird, obwohl ursprünglich der schuldlose Teil zu erkennen gegeben hatte, daß er sich nichts aus der Verfehlung machte. Ob dies über jenen Fall hinaus allgemein zutrifft, ist zweifelhaft (s. oben 2).

11. Maßgebend und festzustellen ist natürlich das subjektive Empfinden des schuldlosen Gatten. Was er im Prozeß aussagt, bindet den Richter nicht. Handelt es sich auch um einen inneren Vorgang im Herzen des schuldlosen Gatten, so ist er doch nicht anders feststellbar, als durch die Auswirkungen, in denen er sich äußerlich kundgibt. „Aus seinem Verhalten" will das Gesetz entnommen wissen, ob der schuldlose Ehegatte die Eheverfehlung als ehezerstörend empfunden hat. Da das „Nichtempfinden" anders als die Verzeihung überhaupt kein Willensakt, auch nicht im Sinne einer bloßen unbewußten Änderung der Willensrichtung ist, sind die Vorschriften und Grundsätze, welche über rechtsgeschäftliche Willenserklärungen gelten, noch weniger anwendbar als für die Verzeihung (s. 6.). Die in 7. erörterten Zweifel treten auch hier auf, mit demselben Ergebnis, daß die Schlüsse maßgebend sind, die der Richter nach freier richterlicher Beweiswürdigung aus dem Verhalten des verletzten Ehegatten zieht. Es ist aber zu fragen, in welchem Umfange dabei der Richter das Verhalten des klagenden Ehegatten zu berücksichtigen hat. Kommt nur ein auf die Verfehlung folgendes oder auch ein ihr vorangegangenes Verhalten in Betracht? Die h. M. (Achilles-Greiff 8 KRR. 6) beantwortet diese Frage in letzterem Sinn und will das allgemeine Verhalten des schuldlosen Ehegatten auch vor der Verfehlung, auch seine bis dahin geäußerten und getätigten Gewohnheiten, die ehelichen Beziehungen der beiden Gatten vor der Verfehlung, einen etwaigen Hang des schuldlosen Ehegatten zu gleichartigen Verfehlungen berücksichtigen. Dies geht offenbar zu weit. Festzustellen ist die Reaktion des Empfindens des schuldlosen Ehegatten auf die konkrete Verfehlung und es genügt nicht, daß sie nur vermutet wird. Mit Recht sieht Kiel DRG. 47 S. 166 auch bei der Ehe zwischen einer Bordellwirtin und einem Verbrecher im Ehebruch des Mannes einen Scheidungsgrund. Aus dem Verhalten vor der Verfehlung, allgemeinen Charakter- und Gemütsanlagen, allgemeinen Anschauungen, welche vor der Verfehlung — ob im Ernst? — geäußert worden sind, können äußerstenfalls Vermutungen abgeleitet werden, welche Schlüsse stützen, die aus dem Verhalten nach der Verfehlung gezogen werden können. Ist letzteres überhaupt nicht möglich, so ist jedes Bedenken, daß der Kläger die Eheverfehlung nicht als ehezerstörend empfunden habe, hinfällig. Dies gilt auch, wenn aus dem Verhalten nach der Verfehlung deshalb keine Schlüsse zu ziehen sind, weil der Verletzte von ihr — z. B. auch infolge geistiger Umnachtung (RG. 163 S. 347 s. u.) — keine Kenntnis erlangt hat(te); es wäre grundsätzlich verkehrt, in einem solchen Fall allein aus seinem Verhalten vor der Verfehlung, sei es auch anläßlich einer gleichartigen oder selbst schwereren oder aus eigener Verfehlung des Verletzten zu schließen, daß er die Verfehlung nicht als ehezerstörend empfunden hätte, wenn er davon Kenntnis gehabt hätte. Nur, wenn sein Verhalten zur Zeit oder nach der Eheverfehlung völlige Indolenz und Gleichgültigkeit gegenüber dem anderen Ehegatten ausdrückt, kann dieses ergeben, daß er dessen Verfehlung, auch wenn er sie gekannt hätte, nicht als ehezerstörend empfunden haben würde; dies kann bei Getrenntleben zutreffen. Meist wird dann die Ehe schon vor der Verfehlung tief zerrüttet sein. Auch die Erhebung der Herstellungsklage ergibt nicht ohne weiteres, daß der Kläger eine Eheverfehlung des Beklagten nicht als ehezerrüttend empfunden hat (RG. JW. 11 S. 369, W 15 S. 88, aber W 170). Völlig auszuscheiden sind Gesichtspunkte, welche mit dem Verhalten nichts zu tun haben, wie die Zugehörigkeit zu bestimmten Volksschichten, zum einen oder anderen Geschlecht, Entschuldigungsgründe, welche die Eheverfehlung in einem milderen Lichte zeigen (Weinseligkeit!).

RG. geht davon aus, daß ein Geisteskranker sich überhaupt nicht so verhalten könne, daß aus seinem Verhalten Schlüsse gezogen werden könnten. Das Verhalten eines Geisteskranken sei daher sittlich belanglos. Es könne deshalb auf den Scheidungsanspruch eines Geisteskranken wegen Ehebruchs — ein anderer aus Verschulden kann ihm nach RG. nicht erwachsen, s. 6 zu 43 — die zweite Alternative des § 49 nie anwendbar sein (RG. 163 S. 347).

12. Ob der schuldlose Teil die Eheverfehlung als ehezerstörend empfunden hat, ist von Amts wegen zu prüfen.

13. III. Der Scheidungsanspruch ist ein materiellrechtlicher Anspruch, man kann ihn sich vorstellen — nicht eben als rechtsverwandt oder rechtsähnlich, aber — erscheinungsmäßig ähnlich dem Anspruch auf Beendigung einer Gemeinschaft oder einer Gesellschaft. Auf diesen materiellrechtlichen Scheidungsanspruch kann auch verzichtet werden (RG. HRR. 42 Nr. 75). Dieser **VERZICHT** liegt bedingt (s. 1 a E.) natürlich immer in einer Verzeihung, die anders nicht denkbar ist, weil sie den Willen voraussetzt, die Lebensgemeinschaft fortzusetzen, braucht aber seinerseits eine Verzeihung nicht zu enthalten (Warn. 32 Nr. 161) und unterscheidet sich von der Verzeihung begrifflich eben dadurch, daß er ohne Fortsetzungswillen möglich ist. Er kann, wenn der Scheidungsanspruch auf Eheverfehlung und durch sie herbeigeführte Ehezerrüttung beruht, erklärt werden, ohne daß Verzeihung geübt, die Zerrüttung beendet und eine Aussöhnung herbeigeführt werden soll (vgl. den Fall RG. 163 S. 250, in welchem der Ehemann sich von der Beklagten um eines kurzen Geschlechtsgenusses willen den Anspruch hat abgewinnen lassen, die Scheidungsklage zurückzunehmen), und, obwohl die Eheleute die häusliche Gemeinschaft nicht wiederherstellen und fortfahren getrennt zu leben. Es ist auch denkbar, daß in einem Scheidungsabkommen, welches gerade der Erleichterung der Scheidung dienen soll, der eine Teil darauf verzichtet, aus einem bestimmten Tatbestand bzw. seinerseits (durch Widerklage) einen Scheidungsanspruch zu erheben (RG. HRR. 42 Nr. 751). Wesensverschieden von der Verzeihung hat der Verzicht nicht die weitgehenden Folgen wie diese nach § 1353 Abs. 2 S. 3 BGB. (s. § 76); jedoch ergeben diese zum Teil sich aus dem Untergang des Scheidungsrechts (s. 16). Der Verzicht ist unabhängig von der Wiederkehr der ehelichen Gesinnung des Verzichtenden, kein Vorgang des Gefühls, sondern ein reiner Willensvorgang und eine Willenserklärung. Es sind demnach auch die Vorschriften über Willenserklärungen anzuwenden, welche für die Verzeihung keine Rolle spielen.

Der Verzicht kann und wird häufig zugleich ein dem Verzicht entsprechendes prozessuales Verhalten, z. B. die Unterlassung der Scheidungsklage oder des Gebrauchs eines Rechtsmittels zum Gegenstand haben. Auch solche Abkommen sind zulässig. Der Rechtsmittelverzicht, der nach dem Urteil vereinbart wird, ist unbedenklich zulässig, die Zulässigkeit vor dem Urteil kann bestritten werden (s. 15 a. E.).

14. Der Verzicht kann außergerichtlich und gerichtlich im Scheidungsprozeß erklärt werden. In beiden Fällen vernichtet er, soweit zulässig, materiellrechtlich den Scheidungsanspruch; im letzteren Fall hat er zugleich prozeßrechtliche Wirkung (§ 306 ZPO.).

A. **Der außergerichtliche Verzicht** ist ein Vertrag (arg. § 397 BGB.), auf welchen naturgemäß alle Vorschriften über Verträge und Willenserklärungen, deren Empfangsbedürftigkeit, ihr Zugehen, ihre Auslegung usw. anzuwenden sind. Der Verzicht kann daher auch aus dem Verhalten der Ehegatten entnommen werden, z. B. in der Vereinbarung des Getrenntlebens und Ausbedingung einer Unterhaltsrente (RG. Warn. 1920 Nr. 114). Aber es kann auch ein minderjähriger Ehegatte ohne Einwilligung des gesetzlichen Vertreters auf den Scheidungsanspruch verzichten. Dies dürfte aus dem vom EheG. selbst, welches als das Spezialgesetz den Vortritt vor dem BGB. hat, in §§ 31 Abs. 2, 33 Abs. 2, 34 Abs. 2 eingenommenen Standpunkt hervorgehen, wonach auch ein minderjähriger Ehegatte ohne Einwilligung seines gesetzlichen Vertreters seinen Aufhebungsanspruch aufgeben kann, indem er zu erkennen gibt, daß er die Ehe fortsetzen will. Daß die Fortsetzung einer aufhebbaren Ehe kein Rechtsgeschäft zu sein braucht (8 zu § 31) ist nicht entscheidend.

Zufolge des außergerichtlich durch Verzicht herbeigeführten Untergangs des Scheidungsanspruchs ist, wenn letzterer trotzdem gerichtlich geltend gemacht oder weiter verfolgt wird, die Klage insoweit abzuweisen, als sie den durch Verzicht untergegangenen Scheidungsanspruch verwirklichen will, sofern durch Einwendung des Beklagten oder sonstwie der Verzicht dem Gericht bekannt wird.

Auch der außergerichtliche Verzicht kann bis zur letzten mündlichen Tatsachenverhandlung mit der angegebenen Wirksamkeit und Folge vereinbart werden.

15. B. **Der gerichtliche Verzicht** auf den Scheidungsanspruch innerhalb eines Scheidungsverfahrens folgt den Regeln des § 306 ZPO. Er ist sowohl Prozeßhandlung, als auch materielles Rechtsgeschäft, durch welches über den materiellrechtlichen Scheidungsanspruch verfügt wird (Jonas-Pohl I zu § 306 ZPO.). Auch in materiellrechtlicher Beziehung folgt der Verzicht dann den Regeln des Prozeßrechts (derselbe VI 3 vor § 128). Er ist dann eine einseitige empfangsbedürftige Willenserklärung, welche in der mündlichen Verhandlung abgegeben sein muß — ist er in einem nur vorbereitenden, nicht bestimmenden Schriftsatz erklärt, so kann er bloß Ankündigung einer Prozeßhandlung oder materiellrechtliche Erklärung sein, deren Wirksamwerden materiellrechtlichen Grundsätzen folgt —, die durch die Prozeßvollmacht (§ 81 ZPO.) gedeckt ist, und die (im Eheverfahren) auch von einem in der Geschäftsfähigkeit beschränkten Ehegatten ohne Einwilligung des gesetzlichen Vertreters wirksam abgegeben werden kann (§ 612 ZPO.). Der Verzicht hat zur Folge, daß die Klage abzuweisen (§ 306 ZPO.) ist, auch wenn der Beklagte dies nicht beantragt; denn der Verzicht ist auch dann als materiellrechtliche Erklärung wirksam (Jonas-Pohl III am Ende), da er als solche nicht zu trennen ist von seiner Natur als Prozeßhandlung und daher auch in ersterer Eigenschaft den Regeln über letztere folgt. Als einseitige Erklärung ist er unabhängig von dem Willen des Beklagten, bedarf nicht der Annahme durch diesen

(Warn. 1924 Nr. 192, JW. 1927 S. 1207), und ist auch gegen seinen Widerspruch zulässig (JW. 1915 S. 148). Soll der Verzicht sich in der Form der Klagezurücknahme vollziehen, bedarf diese zwar der Zustimmung des Beklagten, aber nicht der Verzicht, wenn er gegenüber dem Gericht in der mündlichen Verhandlung erklärt wird.

Der Verzicht kann auch noch bei der mündlichen Verhandlung in der Revisionsinstanz wirksam erklärt werden (RG. Warn. 1924 Nr. 192, JW. 1927 S. 1207), was im Hinblick auf die nach § 614a ZPO. gewährte Möglichkeit, die Klage mit Zustimmung des Gegners bis zur Rechtskraft des Urteils zurückzunehmen, nur dann wichtig ist, wenn der Beklagte mit der Zurücknahme der Klage nicht einverstanden ist, z. B., wenn er erreicht hat, daß der Kläger für mitschuldig erklärt wurde; dann kann der Kläger Berufung oder Revision — soweit diese überhaupt heute noch frei zulässig ist — nur zu dem Zweck einlegen, den Verzicht auf den Scheidungsanspruch zu erklären (ständige Rechtsprechung), durch den der Anspruch auf Mitschuldigerklärung des Klägers (nicht etwa der Anspruch auf urteilsmäßige Bescheidung einer Widerklage) sich erledigt (RG. 115 S. 374).

Ist die Klage abgewiesen, kann der Verzicht auch durch Verzicht auf ein Rechtsmittel (§ 514 ZPO.) erklärt werden, welcher durch einseitige Erklärung vor dem Gericht oder gegenüber dem Gegner bis zur Einlegung des Rechtsmittels durch den Prozeßbevollmächtigten erster Instanz (RG. 68 S. 248) erklärt werden kann (über Anwaltszwang I 3 vor § 606 ZPO.). Er bedarf nicht der Protokollierung durch das Gericht bzw. der Zustellung eines Schriftsatzes (RG. 105 S. 351). Das Rechtsmittel wird durch den Verzicht unzulässig und ist wegen Unzulässigkeit zu verwerfen, wenn der Verzicht nicht vor Ablauf der Rechtsmittelfrist widerrufen wird (RG. 105 S. 355). Der Widerruf ist zulässig, solange das Urteil nicht rechtskräftig ist. Rechtskräftig wird es durch den beiderseitigen Verzicht auf das Rechtsmittel.

16. Die **materiellrechtliche Wirkung** des Verzichts besteht in dem Untergang des Scheidungsanspruches, der gegenüber einer gleichwohl erhobenen Klage mit dem Erfolg eingewandt werden kann, daß sie abzuweisen ist. Ergibt sich für das Gericht auch ohne Einwendung des Beklagten, daß der Kläger auf den Scheidungsanspruch verzichtet hat, so ist der Verzicht von Amts wegen zu berücksichtigen (§ 622 ZPO.) und die Klage gleichfalls abzuweisen.

Über den **Umfang dieser Wirkung** entscheidet der erklärte Verzichtwille, begrenzt durch die guten Sitten. Zweifellos ist ein Verzicht zulässig (RG. HRR. 42 Nr. 751) auf alle Scheidungsansprüche aus allen Scheidungstatbeständen, welche dem Verzichtenden z. Z. des Verzichts bekannt waren. Regelmäßig wird der Verzicht, wenn er nicht ausdrücklich auf den Anspruch aus einem einzelnen Scheidungstatbestand beschränkt wird, dahin auszulegen sein, daß er sich auf alle dem Verzichtenden bekannten Scheidungstatbestände erstrecken soll. Es ist aber auch möglich, daß er darüber hinaus für alle z. Z. des Verzichts eingetretenen Scheidungstatbestände gelten soll, auch wenn sie dem Verzichtenden unbekannt waren, mag er sie vermutet haben oder nicht (RG. DNotZ. 1933 S. 444); dies ist Auslegungsfrage. Andererseits kann der Verzicht sich auf einen einzelnen von mehreren Scheidungstatbeständen z. B. des Ehebruchs im Hinblick auf das Ehehindernis nach §§ 6, 22 oder eine ehrenrührige Verfehlung beschränken, neben welche andere Scheidungsgründe gegeben sind.

Wirkungslos ist ein Verzicht, insoweit als er sich auf künftige Scheidungsansprüche beziehen will (h. A.), wenn auch damit nicht gesagt ist, daß ein Verzicht auf einen Scheidungsanspruch aus einer bestimmten einzelnen künftigen Eheverfehlung unmöglich ist (Arg. § 42 Abs. 2). Meist wird darin eine Zustimmung zur Eheverfehlung liegen, welche ihr diesen Charakter nimmt, und die Entstehung eines Scheidungsanspruches verhindert. Einen Verzicht auf jeden künftigen Scheidungsanspruch, aus welcher Eheverfehlung immer, würde gegen die guten Sitten verstoßen und nichtig sein.

Setzt der Scheidungsanspruch einen Dauertatbestand voraus, ist ein Verzicht auf jeden Anspruch aus der ganzen künftigen Dauer des Zustandes nicht zulässig. Es scheidet also aus ein Verzicht auf einen Scheidungsanspruch auf Grund eines Tatbestandes, der unter §§ 44—46 fällt (h. A.), soweit er sich auf die Zukunft bezieht. Dagegen ist ein Verzicht auf einen Scheidungsanspruch nach § 43 zulässig, obwohl auch dieser unheilbare Zerrüttung, also einen Dauerzustand voraussetzt, soweit er sich auf die vor dem Verzicht liegenden Eheverfehlungen, welche die unheilbare Zerrüttung verursacht haben, und etwa einzelne bestimmte künftige Eheverfehlungen bezieht; es folgt daraus, daß wegen späterer Eheverfehlungen, welche von dem Verzicht nicht mit umfaßt werden, ein Scheidungsanspruch nur hergeleitet werden kann, wenn sie die unheilbare Zerrüttung noch weiter vertieft haben.

Das Gesagte hat für die Vereinbarung des Getrenntlebens die Bedeutung, daß ihrer ungeachtet nach Ablauf der dreijährigen Frist die Scheidung verlangt werden kann. Es spielt hier auch der Gesichtspunkt der Zustimmung herein, die sich auch auf künftige Eheverfehlungen beziehen kann und diese des Charakters einer solchen entkleidet, solange sie nicht widerrufen ist. Die Aufhebung der häuslichen Gemeinschaft braucht aber nicht Eheverfehlung zu sein, um den Scheidungsanspruch zu begründen; nur daß kein Gatte gegen den anderen wegen Eheverfehlung durch Aufhebung der häuslichen Gemeinschaft als solcher den Widerspruch nach § 48 Abs. 2 erheben kann, wenn die Trennung vereinbart war. S. auch unten.

Soweit nach Vorstehendem ein Verzicht zulässig ist, sind auch obligatorische Rechtsgeschäfte zulässig und wirksam, welche den Verzicht zum Gegenstand haben. Daraus folgt nicht, daß im Rahmen eines solchen Verzichtvertrages die Verpflichtung zu einem bestimmten künftigen ehewidrigen Verhalten übernommen werden kann, z. B. die Verpflichtung zur dauernden Aufhebung der häuslichen Gemeinschaft. Dies ist zu verneinen, weil die Übernahme einer solchen Verpflichtung unwirksam wäre (über Wirksamkeit eines gleichzeitig erklärten Verzichts auf den Scheidungsanspruch vgl. aber RG. JW. 1918 S. 87, Warn. 1913 Nr. 548). Gibt in der Folge auf Grund des unwirksamen Abkommens ein Ehegatte dem Verlangen des anderen nicht statt, die eheliche Gemeinschaft wieder herzustellen, so kann und wird darin regelmäßig eine schwere Eheverfehlung liegen, welche dem anderen nun auch nach § 43 einen Scheidungsgrund gibt. Die Unwirksamkeit eines solchen Abkommens erstreckt sich nach § 139 BGB. nicht auf die Rechtsbeständigkeit eines damit verbundenen Abkommens über den Unterhalt, solange der unterhaltspflichtige Teil nicht ernsthaft ohne Rechtsmißbrauch (vgl. zu § 47) die Widerherstellung der häuslichen Gemeinschaft fordert und selbst dazu ernsthaft bereit ist (a. A. RG. 158 S. 294 ff., wonach auch das Unterhaltsabkommen nur wirksam ist, wenn der daraus berechtigte Teil berechtigt ist, die eheliche Gemeinschaft zu verweigern).

Unwirksam ist ein Verzichtsvertrag, der zum Gegenstand hat, daß dem Gericht an Stelle des wirklichen Scheidungstatbestandes, der den Anspruch, auf welchen verzichtet wird, begründen würde, ein erfundener Scheidungstatbestand unterbreitet werden soll. Man könnte daran denken, nur die Vereinbarung über das wahrheitswidrige Vorbringen, weil gegen § 138 Abs. 2 ZPO. verstoßend, als nichtig anzusehen und den Verzicht auf den Scheidungsanspruch aus dem wirklichen Scheidungstatbestand gelten zu lassen, weil er eheerhaltend wirkt. Aber eine Teilnichtigkeit widerspricht in einem solchen Fall dem Willen der Beteiligten, welche den Verzicht ohne den nichtigen Teil ihres Abkommens nicht gewollt haben (§ 139 BGB.). Das verabredungswidrige Vorbringen über den Ehebruch ist also in einem solchen Fall vom Gericht zu beachten und die Ehe wegen Ehebruchs zu scheiden. Natürlich gilt dasselbe, wenn die Vereinbarung keinen Verzicht enthält, sondern nur den dem Gericht zu machenden Vortrag betrifft. Dagegen kann das mit einem solchen Abkommen verbundene Unterhaltsabkommen nach § 139 BGB. teilgültig und verbindlich sein, wenn das Abkommen über das Vorbringen erfüllt wurde (vgl. § 72 RG. 168 S. 269).

Es kann aber auch sein, daß das Abkommen nur die Beschränkung des dem Gericht zu unterbreitenden Streitstoffes und Beweismaterials zum Gegenstand hat. Es kann sein, daß damit der Verzicht auf den Scheidungsanspruch auf den nicht vorzutragenden Tatbestand verbunden war; dann ist dieser Verzicht (auf entsprechende Einwendung des Beklagten, oder, wenn ohne diese erkennbar, von Amts wegen) vom Gericht zu beachten (RG. HRR. 42 Nr. 751). War ein solcher Verzicht damit nicht verbunden, so ist der abredewidrig vorgetragene Tatbestand vom Gericht zu prüfen und ungeachtet der Vereinbarung zu berücksichtigen (§ 622 ZPO.); die Nichterfüllung dieses Teils der Vereinbarung kann natürlich materiellrechtliche Folgen hinsichtlich des anderen Teils des Abkommens und der daraus hervorgehenden Ansprüche haben.

§ 50 Fristablauf

1. Das Recht auf Scheidung wegen Verschuldens[1] erlischt[2], wenn der Ehegatte nicht binnen sechs Monaten die Klage[4] erhebt[9]. Die Frist beginnt mit der Kenntnis[5] des Scheidungsgrundes. Sie läuft nicht[6], solange die häusliche Gemeinschaft der Ehegatten aufgehoben ist[6]. Fordert der schuldige Ehegatte den anderen auf, die Gemeinschaft herzustellen oder die Klage auf Scheidung zu erheben, so läuft die Frist von Empfang der Aufforderung an[7].

2. Die Scheidung ist nicht mehr zulässig[2,3,8], wenn seit dem Eintritt des Scheidungsgrundes zehn Jahre verstrichen sind[8].

3. Der Erhebung der Klage steht der Antrag auf Anberaumung eines Sühnetermines gleich, sofern die Ladung demnächst erfolgt. Der Antrag verliert diese Wirkung, wenn der Antragsteller im Sühnetermin nicht erscheint oder die Klage nicht binnen drei Monaten[10] seit dem Abschluß des Sühneverfahrens erhebt[9].

4. Für die Sechs- und Dreimonatsfrist gilt § 35 Abs. 3 und 4 entsprechend[11].

1. I. der Scheidungsanspruch kann nicht nur durch Verzeihung und durch Verzicht (s. § 49), sondern auch durch **FRISTABLAUF** untergehen. Dieser Erlöschensgrund scheidet indessen für den Scheidungsanspruch aus solchen Tatbeständen aus, welche sich durch ihren Fortbestand immerzu erneuern, also für den Scheidungsanspruch aus §§ 44 bis 46, 48 (s. OLG. Halle JRdsch. 47 S. 86), dagegen gilt er für jeden Scheidungsanspruch aus einer schuldhaften Eheverfehlung (§§ 42, 43). Eine Eheverfehlung ist auch die einseitige unberechtigte Aufhebung der häuslichen Gemeinschaft, so daß diese einen Scheidungsanspruch sowohl nach § 43 als auch nach § 48 begründet, wenn die ubrigen Voraussetzungen dieser Gesetzesstelle gegeben sind; dann kann der Anspruch aus § 43 durch Fristablauf, dem freilich S. 2 regelmäßig entgegenstehen wird, untergehen, der Anspruch aus § 48 nicht; das Schicksal des ersteren kann Bedeutung haben für die Unterhaltsfrage. Trotz Fristablaufs können Scheidungsgründe im Rahmen des § 51 geltend gemacht werden. Die Gesetze über die Hemmung von Versicherungs- und ähnlichen Fristen z. B. Bay. GVOBl. 48 S. 12 Wü.-Ba. RhBl. S. 26 Hess. GVOBl. S. 10 Brem. GBl. S. 2 gelten nach OLG. Frankf. NJ. 48 S. 343 auch für die Fristen des § 50, was jetzt nur für den Beginn der absoluten Frist des Abs. 2 noch Bedeutung haben kann.

2. Der Fristablauf hat zur **Folge,** daß der Scheidungsanspruch untergeht. Der gesetzliche Ausdruck „erlischt" läßt darüber keinen Zweifel, daß der Scheidungsanspruch durch den Fristablauf materiellrechtlich betroffen wird; natürlich nicht der Verfehlungstatbestand (s. unten), sondern das daraus hervorgegangene Recht auf Scheidung. Leider wechselt das Gesetz ohne erkennbaren Grund den Ausdruck in Abs. 2; gerade weil ein Grund für unterschiedliche Folgen des Fristablaufs nach Abs. 1 und 2 nicht zu ersehen ist, ist nicht anzunehmen, daß die Worte „Die Scheidung ist nicht mehr zulässig" anderes besagen sollen, als die Worte „das Recht auf Scheidung erlischt". Der Ablauf langer Zeit, während der verletzte Teil den Scheidungsanspruch nicht erhebt, kann aber auch bedeuten, daß der schuldlose Ehegatte die Eheverfehlung sittlich nicht als solche gewertet, sie nicht „als ehezerstörend empfunden" (§ 49) hat, daß die Ehe durch sie nicht zerrüttet worden ist. Dann hat, wenn die Eheverfehlung nicht etwa in einem Ehebruch, dem absoluten Scheidungsgrund des § 42, bestanden hat, ein Scheidungsanspruch nie bestanden und ist § 50 nicht anwendbar.

Das Erlöschen des Scheidungsanspruchs aus der Eheverfehlung hindert aber nicht, daß diese im Scheidungsstreit zur Unterstützung eines durch Fristablauf noch nicht erloschenen Scheidungsanspruchs (§ 51), aus einer anderen unverziehenen Verfehlung oder zur Erzielung eines Mitschuld- oder Schuldausspruches (§§ 60 Abs. 3 Satz 2, 61 Abs. 2 Satz 2) geltend gemacht werden kann.

Der Untergang des Scheidungsanspruches nimmt dem verletzten Ehegatten auch das Recht, die Herstellung der ehelichen Gemeinschaft zu verweigern (§ 1353 Abs. 2 Satz 3 und 4 BGB., § 83 EheG. von 1938, § 78). Hat der schuldige Teil gegen den unschuldigen Klage auf Herstellung der ehelichen Gemeinschaft erhoben, so ist maßgebend, ob die Frist gegen den letzteren z. Z. der letzten mündlichen Tatsachenverhandlung abgelaufen ist. Da die Klage auf Herstellung der ehelichen Gemeinschaft keine Scheidungsklage ist, kann in einem solchen Rechtsstreit § 51 nicht angewandt werden. Der Verlust des Scheidungsrechts des Beklagten schließt aber nicht aus, daß nichtsdestoweniger ein selbst ernstgemeintes Verlangen des Klägers, die häusliche Gemeinschaft wieder herzustellen, sich als Rechtsmißbrauch im Sinn des Satzes 1 des Abs. 2 des § 1353 BGB. darstellt, wenn trotz der Ernstlichkeit seines Verlangens nicht erwartet werden kann, daß er nach Wiederherstellung der häuslichen Gemeinschaft sein Verhalten gegenüber dem Beklagten ändern werde (RG. 163 S. 307/309).

Es ist unerheblich, ob der Scheidungsanspruch durch Klage oder Widerklage geltend gemacht wird. Es fragt sich nur, ob, soweit die Frist durch Klageerhebung zu wahren ist — s. 3 —, es bei Erhebung eines Scheidungsanspruchs durch Widerklage genügt, wenn die Frist im Zeitpunkt der Klageerhebung noch nicht abgelaufen war oder ob sie z. Zt. der Widerklageerhebung noch unverstrichen sein muß. Mit RG. JW. 1909 S. 689, Warn. 1913 Nr. 58 ist im Hinblick auf den Wortlaut auch des § 51 Abs. 1 letzteres anzunehmen.

3. II. Das Gesetz bestimmt **zwei Fristen, eine relative und eine absolute,** deren jede den Scheidungsanspruch zerstört. Die relative Frist beginnt, mit dem Eintritt eines subjektiven Moments in der Person des verletzten Ehegatten, seiner Kenntnis des Scheidungsgrundes, die absolute mit einem objektiven, dem Vorfall der Eheverfehlung. Die relative Frist beträgt 6 Monate, gerechnet von der Kenntnis, die absolute 10 Jahre, gerechnet von der Verfehlung an. Sowohl erstere (Abs. 1 Satz 1, Abs. 3) als auch letztere (§ 51 Abs. 1) wird schon durch Klageerhebung gewahrt. Beide Fristen, die sechsmonatige und die zehnjährige, für deren Berechnung die §§ 187 Abs. 1, 188 BGB. anzuwenden sind, sind Ausschluß-, keine Verjährungsfristen, sie sind von Amts wegen durch das Scheidungsgericht zu beachten, auch wenn ihr Ablauf nicht eingewandt wird, können weder durch das Gericht, noch durch Parteivereinbarung verlängert werden.

4. A. Der Verlust des Scheidungsanspruches durch Ablauf der relativen sechsmonatigen Frist, welche an die Kenntnis des Scheidungsgrundes anknüpft und daher diese voraussetzt, gleicht einer **Verwirkung.** Ein Ehegatte, der sich 6 Monate hindurch untätig verhält, obwohl er weiß, daß der andere schwer gegen die Ehepflichten gefehlt hat, muß ungeachtet der dadurch herbeigeführten Zerrüttung der Ehe, die ja regelmäßig — außer im Falle des Ehebruchs — Voraussetzung seines Scheidungsanspruchs ist und in der Zerstörung seiner eigenen ehelichen Gesinnung besteht, es hinnehmen, daß fortan die Ungewißheit über den Fortbestand der Ehe beendet wird, die mit deren Wesen ebenso unverträglich ist, wie mit dem Interesse der Familie. Mag auch die Zerrüttung unheilbar sein, das Gesetz sieht den Fortbestand der zerrütteten Ehe als erträglicher an, denn die Ungewißheit über ihn. Der verletzte Ehegatte muß also alsbald eine klare Stellung zu der Frage beziehen, ob er die Ehe aufrechterhalten und bejahendenfalls freilich auch die damit verknüpften Pflichten weiter erfüllen oder sich von der Ehe und seinen ehelichen Pflichten im Hinblick auf die Eheverfehlung des anderen Teiles lossagen will. Auch hier stört, daß EheG. 1938 (§ 49 jetzt § 43) die Voraussetzung der Unheilbarkeit der Zerrüttung in den Scheidungstatbestand eingeführt hat. Denn da der Verlust des Scheidungsanspruchs dazu führt, daß der schuldlose Ehegatte die Pflichten aus der Ehe weiter erfüllen muß, und dies ohne eine Verzeihung, eine Rückwendung zur Ehe kaum denkbar ist, so liegt, wenn der schuldlose Gatte dieser Anforderung gerecht wird, die Frage nahe, wie trotzdem die Ehe ursprünglich unheilbar zerrüttet gewesen, der Scheidungsanspruch also überhaupt jemals entstanden gewesen sein soll. War die Ehe wirklich unheilbar zerrüttet, so muß zwangsläufig den unschuldigen Ehegatten der Verlust des Scheidungsanspruchs durch Ablauf der relativen Frist (mit-) schuldig machen!

5. Die sechsmonatige Frist beginnt mit der Kenntnis des Scheidungsgrundes.

a) Für den Umfang der für den Beginn des Fristablaufs genügenden Kenntnis gilt: Nach § 43 gehört zum Scheidungsgrund auch die unheilbare Zerrüttung, doch braucht diese nach RG. Warn. 1934 Nr. 76 und allgemeiner Meinung von der Kenntnis nicht umfaßt zu sein. Denn würde der Lauf der Frist auf die Kenntnis, das Bewußtsein der Zerstörung der eigenen ehelichen Gesinnung des schuldlosen Ehegatten abgestellt, so wäre der Beginn der Frist objektiv nicht feststellbar und nie nachweisbar und der schuldlose Ehegatte hätte es in der Hand, durch entsprechende Aussagen über die Vorgänge seines Innern die Geltendmachung des Scheidungsanspruchs je nach Belieben als rechtzeitig erscheinen zu lassen. Die Folge ist, daß ein Ehegatte, auf dessen eheliche Gesinnung die Verfehlung des anderen nicht sofort bei ihrer Kenntnis, sondern nur allmählich gewirkt hat, für seinen Entschluß, ob er der Ehe treubleiben oder sich von ihr lossagen will, keine sechsmonatige, sondern eine entsprechend kürzere Überlegungsfrist hat.

Zur Kenntnis des Scheidungsgrundes gehört aber auch die Kenntnis aller Umstände der Eheverfehlung, welche die Tat des anderen Ehegatten zu einer Eheverfehlung, und zwar einer schweren machen und ihre Schwere bestimmen, und welche für das Maß der Ehezerrüttung, welche durch die Eheverfehlung herbeigeführt wurde, von Bedeutung sind. Es kann nicht genügen, wenn der schuldlose Ehegatte so viel von den Tatumständen weiß, als hinreicht, um objektiv die Eheverfehlung als schuldhaft und schwer erscheinen zu lassen, wenn er den Tatbestand noch nicht kennt, der gerade in seinen Augen die Eheverfehlung schuldhaft und schwer macht und gerade seine eheliche Gesinnung zerstört. Daß der schuldlose Ehegatte so viel mußte, daß er eine Scheidungsklage erfolgreich hätte durchführen können, braucht also nicht auszureichen, wenn für seine ehelich sittliche Wertung der Eheverfehlung gerade Umstände ausschlaggebend waren, die ihm erst später bekannt wurden (vgl. Anm. 2 Abs. 5, 5, 10 a. E. zu § 49). Trotzdem ist es richtig, daß die Kenntnis eines Ehebruchs die Frist in Lauf setzt, auch wenn die Person, mit welcher er begangen wurde, dem gekränkten Ehegatten nicht bekannt war und er darüber getäuscht worden ist (RG. 143 S. 305), weil es beim Ehebruch auf die Ehezerrüttung nicht ankommt (anders müßte die hiervon abweichende h. M. folgern, tut es aber nicht). Daß der verletzte Ehegatte ein Interesse hat, ein Scheidungsurteil zu erwirken, das den anderen Ehegatten behindert, eine Ehe mit der an dem Ehebruch beteiligten Person einzugehen (§ 6) schlägt nicht durch.

Wenn mehrere Eheverfehlungen sich nur zusammen als schwere Eheverfehlung erweisen, kommt es nicht auf die Kenntnis der letzten (so RG. Warn. 1934 Nr. 76), sondern aller Eheverfehlungen, freilich auch in diesem Falle nicht auf den Eintritt der Zerrüttungswirkung an; im Fall der Trunksucht soll für die Frist nach RG. Warn. 1935 Nr. 183, JW. 36 S. 376 die Kenntnis vom letzten Fall von Trunkenheit entscheiden.

b) Von dem Umfang ist der Grad der Kenntnis zu unterscheiden. In dieser Beziehung setzt der Beginn der sechsmonatigen Frist sichere Kenntnis voraus. Ein Gerücht, ein bloßer Verdacht, noch so große Fahrlässigkeit, auf welcher die Unkenntnis beruht, setzt die Frist nicht in Lauf, nicht einmal die bestimmte Mitteilung durch einen zuverlässigen Dritten, solange der schuldlose Ehegatte sie nicht sicher glaubt und vernünftigen Grund hat, die Eheverfehlung trotz der Mitteilung nicht für erwiesen zu halten und Zweifel, wenn auch nur schwache, in sie zu setzen. Doch hat natürlich das Vogel-Strauß-Spiel eine Grenze, wo es unvernünftig wird.

Es ist Sache des Klägers, darzulegen, wann er von der Verfehlung Kenntnis erhalten hat, Sache des Beklagten, den Fristablauf, also die frühere Kenntnis des Klägers zu beweisen. Hat der Beklagte den Nachweis erbracht, daß dem Kläger zu einem bestimmten Zeitpunkt zuverlässige Mitteilung gemacht wurde, so ist es Sache des Klägers, den damit erbrachten Nachweis seiner früheren Kenntnis zu erschüttern, indem er seinen Einwand, er habe die durch seine eigene Klage als wahr erwiesene Mitteilung noch nicht geglaubt, glaubwürdig macht.

6. Eine Hemmung des Laufes der relativen sechsmonatigen Frist tritt ein, wenn die häusliche Gemeinschaft aufgehoben ist. Wird die häusliche Gemeinschaft wieder hergestellt, beginnt die Frist nicht von neuem zu laufen, sondern setzt ihren Lauf fort und vollendet sich, wenn der bei Aufhebung der häuslichen Gemeinschaft noch nicht abgelaufene Teil der Frist abgelaufen ist. Unter Aufhebung der häuslichen Gemeinschaft ist hier im allgemeinen dasselbe zu verstehen, wie zu § 48. Es kann auf die Ausführungen dort unter 2 verwiesen werden.

Abweichungen könnte der Zweck der Vorschrift begründen. Eine tatsächliche Trennung kann zu einer Beruhigung der erregten Gemüter und als Folge davon möglicherweise zu einer Versöhnung führen. Der verletzte Ehegatte soll daher nicht wegen drohenden Fristablaufs gezwungen sein, die Scheidungsklage zu erheben, ohne daß durch ein Wiedersehen und eine Wiederaufnahme der häuslichen Gemeinschaft den inzwischen beruhigten Eheleuten Gelegenheit gegeben war, zu einer bleibenden Aussöhnung zu gelangen. Es ist nicht einzusehen, warum eine tatsächliche äußere Trennung, welche sich natürlich aus den Lebens-, Berufs-, Geschäfts- oder gesundheitlichen Verhältnissen der Ehegatten ergibt, z. B. eine berufliche Abwesenheit, eine Geschäfts- oder Badereise, wenn nicht von zu kurzer Dauer, die beruhigende Wirkung nicht haben und deshalb den Lauf der Frist nicht hemmen könne (RG. JW. 1938 S. 1599, 160 S. 249). Unter diesem Gesichtspunkt kann es nicht so sehr auf den Anlaß, als auf die Dauer der Aufhebung der häuslichen Gemeinschaft ankommen; nicht darauf, ob die Trennung freiwillig oder — etwa durch Strafhaft — erzwungen ist (RG. JW. 1916 S. 1192, 160 S. 249), wohl aber auf die völlige Ausschaltung der persönlichen Berührung (RG. 159 S. 115), so daß hinsichtlich der Durchführung der Trennung; wenn die Gatten in derselben Wohnung weiter wohnen, strenge Anforderungen zu stellen sind (s. hierüber 2 zu § 48). Dagegen scheint es nach dem Sinn der Vorschrift nicht begründet, auch hier wie bei § 48 außer dem Aufhören des Zusammenlebens in einer häuslichen Gemeinschaft, auch die wirtschaftliche Aufhebung des gemeinschaftlichen Haushaltes zur weiteren Voraussetzung der Fristhemmung zu machen, es sei denn, daß Führung des Haushalts für Rechnung des Mannes zu einer häufigen Berührung führt. Andererseits ist nicht verständlich, daß Aufhebung der häuslichen Gemeinschaft im Sinne der Vorschrift auch dann vorliegen soll, wenn die Ehegatten noch eine Zeitlang vorübergehend in häuslicher Gemeinschaft vereinigt bleiben (JW. 1938 S. 1599), ja sogar dabei geschlechtlich verkehren (RG. 160 S. 246 und 280); ein nur vereinzelter Geschlechtsverkehr bei einem Zusammentreffen trotz im übrigen durchgeführter Trennung mag nicht verhindern, daß die Frist weiter gehemmt bleibt. Jedoch ist zu prüfen, ob der Geschlechtsverkehr nicht Verzeihung kundgab (s. 7 zu § 49). Eine durch schwierige wirtschaftliche Verhältnisse, insbesondere Wohnungsverhältnisse, herbeigeführte Trennung wird die Frist nur dann hemmen, wenn sie bewirkt, daß die Ehegatten nicht in Berührung miteinander kommen, ohne daß es darauf ankommen kann, ob die Vorstellung entsteht, daß dadurch die häusliche Gemeinschaft zwischen ihnen aufgehoben ist (so RG. DRZ. 1926 Nr. 1025). Auch Abwesenheit durch Krieg oder Kriegsgefangenschaft kann nach dem Zweck der Vorschrift die Frist hemmen (vgl. RG. 128, S. 46/49, 160 S. 249).

7. Die Aufhebung der häuslichen Gemeinschaft soll aber nicht dazu dienen können, den schuldigen Ehegatten in Ungewißheit über seine künftige Lebensgestaltung zu halten und ihn zu zwingen, auf ein eheliches Leben zu verzichten, obwohl der schuldlose Ehegatte ihn nicht freigibt. Es ist ihm daher die Möglichkeit gewährt, diesen Zustand zu beenden, indem er den schuldlosen Ehegatten vor die Alternative stellt, entweder in die häusliche Gemeinschaft zurückzukehren oder die Scheidungsklage zu erheben. Er kann ihn auffordern, das eine oder andere zu tun. An diese Aufforderung, welche die Alternative enthalten muß, die häusliche Gemeinschaft wieder herzustellen oder die Scheidungsklage zu erheben, knüpft das Gesetz die Folge, daß die den Scheidungsanspruch zerstörende relative Frist von 6 Monaten, die durch die Aufhebung der häuslichen Gemeinschaft gehemmt war, ihren Lauf fortsetzt oder, wenn sie ihn noch nicht begonnen hatte, beginnt. Hat sich inzwischen eine neue Eheverfehlung zugetragen, so läuft die Frist auch gegen den sich daraus ergebenden Scheidungsanspruch (RG. JW. 1937 S. 1309) und zwar auch gegen einen Scheidungsanspruch des bisher allein schuldigen Ehegatten, wenn sich nunmehr auch der andere schuldig gemacht hat. Die Aufforderung ist formlos wirksam, kann also auch in einem Schriftsatz in einem anhängigen Rechtsstreit erklärt werden (RG. 163 S. 305), muß aber den erwähnten Inhalt, die erwähnte Alternative enthalten. Es genügt nicht eine bloße Klage auf Herstellung des ehelichen Lebens (RG. JW. 1908 S. 433), auch nicht die Aufforderung des Mannes an die Frau, ihm nach seinem neugewählten Wohnsitz zu folgen (RG. JW. 1911 S. 405). Die Aufforderung muß natürlich von dem schuldlosen Ehegatten selbst ausgehen, kann aber auch durch seinen Vertreter, nicht nur dem gesetzlichen, sondern auch einem gewillkürten, bevollmächtigten Vertreter erklärt werden, insbesondere von dem Prozeßbevollmächtigten. Es ist aber zu prüfen, ob die Prozeßvollmacht dazu ausreicht; dies ist nicht der Fall bei einer Prozeßvollmacht zur Führung des Unterhaltsstreits (RG. 58 S. 227). Der Auffordernde braucht nicht selbst den Willen zu haben, die häusliche Gemeinschaft wieder herbeizuführen; es kann im Gegenteil durchaus sein, daß er darauf abzielt, den anderen Teil zur Scheidungsklage zu veranlassen, um von ihm loszukommen (RG. 61 S. 160). Nur muß er bereit sein, sich der Entscheidung des anderen Teils zu fügen, wenn er die häusliche Gemeinschaft wieder herstellt. Auch wenn der schuldige Ehegatte minderjährig oder aus anderem Grunde in der Geschäftsfähigkeit beschränkt ist, bedarf dieser zur Aufforderung, die ein höchstpersönliches Geschäft ist, nicht der Zustimmung seines gesetzlichen Vertreters.

8. B. Neben der Verwirkung des Scheidungsanspruchs durch Unterlassung der Scheidungsklage während einer Frist von 6 Monaten trotz Kenntnis des Grundes bestimmt das Gesetz die **Verjährung** des Scheidungsanspruchs aus ehelichem Verschulden durch Ablauf einer zehnjährigen Frist, ohne Rücksicht darauf, ob dem Scheidungsberechtigten die Eheverfehlung des anderen Ehegatten bekannt war. Es handelt sich um eine Verjährung im weiteren, nicht im technischen Sinn des BGB. und demnach auch nicht um eine Verjährungsfrist im schuldrechtlichen Sinn. Die zehnjährige Frist beginnt, sobald der Tatbestand vollendet ist, welcher den Scheidungsgrund bildet. Aber daraus, daß die Frist auch läuft, ohne daß der schuldlose Ehegatte von der Verfehlung des anderen Kenntnis hat und die Bestimmung gerade auf diesen Fall gemünzt ist, ergibt sich ohne weiteres, daß der Beginn des Fristablaufs nicht etwa den Eintritt einer Ehezerrüttung voraussetzt. Wo erst mehrere Verfehlungen zusammen eine schwere Eheverfehlung darstellen, läuft die

Frist von der letzten Verfehlung an, auch wenn diese noch zusätzlich hinzugekommen ist, nachdem die anderen schon eine schwere Eheverfehlung dargestellt haben; denn auch in diesem Falle bildet sie zusammen mit den vorangegangenen doch immer wieder einen Scheidungsgrund (§ 51 Abs. 2). Ebenso ist bei einem Dauerverhalten oder einem sonstigen Dauerzustand, z. B. Trunksucht, die Frist erst vom Aufhören des Verhaltens oder der Betätigung an zu rechnen (Warn. 1935 Nr. 183). Die Aufhebung der häuslichen Gemeinschaft hemmt diese Frist nicht. Da sie keine Verjährungsfrist im Sinne des BGB. ist, wird sie auch durch sonstige Gründe nicht gehemmt.

Die von § 1571 Abs. 1 Satz 2 BGB. („die Klage ist ausgeschlossen") abweichende Fassung: „Die Scheidung ist nicht mehr zulässig", legt den Schluß nahe, daß die 10jährige Frist im Zeitpunkt des Scheidungsurteils noch nicht abgelaufen sein darf, auch wenn die Scheidungsklage noch innerhalb der 10jährigen Frist erhoben worden ist. Dieser Schluß trifft aber nicht zu, wie sich aus § 51 Abs. 1 ergibt.

Ist die 10jährige Frist abgelaufen, ohne daß der Scheidungsberechtigte Kenntnis von dem Scheidungsgrunde erlangt hatte, so ist der Scheidungsanspruch untergegangen. Erlangt der verletzte Ehegatte nachträglich noch Kenntnis von der Eheverfehlung, beginnt nicht etwa nunmehr erst die 6monatige Frist.

9. a) Die **Frist** von 6 Monaten bzw. 10 Jahren wird — nicht unterbrochen (im Sinne der Verjährungsvorschriften des BGB.), aber — **gewahrt** durch rechtzeitige Erhebung, d. h. Zustellung (§ 253 ZPO.) der Scheidungsklage bzw. rechtzeitige Erhebung der Scheidungswiderklage mittels Verlesung des Widerklageantrags in der mündlichen Verhandlung oder Zustellung eines die Widerklage enthaltenden Schriftsatzes (§ 281 ZPO.), s. hierzu 2. am Ende.

Indessen setzt nach § 608 ZPO. die Klagezustellung regelmäßig voraus, daß vorher ein Sühneversuch gemacht wurde, wenn das Gericht nicht wegen Aussichtslosigkeit davon befreit. Deshalb wird der Klageerhebung der Antrag auf Anberaumung eines Sühnetermins gleichgestellt, d. h. die Frist wird schon dadurch gewahrt, daß vor ihrem Ablauf ein solcher Antrag gemäß § 608 ZPO. an das Prozeßgericht gestellt wird und bei diesem eingeht, vorausgesetzt, daß der Kläger in dem Sühnetermin auch wirklich erscheint, und, wenn der Versuch erfolglos bleibt, die Klage innerhalb einer weiteren Frist von drei Monaten zustellt (s. 10), die vom Abschluß des Sühneverfahrens an läuft. Die Ladung zum Sühnetermin muß auf den Antrag hin „demnächst", aber nicht mehr innerhalb der Ausschlußfrist geschehen (RG. Warn. 1935 Nr. 145). Unterbleibt sie ganz, so ist Satz 4 des § 35 Abs. 3 anzuwenden, denn der Kläger war dann durch einen unabwendbaren Zufall an rechtzeitiger Klageerhebung gehindert; dies hat aber nur für die 6monatige Frist Bedeutung (Abs. 4); diese war dann in ihrem Ablauf gehemmt; sie läuft weiter, sobald sich ergeben hat, daß die demnächstige Ladung ausgeblieben ist. Erscheint der Kläger in dem Sühnetermin gemäß § 610 ZPO. nicht, so wird die Wirkung seines Antrages auf die Erhaltung der Frist rückwärts hinfällig; er kann dann einen neuen

Sühnetermin beantragen und muß dies, wenn er die Scheidungsklage erheben will; dieser neue Antrag muß aber noch in die Frist fallen, wenn er die Wirkung haben soll, sie noch zu wahren. Wenn auf Grund vorliegender Voraussetzungen der Vorsitzende gemäß § 610 ZPO. den Sühneversuch erläßt, so geschieht dies auf Grund eines entsprechenden Antrags des Klägers. Dieser wird regelmäßig in einem solchen Fall den Antrag auf Anberaumung eines Termins zur Vornahme eines Sühneversuchs nicht gestellt haben, muß also, um die Frist zu wahren, innerhalb dieser (nicht erst innerhalb weiterer drei Monate) die Scheidungsklage zustellen (unklar HRR. 7). Wird dem Antrag, den Sühneversuch zu erlassen, nicht entsprochen, so muß der Antrag auf Anberaumung eines Sühnetermins noch innerhalb der Sechsmonatsfrist gestellt werden, da ja in einem solchen Fall eine wirksame Klagezustellung nach § 253 ZPO. mangels der Terminbestimmung für die mündliche Verhandlung (§ 609 ZPO.) nicht durchführbar ist (auch in dieser Beziehung unklar, HRR. a. a. O.). Der Antrag auf Anberaumung eines Sühnetermins kann auch evtl. mit dem primären Antrag auf Erlaß des Sühneversuchs verbunden werden und wahrt auch in solcher Verbindung die Frist.

Der Antrag auf Anberaumung des Sühnetermins braucht nicht mit der Klageerhebung verbunden zu werden, oder den Scheidungsgrund anzugeben.

10. b) Immer wenn ein Antrag auf Anberaumung eines Sühnetermins gestellt wurde, die Ladung zum Sühnetermin demnächst erfolgt, und der Kläger im Sühnetermin erschienen ist, beginnt eine neue dreimonatige Frist zu laufen, binnen deren der Kläger, wenn der Sühneversuch erfolglos bleibt, dann die Scheidungsklage zustellen muß, andernfalls hat er den Scheidungsanspruch (nicht erst mit Ablauf dieser dreimonatigen Frist, sondern) schon mit Ablauf der ursprünglichen Frist verloren. Diese neue dreimonatige Frist rechnet von dem Abschluß des Sühneverfahrens, nicht von dem Antrag auf Anberaumung des Sühnetermins, an. Das Sühneverfahren ist abgeschlossen mit dem letzten Sühnetermin.

Hat das Sühneverfahren zu einer Aussöhnung der Parteien geführt, so wird es natürlich nicht zu einer Klageerhebung innerhalb der Frist kommen. Regelmäßig wird ein erfolgreiches Sühneverfahren mit einer Verzeihung der Verfehlung verbunden sein. Es ist aber denkbar, daß dem nicht so ist, und daß die Zerrüttung fortbesteht. Gleichwohl wird in einem solchen Fall der Scheidungsanspruch regelmäßig mit dem Ablauf der Frist erlöschen, wenn nicht noch rechtzeitig neuer Antrag auf Anberaumung eines Sühnetermins gestellt oder die Klage nach erfolgreichem Antrag, den Sühneversuch zu erlassen, zugestellt wird; ersterer Antrag führt auch in diesem Fall zu einer neuen Dreimonatsfrist.

11. c) Sowohl für die sechsmonatige Verwirkungsfrist, als auch für die nach Antrag auf Anberaumung des Sühnetermines laufende weitere Dreimonatsfrist gilt § 35 Satz 3 und 4 entsprechend, d. h. diese Fristen sind gehemmt, solange der klageberechtigte Ehegatte nach ihrem Beginn durch einen unabwendbaren Zufall an der Klageerhebung gehindert ist oder wenn er geschäftsunfähig ist und keinen gesetzlichen Vertreter hat.

Für die zehnjährige Verjährungsfrist gilt dies nicht, auch dann nicht, wenn die Behinderung durch unabwendbaren Zufall oder der Mangel eines gesetzlichen Vertreters im letzten Halbjahr der Frist eintritt. Die unterschiedliche Regelung der Folgen eines solchen Tatbestandes auf den Lauf der Fristen ist innerlich ungerechtfertigt, weil die zehnjährige Frist ohne Rücksicht auf die Kenntnis des Scheidungsberechtigten von der Verfehlung läuft, und es sehr wohl sein kann, daß er diese Kenntnis erst im letzten Fristhalbjahr erlangt.

§ 51. Nachträgliche Geltendmachung von Scheidungsgründen bei Scheidens wegen Verschuldens

1. Nach Ablauf der in § 50 bezeichneten Frist kann während eines Scheidungsstreites ein Scheidungsgrund noch geltend gemacht werden, wenn die Frist bei der Klageerhebung noch nicht verstrichen war[1].

2. Eheverfehlungen, auf die eine Scheidungsklage nicht mehr gegründet werden kann, können auch nach Ablauf der Fristen des § 50 zur Unterstützung einer auf andere Eheverfehlungen gegründeten[3] Scheidungsklage geltend gemacht werden[2].

1. § 51 stellt **ZWEI GRUNDSÄTZE** auf:

a) Die **gerichtliche Erhebung eines Scheidungsanspruchs** durch Antrag auf Anberaumung eines Sühnetermines, welcher auch hier der Erhebung der Scheidungsklage gleichzusetzen ist (RG. Warn. 1939 Nr. 64) oder durch Erhebung der Scheidungs- oder -widerklage wegen eines Scheidungsgrundes **wirkt fristerhaltend für alle Scheidungsansprüche** aus Eheverfehlungen und zwar nicht nur die Klageerhebung auf Scheidung wegen einer solchen, sondern auch die Klageerhebung auf Scheidung wegen eines Tatbestandes, der §§ 44—46, 48 erfüllt. Es kann also im Scheidungsstreit nicht nur prozeßrechtlich nach §§ 614, 615 ZPO. noch jeder in der Klage nicht geltend gemachte Scheidungsanspruch nachträglich geltend gemacht werden — und muß es sogar, wenn er nicht durch Abschluß des Verfahrens nach § 616 ZPO. für immer ausgeschlossen sein soll —, sondern auch materiellrechtlich, selbst wenn er inzwischen infolge Fristablaufs untergegangen ist, sofern er nur z. Z. der Klageerhebung (des Antrags auf Anberaumung eines Sühnetermins) noch bestand; der Ablauf der Frist zwischen Klageerhebung (Antrag auf Anberaumung des Sühnetermins) und Urteil ist unschädlich.

Zugunsten der Scheidungsansprüche des Beklagten erhält die Klage die Frist noch nicht, sondern erst die Widerklage, diese aber für alle seine Scheidungsansprüche, für die die Frist bei Erhebung der Widerklage noch nicht abgelaufen war.

Auch die *Aufhebungsklage* (-Widerklage) wirkt *fristerhaltend zugunsten aller* dem Aufhebungskläger (Widerkläger) zur Seite stehenden *Scheidungs*-, umgekehrt *auch die Scheidungsklage* (§ 35) *zugunsten aller* dem Scheidungskläger (-Widerkläger) zur Seite stehenden *Aufhebungsansprüche*.

2. b) Abs. 2 stellt den Grundsatz auf, daß **alle Scheidungsgründe,** die in einer Eheverfehlung bestanden haben, **auf die eine Scheidungsklage nicht mehr gegründet werden kann** (es sei denn, daß der Scheidungsanspruch daraus infolge Verzichts [s. 13 zu § 49] untergegangen ist) **gleichwohl noch geltend gemacht werden können, um den Anspruch aus einem anderen in Eheverfehlung bestehenden Scheidungsgrund zu unterstützen,** also insbesondere aus einem solchen Scheidungsgrund, welcher für sich allein nicht schwer genug wiegt, um eine unheilbare Ehezerrüttung zu verursachen und das Scheidungsurteil zu tragen, oder nicht ausreicht, um den Beklagten (Widerbeklagten) als allein oder überwiegend schuldig erscheinen zu lassen. Um eine schwere Eheverfehlung braucht es sich bei dem neuen Scheidungsgrund nicht zu handeln, sie darf nur nicht ganz bedeutungslos oder unerheblich (RG. 159 S. 120, 163 S. 249, 164 S. 153), natürlich auch nicht selbst als Scheidungsgrund bereits ausgeschlossen oder ihrerseits ungeeignet sein, ein Scheidungsverlangen zu begründen, weil sie gar nicht ehezerstörend gewirkt hat (RG. 163 S. 249). Eheverfehlungen, die ein Scheidungsverlangen deshalb nie begründet haben, weil sie niemals Scheidungsgrund waren, nämlich weil sie zur Ehezerrüttung nicht mitgewirkt haben, sei es, daß sie nicht als ehezerstörend empfunden worden sind, oder daß die Ehe schon vorher so tief zerrüttet war, daß sie sie nicht tiefer zerrütten konnten, können auch nicht nach ihrer Verzeihung, Verwirkung, Verjährung zur Unterstützung noch nicht ausgeschlossener Scheidungsgründe geltend gemacht werden (RG. 163 S. 247 ff.). Als ausgeschlossene, aber zur Unterstützung eines Scheidungsanspruches aus anderen Scheidungsgründen verwendbare Scheidungsgründe kommen vielmehr solche in Betracht, welche ausgeschlossen sind entweder durch Fristablauf (§ 50) oder Verzeihung (§ 49) oder Klageabweisung (§ 616 ZPO.), weil sie schon in einem früheren Ehestreit geltend gemacht worden sind oder hätten geltend gemacht werden können, nicht auch Scheidungsgründe, aus denen Scheidungsansprüche hervorgegangen sind, auf welche verzichtet worden ist. Die Worte „nach Ablauf der Frist des § 50" sind zu streichen. Bedauerlicherweise sind sie aus dem EheG. 1938 in das neue EheG. mit übernommen worden, obwohl man darüber einig war, daß sie irreführen und daß die Bestimmung nicht nur für die durch Fristablauf, sondern auch für die durch Verzeihung erloschenen Scheidungsgründe gelten. Daß statt „Fristen" das neue Gesetz „Frist" sagt, obwohl in § 50 zwei nebeneinander laufende Fristen bestimmt sind, ist eine Verböserung und keine Verbesserung des ohnedies schon mißratenen Gesetzeswortlauts. Daß durch § 51 nicht nur der materiell- (§§ 49, 50), sondern auch der prozeßrechtliche Ausschluß (§ 616 ZPO.) gemildert wird, ist bisher unwidersprochene Meinung (RG. 159 S. 180, 164 S. 153, HRR. 4), wenngleich sich nicht von selbst versteht, daß ein materiellrechtliches Gesetz, wie das Ehegesetz, einen prozeßrechtlichen Ausschluß im Auge hat.

Können auch solche Eheverfehlungen zur Unterstützung eines auf andere gegründeten Scheidungsverlangens geltend gemacht werden, welche für sich allein kein Scheidungsgrund waren, weil sie nicht schwer genug wogen, um eine Ehezerrüttung herbeizuführen? Die Frage kann nur auftauchen, wenn die ältere Verfehlung nach § 616 ZPO. ausgeschlossen ist, weil sie in einem früheren Ehestreit, der einen anderen Klagetatbestand hatte, nicht geltend gemacht worden ist. Die Frage ist solchenfalls zu verneinen, wenn sie in jenem Rechtsstreit zur Unterstützung einer auf Eheverfehlung gegründeten Klage hätte geltend gemacht werden können. Im übrigen geht es bei dieser Frage nicht um die Anwendbarkeit des § 51. Denn wegen derartiger Verfehlungen kann eine Frist des § 50 noch nicht abgelaufen sein, bevor die neue Eheverfehlung hinzugetreten war, weil sie erst mit ihr zusammen, erst das Gesamtverhalten den Scheidungsgrund bildet, und auch bezüglich der Verzeihung wird zu sagen sein, daß eine Verzeihung solcher Verfehlungen, welche der gekränkte Ehegatte übte, weil sie eben für sich allein nicht schwer wogen, nicht ausschließt, sie zusammen mit einer neuen Eheverfehlung in neuem Licht zu sehen und als unverziehen zu betrachten; es kann auch sein, daß die jüngste Eheverfehlung im Hinblick auf die vorangegangene Verzeihung sich als schwer darstellt, was sie ohne diese nicht täte. Ist die ältere Verfehlung selbst schon durch Scheidungsklage geltend gemacht, diese aber abgewiesen worden, weil die Verfehlung nicht als schwerwiegend genug betrachtet worden ist, um die Scheidung zu rechtfertigen, so kommt ein Ausschluß nach § 616 ZPO. überhaupt nicht in Betracht, aber auch nicht nach § 322 ZPO. wegen rechtskräftiger Abweisung, weil die ältere Verfehlung zusammen mit der neuen Eheverfehlung etwas Neues ist (RG. SeuffA. 67 Nr. 42); der Fall liegt nicht anders, als wenn eine auf § 48 gestützte Scheidungsklage mangels Vollendung der dreijährigen Frist abgewiesen, aber nach deren Vollendung erneut erhoben wird (RG. 164 S. 253).

Verziehene Eheverfehlungen können auch dann herangezogen werden, um die Scheidungsklage zu nuterstützen, wenn der aus unverziehenen Verfehlungen abgeleitete Scheidungsanspruch dem Einwand aus § 43 S. 2 begegnet (OGH. Köln MDR. 49 S. 740).

Das Gewicht der älteren Eheverfehlungen bemißt sich nach den Umständen. Es mag im allgemeinen zutreffen, kann aber nicht grundsätzlich gelten, daß ihnen für die Erfüllung des Scheidungstatbestandes immer nur eine geringere Bedeutung zukomme (KRR. 5 mit Anf. unveröffentlichter Urteile); wenn sie freilich sehr weit zurückliegen oder der schuldige Gatte sich zwischendurch besser verhalten und ihre ehezerrüttende Wirkung dadurch behoben hat, mag es meist sein, daß sie wesentlich leichter wiegen als eine frische Verfehlung.

Auf die künftige Geltendmachung ausgeschlossener Scheidungsgründe gemäß Abs. 2 kann auch verzichtet werden, auch bedingt für den Fall der Besserung des wieder aufgenommenen Ehegatten. Dies ergibt sich daraus, daß auf den Scheidungsanspruch aus bestimmten Gründen auch völlig verzichtet werden kann (s. III zu § 49) und sich § 51 Abs. 2 nicht auch auf Scheidungsansprüche bezieht, auf welche verzichtet worden ist (s. oben; auch 3 a. E. zu § 52).

3. Zugunsten eines auf einen Tatbestand der §§ 44—46 und insbesondere eines auf den Tatbestand des § 48 (dreijährige Aufhebung der häuslichen Gemeinschaft) gestützten Scheidungsanspruchs kann eine verziehene oder durch Fristablauf unbeachtliche oder nach § 616 ZPO. ausgeschlossene Eheverfehlung nicht geltend gemacht werden (RG. 164 S. 253). Dies liegt in der

Natur der Sache, denn ein Scheidungsanspruch, der überhaupt kein Verschulden voraussetzt, kann durch ein hinzutretendes Verschulden nicht aussichtsreicher werden.

D. SCHULDAUSSPRUCH

§ 52. Bei Scheidung wegen Verschuldens

1. Wird die Ehe wegen Verschuldens des Beklagten geschieden, so ist[2] dies im[4] Urteil[4] auszusprechen.

2. Hat der Beklagte Widerklage erhoben und wird die Ehe wegen Verschuldens beider Ehegatten geschieden, so sind beide für schuldig zu erklären. Ist das Verschulden des einen Ehegatten erheblich schwerer als das des anderen, so ist zugleich auszusprechen, daß seine Schuld überwiegt[7].

3. Auch ohne Erhebung einer Widerklage ist auf Antrag[3] des Beklagten die Mitschuld des Klägers auszusprechen, wenn die Ehe wegen einer Verfehlung des Beklagten geschieden wird und dieser zur Zeit der Erhebung der Klage oder später auf Scheidung wegen Verschuldens hätte klagen können[5]. Hatte der Beklagte bei der Klageerhebung das Recht, die Scheidung wegen Verschuldens des Klägers zu begehren, bereits verloren, so ist dem Antrag gleichwohl stattzugeben, wenn dies der Billigkeit entspricht[6], Abs. 2 Satz 2[7] und § 50 Abs. 3 gelten entsprechend.

§ 53. Scheidung aus anderen Gründen

1. Wird die Ehe auf Klage und Widerklage geschieden und trifft nur einen Ehegatten das Verschulden, so ist[2] dies im[4] Urteil[4] auszusprechen.

2. Wird die Ehe lediglich auf Grund der Vorschriften der §§ 44 bis 46 und 48 geschieden und hätte der Beklagte zur Zeit der Erhebung der Klage oder später auf Scheidung wegen Verschuldens des Klägers klagen können[5], so ist auch ohne Erhebung der Widerklage auf Antrag des Beklagten auszusprechen, daß den Kläger ein Verschulden trifft[4]. Hatte der Beklagte bei der Klageerhebung das Recht, die Scheidung wegen Verschuldens des Klägers zu begehren, bereits verloren, so ist dem Antrag gleichwohl stattzugeben, wenn dies der Billigkeit entspricht[6]. § 50 Abs. 3 findet entsprechende Anwendung[4].

1. I. a) Wann immer Ehegatten auseinandergehen und die unter ihnen bestehende Lebensgemeinschaft zerbricht, drängt sich von selbst die Frage auf, wer von ihnen die Schuld daran trägt. Sie beschäftigt die im

Kampfe liegenden Gemuter der Ehegatten, sie interessiert aber auch das Recht, welches für die Regelung der Scheidungsfolgen an diese Frage anknüpft. Das Gesetz schreibt darum einen **SCHULDAUSSPRUCH** vor, der nach dem Gesagten moralische und zugleich rechtliche Bedeutung hat. Er soll dem schuldlosen Ehegatten Genugtuung geben und die Grundlage für die Scheidungsfolgen sein. Oft freilich einigen (!) sich die Ehegatten über die Schuld. Auch bei der Scheidung von Ehen, an denen ein Deutscher und ein Ausländer beteiligt ist, greifen nach A. 17 Abs. I und III EGBSB. regelmäßig, es sei denn nämlich, daß der Kläger Ausländer ist und die deutsche Ehefrau nicht widerklagt, die §§ 52, 53 Platz.. Hinsichtlich der Verfehlungen, die den Schuldausspruch begründen, dürfte auch Abs. II des A. 17 gelten, auch wenn nach Abs. III das deutsche Frauenrecht anzuwenden ist und sie im Zeitpunkt ihrer oder des Mannes Verfehlung seine Staatsangehörigkeit teilte.

b) Der Schuldausspruch hat **Bedeutung** für die Namenführung der geschiedenen Frau (§§ 55, 56), die gegenseitigen Unterhaltsansprüche der geschiedenen Gatten (§§ 58—61), für Recht und Pflicht zur Sorge für die Person der Kinder (§ 74), für die Auseinandersetzung einer Gütergemeinschaft (§§ 1478 Abs. 3, 1549 BGB.), den Widerruf von Geschenken (§ 73).

c) Kein Schuldausspruch kann natürlich in Frage kommen, wenn die Scheidung, sei es von einem oder sei es von beiden Gatten nur aus einem Scheidungstatbestand angestrebt wird, der keine Eheverfehlung einschließt oder voraussetzt. Wird die Ehe aus einem der Tatbestände der §§ 44—46, 48 geschieden, so kommt es natürlich zu einem Schuldausspruch nicht. Anders aber im Falle des § 48 Abs. 2 oder, wenn der Beklagte die eheliche Gemeinschaft aufgehoben und damit schuldhaft gefehlt hat und der Kläger die Scheidung sowohl nach § 48 als auch nach § 43 begehrt. Wenn immer von einer Seite die Schuldfrage in den Rechtsstreit in rechtserheblicher Weise hereingezogen wird, — von dem Kläger, um darauf das Scheidungsverlangen (nicht auch, wenn er nur aus dem Tatbestand des § 48 klagt), von dem Beklagten, um darauf eine Widerklage zu gründen oder die Schuldigerklärung des Klägers zu erreichen —, hat sich das Urteil über die Schuld an der Scheidung auszusprechen und dabei das rechtlich erhebliche Verhalten beider Parteien während der Ehe zu berücksichtigen. Grundsätzlich braucht der Beklagte keine Widerklage zu erheben, um sich die Genugtuung zu verschaffen, daß der Kläger für schuldig oder mitschuldig erklärt wird, und die zu seinen Gunsten sich daraus ergebenden Rechtsfolgen zu wahren; es genügt, wenn er, ohne Widerklage zu erheben, einen Antrag stellt, den Kläger für schuldig oder nichtschuldig zu erklären (§§ 52 Abs. 3, 53 Abs. 2). Immer, wenn das Gericht beide Teile als schuldig an der Scheidung erkennt, muß es sich darüber aussprechen, ob es beide Teile für gleichmäßig oder einen Teil als überwiegend schuldig gefunden hat (s. 8).

d) Die möglichen Streitlagen sind folgende:

1. Der Kläger klagt aus einem Scheidungstatbestand, der kein Verschul-

den des Beklagten einschließt oder voraussetzt — zu einem Schuldausspruch kommt es nicht.

2. Wie zu 1, aber der Beklagte erhebt Widerklage aus einem derartigen Tatbestand; zu einem Schuldausspruch kommt es wieder nicht.

3. Der Kläger klagt aus einer Eheverfehlung des Beklagten — Fall des § 52 Abs. 1.

4. Wie zu 3, der Beklagte aber erhebt Widerklage auf Grund einer Eheverfehlung des Klägers — Fall des § 52 Abs. 2.

5. Der Kläger klagt auf Grund eines unverschuldeten Scheidungstatbestandes, der Beklagte erhebt erfolgreich Widerklage auf Grund einer Eheverfehlung — Fall des § 53 Abs. 1.

6. Der Kläger klagt aus einer Eheverfehlung des Beklagten, dieser erhebt Widerklage auf Grund eines unverschuldeten Scheidungstatbestandes (gleichfalls Fall des § 53 Abs. 1).

7. Der Kläger klagt auf Grund einer Eheverfehlung des Beklagten, dieser beantragt, ohne Widerklage zu erheben, den Kläger für mitschuldig zu erklären (Fall des § 52 Abs. 3).

8. Der Kläger klagt auf Grund eines unverschuldeten Scheidungstatbestandes; ohne Widerklage zu erheben, beantragt der Beklagte den Kläger für allein schuldig an der Scheidung zu erklären (Hauptfall: § 48) — Fall des § 53 Abs. 2. In weiterer Anwendung des § 53 Abs. 2 läßt jedoch RG. DR. 1944 S. 341 und JR. 1948 S. 253 einen Schuldantrag des Klägers auch in einem Fall des § 44 zu, wenn der Beklagte die geistige Störung selbst verschuldet bzw. vor der durch sie entschuldigten schweren Eheverfehlung sich schwerer Eheverfehlungen schuldig gemacht hat, wegen deren der Kläger den Scheidungsanspruch durch Verzeihung oder Fristablauf verloren hat.

In allen Fällen 3—8 kommt es zu einem Schuldausspruch und zwar in Ansehung der auf die Eheverfehlung gestützten Klage oder Widerklage, sofern ihr stattgegeben wird, ohne weiteres von Amts wegen; dagegen kommt es ohne Widerklage zu einer Mit- oder Alleinschuldigerklärung des Klägers oder zu einer Schuldigerklärung des nicht aus Verschulden beklagten, aber aus solchem widerklagenden Widerklägers nur auf Antrag, der freilich von der Rechtsprechung so gut wie immer unterstellt wird, wenn der Gegenseite Verschulden vorgeworfen wird, so daß der Unterschied verschwimmt (s. 3).

Der Antrag auf Mitschuldigerklärung des Klägers ohne Erhebung einer Widerklage ist eine weitere Abschwächung einer nur bedingten Widerklage, welche — wie zulässig — nur für den Fall erhoben wird, daß die Klage nicht abgewiesen wird. Wie eine solche bedingte Widerklage kann, während eine unbedingte Widerklage den Antrag des Widerklägers von dem Schicksal der Klage unabhängig macht, der Antrag auf Schuldig- oder Mitschuldigerklärung des Klägers nur Erfolg haben, wenn die Klage Erfolg hat und nicht abgewiesen wird.

Während aber eine Widerklage, auch eine bedingte, nur auf Eheverfehlungen gestützt werden kann, deretwegen das Scheidungsrecht noch nicht durch Verzeihung, Fristablauf oder nach § 616 ZPO. verlorengegangen ist, kann der schlichte Schuldantrag Erfolg haben, auch wenn er nur mit solchen Eheverfehlungen begründet wird (§ 52 Abs. 3 und § 53 Abs. 2; s. 6). Derartige Eheverfehlungen können also zur Unterstützung anderer noch nicht verziehener, verwirkter oder verjährter oder prozeßrechtlich ausgeschlossener Klagegründe aus Verschulden geltend gemacht werden (§ 51) und, wenn derartige Klagegründe nicht mehr zu Gebote stehen, immer noch, um im Rahmen der Billigkeit einen Schuldausspruch gegen den Kläger zu erreichen.

Indem dem Beklagten gestattet wird, statt der Widerklage einen schlichten Schuldantrag zu stellen, bleibt ihm, wenn er, aus Herzensgründen oder aus anderen, vielleicht religiösen Rücksichten an der Ehe festhalten will, erspart, trotzdem Widerklage erheben zu müssen, nur um die Nachteile abzuwenden, welche seine Schuldigerklärung im Falle eines Obsiegens des Klägers nach sich ziehen würden. Indem ihm im Rahmen der Billigkeit gestattet wird, auch verziehene, verwirkte, verjährte oder prozeßrechtlich ausgeschlossene Scheidungsgründe geltend zu machen, um die Schuldigerklärung des Klägers zu erreichen, bleibt ihm ferner erspart, wegen solcher alsbald auf Scheidung klagen zu müssen. Aber über Vorstehendes hinaus kann der Beklagte, auch wenn es sich für ihn nicht darum handelt, die eigene Alleinschuldigerklärung abzuwenden, weil der Kläger einen unverschuldeten Scheidungstatbestand gegen ihn geltend macht, auf Grund von Eheverfehlungen des Klägers dessen Schuldigerklärung erreichen und die Scheidungsfolgen zu seinen Gunsten verbessern.

Ein Schuldausspruch gegen den Kläger setzt jedoch immer Widerklage oder Antrag des Beklagten (also auch dessen anwaltliche Vertretung) voraus; der Kläger kann keinen Antrag gegen sich selbst stellen, auch sein eigenes Schuldbekenntnis rechtfertigt allein den Schuld- oder Mitschuldausspruch gegen ihn nicht (so mit Recht Weber NJW. 49 S. 373).

e) In diesem Fall, wenn der Kläger nicht schon selbst durch seine Klage eine Eheverfehlung des Beklagten, sondern einen unverschuldeten Scheidungstatbestand geltend macht, um daraus einen Scheidungsanspruch abzuleiten, aber der Beklagte die Schuldigerklärung des Klägers anstrebt, gab RG. dem Kläger in ständiger Rechtsprechung die Möglichkeit, sich dagegen zur Wehr zu setzen, indem er, obwohl die Klage nicht auf Verschulden des Beklagten gestützt ist, Eheverfehlungen des Beklagten geltend macht, um seine eigene Schuldigerklärung abzuwenden und zu erreichen, daß der Beklagte für überwiegend oder doch mitschuldig erklärt wird. Diesen (MDR. 1948 S. 254) allgemein wiederholten Grundsatz hat das RG. besonders für eine Klage aus § 48 aufgestellt und, obwohl eigentlich ein Bedürfnis danach nicht bestand, weil der Kläger ja die Möglichkeit hat, seine Scheidungsklage auf die behauptete Eheverfehlung des Beklagten zu stützen, und trotz beachtlichen Widerspruchs (KRR. 5 zu § 61 1938) in ständiger Rechtsprechung (Bd. 160 S. 392, 163 S. 252, 164 S. 93, HRR. 1941 Nr. 120) festgehalten. Der Kläger kann (wenn er nicht nachträglich auf die von ihm behaupteten Verfehlungen des Beklagten noch die Scheidungsklage selbst stützt, sofern er den Scheidungsanspruch nicht etwa verloren hat), mit seinem Antrag natürlich nur Erfolg haben, wenn der Beklagte den Ausspruch, daß der Kläger schuldig sei, seinerseits erzielt. Die Zulassung des klägerischen Antrags auf Mitschuldigerklärung des Beklagten anläßlich einer nicht auf Verschulden gestützten Scheidungsklage führt zu absonderlichen, von RG. 164 S. 95 anerkannten Folgen. Hat der aus § 48 klagende Kläger, ohne selbst für überwiegend schuldig befunden zu werden, erreicht, daß der Beklagte, der gegen ihn Schuldantrag aus § 53 Abs. 3 gestellt hatte, für mitschuldig erklärt wird, so verhütet er damit nicht nur, daß seine Haftung für den Unterhalt des Beklagten aus § 61 Abs. 2 (nach Billigkeit hinter den Unterhaltspflichten Verwandter) sich nach § 61 Abs. 1 zu einer vollen Unterhaltspflicht vor den Verwandten verschärft, erreicht er vielmehr sogar, daß seine Unterhaltspflicht sich gegenüber § 61 Abs. 2 noch auf eine bloße Beitragspflicht (§ 60) mindert oder gemäß §§ 58, 59 ganz fortfällt, je nachdem ob der andere Eheteil gleiches oder überwiegendes Verschulden trägt und daß er sogar selbst gegen diesen einen Unterhaltsanspruch nach § 60 oder §§ 58, 59 erwirbt. Einerseits kann daher der ohne Verschulden beklagte Eheteil wegen Verfehlungen des Klägers Scheidungswiderklage nur erheben und einen Schuldantrag nur stellen, wenn er ein klares alleiniges oder überwiegendes Verschulden des Klägers dartun kann, andererseits muß diesem selbst daran gelegen sein, daß der Schuldantrag des Beklagten gegen ihn durchdringt, sofern er nur hoffen kann, daß der Beklagte als gleich- oder gar überwiegend mitschuldig befunden werden wird. Endlich muß es auffallen, daß der schuldige Gatte, der aus unverschuldetem Scheidungstatbestand, insbesondere § 48, klagt, besser gestellt ist, als ein nicht schuldiger, weil dieser die Schuldigerklärung des Beklagten wegen solcher Eheverfehlungen nicht erlangen kann, aus denen der Kläger nicht mehr auf Scheidung klagen kann (s. aber neuerdings Z. 8 bei Anm. 1 d), wohl aber der schuldige Kläger, gegen den der Beklagte einen Schuldantrag gestellt hat.

Es muß daher dahinstehen, ob sich die Rechtsprechung der Oberlandesgerichte künftig diese Rechtsprechung des früheren RG. noch zu eigen machen wird.

f) Auch ein Geisteskranker, der nach Art und Grad seiner Krankheit nach ständiger Rechtsprechung des RG. eine Eheverfehlung des Klägers nicht als ehezerstörend empfunden hat, also ihretwegen keine Scheidungswiderklage erheben, andererseits aber auch durch sein Verhalten nicht zum Ausdruck bringen kann, daß er sie nicht als ehezerstörend empfunden habe — sein Verhalten ist vielmehr belanglos — und daher den Scheidungsgrund nicht durch ein solches Verhalten verlieren kann, kann einen Schuldantrag nach § 61 Abs. 2 stellen (RG. 163 S. 347).

g) Der Schuldausspruch ist zwar ein Teil des Urteils (s. 4), aber nicht derjenige, durch den das eheliche Band zerschnitten wird. Wird der Kläger, der aus § 48 geklagt hat, wegen Ehebruchs für schuldig an der Scheidung erklärt, so ist die Ehe doch nicht wegen Ehebruchs geschieden und der Ehebruch nicht etwa auch im Urteil festzustellen.

h) Über den Schuldausspruch im Eheaufhebungsurteil s. zu § 37. Grundsätzlich erzeugt auch die aufhebbare Ehe, da sie bis zu ihrer Aufhebung besteht, eheliche Rechte und Pflichten (wenn diese auch gemildert sind, weil das Verlangen, die eheliche Gemeinschaft herzustellen, mißbräuchlich ist, wenn der aufhebungsberechtigte Ehegatte Gefahr läuft, durch die Herstellung die Ehe zu bestätigen), insbesondere zur Treue, zur Achtung, zur Fürsorge, zum Unterhalt und kann das Verhalten der Eheleute während des Bestandes der Ehe Eheverfehlung sein.

Wie bei der Scheidungs-, so gilt auch bei der Aufhebungsklage, daß auf Verlangen des beklagten Ehegatten auch ohne seine Widerklage das eheliche Verschulden des Klägers zu berücksichtigen ist. Wenn der Beklagte z. Z. der Erhebung der Aufhebungsklage oder später auf Scheidung wegen Verschuldens hätte klagen können, oder wenn er zwar dies Recht bereits verloren hat, es aber unbillig wäre, jenes Verschulden nicht zu berücksichtigen, so steht es ihm frei, die Schuldigerklärung des Klägers zu verlangen. Der Schuldantrag kann dahin führen, daß der Kläger, wenn ein Verschulden des Beklagten an der Aufhebung festzustellen ist, als mitschuldig, wenn weder ein Verschulden an der Aufhebung noch eine eheliche Verfehlung des Beklagten festzustellen ist, als alleinschuldig zu erklären ist (RG. 163 S. 315, unrichtig: Königsberg HRR. 42 Nr. 472).

Es ergibt sich aus der Zulässigkeit einer bedingten, nur für den Fall, daß die Scheidungsklage als begründet befunden wird, erhobenen Aufhebungswiderklage, daß der auf Scheidung der Ehe verklagte Ehegatte einen Schuldausspruch gegen den klagenden Ehegatten wegen eines Grundes zur Aufhebung der Ehe beantragen kann; und zwar auch, wenn er ihn durch Fristablauf verloren hat, sofern dies der Billigkeit entspricht (RG. 165 S. 317).

i) Der Schuldausspruch ist Teil und Gegenstand der gerichtlichen Entscheidung, wofür § 622 ZPO., also die Pflicht des Gerichtes gilt, die Wahrheit zu finden, nicht Gegenstand der Parteivereinbarung oder einer Schuldübernahmeerklärung einer Partei. Auch wenn eine Partei sich bereiterklärt, die Schuld an der Scheidung zu übernehmen und eine Eheverfehlung zugibt, hat das Gericht zu prüfen, ob die zugestandene Eheverfehlung auch wirklich und zwar schuldhaft begangen wurde. Warum § 617 ZPO. hier nicht gelten soll (Achilles-Greif 15 unter Berufung auf HRR. 1931 Nr. 985) ist nicht einzusehen.

k) § 52 Abs. 1 und 2, § 53 Abs. 1 enthalten verfahrensrechtliche Vorschriften, sind also auch anzuwenden, wenn eine Ehe von Ausländern im Inland geschieden wird (Warn. 1917 Nr. 212, 1918 Nr. 189). In materiellrechtlicher Beziehung ist dagegen nach Art. 17 EGBGB. das Heimatrecht des Ehemannes anzuwenden. Dies gilt von § 52 Abs. 3 und § 53 Abs. 2, welche sachlichrechtlichen und verfahrensrechtlichen Inhalt haben (vgl. auch KG. JW. 38 S. 2750).

2. In allen Fällen 1 d 4—6 von Amts wegen; denn der in den Fällen 7 und 8 geforderte Antrag liegt ja auch schon in dem mit Verschulden begründeten Klageantrag. Hat der Kläger eine Scheidung unter Schuldigerklärung des Beklagten verlangt, eine solche ohne Schuldausspruch auch nicht hilfsweise beantragt, so kann auf diese selbst dann nicht erkannt werden, wenn der Kläger die Klage rechtsirrtümlich hilfsweise auch auf § 48 gestützt hat; sondern es ist die Klage abzuweisen, wenn das Begehren nach Scheidung unter Schuldigerklärung des Beklagten sich als unbegründet erweist (RG. 164 S. 92).

3. In den Fällen 1 b 7 und 8 in welchen ein Streitteil ohne die Klage auf Verschulden zu stützen (s. 1 e) oder gar — als Beklagter — ohne (Wider-)Klage erhoben zu haben, verlangt, daß der andere Teil für schuldig oder mitschuldig an der Scheidung erklärt werden solle, setzt der Schuldausspruch der Sachlage gemäß einen Antrag voraus. Doch hat das RG. in ständiger weitherziger Rechtsprechung nicht mit Unrecht diesen Antrag in jeder Geltendmachung des Verschuldens der Gegenseite gesehen, zwar nicht in dem Antrag auf Klageabweisung (JW. 1902 Beil. 8 S. 244; Ausnahme s. nachstehend), wohl aber in jedem auf Verschulden gestützten Klage- oder Widerklageantrag (JW. 1919 S. 820, SeuffA. 77. S. 12, 78 Nr. 439, LZ. 1924 S. 160, RG. 160 S. 69, 109) für den Fall, daß die eigene Klage abgewiesen, die gegnerische aber zugesprochen werden sollte. In dem Antrag auf Abweisung einer Klage aus § 48, gestützt auf einen Widerspruch nach Abs. 2 daselbst, liegt der Antrag auf einen Schuldausspruch für den Fall der Scheidung (RG. 160 S. 67, 377, HRR. 1941 Nr. 120). In einem solchen Fall liegt der vom RG. (s. 1 e) zugelassene Gegenantrag des Klägers, den Beklagten für mitschuldig zu erklären, schon in seinen Ausführungen, mit denen er den Widerspruch des Beklagten gegen die Scheidung auf Grund überwiegenden Verschuldens des Klägers dadurch bekämpft, daß er Verfehlungen des Beklagten geltend macht (HRR. 1941 Nr. 126). In dem Antrag auf Mitschuldigerklärung nach § 52 Abs. 3 liegt evtl. der Antrag nach § 53 Abs. 2 (RG. 161 S. 216) und umgekehrt; es bleibt daher bei dem Schuldausspruch der ersten Instanz, wenn der erste Richter aus Verschulden, das Berufungsgericht aus unverschuldetem Tatbestand scheidet, wenn den Kläger ein Verschulden trifft. Der Antrag auf Mitschuldig- bzw. Schuldigerklärung des Klägers (Widerklägers) steht jeder Partei zu, gegen welche ein Scheidungsverlangen erhoben wird, das sich auf Verschulden bzw. auf einen von ihr unverschuldeten Tatbestand gründet. Er steht ferner jeder Partei zu, welcher überhaupt im Prozeß ein Verschulden vorgeworfen wird, das zur Scheidung oder zu einem Schuldausspruch gegen sie (s. auch 1 d u. c) führen soll. §§ 612 Abs. 3, 613 ZPO. sind unanwendbar. Eigene Klageerhebung setzt der Antrag nicht voraus, wird aber durch sie nicht ausgeschlossen. Der Antrag kann auch mit einer Klage auf Herstellung der ehelichen Gemeinschaft verbunden (JW. 1904 S. 488) und auch gegenüber einer Eheaufhebungsklage erhoben und mit Eheverfehlungen des Aufhebungsklägers begründet werden (s. zu § 37 Abs. 2). Folgerichtig muß daher auch der Aufhebungskläger einen Schuldantrag gegen den Beklagten auf Grund einer Eheverfehlung stellen können, ohne Scheidungsklage zu erheben, welche ja doch im Falle der Aufhebung gegenstandslos wäre. Es ist auch zulässig, gegenüber der Scheidungsklage Abweisung zu beantragen und evtl. auch Aufhebungswiderklage verbunden mit einem Schuldantrag wegen einer Verfehlung des Klägers während der Ehe und außerdem Scheidungswiderklage oder Eventualschuldantrag für den Fall der Abweisung der Aufhebungsklage zu erheben. Da der Beklagte den Antrag stellen kann, ohne Widerklage zu erheben, kann er auch eine Widerklage zurücknehmen und statt ihrer Schuldantrag stellen.

Der Antrag kann, wenn daneben eine Widerklage erhoben wird, mit derselben Eheverfehlung wie diese oder mit einem anderen Verfehlungstatbestand begründet werden. Liegen mehrere Eheverfehlungen vor, so ist es Sache des Beklagten, darüber zu befinden, welche er geltend machen will, um den Widerklageantrag, welche, um den Antrag auf Schuldigerklärung zu begründen (RG. JW. 1914 S. 250).

Der Antrag ist in jeder Lage des Verfahrens bis zur letzten mündlichen Verhandlung statthaft; er kann, weil er einen eigenen Anspruch in den Rechtsstreit einführt, nicht wegen verspäteten Vorbringens zurückgewiesen werden (RG. 150 S. 51). Der Beklagte kann den Mitschuld-(Schuldantrag) auch noch und erst in der zweiten Instanz stellen (RG. 162 S. 402, 165 S. 63). Der abgewiesene Kläger kann, wenn die Widerklage im ersten Rechtszug obgesiegt hat, sich im zweiten auf den Schuldantrag gegen den Beklagten beschränken (RG. Gruch. 47 S. 966, JW. 1905 S. 154). Umgekehrt kann der Beklagte, der gegen die Abweisung seiner Widerklage kein Rechtsmittel eingelegt (auch wenn er darauf verzichtet) hat, gleichwohl in der Berufungsinstanz, wenn der — abgewiesene oder für mitschuldig erklärte — Kläger Berufung eingelegt hat, einen Mitschuld- oder Schuldantrag stellen (RG. 165 S. 63), ohne sich der Berufung anzuschließen, um die Widerklage weiter zu verfolgen.

Der Antrag kann aber nur im Scheidungsstreit als untrennbarer Teil desselben gestellt und nicht zum Gegenstand einer selbständigen Mitschuld- oder Schuldanklage gemacht werden (HRR. 35 Nr. 1596).

Stirbt ein Ehegatte während eines Scheidungsstreits, so ist dadurch die Ehe aufgelöst und das Scheidungsverlangen gegenstandslos, der Rechtsstreit also in der Hauptsache erledigt (§ 638 ZPO.); er kann daher auch nicht zu dem Zweck weitergeführt werden, die Schuldfrage zur Entscheidung zu bringen.

Da der Anspruch auf Schuldigerklärung auch materiellrechtlich besteht und ein Ausfluß des Scheidungsrechtes ist, wenn er auch dieses im Rahmen der Billigkeit überlebt, so kann auf ihn wie auf den Scheidungsanspruch selbst (s. III zu § 49) verzichtet werden (Warn. 1917 Nr. 65).

4. Der Schuldausspruch ist ein **Teil des Ehescheidungsurteils.** Es kann zu ihm nur kommen, wenn die Ehe geschieden, nicht wenn die Klage — trotz Verschuldens des Beklagten etwa wegen verspäteter Geltendmachung oder, weil die Verfehlung die Ehe nicht zerrüttet hat, — abgewiesen wird. **Ein selbständiger Schuldausspruch,** abgetrennt von einem Scheidungsurteil, ist nicht zulässig. Darum kann die Schuldfrage nicht Gegenstand eines besonderen Rechtsstreits sein, mag die Ehe geschieden sein oder nicht (HRR. 35 Nr. 1596), es kann auch **kein Teilurteil** über die Scheidung, gelöst von der Schuldfrage (JW. 1910 S. 756, RG. 58 S. 311, 316) und auch, wenn Widerklage erhoben ist, kein Teilurteil über eine der beiden Klagen allein, sondern immer nur ein Urteil ergehen, durch das die Schuldfrage zusammen mit dem Scheidungsanspruch und Klage und Widerklage zusammen erledigt wird (RG. 165 S. 63). Denn von der Schuldfrage abtrennbar ist weder der klage- noch der widerklageweise geltendgemachte Scheidungsanspruch. Die

Schuldfrage aber ist auf Grund des Gesamtverhaltens beider Streitteile in der Ehe zu beurteilen und bildet ein einheitliches und unteilbares Ganzes. Wohl setzt Klage und Widerklage je ein selbständiges Verschulden der Gegenseite voraus; dieses Verschulden beider Teile ist aber gerade gegeneinander abzuwägen, um zur Feststellung zu gelangen, in welchem Verhältnis beide Teile schuldig an der Scheidung sind. Diese Abwägung würde unmöglich gemacht, wenn über Klage und Widerklage getrennt geurteilt würde. Daß über **Klage und Widerklage nicht getrennt** entschieden werden kann, gilt auch, wenn die eine (oder jede) auf einen unverschuldeten Scheidungstatbestand gestützt wird. Dies zeigt die Fassung des § 53 Abs. 1 und wird nicht nur mit der Erwägung zu begründen sein, daß kein Ehegatte sich gefallen lassen muß, daß seine Klage, sein Scheidungsanspruch dadurch gegenstandslos gemacht wird, daß auf den Anspruch der Gegenseite die Ehe vorher durch Scheidung aufgelöst wird, sondern auch damit, daß auch bei Klage und Widerklage aus unverschuldetem Scheidungstatbestand die Verschuldungsfrage aufgerollt und nur im Ganzen entschieden werden kann.

Aus der Untrennbarkeit des Scheidungsanspruches von dem ihm zugrunde liegenden Verschulden und aus der denknotwendigen Einheitlichkeit der Abwägung des beiderseitigen Verschuldens, deren Ergebnis im Schuldausspruch zutage tritt, folgt notwendig, daß ein Rechtsmittel, wenn es sich auch nur gegen den Schuldausspruch richtet, das Scheidungsurteil als Ganzes ergreifen muß (RG. 160 S. 47 und 192).

Den Schuldausspruch hat der **Urteilstenor** zu enthalten, doch ist der Vorschrift auch genügt, wenn die Urteilsgründe die Entscheidung über die Schuldfrage ergeben (RG. 99 S. 8).

5. II. **Zur Begründung des Schuldantrags** können alle Scheidungsgründe aus Verfehlungen geltend gemacht werden, mit welchen eine Widerklage begründet werden könnte, das sind:

a) zunächst alle Scheidungsgründe aus Eheverfehlungen, welche noch nicht durch Verzeihung (§ 49), Fristablauf, Verwirkung oder Verjährung (§ 50) oder einen bereits abgeschlossenen vorangegangenen Rechtsstreit (§ 616 ZPO.) verloren gegangen sind. Da der Schuldantrag gerade auch dann gestellt werden kann, wenn keine Widerklage erhoben wird, deren Erhebung nach §§ 50, 51 den maßgebenden Zeitpunkt dafür bestimmt, ob ein Scheidungsgrund besteht oder durch Zeitablauf verlorengegangen ist, so fragt es sich auch, welcher Zeitpunkt im Falle eines schlichten Schuldantrags entscheidet. Man könnte daran denken, daß die Antragstellung entscheiden soll. Dem ist aber nicht so: Entscheiden soll nach ausdrücklicher Gesetzesbestimmung der Zeitpunkt der Klageerhebung, der auch hier (§§ 52 Abs. 3 Satz 3, 53 Abs. 2 Satz 3) der Antrag auf Anberaumung eines Sühnetermines gleichgestellt wird, wenn die Klage innerhalb einer weiteren Frist von drei Monaten erhoben wird (vgl. zu § 50). Alle Eheverfehlungen des Klägers, deretwegen der Scheidungsanspruch in dem angegebenen Zeitpunkt noch nicht auf die angegebene Weise verloren gegangen ist, können geltend gemacht werden, um einen

Mitschuld- bzw. Schuldantrag gegen ihn zu stellen, erst recht Verfehlungen, die er erst nach der Klageerhebung begeht. Im Falle einer auf unverschuldeten Scheidungstatbestand gestützten Klage (§ 53 Abs. 2), in welchem RG. in ständiger Rechtsprechung dem Kläger zugesteht (s. 1 c), daß er gegenüber einem Schuldantrag des Beklagten gegen diesen, ohne Klage aus Verschulden erheben zu müssen, einen Antrag auf Mitschuldigerklärung stellen kann, ist dafür der entscheidende Zeitpunkt natürlich gleichfalls die Klageerhebung oder der Antrag auf Anberaumung eines Sühnetermins, der ja auch für eine auf Verschulden gestützte Klage entscheidend wäre. Zur Unterstützung dieser Antragsgründe können nach § 51 auch verziehene, verjährte, verwirkte und nach § 616 ZPO. ausgeschlossene Eheverfehlungen schlechthin geltend gemacht werden (vgl. 6).

Aus der Zulässigkeit einer bedingten Aufhebungswiderklage ergibt sich, daß der Beklagte gegenüber der gegen ihn erhobenen Scheidungsklage einen Schuldausspruch gegen den Scheidungskläger auch wegen eines Grundes zur Aufhebung der Ehe beantragen kann, wenn nach § 37 der Scheidungskläger als Aufhebungsbeklagter schuldig zu erklären wäre, und zwar auch, wenn der Beklagte den Aufhebungsgrund durch Fristablauf verloren hat, letzterenfalls sofern dies der Billigkeit entspricht (s. 6); RG. 165 S. 37.

Unter mehreren Antragsgründen kann der Antragsteller wählen; er kann sie alle oder nur zum Teil geltend machen, mit dem einen die Widerklage, mit dem anderen den Antrag oder mit allem beide begründen.

6. b) Eheverfehlungen, deretwegen der Scheidungsanspruch infolge Verzeihung, Fristablaufs oder nach § 616 ZPO. verlorengegangen ist, können nicht nur zur Unterstützung eines mit unverziehener, unverjährter, nicht ausgeschlossener Eheverfehlung begründeten Schuldantrags herangezogen werden, vielmehr einen solchen auch selbständig und für sich allein begründen, aber nur, wenn es der Billigkeit entspricht, den Kläger wegen solcher Verfehlungen (mit)schuldig zu erklären. Darüber entscheidet das Gericht nach freiem Ermessen, indem es das gesamte Verhalten der Ehegatten und alle Verhältnisse, insbesondere auch die Wirkung berücksichtigt, welche die dem Kläger vorgeworfene Verfehlung auf die Ehe gehabt hat und insbesondere noch hat. Daß eine Mitschuldigerklärung wegen verziehener Verfehlungen nur ausnahmsweise unter besonderen Umständen zulässig sei (OLG. Kiel SchlHA. 47 S. 48, Holthöfer DRG. 47 S. 292), läßt sich mit dem Gesetz nicht begründen. Sind die Verfehlungen des Klägers schwerer oder zahlreicher, als die des Beklagten, so dürfte es in jedem Fall billig sein, ihn für mitschuldig zu erklären; hatten beide Teile einander Verfehlungen verziehen, und klagt der eine Ehegatte auf Grund neuer Verfehlungen des anderen, so wird es nur ausnahmsweise billig sein, ihn wegen der älteren Verfehlungen für mitschuldig zu erklären. So wenn gerade seine Fehltritte die Entfremdung herbeigeführt und damit den anderen Gatten auf schlechte Bahn gebracht haben (RG. Warn. 1938 Nr. 140). In einem solchen Fall wird es wesentlich darauf ankommen, aus welchem Grund die Ehe trotz der gegenseitigen Verzeihung schließlich gescheitert ist.

c) Wenn auch Scheidungsgrund, abgesehen vom Ehebruch, nur eine Verfehlung sein kann, welche die Ehe zerrüttet hat, so daß sich aus dem Scheidungsausspruch die Ursächlichkeit der Verfehlung für die Zerrüttung ergibt, kommt es für den neben der Scheidung zu fällendem Schuldausspruch weniger auf die Ursächlichkeit der Verfehlung für die eingetretene Zerrüttung als auf ihre Schwere und Häufigkeit, ihre sittliche Bewertung durch den Richter an. Es kommt nicht darauf an, wer objektiv die Zerstörung der Ehe verursacht hat (Warn. 1939 Nr. 64). Dies ergibt sich trotz des Wortlautes des S. 1, der vorauszusetzen vorgibt, daß der Antragsgrund ein Scheidungsgrund sein könnte, aus S. 2, welcher nach Billigkeit auch verziehene (usw.) Verfehlungen, die also die Ehe nicht zerrüttet haben, beim Schuldausspruch berücksichtigt wissen will (A.M. Bay. ObLG. Beschl. v. 7. 1. 1949 NJW. 49 S. 262). Dies befriedigt hinsichtlich solcher Verfehlungen, die nur deshalb für die Zerrüttung nicht ursächlich gewesen sind, weil die Ehe schon völlig zerrüttet war, als sie sich zutrugen. Auch an § 43 Abs. 2 S. 2 dürfte ein Mitschuldantrag nicht scheitern (siehe dort 9 a.E.).

Ebenso erklärt RG. 164 S. 324 für den Mitschuldantrag gegen den Kläger im Fall des § 48, daß es nicht darauf ankomme, ob die Ehe schon vor seiner schweren Eheverfehlung zerrüttet war. Denn während nach § 48 die Zerrüttung der Ehe nur auf seiner Seite genüge, komme es für die von dem Scheidungsanspruch des Beklagten nach § 43 vorausgesetzte Zerrüttung wesentlich darauf an, daß auch der Beklagte der Ehe durch ein Verschulden des Klägers entfremdet worden sei. Diese nach der einseitigen Zerrüttung der Ehe in seiner Person begangene Eheverfehlung des Klägers könne, weil jene für § 48 genüge und nicht durch diese verursacht sei, zwar das Widerspruchsrecht des Beklagten nach § 48 nicht begründen (so daß auch die Frage, ob sein Widerspruch beachtlich sei, sich nicht aufwerfe), trotzdem aber wegen der nun auch in der Person des Beklagten herbeigeführten Ehezerrüttung für diesen einen Scheidungsanspruch erzeugen und deshalb seinen Mitschuldantrag nach § 53 Abs. 2 rechtfertigen.

Dagegen werden beim Schuldausspruch solche Verfehlungen außer acht zu lassen sein, welche der andere Ehegatte infolge der sittlichen Bewertung, die er ihr zuteil werden ließ, nicht als ehezerstörend empfunden hat, weil ihm mit diesen gar kein Unrecht zugefügt worden ist. Dies folgt für diejenigen, welche den Schuldausspruch nur auf Grund einer Verfehlung zulassen, die für die Ehezerrüttung ursächlich war (s. oben), schon hieraus.

d) Nur zum Teil richtig ist, daß weder als selbständige Antragsgründe noch zur Unterstützung unverjährter, unverwirkter, unverziehener und nicht ausgeschlossener solche nach § 616 ZPO. ausgeschlossene Verfehlungen herangezogen werden können, welche in einem früheren Scheidungsverfahren schon vorgebracht und gewürdigt worden sind, aber nicht zur Scheidung oder Schuldigerklärung geführt haben oder damals nicht als nachgewiesen angesehen wurden (RG. HRR. 42 Nr. 6).

7. III. **Abwägung.** Immer, wenn von einer Seite die Schuldfrage aufgerollt wird, ist auch auf entsprechenden Antrag der Gegenseite, sei es durch Widerklage, sei es durch Antrag auf Mitschuldigerklärung, die gesamte Schuldfrage zu prüfen, um festzustellen, welcher Teil die Schuld an der Scheidung trägt. Ergibt sich, daß beide Eheteile schuldig sind, ist das beiderseitige Schuldmaß abzuwägen und zusätzlich festzustellen, wessen Verschulden überwiegt. Auch diese Feststellung ist für die Scheidungsfolgen erheblich. Abzuwägen ist dabei nicht nur die Schwere der Verfehlungen, ihre Häufigkeit und Dauer, Art und Veranlassung (insbesondere ob sie durch das Verhalten des anderen Teils veranlaßt waren), die zurückliegende Zeit und das seitdem geübte Verhalten, sondern auch ihre Ursächlichkeit für die eingetretene Zerrüttung (ebenso RG. 164 S. 270, DR. 1940 S. 1677, OLG. Braunschweig MDR. 48 S. 258; a. A. OLG. Neustadt a/H. DRZ. 48 S. 61). Bei anfangs beiderseitiger Bereitschaft, die Ehe fortzusetzen, wird es auch darauf ankommen, durch wessen Schuld die Ehe schließlich doch gescheitert ist (RG. 164 S. 273).

Von Bedeutung ist es, wenn ein Ehegatte durch sein schuldhaftes Verhalten erst die Vorbedingungen für die Verfehlungen des anderen geschaffen hat. Andererseits ist zu beachten, daß das Verschulden eines Ehegatten erheblich schwerer sein muß, als das des anderen, um den Ausspruch seines überwiegenden Verschuldens zu rechtfertigen. Wenn ein Ehegatte auch durch seine Verfehlungen den Anlaß zu den Eheirrungen des anderen gegeben hat, so kann das Überwiegen seiner Schuld wegen der Schwere und Häufigkeit der Verfehlungen des anderen zu verneinen sein. Ein Ehegatte, der sich selbst einer — wenn auch weit zurückliegenden — Verletzung der Treupflicht schuldig gemacht hat, muß sich gefallen lassen, daß eine gleichartige Verfehlung des anderen Teils milder beurteilt wird (RG. Warn. 1939 Nr. 64).

Ein Ehegatte, der für alleinschuldig erklärt worden ist, kann auch Berufung einlegen, nur um zu erreichen, daß er nur für überwiegend schuldig erklärt werde; wegen der moralischen Bedeutung des Schuldausspruchs ist er durch einen solchen Schuldausspruch beschwert.

G. FOLGEN DER SCHEIDUNG

I. NAME DER GESCHIEDENEN FRAU

§ 54. Grundsatz

Die geschiedene Frau behält den Familiennamen des Mannes

Scheidung ist die Beendigung der Ehe dem Bande nach (§ 41 S. 2). Hieran knüpfen sich weitere Folgen.

Einen Teil der **SCHEIDUNGSFOLGEN,** nämlich die Folgen der Scheidung mit Bezug auf die Namensführung der Frau, die Unterhaltspflicht der geschiedenen Gatten gegeneinander, ihre Stellung zu den gemeinschaftlichen Kindern, regelt das EheG. in den §§ 54—75. Im übrigen bleibt es bei der durch andere Gesetze, insbesondere durch das BGB. in familiengüterrechtlicher Hinsicht getroffenen Regelung.

Ist an der Ehe ein Ausländer beteiligt oder sind beide Ehegatten Ausländer (vgl. 1 d zu § 1), so bemessen sich Wesen und Folgen der Scheidung nach § 17 Abs. 1 und 3 EGBGB. hinsichtlich der Namensführung und der Unterhaltspflicht, der Widerruflichkeit von Geschenken und eines über diese Punkte vor der Scheidung geschlossenen Vertrags (d. h. deutsches Recht ist hierfür anwendbar, wenn der klagende oder widerklagende Teil oder der beklagte Ehemann im Zeitpunkt der Entscheidung Deutscher war, in allen anderen Fällen das Heimatrecht des Ehemannes), nach A. 19 EGBGB. (also jeweiligem Heimatrecht des Vaters) hinsichtlich des Verhältnisses zu den Kindern, nach A. 15 (also vorbehaltlich A. 28: Heimatrecht des Mannes bei Eheschließung oder Güterrechtsvertrag) hinsichtlich der güterrechtlichen Verhältnisse. Will ein geschiedener Ausländer eine neue Ehe eingehen, so gilt hierfür sein Heimatrecht (A. 13 EGBGB.), auch wenn für die Bedeutung der Scheidung seiner Ehe nach A. 17 I, III EGBGB. deutsches Recht gilt.

Nach § 55 ist in dem Zeitpunkt, in welchem das Scheidungsurteil Rechtskraft erlangt, der **FAMILIENNAME** des Mannes, den er in diesem Augenblick trägt, zwangsläufig derjenige **DER FRAU.** Diesen Namen behält sie, ohne — anders als die aus der Ehe hervorgegangenen Kinder — von künftigen Namensänderungen des Mannes noch betroffen werden zu können, wenn sie ihn nicht ablegt (§ 55) und der Mann ihr die Führung nicht untersagt (§ 56) oder durch das Vormundschaftsgericht untersagen läßt (§ 57), wozu er aber **nur** befugt ist, wenn die Ehe aus alleinigem oder überwiegendem Verschulden der Frau geschieden ist bzw. wenn die Frau sich nach Scheidung der Ehe einer schweren Verfehlung gegen den Mann schuldig macht oder einen ehrlosen oder unsittlichen Lebenswandel führt.

Bestandteil des Namens des Mannes sind auch seine etwaigen Adelstitel.

Vorstehendes gilt ausnahmslos auch im Falle der Aufhebung der Ehe (§ 37), nicht aber der Nichtigerklärung; letztere hat für die Frau — anders als für die aus der Ehe hervorgegangenen Kinder — zur Folge, daß sie (wie die Staatsangehörigkeit auch) den Namen zurückerwirbt, den sie bei Schließung der für nichtig erklärten Ehe hatte.

Soweit — nach vorstehendem im Falle der Nichtigerklärung der Ehe und — nach §§ 55—57 die Frau nicht oder nicht mehr berechtigt ist, den Namen des Mannes zu führen, kann der Mann, wenn sie es trotzdem tut, nach §§ 12, 823 BGB. (evtl. auch nach § 16 UWG.) Unterlassungsklage gegen sie erheben. Über firmen- und urheberrechtliche Fragen s. 3 zu § 56).

§ 55. Wiederaufnahme eines früheren Namens

1. Die geschiedene Frau[1] kann[1] durch[2,4] Erklärung gegenüber dem Standesbeamten[4] ihren[2] Familiennamen[4] wieder annehmen. Die Erklärung bedarf der öffentlichen Beglaubigung[4].

2. In gleicher Weise kann die Frau einen früheren Ehenamen, den sie bei Eingehung der geschiedenen Ehe hatte, wieder annehmen, wenn aus der früheren Ehe Nachkommenschaft vorhanden ist[3]. Die Wiederannahme ist ausgeschlossen, wenn die Frau allein oder überwiegend für schuldig erklärt ist[3].

1. Die **Frau** braucht sich nicht damit abzufinden, daß sie trotz der Scheidung den Familiennamen des Mannes weiterführen soll (§ 54). Sie **kann** ihn jederzeit, d. h. sofort oder auch später, ohne an eine Frist gebunden zu sein (s. aber 4 a. E.) und ohne daß es auf ihre Beweggründe oder den Schuldausspruch des Scheidungsurteils ankäme, ablegen und **ihren eigenen Familiennamen wieder annehmen.** Die in der Geschäftsfähigkeit beschränkte Frau bedarf hierzu nicht der Genehmigung ihres gesetzlichen Vertreters, ebensowenig der Vormund einer geschäftsunfähigen Frau der Genehmigung des Vormundschaftsgerichts. Der gesetzliche Vertreter der beschränkt geschäftsfähigen Frau kann nicht an ihrer Stelle die Namensänderung erklären, wohl aber kann es der Vormund der geschäftsunfähigen Frau; denn das Recht ist zwar höchstpersönlich, aber es kann doch nicht sein, daß darunter das Interesse der geschäftsunfähigen Frau an der Namensänderung leiden darf, wenn ein solches bestehen sollte. Das Recht ist der Frau ausschließlich im eigenen Interesse, vor allem aus Rücksicht auf Gefühlsmomente gegeben, ein öffentliches Interesse ist, selbst wenn Kinder aus der geschiedenen Ehe hervorgegangen sind, nicht beteiligt. Die Namensänderung durch die Frau kann darum sehr wohl Gegenstand eines Rechtsgeschäfts sein, durch welches sie sich gegenüber ihrem geschiedenen Mann verpflichtet, ihren früheren Namen anzunehmen oder nicht anzunehmen (RG. 86 S. 117). Es ist nicht einmal in jedem Fall sittenwidrig, für eine solche Verpflichtung eine Gegenleistung auszudingen (RG. SeuffA. 87).

2. Die Frau, welche den Namen des geschiedenen Mannes ablegt, erwirbt ihren **eigenen Familiennamen** damit ohne weiteres zurück. Aus Abs. 2 geht hervor, daß, auch wenn sie schon einmal verheiratet (geschieden oder verwitwet) war, der Name ihres Vaters gemeint ist, den er in ihrer Mädchenzeit im Augenblick ihrer (ersten) Verheiratung geführt hat. Hat sich der Name ihres Vaters nach ihrer Heirat geändert, und steht sie selbst zu der Zeit, zu welcher sie den Namen ihres geschiedenen Mannes ablegt, noch unter elterlicher Gewalt, so ist diese Namensänderung des Vaters auch für sie maßgebend (§ 4 NamÄndG. vom 5. 1. 1938), andernfalls erwirbt sie den Namen zurück, den der Vater z. Z. ihrer Eheschließung geführt hat (auch wenn sie noch nicht großjährig war, als dessen Namen geändert wurde, während sie noch den Namen ihres geschiedenen Mannes trug; hierin anscheinend anders KRR. 2a), neu erworbene Adelsbezeichnungen des Vaters sind Namensänderungen. Ist die Frau unehelich geboren, so erwirbt sie den Namen zurück, den ihre Mutter bei ihrer Geburt trug (1706 BGB.), auch wenn die Mutter später, sei es vor oder nach der Eheschließung der geschiedenen Frau geheiratet und durch Heirat einen anderen Namen bekommen hat, sofern der geschiedenen

Frau nicht vor der Heirat oder anläßlich der Ablegung des Namens ihres Mannes nach § 1706 Abs. 2 Satz 2 BGB. der Name des Ehemannes der Mutter verliehen wurde bzw. wird. Ist die Frau für ehelich erklärt, so erhält sie den Namen ihres Vaters, wenn sie adoptiert ist, den des Adoptivvaters zur Zeit ihrer Eheschließung oder, wenn Legitimation oder Adoption erst während der geschiedenen Ehe stattgehabt haben, und der Name des Vaters bzw. Wahlvaters sich geändert hat, zur Zeit der Legitimation bzw. Adoption, nach Maßgabe des vorstehend über Änderung des Namens des ehelichen Vaters Gesagten.

3. Die geschiedene Frau, welche schon einmal verheiratet war, kann statt ihres Vater-(Mädchen-)Namens auch den Namen der vorangegangenen Ehe annehmen, mag diese durch Tod des ersten Mannes aufgelöst, geschieden oder aufgehoben (§ 37 Abs. 1) worden sein. Die Zustimmung des Mannes der früheren Ehe oder im Fall seines Todes seiner Angehörigen ist dazu nicht erforderlich. Jedoch ist der Mann der früheren Ehe durch § 57 Abs. 2 geschützt.

Die Befugnis der Frau, den Namen einer früheren Ehe wieder anzunehmen, hat noch drei Voraussetzungen:

a) Daß sie ihn z. Z. der Eingehung der geschiedenen Ehe noch getragen hat; dies wird immer der Fall sein, wenn die vorangegangene Ehe durch den Tod des Mannes aufgelöst, regelmäßig, aber nicht notwendig, auch dann, wenn sie gleichfalls geschieden worden war. Handelt es sich um die dritte Ehe der Frau, hat sie also nicht etwa auch die Befugnis, den Namen des ersten Mannes zu führen, wenn sie ihn nicht etwa nach Scheidung der zweiten Ehe gemäß § 55 angenommen hatte,

b) daß mindestens ein aus der vorangegangenen Ehe hervorgegangenes oder durch sie legitimiertes Kind oder ein von einem solchen stammendes Enkelkind in dem Zeitpunkt sich am Leben befindet, in welchem die Frau den Namen wieder annimmt,

c) daß die Frau an der Scheidung der neuen Ehe, wenn schon für schuldig, doch nicht für allein oder überwiegend schuldig erklärt ist. Maßgebend ist der Schuldausspruch des Scheidungsurteils, der nicht weiter nachzuprüfen ist. Dagegen ist die Frau, wenn sie für schuldig an der Scheidung ihrer früheren Ehe erklärt ist, dadurch (vorbehaltlich § 56) nicht gehindert, den früheren Ehenamen anzunehmen.

Nimmt die Frau ohne diese Voraussetzungen den Namen aus einer früheren Ehe an, so kann sie nach §§ 12, 823 BGB. (evtl. § 16 UWG.) von dem früheren Mann, aber auch einem anderen Träger des Namens auf Unterlassung verklagt werden. Über firmen- und urheberrechtliche Folgen s. 4 zu § 56.

4. Die Namensänderung, welche die geschiedene Frau freiwillig vornimmt, wird unmittelbar bewirkt **durch eine Erklärung gegenüber dem Standesbeamten,** vor welchem sie die geschiedene Ehe geschlossen hatte und wenn die Ehe im Ausland geschlossen worden ist, vor dem Standesamt I zu Berlin (§ 49 1. AVO. PStG. vom 19. 5. 1938). Die Erklärung ist mündlich vor dem Standesbeamten oder schriftlich abzugeben. In beiden

Fällen ist sie durch Gericht oder Notar oder einen Standesbeamten öffentlich zu beglaubigen, insbesondere den zur Entgegennahme der Erklärung zuständigen Standesbeamten selbst, wenn dieser nicht eine öffentliche Urkunde darüber aufnimmt. Der Standesbeamte hat im Familienbuch beim Heiratseintrag einen Randvermerk über die Namensänderung zu machen. Aber dieser Vermerk ist so wenig wie die öffentliche Beglaubigung Wirksamkeitsvoraussetzung der Erklärung. Vielmehr ist diese wirksam, sobald sie beim Standesbeamten eingegangen ist und deshalb zwar noch unter dem Namen der Frau aus der geschiedenen Ehe abzugeben, aber alsdann sofort auch unwiderruflich. Die Frau hat damit den von ihr gewählten Namen gewonnen und kann diesen nicht mehr willkürlich ändern. Würde sie nachträglich den Namen ihres geschiedenen Mannes weiter führen, oder den Namen einer früheren Ehe, nachdem sie ihren Mädchennamen gewählt hat, oder umgekehrt, so würde sie nach §§ 12, 823, 1004 BGB. auf Unterlassung verklagt werden können.

§ 56. Untersagung der Namensführung durch den Mann

1. Ist die Frau allein oder überwiegend für schuldig erklärt[2], so kann[1] ihr der Mann durch[3],[4] Erklärung gegenüber dem Standesbeamten[3] die Weiterführung seines Namens untersagen[1]. Die Erklärung bedarf der öffentlichen Beglaubigung[2]. Der Standesbeamte soll der Frau die Erklärung mitteilen[5].

2. Mit[4] dem Verlust des Mannesnamens erhält die Frau ihren Familiennamen wieder[4].

1. Auch der **Mann** braucht seinerseits sich die Regel des § 54 nicht unter allen Umständen gefallen zu lassen, **kann** vielmehr in zwei Fällen **der Frau untersagen,** daß sie seinen Namen weiter führt. Dieses Untersagungsrecht ist höchstpersönlich. Der beschränkt geschäftsfähige Mann bedarf dazu nicht der Zustimmung des gesetzlichen Vertreters, doch kann es von einem solchen für einen geschäftsunfähigen Mann ausgeübt werden.

2. **Der erste Fall** ist der des § 56; er setzt voraus, daß nach dem Schuldausspruch des Scheidungsurteils (§§ 52, 53) die **Frau als allein- oder überwiegend schuldig an der Scheidung erklärt ist;** ist beiden Teilen gleiches Verschulden zugemessen oder gar der Mann als allein- oder überwiegend schuldig befunden worden, so kann er der Frau seinen Namen nicht nehmen; seine dahingehende Erklärung ist unbeachtlich und wirkungslos (s. aber § 57). Maßgebend ist der Schuldausspruch des Scheidungsurteils, ohne daß dieser nachprüfbar ist.

3. Um der Frau die Fortführung seines Namens wirksam zu verbieten, ist erforderlich und genügt, daß der Mann dieses Verbot persönlich oder schriftlich gegenüber dem Standesbeamten erklärt, vor welchem er die Ehe geschlossen hat; ist seine Ehe im Ausland geschlossen, vor dem Standesamt I zu Berlin. Die Erklärung muß öffentlich beglaubigt werden (s. 4 zu § 55).

4. **Die Erklärung ist sofort wirksam** und zwar in der Weise, daß die Frau bei Eingang der Erklärung des Mannes beim Standesbeamten — ohne daß sie davon Kenntnis zu haben braucht — den Namen des Mannes verliert und ihren Familiennamen zurückgewinnt; s. hierüber 2 zu § 55. (Entsprechend § 55 Abs. 2 S. 2 ist der Frau gar nicht erst die Wahl gelassen, ob sie statt ihres Familiennamens den Namen eines früheren Ehemanns annehmen will.) Führt sie diesen trotz der Erklärung des Mannes fort, so kann er nach §§ 12, 823, 1004 BGB. die Frau auf Unterlassung verklagen. Gründet die Frau nunmehr ein Handelsgeschäft, so hat sie als Firma ihren zurückerworbenen Namen zu verwenden (§ 18 HGB.); aber auch wenn sie schon vor der Erklärung des Mannes eine Firma hat eintragen lassen bei der sie den Namen des Mannes als den ihrigen im Sinne des § 18 HGB. verwandt hat, muß sie nunmehr nach der Erklärung des Mannes diese Firma aufgeben und künftig ihren ursprünglichen Familiennamen als Firmennamen verwenden. Die rein firmenrechtliche Vorschrift des § 21 HGB. würde ihr zwar die Weiterverwendung des Namens ihres geschiedenen Mannes in der Firma gestatten, aber sie ist daran durch § 12 BGB., das Recht ihres Mannes, gehindert. Unterzeichnet die Frau ein eigenhändiges Testament noch mit dem Familiennamen des geschiedenen Manns, so wird dies regelmäßig ausreichen, um die Feststellung zu ermöglichen, daß sie das Testament errichtet hat und der Gültigkeit des Testaments nicht entgegenstehen (§ 21 Abs. 3 TestG.). Unterzeichnet sie andere Urkunden über Erklärungen, für welche schriftliche Form vorgeschrieben ist, in dieser Weise, so wird die Rechtsgültigkeit der beurkundeten Erklärung insolange nicht in Frage gestellt sein, als die Frau sich noch allgemein, wenn auch unzulässigerweise des Familiennamens des früheren Mannes bedient hat (§ 126 BGB., JKG. 31 S. 109 — RJA. 6 S. 261; RJA. 11 S. 112).

5. Die Erklärung des Mannes hat die Wirkung der Anm. 4 auch dann, wenn die Frau nie etwas davon erfährt. Aber der Mann kann solchenfalls nicht von ihr verlangen, daß sie seine Erklärung beachtet, darum soll ihr der Standesbeamte die Erklärung mitteilen. Die Rechtswirksamkeit der Erklärung ist von dieser Mitteilung unabhängig.

§ 57. Untersagung der Namensführung durch das Vormundschaftsgericht

1. Macht die Frau sich nach[1] der Scheidung einer schweren[2] Verfehlung[2] gegen den Mann[2] schuldig[2] oder führt sie gegen seinen Willen einen ehrlosen und unsittlichen Lebenswandel[1,3], so kann ihr das Vormundschaftsgericht[4] auf Antrag des Mannes[5] die Weiterführung seines Namens untersagen.

2. Abs. 1 gilt entsprechend, wenn die Frau nach § 55 Abs. 2 einen früheren Ehenamen wieder angenommen hat[1,8].

3. Der Beschluß, der die Weiterführung des Namens untersagt, wird erst mit der Rechtskraft wirksam[6], die Frau erhält damit ihren Familiennamen wieder[7].

1. Die Regel des § 54, wonach die Frau auch nach der Scheidung den Familiennamen des Mannes weiterführt, wenn sie ihn nicht selbst nach § 55 ablegt, erleidet eine zweite Ausnahme — über die erste s. § 56 — durch das **Untersagungsrecht des Mannes wegen Verhaltens der Frau nach der Scheidung** durch Anrufung des Vormundschaftsgerichts.

Dieses ist unabhängig von dem Schuldspruch des Scheidungsurteils. Das leuchtet ohne weiteres ein, weil ja auch die schuldlos geschiedene Frau sich nach der Scheidung so verhalten kann, daß der Mann oder seine Familie ein Interesse daran haben kann, daß die Frau den Namen des Mannes nicht weiterführt. Das Verbotsrecht des § 57 ist sogar gerade in den Fällen bedeutungsvoll, in welchen der Schuldausspruch des Scheidungsurteils der Frau kein oder nur gleiches Verschulden an der Scheidung beigemessen hat, weil der Mann andernfalls auch unter den übrigen Voraussetzungen des § 57 den für ihn einfacheren Weg des § 56 gehen wird, um der Frau seinen Familiennamen zu nehmen. Trotzdem dürfte aber auch der weniger praktische Weg des § 57 offenstehen (a. A. KRR. 8). Da die schuldlos, mindestens nicht überwiegend schuldig geschiedene Frau nach § 55 auch den Familiennamen eines früheren Ehemannes annehmen kann, wird das Untersagungsrecht wegen ihres Verhaltens nach der Scheidung der späteren Ehe auch dem früheren Ehemann gewährt (Abs. 2). Das Untersagungsrecht wird nur durch ein nacheheliches Verhalten der Frau begründet. Ihr Verhalten während der Ehen kommt selbst dann nicht in Betracht, wenn es in dem Scheidungsstreit nicht hat geltend gemacht werden und den Schuldausspruch nicht hat beeinflussen können.

2. Nicht jedes zu rügende nacheheliche Verhalten der Frau berechtigt den früheren Mann, ihr die Führung seines Namens zu untersagen, vielmehr nur ein Verhalten, welches entweder in einer schweren Verfehlung gegen ihn oder in einem ehrlosen oder unsittlichen Lebenswandel besteht.

Die Untersagung wird begründet durch eine **schwere Verfehlung gegen den geschiedenen Mann,** deren die Frau sich nach der Scheidung schuldig macht. Um eine Eheverfehlung handelt es sich dabei natürlich nicht, weil ja eheliche Pflichten der Frau nach der Scheidung nicht mehr bestehen. Im besonderen ist unter einer schweren Verfehlung eine schuldhafte Verletzung materieller und ideeller Lebensgüter des Mannes zu verstehen: so ein Angriff gegen das Leben, den Körper, die Freiheit, die Ehre; hierunter fallen Beleidigungen, Verleumdungen, falsche Anschuldigungen, Bloßstellungen in der Öffentlichkeit; auch Angriffe gegen seine Angehörigen, z. B. seine neue Ehefrau, können sich mittelbar als Verfehlungen gegen den Mann darstellen. Es ist auch nicht Voraussetzung, daß die Handlungsweise der Frau objektiv widerrechtlich ist, so kann die Bekanntgabe wahrer Vorgänge eine schwere Verfehlung gegen den Mann bedeuten, wenn er dadurch bloßgestellt oder lächerlich gemacht wird. Die Frau hat kein Recht, persönliche und familiäre Angelegenheiten des Mannes, die eine dritte Person nichts angehen, und deren Geheimhaltung für ihn von Belang ist, zu verbreiten. Der Frau liegt hier eine Treuepflicht höherer Art ob, die auch über den Bestand der Ehe hinauswirkt (KG. HRR. 1941 Nr. 808). Für die Frage, ob eine Verfehlung schwer ist, wird das Verschulden der Frau, das vom Gesetz vorausgesetzt wird, ins Gewicht fallen. Kann die Verfehlung der Frau überhaupt nicht zugerechnet werden oder ist sie durch Notwehr oder dergl. entschuldigt oder hat sie nur fahrlässig gehandelt, so kann von einer schweren Verfehlung nicht die Rede sein. Es muß aus der Verfehlung eine tadelnswerte Gesinnung der Frau gegen den Mann hervorgehen. Das wird immer der Fall sein, wenn die Frau aus Rachsucht oder Bosheit oder Schadenfreude, weniger, wenn sie aus unbeherrschter fortdauernder Erregung, Haßliebe, Erfülltsein von ihrem Eheerlebnis gehandelt hat. Auch muß die Verfehlung objektiv eine gewisse Schwere haben. Dies kann aber auch für leichtere Handgreiflichkeiten zutreffen, wenn in ihnen eine tiefe Kränkung des Mannes liegt (Ausspucken, Ohrfeigen usw.). Viele leichte Verfehlungen können zusammen eine schwere Verfehlung darstellen. Bei Beurteilung der Schwere der Verfehlung ist auch das Verhalten des Mannes zu prüfen, durch welches sie entschuldigt oder gemildert sein kann. Es ist zu prüfen, ob und inwieweit der Mann selbst der Frau durch seine Handlungsweise Anlaß zu ihrem Vorgehen gegeben hat, und auch danach die Schwere der Verfehlung abzuwägen (KG. a. a. O.). Dabei ist auch das Verhalten des Mannes während der Ehe in Betracht zu ziehen, sofern die Auswirkungen dieses Verhaltens bis zur Verfehlung der Frau noch erkennbar und von Einfluß auf ihre Handlungen sind (KG. a. a. O.).

3. Auch ohne daß die Frau sich gegen den Mann verfehlt, kann er ihr die Fortführung seines Familiennamens untersagen, wenn dessen Ehre durch einen gegen seinen Willen geführten **ehrlosen oder unsittlichen Lebenswandel der Frau** gefährdet ist. Voraussetzung ist, daß die Frau diesen Lebenswandel noch z. Z. der Untersagung führt. Während nach 2 bei genügender Schwere schon eine einmalige Verfehlung genügt, um das Untersagungsrecht des Mannes zu begründen, muß es sich bei dem Lebenswandel um ein Verhalten von gewisser Dauer handeln, das dem Namen des Mannes Unehre macht, wenn es auch zu weit geht, unter Lebenswandel hier dasselbe wie in § 2333 Nr. 5 BGB. zu verstehen, wofür die Rechtsprechung einen eingewurzelten Hang fordert, weil dann der Zweck der Vorschrift, den ehrlichen Namen des geschiedenen Mannes vor Herabwürdigung zu schützen, in großem Umfange vereitelt würde. Es wird sogar eine einmalige strafbare Handlung ausreichen, wenn sie ehrenrührig ist. Nicht jeder Geschlechtsverkehr der geschiedenen und zur Enthaltsamkeit oder Treue nicht verpflichteten Frau ist unsittlich noch auch selbst, wenn er bekannt wird, ehrenrührig, nicht ein Geschlechtsverkehr mit einem neuen Verlobten, auch nicht ein dauerndes unauffälliges Liebesverhältnis ohne Verlöbnis (RG. 164 S. 127, 165 S. 29), auch nicht, wenn es ein vorher bestandenes dauerndes Liebesverhältnis abgelöst hat. Wohl aber wird unsittlicher Lebenswandel zu bejahen sein, wenn die Frau in kurzer Aufeinanderfolge Liebesverhältnisse mit verschiedenen Männern unterhält oder sich jeder geschlechtlichen Regung überläßt und jedem Mann zugänglich ist. Ehrlos hat hier nach dem Zweck der Vorschrift die Bedeutung von ehrerührig. Der Lebenswandel muß gegen den Willen des Mannes geführt werden. Dieses ist zu vermuten sowohl seitens der Frau — der Mann braucht sie nicht abzumahnen —, als des Vormundschaftsgerichts; dieses braucht den Willen des Mannes nur dann besonders festzustellen, wenn die Frau sein Einverständnis behauptet. Insbesondere ist sein Einverständnis zu unterstellen, wenn er selbst die Ehre seines Namens nicht hütet und einen gleichen oder ähnlichen Lebenswandel führt. Die Ehre der Kinder, die durch den Lebenswandel der Mutter auch noch in Mitleidenschaft gezogen werden kann, wenn schon der Lebenswandel des Vaters sie besudelt hat, hat § 57 offenbar nicht im Auge.

4. Der geschiedene Mann kann nicht zum Richter seiner geschiedenen Frau gemacht werden. Der Fall liegt nicht wie der des § 56, wo das Untersagungsrecht auf Grund einer richterlich bereits festgestellten Alleinschuld oder überwiegenden Schuld der Frau an der Scheidung gewährt wird. Hier muß der Tatbestand, der das Untersagungsrecht begründet, vielmehr erst **richterlich festgestellt** werden. Berufen dazu wird das Vormundschaftsgericht als Gericht der freiwilligen Gerichtsbarkeit, und zwar das des Wohnsitzes oder gewöhnlichen Aufenthalts der Frau (§ 43 FGG., § 20 DVO. EheG. 1938). Auch für das **Verfahren** gilt FGG. Das Vormundschaftsgericht hat also von Amts wegen den gesetzlichen Tatbestand festzustellen und die geeigneten Beweise zu erheben (§ 12). Tätig wird es freilich nur auf Antrag des Mannes. Der Antrag ist an keine Frist gebunden, insbesondere kann auch aus einer langen Verzögerung des Antrags und Nachsicht des Mannes nicht gefolgert werden, daß die Frau ihren Lebenswandel nicht gegen seinen Willen führt. Gegen die Ablehnung des Antrages steht dem Mann die fristlose einfache Beschwerde offen, gegen den Beschluß, welcher ihr die Fortführung des Familiennamens des Mannes verbietet, der Frau nur die sofortige Beschwerde (§ 60 Ziff. 6), weil der Beschluß nach Abs. 2 erst mit der Rechtskraft wirksam wird. Die Frist beträgt zwei Wochen (§ 22). Sofortige weitere Beschwerde gegen die Entscheidung des Beschwerdegerichts zum OLG. ist nur wegen Gesetzesverletzung zulässig (§§ 27, 28).

5. Das Recht des Mannes ist höchstpersönlich. Der beschränkt geschäftsfähige Mann bedarf zu seinem Antrag nicht der Zustimmung des gesetzlichen Vertreters; doch kann der Antrag vom gesetzlichen Vertreter des geschäftsunfähigen Mannes gestellt werden.

6. Der Untersagungsbeschluß des Vormundschaftsgerichts wird erst mit seiner Rechtskraft wirksam. Rechtskräftig wird der Beschluß, wenn die Beschwerdefrist versäumt, auf Beschwerde verzichtet wird, wenn das Beschwerdegericht die sofortige Wirksamkeit anordnet (§ 26) oder die letzte Instanz sachlich entschieden hat.

7. Die Wirkung des Beschlusses besteht darin, daß die **Frau automatisch ihren Familiennamen** (s. 2 zu § 55) **wieder erhält** (s. 4 zu § 56). Sie hat dann keine Möglichkeit mehr, noch den Namen eines früheren Mannes anzunehmen. Das Vormundschaftsgericht hat den Untersagungsbeschluß dem Standesbeamten mitzuteilen, vor dem die Ehe geschlossen worden ist. Dieser hat ihn im Familienbuch neben dem Heiratsantrag am Rande zu vermerken (§ 13 Nr. 1 PStG., § 35 Abs. 3 1. AVO. PStG.). Rechtliche Bedeutung hat weder dieser Vermerk noch seine Unterlassung.

8. S. bei 1. Es kann die Frage aufgeworfen werden, ob der frühere Mann unter den Voraussetzungen des § 57 den Antrag aus Vorsorge stellen kann, solange die Frau noch keinen Gebrauch von ihren Rechten nach § 55 gemacht hat, seinen Familiennamen wieder anzunehmen. Das Gesetz hat dies zwar offenbar nicht im Auge; trotzdem dürfte die Frage zu bejahen sein. Nur hat dieser Untersagungsbeschluß die Wirkung des Abs. 3 nicht, diese tritt erst dann ein, wenn auch der Mann, dessen Familiennamen die Frau führt, einen Untersagungsbeschluß erwirkt hat. Es ist sehr wohl möglich, daß dessen Antrag nach Anm. 3 Abs. 2 nicht zum Erfolg führt, obwohl der frühere Mann Erfolg hatte.

9. Nach dem Tode des Mannes wird sein Name nicht mehr gehütet. Seine Erben, auch seine Kinder, haben das Antragsrecht nicht.

II. UNTERHALT[1]

a) [1]Unterhaltspflicht bei Scheidung wegen Verschuldens

§ 58

1.[1] Der allein oder überwiegend für schuldig[1] erklärte Mann[1] hat der geschiedenen Frau den nach den Lebensverhältnissen der Ehegatten[3] angemessenen[4] Unterhalt[2] zu gewähren, soweit[7] die Einkünfte aus dem Vermögen[5] der Frau und die Erträgnisse einer Erwerbstätigkeit[6] nicht ausreichen[7].

2. Die allein oder überwiegend für schuldig erklärte[1] Frau hat dem geschiedenen Mann angemessenen Unterhalt[2] zu gewähren, soweit[9] er außerstande[9] ist, sich selbst zu unterhalten[9,10].

1. I. Überblick und Allgemeines. A. In einer wichtigen Beziehung läßt das Gesetz trotz der Scheidung der Ehe die eheliche Pflicht, wenn auch wesentlich abgeschwächt, auch für die Zukunft fortbestehen, in der Frage der Unterhaltsgewährung. Es soll der schuldlos geschiedene Gatte die Versorgung, welche ihm die Ehe gewährt hat, nicht dadurch verlieren, daß der andere Ehepartner die Ehe zerrüttet hat, und die ihm unerträglich gewordene Ehe nicht nur deswegen fortzusetzen gezwungen sein, weil er andernfalls fürchten muß, diese Versorgung zu verlieren. Daraus ergibt sich schon, daß der schuldlose Ehegatte regelmäßig nach der Scheidung nicht mehr verpflichtet ist, den anderen Ehegatten zu unterhalten. Hierzu verpflichtet ist nur der für allein- oder überwiegend schuldig erklärte Gatte gegenüber dem unschuldigen oder weniger schuldigen, und zwar der geschiedene Ehemann (§ 58 Abs. 1) in weiterem Umfang als die geschiedene Frau (§ 58 Abs. 2), freilich vorbehaltlich seiner Leistungsfähigkeit (§ 59), aus gleichem Verschulden geschiedene Gatten gegenüber einander nur im Umfang eines Beitrags (§ 60), der schuldlose Ehegatte dem anderen gleichfalls schuldlosen Ehegatten gegenüber bei Scheidung aus unverschuldetem Tatbestand nur im Rahmen der Billigkeit, wenn er es war, der die Scheidung begehrt hat (§ 61). Wenn in einem solchen Scheidungsverfahren die Schuldfrage aufgerollt wird, und diese zu einem Schuldausspruch führt, regelt sich, auch wenn die Ehe auf Grund des unverschuldeten Scheidungstatbestandes geschieden wird, die Unterhaltspflicht nicht mehr nach § 61, sondern nach §§ 58—60. Die gesetzlichen Bestimmungen sind bedauerlicherweise, wie ihre Erläuterung ergibt, höchst verzwickt und verwickelt, werden aber zum Glück nicht häufig praktisch, weil die gewöhnlich beide auseinanderstrebenden Gatten auf die Unterhaltsansprüche zu verzichten pflegen, oder sie vertraglich regeln.

b) **Maßgeblich** in allen Fällen ist **der Schuldausspruch** des Scheidungsurteils, sei es, daß er aus dem Tenor oder aus den Gründen hervorgeht, welcher im Unterhaltsstreit nicht nachgeprüft werden kann (so auch trotz abweichender Gesetzesfassung schon für das Ehegesetz 1938 entsprechend allgemeiner Meinung HRR. 1941 Nr. 320), mag er auch unrichtig sein, und welcher durch Verfehlungen nach der Scheidung, zumal diese keine Eheverfehlungen mehr sein können, vorbehaltlich §§ 65, 66, nicht berührt wird. Sehr häufig kommt mindestens praeter, wenn nicht contra legem vor Erhebung der Scheidungsklage eine Einigung der scheidungsgewillten Ehegatten sowohl über ihre Parteirolle als auch über den geltend zu machenden, oft erfundenen Scheidungsgrund, desgleichen auch über den Antrag auf Mitschuldigerklärung zustande, so daß ein Teil von ihnen die Schuld oder die überwiegende Schuld oder jeder gleiche Schuld „übernimmt". Dies führt dann meist zu einem falschen Schuldausspruch, da das Gericht regelmäßig darauf verzichtet, von Amts wegen die Richtigkeit unbestrittenen Parteivorbringens zu klären. **Auch in einem solchen Fall** ist der **Schuldausspruch maßgebend,** ohne daß der für schuldig erklärte Teil dem Unterhaltsanspruch mit Einwendungen aus § 826 BGB. (Arglist, unzulässige Rechtsausübung) begegnen könnte (RG. DJ. 1936 S. 1657). Die Abrede kann freilich unausgesprochen eine Einigung über die Unterhaltspflicht einschließen; aber als solche ist sie wenigstens in dem Fall nichtig, daß der vereinbarungsgemäß geltend zu machende Scheidungsgrund nicht bestanden hat oder weggefallen war (auch wenn ein anderer bestand; hierin a. A. RG. 168 S. 269), das Gericht also getäuscht worden ist (vgl. zu § 72). Ist das Urteil einseitig erschlichen worden, so steht seiner Ausnutzung besagte Einwendung entgegen (RG. 155 S. 58/59), desgleichen wenn die eine Partei ohne Erschleichung ein ihr günstiges unrichtiges Urteil auf unsittliche Weise aktiv herbeigeführt hat (RG. a.a.O. S. 60), nicht bloß untätig hat ergehen lassen, so etwa durch Unterstützung einer als unwahr erkannten Zeugenaussage und Antrag auf Beeidigung dieses Zeugen (a. a. O. S. 60/61) oder wenn sie das Zustandekommen einer richtigen Entscheidung verhindert hat, indem sie z. B. wahrheitswidrig vor Gericht oder dem anderen Gatten oder seinem Prozeßbevollmächtigten versichert hat, daß sie die eheliche Treue nie gebrochen habe (RG. 156 S. 270). Dagegen begegnet die Ausnutzung eines bloß als unrichtig erkannten Urteils dem Einwand der Arglist oder unzulässigen Rechtsausübung nicht (RG. 155 S. 58/59, 156 S. 269, 163 S. 287, 165 S. 28; a. A. KG. JW. 1937 S. 2972, wo der siegreiche Ehebrecher dem Einwand ausgesetzt wird, weil der andere Teil den Ehebruch nicht kannte; diese Meinung führt aber in allen Fällen zur Nachprüfung des Schuldausspruchs, was offenbar nicht richtig sein kann), besonders nicht, wenn der unrichtige Schuldausspruch dadurch zustande gekommen ist, daß der Beklagte nicht erschienen ist und sich auch nicht hat vertreten lassen; die Ausnutzung des Urteils kann aber unsittlich sein, wenn etwas Besonderes hinzukommt, was sie unsittlich macht (RG. 163 S. 287 ff.). Denkbar ist, daß dem verpflichteten Ehegatten gegen ein solches Urteil auf Grund des Vollstreckungsmißbrauchgesetzes vom 13. 12. 1934 (RGBl. S. 1234), welches trotz seiner Verweisung auf „gesundes Volksempfinden" auch weiterhin anwendbar ist, durch das Vollstreckungsgericht Schutz gewährt werden kann.

c) Der Unterhaltsanspruch kann verwirkt werden nach §§ 65 und 66; er erlischt durch eine neue Heirat des Berechtigten (§ 67) und mit dessen Tod (§ 69), nicht durch den Tod des Verpflichteten (§ 70).

d) Die Art der Unterhaltsgewährung regeln §§ 70—72.

e) Das Verhältnis der Unterhaltspflicht des geschiedenen Ehegatten zu jener der Angehörigen des Berechtigten regelt § 63 (auch § 61).

f) Das Verhältnis des Unterhaltsanspruchs des geschiedenen Gatten zu den Ansprüchen anderer gegenüber dem verpflichteten Gatten Unterhaltsberechtigter regelt § 1609 Abs. 2 BGB.

g) Die Aufrechnung gegenüber dem Unterhaltsanspruch ist ausgeschlossen (RG. 145 S. 309), ebenso die Ausübung eines Zurückbehaltungsrechts.

h) Der Unterhaltsanspruch genießt nach § 6 LohnPfVO. vom 30. 10. 1940 ein Pfändungsprivileg; er ist nach Maßgabe des § 4 LohnPfVO. nur teilweise pfändbar und deshalb nach § 400 BGB. auch nur in diesem Umfang übertragbar.

i) Über Unterhaltsverträge s. § 72.

k) Schon im Scheidungsverfahren kann der Unterhaltsanspruch gerichtlich geltend gemacht werden, allerdings nicht durch Klage, da die Verbindung einer solchen mit der Scheidungsklage an § 615 ZPO. scheitern würde, aber durch die Herbeiführung einer vorläufigen Regelung mittels einstweiliger Anordnung während des Scheidungsstreites (§ 627 ZPO.) und mittels Beschlusses (nach

(§ 627b ZPO.) zugleich mit dem Urteil für die Zeit nach der Rechtskraft des Urteils. Dieser bleibt in Geltung, bis im Unterhaltsstreit ein Urteil ergangen ist. Für den Unterhaltsstreit ausschließlich zuständig sind die Amtsgerichte (GVG.), auch wenn aus einem Unterhaltsvergleich geklagt wird (RG. 149 S. 29, KG. JW. 25 S. 380, Jonas II 2e zu § 1 ZPO.), wenn der Vertrag sich darauf beschränkt, den gesetzlichen Unterhaltsanspruch nach seiner Höhe zu regeln (Jonas a. a. O. RG. 149 S. 29).

Es kann auch ein Arrest wegen des Unterhaltsanspruchs vor der Scheidung ausgebracht werden (OLW. 21 S. 240).

l) Auch wenn die Höhe des Unterhaltsanspruchs rechtskräftig durch Urteil oder Vertrag festgestellt ist, so bleibt es letzterenfalls, wenn der Vertrag die regelmäßig zu unterstellende (RG. 163 S. 95, 164 S. 366, 165 S. 31, München HRR. 41 Nr. 123 und 926) Bedingung gleichbleibender Verhältnisse nicht ausgeschlossen hat —, möglich, geltend zu machen, daß eine Änderung derjenigen Verhältnisse eingetreten sei, welche für die Bestimmung der Höhe der Unterhaltsrente maßgebend gewesen waren. Diese Änderung ist durch Klage nach § 323 ZPO. geltend zu machen, im Fall eines Unterhaltsvergleiches, wenn dieser vollstreckbar ist (§ 323 Abs. 4 ZPO.). Erlischt freilich der Unterhaltsanspruch durch Verwirkung (§ 66), Wiederverheiratung (§ 67), Tod des Berechtigten (§ 69), so ist das Erlöschen durch Vollstreckungsklage nach § 767 ZPO. geltend zu machen. Auch für die Einrede der beschränkten Erbenhaftung haben die Verpflichteten nach §§ 785, 767 ZPO. denselben Weg zu gehen. Auch für diese beiden Klagen ist das Amtsgericht zuständig.

Die beim Amtsgericht zu erhebende Vollstreckungsgegenklage nach § 767 ZPO. ist auch der Weg, auf dem die Auflösung der Ehe durch Scheidung gegenüber einem unter getrennt lebenden Ehegatten für die Dauer der Ehe geschlossenen Unterhaltsvertrag oder ergangenem Unterhaltsurteil (a. M. Bosch DRZ. 47 S. 82) geltend zu machen ist. Die Scheidung hat in diesem Fall zur Folge, daß der Anspruch aus dem Vertrag aufhört, und der Unterhaltsanspruch durch neue Klage oder neuen Vertrag geregelt werden muß.

m) Übergangsrecht: Auch wenn eine Ehe schon vor Inkrafttreten des Gesetzes oder des damit im wesentlichen übereinstimmenden EheG. von 1938 geschieden wurde, sind für den Unterhaltsanspruch der geschiedenen Gatten vom Inkrafttreten des Gesetzes an, dessen Bestimmungen maßgebend. Soweit der Anspruch sich durch diese geändert hat — dies ist in gewissem Umfang nach § 58 Abs. 1 der Fall, insofern als künftig die geschiedene Frau sich nur die Einnahmen aus einer wirklichen, nicht aus einer hypothetischen Erwerbstätigkeit anrechnen lassen muß — kann auch diese Änderung geltend gemacht werden, sowohl gegenüber einem Urteil, als auch gegenüber einem Unterhaltsvergleich, der nur den gesetzlichen Unterhaltsanspruch der Höhe nach regeln sollte, unter der Voraussetzung, daß mangels eines eine Änderung der Gesetzgebung in Betracht ziehenden Parteiwillens, die ergänzende Vertragsauslegung ergibt, daß die Parteien in diesem Falle eine entsprechende Änderung des Vertragsinhaltes wollten (RG. 165 S. 31). Für die Geltendmachung gilt Anm. 1 (a. a. O.). A. M. zu Vorstehendem Bosch DRZ. 47 S. 82.

n) Sucht der Verpflichtete sich seiner Unterhaltspflicht zu entziehen, so sind natürlich Arrestmaßnahmen zulässig.. Davon abgesehen sind aber von ihm vorgenommene Vermögensverschiebungen, da sie nach § 826 BGB. schadensersatzpflichtig machen (RG. 74 S. 224, HRR. 31 Nr. 9) für den Bestand des Anspruchs belanglos. Es kann sich deshalb dadurch unter dem Gesichtspunkt der Leistungsfähigkeit des Verpflichteten an der der Höhe des Anspruchs nichts ändern. (RG. SeuffA. 77 Nr. 6). Auch der Dritte ist haftbar, zu dessen Gunsten das Vermögen verschoben worden ist (RG. 74 S. 224).

o) Mit dem gesetzlichen Unterhaltsanspruch aus §§ 58 ff. kann ein Unterhaltsanspruch unter anderem gesetzlichen Gesichtspunkt, insbesondere des Schadensersatzes aus § 826 BGB. konkurrieren.

Es kann sein, daß das Scheidungsurteil einseitig erschlichen ist, in dem Sinn, daß die Ehe ohne die sittenwidrige Erschleichungshandlung gar nicht geschieden worden wäre. Eine solche Urteilserschleichung verpflichtet den an ihr schuldigen Gatten zum Schadenersatz (§ 826 BGB.), also dazu, den Unterhalt weiter in dem Umfang zu gewähren, in welchem er ohne die Scheidung bei Fortbestehen der Ehe zu gewähren gewesen wäre (RG. 155 S. 58/59). Beruht die Eheverfehlung, auf Grund deren die Ehe geschieden worden ist, in einer zum Schadensersatz verpflichtenden unerlaubten Handlung, z. B. in einer schweren Gesundheitsschädigung, so wird der daraus hervorgehende Schadensersatzanspruch (§ 843 BGB.) durch die Scheidung der Ehe und den aus ihr sich ergebenden Unterhaltsanspruch des Verletzten (§§ 57 ff.) nicht berührt (RG. 85 S. 335); wohl aber mindert sich dadurch der Unterhaltsanspruch auf Scheidung unter dem Gesichtspunkt geringerer Bedürftigkeit. Dies zeigt sich klar, wenn der Verletzte nach § 843 Abs. 3 BGB. Kapitalabfindung verlangt (und erlangt) hat, was ihm mit Rücksicht auf den Unterhaltsanspruch aus Scheidung nicht abgeschnitten werden kann (für die umgekehrte Lösung gleichwohl Planck 19 KRR. 10 zu § 66 1938).

2. II. Keinen Aufschluß gibt das EheG. darüber, was es unter **Unterhalt** versteht, auch das BGB. nicht. Beide Gesetze kennen nähere Begrenzung der Unterhaltspflicht, indem sie von dem Unterhalt schlechthin (§§ 60, 61 EheG.), von dem Unterhalt der nach Maßgabe der Lebensstellung, des Vermögens und der Erwerbsfähigkeit des Verpflichteten (§ 1360) zu gewähren ist, von dem „standesmäßigen" sich nach der Lebensstellung des Bedürftigen bestimmenden (§§ 1610, 528 BGB.), dem „notdürftigen" (§ 1611 BGB.), dem „angemessenen" (§ 58 Abs. 2 EheG.), endlich dem „den Lebensverhältnissen beider Beteiligten angemessenen" (§ 58 Abs. 1 EheG.) Unterhalt sprechen, ohne daß die absolute obere Grenze zu ersehen wäre, jenseits deren der Gegenstand einer Aufwendung aufhört, zum Unterhalt zu zählen. Eine solche Grenze gibt es aber auch unter den reichsten Verhältnissen. Auch ein Multimillionär der Sage dürfte nicht verpflichtet sein, seiner geschiedenen Frau die Mittel zur Unterhaltung eines Stadt- und eines besonderen Landhauses am Rande der Stadt, einer Villa an der See und einer im Gebirge, einer Yacht oder zu Vergnügungen, etwa Aufenthalten an der

Riviera, hohem Spiel oder gar zur Befriedigung kostspieliger Passionen oder Extravaganzen, wie zur Unterhaltung eines Rennstalles, zur Verfügung zu stellen. „Unterhalt" ist freilich mehr als bloße Unterhaltung des Leibes mittels Ernährung durch Aufnahme der mindestnötigen Kalorien, des erforderlichen Eiweißes und Fettes, mittels Schutzes vor Witterung durch Kleidung und Behausung, mittels ärztlicher Behandlung bei Erkrankung. Aber auch, wo auf die Vermögensverhältnisse abgestellt ist, gibt es eine absolute obere Grenze, von der ab Bedürfnisse und Aufwendungen aus dem Unterhaltsbegriff überhaupt ausscheiden. Nicht jeder Überfluß überschreitet diese Grenze. Aber mehr als einen mäßigen Überfluß, den man noch unter den Gesichtspunkt eines Lebensbedarfes, eines Bedarfes zum wenn auch bequemen und geschmackvollen Leben bringen kann, dürfte der Berechtigte nie zu fordern haben. Auch Rücklagen für das Alter (RG. 152 S. 391) gehören nicht zum Unterhalt, ebensowenig Rücklagen für den Fall einer Einkommensminderung des Verpflichteten oder seines Todes (§ 70), erst recht nicht der Bedarf der Angehörigen des Berechtigten, denen gegenüber er selbst unterhaltspflichtig ist, und am allerwenigsten der Bedarf zur Schuldenzahlung.

3. Das **Maß der Unterhaltspflicht** (im Rahmen der Anm. 2) **des** für allein oder überwiegend schuldig erklärten **Mannes** gegenüber der geschiedenen Frau geht erheblich weiter als das Maß der Unterhaltspflicht der geschiedenen Frau gegenüber dem Mann:

a) Was den Bedarf betrifft: Sicherzustellen ist der Bedarf der Frau, welcher den Lebensverhältnissen beider Gatten entspricht. Nach § 1578 BGB. war auszugehen von dem standesgemäßen Unterhalt der Frau, der von ihrer Lebensstellung bestimmt wurde (§ 1610 BGB.). Nach § 58 kommt es nicht auf die einseitige Lebensstellung der Frau an, die sich nach den Gesellschaftskreisen richtet, denen sie nach Geburt und Heirat zugehört, sondern darüber hinaus auf alle (München HRR. 41 Nr. 320 berücksichtigte sogar die Rassezugehörigkeit) Lebensverhältnisse und zwar nicht nur der Frau, sondern auch des Mannes.

Was das Gesetz unter „Lebensverhältnis" versteht, welche Umstände und Verhältnisse also für die Angemessenheit in Betracht kommen, muß leider erraten werden. Man wird nicht fehlgehen, wenn man darunter versteht: den Stand nach Geburt, Art des Berufs und beruflichem Rang, welcher bei der Frau stabil sein wird, ferner die Einkommensverhältnisse und das auf Grund derselben und der Vermögensverhältnisse innegehaltene Niveau der Lebensführung im Hinblick auf Komfort, kulturelle und ideelle Haltung und gesellschaftlichen Umgang. Zu klären ist, inwieweit Vermögensverhältnisse zu den „Lebensverhältnissen" zu rechnen sind. Von vornherein ist man geneigt, dies uneingeschränkt zu tun. Es ist aber folgendes zu erwägen. An Vermögen der Frau kann das Gesetz, wenn es von den Lebensverhältnissen der Gatten spricht, nicht gedacht haben, weil dessen Einkünfte ohnedies in erster Linie zur Deckung ihres Unterhalts bestimmt sind (s. 5) und es nicht gut angeht, zu sagen, daß ein größeres Vermögen auch dann einen höheren Lebensunterhalt rechtfertigt, wenn er sich nicht aus den Einkünften bestreiten läßt, andererseits aber Geringfügigkeit des Frauenvermögens sich gerade darin ausdrückt, daß ihre Vermögenseinkünfte nicht ausreichen und die Unterhaltspflicht des Mannes aktuell wird. Das Mannesvermögen kann seine Unterhaltspflicht erhöhen, wobei zu beachten ist, daß keineswegs gesagt ist, daß der Mann nicht auf seine Vermögenssubstanz zurückgreifen muß, um der geschiedenen Frau den Unterhalt zu gewähren, den sie aus Vermögens- und Arbeitseinkünften nicht bestreiten kann, während gleichzeitig sie selbst (außer im Fall des § 59) ihr Vermögen erhalten darf. Immerhin wird aber die Möglichkeit, auf die Vermögenssubstanz des Mannes zurückzugreifen, nur insoweit bei Bemessung des angemessenen Unterhalts der Frau zu berücksichtigen sein, als ohne diesen Eingriff ihr nach den Vermögensverhältnissen des Mannes ein gerade noch ausreichender angemessener Unterhalt nicht gewährt werden könnte. Besonders zu klären ist ferner, inwieweit Verpflichtungen des Mannes (passives Vermögen) als „Lebensverhältnisse" zu berücksichtigen sind. Soweit sie durch ein Aktivvermögen gedeckt sind, ist dies der Fall insofern, als sie dieses mindern oder aufzehren, so daß dieses die Unterhaltspflicht nicht begründen oder steigern kann. Würden sie aber darüber hinaus, weil sie das Aktivvermögen übersteigen oder unter dem Gesichtspunkt, daß dieses illiquide ist, nach § 58 zu berücksichtigen sein, so könnte sich ergeben, daß der angemessene Unterhalt der geschiedenen Frau von vornherein auf Null sinkt, selbst in Fällen, in denen der Mann sehr große Einkünfte oder Erwerbsaussichten hat. Das ist aber offenbar nicht gewollt. Die Verpflichtungen werden vielmehr nur nach § 59 berücksichtigt und ermäßigen den ohne ihre Berücksichtigung nach § 58 ermittelten angemessenen Unterhalt nach „Billigkeit". Sie scheiden also im Rahmen des § 58 aus dem der Angemessenheit des Unterhalts zugrunde zu legenden Lebensverhältnissen aus. Noch schwieriger zu klären ist, inwieweit Unterhaltsverpflichtungen des Mannes zu seinen „Lebensverhältnissen" gehören. Noch unterhaltsberechtigte volljährige oder verheiratete Kinder des Mannes, unterhaltsberechtigte uneheliche Kinder, Eltern, Enkel stehen nach § 1609 Abs. 2 Satz 2 BGB. dem geschiedenen Ehegatten nach. Trotzdem ist damit aber nicht gesagt, daß ihr Vorhandensein aus seinen „Lebensverhältnissen" zu eliminieren und bei Bemessung des diesen angemessenen Unterhalts gar nicht berücksichtigt werden könnte. Man setze den Fall, ein Mann habe ein Einkommen von 15 000 DM; er habe außer dem geschiedenen Ehegatten, zwei unverheirateten Töchtern und außerdem vier minderjährigen Kindern eines frühverstorbenen Sohnes, ferner einer alten Mutter Unterhalt zu gewähren Es ist offenbar nicht angemessen, den Unterhalt der geschiedenen Frau so zu bemessen, als habe er DM 15 000 allein zu verzehren, während er in Wahrheit DM 6000 bis 7000 für diese Angehörigen aufwenden muß. Der Frau gebührt ein angemessener Unterhalt von etwa DM 3000, während ihr anderenfalls vielleicht ein solcher von DM 5000 zuzubilligen wäre. Die Rangfolge würde erst beachtlich sein, wenn der Frau ein ausreichender Unterhalt nicht mehr zugewiesen werden könnte oder gar § 59 eingreift. Es ist auch nicht ausgeschlossen, im Rahmen des § 58 die Bedürftigkeit anderer dem Manne teurer nicht unterhaltsberechtigter Angehöriger zu berücksichtigen, so daß es im vorigen Beispiel nicht viel ändern würde, wenn er statt der beiden unverheirateten Töchter zwei unversorgte Schwestern zu unterhalten hätte. Erst recht sind zu berücksichtigen etwa vorhandene weitere geschiedene Gatten. Mehrere geschiedene Gatten stehen einander gleich.

In vorstehender Regelung liegt im Vergleich zur Regelung durch § 1578 keineswegs in allen Fällen eine Ermäßigung des in Betracht kommenden Bedarfs der Frau, wie gewöhnlich angenommen wird, vielmehr nur in dem Fall, daß die beiderseitigen Verhältnisse, welche das Maß bestimmen, gegenüber der mehr stabilen „Lebensstellung" der Frau sinken (§ 1610 BGB.). Nunmehr hat sie die Aussicht, einen wirtschaftlichen oder beruflichen Aufstieg des Mannes mitzumachen, da ja auch seine Lebensverhältnisse das Maß des als Grundlage seiner Unterhaltspflicht anzuerkennenden Frauenbedarfs bestimmen. Maßgebend sind alle jeweiligen beiderseitigen, Schwankungen unterworfenen Lebensverhältnisse (a. A. KRR. § 66 1938), während die Lebensstellung (§ 1610 BGB.) nur der Frau, die sich zunächst nach ihrer Geburt und später auch nach dem Stande ihres Mannes z. Z. der Scheidung bestimmt, Veränderungen nach oben wie auch nach unten weniger ausgesetzt ist (warum solche, wenn sie dennoch eintraten, nach § 1578 BGB. nicht zu berücksichtigen gewesen sein sollen — RG. 75 S. 127, 101 S. 2091, Warn. 1912 Nr. 265, 1914 Nr. 256 — ist nicht ersichtlich). Auszugehen ist von dem Lebenszuschnitt z. Z. der Scheidung, wenn dieser den damaligen Lebensverhältnissen der geschiedenen Gatten entsprach, gemessen an ihren Mitteln weder besonders üppig noch besonders einfach war. Von diesem Ausgangspunkt aus sind alle Veränderungen in den beiderseitigen Lebensverhältnissen, vor allem natürlich in den Vermögens-, Einkommens- und Familienverhältnissen des Mannes zu berücksichtigen (anscheinend ebenso Mitteis FamR. S. 76). Unberücksichtigt bleibt nach § 826 BGB. (siehe 1 n) jede Veränderung, welche von dem Mann in der Absicht herbeigeführt wird, die geschiedene Frau zu schädigen. Daher sind auch ungünstige Veränderungen in den Lebensverhältnissen der Frau nicht zu seinen Gunsten zu berücksichtigen, wenn sie darauf beruhen, daß er seine Unterhaltspflicht verletzt hat.

4. Nicht, was nach den hiernach zu berücksichtigenden Lebensverhältnissen möglich (vgl. auch oben 2), sondern was ihnen angemessen ist, ist als der zu deckende Bedarf der Frau der Unterhaltspflicht des Mannes zugrunde zu legen. Es liegt darin einerseits eine Berücksichtigung der beiderseitigen Lebensstellung und wohl eine Beteiligung der Frau an einer günstigen wirtschaftlichen Lage des unterhaltspflichtigen Mannes, andererseits aber auch eine Begrenzung ihres zu berücksichtigenden Bedarfs nach oben, mögen die wirtschaftlichen Verhältnisse des Mannes noch so glänzend sein.

Zu 3. und 4. Einen völlig anderen Sinn als der deutsche Text, der von Vorstehendem völlig verschieden ist, ergibt der fremdsprachliche Text: „Commensurate with the standard of there married life." Nach diesem kommt es überhaupt nicht auf die „Lebensverhältnisse der Ehegatten", sondern auf den Zuschnitt ihrer Lebensführung während ihrer Ehe an, so daß es ebenso unerheblich ist, ob dieser ihren damaligen Lebensverhältnissen gemäß war, wie ob nach der Scheidung ihre Lebensverhältnisse sich verbessern oder — vorbehaltlich § 59 — verschlechtern.

5. b) Der nach 3 und 4 ermittelte Bedarf der Frau ist von ihr selbst zu decken, soweit sie Einkünfte aus Vermögen oder aus Erwerbstätigkeit hat.

Den Stamm ihres Vermögens braucht die Frau — außer im Fall des § 59 — niemals anzugreifen. Besitzt sie Vermögen, das keine Einkünfte abwirft, oder dessen Einkünfte nicht ausreichen, so braucht sie dieses nicht aufzuzehren, bevor sie die Unterhaltspflicht ihres früheren Mannes in Anspruch nimmt. Aber sie muß versuchen, die Einkünfte beizutreiben, welche sie aus dem Vermögen haben kann, z. B. Zinsen eines ausgeliehenen Kapitals; sie kann nicht auf Kosten des Mannes großmütig tun und auf Zinsen verzichten oder den Zinsfuß ohne wirtschaftliche Notwendigkeit herabsetzen, auch nicht ihr Vermögen verschenken. Die Frau darf auch nicht ihr Vermögen in unrentable Vermögenswerte, die keine Erträgnisse abwerfen, z. B. Altertümer, einen Luxuslandsitz, Schmuck oder eine Briefmarkensammlung umsetzen und nun für den Ausfall an Erträgnissen die Unterhaltspflicht des Mannes in Anspruch nehmen. Auch wenn die Frau derartige Werte schon bei der Scheidung besitzt oder später durch Erbschaft oder Schenkung erwirbt, wird regelmäßig von ihr zu verlangen sein, daß sie diese veräußert, damit sie den Erlös ertragbringend anlegen kann, soweit nicht ein gewisses Maß von Besitz an solchen Luxusgütern der Lebensstellung der Frau angemessen ist oder besondere Pietätsrücksichten in Frage kommen. Eine von der Frau angelegte und ohne erheblichen Aufwand von Barmitteln zustande gebrachte Sammlung (Briefmarken) wird ihr dagegen zu lassen sein (auch wenn der Spleen der Philatelisten noch so hohe Preise für einen Quadratzentimeter Papier zu gewähren bereit ist).

6. Der Bedarf ist von der Frau weiter selbst zu decken, soweit sie Einkünfte aus eigener Erwerbstätigkeit hat. Das Gesetz 1946 hat hier abermals eine Neuerung gebracht, nachdem schon das Gesetz von 1938 eine Änderung gebracht hatte. BGB. und EheG. von 1938 haben beide in gewissem Maß und unter gewissen Voraussetzungen an die Frau das Verlangen gestellt, daß sie arbeite, und ihr eine Erwerbstätigkeit angesonnen. § 1578 BGB.: „Wenn nach den Verhältnissen, in denen die Ehegatten lebten, Erwerb durch Arbeit der Frau üblich ist", § 66 EheG. 1938 weitergehend: „eine Erwerbstätigkeit, die von ihr" — nicht unter dem Gesichtspunkt allgemeiner Sittlichkeit, sondern ihrer sittlichen Verpflichtung gegenüber ihrem früheren Ehemann — „den Umständen nach erwartet werden konnte". Ging EheG. 1938 über das BGB. hinaus, so mutet das EheG. von 1946 unter letzterem Gesichtspunkt der Frau überhaupt keine Erwerbstätigkeit mehr zu, vielmehr nur die Deckung ihres Bedarfs aus den Erträgnissen eigener Erwerbstätigkeit, wenn sie eine solche ausübt, auch wenn ihre Arbeit über das hinausgeht, was von ihr erwartet werden konnte; sie hat durch ihre Arbeit ihren Anspruch verschlechtert (a. A. Achilles-Greiff 9, Niesert 2 c zu § 58, Bosch DRZ. 47 S. 82, Beitzke FamR. S. 57, Haff FamR. S. 57, Lehmann FamR. S. 149, Greffin-Moral S. 88 und teilweise Creifelds JR. 49 S. 35,

LG. Berlin JR. 48 S. 162, die sämtlich der Frau den Anspruch versagen, wenn sie nicht arbeitet, obwohl sie arbeiten kann, und dies nach den Verhältnissen ihres Standes üblich ist. Wenn LG. Berlin a. a. O. dies damit begründet, daß der Frau nur der Anspruch auf den nach den Lebensverhältnissen der Ehegatten angemessenen Unterhalt zu gewähren sei, so verwechselt diese Begründung das Maß des Unterhalts mit der Herkunft der dafür bereitzustellenden Mittel. Das Urteil verschiebt den zutreffenden Gesichtspunkt auch, wenn es das Wort „angemessenen Unterhalt" ein zweitesmal nicht auf das Maß des Unterhaltes bezieht, sondern die Frage untersucht, ob es angemessen sei, daß die geschiedene Frau ohne zu arbeiten Unterhalt beanspruchen könne. Diese Frage hat der Gesetzgeber selbst abweichend von dem EheG. 1938 und vom BGB. eben gerade durch § 58 in dem Sinne entschieden, daß die schuldlos geschiedene Frau Unterhalt zu beanspruchen hat, ohne daß sie arbeitet, und zwar auch dann, wenn sie bei Bestehen der Ehe im Hauswesen und im Geschäfte des Mannes mitzuarbeiten nach § 1356 Abs. 2 BGB. verpflichtet war. Diese gesetzliche Regelung mag „unangemessen" sein, ist aber verbindlich. Übrigens handelt es sich bei der Verpflichtung der Frau zur Mitarbeit im Hauswesen und im Geschäft des Mannes nach § 1356 Abs. 2 nicht um eine Einschränkung des Unterhaltsanspruches der Frau gegen den Mann, sondern um eine aus der ehelichen Lebensgemeinschaft entspringende Pflicht. Es ergibt sich ohne weiteres aus dem Wesen der Sache und aus der Stelle der entsprechenden gesetzlichen Bestimmung im System des BGB. Diese Verpflichtung hat nichts mit der Bestreitung des ehelichen Aufwandes zu tun und kann auch bestehen, wenn die Frau schon durch die Bereitstellung ihres Vermögens und seiner Erträgnisse für diesen Aufwand einen ausreichenden Beitrag geleistet hat, ebenso wie während der Ehe ihr Unterhaltsanspruch unabhängig von den Einkünften aus ihrem Vermögen und von ihrer Arbeitsfähigkeit ist. Natürlich kann es nach der Scheidung der Ehe keine Lebensgemeinschaft mehr geben, und sind daher die aus dieser entspringenden Grundsätze und Regeln nach der Scheidung nicht mehr anwendbar. Das Gesetz hat die Unterhaltsansprüche nach der Scheidung erschöpfend geregelt, und es ist nicht zulässig die darüber bestehenden gesetzlichen Vorschriften nach Gesichtspunkten deuten zu wollen, welche der Lebensgemeinschaft bei Bestehen der Ehe entnommen sind. Die Vertreter der Gegenmeinung, auch Creifelds a.a.O., begründen diese, soweit überhaupt, mit anfechtbaren Billigkeitsrücksichten. Diese werden aber davon bestimmt, daß der Mann als allein oder überwiegend schuldig an der Scheidung erklärt wurde. Glaubt man, wie die Gegenmeinung trotz des klaren Gesetzeswortlautes noch nach dem fragen zu müssen und zu dürfen, was das Gesetz wollte, so wollte es zweifellos mit der nationalsozialistischen Unrechtsübung und Unrechtsprechung brechen, die es dem Manne gar zu bequem machte, die Ehe zu brechen und die Frau zu verstoßen, indem sie ihm dies nicht nur gestattete, sondern ihn auch noch gegen die Verpflichtung in Schutz nahm, die im Stich gelassene Partnerin unterhalten zu müssen. Von diesem Wandel ist auszugehen. Leistet die Frau nahen Angehörigen, insbesondere den Eltern oder einem Bruder, Dienste im Haushalt und, wird sie dafür in einem solchen Haushalt miternährt, so handelt es sich regelmäßig nicht um

Erträgnisse aus einer Erwerbstätigkeit, es sei denn, daß ein Dienstvertrag geschlossen wurde. Die Änderung, welche vom EheG. 1946 zuungunsten des unterhaltspflichtigen Mannes getroffen wurde, ist einschneidend. Der Mann kann sich aber nach § 65 darauf beschränken, seiner geschiedenen Frau den notdürftigen (siehe dort) Unterhalt zu gewähren, wenn ihr aus der Unterlassung eigener Arbeit der Vorwurf eines sittlichen Verschuldens (nicht ihm gegenüber, sondern von allgemeiner sittlicher Warte aus) zu machen ist. Dies wird nicht der Fall sein, wenn sie im Haushalt ihrer Eltern oder Geschwister tätig ist. Außerdem wird in dem besonderen Fall des § 59 von der leistungsfähigen Frau, soweit es billig ist, zu fordern sein, daß sie arbeite. (Siehe dort.)

7. Den Rest des nach 3 und 4 festgestellten Bedarfes, der nach 5 und 6 nicht gedeckt ist, hat der geschiedene Mann zu tragen aus seinen Einkünften, aus dem Stamm seines Vermögens und durch eigene Arbeit. Freiwillige Zuwendungen für ihren Unterhalt, welche die Frau von Dritten, etwa ihren Eltern empfängt, entlasten ihn nicht (RG. 72 S. 200), es sei denn, daß die Voraussetzungen des § 59 vorliegen.

8. B. a) Für den **Unterhaltsanspruch des Mannes gegen die Frau** wird schon von einem anderen Maß seines Bedarfs ausgegangen. Nicht von dem den jeweiligen Lebensverhältnissen der geschiedenen Gatten angemessenen, sondern nur von dem angemessenen Unterhalt ist auszugehen (a. A. Achilles-Greiff). Das heißt natürlich nicht, daß besonders günstige Vermögens- und Einkommensverhältnisse der Frau oder die Lebensverhältnisse des Mannes, auch sein Stand, sein Bildungsgrad, sein Alter ganz außer Betracht bleiben; aber es liegt darin doch, daß außer den Lebensverhältnissen noch andere Gesichtspunkte zu berücksichtigen sind, die nicht auf materiellem Gebiet liegen, z. B., daß ein Mann einer Frau so wenig wie möglich auf der Tasche liegen soll und daß es für ihn Ehrensache ist, nicht von der Frau zu leben, gar von der geschiedenen, die ihm Hörner aufgesetzt hat.

9. b) Der Mann hat, auch wenn die Frau allein oder überwiegend schuldig war, seinen ganzen angemessenen Bedarf grundsätzlich allein zu decken, soweit er irgend kann, nicht nur aus den Einkünften, sondern auch aus dem Stamm seines Vermögens, auch durch Veräußerung wertvoller oder ihm teurer Besitztümer (nicht allein Hausrat), durch jede Art von Arbeit, deren er fähig ist. Arbeitet er nicht, könnte er aber arbeiten, und durch eigene Erwerbstätigkeit seinen Unterhalt ganz oder teilweise decken, so hat er insoweit keinen Anspruch gegen die Frau. Dies macht es erforderlich, das Verhältnis der Gesetzesstelle zu § 65 zu klären. Nach § 65 hat er, wenn er infolge sittlichen Verschuldens bedürftig ist, immer noch den Anspruch auf notdürftigen Unterhalt gegen die an der Scheidung allein oder überwiegend schuldige Frau, während ihm nach Abs. 2 ein Anspruch überhaupt nicht zusteht, wenn er arbeiten und Geld verdienen könnte, aber arbeitsscheu ist und deshalb kein Geld verdient. § 58 Abs. 2 geht § 65 vor. Letzterer setzt einen Unterhaltsanspruch voraus, den er einengt, kann also nicht angewandt werden, wo ein Unterhaltsanspruch überhaupt nicht besteht; § 65 kommt

zum Zug, wenn der Mann durch sittliches Verschulden sich außerstande gesetzt hat zu arbeiten, z. B. sich eine schwere Krankheit zugezogen hat. Nur den Rest seines angemessenen Bedarfs, den der Mann nicht imstande ist, selbst zu bestreiten und zu erwerben, kann er von der Frau beanspruchen.

10. „unterhalten" heißt es in der im Amtsblatt des Kontrollrats verkündeten deutschen Übersetzung. Dies entspricht den offiziellen englischen („support himself") und französischen („subvenir à ces propres besoins") Texten, während das einen ganz anderen Sinn ergebende „ernähren" der dem amtlichen Sonderdruck des Gesetzes Nr. 16 beigegebenen genehmigten deutschen Übersetzung mit § 60, § 61 (2), § 65 (1) nicht vereinbar ist. Letztere Übersetzung ist auch sonst nicht fehlerfrei (s. § 63 Anm. 1 Abs. 2).

11. III. Die nach II und III zu bemessenden Unterhaltsansprüche der geschiedenen Ehegatten stehen gleichberechtigt neben den Ansprüchen sonstiger Gläubiger, durch deren Vorhandensein sie allerdings von vornherein nach § 58 sehr beträchtlich reduziert sein können. Soweit die Ansprüche nach II und III — gegebenenfalls unter den Voraussetzungen des § 59 nach Billigkeit gemildert (s. hierüber 2 zu § 59) — bestehen, haftet der Pflichtige für sie wie für jede Schuld mit seinem ganzen Vermögen und seiner ganzen Person, d. h. insoweit sind sie auch aus der Substanz eines etwa vorhandenen Vermögens des Pflichtigen (vgl. 2a zu 59) zu befriedigen und haben die pflichtigen geschiedenen Gatten, Frau wie Mann, auch zu arbeiten, um sie erfüllen zu können; nur als Unterhaltsberechtigte ist die Frau nicht arbeitspflichtig (s. 6), und nicht verpflichtet, ihr Vermögen anzugreifen, wohl aber ist sie es als Pflichtige.

§ 59

1. [1,5] Würde der allein oder überwiegend für schuldig erklärte Ehegatte durch Gewährung des im § 58 bestimmten Unterhalts bei Berücksichtigung seiner sonstigen Verpflichtungen den eigenen [2] angemessenen [2] Unterhalt gefährden [1,2], so braucht er nur so viel zu leisten, als es mit Rücksicht auf die Bedürfnisse und die Vermögens- und Erwerbsverhältnisse der geschiedenen Ehegatten der Billigkeit entspricht. Hat der Verpflichtete einem minderjährigen unverheirateten Kinde oder bei Wiederverheiratung dem neuen Ehegatten Unterhalt zu gewähren, so sind auch die Bedürfnisse und ihre wirtschaftlichen Verhältnisse dieser Personen zu berücksichtigen [2,3].

2. Der Mann ist unter den Voraussetzungen des Abs. [1] von der Unterhaltspflicht ganz befreit, wenn die Frau den Unterhalt aus dem Stamm ihres Vermögens bestreiten kann [4].

1. Die wirtschaftliche Leistungsfähigkeit des Unterhaltspflichtigen wird schon im Rahmen des § 58 (s. dort 3 ff.) berücksichtigt, weil sie schon mitbestimmt, welches der dem anderen Ehegatten zu gewährende Unterhalt unter dem Gesichtspunkt der Angemessenheit ist. Jedoch geht § 58 von der Voraussetzung aus, daß absolut die dem Ehegatten zur Verfügung stehenden Mittel zulangen, um ihm und dem geschiedenen Gatten ausreichenden Unterhalt zu gewähren. § 59 handelt von dem **SONDERFALL DER UNZULÄNGLICHKEIT DER WIRTSCHAFTLICHEN LEISTUNGSFÄHIGKEIT DES UNTERHALTSPFLICHTIGEN GATTEN.** Reichen alle Mittel, welche der unterhaltspflichtige Ehegatte beschaffen kann, nicht aus, um seinen sonstigen Verpflichtungen nachzukommen und den nach § 58 bemessenen Unterhalt des geschiedenen Ehegatten zu bestreiten, ohne dadurch den eigenen Unterhalt zu gefährden, so sind die zur Verfügung stehenden Mittel nach Billigkeit zu teilen. Die Unzulänglichkeit seiner Leistungsfähigkeit wird also hier verstärkt, eigentlich zweimal in die Waage geworfen, einmal schon bei Bemessung dessen, was nach § 58 angemessener Unterhalt des Berechtigten ist, wofür aber mehr, nämlich der gesamte Lebenszuschnitt zur Zeit der Scheidung zu berücksichtigen ist; dann aber wenn auch der schon auf diese Weise noch so herabgedrückte Unterhalt ohne Gefährdung des eigenen Unterhalts des Pflichtigen nicht entrichtet werden kann, noch einmal in dem Sinn, daß der Berechtigte auch den nach § 58 bescheiden bemessenen Unterhalt nicht etwa in jedem Fall aus den vorhandenen Mitteln zu verlangen hat, vielmehr wenn diese nicht für alle ausreichen, sich eine **Leistung nach Billigkeit,** ja unter Umständen gefallen lassen muß, daß er in diesem Sonderfall ganz leer ausgeht, denn sowohl die Logik, als auch die Billigkeit bringt es mit sich, daß dem Pflichtigen wenigstens das eigene Existenzminimum (wenn unter dem Gesichtspunkt der Billigkeit nicht noch etwas mehr) belassen werden muß. Ja es nehmen an den für den Unterhalt beider zur Verfügung stehenden Mittel des Pflichtigen nach Billigkeit auch noch andere Personen teil, nämlich etwa vorhandene unverheiratete minderjährige Kinder, ein etwa vorhandener Ehegatte einer neuen und, wie ergänzt werden muß, auch einer etwa früheren aufgehobenen oder geschiedenen Ehe, der ja in gleicher Rechtslage ist. Nicht berücksichtigt werden bei dieser imaginären Teilung uneheliche Kinder des pflichtigen Mannes (unbeschadet ihres durch diese Unzulänglichkeit der Mittel unberührten Anspruchs, der vielmehr unter den zu deckenden Verbindlichkeiten zu berücksichtigen ist, und der Möglichkeit, ihn zu vollstrecken), verheiratete oder volljährige Kinder, Eltern und Enkel des Pflichtigen, deren Anspruch durch Eintritt der Voraussetzungen des § 59 schon nach §§ 1603, 1609 Abs. 2 BGB. materiell betroffen sein und dementsprechend in § 59 nicht erwähnt wird. Meist wird in den Fällen des § 59 die Leistungsfähigkeit des Pflichtigen nach der Scheidung gesunken sein.

2. Wirtschaftliche Leistungsunfähigkeit ist gegeben, wenn die zur Verfügung stehenden und erzielbaren Einkünfte und das liquide oder liquidierbare Vermögen die Verbindlichkeiten des Pflichtigen, seinen angemessenen Unterhalt, die Bedürfnisse seiner unverheirateten minderjährigen Kinder und eines etwa vorhandenen Ehegatten und den nach § 58 bestimmten Unterhalt (s. 1) aller von ihm geschiedenen Ehegatten nach sicherer Voraussicht auf die Dauer nicht decken. Es ergeben sich eine Reihe von Einzelfragen:

a) Welche Rolle spielt vorhandenes liquides oder liquidierbares Vermögen? Es ist zunächst klar, daß die Verpflichtungen, soweit sie aus solchem erfüllt werden können, nicht zu berücksichtigen sind. Soweit ein Überschuß des liquiden und liquidierbaren Vermögens über die Verbindlichkeiten besteht, fragt es sich, ob dieser erst aufgebraucht werden muß, bevor der Berechtigte sich eine Minderung des nach § 58 bestehenden und bemessenen Anspruchs gefallen lassen muß. Grundsätzlich ist dies zu bejahen, weil der Verpflichtete mit seinem ganzen Vermögen für diesen Anspruch haftet; aber dieser Grundsatz dürfte doch auch gerade durch § 59 abgeschwächt sein, weil dieser ja schon bei einer Gefährdung des angemessenen Unterhalts des Verpflichteten und der übrigen mit demjenigen seines geschiedenen Ehegatten gleichrangigen Unterhaltsansprüche wirtschaftliche Leistungsunfähigkeit anerkennt. Wenn es sich nicht um eine vorübergehende Lage handelt, welche den Angriff auf die Reinvermögenssubstanz notwendig macht, etwa eine Vermehrung der Einkünfte erwartet werden kann, sondern wenn dauernd die Vermögens- und Arbeitseinkünfte zur Deckung des Bedarfs nicht ausreichen, so daß die Reinvermögenssubstanz dazu herangezogen werden muß, wird also der Fall des § 59 schon dann gegeben sein, wenn die Befriedigung des Anspruchs in Frage stellen würde, daß die zuschußweise Heranziehung der Reinvermögenssubstanz bis zum Aufhören aller daraus mitzudeckenden Bedürfnisse erstreckt werden kann. Da die Einkünfte aus Vermögen immer geringer werden, je mehr die Vermögenssubstanz schwindet, der durch den Angriff auf diesen zu deckende Fehlbedarf sonach sich von Jahr zu Jahr vergrößert, wird also die Gefährdung trotz Vorhandenseins des Vermögens immer vorliegen, wenn dauernd der Gesamtbedarf nicht aus den Arbeits- und Vermögenseinkünften gedeckt werden kann. Dies ist also eine erhebliche Abschwächung des unter 11 zu § 58 aufgestellten Grundsatzes. Doch wird es bei letzterem gemäß Billigkeit insoweit bewenden müssen, daß dem Pflichtigen die Aufwendung seines Vermögens zuzumuten ist, soweit es erforderlich ist, um den Berechtigten wenigstens einen ausreichenden Unterhalt zu gewähren.

b) Welches ist das Maß dessen, was neben dem Anspruch des Berechtigten zu berücksichtigen ist, um die Zulänglichkeit der Mittel des Verpflichteten festzustellen. Zu berücksichtigen sind hierbei alle Verbindlichkeiten, welche nicht durch das liquide und liquidierbare Vermögen gedeckt sind. Soweit aber eine allmähliche Tilgung dieser durch Vermögen nicht gedeckten Verbindlichkeiten, sei es auf Grund bestehender, sei es bloß möglicher Vereinbarungen mit den Gläubigern, sei es unter Anwendung des Vollstreckungsschutzes oder auch nur angesichts rein tatsächlicher, von den Gläubigern geübter Geduld möglich ist, sind die Verpflichtungen nur nach

Maßgabe ihrer Fälligkeit und eines Tilgungsplanes zu berücksichtigen (vgl. RG. JW. 1910 S. 14). Wenn erwartet werden kann, daß sich die Einkünfte bessern und daß künftig eine Rückzahlung ohne Schmälerung des Unterhaltsanspruchs möglich sein wird, oder daß das z. Z. illiquide Vermögen später liquidiert werden kann, kann vom Unterhaltspflichtigen auch verlangt werden, daß er sich zwischenzeitlich, wenn es möglich ist, er insbesondere mit den z. Z. nicht liquiden Vermögensbestandteilen Sicherheit dafür bestellen kann, einen Kredit besorgt, um zu vermeiden, daß er den Unterhalt des geschiedenen Gatten schmälern muß, so daß die Verbindlichkeiten unter dieser Voraussetzung von der Berücksichtigung ausscheiden.

Zu berücksichtigen ist ferner der angemessene Unterhalt des Pflichtigen selbst. Was angemessen ist, ergeben wohl auch hier seine „Lebensverhältnisse", doch hat man es auch hier mit sich gegenseitig beeinflussenden Faktoren zu tun. Ist die Situation des § 59 gegeben, dann ist auch von vornherein für den Unterhalt des Pflichtigen weniger angemessen als bei voller Zulänglichkeit seiner Mittel.

Zu berücksichtigen sind ferner die Bedürfnisse minderjähriger und unverheirateter Kinder aus der geschiedenen oder einer anderen früheren oder neuen Ehe, die sich übrigens, wenn sie aus der geschiedenen Ehe stammen, wohl regelmäßig in der Personensorge des unterhaltsberechtigten Ehegatten und deshalb bei diesem befinden dürften, und eines etwaigen neuen Ehegatten, mag dieser auch schuld an der Zerstörung der geschiedenen Ehe gewesen sein (OLB. 1933 S. 335). Der Interessenlage, der das Gesetz Rechnung tragen will, wird nur die Auffassung gerecht, daß trotz des Gesetzeswortlautes Abs. 1 Satz 2 auch bei Prüfung der Gefährdung gilt, obwohl S. 1 nur von der Gefährdung des eigenen Unterhalts durch den angemessenen Unterhalt des geschiedenen Gatten spricht, so daß S. 1 auch anzuwenden ist, wenn der eigene Unterhalt nur durch alle Ansprüche zusammen, also infolge zusätzlicher Bedürfnisse dieser Personen gefährdet ist. Beispiel: Die Einkünfte betragen DM 6000, der angemessene Unterhalt des Pflichtigen DM 3000, des geschiedenen Gatten 2000; ersterer ist gefährdet, wenn außerdem DM 3000 für ein Kind und einen neuen Ehegatten erforderlich sind, so daß der Anspruch des geschiedenen auf DM 2000 nicht voll zu befriedigen ist; alle vier haben sich für insgesamt erforderliche DM 8000 in die vorhandenen 6000 zu teilen, so daß der geschiedene Gatte nur ein Viertel von DM 6000, gleich DM 1500 oder noch weniger erhält, wenn letzteres billig ist. Das Maß, in welchem diese Bedürfnisse zu berücksichtigen sind, deckt sich nicht mit der Höhe des gesetzlichen Anspruchs (§§ 1602, 1610, 1360 BGB.). Unbeschadet seines gesetzlichen Bestehens in dieser Höhe ist nicht er zu berücksichtigen; zu berücksichtigen sind vielmehr die Bedürfnisse und zwar wie angenommen werden muß, billigen (oder angemessenen?) Bedürfnisse, die bei vernünftigem Leben auftreten und befriedigt werden müssen, selbst diese nicht ohne weitere Einschränkung, sondern nur neben den wirtschaftlichen Verhältnissen dieser Personen. Soweit sie also aus dem Ertrag ihrer Arbeit oder aus den Einkünften ihres Vermögens (welche bei unverheirateten minderjährigen Kindern freilich Einkünfte des unterhaltspflichtigen Ehegatten sein werden) oder auf die Dauer aus der Vermögenssubstanz bestritten werden konnen, sind sie nicht zu berücksichtigen. Zu berücksichtigen sind sie ferner nur, soweit wirklich der Pflichtige den Unterhalt gewährt (§ 271 S. 91), also nicht, soweit er von Dritten (Großeltern) gewährt wird.

Zu berücksichtigen sind auch Unterhaltsansprüche eines anderen geschiedenen Ehegatten.

Der Unterhaltsanspruch eines unehelichen Kindes nach § 1708 BGB. ist eine Verbindlichkeit. Er ist in Abs. 1 Satz 3 nicht genannt. Daraus kann geschlossen werden, daß er bei Bemessung des Unterhaltsanspruchs des geschiedenen Ehegatten (unbeschadet seines Bestehens, seiner Unabhängigkeit von der Leistungsfähigkeit des unehelichen Vaters und seiner Vollstreckbarkeit) überhaupt nicht zu berücksichtigen ist, oder daß er unter den Verbindlichkeiten nach Satz 1 nach Maßgabe seiner Fälligkeit und Dringlichkeit voll zu berücksichtigen ist. Weder das eine noch das andere scheint sinnvoll. Er dürfte bei der Feststellung der Verteilungsmittel nicht zu berücksichtigen, d. h. nicht unter die vorweg abzurechnenden Lasten (a. A. anscheinend RG. 106 S. 373), dagegen unter diejenigen mit aufzunehmen sein, welche mit den übrigbleibenden verteilungsfähigen Mitteln zu befriedigen sind.

c) Der Pflichtige braucht nicht abzuwarten, bis sich seine Mittel so erschöpft haben, daß sein angemessener Unterhalt nicht mehr gedeckt ist. Er kann vielmehr den Unterhalt des geschiedenen Ehegatten schon mindern, wenn diese Sachlage unmittelbar bevorsteht, und durch Verkauf realisierbarer Vermögensbestandteile nicht mehr abgewendet werden kann.

3. Reichen die vorhandenen Mittel nicht mehr aus, alle nach 2 bestehenden Anforderungen zu befriedigen, so muß der unterhaltsberechtigte geschiedene Ehegatte sich eine **Ermäßigung des Unterhaltsanspruchs nach Maßgabe der Billigkeit** gefallen lassen, so daß alle nach 2 zu berücksichtigenden Ansprüche so weit befriedigt werden können, wie es am meisten der Billigkeit entspricht. Es handelt sich aber hiebei um einen rechtlichen Eingriff in den Bestand des Anspruchs nur des geschiedenen Gatten (nicht der übrigen Berechtigten) der Höhe nach. Für diesen ist davon auszugehen, daß der Verpflichtete alles zu tun hat, um seinen Verpflichtungen gerecht zu werden, also sein Vermögen — im Rahmen des wirtschaftlich vernünftigen und des zumutbaren — liquidiert, vor allem, wenn es nicht zinsbringend angelegt ist, ferner jede ihm billigerweise zuzumutende Arbeit annimmt und verrichtet (einen Berufswechsel braucht er natürlich, um mehr zu verdienen, ebensowenig vorzunehmen, wie sein Studium zu unterbrechen, um schneller zu Verdienst zu kommen, RG. Warn. 1921 Nr. 128) und auch einen persönlichen Kredit aufnimmt, den er aus künftigen Eingängen oder Einnahmen tilgen kann, wenn es sich nur um eine vorübergehende Lage handelt und sich ein Gutmütiger findet, ihm Geld zu dem Zweck zu borgen, daß er damit den Unterhalt seines geschiedenen Gatten bestreiten kann. Weiter ist davon auszugehen, daß aus den hiernach vorhandenen oder als vorhanden anzusehenden Mitteln die Gläubiger voll zu befriedigen sind, und daß hinsichtlich ihrer nur eine Hinausschiebung der Befriedigung in Frage kommen kann.

Von diesem Ausgangspunkt ist der Unterhaltsanspruch des geschiedenen Ehegatten nach Maßgabe der Billigkeit neu zu bemessen. Wenn auch diese Bemessung nur seinen Unterhaltsanspruch trifft und rechtlich bedeutungslos für die Ansprüche der noch weiter vorhandenen nach 2 zu berücksichtigenden Unterhaltsberechtigten ist, so ist doch ihm gegenüber davon auszugehen, als würde über die zur Verfügung stehenden Mittel des Pflichtigen ein Verteilungsplan aufgestellt, durch welchen alle nach 2 zu berücksichtigenden Unterhaltsanforderungen gemäß Billigkeit, wenn auch nicht gleichmäßig, ermäßigt werden, diejenigen Ansprüche am meisten, deren Gläubiger Vermögen haben oder von anderer Seite Zuwendungen erhalten oder Arbeitseinkommen erzielen könnten, wenn sie redlich arbeiten wollten. Obwohl nach § 58 der unterhaltsberechtigte geschiedene Ehegatte sich kein Vermögen, sondern nur Einkünfte aus solchem, nur wirkliche und nicht auch mögliche Arbeitseinkünfte und nicht freiwillige Zuwendungen Dritter anrechnen zu lassen braucht, muß er unter den Voraussetzungen des § 59, wenn die wirtschaftliche Leistungsfähigkeit des Pflichtigen volle Befriedigung nicht ermöglicht, nach Billigkeit sich auf sein Vermögen, auf eigene Arbeit, zu welcher er fähig wäre, wenn er wollte, auf Zuwendungen, welche ihm Dritte machen, verweisen lassen. Der Angriff auf die Vermögenssubstanz kann ihm aber nach Billigkeit wohl erst zugemutet werden, wenn der Pflichtige sein Vermögen aufgebraucht hat (s. auch 2). Nicht unter allen Umständen ist der unterhaltsberechtigten Frau Arbeit zuzumuten, RG. 169 S. 399 verneint es „unbedenklich" hinsichtlich einer Frau von 48 Jahren, welche für eine Berufstätigkeit nur insoweit vorgebildet war, daß sie Schreibmaschine beherrschte, und zwei Kinder von 12 und 9 Jahren zu erziehen hatte. Einer Frau von 50 Jahren kann nicht die Wiederaufnahme einer vor 20 Jahren geübten Lehrtätigkeit und, wenn sie ihre Frauen- und Mutterpflichten treu erfüllt, 4 Kinder geboren und aufgezogen hat, auch dann überhaupt keine Berufstätigkeit zugemutet werden, wenn sie dadurch gesundheitlich nicht beeinträchtigt worden ist (Königsberg HRR. 42 Nr. 7). Empfängt die Frau den Unterhalt von einem Mann, mit dem sie zusammenlebt, so ist dies beachtlich, solange es der Fall ist, aber nicht in dem Sinne, daß durch die Ermäßigung ihres Anspruches ein Druck auf sie in Richtung auf die Fortsetzung dieser anstößigen Lebensgemeinschaft ausgeübt werden kann.

Dieselben Gesichtspunkte gelten natürlich für die anderen mit dem geschiedenen Ehegatten konkurrierenden Personen. Nach Billigkeit wird dem Pflichtigen selbst das Existenzminimum (notdürftiger Unterhalt gleich Wohnung, Kleidung und 2000—2500 Kalorien [!] evtl. auch Bedienung) immer gelassen werden müssen, wohl meist etwas darüber hinaus. Insoweit geht er also dem geschiedenen Ehegatten und allen anderen Berechtigten vor. Die übrigen Unterhaltsberechtigten gehen dem geschiedenen Ehegatten rangmäßig nicht vor; es ist vielmehr, wenn bei allen gleiche Vermögens- und Erwerbsverhältnisse vorliegen, dem unterhaltsberechtigten geschiedenen Ehegatten gegenüber davon auszugehen, als ob sie sich alle gleichmäßig Minderung ihres Anspruches gefallen lassen müßten. Es kann kommen, daß der Unterhaltsanspruch des geschiedenen Ehegatten nach Billigkeit ganz fortfällt. Hat aber der Unterhaltspflichtige Vermögen, so wird die Billigkeit (vgl. 2) fordern, daß dieses aufgewendet wird, bevor der geschiedene Ehegatte sein Vermögen aufwenden muß oder ganz leer ausgeht.

4. Es ergibt sich schon aus 3, daß der geschiedene Ehegatte nicht nur auf seine Arbeit, sondern, wenn er Vermögen hat, auch auf dessen Substanz zu verweisen ist, sofern der Pflichtige kein Vermögen hat, um die Beeinträchtigung des Unterhalts des Pflichtigen, seiner unverheirateten minderjährigen Kinder und seines Ehegatten zu mildern. Abs. 2 betont es nochmals für das Vermögen der Frau, des Mannes deshalb nicht, weil er nach § 57 Abs. 2 keinen Unterhaltsanspruch gegen die Frau hat, solange er Vermögen besitzt. Jedoch dürfte nach Billigkeit Abs. 2 nur gelten, insoweit als damit gerechnet werden kann, daß das Vermögen für die ganze Lebenszeit der unterhaltsberechtigten geschiedenen Frau ausreichen wird, und nur wenn der unterhaltspflichtige Mann kein Reinvermögen hat, das er zuerst aufwenden muß (s. 3). Nach Billigkeitsgesichtspunkten muß auch die Frau entbehrliche Wertobjekte veräußern, um sich zu helfen. Doch wird ihr eine unwirtschaftliche Verwendung und eine den Regeln ordnungsmäßiger Wirtschaft nicht entsprechender Verbrauch der Substanz nach Billigkeit nur ausnahmsweise zuzumuten sein, wenn die Verhältnisse der übrigen Beteiligten dies notwendig machen (vgl. RG. 97 S. 276).

5. Maßgebend sind die **jeweiligen** Verhältnisse, nicht nur für die Frage gegebener Unzulänglichkeit, sondern auch für die Frage des Umfangs der Ermäßigung (Bemessung) des Anspruchs des Geschiedenen, wenn auch hierbei sichere Veränderungen in den Verhältnissen des Pflichtigen zum Guten oder Schlechten jeweils schon mit zu berücksichtigen sind (arg. § 323 Abs. 2 ZPO., RG. 75 S. 127).

Es kann deshalb auch der Anspruch jeweils von vornherein auch auf eine nur begrenzte Zeit festgesetzt werden.

6. § 59 gilt auch gegenüber bestehenden Unterhaltsverträgen, welche nur die Höhe des gesetzlichen Anspruchs feststellen wollen.

§ 60

[7,8,9] Sind beide [1] Ehegatten schuld an der Scheidung, trägt aber keiner die überwiegende Schuld [1], so kann [2] dem [1] Ehegatten, der sich nicht selbst unterhalten kann [3], ein Beitrag [6] zu seinem Unterhalt zugebilligt [2] werden, wenn und soweit dies mit Rücksicht auf die Bedürfnisse und die Vermögens- und Erwerbsverhältnisse des anderen Ehegatten und der nach § 63 unterhaltspflichtigen Verwandten des Bedürftigen [5] der Billigkeit [2] entspricht. Die Beitragspflicht kann zeitlich [7,8,9] beschränkt werden. Paragraph 59 Abs. 1 Satz 2 findet entsprechende Anwendung [4].

1. Es ist eine vom Gesetz 1946 beibehaltene Neuerung des Gesetzes von 1938, daß es einen **UNTERHALTSANSPRUCH** der Ehegatten gegeneinander **BEI GLEICHEM VERSCHULDEN** gewährt, der natürlich, da er sich andernfalls ja aufheben würde, an die besonderen Voraussetzungen der Bedürftigkeit einer-, der Leistungsfähigkeit andererseits gebunden ist, aber unter dieser Voraussetzung heute dem einen, morgen dem anderen Ehegatten zustehen kann.

2. Der Anspruch besteht **nur nach Billigkeit**, was im Gesetz zweimal ausgesprochen wird: durch die Worte „kann zugebilligt werden" und „wenn es der Billigkeit entspricht". Gleichwohl ist es unhaltbar, wenn die h. M. daraus ableitet, daß es kein Rechtsanspruch sei. Was soll es dann sein? Der Unterhaltspflichtige kann Leistung nicht nach seinem Belieben bewilligen oder ablehnen, sich ihrer nicht erwehren, wenn das Gericht ihre Voraussetzung für gegeben ansieht. Selbstverständlich steht dem Bedürftigen der Weg der Klage offen und auch der Richter kann, wenn er auch nach billigem „Gutdünken" entscheidet, nicht anders, als den Anspruch zusprechen, wenn und soweit er nach seinem unparteiischen Ermessen der Billigkeit entspricht.

3. Voraussetzung des Anspruchs ist Bedürftigkeit einer-, Leistungsfähigkeit andrerseits, **Gegenstand** nicht der volle Unterhalt, sondern ein Beitrag zum Unterhalt im Umfang des Billigen. Die Voraussetzung der **Bedürftigkeit** sieht das Gesetz nur für gegeben an, wenn der eine Ehegatte sich nicht selbst unterhalten kann, d. h. wenn er vermögens- und erwerbslos und erwerbsunfähig ist. Was die Erwerbslosigkeit und -unfähigkeit betrifft, so ist auch hier nicht an eine absolute Erwerbslosigkeit und -unfähigkeit zu denken. So könnte eine Frau, die nicht beruflich vorgebildet und Tochter eines Hochschulprofessors ist, immer noch als Kinderwärterin oder Hausgehilfin das tägliche Brot verdienen, aber gleichwohl ist sie im Zeitpunkt der Ehescheidung als erwerbsunfähig anzusehen, bis sie sich für einen Beruf vorgebildet hat, der ihrer bisherigen Lebensstellung entspricht. Ebenso kann die Möglichkeit, eine gesundheitsschädliche, nach menschlicher Erfahrung lebensabkürzende Arbeit zu verrichten, dem vermögens- und im übrigen erwerbslosen Gatten nicht vorgehalten werden.

4. Andererseits wird ausreichende **Leistungsfähigkeit** vorausgesetzt. Diese Voraussetzung verschwimmt etwas, durch den ohnehin obwaltenden Gesichtspunkt der Billigkeit, welcher auch die Höhe des Beitrags bestimmt. Der andere Ehegatte braucht keinen Beitrag zu leisten, wenn es nach seinen Verhältnissen unbillig ist, wenn er selbst nichts oder nicht mehr hat, als was er zum Leben braucht, wobei aber die Billigkeit auch das Maß dessen bestimmt, was ihm zum Leben gelassen werden muß. Es mag sein, daß sie es rechtfertigt, von ihm zu fordern, daß er gewisse Einschränkungen der eigenen Lebenshaltung zugunsten des früheren Gatten durchführe. Aber der Lebensbedarf des Pflichtigen ist zu betrachten unter Einbeziehung der Bedürfnisse unverheirateter minderjähriger Kinder und eines etwaigen neuen Ehegatten (s. hierüber 2 und 3 bei § 59). Zu berücksichtigen sind darüber hinaus alle Ansprüche eines anderen geschiedenen

Gatten, etwa nach § 58, und Unterhaltsansprüche eines unehelichen Kindes. Es fällt aber auf, daß die Ansprüche volljähriger oder verheirateter Kinder, der Eltern und der Enkel selbst dem in gleichem Maße als schuldig befundenen Ehegatten gegenüber zurücktreten sollen. Nichtsdestoweniger können nach Billigkeit, welche die ganze Regelung beherrscht („kann zugebilligt werden"), auch die Bedürfnisse dieser Unterhaltsberechtigten, obwohl sie in Abs. 2 nicht erwähnt werden, ja auch die Bedürfnisse anderer naher Angehöriger, wie der Geschwister, berücksichtigt werden. Nicht erwähnt werden ja auch die Verpflichtungen des Pflichtigen, obwohl sie zweifellos auch in Betracht zu ziehen sind. Die Leistungsfähigkeit des Pflichtigen bestimmt sich nicht nur nach seinen Vermögens-, sondern auch nach seinen Erwerbsverhältnissen, d. h. seinen Einkünften aus einer Erwerbstätigkeit, es kann aber von ihm nicht verlangt werden, daß er nur, um seinen geschiedenen mitschuldigen Ehegatten zu helfen, eine Erwerbstätigkeit ausübe, welche er ohne diese Last nicht würde ausüben müssen.

5. Die Vermögens- und Erwerbsverhältnisse des pflichtigen Ehegatten sind nicht absolut maßgebend. Sie sind in Vergleich zu setzen mit jenen der unterhaltspflichtigen Verwandten (Kinder, Eltern) des Unterhaltsbedürftigen, welche diesem nach ihm haften (§ 63 Satz 1) und durch die Beitragspflicht des geschiedenen Ehegatten entlastet werden. Es entspricht dem Grundsatz des § 63 Abs. 1 Satz 2, daß auch ihre Leistungsfähigkeit in Betracht zu ziehen ist. In welchem Umfang sie entlastet werden sollen, soll das Gericht unter Berücksichtigung einerseits der Vermögens- und Erwerbsverhältnisse des geschiedenen Ehegatten, seiner eigenen Bedürfnisse und der Bedürfnisse seines neuen Gatten, und seiner unverheirateten minderjährigen Kinder (aus der geschiedenen, einer früheren oder einer neuen Ehe), andrerseits der Vermögens- und Erwerbsverhältnisse und Verbindlichkeiten der Verwandten des Bedürftigen entscheiden — eine schwierige Aufgabe, denn da letztere am Rechtsstreit nicht beteiligt sind, hat der Richter keine Handhabe, ihre Verhältnisse aufzuklären.

Nach anderen Gesichtspunkten als Bedürftigkeit des einen und Leistungsfähigkeit des anderen Ehegatten und der Verwandten des ersteren hat nach dem klaren Gesetzeswortlaut sich das Urteil über das Billige nicht auszurichten. Außer Betracht bleibt sonach insbesondere die Schuldfrage selbst und vorbehaltlich § (65 und) 66 ein nacheheliches Verhalten des Bedürftigen (unter dem ja auch seine unterhaltspflichtigen Verwandten nicht gut zu leiden haben können).

6. Die **Höhe des Beitrages** ergibt sich aus 4 und 5. Auch für ihn ist Billigkeit maßgebend. Nicht der ganze Unterhalt wird gewährt, sondern nur ein Beitrag, dessen Höhe sich nach Billigkeit bemißt. In dem Worte Beitrag scheint nicht nur zu liegen, daß der geschiedene Ehegatte nicht den ganzen Unterhalt, vielmehr nur einen Teil desselben zu gewähren hat, sondern auch, daß es immer nur ein kleiner Teil sein kann.

7. **Maßgebend** sind **die jeweiligen Verhältnisse.** Auch wenn die Beitragspflicht vertragsmäßig festgesetzt wurde, besteht der Anspruch auf Vertragsänderung wegen veränderter Umstände.

wenn sich nicht ergibt, daß die Parteien die Bedingung gleichbleibender Verhältnisse ausschließen wollen.

Zu untersuchen ist, in welchem Umfang die Festsetzung des Beitrags endgültig ist. Eine Verschlimmerung auf seiten des Bedürftigen kann eine Erhöhung des Beitrages nicht rechtfertigen, da erstere nicht möglich ist, weil jede Beitragsfestsetzung die Vermögens- und Erwerbsunfähigkeit des Bedürftigen voraussetzt. Eine Verschlimmerung der Vermögens- und Erwerbsverhältnisse des Pflichtigen, desgleichen eine Besserung der Vermögens- und Erwerbsverhältnisse der unterhaltspflichtigen Verwandten des Bedürftigen kann begründen, daß der pflichtige geschiedene Ehegatte nach § 323 ZPO. eine Herabminderung seines Beitrags fordert. Eine Verschlechterung der Vermögens- und Erwerbsverhältnisse der Verwandten des bedürftigen Ehegatten würde eine Erhöhung des Beitrages des anderen Gatten rechtfertigen; aber wer soll sie fordern? Man muß unbedenklich sagen: Der bedürftige Gatte nach § 323 ZPO., denn seine Verwandten sind ihm in diesem Falle nach § 63 Satz 3, 60 in geringerer Höhe unterhaltspflichtig, er erleidet also einen Ausfall.

8. Der Beitrag ist nicht nur nach oben begrenzt, sondern kann nach Billigkeit auch zeitlich begrenzt werden. Eine solche **zeitliche Begrenzung** hat insbesondere dann Sinn, wenn von vornherein zu erwarten ist, daß die Notlage des Bedürftigen vorübergeht, insbesondere daß er in der Lage ist, mit der Zeit Erwerb zu finden. Auch hier ist zu fragen, ob die Zeit dieser Begrenzung endgültig ist oder nachträglich eine Verlängerung erzielt werden kann, wenn die erwartete Besserung der Lage der Bedürftigen ausbleibt. Es ist nicht anzunehmen, daß die zeitliche Begrenzung von vornherein materiellrechtlich den Unterhaltsanspruch endgültig zeitlich begrenzt; prozeßrechtlich ist im Sinn des § 323 ZPO. eine Änderung der Verhältnisse auch das Ausbleiben einer erwarteten Änderung (Jonas II 3 zu § 332 ZPO. [s. auch 9]).

9. Die **Beitragspflicht endigt**, auch wenn sie zeitlich begrenzt war, immer sobald die Bedürftigkeit aufhört und mit dem Tode des Bedürftigen; abweichend von der Regel auch mit dem Tode des Verpflichteten (§ 70 Abs. 3).

b) Unterhaltspflicht bei Scheidung aus anderen Gründen

§ 61

1. Ist die Ehe allein aus einem der in den §§ 44—46 und 48 bezeichneten Gründe geschieden, und enthält das Urteil einen Schuldspruch, so finden die Vorschriften der §§ 58 und 59 entsprechende Anwendung[1].

2. Enthält das Urteil keinen Schuldausspruch[2], so hat der Ehegatte, der die Scheidung verlangt hat[2], dem anderen Unterhalt zu gewähren, wenn und soweit dies mit Rücksicht auf die Bedürfnisse und die Vermögens- und Einkommensverhältnisse der[3,4] geschie-

denen Ehegatten und der nach § 63 unterhaltspflichtigen Verwandten[5] des Berechtigten der Billigkeit entspricht[3]. Paragraph 59 Abs. 1, Satz 2 und Abs. 2 finden entsprechende Anwendung[3,6].

A 1. § 61 handelt von dem **UNTERHALTSANSPRUCH BEI SCHEIDUNG AUS UNVERSCHULDETEM TATBESTAND:** auf geistiger Störung beruhendem ehezerrüttendem Verhalten (§ 44), Geisteskrankheit (§ 45), ansteckender oder ekelerregender Krankheit (§ 46), Aufhebung der häuslichen Gemeinschaft (§ 48). Wenn die Ehe aus einem solchen Tatbestand und daneben auf Grund einer Eheverfehlung geschieden worden ist, sei es, daß diese vom Kläger oder durch Widerklage vom Beklagten geltend gemacht war, so richtet sich der Unterhaltsanspruch ohne weiteres nach §§ 58, 59 und evtl. (s unten) 60. Das soll aber nach Abs. 1 auch gelten, wenn auf Grund einer geltendgemachten Verfehlung nicht die Ehe geschieden oder aufgehoben worden ist, weil ihretwegen die Scheidung weder durch Klage noch durch Widerklage beantragt worden war, aber auf entsprechenden Antrag hin einer der Ehegatten für schuldig oder jeder für mitschuldig erklärt worden ist.

Hierzu ist noch folgendes auszuführen: Offenbar hat das Gesetz nur die einfache Streitlage im Auge, daß der Kläger einen unverschuldeten Scheidungstatbestand geltend macht, der Beklagte aber wegen einer Eheverfehlung des Klägers erfolgreich einen Schuldausspruch gegen ihn beantragt und erzielt hat. Denn daraus, daß Abs. 1 den § 60 nicht für anwendbar erklärt, ergibt sich klar, daß das Gesetz nur mit der Schuldigerklärung eines Eheteils rechnet und das kann nur der Kläger sein (weil er ja, wenn er in der Klage eine Eheverfehlung des Beklagten verfolgen würde, ein Scheidungsurteil aus einer Eheverfehlung erzielen würde). RG. hat aber nichtsdestoweniger in ständiger Rechtsprechung zu § 48 (s. dort) angenommen, daß der nur aus einem unverschuldeten Tatbestand klagende Kläger einem Antrag des Beklagten, den Kläger wegen einer Eheverfehlung für schuldig zu erklären, der auch schon im Widerspruch nach Abs. 2 des § 48 liegt, mit dem Antrag begegnen dürfe, den Beklagten für mitschuldig zu erklären. Hat er damit Erfolg, so muß von dieser Rechtsprechung aus auch § 60 entsprechend anwendbar sein, obwohl Abs. 1 nicht auf ihn verweist. Ein Schuldantrag des Beklagten gegen den nur aus unverschuldetem Tatbestand klagenden Kläger führt, wenn er allein Erfolg hat, dazu, daß der Beklagte des im Vergleich zum Unterhaltsanspruch aus Abs. 2 (s. unten) viel günstigeren Unterhaltsanspruches nach § 58 teilhaft wird, bringt aber die Gefahr mit sich, daß der Kläger mit einem Antrag auf Erklärung gleicher oder gar überwiegender Mitschuld des Beklagten durchdringt, so daß der Beklagte des Unterhaltsanspruches aus Abs. 2 verlustig geht und nur den Anspruch auf einen Unterhaltsbeitrag behält, ja, wenn er gar selbst für überwiegend schuldig erklärt wird, unterhaltspflichtig nach §§ 58—60 wird. Diese Ausführungen sind insbesondere für eine Klage aus § 48 praktisch wichtig.

B 2. Bei einer **Scheidung aus unverschuldetem Tatbestand ohne Schuldigerklärung** des Klägers oder Mitschuldigerklärung des Beklagten gilt eine besondere Regelung: Der Kläger hat dem Beklagten nach Billigkeit Unterhalt zu gewähren. Man mag dieser Regelung eine innere Begründung nicht absprechen, wenn die Ehe wegen Geisteskrankheit, auf geistiger Störung beruhendem Verhalten, ekelerregender Krankheit geschieden wird. Aber schon in diesen Fällen werden nicht immer überzeugende Gründe für die Unterhaltspflicht gerade des Klägers sprechen. Im Falle der Klage wegen Aufhebung der häuslichen Gemeinschaft hat nach vorstehender Regelung jeder Teil das Interesse, in die Rolle des Beklagten zu kommen und dem anderen die Klageerhebung zu überlassen. Der Beklagte, welcher geschieden sein will, wird auch unterlassen Widerklage wegen desselben oder eines anderen unverschuldeten Scheidungstatbestandes zu erheben, denn wenn die Ehe in einem solchen Fall auf Klage und Widerklage hin geschieden wird, sind beide Teile einander nach Billigkeit unterhaltspflichtig. Die Rolle des Beklagten ist im Falle des § 48, wenn man nur dem Gesetz, nicht auch der oben wiedergegebenen Rechtsprechung des RG. folgt, sehr günstig, weil sie ihm ohne weiteres einen Unterhaltsanspruch nach Billigkeit und außerdem die Möglichkeit gewährt, ihn über eine Schuldigerklärung des Klägers zu einem regulären zu steigern (Abs. 1). Diese Regelung befriedigt allerdings nicht. Daß dem Kläger in den Fällen, in welchen seine gesetzliche Belastung mit einer Unterhaltspflicht ungerechtfertigt erscheint, schon aus diesem Grunde allein unter dem Gesichtspunkt der Billigkeit geholfen werden kann, ist zu verneinen; denn nach dem Wortlaut des Gesetzes soll für die Frage der Billigkeit nur der Gesichtspunkt der Bedürfnisse und der Vermögens- und Erwerbsverhältnisse der geschiedenen Ehegatten und anderer Unterhaltsverpflichteter entscheiden.

3. Ähnlich wie im Falle des § 60 (s. dort) wird trotz völlig abweichender Sachlage Voraussetzung und Höhe des Unterhaltsanspruchs auf Grund eines Vergleichs der Bedürfnisse und Vermögens- und Erwerbsverhältnisse des Unterhaltsberechtigten, des Unterhaltspflichtigen und der unterhaltspflichtigen Verwandten des ersteren festgestellt.

a) **Wann besteht ein Unterhaltsanspruch?** Schon dann, wenn der Berechtigte seinen nach seinen Lebensverhältnissen angemessenen oder nur, wenn er seinen ausreichenden oder gar notdürftigen Unterhalt nicht hat? Die Antwort lautet: Wenn er aus eigenen Einkünften das nicht hat, was er bei einer in Anbetracht der Vermögens- und Einkommensverhältnisse, der Bedürfnisse des Pflichtigen (s. 4) nicht unbilligen Belastung des letzteren haben kann, soweit damit sein angemessener Unterhalt nicht überschritten wird. Demnächst ist zu fragen: Wieweit ist der Berechtigte für den Fehlbetrag auf eigene Arbeit und auf den Angriff auf das eigene Vermögen zu verweisen? Das Gesetz setzt weder voraus, daß er außerstande ist, sich selbst zu unterhalten (wie § 58 Abs. 2) oder daß er sich selbst unterhalten kann (wie § 60), noch forderte schon § 69 EheG. 1938, der Vorgänger der Bestimmung, von der geschiedenen Ehefrau wie § 66 von 1938 (jetzt § 58 mit gerade hierin anderem Inhalt), eine Erwerbstätigkeit, welche von ihr den Umständen nach erwartet werden kann. Es ist also nicht grundsätzlich Voraussetzung für das Herantreten an den früheren Gatten, daß der Berechtigte den Fehlbetrag durch eigene Erwerbstätigkeit nicht aufbringen kann oder könnte. Auch hierüber entscheidet nach Billigkeit die Rücksicht auf die Vermögens-, Einkommens- und Bedürfnislage des Verpflichteten und auf die Volksanschauung. Von einem Mann wird man also meist grundsätzlich Arbeit verlangen, wenn er physisch dazu in der Lage ist, von einer Frau schon von einem gewissen Alter an nicht mehr, ferner nicht, wenn sie durch Mutterpflichten an einer Erwerbstätigkeit gehindert ist, endlich nicht, wenn sie dafür nicht vorgebildet ist, und sich die erforderliche Vorbildung nicht mehr beschaffen kann. Der Angriff auf das Vermögen des Berechtigten wird durch die entsprechende Heranziehung des § 59 Abs. 2 ausdrücklich, aber deshalb auch nur für den Fall gefordert, daß der Pflichtige durch Unterhaltsgewährung selbst in Gefahr gerät, den eigenen Unterhalt und denjenigen seiner unverheirateten, minderjährigen Kinder und seines neuen Ehegatten nicht bestreiten zu können. In diesem Fall ist der Pflichtige in dem Maße befreit, in welchem der Berechtigte seinen Unterhalt aus dem Stamm seines Vermögens bestreiten kann (s. 4 zu § 59). § 59 Abs. 2 fordert den Angriff auf das eigene Vermögen des Berechtigten im Falle der Gefährdung des Unterhalts des Pflichtigen nur von der unterhaltsberechtigten Frau und nicht von dem unterhaltsberechtigten Mann; dies rührt daher, daß nach § 58 Abs. 2 der Mann, wenn er Vermögen hat, überhaupt nicht unterhaltsberechtigt ist. Im Fall des § 61, für den der Billigkeitsgrundsatz herrscht, kann dies nicht uneingeschränkt gesagt werden. Die entsprechende Anwendung des § 59 Abs. 2 führt daher dazu, auch von dem unterhaltsberechtigten Mann den Angriff auf sein Vermögen zu verlangen, wenn die Unterhaltsgewährung den eigenen Unterhalt des Pflichtigen gefährdet.

4. Mit der gemäß 3 beachtlichen Lage des Berechtigten sind in Vergleich zu setzen: die Vermögens- und Einkommensverhältnisse des Pflichtigen, sein eigener angemessener Bedarf und die Bedürfnisse seiner unverheirateten minderjährigen Kinder und seines neuen Ehegatten, aber natürlich auch seine sonstigen Verpflichtungen (gegenüber Gläubigern, unehelichen Kindern, Ehegatten aus anderen aufgelösten Ehen) s. 4 zu § 60.

5. Durch die Heranziehung des Klägers werden die **unterhaltspflichtigen Verwandten** des Berechtigten entlastet, welche nach § 63 nach jenem für den Unterhalt des letzteren aufzukommen haben. Die Billigkeit verlangt darum auch die Berücksichtigung ihrer Vermögens- und Einkommensverhältnisse. Es braucht also der noch junge Schwiegersohn nicht vor dem reichen Schwiegervater für den Unterhalt der geschiedenen jungen Frau aufzukommen. Dies entspricht dem Grundsatz des § 63 Abs. 1 Satz 2 (s. hierüber 5 zu § 60). Zu beachten ist aber, daß die Unterhaltspflicht der Verwandten nach § 1602 Abs. 1 BGB. andere Voraussetzungen hat.

6. Über **Änderung der Verhältnisse** s. 8 zu § 6.

c) Art der Unterhaltsgewährung

§ 62

1. Der Unterhalt ist durch Zahlung einer Geldrente zu gewähren. Die Rente ist monatlich im voraus zu entrichten[1]. Der Verpflichtete hat Sicherheit zu leisten, wenn die Gefahr besteht, daß er sich seiner Unterhaltspflicht zu entziehen sucht[2]. Die Art der Sicherheitsleistung bestimmt sich nach den Umständen[2].

2. Statt der Rente kann der Berechtigte eine Abfindung in Kapital verlangen[3], wenn ein wichtiger Grund[3] vorliegt und der Verpflichtete dadurch nicht unbillig belastet wird[3].

3. Der Verpflichtete schuldet den vollen Monatsbetrag auch dann, wenn der Berechtigte im Laufe des Monats stirbt[4].

1. Der Unterhalt ist durch Zahlung einer monatlichen im Voraus zu entrichtenden **Geldrente** zu gewähren. Er ist also eine Geldschuld, welche der Schuldner an seinem Wohnort in der Weise zu erfüllen hat, daß er das Geld dem Berechtigten nach dessen regelmäßigen Wohnsitz z. Z. der Fälligkeit überbringt oder auf eigene Gefahr zusendet (§ 270 BGB.). Monatlich im voraus ist die Rente entrichtet, wenn der Verpflichtete am ersten Tag jeder Monatsperiode das Geld überbringt oder absendet (vgl. § 292 BGB.). Mit unpünktlicher Zahlung ist für den Verpflichteten kein besonderer Nachteil verknüpft, es treten nur ohne besondere Mahnung die allgemeinen Verzugsfolgen, also Verpflichtung zu Verzugszinsen und Schadensersatz ein (§§ 248 Abs. 2, 286, 288 BGB., § 64 EheG.) z. B. weil der Berechtigte, um sich Geld zu verschaffen, unwirtschaftliche Maßnahmen hat treffen müssen. Die erste Monatsperiode beginnt am ersten Tag nach der Rechtskraft des Scheidungsurteils, auch wenn bis dahin die Höhe des Unterhalts weder vertraglich noch gerichtlich festgestellt worden ist.

2. Satz 2 sieht eine sehr beschränkte **Verpflichtung** des Schuldners zur Sicherheitsleistung für den Fall vor, daß er böswillig sich seiner Unterhaltspflicht zu entziehen sucht. Auch wenn er sein Vermögen vergeudet oder verspielt, hat der Berechtigte, vom Arrest abgesehen, keine Möglichkeit, seine Ansprüche zu sichern. Diese Regelung ist für ihn um so härter, als eine Verschlechterung der Vermögensverhältnisse des Schuldners, wenn sie nicht vorsätzlich den guten Sitten zuwider herbeigeführt wird (§ 826 BGB.), den Anspruch auch materiell-rechtlich trifft (§§ 58 ff.). Leider hat das Gesetz von 1946 diese unbegründete Verschlimmerung der Lage des Berechtigten gegenüber dem Zustand nach § 1580 Abs. 1 Satz 2 BGB. bestehen lassen. Dafür, daß die Gefahr besteht, daß der Schuldner sich seiner Verpflichtung zu entziehen suchen wird, müssen Anhaltspunkte vorliegen. Diese können natürlich auch seinem Verhalten während der Dauer der Ehe entnommen werden. Die Art der Sicherheitsleistung besteht nach §§ 232—234 BGB., 324 ZPO. aber auch nach

den Umständen. Bei festbesoldeten Pflichtigen wird Gehaltsabtretung, soweit zulässig, am zweckmäßigsten sein. Der Anspruch auf Sicherheitsleistung ist materiell-rechtlich und ist mit dem Hauptanspruch oder auch gesondert geltend zu machen. Er kann auch noch nachträglich geltend gemacht werden, wenn für den Unterhaltsanspruch schon ein vollstreckbarer Titel vorliegt (§ 324 ZPO.).

3. Statt der Rente kann der Berechtigte von vornherein oder zu einem späteren Zeitpunkt Abfindung in Kapital verlangen. Der Begriff der Abfindung bringt es mit sich, daß der Anspruch damit getilgt ist, und daß auch eine spätere Veränderung der Verhältnisse (Verschlimmerung der Lage des Berechtigten, Besserung der Lage des Verpflichteten) ihn nicht wieder aufleben läßt. Aber auch eine spätere Verschlimmerung der Verhältnisse des Verpflichteten begründen nicht etwa für diesen einen Anspruch auf Teilrückzahlung.

Die Abfindung kann nur der Unterhaltsberechtigte verlangen; der Verpflichtete kann sie zwar anbieten, aber er kann den Berechtigten nicht zwingen, sie entgegenzunehmen. Der Berechtigte kann sie nur verlangen, wenn ein wichtiger Grund vorliegt. Als solcher wird in erster Linie die Gefahr in Betracht kommen, daß durch eine Veränderung der Verhältnisse des Verpflichteten (insbesondere seines Wohnsitzes) die Rechtsverfolgung erheblich erschwert wird. Man wird ferner wohl auch auf diesem Wege die ungünstige rechtliche Lage des Berechtigten korrigieren können, welche nach 2 in dem Falle besteht, daß der Verpflichtete sein Vermögen vertut. Ein wichtiger Grund ist ferner wohl auch die Möglichkeit, durch höhere einmalige Aufwendung eine durchgreifende aussichtsvolle Kur zur Wiederherstellung von einem Leiden und der Erwerbsfähigkeit durchzuführen und nach a. M. auch die Möglichkeit, sich mit Kapital ein Erwerbsgeschäft aufzubauen.

Es darf aber durch Abfindung der Verpflichtete nicht unbillig belastet werden. Es dürfen ihm keine Mittel entzogen werden, deren er selbst zum Wirtschaften bedarf, es sei denn, daß sein Verhalten zeigt, daß er sie doch vertun würde —; es muß ihm unter Umständen Zeit gelassen werden, die Mittel zur Kapitalabfindung flüssig zu machen oder gestattet werden, einen Zeitpunkt abzuwarten, zu dem dies ohne Schaden geschehen kann.

4. Auch wenn der Berechtigte im Laufe des ersten Tages eines Monats stirbt, ist der Monatsbetrag für den vollen Monat zu bezahlen.

§ 63

1. Der unterhaltspflichtige geschiedene Ehegatte haftet vor den Verwandten des Berechtigten[1]. Soweit jedoch der Verpflichtete bei Berücksichtigung seiner sonstigen Verpflichtungen den eigenen angemessenen Unterhalt gefährden würde, haften die Verwandten vor dem geschiedenen Ehegatten[2]. Soweit einem geschiedenen Ehegatten ein Unterhaltsanspruch gegen den anderen Ehegatten nicht zusteht,

haben die Verwandten des Berechtigten nach den allgemeinen Vorschriften über die Unterhaltspflicht den Unterhalt zu gewähren[2].

2. Die Verwandten haften auch, wenn die Rechtsverfolgung gegen den unterhaltspflichtigen Ehegatten im Inland ausgeschlossen oder erheblich erschwert ist[3]. In diesem Falle geht der Anspruch gegen den Ehegatten auf den Verwandten über, der den Unterhalt gewährt hat. Der Übergang kann nicht zum Nachteil des Unterhaltsberechtigten geltend gemacht werden[4].

1. § 63 ist reich an innerer Unklarheit. **Eherechtlicher Natur** ist **nur** der **Satz 1** des Abs. 1. Er besagt, daß der nach den Bestimmungen der §§ 58—61 unterhaltspflichtige geschiedene Gatte dem gegen ihn erhobenen Unterhaltsanspruch nicht mit dem Einwand begegnen kann, der andere unterhaltsbedürftige geschiedene Gatte habe noch unterhaltspflichtige Verwandte, an welche er sich vor oder neben ihm wenden könne. Vielmehr muß er sich im Rahmen seiner Leistungsfähigkeit gefallen lassen, daß er zunächst und allein in Anspruch genommen wird, mögen auch die unterhaltspflichtigen Verwandten des Bedürftigen noch so wohlhabend sein. Der für allein oder überwiegend schuldig erklärte Gatte einer reichen Erbin, die noch kein eigenes Vermögen hat, und für einen Beruf nicht vorgebildet ist, kann sich also nicht darauf berufen, daß diese sich an ihren reichen Vater wenden möge, wenn er selbst in der Lage ist, ihren angemessenen Unterhalt zu bestreiten. Ja er kann ihr nicht einmal die freiwilligen Zuwendungen anrechnen, welche sie von ihrem reichen Vater erhält (s. zu § 58).

In der dem amtlichen Sonderdruck des Gesetzes beigegebenen genehmigten deutschen Übersetzung heißt es fälschlich in S. 1 „Ehemann" statt „Ehegatte" (vgl. engl. Text: „party"), wie richtig in der vom Amtsblatt des Kontrollrats verkündeten Übersetzung.

2. Die übrigen Bestimmungen des § 63 — ausgenommen Abs. 2 Satz 2 und 3 — sind nicht eherechtlichen Inhalts, sondern ergänzen die Bestimmungen des BGB. über die Unterhaltspflicht auf Grund Verwandtschaft (§§ 601 ff. BGB.) und regeln die Unterhaltsberechtigung des geschiedenen Ehegatten gegenüber seinen Verwandten. Besonders Satz 2 ist geeignet, ein Mißverständnis hervorzurufen. Er regelt nicht etwa den Umfang der Unterhaltspflicht des Unterhaltspflichtigen, dessen Leistungsfähigkeit nicht ausreicht, welcher schon durch § 59 bestimmt ist, noch einmal und teilweise abweichend auf seine eigene Weise; er besagt nur zusammen mit Satz 3 etwas, was ohnedies selbstverständlich ist, nämlich, daß der Bedürftige sich an seine unterhaltspflichtigen Verwandten halten kann, soweit die Unterhaltspflicht des geschiedenen Ehegatten aus rechtlichen Gründen (§§ 59, 60, 61) versagt. Auffälligerweise nennt das Gesetz einen Ehegatten, auch wenn ihm kein Anspruch zusteht, einen „Berechtigten".

3. Abs. 2 geht darüber hinaus und gewährt dem bedurftigen geschiedenen Gatten das Recht, sich auch dann an seine Verwandten zu halten, wenn die

Unterhaltspflicht seines geschiedenen Gatten aus tatsächlichen Gründen versagt, nämlich weil die Rechtsverfolgung gegen ihn im Inland ausgeschlossen oder erheblich erschwert ist. Die Erschwerung braucht nicht in verfahrenstechnischen Schwierigkeiten, insbesondere der Zwangsvollstreckung zu bestehen; sie kann sich insbesondere auch aus folgender Sachlage ergeben: Der unterhaltspflichtige Ehegatte ist verpflichtet zu arbeiten, um seiner Unterhaltspflicht zu genügen. Bei der Bemessung des Unterhaltsanspruches des berechtigten Bedürftigen wird das Arbeitseinkommen berücksichtigt, welches der Pflichtige erzielt oder erzielen könnte. In Höhe dieses Anspruchs würden also nach der Regel des Satzes 1 die unterhaltspflichtigen Verwandten frei sein und den Bedürftigen an seinen geschiedenen Gatten verweisen können. Dieser aber kann nicht zur Arbeit gezwungen werden, wenn er sie scheut; vertut er sein Arbeitseinkommen, statt seinem geschiedenen Ehegatten Unterhalt zu gewähren, besonders mit anderen Frauen, und ist er nicht fest besoldet, so daß es praktisch kaum eine Vollstreckungsmöglichkeit gibt, so müßte der Bedürftige verhungern. Auch in solchem Fall müssen also seine Verwandten seinen Tisch beliefern.

4. Das Gesetz tröstet diese mit einem **Ersatzanspruch gegen den geschiedenen Gatten,** der sich seiner Unterhaltspflicht entzogen hat (mögen sie mit ihm fertig werden!). Es verweist sie nicht auf rechtlich vielleicht zweifelhafte Ersatzansprüche aus ungerechtfertigter Bereicherung (§§ 812 ff. BGB.) oder auftragloser Geschäftsführung (§§ 677 ff. BGB.), vielleicht auch sittenwidriger Schädigung (§ 826 BGB.), sondern läßt den „Anspruch" auf sie übergehen mit allen Sicherheiten, welche dafür bestanden haben, (§ 401 BGB.) und allen Einwendungen und Einreden, mit denen der Anspruch behaftet ist (§§ 404, 406, 412 BGB.). Gedacht ist in erster Linie an den Unterhaltsanspruch, aber es dürfte auch ein etwaiger Anspruch aus § 826 BGB. übergehen. Der Übergang darf nicht zum Nachteil des Berechtigten geltend gemacht werden. Geht der pflichtige Geschiedene in sich oder ergibt sich die Möglichkeit, ihn zu zwingen, seine Verpflichtungen zu erfüllen, so kann also der Übergang des Rückstandes auf die Verwandten nicht in der Weise geltend gemacht werden, daß der unterhaltspflichtige Ehegatte dadurch außerstand gesetzt wird, den laufenden Unterhalt zu gewähren. Man wird diese Beschränkung auch für Ersatzansprüche aus auftragsloser Geschäftsführung und ungerechtfertigter Bereicherung aufstellen müssen.

§ 64

Für die Vergangenheit kann der Berechtigte Erfüllung oder Schadenersatz wegen Nichterfüllung erst von der Zeit an fordern, in der der Unterhaltspflichtige in Verzug gekommen oder der Unterhaltsanspruch rechtshängig geworden ist, für eine länger als ein Jahr vor der Rechtshängigkeit liegende Zeit jedoch nur, soweit anzunehmen ist, daß der Verpflichtete sich der Leistung absichtlich entzogen hat.

Der **Anspruch** auf Unterhalt **beginnt mit der Rechtskraft des Scheidungsurteils,** bei Rechtsmittelverzicht in unmittelbarem Anschluß an dieses also sofort, ohne Rücksicht darauf, ob er in diesem Zeitpunkt der Höhe nach, sei es durch Vereinbarung, sei es durch Urteil festgestellt ist. Er kann sofort geltend gemacht werden. Geschieht dies nicht, so läßt das Gesetz aus rechtspolitischen Gründen es **nur zeitlich begrenzt** zu, ihn nachträglich geltend zu machen. Für die Vergangenheit kann der Anspruch oder Schadenersatz wegen Nichterfüllung des Anspruchs — z. B. der Berechtigte war, um sich über Wasser zu halten, gezwungen, wertvolle Vermögensstücke zu verschleudern — nur geltend gemacht werden, von der Zeit an, zu welcher der Verpflichtete in Verzug gekommen ist oder der Anspruch rechtshängig wurde. Wann aber kommt der Verpflichtete in Verzug? Nach § 70 ist der Unterhalt durch Zahlung einer Geldrente monatlich im voraus zu gewähren (nicht nur und nicht erst, wenn er gerichtlich oder vertraglich festgestellt ist). Diese Verpflichtung ist nicht einmal davon abhängig gemacht, daß der Berechtigte sich meldet; der Verpflichtete hat sie sofort, am ersten Tag nach der Rechtskraft des Scheidungsurteils für einen Monat im voraus zu erfüllen. Es ist also für die Leistung eine Zeit nach dem Kalender bestimmt (§ 248 Abs. 2 BGB.), und der Schuldner kommt sofort in Verzug, wenn er nicht leistet, auch ohne gemahnt worden zu sein (die Gesetzesstelle selbst scheint freilich von der Erforderlichkeit einer Mahnung auszugehen). Rechtshängig wird der Anspruch durch Zustellung der Klage oder eines Zahlungsbefehls. Auch im Verzugsfall kann aber ein Anspruch nicht für eine Zeit geltend gemacht werden, welche weiter als ein volles Jahr vor der Rechtshängigkeit (§§ 263, 281, 499 E f, 696, 700 ZPO.) zurückliegt. **Diese zeitliche Grenze gilt** aber **nicht,** wenn der Unterhaltspflichtige nicht bloß nicht bezahlt, sondern sich absichtlich der Unterhaltspflicht entzogen hat, also Veranstaltungen getroffen hat, die es erschwert haben, ihn zu fassen.

Ist der Unterhaltsanspruch, nicht bloß seine Höhe, vertraglich geregelt, so gilt diese Beschränkung gleichfalls nicht. Sie gilt auch nicht für die Ansprüche aus ungerechtfertigter Bereicherung und auftragsloser Geschäftsführung derjenigen, welche zwischenzeitlich eingesprungen sind.

d) **Begrenzung und Wegfall des Unterhaltsanspruchs**

§ 65. Selbstverschuldete Bedürftigkeit

1. Ein Unterhaltsberechtigter, der infolge sittlichen Verschuldens bedürftig ist, kann nur den notdürftigen Unterhalt verlangen[1].

2. Ein Mehrbedarf, der durch grobes Verschulden des Berechtigten herbeigeführt ist, begründet keinen Anspruch auf erhöhten Unterhalt[2].

1. Der Unterhaltsanspruch besteht auch, wenn die Bedürftigkeit des Berechtigten von ihm selbst verur-

sacht und verschuldet ist. **Wenn** aber **sein Verschulden** der Art nach **sittlich zu verurteilen** ist, **ermäßigt sich** der Unterhalt, den er fordern kann, **auf das Notdürftige,** d. h. der Berechtigte hat nicht mehr den angemessenen, den Lebensverhältnissen beider geschiedenen Gatten (58) oder den der Billigkeit entsprechenden (§ 61) Unterhalt zu verlangen, sondern nur das Notwendigste, das Existenzminimum, im Fall des § 60 nur einen Beitrag zu diesem.

Zwischen der Bedürftigkeit und dem sittlichen Verschulden muß ein ursächlicher Zusammenhang bestehen, die Bedürftigkeit muß durch sittliches Verschulden verursacht sein. Die Hauptfälle sind wohl: Vermögensverschwendung und Verlust des Arbeitseinkommens infolge sittlich verwerflicher, dienstlicher oder außerdienstlicher Verfehlungen. Der Verlust der Stellung wegen früherer Zugehörigkeit zur NSDAP. wird nur dann als sittlich verschuldet anzusehen sein, wenn der Bedürftige an den Verbrechen der Partei aktiv teilgenommen oder sie mitgemacht hat. Ein Hochschullehrer, der entlassen worden ist, weil er Mitglied der NSDAP. am 25. April 1937 geworden war und sich nun in Not befindet, ist nicht infolge sittlichen Verschuldens bedürftig geworden. Sittliches Verschulden ist Arbeitsunfähigkeit infolge Trunksucht, infolge ausschweifenden Lebenswandels, aber nicht jede Arbeitsunfähigkeit infolge geschlechtlicher Ansteckung. Das sittliche Verschulden kann natürlich auch in einer Unterlassung, z. B. Unterlassung redlicher Arbeit bestehen. Diesbezüglich ist aber zu beachten, daß ein Mann, der arbeiten kann, aber nicht arbeitet, überhaupt keinen Anspruch auf Unterhalt hat (§ 58 Abs. 2). Bei einem Mann kann also § 65 nur anwendbar sein, wenn er nicht mehr arbeiten, aber ihm vorgehalten werden kann, daß er trotzdem nicht bedürftig wäre, wenn er früher gearbeitet hätte, oder dann, wenn er trotz seiner Arbeitsfähigkeit nicht mehr erwerben kann als den notdürftigen Unterhalt, so daß er nach § 58 den Unterschied bis zum angemessenen Unterhalt von der geschiedenen Frau fordern könnte, müßte er sich nicht entgegenhalten lassen, daß es auf seinem sittlichen Verschulden beruht, daß er nicht mehr verdienen kann. Nach § 66 von 1938 war die Lage der Frau nicht viel anders als die eben dargestellte des Mannes. Dagegen setzt ihr Unterhaltsanspruch nach § 58 nicht voraus, daß sie ihren Unterhalt durch Arbeit nicht decken kann. Es fragt sich, ob der aus § 58 sich ergebende Unterhaltsanspruch der Frau durch § 65 korrigiert und auf den notdürftigen Unterhalt ermäßigt wird, wenn sie nicht arbeitet, und ihr dies zum sittlichen Verschulden gereicht. Dies ist nur mit der Maßgabe zu bejahen, daß die Rücksicht auf den Mann sie nicht zur Arbeit verpflichtet, ihre Untätigkeit ihr also nicht etwa unter diesem Gesichtspunkt zum sittlichen Verschulden gereicht und daß überhaupt hinsichtlich ihrer Entschuldigung keine allzu große Strenge geübt werden darf.

Das sittliche Verschulden kann auch darin bestehen, daß es sittlich schuldhaft unterlassen wird, von einer Gelegenheit Gebrauch zu machen, eine bereits bestehende Unterhaltsbedürftigkeit (durch Arbeit) zu beenden. In diesem Fall kann der Verpflichtete nach § 323 ZPO. Herabsetzung seiner Unterhaltsverpflichtung fordern.

2. Die Fassung des Gesetzes dürfte mißraten, der Wortlaut zu eng sein. Gemeint ist wohl: Wie auch selbstverursachte und -verschuldete Bedürftigkeit den Unterhaltsanspruch erzeugt, aber sittliches Verschulden ihn auf das Notdürftige ermäßigt, so hat der Pflichtige auch für selbstverursachte und -verschuldete Bedürfnisse des Berechtigten aufzukommen; aber soweit die **Bedürfnisse auf grobem** (hier nicht sittlichem) **Verschulden** beruhen, begründen sie keinen Anspruch auf Unterhalt, auf Deckung durch den unterhaltspflichtigen geschiedenen Ehegatten, und zwar auch dann nicht, wenn das grobe Verschulden kein sittliches ist. Der Grundsatz ist anfechtbar, weil ja auch bei der Arbeitsunfähigkeit nicht berücksichtigt ist, ob sie auf grobem Verschulden beruht. Wenn jemand erblindet, weil er mit einem geladenen Jagdgewehr gespielt hat, das infolge seiner Unvorsichtigkeit losging, wird er zugleich arbeitsunfähig. Er hat also den den Lebensverhältnissen der geschiedenen Ehegatten entsprechenden angemessenen Unterhalt zu fordern, aber nicht auch im Umfang der besonderen Bedürfnisse, welche durch seine Erblindung verursacht sind. Der Grundsatz ist auch deshalb anfechtbar, weil es sich meist um verschuldete Unglücksfälle handelt, angesichts deren der sittliche Vorwurf hinter dem Mitleid zurücktritt, welches das Unglück normalerweise fordern kann.

§ 66

Der Berechtigte verwirkt den Unterhaltsanspruch, wenn er sich nach der Scheidung einer schweren Verfehlung gegen den Verpflichteten schuldig macht oder gegen dessen Willen einen ehrlosen oder unsittlichen Lebenswandel führt.

Der Verpflichtete soll nicht gehalten sein, einen früheren Ehegatten zu unterhalten, der sich feindselig gegen ihn verhält oder ihm Schaden zufügt. § 66 bestimmt daher, daß der Unterhaltsanspruch infolge **VERWIRKUNG** untergeht, wenn der Berechtigte sich einer **schweren Verfehlung** (s. 2 zu § 57) gegen den Verpflichteten schuldig macht oder gegen seinen Willen einen **ehrlosen oder unsittlichen Lebenswandel** führt (s. 3 zu § 57); der Geschiedene braucht nicht „das Konkubinat des anderen zu finanzieren", Beitzke FamR. S. 59 ob.). § 66 (§ 74 von 1938) ist deshalb nicht unanwendbar, weil der Unterhaltsanspruch der Höhe nach vertraglich fixiert ist. Der im Gesetz begründete Unterhaltsanspruch eines geschiedenen Ehegatten verliert nicht schon dadurch das Wesen eines gesetzlichen, daß er statt durch gerichtliche Festsetzung durch Vereinbarung unter den Beteiligten in den Grenzen der gesetzlichen Pflicht näher geregelt wird (ohne völlig auf eine vertragliche Grundlage gestellt zu werden) (RG. 166 S. 381). § 66 ist anwendbar auch für den Unterhaltsanspruch aus Ehen, welche vor dem EheG. 1938 geschieden wurden (§ 96, 1938) und nach dem Gesagten auch wohl, wenn ein vor dem Inkrafttreten des EheG. 1938 geschlossener Vertrag vorliegt, der nur seine Höhe bestimmt. Ob er auch auf rein vertragliche Unterhaltsansprüche entsprechend anwendbar ist, die nach oder vor 1938 geschlossen worden sind, läßt RG. a. a. O. unter Verneinung unmittelbarer Anwendbarkeit dahingestellt.

Der Untergang ergreift den Anspruch in voller Höhe und endgültig, auch wenn der ehemals Berechtigte nachträglich in sich geht und sich bessert; er wirkt nicht nur für die Zukunft, sondern dürfte nach dem Sinn des Gesetzes auch einen etwaigen Rückstand betreffen (bestr.). Bei einem „Lebenswandel" wird es ohnedies schwer sein, den Zeitpunkt zu bestimmen, von wann ab der Anspruch untergegangen ist, der bei einer Verfehlung im allgemeinen mit dieser zusammenfallen dürfte. Es ist anzunehmen, daß der Anspruch in dem Zeitpunkt untergeht, in welchem der unsittliche oder ehrlose Lebenswandel einsetzt, mag auch die Voraussetzung eines Lebens-„Wandels" sich erst nach einiger Zeit feststellen lassen. Durch eine Verfehlung, die erst durch ihre Dauer oder Wiederholung zur schweren wird, erlischt der Anspruch erst, sobald sie diesen Charakter annimmt. Der Untergang ist, wenn bereits ein Vollstreckungstitel vorliegt, nach § 323 ZPO. geltend zu machen. Vertraglich kann anderes vereinbart werden.

§ 67. Wiederverheiratung des Berechtigten

Die Unterhaltspflicht erlischt mit der Wiederverheiratung des Berechtigten.

Eine **NEUE EHE** des Berechtigten führt nicht etwa nur dazu, daß der neue Ehegatte wie vor den Verwandten (§ 1608 BGB.) auch vor dem früheren Ehegatten für den Unterhalt des Berechtigten haftet, vielmehr erlischt der Anspruch gegen den letzteren für die Zukunft durch die neue Ehe gänzlich. § 62 Abs. 3 entsprechend anzuwenden, ist nicht bestimmt. Der frühere Gatte braucht also den Heiratsmonat nicht voll auszubezahlen (bestr.), erwirbt vielmehr, wenn er seiner Verpflichtung gemäß monatlich im voraus an die Frau bezahlt hat (§ 62 Abs. 1), einen Anspruch auf Herausgabe der Überzahlung nach den Vorschriften über die Herausgabe einer ungerechtfertigten Bereicherung, und zwar wird der Berechtigte, weil er Anfang des Monats meist gewußt haben dürfte, daß er im Laufe des Monats heiraten wird, regelmäßig als schlechtgläubig zu erachten sein. Der Stichtag ist natürlich der Tag der Schließung der neuen Ehe (standesamtliche Trauung), und zwar endet der Anspruch auf Unterhalt mit der ihr folgenden Mitternacht (§ 183 Abs. 2 BGB.).

Wird die neue Ehe aufgelöst, lebt der Unterhaltsanspruch nicht wieder auf. Im Fall der Nichtigerklärung der neuen Ehe scheint es wohl denkfolgerichtig, dem Berechtigten den Unterhaltsanspruch gegen den früheren geschiedenen Gatten — für die Zukunft (§ 64) — zurückzugeben. So will es die h. L. Hat der Ehegatte auch einen Unterhaltsanspruch gemäß § 26 Abs. 1 gegen den Ehegatten aus der nichtigen Ehe, so sollen ihm beide Ansprüche wahlweise zustehen. Es liegt unechte Gesamtschuld vor.

Durch Vertrag kann vereinbart werden, daß der Unterhaltsanspruch auch bei Wiederverheiratung des Berechtigten fortbestehen soll. Solche Verträge sind wegen arglistiger Täuschung anfechtbar, wenn der Berechtigte eine bereits bestehende aktuelle Heiratsabsicht verschweigt (RG. 159 S. 158).

§ 68. Wiederverheiratung des Verpflichteten

Bei Wiederverheiratung des Verpflichteten finden die Vorschriften des § 1604 des Bürgerlichen Gesetzbuches über den Einfluß des Güterstandes auf die Unterhaltspflicht entsprechende Anwendung.

Eine NEUVERHEIRATUNG DES UNTERHALTSPFLICHTIGEN beendet seine Unterhaltspflicht gegenüber dem früheren Ehegatten nicht, läßt sie aber nach §§ 67 Abs. 2, 68, 69 auch nicht völlig unberührt. § 68 will verhüten, daß durch die Rechte des neuen Ehegatten am Vermögen des unterhaltspflichtigen Geschiedenen der Unterhaltsanspruch des berechtigten anderen Ehegatten aus der geschiedenen Ehe gefährdet wird. Es ergibt sich aus ihm: Ist der unterhaltspflichtig geschiedene Ehegatte eine Frau, geht sie eine neue Ehe ein und gilt für diese der gesetzliche Güterstand, so berührt das Recht des zweiten Mannes, ihr Vermögen zu verwalten und zu nutzen, die Höhe des Unterhaltsanspruchs des ersten Mannes nicht; der zweite Mann muß auch die Befriedigung des Anspruchs aus eingebrachtem Gut dulden. War der geschiedene Mann unterhaltspflichtig und gewinnt er durch seine neue Ehe Nutznießung am Vermögen seiner neuen Frau, so ist dies für den Unterhaltsanspruch seiner ersten Frau zu berücksichtigen. Die zweite Frau hat aber nach § 1389 Abs. 2 BGB. Anspruch darauf, daß der Mann den gesamten Reinertrag ihres Vermögens, soweit erforderlich, für den ehelichen Aufwand verwendet. Diese Verpflichtung bleibt natürlich bestehen und ist für den Anspruch der ersten Frau gleichfalls in die Waage zu werfen. Wenn für die zweite Ehe Gütertrennung vereinbart wird, läßt § 1604 BGB. im Stich. Die Beitragspflicht der Frau nach § 1427 BGB. zum ehelichen Aufwand der zweiten Ehe geht nach allg. M. ihrer Unterhaltspflicht gegenüber ihrem ersten Mann vor. Gilt in der zweiten Ehe allgemeine Güter-, Fahrnis- oder Errungenschaftsgemeinschaft, so ist es für den Unterhaltsanspruch des berechtigten Ehegatten so anzusehen, als ob das Gesamtgut dem Unterhaltspflichtigen gehört, mag dieser der Mann oder die Frau sein. Waren beide Teile geschieden und beide gegenüber dem früheren Ehegatten unterhaltspflichtig, so gilt dies für jeden Anspruch.

§ 69. Tod des Berechtigten

1. Der Unterhaltsanspruch erlischt mit dem Tode des Berechtigten. Nur soweit er auf Erfüllung oder Schadenersatz wegen Nichterfüllung für die Vergangenheit gerichtet ist, oder sich auf Beträge bezieht, die beim Tode des Berechtigten fällig sind, bleibt er auch nachher bestehen[1].

2. Der Verpflichtete hat die Bestattungskosten zu tragen, soweit dies der Billigkeit entspricht und die Kosten nicht von den Erben zu erlangen sind[2].

1. Abs. 1 sagt nur selbstverständliche Dinge. Wer tot ist, kann nicht mehr unterhalten werden. Mit dem **TOD DES BERECHTIGTEN** erlischt also der Unterhaltsanspruch, und zwar grundsätzlich auch für die Vergangenheit, weil er ja grundsätzlich für diese nicht besteht (§ 64). Soweit er aber für die Vergangenheit besteht (§ 64), geht selbstverständlich die Forderung aus dem Rückstand auf den Erben über, desgleichen selbstverständlich ein Schadenersatzanspruch, der wegen Nichterfüllung in der Vergangenheit entstanden ist. Nach § 62 Abs. 2 schuldet der Verpflichtete den vollen Monatsbetrag, auch wenn der Berechtigte im Laufe des Monats stirbt. Selbstverständlich geht der sonach bestehende Anspruch auf den Sterbemonat auf den Erben über, wenn er am Todestag noch nicht erfüllt ist.

2. a) Die Kosten der standesmäßigen Beerdigung des Berechtigten trägt nach § 1968 BGB. der Erbe, auch einer Feuerbestattung trotz des Gesetzeswortlauts. Aber wenn die Kosten von dem Erben nicht zu erlangen sind, hat der unterhaltspflichtige geschiedene Ehegatte, entsprechend § 1615 BGB., aber abgeschwächt — nach Billigkeit, einzuspringen. Dieses setzt voraus, daß er noch „Verpflichteter" ist, also, daß die Unterhaltspflicht zur Zeit des Todes des Berechtigten noch besteht und nicht schon vorher einer der Beendigungstatbestände (§§ 60 Satz 2, 66, 67) eingetreten ist. Es kann also noch am Grabe des Verstorbenen über seinen Lebenswandel gestritten werden.

b) Nur soweit es der Billigkeit entspricht, hat der Verpflichtete die Bestattungskosten zu tragen. Die Billigkeit entscheidet sowohl über den Aufwand der Bestattung (nicht: „standesgemäße" Bestattung), als auch über den Anteil des Verpflichteten an den nach Billigkeit gerechtfertigten entstandenen Kosten. Die Billigkeit wird wohl in erster Linie den Gesichtspunkt der Leistungsfähigkeit des Verpflichteten und des Grades, in welchem dieser unterhaltspflichtig war (Unterhalt nach den Lebensverhältnissen § 58, nach Billigkeit §§ 59, 61, notdürftiger Unterhalt § 65 Abs. 2, Beitrag zum Unterhalt § 60) berücksichtigen.

§ 70. Tod des Verpflichteten

1. Mit dem Tode des Verpflichteten geht die Unterhaltspflicht auf die Erben als Nachlaßverbindlichkeit über [1, 2, 7, 8].

2. Der Erbe haftet ohne die Beschränkung des § 59 [3, 8]. Der Berechtigte muß sich jedoch die Herabsetzung der Rente auf einen Betrag gefallen lassen, der bei Berücksichtigung der Verhältnisse des Erben und der Ertragsfähigkeit des Nachlasses der Billigkeit entpricht [4, 5, 6, 8].

3. Eine nach § 60 einem Ehegatten auferlegte Beitragspflicht erlischt mit dem Tode des Verpflichteten [7, 8].

1. Mit dem **TOD DES VERPFLICHTETEN** wird selbstverständlich der Bedarf des Berechtigten auf Unterhalt nicht aufhören. Die Verpflichtung endet darum nicht mit dem Tode des Verpflichteten, geht vielmehr auf den Erben über (vorbehaltlich 8).

2. Der Anspruch ist, obwohl er sich ebensosehr nach den persönlichen Verhältnissen des Erben bemißt wie nach den Nachlaßverhältnissen (s. 3 und 4), **Nachlaßverbindlichkeit.** Der Erbe kann also seine Haftung auf den Nachlaß beschränken, indem er die Anordnung einer Nachlaßpflegschaft oder die Eröffnung des Nachlaßkonkurses herbeiführt (§ 1975 BGB.), oder wenn die Nachlaßmasse die Kosten einer Nachlaßverwaltung oder eines Nachlaßkonkurses nicht deckt, indem er die Einrede der Unzulänglichkeit des Nachlasses erhebt und den Nachlaß herausgibt (§ 1919 BGB.). Wenn der geschiedene Ehemann Beamter ist und keinen Nachlaß, aber eine Witwe aus zweiter Ehe hinterläßt, welche eine auskömmliche Witwenversorgung bekommt, so hat zwar die Unterhaltsberechtigte aus der geschiedenen ersten Ehe einen Anspruch gegen diese, wenn diese Erbin ist, für dessen Höhe nach 3 und 4 die Höhe der Pension ausschlaggebend ist, aber die Witwe kann die Erfüllung wegen Unzulänglichkeit des Nachlasses ablehnen. Es ist nicht sinnvoll, daß bei dieser Sachlage überhaupt die Höhe des Anspruchs erst auf die Verhältnisse des Erben abgestellt wird. Es braucht auch nicht weitergeleistet zu werden, sobald der Wert des Nachlasses durch die Leistung des nach Maßgabe der Verhältnisse des Erben bemessenen Unterhalts erschöpft ist (§ 1990 in Verbindung mit §§ 1991, 1979).

Der Erbe muß sich die beschränkte Erbenhaftung in dem gegen ihn ergehenden Urteil vorbehalten haben (§ 780 ZPO.); liegt schon ein vollstreckbarer Titel gegen den Erblasser vor, und wird Vollstreckungsklausel gegen den Erben erteilt, durch Einwendungen nach § 732 ZPO. oder Klage nach §§ 767, 785 ZPO. Mehrere Erben haften als Gesamtschuldner, haben aber die Einrede beschränkter Haftung, solange sie den Nachlaß nicht geteilt haben (§§ 2058—2069 BGB.). Ist eine Testamentsvollstreckung angeordnet, kann der Anspruch sowohl gegen den Vollstrecker, als auch gegen den Erben geltend gemacht werden (§ 2213 BGB.); der Erbe kann auch in diesem Fall die beschränkte Erbenhaftung nur geltend machen, indem er Nachlaßpflegschaft oder Konkurs beantragt oder die Einrede der Unzulänglichkeit des Nachlasses erhebt (aber wie gibt er den Nachlaß in diesem Fall heraus?); befriedigt er den Unterhaltsanspruch, hat er einen Erstattungsanspruch gegen den Testamentsvollstrecker.

3. Die **Höhe** des dem Berechtigten vom Erben zu gewährenden Unterhalts bemißt sich nach den Lebensverhältnissen des Berechtigten (§ 58; wegen jener der Erben s. 4) bzw. nach Billigkeit (§ 61), wenn nicht ausnahmsweise nur der notdürftige Unterhalt (§ 65) zu gewähren ist. Der Verstorbene ist tot, aus seiner Leistungsfähigkeit können gegen die Höhe des Anspruches keine Einwendungen mehr erhoben werden; § 59 ist nicht mehr anwendbar. Daraus kann sich nach dem Tode des Verpflichteten eine Erhöhung des Anspruchs ergeben, auch wo er bisher nach Billigkeit (unter Berücksichtigung geringer Leistungsfähigkeit des Verpflichteten) gemäß §§ 59, 61 festgestellt war.

4. Dabei hat es aber nicht sein Bewenden. Der Erbe kann auch bei Zulänglichkeit des Nachlasses, also auch, wenn der Nachlaß durch Gewährung des Unterhalts in der angemessenen Höhe nicht erschöpft würde, eine Herabsetzung des Unterhalts in einem Umfang verlangen, welcher bei Be-

rücksichtigung der Verhältnisse des Erben und der Ertragsfähigkeit des Nachlasses der Billigkeit entspricht, und zwar durch Einwendung gegenüber dem gegen ihn erhobenen Anspruch, die aber, wenn gegen den Erblasser schon ein vollstreckbarer Titel vorlag, durch Klage gemäß §§ 767, 323 ZPO. geltend zu machen ist. Sind die Verhältnisse des Erben sehr günstig, wird es zu einer Herabsetzung nicht kommen, auch wenn der Nachlaß unzulänglich werden könnte. Die Interessen des Erben sind in diesem Fall schon durch die Vorschriften über die Herbeiführung einer beschränkten Erbenhaftung genügend geschützt. Umgekehrt steht aber auch die Zulänglichkeit des Nachlasses der Herabsetzung nicht im Wege, wenn die Verhältnisse des Erben ungünstig sind und die Herabsetzung billig erscheint.

Aber nicht nur die Verhältnisse des Erben sind in Betracht zu ziehen, sondern auch die Ertragsfähigkeit des Nachlasses, nicht bloß seine effektiven Erträgnisse. Ertragsfähig ist auch der unrentable Nachlaß, wenn nur die Möglichkeit besteht, ihn ertragsfähig zu machen, sei es auch durch Umsetzung ertraglosen Vermögens in ertragbringendes.

5. Von mehreren Erben kann jeder die Herabsetzung zufolge 4 nach Maßgabe seiner eigenen Verhältnisse fordern, sowohl von dem Berechtigten als auch im Innenverhältnis der Erben gegenüber dem Rückgriff eines Miterben gemäß 2058, 426 BGB. und zwar dergestalt, daß seine herabgesetzte Verpflichtung nicht etwa nur die obere Grenze des Rückgriffs, sondern die Grundlage des anteiligen Rückgriffs eines Miterben bildet, der etwa nach seinen Verhältnissen einen höheren Unterhalt schuldet. Nach der Teilung des Nachlasses haftet jeder Erbe unbeschränkt (§§ 2059, 2060 BGB.).

6. Eine Frist für das Verlangen der Herabsetzung besteht nicht.

7. Sind die geschiedenen Ehegatten beide als in gleichem Maße schuldig erklärt, so erlischt der Anspruch des Bedürftigen auf einen Beitrag zu seinem Unterhalt gemäß § 60 beim Tode des anderen Ehegatten, sofern nicht anderes vereinbart ist.

8. § 70 gilt nicht für einen Anspruch auf Grund einer **Vereinbarung**, die nicht nur die Höhe des gesetzlichen Anspruchs bedarf. Sie entscheidet darüber, ob die Unterhaltsverpflichtung auf die Erben übergeht, wie z. B., wenn ohne Vorbehalt eine Rente ausdrücklich auf Lebenszeit des Berechtigten vereinbart ist (vgl. Warn. 1935 Nr. 134). Dann hat der Erbe zwar die Einrede der beschränkten Erbenhaftung, aber nicht das Recht, Herabsetzung der Rente zu verlangen.

e) Beitrag zum Unterhalt der Kinder

§ 71

1. Hat[1] ein geschiedener Ehegatte einem gemeinschaftlichen Kinde[1] Unterhalt zu gewähren, so hat[3] ihm der andere aus den Einkünften seines Vermögens und den Erträgnissen seiner Erwerbstätigkeit[5]

einen angemessenen[4] Beitrag[2, 7] zu den Unterhaltskosten zu leisten, soweit diese nicht durch die Nutznießung am Kindesvermögen gedeckt werden[3].

Der Anspruch ist nicht übertragbar[9].

2. Steht dem beitragspflichtigen Ehegatten die Sorge für die Person des Kindes zu, so kann er den Beitrag zu eigener Verwendung für den Unterhalt des Kindes zurückbehalten[6].

1. Nach §§ 1601 ff. BGB. kann ein minderjähriges unverheiratetes **KIND** von seinen Eltern, auch wenn es Vermögen hat, Gewährung des standesmäßigen (§ 1610 BGB.) Unterhalts insoweit verlangen, als die Einkünfte seines Vermögens und der Ertrag seiner (effektiven) Arbeit zum Unterhalt nicht ausreichen (§ 1602 Abs. 2 BGB.). Ein minderjähriges verheiratetes Kind ist nach § 1608 BGB. in erster Linie von seinem Ehegatten zu unterhalten, im übrigen ist ein minderjähriges verheiratetes Kind und ein volljähriges Kind von seinen Eltern nur insoweit zu unterhalten, als es selbst dazu außerstande ist (§ 1602 Abs. 1 BGB.), also nicht, wenn es seinen Unterhalt durch geeignete, zumutbare Arbeit, zweckmäßige Vermögensanlage und -verwertung, aus dem Stamme des Vermögens oder durch Verfolgung bestehender Ansprüche decken könnte. Dasselbe gilt für ehelich erklärte und angenommene Kinder. Der Vater haftet vor der Mutter, es sei denn, daß der Mutter die Nutznießung am Vermögen des Kindes zusteht.

2. Ohne an dieser Regelung der Unterhaltspflicht gegenüber dem Kinde etwas zu ändern, **VERTEILT § 71 DIESE UNTERHALTSLAST** auf die beiden geschiedenen Eltern. Das Kind ist dadurch nicht gehindert, sich wegen seines vollen Unterhalts an den primär unterhaltspflichtigen Elternteil (regelmäßig den Vater) zu wenden, ohne daß dieser es hinsichtlich eines Teiles seines Unterhalts an die Mutter verweisen könnte, ebensowenig, die Mutter in Anspruch zu nehmen, wenn der Vater zur Erfüllung seiner Unterhaltspflicht nicht herangezogen werden kann, auch dann nicht, wenn der von ihm in Anspruch genommene Elternteil seiner Beitragspflicht gegenüber dem andern Elternteil schon genügt hat. Für das Kind gilt nur BGB.

3. **Im Verhältnis der Ehegatten** untereinander aber gilt § 71, also folgendes: **Der Ehegatte, welcher nach 1 dem Kinde gegenüber primäre haftet** (also regelmäßig der geschiedene Ehemann) **hat** ohne Rücksicht darauf, ob die Ehe auf Grund einer Eheverfehlung oder eines unverschuldeten Tatbestandes geschieden worden ist, ob einer und welcher der Ehegatten für schuldig erklärt worden ist und wem die Sorge für die Person zusteht, **von dem anderen einen Beitrag zu beanspruchen.** Die Vorschrift bedeutet eine Belastung der vermögenslosen, erst nach ihrer Scheidung erwerbstätigen Mutter, die bis dahin zum ehelichen Aufwand nicht beizutragen hatte und dem Kinde gegenüber erst nach dem Vater, praktisch überhaupt nicht unterhaltspflichtig war. Wenn das Kind nicht etwa bei dem Beitragspflichtigen wohnt und in seinem Haushalt unterhalten wird, ist der Beitrag in Geld zu leisten, in dem gedachten Fall durch Minderung der Geldleistung des dem Kinde gegenüber primär allein unterhaltspflichtigen Ehegatten.

Soweit der primär unterhaltspflichtige Gatte Kindesvermögen nutznießt, kommt für die Bemessung des Beitrags des anderen Ehegatten von vornherein nur der Teil des Unterhalts des Kindes in Betracht, welcher durch die tatsächlichen (nicht etwa nur erzielbaren) Einkünfte des Kindsvermögens nicht gedeckt ist.

4. Nur zu diesem, durch dem primär unterhaltspflichtigen Elternteil gebührende Einkünfte aus dem Kindsvermögen nicht gedeckten Teil des Unterhalts hat der andere Ehegatte einen **angemessenen** Beitrag zu leisten. Angemessen ist nicht gleichbedeutend mit nach Billigkeit, welche sich auch auf den Rechtsgrund der Beitragspflicht beziehen würde. Dieser steht vielmehr fest. Zu bemessen ist nur die Höhe des Beitrags. Da beide Elternteile dem Kinde gleich nahe stehen, und es auf die eheliche Schuld nicht ankommt, kann für die Angemessenheit neben dem angemessenen Bedarf nur die beiderseitige Leistungsfähigkeit bedeutungsvoll sein, wobei es nicht anders sein kann, als daß schon bei Bemessung des Beitrags seine obere Grenze nach 5 berücksichtigt wird. Die Möglichkeit eines Angriffs auf Vermögen des Beitragspflichtigen oder einer von ihm nicht ausgeübten Erwerbstätigkeit kommt also schon bei Bemessung des angemessenen Beitrags nicht in Betracht.

5. Die Beitragspflicht **ist begrenzt** durch die Einkünfte aus dem Vermögen des Beitragspflichtigen und die effektiven Erträge seiner Arbeit. Er braucht also den Stamm seines Vermögens nicht anzugreifen und er braucht auch nicht eine Arbeit zu leisten, nur um seiner Beitragspflicht gegenüber dem anderen Ehegatten zu genügen. (Beispiel: Der primär unterhaltspflichtige Vater hat kein Vermögen, aber ein Arbeitseinkommen von DM 5000, die Ehefrau aus [DM 100 000] Vermögen [etwa einem Haus] ein nach Abzug der Steuer verbleibendes Reineinkommen von DM 1500, das sie in voller Höhe selbst verbraucht, da sie nicht arbeitet. Fünf Kinder verursachen einen Aufwand von DM 4000. Der Vater erhält keinen Beitrag von der vermögenden Mutter, höchstens DM 250.) Freilich läßt der Wortlaut des Gesetzes die Auslegung zu, daß der Beitragspflichtige u. U. das ganze Vermögenseinkommen zum Beitrag verwenden müsse, ohne die eigene Lebsucht abziehen zu können, für diese vielmehr auf eigene zumutbare Arbeit zu verweisen sei, doch ist dies offenbar nicht die Absicht des Gesetzes. Anders gegenüber dem Kinde.

6. Wenn dem beitragspflichtigen Ehegatten die Sorge für die Person des Kindes zusteht, kann er den Beitrag unmittelbar für den Unterhalt des Kindes verwenden, ohne ihn erst an den Unterhaltspflichtigen abführen zu müssen, der dann eben weniger zu zahlen hat.

7. Um die eigene Beitragspflicht mindert sich natürlich der Rückgriffsanspruch des nur in zweiter Linie Unterhaltspflichtigen gegen den in erster Linie Pflichtigen, wenn ersterer den Unterhalt des Kindes bestritten hat.

8. Da es sich nur um eine Verteilung der gesetzlichen Unterhaltslast unter den geschiedenen Eltern, nicht um den Unterhaltsanspruch des Kindes selbst handelt, können die Eltern durch **Vereinbarung** die Unterhaltslast unter sich auch abweichend verteilen. Wenn das Kind volljährig ist und ausnahmsweise ihm gegenüber noch eine Unterhaltspflicht besteht, kann auch mit dem Kinde eine Verteilung der Unterhaltslast unter die Eltern mit befreiender Wirkung für jeden Elternteil getroffen werden.

9. Der Anspruch auf den Beitrag ist nicht übertragbar, also auch nicht pfändbar, auch nicht zugunsten des unterhaltsberechtigten Kindes.

f) Unterhaltsverträge

§ 72

Die Ehegatten können über die Unterhaltspflicht für die Zeit nach der Scheidung der Ehe Vereinbarungen treffen[1]. Ist eine Vereinbarung dieser Art vor Rechtskraft des Scheidungsurteils getroffen worden, so ist sie nicht schon deshalb nichtig[4], weil sie die Scheidung erleichtert oder ermöglicht hat[3]. Sie ist jedoch nichtig, wenn die Ehegatten im Zusammenhang mit der Vereinbarung einen nicht oder nicht mehr bestehenden Scheidungsgrund geltend gemacht hatten[3], oder wenn sich anderweitig aus dem Inhalt der Vereinbarung oder aus sonstigen Umständen des Falles ergibt, daß sie den guten Sitten widerspricht[2].

1. Da § 1616 BGB. Vereinbarungen über den Unterhaltsanspruch unter Verwandten, welche für die Zukunft gelten sollen, in dem Sinn beschränkt, daß ein Verzicht auf den Anspruch für die Zukunft unzulässig ist, könnte die Frage entstehen, ob gleiches oder ähnliches für den Unterhaltsanspruch unter geschiedenen Eheleuten zu gelten hat, und in welchem Umfang gegenüber §§ 58—71 **Vertragsfreiheit** besteht. Durch § 72 wird diese unbegrenzt anerkannt, soweit nicht ein konkretes Unterhaltsabkommen aus besonderen Gründen nach § 138 BGB. die guten Sitten verletzt, sowohl hinsichtlich der Begründung des Anspruchs als auch hinsichtlich des Verzichtes darauf.

Dies gilt für alle Unterhaltsabkommen, mögen sie vor oder nach der Scheidung geschlossen werden, mögen sie sich darauf beschränken, die Höhe des gesetzlichen Unterhalts festzulegen, oder den Unterhaltsanspruch auf eine eigene und ganz andere Grundlage stellen (z. B. abweichend von § 60 bei gleichem Verschulden volle Unterhaltspflicht des einen Gatten oder abweichend von § 67 den Weiterbestand des Unterhaltsanspruches oder sein bloßes Ruhen bis zur Auflösung der neuen Ehe für den Fall der Wiederverheiratung des Berechtigten oder anderes vorsehen) oder einen Verzicht des Berechtigten auf den Unterhalt mit oder ohne Kapitalabfindung bestimmen, sich auf die Verteilung der Last des Unterhalts der Kinder miterstrecken, mögen daneben auch andere familienrechtliche Gegenstände geregelt werden, wie etwa die Geltendmachung von Scheidungsansprüchen oder der Verzicht auf solche oder auf Rechtsmittel oder nach § 81 die Sorge für gemeinschaftliche Kinder und der Verkehr mit ihnen oder die Namensführung der Frau oder ein- oder beiderseitige Aufenthaltsbeschränkungen oder Punkte güterrechtlichen Inhalts wie etwa die Leistung einer Entschädigung des Mannes an die Frau für verbrauchtes eingebrachtes Gut oder die Auseinandersetzung einer Gütergemeinschaft.

Der gesetzliche Unterhaltsanspruch verliert nicht dadurch diesen Charakter (RG. 145 S. 305, 164 S. 68, 166 S. 381), daß seine Höhe nicht gerichtlich, sondern einvernehmlich ermittelt und vertraglich festgestellt wird, und bleibt, wenn nicht ausdrücklich abweichendes bestimmt ist, Einwendungen und Einreden aus den §§ 59, 65—70 trotz der vertraglichen Feststellung seiner Höhe ausgesetzt. Umgekehrt wird der auch seinem Bestande nach vertraglich geregelte Unterhaltsanspruch von Einwendungen und Einreden aus den gesetzlichen Bestimmungen im allgemeinen nicht, vielmehr nur betroffen, wenn der Wortlaut oder die Auslegung des Vertrages ergibt, daß dieser Einreden und Einwendungen aus den gesetzlichen Bestimmungen nicht ausschließen wollte, oder daß die Parteien einen Punkt nicht besonders regeln, sondern es bei der gesetzlichen Regelung belassen wollten.

Allen Unterhaltsverträgen der einen wie der anderen Art haftet, wenn nicht ausdrücklich so stillschweigend die — gegenüber einem schon bestehenden Titel nach § 323 ZPO. geltend zu machende — Bedingung nicht wesentlich veränderter Verhältnisse an (RG. 163 S. 95, S. 95, 164 S. 366 ff., 165 S. 31, München HRR. 41 Nr. 123, 926), wenn sich nicht aus dem Vertrag ausdrücklich oder durch Auslegung ergibt, daß diese Bedingung ausgeschlossen sein sollte. Ihre Anwendbarkeit setzt aber — vorbehaltlich ausdrücklich abweichender Vereinbarung — wesentliche Veränderungen voraus, welche die Geschäftsgrundlage erschüttern (RG. 164 S. 370). Nur vorübergehende Veränderungen, die auf weite Sicht getroffen sind, keinen Einfluß haben (a. a. O.), insbesondere entspricht es dem Grundgedanken des § 242 BGB., daß wer sich durch ein solches Abkommen von der Erhöhung der Unterhaltsrente in besseren Zeiten freigekauft hat, auch in gewissem Umfang schlechtere Zeiten mit in Kauf nehmen muß (a. a. O.). Als eine Veränderung der Verhältnisse ist auch eine Änderung der Gesetzgebung anzusehen, wenn sie in einem konkreten Fall wesentliche Wirkungen hat (RG. 166 S. 304/305 z. B. die Härteklausel des § 77. Selbst wenn die Klausel der nicht wesentlich veränderten Verhältnisse ausgeschlossen ist, kann es trotzdem sich als unzulässige Rechtsausübung darstellen, den Anspruch rücksichtslos zu verfolgen (RG. JW. 1935 S. 2619, 163 S. 96), wenn durch seine Erfüllung die eigene bescheidene Daseinsgrundlage des Verpflichteten zerstört würde. In einem solchen Falle kann sich aber nicht etwa auch ein Bürge darauf berufen, daß der Hauptverpflichtete nicht verpflichtet sei zu leisten (RG. 163 S. 97), weil seine Bürgschaft im Grunde hier eine Gewährleistung und gerade für den Fall der Leistungsunfähigkeit des Hauptverpflichteten übernommen ist. Auch bei Veränderung der Geschäftsgrundlage auf Seite des Berechtigten kann — selbst hinsichtlich eines Unterhaltsverzichts, aber bei erfüllter Kapitalabfindung nur ausnahmsweise (RG. 106, S. 396) — der vertragliche Ausschluß ihrer Berücksichtiguig unbeachtlich sein (OLG. Stuttg. HRE. 2, S. 187).

Ist die Frau minderjährig, so bedarf sie trotz ihrer Prozeßfähigkeit in Ehesachen gleichwohl zu einem Unterhaltsvertrag der Zustimmung des gesetzlichen Vertreters. Die Genehmigung des Vormundschaftsgerichts ist nur erforderlich, wenn mit dem Unterhaltsvertrag eine Vermögensauseinandersetzung verbunden ist, je nach deren Inhalt und Gegenstand.

Formbedürftig ist ein solcher Vertrag nur nach Maßgabe des § 761 BGB., wenn eine Leibrente im Sinne des § 759 BGB. versprochen wird, jedoch empfiehlt sich öffentliche Beurkundung, um das Abkommen vollstreckbar zu machen. Nach OLG. Köln HRE. 2 S. 207 kann aus einem vor dem Prozeßgericht noch nach Verkündung der Entscheidung und Rechtsmittelverzicht geschlossenen und vom Prozeßgericht beurkundeten Unterhalts- wie aus einem Prozeßvergleich vollstreckt werden.

2. Von jeher hat die Rechtsprechung die Frage der **RECHTSWIRKSAMKEIT ODER NICHTIGKEIT SOLCHER VEREINBARUNGEN** beschäftigt.

a) Maßgebend dafür ist § 138 BGB., wonach eine Vereinbarung nichtig ist, die nach Inhalt, Zweck oder Beweggrund dem Anstandsgefühl aller billig und gerecht Denkenden zuwiderläuft. Dies gilt, wie das Gesetz zum Überfluß besonders hervorhebt, natürlich auch für einen solchen Unterhaltsvertrag. Danach sind nichtig (vgl. hier insbesondere RG. 159 S. 157 ff.), insbesondere solche Unterhaltsverträge, durch welche der eine Teil aus der Scheidung ein „Geschäft" macht, indem er sich für die Erhebung der Scheidungsklage, seine Zustimmung zur Scheidung oder für seine Mitwirkung zu einer raschen Scheidung einer scheidungsreifen Ehe einen Unterhaltsanspruch einräumen oder abfinden läßt, der gesetzlich nicht oder bei weitem nicht in dieser Höhe begründet ist, oder umgekehrt sich von einem gegen ihn begründeten Anspruch allzu billig loskauft. Dies trifft nicht schon deshalb zu, weil der Scheidungsberechtigte sich zur Klageerhebung erst nach Sicherung seines Unterhalts entschlossen hat (a. a. O.). Nichtig nach allgemeinen Gesichtspunkten sind gem. § 138 BGB. ferner Abkommen, die ein grobes Mißverhältnis zwischen der Leistung bzw. der Verzichtleistung der einen Seite an bzw. auf Unterhalt und der Leistung der anderen Seite durch Aufgabe von Eherechten oder auch Scheidungsrechten (RG. HRR. 142 Nr. 688) vorsieht. Drohung oder Täuschung macht ein Abkommen anfechtbar.

Bedingt sich die Frau einen Unterhaltsanspruch auch für den Fall ihrer Wiederverheiratung aus, und verschweigt sie dabei ihre bereits bestehende Absicht und Aussicht, sich wieder zu verheiraten, so kann dies das Abkommen nichtig machen (RG. 159 S. 158 ff.).

Nichtig ist ein Unterhaltsvertrag, durch welchen die Frau den Mann bestimmt, einen Ehebruch zu begehen und ihr die Scheidung zu ermöglichen. Das Abkommen schließt Ansprüche der Frau nach der Scheidung nicht aus (s. auch 4).

Abgesehen von der Nichtigkeit des Abkommens in solchen Fällen kann auch ein Schadenersatzanspruch nach § 826 BGB. begründet sein z. B., wenn die Zustimmung zur Scheidung oder zu einem vor oder nach der Scheidung vereinbarten Unterhaltsverzicht mit dem von vornherein nicht ernstgemeinten Versprechen einer erneuten Eheschließung mit dem seitherigen Ehepartner nach angemessener Zeit erschlichen wurde. In solchem Falle kann je nachdem, ob das Versprechen vor oder nach der Scheidung gegeben war, der eheliche Unterhalt nach § 1360 BGB. oder der volle gesetzliche Unterhalt nach § 58 unter dem Gesichtspunkt des Schadenersatz verlangt werden. War das Versprechen ernstgemeint, wird es aber nicht gehalten, so handelt es sich um den Bruch eines Verlöbnisses, der nach § 1298 einen im wesentlichen gleichgerichteten Schadenersatzanspruch begründet.

3. b) Durch einen Unterhaltsvertrag wird der Punkt ausgeräumt, der erfahrungsgemäß den Scheidungskampf oft entscheidend verschärft. Es liegt daher in der Natur der Sache, daß ein **UNTERHALTSVERTRAG**, der schon **VOR DER SCHEIDUNG** vereinbart oder in Aussicht genommen ist, die Scheidung erleichtert oder beschleunigt. Gehen damit Vereinbarungen über das Scheidungsverfahren Hand in Hand, welche dieses abkürzen, und zum Ziele der Scheidung führen sollen, insbesondere über das Vorbringen oder Nichtvorbringen gegebener Scheidungsgründe, über den Verzicht auf Einlegung eines Rechtsmittels, „über Schuldübernahme" — die dem Grundsatz zu nahe tritt, daß eine Ehe nicht durch Vereinbarung, sondern nur auf Grund gesetzlicher, vom Scheidungsgericht zu prüfender Tatbestände auflöslich ist, — so tritt wieder die Frage auf, ob solche Vereinbarungen vor § 138 BGB. bestehen können.

Die Rechtsprechung vor 1938 verhielt sich gegenüber ihrer Anerkennung sehr zurückhaltend (zusammenfassend RG. 159 S. 157). Das scheidungsfreundliche EheG. von 1938 (§ 80) und ihm folgend § 72 unseres Gesetzes sprechen sich zugunsten des **Rechtsbestandes auch solcher Unterhaltsverträge** aus.

Danach scheiden zunächst aus der Erörterung alle Unterhaltsverträge völlig aus, welche erst nach der rechtskräftigen Scheidung geschlossen worden sind, mögen sie auch schon vor der Scheidung in Aussicht genommen gewesen sein, oder einen Vertrag bestätigen, welcher vor der Scheidung getroffen war, auch wenn letzterer nach dem Gesetz nicht rechtsgültig gewesen sein sollte. Zwischen einem solchen Vertrag nach rechtskräftiger Scheidung und der Scheidung besteht kein Zusammenhang mehr (RG. 163 S. 280 entgegen RG. 126 S. 323), auch wenn die Rechtskraft der Scheidung infolge eines Rechtsmittelverzichtes herbeigeführt ist, welche von dem vor der Scheidung getroffenen Abkommen vorgesehen war *Für die Beurteilung der Sittenwidrigkeit eines nach rechtskräftiger Scheidung geschlossenen Unterhaltsvertrages scheiden daher ehe- und eheverfahrensrechtliche Gesichtspunkte aus.*

Ist der Vertrag vor der Scheidung geschlossen, so ist er nicht um deswillen unsittlich, weil die Scheidung erst durch ihn ermöglicht oder erleichtert wurde, z. B. weil der scheidungsberechtigte Ehegatte (Frau) zur Klage oder die aus § 48 beklagte Frau zur Unterlassung eines beachtlichen Widerspruchs gegen die Scheidung erst bereit war, nachdem sie durch den Unterhaltsvertrag gesichert war.

Nur **wenn im Zusammenhang mit der Unterhaltsvereinbarung ein nicht oder nicht mehr bestehender Scheidungsgrund geltend gemacht wird, macht**

dies das Abkommen sittenwidrig und **nichtig.** Diese Geltendmachung eines nicht oder nicht mehr bestehenden Scheidungsgrundes braucht nicht in dem Abkommen vorgesehen zu sein, nicht „auf Grund des Abkommens" zu erfolgen, es genügt, daß sie „im Zusammenhang" mit ihm stattfindet. Ein nicht mehr bestehender Scheidungsgrund ist insbesondere auch ein verziehener (§ 49) oder durch Fristablauf verwirkter oder verjährter (§ 50). Unschädlich ist, wenn im Zusammenhang mit dem Abkommen ein Scheidungsgrund nicht geltend gemacht, auf einen Scheidungsgrund verzichtet wird, obwohl das Gericht dadurch ein völlig falsches Bild gewinnen und zu einem völlig falschen Schuldspruch gelangen kann, wie offenbar die Beeinflussung des Schuldspruches durch unterlassenes oder selbst unzutreffendes Vorbringen der Rechtsbeständigkeit des Abkommens keinen Abbruch tut. Jedoch kann Unterlassung eines Vorbringens, auch eines Scheidungsgrundes gleichbedeutend mit der Geltendmachung eines nicht bestehenden Scheidungsgrundes sein, dann nämlich, wenn sie eine Eheverfehlung als ehezerstörend erscheinen läßt, obwohl sie es im Hinblick auf den nicht vorgebrachten Tatbestand nicht war (§ 49), oder als Scheidungsgrund, obwohl sie es im Hinblick auf die nicht vorgebrachte Eheverfehlung des Klägers nach § 43 Abs. 1 Satz 2 nicht gewesen ist.

Sehr weit geht RG. 168 S. 269 (vom 31. 1. 1942). Nach dieser Entscheidung macht die Geltendmachung eines nicht oder nicht mehr bestehenden Scheidungsgrundes eine damit im Zusammenhang stehende Unterhaltsvereinbarung nur dann nichtig, wenn es an einem Scheidungsgrund überhaupt fehlt, dagegen nicht, wenn die Ehegatten die Scheidung einverständlich statt auf Grund eines in Wirklichkeit vorliegenden Scheidungsgrundes auf Grund eines vorgetäuschten herbeiführen, und macht es auch keinen Unterschied, ob die Scheidung von dem Teil betrieben wird, dem der vorhandene Scheidungsgrund, oder demjenigen, dem der erfundene Scheidungsgrund zur Seite steht. Hier wird über die Scheidungsreife der Ehe zunächst nicht in dem zum bloßen förmlichen Spiel herabgewürdigten Ehescheidungsverfahren, sondern von den Parteien selbst entschieden und kommt es erst nachträglich post festum im Unterhaltsstreit zur richterlichen Entscheidung, wenn die unterhaltspflichtige Partei oder jene, die den Unterhaltsanspruch aufgegeben hat, die richterliche Nachprüfung herbeiführt. Es muß dahingestellt bleiben, ob die Rechtsprechung an dieser bedenklichen Entscheidung festhalten wird. Aus einer etwas späteren Entscheidung desselben Senats (HRR. 1942 Nr. 751 vom 8. 7. 1942) ist nicht ersichtlich, ob sie mit jener übereinstimmt oder voraussetzt, daß in jedem Falle nur ein wirklich bestehender Scheidungsgrund vorgetragen wird.

Die vorstehenden Grundsätze gelten auch für Verträge, welche vor dem EheG. 1938 geschlossen worden sind (RG. 159 S. 157, 163 S. 93), dessen § 80 mit § 72 dieses Gesetzes übereinstimmt.

Die Nichtigkeit des Unterhaltsvertrags hat nicht zur Folge, daß bezüglich des Unterhalts die Rechtslage eintritt, die bestanden hätte, wenn ein dem wahren Scheidungstatbestand entsprechendes Urteil ergangen wäre. Vielmehr bleibt für den Unterhalt das ergangene Scheidungsurteil in Verbindung mit §§ 58ff. maßgebend.

g) Widerruf von Schenkungen

§ 73

1. [1] Ist ein Ehegatte für allein schuldig erklärt, so kann der andere Ehegatte[1] Schenkungen[4], die er[9] ihm während des Brautstandes oder während der Ehe gemacht hat, mit Ausnahme von solchen von unerheblichem Geld- oder Gefühlswert[3], widerrufen[2,5,6]. Die Vorschriften des § 531 des Bürgerlichen Gesetzbuches finden Anwendung[5,6].

2. Der Widerruf ist ausgeschlossen, wenn seit der Rechtskraft des Scheidungsurteils ein Jahr verstrichen ist oder wenn der Schenker oder der Beschenkte verstorben ist[7,8].

1. Der **WIDERRUF VON SCHENKUNGEN** ist **nach** §§ 530 ff. **BGB.** wegen groben Undanks, d. h. wegen schwerer Verfehlungen des Beschenkten gegen den Schenker oder einen nahen Angehörigen des Schenkers auch unter Ehegatten bei bestehender wie auch nach aufgelöster Ehe zulässig. Schwere Verfehlung ist hier nicht gleichbedeutend mit schwerer Eheverfehlung, wenngleich nicht leicht eine schwere Verfehlung gegen den Schenker während der Ehe vorstellbar ist, die nicht auch eine schwere Eheverfehlung wäre; aber insbesondere ist die Widerruflichkeit nach § 530 BGB. nicht davon abhängig, daß die Verfehlung die Ehe zerrüttet hat. Die Undankshandlung kann nach der Auflösung der Ehe auch von dem unschuldigen Teil gegenüber dem für schuldig erklärten begangen werden und letzteren zum Widerruf berechtigen. Von der Widerruflichkeit ausgeschlossen sind Schenkungen, durch die einer sittlichen Pflicht oder einer auf den Anstand zunehmenden Rücksicht entsprochen wurde (§ 534 BGB.). Danach scheiden die Geschenke zum Hochzeitstag oder zu Jahrestagen des Hochzeitstages, zu Weihnachten und zu Geburtstagen insoweit aus, als sie das Maß einer Aufmerksamkeit nicht übersteigen, welches den Verhältnissen, in denen die Parteien leben, und demjenigen entspricht, was in gleichen Verhältnissen lebende Ehegatten üblicherweise sich bei solchen Anlässen schenken. Unerheblich ist, gegen welchen Teil sich der Schuldausspruch bei der dem Widerruf nachfolgenden oder vorangegangenen Scheidung der Ehe richtet. Es gibt auch keine Kompensation der Schenkungen oder groben Undankshandlungen. Auch durch die Unterlassung des Widerrufs durch den einen Teil oder gar seine Verzeihung wird das Recht des Widerrufs des anderen Teils nicht ausgeschlossen. Aber das Recht des Widerrufs nach § 532 BGB. erlischt durch Verzeihung, durch den Tod des Beschenkten und durch Ablauf eines ungenutzten Jahres seit der dem Schenker gewordenen Kenntnis, daß die Voraussetzungen eingetreten sind, unter denen die Schenkung widerruflich wurde. Danach dürfte das Recht zum Widerruf einer Schenkung wegen eines während der Ehe geübten Verhaltens des beschenkten Gatten, das sich als grober Undank darstellt, in der Mehrzahl der Fälle in dem Zeitpunkt der Auflösung der Ehe untergegangen sein, wenngleich zu beachten ist, daß die bloße Unterlassung des Widerrufs sich noch nicht als Verzeihung darstellt.

2. Aber **nach EheG.** von 1946 wird in engem Anschluß an den früheren § 1584 BGB., den das EheG. von 1938 aufgehoben, dem Schenker ein **Recht des Widerrufs als Folge der Scheidung oder der Aufhebung der Ehe** (§ 37 s. dort) gewährt, wenn der andere Ehegatte für alleinschuldig erklärt worden ist, und zwar bezüglich aller Schenkungen, welche er diesem während des Brautstandes oder während der Ehe gemacht hat. Der Brautstand beginnt mit dem Verlöbnis, d. h. dem gegenseitigen ausdrücklichen oder stillschweigenden, aber endgültigen und unbedingt gegebenen Eheversprechen. Ein grober Undank wird nicht **vorausgesetzt**, vielmehr nur die **Scheidung und Alleinschuldigerklärung des Beschenkten**, nicht daß die Ehe auf Grund der Verfehlung geschieden worden ist, auf Grund deren der Beschenkte für schuldig erklärt wurde; insbesondere kann der unterlegene Beklagte, der im Fall der Scheidung nach § 48 oder wegen eines anderen unverschuldeten Tatbestandes oder im Falle der Aufhebung der Ehe die Schuldigerklärung des Klägers erreicht hat, die dem Kläger gemachten Schenkungen widerrufen. Vorausgesetzt wird aber, daß der Beschenkte für allein schuldig, es genügt nicht, daß er für überwiegend schuldig erklärt wurde. Der Schuldausspruch im Scheidungs-(Aufhebungs-)Urteil ist maßgebend, welches in dem Streit über die widerrufene Schenkung nicht nachgeprüft werden kann. Sonach ist bei „Übernahme der Schuld" nicht nur die Sorge für die Person der Kinder, das Recht der Namensführung und auf Unterhalt, sondern auch die Widerruflichkeit der Schenkungen im Auge zu behalten.

Unerheblich ist, ob die Eheverfehlung, auf welcher die Schuldigerklärung beruht, sich als grobe Undankhandlung darstellt, und folgerichtig desgleichen, ob der Widerruf unter dem Gesichtspunkt des groben Undanks schon ausgeschlossen war. Ist z. B. die Schuldigerklärung nach § 52 Abs. 3 erreicht worden, obwohl der Beklagte die Eheverfehlung des Klägers verziehen hatte, so besteht trotz § 532 BGB. das Recht des Widerrufs nach § 73.

3. Es ist auch unerheblich, ob die Schenkung einer sittlichen Pflicht oder einer auf den Anstand zu nehmenden Rücksicht entsprochen hatte. Vielmehr ist die Vorschrift gerade für derartige Schenkungen praktisch wichtig. **Ausgenommen** sind lediglich **Schenkungen von „unerheblichem Geld- oder Gefühlswert"**. Diese Ausnahmebestimmung ist leider mißglückt.

a) Ist ein absolut unerheblicher Geldwert gemeint oder ein relativer, nach den Vermögensverhältnissen der Parteien unerheblicher. Was ist ersteren Falles unerheblich? Es wird an einem relativ, nach den Vermögensverhältnissen des Schenkers unerheblichen Geldwert zu denken sein. Unwiderruflich ist sonach ein Geschenk, dessen Wert für den Schenkenden nach seinen Vermögensverhältnissen keine Rolle spielt.

b) Die Ausnahmebestimmung gibt aber noch ein anderes Rätsel auf. Bezieht sich das Wort „unerheblich" auch auf „Gefühlswert" oder ist gemeint, daß alle Schenkungen, die nur Gefühlswert haben, unwiderruflich sein sollen? Ersteres entspricht der grammatikalischen Wortstellung und gerade letzteres wäre auch für den Schenker in vielen Fällen überaus bitter. Man hat darum anzunehmen, daß auch Schenkungen von bloßem Gefühlswert widerruflich und nur solche von unerheblichem Gefühlswert unwiderruflich sind. Aber was ist ein unerheblicher Gefühlswert? Kommt es auf das Gefühl der breiten Massen oder des Schenkers an? Letzterer wird immer betonen, daß das Geschenk für ihn einen hohen Gefühlswert habe. Es wird also auf den Gefühlswert ankommen, den das Geschenk für den durchschnittlichen Menschen unter den besonderen Umständen des Falles hat. Wenn der Schenker (die Schenkerin) seiner Frau (ihrem Mann) das einzige Andenken überlassen hat, welches (sie) selbst nach seiner Mutter (ihrem Vater) besaß, so ist der Gefühlswert erheblich höher, als wenn sich solcher Andenken viele in seinem (ihrem) Besitz befinden.

c) Sind solche Geschenke ausgenommen, die entweder nur einen unerheblichen Geld- oder nur einen unerheblichen Gefühlswert besitzen — wie der grammatikalische Sinn der Gesetzesstelle ergibt, — oder solche, welche sowohl nur unerhebliche Geld-, als auch nur unerheblichen Gefühls- also weder erheblichen Geld-, noch erheblichen Gefühlswert haben? Rechtsteleologisch kann nur letzteres angenommen werden. Es muß also richtig heißen: von unerheblichem Geld- und unerheblichem Gefühlswert.

4. Für den Begriff der Schenkung auch im Sinn des § 72 ist § 516 BGB. maßgebend. Es ist dazu erforderlich und wesentlich: a) eine Zuwendung aus dem Vermögen des Schenkers, also eine Vermögensverminderung auf seiner Seite. Der Verzicht auf Gewinn zugunsten des anderen Ehegatten genügt also ebensowenig, wie die Leistung unentgeltlicher Dienste in seinem Gewerbe oder Hauswesen; b) eine Bereicherung des Beschenkten; der Wert des Geschenkes darf also nicht durch Auflagen über die Art der Verwendung aufgezehrt sein; c) die Unentgeltlichkeit der Zuwendung, also die Ungleichwertigkeit einer etwaigen Gegenleistung, endlich d) die übereinstimmende Absicht der Beteiligten, daß die Zuwendung unentgeltlich sein, ihre übereinstimmende Ansicht, daß eine etwaige Gegenleistung nicht gleichwertig sei.

Eine gemischte Schenkung liegt vor, wenn die Gegenleistung für den Schenkungsgegenstand nach übereinstimmender An- und Absicht beider Teile so bemessen ist, daß sie unter seinen wirklichen Wert zurückbleibt und bewußt der Überwert nicht abgegolten werden soll. In einem solchen Fall ist auch denkbar, daß die Schenkung in dem Erlaß der Gegenforderung für den Überwert besteht, wenn eine solche zunächst festgesetzt worden ist.

5. Der **Widerruf** ist eine einseitige, empfangsbedürftige, von dem Beschenkten formlos abzugebende, höchst persönliche Willenserklärung, die auch der beschränkt geschäftsfähige Ehegatte nur persönlich, die nicht auch sein gesetzlicher Vertreter abgeben kann, und zu welcher ersterer der Zustimmung des letzteren nicht bedarf (§ 107 BGB.). An Stelle des geschäftsunfähigen Ehegatten kann der gesetzliche Vertreter widerrufen, er bedarf nicht der Zustimmung des Vormundschaftsgerichtes.

6. Der Widerruf hat nicht zur **Folge,** daß das Eigentum an dem Schenkungsgegenstand automatisch wieder auf den Schenkenden zurückfällt (anders bei einem Widerruf auf Grund Widerrufsvorbehalts, wenn nach diesem der Widerruf als auflösende Bedingung der Schenkungsausführung aufzufassen war), sondern begründet eine Forderung auf Rückgewähr des Geschenkes in Natur evtl. in Geld (§ 818 Abs. 2 BGB.) nach den Vorschriften über die Herausgabe einer ungerechtfertigten Bereicherung. Handelt es sich um eine gemischte Schenkung (s. 4 a. E.), so führt der Widerruf nicht die Auflösung des ganzen Geschäfts herbei, begründet er vielmehr eine Forderung auf Herauszahlung des Überwerts, in dessen Zuwendung die Schenkung bestanden hatte (§ 818 Abs. 3 BGB., RG. 148 S. 236, 163 S. 260). Der Widerruf ist unwiderruflich. Die durch ihn entstandene Forderung kann nur durch einen Erlaßvertrag untergehen, wird ohne einen solchen im Fall des Widerrufs wegen groben Undanks (s. 1) auch nicht durch die nachträgliche Verzeihung des groben Undanks berührt. Die aus dem ausgeübten Widerrufsrecht hervorgegangene Herausgabeforderung ist, obschon das Widerrufsrecht selbst höchstpersönlich, unveräußerlich und unübertragbar ist, ihrerseits selbstverständlich vererblich und ab-
nach § 19 G. ü. rel. Kind.-Erz. auch das Recht ein, die religiöse Erziehung zu
tretbar.

7. Der Widerruf wird durch **Zeitablauf** ausgeschlossen, wenn ein Jahr seit der Rechtskraft des Scheidungsurteils verstrichen ist. Der Ablauf der Frist ist von Amts wegen zu beachten, da sie keine Verjährungs-, sondern eine Ausschlußfrist ist. Vom Ablauf der Frist an ist nur noch Widerruf wegen grober Undankshandlungen gemäß 1 denkbar, wenn sich solche noch nachträglich ereignen. Nach dem Tode des Beschenkten ist der Widerruf weder mehr wegen Scheidung, noch wegen groben Undanks möglich Abs. 2 und § 532 BGB.). Nach **dem Tode einer der Parteien** ist nur der Widerruf wegen groben Undanks noch zulässig, wenn der Beschenkte den Schenkenden widerrechtlich (also nicht etwa in Notwehr) getötet oder am Widerruf gehindert hat (§ 530 Abs. 2 BGB.).

8. Ein **Verzicht** auf den Widerruf wegen groben Undanks ist nach § 533 BGB. nicht im voraus, sondern erst zulässig, wenn der Undank dem Widerrufsberechtigten bekannt geworden ist. Diese Bestimmung wird auch auf den Widerruf wegen Scheidung in dem Sinn anzuwenden sein, daß er erst nach Kenntnis des Anspruchs des Schenkers auf die Schuldigerklärung des Beschenkten und nach Beginn der Ausführung der Scheidungsabsicht (wenn nicht gar erst nach der Scheidung) zulässig ist. Das letztere Widerrufsrecht kann also im Zusammenhang eines Unterhaltsvertrags aufgegeben werden; unter Umständen dürfte ein solcher dahin ausgelegt werden können, daß auf das Widerrufsrecht von seiten des Schenkers verzichtet wird. Dagegen kann auf das Widerrufsrecht wegen erst künftiger Undankshandlungen nach der Scheidung auch in einem solchen Vertrag nicht im voraus verzichtet werden.

9. Nicht widerruflich auf Grund des § 73 sind — eine empfindliche Gesetzeslücke — die mitunter erheblich wertvolleren Geschenke der Verschwägerten (Schwiegereltern an den für allein schuldig erklärten Schwiegersohn oder die für allein schuldig erklärte Schwiegertochter). Diese Geschenke sind nur nach § 530 BGB. widerruflich, also nur, wenn die Verfehlung unmittelbar oder mittelbar eine schwere Verfehlung des Beschenkten gegen den Schenker im Sinne dieser Bestimmung ist und die Schenkung innerhalb der einjährigen Frist des § 532, also wohl meist noch während der Ehe widerrufen und die Verfehlung von dem Schenker nicht vorher verziehen wird.

III. VERHÄLTNIS ZU DEN KINDERN

§ 74. Sorge für die Person des Kindes[1]

1. [1]Ist die Ehe geschieden[1], so bestimmt[6] das Vormundschaftsgericht[5, 6], falls[5] eine Einigung[5] der Ehegatten nicht zustande gekommen ist, welchem von ihnen[3, 4] die Sorge für die Person[1] des oder der gemeinschaftlichen[2] Kinder zustehen soll. Die Einigung der Ehegatten ist in einem schriftlichen[5] Vorschlag[5] binnen einer Frist von zwei Wochen nach Rechtskraft des Scheidungsurteils dem Vormundschaftsgericht zur Genehmigung vorzulegen[5].

2. Ist der Vorschlag innerhalb der in Abs. 1 bestimmten Frist nicht vorgelegt worden, oder findet er nicht die Billigung des Vormundschaftsgerichts, so hat[6] dasselbe diejenige[9] Regelung[6, 9] zu treffen, die dem wohlverstandenen Interesse[7, 8] des oder der[9] Kinder unter Berücksichtigung der gesamten Verhältnisse[7, 8] am besten entspricht. Es kann dabei auch mit den Kindern persönlich Fühlung nehmen.

3. Vor der Entscheidung sind die geschiedenen Ehegatten persönlich zu hören. Von der Anhörung soll nur abgesehen werden, wenn sie unmöglich ist.

4. Einem Ehegatten, der allein oder überwiegend für schuldig erklärt worden ist, soll die Sorge nur übertragen werden, wenn dies aus besonderen Gründen dem Wohl des oder der Kinder dient[8].

5. Das Vormundschaftsgericht kann die Sorge einem Pfleger übertragen, wenn dies aus besonderen Gründen für das Wohl des oder der Kinder erforderlich ist[8, 10].

6. Das Vormundschaftsgericht kann die Regelung jederzeit ändern, wenn es dies im Interesse des Wohles des oder der Kinder für angezeigt hält.

1. Die Auflösung der Ehe durch Scheidung (oder Aufhebung § 37 Abs. 2) zerschneidet das eheliche Band zwischen den Ehegatten. Aber es kann nicht anders sein, als daß davon, besonders wenn damit, wie gewöhnlich und regelmäßig, auch die häusliche Gemeinschaft beendet wird, welche die

Familie vereinte, auch das **VERHÄLTNIS DER GESCHIEDENEN EHEGATTEN ZU DEN GEMEINSCHAFTLICHEN KINDERN** betroffen wird. Haben doch bisher die Ehegatten die Sorge für die Person der Kinder, ihre Pflege, Beaufsichtigung und Erziehung gemeinsam getragen (§§ 1627, 1634 BGB.) und innerhalb der nun aufgehobenen häuslichen Gemeinschaft gemeinsam ausgeübt. Die Auflösung der Ehe bringt damit das Problem mit sich, welchem der beiden Gatten in Zukunft **RECHT UND PFLICHT ZUR SORGE FÜR DIE PERSON DES KINDES** obliegt.

Nicht selten tritt dieses Problem schon vor der Scheidung, **während des Scheidungsprozesses** auf. Dann kann das Gericht es durch e i n s t w e i l i g e A n o r d n u n g n a c h § 627 Z P O. regeln, freilich nur soweit die rein tatsächliche Personensorge ohne die gesetzliche Vertretung in persönlichen Angelegenheiten in Frage kommt, und nicht den persönlichen Verkehr zwischen dem Kind und dem nach der Anordnung nicht sorge-, aber nach § 75 verkehrsberechtigten Ehegatten, dessen Regelung auch in diesem Falle ausschließlich dem Vormundschaftsgericht gebührt (RG. HRR. 1929 Nr. 1646). Solche Anordnung des Prozeßgerichts bleibt auch nach der Rechtskraft des Urteils in Kraft (§ 627 a ZPO.), solange, bis das Vormundschaftsgericht nach Maßgabe des Nachstehenden Anordnungen getroffen hat. Dagegen ist nach der Rechtskraft des Scheidungsurteils das Prozeßgericht nicht mehr zuständig, eine Anordnung erst zu treffen. Solange das Scheidungsurteil noch nicht rechtskräftig ist, kann eine solche Anordnung des Prozeßgerichts durch Parteivereinbarung ohne Genehmigung des Vormundschaftsgerichts abgeändert oder außer Kraft gesetzt werden.

Was ist unter **Sorge für die Person** zu verstehen? Das BGB. ist von Juristen gemacht, die ein Herz von Papier hatten. Sie verstanden unter Sorge für die Person Recht und Pflicht, das Kind zu erziehen, zu beaufsichtigen und seinen Aufenthalt zu bestimmen, angemessene Zuchtmittel gegen das Kind evtl. mit Unterstützung des Vormundschaftsgerichts (!) anzuwenden (§ 1631 BGB.) und es in den die Person betreffenden Angelegenheiten zu vertreten (§ 1630), soweit für diese Angelegenheiten nicht ein Pfleger bestellt ist (§ 1628). Das Recht der Sorge für die Person schließt nach § 19 G. ü. rel. Kind.-Erz. auch das Recht ein, die religiöse Erziehung zu bestimmen, soweit diese nicht vertraglich festgelegt ist. Die Sorge für die Person umfaßt die gesamte von elterlicher Liebe getragene Fürsorge für das Glück des Kindes in der Kindheit und in der Zukunft, für seine seelische, geistige und körperliche Entwicklung und Entfaltung, die Pflege seiner Seele, seines Herzens, seines Charakters, seines Willens und Verstandes und seiner Talente, seiner Gesundheit und seiner Erscheinung, die Bildung seiner Weltanschauung, die Erweckung seiner Herzensbeziehungen zu Gott und den Menschen, den ihm zunächst und den ihm ferne stehenden, die Beeinflussung seiner künftigen Haltung zu den Personen des anderen Geschlechts. Es ergibt sich, daß die Sorge für die Person der wichtigere Teil der elterlichen Gewalt, wichtiger als die Sorge für das gegenwärtige Vermögen des Kindes und sein künftiges Erbe, eine beglückende elterliche Aufgabe ist. Um dieser Aufgabe gerecht werden zu können, ist dem Inhaber des Sorgerechts das Recht gegeben, die Herausgabe des Kindes von jedem zu verlangen, der es ihm widerrechtlich vorenthält (§ 1632 BGB.). Ist eine minderjährige Tochter verheiratet, so beschränkt sich das Sorgerecht auf die gesetzliche Vertretung in den persönlichen Angelegenheiten.

In gewissen **Fällen, in welchen** der Vater schon vor der Auflösung der Ehe die elterliche Gewalt oder die Sorge für die Person nicht mehr innegehabt oder ausgeübt hat, und diese mit Recht und Pflicht, für die Person des Kindes zu sorgen, auf Grund gesetzlicher Bestimmung schon vor der Eheauflösung auf die Mutter übergegangen ist oder nunmehr übergeht, ist **§ 74 unanwendbar.** Diese Fälle sind: a) wenn dem Vater die Sorge für die Person oder gar die elterliche Gewalt nach § 1666 BGB. vor der Auflösung der Ehe entzogen war, ist sie schon damals auf die Mutter kraft des Gesetzes übergegangen (KG. JFG. 14 S. 234); b) wenn der Vater die elterliche Gewalt nach § 1680 BGB. vor der Auflösung der Ehe verwirkt hat, erwirbt nunmehr die Mutter die elterliche Gewalt (§ 1684 Ziff. 2 BGB.); c) ruht die elterliche Gewalt des Vaters z. Z. der Scheidung nach §§ 1676, 1677 BGB., weil er geschäftsunfähig oder beschränkt geschäftsfähig ist oder für seine Person und sein Vermögen einen Pfleger erhalten hat oder nach vormundschaftsgerichtlicher Feststellung für längere Zeit an der Ausübung der elterlichen Gewalt tatsächlich — z. B. durch Abwesenheit, Kriegsgefangenschaft usw. — behindert ist, so übte die Mutter die Sorge für die Person der Kinder schon während der Ehe aus und kann die Mutter nunmehr nach Auflösung der Ehe durch Antrag beim Vormundschaftsgericht verlangen, daß dieses ihr die Ausübung der elterlichen Gewalt übertrage, wenn keine Aussicht besteht, daß der Grund des Ruhens wegfallen werde (§ 1685 BGB.). Dieser Fall ist also besonders bei Scheidung wegen Geisteskrankheit des Mannes gegeben. Im Falle b führt die Auflösung der Ehe infolge des Überganges der gesetzlichen Gewalt auf die Mutter die Beendigung der Vormundschaft über das Kind herbei. In allen Fällen a—c, in denen die Frage, wer bei Auflösung der Ehe für das Kind zu sorgen hat, schon kraft Gesetzes geregelt ist, ist § 74 unanwendbar (a. A. anscheinend KRR. 6 c zu § 81 von 1938 und — nicht ganz klar — 2 zu § 1865 BGB.). Er kann anwendbar werden im Falle a, wenn das Vormundschaftsgericht die Maßnahme nach § 1666 BGB. wieder aufhebt, durch welche es dem Vater die Sorge für die Person des Kindes entzogen hatte. Zu beachten ist, daß im Falle a theoretisch, aber wohl niemals praktisch, weil das Vormundschaftsgericht seine Maßnahmen auf alle Kinder erstrecken wird — und im Falle b — immer, wenn das Vormundschaftsgericht nicht Anlaß genommen hat, wegen der übrigen Kinder dem Vater das Sorgerecht nach § 1666 BGB. zu nehmen —, die gesetzliche Regelung des BGB. nur ein Kind betrifft, so daß § 74 auf die übrigen Kinder anzuwenden ist.

Solange weder nach § 627 ZPO. im Scheidungsstreit noch durch Vereinbarung noch durch das Vormundschaftsgericht das Sorgerecht der Mutter übertragen ist, bleibt es dem Vater.

2. § 74 gilt auch für Sorgerecht und -pflicht der geschiedenen Wahleltern für ein gemeinschaftlich an Kindes Statt angenommenes Kind. Denn ein solches hat nach § 1757 BGB. die rechtliche Stellung eines ehelichen Kindes (KG. HRR. 1942 Nr. 837). Ist es mit dem Wahlvater oder der Wahlmutter blutsverwandt (etwa auch durch uneheliche Blutsverwandtschaft), so ändert dies daran nichts, daß das Sorgerecht auf § 1757 BGB.

in Verbindung mit § 74 beruht und ausschließlich nach den hiernach maßgeblichen rechtlichen Gesichtspunkten zu beurteilen ist (KG. a. a. O.). Aber natürlich kann § 74 nicht in Frage kommen, wenn es sich um ein Wahlkind nur eines der beiden Gatten und nicht um ein gemeinschaftliches Wahlkind handelt, es sei denn, daß der eine Ehegatte das Kind des anderen Ehegatten aus dessen früherer Ehe oder der Ehemann ein uneheliches Kind der Ehefrau an Kindes Statt angenommen hatte (§ 1757 Abs. 2 BGB., in Verbindung mit § 1705 BGB.).

3. Innerhalb des nach Abs. 1 und 2 zu begrenzenden Anwendungsgebiets des § 74 hat das Vormundschaftsgericht **nur** die Wahl **zwischen den beiden Gatten.** Dies gilt trotz 9 auch nach § 74; denn nach Abs. 1 bestimmt das Vormundschaftsgericht, „welchem von ihnen" die Sorge für die Person zusteht. Fällt der eine von den beiden aus rechtlichen oder aus tatsächlichen Gesichtspunkten aus, so kommt nur die Übertragung des Sorgerechts und der Sorgepflicht auf den anderen Ehegatten in Betracht. Das Vormundschaftsgericht hat **nicht** die Wahl zwischen dieser Möglichkeit und der Möglichkeit nach Abs. 5 einen **Dritten** zu betrauen. Letzteres kommt nur ausnahmsweise in Betracht, wenn bei Berücksichtigung des geistigen, seelischen oder leiblichen Wohls des Kindes zwingende Gründe dafür vorliegen, weil gegen die Eignung auch des anderen Elternteils gewichtige und durchgreifende Bedenken bestehen (KG. JFG. 21 S. und HRR. 1942 Nr. 266). Es ist deshalb unrichtig, wenn OLG. Hamm HRE. 2 S. 191 ein subjektives Recht der geschiedenen Gatten, den Aufenthalt des Kindes zu bestimmen — sogar auf Grund der Entscheidung des Vormundschaftsgerichts — verneint; vgl. auch 3 zu § 75.

4. Denn wenn auch das EheG. das wohlverstandene Interesse des oder der Kinder — also in erster Linie das seelische Glück des Kindes, welches die sicherste Grundlage einer harmonischen seelichen Entfaltung ist, die Gewährleistung seiner Erziehung zu einem Vollmenschen von Charakter, Herz und Pflichtbewußtsein gegenüber sich, seinen Angehörigen und Mitmenschen und gegenüber seinem Volk, desgleichen seiner intellektuellen Entwicklung und Ausbildung, die Sicherung seines körperlichen Gedeihens — an die Spitze der Gesichtspunkte stellt, hinter welchen Wünsche und Empfindungen und das Recht der Eltern zurückzutreten haben, so ist es doch nicht so, daß die Eltern nicht innerhalb dieser Rangordnung ein Recht auf die Personensorge hätten, welches durch die Verwandschaft mit dem Kinde begründet ist und seinerseits auf Gesetz (§ 1626 BGB., § 74) beruht.

5. Soweit nicht ein Fall der Anm. 1 vorliegt, läßt Abs. 1 daher die Regelung des Sorgerechts durch Vertrag der geschiedenen Eltern zu. Solche Verträge kommen in Zusammenhang mit Unterhaltsverträgen vor, werden auch nicht selten in unmittelbarem Anschluß an die Verkündung des Scheidungsurteils zusammen mit dem Rechtsmittel- und Unterhaltsverzicht erklärt. Auch wo sie Bestandteil eines größeren Vertragskomplexes sind, ist die Selbständigkeit solcher Vereinbarungen in dem Sinn anzuerkennen, daß nach § 139 BGB. anzunehmen ist, daß sie auch ohne die anderen Vereinbarungen getroffen worden wären.

Leider läßt die durch die Bestimmung des Abs. 1 getroffene, an sich begrüßenswerte Neuerung des EheG. von 1946 an Klarheit zu wünschen übrig. a) Nach dem Eingang des Abs. 1 ist das Vormundschaftsgericht zur Regelung des Sorgerechts überhaupt nicht berufen, wenn die Eltern sich darüber geeinigt haben. Nach Satz 2 des Abs. 1 und Abs. 2 aber wird dieser „Einigung" nur der Wert eines dem Vormundschaftsgericht gemachten „Vorschlags" beigemessen und bedarf sie als solcher natürlich der „Billigung" oder „Genehmigung" (Abs. 2 bzw. Abs. 1 Satz 2) des Vormundschaftsgerichtes. Da kaum zu bezweifeln ist, daß Satz 2 des Abs. 1 zur näheren Ausdeutung des Satzes 1 zu dienen bestimmt ist, ist es also nur scheinbar, wenn Satz 1 die Regelung durch das Vormundschaftsgericht in die zweite und die Einigung der geschiedenen Eltern in die erste Linie stellt. Wenn Satz 2 das Einigungs-(Vorschlags-)Recht mit zwei Wochen nach Rechtskraft des Urteils befristet und einen schriftlichen (gemeinsamen) Vorschlag verlangt, so heißt das nicht, daß nach ungenutztem Ablauf der Frist das Bestimmungsrecht erst auf das Vormundschaftsgericht übergeht und bis dahin den Eltern zusteht, sondern nur, daß das Vormundschaftsgericht, ehe es seine im übrigen nach Empfang der Mitteilung der Scheidung durch das Scheidungsgericht von Amts wegen einzuleitenden Maßnahmen trifft, zunächst bis zum Ablauf der Frist von zwei Wochen abzuwarten hat, ob und was die Eltern ihm vorzuschlagen haben.

Da es diese aber nach Abs. 3 vor seiner Entscheidung sogar persönlich hören soll, und es selbstverständlich ist, daß diese in jedem Stande des Verfahrens einen gemeinsamen, für das Vormundschaftsgericht unverbindlichen Vorschlag machen können, so wäre der Inhalt des Abs. 1 für den Aufwand an Bestimmungen allzu dürftig, wenn der rechtzeitig gemachte gemeinschaftliche Vorschlag für das Gericht nicht wenigstens in dem Grade verbindlich wäre, daß es zwar nach pflichtmäßigem Ermessen unter Beachtung des wohlverstandenen Interesses des Kindes zu prüfen hat, ob dieses mit dem Vorschlag vereinbar ist, aber, wenn dies zu bejahen ist, der von den geschiedenen Eltern vereinbarten Regelung durch ihre Billigung beitreten soll. Es scheint sich dies auch aus der Fassung des Abs. 2 zu ergeben, durch den wiederum dem Vormundschaftsgericht die dem wohlverstandenen Interesse der Kinder am besten entsprechende Regelung nur für den Fall aufgegeben wird, daß ein gemeinschaftlicher Vorschlag der Eltern nicht gemacht oder von ihm nicht gebilligt wurde. (Wohl im wesentlichen ebenso, wenn anscheinend auch das Vormundschaftsgericht weniger bindend, Munzinger SJ. 29 Sp. 98.)

b) Danach dürften die Eltern sowohl die Übertragung des Sorgerechts auf einen von ihnen gewählten geeigneten Sorgepfleger unabhängig von den Voraussetzungen des Abs. 5 als auch die Übertragung des Sorgerechts auf den weniger geeigneten von ihnen beiden (wegen Abs. 4 siehe aber 8 a. E.) verbindlich für das Vormundschaftsgericht vereinbaren können, wenn nur das Interesse des Kindes dies nicht geradezu verbietet und gegen seine Eignung nicht wichtige Bedenken bestehen (a. A. Palandt 3 zu § 74.).

Der Vertragsfreiheit ist keine Schranke gesetzt. Die Vereinbarung kann in einzelnen Beziehungen regeln, wie auf Grund des Sorgerechts die Interessen des Kindes wahrzunehmen sind, z. B. seine religiöse Erziehung, seine Ausbildung, den Besuch einer bestimmten Schulart, etwa des humanistischen Gymnasiums, oder gar einer bestimmten Schulanstalt, seine Ausbildung zu einem bestimmten Beruf. Auch die Ausübung des tatsächlichen Sorgerechts durch einen Dritten, die Unterbringung des Kindes bei diesem, ja auch die Unterbringung bei dem Nichtsorgeberechtigten und die Ausübung des Sorgerechts durch letzteren, auch auf Zeit, insbesondere bis zum Abschluß eines bestimmten Lebensalter des Kindes, oder bis zum Eintritt bestimmter Umstände, z. B. der Möglichkeit auf seiten des Sorgeberechtigten, das Kind in den eigenen Haushalt aufzunehmen, oder von einer bestimmten Zeit oder einem bestimmten Ereignis an, z. B. der Wiederverheiratung des Berechtigten. Die Vereinbarung kann auch das Sorgerecht über die einzelnen Kinder, wenn mehrere vorhanden sind, unter beide Eltern verteilen. Natürlich müssen diese Maßnahmen, muß die Unterbringung und der Wechsel mit dem Interesse des Kindes, die — besonders grausame — Verteilung der Kinder mit ihrer aller Interessen vereinbar sein. Immer kommt als Gegenstand der Vereinbarung nur das Sorgerecht für die Person, nicht auch für das Vermögen in Frage.

c) Unklar ist, welchen Stand die auf Grund der Einigung der geschiedenen Eltern getroffene Regelung gegenüber späterer Abänderung behauptet. Liegt eine der Voraussetzungen des § 1666 BGB. vor, so kann das Sorgerecht dem Elternteil, dem es auf Grund der Einigung übertragen wurde, entzogen werden (vgl. KG. HRR. 1941 Nr. 764, dessen Erwägungen einerseits durch die Einengung der freien Stellung des Vormundschaftsgerichts durch den jetzigen Abs. 1 des § 74, andererseits durch die Erleichterung der Voraussetzungen des Abs. 5 überholt sind); es fragt sich aber, ob auch ohne Gefährdung des geistigen und leiblichen Wohls des Kindes durch Mißbrauch des Rechts, Vernachlässigung oder ehrloses oder unsittliches Verhalten eine Änderung auf Grund des Abs. 5 schon dann zulässig ist, wenn das Vormundschaftsgericht dies bloß für angezeigt im Interesse des oder der Kinder hält. U. E. ist die der Vereinbarung entsprechende Regelung solange unabänderlich, als sie mit dem Interesse des Kindes noch vereinbar ist. Eine Änderung durch neue Vereinbarung ist zulässig, bedarf aber gleichfalls der Genehmigung durch das Vormundschaftsgericht (siehe 11 a. E.).

d) Die Vereinbarung bedarf keiner Form. Die geschiedenen Eltern sind an die zustande gekommene Einigung gebunden, auch wenn sie formlos war, auch bevor der ihr entsprechende Vorschlag an das Vormundschaftsgericht gemacht ist, und einander verpflichtet, dazu mitzuwirken, daß dem Vormundschaftsgericht der der Einigung entsprechende Vorschlag schriftlich gemacht und nachgewiesen werden kann, daß er einer Einigung entspricht. Nur verfahrensrechtlich ist vorgeschrieben, daß der Vorschlag schriftlich gemacht wird. Es genügt, wenn er von einem der geschiedenen Elternteile gemacht wird, vorausgesetzt, daß dieser die dem Vorschlag entsprechende Einigung nachweisen kann, z. B., wenn diese schriftlich abgefaßt wurde und er ein Exemplar der schriftlichen Einigung besitzt.

e) Auch noch vor der Entscheidung des Gerichts kann deshalb kein Elternteil die einmal zustande gekommene Einigung widerrufen, oder den dem Gericht gemachten Vorschlag zurücknehmen. Die Mitteilung eines solchen Widerrufs oder eine von einem Ehegatten ausgehende Gegenvorstellung oder die Zurücknahme des Vorschlags ist für das Vormundschaftsgericht unbeachtlich, wenn ihm erkennbar ist, daß der ihm gemachte Vorschlag einer zustandegekommenen Einigung gemäß ist. Es hat auf einen solchen Widerruf oder eine solche Gegenvorstellung nur in dem Sinn zu hören, daß es prüft, ob Gesichtspunkte geltend gemacht werden, welche ergeben, daß die zustandegekommene Einigung unvereinbar mit dem Kindswohl ist.

f) Ein in der Geschäftsfähigkeit beschränkter Ehegatte, also insbesondere die etwa noch minderjährige Mutter, bedarf zu der Vereinbarung nicht der Zustimmung des gesetzlichen Vertreters.

g) Regelmäßig werden die Eltern im Zuge einer Einigung über das Scheidungsverfahren und im Zusammenhang mit dieser und einer vertragsmäßigen Regelung des Unterhalts auch über das Sorgerecht einig werden. Es kann der Einigung den Makel der Unsittlichkeit aufdrücken und sie nichtig machen, wenn das Sorgerecht, das in erster Linie um des Kindes willen verliehen ist, zum Gegenstand eines Handels gemacht wird. Die Tatsache allein, daß die Einigung die Scheidung erleichtert oder erst ermöglicht, welche häufig gerade durch den Kampf um die Kinder erschwert ist, macht die Einigung natürlich so wenig unsittlich wie einen Unterhaltsvertrag (s. 2 und 3 zu § 72). Wird dem Vormundschaftsgericht dargetan, daß die Einigung wegen Unsittlichkeit nichtig ist, so hat es nach Abs. 2—5 zu verfahren.

6. **Bestimmung des Vormundschaftsgerichts.** Wenn die geschiedenen Eltern nicht einig darüber werden, wem von ihnen die Sorge für die Person der Kinder zustehen soll, oder die vierzehntägige Vorschlagfrist versäumen oder wenn ihre Einigung nach pflichtmäßigem Ermessen des Vormundschaftsgerichts mit dem Wohl der Kinder nicht vereinbar, ihre Genehmigung also abzulehnen war, ist das Gericht berufen und verpflichtet, die Frage von Amts wegen zu regeln. Wie schon unter 3 erwähnt, hat das Vormundschaftsgericht die Wahl nur zwischen den beiden Elternteilen und wenn einer davon aus tatsächlichen oder rechtlichen Gründen ausfällt, eine Wahl überhaupt nicht; nur ausnahmsweise kann es nach Abs. 5 (s. 7) das Sorgerecht einem Pfleger übertragen.

7. Bei dieser Entscheidung hat das Vormundschaftsgericht das wohlverstandene Interesse des Kindes oder der Kinder zur einzigen Richtschnur zu nehmen ohne auf einen Kompromiß der Eltern bedacht zu sein.

Was ist das wohlverstandene Interesse des Kindes? (vgl. § 48 Abs. 3). Warum schärft das Gesetz dem Gericht, das ohnehin mit pflichtmäßig höchster richterlicher Sorgfalt bestrebt sein muß, das wahre Interesse des Kindes zu erkennen und festzustellen, noch besonders ein, daß es das „wohlverstandene" Interesse des Kindes sein müsse? Wenn es schon besorgt, daß die Gefahr besteht, das Gericht könne aus Mißverständnis statt des richtigen Interesses ein falsches Interesse des Kindes verfolgen, welches das Gesetz selbst nicht als sein wahres Interesse ansieht, warum beseitigt es die Möglichkeit dieses Mißverständnisses nicht, indem es offenbart, was es als das richtige Interesse des Kindes erachtet? Das wohlverstandene Interesse ist nichts anderes als das Wohl des Kindes. Der Vormundschaftsrichter wird darauf bedacht sein, dem unglücklichen, elternhauslosen Kind ein individuelles Heim zu gewinnen. Heimat-, Traditions-, Atmosphärelosigkeit härten nicht, sondern bilden leicht verführbare Charaktere. Nicht immer hat dies die nachstehende Rechtsprechung eingesehen. Gesichtspunkte von nur vorübergehender Geltung, die mit dem augenblicklichen Lebensalter des Kindes zusammenhängen, können nicht entscheiden. Auch nicht reine Gefühlsmomente, wie die mit der Trennung verbundene seelische Belastung des Kindes. Wohl aber kommt es in Betracht, wenn ein Elternteil überhaupt keine vertrauten Beziehungen zu dem Kinde hergestellt hat (KG. JW. 38 S. 74). Sind durch keine der beiden Lösungen die geistigen und körperlichen Interessen vollkommen zu wahren, so hat das Vormundschaftsgericht sich schlüssig zu machen, welchen es die größere Wichtigkeit beimißt und abzuwägen, in welchem Grad bei jeder Lösung das eine oder andere der Interessen des Kindes zu kurz kommt. Es wird diejenige Lösung treffen, bei welcher beide am wenigsten verkürzt werden und, werden bei der einen Lösung die geistigen, bei der anderen die körperlichen Interessen stärker gewahrt, von einer Lösung absehen, bei welcher das eine oder das andere Interesse ganz vernachlässigt wird, im übrigen aber wohl den geistigen Interessen die größere Bedeutung beimessen.

8. Im Vordergrund steht natürlich der Gesichtspunkt der **Eignung der Eltern.** Hierzu gehört ihre eigene Vorbildlichkeit und ihr erzieherisches Talent, der Einfluß von außen, unter welchem sie stehen (zweiter Ehegatte). Dem hält der Gesichtspunkt ihrer Liebe zu dem Kind die Waage. Aber es genügt nicht, daß ein Elternteil dem Kinde die erforderliche Pflege zuteil werden läßt und ihm zugetan ist, es muß auch die Gewähr dafür bestehen, daß es in geistiger und sittlicher Beziehung leiten kann (KG. KRR. 1942 Nr. 266). Auch die Berücksichtigung der körperlichen Beschaffenheit eines Elternteils (ansteckende Krankheit, Siechtum, Schwäche), seines Wohnorts (unter dem Gesichtspunkt der Schulgelegenheit) ist nicht ausgeschlossen.

Politische Überzeugungen sind bei der Prüfung einer Eignung auszuschalten. Mit Recht und sicher nicht nur aus Vergeßlichkeit hat der Gesetzgeber von 1946, so sehr die Umerziehung des deutschen Volkes Gegenstand seiner Sorge ist, davon abgesehen, die frühere Zugehörigkeit zur NSDAP. als Anzeichen geringerer Eignung zu werten. Es kommt auf das Verhalten als Mitglied und darauf an, wofür das Mitglied eingetreten ist und was es gebilligt hat. Ist es nur, wie so viele, auf die anfangs von einem später verratenen Idealismus triefenden Phrasen der nationalsozialistischen Propaganda hereingefallen, so spricht seine Mitgliedschaft nicht gegen seine Eignung. Ist aber zu erwarten, daß er seine Kinder im nationalsozialistischen Geiste erziehen wird, so liegt hierin ein Grund, ihn als ungeeignet zum Träger des Sorgerechts oder für dessen Ausübung anzusehen.

Minderjährigkeit der Mutter macht sie nicht ungeeignet (§ 1696 BGB.), es muß dann aber für die Vertretung in Personenangelegenheiten ein Pfleger bestellt werden (§ 1696 BGB.). Im übrigen kommt, wenn ein Ehegatte nur beschränkt geschäftsfähig oder geschäftsunfähig ist, nach 1 im Hinblick auf § 1685 eine Regelung durch das Vormundschaftsgericht überhaupt nicht in Frage.

Gegen einen Ehegatten, welcher im Scheidungsurteil als allein oder als überwiegend schuldig erklärt ist, mag die Ehe auch nicht auf Grund dieses Verschuldens geschieden worden sein, spricht nach Abs. 3 ein gesetzliches Vorurteil, daß er nicht in gleicher Weise wie der andere Elternteilt das Vertrauen verdiene, das die Übertragung des Sorgerechts voraussetzt. Einem solchen Ehegatten soll es nie übertragen werden, wenn nicht besondere Gründe vorliegen, welche dies als dem Wohl des Kindes dienlich erscheinen lassen. Diese gesetzliche Vermutung, das gesetzliche Mißtrauen, kann nicht widerlegt werden. Maßgebend und für das Vormundschaftsgericht bindend ist der Schuldausspruch des Scheidungsurteils auch dann, wenn er auf nachgewiesen unrichtigem oder unvollständigem Vorbringen im Scheidungsprozeß zufolge einer Vereinbarung darüber beruht (KG. HRR. 1941 Nr. 809 a. A. Beitzke FamR. S. 166) und es kann in diesem Zustandekommen des Schuldausspruchs nicht etwa ein „besonderer Grund" erblickt werden, aus welchem die Übertragung des Sorgerechts auf den für schuldig erklärten Elternteil dem Wohl des Kindes dienlich erscheinen könnte (KG. a. a. O.). Auch ein schwebendes Wiederaufnahmeverfahren gegen das Urteil ändert diese Rechtslage nicht (KG. HRR. 1942 Nr. 264). Die tatsächlich bessere Eignung des alleinschuldigen Elternteils ist kein „besonderer Grund"; ein besonderer Grund, auf Grund dessen es zum Wohl des Kindes dienlich sein könnte, dem für allein oder überwiegend schuldig erklärten Ehegatten das Sorgerecht zu übertragen, ist es nach KG. HRR. 1941 Nr. 122 auch nicht, wenn das Kind sich schon vor dem Scheidungsurteil bei diesem Elternteil befunden hat und durch das Herausreißen aus seiner bisherigen Umgebung schweren seelischen Erschütterungen ausgesetzt ist. Die Tatsache allein, daß das Kind bei dem alleinschuldigen Elternteil (z. B. der Mutter) besser untergebracht sein würde, ist nach KG. HRR. 1941 Nr. 800 auch kein „besonderer Grund" (in allen hier erwähnten Punkten wie das KG. auch OLG. Celle MDR. 47 S. 154, dagegen nicht im Einklang mit dem Gesetz aber verständig unter Berufung auf ständige eigene Rechtsprechung OLG. Hamm MDR. 48 S. 217, welches auch im Fall des Abs. 4 das Wohl des Kindes entscheiden läßt — das Kind befand sich bei der alleinschuldigen Mutter in guter Hut und Umgebung und sollte zu seinem Vater kommen, der eine neunzehnjährige Frau hatte; das hätte auch ein „besonderer" Grund sein können, vgl. nachstehend OLG. Tübingen), auch dann liegen solche besondere Gründe nicht vor, wenn der schuldlose oder minderschuldige Elternteil, dem das Sorgerecht übertragen werden soll, sich vor der Unmöglichkeit sieht, das Kind zu sich zu nehmen, und dadurch veranlaßt oder gar gezwungen ist, von seinem Sorgerecht und dem daraus folgenden Recht, den Aufenthalt des Kindes zu bestimmen, in der Weise Gebrauch zu machen, daß er es bei dem Schuldigen beläßt; ja diese Absicht kann ersteren trotz der erwähnten Unmöglichkeit geradezu als geeignet erscheinen lassen, wenn sonst gegen seine Eignung keine Bedenken bestehen und der schuldige Elternteil gut für das Kind sorgt (KG. HRR. 1941 Nr. 122). Ja der sorgeberechtigte Vater, der ein jugendliches Kind, für das die mütterliche Pflege und Obhut von besonderem Wert ist, nicht selbst zu sich nehmen kann oder will und deshalb damit umgeht, es anderweitig unterzubringen, darf hierbei die Mutter, auch wenn sie für alleinschuldig erklärt ist, nicht ohne weiteres ausschalten, sondern muß prüfen, ob das Kind bei der Mutter gefährdet ist, und darf sie verneinendenfalls im Interesse des Kindes nicht übergehen, weil das Kind regelmäßig bei einem der Eltern besser untergebracht ist, als bei einem Dritten (KG. a. a. O.). Dasselbe hat zu gelten, wenn der unschuldige Elternteil, beruflich außerhause tätig, tagsüber für Hut und Wartung der Kinder (durch einen Dritten) nicht sorgen kann, nicht, daß dies ein besonderer Grund sei, das Sorgerecht, den alleinschuldigen zu gewähren (so Haff, FamR. S. 08). Während also der für alleinschuldig erklärte Elternteil bei der Konkurrenz mit dem anderen Elternteil als der weniger geeignete ausscheidet, auch wenn er in Wahrheit der besser geeignete ist (wenn nicht außerdem noch besondere Gründe vorliegen, welche die Übertragung des Sorgerechts auf ihn als dem Wohl des Kindes dienlich erweisen), ist er doch geeignet dafür, daß ihm der andere Elternteil die Ausübung des Sorgerechts überläßt und das Kind bei ihm unterbringt, jedenfalls besser als ein Dritter. Es leuchtet nicht ein, warum unter diesen Umständen er überhaupt aus der Konkurrenz um das Sorgerecht erst ausscheiden muß. Aber weil das Kind regelmäßig bei einem Elternteil besser untergebracht ist, als bei einem Dritten, liegt es auch nicht so, daß der für alleinschuldig erklärte Elternteil als Inhaber des Sorgerechts auch dann nicht in Betracht kommen kann, wenn aus irgendeinem Grund der schuldlose Elternteil ausscheidet. Auch dann gilt vielmehr, daß die Übertragung des Sorgerechts auf einen Dritten (Sorgepfleger) nach Abs. 5 nur als äußerste Maßnahme zulässig ist, wenn sie aus besonderen Gründen für das Wohl des Kindes erforderlich ist. Die Tatsache allein, daß der noch in Betracht kommende Elternteil als alleinschuldig erklärt ist und deshalb regelmäßig mit dem Sorgerecht nicht betraut werden soll, wenn es dem anderen Elternteil übertragen werden kann, ist ein solcher besonderer Grund nicht. Es müssen außerdem gegen seine Eignung in diesem Fall gewichtige und durchgreifende Bedenken bestehen; der Schuldausspruch als solcher kann äußerstenfalls wie das Gesetz es will die Fiktion begründen, daß ein Ehegatte weniger als der andere, aber nicht auch, daß er überhaupt nicht geeignet sei, dem Kind als Erzieher und erzieherisches Vorbild zu dienen. Vielfach hat er mit dieser Eignung schon rein gar nichts zu tun (z. B. bei Scheidung, weil ein Ehegatte dem anderen die eheliche Pflicht verweigert), ist doch auch wenn beide Ehegatten gleichschuldig befunden worden sind, keiner von ihnen ungeeignet, obwohl das Verschulden eines jeden von ihnen größer sein kann, als in einem anderen Falle das Verschulden eines für alleinschuldig befundenen Gatten.

In ständiger Rechtsprechung hat das KG. (HRR. 1941 Nr. 809) anerkannt, daß ein besonderer Grund im Sinn des Abs. 4 dann gegeben ist, wenn hinsichtlich des anderen Elternteils begründete

Bedenken gegen seine Eignung als Erzieher oder Betreuer des Kindes bestehen, auch ohne daß diese geradezu eine unmittelbare Gefährdung des Kindes ergeben, andererseits bei dem für schuldig erklärten Elternteil eine völlig einwandfreie Betreuung des Kindes gewährleistet ist. Ein besonderer Grund, die Sorge dem überwiegend oder alleinschuldigen Elternteil anzuvertrauen, kann es sein, wenn die Gefahr besteht, daß das Kind von dem zweiten Ehegatten des andern Elternteils (Stiefmutter) hinter dessen eigenen Kindern zurückgesetzt wird (OLG. Tübingen DRZ. 48 S. 100, vgl. auch Hampe a. a. O.) oder der unschuldige oder minderschuldige Elternteil hat erkennen lassen, daß er an dem Kind nicht echt interessiert ist (ebenda).

Die Bedenken, die das Gesetz nach Abs. 4 gegen die Eignung des für allein oder überwiegend schuldig erklärten Elternteils hat, hat das Gericht auch bei der Frage zu berücksichtigen, ob es eine Vereinbarung der Eltern über die Personensorge gemäß Abs. 1 billigen will. Wenn also eine Partei des Ehestreites „die Schuld übernimmt", so gibt sie damit das Sorgerecht auf, auch wenn sie darüber mit der Gegenseite gleichzeitig eine Vereinbarung zu ihren Gunsten getroffen hat (ebenso OLG. Neustadt a./H. S. 748 Sp. 118).

9. Das Vormundschaftsgericht hat **diejenige Regelung** zu treffen, **welche** unter Berücksichtigung der gesamten Verhältnisse dem „wohlverstandenen" Interesse des oder der Kinder **am besten entspricht.** Daß es dabei die gesamten Verhältnisse zu berücksichtigen hat, ist ebenso selbstverständlich, wie daß das wohlverstandene Interesse des Kindes zu ermitteln und am besten zu wahren ist.

Sind mehrere Kinder vorhanden, ist für jedes einzelne von ihnen zu ermitteln, was seinem Interesse am besten entspricht. Es ist damit aber nicht gesagt, daß nicht eine einheitliche Lösung für alle Kinder getroffen werden kann, wenn das Interesse auch nur eines der Kinder eine solche fordert, mag darunter auch das eines anderen etwas zu leiden haben; z. B. das Interesse eines jüngeren Geschwisters erfordert, daß es von dem älteren nicht getrennt wird, in einem Augenblick, in dem es schon der Erschütterung ausgesetzt ist, von einem Elternteil getrennt zu werden, während für das ältere Geschwister ohne diesen Gesichtspunkt eine sein Interesse besser wahrende Lösung bei Trennung der Kinder denkbar wäre. Das EheG. von 1938 (§ 81 Abs. 2) schrieb als Regel vor, daß die Sorge für die Person aller Kinder dem gleichen Elternteil übertragen werden solle. § 74 hat diese Vorschrift nicht übernommen und läßt dem Vormundschaftsgericht auch in diesem Fall freie Hand, d. h. aber weder, daß es nicht in der Regel richtig ist, die Geschwister beisammen zu lassen, noch daß der gerechte Ausgleich zwischen den Eltern ein zulässiger Gesichtspunkt wäre. Maßgebend ist allein auch in diesem Fall das Wohl der Kinder.

Das Vormundschaftsgericht kann die Übertragung des Sorgerechts auch an eine auflösende oder unter gleichzeitiger Regelung der Zwischenzeit aufschiebende Bedingung knüpfen, sie auch zeitlich begrenzen, bei einer zeitlichen Begrenzung auch vorerst davon absehen, etwas für die spätere

Zeit zu bestimmen. Es hat aber im Auge zu behalten, daß der Wechsel als solcher dem Kinde nicht frommt.

Die Regelung ist vorbehaltlich Abs. 5 unter den Eltern zu treffen. Die Unterbringung bei Dritten, auch nahen Angehörigen, Großeltern, Geschwistern, Geschwistern der Eltern kann das Gericht nicht anordnen; denn das Recht der Herausgabe des Kindes zu verlangen ist ein Bestandteil des Sorgerechts und dieses kann das Vormundschaftsgericht nur unter den Eltern aufteilen (Abs. 1, s. 3); es müßten denn die Voraussetzungen nach § 1666 BGB. vorliegen und eine Anordnung nach § 1666 BGB. der Übertragung des Sorgerechts auf einen Pfleger nach Abs. 5 vorzuziehen sein.

Nicht zu übersehen ist der von § 81 EheG. 1938 erheblich abweichende Inhalt des § 74. Ersterer sprach nur von der Übertragung des Sorgerechts auf den einen oder anderen Ehegatten. Daraus wurde abgeleitet, daß das Vormundschaftsgericht es nur als unteilbares Ganzes auf den einen oder anderen übertragen könne. Es wurde außerdem die Frage aufgeworfen, ob das Gericht daneben Maßnahmen nach § 1666 BGB. treffen könne, welche sozusagen die Gefahren korrigierten, welche mit der Übertragung auf einen Ehegatten verbunden waren. Indem § 74 dem Vormundschaftsgericht aufträgt, diejenige Regelung zu treffen, welche dem Interesse des Kindes am besten entspricht, hat er es offensichtlich viel freier gestellt. Es ist nun kein Grund mehr ersichtlich, warum das Vormundschaftsgericht rechtlich gehindert sein soll, dem einen Elternteil die tatsächliche Personensorge, dem anderen die gesetzliche Vertretung in persönlichen Angelegenheiten anzuvertrauen — ein untrennbares Ganzes bilden diese Funktionen der Personensorge nicht (s. §§ 1632, 1796 BGB.) — oder dem einen das Sorgerecht zu übertragen, und gleichwohl die Unterbringung des Kindes auf Zeit oder für immer bei dem anderen anzuordnen. Noch weniger als nach § 81 EheG. 1938 (HRR. 1941 Nr. 122) braucht also die Tatsache, daß der eine Elternteil den ehelichen Haushalt fortführt oder vor dem anderen dazu gelangt, seine Lebenshaltung so zu gestalten, daß er das Kind bei sich aufnehmen kann, dazu führen, ihm das Sorgerecht zu übertragen.

10. Dabei ist es indessen geblieben, daß die **Übertragung des Sorgerechts auf einen Pfleger,** welche Abs. 5 zuläßt, **nur zulässig** sein soll, wenn dies aus **besonderen Gründen** für das Wohl des oder eines Kindes oder der Kinder erforderlich ist. Sie muß erforderlich, also nicht bloß ratsam oder zweckmäßig sein, und zwar aus besonderen Gründen (vgl. OLG. Tübingen DRG. 1948 S. 61 f). Eine Gefährdung des Kindeswohls ist jedoch nicht Voraussetzung der Übertragung des Sorgerechts auf einen Pfleger (KG. HRR. 1941 Nr. 121), es reicht nicht aus, daß nach den Feststellungen des Scheidungsurteils beide Eltern des Ehebruchs schuldig sind (Tüb. a. a. O.). Sonach kann und darf ein Sorgerechtspfleger nur dann bestellt werden, wenn bei Berücksichtigung des geistigen (seelischen) oder leiblichen Wohls des Kindes zwingende Gründe für eine solche Maßnahme vorliegen (KG. JFG. 21 S. 129). Es müssen also gegen die Eignung beider Elternteile zur Ausübung der Personensorge gewichtige und durchgreifende Bedenken bestehen. Es ist insbesondere zu prüfen, ob kein Elternteil das Kind selbst in Obhut und Erziehung nehmen kann oder will und ob die Eltern es dritten Personen (insbesondere nahen Verwandten) anvertrauen wollen und müssen. Solange wenigstens die von einem Elternteil für den Fall der Übertragung der Personensorge auf ihn in Aussicht genommene Unterbringung und Betreuung des Kindes mit dessen Wohl vereinbar ist, wird in der Regel diesem Elternteil die Personensorge übertragen werden können und die Bestellung eines Sorgerechtspflegers nicht in Frage kommen (KG. HRR. 1942 Nr. 226). Bei dieser Sachlage kann die Beschwerde eines Elternteils gegen die Bestellung eines Sorgerechtspflegers wohl auch dazu führen, daß die Sorge statt dem Pfleger dem anderen Elternteil übertragen wird (KG. a. a. O.). Wenn ein Elternteil für alleinschuldig erklärt, der andere ungeeignet ist, kommt trotz Abs. 4 die Übertragung des Sorgerechts auf ersteren vor der Bestellung eines Sorgepflegers in Betracht (s. 8). Nachdem das Gesetz von 1946 die Handlungsfreiheit des Vormundschaftsgerichts noch vergrößert hat (s. 9), dürfte das unabweisliche Bedürfnis nach Bestellung eines Sorgerechtspflegers bei Lebzeiten beider Eltern noch seltener auftreten. Auch nach dem Tode eines Elternteils bleibt Abs. 5 anwendbar, wenn ein besonderer Grund vorliegt, mag der bisher Sorgeberechtigte verstorben und das Sorgerecht auf den andern Elternteil übergegangen oder letzterer verschieden sein (richtig LG. Itzehoe MDR. 48 S. 220), auch wenn § 1666 BGB. mangels Voraussetzungen nicht anwendbar wäre.

Aus Abs. 2 ergibt sich, daß die Pflegschaft auf einzelne Beziehungen des Sorgerechts, z. B. den Aufenthalt zu bestimmen, beschränkt werden kann (LG. Itzehoe a. a. O.).

11. Die **Abänderung der vormundschaftsgerichtlichen Anordnung** sollte nach § 81 Abs. 5 1938 zwar jederzeit, aber gleichfalls nur zulässig sein, wenn das Wohl des Kindes es erforderte. KG. leitete daraus ab, daß die Sorgerechtszuteilung tunlichst eine endgültige Regelung darstellen soll.

§ 74 gewährt dem Gericht auch darin größte Freiheit. Es kann seine Regelung jederzeit ändern, nicht bloß, wenn dies im Interesse des Wohles des Kindes von ihm für erforderlich, sondern schon für angezeigt gehalten wird. Es ist also die Sorgerechtsregelung nicht endgültig, und es setzt ihre Änderung nicht einmal eine Änderung der Verhältnisse voraus. Es genügt schon, wenn der Vormundschaftsrichter seine Ansicht ändert, mag er dazu durch ihm nachträglich bekanntgewordene Umstände veranlaßt sein oder nicht. Bei dieser ihm durch § 74 gewährten Freiheit dürfte nach Anwendung des § 1666 BGB. neben dem § 74 (ursprünglich oder später) selten ein Bedürfnis auftreten; aber grundsätzlich ausgeschlossen ist seine Anwendbarkeit neben § 74, welche KG. HRR. 1941 Nr. 764 anerkannt hat, auch heute nicht.

Der wichtigste Anlaß zu einer nachträglichen Änderung der Sorgerechtsregelung ist natürlich Pflichtverletzung des Sorgeberechtigten. Man spricht daher richtiger von einer Sorgepflicht. Sie wird verletzt durch Lieblosigkeit, Mißhandlung, Vernachlässigung der Unterhaltspflicht, der Beaufsichtigung, Obhut, Pflege, Erziehung, Überlassung der Obhut, Beaufsichtigung und Erziehung an Dritte, sie seien denn anerkannte

Pädagogen oder nahe Angehörige — dabei darf der Sorgepflichtige den anderen Elternteil ohne triftigen Grund nicht übergehen (s. oben) —, aber auch dadurch, daß dem Kind nicht Achtung und Liebe zum anderen Elternteil anerzogen oder daß es gar gegen diesen verhetzt wird. Es kommt dann nicht einmal darauf an, ob die vor dem Kinde erhobenen Vorwürfe gegen den anderen Elternteil wahrhaftig und berechtigt sind; das Wohl des Kindes erfordert, daß es in Liebe und Achtung gegen beide Elternteile erzogen wird (KG. HRR. 41 Nr. 123).

Auch Wiederverheiratung des Sorgeberechtigten kann Anlaß zu einer Änderung der getroffenen Regelung sein.

Weniger frei dürfte das Vormundschaftsgericht gestellt sein, wenn es sich um die nachträgliche Abänderung einer durch vormundschaftgerichtlich genehmigten Vertrag der Eltern getroffenen Regelung handelt (s. 5c a. E.).

Das Vormundschaftsgericht wird immer im Auge haben, daß der Wechsel des Sorgerechts als solcher für das Kind fast immer nachteilig sein wird, und daß es daher durch besondere Erwägung gerechtfertigt sein muß, diesen Nachteil in Kauf zu nehmen.

12. Nur das Personen- (einschl. dem Recht zur Vertretung in persönlichen Angelegenheiten und dem Recht, die religiöse Erziehung zu bestimmen), nicht auch das Vermögens-Sorgerecht wird von der Scheidung der Ehe betroffen und ist nach 1—11 zu regeln. **Das Vermögenssorgerecht verbleibt regelmäßig dem Vater.** Es richtet sich ausschließlich nach den Bestimmungen des BGB. Steht dem Vater das Vermögens- und der Mutter das Personensorgerecht zu, und betrifft eine Angelegenheit sowohl die Person als auch das Vermögen, so hat bei Meinungsverschiedenheiten das Vormundschaftsgericht zu entscheiden (vgl. § 1629 BGB.).

13. Die **Regelung** des Personensorgerechts nach Maßgabe des § 74, sei es durch elterlichen Vertrag, sei es durch das Vormundschaftsgericht, ist **rechtsgestaltend.** Die mit dem **Sorgerecht** dem betrauten Elternteil verliehene Rechtsstellung ist **quasi dinglich,** welche zwar nach Maßgabe von 11 ihm entzogen oder beeinträchtigt werden kann, aber vorbehaltlich einer besonderen Bestimmung des Gerichts über Unterbringung und Betreuung gegenüber jedermann, auch gegenüber dem anderen Elternteil besteht und nach §§ 1632, 1004, 823 Abs. 1 BGB. geschützt ist. Der nicht sorgeberechtigte Elternteil kann sich einer strafrechtlich verfolgbaren Kindesentführung schuldig machen. Die Entscheidung des Vormundschaftsgerichts ist vollstreckbar (A. 4 VO. vom 5. 8. 35 RGBl.. 1065). Daß deshalb eine Klage des ihr entsprechend Sorgeberechtigten gegen den anderen Elternteil auf Herausgabe des Kindes mangels Rechtsschutzbedürfnisses unzulässig sein soll (OLG. Hamm HRE. 2 S. 191) halten wir schon deshalb nicht für richtig, weil Vereinbarungen über die Ausübung des Sorgerechts möglich sind und getroffen worden sein können; s. auch 3 zu § 75.

14. Das Sorgerecht **endet,** wenn der Sorgeberechtigte stirbt. Es erwirbt dann kraft Gesetzes der andere Elternteil das Sorgerecht, ohne daß dem Vormundschaftsgericht Gelegenheit gegeben wäre, eine andere Regelung zu treffen, auch wenn er der für allein schuldig erklärte Teil war, es sei denn, daß die besonderen Voraussetzungen des § 1666 BGB. vorliegen.

Anzunehmen ist, daß der Sorgeberechtigte das Sorgerecht unter den Voraussetzungen verliert, unter denen nach § 1688 die elterliche Gewalt verwirkt wird. Auch dann erwirbt der andere Elternteil das Sorgerecht kraft Gesetzes (arg. § 1684 Ziff. 2 BGB.) und kann der Vormundschaftsrichter nur nach § 1666 BGB. einschreiten (anscheinend a. A. HRR. 7d zu § 82 1938).

Ebenso ist anzunehmen, daß das Sorgerecht unter den Voraussetzungen **ruht,** unter denen nach § 1676, 1677 die elterliche Gewalt ruht. Doch führt die **bloß tatsächliche Behinderung des Sorgeberechtigten** und ein Ruhen des Sorgerechts nicht automatisch den Übergang des Sorgerechts auf den anderen Ehegatten herbei (arg. 1685 Abs. 2 BGB.). Das Vormundschaftsgericht hat nach § 74 (Abs. 5 und 6) einzuschreiten.

Eine **Wiederverheiratung des Sorgeberechtigten** beendet das Sorgerecht nicht, es sei denn, daß das Vormundschaftsgericht sie zum Anlaß nimmt, die getroffene Regelung gemäß 11 zu ändern. Die Mutter verliert indessen durch ihre Wiederverheiratung das Recht, das Kind in persönlichen Angelegenheiten zu vertreten (§ 1697 BGB.). Dieses fällt dann ohne weiteres an den Vater. Doch kann unter den Voraussetzungen des Abs. 5 ein Pfleger bestellt werden. Als solcher kann ein Dritter, aber auch die Mutter selbst bestellt werden, wenn sie nicht etwa noch minderjährig ist. Diese Folge der Wiederverheiratung kann nicht vertraglich ausgeschlossen werden.

Ein **Verzicht** auf das Sorgerecht (Sorgepflicht!) ist ausgeschlossen und unwirksam, kann aber eine schwere Pflichtverletzung darstellen, welche das Gericht veranlaßt, nach Abs. 6 einzuschreiten.

15. Für das **Verfahren** gelten die Vorschriften des FGG. Das Vormundschaftsgericht hat, wenn bei ihm kein Vorschlag der geschiedenen Eltern innerhalb der Frist gemäß 5 eingegangen ist, das Sorgerecht von Amts wegen zu regeln und von Amts wegen die Grundlagen der von ihm zu treffenden Entscheidung zu ermitteln (§ 12 FGG.). Es kann dabei mit den Kindern persönlich Fühlung nehmen (Abs. 2 Satz 2) und hat in jedem Fall, nicht bloß bei der ersten Entscheidung (OLG. Kiel JR. 48 S. 161), außer wenn dies unmöglich — nicht schon bloß untunlich! — ist, die geschiedenen Eltern zu hören (Abs. 3). Dieser Vorschrift dürfte nur genügt sein, wenn die Eltern vor Gericht, ev. ein ersuchtes (OLG. Neustadt DRZ. 48 S. 252 und S. 49 Sp. 118), aber nicht den beauftragten Richter (OLG. Neustadt a.a.O.) persönlich geladen werden und erscheinen. Ausnahmsweise wird das Vormundschaftsgericht sich mit einer schriftlichen Äußerung eines Elternteils oder beider begnügen müssen. Verstoß gegen die Vorschrift ist ein Verfahrensmangel, der die weitere Beschwerde begründet (OLG. Gera, RegBl. Thür. 47 II S. 323, HRE. Bd. 1 S. 168). § 1673 BGB. braucht nicht angewandt zu werden, da es sich nicht um eine Entziehung des Sorgerechts handelt. Wohl aber ist das Jugendamt nach § 43 JugendwohlfahrtsG. zu hören (ebenso Neustadt a.a.O.). Gegen die Entscheidung des Vormundschaftsgerichts ist Beschwerde nach § 57 Abs. 1, Nr. 9, 20, 59 FGG. zulässig, natürlich auch, wenn es einer von den Eltern getroffenen Vereinbarung die Zustimmung versagt.

Ein Pfleger für das Kind braucht nicht bestellt zu werden.

Auch die Zwangsvollstreckung der vormundschaftsgerichtlichen Anordnung richtet sich nach § 33 FGG. Ordnungsstrafe und Zwangswegnahme des Kindes setzt aber schuldhaften Ungehorsam voraus (OLG. Tübingen DRZ. 48 S. 100).

§ 75. Persönlicher Verkehr mit den Kindern[1]

1. Der Ehegatte[15], dem die Sorge für die Person eines gemeinschaftlichen Kindes[4] nicht[16] zusteht, behält[2] die Befugnis[2,3,4,5,6,9], mit ihm persönlich[5] zu verkehren[5,6,7,8].

2. Das Vormundschaftsgericht[14] kann[9] den Verkehr[7,6,17] näher regeln[9,10,11,12,13], es kann ihn für eine bestimmte Zeit oder dauernd ausschließen[10], wenn dies aus besonderen Gründen dem Wohl des Kindes dient[10,11].

1. Aus dem Personensorgerecht, das richtiger eine Sorgepflicht ist, ergibt sich die **Aufgabe des Sorgeberechtigten,** *dafür zu sorgen, daß die persönlichen* **BEZIEHUNGEN DES KINDES ZU SEINEM ANDEREN ELTERNTEIL,** *seinen Geschwistern und* seinen Verwandten aus der Linie des anderen Elternteils, insbesondere zu seinen *Großeltern nicht abbrechen,* sondern weiter unterhalten werden und sich weiter entwickeln. Von den Beziehungen zu einem Wahlelternteil gilt dasselbe (KG. HRR. 1942 Nr. 857). Dies kann nicht anders geschehen, als durch die Aufrechterhaltung eines persönlichen und brieflichen Verkehrs, verbunden mit den üblichen Aufmerksamkeiten zu besonderen Gelegenheiten, wie Glückwunschschreiben zu Neujahr und zu Geburtstagen, mit Übersendung von Lichtbildern usw. In ständiger Rechtsprechung hat das KG. anerkannt, daß es *Pflicht des Sorgeberechtigten* ist, *daß er das Kind zur Liebe zu dem anderen Elternteil erzieht,* auch wenn dieser nur Wahlelternteil ist (JFG. 21 S. 197, HRR. 1942 Nr. 837). Dazu gehört auch die Pflege des persönlichen Umgangs. *Bei alledem handelt es sich aber um eine Pflicht nur dem Kinde gegenüber,* die der sorgeberechtigte Elternteil nach eigenem pflichtmäßigem Ermessen zu erfüllen hat, deren Vernachlässigung ein Einschreiten des Vormundschaftsgerichtes auf Anregung der Verwandten herbeiführen kann; ein Recht des anderen Elternteils und der Verwandten des Kindes ergibt sich aus dieser Pflicht des Sorgeberechtigten nicht.

2. **Jedoch gibt § 75 außerdem dem Nichtsorgeberechtigten** (nur diesem) ein **RECHT DES PERSÖNLICHEN VERKEHRS** (Umgang) **mit dem Kinde,** der inhaltlich und dem Umfange nach durch das oberste Richtschnur bleibende Interesse des Kindes (s. Abs. 2 S. 2) ohne Rücksicht auf Schuld oder Mitschuld oder Nichtschuld des Sorge- und des Nichtsorgeberechtigten begrenzt ist. *Dieses sogenannte Verkehrsrecht* ist deshalb *unabhängig von der elterlichen Gewalt,* und *ihrer Verwirkung* (so früher auch RJA. 11 S. 254, 258, 17 S. 14) und *ihrem Ruhen* und *dem Sorgerecht für die Person.* Diese *richtige Auffassung* war

ursprünglich allgemein (außer a. a. O. KG. JW. 11 S. 13, RJA. 15 S. 94, HRR. 29 Nr. 110). Eine gekünstelte jüngere Auffassung (RG. 152 S. 242, JFG. 15 S. 291, 16 S. 180, JW. 38 S. 1334 und 2212, vgl. aber auch KG. HRR. 42 Nr. 837) will aber darin ein zusammengeschrumpftes Überbleibsel des Personensorgerechts sehen, was hauptsächlich mit dem vom Gesetzestext gebrauchten Wort („behält") begründet wird. Diese Begründung ist aber nicht zwingend, denn daraus geht nicht hervor, daß dieses Recht nicht auch früher neben dem und unabhängig vom Personensorgerecht bestand, mag auch das Gesetz es für notwendig befunden haben, besonders auszusprechen, daß es durch den Verlust des Personenrechts nicht verloren geht, und zudem führt diese Auffassung zu Ergebnissen, die auch nach dem positiven Recht offenbar unrichtig sind. Denn es würde sich daraus ergeben, daß ein Geisteskranker, dessen elterliche Gewalt und damit Sorgerecht nach § 1676 BGB. ruht, vom persönlichen Verkehr mit dem Kinde ausgeschlossen wäre, während § 75 sich auf jeden Fall der Scheidung, auch aus §§ 44, 45 bezieht (so auch KRR. 4 Abs. 1 gegen Ende des § 82, 1938). Vor allem aber führt diese Auffassung notwendig dazu, daß im Rahmen des übriggebliebenen Sorgerechts eine Sorgepflicht, also auch eine Pflicht des nichtsorgeberechtigten Elternteils zu persönlichem Verkehr und Umgang mit dem Kinde besteht, zu deren Erfüllung er vom Vormundschaftsgericht im Interesse des Kindes anzuhalten wäre. Davon ist jedoch keine Rede.

3. Das **Recht richtet sich gegen jeden,** in dessen tatsächlicher Gewalt das Kind sich befindet und zwar unmittelbar. Es besteht auch gegenüber dem Sorgeberechtigten, dessen Sorgerecht es einschränkt (RG. 141 S. 319). Es ist absolutes Recht im Sinne der §§ 823, 1004 BGB. Es ist unabhängig davon, ob das Kind bei dem sorgeberechtigten Elternteil oder einem Dritten untergebracht ist. Es ist vor dem Prozeßgericht geltend zu machen, soweit es sich nicht um die nähere Regelung handelt, wofür das Gericht der freiwilligen Gerichtsbarkeit (Vormundschaftsgericht) nach Abs. 2 ausschließlich zuständig ist. Das Recht weicht dem Sorgerecht, wenn es mit diesem in einen unlösbaren Widerstreit gerät (RG. 131 S. 319, — was weiter dagegen spricht, daß es selbst Restbestandteil eines Sorgerechts ist). Wenn z. B. der Sorgeberechtigte nach dem Ausland zieht und das Kind mitnimmt, so wäre, wenn der Verkehrsberechtigte wegen seines dadurch illusorisch werdenden Verkehrsrechts den Sorgeberechtigten daran hindern wollte, das Kind mitzunehmen, dies ein Fall, in welchem er das Prozeßgericht anzurufen, aber damit keinen Erfolg hätte (RG. a. a. O.).

Das Recht ist höchstpersönlich und kann nicht durch einem Dritten ausgeübt werden. Der am persönlichen Verkehr tatsächlich gehinderte Verkehrsberechtigte kann also nicht etwa seinen Ehegatten oder Großmutter oder Großvater beauftragen, an seiner Statt das Kind zu besuchen, um so durch eine Person des eigenen Vertrauens trotz der eigenen Behinderung sichere Nachricht über das Gedeihen und die Entwicklung des Kindes zu empfangen, wie eben auch eine solche Person selbst auf 1 angewiesen ist.

Das Verkehrsrecht ist dem Verkehrsberechtigten um seinetwillen gegeben, wenn es auch im Interesse des Kindes seine Grenze findet; das Gesetz sagt nicht, daß das Kind das Recht des Verkehrs mit dem Nichtsorgeberechtigten behält und schreibt nicht vor, daß dieser Verkehr aufrechtzuerhalten sei, was gegeben gewesen wäre, wenn es dem nicht sorgeberechtigten Elternteil das Recht des Verkehrs nicht um seinetwillen hätte geben wollen. Das Kindesinteresse selbst, welches das Recht begrenzt, an dem Verkehr ist nach 1 zu wahren.

4. Das Verkehrsrecht hat auch ein Wahl(Adoptiv-)elternteil auch dann, wenn er mit dem Kinde nicht blutsverwandt ist (KG. 1942 Nr. 837), also auch im Fall des § 1757 Abs. 2 2. Alternative BGB. Auch dem Wahlelternteil ist das Verkehrsrecht gegeben mit Rücksicht auf das durch die Annahme an Kindes Statt hergestellte menschlich natürliche Band (KG. a. a. O.).

5. Die **Ausübung des Verkehrsrechts** ist zwar gegenüber jedermann statthaft, aber doch im Verhältnis zum Sorgeberechtigten nicht einseitig, dergestalt, daß der Verkehrsberechtigte, ohne sich ins Einvernehmen mit dem Sorgeberechtigten darüber gesetzt zu haben, sich unmittelbar mit dem Kinde verabreden oder hinter dem Rücken des Sorgeberechtigten treffen oder — wenn überhaupt der Briefverkehr zum Verkehrsrecht gehört (s. darüber 7) — im geheimen (etwa postlagernd) oder durch Vermittlung eines Dritten mit ihm korrespondieren könnte. Daß eine so weitgehende Einschränkung des Sorgerechts nicht gemeint ist, ergibt Abs. 2.

6. Gewährt wird dem Sorgeberechtigten nur ein Recht des Verkehrs. Was unter **„Verkehr"** zu verstehen ist, wird nicht gesagt. Aber es ist doch nicht zweifelhaft, daß die persönliche Fühlung mit dem Kind nicht zur Ingerenz in die Sorge für das Kind und in seine Erziehung, besonders nicht in einem den Absichten des Sorgeberechtigten entgegengesetzten Sinn ausgenutzt werden darf. Natürlich ist es nicht unzulässig, wenn der Verkehrsberechtigte gelegentlich innerhalb dieser Grenze anläßlich erlaubter Zusammenkünfte sein eigenes Kind durch Ermahnungen oder Kundgebung von Ansichten, sei es auch seiner Weltanschauung zum Guten zu beeinflussen sucht oder ihm Ratschläge für das Leben oder in einem konkreten Fall erteilt, immer vorausgesetzt, daß er sicher ist, daß der Sorgeberechtigte die Richtung der Beeinflussung oder des Rates billigt. Eigentlich geht dies über den „Verkehr" hinaus, aber die bloße Gewährung des Ansehens des Kindes und seines Wesens, der Anhörung seiner Rede, soviel dies bedeutet, der Erlaubnis, ihm Märchen zu erzählen oder Begebenheiten der Geschichte nahezubringen, kann auch nicht den Inhalt des Verkehrsrechts erschöpfen (vgl. 7).

7. Gewährt wird die Befugnis **persönlichen** Verkehrs. Unter „persönlich" ist jedenfalls „unmittelbar" zu verstehen, aber es fragt sich, wie weit im übrigen der Sinn des Wortes „persönlich" geht, ob der briefliche Verkehr, die Übersendung von Lichtbildern des Verkehrsberechtigten oder von Geschenken darunter fällt oder nicht und auf eine Zulassung durch den Sorgeberechtigten nach 1 angewiesen ist. Das Wort „persönlich" ist überflüssig, wenn man es in diesem weiteren Sinn versteht, denn es wäre dann auch

bloß mit den Worten „zu verkehren" dasselbe gesagt. Es ist auch in Betracht zu ziehen, daß durch brieflichen Verkehr, besonders wenn er sich der Kontrolle durch den Sorgeberechtigten, die der Verkehrsberechtigte natürlich immer zu dulden hat, etwa dadurch entzieht, daß das Kind bei einem Dritten untergebracht ist, ein viel nachhaltigerer Einfluß auf das Kind genommen werden kann als durch Zusammenkünfte. Es wurde denn auch dem Verkehrsberechtigten der Anspruch auf brieflichen Verkehr, auf Übersendung von Schulzeugnissen, von Lichtbildern des Kindes, außer in Ausnahmefällen, aberkannt (JFG. 12 S. 89, KGJ. 34 S. 23, KG. JW. 1935 S. 1879, BayOLG. 33 S. 245, Stuttgart Recht 1914 Nr. 2636). Diese Meinung dürfte indessen zu engherzig sein und trotz der Modifikation ihrer Auswirkungen nach 1 eine unbegründete Härte gegen den Nichtsorgeberechtigten in den Fällen sein, in welchen aus seiner Person keine Bedenken gegen den Verkehr herzuleiten sind und ein Interesse des Kindes, welches das Recht begrenzt, nicht im Wege steht. Das KG. hat in einem nicht eben eindeutigen Beschluß (HRR. 1942 Nr. 105) diese Meinung eingeschränkt und ein Recht brieflichen Verkehrs dann, aber nur dann angenommen, wenn und soweit dieser erforderlich ist, um neben dem Verkehr von Angesicht zu Angesicht den Verkehrszweck vollständig zu erreichen, der sich darin erschöpfe, auf diese Weise die durch Blutsverwandtschaft begründeten Beziehungen aufrechtzuerhalten und einer Entfremdung vorzubeugen. Ist ein ausreichender mündlicher Verkehr möglich und dem Kind zuträglich, so bestehe nur auf ihn Anspruch. Die weitere Begründung ergibt, daß das Kammergericht zu diesem Ergebnis vor allem unter dem Gesichtspunkt gelangt ist, daß ein Bedürfnis besteht, auch den brieflichen Verkehr dem Abs. 2, d. h. der Regelung durch das Vormundschaftsgericht zu unterwerfen und den Verkehrsberechtigten durch Ordnungsstrafen zwingen zu können, den brieflichen Verkehr zu unterlassen, wenn dies im Interesse des Kindes liegt. Scheidet man den brieflichen Verkehr aus dem Begriff des persönlichen Verkehrs aus, so kann zwar nach 1 der Nichtsorgeberechtigte das Vormundschaftsgericht anrufen, wenn der Sorgeberechtigte den Verkehr nicht gestattet, letzterer ist aber auf die umständlichere Unterlassungsklage angewiesen, wenn der Nichtsorgeberechtigte sich um sein Verbot des brieflichen Verkehrs nicht kümmert.

8. Das Personensorgerecht bringt es mit sich, daß der Sorgeberechtigte und -pflichtige allen und jeden Verkehr des Kindes zu bestimmen und zu überwachen hat. Das Verkehrsrecht des Nichtsorgeberechtigten hebt diese Verpflichtung nicht auf; steht also in gewissem Sinn mit ihm in Widerstreit. In diesem Widerstreit hat das Verkehrsrecht dem Sorgerecht zu weichen (s. 3 und 4). Es ergibt sich, daß der Verkehrsberechtigte sich mit dem Verlangen an den Sorgeberechtigten wenden muß, ihm den Verkehr mit dem Kinde zu gestatten.

Es ist also ein Einigungsversuch zu machen. Diese **Einigung** kann sich auf viele Punkte beziehen: Zunächst auf Zeitpunkt, Häufigkeit und Dauer des Zusammenseins, ob es im Hause des Verkehrs- oder Sorgeberechtigten oder an einem dritten Ort stattzufinden hat. Insbesondere ob das Kind einen Teil seiner Ferien bei dem verkehrsberechtigten Elternteil zubringen soll, ob die Zusammenkünfte ohne Anwesenheit eines Dritten, insbesondere des

Sorgeberechtigten, was sich im Regelfall schon durch das gespannte Verhältnis der geschiedenen Gatten verbietet, oder ohne solche stattfinden soll, ob das Kind dem Verkehrsberechtigten zuzuführen oder von ihm abzuholen ist. Da das Verkehrsrecht nur dem Verkehrsberechtigten persönlich zusteht, und er es nicht durch einen Dritten ausüben kann (s. 3), kann er nicht verlangen, einen Dritten, etwa seinen neuen Ehegatten, zu den Zusammenkünften mit dem Kind mitnehmen zu dürfen (München a. a. O.). Wegen der Geschwister des Kindes s. 1. Der Verkehrsberechtigte kann nicht verlangen, daß das Kind Weihnachten oder Silvester oder Ostern oder Pfingsten bei ihm verbringe. An diesen Festen gehört das Kind in das Haus des Sorgeberechtigten (München JW. 1939 S. 289).

Eine Einigung kann, wenn sie zustandegekommen ist, nicht einseitig widerrufen werden, sofern nicht etwa der Widerruf vom Interesse des Kindes gefordert wird. Das Gericht kann die Vereinbarung — auch von Amts wegen — abändern (s. 9), dann verliert sie ihre Wirksamkeit (RG. JW. 1925 S. 2115).

Die durch die Ausübung des Verkehrsrechts entstehenden Kosten hat der Verkehrsberechtigte zu tragen.

Ein Widerstreben des Kindes ist kein Grund, den verlangten Verkehr abzuschlagen, vielmehr ist es Pflicht des Sorgeberechtigten, das Kind zu beeinflussen, daß es seinen Widerstand aufgibt. Dies gilt auch dann, wenn es vor dem Verkehrsberechtigten Angst hat. In solchen Fällen ist natürlich die Anwesenheit eines Dritten bei den Zusammenkünften besonders angezeigt, um dem Kind die Angst zu nehmen (s. auch 10 a. E.).

9. Wenn eine Einigung nicht zustandekommt, auf Antrag oder von Amts wegen, aber auch, wenn es eine ihm bekanntgewordene Einigung unter dem Gesichtspunkt des Kindeswohls nicht billigt, kann, d. h. muß das Vormundschaftsgericht den Verkehr regeln. Es ist dazu ausschließlich also unter Ausschluß einer Zuständigkeit des Prozeßgerichts zuständig. Die „nähere" **Regelung durch das Vormundschaftsgericht** betrifft Umfang, Art, Ort und Zeit des Verkehrs, alle die unter 8 erwähnten Punkte. Die Regelung darf das geistige und leibliche Wohl des Kindes nicht beeinträchtigen (Schulbesuch s. KGG. GFG. 37 S. 183). Ungünstigen Einflüssen des Verkehrsberechtigten muß nach Möglichkeit vorgebeugt werden. Mit dieser Maßgabe ist das menschliche Interesse beider Elternteile, aber auch die Interessen des Sorgeberechtigten daran, daß ihm die Erfüllung seiner Sorgepflicht nicht erschwert werde (KGJ. 48 S. 6, JW. 1930 S. 1009) zu wahren (vgl. auch KG. HRR. 1935 Nr. 351, auch München JW. 1939 S. 289).

Es kann dem Sorgeberechtigten aufgegeben werden, das Kind zu einer bestimmten Zeit zur Abholung bereitzuhalten (München JFG. 14 S. 434) und dem Verkehrsberechtigten zuzuführen (München HRR. 1937 Nr. 636).

Ist ein schädlicher Einfluß des Verkehrsberechtigten auf das Kind oder sonst ein Mißbrauch der Zusammenkünfte von ihm zu besorgen, ist anzuordnen, daß diese nur in Anwesenheit eines Dritten stattzufinden haben, und auf dessen Auswahl größte Sorgfalt aufzuwenden (München JFF. 15 S. 253). Doch dürfen die getroffenen Kautelen die Ausübung des Verkehrsrechts nicht praktisch ausschließen, wenn nicht die Voraussetzung des Abs. 2 vorliegt. Wird ein Verkehrspfleger bestellt, so können ihm unwesentliche Einzelheiten zur Regelung überlassen werden (KGJ. 51 S. 33). Die Ausführung der vom Vormundschaftsgericht getroffenen Anordnungen kann auch dem Jugendamt übertragen werden (§ 43 Abs. 1 JWG. 1922). Das Maß der ehelichen Schuld bildet ebensowenig einen Gesichtspunkt, wie die Erfüllung der Unterhaltspflicht; der Verkehrsberechtigte ist nicht durch Beschränkung seines Rechts zu bestrafen (vgl. auch KGG. RJA. 12 S. 3).

10. Das **Vormundschaftsgericht** kann nicht bloß den **Verkehr** „näher" regeln, sondern **auch** ganz **ausschließen,** für eine bestimmte Zeit oder für immer. Es kann in einem solchen Fall, je nach dem Grund, der es zu diesem Ausschluß bestimmt hat, einen brieflichen Verkehr gestatten und diesen nach Art, Umfang und Kontrolle näher regeln. Läßt sich aber die nachteilige Folge, welche das Vormundschaftsgericht von dem persönlichen Verkehr besorgt, auf andere Weise vermeiden und ausschließen, so sind entsprechende andere Maßnahmen zu treffen, die diesen Erfolg gewährleisten, ohne daß zu dem äußersten Mittel der Ausschließung des Verkehrs gegriffen wird (München JW. 1939 S. 289).

Voraussetzung ist, daß die Ausschließung dem Wohl des Kindes dient, nicht daß sie davon geradezu gefordert wird. Es erweist sich hier, daß das Verkehrsrecht seine Grenze in dem Wohl des Kindes findet. Anlaß zu dem Ausschluß kann sein: ansteckende Krankheit des Verkehrsberechtigten, auch sein deprimierender Einfluß, erst recht ein ungünstiger erzieherischer Einfluß auf das Kind, aber auch ein illoyales Verhalten gegenüber dem Sorgeberechtigten (KG. DR. 1939 S. 289). Das Widerstreben des Kindes bildet im allgemeinen keinen ausreichenden Anlaß (s. 8); ist es aber erwachsen und hat es vernünftige Gründe, den Verkehr abzulehnen, so ist dem Rechnung zu tragen (KG. JW. 1938 S. 1334).

11. Das Vormundschaftsgericht kann seine Anordnungen abändern, wenn das Wohl des Kindes dies angezeigt erscheinen läßt (§ 74 Abs. 6); s. auch 14.

12. Das Vormundschaftsgericht kann durch Ordnungsstrafen erzwingen, daß seine Anordnungen befolgt werden (§ 35 FGB.), nicht aber es dem Gerichtsvollzieher überlassen, welche Maßnahmen er treffen will, um den Zwang durchzuführen (KGJ. 37 S. 18, 51 S. 51).

13. Gegen die Anordnungen des Vormundschaftsgerichts ist einfache Beschwerde zulässig (BayOLG. 22 S. 280).

14. Die örtliche Zuständigkeit des Vormundschaftsgerichts richtet sich nach dem jeweiligen Wohnsitz des Kindes (§ 11 BGB., §§ 36, 43 FGG.). Wenn sich der Wohnsitz des Kindes ändert, kann auch das durch diese Wohnsitzveränderung neu zuständige Gericht die von dem früher zuständigen Gericht getroffenen Anordnungen nur unter der Voraussetzung von 11 ändern (JW. 29 S. 1752, a. M. RJA. 16 S. 157).

15. § 75 gilt auch für Kinder aus nichtig erklärten und aufgehobenen Ehen, § 25, Abs. 2, 37).

16. § 75 ist **auch anwendbar:** a) wenn keiner der geschiedenen Gatten sorgeberechtigt ist, weil nach § 74 Abs. 4 ein Sorgerechtspfleger bestellt ist; b) wenn das Kind nicht bei dem sorgeberechtigten Ehegatten, sondern einem Dritten sich befindet (was aber an dem Bestimmungsrecht des Sorgeberechtigten nichts ändert), c) wenn es sich bei dem Nichtsorgeberechtigten befindet. Insbesondere gilt auch dann Abs. 2, wenn der Sorgeberechtigte das Kind nicht überhaupt zu sich nehmen kann; nur wird für Satz 2 kein Grund zur Anwendung gegeben sein und keine Einschränkung des Verkehrsrechts unter dem Gesichtspunkt des Kindeswohls und der Eignung des Sorgeberechtigten veranlaßt sein.

Auch während der Ehe ist § 75 zugunsten eines Elternteils anzuwenden, der aus gerechtfertigtem Grunde von dem Elternteil getrennt lebt, dem die elterliche Gewalt zusteht. Leben die Eltern in Scheidung, so hat auf Anordnung das Streitgericht nach § 627 ZPO. grundsätzlich alle Maßnahmen zu treffen, welche das Sorgerecht für die Person des Kindes betreffen, während die Regelung des persönlichen Verkehrs zwischen dem Kind und dem nichtsorgeberechtigten Elternteil auch in diesem Fall nur dem Vormundschaftsgericht gebührt (HRR. 1929 Nr. 1646).

17. Gegenüber Dritten gilt Abs. 2 nicht. Der Verkehrsberechtigte ist auf die Klage aus §§ 823 Abs. 1, 1007, 826 BGB. angewiesen (vgl. RG. HRR. 29 Nr. 164).

F. RECHT ZUM GETRENNTLEBEN NACH VERLUST DES SCHEIDUNGSRECHTS

§ 76

Zum Absatz 2 des § 1353 des Bürgerlichen Gesetzbuches wird folgender Satz hinzugefügt:

„Ist das Scheidungsrecht durch Verzeihung oder Fristablauf verlorengegangen, so sind die Rechte und Pflichten der Ehegatten so zu beurteilen, als ob der verlorengegangene Scheidungsgrund niemals bestanden hätte."

Nach § 83 EheG. 1938 war dem § 1353 Abs. 2 BGB. folgender Satz 2 angefügt worden:

Wer sein Scheidungsrecht durch Verzeihung oder durch Fristablauf verloren hat, kann allein aus der Tatsache, die das Scheidungsrecht begründet hat, ein Recht, die Herstellung der ehelichen Gemeinschaft zu verweigern, nicht herleiten.

Mit der Aufhebung des EheG. von 1938 durch § 79 fällt auch dieser Satz weg. An seiner Stelle wird dem § 1353 Abs. 2 ein neuer Satz 2 angefügt.

Der Inhalt geht über den angeführten Satz 2 nach § 83 1938 hinaus. Letzterer bestätigte eine schon vordem ständige Rechtsprechung. Er ließ immerhin die Möglichkeit, den verziehenen oder durch Fristablauf erloschenen Scheidungsgrund noch geltend zu machen, um das Recht zu stützen, die Herstellung der ehelichen Gemeinschaft auf Grund einer neuen Eheverfehlung zu verweigern, die für sich allein dazu vielleicht nicht ausreichen würde. Die neue Fassung beseitigt auch diese Möglichkeit. Es soll für die gegenseitigen Rechte und Pflichten — nur hiefür, vgl. z. B. § 15 Abs. 2, § 52 Abs. 3, § 53 Abs. 2 — unterstellt werden, daß die verziehene oder verjährte Verfehlung überhaupt nicht vorgefallen ist. Sie kann daher auch unter dem Gesichtspunkt der Mißbräuchlichkeit eines Herstellungsbegehrens nicht mehr in Betracht kommen. Aber dies bezieht sich nur auf verziehene oder verjährte Verfehlungen als Scheidungsgründe. Hat eine Verfehlung eine Wirkung, welche nicht die Lebensgemeinschaft als solche betrifft und das Herstellungsverlangen im Hinblick auf sie als Mißbrauch erscheinen läßt, so kann nach § 1353 Abs. 2 Satz 1 BGB. auch trotz der Verzeihung und des Fristablaufs die Herstellung der ehelichen Gemeinschaft mit Rücksicht auf diese Wirkung verweigert werden, z. B., wenn sie mit einer Trennung von dem Kind verbunden sein müßte, weil die verziehene oder verjährte Verfehlung derart war, daß das Kind durch das Zusammenwohnen oder gar -leben mit dem schuldigen Ehegatten gefährdet würde (RG. 155 S. 295), oder wenn die Wiederholung der Verfehlung zu erwarten ist, weil der schuldige Gatte sich nicht gebessert hat. Durch Verzeihung oder Fristablauf werden nur Scheidungsgründe betroffen, die auf Verschulden beruhen (§§ 49, 50).

Bei Ausschluß eines Scheidungsgrundes nach § 616 ZPO. dürfte der neue Satz 2 des § 1353 Abs. 2 BGB. entsprechend anwendbar sein.

Dritter Abschnitt

Härtemilderungsklage

§ 77

1. Gerichtliche Entscheidungen[1] familienrechtlichen Inhalts[1], die auf Grund solcher Vorschriften des Gesetzes zur Vereinheitlichung des Rechts der Eheschließung und Ehescheidung im Lande Österreich und im übrigen Reichsgebiet vom 6. Juli 1938 (RGBl. I S. 807) ergangen sind, die weder im Bürgerlichen Gesetzbuch enthalten waren, noch in diesem Gesetz enthalten sind[1], sowie gerichtliche Entscheidungen, die ganz oder vorwiegend auf rassenmäßigen, politischen oder religiösen Gründen beruhen[1], können von jedem der durch die Entscheidung benachteiligten Ehegatten[2], sowie den aus der Ehe hervorgegangenen Kindern[2] und vom Staatsanwalt[2] angefochten[2] werden (Härtemilderungsklage).

2. Die Härtemilderungsklage[3] ist innerhalb von zwei Jahren nach dem Inkrafttreten dieses Gesetzes[7] vor demjenigen Gericht zu erheben, dessen rechtskräftige Entscheidung angefochten[3] wird[6]. Falls dies unmöglich oder untunlich ist, wird das zuständige Gericht von dem Präsidenten des Oberlandgerichts bestimmt, in dessen Bezirk der Antragsteller[4] seinen Wohnsitz hat[6].

3. Im Wege der Härtemilderungsklage kann der Anfechtungsberechtigte[3] den Ausgleich unbillig erlittenen Schadens wirtschaftlicher Art und die Abstellung oder Milderung solcher Härten begehren, die ihn in seiner persönlichen Stellung beeinträchtigen[3].

4. Der Antrag auf Wiederherstellung einer für nichtig erklärten, aufgehobenen oder geschiedenen Ehe kann nicht gestellt werden[5].

5. Das Gericht entscheidet nach seinem durch Billigkeit bestimmten freien Ermessen und unter Berücksichtigung aller Umstände[4], die zur Benachteiligung des Anfechtungsberechtigten[4] geführt haben, insbesondere kann es angemessene Entgeltung eines unbillig erlittenen Schadens für die Zeit seit Erlaß des angefochtenen Urteils gewähren und dem Antragsteller[4] diejenigen Rechte zubilligen, die

nach diesem Gesetz einem unschuldig geschiedenen Ehegatten zustehen [4].

6. Im übrigen finden auf die Härtemilderungsklage die Vorschriften der Zivilprozeßordnung sinngemäße Anwendung [8].

Das Gesetz von 1946 will auf familienrechtlichem Gebiet Schäden materieller und ideeller Art beseitigen, welche durch nationalsozialistische Rechtsprechung begangen wurden, mag sie sich auf gesetzliche Bestimmung oder auf nationalsozialistischen Geist berufen haben. Es gewährt von derartigen Urteilen betroffenen Ehegatten und Kindern eine **„HÄRTEMILDERUNGSKLAGE“**, die auch vom Staatsanwalt erhoben werden kann. Die genehmigte deutsche Übersetzung gewährt sie „jedem der benachteiligten Ehegatten“. Der englische Text „either of the parties injured“ kann aber auch bedeuten: jedem der Ehegatten, welcher benachteiligt ist. Da nicht wohl beide Gatten durch dieselbe Entscheidung benachteiligt sein können, ist wohl letztere Übersetzung als richtig anzusehen. Benachteiligt kann auch der Ehegatte sein, der unter rassischen, politischen oder religiösen Gesichtspunkten selbst die Auflösung der Ehe betrieben hat (vgl. KG. DRZ. 47 S. 376, OLG. Koblenz HRE. 2 S. 107). Aber nach Billigkeit (Abs. 5) und dem Grundsatz volenti non fit injuria ist er nur anspruchsberechtigt, wenn er dabei einem unwiderstehlichen (mindestens sehr starkem) Druck nachgegeben hat.

Neben der Härtemilderungs- ist die Nichtigkeits- und die Restitutionsklage nach §§ 579, 580 ZPO. gegeben. Wo deren Voraussetzungen vorliegen (vgl. KG. DRZ. 47 S. 376, Beitzke ebenda S. 379), wodurch die durch Abs. 4 ausgeschlossene Wiederherstellung der Ehe erreicht werden kann, aber es ist nicht möglich, dies auf dem Wege über § 826 BGB. zu erreichen; ein Sittenverstoß des Urteils oder des früheren Ehepartners kann nur die Einrede der Arglist gegen die Ausnutzung des Urteils begründen (KG. a. a. O., a.A. Beitzke a. a. O.).

1. Die Härtemilderungsklage wird **gewährt gegen** a) gerichtliche **Entscheidungen** familienrechtlichen Inhalts, **welche** (ausschließlich oder vorwiegend, wie auch hier zu ergänzen ist) **auf Grund solcher Bestimmungen des EheG. von 1938 ergangen sind, die weder im BGB. noch im EheG. von 1946 enthalten sind.** Besonders sind zu erwähnen: Ehenichtigkeitsurteile auf Grund der Bestimmungen des G. zum Schutze des deutschen Blutes und der deutschen Ehre, auf Grund der Bestimmungen des EhegesundheitsG., der Bestimmungen des EheG. von 1938 über Staatsangehörigkeitsehen und die auf Grund dieser Gesetze ergangenen Urteile, durch welche die Unehelichkeit der Kinder aus solchen Ehen festgestellt wurde (16, 23, 29 EheG. 1938), Eheaufhebungsurteile wegen Irrtums über solche die Person betreffenden Umstände, welche keine Eigenschaften sind (§ 37 EheG. 1938 verglichen mit § 32), Scheidungsurteile wegen Verweigerung der Fortpflanzung (§ 48 EheG. 1938), es sei denn, daß zugleich der Scheidungstatbestand des § 43 gegeben ist, wegen vorzeitiger Unfruchtbarkeit (§ 58 EheG. 1938) oder wegen eines nach § 2 des G. zum Schutze des deutschen Blutes und der deutschen Ehre verbotenen Ehebruchs, obwohl seit dem Ehebruch 10 Jahre einen Scheidungsgrund konnivent als verziehen ansah, sondern daß die verstrichen waren (§ 57 Abs. 2 Satz 2 EheG. 1938), Unterhaltsurteile, welche einer schuldlos oder aus minderem Verschulden geschiedenen Frau den Unterhaltsanspruch gegen den allein oder überwiegend schuldig erklärten Ehemann um deswillen ganz oder teilweise absprachen, weil von ihr den Umständen nach eine Erwerbstätigkeit erwartet werden konnte, ohne daß diese nach den Verhältnissen, in denen die Ehegatten gelebt haben, üblich war (§ 66 EheG. 1938 verglichen mit § 58 und mit § 1578 BGB.).

Es kann insbesondere auch sein, daß nur der Schuldausspruch solcher Urteile beschwerend ist (ebenso Beitzke DRZ. 17 S. 379).

Entscheidungen über das Sorgerecht kommen, abgesehen davon, daß die Bestimmungen der Gesetze von 1938 und 1946 in großem Umfang übereinstimmen, nicht in Frage, weil für sie das Wohl des Kindes maßgebend ist und sie unter diesem Gesichtspunkt ohnehin schon gemäß § 74 Abs. 6 jederzeit berichtigt werden können (ebenso Beitzke DRZ. 46 S. 126, Gieseke Monatsschr. f. d. R. 17 S. 81).

Gerichtliche Entscheidungen familienrechtlichen Inhalts, die im Wege der Freiwilligen Gerichtsbarkeit ergangen sind, z. B. über Namensführung der Frau, sind der Nachprüfung und Abänderung durch den Streitrichter auf Härtemilderungsklagen hin nicht entzogen (Dölle SJZ. 17 Sp. 158).

b) gegen **Urteile familienrechtlichen Inhalts** (so mit Recht Dölle a. a. O., Gieseke MDR. 47 S. 81), **welche ganz oder überwiegend auf rassemäßigen, politischen oder religiösen Gründen beruhen.** Zu denken ist, da ein Urteil, das gesetzliche Bestimmungen rassemäßigen, politischen oder religiösen (richtiger: antireligiösen) Inhalts gegen den einen Ehegatten angewandt hat, schon unter a fällt, an solche Fälle, in denen die Anwendung an sich neutraler Gesetzesbestimmungen von rassemäßigen, politischen oder religiösen Erwägungen ausgeht. Auch dies bezieht sich gleichermaßen auf Ehenichtigkeits-, Aufhebungs-, Scheidungs-, Unterhaltsurteile usw. Zunächst sind Aufhebungs- oder Scheidungsurteile wegen antinationalsozialistischen oder religiösen oder prosemitischen Denkens und Fühlens oder Verhaltens zu nennen, auch wenn die mit solchem Verhalten oder Reden verbundene Gefährdung der eigenen Familie eine echte, schwere Eheverfehlung war (vgl. DRZ. 47 S. 372). Als Beispiel sei ferner ein Fall genannt, in welchem zuungunsten der unterhaltsberechtigten geschiedenen Frau berücksichtigt worden ist, daß sie Jüdin war, weil nach § 66 (jetzt § 58) EheG. 1938 die Lebensverhältnisse beider Ehegatten zu berücksichtigen waren (München HRR. 1941 Nr. 320).

Auch hiernach dürfte insbesondere häufig der Schuldausspruch für sich allein beschwerend sein.

Immerhin wird gefordert werden müssen, daß das anzugreifende Urteil nicht nur eine rassenmäßige, politische oder antireligiöse Antipathie gegen den einen Ehegatten verrät, z. B. aus solcher Antipathie etwa bei Mischehen einen unzulänglichen Scheidungsgrund als zulänglich behandelte oder einen Scheidungsgrund konnivent als verziehen ansah, sondern daß die das Urteil tragenden Gründe in rassemäßigen, politischen oder religiösen Erwägungen bestehen (a.A. Dölle NJ. 48 S. 172, Nathan NJ. 47 S. 249, Mehlert JW. 48 S. 57, Bosch NJ. 48 S. 576, OLG. Kiel SchlHA. 47 S. 188, für weitherzige Auslegung auch OLG. Braunschweig HRE. 1 S. 170 NdsRPfl. 47 S. 388

und OLG. Frankfurt NJ. 48 S. 185, wo auch ein mittelbares Beruhen, z. B. wenn ein Eheteil durch nationalsozialistischen Druck behindert war, seine Rechte zu wahren [anzugreifen oder zu verteidigen], in manchen Fällen für ausreichend anerkannt wird; wie hier OLG. Halle JR. 48 S. 51 = HRE. 1 S. 169, aufgegeben JR. 49 S. 453, LG. Berlin JR. 47 S. 69 und ebenda Nehlert entgegen Nehlert JR. 48 S. 57). Wenn aber nachweisbar das Gericht bewußt auf einen ihm vorgetragenen Scheingrund eingegangen ist, um eine Ehe zu vernichten, aufzuheben oder zu scheiden, deren Auflösung, ihm bewußt, aus rassischen, politischen oder religiösen Gründen erstrebt wurde, dürfte § 77 anwendbar sein.

Was unter politischen Gründen zu verstehen ist, ist zweifelhaft. Wenn man als den Zweck des Gesetzes erkennt, geschehenes Unrecht wieder gut zu machen, wird man den Begriff nicht zu eng fassen und darunter nicht nur innen- und außenpolitische Gründe im üblichen Sinn verstehen dürfen, welche auf der Stellung zum Staatswesen und zu der dieses beherrschenden Partei (Anhänger- oder Gegnerschaft) beruhen, sondern auch wirtschafts- und insbesondere die berüchtigten „bevölkerungspolitischen" (a.A. Gieseke 47 S. 83) Erwägungen der Rechtsprechung auf dem Gebiet der Beachtlichkeit eines Widerspruchs gem. § 55 1938 (jetzt § 48) Abs. 2 gegen eine auf dreijährige Aufhebung der häuslichen Gemeinschaft und Ehezerrüttung gestützten Scheidungsklage.

Leider bleibt eine Fülle von Fällen ungesühnt, welche sich durch Kritik am Urteil nicht fassen lassen, weil das Urteil selbst nach den dem Gericht vorgetragenen Tatbestand nicht fehlerhaft ist. Es sind jene zahllosen Fälle, in welchen unbedenkliche „Tatmenschen" ihren Frauen einen Tritt gaben, dem Gericht aber ein erdichteter Scheidungsgrund vorgetragen worden ist. Es ist der Fälle, auf welche die Bestimmung abzielt, Mehrzahl.

Zu a) und b) Die Entscheidung muß ganz oder vorwiegend auf Grunden nach a) oder b) beruhen. Dies Verhältnis besteht nicht schon immer dann, wenn ein weiterer Entscheidungsgrund für sich allein die Entscheidung nicht herbeigeführt hätte; das Gericht muß vielmehr das Hauptgewicht auf einen Grund nach a) oder b) gelegt haben. Aber selbst dann ist die Voraussetzung des § 77 nach OLG. Kiel DRZ. 47 S. 378 (zustimmend Beitzke a. a. O. S. 379) nicht erfüllt, wenn die Ehe anfänglich und wesentlich aus anderen Gründen zerrüttet war (bevor der politische hinzutrat). Wenn der frühere Kläger neben den rassischen, religiösen, politischen Gründen andere zur Begründung des Scheidungsverlangens hätte geltend machen können, es aber unterlassen hat, sie geltend zu machen, kann er sie gegenüber der Anfechtung ins Feld führen. So kann es dazu kommen, daß mit dem veränderten Ziel, die Härtemilderung zu erreichen bzw. abzuwenden, sich ein neuer Ehestreit entwickelt.

c) in zweiter Linie **gegen Entscheidungen,** welche **als Folge derartiger Nichtigkeits-, Aufhebungs-, Scheidungsurteile** erscheinen, wie Unterhaltsurteile, welche jene zur Voraussetzung haben (siehe 3a), Urteile, welche der Frau die Fortführung des Namens ihres früheren Mannes verbieten, weil sie sich etwa an seine Untersagung der Namensführung gemäß § 64 des EheG. von 1938 (= § 56) nicht gehalten hat, vorausgesetzt, daß ihre Schulderklärung weder nach BGB., noch nach diesem Gesetz gerechtfertigt war.

Unter diesen letzteren Voraussetzungen können auch Entscheidungen des Vormundschaftsgerichts angegriffen werden. Entscheidungen nach der 6. DVO. dürften nicht grundsätzlich, aber praktisch ausscheiden.

Familienrechtlichen Inhalts i. S. der Vorschrift sind (wie Dölle a. a. O., Gieseke a. a. O. mit Recht ausführen), nicht Entscheidungen erbrechtlichen Inhalts, aber mit Dölle a. a. O., Gieseke a. a. O. die Bestimmung auf Entscheidungen zu beschränken, die „eherechtlich fundiert" sind, geht zu weit. Warum soll sie nicht auf Entscheidungen anzuwenden sein, welche die Herausgabe eines Kindes (aus vor 1938 geschiedener Ehe) betreffen? Dieselben Bedenken haben wir gegen diese Ansicht im Hinblick auf die von Dölle und Gieseke angeführten Beispiele (Versagung der Bestätigung einer Annahme an Kindes Statt, Aufhebung einer Annahme an Kindes Statt, Entlassung eines Vormundes).

Man wird die Bestimmung **entsprechend anzuwenden haben gegen vollstreckbare Verträge,** welche in der Weise zustande gekommen sind, daß der eine Vertragschließende gegen den anderen „nationalsozialistischen Geist" kundgegeben hat.

2. Anzufechten ist die nach 1 anfechtbare Entscheidung **im Wege der Klage,** sofern sie rechtskräftig ist. Diese Härtemilderungsklage ist gegeben den von der anzufechtenden Entscheidung benachteiligten Ehegatten und Kindern als Klägern. Außerdem ist der Staatsanwalt befugt, die Klage zu erheben. Dies ist verwunderlich; denn ein öffentliches Interesse an der Härtemilderung dürfte wohl schwerlich jemals im konkreten Einzelfall gegeben sein, da der Bestand der Ehe nach Abs. 4 nicht mehr in Streit kommen kann, so daß es den Geschädigten allein hätte überlassen werden können, die Härtemilderung herbeizuführen. Der Staatsanwalt durfte daher im allgemeinen wohl nur eingreifen, wenn es sich darum handelt, Kindern aus für nichtig erklärten Ehen, die nach §§ 29, 30 EheG. oder nach EheG. 31 als unehelich gelten, die Stellung ehelicher Kinder zu verschaffen. Ist die klageberechtigte Frau wieder verheiratet, ist § 1380 BGB. unanwendbar (Dölle SJZ. 47 Sp. 160). Klagen mehrere Kinder gemeinschaftlich, sind sie gewöhnliche Streitgenossen (§ 59 ZPO.; Dölle a. a. O.). Der gesetzliche Vertreter, auch Vormund, bedarf nicht der Genehmigung des Vormundschaftsgerichts. Die mehreren Legitimierten brauchen nicht gemeinschaftlich zu klagen. Klagen sie gemeinschaftlich, besteht nur einfache Streitgenossenschaft. Nur wenn der Staatsanwalt gemeinschaftlich mit einem anderen Legitimierten klagt, ist der Sache nach die notwendige Streitgenossenschaft gegeben, weil verschiedene Entscheidung nicht vorstellbar ist (teilw. a.A. Dölle a. a. O. Sp. 161).

Der Härtemilderungsanspruch ist, soweit vermögensrechtlich, übertragbar und vererblich. Daß der Übergang auf den Gesamtrechtsnachfolger voraussetze, daß der Anspruch noch in der Person des Erblassers entstanden ist, dieser also das Inkrafttreten des Gesetzes noch erlebt hat (Dölle a. a. O.), ergibt sich nicht zwingend aus der Beschränkung des klageberechtigten Personenkreises. Der Rechtsnachfolger ist klageberechtigt (vgl. auch Gieseke a. a. O.).

Die Klage ist zu richten gegen den durch die anzufechtende Entscheidung bevorteilten Ehegatten oder Elternteil oder seinen Erben (ebenso Dölle SJZ.

47 Sp. 162, OLG. Frankfurt SJZ. 48 S. 29; a.M. LG .Kiel SchlHA. 47 S. 161). Die Klage der Kinder aus nichtig erklärter Ehe auf Feststellung ihrer Ehelichkeit ist gegen ihre Eltern, evtl. den Staatsanwalt zu richten, auf dessen Klage hin ihre Unehelichkeit festgestellt worden war (vgl. auch Gieseke a. a. O.). Gegen wen soll der Staatsanwalt klagen? Gegen die Kinder, deren Ehelichkeit festgestellt werden soll? Gegen die Eltern? Wie, wenn sie gestorben sind? Ausnahmsweise kann die Klage aber auch gegen Dritte oder deren Erben zu richten sein, z. B. im Fall des § 70 oder bei inzwischen eingetretenen Erbfällen (s. 3a bzw. a. E.) oder gegen einen gegenüber der Witwe privat- oder öffentlichrechtlich pensionspflichtigen Arbeitgeber (OLG. Hamm MDR. 48 S. 221). Dagegen ist der Staatsanwalt für Schadensausgleichsklagen niemals passiv legitimiert (OLG. Hamm a. a. O.).

3. Das **Ziel** der Härtemilderungsklage kann sein:

a) Die Abänderung einer Eheentscheidung.

Da nach der Vorschrift des Abs. 3 die Wiederherstellung einer für nichtig erklärten, aufgehobenen oder geschiedenen Ehe nicht begehrt werden kann, kann zwar der den Bestand der Ehe betreffende Teil eines solchen Urteils durch Härtemilderungsklage nicht angegriffen werden (ebenso KG. DRZ. 47 S. 396, Dölle a. a. O. Sp. 163, a.A. Gieseke MDR. 47 S. 84), wohl aber der Schuldausspruch (ebenso Mitteis FamR. S. 83, Beitzke DRZ. 47 S. 379). Verlangt werden kann ferner die Aufhebung oder Änderung eines Unterhaltsurteils. Wenn dieses nicht unmittelbar selbst auf Bestimmungen, die weder im BGB. noch im EheG. enthalten sind, oder auf politischen, rassemäßigen oder religiösen Gründen, sondern etwa auf dem Schuldausspruch eines Ehenichtigkeits-, Aufhebungs- oder Scheidungsurteils beruht, für welches derartige Bestimmungen oder Gründe maßgebend gewesen sind, wird es möglich sein, die Änderung oder Aufhebung des Unterhaltsurteils zu verlangen, ohne daß die Änderung des Schuldausspruchs besonders herbeigeführt wird (ebenso Dölle a. a. O., Beitzke DRZ. 47 S. 379). Da für Unterhaltsklagen die Amtsgerichte zuständig sind, würde es andernfalls im Hinblick auf die Zuständigkeitsbestimmung des Abs. 2 S. 1 notwendig sein, nacheinander zwei Klagen zu erheben. Es muß freilich auch dann nachgewiesen werden, daß der Schuldausspruch auf Bestimmungen, die weder im BGB., noch in diesem Gesetz enthalten sind, oder auf politischen, rassemäßigen oder religiösen Gründen beruht. (Neben der Klage aus § 77 ist gegen Unterhaltsurteile auch die weniger weitgehende Klage nach § 767 ZPO. mit anderer Zuständigkeit gegeben.) Dagegen werden Kinder aus für nichtig erklärten Ehen, die bisher nach § 29 EheG. 1938 unehelich waren, ein Erbrecht nach ihrem inzwischen verstorbenen Vater nicht geltend machen können, ohne daß auch ihre Ehelichkeit urteilsmäßig festgestellt wurde. Ob beides in einer Klage angestrebt werden kann, s. 8.

b) Verhütung weiteren ideellen Schadens durch Abstellung oder Milderung solcher Härten, welche den Benachteiligten in seiner persönlichen Stellung beeinträchtigen. Gewöhnlich wird dies schon durch Abänderung der angefochtenen Entscheidung, insbesondere eines Schuldausspruchs zu erreichen sein. Es kann aber auch ein neues (konstitutives) Urteil notwendig werden, so wenn es sich darum handelt, Kindern aus für nichtig erklärten Ehen, die nach §§ 29, 30 EheG. 1938 nicht ehelich waren, die Stellung ehelicher Kinder zu geben. Es ist eine weitherzige Auslegung geboten (KG. DRG. 47 S. 377), sonach auch möglich die Erschwerung der Auswanderung durch die Scheidung als eine die persönliche Stellung betreffende Härte anzusehen (KG. a. a. O.). Aber es kann natürlich immer nur auf eine solche Abstellungs- oder Milderungsmaßnahme erkannt werden, welche, soweit sie nicht schon in einer Änderung des angegriffenen Urteils, z B. des Schuldausspruchs liegt, dem Beklagten (und Passivlegitimierten s. 2 a.E.) auferlegt und von ihm ausgeführt werden kann (vgl. KG. a. a. O.). Ziel der Klage kann aber auch sein Verhütung — regelmäßig durch Abänderung der anfechtbaren Entscheidung — und Ausgleich durch konstitutives Urteil, unbillig erlittenen materiellen Schadens wirtschaftlicher Art. Während ideeller Schaden nur für die Zukunft zu verhüten und verhütbar ist, ist materieller Schaden auch für die Vergangenheit ausgleichsfähig und auszugleichen. Es fragt sich, wie weit hierbei zu gehen ist. Handelt es sich nur um zu karg bemessene Unterhaltsansprüche, um den Verlust solcher und die Belastung mit solchen, oder ist auch der Verlust der aus der bestehenden Ehe sich ergebenden wirtschaftlichen Vorteile und des Erbrechts des Ehegatten in Betracht zu ziehen und auszugleichen? Das Gesetz zieht einerseits offenbar absichtlich keine Grenze, andererseits scheint es darauf hinzudeuten, daß die durch die Scheidung selbst unmittelbar herbeigeführte Veränderung der wirtschaftlichen Lage und Aussichten, soweit sie durch jede Scheidung herbeigeführt werden, nicht auszugleichen ist, wenn Abs. 5 dem Gericht anheim gibt, dem Antragsteller diejenigen Rechte zuzubilligen, die nach diesem Gesetz einem unschuldig geschiedenen Ehegatten zustehen. Der geschiedene Gatte kann daher weder die Wiederherstellung seiner Erbanwartschaft, noch eine nachträgliche Beteiligung an einem seit Erlaß der angefochtenen Entscheidung etwa eingetretenen Erbfall begehren. Dagegen ist kein Grund ersichtlich, warum ein aus einer für nichtig erklärten Ehe hervorgegangenes Kind, das nach §§ 29, 30 EheG. 1938 unehelich war, nun aber als ehelich anzusehen ist, nicht nachträglich an einem inzwischen eingetretenen Erbfall nach seinem Vater zu beteiligen sein sollte.

Die Klarheit der Gesetzesstelle leidet darunter, daß a) einerseits in Abs. 1 und 2 von einer Anfechtung einer gerichtlichen Entscheidung und in Abs. 3 und 5 von einem Anfechtungsberechtigten gesprochen wird, was darauf schließen läßt, daß es gilt, durch die Härtemilderungsklage eine bestehende gerichtliche Entscheidung zu beseitigen, während b) die Klage selbst Härtemilderungsklage genannt wird, und in Abs. 3 als ihr unmittelbares Ziel ein Schadenausgleich angegeben wird, was darauf schließen läßt, daß das neue Urteil nicht nur ein früheres Urteil zu beseitigen, sondern konstitutiv eine neue Rechtslage zu schaffen hat, c) darunter, daß in Ziff. 2 und 5 von einem Antragsteller statt von einem Kläger die Rede ist. Letzteres dürfte ein Übersetzungsfehler sein; a und b dürften sich nicht gegenseitig ausschließen, sondern nebeneinander möglich sein, d) schließlich ist in Ziff. 1 und Ziff. 2 von einer Entscheidung, in Ziff. 5 von einem „Urteil die Rede".

4. Die **Entscheidung des Gerichts** ist **Ermessensentscheidung nach Billigkeit** (ex aequo et bono). Dies bringt das Gesetz durch die Wahl seiner

Worte mehrmals zum Ausdruck. Beachtlich ist, daß es anscheinend mit Bedacht statt der sonst üblichen Worte „billiges Ermessen" die Worte wählt: „durch Billigkeit bestimmtes Ermessen". Wo es sich darum handelt, einem Kind aus einer für nichtig erklärten Ehe, welches bisher nach § 29 EheG. 1938 unehelich war, die Stellung eines ehelichen zu geben, ist freilich für Ermessen kein Raum. Dasselbe wird auch sonst immer gelten, wenn Härten abgestellt oder gemildert werden sollen, welche einen Eheteil oder ein aus der Ehe hervorgegangenes Kind in seiner persönlichen Stellung beeinträchtigen. Ebenso dürfte wohl nicht zweifelhaft sein, daß für die Zukunft aus einem von diesem Gesetz nicht gebilligten Grund überhaupt keine Schädigung mehr zugelassen werden darf. Das durch Billigkeit bestimmte Ermessen bezieht sich in der Hauptsache auf den Ausgleich wirtschaftlicher Schäden für die Vergangenheit, nämlich solcher, welche seit dem Erlaß der angegriffenen Entscheidung entstanden sind. An Schäden, welche durch den Verlust der ehegattlichen Stellung als solchen entstanden sind, dürfte nicht zu denken sein. Der Verlust des Erbrechts und der Erbanwartschaft kommt daher für den Ausgleich ebensowenig in Frage (ebenso anscheinend Gieseke MdR. 47 S. 84 Ziff. 3, aber Ziff. 1 und S. 81 unter I), wie der Verlust der sonstigen ökonomischen Vorteile, welche die Stellung als Ehegatte (insbesondere Ehefrau) im Vergleich zur Stellung als geschiedener Gatte bietet (vgl. 2b). Anderes gilt für die Kinder, insbesondere die Kinder aus für nichtig erklärten Ehen, welche nach §§ 29, 30 EheG. 1938 als uneheliche Kinder angesehen wurden. Sie haben Anspruch auf nachträgliche Beteiligung an einem inzwischen nach ihrem Vater eingetretenen Erbfall. Durch die Veränderung ihrer Stellung erlangen sie für die Zukunft Erbanwartschaft nach ihm.

Ferner ist nicht jeder Schaden auszugleichen, sondern wie das Gesetz zweimal betont, nur „unbillig erlittener Schaden". Auf welche Sachlage diese Einschränkung abzielt, ist nicht leicht zu erkennen. Immerhin ergibt sich daraus, daß ein Ausgleich nicht in Frage kommt, wenn die angefochtene Entscheidung mit demselben Inhalt auch auf Grund anderer Bestimmungen oder Erwägungen zu fällen wäre, demnach auf Grund solcher aufrechtzuerhalten ist, auch wenn der Tatbestand, welcher dieselbe Entscheidung rechtfertigt, dem Gericht der angefochtenen Entscheidung nicht bekannt war (ebenso Kassel SJ. 49 S. 191, dagegen Dölle Anm. daselbst).

Es sollen „alle Umstände" berücksichtigt werden, die „zur Benachteiligung der Anfechtungsberechtigten geführt haben". Leider ist auch diese Vorschrift nicht durchsichtig. Daß die gesamte entstandene Benachteiligung berücksichtigt werden muß, ist selbstverständlich, aber in welchem Sinn die Umstände zu berücksichtigen sind, welche für die Benachteiligung ursächlich waren („zu ihr geführt haben"), liegt weniger auf der Hand. Denn zur Benachteiligung hat geführt, daß eine Entscheidung ergangen ist, welche durch gesetzliche Bestimmungen begründet war, die weder nach BGB. galten, noch nach diesem

Gesetz gelten, oder auf religiosen, rassemäßigen oder politischen Gesichtspunkten beruht hat. Ist nun gemeint, daß der Schaden durch die Zusammenwirkung der Entscheidung mit Umständen entstanden sein kann, welche nach ihrem Erlaß eingetreten sind, und daß diese Umstände alle mit zu berücksichtigen sind — z. B. eigenes (nicht unter § 65, früher 73 fallendes) Verschulden an einer erst nach dem Urteil aufgetretenen Bedürftigkeit, durch welche die Tragweite der Entscheidung für den Unterhaltsanspruch erst wirksam wurde — oder ist an die vor der Entscheidung liegenden Umstände gedacht, welche die Erwägungen des Gerichts ausgelöst haben, auf welchen die angegriffene Entscheidung beruht hat? Ersteres würde nur mit anderen Worten wiederholen, daß der auszugleichende Schade „unbillig erlitten" sein muß, was natürlich nur unter Berücksichtigung aller Umstände, die ihn verursacht haben, ermittelt werden kann; letzteres würde ebensowenig einen eigenen Inhalt haben, weil es nur besagen würde daß die Prüfung der angegriffenen Entscheidung unter dem Gesichtspunkt, ob sie auf rassemäßigen usw. Erwägungen beruht, alle Umstände berücksichtigen muß, welche das früher entscheidende Gericht bei seiner Entscheidung herangezogen hat, um daran rassemäßige usw. Erwägungen zu knüpfen und sein Urteil zu begründen. Es bleibt sonach unklar, was mit der Vorschrift gemeint ist, daß alle Umstände berücksichtigt werden müssen, welche zur Benachteiligung geführt haben. Man könnte allerdings noch eine dritte Auslegungsmöglichkeit in Betracht ziehen, nämlich daß auch solche Umstände, die zu dem ersten Urteil geführt haben, zu berücksichtigen sind, welche in der angegriffenen Entscheidung gar nicht erscheinen, sondern darin bestehen, daß von den Parteien die eine die andere aus rassemäßigen usw. Grunden verstoßen hat und daß durch falsches Vorbringen die Entscheidung herbeigeführt wurde. Aber dann war diese nicht fehlerhaft im Sinne des Abs. 1 und kann sie nicht aufgehoben oder abgeändert werden. War sie aber selbst fehlerhaft, dann hat sie die Benachteiligung herbeigeführt und können für diese derartige Machenschaften der Parteien keine Rolle gespielt haben.

Nach Abs. 2 kann der Geschädigte Ausgleich des unbillig erlittenen Schadens begehren, nach Abs. 5 ist eine **angemessene Entgeltung eines unbillig erlittenen Schadens** zu gewähren. Ist Ausgleich und angemessene Entgeltung dasselbe?

Man sollte annehmen, daß das Gesetz dem Kläger nicht zugestehen kann, mehr zu begehren, als das Gericht ihm zusprechen darf, und umgekehrt dem Gericht nicht befehlen kann, weniger zuzusprechen, als es dem Kläger zu begehren gestattet. Nach dieser Erwägung müssen angemessene Entgeltung und Ausgleich dasselbe sein, und doch ist Ausgleich nur volle Entschädigung, während unter angemessener Entgeltung auch eine hinter einer vollen zurückbleibende Entschädigung verstanden werden kann. Abs. 5 steht im Verhältnis zu Abs. 3 in dem einer Legalinterpretation. Der Ausgleich ist also nicht voll, es wird nur angemessener Ausgleich gegeben. Angemessen im Verhältnis wozu? Zur Höhe des Schadens? oder zu den übrigen Umständen des Falles? allen Umständen zur Zeit des neuen Urteils? Der Höhe des Schadens, der Größe der Kränkung, den nach der angegriffenen Entscheidung eingetretenen Umständen, den sonstigen Lebensverhältnissen der Parteien?

Das Gericht kann dem Kläger diejenigen Rechte zubilligen, die nach diesem Gesetz einem unschuldig geschiedenen Gatten zustehen (natürlich auch weniger z. B. ihn statt als alleinschuldig als mit-, statt als mit- als minderschuldig erklären OLG. Kiel SchlH. A. 47 S. 188). Es kann sich daraus ergeben, daß die Ehe ohne Verschulden eines Gatten geschieden ist. Der Schuldausspruch ist nach diesem Gesetz bedeutsam für die Höhe des Unterhaltsanspruchs, das Recht der Namensführung der geschiedenen Frau, für den Widerruf der Geschenke (für das Recht der Sorge für die Person des Kindes folgt daraus nichts, solange nicht der andere Teil für allein oder mitschuldig erklärt ist. Überdies hat ja das Vormundschaftsgericht ohnedies freie Hand, das Sorgerecht zu regeln [§ 74]). Was den Widerruf der Geschenke betrifft, so spielt er wohl kaum eine große Rolle. Das Recht der Namensführung und das Recht auf Unterhalt ist nur für die Frau bedeutsam, weil auch der schuldlos geschiedene Mann, solange er sich selbst unterhalten kann, keinen Unterhaltsanspruch hat. Es ergibt sich, daß der Ausgleich wirtschaftlicher Schäden regelmäßig für den Mann praktisch nur als Anspruch auf Rückzahlung zu viel gewährten Unterhalts gegen die Frau oder deren Rechtsnachfolger (dieser aber nicht etwa bloß als Bereicherungsanspruch) in Frage kommt. Die Zubilligung der Rechte eines schuldlos geschiedenen Gatten bezieht sich auf die Zukunft und Vergangenheit. Es kann sich daraus ergeben, daß der bisher unterhaltspflichtige Gatte nach § 61 Abs. 2 oder sogar, wenn die Ehe aus beiderseitigem Verschulden geschieden war, nach § 58 unterhaltsberechtigt wird (Beitzke DRZ. 47 S. 379, teilw. anders Dölle SJZ. 47 S. 168). Dem nach § 77 klagenden Mann kann darum nicht vorgehalten werden, daß er die Frau auch bei bestehengebliebener Ehe hätte unterhalten müssen, (so falsch LG. Kiel DRZ 47 S. 377). Übrigens kann das Gericht die aus der Abänderung des Schuldspruches abzuleitenden Folgen der Scheidung ganz oder teilweise ausschließen (OLG. Celle SJZ. 48 Sp. 198 = NJ 48 S. 343.) Die Rechte des schuldlos Geschiedenen werden wie das Bindewort „und" besagt, neben der angemessenen Entgeltung des in der Vergangenheit unbillig erlittenen Schadens zur Verhütung weiteren Schadens gewährt. Wie ist es bezüglich des Unterhalts für die Vergangenheit? Kann im Wege des angemessenen Ausgleichs ein in der Vergangenheit infolge der angegriffenen Entscheidung zu wenig gewährter Unterhalt nachgeholt werden, obwohl nach § 64 für die Vergangenheit Unterhalt nicht verlangt werden kann. Die Frage ist zu bejahen (ebenso Beitzke DUZ. 46 S. 136 und 376), weil bei der Verneinung überhaupt nicht erkennbar wäre, welcher Schade des geschiedenen Gatten auszugleichen sein könnte. Bei einer Frau, welche in der Vergangenheit sich durch eigene Arbeit ernährt hat, entsteht die weitere Frage: ist es ein ausgleichsfähiger Schade, daß sie gearbeitet hat, während sie nach diesem Gesetz zwar keinen Unterhalt beanspruchen kann, wenn sie genügend verdient, aber dem Manne gegenüber nicht zur Arbeit verpflichtet ist? Ein ausgleichsfähiger Schade dürfte in solchem Falle nicht vorliegen, sondern nur dann, wenn die Frau zu ihrem Unterhalt auf den Stamm ihres Vermögens hat zurückgreifen müssen. Bei Kindern aus für nichtig erklärten Ehen, die nun erst die Stellung ehelicher Kinder gewinnen, dürfte die Frage, ob der in der Vergangenheit zu wenig gezahlte Unterhalt nachzuvergüten ist, gleichfalls zu bejahen sein, aber im allgemeinen keine Rolle spielen.

Wie ist es mit der Befreiung von Pflichten z. B. der Verpflichtung des wegen Umgangs mit Juden für schuldig an der Scheidung Befundenen, dem anderen Gatten Unterhalt zu gewähren? Auch ohne Härtemilderungsklage würde er unzulässige Rechtsausübung einwenden können (Gieseke MDR. 47 S. 81). Der Widerruf von Schenkungen nach § 73 setzt eine über Abs. 5 hinausgehende Änderung des Schuldausspruchs dahin voraus, daß der frühere Ehegatte für alleinschuldig erklärt wird.

5. **Nicht rückgängig zu machen ist die Nichtigerklärung oder Auflösung der Ehe selbst, auch nicht der Schuldausspruch selbst** (Dölle NJ. 48 S. 174, SJZ. 49 Sp. 194).

6. **Ausschließlich zuständig** für die Klage ist das Gericht, dessen rechtskräftige Entscheidung angegriffen werden soll. Gemeint ist das Gericht erster Instanz des Vorprozesses, auch wenn das angegriffene Urteil in der zweiten Instanz ergangen ist. (OLG. Kiel SJZ. 47 S. 35 und München NJW. 47 S. 29, beide wie hier nur für den Fall, daß das Urteil 2. Instanz, das Urteil 1. Instanz lediglich bestätigte, dagegen soll das OLG. in 1. Instanz zuständig sein, wenn die Scheidungsklage erst in zweiter Instanz ausgesprochen, die Klage in 1. Instanz abgewiesen worden war; denn die Gesetzesstelle habe „wahrscheinlich" nicht bloß die örtliche Zuständigkeit im Auge. Wir halten an letzteren fest und glauben, daß für die US-Zone, in welcher die OLG. nur Revisionsgerichte sind die gegenteilige Ansicht schon deshalb unpraktisch ist. Dölle SJZ. 47 SP. 186 und Steidle ebenda Sp. 548 halten denn auch in der US-Zone in jedem Falle das Gericht 1. Instanz für zuständig. Gieseke MDR. 47 S. 85 hält in jedem Falle in dem die Scheidung das Berufungsgericht beschäftigt hat, dieses für zuständig (ebenso OLG. Braunschweig NdsRpfl. 47 S. 88 = HRE. B. 1 S. 170).

Ist die Erhebung der Klage von dem hiernach zuständigen Gericht nicht möglich oder untunlich, — etwa weil das fragliche Gericht gar nicht mehr besteht oder in einem verlorengegangenen Gebiet liegt, in welchem das Gesetz nicht gilt, so wird das zuständige Gericht von dem Präsidenten des Oberlandesgerichts bestimmt, in dessen Bezirk der Kläger seinen Wohnsitz hat. Voraussetzung der Härtemilderungsklage ist also Wohnsitz in Deutschland.

7. Falls eine vollstreckbare öffentliche Urkunde angegriffen wird, wird gleichfalls der Oberlandesgerichtspräsident am Wohnsitz des Klägers das zuständige Gericht zu bestimmen haben.

Die Härtemilderungsklage ist nur in der Zeit bis zum 29. Februar 1948 zulässig, s. auch 9. Daß die Frist in den Ländern der britischen und amerikanischen Zone auf Grund der hier geltenden Bestimmungen über die Hemmung des Laufes von Fristen für die Beschreitung des Rechtswegs der Klageerhebung und Verjährung nicht vor dem 1. 1. 49 zu laufen begonnen habe, legt Bosch MJ. 48 S. 572 dar. Das Ergebnis ist zwar billig, aber angesichts der Priorität des Ehegesetzgebers und er sogenannten „Normensituation" bei Erlaß des EheG. 1946 nicht begründet.

8. Im übrigen finden auf die Härtemilderungsklage die **Vorschriften** der **ZPO.** sinngemäß Anwendung, und zwar regelmäßig die Vorschriften über das ordentliche Verfahren, nicht jene über Ehesachen, weil es sich nicht um die Wiederherstellung der Ehe, vielleicht u. U. nur um ein Unterhaltsurteil handelt, und ein öffentliches Interesse an der Klage nicht gegeben ist. Die nach § 1 allgemein mögliche Beteiligung des Staatsanwalts zwingt nicht zu einer anderen Auffassung (ebenso Dölle NJ. 48 S. 174 f. und SJZ. 48 Sp. 199, 49 Sp. 193 a. A., Bosch NJ. 48 S. 572). Es sind daher auch zwar einstweilige Verfügungen nach § 940 ZPO., aber nicht einstweilige Anordnungen nach § 647 ZPO. zulässig (Frankfurt M. NJ. 47 S. 66, a. A. OLG. Gera NJ. 47 S. 102, das § 627 ZPO. für die Kostenvorschußpflicht des Ehemannes für anwendbar hält, teilweise a. A. auch Gieseke MRD. 47 S. 83). Ebenso gilt für eine Klageverbindung nicht § 615 ZPO., sondern § 260 ZPO. Es kann also eine Klage aus Widerruf einer Schenkung (§ 73 bzw. 530 BGB.) oder Unterhalt mit der Härtemilderungsklage verbunden werden (Dölle SJ. 48 Sp. 199; a. A. OLG. Celle ebenda). Da die Ehe schon geschieden ist, ist der Härtemilderungsprozeß niemals die Wiederaufrollung des alten Scheidungsprozesses; das schließt nicht aus, daß um einen anderen Schuldausspruch (etwa Mit- oder Alleinschuld des früheren Gatten im Hinblick auf §§ 58, 73, 74) oder die Aufrechterhaltung des Schuldausspruchs des Scheidungsurteils mit dem sich daraus ergebenden Folgen, bzw. die Abwendung von Schadensausgleich aus Billigkeitserwägungen zu erreichen, beiderseits neue Scheidungsgründe vorgebracht werden, die zur Zeit des Scheidungsurteils bestanden haben (zweifelnd OLG. Celle MJW. 48 S. 344). Wo es freilich um die Ehelichkeit eines aus einer für nichtig erklärten Ehe entsprossenen bisher unehelichen Kindes geht, werden die §§ 640 ff. ZPO. anzuwenden sein.

9. Weiter als die Härtemilderungs- kann u. U. die zeitlich nur durch Verjährungsvorschriften begrenzte Schadensersatzklage aus § 826 BGB. und die zeitlich unbegrenzte Einwendung unzulässiger Rechtsausübung führen. Es dürfte nicht die Absicht des Gesetzes sein, außerhalb seiner schon gegegebene Rechtsbehelfe den Betroffenen zu nehmen.

Vierter Abschnitt

Zusätzliche Bestimmungen

§ 78

Die Paragraphen 1303 bis 1352, 1564 bis 1587, 1608 Abs. 2 und die Paragraphen 1635 bis 1637, 1699 bis 1704, 1771 Abs. 2 des Bürgerlichen Gesetzbuches Artikel II, Paragraphen 1 und 2 des Gesetzes gegen Mißbräuche bei der Eheschließung und der Annahme an Kindes Statt vom 23. November 1933 (RGBl. I S. 979) und Artikel I des Gesetzes über die Änderung und Ergänzung familienrechtlicher Vorschriften und über die Rechtsstellung der Staatenlosen vom 12. April 1938 (RGBl. I S. 380) bleiben aufgehoben.

Die in § 78 aufgeführten Bestimmungen sind schon durch das EheG. von 1938 aufgehoben worden. Da § 79 das EheG. von 1938 zwar aufhebt, aber nicht etwa rückwirkend, sondern erst mit der Wirkung von dem Tage seines Inkrafttretens ab (§ 80), so ist es selbstverständlich, daß diese Bestimmungen aufgehoben „bleiben".

§ 79

Das Gesetz zur Vereinheitlichung des Rechts der Eheschließung und der Ehescheidung im Lande Österreich und im übrigen Reichsgebiet vom 8. Juli 1938 (RGBl. I S. 807) wird hiermit aufgehoben. Gleichermaßen aufgehoben sind alle Bestimmungen der zu seiner Durchführung ergangenen Gesetze, Verordnungen und Erlasse, sowie diejenigen aller sonstigen Gesetze, welche mit dem gegenwärtigen Gesetz unvereinbar sind.

In S. 2 ist das Wort „diejenigen" irreführend und wegzudenken. Das Beziehungswort „welche" bezieht sich auf „alle Bestimmungen". Dies ergibt der authentische fremdsprachliche Text, in welchem ein „diejenigen" entsprechendes Wort fehlt. Aufgegeben sind nur solche Bestimmungen, welche „unvereinbar" mit den Vorschriften des Gesetzes sind (ebenso Bek. des BayJM. vom 29. 4. 47 JMBl. 47 S. 15, der eine Rechtsauskunft des Kontrollrats zugrundeliegt, KG. DRZ. 46 S. 156 und heute allg.M.).

Von der ersten DVO. vom 27. Juli 1938 sind sonach außer Kraft getreten: §§ 2, 6 Abs. 3 Schlußhalbsatz, 14 und 31 (?), die zweite DVO. ist in Kraft geblieben (ebenso Eisenberger SJZ. 46 S. 79, Beitzke DRZ. 1946 S. 136, Nehlert JR. 47 S. 79, dagegen nicht die dritte (Kontr.RG. Nr. 1 A II; ebenso Beitzke a. a. O., Nehlert a. a. O., a.A. Eisenberger a. a. O.).

Von der 4. DVO. sind in Kraft geblieben: § 4 (betr. Neufassung des § 17 Abs. 3 BGB.), § 19 (betr. Neufassung des § 606 ZPO.), § 22 (betr. Anfügung eines Abs. 2 an § 79 DVO. vom 27. 7. 1938, § 20 über Zurücknahme der Klage nach Schluß der mündlichen Verhandlung bis zur Rechtskraft des Urteils), § 23 (betr. Einführung des § 627c ZPO., § 24 (über die Feststellung des Reichs-, jetzt des LandesJM. (Entsch. d. BReg. v. 6. 12. 49) als Voraussetzung für Anerkennung ausländischer Entscheidungen in Ehesachen, ebenso Beitzke a. a. O., a.A. Nehlert a. a. O.).

In Kraft geblieben ist auch die 5. DVO. vom 18. März 1943 (siehe die Angaben beim Abdruck der VO. im Anhang) (RGBl. S. 145) über die nachträgliche Feststellung des Scheidungsrechts eines Verstorbenen auf Betreiben des Staatsanwalts, welche weder zu den nach A I, II oder III des Gesetzes Nr. 1 aufgehobenen Bestimmungen gehört, kein Ausfluß spezifisch nationalsozialistischer Ideen und auch nicht unvereinbar mit diesem Gesetz ist (vgl. § 24 Abs. 2). Laut SJZ. 1946 S. 131 Sp. 1 sollen in der amerikanischen Besetzungszone die Staatsanwälte durch gemeinsamen Erlaß der Justizministerien der drei Länder der Zone angewiesen werden, Anträge auf Feststellung des Scheidungsrechts eines Verstorbenen nicht mehr zu stellen und schon gestellte zurückzunehmen. Außerordentlich umstritten war die Rechtswirksamkeit des auf einem unveröffentlichten, in KG. NJ. 48 S. 52 = HRE. 1 S. 30 wiedergegebenen Erlaß Hitlers vom 6. März 1943 beruhenden Erlasses des Reichsinnenministers vom 15. Juni 1943 über nachträgliche Eheschließung mit einem Toten (Gefallenen) mittels ministerieller Genehmigung und die Rechtsgültigkeit der so erklärten Ehen. Der in der ersten Auflage vertretenen Meinung, daß solche Nichtehen seien, abgesehen von der Form, schon deshalb, weil es inhaltlich eine widersinnige Erklärung ist, eine Lebensgemeinschaft mit einem Toten eingehen zu wollen, und weil dessen Wille überhaupt nicht erklärt war, waren auch Küster SJZ. 46 S. 33 und S. 663 und 47 S. 289, Eisenberger ebenda Sp. 79, Nehlert JR. 47 S. 73, OLG. Düsseldorf JMBl. Nordrh.Westf. 47 S. 77, OLG. Braunschweig und KG. beide SJZ. 47 S. 663, Frankfurt SJZ. 47 S. 625, Coing DRZ. 48 S. 214. Ihr entgegen stand die Übung der britischen Zone und die Meinungen des LG. Verden SJZ. 47 S. 89, LG. Hildesheim MDR. 47 S. 161, die aber über die erbrechtliche Wirkung gegenüber dem Gefallenen entgegengesetzter Meinung sind, ferner auch OLG. Dresden, welches den Erlaß auf Grund der Rechtssetzungsgewalt des „Führers" anerkennt und Dölle DRZ. 47 S. 39, der zwar mit den übrigen Gegnern u. M. den unveröffentlichten Erlaß nicht als Rechtsquelle ansieht, aber ein Gewohnheitsrecht annimmt, das auf Grund des Erlasses entstanden ist. Hiergegen mit ausführlicher Erörterung Zweigert DRZ. 48 S. 113. Gegen die Annahme des Gewohnheitsrechtes spricht, daß mangels der Veröffentlichung des Erlasses an der Bildung des Gewohnheitsrechts nur ein sehr kleiner Teil der interessierten Volkskreise beteiligt ist, daß aber über diese hinaus die Anerkennung der Ehe von der Anschauung des ganzen Volkes abhängt, ferner die eigene (richtige) Ansicht Dolles, daß es sich gar nicht um eine Eheschließung mit der Folge der Entstehung eines Eheverhältnisses, sondern um die Verleihung einer ehelichen Rechtsstellung durch Verwaltungsakt handelt. Ob die Einräumung einer gesetzeswidrigen Rechtsstellung durch Verwaltungsakt rechtswirksam ist und ob sich ein Gewohnheitsrecht bilden kann, welches die Rechtswirksamkeit einer so entstandenen Rechtsstellung anerkennt, muß dahin stehen. Gegen ein Gewohnheitsrecht, aber für einen Verwaltungsakt mit (insbesondere erbrechtlich) beschränkten Wirkungen Schätzel DRZ. 47 S. 219, ferner OLG. Hamm NJW. 48 S. 481 und Bröker a. a. O., OLG. Hamm a. a. O. nimmt einen Gnadenerweis an, dessen Tragweite durch Auslegung des Staatsaktes zu ermitteln ist, durch den er erwiesen wurde. Danach entsteht keine rechtsgültige Ehe, aber der Rechtsschein einer solchen nach außen, jedoch nur in personenstandrechtlicher (nicht erbrechtlicher Beziehung zugunsten der Braut, wohl aber die Stellung eines vollehelichen Kindes zugunsten des Kindes, wenn der gefallene Vater es noch als das Seinige anerkannt hatte, so daß das Kind sogar als befugt angesehen wurde, ein noch nach seiner Geburt von dem gefallenen Vater errichtetes Testament nach §§ 2078—79 anzufechten. Unhaltbar! Denn erstens ist die Erklärung des Standesbeamten bei der Eheschließung nur deklaratorisch und kein Staatsakt, also nicht Gegenstand einer Auslegung, und auch die Genehmigung des Ministeriums bringt ohne die Eheschließungserklärung der Braut keine auch nur scheinbare Ehe zustande, kann also für sich allein auch nicht ausgelegt werden. Unmöglich kann aber der Mutter des Kindes die Befugnis zukommen, rechtsgestaltend durch ihre Erklärung ein rechtliches Band zwischen dem Kind und seinem Vater gleich dem herzustellen, das zwischen ehelichen Kindern und ihrem Vater besteht. Gegen diese Konstruktion auch Böker a. a. O. Vgl. schließlich auch die ausführlichen Darlegungen von Boehmer Arch.Z.Pr. 150 S. 235: Natürlich kann ein Toter keine Ehe mehr eingehen, aber es kann durch Verwaltungsakt der Braut der Name verliehen werden und ein öffentlich-rechtlicher Versorgungs- oder Versicherungsanspruch gewährt werden. Auch den Kindern kann durch Verwaltungsakt nicht mehr als der Name und ein Versorgungsanspruch gegeben werden. Die Frage ist für die britische Zone geregelt durch die VO. vom 13. August 1948 (abgedruckt S. 397), welche der Braut den Namen des Verstorbenen, den Kindern die volle rechtliche Stellung ehelicher Kinder gewährt.

In Kraft geblieben ist die 6. DVO. 1944 (RGBl. S. 256) über die Behandlung der Ehewohnung und des Hausrates nach der Scheidung (ebenso OLG. Halle JR. 47 S. 60, OLG. Kiel ebenda S. 57, Nehlert JR. 47 S. 73. Vgl. hierzu auch RG. 30. Oktober 1943 DJ. 1943 S. 591.

Aufgehoben ist das Gesetz zum Schutz des deutschen Blutes. Zweifelhaft ist, ob § 1 Ehegesundheitsgesetz noch gilt. Danach dürfen Verlobte, die mit ansteckenden, mit Gefahr für die Nachkommenschaft verbundenen Krankheiten oder Erbkrankheiten im Sinne des Erbgesundheitsgesetzes behaftet sind oder unter geistigen Störungen leiden, welche ihre Ehe für die Volksgemeinschaft unerwünscht macht, keine Ehe eingehen. Nach § 2 EheG. hatten die Verlobten durch ein von einem Arzt nach Untersuchung auszustellendes Ehetauglichkeitszeugnis darzutun, daß ihre Ehe nicht gegen dieses Verbot verstieß. Dieser § 2 ist jedoch niemals in Kraft getreten (§ 8 EheG.). Gleichwohl kann der Standesbeamte, wenn er begründete Zweifel hat, ob das Ehehindernis besteht, im Einzelfall verlangen, daß ein derartiges von einem Arzt zufolge einer Untersuchung ausgestelltes Ehetauglichkeitszeugnis beigebracht wird (§ 3 DVO. zum EheG.). Nach § 3 EheG. ist die Ehe nichtig (vernichtbar), wenn das Zeugnis erschlichen oder die Mitwirkung des Standesbeamten zur Eheschließung durch falsche Angaben erwirkt wurde. Um dem Standesbeamten die Prüfung abzunehmen, welche ihn nach § 3 der 1. DVO. oblag, hat die 2. DVO. zum EheG. bestimmt, daß in jedem Falle ein Verlobter eine Eheunbedenklichkeitsbescheinigung des für ihn zuständigen Gesundheitsamtes beizubringen habe, welches ohne ärztliche Untersuchung von dem Gesundheitsamt auf Grund seiner Erbkartei oder sonst vorhandener Unterlagen ausgestellt wird. Auf diese Bescheinigung kann der Standesbeamte sich verlassen. Nur wenn die Bescheinigung versagt wird oder der Standesbeamte trotz ihrer begründete Zweifel hat, ob ein Ehehindernis nach § 1 des EheG. vorliegt, ist das Ehetauglichkeitszeugnis beizubringen. Die Nichtigkeitsbestimmung des § 3 EheG. ist, weil mit § 16 unvereinbar, zweifellos außer Kraft getreten. Bezüglich der Vorschrift, ob in jedem Falle eine Eheunbedenklichkeitsbescheinigung und im Falle ihrer Versagung oder auf Verlangen des Standesbeamten ein Ehetauglichkeitszeugnis vorzulegen ist, gehen Übung und Meinungen in den einzelnen Zonen und Länder auseinander. In Thüringen, in der amerikanischen und englischen Zone ist die Unbedenklichkeitsbescheinigung, evtl. das Ehetauglichkeitszeugnis, beizulegen. In Thüringen und in der amerikanischen Zone werden die Verlobten, wenn sie sich dessen weigern, nichtsdestoweniger getraut. In der englischen Zone dagegen nicht. Ein neues eigenes EheG. hat Württemberg über die Vorlegung eines Ehegesundheitszeugnisses vor der Eheschließung erlassen. Danach haben die Verlobten dem Standesbeamten ein amtsärztliches oder amtsärztlich bestätigtes Zeugnis über Freiheit von ansteckenden oder die Nachkommenschaft schädigenden Krankheiten (Tuberkulose, Geschlechtskrankheiten), Geisteskrankheit oder Geistesschwäche vorzulegen, sind aber zu trauen, wenn sie trotz ärztlicher Bedenken darauf bestehen, die Ehe zu schließen.

§ 80

Dieses Gesetz tritt am 1. März 1946 in Kraft.

Gegeben zu Berlin, den 20. Februar 1946.

Das Gesetz verzichtet auf **ÜBERGANGSVORSCHRIFTEN**, das Gesetz von 1938 hat deren zahlreiche enthalten, die nunmehr außer Kraft getreten sind. In weitem Umfange sind solche entbehrlich, weil die Bestimmungen des EheG. von 1946 sich mit denjenigen des Gesetzes von 1938 decken. Immerhin hat es nicht alle Bestimmungen des letzteren übernommen und weichen einige seiner Bestimmungen davon ab. Außerdem sind auch die unter der Herrschaft des BGB. abgeschlossenen Eheverhältnisse noch nicht alle abgewickelt. Sonach ist von Fall zu Fall zu untersuchen, welche Bestimmungen anzuwenden sind:

1. Der **Bestand** einer vor dem Inkrafttreten dieses Gesetzes geschlossenen. bei Inkrafttreten noch bestehenden Ehe beurteilt sich unter dem Gesichtspunkt der Ehefähigkeit und der Form der Eheschließung nach dem ihm günstigeren Gesetz (vgl. A. 198 EhBGB.).

Dasselbe gilt unter dem Gesichtspunkt der Eheverbote. Es kann sonach eine Ehe nicht nachträglich nichtig werden, weil sie gegen ein z. Z. ihrer Schließung noch nicht geltendes Verbot verstößt, während aber umgekehrt ihre Nichtigkeit wegen eines vom EheG. 1946 nicht übernommenen früheren Eheverbots (Blutsverschiedenheit, Mangel der Ehetauglichkeit, Staatsangehörigkeitsehe) nicht mehr geltend gemacht werden kann, wie auch eine vor Inkrafttreten des Gesetzes geschlossene Ehe, welche gegen ein fortgeltendes Eheverbot verstößt, durch die nachträgliche Befreiung von dem Eheverbot geheilt werden kann, wenn dieses Gesetz eine nachträgliche Befreiung zuläßt. Früher nach § 23 1938 nichtige Staatsangehörigkeitsehen können darnach heute nicht mehr für nichtig erklärt werden. Es ist selbstverständlich, daß es bei einer nach früherem Gesetz durch das Verhalten eines oder beider Gatten eingetretenen Heilung verbleibt. Umgekehrt ist auch eine erst nach diesem Gesetz nunmehr begründet erscheinende Heilung anzuerkennen. Soweit eine Ehe auf Grund früher geltenden Eheverbots bei Inkrafttreten des EheG. bereits rechtskräftig für nichtig erklärt worden war, hat es hierbei sein Bewenden (vgl. § 7); jedoch kann die Härtemilderungsklage (§ 77) gegeben sein.

2. a) Die Nichtigkeit einer vor Inkrafttreten dieses Gesetzes geschlossenen, nach Maßgabe von 2 nichtigen, bei Inkrafttreten des Gesetzes noch nicht für nichtig erklärten Ehe kann nur geltend gemacht werden, wenn sie auf Nichtigkeitsklage gemäß den Vorschriften dieses Gesetzes für nichtig erklärt ist, es sei denn, daß es sich um eine Nichtehe handelt. Nichtehen sind vorbehaltlich künftiger vordringlicher gesetzlicher Regelung die zufolge des Erlasses des Reichsinnenministers vom 18. 3. 1943 mit Gefallenen geschlossenen Ehen (vgl. zu § 79).

b) Ob ein **Kind aus einer vernichtbaren,** vor Inkrafttreten des Gesetzes von 1938 rechtskräftig für nichtig erklärten **Ehe** unehelich ist oder als ehelich gilt, richtet sich nach den Vorschriften des BGB. (§ 81 EheG. 1938). Soweit damals eine nichtige Ehe noch nicht für nichtig erklärt war, aber in der Zeit vor dem 1. 3. 1946 für nichtig erklärt worden ist, beurteilt sich die Frage, ob ein Kind unehelich ist oder als ehelich gilt, nach §§ 29, 30 des Gesetzes von 1938. Nach letzterem Gesetz unehelichen Kindern kann u. U. nach Maßgabe des § 77 dieses Gesetzes geholfen werden. Soweit Ehen erst nach dem 1. 3. 1946 für nichtig erklärt werden, gelten die Kinder als ehelich nach Maßgabe des § 25. Kinder aus Ehen, die nach Maßgabe der bei ihrer Eingehung geltenden Bestimmungen **Nichtehen** waren, sind und bleiben unehelich. Das trifft auch auf Kinder aus Ehen mit Gefallenen nach dem Erlaß des Reichsinnenministers vom 18. 3. 1943 zu (vgl. zu § 79 a. E.).

3. Ehen, die vor dem Inkrafttreten dieses Gesetzes geschlossen worden sind und nach den Bestimmungen des BGB. anfechtbar waren, aber bei Inkrafttreten des EheG. von 1938 noch nicht für nichtig erklärt waren, können nur aufgehoben werden. Die **Aufhebbarkeit** und die **Aufhebungs-**

klage richtet sich nach den Bestimmungen dieses Gesetzes. Auch wenn bei Inkrafttreten dieses Gesetzes die Aufhebungsklage schon schwebt. Dasselbe gilt von den Verhältnissen der Ehegatten in vermögensrechtlicher Beziehung. In vermögensrechtlicher Beziehung wird an dem Verhältnis der Ehegatten von Ehen, welche bei Inkrafttreten dieses Gesetzes bereits aufgehoben oder für nichtig erklärt worden waren, durch das Inkrafttreten dieses Gesetzes natürlich nichts geändert.

4. Für die **Scheidung** einer bei Inkrafttreten dieses Gesetzes noch nicht rechtskräftig geschiedenen Ehe und ihre Folgen sind die Vorschriften und Grundsätze dieses Gesetzes auch dann maßgebend, wenn die Ehe vor seinem Inkrafttreten geschlossen oder die Scheidungsklage vor dem 1. März 1946 erhoben oder die Eheverfehlung vorher begangen worden ist.

5. Die gesetzliche **Unterhaltspflicht** der Ehegatten, deren Ehe vor Inkrafttreten dieses Gesetzes geschieden worden ist, bestimmt sich nach diesem Gesetz. Die durch § 58 herbeigeführte Besserstellung der schuldlos geschiedenen Frau (welcher nach § 58 keine Erwerbstätigkeit mehr angesonnen wird) kommt also auch jenen Frauen zugute, die schon vor dem 1. 3. 1946 rechtskräftig geschieden worden sind.

6. Das Recht der Namensführung der Frau richtet sich nach diesem Gesetz; auch wenn die Ehe vor seinem Inkrafttreten aufgelöst oder für nichtig erklärt worden ist.

7. Das Personensorge- und Verkehrsrecht hinsichtlich der gemeinschaftlichen Kinder aus Ehen, die vor dem Inkrafttreten dieses Gesetzes oder des EheG. 1938 geschieden worden sind, richtet sich nach diesem Gesetz, d. h. das Vormundschaftsgericht hat es zu regeln, wenn nach A. 74 Abs. 6 Veranlassung dazu besteht; andernfalls bleibt es bei der bisher bestehenden Ordnung, insbesondere auch dem Sorgerecht, das den Ehegatten einer vor 1938 geschiedenen Ehe nach § 1635 BGB. zugefallen ist (vgl. LG. Duisbg. NJ. 1948 S. 48 m. Anm. von Gieseke). Letzteres bestimmte praktisch das Gesetz 1938 auch bezüglich der Kinder der unter der Herrschaft des BGB. geschiedenen Ehen.

8. Als Übergangsregelung kann § 77 über **Härtemilderung** angesehen werden.

Erste Durchführungsverordnung vom 27. Juli 1938 zum Ehegesetz

vom 6. Juli 1938

(RGBl. I S. 923)

Auf Grund des § 131 des Gesetzes zur Vereinheitlichung des Rechts der Eheschließung und der Ehescheidung im Lande Österreich und im übrigen Reichsgebiet vom 6. Juli 1938 (Reichsgesetzbl. 1 S. 807) verordne ich:

I. Befreiung vor Ehevoraussetzungen und Eheverboten

A. EHEMÜNDIGKEIT

§ 1 Zuständigkeit

(1) Über die Befreiung vom Erfordernis der Ehemündigkeit (§ 1 des Ehegesetzes) entscheidet das Vormundschaftsgericht, das für den Verlobten, der der Befreiung bedarf, zuständig ist.

(2) In den Ländern, in denen die Verrichtungen des Vormundschaftsgerichts ganz oder teilweise anderen als gerichtlichen Behörden übertragen sind, steht die Befreiung vom Erfordernis der Ehemündigkeit den Behörden zu, die über Anträge auf Volljährigkeitserklärung zu befinden haben.

§ 2 Richtlinien

Aufgehoben.

B. SCHWÄGERSCHAFT

§ 3 Zuständigkeit

(1) Über die Befreiung vom Eheverbot wegen Schwägerschaft *und* Geschlechtsgemeinschaft[1]) (§ 7 des Ehegesetzes) entscheidet der Landgerichtspräsident, in dessen Bezirk der Mann seinen Wohnsitz oder in Ermangelung eines Wohnsitzes seinen Aufenthalt hat.

(2) Hat nur die Frau Wohnsitz oder Aufenthalt im Inland, so bestimmt sich die Zuständigkeit nach ihrem Wohnsitz oder Aufenthalt.

(3) Hat keiner der Beteiligten Wohnsitz oder Aufenthalt im Inland, so ist der Landgerichtspräsident in Berlin zuständig.

(4) Der Oberlandesgerichtspräsident entscheidet über die Befreiung, wenn auch nur einer der Verschwägerten die deutsche Staatsangehörigkeit nicht besitzt oder wenn die Ehe unter Verletzung der Vorschrift des § 7 des Ehegesetzes bereits geschlossen ist.

(5) Ich behalte mir vor, in Fällen bestimmter Art selbst zu entscheiden oder im Einzelfall die Entscheidung an mich zu ziehen.

§ 4 Richtlinien

(1) Bei der Entscheidung über die Befreiung vom Eheverbot wegen Schwägerschaft sind die gesamten Umstände des Falles zu berücksichtigen. Für jeden Beteiligten sind ein polizeiliches Führungszeugnis, ein ärztliches Gesundheitszeugnis, seine Geburtsurkunde und die Heiratsurkunde seiner Eltern beizubringen; sind die Staatsangehörigkeitsverhältnisse eines Beteiligten zweifelhaft, so kann die Beibringung eines Staatsangehörigkeitsausweises verlangt werden.

---

[1]) VO. vom 27. August 1948 s. S. 400.

(2) Die Befreiung ist in der Regel zu erteilen, wenn seit Auflösung oder Nichtigerklärung der Ehe, auf der die Schwägerschaft beruht, ein Jahr verstrichen ist. Sie soll versagt werden, wenn der Mann erheblich jünger ist als die Frau oder wenn die beabsichtigte Ehe aus gesundheitlichen Gründen unerwünscht ist (Fortgeltung bestr. s. Beitzke DRZ. 46 S. 136, FamR. S. 26, Nehlert JRdsch. 47 S. 71, Mitteis FamR. S. 28).

(3) Die Vorbereitung der Entscheidung liegt dem Amtsgericht ob.

C. EHEBRUCH

§ 5 Zuständigkeit

(1) Über die Befreiung vom Eheverbot wegen Ehebruchs (§ 9 des Ehegesetzes) entscheidet der Präsident des Landgerichts, vor dem der Ehescheidungsstreit im ersten Rechtszug verhandelt worden ist.

(2) Ist die Ehe im Ausland geschieden, so entscheidet der Landgerichtspräsident, in dessen Bezirk der geschiedene Ehegatte seinen Wohnsitz oder in Ermangelung eines Wohnsitzes seinen Aufenthalt hat; hat er im Inland weder Wohnsitz noch Aufenthalt, so ist der Landgerichtspräsident in Berlin zuständig.

(3) Sind beide Verlobte wegen Ehebruchs geschieden, so entscheidet der für den Mann zuständige Landgerichtspräsident.

(4) Der Oberlandesgerichtspräsident entscheidet über die Befreiung:

a) wenn auch nur einer der Beteiligten die deutsche Staatsangehörigkeit nicht besitzt oder zur Zeit der Rechtskraft des Scheidungsurteils nicht besessen hat;

b) wenn die Ehe in einem anderen Staat als dem Heimatstaat des Gesuchstellers geschieden ist;

c) wenn die Ehe unter Verletzung der Vorschrift des § 9 des Ehegesetzes bereits geschlossen ist.

(5) Bedarf nicht der geschiedene Ehegatte, sondern nur der Mitschuldige der Befreiung, so bestimmt sich die Zuständigkeit der Befreiungsbehörde nach den Verhältnissen des Mitschuldigen.

(6) Ich behalte mir vor, in Fällen bestimmter Art selbst zu entscheiden oder im Einzelfall die Entscheidung an mich zu ziehen.

§ 6 Richtlinien

(1) Ob ein schwerwiegender Grund zur Versagung der Befreiung vom Eheverbot wegen Ehebruchs vorliegt, ist unter Berücksichtigung aller Umstände des Falles, insbesondere der persönlichen Eigenschaften der Beteiligten und ihres Verhaltens, zu prüfen. § 4 Abs. 1 Satz 2 ist anzuwenden.

(2) Ein schwerwiegender Grund zur Versagung der Befreiung liegt insbesondere dann vor, wenn mit hoher Wahrscheinlichkeit anzunehmen ist, daß die neue Ehe nicht von Bestand sein wird ...

(3) Die Vorbereitung der Entscheidung liegt der Zivilkammer ob. Diese kann sich der Hilfe eines Urkundsbeamten der Geschäftsstelle bedienen.

D. EHEFÄHIGKEITSZEUGNIS FÜR AUSLÄNDER

§ 7 Zuständigkeit

(1) Über die Befreiung von der Beibringung des Ehefähigkeitszeugnisses für Ausländer entscheidet der Oberlandesgerichtspräsident, in dessen Bezirk die Ehe geschlossen werden soll.

(2) Ich behalte mir vor, in Fällen bestimmter Art selbst zu entscheiden oder im Einzelfall die Entscheidung an mich zu ziehen.

§ 8 Richtlinien

(1) Eine Befreiung von der Beibringung des Ehefähigkeitszeugnisses soll grundsätzlich nur Staatenlosen sowie Angehörigen solcher Länder gewährt werden, deren innere Behörden Zeugnisse dieser Art nicht ausstellen. Angehörigen anderer Länder ist Befreiung nur in besonderen Ausnahmefällen zu gewähren.

(2) Bei der Entscheidung über die Befreiung sind die gesamten Verhältnisse der Verlobten zu berücksichtigen. Wegen der Beibringung von Nachweisen über die Ehefähigkeit gilt § 21 Abs. 2 Satz 3 und 4, Abs. 3—5 zur ersten Verordnung des Personenstandsgesetzes vom 19. Mai 1938 (Reichsgesetzblatt I S. 533).

(3) Die Befreiung gilt nur für die Dauer von 6 Monaten. Dies ist in der Befreiungsurkunde zu vermerken.

(4) Der Standesbeamte, vor dem die Ehe geschlossen werden soll, hat den Antrag entgegenzunehmen und die Entscheidung vorzubereiten.

E. SONSTIGE BESTIMMUNGEN

§ 9 Wartezeit, Aufgebot, Ehefähigkeitszeugnis für deutsche Staatsangehörige

Für die Befreiung vom Eheverbot der Wartezeit, für die Befreiung vom Aufgebot, für die Abkürzung der Aufgebotsfrist sowie für die Ausstellung von Ehefähigkeitszeugnissen für deutsche Staatsangehörige im Ausland gelten die Vorschriften im § 27 Abs. 2 und in den §§ 31, 32 und 114 der ersten Verordnung zur Ausführung des Personenstandsgesetzes vom 19. Mai 1938 (Reichsgesetzblatt I S. 533).

§ 10 Fortdauer der Zuständigkeit

(1) Die Zuständigkeit der in den vorstehenden Vorschriften bezeichneten Behörden wird durch eine Veränderung der sie begründenden Umstände nicht berührt.

(2) Entscheidungen, durch die einem Gesuch stattgegeben wird, sind nicht deshalb unwirksam, weil sie von einer örtlich unzuständigen Behörde erlassen sind.

§ 11 Besonderes für Justizverwaltungsentscheidungen

(1) Die in den Fällen der §§ 1, 3, 5 und 7 vorgesehenen Entscheidungen sind Justizverwaltungsentscheidungen. Gegen die Entscheidung, durch die ein Gesuch abgelehnt wird, findet die Beschwerde an den Oberlandesgerichtspräsidenten statt.

(2) Gegen ablehnende Entscheidungen des Oberlandesgerichtspräsidenten ist Beschwerde zulässig. Die Entscheidung über die Beschwerde steht mir zu.

§ 12 Gebühren

(1) An Gebühren werden erhoben:
für die Befreiung vom Erfordernis der Ehemündigkeit (§ 1) 5 bis 25 DM,
für die Befreiung von Eheverboten wegen Schwägerschaft und wegen Ehebruchs und für die Befreiung von der Beibringung des Ehefähigkeitszeugnisses für Ausländer (§§ 3, 5 und 7) 10 bis 500 DM.

(2) Wird ein Gesuch zurückgenommen oder abgelehnt, so wird nur die Hälfte der bezeichneten Gebühren erhoben.

(3) Mit Rücksicht auf die wirtschaftliche Lage der Beteiligten kann von der Erhebung einer Gebühr abgesehen werden, auch ein geringerer Betrag als der Mindestsatz erhoben werden.

(4) Die Erledigung des Gesuchs kann davon abhängig gemacht werden, daß die Gebühr ganz oder teilweise vorausbezahlt wird.

II. Weitere Durchführungsbestimmungen

§ 13 Wiederholung der Eheschließung

Das Verbot der Doppelehe (§ 8 des Ehegesetzes) steht einer Wiederholung der Eheschließung nicht entgegen, wenn die Ehegatten Zweifel an der Gültigkeit oder an dem Fortbestand ihrer Ehe hegen.

§ 14

Aufgehoben.

§ 15 Eheschließung von Ausländern

Ausländer im Sinne des § 14 des Ehegesetzes sind Personen, die die deutsche Staatsangehörigkeit nicht besitzen.

§ 16

Vermögensrechtliche Beziehungen der Ehegatten aus einer nichtigen Ehe

Soweit auf die vermögensrechtlichen Beziehungen der Ehegatten aus einer für nichtig erklärten Ehe die im Falle der Scheidung geltenden Vorschriften entsprechende Anwendung finden (§ 31 Abs. 1 des Ehegesetzes), kann im Falle des § 69 Abs. 2 des Ehegesetzes jeder Ehegatte Unterhalt ohne Rücksicht darauf verlangen, wer die Nichtigkeitsklage erhoben hatte.

§ 17 Schuldausspruch im Aufhebungsurteil

Wird die Ehe aufgehoben und ist ein Ehegatte im Sinne des § 42 (jetzt 37) Abs. 2 des Ehegesetzes oder des § 19 Abs. 2 dieser Verordnung als schuldig anzusehen, so ist dies im Urteil auszusprechen.

§ 18 Zusammentreffen von Aufhebungs- und Scheidungsbegehren

Wird in demselben Rechtsstreit Aufhebung und Scheidung der Ehe begehrt und sind die Begehren begründet, so ist nur auf Aufhebung der Ehe zu erkennen. Die Schuld eines Ehegatten, welche das Scheidungsbegehren oder einen Schuldantrag gegenüber diesem Begehren rechtfertigt, ist im Schuldausspruch (§ 17 dieser Verordnung, §§ 60 und 61 des Ehegesetzes) zu berücksichtigen.

Ist hiernach jeder der Ehegatten als schuldig anzusehen, so sind beide für schuldig zu erklären. Ist das Verschulden des einen Ehegatten erheblich schwerer als das des anderen, so ist zugleich auszusprechen, daß seine Schuld überwiegt.

§ 19 Wiederverheiratung im Falle der Todeserklärung

(1) In den Fällen des § 44 (jetzt 39) des Ehegesetzes kann die Aufhebung der Ehe nur binnen eines Jahres begehrt werden. Die Frist beginnt mit dem Zeitpunkt, in dem der Ehegatte aus der früheren Ehe Kenntnis davon erlangt hat, daß der für tot erklärte Ehegatte noch lebt.

§ 20 Name der geschiedenen Frau

(1) Die Vorschriften, die für die Entgegennahme und Beglaubigung der Erklärungen über die Wiederannahme ihres früheren Familiennamens durch die geschiedene Frau maßgebend sind (§ 49 der ersten Verordnung zur Ausführung des Personenstandsgesetzes vom 19. Mai 1938 — Reichsgesetzblatt I S. 533), gelten auch für die Wiederaufnahme eines früheren Ehenamens.

(2) Die Zuständigkeit des Vormundschaftsgerichts, dem die im § 65 des Ehegesetzes vorgesehenen Verrichtungen zugewiesen sind, bestimmt sich nach § 43 des Reichsgesetzes über die Angelegenheiten der freiwilligen Gerichtsbarkeit vom 17. Mai 1898 in der Fassung vom 20. Mai 1898 (Reichsgesetzblatt S. 771). Maßgebend ist der Wohnsitz oder der Aufenthalt der Frau.

III. Änderungen des Bürgerlichen Gesetzbuchs und der §§ 21 bis 29

vgl. die Ausgaben zum BGB. (§§ 1478 Abs. 3, 1609 Abs. 2 S. 2, 1921 Abs. 1, 1721, 1899 Abs. 3, 1900, 1933, 2077 Abs. 1, Art. 17 Abs. 4 EGBGB.).

IV. Änderungen des Verfahrens in Ehe- und Kinderschaftssachen

A. VERFAHREN IN EHESACHEN

§ 30

§ 170 des Gerichtsverfassungsgesetzes erhält folgende Fassung:

„§ 170. Die Verhandlungen in Ehesachen sind nicht öffentlich."

§§ 31 bis 43 siehe S. 404 ff.

B. VERFAHREN IN RECHTSSTREITIGKEITEN, WELCHE DIE FESTSTELLUNG DES RECHTSVERHÄLTNISSES ZWISCHEN ELTERN UND KINDERN ZUM GEGENSTAND HABEN

§ 44

betr. §§ 640, 641 ZPO.

V. Änderungen anderer Gesetze

§ 45

betr. § 12 Personenstandsgesetz vom 3. November 1937 und § 35 Abs. 6 der ersten Ausführungsverordnung dazu vom 19. Mai 1938.

§§ 46, 47 aufgehoben.

§ 48

betr. §§ 87 Abs. 1 Nr. 5, 6 Abs. 3 88 Abs. 1 Nr. 2 Kostenordnung vom 25. November 1935.

VI. Sondervorschriften für das Land Österreich

§§ 49 bis 86 aufgehoben.

VII. Inkrafttreten, Übergangsvorschriften

§§ 87 bis 90 aufgehoben.

Berlin, den 27. Juli 1938.

Der Reichsminister der Justiz.

Verordnung zur Ausführung des Ehegesetzes vom 20. Februar 1946 (Kontrollratsgesetz Nr. 16)

Vom 12. Juli 1948

Nach § 79 des Ehegesetzes vom 20. Februar 1946 (Kontrollratsgesetz Nr. 16) sind die zur Durchführung des Ehegesetzes vom 8. Juli 1938 ergangenen Gesetze, Verordnungen und Erlasse sowie die Bestimmungen aller sonstigen Gesetze aufgehoben, welche mit dem Kontrollratsgesetz Nr. 16 unvereinbar sind.

Zur Klarstellung der hiernach noch anzuwendenden Bestimmungen werden diese mit Zustimmung der Militärregierung unter Anpassung an das Kontrollratsgesetz Nr. 16 nachstehend wie folgt bekanntgegeben:

I. Befreiung von Ehevoraussetzungen und Eheverboten

A. EHEMÜNDIGKEIT

§ 1 Zuständigkeit

(1) Über die Befreiung vom Erfordernis der Ehemündigkeit (§ 1 des Ehegesetzes) entscheidet das Vormundschaftsgericht, das für den Verlobten, der der Befreiung bedarf, zuständig ist.

(2) In den Ländern, in denen die Verrichtungen des Vormundschaftsgerichts ganz oder teilweise anderen als gerichtlichen Behörden übertragen sind, steht die Befreiung vom Erfordernis der Ehemündigkeit den Behörden zu, die über Anträge auf Volljährigkeitserklärungen zu befinden haben.

§ 2 Richtlinien

Die Befreiung vom Erfordernis der Ehemündigkeit ist dem Mann zu versagen, wenn er noch nicht die erforderliche Reife zur Eingehung der Ehe besitzt oder zweifelhaft ist, ob die Ehe von Bestand sein wird.

B. SCHWÄGERSCHAFT

§ 3 Zuständigkeit

(1) Über die Befreiung vom Eheverbot wegen Schwägerschaft und Geschlechtsgemeinschaft (§ 4 des Ehegesetzes) entscheidet der Landgerichtspräsident, in dessen Bezirk der Mann seinen Wohnsitz oder in Ermangelung eines Wohnsitzes seinen Aufenthalt hat.

(2) Hat nur die Frau Wohnsitz oder Aufenthalt im Inland, so bestimmt sich die Zuständigkeit nach ihrem Wohnsitz oder Aufenthalt.

(3) Hat keiner der Beteiligten Wohnsitz oder Aufenthalt im Inland, so ist der Präsident des Landgerichts zuständig, in dessen Bezirk gemäß § 15 Abs. 3 des Ehegesetzes eine Eheschließung vorgenommen werden kann.

(4) Der Oberlandesgerichtspräsident entscheidet über die Befreiung, wenn auch nur einer der Verschwägerten die deutsche Staatsangehörigkeit nicht besitzt oder wenn die Ehe unter Verletzung der Vorschrift des § 4 des Ehegesetzes bereits geschlossen ist.

§ 4 Richtlinien

(1) Bei der Entscheidung über die Befreiung vom Eheverbot wegen Schwägerschaft sind die gesamten Umstände des Falles zu berücksichtigen. Für jeden Beteiligten sind ein polizeiliches Führungszeugnis, ein ärztliches Gesundheitszeugnis, seine Geburtsurkunde und die Heiratsurkunde seiner Eltern beizubringen; sind die Staatsangehörigkeitsverhältnisse eines Beteiligten zweifelhaft, so kann die Beibringung eines Staatsangehörigkeitsausweises verlangt werden.

(2) Die Befreiung ist in der Regel erst zu erteilen, wenn seit Auflösung oder Nichtigerklärung der Ehe, auf der die Schwägerschaft beruht, ein Jahr verstrichen ist.

(3) Die Vorbereitung der Entscheidung liegt dem Amtsgericht ob.

C. EHEBRUCH

§ 5 Zuständigkeit

(1) Über die Befreiung vom Eheverbot wegen Ehebruchs (§ 6 des Ehegesetzes) entscheidet der Präsident des Landgerichts, vor dem der Ehescheidungsstreit im ersten Rechtszug verhandelt worden ist.

(2) Ist das in Abs. 1 genannte Landgericht nicht mehr vorhanden oder nur unter unverhältnismäßig hohen Schwierigkeiten zu erreichen, oder ist die Ehe im Ausland geschieden, so entscheidet der Landgerichtspräsident, in dessen Bezirk der geschiedene Ehegatte seinen Wohnsitz oder in Ermangelung seines Wohnsitzes seinen Aufenthalt hat. Hat er im Inlande weder Wohnsitz noch Aufenthalt, so gilt § 3 Abs. 3.

(3) Sind beide Verlobte wegen Ehebruchs geschieden, so entscheidet der für den Mann zuständige Landgerichtspräsident.

(4) Der Oberlandesgerichtspräsident entscheidet über die Befreiung:

a) wenn auch nur einer der Beteiligten die deutsche Staatsangehörigkeit nicht besitzt oder zur Zeit der Rechtskraft des Scheidungsurteils nicht besessen hat;

b) wenn die Ehe in einem anderen Staat als dem Heimatstaat des Gesuchstellers geschieden ist;

c) wenn die Ehe unter Verletzung der Vorschrift des § 6 des Ehegesetzes bereits geschieden ist.

(5) Bedarf nicht der geschiedene Ehegatte, sondern nur der Mitschuldige der Befreiung, so bestimmt sich die Zuständigkeit der Befreiungsbehörde nach den Verhältnissen des Mitschuldigen.

§ 6 Richtlinien

(1) Ob ein schwerwiegender Grund zur Versagung der Befreiung vom Eheverbot wegen Ehebruchs vorliegt, ist unter Berücksichtigung aller Umstände des Falles, insbesondere der persönlichen Eigenschaften der Beteiligten und ihres Verhaltens, zu prüfen. § 4 Abs. 1 Satz 2 ist anzuwenden.

(2) Die Vorbereitung der Entscheidung liegt der Zivilkammer ob. Diese kann sich der Hilfe eines Urkundsbeamten der Geschäftsstelle bedienen.

D. EHEFÄHIGKEITSZEUGNIS FÜR AUSLÄNDER

§ 7 Zuständigkeit

Über die Befreiung von der Beibringung des Ehefähigkeitszeugnisses für Ausländer entscheidet der Oberlandesgerichtspräsident, in dessen Bezirk die Ehe geschlossen werden soll.

§ 8 Richtlinien

(1) Eine Befreiung von der Beibringung des Ehefähigkeitszeugnisses soll grundsätzlich nur Staatenlosen sowie Angehörigen solcher Länder gewährt werden, deren innere Behörden Zeugnisse dieser Art nicht ausstellen. Angehörigen anderer Länder ist Befreiung nur in besonderen Ausnahmefällen zu gewähren.

(2) Bei der Entscheidung über die Befreiung sind die gesamten Verhältnisse der Verlobten zu berücksichtigen. Wegen der Beibringung von Nachweisen über die Ehefähigkeit gilt § 21 Abs. 2 Satz 3 und 4, Abs. 3 bis 5 der Ersten Verordnung zur Ausführung des Personenstandsgesetzes vom 19. Mai 1938 (Reichsgesetzbl. I S. 533).

(3) Die Befreiung gilt nur für die Dauer von sechs Monaten. Dies ist in der Befreiungsurkunde zu vermerken.

(4) Der Standesbeamte, vor dem die Ehe geschlossen werden soll, hat den Antrag entgegenzunehmen und die Entscheidung vorzubereiten.

E. SONSTIGE BESTIMMUNGEN

§ 9 Wartezeit, Aufgebot, Ehefähigkeitszeugnis für deutsche Staatsangehörige

Für die Befreiung vom Eheverbot der Wartezeit, für die Befreiung vom Aufgebot, für die Abkürzung der Aufgebotsfrist, sowie für die Ausstellung von Ehefähigkeitszeugnissen für deutsche Staatsangehörige im Ausland gelten die Vorschriften im § 27 Abs. 2 und in den §§ 31, 32 und 114 der Ersten Verordnung zur Ausführung des Personenstandsgesetzes vom 19. Mai 1938 (Reichsgesetzbl. I S. 533).

§ 10 Fortdauer der Zuständigkeit und hilfsweise Zuständigkeit

(1) Die Zuständigkeit der in den vorstehenden Vorschriften bezeichneten Behörden wird durch eine Veränderung der sie begründenden Umstände nicht berührt.

(2) Entscheidungen, durch die einem Gesuch stattgegeben wird, sind nicht deshalb unwirksam, weil sie von einer örtlichen unzuständigen Behörde erlassen sind.

(3) Ist in den Fällen der §§ 1, 3 und 5 eine im Geltungsbereich dieser Verordnung zuständige Stelle nicht vorhanden, so ist auch der Oberlandesgerichtspräsident zuständig, in dessen Bezirk die Ehe geschlossen werden soll.

§ 11 Besonderes für Justizverwaltungsentscheidungen

(1) Die in den Fällen der §§ 1, 3, 5 und 7 vorgesehenen Entscheidungen sind Justizverwaltungsentscheidungen.

(2) Gegen die Entscheidungen in den Fällen der §§ 1, 3 und 5 Abs. 1 bis 3, durch die ein Gesuch abgelehnt wird, findet die Beschwerde an den Oberlandesgerichtspräsidenten statt.

§ 12 Gebühren

(1) An Gebühren werden erhoben:

für die Befreiung vom Erfordernis der Ehemündigkeit (§ 1) 5 bis 25 DM,

für die Befreiung von den Eheverboten wegen Schwägerschaft und wegen Ehebruchs und für die Befreiung von der Beibringung des Ehefähigkeitszeugnisses für Ausländer (§§ 3, 5 und 7) 10 bis 500 DM.

(2) Wird ein Gesuch zurückgenommen oder abgelehnt, so wird nur die Hälfte der bezeichneten Gebühren erhoben.

(3) Mit Rücksicht auf die wirtschaftliche Lage der Beteiligten kann von der Erhebung einer Gebühr abgesehen, auch ein geringerer Betrag als der Mindestsatz erhoben werden.

(4) Die Erledigung des Gesuchs kann davon abhängig gemacht werden, daß die Gebühr ganz oder teilweise vorausbezahlt wird.

II. Weitere Durchführungsbestimmungen

§ 13 Wiederholung der Eheschließung

Das Verbot der Doppelehe (§ 5 des Ehegesetzes) steht einer Wiederholung der Eheschließung nicht entgegen, wenn die Ehegatten Zweifel an der Gültigkeit oder an dem Fortbestand ihrer Ehe hegen.

§ 14 Eheschließung von Ausländern

Ausländer im Sinne des § 10 des Ehegesetzes sind Personen, die die deutsche Staatsangehörigkeit nicht besitzen.

§ 15 Vermögensrechtliche Beziehungen der Ehegatten aus einer nichtigen Ehe

Soweit auf die vermögensrechtlichen Beziehungen der Ehegatten aus einer für nichtig erklärten Ehe die im Falle der Scheidung geltenden Vorschriften entsprechende Anwendung finden (§ 26 Abs. 1 des Ehegesetzes), kann im Falle des § 61 Abs. 2 des Ehegesetzes jeder Ehegatte Unterhalt ohne Rücksicht darauf verlangen, wer die Nichtigkeitsklage erhoben hatte.

§ 16 Schuldausspruch im Aufhebungsurteil

Wird die Ehe aufgehoben und ist ein Ehegatte im Sinne des § 37 Abs. 2 des Ehegesetzes oder des § 18 Abs. 2 dieser Verordnung als schuldig anzusehen, so ist dies im Urteil auszusprechen.

§ 17 Zusammentreffen von Aufhebungs- und Scheidungsbegehren

Wird in demselben Rechtsstreit Aufhebung und Scheidung der Ehe begehrt und sind die Begehren begründet, so ist nur auf Aufhebung der Ehe zu erkennen. Die Schuld eines Ehegatten, welche das Scheidungsbegehren oder einen Schuldantrag gegenüber diesem Begehren rechtfertigt, ist im Schuldausspruch (§ 16 dieser Verordnung, §§ 52 und 53 des Ehegesetzes) zu berücksichtigen. Ist hiernach jeder der Ehegatten als schuldig anzusehen, so sind beide für schuldig zu erklären. Ist das Verschulden des einen Ehegatten erheblich schwerer als das des anderen, so ist zugleich auszusprechen, daß seine Schuld überwiegt.

§ 18 Wiederverheiratung im Falle der Todeserklärung

(1) In den Fällen des § 39 des Ehegesetzes kann die Aufhebung der Ehe nur binnen eines Jahres begehrt werden. Die Frist beginnt mit dem Zeitpunkt, in dem der Ehegatte aus der früheren Ehe Kenntnis davon erlangt hat, daß der für tot erklärte Ehegatte noch lebt.

(2) Soweit sich in den Fällen des § 39 des Ehegesetzes die Folgen der Aufhebung nach den Vorschriften über die Folgen der Scheidung bestimmen, ist der beklagte Ehegatte als schuldig anzusehen, wenn er bei der Eheschließung gewußt hat, daß der für tot erklärte Ehegatte die Todeserklärung überlebt hat.

§ 19 Name der geschiedenen Frau

(1) Die Vorschriften, die für die Entgegennahme und Beglaubigung der Erklärung über die Wiederannahme ihres früheren Familiennamens durch die geschiedene Frau maßgebend sind (§ 49 der Ersten Verordnung zur Ausführung des Personenstandsgesetzes vom 19. Mai 1938 — Reichsgesetzblatt I, S. 533 —) gelten auch für die Wiederannahme eines früheren Ehenamens.

(2) Als Vormundschaftsgericht, dem die im § 57 des Ehegesetzes vorgesehenen Verrichtungen zugewiesen sind, ist das Amtsgericht zuständig, in dessen Bezirk die Frau ihren Wohnsitz oder Aufenthalt hat; in Ermangelung eines zuständigen inländischen Gerichts, das Amtsgericht Hamburg.

§ 20 Härtemilderungsklage

Eine Härtemilderungsklage gemäß § 77 Abs. 2 Satz 1 ist vor dem Gericht zu erheben, das in erster Instanz für den Erlaß der angefochtenen Entscheidung zuständig war.

III. Änderungen des Bürgerlichen Gesetzbuchs

§ 21

Im § 1621 Abs. 1 des Bürgerlichen Gesetzbuchs sind an Stelle der Worte „vom 6. Juli 1938 (Reichsgesetzblatt I, S. 807)" zu setzen „vom 20. Februar 1946".

§ 22

Im § 1721 des Bürgerlichen Gesetzbuchs sind an Stelle der Worte „der §§ 29 und 30 des Ehegesetzes vom 6. Juli 1938 (Reichsgesetzblatt I, S. 807)" zu setzen „des § 25 des Ehegesetzes vom 20. Februar 1946".

§ 23

Im § 2335 des Bürgerlichen Gesetzbuchs sind zu setzen im Abs. 1 an Stelle der §§ 1565 bis 1568 die §§ 42 und 43 des Ehegesetzes vom 20. Februar 1946, im Abs. 2 an Stelle des § 1571 der § 50 des Ehegesetzes vom 20. Februar 1946.

IV. Änderungen von Verfahrensvorschriften

§ 24

Im § 612 Abs. 1 der Zivilprozeßordnung ist statt der Worte „§ 35 des Ehegesetzes vom 6. Juli 1938 (Reichsgesetzblatt I, S. 807)" „§ 30 des Ehegesetzes vom 20. Februar 1946" zu setzen.

§ 25

Im § 623 der Zivilprozeßordnung sind statt der §§ 50 bis 53 die §§ 44 bis 46 zu setzen.

§ 26

§ 607 der Zivilprozeßordnung erhält folgende Fassung:

„§ 607

In Ehesachen ist die Staatsanwaltschaft zur Mitwirkung befugt.

Der Verhandlung vor dem erkennenden Gericht, sowie vor einem beauftragten oder ersuchten Richter kann der Staatsanwalt beiwohnen.

Er kann sich über die zu erlassende Entscheidung gutachtlich äußern und sofern es sich um die Aufrechterhaltung einer Ehe handelt, neue Tatsachen und Beweismittel vorbringen.

Im Sitzungsprotokoll ist der Name des Staatsanwalts anzugeben, auch sind in dasselbe die von dem Staatsanwalt gestellten Anträge aufzunehmen".

§ 27

Im § 640 der Zivilprozeßordnung ist der Abs. 3 zu streichen.

§ 28

(1) Entscheidungen, durch die im Auslande eine Ehe für nichtig erklärt, aufgehoben, dem Bande nach oder unter Aufrechterhaltung des Ehebandes geschieden oder durch die das Bestehen oder Nichtbestehen einer Ehe zwischen den Parteien festgestellt ist, sind im Inland nur wirksam, wenn der Reichsminister der Justiz oder die von ihm bestimmte Stelle bis zum 8. Mai 1945 oder seit diesem Zeitpunkt das Zentral-Justizamt festgestellt haben, daß die gesetzlichen Voraussetzungen für die Anerkennung der Entscheidung gegeben sind. Von dem Erfordernis der Verbürgung der Gegenseitigkeit (§ 328 Abs. 1 Nr. 5, Abs. 2 der Zivilprozeßordnung) kann abgesehen werden. Die Feststellung ist für Gerichte und Verwaltungsbehörden bindend.

(2) Für die Feststellung und die Ablehnung der Feststellung wird eine Gebühr von 50 bis 500 Deutsche Mark erhoben. Das Zentral-Justizamt bestimmt den zahlungspflichtigen Beteiligten. Aus besonderen Gründen, namentlich mit Rücksicht auf die wirtschaftliche Lage der Beteiligten, kann ein geringerer Betrag erhoben oder von der Erhebung einer Gebühr abgesehen werden.

(3) Ist am 1. November 1941 in einem Familienbuch (Heiratsregister, Trauungsbuch, Trauungsmatrik) auf Grund einer ausländischen Entscheidung (Abs. 1) mit Wirkung für den staatlichen Bereich die Nichtigerklärung, Aufhebung, Scheidung oder Trennung oder das Bestehen oder Nichtbestehen einer Ehe vermerkt, so steht der Vermerk einer Feststellung der Anerkennung durch die im Abs. 1 genannten Stellen gleich.

(4) Hat ein Gericht des Staates entschieden, dem beide Ehegatten zur Zeit der Entscheidung angehört haben, so hängt die Anerkennung der Entscheidung nicht davon ab, daß eine Feststellung gemäß Abs. 1 getroffen ist.

§ 29

Die Bestimmungen der Fünften Durchführungsverordnung zum Ehegesetz vom 18. März 1943 (Reichsgesetzbl. I, S. 145) bleiben mit der folgenden Maßgabe aufrecht erhalten:

(1) Im § 4 werden die Worte „(Außerstreitigen) (der Rekurs) (ein Revisionsrekurs) (rekursberechtigt)" gestrichen.

(2) Im § 5 Abs. 3 wird Satz 2 gestrichen.

(3) Im § 6 wird Abs. 2 gestrichen.

(4) Im § 9 Abs. 2 ist statt „§ 63 Abs. 1" „§ 55 Abs. 1" zu setzen.

§ 30

(1) Die Verordnung über die Behandlung der Ehewohnung und des Hausrats nach der Scheidung (Sechste Durchführungsverordnung zum Ehegesetz) vom 21. Oktober 1944 (Reichsgesetzbl. I, S. 256) bleibt aufrecht erhalten.

(2) Es sind jedoch zu streichen:

a) im § 3 Abs. 2 das Wort „(Baurecht)",
b) im § 13 Abs. 1 das Wort „(außerstreitigen)",
c) im § 14 das Wort „(der Rekurs)",
d) im § 21 der Abs. 4,
e) im § 22 der Abs. 2,

f) im § 27 der Abs. 2.

(3) Im § 14 ist

a) an Stelle der Worte „500 Reichsmark" „50 Deutsche Mark" zu setzen,

b) als Abs. 2 hinzuzusetzen:

„Gegen die Entscheidung des Beschwerdegerichts ist das Rechtsmittel der weiteren Beschwerde zulässig. § 27 des Reichsgesetzes über die Angelegenheiten der freiwilligen Gerichtsbarkeit findet entsprechende Anwendung."

§ 31

Im § 88 Abs. 1 Nr. 2 der Kostenordnung vom 25. November 1935 (Reichsgesetzbl. I, S. 1371) sind an Stelle der Worte „§§ 81, 82 und 97 des Ehegesetzes vom 6. Juli 1938 (Reichsgesetzbl. I, S. 807)" zu setzen: „§§ 74 und 75 des Ehegesetzes vom 20. Februar 1946."

V. Verweisungen auf das Ehegesetz vom 6. Juli 1938

§ 32

Wo sonst in Gesetzen oder Verordnungen auf Bestimmungen des Ehegesetzes vom 6. Juli 1938 verwiesen ist, treten die entsprechenden Bestimmungen des Ehegesetzes vom 20. Februar 1946 an deren Stelle.

VI. Inkrafttreten

§ 33

Diese Verordnung tritt mit dem 1. August 1948 in Kraft. Mit dem gleichen Zeitpunkt treten sämtliche Durchführungsbestimmungen zum Gesetz zur Vereinheitlichung des Rechts der Eheschließung und Ehescheidung im Lande Österreich und im übrigen Reichsgebiet außer Kraft, soweit sie nicht nach der vorstehenden Verordnung ausdrücklich aufrechterhalten bleiben (§§ 29 und 30) oder Bestimmungen anderer deutscher Gesetze oder Verordnungen als die des Ehegesetzes aufheben, abändern oder ergänzen. Insoweit bleiben die Durchführungsbestimmungen in Kraft.

Hamburg, den 12. Juli 1948.

Der Präsident
des Zentral-Justizamts für die Britische Zone
W. Kiesselbach.

Dritte Verordnung zur Durchführung und Ergänzung des Ehegesetzes

vom 29. Oktober 1940

§ 1

(1) Ehefähigkeitszeugnisse, die zur Eheschließung von einem deutschen Standesbeamten verwandt werden sollen (§ 14 des Ehegesetzes) bedürfen in den vom Reichsminister der Justiz bestimmten Fällen der Bestätigung.

(2) Über die Bestätigung entscheidet die Behörde, der in Personenstandssachen die Aufgaben der höheren Verwaltungsbehörde übertragen sind, im Protektorat Böhmen und Mähren, der Oberlandrat. Örtlich zuständig ist die Behörde, in deren Bezirk die Ehe geschlossen werden soll.

§ 2

Ehefähigkeitszeugnisse für deutsche Staatsangehörige (§ 14 der Ersten Verordnung zur Ausführung des Personenstandsgesetzes vom 19. Mai 1938 — Reichsgesetzblatt I S. 533) dürfen von dem deutschen Standesbeamten in den vom Reichsminister der Justiz bestimmten Fälle nur mit Zustimmung der höheren Verwaltungsbehörde ausgestellt werden.

§ 3

Diese Verordnung tritt zwei Wochen nach der Verkündung in Kraft.

Berlin, den 29. Oktober 1940.

Der Reichsminister der Justiz.

Der Reichsminister des Innern.

Fünfte Durchführungsverordnung zum Ehegesetz

vom 18. März 1943

Für Fortgeltung: OLG. Düsseldorf HRE. Bd. 1 S. 174, Küster DRZ. 46 S. 31, Eisenberger DRZ. 46 S. 48, Dölle DRZ. 48 S. 128, Beitzke SJZ. 48 Sp. 266, Brehmer ArchZPr. Bd. 150 S. 248, Nehlert JR. 42 S. 73 a.A. OLG. Gera DJZ. 47 S. 128, OLG. Frankfurt a.M. HRE. Bd. 1 S. 172 = SJZ. 48 S. 265, Mitteis FamR. S. 71. OLG. Tübingen HRE. Bd. 2 S. 31.

Auf Grund des § 131 des Ehegesetzes vom 6. Juli 1938 (Reichsgesetzbl. I S. 807) wird folgendes verordnet:

§ 1 Feststellung der Berechtigung des Scheidungsbegehrens nach dem Tode des klagenden Ehegatten

(1) Ist ein Ehegatte, der Scheidung der Ehe wegen Verschuldens begehrt hatte, vor Rechtskraft des Urteils gestorben, so kann der Staatsanwalt die Feststellung beantragen, daß das Scheidungsbegehren des Verstorbenen gerechtfertigt war.

(2) Auf eine Verfehlung des überlebenden Ehegatten, die der Verstorbene nicht geltend gemacht hatte, darf die Feststellung nur gestützt werden, wenn dies dem erwiesenen oder als sicher anzunehmenden Willen des Verstorbenen entspricht.

(3) Zugleich mit der Feststellung ist auszusprechen, inwieweit der überlebende Ehegatte als schuldig anzusehen ist.

(4) Die Feststellung darf nicht getroffen werden, wenn im Falle der Scheidung der verstorbene Ehegatte für überwiegend schuldig zu erklären gewesen wäre.

§ 2 Ausübung der Antragsbefugnis

Der Staatsanwalt soll die im § 1 vorgesehene Feststellung nur beantragen, wenn er auch unter Berücksichtigung des Verhaltens des Verstorbenen die Schuld des überlebenden Ehegatten für so schwer erachtet, daß dieser aus Gründen des öffentlichen Wohls unwürdig erscheint, die rechtliche Stellung eines Verwitweten zu behalten.

§ 3 Antragsfrist

(1) Die im § 1 vorgesehene Feststellung kann nur binnen sechs Monaten beantragt werden.

(2) Die Frist beginnt mit dem Zeitpunkt, in dem der Staatsanwalt durch eine Mitteilung des Prozeßgerichts Kenntnis von der Erledigung des die Scheidung der Ehe betreffenden Rechtsstreits erlangt.

§ 4 Zuständigkeit und Verfahren

(1) Für die Entscheidung über den Antrag des Staatsanwalts ist das Landgericht zuständig, das für die erhobene Scheidungsklage zuständig war. Das Verfahren bestimmt sich nach den Vorschriften über das Verfahren in Angelegenheiten der freiwilligen (außerstreitigen) Gerichtsbarkeit.

(2) Gegen die Entscheidung über den Antrag findet die sofortige Beschwerde statt. Eine weitere Beschwerde ist nicht zulässig.

(3) Beschwerdeberechtigt sind nur der Staatsanwalt und der überlebende Ehegatte.

§ 5 Kostenentscheidung

(1) Wird dem Antrag des Staatsanwalts stattgegeben, so hat der überlebende Ehegatte die Kosten des gerichtlichen Verfahrens zu tragen. Das Gericht entscheidet nach billigem Ermessen, ob und inwieweit der überlebende Ehegatte die Kosten des Rechtsstreits wegen Scheidung der Ehe und die durch die Ermittlungen des Staatsanwalts entstandenen Kosten zu tragen hat.

(2) Wird der Antrag des Staatsanwalts zurückgewiesen oder zurückgenommen, so können die dem überlebenden Ehegatten entstandenen notwendigen Auslagen ganz oder zum Teil der Reichskasse auferlegt werden.

(3) Auf die Festsetzung der Kosten finden die §§ 103 bis 107 der Reichszivilprozeßordnung entsprechende Anwendung. Im Geltungsbereich der Zivilprozeßordnung vom 1. August 1895 wird in entsprechender Anwendung der §§ 52 bis 54 dieses Gesetzes der Betrag der zu erstattenden Kosten in der Entscheidung festgestellt.

(4) Die Entscheidung über die Kosten kann nur zusammen mit der Entscheidung über die Hauptsache angefochten werden.

2. § 123 Abs. 1 erhält folgende neue Verfassung:

„(1) Für das Verfahren über die Beschwerde wird, soweit nicht ein anderes bestimmt ist, erhoben:

1. In den Fällen der Verwerfung oder Zurückweisung die Hälfte der vollen Gebühr, bei Beschwerden gegen die im § 92 a bezeichneten Entscheidungen jedoch eine feste Gebühr von 30 Reichsmark;
2. in den Fällen der Zurücknahme der vollen Gebühr, bei Beschwerden gegen die im § 92a bezeichneten Entscheidungen jedoch eine feste Gebühr von 10 Reichsmark; betrifft die Zurücknahme nur einen Teil des Beschwerdegegenstandes, so ist die Gebühr nur insoweit zu erheben, als sich die Beschwerdegebühr erhöht haben würde, wenn die Entscheidung auf den zurückgenommenen Teil erstreckt worden wäre.

Im übrigen ist das Beschwerdeverfahren gebührenfrei."

§ 6 Wirkungen der gerichtlichen Feststellung

(1) Mit der Rechtskraft der im § 1 vorgesehenen Feststellung erlangt der überlebende Ehegatte mit Wirkung von dem dem Todestage des Verstorbenen vorausgegangenen Tage die rechtliche Stellung eines geschiedenen Ehegatten.

(2) Das im § 64 des Ehegesetzes bezeichnete Recht, der Frau die Weiterführung des Ehenamens zu untersagen, steht dem Staatsanwalt zu.

(3) Entspricht der Antrag des Staatsanwalts einem Scheidungsbegehren wegen Ehebruchs und ist der Ehebruch sowie derjenige, mit dem der überlebende Ehegatte den Ehebruch begangen hat, in der Entscheidung festgestellt, so begründet diese Feststellung das Eheverbot wegen Ehebruchs im Sinne des Ehegesetzes. Dies gilt nicht, wenn die neue Ehe geschlossen worden ist, bevor der Staatsanwalt den Antrag gestellt hatte.

§ 7 Feststellung des Rechts auf Ehescheidung ohne vorausgegangene Scheidungsklage

(1) Ist ein Ehegatte, der berechtigt gewesen wäre, auf Scheidung der Ehe wegen Verschuldens zu klagen, vor Erhebung der Scheidungsklage gestorben, so gelten die Vorschriften der §§ 1 bis 6 entsprechend für die Feststellung der Scheidungsrechts des Verstorbenen.

(2) Die Feststellung darf nur auf solche Verfehlungen des überlebenden Ehegatten gestützt werden, von denen erwiesen oder als sicher anzunehmen ist, daß der Verstorbene ein Scheidungsbegehren auf sie gestützt haben würde.

(3) Die Frist für den Antrag beginnt mit dem Zeitpunkt, in dem der Staatsanwalt Kenntnis von den Tatsachen erlangt, die das Scheidungsbegehren des verstorbenen Ehegatten gerechtfertigt haben würden. Sie beginnt frühestens mit der Kenntnis des Staatsanwalts vom Tode des Verstorbenen.

(4) Der Antrag ist nicht mehr zulässig, wenn seit dem Tode des Verstorbenen drei Jahre verstrichen sind. Vgl. hierzu Tübingen HRE. Bd. 2 S. 31.

§ 8 Aufhebung der Ehe

Die Vorschriften der §§ 1 bis 7 sind entsprechend anzuwenden, wenn der verstorbene Ehegatte die Aufhebung der Ehe mit der Maßgabe zu begehren berechtigt war, daß der andere Ehegatte für schuldig erklärt werde.

§ 9 Aufhebung der gerichtlichen Feststellung

(1) Der Staatsanwalt kann die Aufhebung einer in den §§ 1, 7 und 8 vorgesehenen Feststellung beantragen, wenn neue Tatsachen und Beweismittel hervorgetreten sind, die allein oder in Verbindung mit sonstigen Beweisen eine dem überlebenden Ehegatten günstigere Entscheidung gerechtfertigt haben würden. Die Aufhebung ist nicht mehr zulässig, wenn der überlebende Ehegatte ohne Hinterlassung eines Ehegatten oder von Abkömmlingen gestorben ist.

(2) Über den Aufhebungsantrag entscheidet das Gericht, das die Feststellung in erster Instanz getroffen hat. Für das Verfahren und die Anfechtung der Entscheidung gilt § 4 dieser Verordnung, für die Wiederannahme des Ehenamens durch die überlebende Ehefrau § 63 Abs. 1 des Ehegesetzes entsprechend.

§ 10 Gerichtskosten

(1) Die Kostenordnung vom 25. November 1935 (Reichsgesetzbl. I S. 1371) wird wie folgt geändert:

1. Nach § 92 wird folgende neue Vorschrift als § 92a eingefügt:

„§ 92 a Gerichtliche Feststellung des Rechts auf Scheidung oder Aufhebung der Ehe

Für die gerichtliche Feststellung des Rechts, die Scheidung oder Aufhebung der Ehe zu begehren (§§ 1, 7, 8 der Fünften Durchführungsverordnung zum Ehegesetz vom 18. März 1943, Reichsgesetzbl. I S. 145), wird, wenn der gerichtlichen Feststellung eine Klage des verstorbenen Ehegatten vorausgegangen ist, eine feste Gebühr von 30 Reichsmark, wenn eine Klage nicht vorausgegangen ist, eine feste Gebühr von 60 Reichsmark erhoben."

§ 11 Inkrafttreten

Diese Verordnung tritt am 1. April 1943 in Kraft.

§ 12 Anwendungsbereich und Übergangsvorschrift

(1) Die Vorschriften dieser Verordnung sind nicht anzuwenden, wenn der verstorbene Ehegatte vor dem 26. August 1939 gestorben ist.

(2) Ist der Ehegatte vor Inkrafttreten dieser Verordnung gestorben, und die Anwendung der Verordnung nicht gemäß Abs. 1 ausgeschlossen, so beginnt die Frist für den Antrag des Staatsanwalts frühestens mit dem Inkrafttreten der Verordnung; einem Antrag, der vor dem 1. April 1944 gestellt ist, steht die Vorschrift des § 7 Abs. 4 nicht entgegen.

Berlin, den 18. März 1943.

Der Reichsminister der Justiz.

Verordnung über die Behandlung der Ehewohnung und des Hausrats nach der Scheidung

(Sechste Durchführungsverordnung zum Ehegesetz)

Vom 21. Oktober 1944

Lit.: Kuhnt, Michaelis, Vogel, Völker s. Lit.-Verzeichnis. Für Unanwendbarkeit bei Streit trotz Vereinbarung vor der Scheidung OLG. Celle NJW. 47/48 S. 591, dagegen LG. Frankf./M. NJW. 49 S. 756.

Auf Grund des § 131 des Ehegesetzes vom 6. Juli 1938 (Reichsgesetzbl. I S. 807) wird verordnet:

1. Abschnitt: Allgemeine Vorschriften

§ 1 Aufgabe des Richters

(1) Können sich nach der Scheidung einer Ehe die bisherigen Ehegatten nicht darüber einigen, wer von ihnen die Ehewohnung künftig bewohnen soll und wer die Wohnungseinrichtung und den sonstigen Hausrat erhalten soll, so regelt auf Antrag der Richter die Rechtsverhältnisse an der Wohnung und am Hausrat.

(2) Die im Abs. 1 genannten Streitigkeiten werden ausschließlich nach den Vorschriften dieser Verordnung behandelt und entschieden.

§ 2 Grundsätze für die rechtsgestaltende Entscheidung

Soweit der Richter nach dieser Verordnung Rechtsverhältnisse zu gestalten hat, entscheidet er nach billigem Ermessen. Dabei hat er alle Umstände des Einzelfalls, insbesondere das Wohl der Kinder und die Erfordernisse des Gemeinschaftslebens sowie die Ursachen der Eheauflösung zu berücksichtigen.

2. Abschnitt: Besondere Vorschriften für die Wohnung

§ 3 Wohnung im eigenen Hause eines Ehegatten

(1) Ist einer der bisherigen Ehegatten allein oder gemeinsam mit einem Dritten Eigentümer des Hauses, in dem sich die Ehewohnung befindet, so soll der Richter die Wohnung dem anderen Ehegatten nur zuweisen, wenn dies notwendig ist, um eine unbillige Härte zu vermeiden.

(2) Das gleiche gilt, wenn einem Ehegatten allein oder gemeinsam mit einem Dritten der Nießbrauch, das Erbbaurecht (Baurecht) oder ein dingliches Wohnrecht an dem Grundstück zusteht, auf dem sich die Ehewohnung befindet.

Über Wohnlaube siehe OLG. Hamburg MdR. 48 S. 472.

§ 4 Dienst- und Werkwohnung

Eine Wohnung, die die Ehegatten auf Grund eines Dienst- oder Arbeitsverhältnisses innehaben, das zwischen einem von ihnen und einem Dritten besteht, soll der Richter dem anderen Ehegatten nur zuweisen, wenn der Dritte einverstanden ist.

Trotz der Fassung zwingende Vorschrift. Die Stellungnahme des Hauseigentümers ist ein ausreichender Grund, die Wohnung dem ihm genehmen Gatten zuzuweisen. Abweichung nur aus besonderen Gründen. LG. Hamburg DRZ. 47 S. 166.

§ 5 Gestaltung der Rechtsverhältnisse

(1) Für eine Mietwohnung kann der Richter bestimmen, daß ein von beiden Ehegatten eingegangenes Mietsverhältnis von einem Ehegatten allein fortgesetzt wird oder daß ein Ehegatte an Stelle des anderen in ein von diesem eingegangenes Mietsverhältnis eintritt. Der Richter kann den Ehegatten gegenüber Anordnungen treffen, die geeignet sind, die aus dem Mietsverhältnis herrührenden Ansprüche des Vermieters zu sichern.

(2) Bestand kein Mietsverhältnis an der bisherigen Ehewohnung, so kann der Richter zugunsten eines Ehegatten ein Mietsverhältnis an der Wohnung begründen. Hierbei setzt der Richter den Mietszins fest. Ist dieser neu zu bilden, so soll der Richter vorher die Preisbehörde hören.

Über entsprechende Anwendung auf gepachtetes Kleingartenland, das zu einer Wohnlaube gehört s. OLG. Hamburg MDR. 48 S. 477 dagegen Anm. von Pechler.

§ 6 Teilung der Wohnung

(1) Ist eine Teilung der Wohnung möglich und zweckmäßig, so kann der Richter auch anordnen, daß die Wohnung zwischen den bisherigen Ehegatten geteilt wird. Dabei kann er bestimmen, wer die Kosten zu tragen hat, die durch die Teilung und ihre etwaige spätere Wiederbeseitigung entstehen.

(2) Für die Teilwohnungen kann der Richter neue Mietsverhältnisse begründen, die, wenn ein Mietsverhältnis schon bestand, an dessen Stelle treten. § 5 Abs. 2 und 3 gelten sinngemäß.

§ 7 Beteiligte

Außer den Ehegatten sind im gerichtlichen Verfahren auch der Vermieter der Ehewohnung, der Grundstückseigentümer, der Dienstherr (§ 4) und Personen, mit denen die Ehegatten oder einer von ihnen hinsichtlich der Wohnung in Rechtsgemeinschaft stehen, Beteiligte.

3. Abschnitt: Besondere Vorschriften für den Hausrat

§ 8 Gemeinsames Eigentum beider Ehegatten

(1) Hausrat, der beiden Ehegatten gemeinsam gehört, verteilt der Richter gerecht und zweckmäßig.

(2) Hausrat, der während der Ehe für den gemeinsamen Haushalt angeschafft ist, gilt für die Verteilung (Abs. 1) auch dann, wenn er nicht zum Gesamtgut einer Gütergemeinschaft gehört, als gemeinsames Eigentum, es sei denn, daß das Alleineigentum eines Ehegatten feststeht. § 1237 des allgemeinen bürgerlichen Gesetzbuches ist insoweit anzuwenden.

(3) Die Gegenstände gehen in das Alleineigentum des Ehegatten über, dem sie der Richter zuteilt. Der Richter soll diesem Ehegatten zugunsten des anderen eine Ausgleichszahlung auferlegen, wenn dies der Billigkeit entspricht.
Über Wohnlaube s. OLG. Hamburg MDR. 48 S. 477.

§ 9 Alleineigentum eines Ehegatten

(1) Notwendige Gegenstände, die im Alleineigentum eines Ehegatten stehen, kann der Richter dem anderen Ehegatten zuweisen, wenn dieser auf ihre Weiterbenutzung angewiesen ist und es dem Eigentümer zugemutet werden kann, sie dem anderen zu überlassen.

(2) Im Falle des Abs. 1 kann der Richter ein Mietverhältnis zwischen dem Eigentümer und dem anderen Ehegatten begründen und den Mietzins festsetzen. Soweit im Einzelfall eine endgültige Auseinandersetzung über den Hausrat notwendig ist, kann er statt dessen das Eigentum an den Gegenständen auf den anderen Ehegatten übertragen und dafür ein angemessenes Entgelt festsetzen.

§ 10 Gläubigerrechte

(1) Haftet ein Ehegatte allein oder haften beide Ehegatten als Gesamtschuldner für Schulden, die mit dem Hausrat zusammenhängen, so kann der Richter bestimmen, welcher Ehegatte im Innenverhältnis zur Bezahlung der Schuld verpflichtet ist.

(2) Gegenstände, die einem der Ehegatten unter Eigentumsvorbehalt geliefert sind, soll der Richter dem anderen nur zuteilen, wenn der Gläubiger einverstanden ist.

4. Abschnitt: Verfahrensvorschriften

§ 11 Zuständigkeit

(1) Zuständig ist das Amtsgericht, in dessen Bezirk sich die letzte gemeinsame Wohnung der Ehegatten befunden hat. Hatten die Ehegatten keine gemeinsame Wohnung, so ist das Amtsgericht am Sitz des Landgerichts zuständig, bei dem der Scheidungsstreit anhängig war.

(2) Das nach Abs. 1 zuständige Gericht kann die Sache auf Antrag an ein anderes Gericht abgeben, wenn ein wichtiger Grund dafür vorliegt. Der Abgabeschluß ist für das andere Gericht bindend.

§ 12 Zeitpunkt der Antragstellung

Wird der Antrag auf Auseinandersetzung über die Ehewohnung nicht innerhalb eines Jahres nach Rechtskraft des Scheidungsurteils gestellt, so darf der Richter in die Rechte des Vermieters oder eines anderen Drittbeteiligten nur eingreifen, wenn dieser einverstanden ist.

§ 13 Allgemeine Verfahrensvorschriften

(1) Das Verfahren ist eine Angelegenheit der freiwilligen (außerstreitigen) Gerichtsbarkeit.

RG. JRdsch. 47 S. 88 erklärt im Hinblick auf § 1 Abs. 2 primär die Vorschriften der §§ 11, 12, 13 ff. für anwendbar.

(2) Der Richter soll mit den Beteiligten in der Regel mündlich verhandeln und hierbei darauf hinwirken, daß sie sich gütlich einigen.

(3) Kommt eine Einigung zustande, so ist hierüber eine Niederschrift aufzunehmen, und zwar nach den Vorschriften, die für die Niederschrift über einen Vergleich im bürgerlichen Rechtsstreit gelten.

(4) Der Richter kann einstweilige Anordnungen treffen.[1])

(5) Solange ein Verfahrensbeteiligter Betroffener im Sinne des Art. 1 der Schutzverordnung vom 4. Dezember 1943 (Reichsgesetzbl. I S. 666) ist, darf das Verfahren nur durchgeführt werden, wenn dem Betroffenen die Mitwirkung möglich und unter Abwägung der Interessen aller Beteiligten zuzumuten ist oder wenn der Betroffene zustimmt. Im übrigen sind die Vorschriften der Schutzverordnung sinngemäß anzuwenden.

Durch den Tod eines Ehegatten ist das Verfahren in der Hauptsache erledigt (LG. Dortmund JMBl. für Nordrh.-Westf. 47 S. 35). Es kann einem Streitteil die Räumung der bisherigen Wohnung aufgegeben werden. (OLG. Kiel SchlHA. 47 S. 246 = JR. 47 S. 57.

§ 14 Rechtsmittel

Gegen die Entscheidungen des Amtsgerichts ist die sofortige Beschwerde (der Rekurs) zulässig. Eine Beschwerde lediglich gegen die Entscheidung über den Hausrat ist nur zulässig, wenn der Wert des Beschwerdegegenstandes 500 Reichsmark übersteigt oder wenn das Amtsgericht wegen der tatsächlichen oder rechtlichen Bedeutung der Sache die Beschwerde in seiner Entscheidung zugelassen hat[2]).

---

[1]) Beschwerde unzulässig OGHBrZ. NJW. 49 S. 582 = MDR. 49 S. 741 DRZ. 49 S. 329, LG. Berlin JR. 49 S. 449.

[2]) Weitere Beschwerde zulässig OGHBrZ. NJ. 48 S. 555 und § 30 AVO. d. ZJA. z. EheG. 46 vom 12. 7. 48; desgl. KG/JR. 49 S. 445 l. Sp. OLG. Halle ebenda S. 446, dagegen OLG. Gera JR. 49 S. 445 (st. Rrspr.), OLG. Dresden JR. 48 S. 343.

Nach dem Tode eines Ehegatten kann das Verfahren nach LG. Münster NJW. 48 S. 344 nicht fortgesetzt werden.

§ 15 Durchführung der Entscheidung

Der Richter soll in seiner Entscheidung die Anordnungen treffen, die zu ihrer Durchführung nötig sind.

§ 16 Rechtskraft und Vollstreckbarkeit

(1) Die Entscheidungen des Richters werden mit der Rechtskraft wirksam. Sie binden Gerichte und Verwaltungsbehörden.

(2) Die Änderung und die Begründung von Mietverhältnissen durch den Richter bedarf nicht der nach anderen Vorschriften etwa notwendigen Genehmigung.

(3) Aus rechtskräftigen Entscheidungen, gerichtlichen Vergleichen und einstweiligen Anordnungen (§ 13 Abs. 4) findet die Zwangsvollstreckung nach den Vorschriften der Zivilprozeßordnung und den Exekutionsordnungen statt.

§ 17 Änderung der Entscheidung

(1) Haben sich die tatsächlichen Verhältnisse wesentlich geändert, so kann der Richter seine Entscheidung ändern, soweit dies notwendig ist, um eine unbillige Härte zu vermeiden. In Rechte Dritter darf der Richter durch die Änderung der Entscheidung nur eingreifen, wenn diese einverstanden sind.

(2) Haben die Beteiligten einen gerichtlichen Vergleich (§ 13 Abs. 3) geschlossen, so gilt Abs. 1 sinngemäß.

(3) Will der Richter auf Grund der Abs. 1 oder 2 eine Wohnungsteilung (§ 6) wieder beseitigen, so soll er vorher die Gemeinde hören.

§ 18 Rechtsstreit über Ehewohnung und Hausrat

(1) Macht ein Beteiligter Ansprüche hinsichtlich der Ehewohnung oder des Hausrats (§ 1) in einem Rechtsstreit geltend, so hat das Prozeßgericht die Sache insoweit an das nach § 11 zuständige Amtsgericht abzugeben. Der Abgabebeschluß kann nach Anhörung der Parteien auch ohne mündliche Verhandlung ergehen. Er ist für das in ihm bezeichnete Gericht bindend.

(2) Im Falle des Abs. 1 ist für die Berechnung der im § 12 bestimmten Frist der Zeitpunkt der Klageerhebung maßgebend.

§ 19 Einstweilige Anordnung in Ehesachen

(1) In Ehesachen kann das Prozeßgericht auf Antrag auch die Benutzung der Ehewohnung oder des Hausrats zwischen den Ehegatten einstweilen regeln. Die Anordnung gibt nur ein Recht zum Gebrauch, auf das Eigentum kommt es daher nicht an (Kassel LRE. Bd. 2 S. 60). Räumung der Wohnung nur als äußerste Maßregel unter ganz außergewöhnlichen Umständen. An-

ordnung MJW. 48 S. 344. Hierbei sind die §§ 627 und 627 c der Reichszivilprozeßordnung (§ 382 der Exekutionsordnungen) entsprechend anzuwenden.

(2) Die Regelung bleibt im Falle der Scheidung bis zu einer anderweitigen Regelung nach den Vorschriften dieser Verordnung wirksam.

5. Abschnitt: Kostenvorschriften

§ 20 Kostenentscheidung

Welcher Beteiligte die Gerichtskosten zu tragen hat, bestimmt der Richter nach billigem Ermessen. Dabei kann der Richter auch bestimmen, daß die außergerichtlichen Kosten ganz oder teilweise zu erstatten sind.

§ 21 Kosten des Verfahrens

(1) Für das gerichtliche Verfahren wird die volle Gebühr erhoben. Kommt es zur richterlichen Entscheidung, so erhöht sich die Gebühr auf das Dreifache der vollen Gebühr. Wird der Antrag zurückgenommen, bevor es zu einer Entscheidung oder einer vom Gericht vermittelten Einigung gekommen ist, so ermäßigt sich die Gebühr auf die Hälfte der vollen Gebühr.

(2) Der Geschäftswert bestimmt sich, soweit der Streit die Wohnung betrifft, nach dem einjährigen Mietwert, soweit der Streit den Hausrat betrifft, nach dem Wert des Hausrats. Betrifft jedoch der Streit im wesentlichen nur die Benutzung des Hausrats, so ist das Interesse der Beteiligten an der Regelung maßgebend. Der Richter setzt den Wert in jedem Falle von Amts wegen fest.

(3) Für das Beschwerdeverfahren werden die gleichen Gebühren wie im ersten Rechtszug erhoben.

(4) Die Gerichtskosten bestimmen sich auch in den Alpen- und Donau-Reichsgrenzen sowie im Protektorat Böhmen und Mähren nach der Kostenordnung und den Vorschriften dieser Verordnung.

§ 22 Rechtsanwaltsgebühren

(1) Die für bürgerliche Rechtsstreitigkeiten geltenden Vorschriften der Gebührenordnung für Rechtsanwälte sind in ihrem örtlichen Geltungsbereich sinngemäß anzuwenden. Jedoch erwachsen die im § 13 der Gebührenordnung vorgesehenen Gebühren nur zur Hälfte. Im Beschwerdeverfahren erhält der Rechtsanwalt die gleichen Gebühren wie im ersten Rechtszug. Die Gebühren bemessen sich nach dem für die Berechnung der Gerichtsgebühren maßgebenden Geschäftswert.

(2) In den Alpen- und Donau-Reichsgrenzen werden die im Rechtsanwaltstarif bestimmten Gebühren auf die Hälfte, im Reichsgau Sudetenland und Protektorat Böhmen und Mähren auf zwei Drittel ermäßigt.

§ 23 Kosten des Verfahrens vor dem Prozeßgericht

Gibt das Prozeßgericht die Sache nach § 18 an das nach dieser Verordnung zuständige Amtsgericht ab, so ist das bisherige Verfahren vor dem

Prozeßgericht für die Erhebung der Gerichts- und Rechtsanwaltskosten als Teil des Verfahrens vor dem übernehmenden Gericht zu behandeln.

6. Abschnitt: Schlußvorschriften

§ 24 Übergangsregelung

(1) Ist das Scheidungsurteil nicht früher als ein Jahr vor dem Inkrafttreten dieser Verordnung rechtskräftig geworden, so endigt die im § 12 bestimmte Frist nicht vor Ablauf von sechs Monaten nach dem Inkrafttreten der Verordnung.

(2) Ist ein Rechtsstreit hinsichtlich der Ehewohnung oder des Hausrats bei Inkrafttreten der Verordnung bereits anhängig, so findet eine Abgabe (§ 18) nicht statt. Vielmehr hat das Prozeßgericht unter entsprechender Anwendung der §§ 1 bis 10, 17, 20 selbst zu entscheiden. Gerichtskosten werden nach § 21 erhoben, soweit der Rechtszug nicht bereits beendet ist. Die Gebühren der Rechtsanwälte bestimmen sich nach den für das bisherige Verfahren maßgebenden Vorschriften.

§ 25 Aufhebung und Nichtigerklärung der Ehe

Wird eine Ehe aufgehoben oder für nichtig erklärt, so gelten die §§ 1 bis 24 sinngemäß.

§ 26 Verhältnis zur Zweiten Kriegsmaßnahmenverordnung

Die Vorschriften der Zweiten Kriegsmaßnahmenverordnung vom 27. September 1944 (Reichsgesetzbl. I S. 229) bleiben unberührt.

Berlin, den 21. Oktober 1944.

Der Reichsminister der Justiz.

Verordnung über die Heilung von Formmängeln bei Eheschließungen

Vom 13. August 1948 (3. März 1949)*)

§ 1

Ist in der Zeit vom 1. Januar 1945 bis zum Inkrafttreten dieser Verordnung [im Geltungsbereich des Personenstandsgesetzes vom 3. November 1937 (Reichsgesetzbl. I S. 1146) oder in den von der deutschen Wehrmacht nach dem 12. März 1938 besetzten Gebieten] von einer nicht zuständigen deutschen Stelle oder vor einem Geistlichen in einem nicht [mehr] unter deut-

*) Die Klammern enthalten die Abweichungen des für die Länder der US-Zone vom Länderrat beschlossenen Wortlauts.

scher Verwaltung stehenden Gebiet eine Ehe geschlossen worden, die nach deutschem Recht wegen Formmangels nicht gültig ist, so erlangt diese Ehe, sofern einer der Eheschließenden seinen gewöhnlichen Aufenthalt im Geltungsbereich dieser Verordnung hat, vom Zeitpunkt der Eheschließung an die Wirkungen einer gemäß den §§ 11 ff. des Ehegesetzes vom 20. Februar 1946 geschlossenen Ehe, wenn [sobald] die Eheschließung in das Familienbuch des Hauptstandesamtes in Hamburg eingetragen ist.

§ 2

Der Standesbeamte des Hauptstandesamtes in Hamburg hat eine solche Eheschließung einzutragen, sobald ihm eine Urkunde einer der genannten Stellen oder eines Geistlichen vorgelegt wird, aus der sich die Eheschließung ergibt.

§ 3

(1) Ist einer der Eheschließenden vor Eintragung der Eheschließung in das Familienbuch des Hauptstandesamtes in Hamburg eine neue Ehe mit einem Dritten eingegangen, so gilt die nach § 1 geschlossene Ehe mit der Schließung der neuen Ehe als aufgelöst.

(2) Die §§ 40, 55 und 57 des Ehegesetzes vom 20. Februar 1946 finden entsprechende Anwendung.

§ 4

Die Eintragung kann nur bis zum 31. Dezember 1950 erfolgen.

§ 5

Die Eintragung und die gemäß § 1 eintretenden Rechtswirkungen sind den Beteiligten vom Standesbeamten mitzuteilen.

§ 6

Für die Eintragung der Eheschließung in das Familienbuch werden Gebühren nicht erhoben.

§ 7

Als Geltungsbereich der Verordnung gilt auch das Gebiet, in dem eine dieser Verordnung entsprechende Regelung besteht.

§ 8*)

Die Ausführungsbestimmungen zu dieser Verordnung erläßt das Zentral-Justizamt für die Britische Zone.

§ 9 [8]

Diese Verordnung tritt am 1. August 1948 in Kraft.

*) fehlt in dem in der US-Zone geltenden Wortlaut.

Gesetz Nr. 95 über die Anerkennung freier Ehen rassisch und politisch Verfolgter

Vom 31. Dezember 1947.

Auf Grund der Art. II und III der Proklamation Nr. 4 der amerikanischen Militärregierung vom 1. März 1947 in Verbindung mit der Proklamation Nr. 2 der amerikanischen Militärregierung vom 19. September 1945 wird das folgende vom Länderrat nach Anhörung des Parlamentarischen Rates am 7. Oktober 1947 beschlossene Gesetz erlassen und verkündet:

§ 1

(1) Haben Verlobte, denen aus rassischen Gründen die standesamtliche Eheschließung versagt wurde, dem ungeachtet den Entschluß, eine dauernde Verbindung einzugehen, durch Erwirken einer kirchlichen Trauung, durch Erklärung vor den Angehörigen oder auf andere Weise ernstlich bekundet, so kann der Staatsminister der Justiz, wenn der Tod des einen Teils die Nachholung der standesamtlichen Eheschließung verhindert hat, der Verbindung die Rechtswirkungen einer gesetzlichen Ehe zuerkennen. Hierbei ist der Tag festzusetzen, welcher als Tag der Eheschließung zu gelten hat.

(2) Ist die standesamtliche Eheschließung nachgeholt worden, so kann der Staatsminister der Justiz, wenn dies zur Wiedergutmachung eines Schadens erforderlich ist, auf Antrag bestimmen, daß die Wirkungen der Eheschließung schon von einem früheren Zeitpunkt an als eingetreten gelten. Ein bloßer Vermögensschaden kommt nur in Betracht, wenn er nach den Verhältnissen der Beteiligten erheblich ist.

(3) Eine Anordnung nach Abs. 1 und 2 hat keine Rechtswirkung für das eheliche Güterrecht.

§ 2

Die Bestimmungen des § 1 gelten sinngemäß für die außergesetzliche Verbindung eines politisch Verfolgten, sofern dieser wegen der Verfolgung unter falschem Namen, verborgen oder in sonstiger Weise außerhalb der bürgerlichen Ordnung lebte und hierdurch an der standesamtlichen Eheschließung gehindert war.

§ 3

Der Antrag auf Anerkennung nach §§ 1 und 2 kann nur binnen eines Jahres nach Inkrafttreten dieses Gesetzes ab, von Kriegsgefangenen binnen eines Jahres nach ihrer Rückkehr aus der Gefangenschaft gestellt werden.

§ 4

(1) Die Einzelheiten des Verfahrens bestimmt der Staatsminister der Justiz. Im Benehmen mit dem Staatsminister des Innern bestimmt er den Wortlaut der notwendigen Eintragungen im Personenstandsregister.

(2) Gebühren dürfen für das Verfahren nicht erhoben werden.

§ 5

Dieses Gesetz tritt am 1. Januar 1948 in Kraft.

München, den 31. Dezember 1947.

DER BAYERISCHE MINISTERPRÄSIDENT
gez. Dr. Hans Ehard.

Britische Verordnung über die Rechtswirkung des Ausspruchs einer nachträglichen Eheschließung

Vom 13. August 1948

(ein gleichlautendes Landesgesetz vom 24. Februar 1949 gilt im Lande Rheinland—Westfalen).

Mit Zustimmung der Militärregierung wird verordnet:

§ 1

(1) Hat auf Grund einer bis zum 31. März 1946 ergangenen Anordnung der obersten Verwaltungsbehörde ein Standesbeamter ausgesprochen, daß zwischen einer Frau und einem bereits verstorbenen Manne nachträglich die Ehe geschlossen sei, so hat dies folgende Rechtswirkungen:

1. Die Frau erhält den Familiennamen des Mannes;
2. ihr stehen die öffentlich-rechtlichen Versorgungs- und Versicherungsansprüche und Ansprüche aus einer betrieblichen Alters- und Hinterbliebenenversorgung wie einer Witwe zu;
3. ein von dem Manne stammendes Kind der Frau erlangt die rechtliche Stellung eines ehelichen Kindes. § 1720 des Bürgerlichen Gesetzbuches findet entsprechende Anwendung.

(2) Die Rechtswirkungen gelten mit dem Tage als eingetreten, der in dem Ausspruch des Standesbeamten als Tag der Eheschließung bezeichnet worden ist.

§ 2

(1) Auf Antrag einer mit dem Manne bis zum zweiten Grade verwandten Person kann das Vormundschaftsgericht der Frau die Weiterführung des Namens des Mannes untersagen, wenn sie einen ehrlosen oder unsittlichen Lebenswandel führt oder sich einer schweren Verfehlung gegen den Verstorbenen schuldig macht.

(2) Die Zuständigkeit des Vormundschaftsgerichtes bestimmt sich nach § 43 des Gesetzes über die Angelegenheiten der freiwilligen Gerichtsbarkeit vom 17. Mai 1898 in der Fassung vom 20. Mai 1898 (Reichsgesetzblatt S. 771). Maßgebend ist der Wohnsitz oder der Aufenthalt der Frau.

(3) Der Beschluß, der die Weiterführung des Namens untersagt, wird erst mit der Rechtskraft wirksam. Die Frau erhält damit ihren Familiennamen wieder.

§ 3

Der Ausspruch des Standesbeamten hat keine Rechtswirkung, wenn er erschlichen ist oder begründete Zweifel bestehen, ob der Mann die Ehe geschlossen hätte. Erschlichen ist der Anspruch insbesondere, wenn er auf einer unlauteren Ausnutzung von Beziehungen beruht.

§ 4

(1) Niemand kann sich auf die Rechtsunwirksamkeit des Ausspruchs berufen, so lange er nicht durch gerichtliches Urteil für rechtsunwirksam erklärt ist.

(2) Für die Klage ist ausschließlich das Landgericht zuständig, in dessen Bezirk die nachträgliche Eheschließung beurkundet worden ist. Liegt dieser nicht im Geltungsbereich der Verordnung, so ist das Landgericht zuständig, in dessen Bezirk die Frau ihren gewöhnlichen Aufenthalt hat, in Ermangelung eines solchen das Landgericht, in dessen Bezirk das älteste im Geltungsbereich lebende Kind seinen gewöhnlichen Aufenthalt hat.

(3) Klageberechtigt sind der Vater und die Mutter des Mannes sowie die Staatsanwaltschaft. Die Klage ist gegen die Frau und die Kinder zu richten.

(4) Im übrigen gelten die für die Ehenichtigkeitsklage geltenden Vorschriften der Zivilprozeßordnung entsprechend.

§ 5

(1) Vermögensrechtliche Erklärungen, die von den Beteiligten im Zusammenhang mit dem Ausspruch abgegeben wurden, sind rechtswirksam, es sei denn, daß der Ausspruch des Standesbeamten für rechtsunwirksam erklärt wird.

(2) Das gleiche gilt für die vor dem Inkrafttreten dieser Verordnung rechtskräftig gewordenen gerichtlichen Entscheidungen, sowie für Vergleiche und vorbehaltlose Anerkenntnisse, die sich auf vermögensrechtliche Folgen des Ausspruchs beziehen.

§ 6

Als Geltungsbereich der Verordnung gilt auch das Gebiet, in dem eine dieser Verordnung entsprechende Regelung besteht.

§ 7

Das Zentral-Justizamt kann (der Minister der Justiz und der Minister des Innern können) die zur Durchführung der Verordnung erforderlichen Vorschriften erlassen.

§ 8

Diese Verordnung tritt am 1. September 1948 in Kraft.

Hamburg, den 13. August 1948.

Der Präsident des Zentral-Justizamts für die Britische Zone
W. Kiesselbach.

Württembergisches Gesetz über die Vorlegung eines Gesundheitszeugnisses vor der Eheschließung

Vom 14. März 1949.

Der Landtag hat am 9. März 1949 das folgende Gesetz beschlossen, das hiermit verkündet wird:

§ 1

(1) Vor der Eheschließung hat jeder Verlobte dem Standesbeamten ein amtsärztliches oder ein von dem Amtsarzt bestätigtes ärztliches Gesundheitszeugnis vorzulegen.

(2) Dies gilt nicht in den Fällen, in denen die Ehe wegen lebensgefährlicher Erkrankung eines Verlobten ohne Aufgebot geschlossen werden kann.

§ 2

Das Gesundheitszeugnis hat sich darüber auszusprechen,

a) ob der Verlobte an einer Krankheit leidet, die eine erhebliche Schädigung der Gesundheit des anderen Teiles oder der Nachkommen befürchten läßt, insbesondere an Tuberkulose oder Geschlechtskrankheit,

b) ob Geisteskrankheit oder Geistesschwäche vorliegt.

§ 3

(1) Macht der Arzt Bedenken im Sinne des § 2 gegen die beabsichtigte Eheschließung geltend, sind die beiden Verlobten und, sofern einer von ihnen in der Geschäftsfähigkeit beschränkt ist, auch der gesetzliche Vertreter und der nach § 3 des Ehegesetzes Sorgeberechtigte auf die erhobenen Bedenken hinzuweisen. Dem anderen Verlobten und auch dem gesetzlichen Vertreter und dem Sorgeberechtigten gegenüber ist der Arzt bis zur Eheschließung nicht zur Wahrung des Berufsgeheimnisses verpflichtet.

(2) Der Standesbeamte darf die Trauung nur vornehmen, wenn die Verlobten den Antrag auf Entgegennahme der Erklärung der Eheschließung — gegebenenfalls der gesetzliche Vertreter oder der Sorgeberechtigte auch ihre Einwilligung zur Eheschließung — trotz der ärztlichen Bedenken aufrechterhalten.

§ 4

Das Gesetz findet keine Anwendung, wenn beide Verlobte die deutsche Staatsangehörigkeit nicht besitzen und im Inland keinen dauernden Wohnsitz haben.

§ 5

Das Innenministerium wird ermächtigt, im Einvernehmen mit dem Justizministerium Vorschriften zur Durchführung dieses Gesetzes einschließlich der Regelung der Gebühren zu erlassen.

§ 6

Das Gesetz tritt mit der Verkündung in Kraft.
Stuttgart, den 14. März 1949.

Die Regierung des Landes Württemberg-Baden:

Dr. Reinhold Maier J. Beyerle Fritz Ulrich
Th. Bäuerle Dr. Veit Otto Steinmayer.

(Reg.-Bl. Württ.-Baden 1949, S. 49.)

Verordnung zur Ergänzung der Verordnung zur Ausführung des Ehegesetzes

Vom 27. August 1948.

Mit Zustimmung der Militärregierung wird verordnet:

Artikel I

Im § 3 Abs. 1 der Verordnung zur Ausführung des Ehegesetzes vom 20. Februar 1946 (Kontrollratsgesetz Nr. 16) vom 12. Juli 1948 (Vo.Bl.BZ. S. 210) werden hinter dem Wort „Schwägerschaft" die Worte „und Geschlechtsgemeinschaft" eingefügt.

Artikel II

Diese Verordnung tritt mit dem 1. August 1948 in Kraft.

Hamburg, den 27. August 1948.

Der Präsident des Zentral-Justizamts für die Britische Zone
W. Kiesselbach.

Zivilprozeßordnung

ERSTES BUCH

Zweiter Abschnitt

Prozeßkosten

§ 93a. [1] Wird auf Scheidung oder Aufhebung der Ehe erkannt oder die Ehe für nichtig erklärt, ohne daß der unterlegene Teil hieran schuldig ist, so sind die Kosten gegeneinander aufzuheben.

1. Die Bestimmung ist nach Erlaß des Ehegesetzes vom 6. 7. 1938 durch § 2 Nr. 1 der VO. vom 28. 9. 1938 (RGBl. I, 1323) eingefügt. Sie ist noch in Kraft. Der unterliegende Teil, der als solcher an sich die gesamten Kosten zu tragen hätte (§ 91), soll aus Billigkeitsgründen von einem Teil der Kosten freigestellt werden, wenn er schuldlos ist. Dies gilt auch, wenn der siegende Teil schuldig ist. Daher sind die Kosten auch dann gegeneinander aufzuheben, wenn die Klage aus § 48 EG. geschieden und der Kläger für allein schuldig erklärt wird, JW. 38, 171 (aM. JW. 39, 707, GRR. 39, 900). Eine Teilung der Kosten hat auch einzutreten, wenn die Ehe auf die Klage wegen Verschuldens des Beklagten und auf der Widerklage aus § 48 EG. geschieden wird. Bei dem hier vorliegenden Ineinandergreifen der Vorschriften der §§ 92 Abs. 1 und 93a erscheint es angemessen, die Kosten des Rechtsstreits zu ¾ der Beklagten und zu ¼ dem Kläger aufzuerlegen; RG. 160, 31.

2. Bei Aufhebung der Kosten gegeneinander trägt jeder Teil die ihm erwachsenen außergerichtlichen Kosten selbst ohne Anspruch auf Erstattung und die Gerichtskosten zur Hälfte.

SECHSTES BUCH

Erster Abschnitt

Verfahren in Ehesachen

Vorbemerkung

I. 1. Der 1. Abschnitt des 6. Buches (§§ 606 bis 638) regelt das **Verfahren in Ehesachen** (Begriff § 706 Abs. 1). Diese Vorschriften sind im Anschluß an das **Ehegesetz** vom 6. 7. 38 (RGBl. I 807) durch die **DurchfVO. v. 27. 7. 38** (RGBl. I 923) und sodann durch den Abschn. IV der **4. DurchfVO. v. 25. 10. 41** (RGBl. I 654) zum Teil geändert, neu gefaßt und ergänzt worden. Das **Ehegesetz** v. 6. 7. 38 ist durch § 79 des Ehegesetzes des Kontrollrats v. 20. 2. 46 aufgehoben und an seine Stelle ist das Ehegesetz des Kontrollrats getreten. Abweichend davon sind jedoch die Durchführungs-VO. zum Ehegesetz v. 6. 7. 38 nur insoweit aufgehoben, als sie mit dem Ehegesetz des Kontrollrats unvereinbar sind. Nach dem deutschen Text des § 79 des Ehegesetzes des Kontrollrats könnte das zweifelhaft scheinen, da die Fassung dieses Textes dazu verleitet, anzunehmen, daß alle Bestimmungen der zur Durchführung ergangenen Gesetze, Verordnungen und Erlasse ebenso wie das Ehegesetz v. 6. 7. 38 völlig aufgehoben seien und daß sich der Relativsatz „welche mit dem gegenwärtigen Gesetz unvereinbar sind", nur auf Bestimmungen aller sonstigen Gesetze beziehe. Der englische und der französische Text des § 79 ergeben jedoch, daß diese Annahme nicht richtig ist. Wenn es z. B. im französischen Text heißt: „Sont également abrogées toutes les dispositions des lois, décrets, ordonnances d'exécution et de tous autres textes législatifs qui sont incompatibles avec présente loi", so geht daraus klar hervor, daß die Aufhebung der DurchführungsVO. davon abhängt, daß die betreffenden Bestimmungen mit denen des Ehegesetzes des Kontrollrats unvereinbar sind. Das ist aber jedenfalls insoweit, als durch die DurchführungsVO. Bestimmungen der ZPO. abgeändert sind, nicht der Fall. Auf diesem Standpunkt steht nach anfänglichem Schwanken jetzt auch die Rechtsprechung.

2. Die **durch die DurchfVO.en herbeigeführten Änderungen der Vorschriften über das Verfahren in Ehesachen** ergeben sich aus den Erläuterungen zu den §§ 606 ff. ZPO. Hervorzuheben ist hier noch folgendes: § 170 GVG. ist durch § 30 der 1 DurchfVO. dahin geändert worden, daß die **Verhandlung in Ehesachen** nicht nur, wie bisher, auf Antrag, sondern **stets nicht öffentlich** ist. — Durch § 8 Abs. 4 der 1. DurchfVO. zur VO. v. 21. 12. 1948 betreffend die Übertragung von familienrechtlichen Streitigkeiten in die Zuständigkeit der Amtsgerichte vom 12. 5. 1949 ist für die deutsche demokr. Republik jedoch weiter bestimmt, daß in Ehesachen und den mit ihnen verbundenen oder gleichzeitig behandelten Sachen die Öffentlichkeit nur auszuschließen ist, wenn eine Partei es beantragt, daß aber das vorbereitende Verfahren nicht öffentlich ist. — In der Neufassung ist der bisherige zweite Satz des § 607 Abs. 2, wonach der Staatsanwalt in Ehesachen von dem ersten zur mündlichen Verhandlung bestimmten Termin von Amts wegen in Kenntnis zu setzen ist, ebenso § 627 Abs. 3: „Von der einstweiligen Verfügung hat das Prozeßgericht, wenn ein gemeinschaftliches minderjähriges Kind der Ehegatten vorhanden ist, dem Vormundschaftsgerichte Mitteilung zu machen" und § 630: „Nach dem Eintritt der Rechtskraft des Urteils hat das Prozeßgericht, wenn ein gemeinschaftliches minderjähriges Kind der Ehegatten vorhanden ist, dem Vormundschaftsgerichte Mitteilung zu machen" aus den Gründen der Vereinfachung des Gesetzesinhalts nicht mehr aufgeführt. **Gleichwohl sind diese Mitteilungen auch weiterhin zu bewirken,** AV. 27. 7. 38, DJ. 1177.

3. Das **Verfahren in Ehesachen** (Begriff: § 606 Abs. 1) entspricht **im allgemeinen** den Vorschriften über das landgerichtliche Verfahren erster In-

stanz. Es besteht also Anwaltszwang. Ihm ist nicht genügt, wenn ein Anwalt nur formal für eine im übrigen unvertretene Partei auftritt, um einen Rechtsmittelverzicht zu erklären (RGBeschl. vom 20. 10. 1943, DRR. 1944 S. 466, OLG. Stuttgart, SJZ. 46 S. 176, ferner DRZ. 46 S. 192/3, JW. 47 S. 75, abweichend SJZ. 47, 381). Die Unanwendbarkeit einzelner Vorschriften ergibt sich aus ihrem Inhalt. So aus **§ 40 Abs. 2 die Unzulässigkeit eines vereinbarten Gerichtsstandes, § 93 ist nicht anwendbar.** Die Vorschriften über Vorwegerhebung der Prozeßgebühr, **§ 74 GKG.**, gelten auch hier. Der **Streitwert** beträgt nach § 11 GKG. 2000 DM, nur ausnahmsweise und unter besonderen Umständen mehr. Diese können auch in den wirtschaftlichen Verhältnissen der Parteien erblickt werden, aber nur, wenn sie durch Ausmaß der Abweichung vom Regelfall sich deutlich als Ausnahme darstellen (OLG. Köln SJZ. 48, 399). Für die Deutsche Dem. Republik sind im § 11 GKG. in Abs. 1 die Worte: mit Ausnahme von Ehesachen (§ 606 der ZPO.) gestrichen, so daß im Bereich der DDR. der Streitwert in Ehesachen auch auf einen niedrigeren Betrag, jedoch nicht unter 500 DM festgesetzt werden kann.

Öffentliche Zustellung ist zulässig, jedoch mit Vorsicht zu bewilligen, nach OLG Hamm, MDR. 48, 222 nicht, wenn ernstliche Zweifel bestehen, ob Bekl. noch lebt, mag dies auch nach § 10 VerschG. zu vermuten sein. Unter den Veraussetzungen des § 203 Abs. 2 und 3 ZPO. wird dafür zu sorgen sein, daß der Bekl. durch gewöhnlichen, möglichst eingeschriebenen Brief Mitteilung von dem Inhalt des zuzustellenden Schriftstückes erhält. Die §§ 348 bis 350 über das Verfahren vor dem **Einzelrichter** finden Anwendung und werden vielfach zweckmäßig anzuwenden sein. **An Stelle des Prozeßgerichts darf der Einzelrichter aber nicht entscheiden** (§ 349 Abs. 3). Ein von ihm gleichwohl erlassenes Urteil ist mit den ordentlichen Rechtsmitteln anzufechten (§ 551 Nr. 1), nicht mit der Nichtigkeitsklage (§ 579 Abs. 2). Dagegen ist nicht ausgeschlossen, wenn auch wohl nur ausnahmsweise empfehlenswert, daß der Einzelrichter gemäß § 349 Abs. 1 Nr. 4, 5 durch Urteil nach Lage der Akten erkennt. Zulässig, aber kaum angezeigt, ist die Entscheidung **ohne mündliche Verhandlung** nach § 7 EntlVO. Ausgeschlossen ist Entscheidung durch Schiedsurteil gemäß § 18 das. Auch auf das **Rechtsmittel-** und **Wiederaufnahmeverfahren** und die **Wiedereinsetzung in den vorigen Stand**, finden in Ehesachen die allgemeinen Vorschriften Anwendung, soweit nicht in §§ 606 ff. Abweichendes vorgeschrieben ist (s. aber hinsichtlich der Zulässigkeit der Revision innerhalb der USA-Zone RMG. § 1 Abs. 4). Die Beschränkung der Zulässigkeit auf die Klärung grundsätzlicher Fragen gilt nicht, wenn die angefochtene Entscheidung aus verfahrensrechtlichen Gründen, insbesondere wegen Unzuständigkeit nicht hätte ergehen dürfen, OLG. Frankfurt, HEZ. 1 S. 12 f. In diesem Fall hat die Verweisung an das örtlich zuständige Gericht durch das Revisionsgericht gemäß § 276 ZPO. in entsprechender Anwendung von § 565 Abs. 3 zu erfolgen, auch wenn das örtlich zuständige Gericht zum Bezirk eines anderen OLG., ja einer anderen Zone gehört. (Abweichend RGZ. Bd. 130, 53). Die Wiederaufnahme ist in Ehesachen nach Scheidung, Aufhebung oder Nichtigerklärung der Ehe jedoch nur zulässig, wenn keiner der Geschiedenen wieder geheiratet hat oder wenn nur die Änderung des Schuldspruchs oder wenn bei Bestehenbleiben der Scheidung auf die Klage eine Änderung der Entscheidung über die Widerklage begehrt wird. (Schnell,

NJ. 1948 S. 131, teilw. abweichend LG. Hagen, SJZ. 46 S. 67, vergl. auch RG. JW. 30 S. 1001, RGZ. 171, 39.

Besonderheiten des Verfahrens sind: a) Regelmäßig muß ihm ein **Sühneversuch** vorangehen (§§ 608 ff.); b) der Gerichtsstand ist besonders geregelt (§ 606); c) der **Staatsanwalt** ist zur Mitwirkung berufen (§§ 607, 632, 634, 636, 636 a, 637, 638); d) die **Prozeßfähigkeit** der Ehegatten untersteht abweichenden Regeln (§ 612); e) die **Prozeßvollmacht** des Klägers muß einen bestimmten Inhalt haben; ihr Fehlen ist von Amts wegen zu berücksichtigen (§ 613); f) **Klageänderung** ist erleichtert (§ 614); g) die **Häufung von Ansprüchen** und die **Erhebung von Widerklagen** ist beschränkt (§§ 615, 633, 638). Erweiterte Zulassung in der DDR. gemäß § 2 VO. vom 21. 12. 1948 (ZVOBl. S. 588) betr. die Übertragung von familienrechtlichen Streitigkeiten in die Zuständigkeit der Amtsgerichte. Siehe Anhang; h) die **Rechtskraft** eines auf Abweisung einer Scheidungs- oder Aufhebungsklage lautenden Urteils, eines Urteils auf eine Nichtigkeitsklage und eines Urteils, durch das das Bestehen oder Nichtbestehen der Ehe festgestellt wird, ist erweitert (§§ 616, 636 a, 638); i) die **Parteiherrschaft** ist eingeschränkt; **Ermittelungen von Amts wegen** sind in gewissem Umfang zulässig (§§ 617, 622); k) das **Versäumnisverfahren** ist abweichend geregelt (§§ 618, 635, 638); l) **persönliches Erscheinen der Parteien** kann erzwungen, die Parteien können vernommen werden (§ 619); m) für die **Aussetzung des Verfahrens** gilt Besonderes (§§ 620 f.); n) für gewisse Fälle ist die **Anhörung eines Sachverständigen** vorgeschrieben und kann ärztliche Untersuchung eines Ehegatten angeordnet werden (§ 623); o) in dem Urteil auf Scheidung wegen Ehebruchs ist der **Ehebrecher festzustellen** (§ 624); p) bei Scheidung, Aufhebung oder Nichtigerklärung der Ehe ohne Schuld des unterlegenen Teils sind die **Kosten gegeneinander aufzuheben** (§ 93 a); q) Urteile sind **von Amts wegen zuzustellen** (§ 625); r) die **Beschränkung** der Klageänderung und Klageerweiterung und die Ausschließung der Widerklage **in der Berufungsinstanz** gelten nicht (§ 532 Abs. 2, RG. DR. 44 S. 852, OLG. Kiel DRZ. 47 S. 96) woraus sich ergibt, daß der Widerkläger, auch wenn er gegen die Scheidung auf Klage und Widerklage keine Berufung eingelegt hat, trotzdem selbständige Anträge stellen, also auf Berufung der Klägerin, welche eine ihr günstigere Schuldverteilung erstrebt, auch beantragen kann, die Berufung zurückzuweisen und unter Abweisung der Klage die Ehe auf die Widerklage aus Alleinschuld der Klägerin zu scheiden (Kiel a. a. O.); s) das Prozeßgericht kann auf Antrag in einem besonders geordneten Verfahren durch Beschluß **vorläufige Anordnungen** treffen (§§ 627 bis 627 c); t) bei **Tod einer Partei vor Rechtskraft** des Urteils ist der Rechtsstreit in der Hauptsache erledigt (§ 628, Ausnahme § 636); u) die Verhandlung in Ehesachen ist **nicht öffentlich** (§ 170 GVG.), in der DDR. öffentlich, mit der Maßgabe, daß die Öffentlichkeit auf Antrag einer Partei auszuschließen ist; v) es gilt der Grundsatz der **Einheitlichkeit der Entscheidung.** S. darüber § 614 Anm. 1; w) die Einlegung eines Rechtsmittels kann zwecks Aufrechterhaltung der Ehe auch erfolgen, wo formelle **Beschwerung** fehlt (§ 614 Anm. 1).

4. Nach der 5. DurchfVO. z. Eheges. v. 18. 3. 43 (RGBl. I, 145) kann im Falle des **Todes des zur Scheidungs- oder Aufhebungsklage berechtigten,** nicht überwiegend schuldigen **Ehegatten,** wenn dieser vor Rechtskraft des

Urteils oder vor Erhebung der Klage gestorben ist, auf Antrag des Staatsanwalts das für die Scheidungs- (Aufhebungs-)klage zuständige LG. im Verfahren nach den Vorschriften über das Verfahren in Angelegenheiten der freiwilligen (außerstreitigen) Gerichtsbarkeit das Recht des Verstorbenen auf Scheidung (Aufhebung) mit der Wirkung feststellen, daß der überlebende Ehegatte die rechtliche Stellung eines Ehegatten, dessen Ehe geschieden (aufgehoben) ist, erlangt. Vgl. § 628 Anm. 1.

II. Das **Haager Abkommen zur Regelung des Geltungsbereichs der Gesetze und der Gerichtsbarkeit auf dem Gebiète der Ehescheidung und der Trennung von Tisch und Bett vom 12. Juni 1902** (RGBl. 04, 231) ist von Deutschland mit Wirkung vom 1. Juni 1934 gekündigt worden (RGBl. 34 II 26) und gilt daher für uns nicht mehr. **Für die Scheidung der Ehe sind** nach Art. 17 Abs. 1 EGBGB. **die Gesetze des Staates maßgebend, dem der Ehemann zur Zeit der Erhebung der Klage angehört.** Jedoch sind nach Abs. 3 daselbst i. d. Fass. des § 4 der am 1. 11. 41 in Kraft getretenen 4. DVO.-Eheges. v. 29. 10. 41 (RGBl. I 654) für die **Scheidungsklage der Frau** die deutschen Gesetze auch dann maßgebend, wenn in dem Zeitpunkt, in dem die Entscheidung ergeht, nur die Frau die **deutsche Staatsangehörigkeit** besitzt. Die im wesentlichen gleiche Bestimmung des Art. 1 Abs. 1 Ges. über die Anwendung deutschen Rechts bei der Ehescheidung v. 24. 1. 35 ist durch § 25 der genannten DVO. aufgehoben worden. Die Anwendung des deutschen Rechts auf die Scheidungsklage der deutschen Frau hängt jetzt aber nicht mehr davon ab, daß das Heimatrecht des Mannes die Scheidung der Ehe dem Bande nach grundsätzlich nicht zuläßt. Der Mann kann der Scheidungsklage der Frau mit dem Antrage begegnen, die Frau für schuldig zu erklären, wenn der Antrag nach deutschem Recht begründet wäre. Er kann aber auch die Scheidungswiderklage nach seinem Heimatsrecht erheben, Jonas VI. Für die **Nichtigkeits- und Aufhebungsklage** kommt Art. 13 EG. BGB. in Betracht.

III. Die **Anerkennung ausländischer Entscheidungen in Ehesachen** ist durch § 606 Abs. 2 ZPO. sowie durch § 24 der 4. DurchfVO. z. Eheges. v. 25. 10. 1941 geregelt.

IV. In der Deutschen Demokratischen Republik gilt die VO. betreffend die Übertragung von familienrechtlichen Streitigkeiten in die Zuständigkeit der Amtsgerichte v. 21. 12. 1948 (ZVOBl. S. 588), nebst der 1. DurchfVO. v. 17. 5. 1949 (ZVOBl. S. 325), abgedruckt S. 464 ff.

Gerichtsstand

606 (568).[1] (1) Für Klagen auf Scheidung, Aufhebung oder Nichtigerklärung einer Ehe, auf Feststellung des Bestehens oder Nichtbestehens einer Ehe zwischen den Parteien oder auf Herstellung des ehelichen Lebens[2] (Ehesachen) ist das Landgericht ausschließlich zuständig,[3] in dessen Bezirk die Ehegatten ihren gemeinsamen gewöhnlichen Aufenthalt haben oder zuletzt gehabt haben. Hat zur Zeit der Erhebung der Klage im Bezirk dieses Gerichts keiner der Ehegatten seinen gewöhnlichen Aufenthalt oder haben sie einen gemeinsamen gewöhnlichen Aufenthalt im Inland nicht gehabt, so ist das Landgericht, in dessen Bezirk der gewöhnliche Aufenthaltsort des Mannes oder, falls ein solcher im Inland fehlt, der gewöhnliche Aufenthaltsort der Frau gelegen ist, sonst das Landgericht Berlin ausschließlich zuständig.[3]

(2) Besitzt der Mann nicht die deutsche Staatsangehörigkeit oder hat er seinen gewöhnlichen Aufenthalt nicht im Inland, so steht Abs. 1 der Anerkennung einer von einer ausländischen Behörde getroffenen Entscheidung nicht entgegen[4].

(3) Besitzt keiner der Ehegatten die deutsche Staatsangehörigkeit, so kann von einem deutschen Gericht in der Sache nur entschieden werden[5],

1. wenn der gewöhnliche Aufenthaltsort des Mannes oder der Frau im Inland gelegen ist und nach dem Heimatrecht des Mannes die von dem deutschen Gericht zu fällende Entscheidung anerkannt werden wird[6] oder auch nur einer der Ehegatten staatenlos ist;
2. wenn die Frau zur Zeit der Eheschließung deutsche Staatsangehörige war und sie auf Aufhebung oder Nichtigerklärung der Ehe oder auf Feststellung des Bestehens oder Nichtbestehens der Ehe oder der Staatsanwaltschaft auf Nichtigerklärung der Ehe klagt.

1. Die Neufassung des § 606 ZPO. durch § 19 Abs. 1 der 4. DVOEheG. v. 25. 10. 41 (RGBl. I 654) hat die „Zuständigkeit in Ehesachen", und zwar in Abs. 1 und die deutsche Gerichtsbarkeit in Abs. 3 neu geregelt. Wegen Weitergeltung dieser Bestimmung vgl. die Vorbemerkung I, 1, KG. DRZ. 46 S. 156, JurRdsch. 47 S. 24 und die sie bejahende dort angeführte Bek. des BayJM. v. 28. 4. 47, JMBl. 47 S. 15, welche eine Auskunft des Rechtsdirektoriums des alliierten Kontrollrats zur Grundlage hat; wegen der französischen und russischen Besatzungszone s. SJZ. 46 S. 79, Redaktionsanmerkung 47 S. 92; sie ist heute allg. M. Vgl. auch Beitzke DRZ. 46 S. 172 ff., Zweigert SJZ. 48 Sp. 147.

2. Scheidung, Nichtigkeit, Aufhebung, Feststellung des Bestehens oder Nichtbestehens einer Ehe. — Klage auf **Scheidung,** d. h. auf Trennung dem Bande nach durch rechtsgestaltendes Urteil: §§ 41 ff. Eheges., und zwar wegen Verschuldens (§§ 42—43) oder aus anderen Gründen (§§ 44—48). — **Aufhebungsklage,** d. h. auf rechtsgestaltende Lösung der Ehe wegen eines schon bei der Eheschließung vorhandenen Mangels: §§ 28—34, 37 Eheges. Sie ist an die Stelle der Anfechtungsklage (§§ 1331 ff., 1341 BGB.) getreten. Während aber diese die Lösung der Ehe ex tunc bewirkte, löst die Aufhebungsklage ex nunc (§ 29 Eheges.). Auf **Aufhebung der ehelichen Gemeinschaft** (früher § 1575 BGB.) kann nicht mehr geklagt werden. **Nichtigkeitsklage,** d. i. Klage auf Nichtigerklärung durch rechtsgestaltendes Urteil mit rückwirkender Kraft wegen absolut wirkender Mängel: §§ 16—24 Eheges. Die Klagebefugnis ergibt sich aus § 24 Eheges. Der Staatsanwalt kann die Klage auch noch nach Auflösung der Ehe durch Tod eines Ehegatten oder Scheidung erheben. — Die **Klage auf Feststellung des Nichtbestehens** einer Ehe ist besonders dann gegeben, wenn eine Eheschließung tatsächlich nicht stattgefunden hat oder die Ehe durch Scheidung aufgelöst ist. — **Klage auf**

Herstellung des ehelichen Lebens: Sie ergibt sich aus § 1353 BGB. und ist auch nach dem Eheges. zulässig, RG. 160, 114. Sie kann nicht bloß zur Beseitigung eines räumlichen Getrenntlebens, sondern in der Regel wegen jeder Verletzung der aus dem persönlichen Verhältnisse der Ehegatten sich ergebenden Pflichten, und zwar zum Zwecke der Herbeiführung eines dem Wesen der Ehe entsprechenden Verhaltens des anderen Teiles, erhoben werden, JW. 02, 315 [23]. Rechte aus § 1353 können auch im Wege der Feststellungsklage geltend gemacht werden. Auch dann handelt es sich um eine Ehesache i. S. des § 606, RG. 150, 70; aber keine Klage auf Unterlassung ehebrecherischen Verkehrs, RG. 151, 159. — Auf die **Härtemilderungsklage** (§ 77 Eheges.) findet § 606 keine Anwendung. Für diese ist die Zuständigkeit im § 77 besonders geregelt.

3. Abs. 1 Zuständigkeit. — Sie ist sachlich und örtlich **ausschließlich** (§ 40 Abs. 2) und deshalb in jeder Lage des Verfahrens **von Amts wegen zu prüfen,** Jonas I 3 a, Baumb. 1, wozu nach Abs. 3 (Anm. 5) auch die Feststellung der Staatsangehorigkeit gehört, Anm. 6. Dadurch wird aber die Anerkennung einer ausländischen Entscheidung nicht ausgeschlossen, wenn der **Mann nicht die deutsche Staatsangehörigkeit** besitzt oder seinen gewöhnlichen Aufenthalt nicht im Inland hat (Abs. 2). Besitzt der **Mann sowohl die deutsche wie eine ausländische Staatsangehörigkeit,** so ist nur die erstere maßgebend, also die ausschließliche Zuständigkeit der deutschen Gerichte gegeben, Jonas I 3 b, Baumb. 1. Vgl. Anm. 4. Der die Zuständigkeit begründende Aufenthaltsort braucht nicht notwendig schon zur Zeit der Klageerhebung im Bezirke des angerufenen Gerichts gegeben zu sein; durch spätere Verlegung des gewöhnlichen Aufenthaltsortes dorthin wird der **Mangel der Zuständigkeit geheilt,** ebenso durch eine die Zuständigkeit begründende Veränderung der Staatsangehörigkeit; die Ausschließlichkeit des Gerichtsstandes steht dem nicht entgegen, W. 26, 15, Jonas I 4, Baumb.1. Die einmal gegebene Zuständigkeit wird durch eine Veränderung der sie begründenden Umstände nach § 263 Abs. 2 Nr. 2 auch in Ehesachen nicht berührt. Ein sich gemäß § 606 ergebender ausschließlicher Gerichtsstand kommt nicht in Betracht, wenn am Ort dieses Gerichtsstandes keine deutsche Gerichtsbarkeit besteht, z. B. wenn die Ehefrau noch am Ort des lezten gemeinsamen gewöhnlichen Aufenthalts im polnisch besetzten Teil Deutschlands lebt (OLG. Celle MDR. 48 S. 89). — A. **Sachliche Zuständigkeit:** Wie früher ist das **Landgericht** ausschließlich zuständig, in der DDR. das Amtsgericht, s. Vorbemerk. IV. — B. **Gerichtsstand:** Während früher in erster Linie der Wohnsitz des Mannes maßgebend war, so daß die Frau auch dann, wenn der Mann sie verlassen und an einem anderen Ort Wohnung genommen hatte, gezwungen war, ihm mit der Klage dorthin zu folgen, bestimmt sich jetzt der Gerichtsstand a) in erster Linie nach dem **gemeinsamen gewöhnlichen Inlandsaufenthalt** der Ehegatten zur Zeit der Klageerhebung (s. jedoch oben). Während der Wohnsitz dort begründet ist, wo jemand sich ständig niederläßt, also durch seinen Willen bestimmt wird (§ 7 BGB.), und für Mann und Frau während der Ehe in der Regel der gleiche ist, auch wenn sie sich getrennt haben und an verschiedenen Orten leben, und zwar am Orte der ständigen Niederlassung des Mannes (§ 10 BGB.), bestimmt sich der Aufenthaltsort nach dem rein tatsächlichen Sein einer Person an einem Ort. Der gemeinsame gewöhnliche Aufenthalt der Ehegatten ist derjenige, wo die Ehegatten, wenn auch nicht ständig, so doch hauptsächlich und nicht nur vorübergehend ihr gemeinsames Eheleben führen, insbesondere ihre Wohnung oder ihr Nachtquartier haben (OLG. Braunschweig DRZ. 47 S. 166). Vorübergehende Abwesenheit eines oder beider Ehegatten aus beruflichen oder anderen Gründen, mag sie auch von längerer Dauer sein, ist ohne Bedeutung, sofern die wirtschaftliche Lebensgrundlage am bisherigen Ort erhalten bleibt. Dies gilt auch bei Unterbringung in einer Kranken-, Heil-, Strafvollzugsanstalt, es sei denn, daß sie ständig ist, wodurch der gewöhnliche Aufenthalt am Unterbringungsort begründet wird. Der zur Wehrmacht einberufene Ehemann behält (auch während des Krieges) seinen gewöhnlichen Aufenthaltsort am Orte der Ehewohnung, DR. 43, 250 (a. M. DRW. 42, 1461), oder an dem Orte, wo er sich bis zu seiner Einziehung ständig aufgehalten hat und wohin er nach seiner Entlassung endgültig zurückkehren wird, DRpl. 43, 117. Trennen sich aber die Ehegatten, so kommt, auch wenn sie sich am gleichen Orte aufhalten, nur der Gerichtsstand zu b in Frage, Jonas IV 2 a, Baumb. III A, Becker in DJ. 41, 1046 Nr. 1 b. **Inland** i. S. des § 606 ist das gesamte Gebiet Deutschlands, in dem § 606 ZPO. gilt, so daß ein gemeinsamer gewöhnlicher Aufenthalt an irgendeinem Orte in diesem Gebiet die Hilfsgerichtsstände ausschließt, Jonas I 2, Baumb. 3 B. In zweiter Linie ist b) der **letzte gemeinsame gewöhnliche Inlandsaufenthalt** maßgebend, jedoch nur dann, wenn zur Zeit der Klageerhebung (DRW. 42, 1461) mindestens einer der Ehegatten noch oder wieder seinen gewöhnlichen Aufenthalt im Bezirk dieses Gerichts hat (Satz 2), da andernfalls dieser Gerichtsstand beiden Parteien ungelegen wäre. Fehlt es an diesen Voraussetzungen, also wenn entweder die Ehegatten niemals einen gemeinsamen gewöhnlichen Aufenthalt im Inlande gehabt haben, z. B. weil sie sich nur im Ausland aufhielten oder ständig auf Reisen waren, oder wenn keiner von ihnen mehr am Orte des früheren gemeinsamen gewöhnlichen Aufenthalts lebt, so ist c) der **gewöhnliche Inlandsaufenthalt des Mannes,** d) falls ein solcher fehlt, z. B. weil der Mann ständig auf Reisen oder unbekannten Aufenthalts ist, oder sich im Ausland aufhält, der **gewöhnliche Inlandsaufenthaltsort der Frau** maßgebend. Diese Regelung wird auch durch die in der Verfassung der DDR. festgelegte Gleichberechtigung der Frau mit dem Manne nicht berührt, weil sie nicht ein Vorrecht des Mannes darstellt, sondern eine zweckmäßige Regelung der Zuständigkeit. e) Fehlt auch dieser, so ist das **LG. Berlin** zuständig. Seine Zuständigkeit kommt namentlich für die im Ausland lebenden deutschen Staatsangehörigen und die im Ausland angestellten Beamten des Reichs, die zwar nach § 15 ihren Wohnsitz im Reich beibehalten, hier aber keinen gewöhnlichen Aufenthalt haben, in Frage, vgl. Becker in DJ. 41, 1946. — Im Gerichtsstand der Klage kann auch die **Widerklage** erhoben werden, soweit eine solche nach §§ 615 Abs. 2, 638 überhaupt zulässig ist.

4. Abs. 2. Ausländische Gerichtsbarkeit bei deutscher Staatsangehörigkeit. — Besitzen beide Ehegatten oder besitzt auch nur einer von ihnen die deutsche Staatsangehörigkeit, so unterstehen sie in Ehesachen grundsätzlich der deutschen Gerichtsbarkeit, auch wenn sie sich im Ausland aufhalten (vgl. Anm. 5). Die **Anerkennung ausländischer Entscheidungen** richtet sich nach den Grundsätzen des § 328 und nach den vom Deutschen Reich geschlossenen zwischenstaatlichen Abkommen über die gegenseitige Anerkennung von familienrechtlichen Entscheidungen. Ihre Wirksamkeit in Deutschland wird nach § 24 der 4. DVOEheG. v. 25. 10. 41 (RGBl. I 654), mit bindender Wirkung für jede Stelle (Gericht oder Verwaltungsbehörde) durch die an die Stelle des RJM. getretene Behörde (s. 1 a. E. zu § 1) festgestellt. Dessen bedarf es aber nicht, wenn ein Gericht (nicht eine andere Stelle) des Staates, dem beide Ehegatten zur Zeit der Entscheidung angehört haben, entschieden hat (a.a.O. Abs. 4), oder wenn das Ergebnis einer früheren Entscheidung bereits beim Inkrafttreten der 4. DVOEheG. am 1. 11. 41 in einem deutschen Familienbuch mit Wirkung für den staatlichen Bereich eingetragen war (Abs. 3 a. a. O.). Hierbei bleibt entgegen § 328 Abs. 1 Nr. 1 nach § 606 Abs. 2 die sich aus Abs. 1 an sich ergebende ausschließliche Zuständigkeit außer Betracht, wenn der **Mann nicht** die **deutsche Staatsangehörigkeit** besitzt **oder** seinen **gewöhnlichen Aufenthalt nicht im Inland,** sondern im Ausland oder überhaupt keinen gewöhnlichen Aufenthalt hat. Über das Verhältnis zur Schweiz vgl. Schw. Bundesgericht SJZ. 48 Sp. 145 mit ausführlicher abw. Anm. von Zweigert.

5. Abs. 3. Deutsche Gerichtsbarkeit. Über Staatsangehörigkeitsfragen vgl. Beitzke, Rundschau MDR. 48 S. 239 f., auch OLG. Celle MDR. 48 S. 416. — Aus Abs. 3 in Verbindung mit Abs. 1 ergibt sich, A. daß die deutsche Gerichtsbarkeit gegeben ist: a) Bei **deutscher Staatsangehörigkeit auch nur eines der Ehegatten,** also auch, wenn nur die Frau die deutsche Staatsangehörigkeit besitzt, der Mann dagegen Ausländer oder staatenlos ist, und zwar gleichviel, ob sie ihren gewöhnlichen Aufenthalt im Inland oder im Ausland haben. — b) Wenn **kein Ehegatte deutscher Staatsangehöriger, aber auch nur einer staatenlos ist,** jedoch nur bei gewöhnlichem Aufenthalt des Mannes oder der Frau im Inland (Abs. 3 Nr. 1). — c) Wenn beide Ehegatten fremde Staatsangehörige oder staatenlos oder der eine fremder Staatsangehöriger, der andere staatenlos ist, die **Frau** aber **zur Zeit der Eheschließung deutsche Staatsangehörige** war und diese Staatsangehörigkeit durch die Eheschließung oder danach verloren hat, für ihre Klage auf Aufhebung oder Nichtigerklärung oder auf Feststellung des Bestehens oder Nichtbestehens der Ehe (nicht für die Scheidungsklage oder die Klage auf Herstellung des ehelichen Lebens, falls nicht die Voraussetzungen zu a, b, d vorliegen) oder für die Klage des Staatsanwalts auf Nichtigerklärung der Ehe, und zwar gleichviel, ob sie ihren gewöhnlichen Aufenthalt im Inland oder im Ausland haben (Abs. 3 Nr. 2). — d) Wenn **beide Ehegatten fremde Staatsangehörige** sind und die Entscheidung des deutschen Gerichts nach dem Heimatrecht des Mannes anerkannt werden wird (Anm. 6), jedoch nur für gewöhnlichen Aufenthalt des Mannes oder der Frau im Inland (Abs. 3 Nr. 1). — Durch die Regelung zu a bis d wird in allen Fällen, die sachlich nach deutschem Recht zu entscheiden sind, die Klage vor dem deutschen Gericht ermöglicht und deutschen Staatsangehörigen im Ausland, insbesondere der **reichsdeutschen oder früher reichsdeutschen Frau** ein verstärkter Schutz vor deutschen Gerichten gewährleistet, auch wenn sachlich fremdes Recht anzuwenden ist, vgl. Becker in DJ. 41, 1046. Über den **Gerichtsstand** in allen diesen Fällen vgl. Abs. 1 und Anm. 2 B. — B. Die deutsche Gerichtsbarkeit ist **nicht gegeben:** Wenn beide Ehegatten fremde Staatsangehörige oder staatenlos sind, die Frau auch nicht zur Zeit der Eheschließung die deutsche Staatsangehörigkeit besessen hat und beide ihren gewöhnlichen Aufenthalt im Ausland oder überhaupt keinen gewöhnlichen Aufenthalt haben oder wenn zwar einer von ihnen einen gewöhnlichen

Inlandsaufenthalt hat, das Heimatrecht des Mannes aber die deutsche Entscheidung nicht anerkennt. (Anm. 6).

C. Die Ehesachen, für die in Deutschland ein **Gerichtsstand nicht begründet** ist oder deren ausschließlicher Gerichtsstand nach deutschem Recht im Ausland liegt, entfallen nur von der Ausübung der deutschen Gerichtsbarkeit, nicht aber von dieser selbst. Es fehlt nicht an letzterer, sondern an der internationalen Zuständigkeit. Deshalb hat eine **Überschreitung der den deutschen Gerichten** durch § 606 **gezogenen Grenzen** nicht die absolute Nichtigkeit des Urteils zur Folge, sondern sie ergibt nur eine falsche Beurteilung der Zuständigkeit, die durch die Rechtskraft des Urteils geheilt wird, so daß im Falle der Scheidung die Ehegatten im Inland als geschieden gelten, gleichviel wie das Ausland sich dazu stellt, JW. 38, 1258. Eine neue Eheschließung des Ausländers ist aber nicht möglich, weil nach Art. 13 EGBGB. die Gültigkeit seiner Ehe nach seinem Heimatrecht zu beurteilen ist, RD. 152, 36, jedoch ist die neue Ehe eines der Ehegatten keine Doppelehe i. S. des § 20 Eheges., JW. 38, 1258, Jonas III 2 c, d.

D. **Regelung durch die Besatzungsbehörden.**

Amerikanische Zone: Auf Grund der Sondervorschrift US.MilRG. Nr. 2 fehlt es an deutscher Gerichtsbarkeit für Sachen, die eine im Heer der Vereinten Nationen dienende Person betreffen, z. B. nach OLG. Stuttgart SJZ. 46 S. 67, wenn ein farbiger amerikanischer Soldat als Ehebrecher genannt ist.

Britische Zone: Anweisung 9 an OLG.Präs. betr. Scheidungsklagen wegen Ehebruchs mit alliierten Militärpersonen oder anderen Staatsangehörigen der Vereinten Nationen vom Febrar 1946, Hans. JVBl. 46, 76, Schl. HA. 46, 119, JBlV. Westf. 46, 27, JBl. Braunschw. 46, 28, JBl. Köln 46, 43:

1. Nach Maßgabe der nachstehenden Bestimmungen sind die deutschen Gerichte gemäß Art. III des Kontrollratsgesetzes Nr. 4 und Art. VI des Militärregierungsgesetzes Nr. 2 ermächtigt, die Gerichtsbarkeit in Scheidungsklagen auszuüben, die damit begründet sind, daß einer der Ehegatten Ehebruch mit einer alliierten Militärperson oder einem sonstigen Staatsangehörigen der Vereinten Nationen begangen haben soll.

2. Sofern die Militärregierung nichts anderes bestimmt, sind bei diesen Klagen die folgenden Bedingungen zu erfüllen: a) Ein Angehöriger der alliierten Streitkräfte oder ein Staatsangehöriger einer der Vereinten Nationen, welcher in die Sache verwickelt ist, kann weder an dem Gerichtsverfahren als Partei beteiligt werden noch als Zeuge in dem Verfahren vorgeladen werden. b) Der Name der betreffenden alliierten Militärperson oder des betreffenden Staatsangehörigen einer der Vereinten Nationen darf in dem Gerichtsurteil nicht genannt werden, doch kann das Urteil feststellen, daß Ehebruch mit X, einer alliierten Militärperson, oder X, einem Staatsangehörigen der Vereinten Nationen, begangen worden ist. c) Das Gericht darf kein Urteil oder sonstigen Beschluß gegen eine in eine Scheidungsklage verwickelte Militärperson oder Staatsangehörigen einer der Vereinten Nationen auf Zahlung von Kosten, Schadenersatz oder Unterhalt ergehen lassen oder ihnen Klagen, Vorladungen oder sonstige Gerichtsbeschlüsse zustellen. (Nach Schl. HA. 46, 159 sind die deutschen Gerichte auch dann

nicht befugt, in Ehescheidungsprozessen eine alliierte Militärperson oder einen sonstigen Staatsangehörigen einer der Vereinten Nationen als Zeugen über die Fragen nach Ehebruch oder ehewidrigen Beziehungen zwischen ihnen und einem der Ehegatten zu vernehmen, wenn sich die Person freiwillig, ohne geladen zu sein, vor einem deutschen Gericht einfindet und zur Zeugenaussage bereit erklärt.)

Sowjetische Zone: Hier sind die für die britische Zone angeführten Bestimmungen entsprechend auf die Angehörigen der Besatzungsmacht anzuwenden.

Hinsichtlich der **Zuständigkeit deutscher Gerichte bei Ehescheidungen von Personen verschiedener Staatsangehörigkeit** ist zu beachten die Anordnung der Rechtsabtl. der brit. Militärreg. v. 26. 7. 46/4. 9. 46, Hans. JVBl. 46, 78, Schl. HA. 46, 124, und die Richtlinien zur Staatsangehörigkeit Hann. Rpfl. 46, 50. Hinsichtlich Ehescheidungsklagen, an denen Angehörige von Litauen, Lettland oder Estland beteiligt sind, vergl. OLG. Stuttgart SJZ. 46, 153, 47, 383, Kiel, DRZ. 47, 166, LG. Göttingen MDR. 48, 36 mit Anm. Raape.

6. Anerkennung der deutschen Entscheidung nach dem Heimatrecht des Mannes. — Diese dem früheren Abs. 4 entsprechende Einschränkung beruht darauf, daß Entscheidungen inländischer Gerichte häufig in dem Staate, dem die ausländischen Ehegatten angehören, nicht anerkannt werden, weil der ausländische Staat die ausschließliche Zuständigkeit in Anspruch nimmt oder nach seinem sachlichen Recht die Scheidung der Ehe nicht möglich ist. Es soll hierdurch der Erlaß eines deutschen Urteils vermieden werden, das in dem Heimatsstaate der Ehegatten keine Anerkennung finden würde, Mot. 127, RG. 105, 365, sei es auch nur von dessen Verwaltungsbehörden, RG. 143, 130, Nicht erforderlich ist allgemeine Verbürgung der Gegenseitigkeit, RG. 149, 232. — Wenn **nach dem Heimatrecht** des Mannes das **Gericht seines Wohnsitzes zuständig** ist, so genügt nicht die Feststellung, daß das Heimatrecht ausländische Gerichte nicht ausschließt, vielmehr ist außerdem zu entscheiden, ob nach dem betreffenden ausländischen Recht das inländische Gericht des Wohnsitzes, und zwar des Wohnsitzes welcher Partei (des Klägers oder des Beklagten, des Ehemannes oder der Ehefrau) für die Klage zuständig ist, und ferner, ob die Partei, deren Wohnsitz danach maßgebend ist, tatsächlich ihren Wohnsitz im Inland hat, RG. 126, 353. Die letztere Frage ist nach deutschem Recht zu entscheiden, JW. 36, 3571. Fehlt es in dem Heimatstaat des Ehemannes an einem Scheidungsverfahren überhaupt, so entfällt die Voraussetzung der Zuständigkeit eines inländischen Gerichts nach den Gesetzen des Heimatstaats, JW. 36, 3579. — Zuständig ist das inländische Gericht z. B. nach **argentinischem** Recht, Jonas III 2; nach **belgischem** Recht, Jonas III 2; nach **chinesichem** Recht, Jonas III 2; nach **dänischem** Recht DRW. 40, 1383, anders AV. des RJM. v. 5. 6. 38 DJ. 1013; nach **englischem** Recht, JW. 07, 127[4], 37, 2530; nach **finnischem** Recht, Jonas III 2; nach **französischem** Recht, RG. 149, 232; nach **griechischem** Recht DRW. 40, 1955, Jonas III 2; nach **isländischem** Recht, RG. 151, 103; nach **japanischem** Recht, Jonas III 2; nach **luxemburgischem** Recht; nach **mexikanischem** Recht, Jonas III 2; nach **niederländischem** Recht, JW. 36, 1688; nach **nordamerikanischem** Recht, RG. 136, 361; nach **norwegischem** Recht, RG. 168, 50; nach **persischem** Recht, JW. 32, 2302; nach **portugiesischem** Recht, Jonas III 2; nach **rumänischem** Recht, Jonas

III 2; nach **russischem** Recht, JW. 36, 3579; nach **schwedischem** Recht, W. 17, 212, DRW. 39, 187; nach **schweizerischem** Recht, Gr. 57, 717, JW. 36, 3577. Über die Zuständigkeit deutscher Gerichte zur Scheidung **österreichischer** Eheleute s. KG. HRE. Bd. 2 S. 62, NJ. 48 S. 591 und Beitzke MDR. 48 S. 239 (Rundschau), Lauter b. NJ. 48 S. 569. Die **Tschechoslowakei** erkennt die Scheidung der Ehen von Tschechoslowaken durch ausländische Gerichte an, wenn tschechoslowakisches oder slowakisches Recht angewandt wurde. Für Ehescheidungsprozesse sind die **deutschen Gerichte nicht zuständig** zwischen: **ägyptischen** Mohammedanern, Jonas III 2; **bulgarischen** Staatsangehörigen, wenn die Ehe kirchlich in **Bulgarien** oder vor einem orthodoxen Geistlichen im Ausland geschlossen ist, Jonas III 2; **iranischen** Staatsangehörigen des islamitischen oder eines sonstigen in Iran anerkannten Glaubens, JW. 37, 3249; **jugoslawischen** Staatsangehörigen, W. 35, 192, DRW. 40, 1383, RGDRW. 41, 2072; **peruanischen** Staatsangehörigen, Jonas III 2; **rumänischen** Mohammedanern; **türkischen** Staatsangehörigen, Jonas III 2; **ungarischen** Staatsangehörigen, JW. 11, 55[55]. Desgleichen werden Scheidungsurteile deutscher Gerichte nicht ohne weiteres anerkannt von **Polen**, Hans. JVerwBl. 47 S. 5, Nr. 3. Die Scheidung dem Bande nach ist nach sachlichem Recht nicht zulässig in: **Bolivien, Brasilien, Irland** bei Katholiken, **Chile, Columbien, Italien, Kroatien** (?), **Liechtenstein, Spanien** (RG. 166, 374), nach Jonas III 2. Wenn **ein ausländischer Staat** von vornherein **erklärt, er erkenne die von fremden Gerichten seinen Staatsangehörigen gegenüber erlassenen Scheidungsurteile unter keinen Umständen an,** ist darin eine Verneinung der Zuständigkeit der inländischen Gerichte selbst dann zu finden, wenn sich die Unzuständigkeit fremder Gerichte aus den eigentlichen Zuständigkeitsbestimmungen des ausländischen Staates nicht ergeben sollte, RG. 85, 153. — Die **Staatsangehörigkeit** der Eheleute ist, weil davon die Zuständigkeit des Gerichts abhängen kann, **von Amts wegen zu prüfen,** W. 11, 61, JW. 33, 2582[3], auch in der Revisionsinstanz, RGDJ. 34, 35, vgl. Anm. 3. Dazu **Preußen:** Verf. v. 18. 9. 22 (JMBl. 385). — Sind beide Ehegatten oder auch nur einer von ihnen **staatenlos,** so gilt Abs. 3 Nr. 1. Der Gerichtsstand bestimmt sich nach Abs. 1, nötigenfalls ist, um überhaupt eine Scheidung zu ermöglichen, das LG. Berlin zuständig (Anm. 3 B e), obwohl nach Abs. 3 Nr. 1 die deutsche Gerichtsbarkeit entfällt, wenn keiner der Ehegatten den gewöhnlichen Aufenthalt im Inlande hat, Jonas VII 2. Dies gilt auch dann, wenn einer der Ehegatten erst nach der Klageerhebung staatenlos wird, RG. 113, 40. — Das zwischen Deutschland und Danzig, Italien, Luxemburg, den Niederlanden, Polen, Portugal, Rumänien, Schweden und Ungarn getroffene **Abkommen zur Regelung des Geltungsbereichs der Gesetze und der Gerichtsbarkeit auf dem Gebiete der Ehescheidung und der Trennung von Tisch und Bett** v. 12. 6. 02 ist vom Deutschen Reich mit Wirkung zum 1. 6. 34 **gekündigt** worden (Bek. v. 26. 1. 34, RGBl. II 26).

Mitwirkung der Staatsanwaltschaft

607 (569). [1] (1) In Ehesachen [2] ist der Staatsanwalt [3] zur Mitwirkung befugt, um die vom Standpunkt der Volksgemeinschaft für die Aufrechterhaltung oder die Auflösung der Ehe sprechenden Umstände geltend zu machen. Hierzu kann er allen Verhandlungen beiwohnen, sich über die zu erlassende Entscheidung gutachtlich äußern und neue Tatsachen und Beweismittel vorbringen.

(2) Im Verfahren über eine Scheidungsklage, eine Aufhebungsklage oder eine Klage auf Herstellung des ehelichen Lebens kann der Staatsanwalt gegen den Widerspruch der die Auflösung der Ehe begehrenden oder ihre Herstellung verweigernden Partei neue Tatsachen nur insoweit vorbringen, als sie geeignet sind, der Aufrechterhaltung der Ehe zu dienen[4].

1. Fassung nach § 31 DurchfVO. v. 27. 7. 38 (RGBl. I 923) zum Eheges. v. 6. 7. 38 (RGBl. I 807). Wegen der Gültigkeit dieser Bestimmung vgl. die Vorbemerkung I 1 vor § 606. Dadurch ist die Vorschrift des früheren Abs. 2 Satz 2 über die Pflicht zur Benachrichtigung des Staatsanwalts von dem ersten zur mündlichen Verhandlung bestimmten Termin gestrichen (s. dazu Anm. 3) und die des früheren Abs. 4 über die Aufnahme des Namens des Staatsanwalts und der von ihm gestellten Anträge in das Sitzungsprotokoll fortgefallen. **In der Britischen Zone hat** nach VO. zur Durchf. d. EheG. vom 20. 2. 46, KRG. Nr. 16 v. 12. 7. 48, VOBl. 37 48, 210 der **§ 607 folgende Fassung:**

I. In Ehesachen ist die Staatsanwaltschaft zur Mitwirkung befugt.

II. Der Verhandlung vor dem erkennenden Gericht, sowie vor einem beauftragten oder ersuchten Richter kann der Staatsanwalt beiwohnen.

III. Er kann sich über die zu erlassende Entscheidung gutachtlich äußern und, sofern es sich um die Aufrechterhaltung der Ehe handelt, neue Tatsachen und Beweismittel vorbringen.

IV. Im Sitzungsprotokoll ist der Name des Staatsanwalts anzugeben, auch sind in dasselbe die von dem Staatsanwalt gestellten Anträge aufzunehmen.

2. Die Befugnis erstreckt sich auf **alle Ehesachen** (Begriff § 606 Abs. 1).

3. §§ 141 ff. GVG. Zuständig ist der Staatsanwalt bei dem Gericht der Instanz.

4. Der **Staatsanwalt** kann nicht selbständige Anträge stellen und Rechtsmittel einlegen, ausgenommen gemäß § 634 den Fall der Nichtigkeitsklage. Seine Aufgabe ist die Förderung der Belange der Volksgemeinschaft auch da, wo er nicht Partei ist, z. B. wenn nicht er die Nichtigkeitsklage erhoben hat, sondern ein Ehegatte oder der frühere Ehegatte (§ 28 Abs. 2 Eheges.). Zu diesem Zweck kann er Umstände geltend machen, die von den Parteien nicht vorgebracht sind. Hierin ist er bei der Klage auf Ehescheidung, Eheaufhebung und Herstellung des ehelichen Lebens bei Widerspruch der die Auflösung der Ehe begehrenden oder ihre Herstellung verweigernden Partei auf solche **neuen Tatsachen** beschränkt, die der Aufrechterhaltung der Ehe zu dienen geeignet sind (Abs. 2), während in den Fällen der Nichtigkeitsklage und der Klage auf Feststellung des Bestehens oder Nichtbestehens einer Ehe (Abs. 1) diese Beschränkung nicht besteht, sondern auch neue Tatsachen von dem Staatsanwalt vorgebracht werden können, die nicht der Aufrechterhaltung der Ehe dienen. Diese letztere Abweichung von der bisherigen gesetzlichen Regelung beruht darauf, daß in den letzteren Fällen es für die Volksgemeinschaft wichtig sein kann, wenn die Nichtigkeit oder das Nichtbestehen einer Ehe festgestellt wird. Stets ist der

Staatsanwalt befugt, allen **Verhandlungen** (vor dem erkennenden Gericht, Einzelrichter, beauftragten, ersuchten Richter, dagegen nicht im Sühnetermin und im Verfahren über Anträge gemäß §§ 627 f., wie die Art seiner Aufgaben ergibt, (Jonas I) **beizuwohnen,** sich über die zu erlassende Entscheidung gutachtlich zu äußern und neue Beweismittel vorzubringen. Daß ihm zu diesem Zweck die Geschäftsstelle durch Aktenvorlegung **von dem ersten Termin** zur mündlichen Verhandlung (und von weiteren Terminen auf seinen entsprechenden Antrag **Mitteilung** zu machen hat, schreibt z. B. § 38 Nr. 4 AktO. vor. S. auch AV. v. 27. 7. 38, DJ. 1177. Die Stellungnahme des Staatsanwalts erfolgt in der mündlichen Verhandlung. Er kann sie auch durch **vorbereitende Schriftsätze** ankündigen, die den Parteien mitzuteilen sind (a. M. Baumb. 2 A) und bei einer Entscheidung ohne mündliche Verhandlung (§ 7 EntlVO.) oder nach Aktenlage (§§ 251 a, 331 a) zu berücksichtigen sind, Jonas II 3. Nichtzuziehung des Staatsanwalts ist Verfahrensmangel, Rev.Grund aber nur dann, wenn die Zuziehung möglicherweise das Ergebnis geändert hätte, RG. 164, 64.

Sühneversuch (§§ 608—611)

Grundsatz des Erfordernisses. Antrag.

608 (570). [1, 5] Wer eine Scheidungsklage oder eine Klage auf Herstellung des ehelichen Lebens[2] beabsichtigt, hat bei dem für die Klage zuständigen Gericht[3] einen Sühneversuch zu beantragen. In dem Antrag hat er die Gründe anzugeben, auf die er die Klage stützen will. Der Antrag kann vor der Geschäftsstelle zu Protokoll erklärt werden[4].

1. Die vom Sühneversuch handelnden **§§ 608 bis 610** sind **neu gefaßt** und **§ 611 aufgehoben** durch § 32 DurchfVO. v. 27. 7. 38 (RGBl. I 923) zum Ehegesetz v. 6. 7. 38 (RGBl. I 807). Wegen der Gültigkeit dieser Bestimmungen vgl. die Vorbemerkung I 1 vor § 606 .Während bisher das Amtsgericht für das Sühneverfahren zuständig war, ist es jetzt der Vorsitzende oder ein beauftragtes Mitglied des für die Klage zuständigen Prozeßgerichts. Das wird beschleunigend wirken. Neu ist, daß wer einen Sühneversuch beantragt, in dem Antrag die Gründe anzugeben hat, auf die er die Klage stützen will (§ 608 Satz 2). Das dient zur Vorbereitung des Termins, wegen offenbarer **Unbegründetheit** der beabsichtigten Klage kann aber das Gericht die Anberaumung des Sühnetermins **nicht ablehnen,** auch nicht wegen Fristablaufs nach § 50 Eheges., da hierüber das erkennende Gericht zu entscheiden hat, Jonas III, Baumb. 2. Neu ist ferner, daß der Richter einmalige Wiederholung des Sühnetermins anordnen kann, wenn in dem Termin zwar der Kläger, aber nicht der Beklagte erschienen ist. Er wird das tun, wenn er sich von einem zweiten Versuch Erfolg verspricht. Im übrigen sind die Vorschriften inhaltlich im wesentlichen die gleichen geblieben — **Auf** Beobachtung der Vorschriften über den **Sühneversuch** kann **nicht verzichtet** werden, Baumb. 1.

2. Nicht anwendbar auf die anderen in § 606 Abs. 1 genannten Klagen, insbesondere nicht auf **Nichtigkeits- oder Aufhebungsklagen.** Auch nicht bei Widerklagen (§ 614 Abs. 2).

3. **Zuständiges Gericht:** § 606.

4. **Sühneantrag.** — **Anwaltszwang** besteht nicht, § 78 Abs. 2. Der Antrag **wahrt die Frist** zur Klageerhebung gemäß § 50 Abs. 3 Eheges. Ebenso aber auch eine ohne Sühneversuch eingereichte Klage, da sie den stillschweigend gestellten Hilfsantrag enthält, den Sühneversuch zu erlassen oder Sühnetermin anzuberaumen, Jonas § 609 IV, Baumb. § 609 Anm. 2. Die **Kosten** eines **vergeblichen Sühneversuchs** sind, wenn es zum Rechtsstreit kommt, zu dessen Kosten zu rechnen; für ihre Festsetzung ist in der im Urteil über die Prozeßkosten ergehenden Entscheidung ein vollstreckbarer Titel gegeben, RG. 45, 367, auch § 91. — **Gebühren:** des Gerichts: nach § 1 GKG. gebührenfrei, da keine besondere Gebühr bestimmt (durch Prozeßgebühr [§ 20 Nr. 1] abgegolten); des Anwalts: ($^{3}/_{10}$) § 37 Abs. 1 GebORA., und zwar, wenn es zum Rechtsstreit kommt, ohne Anrechnung auf die Prozeßgebühr, RG. 45, 368.

5. Für die **D.Dem.Rep.** gilt § 1 der erst. DurchfVO. zur VO. vom 21. 12. 1948 vom 17. 5. 1949, s. Anhang.

Ausnahme vom Sühneversuch

609 (571). (1) [1]Der Vorsitzende[2] kann den Sühneversuch erlassen, wenn sich der Beklagte im Ausland aufhält oder wenn sein Aufenthalt unbekannt ist, wenn dem Sühneversuch ein anderes schwer zu beseitigendes Hindernis entgegensteht, das von dem Kläger nicht verschuldet ist, oder wenn die Erfolglosigkeit des Sühneversuchs mit Bestimmtheit vorauszusehen ist.

(2) Solange den Vorschriften über den Sühneversuch nicht genügt ist, hat der Vorsitzende die Anberaumung des Termins zur mündlichen Verhandlung abzulehnen.

1. Wegen der **Fassung** s. § 608 A. 1.

2. Der **Vorsitzende** der zuständigen Zivilkammer entscheidet mit Bindung für das Gericht, ob ein Sühneversuch erforderlich ist oder nicht. Jonas III. Das Gericht darf die Klage nicht abweisen, weil es an einem Sühneversuch fehle, Gr. 33, 119. Lehnt der Vorsitzende Anberaumung des Verhandlungstermins ohne Sühneversuch ab (Abs. 2), so **Beschwerde** dagegen nach § 567, Jonas II, Baumb. 1 B. Beraumt er den Termin an, so keine Beschwerde des Gegners, weil Sühneversuch geboten.

Persönliches Erscheinen der Parteien

610 (572). (1) [1]Der Sühneversuch findet vor dem Vorsitzenden oder einem von ihm beauftragten Mitglied des Gerichts statt. Zu dem Termin ist das persönliche Erscheinen der Parteien anzuordnen. Die Parteien sind von Amts wegen und persönlich zu laden[2]. Dem Gegner ist eine Abschrift des Antrags mitzuteilen.

(2) Erscheint zu dem Sühneversuch der Kläger nicht, so hat er einen neuen Sühneversuch zu beantragen. Erscheint der Kläger, aber nicht der Beklagte, so kann der Richter die einmalige Wiederholung des Sühneversuchs anordnen; andernfalls ist der Sühneversuch als mißlungen anzusehen[3].

(3) Die Parteien können sich in dem zum Sühneversuch bestimmten Termin nicht durch Bevollmächtigte vertreten lassen. Beistände können zurückgewiesen werden[4].

1. Wegen der **Fassung** s. § 608 A. 1.

2. Stellvertretung, auch durch gesetzliche Vertreter außer bei Geschäftsunfähigkeit (§ 612 Abs. 2), ist ausgeschlossen. Ein entsprechender Hinweis ist möglichst in die Ladung aufzunehmen. Eine **Ladungsfrist** ist gesetzlich nicht vorgesehen. Die Ladung zum Sühnetermin macht den Eheprozeß zwar nicht anhängig, bewirkt aber, daß die Fristen der §§ 50, 51 EheG. durch den Antrag auf Anberaumung des Sühnetermins gewahrt sind.

3. Abs. 2. Sühnetermin. — a) **Erscheinen beide Parteien,** so hat der Richter den Streitstoff mit ihnen zu besprechen und einen Ausgleich zu versuchen, den Sach- und Streitstand weitgehend zu klären und auf eine angemessene Prozeßführung hinzuwirken. Beim Scheitern des Sühneversuchs Klageerhebung zulässig, ohne daß der Kläger eine Bescheinigung darüber einzureichen braucht, oder, wenn die Klage schon eingereicht und die Prozeßgebühr, soweit erforderlich, gezahlt ist, Terminsbestimmung. — b) **Bleibt** der **Kläger oder bleiben beide Parteien aus,** so verliert der Sühneantrag die fristwahrende Wirkung nach § 50 Abs. 3 Eheges. Der Kläger muß einen neuen Sühneantrag innerhalb der Frist des § 50 Abs. 1 Eheges. stellen. Der Beklagte kann einen neuen Sühnetermin nicht beantragen, Jonas IV 2, Baumb. 4 B a. — c) **Bleibt** der **Beklagte aus,** so kann der Richter, wenn dies zweckmäßig erscheint, die einmalige Wiederholung des Sühneversuchs anordnen. Zu dem neuen Termin ist der Beklagte zu laden. Sieht der Richter von einer neuen Terminsbestimmung ab, so gilt der Sühneversuch als gescheitert und ist gemäß a zu verfahren.

4. Zurückweisung von **Beiständen** jeder Art (auch von Anwälten) zulässig. Abweichung von § 90 Abs. 1 und § 157.

611 (fortgefallen durch § 32 Nr. 4 VO. vom 27. 7. 1938).

Prozeßfähigkeit der Ehegatten

612. (1) [1]In Ehesachen ist ein in der Geschäftsfähigkeit beschränkter[2] Ehegatte prozeßfähig[3]; dies gilt jedoch insoweit nicht, als nach § 30 des Ehegesetzes (Ges. Nr. 16 des Kontrollrats vom 20. 2. 1946) nur sein gesetzlicher Vertreter die Aufhebung der Ehe begehren kann[4].

(2) Für einen geschäftsunfähigen[5] Ehegatten wird der Rechtsstreit[6] durch den gesetzlichen Vertreter geführt. Der gesetzliche Vertreter ist jedoch zur Erhebung der Klage auf Herstellung des ehelichen Lebens nicht befugt[7]; zur Erhebung der Scheidungsklage oder

der Aufhebungsklage[8] bedarf er der Genehmigung des Vormundschaftsgerichts[9].

1. § 612 ist durch die Nov. vom 17. 5. 98 eingefügt und **neu gefaßt** durch § 40 DurchfVO. vom 27. 7. 38 (RGBl. I 923) zum Eheges. vom 6. 7. 38 (RGBl. I 807). Wegen der Gültigkeit dieser Bestimmung vgl. die Vorbemerkung I 1 vor § 606.

2. In der Geschäftsfähigkeit beschränkt. — Wegen Minderjährigkeit (§ 106 BGB.) oder bei Entmündigung wegen Geistesschwäche, Verschwendung, Trunksucht (§ 114 BGB.). Dagegen gehört hierzu nicht ein Ehegatte, der, ohne völlig geschäftsunfähig im Sinne des § 104 BGB. zu sein, an einer nur teilweisen, sich auf seine Beziehung zum anderen Ehegatten und auf sein Eheleben beschränkenden Geistesstörung leidet; er ist für Ehesachen prozeßunfähig, JW. 22, 1008[5], § 52.

3. Prozeßfähig. — § 52 Abs. 1. — **Gleichviel ob** der betreffende Ehegatte **Kläger oder Beklagter** ist. **Für alle Ehesachen,** auch betr. Nichtigkeit oder Anfechtung der Ehe. **Ausnahme** Anm. 4.

4. Aufhebung nur durch gesetzlichen Vertreter nach § 30 Eheges. — Wenn die Ehe um deswillen aufhebbar ist, weil der Ehegatte zur Zeit der Eheschließung oder zur Zeit der Bestätigung der Ehe (§ 18 Abs. 2 Eheges.) in der Geschäftsfähigkeit beschränkt war und die Eheschließung oder die Bestätigung ohne Einwilligung des gesetzlichen Vertreters erfolgt ist. **In diesem Falle** kann **nicht** der in der Geschäftsfähigkeit beschränkte **aufhebungsberechtigte Ehegatte** die **Aufhebungsklage** erheben, sondern **nur** sein **gesetzlicher Vertreter,** da es in dessen Hand liegt, die Ehe noch zu genehmigen. **Dagegen** ist der in der Geschäftsfähigkeit **beschränkte Gegner** des **aufhebungs**berechtigten Ehegatten auch in diesem Falle **prozeßfähig,** Mot. 128, auch für eine Widerklage. z. B. auf Scheidung und Herstellung des ehelichen Lebens, die sich gegen den Ehegatten zu richten hat, Jonas II 2 (a. M. Baumb. 1 B: Widerklage unzulässig).

5. Geschäftsunfähig. — Geisteskrank (§ 104 Nr. 2, 3 BGB.). — Eine den Tatbestand des § 44 Eheges. erfüllende Geisteskrankheit schließt die Prozeßfähigkeit nicht ohne weiteres aus, W. 30, 63 (zu § 1569 BGB.). Der Mangel der Prozeßfähigkeit wird geheilt, wenn der nach § 1910 Abs. 2 BGB. bestellte Pfleger in den Prozeß eintritt und die Prozeßführung genehmigt, W. 30, 63, RG. 86, 16.

6. Der Rechtsstreit. — D. i. betr. Scheidung oder Aufhebung der Ehe **für oder gegen** den betreffenden **Ehegatten.** Mot. 128.

7. Zur Erhebung der Herstellungsklage. — Oder Widerklage. — Hier keine Vertretungsmacht, weil es sich stets um ausschließlich die persönlichen Beziehungen der Ehegatten berührende Fragen handelt. Mot. 129. — Vgl. § 606 Anm. 2 (Begriff der Herstellungsklage). — Da auch der geschäftsunfähige Ehegatte nicht klagen kann, ist diese Klage während der Dauer der Geschäftsunfähigkeit überhaupt ausgeschlossen. — Ist aber der Ehegatte erst nach Erhebung der Klage geschäftsunfähig geworden, so kann der gesetzliche Vertreter den Rechtsstreit fortführen.

8. Zur Erhebung der Scheidungs- oder der Aufhebungsklage. — Begriff: § 606 Anm. 1. — **Nicht auch:** zur **Fortsetzung** des von dem **früher geschäftsfähigen** (erst im Laufe des Rechtsstreits geisteskrank gewordenen) Ehegatten selbst, sei es im Wege der Klage oder der Widerklage, eingeleiteten Rechtsstreits, sei es auf Scheidung oder auf Aufhebung der Ehe, RG. 86, 15, Jonas II 62, Baumb. 1 B und 2 A (a. M. für den Fall der Fortsetzung der Anfechtungsklage Gr. 48, 111, aufgegeben); zur Erhebung der **Nichtigkeitsklage** oder der **Feststellungsklage** des § 606 Abs. 1.

9. Genehmigung des Vormundschaftsgerichts. — Weil geprüft werden soll, ob die Klage dem mutmaßlichen Willen des geschäftsunfähigen Ehegatten entspricht. Mot. 129. — Wird **nachträglich** nach Erhebung der Scheidungs- oder der Aufhebungsklage (oder Widerklage) die **Genehmigung** des Vormundschaftsgerichts **erteilt**, so ist der Mangel geheilt, RG. 86, 17, Gr. 48, 111. — Aus § 612 Abs. 2 ist **nichts dafür** zu entnehmen, unter welchen Voraussetzungen ein Scheidungsrecht des geschäftsunfähigen Ehegatten besteht, RG. 85, 11.

Prozeßvollmacht

613. [1]Der Bevollmächtigte des klagenden Ehegatten bedarf einer besonderen[2], auf den Rechtsstreit gerichteten[3] Vollmacht. Das Gericht hat den Mangel der Vollmacht von Amts wegen zu berücksichtigen[4].

1. § 613 ist durch die Nov. vom 17. 5. 98 eingefügt.

2. Besondere Vollmacht des klagenden Ehegatten. — **Auch** ein dem Kläger beigeordneter **Armenanwalt** bedarf einer solchen besonderen Vollmacht, RG. 47, 413, Jonas I 4, Baumb. I. Ferner der Bevollmächtigte des **beklagten Ehegatten, sofern** er **Widerklage** erhebt, KB. 155, Jonas I 3, Baumb. I, aber nicht für den Antrag auf Mit- oder Alleinschuldigerklärung, Jonas a. a. O. (a. M. OLG. 7, 275). Da nach § 613 der Wille des Klägers (Widerklägers) auf Durchführung des Ehestreits, durch besondere Vollmacht bis zur Entscheidung nachzuweisen ist, muß beim **Anwaltswechsel** auch der neue Anwalt des Klägers (Widerklägers) und ebenso sein Anwalt in der **höheren Instanz** die Vollmacht beibringen, auch wenn das Rechtsmittel nur vom Gegner eingelegt ist, Baumbach 1 (a. M. RG. 45, 418, fr. Aufl., Jonas II). Jedoch genügt nach § 81 eine Vollmacht des Prozeßbevollmächtigten der 1. Instanz, Jonas II, Baumb. 1. Auf den Rechtsmittelkläger als solchen, wenn er nur Beklagter ist, bezieht sich § 613 nicht, Jonas II (a. M. fr. Aufl.). Im **Wiederaufnahmeverfahren** gelten die gleichen Grundsätze wie im Rechtsmittelverfahren, Jonas II (a. M. W. 37, 103: Klagender i. S. des § 613 nur der Wiederaufnahmekläger, der Wiederaufnahmebeklagte auch dann nicht, wenn er im Vorprozeß Kläger war). § 613 gilt auch für den gemäß §§ 20, 24 Eheges. klagenden **Ehegatten der früheren Ehe.** — Die Vollmacht kann nach Klageerhebung **nachgereicht** werden, RG. 115, 65.

3. Auf den Rechtsstreit gerichtet. — Die Vollmacht muß die Art der Klage (Scheidungs-, Aufhebungs-, Herstellungsklage) bezeichnen, braucht aber nicht auf den Klagegrund, insbesondere den in der Klage geltend gemachten Ehescheidungsgrund beschränkt zu sein, sondern kann **zur Geltendmachung aller** bezüglichen **Klagegründe ermächtigen,** KB. 155. — Dagegen ist eine **neue Vollmacht** erforderlich, wenn von einer der in § 606 Anm. 1, 2 genannten Klagearten zu einer anderen, z. B. von der **Scheidungsklage zur Nichtigkeitsklage** übergegangen werden soll, OLG. 19, 139.

4. Von Amts wegen zu berücksichtigen. — Ausnahme von § 88 mit Rücksicht auf die öffentliche Natur der Ehesachen, KB. 154. Bezieht sich aber nur auf den Nachweis gemäß Satz 1, nicht auf alle Vollmachten im Ehestreit, allg. M. Im übrigen gelten §§ 88, 89. — Eine **Untervollmacht** braucht, anders als die Hauptvollmacht, nicht schriftlich erteilt zu werden, RG. 161, 93, Jonas III.

Zusammenfassungsgrundsatz für Ehesachen (§§ 614, 615, 616)

Durch die in sich zusammenhängenden Vorschriften der §§ 614, 615, 616 soll der Vervielfältigung der Eheprozesse entgegengewirkt und ausgeschlossen werden, daß erfolglos gebliebene Eheprozesse auf Grund von Tatsachen erneuert werden, die schon deswegen Verdacht erwecken, weil sie in dem früheren Prozesse zurückgehalten sind. Mot. 80. Deshalb läßt § 614 Änderung der Klage durch Nachbringung neuer Klagegründe unbeschränkt zu, gestattet § 615 Abs. 1 ebenso unbeschränkt die Verbindung von Eheklagen und die Erhebung von Ehewiderklagen und schneidet § 616 weitgehend die Vorbringen, die in einem früheren Eheprozeß nicht geltend gemacht sind, als Stütze für einen späteren Eheprozeß ab. Für die Nichtigkeitsklage und für die Klage auf Feststellung des Bestehens oder Nichtbestehens der Ehe gilt nach § 633 zum Teil Abweichendes. Solange die Klage eines Ehegatten auf Scheidung schwebt, kann eine **neue Klage auf Scheidung** derselben Ehe von keinem Ehegatten erhoben werden, weil die anhängige Klage den gesamten den Bestand der Ehe betreffenden Streitstoff erfaßt, § 616 Anm. 2 a. E. Das ist jedoch dann nicht der Fall, wenn eine vor dem 8. 5. 1945 erhobene Klage in einem jetzt praktisch von Deutschland abgetrennten Gebiet nicht mehr weitergeführt werden kann. — **Über Folgerungen und Grundsätze zufolge des Zusammenhangs der §§ 614, 615, 616** s. § 614 Anm. 1, 2, § 615 Anm. 6.

Nachbringung von Klagegründen. Widerklage

614 (574). (1) Bis zum Schlusse derjenigen mündlichen Verhandlung, auf welche das Urteil ergeht, können andere als die in der Klage vorgebrachten Klagegründe[1] geltend gemacht werden[2].

(2) Das neue Vorbringen und die Erhebung einer Widerklage[3] ist von einem Sühneversuche nicht abhängig.

1. Nachbringung anderer Klagegründe zulässig. — A. **Neue Klagegründe,** namentlich neue Scheidungsgründe bei Scheidungsklagen (Scheidungswiderklagen), können vom Kläger (Widerkläger) bis zum Schluß der mündlichen Verhandlung, auf die das Urteil ergeht, gleichviel ob mit oder ohne Änderung des Antrags, ohne Einwilligung des Gegners (Ausnahme von den §§ 264, 268) geltend gemacht werden. Er kann also neue Aufhebungs- oder Scheidungsgründe vorbringen, ohne Rücksicht darauf, wann sie ihm bekannt geworden sind, auch von der Aufhebungs- zur Scheidungsklage oder zur Herstellungsklage übergehen und umgekehrt oder diese Klagen verbinden (§ 615). Alles dies gilt grundsätzlich auch noch **in 2. Instanz.** Jedoch ist hier auch hinsichtlich einer Klageänderung § 626, der wieder in der Fassung von 1933 anzuwenden ist, zu berücksichtigen. Zu beachten ist aber, daß neues Vorbringen insoweit zu berücksichtigen ist, als es sich um Tatsachen handelt, die das Gericht nach dem aufrechterhaltenen § 622 auch dann, wenn sie von den Parteien nicht vorgebracht sind, berücksichtigen kann. Vgl. Staud. in DJ. 42, 353. Für neue Scheidungsgründe und andere Tatsachen, die nicht der Aufrechterhaltung der Ehe dienen, gilt dies nicht (§ 622 Abs. 2), ihre Berücksichtigung richtet sich daher nach § 529. Nur unter den einschränkenden Voraussetzungen des § 529 kann auch der Kläger **noch in 2. Instanz, von einer** der in § 615 Abs. 1 genannten **Klagen** (auf Herstellung des ehelichen Lebens, Scheidung, Aufhebung) **zu einer anderen** dieser Art ohne Einwilligung des Gegners (Ausnahme von den §§ 264, 268, 529) **übergehen.** So kann in 2. Instanz die erstinstanzliche Scheidungsklage (Scheidungswiderklage) fallen gelassen und die Klage (Widerklage) auf Herstellung des ehelichen Lebens erhoben werden, Gr. 35, 1140, HRR. 39, 1422, oder unter Fallenlassen oder Voranstellung vor der erstinstanzlichen Scheidungsklage (Scheidungswiderklage) die Aufhebungsklage (Aufhebungswiderklage), RG. 53, 334, W. 14, 62, sofern die Klagefrist (§ 35 Eheges.) zur Zeit der Erhebung der Scheidungsklage (Scheidungswiderklage) noch nicht verstrichen war, Anm. 2. — Wenn der **Beklagte** gegen ein die Scheidung aussprechendes Urteil **Berufung eingelegt** hat, so sind **alle** in 1. Instanz vorgebrachten **Scheidungsgründe,** auch wenn über sie nicht entschieden ist, **in 2. Instanz zu berücksichtigen,** und das Berufungsgericht hat die Berufung zurückzuweisen, wenn es zwar nicht den vom 1. Richter festgestellten Scheidungsgrund (z. B. den der Eheverfehlung nach § 43 Eheges.), wohl aber einen andern Scheidungsgrund (z. B. den des Ehebruchs) für gegeben erachtet, JW. 12, 466 [13]. Ferner kann der **obsiegende Kläger,** wenn er mehrere Scheidungsgründe geltend gemacht, die 1. Instanz aber nur auf einen von ihnen die Scheidung gestützt hat, **im Wege** der **Berufung Berücksichtigung auch** der **weiteren Scheidungsgründe** verlangen, sofern die Scheidung auf Grund der letzteren **weitergehende rechtliche Folgen** nach sich zieht, RG. 42, 414, 110, 45, auch 15, 288 (s. jedoch unten). So kann auch der Ehegatte, der auf Aufhebung der Ehe wegen **arglistiger Täuschung** geklagt hat, ein Rechtsmittel einlegen, wenn die Ehe **nur wegen Irrtums** aufgehoben ist, sofern die Aufhebung wegen arglistiger Täuschung weitergehende vermögensrechtliche Folgen für ihn hat (§§ 31, 33, 37 Eheges.), JW. 12, 393 [14], auch RG. 104, 293. — Anderseits kann der **Kläger** (Widerkläger); wenn er sich nicht mit der Klagerücknahme in der Form und mit den Wirkungen des § 271 begnügt, **selbst** dann, **wenn nach** seinem **Antrag** in 1. Instanz **erkannt** ist, **Berufung** einlegen, **um** die ausgesprochene **Ehescheidung zu beseitigen,** RG. 100, 209, Gr. 58, 214, bei Verzicht auf den Anspruch (§ 306) auch trotz Widerspruchs des Gegners, RG. 115, 375, sowie, wenn der Gegner in der Vorinstanz bereits ein Urteil erlangt hatte, wodurch der Verzichtende für mitschuldig an der Scheidung erklärt worden war, RG. 115, 374. — Ist **in der Rechtsmittelinstanz die Klage wirksam zurückgenommen,** so war nach der früheren Rechtsprechung (W. 30, 80) zur Beseitigung möglicher Zweifel das Scheidungsurteil der Vorinstanz auf Antrag aufzuheben. Das gilt jetzt nicht mehr, da nach der neuen Vorschrift in § 271 Abs. 3

(vorher in § 614 a) mit der Zurücknahme der Klage das Vorderurteil ohne weiteres wirkungslos wird. — Im übrigen aber hat die angeführte Rechtsprechung dadurch ihre Bedeutung nicht verloren, da § 271 Abs. 3 eine wirksame Klagezurücknahme voraussetzt, die Zurücknahme der Klage aber auch nicht den Klageanspruch beseitigt.

B. Dies alles sind aber nur Ausnahmen zugunsten der Aufrechterhaltung der Ehe. **Im allgemeinen** gilt **auch hier** wie bei den anderen Berufungen und Revisionen (s. § 511) der Grundsatz, daß die Berufung nur unter der Voraussetzung einer wenigstens **formellen Beschwerung** des Berufungsklägers zulässig ist, RG. 167, 301. An diesem Grundsatz ist auch nach dem Inkrafttreten des Ehegesetzes festzuhalten, RGDRW. 42, 772 (m. Nachw.). Ist eine Partei prozeßunfähig, so ist für die Frage der Beschwer ausschlaggebend, was ihr gesetzlicher Vertreter beantragt hatte und erreichen wollte, RGDRW. 42, 772. Hiernach darf z. B.: der mit der Eheherstellungsklage oder der Eheaufhebungsklage durchgedrungene Kläger nicht Berufung einlegen, um in der Berufungsinstanz in erster Linie die Scheidung zu begehren, RG. 100, 208, W. 26, 16; der mit der Ehescheidungsklage wegen ehewidrigen Verhaltens durchgedrungene Kläger nicht Berufung einlegen, um nunmehr Scheidung wegen eines ihm schon im ersten Rechtszug bekannt gewesenen Ehebruchs zu erreichen, DRW. 41, 2293; der Beklagte kann im Falle der gemäß seinem Antrag erfolgten Abweisung der Klage nicht Berufung einlegen, um etwa im Wege einer neu zu erhebenden Widerklage die Ehescheidung herbeizuführen, RGHRR. 41, 140, Jonas § 511 II B 2, wiewohl er eine neue Scheidungsklage gemäß § 616 nicht mehr auf Tatsachen gründen könnte, auf die er in 1. Instanz eine Widerklage hätte stützen können, RG. 123, 366, 158, 202. — Für die Fälle, in denen **die Scheidungsklage auf mehrere Scheidungsgründe gestützt ist,** gilt folgendes: Sind die mehreren Scheidungsgründe **als gleichwertig nebeneinander geltend gemacht** worden, aber die Ehe nur wegen eines Scheidungsgrundes, der spruchreif war (§ 300), geschieden, so kann der **obsiegende Kläger** wegen Fehlens der Beschwernis nicht ein Rechtsmittel zu dem Zweck einlegen, damit die Ehe auch aus dem andern Grund geschieden werden. Dies gilt auch, wenn die Scheidungsgründe aus § 43 Eheges. (Zerrüttung des ehelichen Verhältnisses) und aus § 42 Eheges. (Ehebruch) als gleichwertig nebeneinander geltend gemacht sind und die Ehe nur aus § 43 Eheges. geschieden ist, wiewohl diese Scheidungsgründe in Wahrheit nicht gleichwertig sind, da die Scheidung aus § 42 Eheges. nach §§ 6, 22 das., § 172 StGB. teils privatrechtlich, teils öffentlichrechtlich weitergehende Folgen hat, W. 28, 151 (a. M. HRR. 35, 1428). Hat aber der Kläger die Scheidung in erster Linie wegen eines bestimmten Ehebruchs begehrt, so ist er durch ein Urteil, das die Ehe aus einem anderen Grunde (z. B. wegen Ehebruchs mit einer unbestimmten Person oder wegen eines nur hilfsweise vorgebrachten Ehebruchs mit einer anderen Person) scheidet, beschwert, RGDRW. 40, 1140. Ist die Klage auf § 43 Eheges. und auf zwei Ehebrüche gestützt und die Ehe nur wegen eines Ehebruchs geschieden, so kann der Kläger dagegen ein Rechtsmittel zwar nicht deswegen einlegen, weil nicht auch aus § 43 Eheges., wohl aber deswegen, weil nicht auch wegen des zweiten Ehebruchs geschieden sei, RG. 156, 113. Dem **unterlegenen Beklagten,** gegen den die Scheidung wegen Ehebruchs ausgesprochen ist, steht zufolge der vorgenannten Nichtgleichwertigkeit der Scheidungsgründe ein Rechtsmittel mit dem Ziele zu, daß die Ehe nur aus

§ 43 geschieden werde, RG. 115, 3, RG. 115, 194. Denn § 536 gilt auch in Ehesachen, es sei denn, daß im 1. Urteil ein von Amts wegen zu beachtender zwingender Verfahrensgrundsatz außer acht gelassen ist und sein Ausspruch wegen des Grundsatzes der Einheitlichkeit der Entscheidung in Ehesachen noch nicht rechtskräftig geworden ist, RG. 143, 130, auch 156, 106. — Ist der **Kläger Berufungsbeklagter,** so kann er, auch wenn er durch das 1. Urteil nicht beschwert ist, gemäß § 614 einen neuen Klagegrund geltend machen oder von den beiden in 1. Instanz als gleichwertig geltend gemachten Scheidungsgründen den einen an die erste Stelle rücken, den anderen von der 1. Instanz zuerkannten in die Stelle eines Hilfsgrundes verweisen, W. 28, 151, Jonas II 2. Ist **ein Scheidungsgrund in erster Linie, ein anderer nur hilfsweise** geltend gemacht, was zulässig ist und mit Rücksicht auf § 616 auch geboten sein kann, so kann das Gericht seine Entscheidung auf den Hilfsgrund nur stützen, wenn der Hauptgrund versagt; und der Kläger ist allemal beschwert, wenn der Hauptklagegrund entweder nicht für erwiesen erachtet oder nicht untersucht ist, RG. 115, 4, der **Mitschuldantrag nach § 52 Abs. 3 Eheges.** kann vom Beklagten, der obgesiegt hat, in der 2. Instanz auch dann gestellt werden, wenn er gegen diesen das Klagebegehren abweisenden Teil des Urteils kein Rechtsmittel eingelegt hat, RGDZ. 40, 1272.

C. Ferner gilt **auch** in Ehesachen der **Grundsatz** des § 525, wonach **vor** dem **Berufungsgerichte** der Rechtsstreit (nur) **in den durch die Anträge bestimmten Grenzen** von neuem verhandelt wird, RG. 97, 259. Deshalb ist z. B., wenn vom Beklagten gegen ein Urteil, das auf die Klage die Scheidung der Ehe ausgesprochen und den Beklagten für den allein schuldigen Teil erklärt hat, nur deswegen die Berufung eingelegt worden ist, weil nicht auch die Klägerin für schuldig erklärt oder weil die Widerklage abgewiesen worden ist, das Berufungsgericht nicht berechtigt, den Ausspruch der Scheidung auf die Klage und somit die Schuldigerklärung des Beklagten nachzuprüfen, RG. 64, 315, RGHRR. 32, 1792, HRR. 42, 172, und ist, nachdem in 1. Instanz auf Klage und Widerklage die Ehe geschieden ist, wenn hiergegen lediglich die klagende (oder die widerklagende) Partei Berufung mit dem Antrag auf Abweisung der Widerklage (oder der Klage) eingelegt hat, die zur Klage (oder Widerklage) ergangene Entscheidung für das weitere Verfahren bindend und für eine Entscheidung des Berufungsgerichts nur in Ansehung der Widerklage (oder Klage) Raum geblieben, so daß das Berufungsgericht in solchem Falle (trotz der Vorschrift des § 622 [Tatsachenberücksichtigung von Amts wegen]) die Klage (oder Widerklage) nicht abweisen darf, RG. 151, 182. Ist **aus beiderseitigem Verschulden geschieden,** so kann der Kläger, wenn der Beklagte Berufung einlegt, nur durch selbständige Berufung den gegen ihn ergangenen Schuldausspruch beseitigen, RG. 161, 216, oder den Antrag, das überwiegende Verschulden des Gegners festzustellen, geltend machen, JW. 39, 435.

D. Der aus den §§ 614 bis 616 zu entnehmende **Grundsatz** der **Einheitlichkeit der Entscheidung** in Ehescheidungs- und Eheanfechtungssachen führt jedoch dazu, daß **durch** die Einlegung eines **Rechtsmittels** von seiten auch nur einer Partei die **Rechtskraft des** angefochtenen **Urteils im ganzen Umfange gehemmt wird,** RGDRW. 39, 2047. Solchem Verfahren steht die in den §§ 536, 559 enthaltene **Beschränkung** der Prüfung und Entscheidung auf die gestellten Anträge nicht entgegen, sie bedeutet nur, daß bei der Entscheidung **über die Sache selbst** einer Partei nicht etwas zugesprochen werden darf, was sie nach den von ihr gestellten Anträgen nicht beansprucht hat, RG. 94, 154, W. 20, 127, während der Grundsatz der Einheitlichkeit der Entscheidung in Ehesachen nur besagt, daß das sachliche Ergebnis des Scheidungsprozesses auch da, wo es Klage und Widerklage umfaßt, immer nur in einem einheitlichen Urteil ausgesprochen werden kann und nur im ganzen Rechtskraft erlangt, auch wenn nur ein Teil des Rechtsstreits der Nachprüfung durch die höhere Instanz unterliegt, RG. 135, 17. Über Geltung des Grundsatzes im Wiederaufnahmeverfahren s. Schönke, DRZ. 47 S. 16/17, aber auch 7 F zu § 615.

2. **Rechtshängigkeit aller Ehescheidungs- und Aufhebungsgründe** (vgl. auch 7 zu § 615). — Gemäß den Grundsätzen des § 51 Eheges. und der §§ 614 bis 616 ZPO. werden mit der Erhebung einer auf **Scheidung** oder **Aufhebung** der Ehe gerichteten Klage oder Widerklage **alle Scheidungs- und Aufhebungsgründe,** die bis zur Rechtskraft des Urteils vorgebracht werden können, **rechtshängig,** RG. 104, 158, § 615 Anm. 7, vgl. § 263 (Rechtshängigkeit von Amts wegen zu berücksichtigen). Daher kann **nicht nur** ein **neuer Scheidungsgrund,** sondern auch ein **Aufhebungsgrund,** für den die im § 35 Eheges. vorgesehene Frist zur Geltendmachung verstrichen ist, noch geltend gemacht werden, wenn die Frist zur Zeit der Erhebung der Scheidungsklage (Scheidungswiderklage) noch nicht verstrichen war, W. 20, 42. — Dies gilt jedoch **nicht** hinsichtlich der Wahrung der Frist der §§ 50, 51 Eheges. für Geltendmachung von **Ehescheidungsgründen** seitens des **Gegners im Wege der Widerklage,** RG. 104, 57, auch nicht hinsichtlich der Wahrung der Frist des § 35 Eheges. für die Geltendmachung von **Aufhebungsgründen** seitens des Gegners **im Wege der Aufhebungswiderklage,** RG. 104, 157. — **Zu berücksichtigen** sind vom Richter aber **nur solche Scheidungsgründe, die von** der **Partei vorgebracht** sind. Gegen den Willen der Partei darf der Richter die Scheidung nicht aus einem anderen (der sich etwa aus dem Inbegriffe der Verhandlungen ergibt) als dem geltend gemachten Grunde aussprechen, RGHRR. 31, 834. In dem **Mitschuldantrag** aus § 52 Abs. 3 Eheges. ist aber im Zweifel stets auch der Antrag aus § 53 Abs. 2 mitenthalten und umgekehrt, RG. 161, 216, eine im 2. Rechtszug formell unrichtig erhobene Widerklage kann als Antrag auf Mitschuldigerklärung aufgefaßt werden. HRR. 39, 237. — Wird in **demselben Rechtsstreit** (durch Klage und Widerklage) **Aufhebung und Scheidung** der Ehe begehrt und sind die Begehren begründet, so ist nach § 18 DurchfVO. z. Eheges. v. 27. 7. 38 nur auf Aufhebung der Ehe zu erkennen. — Der obige **Grundsatz** von dem Rechtshängigwerden aller Scheidungs- und Aufhebungsgründe **gilt nicht für** die **Klage** auf **Herstellung** des ehelichen Lebens. Vgl. hierüber § 616 Anm. 1.

3. **Widerklage.** — Sie kann **auch noch in 2. Instanz** erhoben werden: § 532 Abs. 2. Auch eine **eventuelle Widerklage** auf Scheidung und Schuldigerklärung des anderen Teiles ist **zulässig,** JW. 28, 113[25], Jonas § 615 I 2, Baumb. § 615 Anm. 1 B. — Ist auf die Klage die Scheidung ausgesprochen, so wird dieses Urteil, auch wenn der **Beklagte nur wegen** Abweisung der **Widerklage,** mit der ebenfalls Scheidung verlangt war, **Berufung** eingelegt hat, **nicht rechtskräftig,** da der Beklagte die Berufung noch immer erweitern und Abweisung der Klage beantragen kann, Gr. 46, 957. — Auch der **Kläger,**

der die **Klage zurückgenommen** hat, so daß nur noch die Widerklage anhängig geblieben ist, kann in dem über diese fortgefuhrten Verfahren eine **Widerklage gegenüber** der **Widerklage des Beklagten** wegen neu entstandener Klagegründe (Scheidungsgründe) erheben, RG. 58, 314, W. 24, 190. Dagegen kann er die alten Klagegründe nicht zur Grundlage seiner Widerklage machen, wenigstens dann nicht, wenn in der Zurücknahme der Klage ein Verzicht auf die alten Klagegründe zu finden ist, W. 16, 144. Ist aber der Kläger mit seiner **Klage auf Herstellung** des ehelichen Lebens, der gegenüber der Beklagte Widerklage auf Scheidung erhoben hat, rechtskräftig **abgewiesen** worden, so kann er nachträglich noch seinerseits **widerklagend Scheidung** beantragen, RG. 122, 211.

614 a. (Die durch § 34 DurchfVO. v. 27. 7. 38 z. Eheges. eingefügte Vorschrift betraf Vereinfachung der Klagerücknahme, insbesondere nach Erlaß eines Urteils. Aufgehoben durch § 3 Abs. 2 der 4. VereinfVO. v. 12. 1. 43 (RGBl. I 7), da nach § 271 Abs. 2 u. 3. in der Neufassung des § 3 Abs. 1 der 4. VereinfVO. die gleiche Vorschrift jetzt nicht nur in Ehesachen, sondern allgemein gilt. Diese Bestimmung d. 4. VereinfVO. ist bisher nicht aufgehoben, sondern gilt sowohl in den drei westlichen Zonen wie im Gebiet der DDR.

Klagenverbindung

615 (575)[1]. (1) Die Klage auf Herstellung des ehelichen Lebens[2], die Scheidungsklage[3] und die Aufhebungsklage[4] können verbunden werden[5].

(2) Die Verbindung einer anderen Klage[6] mit den erwähnten Klagen sowie die Erhebung einer Widerklage anderer Art ist unstatthaft[7].

1. Fassung nach § 40 DurchfVO. v. 27. 7. 38 (RGBl. I 923) zum Eheges. v. 6. 7. 38 (RGBl. I 807). Wegen der Weitergeltung dieser Bestimmung vgl. die Vorbemerkung I, 1 vor § 606.

2. Klage auf Herstellung des ehelichen Lebens. — Diese Klage ergibt sich nach dem BGB. aus § 1353, JW. 00, 658[8]. Über den danach möglichen Inhalt dieser Klage vgl. § 606 Anm. 2.

3. Scheidungsklage. — **Auch** der mit der Scheidungsklage **obsiegende Kläger** kann für den **schuldigen Teil** bzw. mitschuldig erklärt werden, **selbst wenn** Beklagter **Widerklage** nicht oder in nicht zulässiger Weise erhoben hat, § 52 Abs. 3, § 53 Abs. 2 Eheges., Jonas I 3, Baumb. 1 C. Voraussetzung aber für die Erklärung eines Ehegatten als schuldig ist regelmäßig die Scheidung auf Antrag des anderen Ehegatten. Wird die **Scheidungsklage abgewiesen,** so kann auch ein **Schuldigsprechen des Beklagten nicht** erfolgen, RG. 49, 167. Der Antrag, die andere Partei für mitschuldig zu erklären, enthält zugleich den Antrag, ihre **überwiegende Mitschuld** auszusprechen, Jonas a. a. O. — Wegen Zulässigkeit der **Berufung** hinsichtlich der **Schuldfrage allein,** s. W. 24, 190. — **Auch mit der Aufhebungsklage** kann die **Schuldfrage** verbunden werden, § 37 Eheges., § 17 DurchfVO. v. 27. 7. 38 (RGBl. I 923). Ist nur die Scheidungsklage erhoben, so kann die Entscheidung nicht auf Gründe gestützt werden, welche die Aufhebungsklage rechtfertigen würden, RG, 9, 193.

4. Aufhebungsklage. — S. § 606 Anm. 2. — Die Frage, ob die **Aufhebungsklage rechtzeitig** erhoben ist (§§ 35, 36 Eheges. s. § 614 Anm. 2) und wann der Kläger von dem Aufhebungsgrunde Kenntnis erlangt hat, ist von Amtswegen zu prüfen, JW. 06, 355 [16].

5. Die drei Klagen können verbunden werden. — Auch im Laufe des Prozesses **selbst in 2. Instanz,** RG. 31, 16, JW. 11, 369 [28], § 614 Anm. 1. — Dies gilt **auch** von einer **Widerklage, soweit** deren **Verbindung** nach Abs. 2 **überhaupt zulässig** ist, RG. 31, 9, JW. 93, 159[12]. — Über die Wirkung der Zulässigkeit der Verbindung hinsichtlich Wahrung der in §§ 35 f., 50 f. Ehegesetz für Geltendmachung von Aufhebungs- und Scheidungsgründen vorgesehenen Fristen s. § 614 Anm. 2. — Ob sich aus der Verbindung der **Scheidungsklage mit** einer **eventuellen Klage auf Herstellung** des ehelichen Lebens entnehmen läßt, daß das eventuelle Begehren nicht ernstlich gemeint, ist eine Frage des materiellen Rechtes, JW. 06, 22 [22]. Wenn in **1. Instanz** die **Herstellungsklage** allein erhoben ist, wiewohl für den Ehegatten Gründe zur Erhebung der Scheidungsklage vorlagen, und erst **in 2. Instanz** auch die **Scheidungsklage** erhoben wird, darf diese nicht ohne weiteres deswegen abgewiesen werden, weil aus der Erhebung der Herstellungsklage sich ergäbe, daß die Eheverfehlungen (§§ 42 f. Eheges.) nicht als ehezerrüttend empfunden seien, JW. 11, 369, W. 15, 88, vgl. aber W. 170.— Ist **neben der Scheidungsklage bedingt** (für den Fall, daß die Scheidungsklage sich nicht als begründet erweisen würde) die **Aufhebungsklage erhoben,** so ist auf die Aufhebungsklage nur einzugehen, wenn die Scheidungsklage nicht durchdringt, RG. 104, 293. Überhaupt unterliegt es, wenn eine **Partei** Aufhebungsantrag und Scheidungsantrag stellt, ihrer maßgebenden **Bestimmung, in welcher Reihenfolge** über die Anträge **entschieden** werden soll. So kann die Partei bestimmen, daß zunächst über ihren Antrag auf Aufhebung der Ehe wegen arglistiger Täuschung durch den anderen Ehegatten (§ 33 Ehegesetz), für den Fall, daß dieser Aufhebungsgrund nicht durchgreife, über den Antrag auf Scheidung und in letzter Linie über den Antrag auf Aufhebung wegen Irrtums über persönliche Eigenschaften des anderen Ehegatten (§ 32 Eheges.) entschieden werde, RG. 104, 293. Die Bestimmung der Reihenfolge kann von der Partei in der Berufungsinstanz noch abgeändert werden, RG. 104, 293. Wird (durch Klage und Widerklage) **sowohl Scheidung wie Aufhebung** begehrt und sind beide Begehren begründet, so ist nur auf Aufhebung zu erkennen, vgl. § 614 Anm. 2 über die **bedingte Widerklage** vgl. § 614 Anm. 3.

6. Verbindung einer anderen Klage als der drei in Abs. 1 genannten ist unzulässig. — Auch dann, wenn der andere Teil die Verbindung genehmigt. — **Unstatthaft** ist z. B. die **Verbindung** der **Scheidungsklage mit** einer Klage: auf Feststellung der **vermögensrechtlichen Folgen** der Scheidung, RG. 41, 188, Gr. 26, 1175; auf Zuerkennung des Rechts der **Kindererziehung,** RG. 9, 381; auf Gewährung von **Unterhalt,** RG. 40, 361, s. aber hiezu 627 b. Vgl. auch Anm. 2 (Unzulässigkeit der Begründung der Scheidungsklage mit Aufhebungsgründen). **Abweichend** ist **in der DDR.** durcn § 2 der VO. betr. Übertragung von familienrechtlichen Streitigkeiten in die Zuständigkeit der Amtsgerichte vom 21. 12. 48 bestimmt, daß mit der Klage oder Widerklage in einer Ehesache eine Klage oder Widerklage verbunden werden kann, welche für die Zeit nach der rechtskräftigen Auflösung oder Feststellung der Nichtigkeit der Ehe a) die Unterhaltspflicht der Ehegatten untereinander oder gegenüber den gemeinschaftlichen Kindern im Verhältnis der Ehegatten zueinander; b) den Unterhaltsanspruch der gemeinschaftlichen Kinder gegen einen Ehegatten; c) güterrechtliche Ansprüche der Ehegatten gegeneinander zum Gegenstand hat, sowie daß Sorgerechtssachen für die Person der gemeinschaftlichen Kinder und Hausratssachen vom Prozeßgericht gleichzeitig verhandelt und entschieden werden können.

7. Grundsätze zufolge des Zusammenhangs (s. Vorbem. vor § 614) **der §§ 614 bis 616.** — A. Aus den §§ 614 bis 616 sind zu entnehmen und im öffentlichen Interesse aufzustellen die Grundsätze, daß mit der Erhebung einer auf Aufhebung oder Scheidung gerichteten Klage oder Widerklage **alle Scheidungs- und Aufhebungsgründe rechtshängig** werden, die bis zur Rechtskraft des Urteils vorgebracht werden können, und **daß über alle** diese rechtshängig gewordenen Aufhebungs- und Scheidungsgründe **nur gleichzeitig und einheitlich entschieden** werden kann, RG. 104, 156, 158, § 614 Anm. 1, 2, vgl. § 263 (Berücksichtigung der Rechtshängigkeit von Amts wegen). Danach werden durch die von dem einen Teil erhobene Ehescheidungs- oder Aufhebungsklage **auch die dem Beklagten zustehenden Scheidungs- und Aufhebungsrechte rechtshängig,** selbst wenn er Widerklage nicht erhebt, und steht daher dem Beklagten, wenn er seinerseits in einem anderen Prozeß auf Scheidung oder Aufhebung der Ehe klagt, die **Einrede der Rechtshängigkeit** entgegen, die auch von Amts wegen zu berücksichtigen ist (RG. 160 S. 344, s. oben) und die auch durch Klage im Ausland begründet wird, wenn das ausländische Urteil im Inland anerkannt werden wird (RG. 158 S. 347), mag er auch in dem anderen Prozeß bisher nicht als Widerkläger aufgetreten sein, RG. 104, 155, Jonas II 1, Baumb. 3 A vor § 614.

B. Es ist **unstatthaft,** wenn in einem Rechtsstreite durch **Klage** und **Widerklage** beiderseits die **Scheidung** oder von einem Teil die Scheidung, vom andern Teil die **Aufhebung** oder von einem Teil allein die **Scheidung und zugleich** die **Aufhebung** der Ehe verfolgt wird, ein **Teilurteil** (§ 301 Abs. 1), sei es auf Abweisung der Klage oder der Widerklage, sei es auf Trennung oder Aufhebung der Ehe, zu erlassen; denn alle in der Klage und in der Widerklage vorgebrachten Scheidungsgründe oder Aufhebungsgründe müssen endgültig erledigt sein, bevor ein Urteil erlassen werden kann, JW. 20, 288 [11], W. 14, 263, Jonas II 2, Baumb. 3 B vor § 614. Hinsichtlich der **in der DDR.** nach § 2 der VO. v. 21. 12. 48 **weiter verbindbaren Klagen** ist nach § 2 Abs. 4 der Zwang zu gleichzeitiger Entscheidung gelockert, vergl. Anh. Die **Berufung** des Beklagten gegen das erstinstanzliche, die Scheidung auf die Klage aussprechende Urteil darf **nicht** für sich **allein zurückgewiesen** werden, **wenn** der Beklagte in der Berufungsinstanz **Widerklage** ebenfalls auf Scheidung erhoben hat, es muß zugleich auch über die Widerklage entschieden werden, W. 17, 86. Auch dann ist ein Teilurteil nicht zulässig, wenn **bezüglich** des noch **verbleibenden Prozeßstoffes** das **Verfahren ausgesetzt** wird (z. B. nicht zulässig Teilurteil auf Abweisung der Aufhebungswiderklage unter Aussetzung des Verfahrens auf die Scheidungsklage), W. 13, 75. Bei **Übergehung des Widerklageanspruchs** darf die Partei nicht auf Ergänzung des Urteils nach § 321 verwiesen werden, sondern sie kann die Beseitigung des Urteils durch ein Rechtsmittel herbeiführen, RGHRR. 32, 1789, sofern gegen die Entscheidung ein Rechtsmittel zulässig ist.

C. Weiter ist es **unzulässig,** über die Widerklage durch **kontradiktorisches und daneben** über die Klage durch **Versäumnisurteil** oder umgekehrt zu entscheiden; vielmehr kann nur ein einheitliches kontradiktorisches Urteil ergehen, gegen das allein die Berufung gegeben ist, RG. 110, 136. —

D. Aus § 52 f. Eheges. ergibt sich weiter als Grundsatz die **Einheitlichkeit** und **Untrennbarkeit** des **Scheidungs-** und des **Schuldausspruchs,** W. 17, 157, so daß z. B. wenn ein Urteil auf Scheidung und Schuldigerklärung des beklagten Ehegatten von diesem nur wegen der Schuldigerklärung mit dem Rechtsmittel angefochten wird, auch der Scheidungsausspruch seinem vollen Umfange nach bis zur rechtskräftigen Austragung der Sache an der Beschreitung der Rechtskraft gehindert ist, W. 17, 157. Daher darf, wenn gegen ein beide Ehegatten für schuldig erklärendes Scheidungsurteil **vom beklagten Ehegatten** und wegen der Mitschuldigerklärung **vom klagenden Ehegatten Berufung** eingelegt ist, im Falle des **Ausbleibens des ersteren Ehegatten** nicht gegen ihn wegen seiner Berufung ein Versäumnisurteil (das an sich zulässig wäre, s. § 618 Anm. 6) und wegen der Berufung des anderen Ehegatten ein kontradiktorisches Urteil (insoweit ist gegen den Beklagten nach § 618 Abs. 5 ein Versäumnisurteil unzulässig, s. § 618 Anm. 6) erlassen werden, vielmehr ist ein einheitliches kontradiktorisches Urteil zu erlassen, Gr. 58, 483.

E. Jedoch gilt der vorbezeichnete **Grundsatz der Einheitlichkeit der Verhandlung und Entscheidung nur für Ehescheidungs- und Eheaufhebungssachen,** RG. 104, 156, RGHRR. 33, 1263. Dies gilt aber **nicht für das Wiederaufnahmeverfahren,** weil die Rechtsgestaltung bereits infolge Rechtskraft des Urteils eingetreten war, RGZ. 171 S. 42, Schönke DRZ. 47 S. 16, **und bei Klagen auf Herstellung** des ehelichen Lebens (Anm. 1), da es sich dabei lediglich darum handelt, ob trotz Fortbestandes der Ehe die Wiederaufnahme der ehelichen Lebensgemeinschaft verweigert werden darf, JW. 28, 113[24]. Daher kann, falls **auf Herstellung** des ehelichen Lebens **geklagt** und **widerklagend Scheidung** beantragt ist, durch **Teilurteil** die Klage abgewiesen werden, wenn sie sich als grundlos herausstellt, obwohl es in Ansehung der Widerklage noch einer Beweiserhebung bedarf, RG. 58, 309, JW. 20, 288[11].

Verbrauch der Klagegründe bei Klageabweisung

616 (576). [1]Der Kläger, welcher mit der Scheidungsklage oder der Aufhebungsklage abgewiesen ist, kann das Recht, die Scheidung oder die Aufhebung der Ehe zu verlangen, nicht mehr auf Tatsachen gründen, welche er in dem früheren Rechtsstreit geltend gemacht hat oder welche er in dem früheren Rechtsstreit oder durch Verbindung der Klagen geltend machen konnte[2]. Das gleiche gilt im Falle der Abweisung der Scheidungsklage oder der Aufhebungsklage für den Beklagten in Ansehung der Tatsachen, auf welche er eine Widerklage zu gründen imstande war[3].

1. Fassung nach § 40 DurchfVO. vom 27. 7. 38 (RGBl. I 923) zum Ehegesetz vom 6. 7. 38 (RGBl. I 807). Wegen der Weitergeltung dieser Bestimmung vgl. die Vorbemerkung I 1 vor § 606. — § 616 betrifft den Verbrauch der **Klagegründe bei Abweisung der Scheidungs- und der Aufhebungsklage** durch Sachurteil. Seine Anwendung wird weder durch einseitigen Vorbehalt noch durch Vereinbarung der Parteien ausgeschlossen, JW. 02, 260 B, W. 14, 263. Er ist **von Amts wegen** zu beachten. Auf **Nichtigkeitsklagen** oder Klagen auf **Herstellung des ehelichen Lebens** (§ 615 Anm. 2) findet er keine Anwendung. Durch Abweisung einer solchen Klage tritt also Klageverbrauch nur bezüglich des abgeurteilten Klagegrundes ein, sie steht einer neuen gleichen Klage, die auf eine andere Sachlage gestützt wird, nach den Grundsätzen der §§ 322 ff. nicht entgegen, W. 20, 128. Ferner kann die Bestimmung, da sie Abweisung durch Sachurteil voraussetzt, dann keine Anwendung finden, wenn eine vor dem Zusammenbruch anhängig gemachte Klage nicht zu Ende geführt ist und infolge Fortfalls des Gerichts, bei dem sie anhängig war, auch nicht mehr zu Ende geführt werden kann. In diesem Fall steht der erneuten Geltendmachung aber **auch nicht das Prozeßhindernis der Rechtshängigkeit** nach § 263 entgegen.

Das Herstellungsurteil schafft auch nicht Rechtskraft hinsichtlich der von dem verurteilten Ehegatten nur zur Begründung des Rechts auf Verweigerung der Gemeinschaft (§ 1353 Abs. 2 BGB.) etwa vorgebrachten **Scheidungs- oder Aufhebungsgründe;** diese sind **nicht** als durch das Herstellungsurteil **aberkannt** anzusehen, W. 10, 223, 15, 131, 173. Der beklagte Ehegatte ist in dem Verfahren auf diese Klage, wenn ihm Scheidungs- oder Aufhebungsgründe zur Seite stehen, zwar berechtigt, nicht aber verpflichtet, Widerklage auf Scheidung oder Aufhebung der Ehe zu erheben. Daher kann er auch **nach rechtskräftiger Verurteilung zur Herstellung** des ehelichen Lebens seinerseits **auf Scheidung aus Gründen klagen,** die **vor der Trennung** liegen und die er schon im Eheherstellungsprozesse im Wege der Scheidungswiderklage hätte geltend machen können, W. 10, 223, 15, 173. Anderseits kann der **auf Herstellung** des ehelichen Lebens **klagende Ehegatte,** wenn der beklagte Ehegatte **Widerklage auf Scheidung** erhebt, in einem späteren Rechtsstreite seinerseits den Scheidungsantrag nicht mehr auf Tatsachen gründen, die er in dem früheren Verfahren gegenüber der Widerklage geltend gemacht hat oder geltend machen konnte, JW. 13, 645 [11]. — Auch zur Begründung eines Rechtes zur **Verweigerung der ehelichen Gemeinschaft** darf sich ein Ehegatte nicht auf Tatsachen berufen, die er in einem vorhergehenden Rechtsstreite behufs Scheidung oder Aufhebung der Ehe hätte geltend machen können, JW. 12, 75 [17] (a. M. OLG. 33, 337).

2. Verbrauch der Klage- und Widerklagegründe bei Abweisung der Scheidungs- und der Aufhebungsklage. — § 616 enthält **eine Erweiterung der Grenzen der Rechtskraft** (ebenso Schönke DRZ. 47 S. 16) dahin, daß durch die rechtskräftig ausgesprochene Abweisung einer Scheidungs- oder Aufhebungsklage nicht bloß die mit der Klage geltend gemachten Scheidungs- oder Aufhebungsgründe, sondern **jeder** auf seiten des einen oder des anderen Ehegatten **sonst noch etwa vorhanden gewesene Scheidungs- oder Aufhebungsgrund,** der in dem früheren Rechtsstreit, mag dieser die Scheidung oder die Aufhebung zum Gegenstande gehabt haben, hätte geltend gemacht werden können, erledigt und **verbraucht** ist, RG. 104, 156. Die Ausschließung nach § 616 gilt aber nicht, wenn die erste **Klage zurückgenommen** war, W. 42, 48, und nur mit Vorbehalt des auch hier anwendbaren § 51 Eheges. (vgl. dort Anm. 2). Der Ausschluß ergreift nicht nur die einen Anspruch begründenden Tatsachen, sondern auch den Scheidungsanspruch selbst (Schönke DRZ. 47 S. 16, RGZ. 164 S. 250; a.A. Srangoni DR. 1940 S. 2205). — Zur **Begründung** eines **Rechtsbehelfs** aus § 616 **gegenüber** einer **neuen Klage** genügt aber nicht, wenn nachgewiesen wird oder aus dem Klagevortrag sich von selbst ergibt, daß in einem früheren Rechtsstreite die Klage abgewiesen und die in der neuen Klage geltend gemachten Tatsachen zu einer Zeit geschehen sind, die ihre Verwertung in dem früheren Rechtsstreite gestattete. Die Vorschrift, die sich als Ausnahme von der allgemeinen Regel über Zulässigkeit neuen Vorbringens darstellt, kann, abgesehen von den bereits in dem früheren Rechtsstreit geltend gemachten Tatsachen, nur auf solche Tatsachen bezogen werden, die **dem Kläger** in der Art **bekannt** waren, daß er die Möglichkeit hatte, sie in dem früheren Rechtsstreit mit Aussicht auf Erfolg vorzubringen, und daß er diese Möglichkeit ungenützt hat verstreichen lassen, RG. 158, 202. In Anbetracht des genannten Ausnahmecharakters muß der **Gegner** eine **solche Kenntnis des Klägers nachweisen,** nicht liegt dem Kläger zur Begründung der Klage der Beweis seiner Nichtkenntnis ob, RG. 126, 265, RGHRR. 28, 916 (str., a. M. RG. 42, 384, aufgegeben; vgl. auch W. 18, 102, 211, wo zwar an sich der Kläger für beweispflichtig erachtet, aber angenommen ist, daß sich die Beweislast umkehre; wenn der Kläger die Umstände widerlege, welche für seine Kenntnis der Tatsachen sprechen könnten), und zwar muß dem Kläger volle Kenntnis der Tatsachen nachgewiesen werden, das Bestehen bloßer Vermutungen genügt nicht, RG. 126, 265, W. 38, 90, ebensowenig fahrlässige Unkenntnis, RGHRR. 31, 701. — **Nicht ausgeschlossen** ist mithin die Geltendmachung solcher **Tatsachen,** die erst **nach Schluß** des **früheren Rechtsstreits entstanden** oder der Partei ausreichend **bekannt** geworden sind **oder** welche die Partei **früher nicht beweisen konnte** und deshalb **nicht geltend** gemacht hat, RG. 35, 343, 100, 107. Ferner können Vorgänge geltend gemacht werden, die zwar objektiv schon **zur Zeit des früheren Rechtsstreits** vorgelegen und einen Scheidungsgrund dargestellt hatten, die aber der klagende Ehegatte nach Maßgabe seiner Lebenserfahrungen und Auffassung von der Ehe damals nur als Einzelfälle und **nicht** als Ausfluß der Gesamtgesinnung und des Gesamtverhaltens des beklagten Ehegatten und damit **als Scheidungsgrund hatte erkennen können** und die erst durch das neue tatsächliche Verhalten des beklagten Ehegatten für den klagenden Ehegatten in das richtige Licht gerückt worden sind, OLG. 44, 70. — Auch können die **früheren Tatsachen zur Unterstützung neuer** Klagegründe oder von Einreden nochmals vorgebracht werden, Gr. 35, 1206, JW. 12, 75[77]. — Ist eine Scheidungsklage wegen **Verzeihung** abgewiesen worden, so steht die Rechtskraft dieser Entscheidung einer neuen auf dieselben Scheidungsgründe gestützten Scheidungsklage nicht entgegen, wenn sich nachträglich das Eheleben schädigende Auswirkungen einer verziehenen Eheverfehlung zeigen, die im ersten Rechtsstreit nicht geltend gemacht werden konnten, sofern nicht, was Tatfrage ist, der Verzeihende bei der Verzeihung auch diese Folgen in Kauf genommen hat, RG. 154, 253, 155, 292. — **Die Rechtskraftwirkung** des früheren Urteils ist ferner **nicht** dahin auszudehnen, daß auch die **Gründe** des Urteils in Rechtskraft erwüchsen; soweit daher in dem neuen Rechtsstreit Tatsachen, die bereits in dem früheren Verfahren erörtert worden sind, berücksichtigt werden dürfen, weil sie nicht zur Begründung der neuen Klage, sondern etwa nur gemäß § 51 Abs. 2 Eheges. zur Unterstützung eines neuen zulässigen Scheidungsgrundes verwertet werden, sind die Feststellungen des früheren Urteils nicht maßgebend, sondern greift die freie Würdigung des Gerichts Platz, JW. 15, 784[4]. — § 616 gilt auch für den Anspruch aus § 48 EheG. (RG. 164 S. 250; bestr. vgl. Srangoni DR. 40 S. 2205). Die abgewiesene **Scheidungsklage aus § 48 Eheges.** kann **wiederholt** werden, wenn entweder seit Rechtskraft des Urteils erneut ein Zeitraum von 3 Jahren häuslicher Trennung verstrichen ist (a.A. OLG. Celle SJZ. 1946 S. 226, Steidle ebenda S. 228, Schönke DRZ. 47 S. 16), und sämtliche Merkmale dieser Klage erfüllt sind, oder wenn in der Folgezeit neue Tatsachen i. S. des § 616 hinzugekommen sind, RG. 165, 125; 166, 166, z. B. der Beklagte zugesagt hat, den Widerspruch aufzugeben (Celle a. a. O.). — Wird während Schwebens einer **Scheidungs- oder Aufhebungsklage** von einer der Parteien eine **zweite Klage dieser Art** erhoben, so ist die zweite Klage (auf Scheidung oder Aufhebung) unzulässig; ihr kann die **Einrede der Rechtshängigkeit** (§ 263 Abs. 2 Nr. 1) entgegengestellt werden, RG. 104, 156, HRR. 42, 321, RG. 59, 412. **Berücksichtigung der Einrede der Rechtshängigkeit von Amts wegen** (RG. 160 S. 344). Wegen der infolge des Zusammenbruchs 1945 steckengebliebenen Klagen s. oben Anm. 1.

3. Verbrauch der Widerklagegründe. — Die Vorschrift findet auch auf den Scheidungs**widerbeklagten** im früheren Rechtsstreit, der dort auf Herstellung des ehelichen Lebens geklagt hat, Anwendung, wenn die dortige Scheidungswiderklage abgewiesen worden ist, JW. 13, 645[11] (vgl. Anm. 1 a. E.). Sie gilt auch, wenn der Beklagte in dem früheren Rechtsstreit zunächst die **Widerklage** erhoben, sie dann aber wieder **zurückgenommen hat**, RG. 5, 377.

Beschränkung des Verhandlungsgrundsatzes

617 (577)[1]. Die Vorschriften über die Wirkung eines Anerkenntnisses[2], über die Folgen der unterbliebenen oder verweigerten Erklärung über Tatsachen[3] oder über die Echtheit von Urkunden[4], die Vorschriften über den Verzicht der Partei auf die Beeidigung der Gegenpartei oder von Zeugen und Sachverständigen[5] und die Vorschriften über die Wirkung eines gerichtlichen Geständnisses[6 7] finden keine Anwendung[8].

1. Bedeutung des § 617 im allgemeinen. — **Fassung** nach § 35 DurchfVO. vom 27. 7. 38 (RGBl. I 923) zum Ehegesetz vom 6. 7. 38 (RGBl. I 807). Wegen Weitergeltung dieser Bestimmung vgl. die Vorbemerkung I 1 vor § 606. Nach der bisherigen Fassung war nur dem Anerkenntnis schlechthin jede Wirkung in allen Eheprozessen versagt. Die anderen im § 617 aufgeführten Vorschriften sollten in Ehesachen nur dann nicht gelten, wenn ihre Anwendung dem Bestande der Ehe nachteilig wäre, während mangels eines öffentlichen Interesses ihre Anwendung bezüglich solcher Tatsachen nicht ausgeschlossen sein sollte, welche die **Aufrechterhaltung einer bestehenden Ehe** begründen sollten. Nur bei den die Nichtigkeit der Ehe oder die Feststellung des Bestehens oder Nichtbestehens einer Ehe zwischen den Parteien betreffenden Rechtsstreitigkeiten sollten auch diese Vorschriften schlechthin außer Geltung sein, weil es im öffentlichen Interesse liege, daß nicht mit ihrer Hilfe im Wege des Prozesses eine nichtige Ehe für gültig, eine nicht bestehende Ehe für bestehend erklärt werde. Mot. 129, 130. Diese unterschiedliche Behandlung ist jetzt beseitigt und allen in § 617 erwähnten Vorschriften für alle Ehesachen jede Wirkung versagt. — Es können aber die betreffenden Tatsachen, wenn aus ihnen auch nicht, wie im sonstigen Verfahren, bindende Beweissätze zu entnehmen sind, **doch zur Gewinnung der richterlichen Überzeugung** gemäß § 286 **verwertet** werden, so namentlich auch ein **Geständnis** hinsichtlich einer Eheverfehlung, RG. 43, 422, W. 28, 109, anderseits auch ein nachträglicher Widerruf eines Geständnisses, besonders wenn der Widerruf der Aufrechterhaltung der Ehe dient, W. 17, 20.

2. **Anerkenntnis** (§ 307). — Hinsichtlich der **Weigerung** einer Partei, **sich körperlich untersuchen zu lassen,** vgl. § 623 und § 371. — **Verzicht** auf den **Anspruch** (§ 306) ist nicht grundsätzlich ausgeschlossen, RG. 59, 348, JW. 27, 1208[22], Jonas II, Baumb. 2, § 306 Anm. 1, vgl. § 614 Anm. 1 A. Über Verzicht auf ein **Rechtsmittel** s. Anm. 8. Dagegen ist in Ehesachen **vertragsmäßige Ausschließung** von **Rechtsmitteln im voraus** unzulässig, RG. 70, 59, § 514, vgl. RG. 105, 352, s. aber unten 8.

3. **Erklärung über Tatsachen:** § 138 Abs. 2, 3. Freie Würdigung der Verweigerung einer geforderten Erklärung, W. 29, 125.

4. **Erklärung über Urkundenechtheit:** § 439 Abs. 3.

5. **Verzicht auf Beeidigung der Gegenpartei** oder von **Zeugen und Sachverständigen.** — §§ 391, 295, 402, 452 Abs. 3. Vgl. § 391. — Jedoch liegt in der ohne das Vorliegen der sonstigen Voraussetzungen des § 391 wegen Verzichts der Parteien unterlassenen Beeidigung eines Zeugen ein Verstoß gegen Abs. 2 nur dann, wenn der Richter die vom Zeugen bekundete Tatsache zur Begründung eines Scheidungsanspruchs verwertet hat, nicht auch dann, wenn die Tatsache für unerheblich erachtet oder aus einem anderen Grunde die Scheidungsklage abgewiesen worden ist, W. 20, 16. — Der **Mangel** des Unterlassens eines **Hinweises** eines Zeugen gemäß § 383 Abs. 2 **auf** sein **Recht,** das **Zeugnis zu verweigern,** wird durch stillschweigenden Verzicht **nach § 295** auch im Eheprozeß **geheilt,** W. 11, 206. — § 377 Abs. 4 ist nicht anwendbar, RG. 130, 9.

6. **Geständnis:** § 288. — Vgl. jedoch Anm. 1 a. E. (Berücksichtigung von Geständnissen gemäß § 286). — Die Vorschrift steht dem nicht entgegen, daß auch in Ehesachen tatsächliche **Behauptungen** einer Partei, auch wenn sie vom Gegner bestritten sind, **zugunsten der behauptenden** Partei verwendet werden, W. 17, 24.

7. Die anschließenden Worte „und der Erlassung eines Eides sowie die Vorschriften über die Eideszuschiebung und den Antrag, dem Gegner die Vorlegung einer Urkunde aufzugeben" sind infolge der Nov. v. 27. 10. 33 fortgefallen. Richterlicher Eid war bis dahin unbedingt zulässig. **Unbedingt zulässig ist der Antrag auf Parteivernehmung (§§ 445, 447), die Vernehmung und die Beeidigung einer Partei (§§ 447, 448, 452).**

8. Erklärungen des Prozeßbevollmächtigten. Verzicht. Vergleich. — Die Partei ist entgegen dem **§ 85** an **Erklärungen** und Anträge ihres **Vertreters** nicht gebunden, wenn sie ihrem wirklichen Willen nicht entsprechen, RG. 27, 372. Jedoch ist der **Verzicht** des **Prozeßbevollmächtigten auf** ein **Rechtsmittel** auch in Ehesachen für die Partei **bindend**, RG. 59, 364, Gr. 49, 1049. Ein Rechtsmittelverzicht durch einen nur hierzu bestellten, sonst mit der Sache nicht befaßten Prozeß-Bev. entspricht nicht den Erfordernissen des Anwaltszwanges, OLG. Stuttg., DRZ. 46, 192. — Überhaupt ist ein **Verzicht auf** ein **Rechtsmittel** (§ 514), wie auch sonst ein Verzicht, der sich lediglich auf den Fortgang des Verfahrens bezieht, **wirksam**, RG. 105, 352, § 514, Jonas II, Baumb. 4 B, selbst dann, wenn die Ehe auf die Klage geschieden; die Scheidungswiderklage des Verzichtenden aber abgewiesen ist, W. 13, 128 (s. jedoch unten). Auch die Vereinbarung des Rechtsmittelverzichts vor Verkündung oder Rechtskraft des Urteils ist wirksam, sofern sie nicht nach § 72 Eheges. oder nach allgemeinen Grundsätzen sittenwidrig und deshalb nichtig ist, DRW. 42, 521, vgl. auch 49, 14—16. Einen sittenwidrigen Verstoß gegen den aus den §§ 617, 622 zu entnehmenden Grundsatz des Eheschutzes enthält nicht ein Abkommen, durch das nur auf den Gang des Verfahrens beschleunigend eingewirkt werden soll, so z. B. nicht ein Abkommen, wodurch die Parteien, um das Verfahren abzukürzen, sich dahin einigen, daß sie dem Gericht nur einen, nach ihrer Auffassung wahren, Scheidungsgrund vortragen, andere Scheidungsgründe aber beiseite lassen wollen, RG. 126, 321. Über Vergleichsgebühr bei Scheidungsvergleich, durch den der eine Teil im Austausch gegen eine ihm vorteilhafte Regelung vermögensrechtlicher Ansprüche (z. B. Unterhaltsansprüche) seinen Scheidungsanspruch mittels Klage- oder Widerklagezurücknahme, Unterlassung von Anträgen oder sonstiger Nichtverfolgung aufgibt, im Gegensatz zum bloßen Scheidungsabkommen s. KGDR. 1942 S. 43 LG. Hamburg MDR. 47 S. 200. Zulässig sind ferner **Vereinbarungen über Nichtgeltendmachung von Scheidungsgründen** sowie Vergleiche **zwecks Aufrechterhaltung der Ehe**, Baumb. 4 A. Vgl. § 622 Abs. 2.

Einlassungsfrist. Versäumnisverfahren

618 (578). (1) Die Vorschrift des § 261 Abs. 2 kommt nicht zur Anwendung [1].

(2) Erscheint der Beklagte in dem auf die Klage zur mündlichen Verhandlung anberaumten Termin nicht, so kann erst in einem neuen, auf Antrag des Klägers zu bestimmenden Termin verhandelt werden.

(3) Der Beklagte ist zu jedem Termin, welcher nicht in seiner Gegenwart anberaumt wurde, zu laden [3].

(4) Die Vorschriften des Abs. 3 finden keine Anwendung, wenn der Beklagte durch öffentliche Zustellung geladen, aber nicht erschienen ist [4].

(5) Ein Versäumnisurteil gegen den Beklagten ist unzulässig [5].

(6) Die Vorschriften der Abs. 3 bis 5 finden auf den Widerbeklagten entsprechende Anwendung [6].

Abs. 2 ist durch § 7 Abs. 6 der 4. Vereinf.VO. aufgehoben und gilt nicht mehr in der britischen und französischen Zone, ist jedoch im Gebiet der DDR. wieder anzuwenden.

1. Danach findet die Bestimmung **im § 261 Abs. 2**, daß die Zeitspanne zwischen der Klagezustellung und dem ersten Verhandlungstermine nicht größer sein soll als zur Einhaltung der Einlassungsfrist (von zwei Wochen, § 262) erforderlich ist, auf Ehesachen nicht Anwendung, KB. 102. Dagegen gilt § 74 Abs. 2 (Vorauszahlung der Prozeßgebühr) auch in Ehesachen. Vgl. § 216, und zwar auch für die Berufungsinstanz.

2. Nach dem Abs. 2 kann beim Ausbleiben des Beklagten im ersten Verhandlungstermin erst in einem neuen, auf Antrag des Klägers zu bestimmenden Termin verhandelt werden. Soweit Abs. 2 aufgehoben ist, kann also schon im ersten Termin verhandelt werden, sofern der abwesende Beklagte ordnungsmäßig geladen war (vgl. Anm. 3).

3. **Ladung des abwesenden Beklagten zu jedem neuen Termin.** — Auch wenn er im Termin verkündet ist, es sei denn, daß der neue Termin in Gegenwart des Beklagten anberaumt wurde. Bekanntmachung des Termins genügt (z. B. nach § 370 Abs. 2). Ausnahme von § 218. Der Beklagte soll dadurch in die Lage versetzt werden, sich wieder am Verfahren zu beteiligen und, soweit noch möglich, Einwendungen vorzubringen. Hiernach muß, bevor in eine Verhandlung gegen den abwesenden Beklagten eingetreten werden kann, **festgestellt** werden, daß er zu den Terminen **geladen** war, JW. 07, 481 [16]. Dies gilt auch dann, wenn ein Anwalt für den Beklagten zwar erschienen ist, sich aber nach vergeblichem Vertagungsantrag entfernt hat, JW. 07, 481 [16]. Ist die Ladung unterblieben, so liegt darin ein unheilbarer Verfahrensmangel, W. 39, 36.

4. **Abs. 3 nicht bei öffentlicher Ladung des Beklagten** (§§ 203 ff.). — In diesem Falle findet § 218 (keine Ladung zu verkündeten Terminen) auch gegenüber dem Beklagten Anwendung. Er braucht also zu den neuen verkündeten Terminen nicht abermals öffentlich geladen zu werden. Ist er aber erschienen oder vertreten, so ist er nach Abs. 3 zu einem neuen Termin, der nicht in seiner Gegenwart anberaumt wurde, zu laden, Jonas IV, Baumb. 3.

5. **Versäumnisverfahren.** — Nichtverhandeln gilt auch in Ehesachen als Nichterscheinen (§ 333), Baumb. 2 A. — A. Beim **Ausbleiben des Klägers** oder **Widerklägers** findet gegen ihn das Versäumnisverfahren nach §§ 330 ff. statt, jedoch ist nach §§ 635, 638 die Nichtigkeitsklage oder die Klage auf Feststellung des Bestehens oder Nichtbestehens der Ehe für zurückgenommen zu erklären. — B. Beim **Ausbleiben des Beklagten** oder **Widerbeklagten** findet nach Abs. 5 (Fass. nach Nov. v. 17. 5. 98) kein Versäumnisverfahren nach §§ 331 ff., statt, sondern es wird fingiert, daß der (ausgebliebene) Beklagte tatsächlich erschienen sei und das Klagevorbringen bestritten habe; deshalb ist, nötigenfalls nach Beweisaufnahme, die sich nach § 622 auch auf vom Kläger nicht vorgebrachte Tatsachen erstrecken kann, gegen den Beklagten (nicht ein Versäumnisurteil, sondern) ein sog. **einseitig kontradiktorisches Urteil** zu erlassen, W. 16, 259, das nur mit der Berufung (nicht Einspruch) anfechtbar ist. Dies gilt auch für den Antrag des Beklagten auf Mitschuldigerklärung, JW. 33, 183 (a. M. HRR. 33, 541). Das Verfahren unterscheidet sich vom Verfahren nach §§ 331 a, 251 a darin, daß nicht nach

Aktenlage, sondern auf Grund des Vorbringens des Klägers in der mündlichen Verhandlung entschieden wird. Die Vorschrift **des 335 Nr. 3** findet aber zugunsten des ausgebliebenen Beklagten im Falle **nicht rechtzeitiger Mitteilung** eines tatsächlichen mündlichen Vorbringens oder eines Antrags (z. B. des Rechtsmittelantrags des gegnerischen Rechtsmittelklägers) **dahin entsprechende** Anwendung, daß (nicht nur der Erlaß eines Versäumnisurteils, sondern auch) der **Erlaß** eines sog. kontradiktorischen Urteils abzulehnen ist, RG. 88, 66, § 335. Gleiches gilt, wenn der **Beklagte** zu dem Verhandlungstermin **nicht ordnungsmäßig** geladen ist, sein Prozeßbevollmächtigter zwar in dem Termin erscheint, aber nach Ablehnung seines Vertagungsantrages, ohne zu verhandeln, sich entfernt, RG. 88, 69. Über die Unzulässigkeit eines Teilurteils und der Verbindung eines kontradiktorischen Urteils mit einem Versäumnisurteil bei **Klage** und **Widerklage** s. § 615 Anm. 7 B und C. — C. Beim **Ausbleiben beider Parteien** findet § 251 a Anwendung, jedoch ist Aktenlageentscheidung in Ehesachen nur in besonders gelagerten Fällen angebracht. — D. Der **Einzelrichter** kann nach § 349 Abs. 1 Nr. 4 das Versäumnisurteil nur gegen den Kläger erlassen, nicht gegen den Beklagten, da gegen diesen ein echtes Versäumnisverfahren nicht stattfindet, Jonas II 3, Baumb. 2 A. Über Aktenlageentscheidung durch ihn vgl. Vorbem. 5 vor § 606. — E. In der **höheren Instanz** ist Beklagter i. S. von Abs. 5 nur der Beklagte oder Widerbeklagte der 1. Instanz, RG. 35, 347. Daraus ergibt sich: a) Bleibt der **Berufungs**kläger aus, so findet gegen ihn das Versäumnisverfahren nach § 542 statt, gleichviel ob er in 1. Instanz Kläger oder Beklagter war, RG. 27, 362, Jonas VI 1, Baumb. 2 E a. b) Beim Ausbleiben des **Berufungsbeklagten** schließt § 617 das Versäumnisverfahren nach § 542 Abs. 2 aus, gegen den Beklagten 1. Instanz auch Abs. 5 hier, es findet einseitige Streitverhandlung und Entscheidung wie nach B statt, Jonas VI 2, Baumb. 2 E b. c) Bei **Klage** und **Widerklage** findet, wenn nur zur Klage oder zur Widerklage Berufung eingelegt ist, gegen den ausgebliebenen Berufungskläger, mag er in 1. Instanz Kläger oder Beklagter gewesen sein, das Versäumnisverfahren nach § 542 statt, gegen den ausgebliebenen Berufungsbeklagten das Verfahren wie nach E b, wobei der nicht angefochtene Teil des erstinstanzlichen Urteils aufrechterhalten bleibt. Ist zur Klage und zur Widerklage nur von einer Partei Berufung eingelegt, so findet nur bei ihrem Ausbleiben gegen sie das Versäumnisverfahren statt. Haben beide Parteien Berufung eingelegt, so ist, da nach E b ein Versäumnisurteil gegen die ausgebliebene Partei nicht in Frage kommt und eine Verbindung von kontradiktorischem und Versäumnisurteil unzulässig ist (s. oben B a. E.), einheitlich nach B zu verfahren (einseitige Streitverhandlung und Entscheidung), Jonas VI 3 b, Baumb. 4 b.

Persönliche Parteivernehmung

619 (579). (1) Das Gericht kann das persönliche Erscheinen einer Partei anordnen und dieselbe über die von ihr, von dem Gegner oder von dem Staatsanwalte behaupteten Tatsachen vernehmen[1].

(2) Ist die zu vernehmende Partei am Erscheinen vor dem Prozeßgerichte verhindert oder hält sie sich in großer Entfernung von dem Sitze desselben auf, so kann die Vernehmung durch einen beauftragten oder ersuchten Richter[2] erfolgen.

(3) Gegen die nicht erschienene Partei ist wie gegen einen im Vernehmungstermin nicht erschienenen Zeugen zu verfahren[3]; auf Haft darf nicht erkannt werden.

1. Persönliche Vernehmung über tatsächliche Behauptungen eines Beteiligten. — Auch über zugestandene Tatsachen (vgl. § 617) oder auch über die nach § 622 von Amts wegen hereingezogenen Tatsachen oder zu deren Ermittlung, Jonas III 2 a, Baumb. 1. Die Vernehmung nach § 619 dient danach in erweitertem Umfange der Aufklärung des Sachverhalts, ohne daß eine Vertretung nach § 141 Abs. 6 in Frage kommt, und ist nicht nur eine Unterart der Parteivernehmung nach § 448, Baumb. I (a. M. Jonas I). **Anordnung** nach mündlicher Verhandlung, aber ohne Beweisbeschluß, Baumb. 1 (a. M. Jonas III 2 b). **Ladung** dazu gemäß § 141 Abs. 2 (Partei persönlich), mit Hinweis auf die Folgen des Ausbleibens nach Abs. 3. — Die Regeln der §§ 445 ff. gelten hierfür nicht (a. M. Jonas III 2 c). Wenn jedoch zugleich deren Voraussetzungen vorliegen, so ist auch § 452 anwendbar, RG. 17. 1. 1935, IV 213 34. — **Erklärungen** einer Partei, inbesondere des Beklagten, dürfen **berücksichtigt** werden, auch wenn die Partei durch einen Anwalt **nicht vertreten** ist und das Verfahren nach § 618 Anm. 5 B oder C **b, c** stattfindet, OLG. 17, 183, Jonas III 1, Baumb. 2. — Ob die persönliche Vernehmung erfolgen soll, steht im **freien Ermessen** des Gerichts, W. 42. 18. Es kann aus der Anhörung Schlüsse ziehen, die keine Partei gezogen hat, RGHRR. 31, 1137. Zur Duldung körperlicher Untersuchung kann die Partei nicht gezwungen werden. JW. 03, 26[21], im Eheprozeß also auch nicht zur Blutentnahme zwecks Blutgruppenuntersuchung für den Nachweis eines Ehebruchs. S. aber Ausnahmen in § 623. — **Ob die Anordnung der Vernehmung der Partei als Anordnung einer Beweisaufnahme durch Parteivernehmung nach §§ 445 ff. (§ 20 Nr. 2 GKG.) anzusehen ist oder nur als eine (gebührenfreie) prozeßleitende Verfügung, hängt von den Umständen ab.** Ersteres ist der Fall, wenn es sich darum handelt, beweismäßige Feststellungen über streitige Behauptungen als Grundlage für das Urteil zu treffen, mag auch ein förmlicher Beweisbeschluß nicht erlassen sein, letzteres, wenn die Vernehmung nur der Aufklärung des Sachverhalts dienen soll, HRR. 36, 1346, JW. 39, 2083, DRM. 41, 56, DRW. 42, 1753 (a. M. DRW. 39, 2082: in jedem Fall erwächst Beweisgebühr). — **Daneben** gelten die **§§ 141, 272 b Nr. 3** (Anordnung persönlichen Erscheinens der Parteien durch das Prozeßgericht oder durch den Vorsitzer schon vor der mündlichen Verhandlung) auch in Ehesachen. Neuer Sühneversuch vor dem Prozeßgericht: § 296. — Niederschrift über die Vernehmung nicht erforderlich, Wiedergabe im Urteil genügend, RGHRR. 32, 1610.

2. Durch beauftragten oder ersuchten Richter. — Wie aus Abs. 1 sich ergibt, kann die dem Prozeßgericht eingeräumte Befugnis zur förmlichen Vernehmung einer Partei einem ersuchten oder beauftragten Richter, abgesehen von den Voraussetzungen des Abs. 2, **nur** in der Begrenzung übertragen werden, daß die Vernehmung sich auf **bestimmte Tatsachen** erstreckt (unzulässig ist z. B. ein Ersuchen dahin, daß der ersuchte Richter einen Sachverständigen über den Geisteszustand des beklagten Ehegatten vernähme und diesen zum Termin behufs Untersuchung vorführen lasse), W. 18, 99.

3. Abs. 3. Zwangsmittel. — § 380 (Bestrafung, bei wiederholtem Ausbleiben auch Vorführung). Die Ordnungsstrafe **muß** verhängt werden (Abweichung von § 141 Abs. 3) — auch seitens des **ersuchten Richters**, OLG. 2, 237. Gegen den Beschluß Beschwerde mit aufschiebender Wirkung, § 380 Abs. 3, § 572 Abs. 1. — Bei **Verweigerung der Aussage** findet ein Straf- oder Zwangsmittel nicht statt (§ 390 nicht anwendbar); es können aber nach § 286 aus der Weigerung Schlüsse gezogen werden, Jonas III 2 d, Baumb. 3 B.

Aussetzung des Verfahrens (§ 620)

Bei Scheidungs- und bei Herstellungsklage

620 (580)[1]. (1) Hat der Kläger[2] die Aussetzung des Verfahrens über eine Klage auf Herstellung des ehelichen Lebens oder über eine Scheidungsklage beantragt, so darf das Gericht über die Herstellungsklage nicht entscheiden oder auf Scheidung nicht erkennen, bevor das Verfahren ausgesetzt war[3]. Das Gericht soll die Aussetzung von Amts wegen anordnen, wenn es zur gütlichen Beilegung des Rechtsstreits zweckmäßig ist[4].

(2) Auf Grund dieser Bestimmungen darf die Aussetzung im Laufe des Verfahrens nur einmal und höchstens auf ein Jahr angeordnet werden[5].

1. In der **Fassung** der Nov. v. 17. 5. 98 war in § 620 die **Aussetzung des Verfahrens** bei der Scheidungsklage und in § 621 die Aussetzung des Verfahrens über eine Klage auf Herstellung des ehelichen Lebens, im einzelnen verschieden, geregelt. Durch § 36 DurchfVO. v. 27. 7. 38 (RGBl. I 807) ist § 621 aufgehoben und § 620 derart neu gefaßt worden, daß er nun die Aussetzung des Verfahrens für beide Fälle in gleicher Weise ordnet. Danach ist der Kläger sowohl bei der Klage auf Herstellung des ehelichen Lebens wie bei der Scheidungsklage, bei letzterer ohne Unterschied, aus welchem Grunde die Scheidung verlangt wird, berechtigt, die Aussetzung des Verfahrens zu **beantragen, und das Gericht darf dann** über die Herstellungsklage nicht entscheiden und auf Scheidung nicht erkennen, bevor das Verfahren ausgesetzt war. Wegen Weitergeltung dieser Bestimmung vgl. die Vorbem. I 1 vor § 606. Über die Aussetzung **von Amts wegen** s. Anm. 4. Bei der Klage oder Widerklage **auf Aufhebung** kommt eine Aussetzung nach § 620 nicht in Frage, Jonas IV 1 a, Baumb. 1, Braunschweig DRZ. 47 S. 167. — Ist die **Scheidungsklage aus § 48 Eheges. verfrüht** erhoben, so darf ihr das Gericht **nicht durch Aussetzung zum späteren Erfolge** verhelfen, die Aussetzung darf vielmehr nur erfolgen, wenn das Scheidungsbegehren an sich begründet, aber dennoch die Möglichkeit der Aufrechterhaltung der Ehe gegeben ist, HRR. 39, 908.

2. Aussetzungsantrag des Klägers. — Oder des Widerklägers in Ansehung der auf Scheidung oder auf Herstellung des ehelichen Lebens gerichteten Widerklage, G. 58, 316, JW. 10, 69[24]. Bei **Klage und Widerklage** auf Scheidung (s. Anm. 1) kann die Aussetzung nur im ganzen, nicht hinsichtlich der Klage oder der Widerklage allein, erfolgen, HRR. 42, 322, Jonas IV 1, Baumb. 2 C. Sie ist auf den Antrag nur einer Partei lediglich dann möglich, wenn in Ansehung des von der anderen Partei gestellten Begehrens die

Aussetzung nach Abs. 1 Satz 2 von Amts wegen angeordnet werden kann, RG. 58, 315, Gr. 59, 141, Jonas IV 1 b. Bei Klage auf Scheidung und Widerklage auf Herstellung oder umgekehrt ist Aussetzung der Scheidungsklage allein möglich, da Teilurteil ergehen kann (§ 615 Anm. 7 E), wenn auch nicht zweckmäßig, auf Antrag des Klägers (Widerklägers) nach Satz 1 aber geboten, Jonas IV 2, Baumb. 2 C. Ist die Widerklage nicht auf Scheidung, sondern nur **auf Mitschuldigerklärung** des Klägers für den Fall, daß dessen Scheidungsklage stattgegeben würde, gerichtet, so steht dem Widerkläger ein Antragsrecht nicht zu, JW. 10, 69 [24]. — Der **Antrag** ist in mündlicher Verhandlung zu stellen. Im Verfahren nach § 7 EntlVO. und nach § 251 a genügt schriftlicher Antrag. Der Antrag bedarf keiner Begründung (über Mißbrauch vgl. Anm. 3).

3. Gericht darf nicht erkennen. — Der Kläger hat kein Recht darauf, daß **sofort** seinem Antrag stattgegeben oder auch nur eine Entscheidung über ihn abgegeben werde, RG. 46, 385 (a. M. Jonas II 2). Aber das Gericht darf dann über die **Klage auf Herstellung** überhaupt nicht erkennen und der **Scheidungsklage** nicht stattgeben, ohne daß eine Aussetzung stattgefunden hat. Dagegen ist der Antrag abzulehnen, wenn er offensichtlich mißbräuchlich gestellt ist, z. B. lediglich um einen Druck auf die Gegenpartei zur Erlangung materieller Vorteile auszuüben. DRW. 42, 1035. Ferner ist das **Gericht** durch den Antrag **nicht behindert, von** der **Aussetzung abzusehen, wenn** es die **Scheidungsklage abweisen will,** RG. 46, 406, JW. 38, 251 [24], Jonas II 2, Baumb. 2 A. Ist aber der Rechtsstreit zur Endentscheidung noch nicht reif, so ist dem Aussetzungsantrage stattzugeben, OLH. 31, 77, 37, 158. — Das Gericht kann auf Antrag derjenigen Partei, welche die Aussetzung beantragt hatte, den Aussetzungsbeschluß **wieder aufheben,** OLG. 37, 158. Ist Klage und Widerklage auf Scheidung erhoben und das Verfahren auf den Antrag einer Partei ausgesetzt, so kann die Aussetzung auch auf den Antrag der anderen Partei und gegen den Widerspruch des ursprünglichen Antragstellers wieder aufgehoben werden, HRR. 42, 728. Entscheidung über die Aufhebung nur auf Grund mündlicher Verhandlung. — **Rechtsmittel:** § 252.

4. Aussetzung von Amts wegen. — Eine solche soll (bei der Scheidungsklage wie bei der Klage auf Herstellung des ehelichen Lebens) angeordnet werden, wenn dies zur gütlichen Beilegung des Rechtsstreits zweckmäßig erscheint. Es wird daher regelmäßig ein **gewisser tatsächlicher Anhalt** dafür vorhanden sein müssen, **daß** eine **Aussöhnung** nicht ausgeschlossen sei, Jonas III, Baumb. 2 B. — Die Vorschrift des Satzes 2 ist **auch in** der **Berufungsinstanz** zu beachten, W. 177, 285. Anderseits ist das erstinstanzliche Gericht zu der Aussetzung auch **schon befugt, bevor** es noch die von den Parteien vorgeschlagenen **Beweise erhoben** hat, OLG. 23, 199, 35, 172. — **Beschwerde:** § 252, RG. 30, 417, 46, 386. — Ein aus Satz 2 erlassener Aussetzungsbeschluß kann vor Ablauf der Aussetzungsfrist **wegen veränderter Umstände** auf Grund mündlicher Verhandlung **aufgehoben** werden, OLG. 25, 137, Jonas VI.

5. Abs. 2. — Die **Aussetzung,** gleichviel ob sie im Verfahren auf eine Scheidungsklage oder in einem Verfahren auf Herstellung des ehelichen Lebens erfolgt, und ferner gleichviel, ob sie auf Antrag oder von Amts wegen beschlossen wird, darf **nur einmal** im Laufe des Verfahrens aller Instanzen und **höchstens auf ein Jahr** (gesetzliche Frist, die nicht abgekürzt oder verlängert werden kann, § 224 Abs. 2) angeordnet werden. Im übrigen entscheidet über die Dauer freies richterliches Ermessen. Die Dauer muß im Aussetzungsbeschluß angegeben werden, HRR. 41, 610.

621 (580). Aufgehoben durch § 36 Abs. 2 VO. v. 27. 7. 38. Vgl. § 620 Anm. 1.

Tatsachenberücksichtigung von Amts wegen

622 (581). (1) [1]Das Gericht kann auch von Amts wegen die Aufnahme von Beweisen anordnen und nach Anhörung der Parteien[2] auch solche Tatsachen berücksichtigen, die von den Parteien nicht vorgebracht sind[3].

(2) Im Verfahren über eine Scheidungsklage, eine Aufhebungsklage oder eine Klage auf Herstellung des ehelichen Lebens kann das Gericht gegen den Widerspruch der die Auflösung der Ehe begehrenden oder ihre Herstellung verweigernden Partei Tatsachen, die von den Parteien nicht vorgebracht sind, nur insoweit berücksichtigen, als sie geeignet sind, der Aufrechterhaltung der Ehe zu dienen[2].

1. **Fassung** nach § 37 DurchfVO. v. 27. 7. 38 (RGBl. I 923) zum Ehegesetz v. 6. 7. 38 (RGBl. I 807). Wegen Weitergeltung dieser Bestimmung vgl. die Vorbem. I 1 vor § 606.

2. **Abs. 1 und 2. — Zweck** der Vorschrift ist die Ermittelung der materiellen Wahrheit. Sie betrifft daher nur Entscheidungen in der Sache selbst, nicht Fälle der Abweisung der Klage aus prozessualen Gründen, RG. 104, 158. Sie gestattet dem Gericht, **von Amts wegen** und ohne Rücksicht auf etwaige Parteivereinbarungen **Beweise zu erheben** und von den Parteien **nicht vorgetragene Tatsachen zu berücksichtigen,** gleichviel woher das Gericht davon Kenntnis erlangt hat (auch private Kenntnis kann berücksichtigt werden, Jonas II 1, Baumb. 1), und zwar **unbeschränkt,** soweit die Ermittelung der Wahrheit für die Volksgemeinschaft von besonderer Bedeutung ist, d. i. bei Ehenichtigkeitsklagen und Klagen auf Feststellung des Bestehens oder des Nichtbestehens einer Ehe, im übrigen aber, also bei Scheidungsklagen, Aufhebungsklagen und Klagen auf Herstellung des ehelichen Lebens, **gegen den Widerspruch** der die Auflösung der Ehe begehrenden oder ihre Herstellung verweigernden Partei nur, **soweit die Tatsachen geeignet sind, der Aufrechterhaltung der Ehe zu dienen.** Letzteres kann z. B. zutreffen bezüglich: der Rechtshängigkeit (§ 615 Anm. 7 A; des Verbrauchs von klagebegründenden Tatsachen gemäß § 616; der **Verzeihung** einer Eheverfehlung, W. 16, 142; der **Zurechnungsunfähigkeit** eines Ehegatten im **Hinblick auf** die von dem anderen Ehegatten im Scheidungsprozeß behauptete **Eheverfehlung,** W. 15, 290; der Mitwirkung an der den Scheidungsgrund bildenden strafbaren Handlung, W. 28, 177; der **Aussöhnung** der Parteien, JW. 29, 1892; der **Zustimmung zu einer Eheverfehlung,** HRR. 35, 1135. Auch kann das Gericht ohne Antrag daraus die Folgerungen ziehen, die das Recht im Interesse der Aufrechterhaltung der Ehe an sie knüpft (z. B. kann das Gericht eine Scheidungsklage abweisen, auch wenn der Beklagte der Scheidung nicht widersprochen hat), vorausgesetzt freilich, daß das Gericht durch den gestellten Sachantrag mit dem betreffenden Anspruch überhaupt befaßt ist, RG. 126,

302, 151, 182, § 614 Anm. 1 C. Die Prüfungspflicht und das Recht, Beweise von Amts wegen zu erheben, beziehen sich auch auf die Frage, ob die **Schuld** eines Ehegatten **überwiegt**, W. 42, 18. — Die Berücksichtigung und die Beweisanordnung steht im **freien Ermessen** des Gerichtes, JW. 09, 500 [27], W. 08, 105. — Vgl. auch § 616 Anm. 2 (Erweiterung der Grenzen der Rechtskraft) und über Berücksichtigung (der Einrede) der **Rechtshängigkeit** bei **Eheaufhebungs- und Ehescheidungsklagen** von Amts wegen § 263, § 615 Anm. 7 A, § 616 Anm. 1.

3. Anhörung der Parteien. — Über die zu berücksichtigenden Tatsachen und über das Ergebnis der Beweisaufnahme und zwar in der mündlichen Verhandlung.

Anhörung von Sachverständigen über Geisteszustand

623 [1]. Auf Scheidung wegen eines in den §§ 44 bis 46 des Ehegesetzes genannten Scheidungsgrundes [2] soll erst erkannt werden, wenn das Gericht das Gutachten eines ärztlichen Sachverständigen eingeholt hat [3]. Das Gericht kann die ärztliche Untersuchung eines Ehegatten anordnen, wenn dies zur Vorbereitung des Gutachtens erforderlich ist. Weigert sich der Ehegatte ohne triftigen Grund, sich der Untersuchung zu unterziehen, so findet § 619 Abs. 3 entsprechende Anwendung [4].

1. Durch diese eingefügte Vorschrift der Nov. vom 17. 5. 98 sollte eine Gewähr dafür geschaffen werden, daß bei der Klage auf Scheidung wegen Geisteskrankheit (§ 1569 BGB.) die Dauer und der Grad der Krankheit in zuverlässiger Weise festgestellt wird, Mot. 131. Die Vorschrift ist dann durch § 38 der DurchfVO. v. 27. 7. 38 (RGBl. I 923) zum Ehegesetz v. 6. 7. 38 (RGBl. I 807) **neu gefaßt,** auf Scheidung aus anderen Gründen erstreckt und durch die Sätze 2 und 3 ergänzt worden. Wegen Weitergeltung dieser Bestimmung vgl. die Vorbem. I 1 vor § 606. Nach dem Ehegesetz des Kontrollrats sind an die Stelle der §§ 50—53 die §§ 44—46 getreten.

2. §§ 44—46 Eheges. betreffen die Scheidung wegen eines **auf geistiger Störung beruhenden Verhaltens,** wegen **Geisteskrankheit und ansteckender oder ekelerregender Krankheit.**

3. In den in Satz 1 bezeichneten Fällen darf das Gericht ausnahmsweise nicht aus eigener Sachkunde entscheiden, sondern soll zunächst das **Gutachten eines ärztlichen Sachverständigen** einholen, aber nur, wenn es scheiden, nicht, wenn es abweisen will. Der Grund liegt darin, daß es sich um Fragen handelt, die sich der zutreffenden selbständigen Beurteilung durch den Richter regelmäßig entziehen. In der Würdigung des Gutachtens ist das Gericht aber nicht gebunden, Jonas I, Baumb. 2.

4. S. § 619 Anm. 3.

Feststellung im Scheidungsurteil wegen Ehebruchs

624[1]. Wird wegen Ehebruchs auf Scheidung erkannt und ergibt sich aus den Verhandlungen, mit welcher Person der Ehebruch begangen worden ist, so ist diese Person in dem Urteil[2] festzustellen[3].

1. Diese eingefügte Vorschrift der Nov. v. 17. 5. 98 ist gegeben mit Rücksicht auf die Bestimmung des § 1312 BGB., jetzt § 6 Eheges., daß eine Ehe des Ehebrechers mit dem Schuldigen dann nicht gestattet ist, wenn dieser Ehebruch im Scheidungsurteil als Grund der Scheidung festgestellt ist, Mot. 131.

2. Feststellung des Mitschuldigen **in** der **Urteilsformel** ist **nicht notwendig,** RG. 99, 81, und für solche Fälle, bei denen, z. B. infolge Gebrauchs eines falschen Namens seitens des Mitschuldigen, eine Verwechslung der Person unterlaufen sein kann, auch bedenklich, KB. 159. Die an eine Ehescheidung wegen Ehebruchs geknüpften Rechtsfolgen (§§ 6, 22 Abs. 1 Eheges., § 172 StGB.) treten auch dann ein, wenn die förmliche Feststellung, obwohl sie sich aus den Verhandlungen ergab, unterblieben ist, insbesondere wenn die Person des Mitschuldigen nur in den Entscheidungsgründen nebenher Erwähnung gefunden hat, W. 11, 416. — **Ergänzung** unterbliebener Feststellung ist gemäß § 321 zulässig, da der Anspruch auf Scheidung den auf die Feststellung mitenthält, Jonas I, Baumb. 1. Wegen Feststellung einer unrichtigen Person können beide Parteien **Rechtsmittel** einlegen. Die dritte Person kann dies, wenn sie als Streithilfe beitritt, Jonas II, Baumb. 1.

3. Voraussetzung für die Notwendigkeit der **Feststellung des Mitschuldigen** ist aber, daß überhaupt die Ehescheidung wegen des Ehebruchs ausgesprochen wird, RG. 55, 245. — Über den Fall, daß **außer** einem **Ehebruch noch ein anderer Scheidungsgrund** (z. B. Zerrüttung des ehelichen Verhältnisses, § 43 Eheges.) geltend gemacht ist, sei es gleichwertig nebeneinander oder der eine Scheidungsgrund als Hauptgrund, der andere als Hilfsgrund, vgl. § 614 Anm. 1 B. Durch die Mil.-Reg. ist die namentliche **Benennung des Ehebrechers verboten,** wenn es sich um eine **alliierte Militärperson oder Angehörigen der Vereinten Nationen** handelt. S. Anm. § 606.

Urteilszustellung

625 (582). [1]Urteile in Ehesachen sind von Amts wegen zuzustellen[2].

1. Fassung nach § 7 Abs. 7 der 4. VereinfVO. v. 12. 1. 43 (RGBl. 17). Während bisher i. d. Fass. nach § 40 DurchfVO. v. 27. 7. 38 (RGBl. I 923) zum Eheges. nur Urteile, „durch welche auf Scheidung, Aufhebung oder Nichtigkeit der Ehe erkannt ist", von Amts wegen zuzustellen waren, um die Herbeiführung der Rechtskraft von Urteilen, die gegen den Bestand der Ehe gerichtet sind, der Verfügung der Parteien zu entziehen, gilt die Vorden Begriff **Ehesachen** vgl. § 606 Abs. 1 und Anm. 2 dort. Die Vorschrift bezieht sich auf die Urteile **aller Instanzen,** auch im Wiederaufnahmeverfahren.

2. Von Amts wegen zuzustellen. — Vereinfachte Zustellung nach §§ 208 ff., W. 19, 77. Im Falle der Entscheidung ohne mündliche Verhandlung genügt die Zustellung, sei es auch des vollständigen Urteils (nicht bloß der Urteilsformel), behufs Verkündung nach § 7 Satz 2 EntlVO., **nicht** als Zustellung nach § 625, da der den Verkündungsvermerk ersetzende Vermerk über die Verkündungszustellung (§ 315 Abs. 3) fehlt, § 7 EntlVO. Jonas II, Baumb. 2. — Die **auf Betreiben der Parteien** erfolgte Zustellung ist unwirksam, JW. 33, 2394[1], W. 19, 77, Jonas II, Baumb. 2. **In jedem Falle** hat die **Zustellung** nicht an die Parteien in Person, sondern **an** die **Prozeßbevollmächtigten** zu erfolgen, § 176, JW. 93, 470[14], es sei denn, daß die Partei durch einen Prozeßbevollmächtigten nicht vertreten ist, an den Staatsanwalt, wo dieser Partei ist (§§ 632, 634). — Die **Rechtsmittelfrist** läuft für jeden Ehegatten besonders, JW. 30, 148[27], aber einheitlich für Klage und Widerklage, RG. 122, 216. Über die Frage, ob Erschleichung der gemäß §§ 203, 204, 208 bewilligten öffentlichen Zustellung den Beginn der Rechtsmittelfrist hindert, s. RG. 59, 259. — Über **Mitteilung** von Urteilsausfertigungen **an den Standesbeamten,** vor dem die Ehe geschlossen ist, bei Scheidung, Nichtigkeit oder Aufhebung der Ehe oder bei Feststellung des Nichtbestehens einer Ehe zwischen den Parteien vgl. § 38 Nr. 5 c AktO. i. d. Fass. der AV. v. 16. 3. 43 (DJ. 186), über Mitteilung an das **Vormundschaftsgericht,** wenn ein gemeinschaftliches minderjähriges Kind vorhanden ist, vgl. AV. v. 27. 7. 38 (DJ. 1177). **Zählkarte** bei Scheidung: AV. v. 16. 11. 37 (DJ. 1837).

Zurückweisung verspäteten Vorbringens

626[1]. Die Vorschriften über die Zurückweisung verspäteten Vorbringens finden in der Berufungsinstanz[2] und insoweit Anwendung, als der Berufungskläger sein neues Vorbringen entgegen der Vorschrift des § 518 nicht in der Berufungsbegründung mitgeteilt oder die Partei nach der freien Überzeugung des Gerichts in der Absicht, den Prozeß zu verschleppen, ihre Angriffs- oder Verteidigungsmittel nicht früher vorgebracht hat.

1. Fassung vom 8. 11. 33. § 626 ist durch § 7 der 3. VereinfVO. vom 16. 5. 42 (RGBl. I S. 331) aufgehoben worden.
Am.Zone: RMG. § 2 erwähnt § 626 zwar nicht, doch wird er wieder anzuwenden sein. Brit.Zone: Gemäß Vfg. vom 9. 6. 47 (Br.Z. V.Bl. 76), Art. 1 Ziff. 15 ist § 626 wieder anzuwenden. Franz.Zone: § 626 bleibt aufgehoben, RAn.O. §§ 1 II, 343,4, DDR.: § 626 ist wieder anwendbar.

2. § 626 trifft Bestimmung über Zurückweisung verspäteten Vorbringens in der **Berufungsinstanz;** für die 1. Instanz gelten die allgemeinen Vorschriften. Es schränkt § 529 in Ehesachen für die Berufungsinstanz dahin ein, daß neue Angriffs- und Verteidigungsmittel, aber auch die ihnen gleichstehenden Beweismittel und Beweiseinreden (str.), nur zurückzuweisen sind, wenn entweder a) der Fall des § 529 Abs. 3 vorliegt, oder b) das Gericht nach freier Überzeugung annimmt, daß die Partei in Verschleppungsabsicht gehandelt hat. Vergl. RG. 150,53. **Fall a** trifft nur neues Vorbringen des **Berufungsklägers, Fall b** bezieht sich auf das Vorbringen **beider Parteien.** Im **Fall a** ist das neue Vorbringen des Berufungsklägers zurückzuweisen, wenn es entgegen § 518 in Verschleppungsabsicht oder aus grober Nachlässigkeit nicht in der Berufungsbegründung mitgeteilt ist (vorausgesetzt natürlich, daß der Berufungskläger zur Zeit der Berufungsbegründung dazu schon in der Lage war, W. 27, 118), **und wenn seine Zulassung die Erledigung des Rechtsstreits verzögern würde.** Feststellung der Verschleppungsabsicht oder grober Nachlässigkeit ist also Voraussetzung der Zurückweisung. Wird das neue Vorbringen erst nach Einreichung der Berufungsbegründung verzögert, so ist für entsprechende Anwendung des § 529 Abs. 3 kein Raum, RG. 150,53. Im **Falle b** rechtfertigt grobe Nachlässigkeit die Zurückweisung nicht, es muß vielmehr die Absicht der Verschleppung vorliegen, RG. HRR. 31, 362, 890. Der Antrag, die **Mitschuld** an der Scheidung auszusprechen, unterliegt nicht den Vorschriften über die Zurückweisung verspäteten Vorbringens, weil er nicht als Angriffs- oder Verteidigungsmittel anzusehen ist, RG. 150,52.

Einstweilige Anordnungen

Für die Dauer des Rechtsstreits

627 (584)[1]. (1) In Ehesachen[2] kann das Gericht auf Antrag für die Dauer des Rechtsstreits[3] das Getrenntleben der Ehegatten gestatten[4], ihren gegenseitigen Unterhalt sowie die Verpflichtung zur Leistung eines Prozeßkostenvorschusses regeln[5], wegen der Sorge für die Person der gemeinschaftlichen minderjährigen Kinder[6], soweit es sich nicht um die gesetzliche Vertretung[6] handelt, Anordnungen treffen und die Unterhaltspflicht gegenüber den Kindern im Verhältnis der Ehegatten zueinander ordnen.

(2) Der Antrag ist zulässig, sobald die Klage eingereicht oder der Termin zum Sühneversuch bestimmt ist[8].

(3) Der Antrag kann vor der Geschäftsstelle zu Protokoll erklärt werden[9]. Er soll die Voraussetzungen für die Anordnung glaubhaft machen[9]. Über den Antrag wird durch Beschluß entschieden, der ohne mündliche Verhandlung ergehen kann[10]. Zuständig ist das Gericht erster Instanz und, wenn der Rechtsstreit in der Berufungsinstanz schwebt, das Berufungsgericht. Während des Verfahrens vor dem Einzelrichter hat dieser zu entscheiden[11].

(4) [12]. Gegen den Beschluß des Landgerichts findet die Beschwerde statt. Das Landgericht kann zur Entscheidung über die Frage, ob es der Beschwerde abhelfen will (§ 571), mündliche Verhandlung anordnen. Schwebt der Rechtsstreit in der Berufungsinstanz, so ist die Beschwerde bei dem Oberlandesgericht einzulegen.

1. **Fassung** nach § 39 DurchfVO. v. 27. 7. 38 (RGBl. I 923) zum Ehegesetz v. 6. 7. 38 (RGBl. I 807). Wegen Weitergeltung dieser Bestimmung vgl. die Vorbem. I 1 vor § 606. Abs. 4 hatte sich durch § 3 der 3. VereinfVO., der die Beschwerde ausschloß, erledigt. In der **Franz. Z.** und in der **DDR.** gilt Abs. 4 jedoch wieder. In der **Am. Z** ist noch § 4 RMG. Rechtsbeschw. an das LG. gegeben, jedoch in Unterhalts- und Prozeßkostenvorschußsachen nur wenn der Beschwerdewert 50 DM übersteigt. In der **Brit.Z.** ist die Beschwerde nur in den OLG.-Bezirken Kiel, Hamm und Köln möglich. Vgl.

Staud, Die einstweiligen Anordnungen in Ehesachen in DJ. 38, 1412. Das **bisherige** Verfahren war als das einer **einstweiligen Verfügung** geregelt, auf das (mit einzelnen Abweichungen) die für einstw. Verf. gegebenen allgemeinen Vorschriften anzuwenden waren. **Jetzt** ist das Verfahren freier gestaltet. Die Entscheidung wird als **Anordnung** bezeichnet, die das Gericht auf Antrag nach seinem pflichtmäßigen Ermessen treffen kann, d. h. bei Vorliegen der Voraussetzungen treffen muß, Baumb. 1 B. Die Voraussetzungen für den Erlaß einer einstweiligen Verfügung (§§ 935, 940) brauchen jetzt nicht vorzuliegen, HRR. 39, 1366 Frankf. HRf. Bd. 2 S. 70, wenngleich es sich wohl meist um Gründe handeln wird, die auch den Erlaß einer einstweiligen Verfügung rechtfertigen würden. Es ist nur zu prüfen, ob die beantragte Anordnung aus irgendwelchen privaten oder öffentlichen Gründen **geboten oder** doch mindestens **zweckmäßig** erscheint. Sie ist daher abzulehnen, wenn kein schutzwürdiges Interesse besteht, z. B. keine Anordnung: des Getrenntlebens, wenn die Ehegatten bereits getrennt leben und keiner von ihnen dem widerstrebt; der Unterhaltszahlung oder Herausgabe, wenn der Gegner offensichtlich leistungswillig ist und eine Gefährdung für die Zukunft nicht anzunehmen ist oder wenn bereits ein ausreichender Schuldtitel vorliegt. Auf die Lage des Rechtsstreits und die Erfolgsaussicht der Klage kommt es für die Zulässigkeit der Anordnung nicht an, OLG. 31, 75, 35, 145, Jonas II 5, Baumb. 9 A. Soweit aber der bereits erwiesene Sachverhalt nach materiellem Recht (z. B. § 1611 Abs. 2 BGB., vgl. Anm. 5) eine Beschränkung des durch die einstw. Anordnung zu regelnden Anspruchs ergeben hat, ist dies bei der Entscheidung zu berücksichtigen (Jonas a. a. O.: Lage des Eheprozesses fällt für die Beurteilung der Angemessenheit wesentlich ins Gewicht, ähnl. Baumb. 9 A). Vgl. auch wegen der Höhe des Kostenvorschusses bei aussichtsloser Klage Anm. 5. Eine **Änderung ist jederzeit möglich,** ohne daß § 323, 927, 931 entsprechend anzuwenden sind (Frankf. HRE. Bd. 2 S. 70). — Die Zuständigkeit des Prozeßgerichts zu Anordnungen gemäß § 627 schließt eine **Klage** auf streitige Leistungen im **ordentlichen Verfahren** und in diesem Falle eine Regelung im Wege einer **einstweiligen Verfügung** gemäß § 940, soweit deren Voraussetzungen vorliegen, nicht aus, RG. 47, 379, JW. 19, 503[8], Jonas VII, sofern nicht das Rechtsschutzbedürfnis wegen der Möglichkeit des Rechtsschutzes nach § 627 zu verneinen ist, HRR. 41, 392, was bei Anhängigkeit der Scheidungsklage im Ausland nicht zutrifft, Jonas a. a. O. Eine vorläufige Entbindung eines Ehegatten von der Verpflichtung zur häuslichen Gemeinschaft und dementsprechend zur Gewährung von Unterhalt im Wege einer einstweiligen Entscheidung auf Grund des § 627 ist unzulässig, wenn der unterhaltsberechtigte Ehegatte trotz schwebenden Scheidungsprozesses den Unterhaltsanspruch im Wege des ordentlichen Verfahrens verfolgt, JW. 19, 503[8] (a. M. JW. 31, 1388). Hat aber der eine Ehegatte den Weg des § 627 mit Erfolg beschritten, so kann sich der andere nicht durch eine Klage über die Ansprüche des Gegners, sondern nur noch mit Beschwerde nach Abs. 4 wehren. Endlich gilt auch § 19 d. 6. DVOzEheG. — s. Anm. 12. — Die anzuordnenden Maßnahmen sind, auch wenn ein Ehegatte **Ausländer ist,** nach deutschem Rechte zu beurteilen, gleichviel, welches bürgerliche Recht auf die persönlichen Beziehungen der Ehegatten zueinander und ihre güterrechtlichen Verhältnisse Anwendung findet, sofern nur die Klage mit Recht vor dem deutschen Gericht erhoben ist (§ 606 Abs. 3), HRR. 42, 587, Jonas VIII, Baumb. 1 A. Schönke DRZ. 47 S. 17. Siehe jedoch auch Anm. 5.

2. In Ehesachen. — Allgemein, also auch bei Klagen auf Feststellung des Bestehens oder Nichtbestehens einer Ehe und auf Herstellung des ehelichen Lebens (s. § 606 Abs. 1).

3. Für die Dauer des Rechtsstreits. — Auch für kürzere Dauer, aber nicht für die Zeit vor der Stellung des Antrags (insbes. hinsichtlich der Unterhaltszahlung), Jonas IV 1, Baumb. 7. — Mit der Rechtskraft des Urteils wird die Anordnung ohne weiteres kraftlos; insbesondere erlischt die geregelte Unterhaltspflicht (Anm. 5) und die Pflicht zur Vorschußzahlung, soweit es sich nicht um Unterhaltsbeträge handelt, die vor Rechtskraft zu zahlen waren, OLG. 27, 116, gegen ihre weitere Verfolgung steht dem Verpfl. die Erinnerung nach § 766 zu, da der Vollstreckungstitel (Anm. 10) wirkungslos geworden ist, Jonas IV 1, Baumb. 7 (a. M. W. 14, 293, 19, 66). Nur die wegen der Sorge für die Person der gemeinschaftlichen minderjährigen Kinder getroffene Anordnung bleibt nach Maßgabe des § 627 a noch länger wirksam. Überdies besteht die Möglichkeit einer Regelung des Unterhaltsanspruchs für die Zeit nach der Rechtskraft des Urteils gemäß § 627 b. Bezügl. Fortdauer einstweiliger Anordnungen betreffend Wohnung und Hausrat s. § 19 Sechste DVO, abgedruckt in Anm. 12. Erstattungsansprüche wegen nachträglich als **ungerechtfertigt erwiesener Anordnungen** kommen nur nach materiell-rechtlichen Bestimmungen (ungerechtfertigte Bereicherung, unerlaubte Handlung), nicht nach § 445 in Frage, Erstattung von Kostenvorschüssen kann im Verfahren nach §§ 103 ff. von der obsiegenden Partei betrieben werden, Jonas IV 2, Baumb. 7. **Bei Änderung der Verhältnisse** ist eine neue einstweilige Anordnung, welche die alten aufhebt, zulässig. Auch ein im Verfahren nach § 627 geschlossener Vergleich kann, obwohl unter § 794 Abs. 1 Z. 1 fallend, nicht nur auf Klage gemäß §§ 323, 370 durch Urteil, sondern gemäß § 627 durch einstige Anordnung aufgehoben und ersetzt werden (OLG. Kiel JRdsch. 1947 S. 61) vgl 5.

4. Gestattung des Getrenntlebens der Ehegatten. — In Abweichung von §§ 1353 ff. BGB. ohne daß deren Voraussetzungen für das Getrenntleben vorzuliegen brauchen, RG. 46, 385, OLG 40, 396, Jonas III 1, Baumb. 2. Auch dem Manne kann die **Räumung der Ehewohnung** aufgegeben werden, wenn die Frau die Wohnung gemietet hat oder wenn die Entfernung des Mannes aus der Wohnung mit bedeutend geringeren Unzuträglichkeiten verbunden ist als die der Frau, OLG .25, 139, JW. 25, 2155. — Das Getrenntleben kann und soll möglichst (Kiel DRZ. 27 S. 167) auch in der Weise gestattet werden, daß die **eheliche Wohnung** — über diese s. jetzt § 19 d. 6. DVO. z. EheG. — **geteilt** wird und jeder Ehegatte nur noch den ihm zugewiesenen Teil benutzen darf und ihm verboten wird, die Wohnung des anderen Teils zu betreten, gleichviel wer Mieter ist, OLG. 42, 17, HRR. 36, 439, Jonas III 1, Baumb. 2, Schönke DRZ. 47 S. 15, Hoff DRZ. 47 S. 254. Nach letzterem muß aus praktischen Gründen das Ehestreitgericht alle zur Durchführung des Getrenntlebens erforderlichen einstweiligen Anordnungen in bezug auf Wohnung, Unterhalt, Herausgabe von Hausrat, Kleidung — ohne Rücksicht auf das Eigentum — treffen können, nicht aber Anordnungen zu weitergehender Herausgabe auf Grund Eigentums oder zur Sicherung von Eigentum, diese sind vielmehr Sache der einstweiligen Verfügung des Prozeßgerichts. — Über die Zuweisung von **Haushaltsgegenständen** vgl. Anm. 5.

5. Ordnung der gegenseitigen Unterhaltspflicht der Ehegatten. — Nach der bis zum 1. 8. 38 geltenden Fassung durfte die gegenseitige Unterhaltspflicht der Ehegatten nur nach Maßgabe des § 1361 BGB. geregelt werden. Infolgedessen konnte nur Gewährung von Unterhalt durch Entrichtung einer Geldrente, nicht in Natur, angeordnet werden. Diese Beschränkung ist jetzt fortgefallen. Für die **Art der Unterhaltsgewährung** ist nun, je nachdem die Ehegatten getrennt leben oder nicht, **entweder § 1361 oder § 1360 BGB.** maßgebend (a. M. Jonas III 2, Baumb. 3: Gericht an die materiellrechtliche Regelung nicht gebunden, wenn diese auch wesentliche Richtlinien bilde). — **Zum Unterhalt** gehören **an sich nicht Prozeßkosten,** JW. 00, 432. Gleichwohl wurde schon bisher angenommen, daß die Verpflichtung zur Leistung eines **Prozeßkostenvorschusses,** zwar nicht nach § 627, wohl aber gemäß § 940 ZPO., geregelt werden könne. Diese Regelung gestattet das Gesetz jetzt ausdrücklich, und zwar im Wege der Anordnung nach § 627 in seiner jetzigen Fassung. Die Vorschrift ist prozessualer, nicht sachlich-rechtlicher Natur, sie schafft also keine **Vorschußpflicht,** sondern **setzt das Bestehen einer solchen nach dem** für die Eheleute **maßgebenden Güterrecht voraus,** wie sich auch aus dem Wortlaut ergibt, der hinsichtlich der Vorschußleistung nur die „Regelung" der (bestehenden) „Verpflichtung" vorsieht, HRR. 41, 510, DRW. 41, 1855, 42, 1461, Staudinger 3a zu § 1387 BGB., KRRK. 6a zu § 1387 BGB., Staud in DJ. 38, 1412, Baumb. 4 A, Volkmar Groß d. EheR. 6 zu § 627 (a. M. DRW. 39, 1597, Jonas III 5 und VIII, jetzt auch OLG. Freiburg DRZ. 46 S. 61). Vgl. hierzu G a d e l e, Die Grenzen der Prozeßkostenvorschußpflicht des Ehemannes, in DRW. 42, 1727. Nehlert JRdsch. 47 S. 75 II. Nach dem Güterstande, in dem die Eheleute leben, ist der Ehemann verpflichtet, seiner Frau die zur sachdienlichen Führung des Rechtsstreits notwendigen Kosten, vorbehaltlich eines etwaigen späteren Ausgleichs, vorzuschießen bei dem **gesetzlichen Güterstand der Verwaltungsgemeinschaft** gemäß § 1387 Nr. 1 (trotz § 1416 Abs. 1) BGB., RG. 47, 72; ferner gemäß § 1460 Abs. 2 BGB. bei dem vertragsmäßigen Güterstand der **allgemeinen Gütergemeinschaft,** RG. 46, 354, dagegen **nicht bei Gütertrennung,** JW. 00, 382, OLG. 11, 94. In dem letzteren Falle ist also eine Anordnung nach § 627 nicht möglich (a. M. Jonas III 5). In der DDR. ist unbeschadet der verfassungsrechtlichen **Gleichberechtigung der Frau** der Fortbestand der Unterhaltspflicht und der Vorschußpflicht des Mannes anzunehmen, soweit der Mann bisher nach den Verhältnissen, in denen die Parteien lebten, für den Unterhalt der Familie allein zu sorgen hatte. Soweit die Frau aus eigenen Einkünften Prozeßkosten zu tragen in der Lage ist, besteht eine Vorschußpflicht des Mannes nicht, OLG. Dresden, NJ. 1949 S. 323. Auch in den ersteren beiden Fällen hat die Ehefrau oder ihr prozeßbevollmächtigter Anwalt keinen Anspruch auf Vorschießung der Kosten, wenn ihr genügend Mittel zur Verfügung stehen oder ihr das **Armenrecht** bewilligt ist; **nicht,** wenn es ihr nur bewilligt werden könnte, Jonas III 5 (a. M. HRR. 29, 2046), § 114. Anderseits ist ihr vor Geltendmachung ihrer Rechte auf Vorschußzahlung gegen ihren Ehemann das Armenrecht nicht zu gewähren, § 114. **Ist der Ehemann arm, so kommt die Anordnung einer Vorschußzahlung nicht in Frage,** JW. 33, 182, Jonas III 5, Baumb. 4 A, insbesondere, wenn ihm das Armenrecht bewilligt ist, JW. 32, 1398, Jonas a.a.O. Etwas anderes gilt von der Meinung aus, daß eine Anordnung nach § 627 eine bürgerlich-rechtliche Verpflichtung nicht voraussetzt. Die Anordnung der Vorschußzahlung bezieht sich **nur** auf die **zur Fortsetzung** des Rechtsstreits aufzuwendenden Kosten, also nicht auf Kosten eines Vorprozesses oder Gebühren eines verstorbenen Anwalts, Jonas III 5 (a. M. HRR. 42, 773, Baumb. 4 B), insoweit kommt nur eine einstweilige Verfügung nach § 940 in Frage. U. U. kann die Vorschußpflicht auch die Verkehrsgebühr eines Korrespondenzanwalts umfassen (LG. Koblenz NJ. 48 S. 268). In Fällen, in denen die Rechtsverfolgung der Frau **keine oder nur geringe Erfolgsaussicht** bietet, ist die mutmaßliche endgültige Verteilung der Prozeßkosten zu berücksichtigen, HRR. 42, 28. — Der Antrag nach § 627 kann auch auf **Erhöhung einer** durch Vergleich geregelten **Unterhaltsrente** wegen Änderung der Verhältnisse gerichtet werden, OLG. 19, 142, 31, 53 (vgl. oben 3a f.). — Bei der Anwendung des § 627 ist die Bestimmung des **§ 1611 Abs. 2 BGB. zu berücksichtigen,** wonach der Ehegatte, der sich einer Verfehlung schuldig macht, die den anderen Ehegatten berechtigt, ihm den Pflichtteil zu entziehen, von diesem nur den notdürftigen (nicht standesmäßigen) Unterhalt verlangen kann, RG. 63, 49 (a. M. Jonas III 2, Baumb. 3; kein Zwang zur Beschränkung). — Über Teilung **der Wohnung** s. § 19 d. 6. DVO. z. EheG., Anm. 12. Auch eine einstweilige Anordnung auf Herausgabe von **Haushaltungsgegenständen an die Frau** ist **zulässig,** OLG. 42, 17, HRR. 33 Nr. 1897, jetzt auch Celle SJZ. 1946 S. 230, Schönke DRZ. 47 S. 17 (unter Beschränkung auf Herausgabe desjenigen Hausrats, der zur Führung eines abgesonderten Haushalts erforderlich ist; ebenso Nehlert JRdsch. 47 S. 75) und 19 d. 6. DVO. z. EheG. Desgleichen der zum Getrenntleben erforderlichen **zum persönlichen Gebrauch bestimmten Gegenstände** wie **Kleidungsstücke** (München JW. 21 S. 1465, Celle a. a. O., Schneider JW. 39 S. 130, Hoff a. a. O., a. A. Schönke JW.) Auf das Eigentum des einen oder des anderen Ehegatten an den herauszugebenden Gegenständen kommt es hierbei nicht an, JW. 21, 1465; es kann kein Zurückbehaltungsrecht ausgeübt werden. Dagegen kann die Herausgabe von Vorbehaltsgut (z. B. Kleidern, § 1366 BGB.), das Eigentum der Frau ist (vgl. § 1302 Abs. 2 BGB.), nicht auf Grund des § 627, sondern nur im Wege der einstweiligen Verfügung gemäß § 940 durch das für die Eigentumsklage als Gericht der Hauptsache (§ 943) zuständige Gericht angeordnet werden, weil der Herausgabeanspruch nur auf § 985 (nicht auf §§ 1360, 1361 BGB.) gestützt werden kann, OLG. 42, 18, Schönke a. a. O., a. A. jetzt Celle SJZ. 46 S. 230. Ferner ist auf Grund des § **627** (insbesondere auch hinsichtlich der Frage der Zuständigkeit des Ehegerichts 2. Instanz) die Erlassung einer einstweiligen Anordnung dahin, daß die von dem Manne getrennt lebende **Ehefrau Einrichtungsgegenstände,** die sie mitgenommen hat, an den Mann **herausgeben** soll, unzulässig, W 09, 258 (a. M. HRR. 33, 1897). **Ebensowenig** ist Erlaß eines **Verfügungsverbots** Sache des Ehescheidungsgerichts, Kiel, DRZ. 47 S. 167. Bei **ausländischen Eheleuten** richtet sich die Unterhaltsgewährung nach ausländischem Recht, JW. 36, 3582.

6. Anordnungen betr. Sorge für die Person der gemeinschaftlichen minderjährigen Kinder. — **Nicht** über die **gesetzliche Vertretung** oder die Sorge für das **Vermögen** (insoweit nur Vormundschaftsgerichte zuständig, §§ 1630, 1666 ff. BGB.). Den Inhalt der Anordnungen bestimmt das Prozeßgericht nach pflichtmäßigem Ermessen, zweckmäßig in Anlehnung an die nach der Scheidung in den §§ 74 f. EG. vorgesehene Regelung. — Die Anordnungen beschränken sich mit der sich aus § 627a ergebenden Ausnahme auf die Dauer des Rechtsstreits. Es fragt sich, wie in dieser Zeit die Zuständigkeit des Prozeßgerichts von der des Vormundschaftsgerichts abzugrenzen ist. Hierzu ist zu bemerken: Durch den Erlaß einer einstweiligen Anordnung des Prozeßgerichts, zufolge deren einem Ehegatten während des Rechtsstreits die Sorge für die Person der gemeinschaftlichen Kinder übertragen ist, wird das **Vormundschaftsgericht nicht behindert, auf Grund** des **§ 1666 BGB. einzuschreiten** und dem betreffenden Elternteile das Sorgerecht zu entziehen. RG. 63, 279, KGJ. 26, A 185, RJA. 3, 223. Hat das Vormundschaftsgericht vor einer Anordnung des Prozeßgerichts eine Regelung nach § 1666 BGB. getroffen, so erübrigt sich die Anordnung des Prozeßgerichts und ist unzulässig, RG. 63, 279, Jonas IIII 3, Baumb. 5. Liegen dagegen die Voraussetzungen des § 1666 BGB. nicht vor, und hat das Vormundschaftsgericht abgelehnt, eine bestimmte Regelung zu treffen, so ist diese dadurch dem Prozeßgericht nicht benommen, OLG. f. Hessen DRZ. 49, 19. Mangels der Voraussetzungen des § 1666 BGB. ist das Vormundschaftsgericht nicht berechtigt, eine vorläufige Anordnung über die Überlassung der Kinder an einen der Ehegatten bis zur rechtskräftigen Erledigung des Rechtsstreits zu treffen, KGJ. 44, 17; auch sind Anordnungen des Vormundschaftsgerichts aus § 74 Eheges. (Regelung der Sorge für die Person der Kinder) vor rechtskräftiger Scheidung der Ehe nicht zulässig, RJA. 13, 5. — **Ebenso** hat **über** einen zwischen den Eheleuten **während** der Dauer des **Rechtsstreits** streitigen **Anspruch** (insbesondere des Ehemannes gegen die von ihm getrennt lebende Ehefrau) **auf Herausgabe der Kinder** (§§ 1631, 1632, 1634 BGB.), nicht das Vormundschaftsgericht, sondern das **Prozeßgericht zu entscheiden,** RJA. 5, 23, JW. 36, 1020, KG. JW. 36 S. 1020, Dresden DR. 40 S. 342, Kiel Schl.-Holst. Anz. 46 S. 342, Hoff DRZ. 47 S. 255/6, a. A. StG. RD. 41 S. 2073, Schönke DRZ. 47 S. 17, Nehlert JRdsch. 47 S. 74, LG. Duisburg NJ. 48 S. 188, Bräger ebenda. Ist jedoch einem Ehegatten die Sorge für die Person eines Kindes für die Dauer des Ehescheidungsstreits durch einstweilige Anordnung gemäß § 627 übertragen, so ist die Vorenthaltung des Kindes keine widerrechtliche im Sinne des § 1632 BGB. und daher eine vom anderen Ehegatten während des Scheidungsprozesses erhobene Klage auf Herausgabe des Kindes unbegründet, W. 08, 69, 16, 53. — Ob die Anordnung über die Sorge für die Person der Kinder auch die **Regelung des Verkehrs der Eltern mit ihren Kindern während des Rechtsstreits** umfassen kann, ist zweifelhaft und vom RG. 69, 97 und W. 13, 426 nicht entschieden worden. Die Frage ist zu bejahen, solange nicht das Vormundschaftsgericht, das auch während des Rechtsstreits zu Anordnungen nach § 1666 BGB. zuständig bleibt, eine Regelung getroffen hat, da § 627 eine umfassende Regelung der Beziehungen zwischen den Eltern auch in betreff der Kinder ermöglichen will, Jonas III 3, Baumb. 5, Kiel DRZ. 47 S. 167 (a. M. JFG. 6, 53, Tübingen DRZ. 47 S. 379: Vormundschaftsgericht ausschließlich zuständig). **Nach** rechtskräftiger **Scheidung der Ehe aber** kann ein Ehegatte nicht im Prozeßwege die **Regelung** des **Verkehrs mit dem Kinde** gegenüber dem anderen Ehegatten verfolgen, W. 13, 426. Vielmehr steht nach § 74 Eheges. die Regelung dem **Vormundschaftsgericht** zu. Dies gilt auch für die Regelung des Verkehrs zwischen einem geschiedenen Ausländer und seinen gleichfalls ausländischen Kindern aus der geschiedenen Ehe, die sich im Inland aufhalten, W. 13, 426. Für die **DDR.** siehe jedoch § 2 der VO. betr. die Übertragung familienrechtl. Streitigkeiten in die Zuständigkeit der Amtsgerichte v. 21. 12. 1948, im Anh. — Aber auch **während Bestehens** der **Ehe** ist, wenn ein **Scheidungsprozeß noch nicht** schwebt, für die Regelung dieses Verkehrs im Falle des tatsächlichen Getrenntlebens der Eheleute das **Vormundschaftsgericht ausschließlich zuständig** (a. A. Baumbach 5) und der Rechtsweg in dieser Hinsicht unzulässig. Das hat das RG.

69, 94 (ebenso OLG. München JFG. 15, 340) auf Grund des § 1636 BGB. angenommen und ist jetzt gleichfalls anzunehmen. Die **Zwangsvollstreckung** prozeßrichterlicher Anordnungen richtet sich nach § 888 evtl. auch § 883 ff. ZPO., vormundschaftsrichterlicher nach § 33 FGG.

7. Regelung der Unterhaltspflicht gegenüber den Kindern im Verhältnis der Ehegatten zueinander. — §§ 1601 ff. BGB. Nicht im Verhältnis zu den Kindern. Daher kann nicht Zahlung an die Kinder, sondern eines Ehegatten an den andern, dem das Sorgerecht übertragen wird, zur Bestreitung des Unterhalts angeordnet werden, OLG. 29, 144, Jonas III 4, Baumb. 6. Auch die **Herausgabe** der zum Gebrauch für die Bedürfnisse der Kinder erforderlichen **Hausratsstücke** kann angeordnet werden, JW. 20, 719, OLG. 40, 395, desgl. ihrer **Kleider,** OLG. Celle SJZ. 1946 S. 230. Nach der Scheidung: § 71 Eheges.

8. Abs. 2 Zeitpunkt der Zulässigkeit des Antrags. — Nach Einreichung der Klage oder nach Bestimmung des Sühnetermins. Die Klage braucht noch nicht zugestellt, der Verhandlungstermin noch nicht bestimmt zu sein, HRR. 39, 1366, Baumb. 8. Der Umstand, daß das Prozeßgericht den Hauptprozeß ausgesetzt hat, steht dem Erlasse der einstweiligen Anordnung nicht entgegen, OLG. 35, 173. Auch nach Erlaß und Zustellung des Urteils kann die Anordnung noch ergehen, jedoch nicht mehr nach Eintritt der Rechtskraft, HRR. 42, 803, Jonas II 4, Baumb. 1.

9. Antrag. — **Antragsberechtigt** beide Prozeßparteien, auch der Zahlungs- oder Herausgabepflichtige, nicht der Staatsanwalt, auch wenn er Partei ist, Jonas II 3, Baumb. 9 A. **Form** des Antrags: Schriftlich oder zu Protokoll der Geschäftsstelle. Kein Anwaltszwang (§ 78 Abs. 2). Er muß die begehrten Anordnungen einzeln bezeichnen und soll die tatsächlichen Voraussetzungen dafür (vgl. Anm. 4, 5, 8) glaubhaft machen (§ 294). — **Armenrecht:** § 119.

10. Entscheidung über den Antrag **Abs. 3 Satz 3.** — Nicht durch Urteil, sondern durch **Beschluß.** Ob zuvor der Gegner zu hören, ob vorgängige **mündliche Verhandlung** anzuordnen ist, ob Glaubhaftmachung genügt oder Beweis zu erheben ist, steht im Ermessen des Gerichts. Im Geltungsbereich des RMG. ist nicht mündliche Verhandlung, aber Gehör des Antragsgegners erforderlich, weil es keine 2. Tatsacheninstanz gibt, und seine Unterlassung nach § 40, 3) RMG. 551 ZPO. immer durchgreifender Rechtsbeschwerdegrund (OLG. f. Hessen, Kasseler Senat SJZ. 48 S. 326) darstellt. Über die Unzulässigkeit einer selbständigen **Kostenentscheidung** vgl. § 627 c. Der Beschluß ist zu verkünden oder dem Gegner zuzustellen, dem Antragsteller formlos mitzuteilen, gegebenenfalls an den Prozeßbevollmächtigten des Hauptprozesses (§ 176). **Abänderung** wegen veränderter Verhältnisse ist jederzeit möglich, HRR. 39, 646, Jonas V 5, Baumb. 9 E. Von der Entscheidung war nach § 627 Abs. 3 in seiner früheren Fassung dem **Vormundschaftsgericht Mitteilung zu machen,** wenn ein gemeinschaftliches minderjähriges Kind der Ehegatten vorhanden war. Diese Vorschrift ist zwar als Verfahrensvorschrift gestrichen worden, inhaltlich aber bestehen geblieben, AV. 27. 7. 38 (DJ. 1177). — Ein **Antrag,** der **abgelehnt** ist, oder nur zum Teil Erfolg gehabt hat (z. B. hinsichtlich der Höhe der verlangten Unterhaltsrenten), kann **unter neuer Begründung** oder neuer Glaubhaftmachung der Voraussetzungen **wiederholt** werden, Baumb. 9 A. **Vollstreckung,** soweit eine Leistung aufgegeben ist, nach den allgemeinen Vorschriften, die Anordnung ist ein Vollstreckungsurteil i. S. von § 794 Nr. 3 (während der Geltungsdauer der 3. VereinfVO. [vgl. Anm. 12] muß die Anordnung insoweit als beschwerdefähige Entscheidung angesehen werden). — **Gerichtskosten:** ½ der Gebühr (§ 8) Nicht zu erheben bei Rucknahme des Antrags vor mündlicher Verhandlung oder Erlaß der Entscheidung; jedes Verfahren gilt als besonderer Rechtsstreit, jedoch nur einmalige Gebühr für mehrere Verfahren in jedem Rechtszug; der Wert des Rechts auf Unterhalt wird nach dem dreimonatigen Bezug berechnet (jedoch bei freiwilliger Zahlung eines Teils nur nach dem mehrgeforderten Betrage, wenn nur die Verpflichtung zur Mehrzahlung klargestellt werden soll, DRW. 41, 1325): § 10 Abs. 4, §§ 33a, 35 GKG. i. d. Fass. vom 28. 9. 38 (RGBl. I 1323). **Gebühren des Rechtsanwalts:** Die Verfahren über Anträge nach § 627 gelten als besonderer Rechtsstreit, jedoch erhält der Rechtsanwalt für mehrere Verfahren der in § 627 bezeichneten Art die Gebühren in jedem Rechtszug nur einmal: § 28 a GebORA. i. d. Fass. v. 28. 9. 38 (RGBl. I 1323). Mehrere Verfahren in derselben Instanz, in denen verschiedene Ansprüche geltend gemacht werden, gelten als einziges Verfahren, die Ansprüche sind als verbunden i. S. des § 11 Abs. 2 GKG. anzusehen, DR. 43, 526.

11. **Zuständigkeit** (Abs. 3 Satz 4, 5). — Gericht 1. Instanz oder, wenn der Rechtsstreit in der Berufungsinstanz schwebt, das Berufungsgericht, während des Verfahrens vor dem Einzelrichter (§§ 348 ff.) dieser. **Nicht** das Revisionsgericht, RG. HRR. 30, 452. Ist die Klage noch nicht erhoben, so ist die örtliche Zuständigkeit zu prüfen, sonst genügt die Tatsache der Rechtshängigkeit, Jonas a. a. O. Baumb. 9 B.

12. **§ 19 der 6. DurchfVO. z. Eheges.** bestimmt hierzu: In Ehesachen kann das Prozeßgericht auf Antrag auch die Benutzung der Ehewohnung oder des Hausrats zwischen den Ehegatten einstweilen regeln. Hierfür sind die §§ 627 und 627 c ZPO. entsprechend anwendbar. Die Regelung bleibt im Falle der Scheidung bis zu einer anderweitigen Regelung nach den Vorschriften dieser VO. wirksam.

Dauer der Wirksamkeit der Anordnungen wegen der Personensorge

627 a. Die nach § 627 getroffenen Anordnungen wegen der Sorge für die Person der gemeinschaftlichen minderjährigen Kinder bleiben während des Rechtsstreits und im Falle der Auflösung der Ehe durch Scheidung oder Aufhebung oder, sofern das Kind nicht unehelich ist, im Falle ihrer Nichtigkeit auch darüber hinaus so lange wirksam, bis das Vormundschaftsgericht eine andere Anordnung getroffen hat.

Neue Vorschrift, eingefügt durch § 39 Nr. 2 DurchfVO. vom 27. 7. 38 (RGBl. I 923) zum Ehegesetz v. 6. 7. 38 (RGBl. I 807). Die vom Prozeßgericht gemäß § 627 getroffenen Anordnungen sind im allgemeinen, falls sie nicht für kürzere Zeit getroffen werden, nur wirksam für die Dauer des Rechtsstreits (s. § 627 Anm. 3). Davon enthält § 627 a eine **Ausnahme** für Anordnungen wegen der **Sorge für die Person** der gemeinschaftlichen minderjährigen **Kinder.** Diese behalten ihre Wirksamkeit, wenn die Ehe geschieden oder aufgehoben oder für nichtig erklärt wird, auch noch nach der

Beendigung des Rechtsstreits, bis das Vormundschaftsgericht gemäß § 74 Eheges. eine andere Anordnung getroffen hat. Auf die Anordnungen über die Unterhaltspflicht gegenüber den Kindern bezieht sich § 627 a nicht, zumal insoweit auch das Vormundschaftsgericht nicht zuständig ist (a. M. Jonas IV, Baumb. 2: sinngemäß anzuwenden). Eine gleiche Ausnahme gilt nach § 19 Abs. 2 d. DVO. z. EheG. für das Inkrafttreten der nach letzterer Bestimmung zulässigen Regelung der Benutzung der **Ehewohnung** und des **Hausrats.** Auch soweit materiellrechtlich **Ausländerrecht** gilt, treten die Anordnungen aus § 627 (dort Anm. 1, 5 a. J.) mit Rechtskraft des Urteils außer Kraft, Jonas V. Für die **DDR.** ist im § 2 DVO. betr. die Übertragung von familienrechtlichen Streitigkeiten in die Zuständigkeit der Amtsgerichte v. 21. 12. 1948 eine abweichende Regelung getroffen, s. Anhang.

Regelung des Unterhalts der Ehegatten für die Zeit nach der Rechtskraft des Urteils

627 b. (1) [1] Das Gericht hat auf Antrag [2] zugleich mit dem Urteil, durch das auf Scheidung oder Aufhebung der Ehe erkannt oder die Ehe für nichtig erklärt wird, einen Unterhaltsanspruch, der sich nach den Vorschriften des Ehegesetzes für einen Ehegatten gegenüber dem anderen ergibt [4], für die Zeit nach der Rechtskraft des Urteils [1] durch Beschluß [3] einstweilen zu regeln.

(2) Der Beschluß wird mit der Rechtskraft des Urteils vollstreckbar, auf Grund dessen er ergangen ist [5].

(3) Wird das Urteil angefochten, so hat das Gericht zugleich mit seiner Entscheidung über das Rechtsmittel darüber zu beschließen, ob es den Beschluß aufrechterhalten oder abändern will [6].

(4) Auf Antrag des Unterhaltspflichtigen hat nach Rechtskraft des Urteils das Gericht erster Instanz eine Frist zu bestimmen, innerhalb deren der Unterhaltsberechtigte wegen seiner Ansprüche die Klage zu erheben hat [7]. Wird die Frist [8] nicht innegehalten, so hat das Gericht auf Antrag den Beschluß aufzuheben [9]. Die Entscheidung über diesen Antrag unterliegt der sofortigen Beschwerde [10].

(5) § 627 Abs. 3 Satz 1 bis 3 findet entsprechende Anwendung [2, 3].

1. Neue Vorschriften, eingefügt durch § 39 Nr. 3 DurchfVO. vom 27. 7. 1938 (RGBl. I 923) zum Ehegesetz vom 6. 7. 1938 (RGBl. I 807). Wegen der Weitergeltung dieser Bestimmung vgl. die Vorbemerkung I 1 vor § 606 und § 627 Anm. 1. **In der DDR. findet § 627 b** nach § 8 Abs. 2 der 1. Durchf.-VO. zur VO. vom 21. 12. 1948 vom 17. 5. 1949 **keine Anwendung,** wenn mit einer Ehesache eine Klage auf Zahlung des einem Ehegatten für die Zeit nach der Rechtskraft des Urteils zustehenden Unterhalts verbunden worden ist.

§ 627 b sieht die **einstweilige Regelung eines Unterhaltsanspruchs** eines Ehegatten gegenüber dem anderen vor, nicht, wie § 627, für die Dauer eines auf Scheidung, Aufhebung oder Nichtigkeitserklärung der Ehe gerichteten Rechtsstreit, sondern **für die Zeit nach der Rechtskraft des Urteils.** Dadurch wird in einfacher und zweckmäßiger Weise einem dringenden

Bedürfnis abgeholfen. Die Verhandlung über einen **Unterhaltsvergleich** für den Fall der Scheidung (§ 72 Eheges.), der Abschluß und die gerichtliche Beurkundung eines solchen im Eheprozeß ist möglich, ohne daß es eines Antrags nach § 627 b bedarf, da der Vergleich der Vorbereitung und Erleichterung der Scheidung dient und somit in den Rahmen des Eheprozesses fällt, eine Regelung des Unterhaltsanspruchs durch das Gericht aber gerade erübrigt, DRW. 2, 749 (Hamburg) (a. M. DRW. 42, 750 [Celle], 752 [Karlsruhe]).

2. Die Entscheidung ergeht auf **Antrag.** Auf diesen finden nach Abs. 5 § 627 Abs. 3 Satz 1, 3 entsprechende Anwendung. Siehe § 627 Anm. 9, 10. Der Antrag kann auch noch in den **höheren Instanzen** gestellt werden, **zuständig** ist das **Instanzgericht,** solange es mit der Sache befaßt ist (nicht mehr nach Zurückverweisung), und bis zur Einlegung des Rechtsmittels, also auch noch nach Verkündung des Urteils, da der Beschluß zusätzlich zum Urteil ergeht (das Wort „zugleich" steht bei sinngemäßer Auslegung nicht entgegen), DRW. 42, 750, Jonas IV 2, Baumb. 3 A. Nach Eintritt der Rechtskraft kommen nur das ordentliche Verfahren und die einstweilige Verfügung in Frage.

3. Die Entscheidung erfolgt **zugleich mit dem Urteil,** durch das auf Scheidung oder Aufhebung der Ehe erkannt oder die Ehe für nichtig erklärt wird (vgl. aber Anm. 2), und zwar nach Abs. 4 mit § 627 Abs. 3 Satz 3 **durch Beschluß,** der ohne mündliche Verhandlung ergehen kann und, wenn er nicht verkündet ist, dem Unterhaltspflichtigen von Amts wegen zugestellt werden muß (§ 329). Keine selbständige Kostenentscheidung: § 627 c. — **Gerichtskosten:** Für das Verfahren über einen Antrag aus Abs. 1 die halbe Gebühr (§ 8). Sie wird nicht erhoben, wenn der Antrag vor der mündlichen Verhandlung oder vor der Entscheidung zurückgenommen wird. Das Verfahren gilt als besonderer Rechtsstreit. Für den Streitwert ist der Betrag des sechsmonatigen Bezuges maßgebend: § 10 Abs. 4, §§ 33, 35 GKG. i. d. Fass. vom 28. 9. 1938 (RGBl. I 1323). **Gebühren des Rechtsanwalts:** Das Verfahren nach Abs. 1 gilt als besonderer Rechtsstreit. Bei mehreren Verfahren nur einmalige Gebühr in jedem Rechtszug: § 28 a GebORA. i. d. Fass. vom 28. 9. 1938 (RGBl. I 1323).

4. Es muß sich um einen **Unterhaltsanspruch nach dem Ehegesetz** handeln. Siehe §§ 26, 37, 58 ff. daselbst. Auch eine gemäß § 72 Eheges. vertraglich für die Zeit nach der Scheidung übernommene Unterhaltspflicht begründet einen Anspruch, der mit § 627 b festgesetzt werden kann, Jonas II 2 c, sofern nicht bereits ein ausreichender Schuldtitel (z. B. gerichtlicher Vergleich) vorliegt. Bei **Ausländern** richtet sich die Regelung nach dem für den Unterhaltsanspruch des Berechtigten maßgebenden ausländischen Recht, Jonas VII.

5. Abs. 2. — Der Beschluß, durch den dem Antrag stattgegeben wird, bildet einen **Vollstreckungstitel.** Die Vollstreckbarkeit tritt mit der Rechtskraft des Urteils ein, auf Grund dessen er ergangen ist. — Wird der **Antrag abgelehnt,** so findet dagegen in Abweichung von § 567 Abs. 1 nach § 3 Nr. 3 der 3. VereinfVO. vom 16. 5. 1942 (RGBl. I 333) Beschwerde nicht statt, soweit letztere noch anzuwenden ist. Wegen ihrer Weitergeltung siehe § 627 Anm. 1.

6. Abs. 3. — Der **Beschluß,** durch den der Unterhalt einstweilen geregelt wird, ist **nicht selbständig anfechtbar.** Jonas IV 5, Baumb. 5. **Wird aber gegen das Urteil,** auf Grund dessen er ergangen ist, das **zulässige Rechtsmittel eingelegt,** so hat das Rechtsmittelgericht von Amts wegen zugleich mit seiner Entscheidung über das Rechtsmittel darüber zu beschließen, ob es den Beschluß aufrechterhalten oder abändern will. Eine Abänderung entsprechend der Rechtsmittelentscheidung hat zu erfolgen, wenn das die Ehe auflösende Urteil beseitigt oder der Schuldausspruch geändert wird. — Das Verfahren nach Abs. 3 ist **gebührenfrei** nach § 33 a Abs. 2 GKG. i. d. Fass. vom 28. 9. 1938 (RGBl. I 1323).

7. Abs. 4. Fristbestimmung zur Klageerhebung. — Es handelt sich bei dem Beschluß des Ehegerichts um eine **einstweilige Regelung,** die ohne weiteres außer Kraft tritt, wenn **der Unterhaltsanspruch** zum Gegenstand einer Klage gemacht wird, die auch ohne Fristsetzung nach Abs. 4 zulässig ist. Die Beendigung dieses Schwebezustandes kann der Unterhaltspflichtige dadurch herbeiführen, daß **er nach Rechtskraft** des über die Scheidung, Aufhebung oder Nichtigkeit der Ehe erlassenen Urteils **bei dem Ehegericht erster Instanz beantragt,** eine **Frist zu bestimmen,** innerhalb deren der Unterhaltsberechtigte wegen seiner Ansprüche die Klage zu erheben hat (vgl. § 926). Auf den **Antrag,** der auch beschränkt gestellt werden kann, und gegebenenfalls zur Vermeidung von Kosten im Falle der Klage des Gegners beschränkt werden muß, finden nach Abs. 5 § 627 Abs. 3 Satz 1 bis 3 entsprechende Anwendung. Siehe § 627 Anm. 9, 10. Über den Antrag ist durch **Beschluß** zu entscheiden, der ohne mündliche Verhandlung ergehen kann (Abs. 5 mit § 627 Abs. 3 Satz 3). Bei Ablehnung des Antrags findet in Abweichung von § 567 Abs. 1 nach § 3 Nr. 3 der 3. VereinfVO. vom 16. 5. 1942 (RGBl. I 333) **Beschwerde** nicht statt. Wegen Weitergeltung siehe § 627 Anm. 1. Der Beschluß, durch den eine Frist bestimmt wird, ist nicht anfechtbar. Die **Klage** hat die Erfüllung der Unterhaltspflicht in den durch die einstweilige Anordnung nach Abs. 1 und den Fristsetzungsbeschluß nach Abs. 4 gezogenen Grenzen, also auch für die Vergangenheit, zum Gegenstand, kann aber bereits geleistete Zahlungen nicht umfassen. Insoweit bleibt dem Unterhaltspflichtigen gegebenenfalls nur die Bereicherungsklage, Jonas VI 3, Baumb. 4. Das Prozeßgericht des Unterhaltsrechtstreits kann gegen die Vollstreckung aus dem Beschluß nach Abs. 1 Anordnungen i. S. des § 707 treffen, Jonas V 4. Soweit der Unterhaltsanspruch abgewiesen wird, tritt die einstweilige Anordnung nach Abs. 1 ohne weiteres außer Kraft (vgl. § 717 Abs. 1).

8. Frist: §§ 221 ff. Verlängerung auf Antrag möglich: § 224.

9. Aufhebung des den Unterhaltsanspruch einstweilen regelnden Beschlusses. — **Durch das Gericht erster Instanz,** wenn der Unterhaltsberechtigte es unterläßt, innerhalb der ihm gesetzten Frist die Klage zu erheben, auf **Antrag.** Auf den Antrag finden nach Abs. 5 § 627 Abs. 3 Satz 1, 2 entsprechende Anwendung. Siehe § 627 Anm. 9, 10. Solange der Antrag nicht gestellt oder darüber nicht entschieden ist, kann die Klage auch nach Fristablauf noch wirksam erhoben werden (§ 231 Abs. 2). Die Aufhebung erfolgt durch **Beschluß,** der ohne mündliche Verhandlung erfolgen kann (Abs. 5 mit § 627 Abs. 3 Satz 3), über die Kosten des Aufhebungsverfahrens selbständig zu befinden hat (§ 627 c), und, wenn er nicht verkündet ist, von Amts wegen zugestellt werden muß (§ 329). Der Unterhaltsberechtigte kann trotz der Aufhebung den Unterhaltsanspruch noch im ordentlichen Verfahren geltend machen, Jonas VI 5. **Erstattungsansprüche** gegen ihn kommen nur nach materiellrechtlichen Vorschriften in Frage, vgl. § 627 Anm. 3 a. E.

10. Nach § 3 der 3. VereinfVO. vom 16. 5. 1942 (RGBl. I 333) findet gegen den Beschluß Beschwerde nicht statt. Wegen Weitergeltung siehe § 627 Anm. 1.

627 c[1]. Die im Verfahren der einstweiligen Anordnung nach §§ 627, 627 b entstehenden Kosten gelten, mit Ausnahme der Kosten des Aufhebungsverfahrens nach § 627 b Abs. 4, für die Kostenentscheidung als Teil der Kosten der Hauptsache; § 96 gilt sinngemäß.

1. Eingefügt durch § 23 der 4. DurchfVO. zum Ehegesetz vom 25. 10. 1941 (RGBl. I 654). Wegen Weitergeltung dieser Bestimmung vgl. die Vorbemerkung I 1 vor § 606. Dadurch ist im Hinblick darauf, daß das Anordnungsverfahren nach §§ 627, 627 b kein selbständiges Verfahren, sondern ein Teil des Hauptverfahrens ist (vgl. § 627 Anm. 1), entsprechend der herrschenden Ansicht klargestellt, daß die in diesem Verfahren ergehenden Anordnungen **keine selbständige Kostenentscheidung** zu enthalten haben, sondern daß die Kostenentscheidung in der Hauptsache auch die Kosten des Anordnungsverfahrens deckt. Danach hat der unterlegene und zur Kostentragung verurteilte Beklagte sowohl die Kosten einer gegen ihn ergangenen wie die Kosten einer von ihm erwirkten einstweiligen Anordnung, der mit der Klage kostenpflichtig abgewiesene Kläger auch die Kosten einer von ihm erwirkten Anordnung zu tragen. Zweckmäßig wird dies im Urteil besonders ausgesprochen. **Ausnahmen:** a) Die Kosten des Aufhebungsverfahrens nach § 627 Abs. 4 sind durch selbständige Kostenentscheidung in dem über den Aufhebungsantrag entscheidenden Beschluß bei Aufhebung der Anordnung dem Unterhaltsberechtigten, bei Abweisung des Antrags dem Unterhaltspflichtigen aufzuerlegen. b) Die Kosten eines erfolglosen Anordnungsantrags des im Hauptverfahren obsiegenden Teils sind in sinngemäßer Anwendung des § 96 diesem aufzuerlegen. c) Die Kosten einer erfolglosen Beschwerde (nach § 3 der 3. VereinfVO. vom 16. 5. 1942 unzulässig), fallen gemäß § 97 Abs. 1 dem Beschwerdeführer zur Last. d) Über die Kosten eines nach Rechtskraft des Urteils (erfolglos, vgl. § 627 Anm. 8, § 627 b Anm. 2) gestellten Antrags ist in dem zurückweisenden Beschluß zu Lasten des Antragstellers zu entscheiden, HRRR. 42, 803, Baumb. 1. Soweit eine Kostenteilung zu erfolgen hat, kann dies durch anteilsmäßige Teilung der Gesamtkosten oder dadurch geschehen, daß dem in der Hauptsache obsiegenden Teil die Kosten seines erfolglosen Antrags auferlegt werden.

Tod einer Partei

628. Stirbt einer der Ehegatten vor der Rechtskraft des Urteils[1], so ist der Rechtsstreit in Ansehung der Hauptsache als erledigt anzusehen[2].

1. Folge des Todes eines Ehegatten vor Urteilsrechtskraft. — Im Falle des Todes eines Ehegatten kann die Ehe nicht mehr geschieden oder die Herstellung des ehelichen Lebens nicht mehr angeordnet werden, weil das die Grundlage und den Gegenstand des Streites bildende Rechtsverhältnis weggefallen ist. Gleiches gilt für die Nichtigkeitserklärung mit Ausnahme des Falles in § 24 Abs. 1 Satz 2 Eheges. Daher bestimmt § 628 für alle Eheprozesse mit der **Ausnahme** in § 636 und für alle Instanzen die Erledigung des Rechtsstreits. Sie ist **von Amts wegen zu berücksichtigen.** — Die Vorschrift schließt aber nur eine Entscheidung in der Sache selbst aus, dagegen kann bei Unwirksamkeit der Klageerhebung (z. B. wegen Prozeßunfähigkeit des klagenden Ehegatten) das auf **Prozeßabweisung** lautende Urteil auch nach dem Tode eines Ehegatten während des Ehestreits ergehen, RG. 149, 112, Jonas I 1, Baumb. 1. Ferner können etwaige vermögens- oder familienrechtliche **Nachwirkungen der Ehe** (zwar nicht im Eheprozeß, wohl aber) in einem **neuen besonderen Prozesse** noch geltend gemacht werden, Mot. 132, Baumb. 1 (a. M. Jonas I 1: Verfolgung im aufgenommenen Eheprozeß im Wege der Klageänderung möglich). **Einstweilige Anordnungen** nach § 627 werden mit dem Tode eines Ehegatten gegenstandslos, ohne daß es einer Aufhebung bedarf. — **Nach §§ 1 bis 6, 8 der 5. DurchfVO. z. Eheges. vom 18. 3. 43** (RGBl. I 145) (wegen Weitergeltung s. Küster, SJZ. 46, 31) kann im Falle des Todes des Ehegatten, der Scheidung (Aufhebung) der Ehe aus Verschulden des anderen Ehegatten begehrt hatte, das Landgericht, das für die erhobene Scheidungs-(Eheaufhebungs-)Klage zuständig war, also auch dann, wenn der Rechtsstreit im früheren Rechtszuge durch den Tod des einen Ehegatten zur Erledigung gekommen war, auf den Antrag des Staatsanwalts die **Feststellung** treffen, daß das **Scheidungs-(Eheaufhebungs-)begehren des Verstorbenen berechtigt war,** wenn im Falle der Scheidung der überlebende Ehegatte für allein oder überwiegend oder mindestens ebenso schuldig wie der verstorbene Ehegatte zu erklären gewesen wäre, im Falle der Aufhebung, wenn der verstorbene Ehegatte zu begehren berechtigt war, daß der andere Ehegatte für schuldig erklärt werde. Die Schuld des überlebenden Ehegatten ist zugleich mit der Feststellung auszusprechen. Der Antrag kann vom Staatsanwalt nur binnen 6 Monaten seit dem Zeitpunkt, in dem er durch eine **Mitteilung des Prozeßgerichts** Kenntnis **von der Erledigung des** Scheidungs- (Aufhebungs)-**Rechtsstreits** erlangt, gestellt werden. Das Verfahren bestimmt sich nach den Vorschriften über das Verfahren in Angelegenheiten der freiwilligen (außerstreitigen) Gerichtsbarkeit. Gegen die Entscheidung des LG. steht dem Staatsanwalt und dem überlebenden Ehegatten die sofortige Beschwerde zu, eine weitere Beschwerde ist unzulässig. Wirkungen der Feststellung (§ 6): Der überlebende Ehegatte erlangt mit Wirkung von dem dem Todestage des Verstorbenen vorausgegangenen Tage die rechtliche Stellung eines geschiedenen Ehegatten, gilt also nicht als verwitwet; der Staatsanwalt kann der Frau die Weiterführung des Ehenamens untersagen; die Feststellung begründet gegebenenfalls das Eheverbot wegen Ehebruchs. Vgl. hierzu Klemm, Die nachträgliche Ehescheidung, in DR. 43, 677. Wegen Weitergeltung dieser Bestimmung vgl. die Vorbemerkung I 1 vor § 606.

2. **In Ansehung der Hauptsache als erledigt anzusehen.** — Auch in Ansehung der Schuldfrage. **In Ansehung** der **Kosten** (**nicht auch hinsichtlich** der Schuldfrage, §§ 52 f. Eheges.) kann **der Rechtsstreit mit den Erben** des Verstorbenen **weitergeführt** und zu diesem Zweck aufgenommen werden. Für die **Kostenlast** ist dabei maßgebend, welches Ergebnis der Prozeß gehabt haben würde, wenn er zu Ende hätte geführt werden können, RG. 118, 74,

Baumb. 1. — Erledigung in der Hauptsache tritt auch ein, wenn **nach Zustellung** eines Urteils (z. B. auf Scheidung) aber vor dessen Rechtskraft ein **Ehegatte stirbt.** Der andere Ehegatte kann dann nicht mehr Berufung bzw. Revision einlegen, JW. 06, 311 [18], auch nicht zur Feststellung der Erledigung, Jonas I 1. Eine Anfechtung der Kostenentscheidung kann jedoch nach § 99 Abs. 3 im Wege der sof. Beschwerde erfolgen. Sie ist unzulässig (§ 567 Abs. 2), wenn das Urteil in der Berufungsinstanz erlassen ist. Stirbt ein Ehegatte, der gegen ein Urteil Berufung bereits eingelegt hat, so kann sein Erbe oder der etwaige zur Vertretung des Nachlasses berufene Testamentsvollstrecker, nachdem er das gemäß § 239 unterbrochene Verfahren nach §§ 243, 241, 250 ZPO., §§ 2205, 2212, 2213 BGB. aufgenommen hat, das Verfahren wegen der Kosten fortzusetzen, W. 20, 177. — Wird gegen ein auf **Scheidung oder Aufhebung der Ehe** ergangenes, rechtskräftiges Urteil **Wiederaufnahmeklage** (§§ 578 ff.) erhoben, so kann sie, da die Klage die Wiedereröffnung der mit dem Mangel behafteten Instanz herbeiführt, gleichviel, ob der gegnerische Ehegatte nachher stirbt und er schon vorher gestorben ist, gegen den Erben zwar nicht auf Änderung der sachlichen Entscheidung, aber auf Erklärung der Erledigung der Hauptsache und anderweite Entscheidung über die Kosten fortgesetzt oder gerichtet werden, RG. 118, 75 (a. M. Jonas III 1, Baumb. 2; Wiederaufnahme mit dem Ziele der Erledigungserklärung unzulässig). Ebenso bei der Klage auf **Feststellung des Bestehens oder Nichtbestehens der Ehe,** Jonas III 3. Demgemäß hat das auf eine solche Klage ergehende Urteil nur den Ausspruch über die Erledigung der Hauptsache und eine Entscheidung über die Kosten zu enthalten, JW. 30, 1101 [17]. § 628 will aber nur ausschließen, daß nach dem Tode eines Ehegatten noch **in der Sache selbst über den Bestand der Ehe** oder die Herstellung des ehelichen Lebens entschieden wird, und steht einer Klageabweisung aus rein verfahrensrechtlichen Gründen nicht entgegen. Wird daher von dem Überlebenden eine begründete **Nichtigkeitsklage** aus § 579 Nr. 4 gegen die Erben des anderen erhoben, so ist das Scheidungsurteil aufzuheben und die Scheidungsklage, ebenso wie die erhobene Scheidungswiderklage, als nicht wirksam erhoben abzuweisen, RG. 149, 110. Bei Abweisung der Nichtigkeitsklage kann der Staatsanwalt gegen den überlebenden Ehegatten die Wiederaufnahme betreiben (§ 24 Abs. 1 Satz 2 Eheges.), Jonas III 2, Baumb. 2.

629, 630 aufgehoben durch § 43 Abs. 1 der 1. DVO. z. EheG. v. 27. 7. 38.

Nichtigkeitsklage (§§ 631—637)

631 (585). Für die Nichtigkeitsklage [1a] gelten die in den nachfolgenden Paragraphen enthaltenen besonderen Vorschriften [1].

1a. Nichtigkeitsklage ist die Klage auf Nichtigerklärung der Ehe durch rechtsgestaltendes Urteil mit rückwirkender Kraft wegen absolut wirkender Mängel nach §§ 16—24 EheG. Wegen eines anzuwendenden ausländischen Rechtes s. Art. 13 EGBGB. Ist die Ehe nach dem hiernach anzuwendenden ausländischen Recht „ungültig", so hat das Urteil auf Ungültigkeit zu lauten, RG. 151, 226.

1. Die nachfolgenden besonderen Vorschriften. Ferner: §§ 606, 607, 612 bis 614, 617 bis 619, 622, 625, 627, 628. Vgl. über die Voraussetzungen der Klage und die Klagebefugnis § 606 Anm. 2 und § 632 Anm. 2 und 4. — Ist die nichtige Ehe von neuem gültig geschlossen, so ist die Nichtigkeitsklage ausgeschlossen, OLG. 14, 215.

Passivlegitimation

632 (586)[1]. (1)[1] Die Nichtigkeitsklage des Staatsanwalts[2] ist gegen beide Ehegatten[3] und, wenn einer von ihnen verstorben ist, gegen den überlebenden Ehegatten[3] zu richten. Die Nichtigkeitsklage des einen Ehegatten[4] ist gegen den anderen Ehegatten[3] zu richten.

(2) Im Falle der Doppelehe[5] ist die Nichtigkeitsklage des Ehegatten der früheren Ehe gegen beide Ehegatten[3] der späteren Ehe zu richten.

1. **Fassung** nach § 41 Abs. 1 DurchfVO. v. 27. 7. 38 (RGBl. I 923) zum Ehegesetz v. 6. 7. 38 (RGBl. I 807). Wegen Weitergeltung dieser Bestimmung vgl. die Vorbemerkung I 1 vor § 606. In seiner bisherigen Fassung regelte § 632 auch die Befugnis zur Erhebung der Nichtigkeitsklage, für die im BGB. Vorschriften fehlen. Jetzt sind sie in § 24 Eheges. enthalten.

2. Der **Staatsanwalt** ist in allen Fällen, in denen eine Nichtigkeitsklage erhoben werden kann, **klagebefugt** (§ 24 Eheges.). **Zuständig** ist der Staatsanwalt beim Landgericht. In den höheren Instanzen erfolgt die Vertretung durch den Staatsanwalt beim Oberlandesgericht, RG. 25, 419, JW. 92, 425[2]. — **Anwaltszwang** besteht für den Staatsanwalt **nicht.**

3. **Passivlegitimation:** Bei Klage des Staatsanwalts oder im Falle der Doppelehe bei Klage des Ehegatten der früheren Ehe sind beide Ehegatten, und zwar als notwendige Streitgenossen (§ 62) zu verklagen, für die Klage eines Ehegatten ist der andere Ehegatte, nach dem Tode eines Ehegatten für die Klage des Staatsanwaltes der überlebende Ehegatte passiv legitimiert. Soweit beide Ehegatten verklagt werden, sind diese in der Verteidigung voneinander unabhängig, Jonas III. Bei Tod eines Ehegatten nach Klage des Staatsanwalts gegen beide Fortsetzung des Verfahrens gegen den überlebenden Ehegatten: § 636.

4. **Jeder der Ehegatten** ist **klagebefugt,** soweit die Klagebefugnis nicht allein dem **Staatsanwalt** vorbehalten ist. Letzteres ist der Fall, wenn die Ehe aufgelöst ist (§ 24 Eheges.). Soweit sowohl der Staatsanwalt wie der eine Ehegatte oder der Ehegatte der früheren Ehe (Anm. 5) klageberechtigt ist, sind sie **voneinander unabhängig.** Mehrere Klagen können nach § 147 verbunden werden. Beitritt zur **Streithilfe** kommt nur durch den Ehegatten der früheren Ehe in Frage, nicht durch den Staatsanwalt, da dieser nach § 634 ohne Beitritt den Rechtsstreit betreiben kann, Jonas II, Baumb. 1 B.

5. **Doppelehe.** Das ist der Fall, wenn einer der Ehegatten zur Zeit der Eheschließung mit einem Dritten in gültiger Ehe lebt (§ 20 Eheges.). Hier kann auch der Ehegatte der früheren Ehe (neben dem Staatsanwalt und den beiden Ehegatten der späteren Ehe) die Nichtigkeitsklage erheben. Es ist dies der einzige Fall, in dem jetzt noch ein **Dritter** klagebefugt ist (§ 24 Abs. 1 Satz 1 Eheges.).

Klageverbindung. Widerklage

633 (587). (1) Mit der Nichtigkeitsklage kann nur eine Klage auf Feststellung des Bestehens oder Nichtbestehens einer Ehe zwischen den Parteien verbunden werden[1].

(2) Eine Widerklage ist nur statthaft, wenn sie eine Nichtigkeitsklage oder eine Feststellungsklage der im Abs. 1 bezeichneten Art[2] ist.

1. **Nur Feststellungsklage zwischen den Parteien mit der Nichtigkeitsklage verbindungsfähig.** — Fassung der Nov. v. 17. 5. 98. Oder eine andere Nichtigkeitsklage in Beziehung auf dieselbe Ehe (vgl. Anm. 2), dagegen nicht die Scheidungs-, die Aufhebungs-, die Herstellungsklage, bei denen die Stellung des Staatsanwalts eine andere ist (§ 607) als bei der Nichtigkeits- und der Feststellungsklage (§§ 634, 638). Möglich ist aber der Übergang von einer Klage der einen Gruppe zu einer Klage der anderen Gruppe im Wege der Klageänderung, Jonas § 614 II 4. Die Verbindung mehrerer Nichtigkeitsklagen ist nicht notwendig, da § 616 auf sie keine Anwendung findet (vgl. dort Anm. 1), Jonas III, Baumb. I. Infolgedessen erstreckt sich die Rechtskraft des Urteils nur auf den vorgebrachten Nichtigkeitsgrund. Mit einer Eheaufhebungsklage darf nicht hilfsweise eine Ehenichtigkeitsklage verbunden werden. Geschieht es doch, so ist wegen der nur hilfsweisen Erhebung eine Abtrennung der Nichtigkeitsklage zu besonderem Verfahren nicht möglich, vielmehr muß sie, wenn die Aufhebungsklage unbegründet ist, ohne sachliche Prüfung abgewiesen werden. Erst recht nicht darf über die Nichtigkeitsklage vorweg sachlich erkannt und die Aufhebungsklage unentschieden gelassen werden, RGHRR. 38, 838. — **Nur** die **Ehegatten** (nicht auch die übrigen Klageberechtigten, siehe § 632 Anm. 2 bis 5) sind **zu** der **Verbindung befugt**, da nur sie Parteien der Feststellungsklage sein können.

2. Die **Widerklage** muß dieselbe Ehe betreffen. Ist sie eine Nichtigkeitswiderklage, so muß von ihr ein anderer Nichtigkeitsgrund als von der Nichtigkeitsklage geltend gemacht werden.

Prozeßbetrieb durch den Staatsanwalt

634 (589). Der Staatsanwalt kann, auch wenn er die Klage[1] nicht erhoben hat, den Rechtsstreit betreiben[2], insbesondere selbständig Anträge stellen und Rechtsmittel einlegen[3].

1. Vgl. § 632 Anm. 2 bis 5.

2. **Den Rechtsstreit betreiben.** — Der Staatsanwalt hat alle Parteirechte, ist also Streitgenosse i. S. des § 62, nicht Streitgehilfe der Partei, deren Anträge er unterstützt. Er kann **für oder gegen** Nichtigerklärung den Prozeß betreiben.

3. **Rechtsmittel einlegen.** — Solange nicht das Urteil gegenüber beiden Parteien rechtskräftig ist, auch dann, wenn nach seinen Anträgen erkannt ist, da er nicht sachbeteiligte Partei ist, die durch das Urteil beschwert oder nichtbeschwert sein könnte, Jonas I, Baumb. 1. **Zuständigkeit:** § 632 Anm. 2.

Versäumnisurteil gegen den Kläger

635. Das Versäumnisurteil gegen den im Termin zur mündlichen Verhandlung nicht erschienenen Kläger ist dahin zu erlassen, daß die Klage als zurückgenommen gelte[1].

1. Der **Kläger** wird hier nicht, wie sonst (§ 330), abgewiesen, weil bei der Nichtigkeitsklage der Streitgegenstand seiner Verfügung entzogen ist und verhindert werden soll, daß durch Abweisung der Klage im Versäumniswege die Nichtigkeit der Ehe verneint wird. Beim Ausbleiben des Klägers als Rechtsmittelklägers ergeht gegen ihn Versäumnisurteil auf Zurückweisung des Rechtsmittels, § 618 Anm. 5 E a u. d, als Berufungsbeklagten einseitig kontradiktorisches Versäumnisurteil § 618 Anm. 5 E b. Mot. 133. — Versäumnisurteil gegen den **Beklagten** ist nach § 618 Abs. 5 unzulässig. Auch gegen ihn als Berufungsbeklagten; dagegen zulässig gegen ihn als Berufungskläger (auf Zurückweisung des Rechtsmittels), § 618 u. 5 E a, b.

Fortsetzung des Verfahrens gegen den überlebenden Ehegatten

636 (590). [1]Hat der Staatsanwalt die Nichtigkeitsklage zu Lebzeiten beider Ehegatten erhoben, so findet, wenn ein Ehegatte stirbt, § 628 keine Anwendung. Das Verfahren wird gegen den überlebenden Ehegatten fortgesetzt.

1. Fassung nach § 41 Abs. 2 DurchfVO. v. 27. 7. 38 (RGBl. I 923) zum Ehegesetz v. 6. 7. 38 (RGBl. I 807). Wegen der Weitergeltung dieser Bestimmung vgl. die Vorbemerkung I 1 vor § 606. **Ausnahme von § 628** für den Fall, daß die Nichtigkeitsklage gemäß § 632 Abs. 1 gegen beide Ehegatten von dem Staatsanwalt erhoben ist (Klagebefugnis nach § 28 Eheges., s. § 632 Anm. 2) und ein Ehegatte stirbt, bevor das Urteil rechtskräftig ist. Dann ist der Rechtsstreit in der Hauptsache nicht als erledigt anzusehen, sondern das Verfahren gegen den überlebenden Ehegatten fortzusetzen. Das gilt auch, wenn nur der verstorbene Ehegatte gegen ein Urteil das Rechtsmittel eingelegt hatte; der überlebende ist, da er notwendiger Streitgenosse des verstorbenen Ehegatten war (§ 632 Anm. 3) und deshalb Rechtsmittel auch für ihn als eingelegt gilt, nunmehr alleiniger Rechtsmittelkläger, Jonas II 1 b. Sterben beide Ehegatten oder der gemäß § 632 allein verklagte überlebende Ehegatte, so gilt § 628.

Umfang der Rechtskraft

636 a[1]. Das auf eine Nichtigkeitsklage[2] ergehende Urteil wirkt, wenn es zu Lebzeiten beider Ehegatten oder, falls der Staatsanwalt die Nichtigkeitsklage erhoben hatte, des Längstlebenden von ihnen rechtskräftig geworden ist, für und gegen alle[3].

1. Neue Vorschrift, eingefügt durch § 41 Abs. 3 DurchfVO. v. 27. 7. 38 (RGBl. I 923) zum Ehegesetz v. 6. 7. 38 (RGBl. I 807), die für die Nichtigkeitsklage an die Stelle des durch § 43 der DurchfVO. aufgehobenen § 629 getreten ist. Wegen der Weitergeltung dieser Bestimmung vgl. die Vorbemerkung I 1 vor § 606.

2. Die Vorschrift betrifft nur den Umfang der Rechtskraft des Urteils über die **Nichtigkeitsklage.** Eine entsprechende Bestimmung enthält § 638 Satz 2 für das Urteil, durch das das Bestehen oder Nichtbestehen einer Ehe festgestellt wird. Das Urteil, durch das eine **Ehe geschieden** oder **aufgehoben** wird, wirkt als rechtsgestaltendes mit der Rechtskraft für und gegen alle (§§ 29, 41 Eheges.).

3. Das **auf eine Nichtigkeitsklage ergehende Urteil** wirkt über § 325 hinaus **auch** dann, **wenn es auf Abweisung lautet,** nicht nur unter den Parteien, sondern für und gegen alle, vorausgesetzt, daß es zu Lebzeiten beider Ehegatten oder, falls der Staatsanwalt die Klage erhoben hatte (s. § 632 Anm. 2), zu Lebzeiten des Längstlebenden von ihnen rechtskräftig geworden ist. Dies gilt (abweichend von der aufgehobenen Vorschrift in § 629 Abs. 1 Satz 2) im Fall der Doppelehe auch für und gegen den früheren Ehegatten, der an dem Rechtsstreit nicht teilgenommen hat. Auf tatsächliche Feststellungen, auf die es gegründet ist, erstreckt sich dagegen die Rechtskraft des Urteils nicht.

Verurteilung der Staatskasse zur Kostenerstattung

637 (591). In den Fällen, in welchen der als Partei auftretende Staatsanwalt[1] unterliegt, ist die Staatskasse zur Erstattung der dem obsiegenden Gegner erwachsenen Kosten in Gemäßheit der Bestimmungen des fünften Titels des zweiten Abschnitts des ersten Buchs[2] zu verurteilen.

1. Der als Partei auftretende Staatsanwalt: § 632 Anm. 2, 4. Ebenso wenn er nach § 634 ein Rechtsmittel eingelegt hat.

2. §§ 91 bis 100. — Von Zahlung der Gerichtsgebühren ist das Land befreit (§ 90 GKG.).

Feststellungsklage

638[1]. Die Vorschriften der §§ 633 bis 635 finden auf eine Klage, die die Feststellung des Bestehens oder Nichtbestehens einer Ehe zwischen den Parteien zum Gegenstande hat, entsprechende Anwendung[2]. Das Urteil, durch das das Bestehen oder Nichtbestehen der Ehe festgestellt wird, wirkt, wenn es zu Lebzeiten beider Parteien rechtskräftig geworden ist, für und gegen alle[3].

1. Fassung nach § 42 der 1. DurchfVO. v. 27. 7. 38 (RGBl. I 923) zum Ehegesetz v. 6. 7. 38 (RGBl. I 807). Wegen Weitergeltung dieser Bestimmung vgl. die Vorbemerkung I 1 vor § 606. Die Änderung gegenüber der bisherigen Fassung besteht darin, daß in Satz 1 auch § 634 für entsprechend anwendbar erklärt und Satz 2 hinzugefügt ist.

2. Die bezeichnete Feststellungsklage und die Nichtigkeitsklage werden durch diese Vorschrift, mit Rücksicht auf ihre innere Verwandtschaft, hinsichtlich der Sondervorschriften über das Verfahren §§ 633, 634, 635 (Klagenverbindung, Widerklage, Prozeßbetrieb durch den Staatsanwalt, Versäumnisurteil gegen den Kläger) gleichgestellt, Mot. 134.

3. Rechtskraft des Urteils, durch das das Bestehen oder Nichtbestehen einer Ehe festgestellt wird. Vgl. die Anm. zu § 636 a.

639 ist fortgefallen durch § 43 Abs. 1 der 1. DurchfVO. zum Eheges. v. 27. 7. 38.

Anhang für die Deutsche Demokratische Republik

Verordnung betreffend die Übertragung von familienrechtlichen Streitigkeiten in die Zuständigkeit der Amtsgerichte.

Vom 21. Dezember 1948 (ZVOBl. S. 588)

§ 1

Die Zuständigkeit für Ehesachen (606—638 ZPO.) und die mit ihnen zusammenhängenden vermögensrechtlichen Streitigkeiten (§ 2) wird auf die Amtsgerichte übertragen.

§ 2

(1) Mit der Klage oder Widerklage in einer Ehesache kann eine Klage oder Widerklage verbunden werden, welche für die Zeit nach der rechtskräftigen Auflösung oder Feststellung der Nichtigkeit der Ehe

a) die Unterhaltspflicht des einen Ehegatten gegenüber dem andern sowie die Unterhaltspflicht gegenüber den gemeinschaftlichen Kindern im Verhältnis der Ehegatten zueinander,

b) den Unterhaltsanspruch gemeinschaftlicher Kinder gegen einen Ehegatten,

c) güterrechtliche Ansprüche der Ehegatten gegeneinander

zum Gegenstand hat.

(2) Die bisher im Rahmen der freiwilligen Gerichtsbarkeit zu erledigenden Anträge, für die Zeit nach der rechtskräftigen Auflösung oder Feststellung der Nichtigkeit der Ehe eine Regelung zu treffen

a) hinsichtlich der Sorge für die Person der gemeinschaftlichen Kinder,

b) hinsichtlich der Rechtsverhältnisse an der Ehewohnung, der Wohnungseinrichtung und dem sonstigen Hausrat,

können vom Prozeßgericht gleichzeitig mit der Ehesache behandelt und entschieden werden.

(3) Der Unterhaltsanspruch eines gemeinschaftlichen Kindes kann nach Abs. 1 Buchst. b von einem Ehegatten im eigenen Namen geltend gemacht werden, sofern er gleichzeitig nach Abs. 2 Buchst. a beantragt, daß ihm die Sorge für die Person des Kindes übertragen wird.

(4) Die Sachentscheidungen in der Ehesache, in den mit ihr nach Abs. 1 Buchst. a und b verbundenen Klagen und in einem Verfahren nach Abs. 2 Buchst. a sind gleichzeitig zu treffen, es sei denn, daß beide Parteien auf eine gleichzeitige Entscheidung verzichten. Die Entscheidung über eine

Klage nach Abs. 1 Buchst. c und einem Antrag nach Abs. 2 Buchst. b kann auf Antrag einer Partei oder von Amts wegen bis zur rechtskräftigen Entscheidung der Ehesache ausgesetzt werden.

§ 3

Auf Antrag einer Partei sind für die mündliche Verhandlung und Entscheidung der im § 1 bezeichneten Sachen zwei Schöffen, und zwar ein männlicher und ein weiblicher Schöffe hinzuzuziehen.

§ 4

(1) Über die Berufung und Beschwerde in Ehesachen und den mit ihnen zusammenhängenden Sachen entscheidet das Landgericht. Bei der Berufung in einer Ehesache unterliegen der Beurteilung des Landgerichts auch die mit dem angefochtenen Urteil gleichzeitig erlassenen Entscheidungen.

(2) Gegen das Endurteil des Landgerichts findet die Revision statt, wenn sie das Gericht wegen der grundsätzlichen Bedeutung der zu entscheidenden Rechtsfrage im Urteil ausdrücklich zugelassen hat. Über die Revision entscheidet das Oberlandesgericht. Abs. 1 Satz 2 gilt entsprechend.

§ 5

(1) Diese Verordnung tritt am 1. Juli 1949 in Kraft.

(2) Anhängige Ehesachen gehen in der Lage, in der sie sich befinden, auf das Amtsgericht über; war zur Zeit des Inkrafttretens dieser Verordnung bereits ein Urteil im ersten Rechtszuge ergangen, so finden die bisherigen Vorschriften Anwendung.

Erste Verordnung zur Durchführung der Verordnung vom 21. Dezember 1948 betreffend die Übertragung von familienrechtlichen Streitigkeiten in die Zuständigkeit der Amtsgerichte

Vom 17. Mai 1949 (ZVOBl. S. 325)

I. Vorbereitendes Verfahren

§ 1

(1) in allen Ehesachen (§ 1 der Verordnung vom 21. Dez. 1948) ist nach Eingang der Klage zum Zwecke der Vornahme eines Sühneversuchs und, für den Fall der Erfolglosigkeit des Sühneversuchs, zur Vorbereitung der streitigen Verhandlung ein Termin von dem Vorsitzenden anzuberaumen.

(2) Zu dem Termin ist das persönliche Erscheinen der Parteien anzuordnen. Im Falle des unentschuldigten Ausbleibens kann die zwangsweise Vorführung der Parteien zum nächsten Termin angeordnet werden.

§ 2

(1) Zu dem vorbereitenden Termin sind die Parteien persönlich und, falls sie Vertreter bestellt haben, auch diese zu laden.

(2) Die Ladung soll den Hinweis auf die Folgen des Nichterscheinens sowie die Mitteilung enthalten, daß eine Partei, die am Erscheinen vor dem Prozeßgericht verhindert ist oder sich in großer Entfernung von seinem Sitz aufhält, den Antrag stellen kann, sie im Wege der Rechtshilfe anzuhören.

(3) Die Ladung soll ferner die Mitteilung enthalten, daß die Parteien berechtigt sind, bis zum Ablauf von zwei Wochen nach dem vorbereitenden Termin die Zuziehung von Schöffen zur streitigen Verhandlung zu beantragen.

(4) § 498 Abs. 1, Abs. 2 der Zivilprozeßordnung findet auf die Ladung zum vorbereitenden Termin Anwendung.

§ 3

(1) Mißlingt der Sühneversuch, so hat der Vorsitzende mit den Parteien und ihren Vertretern den Streitstoff zu erörtern, die Anträge der Parteien, ihre rechtserheblichen Behauptungen und die Gegenerklärungen auf diese sowie die Beweismittel festzustellen und den Parteien erforderlichenfalls die Ergänzung ihres Vorbringens oder die Angabe von Beweismitteln durch Schriftsatz oder zu Protokoll des Urkundsbeamten aufzugeben und sonstige für die Vorbereitung der Verhandlung dienlichen Anordnungen zu treffen.

(2) Der Vorsitzende soll die Parteien über die Möglichkeit der gleichzeitigen Geltendmachung der mit der Ehesache zusammenhängenden Ansprüche und Anträge (§ 2 der Verordnung vom 21. 12. 1948) belehren und, falls solche geltend gemacht werden, auch insoweit für die Vorbereitung der Sache nach Maßgabe des Abs. 1 Sorge tragen. Hierbei soll er auf eine Einigung der Parteien über diese Sachen für den Fall der Scheidung, Aufhebung oder Nichtigerklärung der Ehe hinwirken und darüber zustandegekommene Vergleiche zu Protokoll nehmen.

(3) Vor Abschluß des vorbereitenden Termins soll der Vorsitzende den Hinweis nach § 2 Abs. 3 wiederholen.

§ 4

Verzichten die Parteien auf die Zuziehung von Schöffen, so kann der Rechtsstreit, falls eine weitere Vorbereitung nicht erforderlich ist, auf übereinstimmenden Antrag beider Parteien, soweit wie möglich sofort, sonst in einem alsbald anzuberaumenden neuen Termin streitig verhandelt werden. Etwa von einer Partei gestellte Zeugen konnen sofort vernommen werden, wenn die andere Partei damit einverstanden ist.

§ 5

(1) Erscheinen für beide Parteien oder eine von ihnen lediglich Vertreter, so ist nach Maßgabe des § 3 zu verfahren. Der Vorsitzende kann jedoch, falls es zur Aufklärung des Sachverhalts erforderlich erscheint oder Aussicht auf das Gelingen eines Sühneversuchs besteht, die zwangsweise Vorführung der ohne ausreichende Entschuldigung ausgebliebenen Partei zu einem neuen vorbereitenden Termin oder zu dem Termin für die streitige Verhandlung anordnen. Im Falle ausreichender Entschuldigung ist, soweit erforderlich, die Anhörung der Partei im Wege der Rechtshilfe anzuordnen.

(2) Gegen den die zwangsweise Vorführung anordnenden Beschluß steht der betreffenden Partei die sofortige Beschwerde zu.

§ 6

(1) Erscheint weder der Kläger noch ein Vertreter für ihn, so ist auf Antrag des Beklagten die Klage durch Versäumnisurteil abzuweisen.

(2) Erscheint weder der Beklagte noch ein Vertreter für ihn, so ist in entsprechender Anwendung des § 5 zu verfahren. Ein Versäumnisurteil gegen den Beklagten ist auch insoweit unzulässig, als es sich um eine mit der Ehesache gemäß § 2 Abs. 1 der Verordnung vom 21. 12. 1948 verbundene Klage handelt.

§ 7

(1) Sofern die Parteien nicht auf Zuziehung von Schöffen verzichtet haben, bestimmt der Vorsitzende nicht vor Ablauf von zwei Wochen nach dem vorbereitenden Termin, wann der Termin zur streitigen Verhandlung stattzufinden hat. Geht der Antrag einer Partei auf Zuziehung von Schöffen nach Ablauf dieser Frist, aber vor Anberaumung des Verhandlungstermins ein, so ist er zu berücksichtigen.

(2) Der Vorsitzende hat bis zum Verhandlungstermin alle Anordnungen zu treffen, die erforderlich sind, damit der Rechtsstreit tunlichst in einer mündlichen Verhandlung erledigt wird. Neben den in § 272 b Abs. 2 der Zivilprozeßordnung angegebenen Bestimmungen steht ihm zu diesem Zweck auch die Befugnis zu, die Vernehmung solcher Zeugen anzuordnen und auszuführen oder im Wege der Rechtshilfe ausführen zu lassen, die voraussichtlich zum Verhandlungstermin nicht erscheinen können.

(3) Falls die Prozeßlage es im Interesse der Förderung des Rechtsstreits erforderlich macht, kann der Vorsitzende auch weitere vorbereitende Termine anberaumen.

(4) Auch zu dem für die streitige Verhandlung bestimmten Termin soll grundsätzlich das persönliche Erscheinen der Parteien angeordnet werden. § 1 Abs. 2, § 5 Abs. 2 finden entsprechende Anwendung.

§ 8

(1) Im übrigen finden auf das Verfahren die Vorschriften der Zivilprozeßordnung über das Verfahren vor den Amtsgerichten Anwendung, soweit sich nicht aus den entsprechenden Vorschriften der §§ 606, 607, 612 bis 614 a, 615 Abs. 1, 616, 617, 618 Abs. 1, 3—6, 619—632, 634—638 der Zivilprozeßordnung sowie aus den Vorschriften der Verordnung vom 21. 12. 1948 und aus dieser Verordnung etwas anderes ergibt. Die Vorschrift des § 612 Abs. 1 der Zivilprozeßordnung über die Prozeßfähigkeit in Ehesachen gilt auch für die mit einer Ehesache verbundenen Klagen und Widerklagen.

(2) Ist mit der Ehesache nach § 2 Abs. 1 der Verordnung vom 21. 12. 1948 eine Klage auf Zahlung des einem Ehegatten für die Zeit nach der Rechtskraft des Urteils zustehenden Unterhalts verbunden worden, so findet § 627 b der Zivilprozeßordnung keine Anwendung.

(3) Endentscheidungen der Gerichte in Ehesachen und in den mit ihnen verbundenen oder gleichzeitig behandelten Sachen sind mit einer Belehrung über das zulässige Rechtsmittel zu versehen.

(4) § 170 des Gerichtsverfassungsgesetzes ist in folgender Fassung anzuwenden:

„In Ehesachen und in den mit ihnen verbundenen oder gleichzeitig behandelten Sachen ist die Öffentlichkeit auszuschließen, wenn eine der Parteien es beantragt. Das vorbereitende Verfahren ist nicht öffentlich."

(5) § 11 des Gerichtskostengesetzes wird wie folgt geändert:

In Abs. 1 werden die Worte: „mit Ausnahme von Ehesachen (§ 606 der Zivilprozeßordnung)" gestrichen.

Abs. 2 erhält folgenden Zusatz: „Dies gilt nicht, wenn mit einer Ehesache ein vermögensrechtlicher Anspruch gemäß § 2 Abs. 1 der Verordnung vom 21. 12. 1948 verbunden worden ist."

II. Mitwirkung der Schöffen

§ 9

(1) Auf das Amt der Schöffen finden die Vorschriften des Gerichtsverfassungsgesetzes entsprechende Anwendung, soweit diese durch die von den Ländern der sowjetischen Besatzungszone erlassenen Schöffenwahlgesetze nicht aufgehoben worden sind.

(2) Die Wahl der Schöffen erfolgt nach Maßgabe der in Abs. 1 bezeichneten Schöffenwahlgesetze und der von den Ländern dazu erlassenen Durchführungsverordnungen.

§ 10

Die Bestimmungen der §§ 41—47 der Zivilprozeßordnung über die Ausschließung von Richtern finden entsprechende Anwendung auf die Schöffen. Über die Ausschließung und Ablehnung von Schöffen entscheidet der Vorsitzende.

§ 11

(1) Der Vorsitzende erläßt die Entscheidungen, die eine vorgängige mündliche Verhandlung nicht erfordern, allein.

(2) Der Vorsitzende unterschreibt die Urteile und sonstigen Entscheidungen des Gerichts.

§ 12

(1) Ist die Zuziehung von Schöffen beantragt worden, so kann der Vorsitzende von ihrer weiteren Zuziehung Abstand nehmen, wenn beide Parteien auf sie verzichten.

(2) Der Vorsitzende kann anordnen, daß die gleichen Schöffen, die zur mündlichen Verhandlung einer Sache ausgelost worden sind, auch zu weiteren Verhandlungen in dieser Sache zugezogen werden.

III. Übergangsvorschriften

§ 13

(1) Im Falle der Zurückverweisung einer am 1. 7. 1949 in der Berufungsinstanz anhängigen Ehesache (§§ 538, 539 der Zivilprozeßordnung) wird die Sache beim Amtsgericht neu verhandelt und entschieden.

(2) Wird die Wiederaufnahme einer vor dem 1. 7. 1949 rechtskräftig abgeschlossenen Ehesache betrieben, so gilt als erstinstanzliches Gericht im Sinne des § 584 Abs. 1 der Zivilprozeßordnung das Amtsgericht, als Berufungsgericht das Landgericht.

§ 14

Durch Anordnung der Landesjustizverwaltung können zum Zwecke der Erledigung der am 1. 7. 1949 rechtshängigen Ehesachen gemeinschaftliche Amtsgerichte am Sitze des Landgerichts für den gesamten Landgerichtsbezirk auf die Dauer von höchstens einem Jahr gebildet werden. Insoweit kann auch für das Verfahren eine von der Vorschrift des § 5 Abs. 2 der Verordnung vom 21. 12. 1948 abweichende Bestimmung getroffen werden.

§ 15

Diese Verordnung tritt gleichzeitig mit der Verordnung vom 21. Dezember 1948 in Kraft.

LITERATURVERZEICHNIS

Kommentare:

H u t h, Ehegesetz,
M i c h a e l i s, Ehegesetz,
N i e s e r t, Ehegesetz.
B a u m b a c h, ZPO.
J o n a s, ZPO.

Systematische Darstellungen:

Günther B e i t z k e, Familienrecht,
Günter G r e f f i n und Heinrich M o r a l, Das Eherecht,
Karl H a f f, Familienrecht,
Heinr. L e h m a n n, Deutsches Familienrecht,
Heinr. M i t t e i s, Familienrecht.

Abhandlungen:

B e i t z k e, Zum Ehegesetz vom 20. Februar 1946, DRZ. 46 S. 136,
N e h l e r t, Das Ehegesetz des Kontrollrats für Deutschland, JR. 47 S. 69,
B o e h m e r, Ehepflicht und Persönlichkeitsrecht der Frau, DRZ. 1949 S. 73,
B e i t z k e, Rundschau MDR. 48 S. 239 (betrifft Staatsangehörigkeitsfragen),
R a a p e, Die Form der Eheschließungen nach internationalem Recht (Festschrift für Kiesselbach),
Die Anerkennung eines ausländischen Ehenichtigkeitsurteils mit besonderer Berücksichtigung des § 245 der 4. EheVO. MDR. 49 S. 586,
C r e i f e l d s, Die zonalen Sondervorschriften zum Eherecht, JR. 49 S. 425,
P a c h e, International-privatrechtliche Probleme im Eherecht der Sowjetunion, JR. 38 S. 274,
R i e c k h o f f, Das Recht der Eheschließung zwischen Deutschen und Ausländern,
H e i d i n g e r, Die Scheidung der Ehe von Balten im Spiegel des modernen Völkerrechts, MDR. 49 S. 591,
D ö l l e, Die nachträgliche Eheschließung, DRZ. 47 S. 39,
K ü s t e r, Die nachträgliche Eheschließung und die nachträgliche Feststellung des Scheidungsrechts, SJZ. 46 Sp. 31,
S c h ä t z e l, Nochmals die nachträgliche Eheschließung, DRZ. 47 S. 214,
B o e h m e r, Zum Ehehindernis der Geschlechtsgemeinschaft, DRZ. 48 S. 472,
R o h s, Das Ehehindernis der Geschlechtsgemeinschaft, DRZ. 48 S. 293,
D ö l l e, Die Heilung formnichtiger Ehen, DRZ. 49, S. 401,
V ö l k e r, Zum Eheverbot des § 39 Abs. 2, SJZ. 49 Sp. 71,
— Bigamie durch Wiederverheiratung nach Todeserklärung des ersten Ehegatten, SJZ. 48 S. 274,

Völker, Eherechtliche Fragen, die sich an die Wiederkehr von für tot erklärten oder aus anderen Gründen als tot behandelten Personen knüpfen. SJZ. 49 S. 521,
Schubart, Die Ehe vermeintlich Toter, Der Rechts- und Steuerdienst Heft 9,
— Scheinbarer Tod in Erbrecht und Eherecht, JR. 48 S. 296,
Kanka, Ein Toter und zwei Witwen, DR. 1939 S. 1369,
Dölle, Erbrecht bei nichtiger Ehe, ZakDR. 1939 S. 155,
Grund, Die Doppelehe des vermeintlich Verwitweten, NJW. 49 S. 293,
Holz, Wiederverheiratung der sich verwitwet glaubenden Ehegatten, MDR. 48 S. 453,
Lange, ArchZPr. 1945 S. 165,
Däubler, Noch einmal zur Frage der Doppelehe des vermeintlich Verwitweten: NJW. 49 S. 857,
Dölle, Grundsätzliches zum Ehescheidungsrecht (Schriftenreihe der evangelischen Akademie IV 3),
Nell, Die richtige Würdigung der Ehe im Scheidungsprozeß, DRZ. 49 S. 248,
Erhardt, Ein neues Ehescheidungsrecht, München, J. Schweitzer 1919,
Kaiser, Einige Bemerkungen über das Verhältnis zwischen staatlichem und kanonischem Eherecht, DRZ. 49, S. 249,
Simson, Die Änderungen des europäischen Ehescheidungsrechts im letzten Jahrzehnt, DRZ. 49 S. 289,
Frantz, Ehezerrüttung, NJW. 50 S. 94,
Schumann, Auflösung der häuslichen Gemeinschaft bei Scheidung aus § 55 EheG. (1938), ZAkDR. 1943 S. 67,
Bruns, Zur Auslegung des § 48 Abs. 2, SJZ. 47 Sp. 651,
Beitzke, Zu § 48 EheG., DRZ. 48 S. 199,
v. Scanzoni, Ist der Ehebruch nicht mehr absoluter Scheidungsgrund? NJW.. 49 S. 742,
Bötticher, Die Wiederholung der Scheidungsklage aus § 55 EheG. (1938), ZAkDR. 1943 S. 341,
Beisler, Wiederholbarkeit der Heimtrennungsklage, DRZ. 48 S. 120,
Godin, JR. 49 S. 254 (Bespr. zweier Urteile des OGH. Köln betr. § 48 Abs. 2. S. 2),
Brinkmann, Das wohlverstandene Interesse der minderjährigen Kinder in § 48 Abs. 3, HJW. 48 S. 575,
Holthöfer, Die Mitschuldigerklärung des geschiedenen Gatten trotz Abweisung der Klage oder Widerklage des Gegners, DRZ. 47 S. 292,
Weber, Kann die Mitschuld des Scheidungsklägers auch auf seinen eigenen Antrag ausgesprochen werden? NJW. 49 S. 373,
Bosch, Der Unterhaltsanspruch der geschiedenen Frau, DRZ. 47 S. 82,
Creifelds, Kann dem Unterhaltsanspruch der geschiedenen Frau mit Hinweis auf ihre Arbeitspflicht begegnet werden? JR. 49 S. 135.
Imlau, Sorgerechtsverfahren nach Wiederheirat der sorgeberechtigten Kindesmutter, DRZ. 47 S. 394,
Gottschick, Zum Sorgerechtsverfahren nach Wiederheirat der sorgeberechtigten Kindesmutter, DRZ. 49 S. 55,

Literaturverzeichnis

B a c h, Zur Anwendung des § 74 EheG. DRZ. 50 S. 77,
B o s c h, Zur Problematik der Härtemilderungsklage, NJW. 47 S. 572,
D ö l l e, Die Härtemilderungsklage, SJZ. 1947 Sp. 157,
— Fragen zur Härtemilderungsklage, NJW. 48 S. 172,
G i e s e k e, Zur Härtemilderungsklage, NDR. 47 S. 31,
N e h l e r t, Mittelbarkeit und Unmittelbarkeit der politischen Gründe bei der Härtemilderungsklage, JR. 48 S. 57,
S c h ö n k e, Einige Fragen des Verfahrens in Ehesachen, DRZ. 47 S. 15,
R o s e n b e r g, Anm. zu DRZ. 49 S. 448 betr. Nichtigkeitsklage gegen ein Scheidungsurteil,
H o f f, Umfang und Grenzen einstweiliger Anordnungen im Eheprozeß, DRZ. 47 S. 255,
C r a n z, Die einstweilige Anordnung in Ehesachen, JR. 49 S. 331,
S c h r o d t, Zur Kostenvorschußpflicht bei Gütertrennung, JR. 49 S. 438,
S c h m i d, Parteidisposition in Ehescheidungssachen, DRZ. 49 S. 7,
W ä l d e, Parteidisposition in Ehescheidungssachen, NJW. 49 S. 374,
N e b e l, Parteidisposition in Ehescheidungssachen, DRZ. 49 S. 128,
W e i s n e r — K l e i n e w e e r s — H a m e l b e c k — P l a ß m a n n, Parteidisposition in Ehescheidungssachen, DRZ. 49 S. 148.
M ü n z e l, Parteidisposition in Ehescheidungssachen, NJW. 49 S. 572,
B e i s l e r, Parteidisposition in Ehescheidungssachen, DRZ. 50 S. 31,
S c h m i d, Parteidisposition in Ehescheidungssachen DRZ. 50 S. 31,
K u h n t, Die Regelung des Hausrats nach der Ehescheidung. AcP. Bd. 150 S. 130.
M i c h a e l i s, Zum Begriff Hausrat nach 6. DVOZ. EheG. JR. 49 S. 437,
V ö l k e r, Vollstreckbarkeit der Entscheidungen nach der Hausratsverordnung, NJW. 49 S. 538,
V o g e l, Die Verteilung des Hausrats durch den Richter nach VO. v 21. 10. 44, JR. 49 S. 430,

SACHVERZEICHNIS

(die fetten Zahlen verweisen auf die Paragraphen des Ehegesetzes, die dreistelligen Zahlen auf die Paragraphen der ZPO., die übrigen auf die Anmerkungen)

A.

B.

F.

G.

N.

O.

P.

T.

V.

Nachweis wichtiger Gesetzesausgaben

mit und ohne Erläuterungen, größere und kleinere Kommentare, Lehrbücher, Sammelwerke, Entscheidungssammlungen, Zeitschriften

Walter de Gruyter & Co., Berlin W 35, Genthiner Str. 13

Winter 1949/50

Inhaltsübersicht

I. Allgemeines, Rechtsgeschichte, Rechtsphilosophie

Abhängige Länder. Eine Analyse des Begriffs von der ursprünglichen Herrschergewalt. Zugleich eine staatsrechtliche und politische Studie über Elsaß-Lothringen, die österreichischen Königreiche und Länder, Kroatien-Slavonien, Bosnien-Herzegowina, Finnland, Island, die Territorien der nordamerikanischen Union, Kanada, Australien, Südafrika. Von Dr. R. Redslob, o. Prof. der öffentl. Rechte a. d. Univers. Rostock. Oktav. 352 Seiten. 1914. 10.—

Aktienwesen und Spekulation. Eine ökonomische und rechtspsychologische Untersuchung. Von L. von Petrażycki, o. Prof. a. d. Univers. Petersburg. Oktav. IV, 226 Seiten. 1906. (Schweitzer.) Geb. 4.—

Albertus Gandinus und das Strafrecht der Scholastik. Von Dr. jur. H. U. Kantorowicz. 2 Bände. Oktav.
Bd. I: Die Praxis. Ausgewählte Strafprozeßakte des 13. Jahrhunderts nebst diplomatischer Einleitung. Von der Savigny-Stiftung unterstützt. XII, 428 Seiten. 1907. 12.—
Bd. II: Die Theorie. Kritische Ausgabe des Tractatus de maleficiis nebst textkritischer Einleitung. XXVI, 451 Seiten. 1926. 30.—

Allgemeiner Teil des Rechts, Der — — e —. Eine Darstellung der gemeinsamen Lehren des öffentlichen und des privaten Rechts. Von Dr. K. Friedrichs, Just. Rat. Oktav. X, 306 Seiten. 1927. 12.—, geb. 13.50

Alt-Regensburgs Gerichtsverfassung, Strafverfahren und Strafrecht bis zur Carolina. Nach urkundlichen Quellen dargestellt. Von Dr. H. Knapp, k. Reichsarchivrat i. Münster/W. Oktav. X, 375 Seiten. 1914. 8.—

Athenisches Gesetz über die Eleusinische Aparche, Ein — —. Von A. Elter. Quart. 56 Spalten. 1914. 3.—

Attische Geschworenengerichte, Die — n — —. Ein Beitrag zum attischen Staatsrecht. Von M. Fränkel. Oktav. VI, 112 Seiten. 1877. 1.60

Beiträge, Freiburger — — zur Strafvollzugskunde. Herausgeg. von Dr. E. Wolf. Oktav.
Heft 1: Die Stellung der deutschen Sozialisten zum Strafvollzug von 1870 bis zur Gegenwart. Von Dr. A. Behrle. 182 Seiten. 1931. 6.—
Heft 2: Quellenstudien zur Geschichte des deutschen Zuchthauswesens bis zur Mitte des 19. Jahrhunderts. Von Dr. jur. G. Saam. 112 Seiten. 1936. 5.—

Beiträge, Romanistische — — zur Rechtsgeschichte. Unter Mitwirkung von Fachgelehrten herausgeg. von L. Mitteis, J. Partsch, E. Rabel. Oktav.
Heft 1: **Der Kauf mit fremdem Geld.** Studien über die Bedeutung der Preiszahlung für den Eigentumserwerb nach griechischem und römischem Recht. Von F. Pringsheim, o. Prof. a. d. Univers. Göttingen. VI, 180 Seiten. 1916. 9.—
Heft 3: **De claris juris consultis.** Von Th. Diplovatatius. Herausgeg. von H. Kantorowicz, o. Prof. a. d. Univers. Freiburg, und Fr. Schulz, o. Prof. a. d. Univers. Bonn.
Bd. I: Lebensgeschichtliche Einleitung. Von H. Kantorowicz. De claris iuris consultis. Pars prior. Edidit F. Schulz. Mit 4 Tafeln. XXIV, 384 Seiten. 1919. 20.—

Heft 4: **Justa causa traditionis.** Eine Untersuchung über den Erwerb des Eigentums nach römischem Recht. Von Dr. A. Erhardt, Priv. Doz. i. Freiburg. VIII, 207 Seiten. 1930. 18.—
Heft 5: **Prätorische Bereicherungsklagen.** Von Dr. G. H. Maier. VIII, 174 Seiten. 1932. 10.—
Heft 6: **Antikes Lösungsrecht.** Von Dr. W. Felgentraeger, Ger. Ass. a. D. VII, 133 Seiten. 1933. 10.—

Beiträge zur Geschichte der deutschen Strafrechtspflege. Herausgeg. von Dr. M. Grünhut, Prof. i. Bonn und Dr. E. Schmidt, Prof. in Hamburg. Oktav.
Heft 1: Strafrechtspflege in Sachsen-Weimar-Eisenach unter Carl August. Von Dr. Fr. W. Lucht. 111 Seiten. 1929. 7.—
Heft 2: Stellung des Strafrichters in den Gesetzen der französischen Revolutionszeit (1791—1810). Von Dr. R. Höhn. 147 Seiten. 1929. 8.—
Heft 3: Das Strafrecht Italiens im ausgehenden Mittelalter. Untersuchungen über die Beziehungen zwischen Theorie und Praxis im Strafrecht des Spätmittelalters, namentlich im XIV. Jahrhundert. Von G. Dahm, Priv. Doz. a. d. Univers. Heidelberg. XXIV, 555 Seiten. 1931. 35.—

Beiträge zur Kenntnis des römisch-ägyptischen Grundbuchrechts. Von H. Lewald. Oktav. 100 Seiten. 1909. 3.50

Briefe und Erinnerungen. 1852—1868. Von R. v. Ihering. Oktav. 106 Seiten. 1907. (Schweitzer.) 1.80

Byzanz und Persien in ihren diplomatisch-völkerrechtlichen Beziehungen im Zeitalter Justinians. Ein Beitrag zur Geschichte des Völkerrechts. Von Dr. K. Güterbock, Geh. Just. Rat, Prof. der Rechte zu Königsberg. Oktav. VIII, 128 Seiten. 1906. 3.—

Civitas auf deutschem Boden bis zum Ausgange der Karolingerzeit, Die — —. Ein Beitrag zur Geschichte der deutschen Stadt. Von Dr. S. Rietschel, o. ö. Prof. a. d. Univers. Tübingen. Oktav. 102 Seiten. 1894. 3.—

Compensationsverfahren im vorjustinianischen stricti juris judicium, Das — —. Von E. Stampe. Oktav. IV, 98 Seiten. 1886. 2.60

Corpus juris civilis, Taschenwörterbuch zum — —, den Institutionen des Gajus und anderen römischen Rechtsquellen. 4.—5. Auflage. Klein-Oktav. IV, 172 Seiten. 1923. (Schweitzer.) 3.—

Corpus iuris germanici antiqui. Ex optimis subsidiis collegit, edidit et lectionum varietatem adiecit F. Walter. III tomi. Oktav. 1824. cplt. 12.—
Tomus I. Legem Salicam, Ripuariorum, Alamannorum, Baiuvariorum, Burgundionum, Frisionum, Angliorum et Werinorum, Saxonum, edictum Theodorici leges Wisigothorum, et edicta regum Langobardorum continens. XVI, 838 Seiten.
Tomus II. Capitularia regum Francorum usque ad Ludovicum pium continens. VIII, 867 Seiten.
Tomus III. Capitularia regum Francorum et imperatorum post Ludovicum pium, veterum formularum collectionem amplissimam, capitula regum et imperatorum legibus Langobardum addita, et appendicem variorum monumentorum continens. VIII, 803 Seiten.

Deutsche Rechtsaltertümer in unserer heutigen deutschen Sprache. Von L. Günther. Oktav. VII, 160 Seiten. 1903. 2.50

Eid, Der — — bei den Semiten in seinem Verhältnis zu verwandten Erscheinungen, sowie die Stellung des Eides im Islam. Von J. Pedersen. Quart. VIII, 242 Seiten. 1914. (Studien zur Geschichte und Kultur des islamischen Orients. 3. Heft.) 12.60

Enteignung, Die Grenzen der — —. Ein Beitrag zur Entwicklungsgeschichte des Enteignungsinstituts und zur Auslegung des Art. 153 der Weimarer Verfassung, von Dr. O. Kirchheimer. Oktav. 63 Seiten. 1930. 4.—

Entwicklung der Kompensation im römischen Rechte, Über die — —. Von Dr. P. Kretschmar, a. o. Prof. a. d. Univers. Gießen. Oktav. 80 Seiten. 1907. 2.80

Enzyklopädie der Rechtswissenschaft in systematischer Bearbeitung. Begründet von Dr. F. v. Holtzendorf. Unter Mitwirkung von G. Anschütz, L. v. Bar, E. v. Beling, E. Blume, H. Brummer, G. Cohn, K. Crome, H. Dietz, F. Dochow, E. Dorner, K. Flesch, B. Freudenthal, J. Gerstmeyer, O. v. Gierke, P. Heilborn, E. Heymann, Fr. Hiller, L. Laß, O. Lenel, A. Osterrieth, E. Rabel, P. Schoen, J. Stranz, G. Strutz, U. Stutz, H. Trumpler, K. v. Unzner, F. Wachenfeld, M. Wolff. Herausgeg. von Dr. J. Kohler, o. Prof. der Rechte i. Berlin. 7., der Neubearbeitung 2. Aufl. 5 Bände. Quart. Cplt. geb. 85.— Bd. I: IV, 558 Seiten. 1915. Bd. II: 462 Seiten. 1914. Bd. III: 452 Seiten. 1913. Bd. IV: 551 Seiten. 1914. Bd. V: 588 Seiten. 1914. In Gemeinschaft mit Verlag Duncker & Humblot in München.

Erfüllung, Die — —. 1. Teil: Historische und dogmatische Grundlagen. Von Dr. P. Kretschmar, a. o. Prof. a. d. Univers. Gießen. Oktav. 168 Seiten. 1906. 5.40

L'étude du droit romain comparé aux autres droits de l'antiquité. Von J. Gilson, Docteur en droit. Oktav. 295 Seiten. 1899. 4.—

Excommunikation, Einfluß der — — und der Delicta mere ecclesiastica auf die Fähigkeit zum Erwerb und zur Ausübung des Patronatrechts. (Dissertation.) Von Dr. E. Jacobi, o. Prof. a. d. Univers. Münster/W. Oktav. VIII, 76 Seiten. 1908. 2.20

Festgabe für Rudolf Stammler zum 70. Geburtstag am 19. Februar 1926. Herausgeg. von E. Tatarin-Tarnheyden. Mit 1 Bildnis und 1 Tafel. Oktav. 1926. 28.—, geb. 32.—

Festschrift für Ernst-Heinrich Rosenfeld zu seinem 80. Geburtstag am 14. August 1949. Gr.-Oktav. 243 Seiten. 1949. 16.—

Festschrift für Wilhelm Sauer zu seinem 70. Geburtstag am 24. Juni 1949. Mit Bibliographie. Gr.-Oktav. 296 Seiten. 1949. 18.—

Festschrift der Universität Leipzig zur 500jährig. Jubelfeier gewidmet von der Juristischen Gesellschaft in Leipzig. Oktav. 243 Seiten. 1909. 6.50

Fiducia im römischen Privatrecht, Die — —. Eine rechtsgeschichtliche Untersuchung. Von Dr. jur. P. Oertmann. Oktav. 262 Seiten. 1890. 5.—

Funkentelegraphie im Recht, Die — —. Eine rechts- und verkehrsgeschichtl. Abhandlung. Von Thurn. Lex.-Oktav. 150 Seiten. 1913. (Schweitzer.) 5.—

Gaii institutionum commentarii quattuor. Ex membranis deleticiis Veronensis bibliothecae capitularis eruit J. F. L. Goeschen. Accedit veteris iurisconsulti de iure fisci fragmentum ex aliis eiusdem bibliothecae membranis transcriptum. Carolus Lachmannus ad schedas Goeschenii, Hollwegii, Blumii recognovit. Editio tertia. Cum tabulis aeri incicis. Oktav. LXXV, 512 Seiten. 1842. 3.—

Gaii iurisconsulti institutionum commentarius quartus sive de actionibus. Recensuit, restituere conatus est, adnotationem perpetuam librumque observationum adjecit A. G. Heffter. Quart. VIII, LXXIV, 121 Seiten. 1827. 2.—

Gaii et Justiniani institutiones iures romani. Recognoverunt annotationem adjecerunt coniunctasque ediderunt C. A. C. Klenze et E. Böcking. Quart. XV, 292 Seiten. 1829. 3.—

Gerichtsbuch der Stadt Cassel aus 1505 und 1506. Von A. Stölzel. Oktav. II, 56 Seiten. 1913. 2.50

Gesetzgebung, Rechtsprechung und Verwaltung. Eine Zusammenstellung der wichtigsten geltenden Gesetze, Verordnungen und Befehle, insbesondere für Groß-Berlin, sowie ein Streifzug durch die aktuellen Fragen der heutigen Zeit. Von L. Mohn, RA und Notar, Richter a. Landger. Berlin. Oktav. 208 Seiten. 1948. 9.—

Gestaltung der deutschen politischen Einheit, Die — —. Von Koellreutter. Oktav. 15 Seiten. 1934. (Schweitzer.) —.60

Gottesurteil und Folter. Eine Studie zur Dämonologie des Mittelalters und der neueren Zeit. Von Prof. Dr. H. Fehr, Bern. Mit 1 Tafel. Oktav. 24 Seiten. 1926. 2.50

Handwörterbuch der Rechtswissenschaft. Unter Mitberatung von E. Bumke, L. Busch, L. Ebermayer, F. Endemann, E. Heymann, O. Strecker, K. v. Unzner. Herausgeg. von Dr. jur. F. Stier-Somlo, o. Prof. a. d. Univers. Köln und Dr. jur. A. Elster, Berlin. 7 Bände. Oktav.

Bd. I: Abandon-Deichgüter. XV, 912 Seiten. 1926. 35.—
Bd. II: Deichverbände-Giroverkehr. XII, 960 Seiten. 1927. 37.80
Bd. III: Glaubensfreiheit-Luxemburg. XII, 1004 Seiten. 1928. 43.20
Bd. IV: Mädchenhandel-Reichsexekution. X, 798 Seiten. 1927. 35.—
Bd. V: Reichsgericht-Territorialprinzip. X, 885 Seiten. 1928. 37.80
Bd. VI: Testament-Zwischenstreit. Abkürzungen, Mitarbeiterverzeichnis, Sachregister zu Bd. I—VI. XIII, 1231 Seiten. 1929. 50.40
Bd. VII: (Ergänzungsband). A—Z und Sachregister. VIII, 688 Seiten. 1931. 33.30

Histoire de la législation des anciens Germains. Von G. A. Davoud-Oghlou, 2 tomes. Oktav. 1845. Cplt. 8.—
Tome I: Wisigoths, Baiuvariens, Alamanns, Burgundions, Franc-Saliens, Francs-Ripuaires. CVIII, 660 Seiten. Tome II: Langobards, Thuringiens, Frisions, Saxons. IV, 799 Seiten.

Imperatoris Justiniani institutionum libri IV. Ad fidem antiquorum librorum edidit E. Schrader in operis societatem accedentibus Theoph. Luca Fr. Tafelio, Gualth. Frider. Clossio, Christ. Joh. C. Maiero. Editio stereotypa. Oktav. VI, 216 Seiten. 1874. 1.—

Instutionen des römischen Rechts. Ein Lehrbuch. Von Dr. R. Leonhard, o. ö. Prof. der Rechtswissensch. i. Marburg. Oktav. XIV, 572 Seiten. 11.—, geb. 14.—

Interpellationsrecht, Das — — im Rahmen der modernen Ministerverantwortlichkeit. Von Dr. J. Hatschek, o. Prof. der Rechte a. d. Univers. Göttingen. Eine rechtsvergleichende Studie. (Veröffentlicht für die Geschäftsordnungskommission des Reichstags auf Wunsch ihres Vorsitzenden.) Oktav. 164 Seiten. 1909. 2.20

Intertemporales Recht, Das — — e. Das Recht der zeitlich verschiedenen Rechtsordnungen. Oktav. Von F. Affolter.
Bd. I: Das Intertemporale Privatrecht. 2 Teile.
Teil 1: Geschichte des intertemporalen Privatrechts. XIV, 652 Seiten. 1902. 18.—
Teil 2: System des deutschen bürgerlichen Übergangsrechts. XIV, 468 Seiten. 1903. 14.—

Jugendrecht. Ein Lehrbuch zur Einführung. Von Prof. Dr. A. Wegner. Oktav. VIII, 219 Seiten. 1929. 5.40, geb. 6.75

Juristenlatein, Das — —. Versuch einer Charakteristik auf Grundlage der Digesten. Von W. Kalb, k. Studienlehrer a. Melanchthon-Gymnasium i. Nürnberg. 2. Aufl. Gr.-Oktav. 90 Seiten. 1888. (Schweitzer.) 1.80

Juristische Daten. Nach Rechtsgebieten — unter Beifügung eines besonderen biographischen Abschnitts — chronologisch zusammengestellt. Von A. M. v. Biberstein. 3., verb. u. verm. Aufl. Oktav. IV, 147 Seiten. 1901. (Schweitzer.) 1.80

Juristisches Studium, Die Reform des — —. Von Dr. H. B. Gerland, o. ö. Prof. a. d. Univers. Jena. Oktav. 160 Seiten. 1911. 3.—

Kleines Satzlexikon für Behörden. Deutsch-Englisch. Von D. Borchard. Oktav. 1949. (Cram, de Gruyter & Co, Hamburg.) 2.40

Kreditauftrag, Der — —. Eine Studie nach römischem und neuem bürgerlichen Recht. Von O. Foerster. Oktav. 216 Seiten. 1903. 5.60

Kritische Vierteljahresschrift für Gesetzgebung und Rechtswissenschaft. Herausgeg. von E. Mezger, K. Blomeyer, J. Heckel, A. Hueck, E. Riezler, M. San Nicolò, Ch. Frhr. v. Schwerin, Professoren d. Münchener Juristenfakultät. Gr.-Oktav. Ab 1912 neue Folge. Der Band zu je 4 Heften. Bd. 14—18 je 8.—; Bd. 19 10.—; Bd. 20 16.—; Bd. 21 24.—; Bd. 22 32.50; Bd. 23 27.—; Bd. 24 31.—; Bd. 25 29.—; Bd. 26—32 je 28.— (Schweitzer).

Lex Salica. Zum akademischen Gebrauch herausgeg. und erläutert von H. Geffcken. Oktav. XIV, 332 Seiten. 1898. 7.—

Longi temporis praescriptio im klassischen römischen Rechte, Die, — —. Von J. Partsch. Oktav. 180 Seiten. 1906. 7.—

Magdeburger Fragen, Die — —. Von I. Fr. Behrend. Oktav. L, 300 Seiten. 1865. 6.50

Menschlicher Körper und die Persönlichkeitsrechte. Der — —. Von H. Schreuer. Oktav. 40 Seiten. 1919. —.70

Monumenta legalia antiquitatis Romanae, ex libros iuris Romani sparsa, quae in aere, lapide, aliave materia, vel apud veteres auctores extraneos, partim integra, partim mutila, sed genuina, supersunt. Delectu, forma et variarum lectionum adnotatione usui expeditiori adcommodavit, tum notitiam historicoliterariam omnium, quotquot, exillo genere exstant, monomentorum, tam legalium, quam aliorum praemisit Chr. G. Haubold. Opus ex adversariis defuncti auctoris, quantum fieri potuit, restituit E. Spangenberg. Oktav. CXXXII, 299 Seiten. 1830. 3.—

Mythos vom Recht, Der — — und seine empirischen Grundlagen. Von RRat Dr. Th. Jaehner. Oktav. 219 Seiten. 1933. (Schweitzer.) 10.—

Novae constutiones audientiae contradictarum in curia Romana promulgatae a. d. 1375. Nunc primum edidit. Von J. Förstemann. Oktav. 56 Seiten. 1897. 1.50

Personalexekution im Recht der Papyri, Zur — —. (Habilitationsschrift.) Von H. Lewald. Oktav. 76 Seiten. 1910. 2.50

Persönlichkeit des herrenlosen Sklaven, Die — —. Ein Stück aus dem römischen Sklavenrecht. Von Fr. Affolter. Oktav. VIII, 223 Seiten. 1913. 8.—

Privatrecht, Grundzüge des deutschen — — s. Von Cl. Frhr. v. Schwerin. 2. Aufl. Oktav. XII, 342 Seiten. 1928. (Lehrbücher und Grundrisse der Rechtswissenschaft Bd. XIII.) Geb. 9.90

Privatrecht, Römisches — —. Von F. Endemann. Mit Anhang: Quellenstudien. Oktav. X, 256 u. 30 Seiten. 1925. (Lehrbücher und Grundrisse der Rechtswissenschaft Bd. XII.) Geb. 9.50

Prozeß Heinrichs des Löwen, Der — —. Kritische Untersuchungen von F. Güterbock. Oktav. X, 210 Seiten. 1909. 5.—

Rechtsbegriffe, Über — —. Von Prof. Dr. P. Eltzbacher. Oktav. X, 84 Seiten. 1900. 2.—

Rechtsbuch, Armenisches — —. Mit Unterstützung der Königl. Akademie der Wissenschaften in Berlin. 2 Bände. Quart. Zusammen 40.—
Bd. I: Sempadscher Kodex aus dem 13. Jahrhundert oder Mittelarmenisches Rechtsbuch. Nach der Venediger und der Etschmiadziner Version unter Zurückführung auf seine Quellen herausgeg. und übersetzt von J. Karst. Text und Übersetzung. XXXII, 223 Seiten. 1905.
Bd. II: Sempadscher Kodex aus dem 13. Jahrhundert in Verbindung mit dem großarmenischen Rechtsbuch des Mechithar Gosch (aus dem 12. Jahrhundert). Unter Berücksichtigung der jüngeren abgeleiteten Gesetzbücher erläutert von J. Karst. Kommentar. VII, 424 Seiten. 1905.

Rechtsgefühl, Das — —. Rechtspsychologische Betrachtungen. Von E. Riezler, Prof. a. d. Univers. Freiburg i. Br. Oktav. 164 Seiten. 1921. (Schweitzer.) 1.80

Rechtsgemeinschaft, Die regelmäßige — —. Von Dr. K. Engländer. 1. Teil: Grundlegung. Oktav. IV, 360 Seiten. 1914. 8.—

Rechtsgeschichte, Deutsche — —. Von Dr. H. Fehr, Prof. i. Bern. 4., verb. Aufl. Oktav. XI, 280 Seiten. 1948. (Lehrbücher und Grundrisse der Rechtswissenschaft Bd. X.) Geb. 15.—

Rechtsgeschichte, Lehrbuch der deutschen —. Von R. Schröder und E. Frhr. v. Künßberg. 8. Aufl. in Vorbereitung.

Rechtsgeschichte, Römische — —. Von O. Karlowa. 2 Bände. Oktav.
Bd. I: Staatsrecht und Rechtsquellen. VIII, 1031 Seiten. 1885. 26.—
Bd. II: Privatrecht und Civilprozeß. Strafrecht und Strafprozeß. 1. Teil: Privatrecht. VI, 1416 Seiten. 1901. 40.—

Rechtsphilosophie, Lehrbuch der — —. Von Prof. Dr. Coing. In Vorbereitung. (Lehrbücher und Grundrisse der Rechtswissenschaft Bd. XX.) ca. 18.—

Rechtsphilosophie, Lehrbuch der — —. Von D. Dr. R. Stammler, Prof. a. d. Univers. Berlin. 3., verm. Aufl. Oktav. XV, 396 Seiten. 1928. 13.—, geb. 15.—

Rechtsphilosophie, Leitfaden der — —. Von Coing. In Vorbereitung. (Leitfaden der Rechtswissenschaft.)

Rechtsschule zu Bologna, Die Anfänge der — —. Von Dr. H. Fitting, o. Prof. der Rechte zu Halle. Oktav. 129 Seiten. 1888. 3.—

Rechtsvergleichende Studien zur Gesetzgebung Hammurapis, Königs von Babylon. Von Dr. jur. P. Koschaker, Prof. d. Rechte zu Leipzig. Oktav. XVII, 244 Seiten. 1917. 9.—

Rechtswechsel, Der — — im öffentlichen Recht und seine Einwirkung auf gleichwertige öffentlich-rechtliche Normen. Von Reg. Rat Dr. H. Vervier. Gr.-Oktav. 197 Seiten. 1923. (Schweitzer.) 5.40

Rechtswissenschaft, Einführung in die — —. Von Dr. A. Wegner, o. ö. Prof. der Rechte a. d. Westfälischen Wilhelms-Universität. 2., erw. und verb. Aufl. Oktav. 344 Seiten. 1948. Geb. 18.—

Recht und Gewalt. Von E. Brodmann. Oktav. 114 Seiten. 1921. 3.—

Reichsgericht, Fünfzig Jahre — — am 1. Oktober 1929. Von Dr. A. Lobe, Sen. Präs. a. Reichsger. i. R. Unter Mitarbeit von Mitgliedern und Beamten des Reichsgerichts, der Reichsanwaltschaft und der Rechtsanwaltschaft am Reichsgericht. Mit 14 Bildnissen und 15 Abb. Quart. VIII, 436 Seiten. 1929. 20.—, geb. 24.—

Reichsgerichtspraxis im deutschen Rechtsleben, Die — —. Festgabe der juristischen Fakultäten zum 50jährigen Bestehen des Reichsgerichts (1. Oktober 1929) in 6 Bänden unter Mitwirkung von G. Anschütz, E. Heymann, Th. Kipp, W. Kisch, A. Schultze, H. Siber. Herausgeg. von O. Schreiber. Quart. 1929. Cplt. 110.—, geb. 134.—
Bd. I: Öffentliches Recht. IV, 301 u. 54 Seiten. 18.—, geb. 22.—
Bd. II: Zivil- und Handelsrecht. IV, 326 u. 54 Seiten. 19.—, geb. 23.—
Bd. III: Zivil- und Handelsrecht (Fortsetzung). IV, 383 u. 54 Seiten. 22.—, geb. 26.—
Bd. IV: Handels- und Wirtschaftsrecht. IV, 335 u. 54 Seiten. 20.—, geb. 24.—
Bd. V: Strafrecht und Strafprozeß. IV, 321 u. 54 Seiten. 19.—, geb. 23.—
Bd. VI: Zivilprozeßrecht. IV, 334 u. 54 Seiten. 20.—, geb. 24.—

Richter und Rechtsprechung. Von Dr. A. Düringer, Reichsger. Rat. Oktav. 92 Seiten. 1909. (Erweiterter Sonderabdr. aus: Festschrift der Juristischen Gesellschaft in Leipzig zur 500jähr. Jubelfeier der Univers. Leipzig.) 2.—

Römisches Institutionen-System, Das — —, sein Wesen und seine Geschichte. Einleitender Teil. Tatbestand, Rechtsverhältnisse und Rechtsordnung. Grundlagen eines allgemeinen Teils des Privatrechts. Von Fr. Affolter. Oktav. VI, 568 Seiten. 1897. 12.—

Savigny, Friedrich Karl von — —. Ein Beitrag zu seiner Würdigung. Von Dr. R. Stintzing. Oktav. 59 Seiten. 1862. 1.—

Schöffensprüche, Magdeburger — —. Im Auftrage und mit Unterstützung der Savigny-Stiftung herausgeg. und bearb. von V. Friese und E. Liesegang. Bd. I (Abt. 1—4): Die Magdeburger Schöffensprüche für Groß-Salze, Zerbst und Anhalt, Naumburg und aus dem Kodex Harzgerodanus. Oktav. X, 872 Seiten. 1901. 20.—

Schuldvertrag und Treugelöbnis des Sächsischen Rechts im Mittelalter. Ein Beitrag zur Grundauffassung der altdeutschen Obligation. Von P. Puntschart. Oktav. XVIII, 515 Seiten. 1896. 14.—

Seedarlehen des Altertums, Das — —. Von Dr. H. Sieveking, RA i. Hamburg. Oktav. 48 Seiten. 1893. 1.40

Staatsgedanken des Reichsfreiherrn Karl vom Stein. Von Dr. E. Frhr. v. Scheurl, Hochschul- und Univers. Prof. i. Nürnberg. Oktav. 19 Seiten. 1931. (Schweitzer.) 1.—

Staatsrecht der Zaiditen, Das — —. Von R. Strothmann. Quart. XI, 109 Seiten. 1912. 4.50

Stendaler Urteilsbuch aus dem vierzehnten Jahrhundert, Ein — —, als Beitrag zur Kenntnis des Magdeburger Rechts. Von I. Fr. Behrend. Oktav. XVI, 122 Seiten. 1868. 2.80

Strohal, Emil. Ein Nachruf. Von L. Wenger. Mit einem Portrait. Oktav. 39 Seiten. 1914. 1.—

Syrische Rechtsbücher. Herausgeg. und übersetzt von E. Sachau. Quart. — Bd. I: Leges Constantini Theodosii Leonis. Aus der römischen Handschrift. XXIV, 224 Seiten. 1907. 16.—

Bd. II: Richterliche Urteile des Patriarchen Chenânîschô. Gesetzbuch des Patriarchen Timotheos. Gesetzbuch des Patriarchen Jesubarnun. Aus der römischen Handschrift. XXXIV, 212 Seiten. 1908. 16.—
Bd. III: Corpus iuris des persischen Erzbischofes Jesubocht. Erbrecht oder Canones des persischen Erzbischofes Simeon. Eherecht des Patriarchen Mâr Abhâ. Aus der römischen Handschrift. XXXV, 385 Seiten. 1914. 25.—

Taschenwörterbuch der Rechts- und Geschäftssprache. Englisch-Deutsch, Deutsch-Englisch. Von D. v. Beseler. 2., durchges. und erw. Aufl. Oktav. 271 Seiten. 1947. Geb. 15.—

Theorie der Exceptionen nach klassischem römischem Recht, Die — —. Von Dr. jur. J. v. Koschembahr-Lyskowski. Bd. I. Heft 1: Der Begriff der exceptio. Oktav. XXIII, 173 Seiten. 1893. 6.—

Übersiebnen der schädlichen Leute in Süddeutschland, Das — —. Ein rechtshistorischer Beitrag und Nachtrag. Von Dr. H. Knapp, k. Reichsarchivrat i. Münster/W. Oktav. 88 Seiten. 1910. 2.—

Untersuchungen zur Geschichte der deutschen Stadtverfassung.
Bd. I: Das Burggrafenamt und die hohe Gerichtsbarkeit in den deutschen Bischofsstädten während des früheren Mittelalters. Von Dr. S. Rietschel, o. ö. Prof. a. d. Univers. Tübingen. Oktav. XII, 344 Seiten. 1905. 10.—

Unzüchtige und die Kunst, Das — —. Eine juristische Studie für Juristen und Nichtjuristen. Von Prof. D. Dr. J. Lazarus. Oktav. 168 Seiten. 1909. 3.50

Urkunden zur Geschichte des deutschen Privatrechts. Von Dr. H. Loersch, Priv. Doz. der Rechte a. d. Univers. Bonn und Dr. R. Schröder, o. ö. Prof. der Rechte a. d. Univers. Heidelberg. Für den Gebrauch bei Vorlesungen und Übungen herausgeg. 3., neubearb. Aufl. von R. Schröder und L. Perels. Oktav. XXXII, 250 Seiten. 1912. 6.50, geb. 8.—

Vergleich im Prozesse, Der — —. Eine dogmatisch-historische Untersuchung. Von Dr. P. Kretschmar, a. o. Prof. a. d. Univers. Gießen. Oktav. 102 Seiten. 1896. 3.—

Verhandlungen des Deutschen Juristentages. Herausgeg. von dem Schriftführer-Amt der ständigen Deputation. Oktav. Preise der einzelnen Bände des 1.—37. Juristentages, soweit noch vorhanden, auf Anfrage.

Vermächtnisse, Die sogenannten gesetzlichen — —. Eine erbrechtliche Studie auf Grundlage des römischen und österreichischen Privatrechts unter Berücksichtigung anderer bedeutender Kodifikationen. Von L. Schiffner. Oktav. X, 222 Seiten. 1895. 7.—

Verwirkung, Die — —. Ein Beitrag zur Lehre von den zeitlichen Schranken der Ausübung der subjektiven Rechte. Von St. Karakantas. Oktav. 82 Seiten. 1938. (Aus: Hamburger Rechtsstudien.) (Cram, de Gruyter & Co. Hamburg.) 4.—

Vocabularium iurisprudentiae Romanae iussi instituti Savigniani compositum. Quart.

Vol. I.	Fasc. 1:	(a-accipio). 1894.	15.—
	— — 2:	(accipio-amitto). 1898.	15.—
	— — 3:	(amitto-ceterum). 1899.	15.—
	— — 4:	(ceterum-cymbium). 1903.	15.—

Vol. II. Fasc. 1: (dactyliotjea-doceo). 1906. 15.—
— — 2: (doceo-ex). 1913. 15.—
— — 3: (ex-gutturosus). 1933. 18.—

Vol. III. Fasc. 1: (habeo-idem). 1910. 15.—
— — 2: (imperator-in). 1931. 15.—
— — 3: (inaedifico-ipse). 1937. 15.—

Vol. IV. Fasc. 1: (nam-numen). 1914. 15.—
— — 2: (numeratio-per [Praepositio]). 1936. 15.—

Vol. V. Fasc. 1: (R-sed). 1910. 15.—
— — 2: (sed-sors, sortis). 1917. 15.—
— — 3: (sortior-tantus). 1931. 15.—
— — 4: (tantus-veneo). 1938. 15.—
— — 5: (venerabilis-zythum). 1939. 17.—

Vorträge aus dem allgemeinen Staatsrecht. Separatabdruck aus den Annalen des Deutschen Reichs. Von M. v. Seydel. Gr.-Oktav. 96 Seiten. 1903. (Schweitzer.) 2.40

Westgothenrecht, Entstehung und Geschichte des — — s. Von A. Helfferich. Oktav. VIII, 475 Seiten. 1858. 6.—

Wirtschaft und Recht nach der materialistischen Geschichtsauffassung. Eine Sozialphilosophische Untersuchung. Von D. Dr. R. Stammler, Prof. a. d. Univers. Berlin. 5., durch einen Nachtrag erg. Aufl. Oktav. VIII, 706 Seiten. 1924. 14.—, geb. 16.—

Wirtschafts-Rechts-Wissenschaft und Wirtschafts-Hochschule. Von M. Rumpf, Mannheim. Oktav. 40 Seiten. 1920. 1.60

Zenten des Hochstifts Würzburg, Die — —. Ein Beitrag zur Geschichte des süddeutschen Gerichtswesens und Strafrechts. Mit Unterstützung der Savigny-Stiftung. Von Dr. H. Knapp, k. Reichsarchivrat. 2 Bände. Oktav.
Bd. I: Die Weistümer und Ordnungen der Würzburger Zenten. 1. Abt. Mit 2 Abb. XII, 708 Seiten. 2. Abt. Mit 1 Abb. IV, 696 Seiten. 1907. 45.—
Bd. II: Das Alt-Würzburger Gerichtswesen und Strafrecht. XI, 979 Seiten. 1907. 30.—

II. Bürgerliches Recht

1. Das Bürgerliche Gesetzbuch

Abhandlungen, Zivilrechtliche und prozeßrechtliche — —. Herausgeg. von Dr. W. Kisch, Prof. a. d. Univers. Straßburg. Oktav.
Heft 1: Das Sammelvermögen. Von Dr. jur. O. Fischbach. XII, 171 Seiten. 1907. 4.50
Heft 2: Das Imperium des Richters. Ein Versuch kasuistischer Darstellung nach dem englischen Rechtsleben im Jahre 1906/07. Nebst 2 Anhängen: Criminal appeal act 1907 und Probation of offenders act 1907. Von A. Mendelssohn-Bartholdy. X, 236 Seiten. 1908. 6.—, geb. 7.—
Heft 3: Streitbefangenheit und Rechtsnachfolge als Voraussetzungen der §§ 265 und 266 der Zivilprozeßordnung. Von Dr. jur. R. Schuman. VIII, 84 Seiten. 1910. 2.50
Heft 4: Die Schadenersatzansprüche bei Körperverletzung und Tötung im Zweikampf. Von Dr. F. Simon. XI, 73 Seiten. 1913. 2.—

Achilles-Greiff, Bürgerliches Gesetzbuch nebst Einführungsgesetz, Jugendwohlfahrtsgesetz, Schiffsrechtsgesetz, Ehegesetz, Testamentsgesetz. Mit Anmerkungen und Sachregister und mit Erläuterungen der Verordnung über das Erbbaurecht, des Gesetzes über die religiöse Kindererziehung sowie von Teilen des Familienrechtsänderungsgesetzes, der Familienrechtsangleichungsverordnung und des Verschollenheitsgesetzes. 19. Aufl. Herausgeg. von Dr. G. Beitzke, R. Frhr. v. Godin, Dr. J. Greiff, Dr. F. Oegg. Oktav. XVI, 1360 Seiten. Dünndruckpapier. 1949. (Guttentagsche Sammlung Nr. 38/39.) Geb. 36.—

Alimentationspflicht, Die — — der Ehegatten. Von Dr. jur. et rer. pol. Fr. Scheppler. Gr.-Oktav. 43 Seiten. 1909. (Schweitzer.) 1.60

Anfechtbarkeit der Verträge für das Vermögen eines Dritten, Die — —. Eine zivilrechtliche Abhandlung. Von Dr. R. Leonhard, o. ö. Prof. der Rechtswissenschaft i. Marburg. Oktav. 56 Seiten. 1892. 1.50

Ausführungsgesetz, Bayerisches — — zum Bürgerlichen Gesetzbuch. Mit den einschlägigen Verordnungen. Erledigt von LGDir. H. Steinert. Oktav. 216 Seiten. 1930. (Schweitzers braune Handausg.) Geb. 7.90

Beiträge zur Lehre von den Realgewerbegerechtigkeiten nach bayerischem Landeszivilrecht. Von Fr. Neuburger. Gr.-Oktav. VII, 30 Seiten. 1913. (Schweitzer.) 1.—

Blanketterklärung, Die — —. Ihre juristische Konstruktion und ihre Behandlung nach dem materiellen Recht und dem Prozeßrecht. Von Dr. J. Siegel. Oktav. VIII, 69 Seiten. 1908. (Schweitzer.) 1.80

BGB, Lexikon des — —. Von Dr. H. Kußmann, RA und Notar i. Frankfurt a. M. 203 Seiten. 1949. 10.—

Bürgerliches Gesetzbuch, Allgemeiner Teil des — —. Von Prof. Dr. jur. H. Lehmann, Köln. 6., verm. u. verb. Aufl. Oktav. XVI, 384 Seiten. 1949. (Lehrbücher und Grundrisse der Rechtswissenschaft Bd. I.) Geb. 20.—

Bürgerliches Gesetzbuch, Familienrecht. Von Prof. Dr. jur. H. Lehmann, Köln. 2., verm. u. verb. Aufl. Oktav. 311 Seiten. 1948. (Lehrbücher und Grundrisse der Rechtswissenschaft Bd. IV.) 15.—

Bürgerliches Gesetzbuch. Erstes Buch. **Allgemeiner Teil.** Von E. Kummerow, RA und Notar. Oktav. 76 Seiten. 1949. (Leitfaden der Rechtswissenschaft Bd. 1.) 3.—

Bürgerliches Gesetzbuch. Zweites Buch. **Das Recht der Schuldverhältnisse.** 1. Hälfte: Allgemeiner Teil. Von Dr. R. Lehmann, Berlin. Oktav. 110 Seiten. 1947. (Leitfaden der Rechtswissenschaft Bd. 2.) 4.—

Bürgerliches Gesetzbuch. Zweites Buch. **Das Recht der Schuldverhältnisse.** 2. Hälfte: Besonderer Teil. Von Dr. R. Lehmann, Berlin. Oktav. 204 Seiten. 1948. (Leitfaden der Rechtswissenschaft Bd. 3.) 6.—

Bürgerliches Gesetzbuch. Drittes Buch. **Sachenrecht.** Von E. Kummerow, RA und Notar. Oktav. 138 Seiten. 1948. (Leitfaden der Rechtswissenschaft Bd. 6.) 4.50

Bürgerliches Gesetzbuch. Viertes Buch. **Familienrecht.** Von E. Kummerow, RA und Notar. Oktav. 122 Seiten. 1947. (Leitfaden der Rechtswissenschaft Bd. 4.) 4.—

Bürgerliches Gesetzbuch. Fünftes Buch. **Erbrecht.** Von E. Kummerow, RA und Notar. Oktav. 93 Seiten. 1947. (Leitfaden der Rechtswissenschaft Bd. 5.) 4.—

Bürgerliches Gesetzbuch, Handkommentar zum — —. (Kleiner Staudinger.) Auf Grund von J. v. Staudingers Kommentar bearb. von OLGRat F. Keidel. 3. Aufl. Oktav. 1231 Seiten. 1931. (Schweitzer.) Geb. 18.90

Bürgerliches Gesetzbuch nebst Einführungsgesetz. Textausgabe mit ausführlichem Sachregister. 21. Aufl. Oktav. 890 Seiten. Nachdruck. 1949. (Guttentagsche Sammlung von Textausgaben ohne Anmerkungen mit Sachregister.) Geb. 6.50

Bürgerliches Recht, Einführung in das — —. Ein kurzes Lehrbuch nach neuem System und neuer Lehrmethode. Von E. Stampe. 1. Teil: Einleitung. Die Gegenstände (Rechtsobjekte). Die Unternehmen und ihre Vermögen (Umformung der Lehre von den „Rechtssubjekten"). Oktav. X, 180 Seiten. 1920. 4.—

Bürgerliches Recht, Praktikum des — — für Vorgerücktere zum akademischen Gebrauch und zum Selbststudium. Von D. Dr. R. Stammler, Prof. a. d. Univers. Berlin. 2., umgearb. Aufl. Mit Fig. Oktav. XVI, 240 Seiten. 1903. 4.50

Bürgerliches Recht, Übungen im — —. Eine Anleitung zur Lösung von Rechtsfällen an Hand von praktischen Beispielen. Von Dr. H. Berg, LGRat. 2. Aufl. in Vorbereitung.

Bürgerliches Recht, Übungen im — — für Anfänger zum akademischen Gebrauch und zum Selbststudium. Von D. Dr. R. Stammler, Prof. a. d. Univers. Berlin. 5., durchgearb. Aufl. Oktav. 227 Seiten. 1922. 4.50, geb. 6.—

Bürgerliches Recht, Zehn Lösungen aus dem — — der Bayerischen Staatsprüfungs-Aufgaben. Von LGDir. F. Gerlach. 1920—1926. Oktav. 92 Seiten. 1931. (Schweitzer.) 2.30
Texte der Aufgaben. Oktav. 44 Seiten. 1931. —.90

Clausula rebus sic stantibus, Die sogenannte — — im Bürgerlichen Gesetzbuch. Von Dr. L. Stahl. Gr.-Oktav. 88 Seiten. 1909. (Schweitzer.) 2.50

Ehegesetz vom 20. Februar 1946 mit Abdruck der noch in Kraft befindlichen Bestimmungen der Durchführungsverordnungen zum Ehegesetz vom 6. Juli 1938. Von R. Frhr. v. Godin, RA i. München und H. Frhr. v. Godin, RA i. München. Mit Erläuterungen der §§ 606—639 Zivilprozeßordnung von Reichsgerichtsrat Dr. Tölke. Oktav. Zweite Auflage. (Guttentagsche Sammlung Deutscher Reichsgesetze Nr. 230.) Im Druck.

Ehescheidungsrecht. Die Ehescheidungsgründe des Bürgerlichen Gesetzbuches durch die Rechtsprechung erläutert. Eine Sammlung grundlegender Entscheidungen des Reichsgerichts, der Oberlandesgerichte usw. Von Dr. jur. G. Tunica, weil. LGDir. 2., umgearb. und erg. Aufl. von Prof. Dr. jur. et Dr. oec. publ. E. Goldschmidt. Oktav. XXIII, 217 Seiten. 1926. 7.50, geb. 9.—

Ehevertrag, Der — —. Preisschrift. Von Dr. A. v. Baligand. Oktav. 161 Seiten. 1906. (Schweitzer.) 4.—

Eigentumsrecht, Das — —. Von Dr. V. Kruse, o. Prof. a. d. Univers. Kopenhagen. Aus dem Dänischen übersetzt von Dr. K. Larsen. 3 Bände. Oktav.
Bd. I: XXI, 881 Seiten. 1931. Geb. 25.—
Bd. II: XIII, 880 Seiten. 1935. Geb. 25.—
Bd. III: XIII, 757 Seiten. 1936. Geb. 25.—

Eigentumsvorbehalt, Der — —. Von RA Chr. Meisner. Gr.-Oktav. 82 Seiten. 1932. (Schweitzer.) 2.80

Eigentumsvorbehalt beim Kauf, Der — —. (BGB. § 455). Von Dr. jur. R. Jaffé. (Dissertation.) Oktav. XI, 100 Seiten. 1910. 3.—

Einheitsmietsvertrag, Der Deutsche — —. Erläutert von RA Dr. A. Dahm. Oktav. 87 Seiten. 1937. (Stilkes Rechtsbibl. Nr. 156.) 2.—

Einrede aus dem fremden Rechtsverhältnis, Die — —. Eine Untersuchung auf dem Gebiete des gemeinen, sowie des deutschen und österreichischen bürgerlichen Rechts. Von Dr. A. Rappaport, k. k. Ger. Sekr. Oktav. 274 Seiten. 1904. 6.—

Erbenhaftung nach dem Bürgerlichen Gesetzbuch, Die — —. 2 Bände. Von S. Riesenfeld, RA i. Berlin. Oktav. 1916. Cplt. geb. 18.—
1. Band. Die Grundsätze der Haftung. XII, 461 Seiten. —
2. Band. Das Inventar und die Mittel der Haftpflichtsbeschränkung. VIII, 455 Seiten.

Erbenhaftung und Nachlaßkonkurs im neuen Reichsrecht. Von Dr. jur., Dr. rer. pol. h. c. E. Jaeger, Prof. der Rechte zu Leipzig. Oktav. 117 Seiten. 1898. 3.—

Erbrecht des Bürgerlichen Gesetzbuches. Von F. Endemann. 2. Aufl. bearb. von Prof. Dr. jur. H. Lehmann, Köln. In Vorbereitung. (Lehrbücher und Grundrisse der Rechtswissenschaft Bd. V.) ca. 5.—

Erklärungshaftung. Ein Beitrag zum System des bürgerlichen Rechtes. Von Dr. jur. H. Hildebrandt, Ger. Ass. Oktav. 311 Seiten. 1931. 18.—

Grundschuld in ihren Beziehungen zur persönlichen Forderung, Die — —. Von W. Weisbecker. Gr.-Oktav. 48 Seiten. 1922. (Schweitzer.) —.90

Grundstücksmiete. Von Dr. F. Kiefersauer. 7. Aufl. In Vorbereitung. (Schweitzers braune Handausgabe.) ca. 8.—

Grundstückverkehrsrecht. Ergänzungsheft. Von Dr. F. Kiefersauer. Lex.-Oktav. 59 Seiten. 1943. (Schweitzer.) 1.80

Haftpflichtgesetz. Erläutert. Von Fr. Seligsohn. 2. Aufl. Oktav. 360 Seiten. 1931. 12.—, geb. 13.50

Haftpflichtgesetz, Das Reichs — —. Kommentar von E. Böhmer, OLGRat b. OLand. Ger. i. Tübingen. 172 Seiten. 1950. ca. 15.—

Hypothekenbeschaffung für Wohn- und Geschäftshäuser. Handbuch für die Praxis der Grundstückswirtschaft. Von Dr. M. Friedländer, RA i. Berlin. Oktav. VIII, 151 Seiten. 1929. 6.—, geb. 7.50

Juristische Person, Die abhängige — —. Von Kronstein. Gr.-Oktav. VI, 140 Seiten. 1931. (Schweitzer.) 7.60

Kauf zur Probe, Der — —. Rechtsbegriff, Rechtsnatur, Rechtsfolgen. Von Dr. L. Levy, RA i. Potsdam. Oktav. 87 Seiten. 1915. 2.—

Lehre vom Mißverständnis, Die — —. Eine zivilrechtliche Untersuchung. Von H. Titze. Oktav. XI, 516 Seiten. 1910. 11.—

Miete, Gesetzliche — —. Reichsmietengesetz in der Fassung der Bekanntgabe vom 24. April 1936. Erläutert von RA Dr. A. Dahm. Oktav. 140 Seiten. 1936. (Stilkes Rechtsbibl. Nr. 153.) Geb. 4.50

Mietrechtslexikon. Von RA A. Dahm, Düsseldorf. Handbuch des ges. Miet- und Wohnrechts im Reich und Preußen. Oktav. Mit 2 Nachträgen. 131 Seiten. 1930. (Stilkes Rechtsbibl. Nr. 93.) Geb. 3.15

Mitschuldklage, zugleich ein Beitrag zur Lehre von der Rechtskraft und dem Einheitsgrundsatz in Scheidungs- und Anfechtungssachen. Von Dr. jur. H. Hildebrandt, Ger. Ass. Oktav. 80 Seiten. 1933. 4.50

Nachbarrecht, Das in Bayern geltende — —. Von RA Chr. Meisner. 3. Aufl. Gr.-Oktav. 606 Seiten. 1923. (Schweitzer.) Geb. 8.50

Notweg, Der — —. Seine Geschichte und seine Stellung im heutigen Recht. Von Dr. G. Buch, a. o. Prof. d. Rechte a. d. Univers. Breslau. Gr.-Oktav. 101 Seiten. 1919. (Schweitzer.) 3.60

Planck's Kommentar zum Bürgerlichen Gesetzbuch nebst Einführungsgesetz. Bisher herausgeg. von Dr. E. Strohal. Bearbeitet von E. Brodmann, L. Busch, J. Ebbecke, F. Flad, M. Greiff, K. Gunkel, P. Knoke, M. Landois, A. Lobe, Fr. Oegg, H. Siber, O. Strecker, K. v. Unzner. 4., neu bearb. Aufl. Oktav.

Bd. I. **Allgemeiner Teil** (§§ 1—240). In 2 Halbbänden. Cplt. LXV, 606 Seiten. 1913. 15.—, geb. 17.—

Bd. II. **Recht der Schuldverhältnisse.** 1. Halbbd.: Allgemeiner Teil (§§ 241—432). XVIII, 640 Seiten. 1914. 15.—, geb. 17.—

— —. 2. Halbbd.: Besonderer Teil (§§ 433—853). XII, 1924 Seiten. 1928. 49.—, geb. 52.—

Bd. IV. 1. Halbbd.: **Familienrecht** (1. Abschn. §§ 1297—1588). VII, 701 Seiten. 1928. 26.—, geb. 28.—

Bd. V. **Erbrecht** (§§ 1922—2385). XII, 1163 Seiten. 1930. 51.—, geb. 54.—

Bd. III. **Sachenrecht.** 1. Halbbd.: Einleitung und §§ 854—1112 und Verordnung über das Erbbaurecht. Bearb. von E. Brodmann und O. Strecker. 941 Seiten. 1936. 43.—, geb. 47.—

— —. 2. Halbbd.: §§ 1113—1296. VIII, 721 Seiten. 1938. 49.—, geb. 53.—

Bd. II. 2. Hälfte: Recht der Schuldverhältnisse (Besonderer Teil) XII, S. 641—1924. 1928. 49.—

Praxis der Vertretungsverträge, Die — —. Von Dr. Fr. Beermann. Gr.-Oktav. 56 Seiten. 1929. (Schweitzer.) 2.70

Recht des Bürgerlichen Gesetzbuches, Das — — in Einzeldarstellungen. Oktav.

Nr. 3: **Das persönliche Eherecht des BGB** für das Deutsche Reich. Von Dr. L. Jacobi. 2., verb. u. verm. Aufl. 122 Seiten. 1899. 2.—, geb. 2.75

Nr. 4: **Das Recht der einzelnen Schuldverhältnisse im BGB.** Eine Darstellung und Erläuterung der Hauptbestimmungen. Von F. Schollmeyer. 2., völlig neubearb. Aufl. 241 Seiten. 1904. 5.—, geb. 6.—

Nr. 6: **Die Reichsgrundbuchordnung** und ihre landesrechtlichen Ergänzungen. Eine Einführung in das Grundbuchwesen des Deutschen Reichs mit besonderer Berücksichtigung Preußens. Von Dr. P. Siméon. 2., neubearb. Aufl. 125 Seiten. 1901. 3.—, geb. 3.75

Nr. 7: **Die allgemeinen Vorschriften des BGB über Rechte an Grundstücken.** Von O. Strecker. 121 Seiten. 1898. 2.50, geb. 3.25

Nr. 8: **Die Deliktsobligationen im System des BGB.** Kritische und dogmatische Randbemerkungen. Von Dr. Fr. v. Liszt. VI, 114 Seiten. 1898. 2.80

Nr. 10: **Der allgemeine Teil des BGB** in seinem Einflusse auf die Fortentwicklung der Rechtswissenschaft. Von Dr. R. Leonhard. XVI, 537 Seiten. 1900. 10.—

Nr. 11: **Das internationale Privatrecht des BGB.** Dargestellt von Th. Niemeyer. VI, 222 Seiten. 1901. 4.50

Nr. 12: **Das Recht der beweglichen Sachen nach dem BGB.** Von H. Buhl. 130 Seiten. 1901. 3.—

Sachenrecht des Bürgerlichen Gesetzbuches. Von Prof. Dr. J. W. Hedemann, Berlin. 2. Aufl. i. Vorbereitung. (Lehrbücher und Grundrisse der Rechtswissenschaft Bd. III.)

Sachenrecht, Grundriß des — — s bei Schiffen und Schiffsbauwerken. Von H. Wolff. Gr.-Oktav. 103 Seiten. 1949. (Cram, de Gruyter & Co. Hamburg.) 4.—

Schiffe und Schiffsbauwerke, Gesetz über Rechte an eingetragenen — — n. Vom 15. November 1940 und Durchführungsverordnung vom 21. Dezember 1940. Oktav. 88 Seiten. 1941. (Guttentagsche Sammlung von Textausgaben ohne Anmerkungen mit Sachregister.) 1.—

Schuldbereinigungsgesetz vom 3. September 1940. Von Dr. W. Vogels, Ministerialdirigent i. Reichsjust. Ministerium. Oktav. 253 Seiten. 1940. (Guttentagsche Sammlung Deutscher Reichsgesetze Nr. 221.) 5.—

Schuldrecht des Bürgerlichen Gesetzbuches. Von Prof. Dr. J. W. Hedemann, Berlin. Oktav. XXX, 422 Seiten. 1949. (Lehrbücher und Grundrisse der Rechtswissenschaft Bd. II.) Geb. 18.—

Schuldrecht, Neubau des — — s. Ein Beitrag zur Reform des deutschen Rechts. Von Reg. Präs. a. D. W. Dörr. Gr.-Oktav. 68 Seiten. 1934. (Schweitzer.) 4.—

Schuld und Haftung im geltenden Recht. Von Dr. Claudius Frhr. v. Schwerin, München. Oktav. 43 Seiten. 1911. (Schweitzer.) 1.30

Staudingers Kommentar zum Bürgerlichen Gesetzbuch. Mit Einführungsgesetz. 10., neubearb. Aufl. Lex.-Oktav. (Schweitzer.) Bisher erschienen: Bd. I. Einleitung von LGRat Dr. Fr. Brändl; **Allgemeiner Teil,** erläutert von Prof. Dr. E. Riezler. XII, 1104 Seiten. 1936. In 4 Lieferungen. Cplt. 44.—, in Halbleder geb. 49.50

Bd. II. Teil 1: **Recht der Schuldverhältnisse.** Lfg. 1: Einleitung und §§ 241—242 von AGRat D. Dr. W. Weber. 442 Seiten. 1940. 22.—

— —. Lfg. 2: **Recht der Schuldverhältnisse,** §§ 243—245, erläutert von D. Dr. W. Weber. 124 Seiten. 1941. 6.—

Bd. II. Teil 2: **Schuldverhältnisse,** §§ 433—610, von Dr. K. Kober, RA Dr. Fr. Ostler, Dr. Fr. Kiefersauer. 885 Seiten. 1937. In 3 Lieferungen. Cplt. 37.—, in Halbleder geb. 42.50

Bd. II. Teil 3: **Einzelne Schuldverhältnisse.** Lfg. 1: **Dienstvertrag,** §§ 611 bis 630, von Prof. Dr. Nipperdey. 480 Seiten. 1939. 20.—

— —. Lfg. 2: **Werkvertrag,** §§ 631—657, erläutert von Dr. K. Kober. 175 Seiten. 1939. 7.50

— —. Lfg. 3: **Recht der Schuldverhältnisse,** §§ 657—661, erläutert von Dr. K. Kober, §§ 662—704, erläutert von Prof. Dr. H. Nipperdey, §§ 705 bis 709, erläutert von K. Geiler, 271 Seiten. 1941. 11.50

— —. Lfg. 4: **Recht der Schuldverhältnisse,** §§ 709—740, erläutert von K. Geiler. 181 Seiten. 1941. 8.—

— —. Lfg. 5: **Recht der Schuldverhältnisse,** Anhang zu §§ 705 ff., erläutert von Dr. K. Geiler, §§ 741—758, erläutert von Dr. K. Kober, §§ 759—778, erläutert von Dr. Fr. Brändl, §§ 779—811, erläutert von Dr. K. Kober, §§ 812—822, erläutert von O. Lechner. 518 Seiten. 1943. 22.—

Bd. III. **Sachenrecht,** erläutert von Dr. K. Kober. 2 Teile. VIII, 1671 Seiten. 1936. In 6 Lieferungen cplt. 66.30, in Halbleder geb. 77.30

Bd. V. Teil 1: **Erbrecht.** Lfg. 1: Einleitung und §§ 1922, erläutert von Prof. Dr. G. Boehmer. 292 Seiten. 1938. 12.—
— —. Lfg. 2: **Erbrecht,** §§ 1923—2031, erläutert von Prof. Dr. H. Lehmann. 287 Seiten. 1944. 12.—
Bd. V, Teil 2: Erbrecht. Lfg. 1: Dritter Abschnitt. **Testament.** Einleitung zum dritten Abschnitt von W. Vogels, §§ 2064—2196, erläutert von K. Seybold. VIII, 290 Seiten. 1942. 12.50
Bd. VI, **Einführungsgesetz,** von H. Gramm. VIII, 574 Seiten. 1939. In 2 Lieferungen cplt. 25.—, in Halbleder geb. 29.50
Weitere Lieferungen und Teile gelangen Ende 1949 und Anfang 1950 zur Ausgabe.
Lfg. 6—9, 23 z. Z. nicht greifbar.

Sukzessivlieferungsvertrag, Der — —. Von Dr. jur. A. Hueck, Ger. Ass. Gr.-Oktav. 204 Seiten. 1918. (Schweitzer.) 4.50

Testamente und Erbverträge, Gesetz über die Errichtung von — — n, vom 31. Juli 1938. Erläutert von Dr. W. Vogels, MinDirig. i. Reichsjust. Min. 4. Aufl. bearb. von Dr. K. Seybold, Notar i. Sulzbach-Rosenberg/Opf. Oktav. 318 Seiten. 1949. (Schweitzer, Verlag für Rechtswissenschaft vorm. Fr. Vahlen G. m. b. H., Berlin.) Halbleinen 15.—

Testamentsvollstrecker, Der — —. Rechte und Pflichten des Testamentsvollstreckers. Von Dr. K. Wegler, RA i. Nürnberg und Dr. J. Leopold, AGRat i. Leipzig. Oktav. IX, 59 Seiten. 1938. 2.—

Todesfälle, Sachliche Beweise bei der Klärung von — — n. Von B. Kenyeres. Mit 83 Abb. Oktav. V, 216 Seiten. 1935. Geb. 12.—

Unterhaltsanspruch der geschiedenen Ehegatten, Der — —. Von Dr. H. Furler, RA i. Pforzheim, Prof. a. d. Techn. Hochsch. Karlsruhe. Oktav. 164 Seiten. 1941. 6.—

Veräußerungsverbot des Bürgerlichen Gesetzbuchs, Das — —. Von Dr. L. Raape, Priv. Doz. a. d. Univers. Bonn. Oktav. XIV, 210 Seiten. 1908. 5.—

Vereine ohne Rechtsfähigkeit nach dem neuen Rechte. Von Dr. O. Gierke, Geh. Just. Rat, o. Prof. d. Rechte a. d. Univers. Berlin. 2., erg. Aufl. Gr.-Oktav. 52 Seiten. 1902. (Schweitzer.) 1.—

Verjährung und gesetzliche Befristung. Von Weiß. Oktav. 155 Seiten. 1905. (Schweitzer.) 3.20

Verschollenheit, die Todeserklärung und die Feststellung der Todeszeit, Gesetz über die — —, vom 4. Juli 1939 (RGBl. I S. 1186). Erläutert von E. Kummerow, RA und Notar. Oktav. 63 Seiten. 1949. (Guttentagsche Sammlung Deutscher Reichsgesetze Nr. 234.) 2.80

Verschuldungsprinzip — Verursachungsprinzip. Von G. Marton. Oktav. 53 Seiten. 1926. (Schweitzer.) 1.80

Vertragsverletzungen, Die positiven — —. Von H. Staub. In 2. Aufl. herausgeg. und erg. von RA E. Müller. Oktav. 66 Seiten. 1913. 2.—

Viehgewährschaftsrecht, Das — —. Von RA Chr. Meisner. 3. Aufl. Oktav. 301 Seiten. 1927. (Schweitzer.) 8.—

Viehkauf (Viehgewährschaft). Von Dr. H. Stölzle, Just. Rat i. Kempten. Neubearb. von Dr. M. Graminger, München. Mit Kaiserl. Verordnung vom 27. März 1899, betr. die Hauptmängel und Gewährfristen beim Viehhandel. Von Dr. E. Fröhner, Geh. Reg. Rat. 7. Aufl. Oktav. 471 Seiten. 1935. (Guttentagsche Sammlung Deutscher Reichsgesetze Nr. 50.) 10.—

Vorteilsanrechnung, Die — — beim Erfüllungsausspruch. Von L. Decker. Gr.-Oktav. 75 Seiten. 1907. (Schweitzer.) 1.60

2. Handelsrecht

(Schiffahrtsrecht, Genossenschaften, Bank und Börse, Verschiedenes.)

Abzahlungsgeschäfte, Das Reichsgesetz betreffend die — —. Vom 16. Mai 1894. Von Dr. K.-A. Crisolli unter Mitwirkung von J. Crisolli. 4., völlig umgearb. Aufl. des Werkes von Hoffmann-Wilke. Oktav. 413 Seiten. 1931. (Guttentagsche Sammlung Deutscher Reichsgesetze Nr. 34.) Geb. 7.20

Aktiengesellschaft, Das Recht der entstehenden — —. Von Dr. L. Homberger Gr.-Oktav. VI, 45 Seiten. 1907. (Schweitzer.) 1.50

Aktiengesellschaften, Die Umgestaltungen der Satzungen der — — nach dem neuen Aktienrecht. Von Dr. W. Schmidt, RA und Notar i. Berlin. Oktav. 197 Seiten. 1938. 5.40

Aktiengesellschaften und Kommanditgesellschaften auf Aktien, Gesetz über — — (Aktiengesetz) vom 30. Januar 1937. Erläutert von R. Frhr. v. Godin, RA und Notar i. München und Dr. H. Wilhelmi, RA und Notar i. Frankfurt a. M. 2. Aufl. in Vorbereitung. (Guttentagsche Sammlung Deutscher Reichsgesetze Nr. 205.)

Aktiengesetz, Das — —. Kommentar zum HGB, Buch 2, Abschn. 3/4. Mit Einführungsgesetz, Durchführungsverordnungen und Einführungsverordnungen für Österreich und die sudetendeutschen Gebiete. Von Vizepräs. C. Ritter und OLGRat J. Ritter. 2., völlig neubearb. Aufl. Lfg. 1: §§ 1—144. VIII, 464 Seiten. 1938. 16.—. Lfg. 2: §§ 145—304; Einf. Ges. zum AkG. §§ 1—32; Durchf. Verord. zum AkG §§ 1—40; 3. Durchf. Verord. zum AkG; Wortregister. Gr.-Oktav. 370 Seiten. 1939. 15.20. Nachtrag 1940. —.80. Ges. Umf. VIII, 834 Seiten. 1939. (Schweitzer.) Mit Nachtrag 32.—, geb. 34.—

Aktienstrafrecht. Kommentar zu den §§ 288—304 des Aktiengesetzes. Von E. Schmidt. Oktav. 50 Seiten. 1940. 3.—

Aktienwesen, Die Entwicklung des deutschen — — s im 19. Jahrhundert. Von Dr. K. Bösselmann. Oktav. XI, 204 Seiten. 1939. 7.—

Aktienwesen, Die Sanierung unseres — — s. Von E. Brodmann. Oktav. 46 Seiten. 1931. 3.—

Aktionärschutz, Über — — nach deutschem, englischem und französischem Recht. Von Dr. W. Böhm. Oktav. IX, 114 Seiten. 1910. (Schweitzer.) 2.70

Aufschlußpflicht, Die — — von Vorstand und Aufsichtsrat gegenüber der Generalversammlung nach deutschem Aktienrecht. Von Dr. A. Arnold. Gr.-Oktav. 80 Seiten. 1908. (Schweitzer.) 2.40

Aufsichtsrat der Aktiengesellschaft, Der — —. Eine Darstellung seiner Aufgaben, Rechte und Pflichten für die Praxis. Von Dr. jur. E. Tremblau. Oktav. VIII, 100 Seiten. 1917. Geb. 3.—

Bankdepotgesetz. Gesetz über die Verwahrung und Anschaffung von Wertpapieren vom 4. Febr. 1937. Erläutert von RA Dr. K. H. Riecke. Oktav. 92 Seiten. 1937. (Stilkes Rechtsbibl. Nr. 163.) Geb. 2.40

Bank- und Kreditgesetzgebung, Die deutsche — —. Zusammengestellt von Dr. jur. J. C. D. Zahn, RA i. Berlin. Oktav. XVI, 342 Seiten. 1937. (Guttentagsche Sammlung Deutscher Reichsgesetze Nr. 202.) Geb. 6.—

Binnenschiffahrts- und Flößereirecht. Erläuterungswerk bearbeitet von O. Vortisch, RA und Notar und Prof. Dr. O. Zschucke. Oktav. XIX, 922 Seiten. 1938. (Guttentagsche Sammlung Deutscher Reichsgesetze Nr. 36.) Geb. 15.—

Devisengesetzgebung, Die — —. Texte und Regelungen (nach dem Stande vom 10. Februar 1937.) Von Dr. jur. K. Urbanek, RA i. Berlin. Mit Verweisungen. Oktav. 199 Seiten. 1937. (Stilkes Rechtsbibl. Nr. 158.) Geb. 4.80

D-Markbilanzgesetz und die Umstellung von Schuldverhältnissen. Kommentar von Dr. H. v. Boehmer, RA b. d. OLand. Ger. i. Düsseldorf. Oktav. XII, 393 Seiten. 1949. 12.—

Dokumentenakkreditive. Einheitliche Richtlinien und Gebräuche für Dokumentenakkreditive. Drucksache Nr. 82 der Internationalen Handelskammer. Neudruck Mai 1948. Herausgeg. unter Mitarbeit von Dr. E. Trost, Berlin. Oktav. 36 Seiten. 1948. (Kommissionsverlag.) 1.—

Erwerbs- und Wirtschaftsgenossenschaften, Das Reichsgesetz, betreffend die — —. Kleiner Kommentar. Begonnen von L. Parisius und Dr. H. Crüger. 26. Aufl. von Dr. J. Lang und Dr. L. Weidmüller. In Vorbereitung. (Guttentagsche Sammlung Deutscher Reichsgesetze Nr. 29.)

Erwerbs- und Wirtschaftsgenossenschaften, Das Reichsgesetz betreffend die — —. Kommentar zum praktischen Gebrauch für Juristen, Genossenschaften und ihre Mitglieder. Von L. Parisius und H. Crüger. Bis zur 3. Aufl. herausgeg. von L. Parisius und H. Crüger, später von H. Crüger und A. Crecelius. 12., neubearb. Aufl. von F. Citron. Oktav. XV, 605 Seiten. 1932. 25.20, geb. 27.—

Gesellschaften mit beschränkter Haftung, Das Reichsgesetz, betreffend die — —. Begonnen von L. Parisius und Dr. H. Crüger. 20. Aufl. von Dr. W. Schmidt, RA und Notar. In Vorbereitung. (Guttentagsche Sammlung Deutscher Reichsgesetze Nr. 32.)

Gesellschaften mit beschränkter Haftung, Kommentar zum Gesetz, betreffend die — — (früher Staub-Hachenburg). Von M. Hachenburg. 5. Aufl., unter Mitarbeit von F. Bing und W. Schmidt. 2 Bände. Oktav. Bd. I: §§ 1—34. VI, 527 Seiten. 1926. Bd. II: §§ 35—84. 452 Seiten. 1927. Neue Auflage in Vorbereitung.

Güter als Seefracht, Gefährliche — —. Neue, durch Nachträge verm. Aufl. 1. Teil: Gesetzliche Vorschriften für die Seeverfrachtung gefährlicher Güter im Auszuge. 2. Teil: Technische Erläuterungen zu den Stoffen des Güterverzeichnisses der Seefrachtordnung unter besonderer Berücksichtigung ihrer Zusammensetzung und gefährlichen Eigenschaften nebst Beispielen aus Seeunfällen. Für Schiffsoffiziere insbesondere Ladungsoffiziere, Verlader und Verfrachter. Von Schmaltz. Oktav. IV, 152 u. 10 Seiten. 1925. 3.—

Handbuch für Baugenossenschaften. Von A. Scheidt, Unterstaatssekr. d. Preuß. Ministeriums f. Volkswohlfahrt. 2., umgearb. Aufl. Oktav. X, 548 Seiten. 1920. 12.—, geb. 13.50

Handelsgesetzbuch nebst Einführungsgesetz vom 10. Mai 1897. Textausgabe mit Sachregister. 16. Aufl. (Guttentagsche Sammlung von Textausgaben ohne Anmerkungen mit Sachregister.) Oktav. 156 Seiten. 1949. 2.80

Handelsgesetzbuch, Das — — mit Ausschluß des Seerechts. Erläutert von Vizepräs. C. Ritter. 2. Aufl. Gr.-Oktav. 914 Seiten. 1932. (Schweitzer.) 28.—, geb. 30.50

Handelsgesetzbuch, Kommentar zum — —. Von Mitgliedern des früheren Reichsgerichts. 2. Aufl. 4 Bde. In Vorbereitung. Je Band ca. 50.—

Handelsgesetzbuch (ohne Seerecht). Mit den ergänzenden Vorschriften des Bürgerlichen Gesetzbuches. Mit Erläuterungen von Dr. E. Heymann, Geh. Just. Rat, o. Prof. a. d. Univers. Berlin, unter Mitarbeit von H. W. Kötter, RA i. Berlin. 3., durchges. Aufl. der Neubearb. (20. Gesamtaufl.) von H. W. Kötter. In Vorbereitung. (Guttentagsche Sammlung Deutscher Reichsgesetze Nr. 4.) Geb. ca. 20.—

Handelsgesetzbuch und Wechselordnung, sowie Nebengesetze und Auszug aus dem Bürgerlichen Gesetzbuche. Von Just. Rat. R. Basch. Erläutert durch die Rechtsprechung des Reichsgerichts. Neubearb. von W. Basch, RA a. Kammerger. u. Notar i. Berlin. 10. Aufl. Oktav. VIII, 460 Seiten. 1931. (Schweitzer.) Geb. 4.50

Handelsrecht, Deutsches — —. Ein Handbuch für den praktischen Gebrauch mit Anmerkungen aus der Rechtsprechung. Von Dr. W. Heun, LGDir. i. Berlin. 2 Bände. 2. Aufl. Oktav. Gesamtumf. XXIV, 1728 Seiten. 1944. (Schweitzer.) Geb. 21.—

Handelsrecht und Schiffahrtsrecht. Von Dr. J. v. Gierke, o. Prof. der Rechte a. d. Georg-August Univers. Göttingen. 6., umgearb. Aufl. Oktav. XIII, 567 Seiten. 1949. Geb. 24.—

Handelsrichter, Leitfaden für — —. Von Dr. M. Isaac, RA und Notar i. Berlin. Oktav. 134 Seiten. 1932. 3.60

Nachindossament des protestierten Wechsel, Das — —. Von Th. Böhme. (Dissertation.) Oktav. IV, 66 Seiten. 1908. 2.—

Nutzungsrecht an Unternehmen und Unternehmensbeteiligungen. Von R. Frhr. v. Godin, RA i. München. Oktav. XII, 129 Seiten. 1949. 8.—

Offene Handelsgesellschaften, Das Recht der — —. Systematisch dargestellt. Von Dr. A. Hueck, Prof. der Rechte a. d. Univers. München. Gr.-Oktav. 309 Seiten. 1946. 18.—

Offene Handelsgesellschaften, Kommanditgesellschaften und stille Gesellschaften von der Errichtung bis zur Auflösung. Nebst Vertrags- und Anmeldeformularen und mit Berücksichtigung des Steuerrechts. Von A. Starke. Oktav. XIV, 167 Seiten. 1928. 5.—

Recht der großen Haverei, Das — —. Von Dr. Ph. Heck, Ger. Ass. u. Priv. Doz. a. d. Univers. Berlin. Lex.-Oktav. XXXV, 839 Seiten. 1889. (Schweitzer.) 18.—

Seerecht, Das öffentliche — —. Erläutert von J. Sebba. Oktav. XVI, 596 Seiten. 1932. (Guttentagsche Sammlung Deutscher Reichsgesetze Nr. 19.) Geb. 11.70

Steuerrecht und Handelsrecht, Die Zusammenhänge zwischen — — und ihre Entwicklung untersucht an dem Gewinn und an der Bewertung. Eine bilanzrechtliche und bilanskritische Darstellung mit praktischen Beispielen. Von Dr. jur. J. Hein. Oktav. IX, 280 Seiten. 1928. 10.—, geb. 12.—

Stimmrecht des Aktionärs, Das — —. Von Dr. J. Haselberger. Gr.-Oktav. VIII, 68 Seiten. 1906. (Schweitzer.) 2.—

Übermäßiger Gewinn im Sinne der Preissteigerungsverordnung vom 23. Juli 1915/23. März 1916. Von RA Dr. A. Rosenthal, Hamburg. Lex.-Oktav. 19 Seiten. 1917. (Schweitzer.) —.80

Verfügungsrecht beim Frachtgeschäft, Das — —, mit besonderer Berücksichtigung des Postfrachtgeschäfts. Von Dr. jur. P. Leutke, Postinsp. Oktav. 270 Seiten. 1905. 5.—

Veröffentlichungen der Vereinigung der Handelsrechtslehrer Deutscher Hochschulen. Oktav. Heft 1: Bericht über die erste Tagung der Vereinigung in Berlin am 7. und 8. März 1927. Mit Beiträgen von E. Heymann, H. Wüstendörfer, O. Schreiber, A. Nußbaum. 65 Seiten. 1928. 5.—

Wechselgesetz und Scheckgesetz mit Anmerkungen und den Texten der Nebengesetze. Von A. Esderts. Oktav. 224 Seiten. 1935. (Stilke.) Geb. 5.50

Wechselgesetz und Scheckgesetz mit Nebengesetzen. Erläutert von Dr. P. Schaefer, Amtsgerichtsrat. Taschenformat. VII, 292 Seiten. Zweite vermehrte Auflage. 1941. (Schweitzer.) 4.—

Wechselordnung, Staub's Kommentar zur — —. Fortgesetzt von J. Stranz und M. Stranz. 13. Aufl. völlig neubearb. für das Wechselgesetz vom 21. Juni 1933. Von M. Stranz und Martin Stranz. Oktav. XII, 835 Seiten. 1934. Geb. 24.—

Wertpapiere, Gesetz über die Verwahrung und Anschaffung von — — n (Depotgesetz) vom 4. Februar 1937. Nebst einem Anhang: Schrankfachvertrag und verschlossene Einlage. Erläutert von Dr. G. Opitz, RA. Oktav. XXXII, 704 Seiten. 1937. (Guttentagsche Sammlung Deutscher Reichsgesetze Nr. 203.) Geb. 14.—

Wertpapiere, Recht der — — (einschl. Wechsel- und Scheckrecht). Von Cl. Frhr. v. Schwerin. 3. Aufl. bearb. von Prof. Dr. W. Siebert, Göttingen. In Vorbereitung. (Lehrbücher und Grundrisse der Rechtswissenschaft Bd. VII.)

III. Grenzgebiete des Bürgerlichen Rechts

1. Privat- und Sozialversicherung

Angestelltenversicherungsgesetz in der Fassung des Ausbaugesetzes vom 21. Dezember 1937 nebst Ausführungsbestimmungen. Kommentar von Dr. F. Allendorf und Dr. F. Haueisen. Mit einem Geleitwort von A. Grießmeyer. Oktav. 511 Seiten. 1938. (Guttentagsche Sammlung Deutscher Reichsgesetze Nr. 214.) Geb. 12.—
Nachtrag. 10 Seiten. 1938. —.30

Angestelltenversicherungsgesetz. Von Ministerialrat G. Ziegler. (Sonderdruck aus: Sammlung in der Praxis oft angewandter Verwaltungsgesetze und Verordnungen.) Oktav. 68 Seiten. 1927. (Schweitzer.) 1.10

Assekuranz, Geschichte der — — und der hanseatischen Seeversicherungsbörsen Hamburg, Bremen, Lübeck. Von F. Plaß. Gr.-Oktav. XIII, 790 Seiten. 80 Abb. und 3 Seeversicherungspolicen in Fksm. 1902. (Cram, de Gruyter & Co. Hamburg.) 18.—

Aufsichtsamt für das Versicherungswesen Groß-Berlin. Veröffentlichungen. 1. Jahrgang. Heft 1. 1948. 6.—. 2. Jahrgang. Heft 1. 1949. 3.80. — —. Heft 2. 1949. 3.60. — —. Heft 3. 1949. 4.—. — —. Heft 4. 1949. 3.20. Erscheinungsweise: Nach Bedarf. Preis je nach Umfang. Als nach dem Kriege wiedererschienene Fortsetzung der:

Veröffentlichungen des Reichsaufsichtsamts für Privatversicherung. Quart. 1.—38. Jahrgang (1939). Einzelne cplte. Jahrgänge sind aus Restbeständen noch lieferbar. Auf Wunsch nähere Angaben.

Beaufsichtigung der privaten Versicherungsunternehmungen und Bausparkassen vom 6. Juni 1931, Gesetz über die — —. Von RA Dr. jur. H. Goltz. Oktav. 165 Seiten. 1931. (Stilkes Rechtsbibl. Nr. 122.) Geb. 4.—

Brandversicherungsgesetz. Von Ministerialrat G. Ziegler. (Sonderdruck aus: Sammlung in der Praxis oft angewandter Verwaltungsgesetze und Verordnungen.) Oktav. 23 Seiten. 1927. (Schweitzer.) —.70

Frachtversicherung, Die — —. Von W. Mohr. Oktav. 60 Seiten. 1927. (Cram, de Gruyter & Co. Hamburg.) 2.70

Haftung des Versicherers, Die — — für Güter aus deutschen Schiffen in italienischen und portugiesischen Häfen. Von R. Martin. Gr.-Oktav. 40 Seiten. 1918. (Cram, de Gruyter & Co. Hamburg.) 4.—

Handwerkerversorgungsgesetz. Das Gesetz über die Altersversorgung für das deutsche Handwerk (Handwerkerversorgungsgesetz) vom 21. Dezember 1938 nebst der Durchführungs- und Ergänzungsverordnung vom 13. Juli 1939, den wichtigsten Vorschriften des Angestelltenversicherungsgesetzes u. sonstiger ergänzender Gesetze u. Verordnungen. Eingehend erläutert von Dr. H. Haaß, Sen. Präs. i. Reichsversicherungsamt, und R. Glanzmann, RGRat. Oktav. 368 Seiten. 1939. (Guttentagsche Sammlung Deutscher Reichsgesetze Nr. 219.) Mit Nachtrag 1940. Geb. 10.50
Nachtrag einzeln. 1.50

Kundenversicherung, Die Grundzüge der — — (Generalversicherung der Speditions- und Lagergüter) mit einer Einleitung über das Interesse als Element der Sachversicherung. Von Dr. J. Weygand, RA i. Leipzig. Oktav. 162 Seiten. 1914. 4.—

Lebensversicherung zu Gunsten Dritter, insbesondere der Interessenkonflikt zwischen dem Begünstigten und den Gläubigern des Versicherungsnehmers. Von W. Schwarz. Oktav. VIII, 50 Seiten. 1914. 1.25

Leistung und Gegenleistung im Versicherungsvertrage. Eine Grundfrage des Privatversicherungsgesetzes. Von Dr. Fr. Haymann, o. ö. Prof. der Rechte a. d. Univers. Köln. Oktav. 103 Seiten. 1933. 6.—

Obergutachten über Unfallvergiftungen. Dem Reichs-Versicherungsamt und anderen Gerichten erstattet. Von Prof. Dr. L. Lewin. Oktav. VIII, 379 Seiten. 1912. 5.—

Pflichtversicherung für Kraftfahrzeughalter und Kraftfahrversicherungsbedingungen. Textausgabe mit Erläuterung der gesetzlichen Vorschriften und Versicherungsbedingungen sowie mit Sachregister. Von G. E. Fromm, Sen. Präs. i. Reichsaufsichtsamt f. Privatversicherung. Oktav. XV, 267 Seiten. 1941. (Guttentagsche Sammlung Deutscher Reichsgesetze Nr. 223.) 5.—

Privatversicherungsrecht, Handbuch des — — s. Von Prof. Dr. W. Kisch. Lex.-Oktav. (Schweitzer.) Bd. II: Die Lehre von der Versicherungsgefahr. XXII, 604 Seiten. 1920. In 4 Lieferungen cplt. 11.70

Reichsknappschaftsgesetz, Das — — in der Fassung der Bekanntmachung vom 1. Juli 1926 nebst Einführungsgesetz zum Gesetz vom 23. Juni 1927. Von Prof. Dr. Ing. e. h. M. Reuß, Wirkl. Geh. OBergrat und Dr. F. Hense, OBergrat a. D. 2. Aufl. Mit Nachtrag 1931. Oktav. XVI, 640 u. 7 Seiten. 1927. (Guttentagsche Sammlung Deutscher Reichsgesetze Nr. 155.) Geb. 10.80

Reichsversicherungsordnung, Die — — nebst dem Einführungsgesetze, den wichtigsten Ausführungsvorschriften und den ergänzenden Gesetzen und Verordnungen. Neue Aufl. in Vorbereitung. (Guttentagsche Sammlung Deutscher Reichsgesetze Nr. 161.)

Seeversicherung, Besonderheiten der — —. Von K. Doernberger. Gr.-Oktav. 66 Seiten. 1911. (Schweitzer.) 1.80

Seeversicherung, Das Recht der — —. Ein Kommentar zu den allgemeinen Deutschen Seeversicherungsbedingungen. Von C. Ritter. Gr.-Oktav. 1494 Seiten. 1924. Anastatischer Neudruck 1943. 2 Bände. (Cram, de Gruyter & Co. Hamburg.) Geb. 98.—

Seeversicherungsbedingungen, Allgemeine Deutsche — —. 24. Taus. Oktav. 56 Seiten. 1939. 1.80
Englische Ausgabe: **General Rules of Marine Insurance** adopted by the German Underwriters. Translated by A. Sieveking. Oktav. 64 Seiten. 1920. 2.70

Verantwortlichkeit des Versicherungsnehmers für das Verhalten Dritter. Von Prof. Dr. H. Möller, Univers. Hamburg. Oktav. 105 Seiten. 1939. (Schriften der Akademie für deutsches Recht, Gruppe für Handels- u. Wirtschaftsrecht H. 3.) 6.—

Versicherungsbedingungen für Haftpflichtversicherung, Allgemeine — —. §§ 1—4: Der Versicherungsschutz. Erläutert von Dr. jur. H. Oberbach. Oktav. XII, 280 Seiten. 1938. (Guttentagsche Sammlung Deutscher Reichsgesetze Nr. 213.) Geb. 9.20
— —. Teil II: §§ 5—6: Der Versicherungsfall. §§ 7—12: Das Versicherungsverhältnis. Oktav. 368 Seiten. 1947. (Guttentagsche Sammlung Deutscher Reichsgesetze Nr. 213 a.) 20.—

Versicherungsstatistik über die unter Reichsaufsicht stehenden Unternehmungen. Herausgeg. vom Reichsaufsichtsamte für Privatversicherung. Quart. Für 1902—1938 sind noch Restbestände vorhanden. Auf Wunsch nähere Angaben.

Versicherungsunternehmungen, Gesetz über die privaten — —. Vom 12. Mai 1901. Von Dr. jur. h. c. H. Koenige, Sen. Präs. a. Reichsgericht i. R. 3., umgearb. Aufl. von H. Koenige und A. Petersen, OReg. Rat a. D. Oktav. 856 Seiten. 1927. (Guttentagsche Sammlung Deutscher Reichsgesetze Nr. 62.) Geb. 18.—

Versicherungsvertrag, Das Zustandekommen des — — es. Von H. Hagemann. Oktav. 67 Seiten. 1934. (Aus: Hamburger Rechtsstudien.) (Cram, de Gruyter & Co. Hamburg.) 4.—

Versicherungsvertrag, Reichsgesetz über den — —. Von E. Bruck und H. Möller. 8. Aufl. in Vorbereitung. (Guttentagsche Sammlung Deutscher Reichsgesetze Nr. 83.)

2. Arbeitsrecht

Akkordvertrag, Der — — und der Tarifvertrag. Eine Darstellung zweier Vertragsarten aus dem modernen Wirtschaftsleben. Von P. Wölbling, Mag. Rat. Oktav. XIII, 482 Seiten. 1908. 10.—, geb. 11.—

Arbeitsgerichtsgesetz. Kommentar. 2., völlig neubearb. Aufl. von H. Dèpene unter Mitwirkung von Th. Rolfing und E. Heinitz. Oktav. XIX, 861 Seiten. 1932. (Guttentagsche Sammlung Deutscher Reichsgesetze Nr. 168.) Geb. 15.—

Arbeitsrecht. Von Loppuch. In Vorbereitung. (Leitfaden der Rechtswissenschaft.)

Arbeitsrecht der Bühne, Das — —. Von RA Dr. B. Riepenhausen. Oktav. 236 Seiten. 1943. 9.—

Arbeitsvertragsrecht. Die arbeitsrechtlichen Vorschriften der allgemeinen Gesetze mit Erläuterungen aus der höchstrichterlichen Rechtsprechung des Reichsarbeitsgerichts und der Landesarbeitsgerichte von Reichsgerichtsrat i. R. Dr. Czolbe, und Staatsrat Wagemann †. Oktav. XII, 774 Seiten. 1934. (Stilke.) Geb. 15.—

Arbeitszeit in Bäckereien und Conditoreien, Gesetz über die — — vom 29. Juni 1936 nebst der amtlichen Begründung und der Durchführungsbestimmung erläutert von Dr. R. Schneider unter Mitwirkung von H. Wolkersdörfer, Sen. Präs. b. Kammerger. Oktav. 103 Seiten. 1936. (Guttentagsche Sammlung Deutscher Reichsgesetze Nr. 199.) 1.80

Arbeitszeitordnung vom 26. Juli 1934 nebst den amtlichen Erläuterungen, den Ausführungsbestimmungen und anderen arbeitszeitrechtlichen Verordnungen. Erläutert von Dr. R. Schneider unter Mitwirkung von H. Wolkersdörfer, Sen. Präs. b. Kammerger. Oktav. 442 Seiten. 1937. (Guttentagsche Sammlung Deutscher Reichsgesetze Nr. 201.) Geb. 8.—

3. Gewerberecht

Gaststättengesetz vom 28. April 1930 mit den Durchführungs- und Ausführungsverordnungen des Reiches und Preußens. Kommentar von W. Huyke. Neue Aufl. in Vorbereitung. (Guttentagsche Sammlung Deutscher Reichsgesetze Nr. 176.)

Gewerbeordnung für das Deutsche Reich nebst Gaststättengesetz, Kinderschutzgesetz und Hausarbeitsgesetz. Mit Einleitung von A. Elster. Neue Aufl. von G. Erdmann in Vorbereitung. (Guttentagsche Sammlung von Textausgaben ohne Anmerkungen mit Sachregister.)

Pfandleihrecht, Das deutsche — —. Kommentar zum preußischen Pfandleihgesetz unter Berücksichtigung der außerpreußischen Gesetze. Von G. Lenzen. Oktav. XXVI, 266 Seiten. 1929. 20.—

Recht der Reklame, Das — —. Von Dr. F. Wolff, RA und Notar zu Berlin und Dr. K.-A. Crisolli, Ger. Ass. zu Berlin. Oktav. XX, 403 u. 54 Seiten. 1929. 9.—, geb. 10.—

Rechtliche Stellung der Geheimmittel und ähnliche Arzneimittel, Die — —. Von Dr. W. Stader. Oktav. 116 Seiten. 1929. (Stilkes Rechtsbibl. Nr. 89.) Geb. 3.15

4. Geistig-gewerblicher Rechtsschutz

Behandlung der literarisch-musikalischen Werke nach geltendem Recht. Von C. Petzl. Oktav. 61 Seiten. 1911. (Schweitzer.) 1.40

Beiträge zum Patentrecht. Von W. Dunkhase, Geh. Reg. Rat. 6 Hefte. Oktav.
Heft 1: Die Patentfähige Erfindung und das Erfinderrecht unter besonderer Berücksichtigung des Unionsprioritätsrechts. 2. Aufl. 148 Seiten. 1913. 3.—
Heft 2: Die Neuheit der Erfindung nach Patent- und Gebrauchsmusterrecht. 53 Seiten. 1913. 1.50
Heft 3: Die Prüfung der Erfindung auf Patentfähigkeit. 49 Seiten. 1913. 1.50

Heft 4: Der Patentschutz. 97 Seiten. 1914. 3.—
Heft 5: Das Patenterteilungsverfahren und das Patentamt. 152 Seiten. 1914. 4.—
Heft 6: Nichtigkeitsverfahren, Zwangslizenz und Zurücknahme des Patents. 51 Seiten. 1914. 1.50

Berner Übereinkunft über Internationales Urheberrecht, Die — —. Von H. Dungs. Oktav. 75 Seiten. 1910. (Guttentagsche Sammlung Deutscher Reichsgesetze Nr. 95.) Geb. —.90

Eigenbild im Recht, Das — —. Von Dr. J. Kohler, o. Prof. a. d. Univers. Berlin. Oktav. 66 Seiten. 1903. 2.—

Filmgewerbe, Verträge im — —. Insbesondere die Filmpacht, die Filmlizenz und der Filmserienvertrag. Von O. Böhm. Oktav. VII, 79 Seiten. 1919. 2.50

Geheimnis und Erfindungsbesitz. Von Dr. J. L. Seligsohn, RA i. Berlin. Oktav. 147 Seiten. 1921. 3.—

Gesetz zum Schutz der Warenbezeichnungen. Von Dr. A. Seligsohn, Just. Rat. 3. Aufl., bearb. in Gemeinschaft mit M. Seligsohn, RA und Notar i. Berlin. Oktav. 416 Seiten. 1925. 15.—, geb. 16.50

Gutachten der fünf preußischen Sachverständigenkammern für Urheberrecht. Eine Auswahl, bearb. und herausgeg. von E. Wollenberg. Oktav. VIII, 210 Seiten. 1936. 5.—

Patent, Der einheitliche Schutzgegenstand des — — s. Prüfung, Umgrenzung und Auslegung der Erfindungstragweite nach dem neuen Patentgesetz. Von Dr. jur. S. von der Trenck, RA a. Kammergericht. Oktav. XII, 260 Seiten. 1936. 12.—, geb. 13.—

Patentanspruch, Der —. Von Dr. E. Müller, Patentanwalt i. Berlin. Oktav. 93 Seiten. 1925. 4.—

Patentgesetz nebst Ausführungsbestimmungen. Von R. Lutter, Geh. Reg. Rat, unter Mitwirkung von Dr. O. Emersleben und Dr. jur. A. Elster. 11. Aufl. in Vorbereitung. (Guttentagsche Sammlung Deutscher Reichsgesetze Nr. 22.)

Patentgesetz und Gesetz, betreffend den Schutz von Gebrauchsmustern. Erläutert. Von Dr. A. Seligsohn, Just. Rat. 7. Aufl. Mit Nachtrag. Oktav. VIII, 622 u. 8 Seiten. 1932. 22.50, geb. 24.30

Rechtsschutz, Gewerblicher — —. Von Lindenmaier. In Vorbereitung. (Leitfaden der Rechtswissenschaft.)

Rechtsstellung des Drehbuchautors, Die — —. Von Dr. jur. Chr. Andritzky. Oktav. IX, 80 Seiten. 1931. 3.50

Schutz des Urheberrechtes im deutschen Rundfunk, Der — —. Von Dr. jur., Dr. Ing. G. Reininger. Oktav. 87 Seiten. 1929. 4.—

Unlauterer Wettbewerb, Gesetz gegen den — — vom 7. Juni 1909. Kurzer Kommentar für Praxis und Studium. Von Elster. Neue Aufl. in Vorbereitung. (Guttentagsche Sammlung Deutscher Reichsgesetze Nr. 37.)

Urheber- und Erfinderrecht, Deutsches — —. Eine systematische Darstellung. 1. Abt. Allgemeiner Teil, Besonderer Teil: Urheberrecht an Schriftwerken und Tonwerken; Urheberrecht an Kunstwerken und Photographien; Geschmacksmusterrecht. Von E. Riezler, Prof. a. d. Univers. Freiburg i. Br. Gr.-Oktav. 506 Seiten. 1909. (Schweitzer.) 7.20

Urheber- und Erfinder-, Warenzeichen- und Wettbewerbsrecht. (Gewerblicher Rechtsschutz.) Von Dr. jur. A. Elster. 2., stark erweiterte und völlig umgearb. Aufl. (Mit Abdruck der Gesetzestexte.) Oktav. XII, 611 Seiten. 1928. (Lehrbücher und Grundrisse der Rechtswissenschaft Bd. VIII.) 16.20

Warenzeichengesetz vom 5. Mai 1936 nebst Pariser Verbandsübereinkunft und Madrider Abkommen, erläutert von Dr. R. Busse, Senatsrat im Reichspatentamt in Berlin. 2. Aufl. Oktav. 636 Seiten. 1939. (Stilkes Rechtsbibl. Nr. 40.) Geb. 14.—

Gewerbe- und Industrie-Kommentar (GIK). Unter besonderer Berücksichtigung der Rechtsprechung des Reichsgerichts herausgeg. von H. Koenige. Bd. III: **Warenzeichenrecht.** Kommentar von Dr. A. Hagens, Sen. Präs. Oktav. VIII, 580 Seiten. 1927. 22.—, geb. 24.—

IV. Zivilprozeß

(Freiwillige Gerichtsbarkeit, Grundbuchrecht, Konkursordnung, Zwangsvollstreckung und Kostengesetze)

Beschlagnahme von Lohn, Gehalt und Diensteinkommen, Das Recht der — —. Auf Grundlage des Reichsgesetzes vom 21. Juni 1869, der Verordnung über Lohnpfändung vom 25. Juni 1919 nebst Abänderungen und der Zivilprozeßordnung dargestellt von G. Meyer, Just. Rat, RA b. d. Landger. Berlin und Notar. Mit Nachtrag 1932. Oktav. 175 u. 3 Seiten. 1930. (Guttentagsche Sammlung Deutscher Reichsgesetze Nr. 55.) Geb. 4.—

Beweislastregeln, Die Anwendung der — — im Zivilprozeß und das qualifizierte Geständnis. Von Dr. K. Korsch. Oktav. X, 140 Seiten. 1911. 3.—

Einschränkungen der Aufrechnung und der Konfusion im Konkurs, Die — —. Von Dr. jur. H. Kunick, Ger. Refr. Oktav. 77 Seiten. 1926. 2.50

Freiwillige Gerichtsbarkeit. Von Dr. H. W. Müller, OLGRat i. Reichsjust. Ministerium. 1949. In Vorbereitung. (Leitfaden der Rechtswissenschaft Bd. 8.) ca. 4.—

Freiwillige Gerichtsbarkeit, Die Gesetze des Reiches und Preußens über die — —. Textausgabe mit Sachregister. 2. Aufl. Oktav. 115 Seiten. 1947. (Guttentagsche Sammlung von Textausgaben ohne Anmerkung und Sachregister.) 3.60

Freiwillige Gerichtsbarkeit, Die Gesetze des Reiches und Preußens über die — —. Von H. Jastrow †. 9. Aufl. in Bearbeitung. (Guttentagsche Sammlung Deutscher Reichsgesetze Nr. 46.)

Gebührenordnung für Rechtsanwälte, Die deutsche — —, nebst den landesgesetzlichen Gebühren der Rechtsanwälte. Herausgeg. von LGRat Dr. A. Friedländer u. RA Dr. M. Friedländer. 9., völlig neubearb. Aufl. des Kommentars von Walter-Joachim. Lex.-Oktav. 839 Seiten. 1932. (Schweitzer.) Geb. 32.—

Gebührenordnung für Rechtsanwälte, Tabellen zur — —, zur Reichskostenordnung in freiwilliger Gerichtsbarkeit, zum Gerichtskostengesetz und Umsatzsteuergesetz nebst ergänzenden Bestimmungen und Erläuterungen. Zusammengestellt von G. Quandt, RA i. Brandenburg a. H. 15. Aufl. Oktav. 42 Seiten. 1949. Geb. 6.—

Gerichtliche und Verwaltungs-Meteorologie. Das Wetter in der Rechtsprechung für Gerichte und Rechtsanwälte, Verwaltungen, Magistrate und Hausbesitzer, Berufsgenossenschaften und Versicherungsgesellschaften, für Gewerbe, Handel und Technik. Mit 438 Beispielen aus der Praxis. Von Prof. Dr. C. Kassner, Priv. Doz. a. d. Techn. Hochschule Berlin. Oktav. 208 Seiten. 1921. 4.—

Gerichtsentlastung und Güteverfahren im Krieg und Frieden. Von H. Cahn, RA i. Nürnberg. Oktav. 75 Seiten. 1916. 2.—

Gerichtskostengesetz, Deutsches — — nebst Gebührenordnungen für Gerichtsvollzieher und für Zeugen und Sachverständige in den neuesten Fassungen. Auf der Grundlage der Sydow-Busch'schen Textausg. neu bearb. in 11. Aufl. von Dr. L. Busch, RGRat i. R. und O. Krieg, LGDir. Mit Nachtrag. Oktav. XI, 433 u. 4 Seiten. 1928. (Guttentagsche Sammlung Deutscher Reichsgesetze Nr. 15.) Geb. 6.75

Gerichtskostengesetz, Kommentar zum — —. Von LGRat Dr. A. Friedländer u. RA Dr. M. Friedländer. Gr.-Oktav. XXXIII, 621 Seiten. 1928. (Schweitzer.) Geb. 26.50

Gerichtskostengesetz, Preußisches — — (neueste Fassung). Nach dem Tode des früheren Herausgebers Dr. P. Siméon erläutert von O. Lindemann, Geh. OJust. Rat. 8., völlig umgearb. Aufl. Oktav. 439 Seiten. 1928. (Guttentagsche Sammlung preußischer Gesetze Nr. 17.) Geb. 7.20

Gerichtsverfassung, Deutsche — — auf dem Gebiet der streitigen und freiwilligen Rechtspflege. Von W. Dittmann. Gr.-Oktav. 136 Seiten. (Cram, de Gruyter & Co. Hamburg.) 6.—

Gerichtsverfassungsgesetz mit Einführungsgesetz. Begonnen von Dr. R. Sydow. Neue Aufl. in Vorbereitung. (Guttentagsche Sammlung Deutscher Reichsgesetze Nr. 14.)

Gläubigeranfechtung außerhalb des Konkursverfahrens, Die — —. Erläuterungen des Anfechtungsgesetzes mit systematischer Einführung. 2., völlig neubearb. Aufl. von Dr. jur., Dr. rer. pol. h. c. E. Jaeger, Prof. der Rechte zu Leipzig. Gr.-Oktav. VIII, 387 Seiten. 1938. Geb. 23.—

Grundbuchordnung in der Fassung der Bekanntmachung vom 5. August 1935. Mit Anmerkungen und einer Zusammenstellung der Reichsausführungsbestimmungen und der wichtigsten in Reichs-, Zonen-, und Landes-Gesetzen, -Verordnungen und -Verfügungen enthaltenen Vorschriften über die Grundbuchverfassung und das Grundbuchverfahren. Von Dr. P. Thieme, Sen. Präs. i. Celle. 3., neubearb. Aufl. Oktav. 356 Seiten. 1949. Halbleinen 19.—

Mit Sonderanhang für: Groß-Berlin und die Länder der sowjetischen Besatzungszone. Von Dr. K. Schwarze. 22.—

— — das Land Bayern. Von F. Reichhelm. 20.50

— — das französisch und amerikanisch besetzte Gebiet Württembergs. Von Prof. Dr. Baur. 22.—

— — das Land Hessen. Von Dr. jur. H. Eise. 24.—

— — das Land Bremen. Von Dr. H. L. Schüter. 21.50
(Stilkes Rechtsbibl. Nr. 80.)

Grundbuchordnung für das Deutsche Reich nebst den Ausführungsbestimmungen. Kommentar von W. Hesse in Verbindung mit E. Saage und N. Fischer. Neue Aufl. in Vorbereitung. (Guttentagsche Sammlung Deutscher Reichsgesetze Nr. 42.)

Grundbuchordnung, Kommentar zur — — unter besonderer Berücksichtigung der in Preußen und Bayern weitergeltenden landesrechtlichen Bestimmungen. Von G. Meikel. 4., neubearb. Aufl. von RRat Dr. W. Imhof. Gr.-Oktav. 1310 Seiten. 1940. (Schweitzer.) Geb. 53.—. In Lieferungen: Lfg. 1: 3.60; Lfg. 2: 6.—; Lfg. 3: 6.—; Lfg. 4: 7.20; Lfg. 5: 7.20; Lfg. 6: 20.—; Einbanddecke: 1.50

Grundbuchrecht, Das materielle und formelle deutsche — — in seiner Beziehung zum Liegenschaftskatasterdienst unter besonderer Berücksichtigung der bayerischen und rheinpfälzischen Verhältnisse. Von D. H. Richter. In Vorbereitung.

Grundbuchrecht, Zehn Lösungen aus dem — — der Staatsprüfungsaufgaben seit 1919. Von OARichter Dr. W. Kriener. Oktav. 95 Seiten. 1930. (Schweitzer.) 2.70

Grundbuchrecht, Zehn weitere Lösungen aus dem — — der Staatsprüfungsaufgaben seit 1919. Von OARichter Dr. W. Kriener. Oktav. 117 Seiten. 1934. (Schweitzer.) 2.70

Hinterlegungsordnung, Die Reichs — — vom 10. März 1937. Bearb. von Amtmann M. Bree. Oktav. 163 Seiten. 1937. (Stilkes Rechtsbibl. Nr. 164.) Mit Nachtrag. 1939. Geb. 5.20

Justizbeitreibungsordnung und Einziehung von Vermögensstrafen. Erläutert von R. Witte, Bez. Revis. b. d. Amtsger. Berlin. Oktav. 204 Seiten. 1937. (Guttentagsche Sammlung Deutscher Reichsgesetze Nr. 209.) Geb. 3.80

Konkursgläubigerrecht, Die Feststellung des — — s. KO. § 146. Von E. Bley. (Dissertation.) Oktav. VIII, 107 Seiten. 1914. 3.50

Konkursordnung, Kommentar zur — — und den Einführungsgesetzen, mit einem Anhang, enthaltend das Anfechtungsgesetz, die Vergleichsordnung, Auszüge aus den Kostengesetzen, Ausführungsgesetze und Geschäftsordnungen. Von Dr. jur., Dr. rer. pol. h. c. E. Jaeger, Prof. der Rechte zu Leipzig. 6. u. 7., neubearb. Aufl. Quart. Bd. I: (KO. §§ 1—46.) XXVIII, 828 Seiten. 1931. 49.—. Bd. II: (KO. §§ 47—244, Einführungsgesetze, Richtlinien, Nachtrag und Sachregister.) Quart. XIX, 1037 Seiten. 1933/36. 46.—

Konkursordnung, Vergleichsordnung und Anfechtungsgesetz mit Erläuterungen. Auf der Grundlage der Sydow-Busch'schen Textausg. mit Anmerkungen. 17. Aufl. von Prof. Bley in Vorbereitung. (Guttentagsche Sammlung Deutscher Reichsgesetze Nr. 13.)

Konkursrecht, Lehrbuch des — — s. Von Dr. jur., Dr. rer. pol. h. c. E. Jaeger, Prof. der Rechte zu Leipzig. 8., erw. Aufl. des Grundrisses zur Vorlesung über Konkursrecht. Quart. 255 Seiten. 1932. Geb. 13.50

Konkursrecht und Vergleichsordnung. Von Dr. H. W. Müller, OLGRat i. Reichsjust. Ministerium. 1949. In Vorbereitung. (Leitfaden der Rechtsseisʍɟɥasuɟɔ Bd. 10.)

Konkursrichter, Handbuch für — —. Von Senatspräs. OLGRat J. Senst. 4. Aufl., nach dem Tode des Verfassers durchges. von Dr. A. W. Müller. Gr.-Oktav. 301 Seiten. 1928. (Schweitzer.) Geb. 12.60

Kostenfestsetzungsverfahren, Das — — und die deutsche Gebührenordnung für Rechtsanwälte nebst den landesgesetzlichen Vorschriften in Preußen, Bayern, Sachsen, Württemberg, Baden und Hessen. Mit Erläuterungen. 14. Aufl. des Willenbücherschen Werkes in Gemeinschaftsarbeiten von LGDir. F. Junge, LGRat K. Breuer, RA Dr. J. A. Graf Westarp, RA Dr. J. von der Heyde, RA Dr. W. Petersen. Gr.-Oktav. VIII, 575 Seiten und 14 Seiten Tabellen. 1944. (Schweitzer.) 16.50

Kostengesetz und Gebührenordnungen der Rechtspflege. Textausgabe mit Verweisungen, Gebührentabellen und Sachregister. Herausgeg. von R. Witte, Bez. Revis. b. d. Amtsger. Berlin. Oktav. VIII, 288 Seiten. 1937. (Guttentagsche Sammlung Deutscher Reichsgesetze Nr. 204.) Geb. 3.50
Nachtrag. 14 Seiten. 1938. —.30

Kostenordnung vom 25. November 1935. Von Reichsger. Rat G. Rusche. Oktav. 300 Seiten. 1936. (Stilkes Rechtsbibl. Nr. 150.) Geb. 10.—

Kostenrechnung, ABC der — —. Teil 1: Die Gerichtskosten in familienrechtlichen Angelegenheiten, in Nachlaß- und Teilungssachen. Von H. Meyer, Bez. Revis. i. München und K. Schlegel. Just. Amtm. i. Berlin. Oktav. 261 Seiten. 1942. (Schweitzer.) 6.—

Lehrausgaben deutscher Gesetze. Herausgeg. von Dr. O. Bühler, o. ö. Prof. a. d. Univers. Münster/W. Bd. II: **Die Zivilprozeßordnung.** Sachlich geordnet, mit systematischen Paragraphenüberschriften und ausführlichem Sachregister herausgeg. von L. Rosenberg. Mit Nachtrag 1932. Oktav. XI, 564 u. 20 Seiten. 1930. Geb. 8.—

Lehrbücher des deutschen Reichsrechtes. Guttentag'sche Sammlung. Oktav.
Nr. 1: **Der Reichs-Civilprozeß.** Von H. Fitting. 12. u. 13., neu durchges. Aufl. Mit Nachtrag: Die Neuerungen der Novelle zur Civilprozeßordnung vom 1. Juni 1909. XVIII, 798 u. 53 Seiten. 1907. 5.—
Nr. 3: **Das Reichs-Konkursrecht und Konkursverfahren.** Von H. Fitting. 3., völlig neubearb. Aufl. XVI, 523 Seiten. 1904. 4.—

Lohnpfändung, Recht der — —. Dargestellt und erläutert von Dr. H. Rühling, LGRat. Oktav. 244 Seiten. 1938. (Guttentagsche Sammlung Deutscher Reichsgesetze Nr. 216.) Geb. 5.—

Mit Ergänzung: Das neue Lohnpfändungsrecht. 1941. 1.50

Offenbarungseid und Haft im Zivilprozeß. Kommentar von W. Huyke. Oktav. 173 Seiten. 1930. (Guttentagsche Sammlung Deutscher Reichsgesetze Nr. 177.) Geb. 3.60

Prozeßführung, Die — — der im ordentlichen gesetzlichen Güterstand lebenden Ehefrau. Von Dr. jur. et rer. pol. Fr. Scheppler. Oktav. 60 Seiten. 1909. (Schweitzer.) 1.30

Das Publikum im Verkehr mit dem Amtsgericht in Familien-, Erb-, Nachlaß- und Testamentsangelegenheiten, Zivilprozessen, Aufgebotsachen, Arresten und einstweiligen Verfügungen, Zwangsvollstreckungssachen. Dargestellt in etwa 180 erläuterten Musteranträgen. Von O. Scheiblich. 5. Aufl. Gr.-Oktav. 211 Seiten. 1937. (Schweitzer.) 3.50

Reichskassenordnung vom 6. August 1927 (RKO.), mit Erläuterungen von Geh. ORGRat Ministerialdirigent i. R. R. Schulze und Ministerialrat Dr. E. Wagner. Oktav. 666 Seiten. 1930. (Stilkes Rechtsbibl. Nr. 92.) Geb. 16.—

Reichskostenordnung. (Verordnung über die Kosten in Angelegenheiten der freiwilligen Gerichtsbarkeit und der Zwangsvollstreckung in das unbewegliche Vermögen.) Vom 25. November 1935. Erläutert von O. Lindemann, Geh. OPostrat. Oktav. 195 Seiten. 1936. (Guttentagsche Sammlung Deutscher Reichsgesetze Nr. 198.) Geb. 3.50

Reichszivilprozeßordnung, Die — — mit Gerichtsverfassungsgesetz und den wichtigsten Nebengesetzen. Herausgeg. von Dr. H. W. Müller. OLGRat. Textausg. 2., neubearb. Aufl. Oktav. LVI, 678 Seiten. 1949. (Schweitzer.) 12.—, geb. 13.50

Sachbericht und Gutachten. Eine Anleitung in Grundrißform. Von LGRat Dr. E. Keßler. 2., neubearb. Aufl. Gr.-Oktav. 91 Seiten. 1937. (Schweitzer.) 2.—

Sachbeweis, Der —. Von W. Polzer. Oktav. Mit zahlreichen Abbildungen. XV, 184 Seiten. 1938. (Schweitzer.) Geb. 6.40

Sachlegitimation, Die — —. Von Dr. K. Rosenthal, Hamburg. Von der rechts- und staatswissenschaftl. Fakultät d. Univers. Würzburg gekrönte Preisschrift. Gr.-Oktav. 82 Seiten. 1903. (Schweitzer.) 2.—

Schiedsrecht. (Recht des privaten Schiedsverfahrens.) Von Dr. Fr. Prager, München. Oktav. 188 Seiten. 1931. (Schweitzer.) 5.—

Schiedsverfahren nach dem deutschen Recht, Das — —. Ein Lehr- und Handbuch für Laien und Juristen. Von H. Teßmer, Syndikus. Oktav. XVI, 301 Seiten. 1915. 7.—

Staatsanwalt in Zivilsachen, Die Tätigkeit des — —. Erläutert von Dr. L. Leiß, Staatsanw. i. München. Lex.-Oktav. 146 Seiten. 1942. (Schweitzer.) 4.—

Unterlassungsklage. Eine Übersicht für den Praktiker. Von RA Dr. A. Rosenthal. Oktav. 1916. (Schweitzer.) 2.40

Vergleichsordnung vom 26. Februar 1935 mit Erläuterungen von O. Krieg, Sen. Präs. beim Kammergericht. Zugleich Nachtrag zu Sydow-Busch-Krieg, Konkursordnung (ersetzt die Seiten 573—767 der 16. Aufl.). 10., völlig neubearb. Aufl. Oktav. VIII, 319 Seiten. 1937. (Guttentagsche Sammlung Deutscher Reichsgesetze Nr. 13a.) Geb. 6.—

Wahrheitspflicht im Zivilprozeß, Die —. Ein Vortrag. Von Dr. H. Welzel, Prof. i. Göttingen. Oktav. 27 Seiten. 1935. 2.—

Wert des Streitgegenstandes in bürgerlichen Rechtsstreitigkeiten, Der — —. Von Just. Insp. Fr. X. Berger. Gr.-Oktav. 103 Seiten. 1935. (Schweitzer.) 2.60

Zivilprozesse für den Rechtsunterricht, insbesondere für die Referendarübungen. Von R. Schneider. Oktav. 119 Seiten. 1914. 2.40

Zivilprozeßordnung und Gerichtsverfassungsgesetz. Begonnen von R. Sydow. 21. Aufl. in Vorbereitung. (de Gruytersche Sammlung Deutscher Gesetze.)

Zivilprozeßrecht. Von Dr. H. W. Müller, OLGRat. 1949. In Vorbereitung. (Leitfaden der Rechtswissenschaft Bd. 7.) ca. 4.—

Zwangshypothek, Die — —. Forschungen zu ihrer Geschichte und Theorie. Von Dr. H. Schanz, o. Prof. a. d. Univers. Würzburg. Oktav. (Schweitzer.) 1. Heft: Die gerichtliche Hypothek des französischen Rechts in ihrer geschichtlichen Entwicklung und Verbreitung. 240 Seiten. 1910. (Schweitzer.) 5.80. 2. Heft: Die Zwangshypothek des deutschen Rechts in ihrer geschichtlichen Entwicklung und Verbreitung. 213 Seiten. 1933. 7.—

Zwangsversteigerung und Zwangsverwaltung vom 24. März 1897, Gesetz über die — —. Mit besonderer Berücksichtigung der bayerischen Ausführungsbestimmungen und mit Beispielen. Von Sen. Präs. A. Steiner. 5., neubearb. Aufl. Lex.-Oktav. 720 Seiten. 1935. (Schweitzer.) Geb. 33.—

Zwangsvollstreckung. Ein Lehrbuch. Von Dr. K. Blomeyer, o. Prof. i. Jena. Oktav. 187 Seiten. 1933. (Lehrbücher und Grundrisse der Rechtswissenschaft Bd. XV.) Geb. 4.50

Zwangsvollstreckung, Die Gesetzgebung, betreffend die — — in das unbewegliche Vermögen im Reiche und in Preußen. Von Dr. J. Krech und Dr. O. Fischer. Neue Aufl. in Bearbeitung. (Guttentagsche Sammlung Deutscher Reichsgesetze Nr. 43.)

Zwangsvollstreckung in Forderungen und andere Vermögensrechte. Von F. Schubert, Just. Insp. i. Freiberg i. Sa. 2., neubearb. Aufl. Oktav. 310 Seiten. 1938. Geb. 5.50
Nachtrag. 1941. —.50

Zwangsvollstreckung und Zwangsversteigerung. Von Dr. H. W. Müller, OLGRat. In Vorbereitung. (Leitfaden der Rechtswissenschaft Bd. 9.)

Zwischenurteile, Über den Einfluß der — — und des bedingten Endurteils auf nachfolgende Versäumnisurteile. Von Zeitlmann. Oktav. 88 Seiten. 1893. (Schweitzer.) 2.—

V. Strafrecht und Strafprozeß

(einschl. Kriminologie)

Abhandlungen des Kriminalistischen Instituts an der Universität Berlin. Vierte Folge. Oktav. Begründet von Dr. Fr. v. Liszt. Herausgeg. von Dr. W. Graf Gleispach und Dr. E. Kohlrausch, Professoren des Strafrechts an der Universität Berlin.

Bd. I, Heft 1: **Liberalismus und Strafrecht im 19. Jahrhundert** unter Zugrundelegung der Lehren Karl Georg v. Waechters. Von Dr. H. Dannenberg. VII, 66 Seiten. 1925. 3.—

— —, Heft 2: **Die systematische Bedeutung der adaequaten Kausalitätstheorie** für den Aufbau des Verbrechensbegriffs. Von Dr. H. Tarnowski, RA a. Kammergericht. X, 340 Seiten. 1927. 18.—

— —, Heft 3: **Der Verrat von Betriebsgeheimnissen** nach englischem und nordamerikanischem Recht. Von Dr. jur. L. Ehrlich. VII, 75 Seiten. 1930. 4.—

— —, Heft 4: **Die juristische Natur der falschen Beweisaussage.** Ein Beitrag zur Geschichte und Systematik der Eidesdelikte, zugleich zur Frage einer Beschränkung der Strafbarkeit auf erhebliche falsche Aussagen. Von Dr. St. Kuttner. VI, 76 Seiten. 1931. 6.—

Bd. II, Heft 1: **Kriminalpolitik und Strafrechtssystematik** unter besonderer Berücksichtigung des sowjetrussischen Rechts. Von Dr. W. Gallas. VII, 88 Seiten. 1931. 5.—

— —, Heft 2: **Das Bewußtsein der Rechtswidrigkeit,** entwickelt an der Lehre vom Hausfriedensbruch. Von Dr. W. Goldschmidt. IX, 51 Seiten. 1931. 4.—

— —, Heft 3: **Bewährungsfrist vor dem Urteil.** Von Dr. jur. Fr. Hoefer. 90 Seiten. 1931. 4.—

Bd. III, Heft 1: **Der moderne Täterbegriff und der deutsche Strafgesetzentwurf.** Von Dr. R. Lange, Ger. Ass. VI, 79 Seiten. 1935. 3.50

— —, Heft 2: **Schutz von Staat und Volk im englischen Recht.** Im Vergleich mit einer rechtsvergleichenden Untersuchung der Verratsverbrechen. Von Dr. E. Schinnerer. XII, 99 Seiten. 1935. 4.50

— —, Heft 3: **Beiträge zur Lehre vom Adhäsionsprozeß.** Von Dr. jur. habil. A. Schönke, Ger. Ass. i. Berlin. XIV, 179 Seiten. 1935. 6.50

— —, Heft 4: **Hegels Notstandslehre.** Von Dr. P. Bockelmann. VI, 69 Seiten. 1935. 3.—

Bd. IV, Heft 1: **Kriminalität in Stadt und Land.** Von Dr. H. Buchardt. 168 Seiten. 1936. 8.—

— —, Heft 2: **Täuschung und Rechtswidrigkeit beim Kreditbetrug.** Von Dr. P. Burchardt. VI, 59 Seiten. 1937. 3.—

— —, Heft 3: **Die Auswirkungen des wertbeziehenden Denken in der Strafrechtssystematik.** Von Dr. H. Mittasch. X, 153 Seiten. 1939. 6.—

Bd. V, Heft 1: **Die notwendige Teilnahme.** Von Dr. R. Lange, Prof. i. Jena. IV, 102 Seiten. 1940. 5.—

— —, Heft 2: **Probleme der Strafe der Brandmarkung im Lichte von rechtsvergleichenden Quellen.** Von Dr. jur. Y. Chen. 56 Seiten. 1948. 4.—

§ 193. **Beleidigung und berechtigte Interessen.** Eine Sammlung von 40 strafrechtlichen Fällen nach der Spruchpraxis des Bayer. ObLG. Von J. Kurz. Gr.-Oktav. 28 Seiten. 1909. (Schweitzer.) —.50

Blankettfälschung, Die — —. Ihre Stellung innerhalb der Urkundenfälschung. Zugleich ein Beitrag zur Strafrechtsreform. Von Dr. jur. F. Hahn, Reutlingen. Oktav. VII, 76 Seiten. 1910. 1.20

Bücherei, kleine kriminalistische, — —. Herausgeg. von Dr. jur. H. Schneickert. Oktav.

Bd. I: **Die strafrechtlichen Aufgaben der Polizei.** Für den Polizeiunterricht und die Polizeipraxis. Von Dr. jur. H. Schneickert. 182 Seiten. 1923. 2.—

Bd. II: **Beobachtungs- und Ermittlungspraxis im Polizei- und Detektivdienst.** Von L. Philipp. 181 Seiten. 1923. 2.—

Bd. III: **Falschspieler.** Formen und Technik des Spielbetruges nebst einem Anhange: Der Spielprofessor und sein angebliches sicheres System beim Spiele gegen eine öffentliche Roulettebank. Von H. v. Manteuffel. Oktav. 90 Seiten. 1923. 2.—

Bd. IV: **Kriminalistische Spurensicherung.** Sammlung dienstlicher Anweisungen und sachverständiger Ratschläge für den Dienstgebrauch und für Polizeischulen. Herausgeg. von Dr. jur. H. Schneickert. 3., verb. Aufl. Mit 2 Abb. 117 Seiten. 1944. 2.80

Bd. V: **Gerichtsärztliche Tatbestandsfeststellungen** im Dienste der Polizei. Ein Leitfaden für Polizei- und Kriminalbeamte. Von Dr. med. P. Rehfeldt, Pol. med. Rat in Köln. 133 Seiten. 1927. Geb. 3.50

Bd. VI: **Kriminologie.** Von Dr. G. Ledig, OLGRat i. Dresden. 96 Seiten. 1947. 3.—

Entwurf 1925, Der — —. Von Dr. H. B. Gerland, o. ö. Prof. a. d. Univers. Jena. Allgemeiner Teil. Kritische Bemerkungen. Oktav. 96 Seiten. 1925. 5.—

Erforschung des Sachverhalts strafbarer Handlungen, Die — —. Ein Leitfaden für Beamte der Staatsanwaltschaft und des Polizei- und Sicherheitsdienstes. Von Dr. H. Groß, o. ö. Prof. d. Strafrechts a. d. Univers. Graz. 7. Aufl., neubearb. von Reg. Rat Dr. K. Leibig. Mit zahlreichen Abb. im Text. Gr.-Oktav. VIII, 231 Seiten. 1938. (Schweitzer.) Geb. 5.60

Gefängnisarbeit, Die — —. Vortrag, gehalten am 26. Juli 1900. Von Dr. Fr. v. Liszt, o. Prof. der Rechte i. Berlin. Oktav. 20 Seiten. 1900. (Sammlung gemeinverständlicher Vorträge, herausgeg. von der Berliner Finkenschaft.) —.60

Gehirn und Veranlagung des Verbrechers. Beiträge zur Aufhebung der Todesstrafe und zur Einführung eines Verwahrgesetzes. Im Anschluß an die Besprechung interessanter Rechtsfälle. Von Prof. Dr. med. M. Flesch. Oktav. 151 Seiten. 1929. 8.—

Geldstrafengesetz, Das — — vom 6. Februar 1924 mit Begründung und Ausführungsbestimmungen. Von Dr. A. Hellwig, LGDir. i. Potsdam. 3. Aufl. Oktav. XII, 187 Seiten. 1924. (Schweitzer.) 5.40

Gesetz und Schuld im Strafrecht. Von Dr. L. v. Bar, o. Prof. der Rechte i. Göttingen. 3 Bände. Oktav.
Bd. I. Das Strafgesetz. XII, 272 Seiten. 1906. 4.—
Bd. II. Die Schuld nach dem Strafgesetze. XIX, 855 Seiten. 1907. 12.—
Bd. III. Die Befreiung von Schuld und Strafe durch das Strafgesetz. XXVII, 610 Seiten. 1909. 8.—

Handbuch der Kriminalistik. Von Prof. Dr. H. Groß, o. ö. Prof. d. Strafrechts a. d. Univers. Graz, neu bearb. und erg. von Prof. Dr. E. Seelig, Dir. d. Kriminal. Inst. d. Univers. Graz. 8. Aufl. des „Handbuchs für Untersuchungsrichter als System der Kriminalistik". Oktav. Bd. I: 443 Seiten. 1942. (Schweitzer.) 14.—, Bd. II, Lfg. 2: IV, 214 Seiten. 1944. 6.50. Weitere Lieferungen erscheinen Anfang 1950.

Handlungsbegriff in seiner Bedeutung für das Strafrechtssystem, Der — —. Zugleich ein Beitrag zur Lehre von der rechtswissenschaftlichen Systematik. Von Dr. G. Radbruch, Priv. Doz. a. d. Univers. Heidelberg. Oktav. 147 Seiten. 1903. 3.—

Handwörterbuch der Kriminologie und der anderen strafrechtlichen Hilfswissenschaften. Unter Mitberatung von C. Drucker, Graf W. Gleispach, C. Hafner, M. Hagemann, F. Hartung, E. Kohlrausch, Müller-Heß. Herausgeg. von Dr. jur. A. Elster, Berlin und H. Lingemann, LGDir. i. Köln. Bd. II: Kriminalroman — Zwangs- und Fürsorgeerziehung. Mit Gesamtregister für Bd. I und II. Quart. X, 1208 Seiten. 1936. 69.50, geb. 75.—

Irrtum und Schuldbegriff im Strafrecht. I. Teil. Von Dr. E. Kohlrausch, Prof. a. d. Univers. Berlin. Oktav. VIII, 188 Seiten. 1903. 4.50

Jugendgerichtsgesetz vom 16. Februar 1923. Von AGRat H. Francke. 2. Aufl. Oktav. 133 Seiten. 1926. (Schweitzer.) 4.—

Kriminalistik, Die Photographie in der — —. Eine Einführung in die photographischen Arbeitsmethoden der naturwissenschaftlichen Kriminaluntersuchung. Von Dr. jur., Dr.-Ing. H. Tetzner, RA a. Landger. Traunstein. Mit 51 Abb. Oktav. VIII, 152 Seiten. 1949. 10.—

Krise des Strafrechts, Die — — und ihre Überwindung im Staatsgedanken. Von W. Gallas. Berliner Antrittsvorlesung. Oktav. 18 Seiten. 1933. (Sonderabdruck aus der Zeitschrift für die gesamte Strafrechtswissenschaft, 53. Band.) 1.—

Lehrbuch der Kriminologie. Von W. Sauer, Prof. a. d. Univers. Münster. ca. 280 Seiten. 1949. In Vorbereitung. ca. 13.—

Lehrbuch des deutschen Strafrechts. Von Dr. Fr. v. Liszt, o. Prof. der Rechte i. Berlin. 27. Aufl. in Bearbeitung.

Mitteilungen der Internationalen Kriminalistischen Vereinigung. Bulletin de l'Union Internationale de Droit Pénal. Deutsch und französisch. (11. bis 21. Band im Auftrage des Gesamtvorstandes redigiert von E. Rosenfeld.) Oktav.

Bd. I: 207 Seiten. 1889. 4.—

Bd. II: IV, 236 Seiten. Mit Beilage: Erste Landesversammlung der Gruppe Deutsches Reich. Halle a. S., den 26. und 27. März 1890. (Beilageheft zu Band 10 der Zeitschrift für die gesamte Strafrechtswissenschaft.) 88 Seiten. 1891. 4.—

Bd. III: IV, 429 Seiten. (Mit Beilage: Erste Versammlung der schweizerischen Landesgruppe. Bern, den 15. Juni 1891. [Sonderabdr. aus: Zeitschrift für Schweizer Strafrecht, H. 3.] 42 Seiten. 1891.) 1892. 6.—

Bd. IV: (Deutsch) IV, 367 Seiten. 1894. 8.—. (Französisch) IV, 416 Seiten. 1894. 8.—

Bd. V: IV, 552 Seiten. 1896. 8.—

Bd. VI: V, 604 Seiten. (Mit Beilage: Vorentwurf zu einem Schweizerischen Strafgesetzbuch nach den Beschlüssen der Expertenkommission.) IX, 132 Seiten. 1897. 8.—

Bd. VII: IV, 285 Seiten. (Mit Beilage: Sammlung außerdeutscher Strafgesetzbücher Nr. 11. XXIII, 126 Seiten. 1898.) 1899. 8.—

Bd. VIII: IV, 421 Seiten. (Mit Beilage: Sammlung außerdeutscher Strafgesetzbücher Nr. 14. 53 Seiten. 1899.) 1900. 8.—

Bd. IX: IV, 408 Seiten. 1902. 8.—

Bd. X: IV, 658 Seiten. 1902. 8.—

Bd. XI: IV, 863 Seiten. (Mit 2 Beilagen: Sammlung außerdeutscher Strafgesetzbücher Nr. 18. VII, 88 Seiten. 1903. — Materialien zur Lehre von der verminderten Zurechnungsfähigkeit. Herausgeg. von A. Gottschalk. X, 123 Seiten. 1904.) 1904. 12.—

Bd. XII: IV, 503 Seiten. (Mit 3 Beilagen: Sammlung außerdeutscher Strafgesetzbücher Nr. 20. XVI, 95 Seiten. 1904 und Nr. 21. VIII, 74 Seiten. 1905. — Materialien zur Lehre von der Rehabilitation. Gesammelt und herausgeg. von E. Delaquis und J. Polec. XLVIII, 498 Seiten. 1905.) 1905. 12.—

Bd. XIII: IV, LII, 784 Seiten. (Mit Beilage: Sammlung außerdeutscher Strafgesetzbücher Nr. 22. 20 Seiten.) 1906. 12.—

Bd. XIV: LII, 702 Seiten. 1907. 12.—

Bd. XV: VI, 664 Seiten. (Mit Beilage: Sammlung außerdeutscher Strafgesetzbücher Nr. 25. 114 Seiten.) 1908. 12.—

Bd. XVI: IV, XXXVII, 534 Seiten. (Mit 2 Beilagen: Sammlung außerdeutscher Strafgesetzbücher Nr. 27. 106 Seiten. 1909 und Nr. 30. 104 Seiten. 1910.) 1909. 12.—

Bd. XVII: IV, 576 Seiten. 1910. 12.—

Bd. XVIII: IV, 650 Seiten. (Mit 2 Beilagen: Sammlung außerdeutscher Strafgesetzbücher Nr. 31. 45 Seiten und Nr. 33. 37 Seiten.) 1911. 12.—

Bd. XIX: IV, 702 Seiten. (Mit 4 Beilagen: Sammlung außerdeutscher Strafgesetzbücher Nr. 34. XIV, 107 Seiten, Nr. 35. 12 Seiten, Nr. 36. 100 Seiten und Nr. 37. 37 Seiten.) 1912. 12.—

Bd. XX: IV, LII, 584 Seiten. (Mit 5 Beilagen: Sammlung außerdeutscher Strafgesetzbücher Nr. 38. 109 Seiten, Nr. 39. 188 Seiten, Nr. 40. 165 Seiten, Nr. 41. 43 Seiten und Nr. 42. 184 Seiten.) 1913. 12.—

Bd. XXI: VI, 710 Seiten. (Mit Beilage: Sammlung außerdeutscher Strafgesetzbücher Nr. 43. 46 Seiten.) 1914. 12.—

Bd. XXII: Enthält nur Heft 3 (als Beiheft zur Zeitschrift für Strafrechtswissenschaft Bd. 43, H. 4): 18. Tagung der deutschen Landesgruppe. 1924. 3.—; und Heft 4: 19. Tagung der deutschen Landesgruppe. 1924. 8.—

Hauptregister zu Bd. I—XII. 125 Seiten. 1905. 2.50

Mitteilungen der Internationalen Kriminalistischen Vereinigung. Neue Folge. Oktav.

Bd. I: 20. Tagung der deutschen Landesgruppe gemeinsam mit der Österreichischen Kriminalistischen Vereinigung zu Innsbruck vom 10.—12. September 1925. Im Auftrage des Vorstandes herausgeg. von E. M. Foltin. 256 Seiten. 1926. 14.—

Bd. II: 21. Tagung der deutschen Landesgruppe zu Bonn vom 9.—11. September 1926. Im Auftrage des Vorstandes herausgeg. von E. M. Foltin. 226 Seiten. 1927. 12.—

Bd. III: 22. Tagung der deutschen Landesgruppe zu Karlsruhe vom 11.—13. September 1927. XXIII, 224 Seiten. 1928. 13.—

Bd. IV: 23. Tagung der deutschen Landesgruppe zu Breslau am 24. u. 25. Mai 1929. XXIII, 211 Seiten. 1930. 7.—

Bd. V: 24. Tagung der deutschen Landesgruppe zu Essen am 28. u. 29. Mai 1931. XIII, 210 Seiten. 1931. 9.—

Bd. VI: 25. Tagung der deutschen Landesgruppe zu Frankfurt a. M. am 12. u. 13. September 1932. 219 Seiten. 1933. 8.—

Münzverbrechen und ihre Bekämpfung. Von RegRat Tartaruga, Ob. Pol. Rat. a. D. Lex.-Oktav. 53 Seiten. 1926. (Schweitzer.) 1.40

Nebenklage des Reichsstrafprozesses, Die — —. Ein Beitrag zu der Lehre von den Rechten des Verletzten im Strafverfahren. Von E. H. Rosenfeld. Oktav. VI, 212 Seiten. 1900. 4.—

Polizeihund als Gehilfe der Strafrechtsorgane, Der — —. Ein Hilfsbuch für Staaatsanwälte, Untersuchungsrichter, Verteidiger, Polizeibehörden usw. Von Dr. Th. Zell. Mit Abb. der gebräuchlichsten Polizeihunde. Oktav. 164 Seiten. 1909. 2.—

Reichsstrafprozeßrecht, Deutsches — — mit Einschluß des Strafgerichtsverfassungsrechts. Von E. Beling. Oktav. 568 Seiten. 1928. (Lehrbücher und Grundrisse der Rechtswissenschaft Bd. XVII.) 13.50

Sammlung außerdeutscher Strafgesetzbücher in deutscher Übersetzung. Herausgeg. von den Schriftleitungen der Zeitschrift für die gesamte Strafrechtswissenschaft und der Mitteilungen der Internationalen Kriminalistischen Vereinigung. Oktav.

Nr. 7: Das Strafgesetzbuch für das Großfürstentum Finnland vom 19. Dezember 1889 nebst Verordnung über die Strafvollstreckung. Übersetzt von J. Oehgvist. 85 Seiten. 1891. 2.—

Nr. 8: Das Mexikanische Strafgesetzbuch vom 7. Dezember 1871, gültig für den Bundesdistrikt und das Territorium Nieder-Kalifornien bezüglich der gemeinen Vergehen und für die ganze Republik bezüglich der Vergehen gegen den Bund. 188 Seiten. 1894. 3.50

Nr. 11: Entwurf eines allgemeinen Bürgerlichen Gesetzbuches für das Königreich Norwegen. Übersetzt von E. Rosenfeld und A. Urbye. XXIII, 126 Seiten. 1898. 4.—

Nr. 12: Das bulgarische Strafgesetzbuch vom 2. Februar 1896. 76 Seiten. 1897. 2.50

Nr. 14: Vorentwurf zu einem Strafgesetzbuch für das Kaiserlich japanische Reich. Übersetzt von A. Okada. 53 Seiten. 1899. 1.50

Nr. 15: Strafgesetzbuch der Republik Chile. Amtl. Ausg. Übersetzt von A. Hartwig. VIII, 109 Seiten. 1900. 3.—

Nr. 16: Allgemeines Bürgerliches Strafgesetzbuch für das Königreich Dänemark vom 10. Februar 1866 sowie Gesetz, betreffend die Behandlung einiger im allgemeinen bürgerlichen Strafgesetzbuch behandelter Verbrechen und Gesetz über Gewalt gegen schuldlose Personen vom 11. Mai 1897. Übersetzt von H. Bittl. 60 Seiten. 1901. 1.60

Nr. 17: Die bulgarische Strafprozeßordnung vom 3. April 1897. Übersetzt von A. Teichmann. 86 Seiten. 1902. 2.25

Nr. 18: Die norwegische Strafgesetzgebung des Jahres 1902. 1. Militärstrafgesetzbuch vom 22. Mai 1902. 2. Gesetz über das gerichtliche Verfahren in Militärstrafsachen vom 22. Mai 1902. 3. Gesetz vom 22. Mai 1902, enthaltend Änderungen im Gesetz über das gerichtliche Verfahren in Strafsachen vom 1. Juli 1887 (samt den seitherigen Änderungen). Übersetzt von A. Teichmann. 88 Seiten. 1903. 2.50

Nr. 19: Das Portugiesische Strafgesetzbuch. Übersetzt von F. Zander. XII, 120 Seiten. 1903. 3.—

Nr. 21: Die Ottomanische Strafprozeßordnung, veröffentlicht auf Jrade vom 5. Redscheb 1296 (25. Juni 1879). Übersetzt von W. Padel. VIII, 74 Seiten. 1905. 2.50

Nr. 22: Dänemark. 1. Interimistisches Gesetz Nr. 129 vom 1. April 1905 betr. Änderungen der Strafgesetze (Prügelgesetz). 2. Verordnung betr. Körperstrafe und Vollziehung. 3. Bekanntmachung Nr. 140 vom 6. September 1915 betr. die Durchführung der im interimistischen Gesetze vom 1. April enthaltenen Bestimmungen, daß Gefängnisstrafe bei gewöhnlicher Kost mit Arbeitszwang verbunden ist. 20 Seiten. 1906. —.60

Nr. 23: Strafgesetzbuch für das Kaiserlich japanische Reich vom 23. April 1907. Übersetzt von S. Oba. 47 Seiten. 1908. 1.50

Nr. 26: Spanisches Strafgesetzbuch. Vom 17. Juni 1870. Übersetzt von A. Hartwig. XIII, 127 Seiten. 1909. 3.—

Nr. 27: Neueste englische Kriminalpolitik. 1. Children Act, 1908. 2. Prevention of Crime Act, 1908. 3. Probation of Offenders Act, 1907. Übersetzt von E. Rosenfeld. 106 Seiten. 1909. 2.—

Nr. 31: Japanisches Militärstrafgesetzbuch vom 9. April 1908. Japanische Militärstrafgerichtsordnung vom 19. Oktober 1898. Übersetzt von R. Fujisawa. 45 Seiten. 1911. 1.20

Nr. 32: Vorentwurf zu einem Strafgesetzbuch für das Königreich Serbien. Nach der amtlichen Ausgabe übersetzt und herausgeg. von Z. Topalovits und H. Landsberg. 83 Seiten. 1911. 2.—

Nr. 33: Das Alkoholgesetz in Chile vom 18. Januar 1902. Übersetzt von A. Hartwig. 37 Seiten. 1912. 1.—

Nr. 34: Das Türkische Strafgesetzbuch vom 28. Zilhidje 1274 (9. August 1858) mit Novelle vom 6. Djemazi-ül-achyr 1329 (1. April 1911) und den wichtigsten Strafnebengesetzen. Übersetzt mit Einleitung und Anmerkungen von E. Nord. XIV, 107 Seiten. 1912. 3.50

Nr. 35: Englisches Spionagegesetz vom Jahre 1911. 12 Seiten. 1912. —.80

Nr. 36: Das Gerichtsverfassungsgesetz und die Strafprozeßordnung von Japan. Mit Anhang: Gesetz über die Gefangenenanstalten. Übersetzt und mit Anmerkungen versehen von M. Yamaoka und O. Kerry. 100 Seiten. 1912. 3.—

Nr. 37: a) Das belgische Kinderschutzgesetz vom 15. Mai 1912. b) Französisches Gesetz betr. Jugendgerichte und Schutzaufsicht vom 22. Juli 1912. Übersetzt von Rosenfeld. c) Entwurf eines deutschen Gesetzes über das Verfahren gegen Jugendliche. 37 Seiten. 1912. 1.—

Nr. 38: Das polizeiliche Strafverfahren in Ungarn. Übersetzt von G. von Szöllösy. 109 Seiten. 1912. 3.—

Nr. 39: Regierungsentwurf eines Österreichischen Strafgesetzbuches und einer Abänderung der Strafprozeßordnung (1912). 188 Seiten. 1913. 4.50

Nr. 40: Das Russische Militärstrafrecht. Übersetzt und bearbeitet von Klibanski. 165 Seiten. 1913. 3.50

Nr. 41: Ungarisches Jugendgerichtsgesetz vom Jahre 1913. Mit einem Vorwort von R. Vambéry. 41 Seiten. 1913. 1.—

Nr. 42: Die Strafprozeßordnung des Königreichs Italien vom 27. Februar 1913, nebst dem Einführungsgesetze dazu. Mit Anhang: Gesetz des Königreichs Italien betreffend die Irrenhäuser und die Irren vom 14. Februar 1904. Übersetzt und mit Anmerkungen versehen von G. Erich. 184 Seiten. 1913. 4.50

Nr. 43: Das englische Gesetz betr. die Fürsorge und Verwahrung geistig Minderwertiger. Übersetzt von E. Behrend. 46 Seiten. 1914. 1.20

Nr. 44: Japanische Strafgesetze. 1. Schwurgerichtsverordnung vom 18. April 1923 und strafrechtliche Nebengesetze. Übersetzt von H. Kusano, L. Sugiura und F. Bartelt. 2. Strafvollzugsgesetz vom 28. März 1908 nebst Ausführungsverordnung vom 16. Juni 1908. Übersetzt von T. Tokiwa und W. Gentz. Mit 6 Abb. 55 Seiten. 1927. 3.—

Nr. 45: Die Auslieferungsgesetze Norwegens, Schwedens und Finnlands. Mit einer systematischen Darstellung der Grundzüge des nordischen Auslieferungsrechts im Hinblick auf den Erlaß eines deutschen Auslieferungsgesetzes. Von E. Wolgast. VIII, 487 Seiten. 1928. 20.—

Nr. 46: Das Türkische Strafgesetzbuch vom 1. März 1926. Gesetz Nr. 765 (Türkisches Gesetzblatt Nr. 320 vom 13. März 1926). Ausführungsgesetz zum türkischen Strafgesetzbuch vom 26. April 1926. Übersetzt von K. Ziemke. 138 Seiten. 1927. 5.—

Nr. 47: Entwurf eines griechischen Strafgesetzbuches. Übersetzt und eingeleitet von D. G. Venturas. 123 Seiten. 1928. 7.—

Nr. 48: Italienischer Vorentwurf zu einem neuen Strafgesetzbuch (Progetto di un nuovo codice penale). Übersetzt von K. Bunge. XXXII, 224 Seiten. 1928. 10.—

Nr. 49: Strafgesetzbuch (U golownyi Kodex) der Russischen Sozialistischen Föderation Sowjet-Republik (R.S.F.S.R.) vom 22. November 1926 mit den Änderungen bis zum 1. August 1930. Übersetzt von W. Gallas. 1931. 4.—

Nr. 50: Das italienische Strafgesetzbuch vom 19. Oktober 1930. Übersetzt von Dr. K. Bunge. 227 Seiten. 1933. 7.—

Nr. 51: Das italienische Jugendgerichtsgesetz vom 20. Juli 1934 mit Erläuterungen und einem geschichtlichen Überblick über das italienische Jugendstrafrecht. Von Dr. E. Pritsch. 51 Seiten. 1935. 2.—

Nr. 52: R. Sieverts. Das englische Jugendwohlfahrts- und Jugendgerichtsgesetz vom 13. April 1933. (Children and Young Persons Act, 1933) (23 Geo. 5. Ch. 12). Unter Mitwirkung von Dr. jur. E. Hennings übersetzt, mit einer Einleitung und Anmerkungen versehen von Dr. jur. E. Sieverts. 116 Seiten. 1938. 7.—

Nr. 53: G. von Leask. Das australische Strafrecht, dargestellt von RA Leask, Sydney. Übersetzt von Dr. M. von Gottstein. VI, 203 Seiten. 1939. 8.—

Nr. 54: Das Rumänische Strafgesetzbuch. Carol II. vom 18. März 1936 mit den Abänderungsgesetzen vom 8. April 1936, 22. Dezember 1936, 22. Januar 1938, 24. September 1938 und 7. Oktober 1939. In deutscher Übertragung mit einer rechtsgeschichtlichen Einführung und rechtsvergleichenden Texthinweisen. 224 Seiten. 1942. 12.—

In Vorbereitung: Criminal Iustice Bill. Übersetzt von H. Sieverts.

Schwurgerichte, Erläuterungen der bayerischen Verordnung über die Wiedereinführung der — —. Von E. Brandstetter. In Vorbereitung.

Strafgesetzbuch mit Erläuterungen nebst den wichtigsten Nebengesetzen und einem Anhang über Strafprozeßrecht, Wirtschafts- und Jugendstrafrecht. Zum Gebrauch für Polizei-, Kriminal- und Gendarmeriebeamte. Von LGRat Dr. W. Petters. 20., vollk. neubearb. u. verm. Aufl. Oktav. 1949. In Vorbereitung. (Schweitzer.) ca. 7.20

Strafgesetzbuch, Deutsches — — mit Nebengesetzen. Textausgabe mit Erläuterung der Änderungen. 2. Aufl., besorgt von Dr. R. Lange. Oktav. 168 Seiten. 1949. (Guttentagsche Sammlung von Textausgaben ohne Anmerkungen mit Sachregister.) 6.—

Strafgesetzbuch für das Deutsche Reich mit Nebengesetzen. Von Dr. E. Kohlrausch. 39./40. Aufl. besorgt von Dr. R. Lange, Prof. der Rechte a. d. freien Univers. Berlin. In Vorbereitung. (Guttentagsche Sammlung Deutscher Reichsgesetze Nr. 2.) Geb. ca. 25.—

Strafgesetzreform, Prinzipien einer — —. 1. Die soziale Aufgabe der Strafe. Das Strafensystem. Von J. C. W. Thyrén. Oktav. 200 Seiten. 1910. 5.—

Strafprozeß. Von K. Schäfer. In Vorbereitung. (Leitfaden der Rechtswissenschaft.)

Strafprozeß und Strafrecht, Die Eidesreform in — —. Von M. Boehringer. Oktav. 203 Seiten. 1931. 10.—

Strafprozeßfälle mit Lösungen, Praktische — —. Von LGRat Dr. W. Petters. 5., vollk. umgearb. Aufl. (Petters, Strafrecht und Strafprozeß, Bd. II.) Oktav. XIV, 156 Seiten. (Schweitzer.) 8.—

Strafprozeßordnung für das Deutsche Reich, Die — — vom 22. März 1924 nebst dem Gerichtsverfassungsgesetz und den Gesetzen vom 24. November und 6. Dezember 1933. Kommentar. Von E. Löwe, A. Hellweg und W. Rosenberg. 19., völlig umgearb. Aufl. von H. Gündel, F. Hartung, H. Lingemann und E. Niethammer. Oktav. XII, 1545 Seiten. 1934. 58.—, geb. 63.—

Strafprozeßordnung und Gerichtsverfassungsgesetz. 25. Aufl., besorgt von Dr. R. Lange, Prof. der Rechte a. d. freien Univers. Berlin. In Vorbereitung. (Guttentagsche Sammlung Deutscher Reichsgesetze Nr. 12.)

Strafprozeßordnung und Gerichtsverfassungsgesetz. Textausgabe. Neue Aufl. in Vorbereitung. (Guttentagsche Sammlung von Textausgaben ohne Anmerkungen mit Sachregister.)

Strafprozeßrecht, Zehn Lösungen aus dem — — der Bayerischen Staatsprüfungs-Aufgaben. Von LGDir. F. Gerlach. 1921—1926. Oktav. 101 Seiten. 1931. (Schweitzer.) 2.70
Texte der Aufgaben. Oktav. 72 Seiten. 1931. 1.30

Strafrecht. Von K. Schäfer. In Vorbereitung. (Leitfaden der Rechtswissenschaft.)

Strafrecht, Das deutsche — — in seinen Grundzügen. Von Dr. H. Welzel, Prof. i. Göttingen. 2. Aufl. Oktav. 296 Seiten. 1949. Geb. 14.—

Strafrecht, Deutsches — —. Allgemeiner Teil. Von A. Köhler. Oktav. VIII, 723 Seiten. 1917. 11.50

Strafrecht. Grundriß zu Vorlesungen und Leitfaden zum Studium. Von Prof. Dr. F. van Calker. 4. Aufl. Lex.-Oktav. 199 Seiten. 1933. (Schweitzer.) Geb. 7.40

Strafrechtliche Arbeitsmethode de lege ferenda. Von Dr. L. Zimmerl, Priv. Doz. Oktav. 354 Seiten. 1931. 12.—

Strafrechtliche Aufsätze und Vorträge. Von Dr. Fr. v. Liszt, o. Prof. der Rechte i. Berlin. 2 Bände. Oktav. Bd. I: 1875—1891. 560 Seiten. Bd. II: 1892—1904. 519 Seiten. 1905. 20.—

Strafrechtliche Fälle für Übungen an Universitäten und bei Justizbehörden. Von R. Frank. 9., durchges. Aufl. 56 Seiten. 1933. 1.50

Strafrechtsfälle, Praktische — — mit Lösungen. Von LGRat Dr. W. Petters. 9., vollk. umgearb. u. verm. Aufl. (Petters, Strafrecht und Strafprozeß, Bd. I.) Oktav. 523 Seiten. 1949. (Schweitzer.) 20.—

Strafrechtslehre, Allgemeine — —. 2., völlig neue Aufl. **der Grundlagen des Strafrechts.** Mit Leitsätzen zur Anfertigung von Übungsarbeiten und Urteilen. Von W. Sauer, Prof. a. d. Univers. Münster. Oktav. XII, 264 Seiten. 1949. Halbleinen 14.—

Strafrecht und Strafverfahren. Eine Sammlung der wichtigsten Gesetze des Strafrechts und des Strafverfahrens mit Erläuterungen. Für den Praktiker zum Handgebrauche begründet von Dr. Dalcke, weil. Gen. Staatsanw., Geh. Just.Rat. 35., neubearb. Aufl. besorgt von LGDir. Dr. E. Fuhrmann und OLGRat Dr. K. Schäfer. In Vorbereitung. (Schweitzer.) ca. 35.—

Strafvollstreckung, Die — —. Durchführung der Vollstreckung gerichtlicher Strafen mit Beispielen. Von A. Roeschel, Just. Insp., und E. Blaese. Oktav. 280 Seiten. 1944. 7.50

Strafvollstreckung, Die — —. Ein Handbuch für bayerische Strafvollstreckungsbehörden. Von H. Stoiber, II. Staatsanw. b. Landger. München I. 2. Aufl. Lex.-Oktav. 226 Seiten. 1930. (Schweitzer.) Geb. 4.30

Strafvollzug, Persönlichkeitsforschung und Differenzierung im — —. Von W. Petrzilka. Oktav. 184 Seiten. 1930. (Cram, de Gruyter & Co. Hamburg.) 7.20

System und Praxis der Daktyloskopie und der sonstigen technischen Methoden der Kriminalpolizei. Von R. Heindl. 3., neubearb. und verm. Aufl. Mit 21 Bildertafeln und 905 Abb. im Text. Oktav. VIII, 779 Seiten. 1927. 36.—, geb. 40.—

Todesstrafe, Die — —. Ein Gutachten. Von M. Liepmann. Oktav. 220 Seiten. 1912. 4.—

Typen der Kriminellen, Die — —. Von Prof. Dr. E. Seelig und AGRat Dr. K. Weindler. Oktav. 194 Seiten. 1949. (Schweitzer.) (Grazer Kriminologische Schriften. Herausgeg. vom Kriminol. Inst. d. Univers. Graz.) 9.60

Übungen, Strafrechtliche — —. Siebzig Rechtsfälle und siebzig lehrmäßige Aufgaben. Von Prof. Dr. h. c. E. Niethammer, Reichsger. Rat a. D. Oktav. 76 Seiten. 1948. 3.50

Veruntreuung an vertretbaren Sachen, Die — —. Von Dr. W. Graf Gleispach, o. Prof. der Rechte i. Freiburg. Oktav. 205 Seiten. 1905. 4.—

Wirtschaftsstrafverordnungen. Erläutert von Dr. E. Fuhrmann, LGDir. i. Berlin. Oktav. IX, 203 Seiten. 1943. (Schweitzer.) 5.—

Zeitschrift für die gesamte Strafrechtswissenschaft. Gegründet von Dr. Fr. v. Liszt und A. Dochow. Oktav. Von den bisher erschienenen 62 Bänden sind aus Restbeständen noch einzelne Bände cplt. lieferbar. Neuerscheinen wird vorbereitet.

VI. Öffentliches Recht

1. Staats- und Völkerrecht, ausländisches Recht

Bankaufsichtsgesetze der Welt, Die — — in deutscher Sprache. Im Auftrage des Deutschen Instituts für Bankwissenschaft und Bankwesen gesammelt von Dr. jur. J. C. D. Zahn, RA i. Berlin. Gr.-Oktav. XXX, 819 Seiten. 1937. Geb. 30.—

Beiträge zum ausländischen und internationalen Privatrecht. Herausgeg. in Gemeinschaft mit E. Heymann, M. Pagenstecher, F. Schlegelberger, H. Titze, M. Wolff. Von E. Rabel. (Institut für ausländisches und internationales Privatrecht.) Oktav.

Heft 1: **Vertraglicher Schutz gegen Schwankungen des Geldwertes.** (Goldklauseln und andere Abreden zur Minderung des Valutarisikos.) Von Dr. A. Nußbaum, Prof. a. d. Univers. Berlin. 85 Seiten. 1928. 5.—

Heft 2: **Die Haftung des Verkäufers einer fremden beweglichen Sache in den Vereinigten Staaten** von Amerika in Vergleichung mit dem deutschen bürgerlichen Recht. Von Dr. J. Wolff. 84 Seiten. 1930. 4.—

Heft 3: Die **Bereicherungshaftung im anglo-amerikanischen Rechtskreis** in Vergleichung mit dem deutschen bürgerlichen Recht. Von Dr. W. Friedmann. 148 Seiten. 1930. 7.—

Heft 4: **Die Wirkungen der Wechselerklärungen** im internationalen Privatrecht. Von Dr. L. Raiser, Ass. a. Inst. f. ausl. u. int. Priv. Recht. 124 Seiten. 1931. 9.—

Heft 5: **Die Struktur des vertraglichen Schuldverhältnisses im angloamerikanischen Recht.** Von Dr. M. Reinstein. 256 Seiten. 1932. 15.30

Heft 6: **Die Fahrlässigkeit im nordamerikanischen Deliktsrecht** unter vergleichender Berücksichtigung des englischen und des deutschen Rechts. Von Dr. F. Keßler. 187 Seiten. 1932. 9.—

Heft 7: **Zessionsrecht.** 1. Teil. Von Dr. K. Arndt, Ger. Ass. 175 Seiten. 1932. 6.—

Heft 8: **Der Rechtserwerb vom Nichtberechtigten an beweglichen Sachen und Inhaberpapieren** im deutschen internationalen Privatrecht. Von Dr. K. Duden, Ass. a. Inst. f. ausl. u. int. Priv. Recht. 137 Seiten. 1934. 5.—

Heft 9: **Vertragsansprüche Dritter im französischen Recht** unter Vergleichung mit dem deutschen Recht dargestellt an Hand der Fälle der action directe. Von Dr. E. Wahl. IX, 227 Seiten. 1935. 9.—

Heft 10: **Die Ultra-Vires-Lehre im englischen Privatrecht.** Von Dr. C. Schlink, Ger. Ass. XVI, 183 Seiten. 1935. 6.—

Heft 11: **Beiträge zum Problem der internationalen Doppelbesteuerung.** Die Begriffsbildung im internationalen Steuerrecht. Von Dr. W. Wengler, Ass. a. Inst. f. ausl. u. int. Priv. Recht. XIV, 198 Seiten. 1935. 6.—

Heft 12: **Das englische Konkursrecht.** Von Dr. F. Eckstein. XV, 351 Seiten. 1935. 10.—

Heft 13: **Probleme der Aufrechnung:** Gegenseitigkeit und Liquidität rechtsvergleichend dargestellt. Von Dr. G. Kegel, Ass. a. Kaiser Wilh.-Inst. f. ausl. u. intern. Priv. Recht. XI, 225 Seiten. 1938. 7.—

Heft 14: **Studien zur Bedingungslehre.** 1. Teil: Über bedingte Verpflichtungsgeschäfte. Von Dr. A. Blomeyer, Ger. Ass. II, 120 Seiten. 1938. 4.—

Heft 15: **Studien zur Bedingungslehre.** 2. Teil: Über bedingte Verfügungsgeschäfte. Von Dr. A. Blomeyer. 165 Seiten. 1939. 5.—

Heft 16: **Vormund und Mündel im englischen Recht,** verglichen mit französischem und deutschem Recht. Von Dr. H. Abderhalden. VI, 197 Seiten. 1939. 6.—

Heft 18: **Der Neubürger im internationalen Privatrecht.** Fortwirkungen früheren Statuts bei Wechsel der maßgebenden Rechtsordnung. Von Dr. M. Ferid, Staatsanw. u. Priv. Doz. i. München. 1. Teil: Allgemeine Grundlagen. 113 Seiten. 1949. 6.80

Heft 19: **Vorkriegsverträge in Friedensverträgen.** Von Dr. E. Wolff, Präs. d. Obersten Ger. Hofes f. d. brit. Zone. XII, 196 Seiten. 1949. 8.80

Heft 20: **Internationales Zivilprozeßrecht.** Von E. Riezler. VIII, 710 Seiten. 1949. 30.—

Ab Heft 18 in Gemeinschaft mit Verlag J. B. C. Mohr (Paul Siebeck), Tübingen.

Beiträge zum ausländischen öffentlichen Recht und Völkerrecht. Herausgeg. in Gemeinschaft mit Fr. Glum, L. Kaas, E. Kaufmann, E. Schmitz, R. Smend, H. Triepel. Von V. Bruns. (Institut für ausländisches öffentliches Recht und Völkerrecht.) Oktav.

Heft 1: **Staatsrecht und Politik.** Rede beim Antritt des Rektorats der Friedrich-Wilhelm-Universität zu Berlin am 15. Oktober 1926. Von H. Triepel. 40 Seiten. 1927. 2.—

Heft 2: **Volksentscheid und Volksbegehren.** Ein Beitrag zur Auslegung der Weimarer Verfassung und zur Lehre von der unmittelbaren Demokratie. Von Dr. C. Schmitt, o. ö. Prof. der Rechte a. d. Univers. Bonn. 54 Seiten. 1927. 2.60

Heft 3: **Der Aufbau des britischen Reiches.** (Der Verhandlungsbericht der Reichskonferenz von 1926.) Eingeleitet und herausgeg. von Dr. K. Heck, Ger. Ass. 152 Seiten. 1927. 6.—

Heft 4: **Die Souveränität.** Ein Beitrag zur Theorie des Staats- und Völkerrechts. Von Dr. H. Heller, a. o. Prof. a. d. Univers. Berlin. 177 Seiten. 1927. 8.50

Heft 5: **Die Missionsfreiheit nach den Bestimmungen des geltenden Völkerrechts.** Von Dr. Th. Grentrup. 112 Seiten. 1927. 5.50

Heft 6: **Das Minoritätenproblem und seine Literatur.** Kritische Einführung in die Quellen und die Literatur der europäischen Nationalitätenfrage der Nachkriegszeit unter besonderer Berücksichtigung des völkerrechtlichen Minderheitenschutzes. Allgemeiner Teil. Von J. Robinson, RA in Kaunas. 165 Seiten. 1928. 9.—

Heft 7: **Der Reichssparkommissar.** Von Dr. K. Bilfinger o. ö. Prof. der Rechte a. d. Univers. Halle. 68 Seiten. 1928. 3.60

Heft 8: **Die völkerrechtliche Stellung der fremden Truppen im Saargebiet.** Von Dr. H. M. Bumiller. 156 Seiten. 1928. 9.—

Heft 9: **Das Recht des Ausnahmezustandes im Auslande.** (Frankreich, Belgien, Niederlande, Italien, England, Irland.) Bearb. i. Inst. f. ausl. öffentl. Recht u. Völkerrecht. 295 Seiten. 1928. 14.—

Heft 10: **Die Beziehungen zwischen dem Parlament und den Gerichten in England.** Eine rechtsvergleichende Studie. Von Dr. H. B. Gerland, o. ö. Prof. a. d. Univers. Jena. 137 Seiten. 1928. 8.—

Heft 11: **Zu den Problemen des fascistischen Verfassungsrechts.** Von Dr. G. Leibholz, Prof. a. d. Univers. Greifswald. 112 Seiten. 1928. 5.—

Heft 12: **Der deutsche und der französische Reichswirtschaftsrat.** Ein Beitrag zu dem Problem der Repräsentation der Wirtschaft im Staat. Von Dr. Fr. Glum. 188 Seiten. 1929. 9.—

Heft 13: **Das Wesen der Repräsentation unter besonderer Berücksichtigung des Repräsentativsystems.** Ein Beitrag zur allgemeinen Staats- und Verfassungslehre. Von Dr. G. Leibholz, Prof. a. d. Univers. Greifswald. 214 Seiten. 1929. 14.—

Heft 14: **Die Rechtsstellung der russischen Handelsvertretungen.** Von B. Schenk Graf von Stauffenberg, Prof. a. d. Univers. Greifswald. 94 Seiten. 1930. 6.—

Heft 15: **Die Verfassungswandlung.** Von Dr. Hsü Dau-Lin. 182 Seiten. 1932. 5.40

Heft 16: **Das deutsche Vorkriegsvermögen in Rußland** und der deutsche Entschädigungsvorbehalt. Von Dr. C. Menzel, AGRat i. Altona. IV, 236 Seiten. 1931. 9.—

Heft 17: **Zur Problematik des Volkswillens.** Von Dr. E. Kaufmann. 19 Seiten. 1931. 1.50

Heft 18: **Das parlamentarische Wahlrecht.** Ein Handbuch über die Bildung der gesetzgebenden Körperschaften in Europa. Von Dr. K. Braunias. Bd. I: Das Wahlrecht in den einzelnen Staaten. XVIII, 640 Seiten. 1932. 22.50, geb. 24.30

Heft 18a: **Das parlamentarische Wahlrecht.** Bd. II: Allgemeiner Teil. XII, 320 Seiten. 1932. 15.—, geb. 17.—

Beschränkung der deutschen Gerichtsbarkeit, Die — —. Die Gesetzgebung der Besatzungsmächte, insbesondere Gesetze Nr. 2 und Nr. 52 und Befehl 124 nebst Ausführungsbestimmungen. Zusammengestellt und erläutert. Von Dr. G. Nehlert, LGRat. Oktav. 136 Seiten. 1948. (Guttentagsche Sammlung Deutscher Reichsgesetze Nr. 233.) 5.—

Börsengesetzgebung, Die — — der Vereinigten Staaten. Sonderdruck aus dem „Bank-Archiv", Zeitschrift für Bank- und Börsenwesen 37./38. Jhrg. Von Dr. H. Trumpler. 90 Seiten. 1938. 2.50

Demokratie und Verfassungsreform. Wege zum Ausbau der Legislative und zur Stabilisierung der Exekutive in der Reichsverfassung vom 11. August 1919. Von H. Graf v. Schmettow. Oktav. 103 Seiten. 1925. 2.50

Deutsches Internationales Privatrecht, Die Grundlagen des — —. Von Dr. G. Melchior, Den Haag. Oktav. XXXI, 558 Seiten. 1932. 24.—

Englische Gerichtsverfassung, Die — —. Von Dr. H. B. Gerland, o. ö. Prof. a. d. Univers. Jena. Eine systematische Darstellung. 2 Halbbände. Oktav. 1. Halbband: XVI, 612 Seiten. 2. Halbband: 407 Seiten. 1910. 40.—

Englischer Strafprozeß des 13. Jahrhunderts, Studien und Skizzen zum — —. Von Dr. K. Güterbock, Geh. Just. Rat, Prof. der Rechte zu Königsberg. Oktav. 83 Seiten. 1914. 2.50

Entscheidungen des Oberprisengerichts in Berlin. Herausgeg. im Auftr. des Reichsjustizministeriums. Oktav. Bd. I: XVII, 444 Seiten. 1918. 14.—. Bd. II: XV, 338 Seiten. 1921. 10.—

Haager Abkommen über Internationales Privatrecht, Sechs — —. Von H. Dungs. Oktav. 116 Seiten. 1910. (Guttentagsche Sammlung Deutscher Reichsgesetze Nr. 98.) Geb. 1.35

Internationales Privatrecht nach dem Einführungsgesetz zum Bürgerlichen Gesetzbuch. Von Dr. H. Habicht, aus dem Nachlaß herausgeg. von M. Greiff. Oktav. VI, 254 Seiten. 1907. 6.—

Internationale Schiedssprechung. Eine Sammlung der für das Deutsche Reich verbindlichen Verträge und Vertragsbestimmungen, die sich auf internationale Gerichtsbarkeit, Schiedsgerichtsbarkeit sowie Vergleichsverfahren beziehen, nebst den dazugehörigen deutschen Regierungsdenkschriften. Herausgeg. und eingeleitet von H. Kraus. Oktav. XXXVI, 348 Seiten. 1929. (Guttentagsche Sammlung Deutscher Reichsgesetze Nr. 174.) Geb. 9.—

Minderheitsregierung in Großbritannien. Verfassungsrechtliche Untersuchungen zur neuesten Entwicklung des britischen Parlamentarismus. Von RA Dr. K. Loewenstein, München. Gr.-Oktav. III, 72 Seiten. 1925. (Schweitzer.) 3.—

Monroedoctrin in ihren Beziehungen zur amerikanischen Diplomatie und zum Völkerrecht, Die — —. Von Dr. jur. H. Kraus. Oktav. 480 Seiten. 1913. 9.—

Musta' min, Der — —. Ein Beitrag zum internationalen Privat- und Völkerrecht des islamischen Gesetzes. Von Dr. J. Hatschek, o. Prof. der Rechte a. d. Univers. Göttingen. Mit 7 Tafeln. Oktav. 108 Seiten. 1920. 5.—

Pariser Völkerbundsakte, Die — — nebst den Urkunden über die Pariser Verhandlungen, dem Haager Schiedsgerichtsabkommen usw. Mit einer historischen Einleitung versehen und erläutert. Von H. Wehberg. 2. Aufl. der „Abkommen der Haager Friedenskonferenz". Oktav. 175 Seiten. 1919. (Guttentagsche Sammlung Deutscher Reichsgesetze Nr. 99.) 4.—

Parlamentsrecht des Deutschen Reiches, Das — —. Von Dr. J. Hatschek, o. Prof. der Rechte a. d. Univers. Göttingen. Im Auftrage des deutschen Reichstages dargestellt. 1. Teil. Quart. XI, 628 Seiten. 1915. 16.—

Preußisches Verfassungsrecht, Das — —. Auf der Grundlage der Verfassung des Freistaats Preußen systematisch dargestellt. Von Dr. F. Stier-Somlo, Prof. des öffentl. Rechts. Oktav. VII, 173 Seiten. 1922. 3.30

Rechtsverhältnisse bei verschiedenen Völkern der Erde, Die — —. Ein Beitrag zur vergleichenden Ethnologie. Von A. Bastian. Oktav. LXXX, 435 Seiten. 1872. 8.—

Reichsrecht, Die abstrakte Forderung nach deutschem — —. Von L. Brütt. Oktav. 320 Seiten. 1908. 7.—

Reichs- und Staatsangehörigkeitsgesetz vom 22. Juli 1913 unter besonderer Berücksichtigung der bayerischen Verhältnisse. Erläutert von MinRat J. Woeber. 5. Aufl., bearbeitet von ORRat K. A. Fischer. Oktav. 272 Seiten. 1932. (Schweitzers braune Handausgabe.) 4.50

Reichs- und Staatsangehörigkeitsgesetz vom 22. Juli 1913. Erläutert mit Benutzung amtlicher Quellen und unter vergleichender Berücksichtigung der ausländischen Gesetzgebung. Von Dr. W. Cahn, Kais. Geh. Legat. Rat z. D. Oktav. XVII, 608 Seiten. 1914. 13.50, geb. 16.—

Rheinlandabkommen, Das — — sowie die Verordnungen der Interalliierten Rheinlandkommission. Dreisprachige Textausgabe mit Erläuterungen. Von H. Vogels und Dr. W. Vogels, Reg. Räte b. Reichskommissar f. d. bes. rhein. Gebiete in Koblenz. 2 Bände. Oktav. Bd. I: 144 Seiten. 1920. 4.50. Bd. II: Die Verordnungen 12—82 und die Anweisungen 8—12. 248 Seiten. 1921. 7.50

Staatsbankerott und internationales Recht. Von der Bluntschli-Stiftung gekrönte Preisschrift. Mit Anhang: Die Organisation der intern. Kontrolle der griechischen Staatsfinanzen. Von Dr. R. Pflug, München. Lex.-Oktav. 101 Seiten. 1898. (Schweitzer.) 4.50

Staatstheorien der französischen Nationalversammlung von 1789, Die — —, ihre Grundlagen in der Staatslehre der Aufklärungszeit und in den englischen und amerikanischen Verfassungsgedanken. Von Dr. R. Redslob, o. Prof. der öffentl. Rechte a. d. Univers. Rostock. Oktav. 368 Seiten. 1912. 10.—

Verfassung des Deutschen Reiches, Die — — vom 11. August 1919 mit den wichtigsten Nebengesetzen. Mit Einleitung. 3. Aufl. Oktav. 104 Seiten. 1931. (Guttentagsche Sammlung von Textausgaben ohne Anmerkungen und Sachregister.) —.90

Verfassung des Deutschen Reiches. Erläutert von RRat Dr. L. Gebhard. Gr.-Oktav. 622 Seiten. 1932. (Schweitzer.) Geb. 24.70

Verfassung des Deutschen Reichs vom 11. August 1919, Die — —. Ein systematischer Überblick. Von Dr. F. Stier-Somlo, Prof. des öffentl. Rechts. 3., erg. u. wesentl. veränd. Aufl. Oktav. VIII, 238 Seiten. 1925. 7.—

Verfassung und Verwaltung des Deutschen Reiches nebst den wichtigen Nebengesetzen. Von Dr. jur. M. Gebhardt, Ger. Ass. a. D. Ein Hilfsbuch für die Examina in Justiz und Verwaltung sowie für die Doktorprüfung. Oktav. X, 506 Seiten. 1912. 7.—

Verfassung der Vereinigten Staaten von Nordamerika, Die — —. „Was war, was ist — was wird?" Von James M. Beck. Nach der 9., im Jahre 1925 erschienenen, mit einer Einführung von Calvin Coolidge versehenen Ausg., in genehmigter Übersetzung herausgeg. von A. Friedmann. Mit einer Einleitung von W. Simons. Mit 2 Abb. Oktav. XVI, 438 Seiten. 1928. 8.—

Verfassungsentwicklung von Algerien, Die — —. Mit einem Anhang: Gesetzestexte und Entwürfe. Von H. Gmelin. Quart. XXXIX, 453 u. IV, 115 Seiten. Mit 1 Karte im Text. 1911. (Aus: Abhandlungen des Hamburgischen Kolonial-Instituts.) (Cram, de Gruyter & Co. Hamburg.) 18.—

Verfassungsrecht, Bayerisches — —. Von Dr. H. Nawiasky. Gr.-Oktav. XXIII, 558 Seiten. 1923. (Schweitzer.) 12.80, geb. 14.80

Veröffentlichungen der Vereinigung der deutschen Staatsrechtslehrer. Oktav.

Heft 1: **Der deutsche Förderalismus.** Die Diktatur des Reichspräsidenten. Referate von G. Anschütz, K. Bilfinger, C. Schmitt und E. Jacobi. Verhandlungen der Tagung der Deutschen Staatsrechtslehrer zu Jena am 14. und 15. April 1924. Mit Eröffnungsansprache und einer Zusammenfassung der Diskussionsreden. 146 Seiten. 1924. 5.—

Heft 2: **Der Schutz des öffentlichen Rechts.** Die neueste Entwicklung des Gemeindeverfassungsrechts. Referate von W. Jellinek, G. Lassar, F. Stier-Somlo, L. von Köhler, H. Helfritz. Verhandlungen der Tagung der Deutschen Staatsrechtslehrer zu Leipzig am 10. und 11. März 1925. Mit Eröffnungs- und Begrüßungsansprachen sowie einer Zusammenfassung der Diskussionsreden. 265 Seiten. 1925. 12.—

Heft 3: **Die Gleichheit vor dem Gesetz im Sinne des Art. 109 der Reichsverfassung.** Der Einfluß des Steuerrechts auf die Begriffsbildung des öffentlichen Rechts. Berichte von E. Kaufmann, H. Nawiasky, A. Hensel und O. Bühler. Verhandlungen der Tagung der Deutschen Staatsrechtslehrer zu Münster i. W. am 29. und 30. März 1926. Mit einem Auszug aus der Aussprache. 140 Seiten. 1927. 7.—

Heft 4: **Das Recht der freien Meinungsäußerung.** Der Begriff des Gesetzes in der Reichsverfassung. Berichte von K. Rothenbücher, R. Smend, H. Heller und M. Wenzel. Verhandlungen der Tagung der Deutschen Staatsrechtslehrer zu München am 24. und 25. März 1927. Mit einem Auszug aus der Aussprache. 215 Seiten. 1928. 10.—

Heft 5: **Wesen und Entwicklung der Staatsgerichtsbarkeit.** Überprüfung von Verwaltungsakten durch die ordentlichen Gerichte. Berichte von H. Triepel, H. Kelsen, M. Layer und E. von Hippel. Verhandlungen der Tagung der Deutschen Staatsrechtslehrer zu Wien am 23. und 24. April 1928. Mit einem Auszug aus der Aussprache. 238 Seiten. 1929. 12.—

Heft 6: **Bundesstaatliche und gliedstaatliche Rechtsordnung.** Verwaltungsrecht der öffentlichen Anstalt. Berichte von F. Fleiner, J. Lukas, L. Richter und A. Köttgen. Verhandlungen der Tagung der Deutschen Staatsrechtslehrer zu Frankfurt a. M. am 25. und 26. April 1929. Mit einem Auszug aus der Aussprache. 166 Seiten. 1929. 9.—

Heft 7: **Entwicklung und Reform des Beamtenrechts.** Die Reform des Wahlrechts. Berichte von H. Gerber, A. Merkl, H. Pohl und G. Leibholz. Verhandlungen der Tagung der Deutschen Staatsrechtslehrer zu Halle am 28. und 29. Oktober 1931. Mit einem Auszug aus der Aussprache. III, 212 Seiten. 1932. 10.80

Völkerrecht, Das — — ein Pseudorecht. Von St. E. Edmunds. Autorisierte Übersetzung des amerikanischen Werkes The Lawless Law of Nations (1925) von C. Bruns. Oktav. VII, 465 Seiten. 1933. 6.—

Völkerrecht, Das Problem des — — s. Eine Studie über den Fortschritt der Nationen zu einem universellen Staatensystem, das die Geltung des Völkerrechts verbürgt. Entworfen unter Verwertung der theoretischen und diplomatischen Versuche, die seit dem römischen Weltreich des Mittelalters und bis zu den Haager Konferenzen unternommen sind, und vornehmlich gegründet auf die Entwicklungsgeschichte der Schweizer Eidgenossenschaft. Von Dr. R. Redslob, o. Prof. der öffentl. Rechte a. d. Univers. Rostock. Oktav. VI, 392 Seiten. 1917. 10.—

Völkerrecht, Lehrbuch des — — s. Von D. Anzilotti. Bd. I: Einführung — Allgemeine Lehren. Vom Verfasser durchgesehene und autorisierte Übertragung nach der 3., erw. und revidierten italienischen Aufl. Von C. Bruns und K. Schmid. Oktav. XII, 429 Seiten. 1929. 17.—, geb. 18.—

Wahlgesetz, Kommentar zum — — und zur Wahlordnung im deutschen Kaiserreich. Von Dr. J. Hatschek, o. Prof. der Rechte a. d. Univers. Göttingen. Oktav. 414 Seiten. 1920. 8.—

Wörterbuch des Völkerrechts. Begonnen von Prof. Dr. J. Hatschek, Göttingen, fortgesetzt von Dr. K. Strupp, Frankfurt/M. 3 Bände. Oktav.
Bd. I: Aachen — Lynchfall. VI, 860 Seiten. 1924.
Bd. II: Maas — Utschiali. 779 Seiten. 1925.
Bd. III: Vasallenstaaten — Zwangsversicherung. Mit Anhang: Abessinien — Weltgerichtshof, Sachverzeichnis mit Mitarbeiterregister. 1316 Seiten. 1929. Neue Auflage in Vorbereitung.

Zeitschrift für ausländisches öffentliches Recht und Völkerrecht. Herausgeg. in Gemeinschaft mit E. Kaufmann, R. Smend, H. Triepel, L. Kaas, F. Glum von V. Bruns. (Institut für ausländisches öffentliches Recht und Völkerrecht.) Quart. Aus Restbeständen sind noch einzelne Hefte der Bände 1—12 lieferbar. Auf Wunsch nähere Angaben.

2. Verwaltungsrecht

Aufenthalts- und Freizügigkeitsgesetz. Mit Vollziehungsvorschriften und den einschlägigen Gesetzen (z. B.: Zigeunergesetz). Von MinRat Dr. G. Ziegler. 4. Aufl. Oktav. 210 Seiten. 1930. (Schweitzers braune Handausgabe.) Geb. 6.90

Bauordnung, Die bayerische — —. Von Bez. Amtm. G. Heilmann u. K. Weinisch. 3. Aufl. Oktav. 708 Seiten. 1931. (Schweitzers braune Handausgabe.) Geb. 12.60

Baupolizeigesetze, Die preußischen — — nebst den sonstigen einschlägigen Reichs- und Landesgesetzen erläutert von H. Heine. Oktav. 404 Seiten. 1928. (Guttentagsche Sammlung preußischer Gesetze Nr. 64.) Geb. 7.20

Baupolizeirecht, Münchener — —. Die Münchener Bauordnung und die Münchener Staffelbauordnung. Mit Erläuterungen und Abdruck der einschlägigen Bestimmungen. Von Dr. K. Helmreich, Dr. F. Schels, Dr. A. Steinhauser. Oktav. 550 Seiten. 1927. (Schweitzer.) Geb. 16.—

Beamtengesetz. Von MinRat G. Ziegler. (Sonderdruck aus: Sammlung in der Praxis oft angewandter Verwaltungsgesetze und Verordnungen.) Oktav. 60 Seiten. 1927. (Schweitzer.) 1.40

Bergbau und Grundbesitz nach preußischem Recht unter Berücksichtigung der übrigen deutschen Berggesetze. Von W. Westhoff, Just. Rat, RA und Notar zu Dortmund. 2 Bände. Oktav. Bd. I: Der Bergschaden. XXII, 407 Seiten. 1904. Geb. 9.—. Bd. II: Die Grundabtretung. Die öffentlichen Verkehrsanstalten. XXVI, 437 Seiten. 1906. Geb. 9.50

Berggesetz, Allgemeines — — für die preußischen Staaten mit Kommentar. Von Dr. jur. H. Brassert. 2. Aufl., bearb. von H. Gottschalk. Oktav. XXIX, 1291 Seiten. 1914. 27.—

Berggesetz, Bayerisches —. 3. Aufl., bearb. von ORRat L. Nothaas u. RRat H. Miesbach. Oktav. 988 Seiten. 1927. (Schweitzers braune Handausgabe.) Geb. 25.60

Berggesetz, Preußisches Allgemeines — — nebst Nebengesetzen und wichtigen den Bergbau betreffenden Bestimmungen mit Erläuterungen. Von Dr. jur. H. Ebel, OBergrat. 5. Aufl. XVI, 692 Seiten. 1944. (Guttentagsche Sammlung preußischer Gesetze Nr. 12.) 25.—

Bergrecht, Grundzüge des — — s. Von C. Voelkel. Oktav. 3. Aufl. in Vorbereitung.

Bergrecht, Lehrbuch des preußischen — — s mit Berücksichtigung der übrigen deutschen Bergrechte. Von Dr. R. Klostermann, OBergrat. Oktav. XII, 499 Seiten. 1871. 8.—

Bergschäden, Die Entschädigung für — —. Zugleich ein Beitrag zur Lehre vom Schadenersatz. Von Dr. E. Holländer, Ger. Ass. Oktav. 204 Seiten. 1903. 5.—

Bergwesen. Von MinRat G. Ziegler. (Sonderdruck aus: Sammlung in der Praxis oft angewandter Verwaltungsgesetze und Verordnungen.) Oktav. 60 Seiten. 1927. (Schweitzer.) —.90

Berlin, Gesetz über die Bildung der neuen Stadtgemeinde — —. Vom 27. April 1920. Bearbeitet von P. Wölbling. Mag. Rat der Stadt Berlin. 2. Aufl. mit dem Gesetz zur Änderung des Gesetzes vom 7. Oktober 1920, den Ausführungsbestimmungen und dem Ortsgesetz für die Durchführung der Verhältniswahl. Mit 1 Karte. Oktav. 140 Seiten. 1921. (Guttentagsche Sammlung preußischer Gesetze Nr. 59.) Geb. 1.25

Berliner Stadtrecht. Ein Handbuch des Verwaltungsrechts der Stadt Berlin. Von P. Wölbling, Mag. Rat Oktav. IX, 251 Seiten. 1911. 5.—, geb. 5.75

Berufsbeamtentum, Das — — im neuen demokratischen Staat. Eine staatsrechtliche Studie von Dr. C. Heyland, o. Prof. des öffentl. Rechts i. Gießen. Oktav. 156 Seiten. 1949. 6.—

Besoldung der Kommunalbeamten in Preußen, Die — — unter Berücksichtigung der 24. Ergänzung zum Reichsbesoldungsgesetz und des Deutschen Beamtengesetzes. Bearbeitet von Gerichtsass. a. D. H. Schönebeck unter Mitwirkung von Ministerialdirigent H. Seel und MinRat Dr. U. Krauthausen. Oktav. 212 Seiten. 1937. (Stilke.) Geb. 6.60

Besoldungsgesetz, Preußisches — —. Kommentar. Mit Gehaltstafeln. Von MinRat Dr. H. Erythropel †. 5. Aufl., neubearb. von MinRat O. König. Oktav. X, 564 Seiten. 1932. (Schweitzer.) Geb. 14.80

Denkschriftenband zur Begründung des Entwurfs eines Gesetzes betreffend Änderungen im Finanzwesen. (Zusammengestellt vom Reichsschatzamt.) 4 Teile in 5 Bänden. Quart. 1908. 9.—

Teil 1: Das Finanzwesen der öffentlichen Körperschaften Deutschlands. V, 857 Seiten.

Teil 2: Die Finanzen von Frankreich, Großbritannien und Irland, Italien, Japan, Österreich-Ungarn, Rußland, der Schweiz, den Vereinigten Staaten von Amerika. VI, 442 Seiten.

Teil 3: Materialien zur Beurteilung der Wohlstandsentwicklung Deutschlands im letzten Menschenalter. 132 Seiten.

Teil 4: Materialien zur Beurteilung der Zusammenhänge zwischen dem öffentlichen Schuldenwesen und dem Kapitalmarkte. III, 287 Seiten. Zusammenfassung, Sachregister, Zusätze und Berichtigungen zu Teil 1—4. Mit graphischen Darstellungen und Erläuterungen. XXXII, 34, 6 Seiten.

Dienstordnung, Die allgemeine — — für die bayerischen Staatsbehörden vom 12. Januar 1933. Handausgabe mit Anmerkungen und Sachverzeichnis. Von MinRat Dr. Joh. R. v. Schelhorn. Oktav. 160 Seiten. 1933. (Schweitzer.) 4.50

Disziplinargesetz, Das preußische — — für die nichtrichterlichen Beamten nebst dem Disziplinargesetze für die Privatdozenten. Erläutert und mit den ergänzenden Gesetzesbestimmungen, zumal der Strafprozeß- und Zivilprozeßordnung, versehen von Dr. jur. E. v. Dultzig, Reg. Rat a. D. Oktav. XIV, 364 Seiten. 1914. (Guttentagsche Sammlung preußischer Gesetze Nr. 51.) Geb. 3.80

Eisenbahnverkehrsordnung, Die — — vom 16. Mai 1928 mit Allgemeinen Ausführungsbestimmungen sowie dem Internationalen Übereinkommen über den Eisenbahnfrachtverkehr vom 30. Mai 1925 und dem Internationalen Übereinkommen über den Eisenbahn-Personen- und -Gepäckverkehr vom 12. Juni 1925. Nach dem Tode von Blume herausgeg. mit Anmerkungen von Dr. jur., Dr. rer. pol. h. c. W. Weirauch. 8. Aufl. in Vorbereitung. (Guttentagsche Sammlung Deutscher Reichsgesetze Nr. 91.)

Entschädigungspflicht des Staates für Eingriffe in das private Flußeigentum nach bayerischem Recht. Von Dr. A. Arnold. Gr.-Oktav. 36 Seiten. 1931. (Schweitzer.) 1.80

Fischereigesetz, Bayerisches — — vom 15. August 1908 mit der Landesfischereiordnung vom 23. März 1909 und allen Vollzugsvorschriften. Von Staatsrat J. Bleyer. 5. Aufl. Oktav. 438 Seiten. 1934. (Schweitzers braune Handausgabe.) Geb. 10.80

Fischereigesetz, Das preußische — — vom 11. Mai 1916 in der geltenden Fassung. Erläutert von A. Born. Oktav. 428 Seiten. 1928. (Guttentagsche Sammlung preußischer Gesetze Nr. 62.) Geb. 6.75

Flurbereinigungsgesetz, Bayerisches — — vom 5. August 1922 nach der Fassung vom 11. Februar 1932. Für die Praxis erläutert von MinRat Dr. G. Seubelt. 2., neubearb. Aufl. Oktav. 438 Seiten. 1934. (Schweitzers braune Handausgabe.) Geb. 5.—

Forstgesetz, Das bayerische — —. Kommentar. Mit den Vollzugsvorschriften, dem Aufforstungsgesetz und dem Pfälzischen Forststrafgesetz. Von Dr. W. Wonhas. Gr.-Oktav. 545 Seiten. 1931. (Schweitzer.) 25.—

Gemeindebetriebe, Zum Recht der — —. Öffentlich und privatrechtlich betriebene Gemeindeanstalten und Einrichtungen. Von O. Sperlich, Kiel. (Sonderabdruck aus: Annalen des Deutschen Reichs 1931.) Gr.-Oktav. 100 Seiten. 1931. (Schweitzer.) 4.—

Geschlechtskrankheiten, Gesetz zur Bekämpfung der — —. Erläutert von LGDir. Dr. A. Hellwig. Oktav. 500 Seiten. 1928. (Schweitzers braune Handausgabe.) Geb. 10.30

Gesetzgebung über die allgemeine Landesverwaltung, Die — — und über die Zuständigkeit der Verwaltungs- und Verwaltungsgerichtsbehörden. Bearbeitet von Dr. K. Friedrichs, Just. Rat. 3., durchges. Aufl. Mit Nachtrag 1932. Oktav. XXIII, 295 u. 18 Seiten. 1927. (Guttentagsche Sammlung preußischer Gesetze Nr. 42.) Geb. 4.50

Gesundheitswesen, Die reichs- und landesrechtlichen Bestimmungen auf dem Gebiete des — — s. Zusammengestellt von Dr. jur. et rer. pol. W. Voß, Pol. Verw. Rechtsrat. Oktav. 608 Seiten. 1929. (Guttentagsche Sammlung Deutscher Reichsgesetze Nr. 172.) Geb. 9.90

Höchstpreis, Der — —. Eine systematische Untersuchung auf Grund der Erfahrungen der deutschen Kriegswirtschaft. Von Reg. Rat Dr. E. Stern. Oktav. VIII, 305 Seiten. 1923. (Schweitzer.) 9.—

Irrengesetzgebung in Deutschland, Die — —, nebst einer vergleichenden Darstellung des Irrenwesens in Europa. (Für Ärzte, Juristen und gebildete Laien.) Von Prof. Dr. E. Rittershaus. Oktav. VI, 261 Seiten. 1927. 12.—

Jahrbuch der Entscheidungen für Bau- und Grundstücksrecht. 1937. Von C. Saß. Oktav. VIII, 192 Seiten. 1937. (Schweitzer.) 3.50
— —. 1938. 200 Seiten. 1938. 4.—

Jugendamt als Gemeindewaisenrat, Das — —. Von P. Niestroj. Oktav. 91 Seiten. 1932. 3.—

Justizbauverwaltung, Die preußische — — unter Benutzung amtlichen Materials dargestellt unter Mitwirkung von E. Paterna und P. Regener. Von E. Friedrichs. Oktav. VII, 384 Seiten. 1929. Geb. 18.—

Kriminalpolizeidienst, Handbuch für den praktischen — —. Ein Lehrbuch. Von W. Polzer. Gr.-Oktav. 273 Seiten. 1922. (Schweitzer.) 2.50

Kurtaxe, Die — —. Betrachtungen über ihre rechtliche Natur. Von Dr. J. Kohler, o. Prof. a. d. Univers. Berlin. Oktav. 48 Seiten. 1902. 1.—

Landeskulturbehörden, Gesetz über die — — nebst den für das Verfahren der Landeskulturbehörden geltenden Vorschriften des Landesverwaltungsgesetzes und den Ausführungsvorschriften des Ministers für Landwirtschaft, Domänen und Forsten. Von W. Holzapfel. Oktav. 176 Seiten. 1920. (Guttentagsche Sammlung preußischer Gesetze Nr. 57.) Geb. 1.80

Lastenausgleich, Der — —. Soforthilfegesetz. Sammlung und Kommentierung sämtlicher Gesetze und Verordnungen sowie der laufenden Rechtsprechung auf dem Gebiete der Soforthilfe und des Lastenausgleichs. Teil I: Wortlaut der Gesetze und Verordnungen. Teil II: Kommentierung. Herausgeg. und erläutert von Dr. P. Binder, Staatssekr. a. D.; Dipl.-Kfm. Dr. J. Drexl, MinRat; Dipl.-Kfm. Dr. W. Wehe, Wirtschaftspr.; A. Seweloh, Reichsrichter a. D. des vorm. Reichsfinanzhofs; Dr. L. Zimmerle, Reg. Dir. Din A 5. 984 Seiten in loser Blattform. 1949. (Guttentagsche Sammlung Deutscher Reichsgesetze Nr. 235.) Halbleinen 38.—

Leichen- und Begräbnispolizei in Bayern nebst Dienstvorschrift für den Leichenbeschauer. Von L. A. Grill. 3. Aufl. Oktav. 128 Seiten. 1925. (Schweitzer.) 4.—

Maß- und Gewichtsgesetz vom 13. Dezember 1935 in der Fassung vom 18. Mai 1936. Zusammengestellt von RA Dr. A. Dahm. Oktav. 204 Seiten. 1937. (Stilkes Rechtsbibl. Nr. 162.) Geb. 5.50

Oberbergpolizeiliche Vorschriften, Die — — **für Bayern.** Textausgabe mit Anmerkungen und Sachregister. 4. Aufl. Oktav. 71 Seiten. 1927. (Schweitzer.) 1.10

Ödlandgesetz, Bayerisches — — mit den Ausführungsbestimmungen. Erläutert von MinRat Dr. O. Woerner. Oktav. 266 Seiten. 1925. (Schweitzers braune Handausgabe.) Geb. 5.90

Öffentliches Sachen-Recht, Hauptprobleme des — —. Eine Studie zur Methodik und Dogmatik des deutschen Verwaltungsrecht. Von Dr. Th. Maunz, Priv. Doz. a. d. Univers. München. Gr.-Oktav. XVI, 316 Seiten. 1933. (Schweitzer.) 9.—

Pflegekind, Das — —. Von P. Niestroj. Oktav. 99 Seiten. 1932. 3.—

Preußische Verwaltung, Handwörterbuch der — —. Von Bitter. 3., vollst. umgearb. Aufl. Unter Mitwirkung zahlreicher hoher Reichs- und Preußischer Staatsbeamten herausgeg. von Dr. B. Drews, Staatsminister a. D. und Dr. Fr. Hoffmann, wirkl. Geh. OReg. Rat i. Berlin. 2 Bände. Quart. 1928. Bd. I: Abbaugerechtigkeiten-Kyffhäuserbund. VIII, 1134 Seiten. Bd. II: Lackfabriken-Zwischenkredit. VII, 1220 Seiten. (Verlag von: Walter de Gruyter & Co., Berlin; Carl Heymanns Verlag, Berlin; Roßberg'sche Verlagsbuchh., Leipzig.) 30.—, geb. 36.—

Rechnungslegungsordnung für das Reich vom 3. Juni 1929 (RRO.), mit Erläuterungen von Geh. ORGRat Ministerialdirigent i. R. R. Schulze und MinRat Dr. E. Wagner, 2., durchges. u. erw. Aufl. Oktav. XVI, 666 Seiten. 1941. (Stilkes Rechtsbibl. Nr. 100.) Geb. 16.20

Recht der pfälzischen Pfarrpfründestiftung beider Konfessionen, Das — —. Von W. Gruber. Gr.-Oktav. 199 Seiten. 1913. (Schweitzer.) 4.50

Rechtskartei, Neue — — für Berlin und Brandenburg, enthaltend sämtliche Rechtsvorschriften der Alliierten, des Magistrats Berlin und der Provinzialverwaltung Brandenburg. Von Dr. E. Kohlrausch, o. Prof. a. d. Univers. Berlin und Dr. E. Koffka, RAnwältin i. Berlin. Oktav. 1946. Loseblattausgabe. 30.—

I. Nachtrag. Enthält Ergänzungen zu Teil I Berliner Recht. 1947. 12.—

II. Nachtrag. Brandenburgisches Recht. 1948. ca. 800 Seiten. 30.—

Reichsbewertungsgesetz und Bodenschätzungsgesetz. Textausgabe mit Einführung und Erläuterungen. Von M. Renzi, MinRat i. Preuß. Finanzministerium. Oktav. VII, 194 Seiten. 1935. (Guttentagsche Sammlung Deutscher Reichsgesetze Nr. 190c.) 2.80
Nachtrag zu Nr. 190c (Reichsbewertungsgesetz, Bodenschätzungsgesetz, erläutert von M. Renzi) enthaltend Durchführungsbestimmungen usw. zu beiden Gesetzen. Oktav. VIII, 167 Seiten. 1935. (Guttentagsche Sammlung Deutscher Reichsgesetze Nr. 190c II.) 2.—

Rückerstattung feststellbarer Vermögensgegenstände in der amerikanischen Besatzungszone. Militärregierungsgesetz Nr. 59 vom 10. November 1947, mit Ausführungsvorschriften. Erläutert. Von R. Frhr. v. Godin, RA i. München und H. Frhr. v. Godin, RA i. München. Oktav. VIII, 319 Seiten. 1948. (Guttentagsche Sammlung Deutscher Reichsgesetze Nr. 232.) 12.—

Sammlung in der Praxis oft angewandter Verwaltungsgesetze und Verordnungen. Von G. Ziegler, MinRat i. Bayer. Staatsministerium f. soziale Fürsorge.

Bd. I: Reichsgesetze und Verordnungen. 5. Aufl. Oktav. XVI, 771 Seiten. 1927. (Schweitzer.) Geb. 17.—

Bd. II: Bayerische Gesetze und Verordnungen. Oktav. II, 1072 Seiten. 1927. Geb. 20.25

Nachtrag: 120 Seiten. 1928. 2.40

Schornsteinfegerwesen, Die reichsgesetzliche Regelung des — —. Von A. K. Maier. Oktav. 20 Seiten. 1936. (Schweitzer.) —.30

Schulwesen in Bayern, Das höhere — —. Eine kurze Darstellung für die Bedürfnisse des Verwaltungsbeamten. Von Dr. W. Wonhas. Lex.-Oktav. 43 Seiten. 1936. (Schweitzer.) —.60

Signalementslehre. Handbuch der Personalbeschreibung und -feststellung für den Polizeiunterricht, den Erkennungs- und Fahndungsdienst. Mit zahlreichen Illustrationen. Von Dr. H. Schneickert. 3. Aufl. Oktav. 241 Seiten. 1937. (Schweitzer.) Geb. 5.40

Soforthilfe, Die — —. Die Leistungen auf Grund des Soforthilfegesetzes. Auszug aus dem Kommentarwerk „Der Lastenausgleich". Abteilung II B — Gesetz zur Milderung dringender sozialer Notstände (Zweiter Teil). Herausgeg. und erläutert von Dr. P. Binder, Staatssekr. a. D.; Dipl.-Kfm. Dr. J. Drexl, MinRat; Dipl.-Kfm. Dr. W. Wehe, Wirtschaftspr.; A. Seweloh, Reichsrichter a. D. des vorm. Reichsfinanzhofs; Dr. L. Zimmerle, Reg. Dir. Din A 5. 218 Seiten. 1949. 12.—

Straßenbaulasten, Die Heranziehung der Anlieger zu den —, auf Grund des § 15 des Fluchtliniengesetzes vom 2. Juli 1875 in Entscheidung, Kostenberechnung und bildlicher Darstellung. Von C. Saß, Gemeindebaurat. Mit einem Plan. Oktav. 102 Seiten. 1913. 4.50

Straßen- und Baufluchtengesetz. Gesetz, betreffend die Anlegung von Straßen und Plätzen in Städten und ländlichen Ortschaften. Vom 2. Juli 1875. Kommentar. (Vormals von R. Friedrichs). Von H. v. Strauß und Torney und C. Saß. 7., neubearb. Aufl. unter Berücksichtigung des Wohnungsgesetzes usw. von O. Meyer. Oktav. 367 Seiten. 1934. Geb. 12.—

Straßenverkehrsrecht (Reichsgesetz über den Verkehr mit Kraftfahrzeugen) mit den einschlägigen Nebenbestimmungen, insbesondere der Reichsstraßen-Verkehrsordnung und einem technischen Leitfaden mit Abbildungen, von Geh. RGRat Ministerialdirigent Dr. F. Müller. 16., umgearb. Aufl. Mit zahlreichen, z. T. farbigen Abbildungen. Gr.-Oktav. XVI, 1132 Seiten. 1949. (Stilkes Rechtsbibl. Nr. 44.) Geb. 56.—

Telegraphenwege-Gesetz, Das — —. Vom 18. Dezember 1899 nebst der Ausführungsanweisung vom 26. Januar 1900. Von C. Wolf, Postrefr. a. d. Kaiserl. OPostdir. i. Köln. Oktav. 99 Seiten. 1916. (Guttentagsche Sammlung Deutscher Reichsgesetze Nr. 120.) Geb. —.90

Verkehrssicherheit der Reichswasserstraßen, Die Haftung für die — —. (Öffentlichen Binnenwasserstraßen.) Zugleich eine Untersuchung zur Frage der rechtlichen Natur des Eigentums des Deutschen Reichs an seinen Wasserstraßen. Von Dr. jur. M. Kaczmarzyk. Oktav. XIX, 197 Seiten. 1936. 9.—, geb. 10.50

Verkehrsunfälle, Die polizeiliche Untersuchung von — — n. Von M. Julier. 2. Aufl. Oktav. Mit 25 Abb. u. 15 Skizzen. 200 Seiten. 1949. (Schweitzer.) Halbleinen 10.—

Vermögens- und Haushaltsrecht, Das neue — — der deutschen Gemeinden. Systematische Darstellung. Von Dr. H. Stenger. 2. Aufl. Oktav. XI, 409 Seiten. 1939. (Schweitzer.) 11.50

Verwaltungsgesetzbuch für Preußen. Systematische Zusammenstellung der wichtigsten Verwaltungsgesetze und Verordnungen. Für Praxis und Unterrichtszwecke bearbeitet. Von H. Reichelt. Quart. VII, 1302 Seiten. 1914. Geb. 7.60

Verwaltungsrecht. Grundriß. Von Dr. E. Frhr. v. Turegg, LGDir. In Vorbereitung. (Lehrbücher und Grundrisse der Rechtswissenschaft Bd. XIX.) ca. 18.—

Verwaltungsrecht. Leitfaden. Von Dr. jur. habil. E. Frhr. v. Turegg, LGDir. Oktav. 141 Seiten. 1949. (Leitfaden der Rechtswissenschaft Bd. 11.) 7.—

Verwaltungsrecht, Grundriß des bayerischen — — s unter Berücksichtigung des Reichsrechts. Von Dr. K. Helmreich. Gr.-Oktav. 247 Seiten. 1928. (Schweitzer.) 7.20

Verwaltungsstreitverfahren. Von MinRat G. Ziegler. (Sonderdruck aus: Sammlung in der Praxis oft angewandter Verwaltungsgesetze und Verordnungen.) Oktav. 27 Seiten. 1927. (Schweitzer.) —.55

Verwaltungsstreitverfahren, Das — —. Praktisches Handbuch auf wissenschaftlicher Grundlage bearbeitet. Von F. Kunze, wirkl. geh. ORRat. Oktav. XV, 625 Seiten. 1908. 12.—

Volksschullehrergesetz. Von MinRat G. Ziegler. (Sonderdruck aus: Sammlung in der Praxis oft angewandter Verwaltungsgesetze und Verordnungen.) Oktav. 29 Seiten. 1927. (Schweitzer.) —.55

Wasserrecht. Von MinRat G. Ziegler. (Sonderdruck aus: Sammlung in der Praxis oft angewandter Verwaltungsgesetze und Verordnungen.) Oktav. 39 Seiten. 1927. (Schweitzer.) —.70

Wasser- und Bodenverbandrecht. Erläutert von Dr. A. Bochalli, Reg. Präs. a. D. i. Münster/W. und K. Linckelmann, RA i. Hannover. 2., verm. und verb. Aufl. des Kommentars zum Wasserverbandgesetz und zur 1. Wasserverbandverordnung von Dr. Bochalli. (Guttentagsche Sammlung Deutscher Reichsgesetze Nr. 212.) 386 Seiten. 1949. 10.—

Wildschadengesetz, Das — —. Vom 11. Juli 1891. Von Dr. A. Holtgreven, OLGPräs. und Dr. Th. Wolff, OLGRat. 4., verm. und verb. Aufl. VIII, 216 Seiten. 1902. 4.—

Zeitschrift für Bergrecht. Bis zu seinem Tode herausgeg. von Dr. jur. H. Brassert. Redigiert und herausgeg. von den rechtskundigen Ministerialräten der Bergabteilung des Preußischen Ministeriums für Handel und Gewerbe. Oktav. Von den Bänden 1—78 sind noch Restbestände lieferbar. Auf Wunsch nähere Angaben. Neuerscheinen wird vorbereitet.

3. Steuerrecht

Biersteuergesetz, Das — — vom 26. Juli 1918 mit Durchführungsbestimmungen. Nebengesetzen und Erläuterungen. Von Zapf-Siegert. 3. Aufl., bearb. von MinRat Siegert. Oktav. VI, 429 Seiten. 1931. (Schweitzer.) Geb. 15.—

Bürgersteuergesetz, Das — — vom 16. Oktober 1934 in der Fassung des Änderungsgesetzes vom 16. Oktober 1935 mit der Durchführungsverordnung und den Verwaltungsvorschriften nebst der Saarland-Bürgersteuerverordnung vom 28. Oktober 1935. Für die Praxis erläutert von Dr. H. Schick, Reg. Ass. a. Finanzamt Kaiserslautern. Oktav. 133 Seiten. 1936. (Stilkes Rechtsbibl. Nr. 146.) Geb. 3.20

Einkommensteuergesetz vom 27. Februar 1939 in der Fassung des Gesetzes Nr. 12 der Alliierten Kontrollbehörde (Kontrollrat) vom 11. Februar 1946 und des Gesetzes Nr. 12 vom 19. Dezember 1947. Textausgabe mit kurzen Erläuterungen. Von Dr. H. Wagelaar, Wirtschaftsprüfer. 2. Aufl. Oktav. 303 Seiten. 1948. (Guttentagsche Sammlung Deutscher Reichsgesetze Nr. 228.) 4.50

Gewerbesteuergesetz vom 1. Oktober 1936. Mit Durchführungs-VO. und Richtlinien. Erläutert von ORRat Dr. M. Metz. Oktav. 396 Seiten. 1937. (Schweitzers braune Handausgabe.) Geb. 7.50

Gewerbesteuergesetz (GewStG.) vom 1. Dezember 1936 nebst Einführungsgesetz (EinfGRealStG) vom 1. Dezember 1936 und Durchführungsvorschriften. Von ORGRat E. Kaemmel und RGRat W. Schmiedeke. Oktav. 325 Seiten. 1937. (Stilkes Rechtsbibl. Nr. 166.) Geb. 8.50

Gewerbesteuergesetz vom 1. Dezember 1936 (RGBl. I S. 979). Textausgabe mit kurzen Erläuterungen. Von Dr. H. Wagelaar, Wirtschaftsprüfer. Oktav. 256 Seiten. 1947. (Guttentagsche Sammlung Deutscher Reichsgesetze Nr. 231.) 6.—

Grunderwerbssteuergesetz vom 12. September 1919 (RGBl. S. 1617) in der Fassung des Gesetzes vom 11. März 1927 (RGBl. I S. 72) nebst Einleitung, Sachregister und Ausführungsbestimmungen und den einschlägigen Vorschriften des Finanzausgleichs-Steuermilderungsgesetzes und Steuerstrafrechts für die Praxis erläutert. Von Dr. E. Hagelberg und Dr. L. Krämer, RAnwälte i. Berlin. 2., völl. umgearb. und erw. Aufl. Oktav. 355 Seiten. 1928. Geb. 15.—

Grundsteuergesetz vom 1. Dezember 1936 mit Durchführungsbestimmungen. Durch eine ausführliche Einführung erläuterte Textausgabe von E. Dziegalowski, MinRat i. R. Oktav. VIII, 416 Seiten. 1937. (Guttentagsche Sammlung Deutscher Reichsgesetze Nr. 206.) Geb. 7.—
Nachtrag. 72 Seiten. 1938. 1.—

Grundsteuergesetz mit Durchführungsverordnung und den wichtigsten einschlägigen Erlassen. Von ORRat Dr. M. Metz. Oktav. 318 Seiten. 1938. (Schweitzers braune Handausgabe.) Geb. 7.—
Nachtrag. 47 Seiten. 1938. —.80

Kapitalverkehrsteuergesetz vom 16. Oktober 1934 nebst den zu dem Gesetz erlassenen Durchführungsbestimmungen und den sonstigen Vorschriften über die Kapitalverkehrsteuer. Erläutert durch Dr. B. Keßler, ORGRat. Oktav. XVI, 352 Seiten. 1935. (Guttentagsche Sammlung Deutscher Reichsgesetze Nr. 193.) Geb. 7.—

Körperschaftssteuergesetz vom 16. Oktober 1934 in der Fassung des Gesetzes Nr. 12 der Alliierten Kontrollbehörde (Kontrollrat) vom 11. Februar 1946. Textausgabe mit kurzen Erläuterungen. Von Dr. H. Wagelaar, Wirtschaftsprüfer. Oktav. 212 Seiten. 1947. (Guttentagsche Sammlung Deutscher Reichsgesetze Nr. 229.) 7.50

Lohnsteuer, Das Recht der — —. Von Dr. W. Spohr. Oktav. 256 Seiten. 1936. (Stilkes Rechtsbibl. Nr. 151.) Geb. 7.50

Preußische Gemeindesteuern (Rechtsmittel und Rechtsprechung.) Von W. Theisen, Reg. Rat. Oktav. 160 Seiten. 1926. 6.—, geb. 7.20

Reichsabgabenordnung vom 22. Mai 1931. Textausgabe mit kurzen Erläuterungen. Von Dr. H. Wagelaar, Wirtschaftsprüfer. Oktav. 256 Seiten. 1949. (Guttentagsche Sammlung Deutscher Reichsgesetze Nr. 236.) Geb. 7.50

Stempelsteuergesetz, Das — — vom 31. Juli 1895 nebst Ausführungsbestimmungen, dem Erbschaftssteuer-, Wechselstempelsteuer- und Reichsstempelgesetz. Kommentar für den praktischen Gebrauch. Von H. Hummel, wirkl. Ger. OFinanzrat und F. Specht, Reichsger. Rat. Oktav. XXIII, 1392 Seiten. 1906. 30.—

Steuerersparungen, Steuererleichterungen und Härteverfahren im deutschen Steuerrecht. Von Dr. J. Hein. Oktav. 148 Seiten. 1933. (Stilkes Rechtsbibl. Nr. 132.) Geb. 3.50

Steuergesetz, Religionsgesellschaftliches — —. Von MinRat G. Ziegler. (Sonderdruck aus: Sammlung in der Praxis oft angewandter Verwaltungsgesetze und Verordnungen.) Oktav. 6 Seiten. 1927. (Schweitzer.) —.25

Umsatzsteuergesetz vom 16. Oktober 1934 nebst Durchführungsbestimmungen. Mit systematischer Einführung und Erläuterungen versehen von H. Hog. Oktav. VIII, 211 Seiten. 1935. (Guttentagsche Sammlung Deutscher Reichsgesetze Nr. 190 d.) 2.50

Urkundensteuergesetz (UrkStG) vom 5. Mai 1936. Bearbeitet von Reichsgerichtsrat G. Rusche und Amts- und Landrichter Dr. Rensch. Oktav. 260 Seiten. 1936. (Stilkes Rechtsbibl. Nr. 154.) Geb. 8.—

Vermögensteuergesetz vom 16. Oktober 1934 und **Erbschaftssteuergesetz** in der Fassung des Gesetzes zur Änderung des Erbschaftssteuergesetzes vom 16. Oktober 1934. Mit systematischer Einführung versehen und erläutert von R. Arens. Oktav. VII, 203 Seiten. 1935. (Guttentagsche Sammlung Deutscher Reichsgesetze Nr. 190b.) 2.80

Vermögensteuergesetz. Von A. Lüke. In Vorbereitung.

Versicherungssteuergesetz. Erläuterungsbuch (unter Berücksichtigung des Versicherungsrechts). Gesetzestext, Durchführungsbestimmungen von Dr. M. Wunschel, ORGRat und R. Kostboth, Amtsrat i. Reichsfinanzministerium. Oktav. XI, 376 Seiten. 1937. (Guttentagsche Sammlung Deutscher Reichsgesetze Nr. 208.) Geb. 9.—

Wandergewerbesteuergesetz vom 10. Dezember 1937. Unter besonderer Berücksichtigung der gewerbepolizeilichen Vorschriften und Entscheidungen der Länder Preußen und Bayern, in Ansehung des Landes Bayern gleichzeitig. 3. Aufl. Erläutert von ORRat L. Jacob. Oktav. 218 Seiten. 1938. (Schweitzers braune Handausgabe.) Geb. 6.—

Wechselsteuergesetz vom 2. September 1935 mit Nebenbestimmungen. Zusammengestellt von RegOberinsp. F. Fricke. Oktav. 59 Seiten. 1935. (Stilkes Rechtsbibl. Nr. 143.) 1.20

Wechselsteuergesetz vom 2. September 1935 nebst dem Wechselgesetz vom 21. Juni 1933, den Durchführungsbestimmungen zum Wechselsteuergesetz vom 2. September 1935 und den sonstigen Vorschriften, die bei der Anwendung des Wechselsteuergesetzes in Betracht kommen. Für die Praxis erläutert von Dr. B. Keßler, ORGRat. Oktav. 152 Seiten. 1935. (Guttentagsche Sammlung Deutscher Reichsgesetze Nr. 197.) 3.—

Wertzuwachssteuerrecht nach der preußischen Mustersteuerordnung und der Berliner Steuerordnung. Von Dr. E. Hagelberg und Dr. L. Krämer, RAnwälte i. Berlin. Kommentar. Oktav. XXIV, 252 Seiten. 1930. 12.—, geb. 13.50

4. Kirchenrecht

Kirchengesetz, Das preußische — —, betreffend Abänderungen der kirchenpolitischen Gesetze vom 21. Mai 1886. Von Dr. P. Hinschius, o. Prof. der Rechte a. d. Univers. Berlin. Oktav. XI, 115 Seiten. 1886. 3.—

Kirchengesetz, Das preußische — —, betreffend Abänderungen der kirchenpolitischen Gesetze vom 29. April 1887. Von Dr. P. Hinschius, o. Prof. der Rechte a. d. Univers. Berlin. Nachtragsheft zu der Ausgabe des preußischen Kirchengesetzes vom 21. Mai 1886. Von Dr. P. Hinschius, o. Prof. der Rechte a. d. Univers. Berlin. Oktav. VII, 37 Seiten. 1887. —.50

Kirchengesetze, Die preußischen — — der Jahre 1874 und 1875 nebst dem Reichsgesetze vom 4. Mai 1874. Herausgeg. mit Einleitung und Kommentar. Von Dr. P. Hinschius, o. Prof. der Rechte a. d. Univers. Berlin. Oktav. XXVIII, 229 Seiten. 1875. 5.—

Kirchengesetze des Jahres 1873, Die preußischen — —. Herausgeg. mit Einleitung und Kommentar. Von Dr. P. Hinschius, o. Prof. der Rechte a. d. Univers. Berlin. Oktav. XLVIII, 212 Seiten. 1873. 5.50

Kirchenrecht, Das — — der Katholiken und Protestanten in Deutschland. Von Dr. P. Hinschius, o. Prof. der Rechte a. d. Univers. Berlin. Oktav. Band I—VI: System des katholischen Kirchenrechts mit besonderer Rücksicht auf Deutschland.
Bd. I: 2 Hälften. XIV, 639 Seiten. 1869. 10.—
Bd. II: 2 Hälften. X, 714 Seiten. 1878. 10.—
Bd. III: VIII, 853 Seiten. 1883. 26.—
Bd. IV: Mit alphabetischem Sachregister zu Bd. I—IV. X, 925 Seiten. 1888. 30.—
Bd. V: XII, 978 Seiten. 1895. 31.—
Bd. VI: 1. Abt. VIII, 425 Seiten. 1897. 14.—

Recht und Kirche. Betrachtungen zur Lehre von der Gemeinschaft und der Möglichkeit eines Kirchenrechtes. Von D. Dr. R. Stammler, Prof. a. d. Univers. Berlin. Oktav. 120 Seiten. 1919. 2.—, geb. 3.—

Staat und Kirche in Bayern. System des bayerischen Staatskirchenrechts. Bd. I, Lfg. 1. Von Hz. W. L. Doering. Gr.-Oktav. 187 Seiten. 1928. (Schweitzer.) 5.—

VII. Volkswirtschaftslehre

Abnehmender Bodenertrag, Das Gesetz des — — seit J. von Liebig. Eine dogmengesch. Untersuchung von Dr. J. Eßlen. Lex.-Oktav. 298 Seiten. 1905. (Schweitzer.) 7.20

Baukredit, Der — —. Von Dipl. Ing. Dr. K. F. Stöhr. Gr.-Oktav. 172 Seiten. 1921. (Schweitzer.) 3.20

Deutsches Bankwesen, Das — —. Von Dr. J. Löhr. Dir. d. bayer. Handelsbank i. München. Gr.-Oktav. 178 Seiten. 1921. (Schweitzer.) 2.50

Dumping, Das — —. Preisunterbietungen im Welthandel. Von Dr. D. Perl. Gr.-Oktav. VIII, 139 Seiten. 1921. (Schweitzer.) 3.30

Einführung in die Politik. Von Prof. Dr. F. van Calker. Oktav. 188 Seiten. 1927. (Schweitzer.) Geb. 5.80

Geldwirtschaft, Die deutsche — —. Von Dr. F. Federau. Oktav. 95 Seiten. 1949. 4.—

Juristische Natur der Kontingente. (Beteiligungsziffern). Von Dr. R. Beer. Oktav. VIII, 79 Seiten. 1927. (Schweitzer.) 3.60

Orient — Export, Der — —. Von W. K. Kubié. Oktav. 140 Seiten. 1918. (Schweitzer.) 3.10

Rücktritt vom Kartell. Von Dr. K. Schröter, München. Oktav. 117 Seiten. 1927. (Schweitzer.) 4.50

Tauschsozialismus und Freigeld. Eine dogmengesch. krit. Untersuchung zur Freigeldlehre. Von Dr. W. Wegelin, St. Gallen. Gr.-Oktav. 126 Seiten. 1921. (Schweitzer.) 3.10

Treuhandwesen in der deutschen Volkswirtschaft, Das — —. Von Syndikus Dr. O. Hintner, Nürnberg. Lex.-Oktav. 182 Seiten. 1926. (Schweitzer.) 7.20

Wiederaufbau in Theorie und Praxis, Grundlagen und Gedanken über den — —. Von C. Saß. In Vorbereitung.

VIII. Entscheidungs-Sammlungen, Zeitschriften

Aufsichtsamt für das Versicherungswesen Groß-Berlin. Veröffentlichungen. 1. Jahrgang. Heft 1. 1948. 6.—. 2. Jahrgang. Heft 1. 1949. 3.80. — —. Heft 2. 1949. 3.60. — —. Heft 3. 1949. 4.—. Erscheinungsweise: Nach Bedarf, Preis je nach Umfang.

Entscheidungen des Oberprisengerichts in Berlin. Herausgeg. im Auftr. des Reichsjustizministeriums. Oktav. Bd. I: XVII, 444 Seiten. 1918. 14.—. Bd. II: XV, 338 Seiten. 1921. 10.—

Entscheidungen des Obersten Gerichtshofes für die Britische Zone. Herausgeg. von den Mitgliedern des Gerichtshofes und der Staatsanwaltschaft.

Entscheidungen des Obersten Gerichtshofes für die Britische Zone in **Zivilsachen.** Bezugspreis für die Heftausgabe (5 Hefte) pro Band 8.—, für die Bandausgabe pro Band geb. 10.—

Entscheidungen des Obersten Gerichtshofes für die Britische Zone in **Strafsachen.** Bezugspreis für die Heftausgabe (5 Hefte) pro Band 8.—, für die Bandausgabe pro Band geb. 10.—

Bisher liegen vor: Zivilsachen. Bd. I, Heft 1—5; Bd. II, Heft 1—3.
Strafsachen. Bd. I, Heft 1—5; Bd. II, Heft 1.

Einbanddecken für den cplt. Band 1.20.

Entscheidungen des Reichsarbeitsgerichts. Herausgeg. von den Mitgliedern des Gerichtshofes. Oktav. Einzelne, der bisher erschienenen 27 Bände, sind aus Restbeständen noch lieferbar. Auf Wunsch nähere Angaben.

Entscheidungen des Reichsgerichts. Herausgeg. von den Mitgliedern des Gerichtshofes und der Reichsanwaltschaft. Oktav. 2 Sammlungen.

1. Entscheidungen des Reichsgerichts **in Zivilsachen.** Zur Vervollständigung dieser amtlichen Sammlung sind noch Restbestände vorhanden. Je 7.—, geb. 9.—. Für die Registerbände bestehen besondere Preise.

2. Entscheidungen des Reichsgerichts **in Strafsachen.** Restbestände noch lieferbar. Je 7.—, geb. 9.—. Für die Registerbände bestehen besondere Preise. Auf Wunsch nähere Angaben.

Entscheidungen des Reichsgerichts, die grundlegenden — — und des Reichsmilitärgerichts auf dem Gebiete des Strafrechts. Für das Studium und die Praxis bearbeitet. Von Dr. M. Apt. Oktav.

Bd. I: Strafrecht. 3. Aufl. Von Dr. M. Apt und Dr. E. Beling. VII, 376 Seiten. 1903.

Bd. II: Das Rheinische Civilrecht. Von Dr. O. Francken. X, 193 Seiten. 1893.

Bd. III: Strafprozeß. Von C. Jacusiel. VIII, 235 Seiten. 1893.

3 Bände cplt. 14.—, geb. 17.—

Entscheidungen des Reichsgerichts in Zivilsachen. Gekürzte Ausgabe der amtlichen Sammlung. Eine Auswahl der für die jetzigen Rechtsverhältnisse noch wichtigen Entscheidungen aus den Bänden 1—171. Nach Fachgebieten zusammengestellt und mit einem chronologischen Register versehen. Herausgeg. von Prof. Dr. Auerbach, RA i. Berlin; Dr. Eylau, Präs. d. Patentamtes i. Berlin; Graf RAnwältin i. Berlin; Dr. Knoll, Ministerialdir. i. Berlin; Kummerow, RA i. Berlin; Reuß, RA i. Berlin; Dr. W. Schmidt, RA i. Düsseldorf; Dr. Swarzenski, LGDir. i. Berlin; Dr. Vahldieck, RA i. Berlin. Etwa 30 Bände.

Geb. je etwa 10.— bis 12.—

Entscheidungen des Reichsgerichts in Strafsachen. Gekürzte Ausgabe der amtlichen Sammlung. In Vorbereitung.

Juristische Rundschau. Mit Beiblatt: Mitteilungen aus der Berliner Justiz und Rechtsanwaltschaft. Herausgeg. von Dr. S. Loewenthal, Chefpräs. des Landger. Berlin, Dr. K. Wergin, Präs. der Rechtsanw. Kammer Berlin, R. Frhr. v. Godin, RA i. München, Prof. Dr. E. Reimer, Präs. d. Deutschen Patentamtes i. München, Dr. E. Wolff, Präs. des Obersten Ger. Hofes f. d. Brit. Zone i. Köln und Dr. W. Schmidt, RA i. Düsseldorf. Ab Juli 1949 2mal monatlich. Je Heft 32 Seiten. Vierteljährl. 9.— Einzelne Hefte der Jahrgänge 1925—1945, cplt. Jahrgänge und einzelne Hefte der ab 1. Juli 1947 wiedererschienenen Zeitschrift, sind aus Restbeständen noch lieferbar. Einbanddecken für die Jahrgänge 1947 und 1948. 1.25

Kritische Vierteljahresschrift für Gesetzgebung und Rechtswissenschaft. Herausgeg. von E. Mezger, K. Blomeyer, J. Heckel, A. Hueck, E. Riezler, M. San Nicolò, Ch. Frhr. v. Schwerin, Professoren d. Münchener Juristenfakultät. Gr.-Oktav. Ab 1912 neue Folge. Der Band zu je 4 Heften. Bd. 14—18 je 8.—; Bd. 19 10.—; Bd. 20 16.—; Bd. 21 24.—; Bd. 22 32.50; Bd. 23 27.—; Bd. 24 31.—; Bd. 25 29.—; Bd. 26—32 je 28.—. (Schweitzer.)

Rechtsprechung der Oberlandesgerichte auf dem Gebiete des Zivilrechts. Herausgeg. von B. Mugdan und R. Falkmann. Oktav.
1.—42. Band. (Bd. 35, 36, 38, 40, 42 vergriffen) 1900—1922. Je 4.50, geb. 6.—
43. Band. 1924. 7.50, geb. 9.—
44.—46. Band. (Bd. 45 nur H. 2—9 vorhanden) 1925—1928. Je 8.—, geb. 9.50
(Fortsetzung s. Rechtsprechung, Höchstrichterliche.)

Rechtsprechung, Höchstrichterliche — — auf dem Gebiete des Strafrechts. Geleitet und herausgeg. von A. Feisenberger. Sonderbeilage der Zeitschrift für die gesamte Strafrechtswissenschaft. Oktav. 1.—3. Jahrgang. 1925—1927. Je 12.—, geb. 13.50
(Fortsetzung s. Rechtsprechung, Höchstrichterliche.)

Rechtsprechung, Höchstrichterliche — —. Vereinigte Entscheidungs-Sammlung der bisherigen Zeitschriften: Rechtsprechung der Oberlandesgerichte in Zivilsachen, Höchstrichterliche Rechtsprechung in Strafsachen und Die Rechtsprechung, Beilage der Juristischen Rundschau. Herausgeg. von E. Friedrichs und A. Feisenberger. Von den Jahrgängen 1—18 (1942) sind aus Restbeständen noch cplte. Jahrgänge und einzelne Hefte lieferbar. Ab 1943 verschmolzen mit der Zeitschrift „Das Deutsche Recht". Preisangaben auf Wunsch.

Reichsgerichtsentscheidungen in kurzen Auszügen. Oktav. 2 Sammlungen.

— — in Zivilsachen und **— — in Strafsachen.** Von beiden Sammlungen sind aus Restbeständen noch cplte. Bände lieferbar. Auf Wunsch nähere Angaben. (Schweitzer.)

Veröffentlichungen des Reichsaufsichtsamts für Privatversicherung. s. Abschn. III, 1 (S. 20).

Zeitschrift für Ausländisches und Internationales Privatrecht. Herausgeg. in Gemeinschaft mit E. Heymann, H. Titze, M. Wolff, M. Pagenstecher, F. Schlegelberger und H. Lewald von E. Rabel. (Institut für ausländisches und internationales Privatrecht.) Quart. Aus Restbeständen sind noch einzelne Hefte der Jahrgänge 1—14 einschl. der Sonderhefte lieferbar. Auf Wunsch nähere Angaben. Wiedererschienen mit dem 15. Jhrg. 1949. H. 1. Begründet von E. Rabel. Herausgeg. vom Kaiser

Wilhelm-Institut für ausländisches und internationales Privatrecht. Dir.: H. Dölle. Erscheinungsweise: Vierteljährlich in Heften von 150 bis 170 Seiten. Abonnementspreis pro Heft 12.—, Einzelheftpreis 14.50. Berechnung erfolgt, auch gegenüber Abonnenten, heftweise. Im Gemeinschaftsverlag mit J. C. B. Mohr (Paul Siebeck) Tübingen.

Zeitschrift für ausländisches öffentliches Recht und Völkerrecht. Herausgeg. in Gemeinschaft mit E. Kaufmann, R. Smend, H. Triepel, L. Kaas, F. Glum von V. Bruns. (Institut für ausländisches öffentliches Recht und Völkerrecht.) Quart. Aus Restbeständen sind noch einzelne Hefte der Bände 1—12 lieferbar. Auf Wunsch nähere Angaben.

Zeitschrift für Bergrecht. Bis zu seinem Tode herausgeg. von Dr. jur. H. Brassert. Redigiert und herausgeg. von den rechtskundigen Ministerialräten der Bergabteilung des Preußischen Ministeriums für Handel und Gewerbe. Oktav. Von den Bänden 1—78 sind noch Restbestände lieferbar. Auf Wunsch nähere Angaben. Neuerscheinen wird vorbereitet.

Zeitschrift für die gesamte Strafrechtswissenschaft. Gegründet von Dr. Fr. v. Liszt und A. Dochow. Oktav. Von den bisher erschienenen 62 Bänden sind aus Restbeständen noch einzelne Bände cplt. lieferbar. Neuerscheinen wird vorbereitet.

IX. Verschiedenes

Justizstaatsdienst, Fünf Aufgaben der Prüfungen für den mittleren — — mit Lösungen aus dem Grundbuch-, Familien-, Erb- und Vollstreckungsrecht. Von OARichter Dr. W. Kriener. Oktav. 91 Seiten. 1933. (Schweitzer.) 2.60

Pandektenübungen, Praktische — — für Anfänger zum akademischen Gebrauch und zum Selbststudium. Von D. Dr. R. Stammler, Prof. a. d. Univers. Berlin. Oktav. X, 536 Seiten. 1896. 7.50, geb. 8.60

Rechtsfälle, Kinkels — — mit Lösungen. Bearb. von Dr. W. E. Kinkel. Oktav. (Schweitzer.)
Bd. I: **Arbeitsrecht.** 124 Seiten. 1936. 2.80
Bd. II: **Bauernrecht.** 85 Seiten. 1938. 2.60
Bd. III: **Bürgerliches Recht.** 101 Seiten. 1939. 2.80

Texte, Juristische — —, für Vorlesungen und Übungen. Herausgeg. von F. Schulz und Cl. Frhr. v. Schwerin. Oktav.
1. Texte zu Übungen im römischen Privatrecht I. Ausgewählt von F. Schulz. 32 Seiten. 1925. 1.40
2. Quellen zur Geschichte der Eheschließung I. Ausgewählt von Cl. Frhr. v. Schwerin. 1925. 3.20
3. Die Epitome Ulpiani des Codex Vaticanus Reginae 1128. Herausgeg. von F. Schulz. XII, 62 Seiten. 1926. 3.20
4. Quellen zur Geschichte der Eheschließung II. Ausgewählt von Cl. Frhr. v. Schwerin. 60 Seiten. 1930. 3.50

Zivilrechtspraktikum. Zum Selbststudium und zum Lehrgebrauche. Von R. Schück. 4., verm. Aufl. herausgeg. von G. Schreiber. Oktav. 160 Seiten. 1930. Geb. 6.—

Lösungen zu dem von R. Schück herausgegebenen Zivilrechtspraktikum. Nach dem Bürgerlichen Gesetzbuch bearb. für Studierende und Referendare. Von H. von der Mosel, RA i. Dresden. 5. Aufl. Oktav. 235 Seiten. 1931. 6.—, geb. 6.50

FSC
www.fsc.org
MIX
Papier | Fördert
gute Waldnutzung
FSC® C083411

Kolibri 360 GmbH
Ferdinand-Jühlke-Straße 7
99095 Erfurt, Deutschland
produktsicherheit@kolibri360.de